『十三五』国家重点出版物出版规划项目

长江三峡工程文物保护项目报告

乙种第三十六号

忠县中坝

一

重庆市文物局　重庆市水利局　编

科学出版社

内 容 简 介

本书全面系统地介绍了重庆市忠县中坝遗址不同历史时期的文化遗存。书中分别就该遗址新石器时代、夏商、周代、汉代、两晋南朝、隋唐、宋元及明清时期遗存进行归纳、总结与研究，内容涉及考古学、历史学、人类学、地理学、地质学及生物学等学科，重点总结了三峡渝东地区古代文化的发展历程及各阶段的文化特点，是配合三峡水利枢纽工程建设最重要的综合性考古发掘报告之一。

本书可供考古学、历史学、人类学、地理学、地质学、生物学等学科的科研、教学人员及关心三峡工程建设的人员阅读、参考。

图书在版编目（CIP）数据

忠县中坝：全4册 / 重庆市文物局，重庆市水利局编. —北京：科学出版社，2020.11
（长江三峡工程文物保护项目报告. 乙种第三十六号）
"十三五"国家重点出版物出版规划项目
ISBN 978-7-03-066495-2

Ⅰ. ①忠… Ⅱ. ①重… ②重… Ⅲ. ①水利工程-文化遗址-发掘报告-忠县 Ⅳ. ①K878.45

中国版本图书馆CIP数据核字（2020）第204598号

责任编辑：王光明 / 责任校对：邹慧卿
责任印制：肖 兴 / 封面设计：陈 敬

科学出版社 出版
北京东黄城根北街16号
邮政编码：100717
http://www.sciencep.com
中国科学院印刷厂 印刷
科学出版社发行 各地新华书店经销
*
2020年11月第 一 版 开本：A4（880×1230）
2020年11月第一次印刷 印张：122 1/2 插页：108
字数：3 917 000

定价：2168.00元（全四册）

（如有印装质量问题，我社负责调换）

"13th Five-Year Plan" National Key Publications Publishing and Planning Project

Reports on the Cultural Relics Conservation
in the Three Gorges Dam Project
B(site report) Vol.36

The Zhongba Site
in Zhongxian County, Chongqing City

I

Cultural Relics and Heritage Bureau of Chongqing
&
Chongqing Water Resources Bureau

Science Press

长江三峡工程文物保护项目报告

重庆库区编委会

刘　旗　吴盛海　幸　军　彭　亮　卢　峰　王川平

程武彦　刘豫川

重庆市人民政府三峡文物保护专家顾问组

张　柏　谢辰生　吕济民　黄景略　黄克忠　苏东海

徐光冀　刘曙光　夏正楷　庄孔韶　王川平　李　季

张　威　高　星

长江三峡工程文物保护项目报告

乙种第三十六号

《忠县中坝》

主　编

孙智彬

编　委（以姓氏笔画为序）

马春梅　尹　茜　孔庆友　田晓四　付罗文

朱　诚　朱光耀　朱继平　关　勇　汤伟戈

吴小红　宋建民　陈伯桢　罗　泰　罗龙洪

郑朝贵　赵志军　袁　靖　徐伟峰　席　凯

唐领余　唐德兵　黄林燕

项目承担单位

四川省文物考古研究院

序

三峡工程库区忠县中坝遗址发掘报告即将付印之际，孙智彬先生邀我写序，这么重要的发掘报告出版，应当庆贺！中坝遗址位于忠县㽏井镇，遗址分布在㽏井河两岸台地上，总面积约50000平方米，由于河水冲刷，遗址主体部分只剩一座名为“中坝”的孤岛，面积约7000平方米，海拔135～148米，属于水库2003年一期蓄水淹没范围。在三峡工程文物保护规划期间，忠县交由北京大学考古系勘查和局部发掘，以获取编制规划的基础资料。记得1994年春，我们规划组到三峡工程库区考察时，在中坝遗址的断崖剖面看到的文化层堆积有10米之厚，给我留下深刻的印象，此后伟超和我每到三峡工地，都会到中坝遗址考察学习。中坝岛实际是由各个时期的文化堆积和不同时期的洪水淤泥层形成的。如此丰厚的文化堆积，延续时间之长、遗物堆积之丰富，这在国内外的考古遗址中都是罕见的。在北大后来编制的规划文本中，自然将其列为库区抢救发掘的重点遗址之一，也是三峡文物保护规划中48处A级项目之一。

1997年夏，重庆直辖市正式挂牌，渝东库区的文物保护工作划归重庆市管辖。全国支援重庆库区的项目，均由重庆市文物局与支援方签订合同，我当时也参与了这项工作。中坝遗址项目，本来北京大学考古系可以优先选择，当时代表北大考古系参加签署合同的李水城教授，考虑到中坝遗址的发掘和时间进度安排不适合北大学生实习，同时也照顾到四川省文物局的请求，同意将中坝这处重要遗址的发掘工作交由四川省文物考古研究院承担。经过1997～2002年六个年度的发掘，在中坝岛及其两岸共发掘8000平方米。报告分为12章，附表13个，对各类遗迹分别登记，以备查询。其中，第十一章为多学科综合研究，报告遗址发掘期间采集的矿物、动植物、石器质料、环境标本等的鉴定检测结果，并列为专章发表，这本应是报告的组成部分，以往常作为报告的附录发表。中坝遗址文化堆积深厚，跨越年代长，地层、遗迹关系错综复杂，需要进行长期的野外工作，除了学术工作，还有诸多行政事务，同时考古工作是一项团队工作，只有团结协作才能完成任务。经过长期艰辛的工作，究明了遗址新石器时代晚期—夏商—两周—秦汉—两晋南朝—隋唐—宋元—明清时期的文化遗存及其分期，了解了各时期文化的特征、社会生活状况。通过中坝这处遗址，勾画出了渝东和三峡地区历史文化的缩影。其中，尤以新石器时代晚期、夏商、两周、秦汉、唐宋时期的遗存最为丰富，对渝东地区的考古学研究具有重要意义。

中坝遗址的新石器时代晚期遗存是一种新的考古学文化，报告称之为“中坝文化”，它与忠县哨棚嘴、奉节老关庙、巫山魏家梁子、丰都玉溪坪等遗址的文化性质相同，曾用不同的考古学文化命名，这是渝东地区新石器时代考古的一次大突破。夏商时期遗存发现较少，但陶器仍有其特点。两周时期遗存，遗迹、遗物丰富，其中的“房址”并非居住址，正如发掘报告所述，“未发现一例封闭呈一定形状的”，而应是当时的制盐作坊，并发现卤水槽一类遗迹，所发现的大量“洞”类遗迹应与干栏式建筑有关，出土器物单一，有大量的圜底罐（花边圜底罐），报告命名为“瓦井沟文化”，或与历史上的巴国有关。秦惠文王后元九年（公元前316年）司马错灭巴蜀，并分置巴郡与蜀郡。秦昭襄王二十九年（公元前278年）白起拔楚郢都（《史记·秦本纪》）形成新的政治格局。秦文化迅速影响巴、蜀、楚三地。公元前221年秦统一六国，分天下为36郡，建立中央集权的统一国家。汉承秦制，西汉初年，渝东地区尚保留地方文化特色，西汉中期以后基本纳入汉文化范畴，这在中坝遗址也得到明显的反映。这时期的“龙窑”应为煮盐的大型炉灶，瓦棺葬或许即盐工的墓葬。两晋南朝时期，制盐“炉灶”形态有变化，堆积中也开始出现瓷器，多为本地瓷窑产品，也有少量越窑等外来产品。隋唐时期的“窑址”实为成组排列的盐灶。宋元时期长方形房址内多处分布灶，也是制盐作坊，这时期瓷器大量增加，多为当地瓷窑产品，也有长沙窑、定窑等产品。明清时期遗存分布范围最广，制盐业仍在继续，但近现代的耕种对遗址破坏较为严重。以上对中坝盐业遗址性质的认识，是在发掘过程中逐步得出的。

中坝遗址不同于一般居住遗址，而是一处规模宏大的制盐遗址。从遗址发现大量不同时期、器形单一的陶器即可为证。如底部由小平底逐渐变为尖底的花边缸、小平底杯、角杯、花边圜底罐等，至汉代的铁质“牢盆”，均为制盐工具。发现的遗迹也不是一般的居住遗迹，而是不同时期不同形态的煮盐“炉灶”、蓄卤坑槽、干栏式作坊建筑等制盐遗迹。它们与世界各地的制盐遗址特征一致。中外学者介入盐业考古项目，对制盐陶器进行化学分析，由于盐溶于地表，只能检测到制盐陶器胎内的微量元素。花边圜底罐内壁所含微量元素钠和氯浓度偏高，且浓度自器壁内侧向外侧呈现从高向低的清晰梯度，应是煎卤制盐造成的。进而证实以中坝遗址为中心的遗址群，自新石器时代晚期以来是一个大的制盐中心，也是目前中国内地年代最早的制盐遗址。由李水城、罗泰主编，2013年出版的《中国盐业考古（第三集）——长江上游古代盐业与中坝遗址的考古研究》一书，收集论文14篇，都论及盐业考古和中坝遗址，是目前这方面研究的前沿成果，也极大地拓展了中国考古学研究的新领域。

三峡工程中大规模的考古发掘工作，发现不少新的考古学文化，这是中国考古学的新成果，但也出现了相同文化性质的一类遗址采用不同的考古学文化命名。关于考古学文化命名，特别是史前考古学文化的命名，是考古学研究理论与方法的重要问题。1959年夏鼐先生发表了《关于考古学上文化的定名问题》，1961年他又写了《再论考古学上文化的定名问题》（《夏鼐文集》），至今仍有现实意义。1999年、2000年，我在《三峡考古的几个问题》《对三峡库区考古工作的几点意见》（《废墟上的足迹——徐光冀考古与文物保护文集》）两篇文章中均讲到考古学文化的命名问题，在前一篇文章中说得较为详细：“考古学文化命名是一项科学严谨的工作，至少要有三个基本条件：一是要有一定规模发掘的遗址；二是要有一群具有特征的、有别于其他考古学文化的类型品，包括陶器和其他类别的遗物；三是要有一定分布的地域。”同时，还指出：“考古学的惯例，是以首先发现和发掘的地点命名。”期望业内同仁通过交流讨论取得共识，有分歧还可继续研究讨论。考古学文化命名也是学科标准化的一项重要工作。

考古学研究是以田野考古为基础，没有科学可靠的田野工作，其他研究就失去了基础，因此田野工作是考古学研究的重要组成部分。在田野工作结束后，还要转入室内整理和研究，写出调查发掘报告并出版发表，这项基础工作才算告一段落。至于深入研究、综合研究工作，则是进一步的事。三峡文物保护规划规定发掘5000平方米以上的遗址出版专刊，发掘规模小的遗址出版报告合集，目前考古发掘报告已出版约70部（如中坝遗址发掘报告是1部4册），其中湖北库区已全部出齐，重庆库区尚有不小的缺口。2014年，国家文物局和重庆市文物局在重庆召开“三峡工程重庆库区地下文物保护考古发掘报告编著工作会议”，未完成发掘报告的单位负责人和项目负责人参加会议，王铮副处长、乔梁和我参加了会议。除大会动员外，还一一约谈交稿时间，但至今仍有一些发掘报告尚未完成。在《忠县中坝》出版之际，再次吁请相关单位和同仁抓紧完成。三峡工程文物保护工作，按规定要求出版考古发掘报告，同时对地面文物（含水下）原地保护、搬迁保护项目，同样要求出版报告，目前已出版了《云阳张桓侯庙》《巫山大昌古镇》《忠县石宝寨》《涪陵白鹤梁》《三峡古栈道》等几部，以往很少有这类报告出版，这是非常可喜的事，地面文物（含水下）的报告，也需要相关单位和同仁抓紧完成，为科学研究和保护利用提供翔实的资料。

徐光冀

2020年9月于北京

目　　录

插图目录

插表目录

第一章 绪 论

第一节 地理位置与自然环境

一、地 理 位 置

中坝遗址位于重庆市忠县㽏井镇佑溪村一、二社。

重庆市地处四川盆地东南部。四川盆地北有秦岭，东有大巴山脉，南有大娄山、乌蒙山，西有横断山脉，将盆地与周围其他地区分隔开来，盆地内地势西北高、东南低，地形为高原、山地、盆地和丘陵四类，可粗分为西部高原山地和东部盆地两部分，东部盆地从西向东依次有川西平原、中南部丘陵和东部谷地，其间河流众多（图一）。

图一 重庆市位置示意图

忠县位于重庆市东北部长江两岸，属四川盆地东部褶皱带平行岭谷区。地跨东经107° 32′ ~ 108° 14′，北纬30° 03′ ~ 37° 53′。东西长66千米，南北宽60千米，面积2176平方千米。东北连万州，东南临石柱，西毗垫江，西南接丰都，北依梁平（图二）。

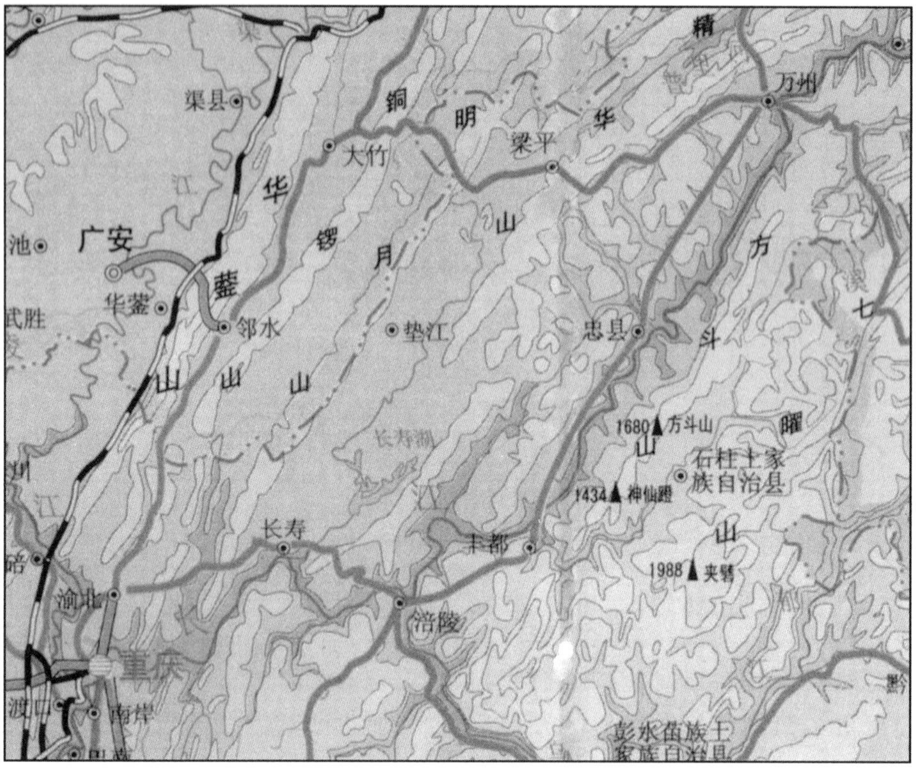

图二　忠县位置示意图

中坝遗址是长江三峡库区发现的地层堆积最厚、延续时间最长、遗址性质全新、文化特征独具特色的一处古遗址。它位于忠县县城正北6千米㽏井河两岸的台地上，遗址东西长约350、南北宽约140米，总面积近50000平方米。由于河水的长期冲刷，遗址的主体部分已沦为一座名为“中坝”的孤岛，面积约7000平方米，中心地理坐标为东经108° 1′ 36.98″，北纬30° 20′ 42.53″，海拔135～148米（图三）。

二、地理环境

忠县地貌受三叠系末期的印支运动，特别是老三纪末期的喜马拉雅山造山运动的影响发育而成。印支运动使川西结束海侵，隆起成为陆地，其后川东地台又一次上升。上升幅度，地台边缘的沉降带（如大巴山褶皱）大于地台中部，使川东地台区脱离海洋变成盆地边缘山地。由于受到强烈的风化剥蚀，为四川地区提供了丰富的沉积物质，又由于当时气候炎热，铁质氧化使沉积物呈现红色，形成“红层”（紫色土）。喜马拉雅运动把四川地区的沉积盖层褶皱变型，因华蓥山以东基底硬化低，盖层厚，形成其一系列狭长不对称的呈东北展布的高幅强烈褶皱，向斜宽、背斜窄，经长期流水侵蚀，背斜成为一系列山体，向斜成为丘陵谷地。第四纪构造运动，使盆东地区背斜山地顶部遭侵蚀，露出二叠系、三叠系灰岩，同时长江不断下切，形成三级河谷台地，从而奠定了忠县地貌的基本轮廓（图四）。

全境从西北至东南依次由金华山、猫耳山、方斗山三个背斜和拔山、忠州两个向斜构成，如果从西北至东南做一横切面，形如“W”。金华山与猫耳山相距宽约22、长约63千米，为

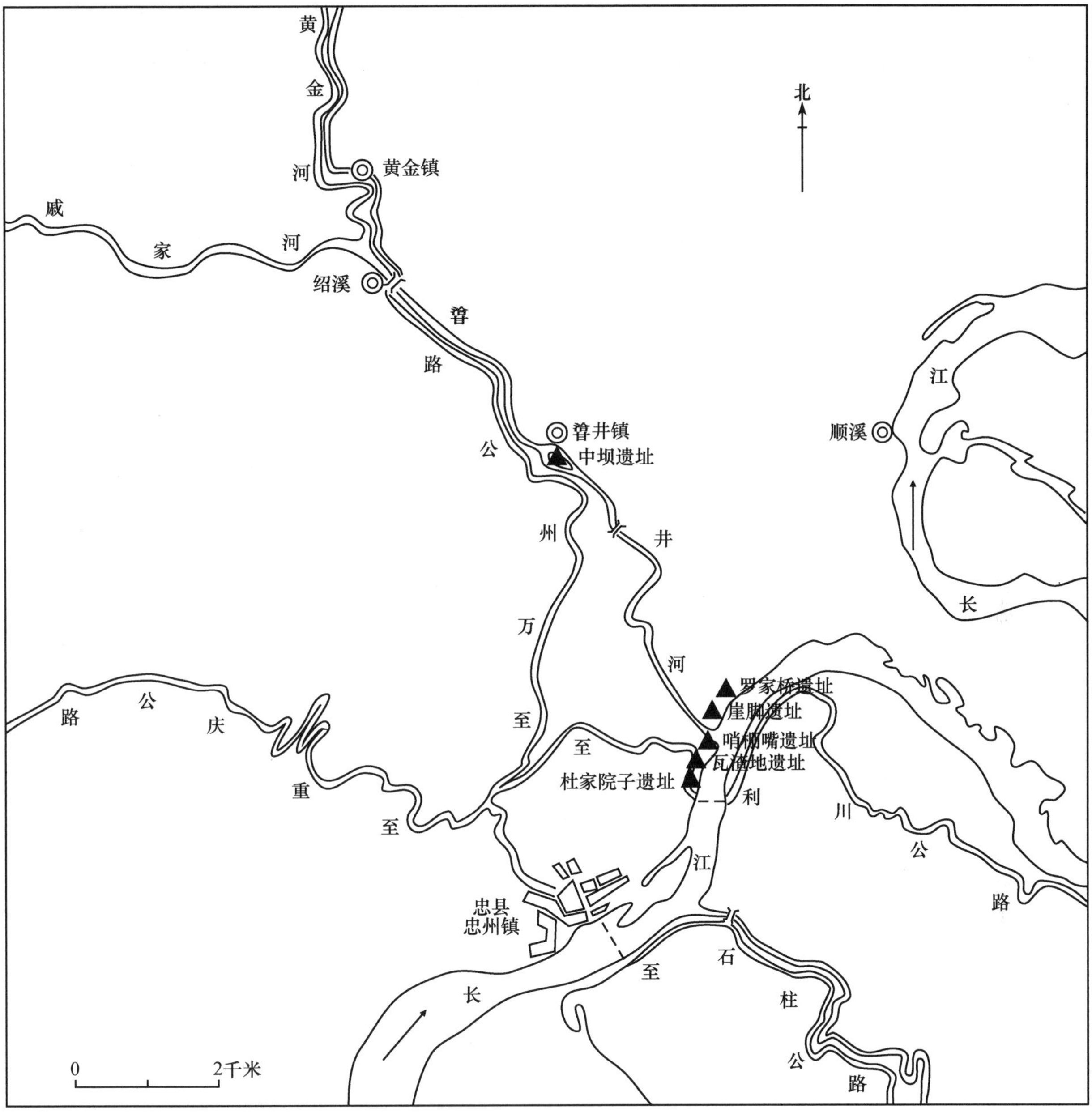

图三　中坝遗址位置示意图

（根据成都地图出版社1989年出版《重庆市地图册》绘制）

拔山向斜，属浅丘地带。猫耳山与方斗山相距宽约13、长约52千米，为忠州向斜，属深丘中丘地带。从河谷到山峰，海拔高差为：长江河谷最低点石宝镇海拔117.5米，最高点谭家寨海拔1127.7米。全县70%的地区海拔300～600米。境内低山起伏，溪河纵横。浩荡长江，穿境而过，流经88千米，汇合溪河28条，其中流域面积大于50平方千米的有8条。

㽏井河位于长江北岸，由东、中、西三条支流汇成。西支源于梁平区铁门乡八角殿，流经忠县金鸡、黄龙、高洞3乡；中支源于梁平区同兴场石椏子，流经忠县双丰、泰来、智华、三汇4乡，在白石孙家堡与西支汇为戚家河；东支源于梁平区柏家乡骑龙屋基，流经忠县石黄、官坝、兴峰等乡，其下游名黄金河，在黄金镇三角滩与戚家河汇为㽏井河，至县城忠州镇东北3千米入长江。忠县境内河道长71.2千米，流域面积910平方千米，是忠县第一大长江支流。

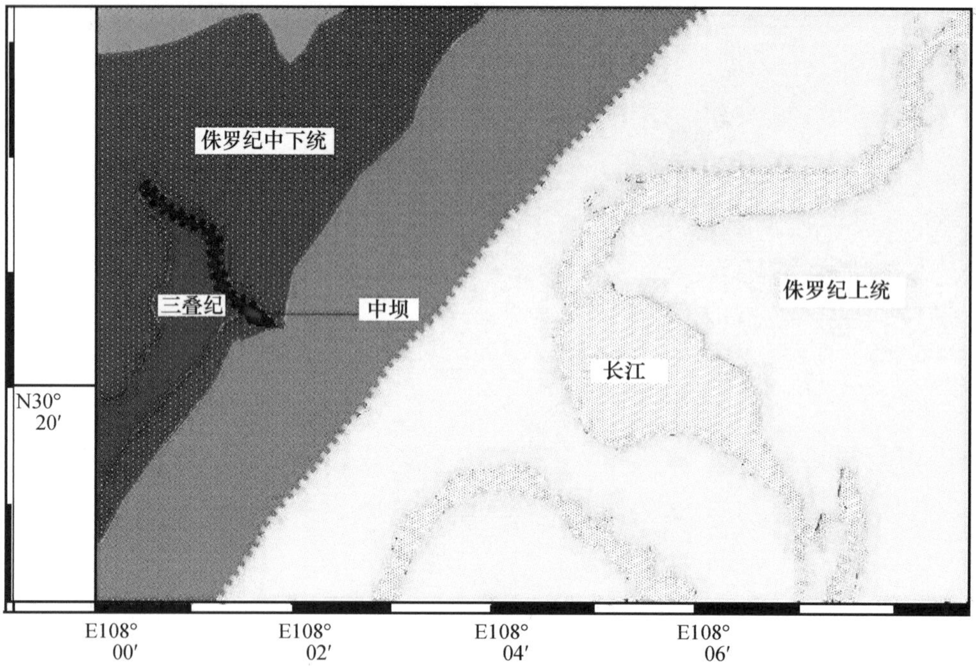

图四 中坝遗址地质地层示意图

㽏井河出猫耳山脉羊子岩峡谷后，形成较为宽阔的河谷地带，东有李公山，南有灶柏山，西有凤凰岩，北有甘田坝，中坝遗址即处于该群山环抱的河谷台地之间（图版一，1）。

中坝呈西北—东南向横列，地貌为三级阶地，西北高，东南低。第三级阶地位处中部偏西，是直径约13米的圆形土台，老乡介绍是奎星阁庙宇废址，高出二级阶地约2米；第二级阶地分布于中坝西部至中部，相对较平，面积约2800平方米，高出一级阶地约2米；第一级阶地分布于中坝中部东部，自西向东倾斜至河滩，面积约4000平方米。现三级阶地全为菜地（图版一，2）。

三、气 候

忠县属亚热带东南季风区山地气候，主要特点是温热凉寒明显，四季分明；降水充沛，且夏多冬少；日照充足，且夏丰冬欠。气候垂直差异较大。县境内各地一年中平均气温的最高值出现在7月下旬和8月上旬，为26.4～29.7℃，最低值出现在1月上旬，为3.7～6.8℃。

四、土 壤

忠县地层出露不多，成土母质简单。按岩性和风化物属性，地层大致可分为9种类型。遗址土壤系第四纪新冲积紫色冲积土，由紫色岩层区域紫色冲积物发育而成，有沙土、夹沙土2个土种。

五、自然资源

1. 植物

忠县地处亚热带，在植被区划上属于亚热带常绿阔叶林地带盆东岭谷植被亚区，有高等植物1000种以上，已定名的有716种，隶属161科，427属。其中，蕨类植物15科，20属，28种；裸子植物7科，14属，28种；被子植物139科，438属，672种。

2. 动物

20世纪50年代初，山区有金钱豹、龟纹豹（云豹）、红春豹、狸豹、林麝、黄猺、黄羊、狼、飞鼠、竹鼠、松狼等，现绝迹。濒临绝迹的有猪獾、大灵猫（九节狸）、石獾、豪猪、毛冠鹿（青鹿）、马豹（雪豹）等；常见的有黄鼬、花面狸、麂子、野兔、獾子、香狸（箭猪）、狐、黄鹿、猸子、松鼠、水獭、野猪、松鼠、蛇、蝙蝠等。常见的鸟类有麻雀、山麻雀、喜鹊、寒鸦、白颈鸦、大嘴乌鸦、红嘴蓝鹊（山咋子）、竹鸡、雉鸡、红腹锦鸡、白腹锦鸡、秧鸡、董鸡、秃鹰、雀鹰、猫头鹰、啄木鸟、白鹭、枭、绿头野鸡、黄鸭、家燕、灰沙燕、戴胜、翠鸟、小云雀、棕背白劳、红尾白劳、绶带鸟、大山雀、珠颈斑鸠、山斑鸠、灰斑鸠、大杜鹃、四声杜鹃、鹰鹃、黄鹂、卷尾、金画眉、山树莺等。

3. 矿藏

矿产资源有18种，主要有煤、天然气、岩盐（集中在石宝一带）。磷矿少量分布在望水、㽏井镇一带。

六、农　业

主要粮食作物：水稻、小麦、玉米、红苕、洋芋、大豆、豌豆、胡豆、大麦、高粱。
经济作物：油菜、花生、芝麻、甘蔗、苎麻、黄（红）麻、棉花。

七、养　殖　业

养殖禽畜种类有猪、牛、羊、鸡、鸭、鹅、兔、蜂、蚕等，以猪为主，牛、羊、兔、鸭次之，鹅、蜂较少，鸡普及全县各农户。

八、水　产　业

养殖鱼类：草鱼20%、鲢鱼40%、花鲢10%、鲤鱼20%、青鱼（1978年从湖北引进）、鲫鱼、鳊鱼、团头鲂。

野生鱼类：鳜鱼（俗名母猪壳）、乌鱼（乌棒）、鲶鱼（俗名鲶巴郎）、巧嘴红白（俗名翘壳）。

珍贵鱼类：鲟鱼（俗名腊子），有达氏鲟鱼和中华鲟鱼等。

还有黄颡鱼（俗名黄排）、石斑鱼（俗名斑石子）、鳗鲡（又名鳗鱼）等。

溪河、田塘中还有龟、鳖（又名甲鱼、团鱼）、蟹、螺、蚌等水生动物。

第二节　文献记载（历史沿革）

据《忠县志》记载，忠县周代为巴国属地，秦代属巴郡，西汉置临江县，新莽时改称监江，东汉复名临江。汉献帝时改属永宁郡。梁大同六年（540）分巴郡置临江郡，领临江县，设郡治于临江县城。西魏废帝二年（553），分楚州临江郡置临州。隋开皇三年（583），废郡置临州。大业三年（607）罢州，县属巴东郡。义宁二年（618），复置临州，辖2县。唐贞观八年（634），改临州为忠州，临江县为其领县之一。唐天宝元年（742）改为南宾郡。唐乾元元年（758）复为忠州，属山南道，州郡治地临江县。北宋初名南宾郡，隶属夔州路。南宋咸淳元年（1265），以度宗潜邸故，升忠州为咸淳府。元至元二十一年（1284），复名忠州，治临江县城，领3县。明洪武元年（1368），以州治临江，县省入忠州，领2县，属重庆府。清雍正十二年（1734），以州直隶四川省，领3县。民国二年（1913），改州为县，名忠县至今，属东川道。1914年归属四川省东川道。1949年12月7日解放，属万县专区。

上述可见，文献记载过于简略，且时代越早越少，三代以前更是一片空白。因此，考古工作成为认识忠县早期历史文化面貌的最重要手段。

第三节　工作概况

一、历年工作情况

中坝遗址最早发现于20世纪50年代末，当时挖了三条探沟，但是，由于种种原因，资料未发表，世人大多不知有这样一处如此重要的遗址[①]。

1987年，该遗址在四川省第二次全国文物普查工作中重新发现。1988年入选四川省文物普查重要新发现，这一重要遗址开始为四川考古同仁所了解[②]。

1989年，中国社会科学院考古研究所四川队到四川万县地区长江流域开展考古调查工作，经他们复查、确认，也认为是长江上游一处非常重要的遗址。他们的调查简报发表后，中坝遗

① 20世纪50年代末发现并试掘，1997年发掘时曾经发掘出当时挖的三条探沟。1998年，曾亲历此工作的重庆博物馆陈丽琼先生面告，资料未发表。

② 资料现存忠县文管所。

址开始被我国考古界关注[①]。

1990年下半年至1991年上半年，四川省文物考古研究所（今四川省文物考古研究院）向国家文物局申报批准，由巴家云先生主持对中坝遗址进行了试掘[②]。当时开了A、B、C3个5米×5米的探方，发掘面积75平方米。发掘工作的情况，在《中国考古学年鉴》（1991年）上有一个简单介绍，认为这是一处“新石器时代晚期至商周时期”的遗址。后来，巴先生也做了一些室内资料整理工作，但可惜的是，因工作单位调动，这次发掘工作简报一直未能面世，大家对中坝遗址的了解还是停留在调查简报和“年鉴”报道的范围内。

1992年，全国人大通过修建三峡水库工程后，四川省文物考古研究所组织专门队伍开展了三峡工程四川库区文物调查，再次复查了该遗址[③]。1993年，王鲁茂将巴家云先生调动工作移交的发掘材料以《揭开巴人之谜的窗口——四川忠县中坝遗址》为题，在台湾《历史月刊》第68期进行了公开发表，中坝遗址开始流传海内外[④]。

1993年底至1994年，北京大学考古系承担了忠县三峡工程淹没区地下文物保护规划的制定工作，再次对该遗址进行了复查，并制定了8000平方米的抢救性发掘规划[⑤]。

1997年，在重庆市三峡工程淹没区地下文物保护项目协调会上，经过激烈竞争和多方协商，四川省文物考古研究所承担了中坝遗址的抢救性发掘任务。是年11月，四川省文物考古研究所与忠县文化局、文管所联系，制定发掘计划和开展发掘前的准备工作。12月初，四川省文物考古研究所抽调本单位和部分地、市、县文管所有多年实践工作经验的专业人员16人，组成“四川省文物考古研究所中坝工作队”，中坝遗址连续、大规模的抢救性发掘工作正式开始。

二、发掘工作经过

1997年12月至1998年7月，开展1997年度发掘。根据遗址地形、地貌和开展发掘工作先后，我们将遗址中坝岛和㽏井河右、左岸台地划分为Ⅰ、Ⅱ、Ⅲ三个发掘区。本年度发掘集中在Ⅰ区，共开5米×5米探方39个（图五），探方编号分别为：97ZZⅠAT0301～97ZZⅠAT0701、97ZZⅠAT0302～97ZZⅠAT0702，97ZZⅠDT0301～97ZZⅠDT0801、97ZZⅠDT0202～97ZZⅠDT0802、97ZZⅠDT0203～97ZZⅠDT0803、97ZZⅠDT0204～97ZZⅠDT0804、97ZZⅠDT0305、97ZZⅠDT0405（以下简称97AT××××、97DT××××），加上清理遗迹扩方，发掘面积1000平方米。重要发现有：首次在重庆峡江地区发现数十座东周时期的房址；发现3座西汉中期以前的龙窑，将四川盆地使用龙窑的历史提早到了距今2000多年以前。参加发掘工作人员有：四川省文物考古研究所孙智彬（领队）、胡昌钰、张肖马、雷雨、周科华、刘化石、王燕芳、张燕，广元市文管所唐志工，绵阳市博物馆唐光孝，江油市文管所宋建民，雅安地区

① 中国社会科学院考古研究所四川工作队：《四川万县地区考古调查简报》，《考古》1990年第4期。

② 巴家云：《忠县中坝新石器时代晚期及商周遗址》，《中国考古学年鉴》（1991年），文物出版社，1992年。

③ 资料现存忠县文管所。

④ 王鲁茂、巴家云：《揭开巴人之谜的窗口——四川忠县中坝遗址》，《历史月刊》第68期。

⑤ 北京大学考古系：《忠县三峡工程淹没区地下文物保护规划报告》，资料现存忠县文管所。

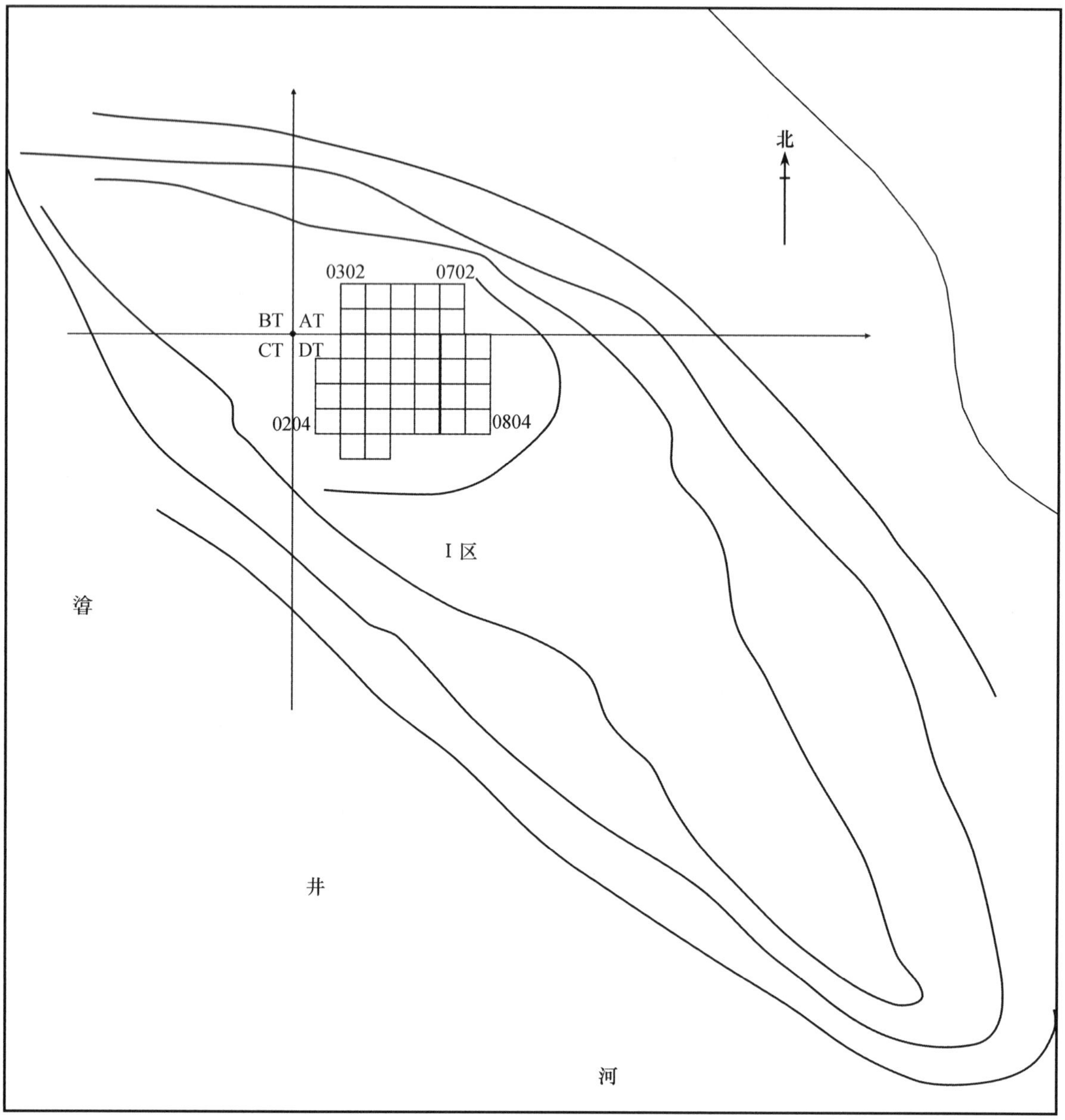

图五　1997年度发掘探方分布示意图

文管所代强、潘红兵，达川市（今达州市通州区）文管所罗龙洪，南充市文管所唐德兵，通江县文管所席凯，忠县文管所曾先龙（图版二，1）。发掘期间，国家文物局检查组俞伟超、杨林等先生到工地检查和指导工作（图版二，2）。

1998年11月至1999年6月，开展1998年度发掘。本次发掘除继续在中坝岛上（Ⅰ区）进行外，还在㽏井河右岸一级台地上（Ⅱ区）开展了发掘工作，共开5米×5米探方35个（图六），探方编号分别为：98ZZⅠAT0202、98ZZⅠAT0103、98ZZⅠAT0203（98ZZⅠAT0103、98ZZⅠAT0203进入战国地层后合并为一个探方发掘）、98ZZⅠAT0104，98ZZⅠBT0501、98ZZⅠBT0601、98ZZⅠBT0502、98ZZⅠBT0602、98ZZⅠBT0103、98ZZⅠBT0203（98ZZⅠBT0303位置为1990年试掘A方）、98ZZⅠBT0403～98ZZⅠBT0703、98ZZⅠBT0104～98ZZⅠBT0804、98ZZⅠBT0205～98ZZⅠBT0705；98ZZⅡT0301、

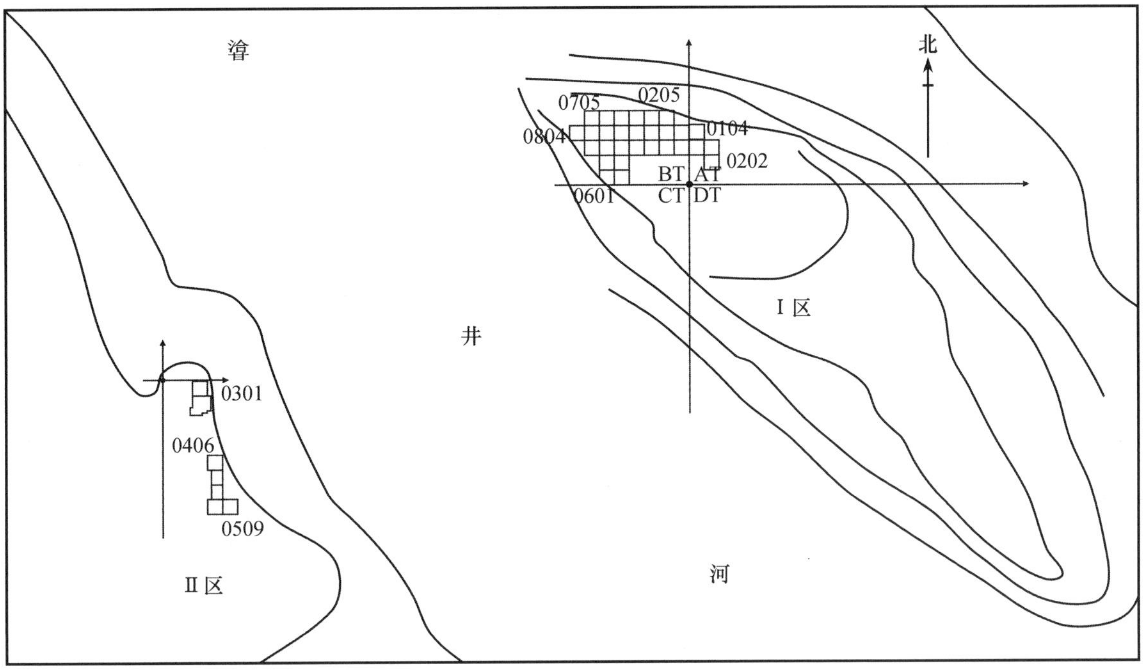

图六 1998年度发掘探方分布示意图

98ZZⅡT0302、98ZZⅡT0406～98ZZⅡT0409、98ZZⅡT0509（以下简称98AT××××、98BT××××、98ⅡT××××），加上清理遗迹扩方，发掘面积900平方米。重要发现有：发现“中坝三叠层”：“三星堆文化”—老关庙遗址下层—哨棚嘴遗址新石器时代遗存间的叠压关系；再次发现西汉中期前后的龙窑2座；发现保存较好的宋元窖藏1个。参加发掘人员有：四川省文物考古研究所孙智彬、辛中华、刘化石、王静、代兵、谢振斌，江油市文管所宋建民，雅安地区文管所代强，达川市文管所罗龙洪，南充市文管所唐德兵，内江市文管所万立新，泸州市文管所明文秀，河南省文物考古研究所郑州商城工作站技工齐雪芳、龚海珍，驻马店市文管所刘群、齐雪义，山西技工周民生、王军（图版三，1）。发掘期间，国家文物局检查组谢端琚、王晓田等先生到工地检查和指导工作（图版三，2）。

1999年9月至2000年6月，开展1999年度发掘。由于中坝岛上地层堆积厚、遗迹和遗物都很多，经过1997、1998两个年度的工作，采用传统的5米×5米探方发掘，不太适合本遗址遗迹太多的实际情况；又因经过两年的工作，对本遗址的遗迹、遗物和地层堆积的情况都比较了解，所以，从本年度的发掘开始，我们改为采用10米×10米的探方进行。共开10米×10米探方7个（图七），探方编号分别为：99ZZⅠAT0101、99ZZⅠAT0201、99ZZⅠAT0301，99ZZⅠDT0101、99ZZⅠDT0201、99ZZⅠDT0301、99ZZⅠDT0202（以下简称99AT××××、99DT××××，99AT0101、99DT0101因电线杆的限制，只发掘东部二分之一部分），发掘面积约700平方米。

本年度虽然发掘面积不大，但我们发现了数以百计的房址和灰坑，也发现了大量的灰沟、墓葬、“洞”等遗迹和数以万计的遗物。其中最为重要的是我们发现了地层叠压关系清楚的新石器时代晚期的龙窑3座，将四川盆地使用龙窑的历史提早到了距今4000年前的新石器时代晚期。

本次发掘与往年不同，我们还与北京大学考古文博学院和美国加州大学洛杉矶分校

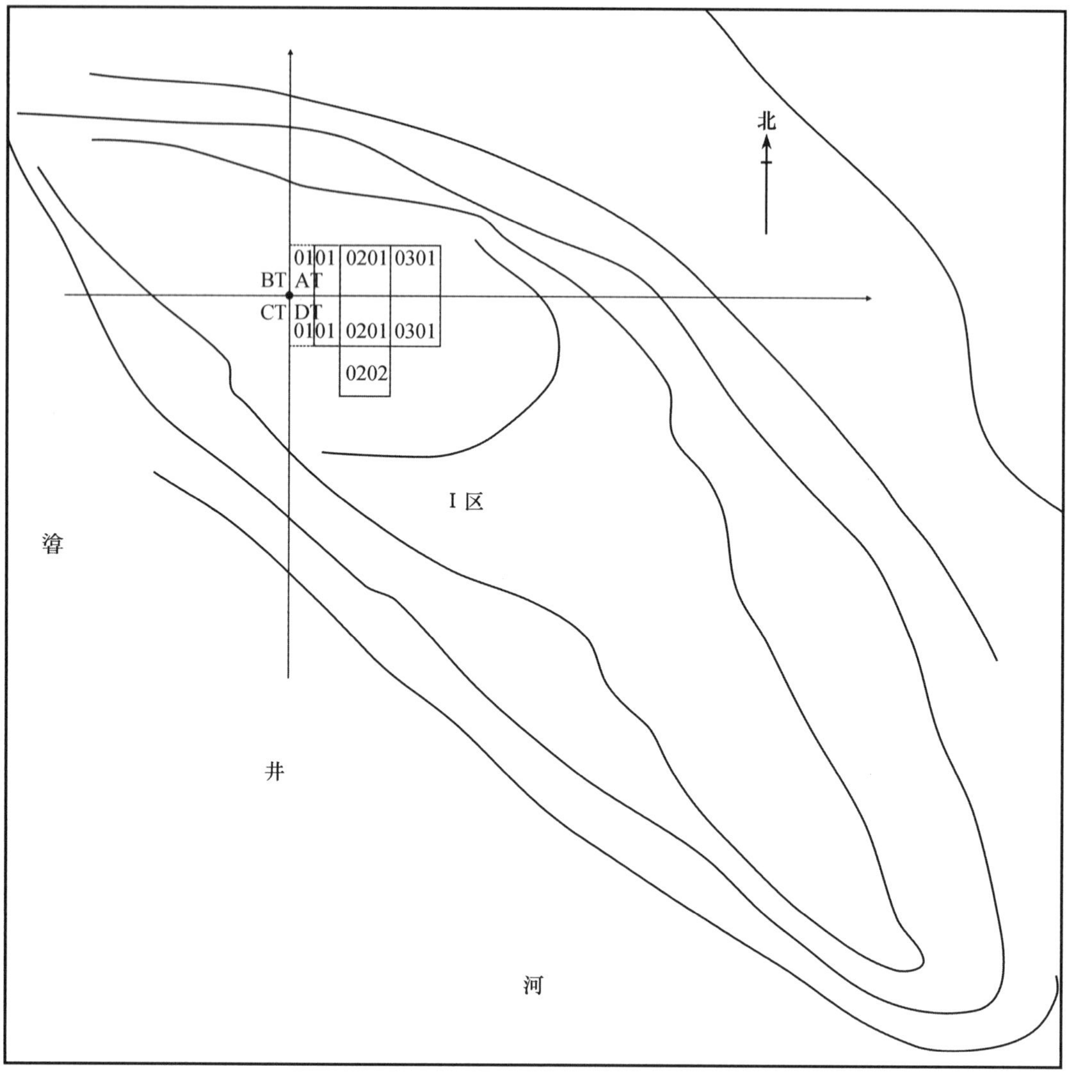

图七 1999年度发掘探方分布示意图

（UCLA）联合组队，开展了盐业考古的专题发掘和研究（此项工作一直持续到2002年）。参加发掘工作的人员有：四川省文物考古研究所孙智彬、刘化石、辛中华、王静、吴长源，江油市文管所宋建民，达川市文管所罗龙洪，南充市文管所唐德兵，泸州市文管所明文秀，河南遂平县文管所信应君，美国UCLA大学罗泰（Lothar Von Falkenhausen）、博士研究生付罗文（Rowan Flad）和陈伯桢、关玉琳（Gwen Bennet），北京大学硕士研究生吴世恩，安徽省文物考古研究所张钟云和技工周明生、齐雪方、王军、龚海珍。发掘期间，国家文物局检查组杨志军司长等到工地检查和指导工作（图版四，1）。

2000年9月至2001年6月，开展2000年度发掘。选择在以前从未工作过的中坝岛东南部一级阶地上，共开10米×10米探方20个（图八），探方编号分别为：00ZZ I DT0604、00ZZ I DT0605～00ZZ I DT0805、00ZZ I DT0706～00ZZ I DT0906、00ZZ I DT0707～00ZZ I DT1007、00ZZ I DT0808～00ZZ I DT1008、00ZZ I DT0809～00ZZ I DT1009、00ZZ I DT0910、00ZZ I DT1010、00ZZ I DT1011（以下简称00DT××××），发掘面积2000平方米。重要发现主要有：在发掘区西部的周代地层下新石器时代晚期地层上，发现层位关系明

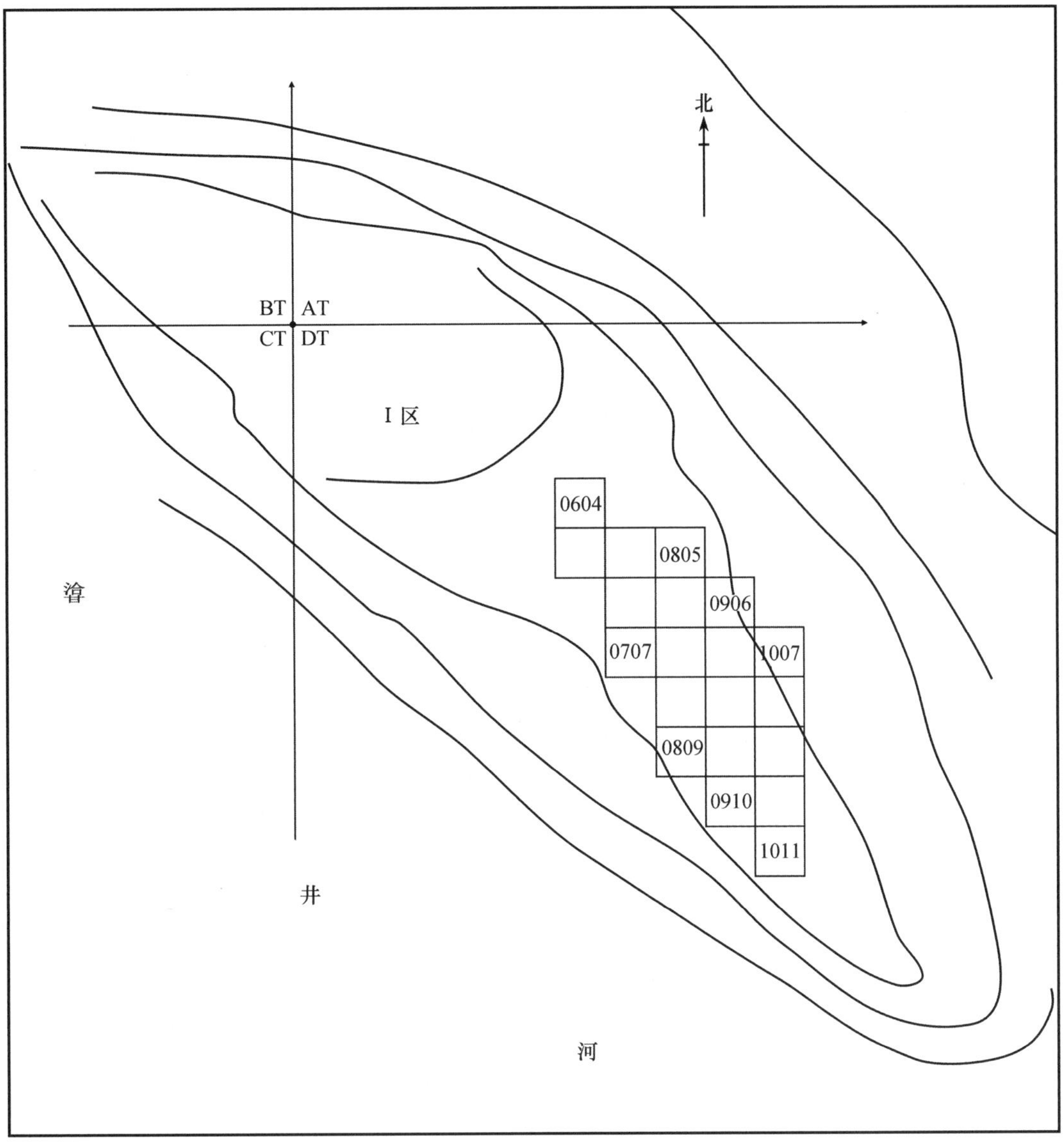

图八　2000年度发掘探方分布示意图

确的夏商时期遗存，填补了中坝遗址古代文化编年上的空白；发现了唐代中期前后的、排列整齐的盐灶遗迹。这也是三峡库区首次发现与盐业生产有关的唐代盐灶，为研究该地区盐业生产的发展，提供了不可多得的实物资料；对中坝岛东南部的形成原因有了初步的了解。参加发掘人员有：四川省文物考古研究所孙智彬、刘化石、辛中华、王静、吴长源，达川市文管所罗龙洪，南充市文管所唐德兵和山西、河南以及陕西的技工赵宏才、齐雪方、王军、朱岁明、刘峰、魏超、秦仪。发掘期间，国家文物局检查组张忠培、徐光冀、张柏、关强等先生和领导到工地检查和指导工作（图版四，2）；俞伟超先生到工地检查并指导工作（图版五，1）。

2001年9月至2002年1月，开展2001年度发掘。发掘区选在以前从未工作过的中坝岛东北澮井河左岸较平台地和村落院子的房前屋后的空地上，共开10米×10米探方20个（图九），探方编号分别为：01ZZⅢAT0302、01ZZⅢAT0402、01ZZⅢAT0103～01ZZⅢAT0403、01ZZⅢAT0104～01ZZⅢAT0404、01ZZⅢAT0105、01ZZⅢAT0309、01ZZⅢAT0409、01ZZⅢAT0610，01ZZⅢBT0107、01ZZⅢBT0207，01ZZⅢCaT0101、01ZZⅢCaT0102、

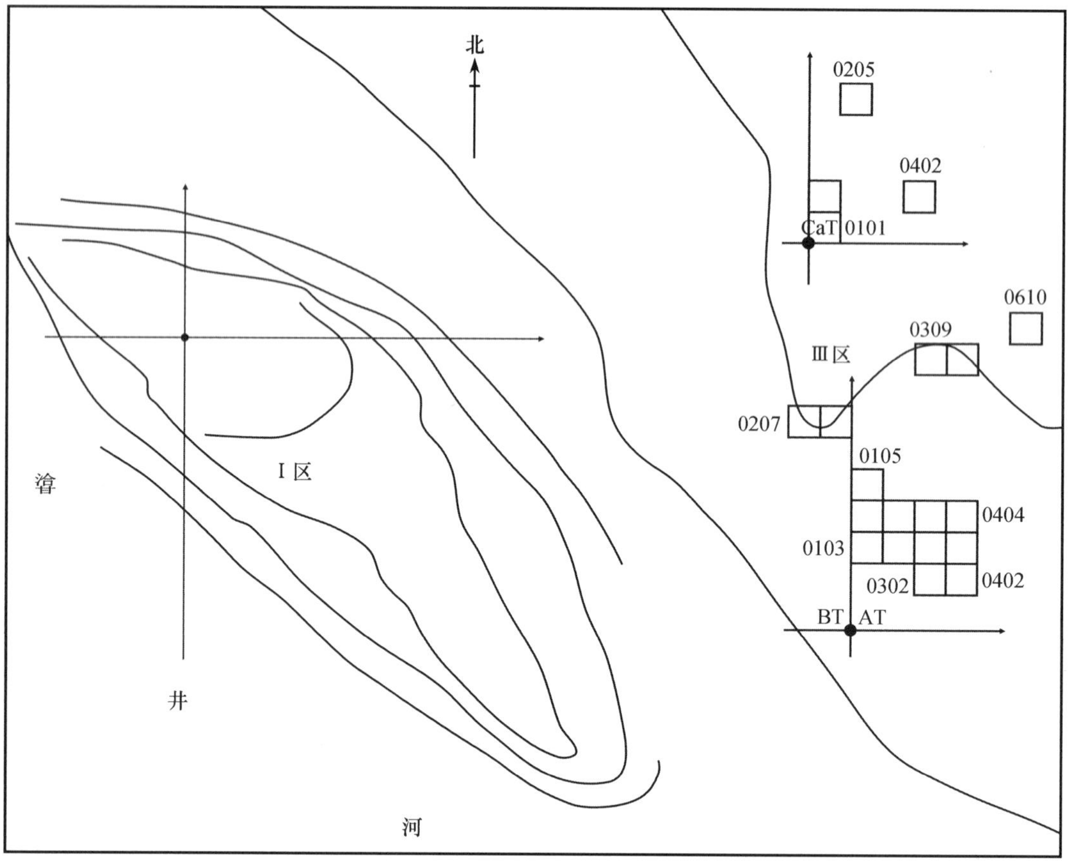

图九　2001年度发掘探方分布示意图

01ZZⅢCaT0402、01ZZⅢCaT0205（以下简称01AT××××、01BT××××、01CaT××××），发掘面积2000平方米。发现此区人类活动遗存最早的时间是在西周时期，春秋、战国到汉代古人在此活动都较少，到唐宋时才达到比较繁荣的阶段。从大量发现的灰烬和房址情况分析，此区仍然应该是以生产为主。也获得了两个比较重要的发现：一是在一座唐代房址的小坑内发现了一个钱币窖藏，坑虽小，却出土了半两、五铢、开元通宝、乾元重宝等钱币上千枚；二是首次在重庆三峡库区，发现了唐代的"瓦棺葬"，为研究该区域的葬制、葬俗提供了新的实物资料。参加发掘人员有：四川省文物考古研究所孙智彬、王静、吴长源，达川市文管所罗龙洪，南充市文管所唐德兵和山西、河南以及陕西的技工王军、朱岁明、刘峰、苏帅、吴爽、吕亚怀、秦仪。发掘期间，国家文物局检查组宋新潮、郑若葵等领导和先生到工地检查与指导工作（图版五，2）。

2002年3月至12月，开展2002年度发掘。发掘区分布于Ⅰ、Ⅲ区，共开10米×10米探方14个（图一〇），探方编号分别为：02ZZⅠAT0101，02ZZⅠBT0101、02ZZⅠBT0201，02ZZⅠCT0101、02ZZⅠCT0201、02ZZⅠCT0102，02ZZⅠDT0101、02ZZⅠDT0102；02ZZⅢCaT0201、02ZZⅢCdT0202、02ZZⅢCdT0302，02ZZⅢET01～02ZZⅢET03（以下简称02AT××××、02BT××××、02CT××××、02DT××××、02CaT××××、02CdT××××、02ET××，02AT0101、02DT0101发掘西部二分之一），发掘面积1400平方米。Ⅰ区发掘区位于中坝岛上两根通信线杆所涉及的范围内，这里是岛上最后剩下的没有发掘过的中坝遗址的中心区，发掘

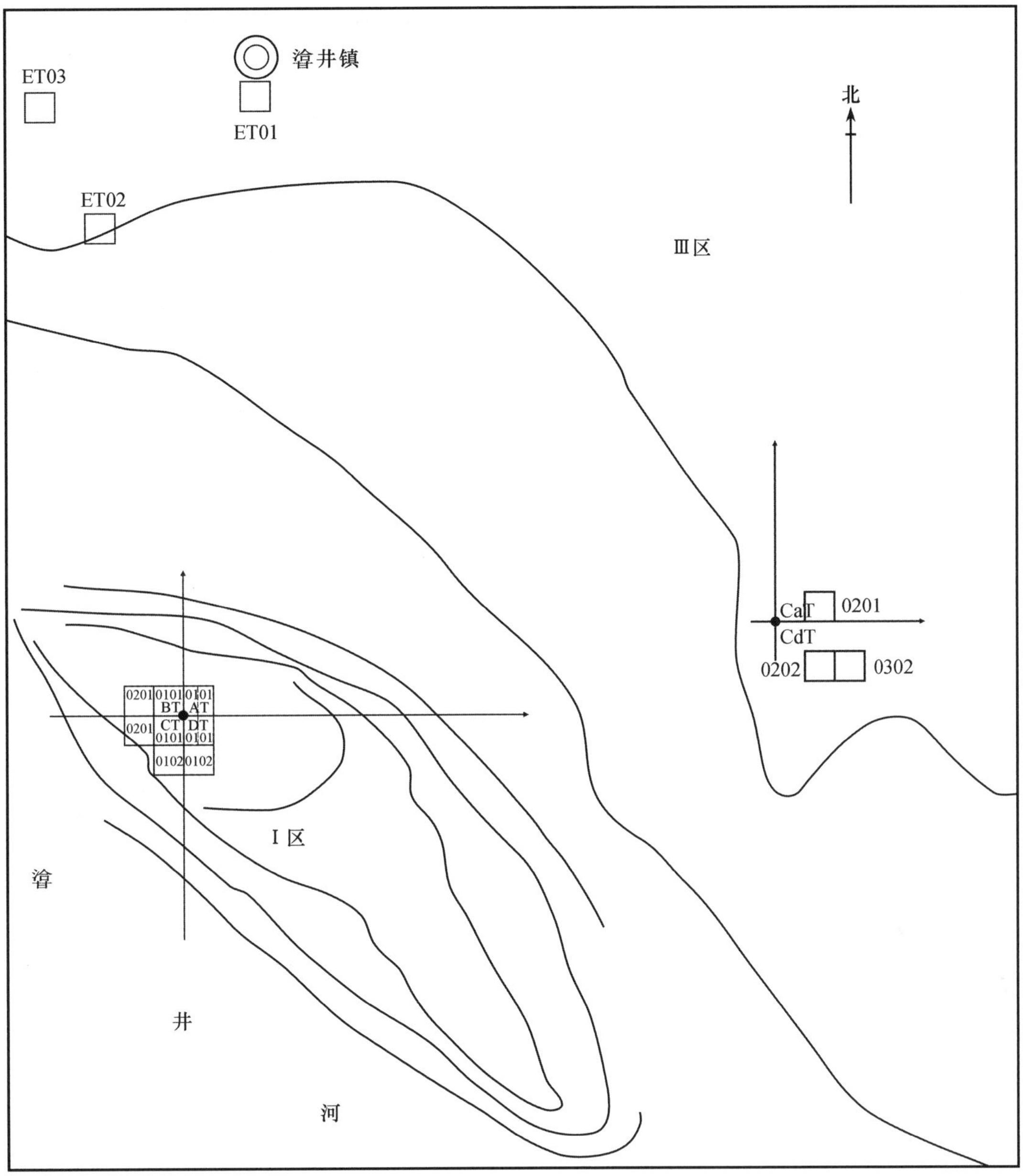

图一〇　2002年度发掘探方分布示意图

面积800平方米；另在渰井河的左岸（Ⅲ区）分散布方6个，发掘面积600平方米。从发掘的情况看，没有超出历年发掘的范围，但仍然取得了重要的发现：一是弄清了遗址中心区中坝岛的形成原因。中坝岛主要是由堆积和淤积两种合力形成的，西部主要以堆积为主，东部主要以淤积为主。中坝岛在新石器时代要比现在小和“矮”很多，在新石器时代晚期至夏代，地形地貌没有大的变化；自夏代晚期和商代起，开始向中坝西南断崖和西部倾倒尖底杯、角杯等陶器碎片，中坝西部开始扩大和增高，历西周、春秋、战国至秦，中坝增高了2～5米，秦以后，扩大和增高的速度开始减缓。中坝东部自宋以后，加快了淤积的速度，不断地淤积、扩大、增高。在这两种合力下，最终形成了20世纪70年代以前，大、小中坝约15000平方米的范围。自20世纪80年代修建公路护堤以来，特别是修建羊子崖电站以后，每年洪水冲刷，到现在，小中坝已荡然无存，大中坝也只剩下约7000平方米的面积了。二是再次发现了层位关系明确的夏代遗存，丰富了这一时期的文化内涵。三是确证古人对㽏井河左岸的开发利用是在西周及其以后。参加发掘人员有：四川省文物考古研究所孙智彬、王静、吴长源，达川市文管所罗龙洪，山西、河南以及陕西的技工王军、朱岁明、甘明轩、王育红、郭存良、郭相坤、秦仪（图版六，1）。发掘工作结束后，中国国家博物馆文物保护部潘路先生等到工地开展了典型探方剖面的揭取工作（图版六，2）。

六次发掘开探方135个，其中5米×5米探方74个，10米×10米探方61个，发掘面积约8000平方米（图一一）。清理房址350余座、灰沟69条、灰坑780余个、墓葬63座、卤水槽32个、窑址39座、窖穴2个、灶7座、路4条、墙4处、地面5处。出土陶器、石器、骨器、瓷器、铜器、铁器、银器等26万余件。采集了大量的人骨、动植物、钙化物和土壤标本。

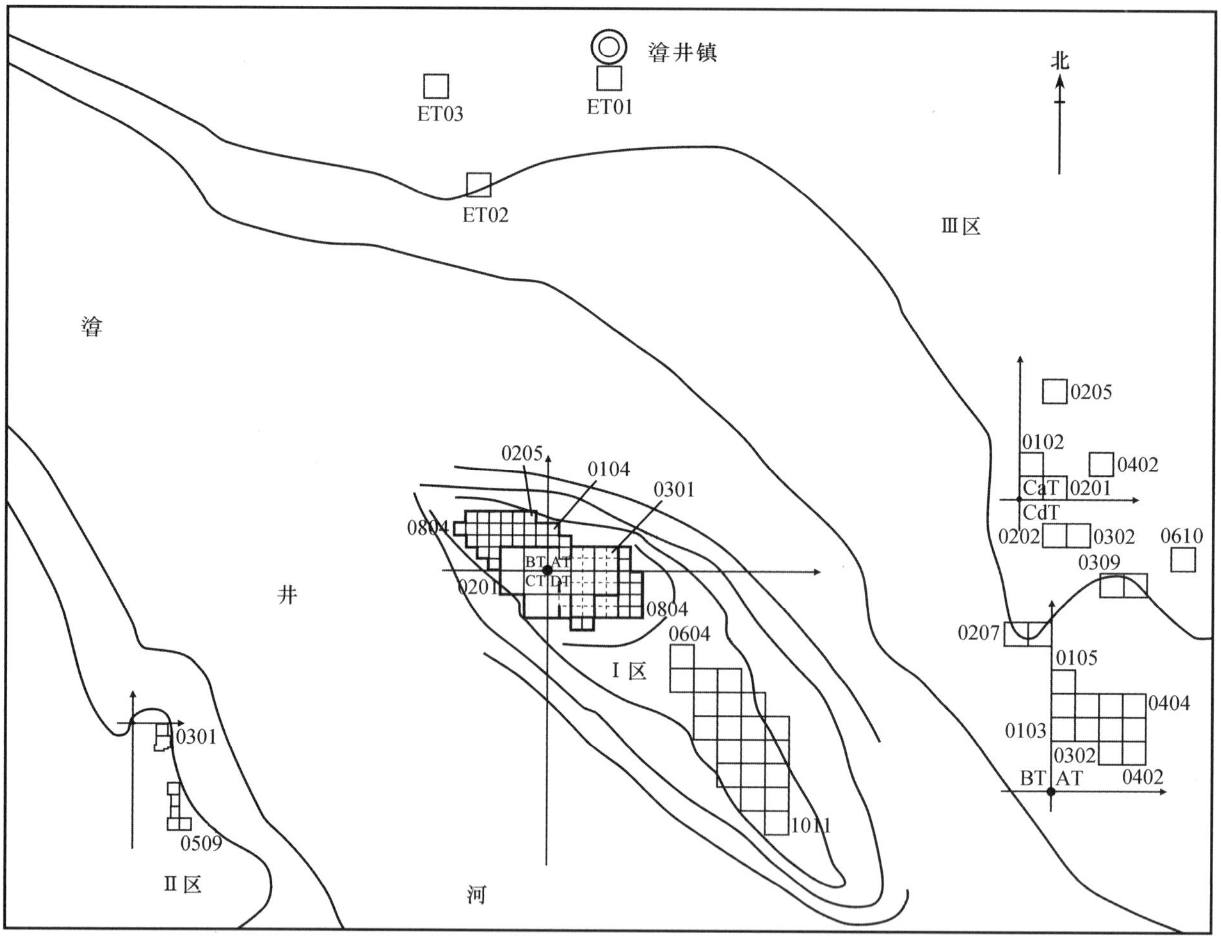

图一一　中坝遗址发掘探方分布示意图

第四节　资料整理与报告编写

一、资料整理

1. 整理阶段

（1）第一阶段：每一年度发掘工作结束后，参加发掘工作人员对发掘所获资料都进行了初步整理，撰写了探方、遗迹等发掘记录。

（2）第二阶段：为了完成年度发掘报告，我们从1999年开始，利用发掘工作间隙和雨季，陆续开展了1997年度、1998年度Ⅱ区、1998年度发现的瓷器窖藏的室内资料整理工作。1997年度的资料整理主要由孙智彬、刘化石、罗龙洪和唐德兵完成，1998年度Ⅱ区的资料整理主要由孙智彬、辛中华、宋建民、明文秀完成，1998年度瓷器窖藏的资料整理由辛中华完成。2001年上半年，进行了1998年度Ⅰ区和1999年度典型探方和典型单位的资料整理以及相互对照，初步建立了中坝遗址新石器时代的分期框架。参加整理工作的人员主要有孙智彬、辛中华、刘化石、王静、罗龙洪、唐德兵、吴长源。

（3）第三阶段：2002年度发掘工作结束后，我们立即开始了中坝遗址全面、系统的室内资料整理，至2005年6月底，室内资料整理告一段落。参加整理工作的人员有孙智彬、王静、罗龙洪、吴长源、朱岁明、宋清、周小楠、秦仪、申利霞。

2. 整理步骤

（1）首先进行发掘资料（文字、图、表、照片等）与收集标本的检查、核对。

（2）开展出土遗物的室内资料整理。从遗址出土的遗物看，主要为陶器、石器、瓷器、骨器，铜器、铁器等较少，基本不见复合质地的器物，所以，我们以上述不同质地分类进行整理。而且，重点开展陶器、石器、瓷器和铜器的资料整理工作。

首先，以年度和分区为序，以探方的地层与地层以及地层与遗迹之间的叠压打破关系为基础，从早及晚开展陶质、陶色、纹饰和器类的分类、拼对、修复和统计。陶器器类、数量统计到个体，分类标准主要以口沿为主，适当参考领（颈）、肩、腹、底或足部特征。填写统计表、挑选纹饰标本。其次，进行器物排队，以不同时代为序，开展不同器类的分类、统计工作，填写分类统计表，挑选标本，绘图、制卡。再次，进行不同年度间的对照、检验。

（3）绘挑选标本图；对所绘标本图进行图与实物的对照检查与修改，制卡和上墨线图。

（4）进行纹饰标本的拓片工作。

（5）开展石器、瓷器、骨器、铜器等的资料整理。

（6）进行总排队，对分类结果进行微调、修正。

（7）挑选照相标本，开展拍照工作。

（8）办理出土遗物的资料移交，整理工作结束。

3. 陶器统计标准

根据本遗址出土陶器的情况，我们在整理中，统一了陶器统计的如下标准：

（1）陶质：夹砂颗粒大于半个米粒及以上的为粗砂，肉眼观察到砂粒与手摸有砂质感的为细砂，肉眼观察不到砂粒与手摸无砂质感的为泥质。

（2）陶色：本遗址出土陶器，不管时代早晚，大多颜色斑驳，在一块陶片上颜色一致的很少，陶片大多内外或胎色不一，在稍大块的陶片上，即使是表面也不一致，所以，统一规定：陶色统计以陶片表面的主色为标准进行。

（3）纹饰：器表纹饰只有单一一种的，以该种纹饰统计，器表纹饰两种以上的定为复合纹。

（4）对容易引起混淆的口部形态描述做了如下统一：

侈口：口部先收后张。

敞口：口部外张。

在历年发掘工作中，我们还采集了很多用于自然科学检测的炭、土样、钙化物、卤水、兽骨等标本，这些标本大部分送相关单位进行了处理和检测，部分已经得出了检测结果并利用检测结果进行了初步研究。

二、报告编写

2002年以前，我们在开展年度资料整理的基础上，陆续完成了1997年度①、1998年度Ⅱ区②、1998年度瓷器窖藏③的发掘简报。2003年至2005年开展室内资料整理的同时，陆续完成了1999年度④、2000年度⑤、2001年度⑥、2002年度⑦的发掘简报。

2005年7月至2011年6月，在完成室内资料整理的基础上，由孙智彬主持了本报告的编写。编写时尽可能全面、系统地介绍遗存，以客观地反映遗址的堆积与文化面貌为目的，同时进行适当的分析和总结。

本报告文物标本的编号均省略单位号前的发掘地点编号。墓葬填土或淤土标本编号前加0。文物总数量不含墓葬填土、淤土和采集的遗物。探方（沟）、房址、灰沟、灰坑、墓葬、卤水槽、窑址、窖穴、灶、路、墙、地面分别以：T、F、G、H、M、SC、Y、J、Z、L、Q、DM字母表示。以往发表的相关资料若与本报告有出入，均以本报告为准。

本报告2007年底完成初稿，之后，在听取各方面专家意见的基础上进行了修改、补充与校对，于2011年6月定稿。

---

① 四川省文物考古研究所、忠县文物保护管理所：《忠县中坝遗址发掘报告》，《重庆库区考古报告集·1997卷》，科学出版社，2001年。

② 四川省文物考古研究所、重庆市文物局三峡办、忠县文物保护管理所：《忠县中坝遗址Ⅱ区发掘简报》，《重庆库区考古报告集·1998卷》，科学出版社，2003年。

③ 四川省文物考古研究所、重庆市文物局三峡办、忠县文物保护管理所：《忠县中坝遗址宋代瓷器窖藏发掘简报》，《四川文物》2001年第2期。

④ 四川省文物考古研究所、北京大学考古文博学院、美国UCLA大学等：《忠县中坝遗址1999年度发掘简报》，《重庆库区考古报告集·2000卷》，科学出版社，2007年。

⑤ 四川省文物考古研究院、忠县文物保护管理所：《忠县中坝遗址2000年度发掘简报》，《重庆库区考古报告集·2001卷》，科学出版社，2010年。

⑥ 四川省文物考古研究院、忠县文物管理所：《忠县中坝遗址2001年度发掘简报》，《重庆库区考古报告集·2003卷》，科学出版社，2019年。

⑦ 四川省文物考古研究院、忠县文物管理所：《忠县中坝遗址2002年度发掘简报》，《重庆库区考古报告集·2003卷》，科学出版社，2019年。

第二章　文化堆积与遗址年代

第一节　文 化 堆 积

由于本遗址发掘区分别为相对独立的中坝岛（Ⅰ区）、㽏井河右岸（Ⅱ区）和左岸（Ⅲ区），所以，文化堆积分区介绍如下：

一、Ⅰ　区

本区以1998年度A—A′，1997、1999、2002年度B—B′，2002年度C—C′，2000年度D—D′，2000年度E—E′为典型剖面，基本上概括了该区的文化堆积情况。

（一）A—A′

A—A′为98BT0205～98BT0605南壁剖面，由于各探方地层局部堆积较多，汉代以前的地层未统一，只是打隔梁进行了相邻探方间的地层对应（图一二），择要介绍98BT0205、98BT0405、98BT0605地层堆积情况。

1. 98BT0205地层堆积

第1层：厚10～50厘米。褐色，疏松，北部斜坡堆积，遍布全探方。农耕土。

G10开口于此层下。

第2A层：距地表深5～115、厚15～70厘米。棕红色黏土，质软，较密。主要分布于探方南部。出现代瓷片。

第3层：距地表深50～140、厚30～60厘米。黄褐土，偏灰，质软。分布于探方中南部，为堡坎外堆积。出明清瓷片，为明清时期地层。

第4层：距地表深100～175、厚20～50厘米。灰褐土，夹较多红烧土块，质极疏松，呈斜坡堆积。分布于探方南部，为堡坎外堆积。出较多明清时代板瓦片。

第5层：距地表深130～295、厚0～50厘米。黄沙层，质密，较软，纯净，呈斜坡堆积，主要分布于探方西南部，为堡坎外堆积。

第6层：距地表深180～520、厚0～170厘米。黑灰色，质密，疏松，颗粒细小，较纯净，呈斜坡堆积，分布于探方内大部分区域，为堡坎外堆积。出有少量白瓷片。

第7层：距地表深320～560、厚0～50厘米。黄褐土，质稍密，含较多杂质。呈斜坡堆积，分布于探方东北部，为堡坎外地层。包含物较少，出白瓷残片及酱釉瓷片。

第8层：距地表深405～530、厚0～35厘米。黑褐土，质稍密。亦为斜坡堆积，主要分布于探方东北部及西北部。为堡坎外堆积。含较多碎陶片，多为圜底罐残片以及网坠等。

第9层：距地表深195～225、厚0～25厘米。灰褐土，质软松，夹较多颗粒，分布于探方西南部。出土圜底罐残片。

第10层：距地表深210～230、厚0～20厘米。灰黄色黏土，夹沙较重，质较密，分布于探方西南部。出土少量圜底罐残片。

第11层：距地表深230～245、厚20～30厘米。黑褐色土，质较松，夹较多杂质，主要分布于探方南部。夹大量碎陶片，多为圜底罐残片。

F81开口于此层下。

第12层：距地表深275～285、厚0～15厘米。黑灰土，较疏松，夹炭灰，主要分布于探方西南部。含较多碎圜底罐残片。

第13层：距地表深270～295、厚10～25厘米。红色黏土，质较密，部分区域含沙，主要分布于探方南部。含较多圜底罐残片。

G11开口于此层下。

第14层：距地表深290～305、厚10～20厘米。黄褐色土，含沙、有黏性，分布于探方西南部。包含物不甚丰富，主要为圜底罐残片。

第15A层：距地表深300～320、厚0～15厘米。灰褐土、偏黑，较疏松，夹沙，分布于探方西南部。含大量碎圜底罐残片。

第15B层：距地表深325～330、厚0～10厘米。红褐土，质松，分布于探方西南角。含大量圜底罐碎片。

第16层：距地表深300～330、厚10～15厘米。红色黏土，质较密，部分区域夹大量炭粒，分布于探方南部大部分区域。含较多碎陶片。

第17层：距地表深315～340、厚10～30厘米。灰黑色沙黏土，结构细密，含细沙颗粒及大量炭灰，分布于探方南部大部分区域。包含物较少，出土陶片等。

第18层：距地表深335～350、厚0～20厘米。浅黑色，较松软，质细腻，含炭及细小沙粒，略有层理，分布于探方西南大部分区域。出有陶片等。

第19层：距地表深345～360、厚0～30厘米。黄褐土、偏灰，质较密，夹沙，略有层理，主要分布于探方东南部。包含物较少，出少量陶片。

第20层：距地表深365～375、厚15～30厘米。灰黑土，质较松，夹较多炭灰，主要分布于探方中南部大部分区域。包含物不丰富，出少量陶片，有角杯、尖底盏、花边圜底罐等。

第21层：距地表深375～385、厚0～20厘米。黑褐土，质较松，主要分布于探方西南部。包含物丰富，主要为角杯碎片。

Y12开口于此层下。

第22层（原F110a、F110b）：距地表深395～400、厚0～35厘米。可分为上、下两层：上层厚0～20厘米，深灰色，较硬，略起层，分布探方西南，较纯，包含物很少；下层厚10～35厘米，黄褐土，质密，较硬，包含部分陶盘口罐、尖底缸、内卷沿缸等。

第23层：距地表深420～430、厚0～20厘米。黄褐土，质稍密，部分区域为黄黏土，主要分布于探方东南、西南部分区域。出土有少量素面陶片，以夹砂陶为主，也有不少泥质陶。

第24层：距地表深430～460、厚0～25厘米。灰褐土，质较松，主要分布于探方东南部。包含物较少，多为素面夹砂陶片，可辨器形有盘口罐、柱状缸底、大口缸等。

第25层：距地表深415～465、厚0～15厘米。灰黑土，质松，含大量炭灰或炭粒，主要分布于探方东部、南部。出土物不丰富，以夹砂素面陶为主，也有一定比例的磨光陶，可辨器形有柱状缸底、敛口直腹缸、小平底器、敞口罐等。

第26层：距地表深430～440、厚0～15厘米。灰褐土，夹细沙颗粒，质较松，主要分布于探方西、南部。包含物较为丰富，出土器物以陶器为主，多为夹砂陶，泥质陶占一定比例，纹饰较少，器形以柱状缸底、内沿缸口为主，还有盘口罐、折沿盆、钵等；此外，还出土少量石器和动物骨骼。

第27层：距地表深475、厚0～18厘米。灰褐土、泛黄，质稍密，仅在探方东部局部分布。包含物不丰富，以内卷缸口为主，也有柱状缸底。

第28层（原F116）：距地表深440～450、厚10～15厘米。黄沙层，质软，细密，纯净，分布于探方中西部。无包含物。

第29层：距地表深460～465、厚0～10厘米。黄褐土，质松软，较细密，夹褐色颗粒及细沙，主要分布于探方西南部。含较多碎陶片，可辨器形有尖底缸、盘口罐、内卷沿缸、钵等。

第30层：距地表深450～475、厚0～15厘米。灰褐土，质松，结构稍密，夹少量颗粒及细沙，主要分布探方中部、南部及西部。包含物不丰富，陶片较碎，可辨器类有尖底缸、盘口罐、内卷沿缸等。

第31层：距地表深450～500、厚10～40厘米。黄褐土、偏灰，质软，结构较密，夹细沙及较多炭粒和褐色颗粒，主要分布于探方中南部，由东南向西北倾斜。出土陶片多细碎，以夹砂陶为主，可辨器类有盘口罐、敞口罐、钵等，此外，还出有少量磨制石器。

第32A层：距地表深495～500、厚0～10厘米。灰褐土，质较紧密，夹细砂，分布于探方西部。包含物不丰富，出有盘口罐、内沿缸、钵、盆、器盖等，还出有磨光残石斧、打制盘状器等。

H260、H269、F123开口于此层下。

第32B层：距地表深510～520、厚0～25厘米。棕红色黏土，质较密，夹较多细沙，主要分布于探方东部偏中处。包含物不丰富，出土物仍以素面夹砂陶及磨光陶为主。

第33层：分A、B两亚层。

第33A层：距地表深505～545、厚0～30厘米。灰褐土，质较紧密，夹褐色颗粒及炭粒。本层由中部向东北倾斜，主要分布于探方东部、西部大部。包含物不丰富，主要为陶片，可辨器类有盘口器、小平底缸、钵、敞口罐等。

H272、H273开口于此层下。

第33B层：距地表深530～545、厚0～10厘米。灰褐土、泛灰黑，质较疏，夹褐色颗粒及炭粒。探方西中部局部分布。包含部分夹砂陶。

第34A层：距地表深490～560、厚0～35厘米。黄褐土，质密，结构较紧，部分区域夹有较多黄黏土，南部区域部分地段夹沙较重。本层从南向北倾斜，分布于探方中南部及西部大部分，东部也有零星分布。包含物较丰富，陶片较碎，可辨器类有平底缸、折沿盆、折沿罐、盘口罐、敞口罐等。

H274、H275、H278、M42开口于此层下，H274打破H275。

第34B层：距地表540～560、厚0～20厘米。黄褐土、泛灰，质较疏。探方南中部局部分布。包含较多夹砂陶片。

第35层：距地表深560～570、厚0～15厘米。灰褐土，质较松，夹较多杂质，主要分布于探方中部及西部大部分区域。包含物较为丰富，以夹砂灰陶为主，多饰菱形方格纹，也有少量磨光陶，器类以平底缸为主。

H283、H293开口于此层下。

第36层：距地表深560～570、厚0～10厘米。黄褐土，质较松，夹较多杂质。分布探方中部偏西局部。包含少量夹砂陶片。

2. 98BT0405地层堆积

第1层：厚5～35厘米。褐色土，质疏松，斜坡堆积，分布全方。耕土层，包含现代杂物。

G10开口于此层下。

第2A层：距地表深10～103、厚10～75厘米。紫褐色土，质板结，略夹沙，部分斜坡堆积。包含现代杂物等。

第3A层：距地表深50～130、厚0～30厘米。灰褐土，质疏松，斜坡堆积，分布探方东部。含现代砖瓦片。

第外4层：距地表深70～125、厚0～15厘米。黑灰土，较疏松，斜堆积，分布在探方的东部，堡坎外地层。含较多青花瓷片。

第外5层：距地表深100～240、厚15～35厘米。黑灰色土，疏松，斜坡堆积，分布在探方的北部，为堡坎外地层。出土有少量清代板瓦、瓷片等。

第外6层：距地表深100～240、厚5～35厘米。黄褐土，较疏松，斜坡堆积，分布在探方东北部，堡坎外地层。含大量板瓦、陶片等，该堆积应和房屋建筑有关。

第外7层：距地表深125～280、厚5～50厘米，黑灰色土，疏松，颗粒细小，斜坡堆积，分布在探方东北部，堡坎外地层。出土有宋代瓷片。

第外8层：距地表深140～305、厚15～40厘米。黄灰色土，疏松，颗粒较粗，斜坡堆积，分布在探方的东北部，堡坎外堆积。含大量碎石块。

第外9层：距地表深155～350、厚40厘米。黄褐土，疏松，斜坡堆积，分布在探方的东北部，堡坎外堆积。含圜底罐碎片和酱釉瓷片。

第外10层：距地表深185～350、厚15～40厘米。黄黑色土，颗粒较粗，斜坡堆积，分布在探方的东北部，堡坎外堆积。含宋代瓷片。

第7B层：距地表深35、厚0～35厘米。灰黑土，较疏松，分布在探方的西南部。含宋代瓷片。

第10层：距地表深60、厚45厘米。浅灰色土，有黏性，颗粒较粗，质疏松，分布在探方的南部局部。出有唐代瓷片。

第11A层：距地表深35、厚30厘米。灰褐色土，质细腻，较疏松，带黏性，分布在探方的西南部，暴露面积较小。含有唐代遗物。

F64叠压在此层下。

第12A层：距地表深105、厚15～40厘米。灰褐土，质紧密，较细腻，夹少量红烧土和炭粒，分布在探方堡坎内整个部分。出土有南北朝时期瓷盏、碟、碗片等。

H209开口于此层下。

第13C层：距地表深130、厚40厘米。褐色土、泛灰，质紧密，局部呈灰黑色，夹大量红烧土，分布在探方的西南大部。出土有汉代陶罐和筒瓦、板瓦残片。

第14层：距地表深170、厚25厘米。青灰土，有黏性，质较松软，分布在探方大部。含大量破碎花边圜底罐残片。

F（未给号）叠压在此层下。

第15层：距地表深195、厚15～20厘米。黑色土，较疏松，仅分布在探方南部。包含大量陶片，以花边圜底罐残片为主，极少发现其他器类。

第16层：距地表深215、厚20～40厘米。黄灰色土，沙质重，该层分布在探方大部。包含物较少，仅出少量圜底罐残片。

第17层：距地表深220、厚0～20厘米。褐色土，夹沙多。主要分布在探方西部及西南部。包含物仍以圜底罐为大宗。

第18层：距地表深220～240、厚0～30厘米。灰褐土，较黏。分布探方大部。包含物以圜底罐及其残片为主。

F75叠压在此层下。

第19层：距地表深245、厚10～15厘米。灰褐色土，较松散，分布在探方的东部。陶片堆积层，多为圜底罐。

H241开口于此层下。

第20层：距地表深290、厚0～20厘米。深灰色土，较松散，分布探方大部。富含陶片，以圜底罐为主，另有钵、盆等；有少量石器残片。

F83叠压在此层下。

第21层：距地表深315、厚0～30厘米。黄褐土，较松散，分布探方东部。富含陶片和少量兽骨，陶器可辨器类有占大宗的花边圜底罐、尖底盏。

F103叠压在此层下。

第22层：距地表深330、厚0～20厘米。灰褐色土，较松散。含较多碎陶片，可辨器类有钵、平底器、豆、花边圜底罐、壶、小罐等。

F100、SC2（M37）叠压在此层下。

第23层：距地表深350、厚10～20厘米。浅褐色土，较松散，分布探方大部。出土陶片较多，圜底罐占相当大比例，另发现钵、罐、尖底盏等。

F113叠压在此层下。

第24层：距地表深380、厚0～25厘米。黄褐色土，质松散，分布探方大部。多绳纹夹砂陶片，可辨器形有钵、平底碗、花边圜底罐、瓮等。

H251开口于此层下。

第25A层：距地表深385、厚15厘米。黑色土，质松散，夹大量炭灰，略有层理，分布探方大部。出土陶片较少，可辨器类有花边圜底罐、小罐、钵、素面红陶罐等。

第25B层：距地表深395、厚10厘米。浅黑色土，质松散，夹较多炭灰，略有层理，分布探方大部。出土陶片一般，可辨器类有罐、钵、杯、花边圜底罐等。

F124叠压在此层下。

第26层：距地表深420、厚0～50厘米，膏灰色土，结构松散，颗粒较大，夹沙质。包含物丰富，可辨器类有平底缸、盘口器、器盖、花边缸、钵、盆等。

第27层：距地表深440、厚35厘米。黄灰土，质较松，且有黏性，分布于探方的西南大部。出土大量陶片，可辨器类有内沿深腹缸、喇叭口罐、盘口器、折沿小罐、圈足器、钵、折沿盆等，另外有少量兽骨。

第28层（F116）：距地表深440～480、厚0～20厘米。可分三小层，一层红褐色沙土，厚10～15厘米；二层黑褐土，含陶片为夹层，厚5～7厘米；三层红褐沙质土同一层但该层有黏性，厚5～10厘米，并在一层面上，分布有小片烧土面。

第29层：距地表深478、厚10～20厘米。灰褐土，质松软。含陶片和少量兽骨，可辨器形有花边缸、盘口器、钵、罐等。

H280、H284、H289开口于此层下。

第30层：距地表深510、厚30厘米。褐色土，夹沙，质较松散，分布在探方北部。出土物较少，陶片以磨光陶所占比例大，可辨器形有盘口器、钵、罐等，并出现少量方格纹。

H290、H279开口于此层下。

第31层：距地表深530、厚40厘米。灰褐土，质致密，黏性大，分布在探方南部。包含物较多，出土陶片以夹砂灰陶和褐陶为主，网格纹增多，磨光陶占一定比例并有戳印纹和划纹，可辨器形有折沿盆、深腹罐、盘口器、钵、罐等。

H282、H288开口于此层下。

3. 98BT0605地层堆积

第1层：厚20～40厘米。褐色，夹沙较多，疏松。农耕土。

本层西南角叠压近现代坑，未给号。

第2A层：距地表深15～45、厚0～30厘米。棕红色土，质软，夹沙较多，纯净，主要分布于探方东北角。

第3层：距地表深25～70、厚0～25厘米。灰褐土，质疏松，夹较多草木灰，分布于探方东北角。出土较多明清白瓷碎片。

第7A层：距地表深20～55、厚0～25厘米。灰土，疏松。分布于探方东南部分。出土宋代白瓷片。

第7B层：距地表深15～90、厚0～60厘米。灰黑土，疏松，夹较多草木灰，主要分布于探方东南部。出土较多宋代白瓷片。

C（水池）1叠压在此层下。

第11A层：距地表深20～110、厚0～35厘米。灰褐土，质软，细腻，带黏性，较疏松，分布于探方大部，探方东南角不见分布。出土唐代瓦片和碎瓷片。

第11B层：距地表深80～155、厚30～60厘米。黄褐土，颗粒较粗，含少量烧土颗粒，分布于探方东南部。出土唐三彩等瓷片。

第12A层：距地表深20～180、厚15～60厘米。灰褐土，质紧、细腻，夹少量烧土和炭粒。出土南北朝青瓷片。

H210叠压在此层下。

第13C层：距地表深115～330、厚35～120厘米。褐土、泛灰，局部呈灰黑，质紧密，夹大量红烧土。出土汉代瓦片及少量绳纹陶片。

第14层：距地表深200～350、厚0～30厘米。黑褐土，质疏松，夹少量炭粒，主要分布于探方的偏西部。有少量绳纹陶片和汉绳纹瓦出土。

第15层：距地表深160～355、厚20～45厘米。灰黑土，质较紧密，整个地层自东北向西南方向有较大的倾斜。以碎陶片堆积为主，东北角陶片含量相对较少。出土陶片以直口束颈圜底罐为主。

第16层：距地表深260～400、厚20～55厘米。青灰土，质紧密，土色至探方偏南部渐变为黄褐土，整个地层自东北向西南倾斜。包含大量陶片，器形以圜底罐为主，零星伴出有尖底盏、钵、侈口罐。

第17层：距地表深245～455、厚0～100厘米。灰黄土，质疏松，局部夹有棕红色土和黑土，地层自东北向西南倾斜且堆积渐加厚。包含大量绳纹圜底罐陶片，同时少量伴出盏、钵等器形。

第18层：距地表深280～450、厚30～100厘米。土色黄中泛红，夹有黏土，局部堆积黏度高。分部探方大部。包含物仍以圜底罐残片为主。

第19层：距地表深410～415、厚0～20厘米。黑土，质紧密，主要分布于探方东北部。出土少量圜底罐陶片。

第20层：距地表深420～425、厚0～50厘米。灰褐土，质疏松，炭粒较多，在偏北部无分布。包含物以圜底罐陶片为主，伴出少量尖底盏。

第21层：距地表深420～665、厚10～40厘米。紫褐土，质疏松，探方西南部无分布。包含大量陶片，以花边侈口束颈圜底罐为主。

H261叠压在此层下。

第22层：距地表深440～590、厚10～50厘米。红褐土，质较紧，在西南局部为黑土，夹炭粒较多，整个地层自东北向西南倾斜较大。包含丰富陶片，以侈口花边圜底罐为主，器形变大。

第23层：距地表深450～615、厚15～50厘米。红褐土，夹沙，质疏松。全方分布，该层由东北向西南倾斜。包含物以圜底罐为主。

第24层：距地表深480～535、厚0～30厘米。红褐土，夹沙，质紧。分布于探方中部，该层由东北向西南倾斜。包含物以圜底罐为主。

F130叠压在此层下。

第25层：距地表深490～665、厚20～45厘米。红褐土，夹沙，质紧。全方分布，该层由东北向西南倾斜。包含物以圜底罐为主。

F143叠压在此层下。

（二）B—B′

B—B′为97AT0301、97AT0401、97AT0501、97AT0601与99AT0301、99AT0201、99AT0101和02AT0101、02BT0101、02BT0201探方南壁（图一三）。其中，97AT0301、97AT0401为99AT0201的耕土至战国阶段的地层，97AT0501、97AT0601为99AT0301耕土至战国阶段的地层。1997年度的发掘，工地进行了统一地层的工作，1999年度和2002年度的发掘未统一地层，只打隔梁进行了相邻探方的地层对照。择要介绍99AT0201、02BT0101地层堆积情况。

1. 99AT0201地层堆积（第14B层以上为97AT0301、97AT0401地层）

第1层：厚10～25厘米。褐色，疏松，遍布全方。农耕土。

第2A层：距地表深10～30、厚0～18厘米。棕红土，较软，夹沙，探方东部局部较高地方无分布。纯净。

第2B层：距地表深15～30、厚0～10厘米。黄沙土，质疏松。主要分布在探方东北部及西部局部。纯净。

第3B层：距地表深10～55、厚0～32厘米。黑灰土，灰烬较多，夹炭灰，分布在除探方西北角之外的区域。出土少量青花瓷片、砖瓦块等。

第7B层：距地表深33～75、厚0～25厘米。黑色灰烬，极松，仅分布于探方南部。出土较多印花、刻花青瓷片等。

第8A层：距地表深30～95、厚3～30厘米。黄褐色黏土，较硬，遍布全方，南低北高。出土物多筒瓦残块，少量彩青、划花瓷片。

第9层：距地表深45～127、厚0～45厘米。黄色黏土，较软，仅分布于探方南部，南厚北薄。纯净。

第10层：距地表深57～140、厚0～20厘米。浅灰土，质松，较黏，仅分布于探方南部。出土有釉陶片、瓷片等。

第11B层：距地表深35～130、厚0～25厘米。褐灰色土，结构紧密，带黏性，主要分布于探方北部。出土较多绳纹瓦片、陶片和少量青瓷片。

第12A层：距地表深87～163、厚0～47厘米。黄褐土，较硬，夹红烧土粒，探方东部北段不见分布。出土有绳纹板瓦和大量碎陶片。

第12B层：距地表深90～145、厚0～30厘米。棕红土，较软，仅分布于探方东北角。无包含物。

第13A层：距地表深90～145、厚0～30厘米。棕红土，较软，仅分布于探方东北角。无包含物。

第13B层：距地表深90～147、厚0～28厘米。棕红土，较软，仅分布于探方东北角。出土大量极碎小的灰陶片，多饰绳纹，难辨器形。

第13C层：距地表深97～149、厚0～21厘米。棕红土，质硬，分布于探方东北角。无包含物。

第13A、13B和13C层均分布于探方东北角，以东北角最高，向西向南呈扇状分布，且下边的范围逐层较上边的大。

第14A层：距地表深40～120、厚0～120厘米。土色灰褐，质松，主要分布于探方北部。出土陶器以夹砂陶为主，有粗绳纹花边圜底罐、褐陶小口罐、红陶尖底杯等。

第14B层：距地表深125～130、厚35～50厘米。黄褐土，质密，坚硬，有黏性，主要分布于探方北部。含较多碎陶片，早晚混杂，多为早期陶片，可辨器类有尖底缸、小平底罐、高柄豆、贴边罐、卷沿缸、器盖、钵等；还出少量磨制石器（此层应为倒装地层）。

第15A层：距地表深130～138、厚0～17厘米。黄褐色花杂土，质紧密，带黏性，分布于探方东南局部。包含物同第14A层。

第16B层：距地表深150～170、厚8～10厘米。灰黑土，质松、软，夹炭较多，主要分布于探方东南部。包含物不丰富，出有绳纹折沿罐、宽边罐、敛口绳纹罐、绳纹板瓦、鬲腿等。

第17A层：距地表深170～175、厚10～20厘米。灰褐土，质疏松，夹粗颗粒及少量杂质，遍布全方。包含物较丰富，陶器以直口圜底罐为主，还有尖底盏、花边釜、锯齿口罐、折沿盆、器盖、鼎耳、甗足、网坠等；并出磨制石镞、石斧等。

F146、F147、G13开口于此层下。

第17B层：距地表深185、厚0～10 厘米。黄褐土，质疏松、软，夹颗粒及杂质，分布于探方西部偏中处。包含物较丰富，陶器以直口圜底罐为主，还有器盖、罐等。

H340开口于此层下。

第18A层：距地表深170～180、厚10～25厘米。黄褐土，质疏松，夹颗粒及少量杂质，分布于探方大部分区域。包含物丰富，陶器以较大的直口圜底罐为主，另有钵、豆、折领罐、宽边罐、折腹尖底盏、矮柄豆、齿状口罐等；还出有少量磨制石斧等。本层还出有较多牛、猪、鱼等动物骨骼。

F148、H343、H344、SC5（M49）开口于此层下。

第18B层：距地表深225、厚0～20厘米。黄褐土，质稍密，较18A层紧，基本为碎陶片堆积，分布于探方西南及西北。包含较多碎陶片，以直口圜底罐为主，其他器类较少。

F149开口于此层下。

第19层：距地表深185～200、厚10～35厘米。黑褐土，结构疏松，夹大量杂质，分布于探方中部及东部大部分区域。包含物丰富，陶器以较小的直口圜底罐为主，其他器类有尖底盏、器盖、釜、宽边罐、卷沿直腹罐、豆等，开始出现束颈圜底罐，而较大的直口圜底罐基本不见。还出土有少量网坠和打制石器，另外还出有较多动物骨骼。

F155、F151、H356、SC6（M50）、SC7（M51）、SC9（M53）开口于此层下。

第20A层：距地表深220、厚7～30厘米。黑褐土，结构稍密、软，夹较多杂质，分布于探方中部及西部大部分区域。包含物较为丰富，以颈微束的圜底罐为主，小直口圜底罐比例减少，其他器类有釜、钵、宽沿罐、侈口束颈罐等，还出土纺轮、骨管以及较多动物骨骼，多为鱼类。

F153、G16、L3、SC10（M55）开口于此层下。

第20B层：距地表深225、厚0～10厘米。黄褐色土，结构疏松，较软，夹少许颗粒及杂质，分布于探方中部局部。包含物较丰富，陶器以束颈圜底罐为主，其他器类极少，有豆、侈口罐等；还有打制石器及石网坠等。

H362、SC11（M56）开口于此层下。

第21层：距地表深210、厚0～20厘米。黄褐土，质稍密、略紧，部分区域略显杂花，主要分布于探方西北部，探方中部及东部局部分布。包含物较为丰富，多为陶器残片，以束颈圜底罐残片为主，其他器类有尖底盏、釜、器盖等；还出有打制残石器。

F159开口于此层下。

第22层：距地表深225～245、厚7～20厘米。黄褐土，局部泛灰，质较松软，夹较多颗粒及杂质，分布于探方大部分区域。包含物较为丰富，陶器以浅花边束颈圜底罐为主，其他器类有钵、齿状口罐、折沿罐、宽沿罐、豆、釜、器盖、筒腹罐等；还出有较多磨制石斧及骨锥等，另出有较多动物骨骼。

F160、F163、G19、H376、H377、H378、H386、SC15（M60）、SC16（M61）、SC17（M62）开口于此层下。

第23层：距地表深240～225、厚5～30厘米。灰褐土，质稍密、略紧，夹少量杂质，局部质较松，分布于探方大部分区域。包含物较丰富，陶器以浅花边束颈圜底罐为主，其他器类有釜、锯齿口罐、直领罐、尖底盏、钵、宽沿罐、卷沿罐、瓮、子母口罐、网坠、纺轮等；还出有鱼、牛等动物骨头。

F161、F172、H398、H397、H400、SC12（M57）、SC21（M66）开口于此层下。F174、H405开口于F161下。

第24层：距地表深260～270、厚10～25厘米。黄褐土，局部泛灰，质稍松，不紧密，土中夹有颗粒及较多杂质，分布于探方大部分区域。包含物丰富，有陶器、石器、铜器以及较多动物骨头。陶器以浅花边圜底罐为主，其他器类有钵、盏、锯齿口罐、侈口罐、瓮、侈口素面小圜底罐、簋形器及不少纺轮、网坠等；石器有磨制石斧、打制残石器。铜器见有铜镞。

F182、F183、F184、G21、H419开口于此层下。

第25层：距地表深290、厚5～15厘米。黄褐土，局部泛青灰，结构较紧，土质不粗，夹细小颗粒及少量杂质，分布于探方大部分区域。包含物较丰富，陶器以花边圜底罐为主，出现厚胎圜底罐，其他器类有盏、钵、器盖、锯齿口罐、直领罐、簋形器，以及纺轮、网坠等，出土网坠极多；还出有较多动物骨骼，多为鱼骨。

F191、F192、F193、G22、H421、H422开口于此层下。

第26A层：距地表深300、厚3～22厘米。灰褐土，质稍密，夹少量杂质及中小颗粒，主要分布于探方东部、北部。包含物丰富，陶器以花边圜底罐为主，其他器类有侈口罐、直领罐、宽沿罐、锯齿口罐、尖底盏、折腹圜底钵、网坠等；还出有铜镞及较多动物骨骼。

H439开口于此层下。

第26B层：距地表深270、厚10厘米。灰褐土，结构较密，主要分布于探方西南部。包含物较少，陶器以浅花边束颈圜底罐为主。

F173、H412、SC23（M68）开口于此层下。

第27层：距地表深305、厚5～15厘米。灰褐土，质密、稍紧，略带黏性，夹杂质较少，主要分布于探方北部。包含物较丰富，陶器以花边圜底罐为主，还有釜、盏、网坠等。

F181、F205开口于此层下，F207、SC28（M73）开口于F205下。

第28层：距地表深315～350、厚5～28厘米。灰褐色土，结构稍密、较紧，带一点黏性，分布于探方大部分区域，西北部无。包含物丰富，陶片较碎，以花边圜底罐为主，还有尖底盏、高领罐、锯齿口罐、釜、豆残片等；还出有磨制石斧及少量鹿角、鱼骨等。

F212开口于此层下。

第29层：距地表深330～350、厚10厘米。灰褐色土，夹沙，质疏松，夹少量炭灰及杂质，分布于探方东部。包含物丰富，出土大量碎圜底罐残片，圜底罐花边制作规整、精细，其他有高柄豆、钵、釜、尖底盏、侈口高领罐、纺轮、网坠等器类和彩绘陶片；还出有铜刀、铜镞等。

F220开口于此层下。

第30层：距地表深355、厚0～12厘米。黄褐土，质疏松，结构不紧，夹较多杂质，主要分布于探方南部。包含物较丰富，陶片较为破碎，器类以圜底罐为主，还有釜、折沿缸、尖底盏、锯齿口罐；并出铜镞等铜器。还出有不少动物骨骼，以鱼骨为主。

F224、H452、L4开口于此层下，SC29（M74）开口于F224下。

第31层：距地表深335～355、厚5～28厘米。灰褐色土，结构较紧密，有一定黏性，夹黏土块及少量杂质，分布于探方大部分区域，探方东南部无。包含物较丰富，陶器多为碎陶片，器类以薄胎花边圜底罐为主，制作较精细、规整，其他器类有卷沿罐、侈口罐、钵、圈足、网坠等；并出有铜镞等，还出较多动物骨骼。

F223、F230、H453、H454开口于此层下，H467开口于F230下，H540开口于F223下。

第32层：距地表深345～350、厚10～20厘米。黄褐土，质稍密，夹沙、颗粒及少量杂质，主要分布于探方北部，南部无。包含物较丰富，陶器多为碎陶片，器类以形态较大的花边束颈圜底罐为主，其他有锯齿口罐、折沿罐、网坠等；还出有少量动物骨头。

F122、H457开口于此层下。

第33层：距地表深375～400、厚5～22厘米。黑褐色土，质略紧，不硬，夹杂大量炭灰及碎陶片，主要分布于探方中西部。包含物丰富，陶器以较大的花边圜底罐为主，出现许多较大的花边罐（釜），还有钵、器盖、折沿罐、圈足器、卷沿侈口罐等；还出有磨制石器、铜镞、骨锯及较多猪、牛、鱼等动物骨骼。

F127、H466开口于此层下。

第34层：距地表深370、厚0～18厘米。黄褐色土，略泛红，质稍密，夹沙及黏土，仅在探方东部呈局部分布。包含物较为丰富，陶器多为碎陶片，以较大的花边圜底罐为主，其他有釜、钵、侈口罐等；该层还出有石斧、铜饰件、骨锥等。

F238开口于此层下。

第35层：距地表深380～390、厚5～20厘米。黄褐土，泛红，质松，夹较多碎陶片，分布于探方大部分区域，探方西北角无。包含物丰富，陶片以夹砂红陶为主，多饰绳纹，以较大且规整的花边圜底罐为主，其他有花边广肩罐、釜、器盖、卷沿罐、网坠等；还出有铜镞及少量动物骨骼。

F245、F246开口于此层下，H469、H470、H471、H472、H473开口于F246下。

第36层：距地表深390～405、厚0～10厘米。黄褐土，质疏松，夹颗粒及杂质，主要分布于探方东部。包含物丰富，基本为碎陶片堆积，器类以球腹圜底罐为主，其他有钵、直领圜底罐、侈口罐、网坠等；还出有部分动物骨骼。

F252开口于此层下，H481开口于F252下。

第37A层：距地表深395～420、厚5～32厘米。灰黑色土，质松，夹炭粒及杂质，有许多黏土坑打破该层。分布于探方大部分区域，以南部为主，北部分布较散乱。包含物丰富，在南部偏中处基本为陶片堆积，器类以大花边罐为主，小花边罐（即以前地层的花边圜底罐）比例减少，还有花边广肩罐、角杯、器盖、卷沿罐、侈口罐、钵、网坠等；并出有磨制石斧、铜镞、铜鱼钩等，此外出有较多骨骼。

F134开口于此层下。

第37B层：距地表深400～435、厚0～40厘米。蛋黄色土，质疏松，夹沙及较多杂质，似为火烧残留堆积，主要分布于探方中部偏西南局部。包含物极为丰富，多为陶片，器类以大花边罐为主，球腹圜底罐也占较大比例，其他有钵、角杯、盘、网坠等；还出有石斧。

第38层：距地表深415～435、厚0～10厘米。灰黑色土，质松软，夹较多炭粒，主要分布于探方西南及中部偏南。包含物较丰富，陶器以较大的花边罐为主，另有角杯、釜、缸、卷沿罐、敛口钵、筒腹罐、瓮及较多陶网坠等；还出有铜镞与少量动物骨骼。

F253、H481开口于此层下。

第39层：距地表深410～440、厚5～15厘米。灰褐沙黏土，结构稍紧密，不硬，质较细，有一定黏性，夹少量杂质，分布于探方大部，主要在东部及中部，西部较少。包含物不甚丰富，陶器以各类花边罐为主，另有角杯、炮弹形尖底杯、花边广肩罐、匜、钵、小平底罐、纺轮、网坠等；并出有磨制石斧、铜镞、动物骨骼等。

第40层：距地表深425、厚0～8厘米。灰褐色土，质较密，结构略紧，不硬，有一定黏性，夹黏土及少量杂质，该层层表有一层炭灰面，主要分布于探方东南局部。包含物不丰富，陶器以花边罐为主，另有釜、钵、卷沿罐等；并出有少许动物骨骼，主要为鱼骨。

第41层：距地表深425～430、厚10～20厘米。灰褐色沙黏土，泛黑，结构较紧密，质较细，不硬，夹少量杂质和炭粒，主要分布于探方东部。包含物不甚丰富，陶器以花边广肩罐为主，花边圜底罐较少，另有平底器、圈足器、纺轮、网坠等；还出有石斧、石矛以及少量动物骨骼。

F257、H499、H560开口于此层下。

第42层：距地表深425～430、厚5～10厘米。青灰色沙黏土，结构紧密，黏性较强，夹少许炭粒，主要分布于探方西南局部。包含物不丰富，有较大的花边罐、角杯、钵、卷沿罐、平底器等。

第43层：距地表深445～450、厚10～25厘米。黑褐色沙黏土，结构较紧密，质细腻，夹少许炭粒，主要分布于探方东部及中部，西部无。包含物不丰富，陶器以花边广肩罐、尖底杯为主，还有卷沿罐、矮领广肩罐、敛口罐、敛口钵、纺轮等；并出有磨制石斧、打制石器、铜镞及少量动物骨骼。

G24、G25、G26、H510、H511开口于此层下。

第44层：距地表深455～460、厚0～24厘米。杂花土，结构较紧密，有较强黏性，夹较多黄黏土块及红烧土颗粒和较多杂质，仅分布于探方东部局部。出土陶器以尖底缸为主，角杯次之，还有碗、盏、器盖、卷沿罐、圈足器等；出有较多石斧、镞等。

第45层：距地表深445～480、厚10～30厘米。黄色土，局部泛灰，结构紧密，较硬，夹较多杂质及颗粒，该层层表有许多“洞”，遍布全探方。包含物较丰富，陶器以尖底缸为主，角杯也占一定比例，还有贴边罐、钵、器盖、束颈罐、侈口罐、敞口深腹罐、釜、纺轮等；另出土石器较为丰富，有斧、锛、凿、矛、镞及不少石料。另出土较多动物骨骼。

H523、H541、H542开口于此层下。

第46层：距地表深450～490、厚11～35厘米。蛋黄色土，质较松，夹沙，结构不紧，夹较多杂质及褐色颗粒，分布于探方大部分区域，西南角及东北角无。包含物较为丰富，陶器以尖底缸为主，还有器盖、平底罐、卷沿广肩罐、贴边罐等；出土大量磨制石器，有斧、锛、镞、网坠等及不少半成品。

第47A层：距地表深460～470、厚8～50厘米。黄褐土，质松，夹沙及较多杂质，分布于探方中部、东部大部分区域，西部无。包含物较丰富，陶器以尖底缸为主，有部分卷沿罐、贴边罐、高领罐、器盖、钵、纺轮等；还出有大量石器，有斧、锛、凿矛、镞等。

第47B层：距地表深485～500、厚0～20厘米。黄沙土，质密，不紧，软，夹褐色颗粒，杂质较少，主要分布于探方东北部。本层层表有许多黏土小坑，内置陶罐。包含物较少，陶器以柱状底缸为主，还有直领罐等；出土较多石器，有斧、锛、凿、镞等。

第48层：距地表深510、厚10厘米。灰褐土，质较细密，夹沙，不硬，夹少量颗粒及杂质，主要分布于探方东南部。包含物不丰富，以尖底缸为主，另有钵、卷沿罐、侈口罐等；出土石器数量有所减少，均为斧、锛。

H543、H544、H545、H546、H547开口于此层下。

第49层：距地表深525、厚6～15厘米。黄褐土，结构稍松，不紧，质稍粗，夹沙，杂质较少，主要分布于探方东南局部。包含物不丰富，陶器以尖底缸为主，还出有贴边罐、器盖和平底器等；出土不少磨制石斧及骨镯。还出有猪、鱼等动物骨骼。

第50层：距地表深475～535、厚7～15厘米。黄褐土、局部泛灰，质稍密、略粗，夹少量杂质及颗粒，主要分布于探方东南部。包含物较为丰富，出有陶器、石器等。陶器以尖底缸为主，平底器、圈足器增加，开始出现盘口罐、钵、器盖、鬶足、贴边罐、盆、侈口罐、敞口罐、卷沿罐、纺轮等；石器多石斧，还有锛、凿和半成品；还出土不少动物骨骼，但鱼骨极少。

第51层：距地表深465～495、厚5～10厘米。暗红色沙黏土，结构紧密，质较细，不硬，有一定黏性，夹杂质较少，主要分布于探方西北部。包含物不丰富，出土陶器以尖底缸为主，还有器盖、卷沿罐等。

第52层：距地表深455～495、厚0～15厘米。青灰色沙土，质密，较细，较软，黏性不强，夹杂质较少，主要分布于探方西南部。包含物不丰富，陶器以平底缸为主，还有钵、瓮、罐等；出土有不少磨制石器。

第53层：距地表深470～500、厚8厘米。灰褐土，局部泛白，质密，较紧，有黏性，夹杂质较少，分布于探方西北部。包含物不丰富，出土陶器以缸为主，还有敛口钵、高领罐、壶等。

第54层：距地表深470～530、厚6～23厘米。黄褐色沙土，部分区域泛绿，质松，含沙极重，夹有粗颗粒，主要分布于探方北部。包含物不丰富，多为碎小陶片，以残缸片为主；还出有斧、锛等石器。

第55层：距地表深520～550、厚10～18厘米。灰褐色土，质松，较粗，夹较多杂质和炭灰，主要分布于探方东南部。包含物丰富，陶器除缸外，还有圈足盘、钵、器盖、壶、瓮、敞口罐、高领罐、广肩罐、盘口罐、陶纺轮等；还出有较多石器，有斧、锛、凿、矛和半成品；并出骨锥、骨凿等骨器与较多动物骨骼。

第56层：距地表深470～565、厚5厘米。棕红色沙土，质稍密，较软，纯净，分布于探方大部分区域，探方中部及西北较为散乱，不连片。无包含物。

第57层：距地表深495～525、厚5～20厘米。绿色沙土，质松，较粗，夹粗颗粒及少量杂质，主要分布于探方西北部。包含物不丰富，陶器多为碎小陶片，器类以内沿缸为主，尖底缸占较大比例，其他有钵、纺轮等；还出有不少斧、锛等石器。

第58层：距地表深470～505、厚5～15厘米。青灰色土，质密，较软，夹细沙，主要分布于探方西南部。包含物不丰富，尖底缸仍占一定比例，还出有纺轮及石料等。

第59层：距地表深505～575、厚5～26厘米。黄褐土，质稍密，较软，有一定黏性，分布于探方东南部。包含物不甚丰富，陶器以内卷沿缸为主，尖底缸也占一定比例，亦有较多平底器、圈足器，出有圈足盘、盆、钵、器盖、瓮、卷沿罐等；还出有少量斧、锛、凿等石器；并出有马牙、鹿角、狗下颌骨等动物骨骼。

第60层：距地表深520～575、厚4～3厘米。黄褐色土，质稍密，略泛灰，较软，夹少量杂质，主要分布于探方东北部，中部偏南有局部堆积。包含物不丰富，陶器以内沿缸为主，小底缸也占一定比例，多平底器，还有敞口罐、器盖、钵、纺轮等；还出有石锛、石料等。

第61层：距地表深470～550、厚3～10厘米。黑褐土，质稍松，较软，夹较多炭灰，主要分布于探方西部。包含物不丰富，以内沿缸为主，还有侈口罐等。

M77开口于此层下。

第62层：距地表深505～525、厚0～15厘米。黄褐色土，夹较多绿沙，质疏松，主要分布于探方西北部。包含物不丰富，陶器以内沿缸为主，其他器类较少，另有罐、壶等。

第63层：距地表深493～530、厚5厘米。灰黑土，质密，较软，有一定黏性，夹大量炭灰，主要分布于探方西部。包含物较丰富，陶器以内沿缸为主，还有少量尖底缸、盘口罐，圈足盘、瓮等；还出有不少动物骨骼。

F263开口于此层下。

第64层：距地表深500～575、厚5厘米。灰黑土，质密，有一定黏性，夹较多炭灰，主要分布于探方西南部，其他部分有零星分布。包含物较丰富， 陶器以内沿罐为主，还有厚胎缸、敞口罐、小底缸等。

第65层：距地表深502～580、厚10～15厘米。黄褐土，质松软，夹较多颗粒及杂质，主要分布于探方东北部。包含物较为丰富，陶器以平底器为主，圈足器也占一定比例，器类以内沿缸为主，小底缸也占一定比例，还有器盖、盘口罐、束颈罐、卷沿罐等。

第66层：距地表深500～570、厚3～15厘米。灰褐色土，局部泛青灰，含沙，质稍密，较细软，夹少量杂质，主要分布于探方西北部。包含物不甚丰富，有内沿缸、小底缸、盘口罐、圈顶器盖、卷沿罐、侈口罐等。

第67层：距地表深535～600、厚10～15厘米。灰褐土，质密，结构略紧，黏性较强，夹少量杂质，主要分布于探方东南部。包含物较丰富，陶器以平底为主，多为内沿缸，小底缸也占一定比例，还有盘口罐、卷沿罐、壶、盆等；并出石斧、石料等。

第68层：距地表深575～605、厚0～23厘米。黄褐土，质松，夹较多杂质，部分区域夹杂较多红黏土颗粒，主要分布于探方东北部。包含物较丰富，陶器以内沿缸为主，还有小平底缸、盘口罐、卷沿罐、高领罐、侈口罐等；还出有较多石器，大都残破，有石斧等。

第69层：距地表深555～610、厚6～17厘米。黄褐色土，质密，不硬，黏性较强，夹炭粒及褐色颗粒，主要分布于探方东南部。包含物不甚丰富，陶器以内沿缸为主，小平底缸、盘口罐次之，还出有卷沿罐等；并出少量磨制石斧等石器。

H566、H575开口于此层下。

第70层：距地表深508～530、厚5厘米。棕红色沙土，质密，本层主要分布于探方西部，其余地方较为零乱。为洪水淤积层，无包含物。

第71层：距地表深510、厚0～5厘米。青灰色沙土，部分区域泛白，质密，较软，分布在探方西部。包含物较少，有内沿缸、盘口罐、壶、瓮等残片。

第72层：距地表深570～600、厚0～28厘米。绿色沙土，夹沙较多，质疏松，夹杂质较多，分布于探方北部偏东区域。包含物较丰富，以内沿缸为主，还有小底缸、盘口罐、卷沿罐、器盖等；另出有少量打制石器及动物骨骼。

F269、H576、H584开口于此层下。

第73层：距地表深520～570、厚0～30厘米。褐色土，泛灰，质稍粗，夹细小颗粒，有一定黏性，主要分布于探方西北及中部。包含物较少，陶器以大口缸为主，还出有镂孔圈足器；并出有石斧等石器。

第74层：距地表深590～610、厚0～15厘米。棕红色土，夹沙，质细，较松，分布于探方东北部。包含物较丰富，陶器以盘口罐、大口缸为主，还有侈口罐、折沿罐，基本为平底器；还出有少量残石器，动物骨骼较少。

第75层：距地表深525～620、厚8～30厘米。灰褐土，较密，有黏性，夹较多炭粒及褐色颗粒，分布于除探方西南的大部分区域。包含物较丰富，陶器以盘口罐、粗绳纹小底缸为主，还有壶、高领罐、折沿罐、盘等；还出有石斧、石网坠、石锛等石器，动物骨骼较少。

H594开口于此层下。

第76A层：距地表深520～660、厚6～32厘米。褐色沙黏土，夹黄色颗粒，结构紧密，较硬，主要分布于探方中西部，东部也有零星分布。包含物较少，陶器以盘口罐、大口缸为主；另出有较多石器，有斧、锛、凿等。

H595、H596、H598、H599开口于此层下。

第76B层：距地表深600～630、厚5～30厘米。褐色沙土，质较密，为纯净的沙土，仅分布于探方西北角。包含物极少。

第77层：距地表深630～670、厚5～30厘米。灰褐色土，质较松，结构不紧，分布于探方东北部。包含物较丰富，陶器以大口缸、盘口罐为主；另出有斧、凿等石器。

H601、H602开口于此层下。

第78层：距地表深515～675、厚10～22厘米。红色沙黏土，结构紧密，较硬，纯净，主要分布于探方西部及东北部。包含物极少，陶器多为大口缸、盘口罐残片；还出有斧、凿等石器。

H605、H606、M80、M81开口于此层下。

第79层：距地表深650～690、厚0～15厘米。灰褐色土，质稍密，不硬，分布于探方东北部。包含物较丰富，多为大口缸残片。

第79层下为生土。

2. 02BT0101地层堆积

第1层：厚17～25厘米。灰褐土，质疏松，探方东南部为高台，台地上下耕土高差155厘米，探方内均有分布。含草根等腐烂植物和近现代瓦块。现代农耕土。

第2层：距地表深17～25、厚0～13厘米。灰黑土，质疏松，分布于东南部台地范围内。含大量近代瓦块。

第2层下沿台地有一近现代堡坎，用大量不规则卵石堆砌。

第3层：距地表深20～30、厚11.5～12.5厘米。黄沙，纯净，分布于东南部台地范围内，西部中段亦有小范围分布。无包含物。

第4层：距地表深14～16、厚10～40厘米。灰土，质疏松，分布于东南部台地范围内。出土少量宋代陶瓷片、窑具以及明、清瓦片和清代青花瓷碗底等。

第5A层：距地表深17、厚40～57厘米。黄色淤沙，纯净，分布于探方东南部。无包含物。

第5B层：距地表深165～215、厚0～3厘米。灰土，夹较多黄沙，质疏松，在探方东部和南部各有局部分布。出土几块宋代青釉和黑釉瓷片。

F296开口于此层下。

第6层：距地表深170～305、厚10～90厘米。灰土，质疏松，除东北角外均有分布。出土少量宋代陶、瓷片，有白釉、黑釉瓷碗和瓦当等。

第7层：距地表深205～325、厚0～40厘米。土色黄中泛红，略带黏性，夹淤沙，较纯净，遍布全方。出土少量宋代黑釉瓷片和开元通宝1枚。

第8A层：距地表深约250、厚0～35厘米。灰土，质较紧，分布于探方北部。出土少量陶、瓷片，器形有钵、饼足碗、器盖等；出土陶大口罐3件。

第8B层：距地表深约315、厚15～35厘米。黄灰土，质较疏松，夹较多木炭粒，分布于探方西南角。出土很多素面瓦片。

第8C层：距地表深约350、厚约35厘米。淡黄土，质较疏松，夹有较多小卵石，分布于探方西南角。无包含物。

第8D层：距地表深约385、厚约15厘米。红色淤沙，质软，夹较多烧土和炭粒，分布于探方西南角。出有少量素面瓦片。

第9层：距地表深255～300、厚15～40厘米。灰黄土，质较疏松，夹少量红沙和较多烧土颗粒，除西南角外探方内均有分布，本层堆积由东北向西南倾斜。出土有少量陶、瓷片，陶器有罐、盆、器盖、筒瓦、板瓦等；瓷器均施青釉，器形有碗、盘等。探方中部出有铁块数块。

第10层：距地表深275～375、厚15～35厘米。灰土，局部夹红烧土块，质较疏松，探方内均有分布，本层堆积亦由东北向西南倾斜。出有少量青釉瓷碗和陶罐、瓦等，以及少量动物骨骼；出土石凿2件、陶纺轮4件、钱币1枚以及残半球形铁器1件。

第11层：距地表深300～400、厚0～40厘米。灰土，质较紧密，局部夹沙，除西南角外探方内均有分布，本层堆积亦由东北向西南倾斜。出土较多陶片，器类有圜底罐、器盖、瓮、罐、瓦等；还出有石斧2件、剪轮五铢1枚、残铁剑1柄。

第12层：距地表深330～345、厚0～15厘米。黑土，质疏松，分布于探方东北角，本层堆积亦由东北向西南倾斜。出土较多陶片，器类有罐、圈足、盆等；另出有釉陶2片。

第13层：距地表深370～490、厚25～30厘米。灰黄土，质疏松，全方分布，本层堆积亦由东北向西南倾斜。出土大量瓦片和较多陶片，陶器以盆最多，次为钵，另有少量的罐、器盖、纺轮、网坠等。

Y32开口于此层下。

第14层：距地表深370～500、厚15～30厘米。灰黑土，质较疏松，夹较多炭粒，全方分布，本层堆积亦由东北向西南倾斜。出土较多陶片，陶器以直口圜底罐为主，另有折腹盆、侈口罐、尖底盏、釜、甗等，还出土陶网坠7件；另出土石斧1件、铜镞2枚。

第15层：距地表深400～500、厚0～30厘米。灰黄土，质疏松，除西南角外，探方内均有分布，本层堆积亦由东北向西南倾斜。包含大量陶片，陶器以圜底罐为主，直口圜底罐所占比例较上层减少，束颈圜底罐居多，另有锯齿口罐、瓮、尖底盏、网坠等；还出有动物骨骼。

H684开口于此层下。

第16层：距地表深425～530、厚10～40厘米。红色黏土、夹灰黑土，质较紧密，带黏性，其堆积表面有踩踏面，极薄，全方分布，本层堆积亦由东北向西南倾斜。出土少量陶片和鱼鳃骨等动物骨骼。陶片多碎小，以束颈圜底罐为主，另有少量筒瓦、板瓦、侈口罐、锯齿口罐、网坠等。

H686开口于此层下。

第17层：距地表深430～545、厚10～25厘米。灰土、夹黄沙，质疏松，除东北角外，探方内均有分布，本层堆积亦由东北向西南倾斜。出土少量动物骨骼和大量陶片，陶片以束颈圜底罐为主，另有尖底盏、锯齿口罐、大口瓮、网坠等；还出土铜镞2件、饰件1件。

H698开口于此层下。

第18层：距地表深435～510、厚0～20厘米。灰黑土，局部夹黄沙，质较疏松，分布于探方北部，本层堆积亦由东北向西南倾斜。出土较多陶片和动物骨骼，陶器以束颈圜底罐为主，另有少量尖底盏、瓮、锯齿口罐、甗、网坠等；还发现骨簪1件。

F303、H699、H700、H701开口于此层下，其中H699、H700、H701打破F303。G75、H721开口于F303下。

第19层：距地表深475～490、厚0～10厘米。灰白土，质极疏松，颗粒较粗，仅分布于探方中部。出土较多碎小陶片和少量兽骨，陶器以花边圜底罐为主。

F310开口于此层下，H723开口于F310下。

第20层：距地表深445～555、厚约15厘米。淡黄土，质疏松，夹较多炭粒，分布于探方中部和北部，堆积由东北向西南倾斜。出土少量陶片和兽骨、鱼鳃骨，陶器器类有花边圜底罐、尖底盏等。

第21层：距地表深500～525、厚约10厘米。淡黄土、夹黄黏土，质较紧，主要分布在探方东部。出土遗物较丰富，陶器以花边圜底罐为主，另有少量锯齿口罐、侈口罐、尖底盏、网坠、纺轮、陶饼、彩绘陶片等；还出土石器1件、铜镞1件。

第22层：距地表深495～590、厚10～20厘米。灰黑土，夹较多草木灰烬，质疏松，分布于探方中北部，本层堆积亦由东北向西南倾斜。出土物较多，陶器以花边圜底罐为主，另有少量缸、网坠等；还出土绿松石块、珠各1件、铜锥1件。

第23层：距地表深500～530、厚0～25厘米。灰土、夹沙，质较疏松，夹较多灰烬，东北部灰烬多为黑灰，少量为黄灰，西南部灰烬多为黄灰，除北部局部外，探方内均有分布，堆积亦由东北向西南倾斜。出土较多陶片和猪等动物骨骼，陶器以花边口罐为主，另有锯齿口罐、圈足罐、尖底盏等。

H799开口于此层下，打破第25层。

第24层：距地表深500～530、厚0～30厘米。黄沙土，局部夹红色淤土，质疏松，分布于探方中部。出土较多碎陶片，器类有花边口罐、尖底盏、锯齿口罐等。

F323开口于此层下。

第25层：距地表深555～630、厚0～15厘米。灰土、泛红，局部夹黄沙，质较疏松，除东北部外，探方内均有分布，本层堆积亦由东北向西南倾斜。出土较多碎陶片，器类以花边口罐为主，另有钵、纺轮等。

F329、H733开口于此层下，H733打破F329。

第26层：距地表深约535、厚0～15厘米。灰黄土，质疏松，仅分布于探方北部局部。出土较多碎陶片，似均为花边口罐残片。

F330开口于此层下。

第27层：距地表深580～625、厚0～15厘米。灰黄土，夹沙，质疏松，除西南角外，探方内均有分布，本层堆积由东北向西南倾斜。出土较多陶片和兽骨，陶器可辨器类有花边罐、垂沿缸、釜等；还出土石斧1件。

F331、H734、H740开口于此层下，H734、H740打破F331。

第28层：距地表深610～635、厚0～12厘米。灰褐土，质较疏松，仅分布于探方东南角。出土少量陶片，器类有花边口罐、釜等。

F337、F340开口于此层下，F337打破F340。

第29层：距地表深635～680、厚10～40厘米。灰土、夹少量黄沙，质疏松，除东南部局部外，探方内均有分布，本层堆积由东北向西南倾斜。出土较多碎陶片和少量大块陶片，器类有角杯、尖底杯、按唇罐、矮领瓮等。

第30层：距地表深650～730、厚0～55厘米。黄红色淤土、夹少量灰土，质紧密，细腻，较纯净，分布于探方西南角，本层堆积由东北向西南倾斜。出土少量陶片和石器，陶器有角杯、罐底等；石器有锛、斧等。

第30层下有“洞”247个，打破第31层等层位。

第31层：距地表深665～765、厚0～50厘米。灰褐土，质较紧密，夹较多碎陶片和少量被火烧过的不规则卵石，分布于探方西南部。出土遗物有陶、石器，陶器除尖底杯外，大部分为新石器时代晚期的缸、盘、盘口罐、纺轮等；石器有斧、锛、凿及不明器等。

第31层下叠压第32、33层，第32层与第33层无直接叠压关系。

第32层：距地表深608～666、厚0～27厘米。灰白土，质坚硬，似经火烧过，分布于探方东北部。出土少量新石器时代晚期陶片和少量兽骨以及较多被火烧过的不规则卵石，陶器有缸、喇叭口瓮、圈足等；还出土石锛、斧、凿等。

H748开口于此层下。

第33层：距地表深约720、厚约15厘米。黄黏土夹灰土，质较紧密，分布于探方西南部。出土少量陶片和兽骨，陶器有缸、盘口器、纺轮等。

H765、H787开口于此层下，H765打破H766、768。

第34层：距地表深620～640、厚0～22厘米。红淤土夹灰土，质较紧密，分布于探方东南部。出土少量陶片和兽骨，陶器可辨器类有缸、圈足、钵等；还出土斧、凿等石器。

第35层：距地表深650～700、厚0～35厘米。黄灰土，质较疏松，分布于探方中部和南部，堆积由东北向西南倾斜。出土较多陶片和兽骨以及少量被火烧过的不规则卵石，陶器器类有缸、圈足盘、盘口罐、纺轮等；还出有石斧、锛、凿等。

H754、Z10开口于此层下。

第36层：距地表深650～670、厚0～15厘米。黑灰烬，质疏松，纯净，分布于探方东北部，堆积由东北向西南略微倾斜（采集此层检测土样）。

第36层下有274个“洞”，打破第37层等层位。

第37层：距地表深642、厚0～12厘米。黄土、偏灰，质紧密，表面似经火烧过，分布于探方东北部。出土少量陶片，器类有缸、圈足盘、钵等。

第38层：距地表深644、厚0～15厘米。黄沙，质软而疏松，颗粒粗大，纯净，分布于探方东北部。

第39层：距地表深675～790、厚0～40厘米。黄土，质较软，颗粒较细，分布于探方西南部。出土较多陶片和少量兽骨，陶器器类有缸、盘口罐、折沿罐、钵等。

第40层：距地表深690、厚0～25厘米。黄土、夹淡黄色水锈，质较软，分布于探方东北部。出土少量陶片，难辨器形。

第41层：距地表深700～775、厚10～35厘米。黄色泛红土，质较软，纯净，除西南角外探方内均有分布，东北部较平整，西南部低洼。出土石锛1件。

H767开口于此层下。

第42层：距地表深715、厚0～15厘米。灰土，质疏松，仅分布于探方北部。出土少量陶片，可辨器形有盘口罐、敞口罐等。

第43层：距地表深710～760、厚15～70厘米。黄沙，质疏松，纯净，除西南角外，探方内均有分布。

第44层：距地表深约710、厚0～15厘米。黄色水淤土，质软，含较多黑色水锈，纯净，仅分布于探方北部。

第45层：距地表深780～850、厚10～20厘米。黄土、夹黑色水锈，质较紧密，夹少量烧土颗粒，全方分布，除西南角为一低洼处外，其余地方较平整。出土少量陶片、兽骨，陶器可辨器形有缸、喇叭口瓮等；还出土石凿1件。

F360、H770、H771、H772、H773、H774、H775开口于此层下。

第45层下为生土，呈黄红色夹黑水水锈，质硬，纯净。

（三）C—C′

C—C′以02AT0101、02DT0101、02DT0102西壁为代表（图一四），择要介绍02AT0101、02DT0102地层堆积情况。

1. 02AT0101地层堆积

第1层：厚15～30厘米。灰褐土，质疏松，西、南部高，余处低，高差约155厘米。现代耕土。

第2层：距地表深15～30、厚20～30厘米。灰褐土，质疏松，分布探方东北部，夹较多碎瓦残片。

第3层：距地表深35～70、厚130厘米。淤沙，疏松，纯净，分布在西南部高台处，夹较多有卵石块。

第4层：距地表深160、厚10～20厘米。灰褐土，质疏松，内杂较多红烧土颗粒，分布探方西南部。出土明清时期砖、瓦残片。

第5层：距地表深170～180、厚0～25厘米。黄褐土，略带沙性，质疏松，纯净，分布在西南局部部。无包含物。

第6A层：距地表深150～170、厚15～20厘米。黑灰土，质疏松，夹少量卵石块，分布于探方西南部，堆积由北向南稍微倾斜。出土宋代瓷片、陶片等，陶器有三足釜、素面筒瓦等，瓷器有碟、壶等。

第6B层：距地表深40～190、厚20～50厘米。灰褐土，质疏松，夹卵石块，分布于探方西南部。出土遗物有宋代瓷片及瓦片等。

第7A层：距地表深65～220、厚10～30厘米。黄褐土，质稍硬，夹杂小淤土块与较多卵石及灰烬，分布于探方西南部，由北向西南倾斜。出土少量碎陶片、瓷片、石球等，可辨陶器有网坠等。

第7B层：距地表深80、厚0～10厘米。灰黄土，质疏松，分布于探方南部，由东向西南倾斜。出土瓷片、陶片等，器类有罐、碟等。

第8A层：距地表深90～225、厚20～30厘米。青灰土，质稍硬，内杂较多红烧土颗粒及灰烬，分布全方，由东向西南倾斜。出土碎瓷片、陶片，可辨器类有瓷碟、盘及陶罐等；另出数块兽骨。

第8B层：距地表深80～230、厚15～30厘米。青灰土，略带沙性，质疏松，分布于探方西北部。出土陶、瓷片等，陶器有纺轮、网坠、瓦等；还出石斧1件。

第9层：距地表深120～305、厚20～45厘米。黄褐土，质稍硬、局部疏松，夹杂红烧土颗粒及灰烬，分布全方，由东向西南倾斜堆积。出土陶、瓷片等，可辨器类有瓷罐、板瓦、筒瓦等。

H672、H673开口于此层下。

第10层：距地表深130～340、厚25～40厘米。灰褐土，质疏松，夹有红烧土颗粒及灰烬，遍布全方，由东向西南倾斜堆积。出土较多碎陶片，陶器有罐、瓮、折腹盆、器盖、筒瓦、板瓦、圜底罐等；还出土铜饰残片。

Y32开口于此层下。

第11A层：距地表深170～380、厚15～50厘米。灰褐土，质松散，夹较多红烧土颗粒及灰烬，遍布全方，由东向西南倾斜堆积。出土较多陶片，主要有圜底罐、折腹盆、豆盘、小口罐、板瓦、筒瓦等。

第11B层：距地表深205、厚0～20厘米。浅灰土，夹灰烬，质疏松，分布于探方东南部。无包含物。

G66、G68开口于此层下。

第12层：距地表深220～380、厚15～45厘米。灰褐土，质疏松，夹杂灰烬及红烧土颗粒，遍布全方，由东向西南稍微倾斜堆积。出土大量碎陶片，器类有圜底罐、高领罐、折腹盆等。

F302开口于此层下。

第13A层：距地表深220～400、厚0～20厘米。灰褐土，略带沙性，质松散，分布于探方西北部。出土大量碎陶片，器类主要有圜底罐、网坠等；还出土残石器、骨簪、铜镞等。

第13B层：距地表深440～450、厚0～10厘米。黄褐土，夹淤沙，质紧密，分布于探方西南部，堆积由东向西南倾斜。出土少量圜底罐碎片。

F304、H707、H708、H709开口于此层下。

第14层：距地表深240～410、厚0～30厘米。深灰土，质疏松，分布于探方东南部，由东向西南倾斜堆积。出土大量碎陶片，主要为圜底罐，另有高领罐、纺轮等；出土铜器有铜镞、铜饰等；还出土牛等动物骨骼。

F306、F307开口于此层下。

第15层：距地表深275～450、厚10～25厘米。灰褐土，质疏松，局部夹杂黄淤土薄层及灰烬，遍布全方，由东向西南稍微倾斜堆积。出土陶器与动物骨骼，陶器主要为花边圜底罐等。

F313、F161开口于此层下。

第16层：距地表深290～470、厚0～15厘米。深灰土，质疏松，分布于探方南部。出土较多碎陶片，可辨器形有花边圜底罐、豆等；还出残铜刀1件。

第17层：距地表深270～430、厚0～20厘米。灰褐土，略带沙性，夹杂炭灰，质疏松，分布于探方西北部。出土大量碎陶片，器形主要为花边圜底罐，另有瓮等。

第18层：距地表深175～455、厚5～20厘米。灰褐土，略带沙性，质疏松，夹炭灰，遍布全方，堆积由北向南稍微倾斜。出土较多碎陶片，可辨器形以花边圜底罐为主，另有小口罐等；还出部分兽骨。

F171、F320开口于此层下。

第19层：距地表深300～490、厚5～20厘米。灰褐土，略带沙性，夹灰烬，质较疏松，局部夹杂黄色颗粒及黑灰土，分布全方，堆积由北向南稍微倾斜。出土遗物主要为花边圜底罐、器盖、网坠等；还出较多兽骨、鱼骨等。

第20层：距地表深310～505、厚10～20厘米。黄褐土，质疏松，略带沙性，夹灰烬及烧土颗粒，分布在探方西北部，堆积由北向西南倾斜。出土遗物以陶器为主，器形有花边圜底罐、豆等；还出铜饰件及较多兽骨、鱼骨等。

第21层：距地表深325～525、厚5～20厘米。黑灰土，质疏松，夹炭灰较多，分布于探方西北部，堆积由北向西南稍微倾斜。出土陶片少而碎，均为花边圜底罐。

第22层：距地表深335～540、厚10～20厘米。灰褐土，质较松，夹黏土块及数块卵石，局部略夹淤沙，分布于探方北部及西南部，堆积由东北向西南倾斜。出土遗物以碎陶片为主，多为花边圜底罐。

F265、F266开口于此层下。

第23层：距地表深385～550、厚5～15厘米。黄灰土，略夹沙性黏土，质稍硬，夹炭灰，局部夹杂黑灰，分布于探方南部。出土遗物主要为花边圜底罐与鱼骨、兽骨等。

F267开口于此层下。

第24A层：距地表深340～565、厚10～20厘米。黄褐土，带沙性，质稍硬，夹灰烬，分布于探方东北、西部、南部，堆积由东北向西南倾斜。出土大量碎陶片，以花边圜底罐为主。

第24B层：距地表深355～580、厚10～20厘米。黄褐土，在西南局部夹杂黏土，质疏松，带沙性，夹炭灰，分布于探方东北和西南部，堆积由东北向西南倾斜。出土遗物与第24A层相同。

第25层：距地表深350～380、厚10～30厘米。红黄土，略带沙性，纯净，质密集，分布于探方西北部，堆积由西北向东南倾斜。无包含物。

第26A层：距地表深360～530、厚5～10厘米。黑灰土，夹较多灰烬，质疏松，分布于探方西北部，堆积由西北向东南倾斜。出土陶片较少而碎，可辨器形有花边圜底罐、大口花边罐等。

第26B层：距地表深370～540、厚5～10厘米。黄灰土，略带沙性，夹杂碎石颗粒，土质松散，分布于探方北部，堆积由西北向东南倾斜。出土遗物多为碎陶片，器形有花边圜底罐、角杯、大口花边器；还出土部分兽骨。

F339、H736、H746开口于此层下。

第27层：距地表深405～560、厚5～15厘米。黑灰土，夹炭灰，夹黄色及烧土颗粒，质结稍密，分布于探方东南部，堆积由西向东南倾斜。出土遗物主要为碎陶片，器形有角杯、花边圜底罐、大口花边器等；还出土石铲1件。

F343开口于此层下。

第28层：距地表深390～560、厚10～15厘米。灰褐土，略带沙性，夹灰烬较多，质疏松、局部稍硬，分布于探方北部。出土遗物以陶器为主，主要有花边圜底罐、角杯、大口花边器等；还出土石锛1件。

F348、F349开口于此层下。

第29A层：距地表深420～585、厚10～15厘米。灰褐土，夹灰烬，质松散、局部稍硬，探方西南不见分布，堆积由北向东南倾斜。出土少量陶片，器形有大口花边器、角杯、素面圜底器、尖底盏等；还出土石锛4件。

H747开口于此层下。

第29B层：距地表深440～590、厚0～20厘米。灰褐土，夹炭灰，质疏松，分布于探方中南部，堆积由北向东南倾斜。出土少量碎陶片，难辨器形。

Z9开口于此层下。

第30层：距地表深430～605、厚20～25厘米。黄褐土，质较硬、局部疏松，夹较多红烧土颗粒、黏土块，探方西南角无分布，堆积由北向东南倾斜。出土大量碎陶片，可辨器形有尖底缸、角杯、豆、钵等；另出石锛5件。

第30层层面发现“洞”153个，全方分布，东南部“洞”比较密集，排列无规律，形状为圆形、椭圆形，洞壁较直，大者直径20～25、小者直径5～10、深约5～30、个别深30～40厘米。洞内填灰褐色土，质疏松，夹炭灰。出土少量碎陶片，器形多为角杯。

H758开口于此层下。

第31A层：距地表深470～610、厚0～25厘米。黄褐土，略带沙性，质稍硬，分布于探方西南部，堆积由北向东南倾斜。出土大量陶片，器形有尖底缸、尖底罐等；另有部分兽骨。

第31A层层面发现“洞”170个，分布全方，“洞”密集，排列无规律，明显大于第30层层面“洞”，形状为圆形、椭圆形，洞壁较直，直径5～15、个别直径10～30、深10～20、个别深20～35厘米。洞内填浅灰色土，质疏松，夹炭灰。个别洞内出土角杯残片。

第31B层：距地表深440～640、厚0～40厘米。黄褐土，略带沙性，质疏松，分布于探方东部，表面由西向东倾斜。出土遗物主要为碎陶片，器形与第31A层相同；还出土石锛6件。

第32层：距地表深475～650、厚5～10厘米。黄色淤沙，质松软，分布于探方东部，由西向东倾斜堆积。北部出土较多陶片，器形有尖底缸、花边口器、钵等。

第33层：距地表深460～610、厚15～45厘米。黄灰土，质疏松，局部夹杂烧土颗粒及炭灰，分布于探方北部，堆积由西向东稍微倾斜。出土大量碎陶片与部分石器，陶器主要有尖底缸、小圜底钵、罐、器盖、纺轮等；石器有斧、锛、铲等；另出牛等动物骨骼。

第34A层：距地表深625～650、厚0～40厘米。黄褐土，质松软，夹杂黏土，局部夹杂红烧土颗粒及炭灰，分布于探方西南部，堆积由东北向西南倾斜。出土少量碎陶片，器形有尖底缸、瓮、罐、钵等。

第34B层：距地表深660～675、厚0～30厘米。黄褐土，略带沙性，质疏松，夹杂较多烧土颗粒及灰烬，分布于探方西南部，堆积由东北向西南倾斜。出土少量碎陶片，器形与第34A层相同；还出石锛2件。

第35层：距地表深500～630、厚5～30厘米。黄灰土，质疏松，分布于探方西北及南部，层面由西北向东南倾斜。出土大量碎陶片，器形有尖底缸、钵、深腹罐等。

第36A层：距地表深500～690、厚5～30厘米。黑灰土，夹杂炭灰及大量草木灰，质疏松，分布于探方东南部，堆积由西向东南倾斜。出土少量较碎陶片，难辨认器形。

第36B层：距地表深530～680、厚0～20厘米。灰白色黏土，略纯，质较密，局部夹杂灰烬，分布于探方南部，堆积由北向南倾斜。无包含物。

F361开口第36B层下。

第37层：距地表深505～680、厚0～40厘米。黄褐色黏土，带沙性，局部夹薄层淤沙，质松软，分布于探方西北部。出土较多碎陶片，器形有尖底缸、平底罐、折沿深腹罐等。

第37层层面发现“洞”66个，主要分布于探方西南，柱洞排列无规律，形状为圆形、椭圆形，洞壁较直，直径为6～10、个别直径10～20、深10～20、个别30～50厘米。洞内填黄灰、黑灰土，质松软，夹杂炭灰。无包含物。

第38层：距地表深500～530、厚0～15厘米。黄灰土，质松软，局部夹杂灰色颗粒，分布于探方东部，堆积由西向东南倾斜。出土数块陶器残片，难辨器形。

第39层：距地表深505～690、厚5～20厘米。黄褐色黏土，带沙性，局部夹杂炭灰及较多卵石块，西南角及南部无分布，层面由西北向东南倾斜堆积。出土遗物主要为碎陶片，器形有尖底缸、圈足器、深腹罐、瓮等；还出石锛1件。

H776、H777、H778、H779、H780、H781、H782、H783、H784、H785、H786开口于此层下。

第40层：距地表深530～700、厚25～40厘米。黄色黏土，带沙性，质密，夹杂有零星炭灰及卵石块，分布全方，层面稍平。出土数块碎陶片，难辨认器形。

第41层：距地表深560～740、厚30～40厘米。黄色沙黏土，质密，纯净，局部夹杂零星炭灰与数块卵石，遍布全方，层面较平。无包含物。

第42层：距地表深600～765、厚10～35厘米。黄黏土，质较密，局部夹杂红烧土颗粒及数块卵石块，遍布全方，层面较平。无包含物。

第43层：距地表深630～775、厚0～10厘米。黑灰土，质松软，夹木炭灰颗粒，分布于探方西北部，稍微向北倾斜堆积。出土2块碎陶片，难辨认器形。

第43层下为生土。

2. 02DT0102地层堆积

第1层：厚1～30厘米。褐黑土，质松，颗粒较大，上有1998年度发掘堆土覆盖层，本方不再分开。耕土层。

第2A层：距地表深45、厚0～20厘米。褐灰土、夹沙，质松，分布于探方西部。无包含物。

第2B层：距地表深15、厚0～30厘米。棕红色沙土，质松，分布于探方西南角。无包含物。

第3层：距地表深25～40、厚0～30厘米。褐灰土，质稍硬，分布于探方西部和北部。出土近现代瓦片、铜耳勺等。

第4层：距地表深约70、厚0～40厘米。褐灰黏土、夹沙，质松，分布于探方西南角，堆积向西南角倾斜。出土明清瓦片及宋代瓷片。

第5层：距地表深80、厚0～25厘米。褐黄色沙土，质松，夹少量黏土，分布于探方西南角。无包含物。

第6层：距地表深约100～200、厚0～50厘米。褐灰色沙黏土，质松，夹红烧土块、石头，分布于探方西南角。出土唐、宋和明代的瓦片等。

H667开口于此层下。

第7层：距地表深140～240、厚0～60厘米。黄沙，质松，分布于探方南部、中部局部。纯净，无包含物。

第8A层：距地表深50～100、厚0～25厘米。灰土，局部稍黄，质松软，夹红淤泥土，层面局部有活动面痕迹，分布于探方西北角。出土宋代瓷片等。

第8B层：距地表深60～170、厚25～50厘米。灰黄土，质松，颗粒较大，与第8A层相比，不夹淤土，其他相似，该层基本分布全方，北半部灰比较多一些，质也稍硬（97DT0203发掘时初断为房址，但在本方内无明显的地面、灶、墙基等遗迹，认为是房址证据不足，故定为地层）。

H668开口于此层下。

第9层：距地表深70～170、厚0～70厘米。深灰土，质松，分布于探方西北部。层表局部有踩踏面。出土宋代瓷片等。

第10层：距地表深110～175、厚0～30厘米。土色灰中泛白，质稍硬，层面稍硬，夹沙黏土，分布于探方北、西部。出土数量较多的宋代黑釉瓷片、釉陶碗、罐等。

H669开口于此层下。

第11A层：距地表深100～220、厚0～80厘米。灰土，为10厘米左右的灰黏土夹一层1～5厘米的红淤泥相间地层，质稍硬，分布于探方西、南部。出土唐宋时期瓷碗、器盖、壶、盆等。

H670开口于此层下。

第11B层：距地表深280、厚0～15厘米。褐灰土，质稍硬，夹杂部分木炭颗粒，分布于探方的西、北部，堆积向西南倾斜。出土唐宋瓷片等。

第12A层：距地表深150～300、厚15厘米。灰土，夹少量黄岩石渣、红烧土颗粒、木炭小块等，质稍硬，分布全方。出土较多唐宋陶瓷片，器形有绿黄釉瓷碗及碟等。

第12B层：距地表深200～240、厚10～20厘米。褐灰色黏土，质稍硬，夹杂木炭小块、零星红烧土块及颗粒与石头，分布除西南角外的其余部分。出土唐代瓦片、瓦当、瓷片等。

第13层：距地表深320～350、厚1～80厘米。褐黄土，质稍硬，夹杂红烧土块及颗粒、木炭颗粒、石块等，分布全方。出土汉及六朝的绳纹瓦片、网坠、石斧、铜箭头、五铢钱等。

H671、Y30开口于此层下。

第14层：距地表深320、厚1～40厘米。褐灰土，局部泛红，质硬，结构较紧密，夹红烧土小块及颗粒，分布全方。出土数量较多的圜底罐残片及汉代绳纹瓦片。

Y8开口于此层下。

第15层：距地表深350～380、厚0～30厘米。灰褐色黏土，质较硬，结构紧密，颗粒较粗，夹大量灰烬，堆积向西南倾斜，分布于探方南部。出土遗物较多，以陶器为主，可辨器形有圜底罐、钵、锯齿口罐、折沿盆、釜、侈口罐、网坠等；还出部分兽骨等。

第16层：距地表深300～390、厚0～80厘米。灰褐土，质稍密，颗粒较粗、夹沙，夹杂大量炭灰颗粒等，堆积向西南倾斜，基本遍布全方。出土大量陶片，但器形较单一，以束颈圜底罐为主，另有锯齿口罐、侈口罐、釜、盖纽等；还出有鹿角等动物骨骼。

H732开口于此层下。

第17层：距地表深340～450、厚0～30厘米。黄褐土，质较疏松，夹少量炭灰和红烧土颗粒，主要分布于探方北部，南部较零散，堆积向西南倾斜。出土陶片较少，器类较单一，有束颈圜底罐、锯齿口罐、网坠等；还出土部分兽骨。

F319、Y39开口于此层下。

第18层：距地表深380～470、厚0～40厘米。灰褐色沙土，质疏松，颗粒较粗，夹大量炭灰颗粒，主要分布于探方西南部，东北部有零星分布，向西南倾斜。出土遗物以陶器为主，器类有束颈圜底罐、锯齿口罐、釜、钵、侈口罐、折沿罐等；还出土部分鱼骨、兽骨等。

F324开口于此层下。

第19层：距地表深425～475、厚0～50厘米。深褐色土，局部夹有浅红色黏土块，质稍密，分布于探方西南部。出土陶片较少，可辨器类束颈圜底罐、钵、釜、锯齿口罐、折沿罐等；还出土鱼骨、兽骨等。

F327叠压在此层下。

第20层：距地表深470～500、厚0～20厘米。杂花土，质疏松，夹大量炭灰，基本遍布全方，层面向西南倾斜。出土遗物以陶器为主，器形有花边圜底罐、釜、器足、圈足杯、钵、锯齿口罐、折沿罐、尖底盏等；另出部分兽骨。

第21层：距地表深450～515、厚0～30厘米。浅红色黏土，泛白，质紧密，黏性极大，分布于探方西南部。纯净，无包含物。

第22层：距地表深415～490、厚0～25厘米。灰褐土，夹较多灰烬，质较疏松，分布于探方西北部，向西南倾斜。出土遗物以陶器为主，器形以花边圜底罐为主，另有釜、侈口罐、高领罐、钵等；还出部分兽骨。

F334叠压在此层下。

第23层：距地表深420～520、厚15～75厘米。灰褐土，质疏松，遍布全方，自东北向西南倾斜严重。出土大量陶片，本层可以说是由圜底罐残片和炭灰堆积形成，出土大量完整或可修复的圜底罐，另有圈足罐、不明器等；还出土部分动物骨骼。

第24层：距地表深480～585、厚0～20厘米。黑灰土，质较紧密，夹大量灰烬，分布于探方西部，向西南倾斜。出土陶片较少，器形有花边圜底罐、锯齿口罐、尖底盏、折沿缸、卷沿罐、釜、网坠等；另出部分动物骨骼等。

F344、F345叠压在此层下。

第25层：距地表深455～620、厚0～40厘米。黄褐杂花土，质较密，夹大量灰烬、红烧土颗粒和黏土块，基本遍布全方，向西南倾斜。出土陶片较少，器形有圜底罐、锯齿口罐、折沿缸、钵、圈足器、高领罐、尖底盏、器底、网坠等。

F350叠压在此层下。

第26层：距地表深520～635、厚0～35厘米。黑灰土，质疏松，夹大量灰烬，基本遍布全方，向西南倾斜。出土大量陶片，本层也可以说是由陶片和灰烬堆积形成，器形有花边圜底罐、圈足罐、豆、折沿缸、卷沿罐、釜、锯齿口罐、广肩罐、高领罐、器盖等；还出部分动物骨骼。

第27层：距地表深480～565、厚0～35厘米。灰褐土，质较紧密，夹大量红烧土块和木炭颗粒，分布于探方东北部，向西南倾斜。出土遗物以陶器为主，器类丰富，有花边圜底罐、锯齿口罐、广肩罐、尖底盏、釜、圈足罐、折沿缸、折沿罐、器座、高领罐、不明器等；还出部分动物骨骼。

F353叠压在此层下。

第28层：距地表深500～650、厚0～40厘米。深褐色土，夹大量灰烬和红烧土颗粒，分布于探方北部，向西南倾斜。出土陶片较多，但破碎，可辨器形有花边圜底罐、锯齿口罐、釜等；还出部分动物骨骼。

H750、H751、H752、H753开口于此层下。

第29层：距地表深570～670、厚0～40厘米。黄褐土，质较紧密，夹少量灰烬，分布于探方西南部，向西南倾斜。出土遗物以陶器为主，器形丰富，仍以花边圜底罐为主，器形变大，腹变成球形，但数量减少，另有折沿罐、锯齿口罐、侈口罐、高领罐、广肩罐、釜、钵等，还出土部分动物骨骼。

F357叠压在此层下。

第30层：距地表深590～715、厚0～30厘米。黑灰土，质疏松，分布于探方西部，向西南倾斜。该层也可以说是由灰烬和陶片堆积形成。陶器器形有花边圜底罐、锯齿口罐、折沿罐、釜、敛口罐、高领罐、矮领罐等；还出土铜镞与部分动物骨骼。

第31层：距地表深570～740、厚0～55厘米。灰褐土，质疏松，夹较多灰烬，分布于探方东南部，向西南倾斜。出土遗物以陶器为主，器形以圜底罐为主，另有钵、釜、高领罐、锯齿口罐、器底等；还出土部分动物骨骼。

第32层：距地表深510～755、厚10～35厘米。黑灰花杂土，质较紧密，夹大量灰烬，遍布全方，向西南严重倾斜。出土陶片较少，器形有圜底罐、高领罐、釜、瓮、辫唇罐、钵、器底、网坠等；还出土部分鱼骨、兽骨。

F364叠压在此层下，探方东北部出现大量“洞”，计172个。

第33层：距地表深715～790、厚0～20厘米。浅灰褐色黏土，质较紧密，夹少量炭灰颗粒，分布于探方西南部。出土遗物以陶器为主，器类有大花边圜底罐、辫唇罐、广肩罐、侈口罐、釜、钵、豆、圈足器、高领罐、不明器等；还出部分动物骨骼。

第34层：距地表深700～805、厚0～35厘米。深褐色黏土，质稍密，夹大量炭灰颗粒，湿度较大，分布于探方西南部，向西南倾斜。出土陶片较多，器类以辫唇罐为主，大花边圜底罐减少，另有釜、卷沿罐、钵、侈口罐、尖底盏等；还出土部分动物骨骼。

第35层：距地表深710～790、厚0～10厘米。暗红色黏土，质紧密，细腻，分布于探方西北部，向西南倾斜。纯净，无包含物。

第36层：距地表深710～825、厚0～15厘米。淡黄色沙土，微泛绿，质较密，颗粒较粗，分布于探方西部，向西南倾斜。出土少量陶片，器类以辫唇罐为主，另有侈口罐、瓮等；还出土部分动物骨骼。

第37层：距地表深730～830、厚0～20厘米。暗红色黏土，质紧密，细腻，分布于探方西部，向西南倾斜。纯净，无包含物。

第38层：距地表深750～840、厚0～30厘米。黑灰土，质疏松，夹大量炭灰块，分布于探方西南部，向西南倾斜。出土陶片较多，器形有辫唇罐、高领罐、广肩罐、卷沿罐、釜、钵、器盖、敛口罐、侈口罐、直领罐等；还出土鱼等动物骨骼。

第39层：距地表深780～860、厚0～30厘米。黄褐土，质稍硬，夹大量灰烬，分布于探方西南部，向西南倾斜。出土遗物以陶器为主，器类有辫唇罐、侈口罐、直领罐、釜、敛口罐、高领罐等；还出土铜铃及部分动物骨骼。

第40层：距地表深805～880、厚0～25厘米。灰黑土，质较疏松，夹大量木炭块，分布于探方西南部，向西南倾斜。出土遗物以陶器为主，器类有辫唇罐、侈口罐、卷沿罐、瓮、矮领罐等；还出土部分动物骨骼。

第41层：距地表深825～900、厚0～30厘米。浅灰褐黏土，质稍硬，有黏性，夹大量炭灰颗粒，分布于探方西南部。出土遗物以陶器为主，器类有侈口罐、矮领罐、高领罐、角杯、釜、广肩罐、敛口罐、卷沿罐、折沿罐等；还出土部分动物骨骼。

第42层：距地表深850～920、厚0～27厘米。浅黄沙土，质硬，结构紧密，颗粒较粗，夹少量烧土颗粒，分布于探方西南部。出土大量角杯、尖底杯残片，器类有角杯、尖底杯、尖底盏、敛口罐、釜、高领罐、直口罐、不明器等；还出土部分动物骨骼。

第43层：距地表深870～950、厚0～15厘米。黄褐沙土，质较紧密，夹少量灰烬，分布于探方西南部。出土陶片较少，器类有尖底杯、折沿罐、不明器等；还出土部分动物骨骼。

第44层：距地表深880～960、层0～35厘米。灰褐黏土，质较紧密，夹少量炭灰颗粒，分布于探方西南部，向西南倾斜。出土遗物以陶器为主，器类有角杯、侈口罐、瓮、敛口罐等；还出土部分动物骨骼。

第45层：距地表深900～990、厚0～40厘米。黄褐色黏土，质紧密，有一定黏性，分布于探方西南部，向西南倾斜。出土陶片较多，器类有敛口罐、侈口罐、豆、不明器等。

第46A层：距地表深955～100、厚0～50厘米。浅黄色黏土，质硬，分布于探方西南部，向西南倾斜。出土较多陶片，器类有敛口罐、侈口罐、平底器、不明器等；还出土石斧1件。

第46B层：距地表深540～630、厚0～35厘米。黄褐土，夹大量炭灰，分布于探方东北部，向西南倾斜。出土遗物以陶器为主，另有少量石器及部分动物骨骼。陶器以敛口罐为主，另有小平底罐、尖底杯、卷沿罐、侈口罐、豆、杯、瓮、敞口器、圈足器、鋬、釜、直口罐、壶、不明器等；石器有石斧3件。

第47层：距地表深540～630、厚0～35厘米。黄褐杂土，质稍密，夹大量炭灰，分布于探方东北部，向西南倾斜。出土遗物以陶器为主，另出少量石器及部分动物骨骼。陶器以敛口罐为主，另有小平底罐、尖底杯、鬶、卷沿罐、侈口罐、豆、杯、瓮、敞口器、圈足器、鋬、釜、直口罐、壶、不明器等；石器有石斧3件。

第48层：距地表深540～650、厚0～50厘米。灰褐色黏土，泛红，质紧密，夹少量炭灰颗粒，分布于探方东部，向西南倾斜。出土遗物以陶器为主，另出少量石器及部分动物骨骼。陶器有敛口罐、豆、器盖、盘、釜、小平底罐、侈口罐、直领罐、高领罐、缸、不明器等；石器仅出土石斧1件。

第49层：距地表深525～630、厚0～35厘米。暗红色黏土，质紧密，夹大量炭灰，分布于探方北部，向西南倾斜。出土陶片较少，但器类丰富，有敛口罐、小平底罐、瓮、壶、卷沿罐、侈口罐、器盖、不明器等；还出土石斧1件及部分动物骨骼。

第50层：距地表深535～665、厚0～30厘米。暗红色黏土，结构紧密，细腻，黏性极大，分布于探方北部，向西南倾斜。纯净，无包含物。

第51层：距地表深530～685、厚0～25厘米。红褐色黏土，质紧密，分布于探方东北部，向西南倾斜。出土大量陶片，器形以尖底缸为主，另有器盖、折沿罐、盘、侈口罐等；还出部分动物骨骼。

第52层：距地表深580～695、厚0～20厘米。灰褐土，质较疏松，颗粒较粗，夹少量炭灰颗粒，分布于探方北部，向西南倾斜。出土遗物以陶器为主，另出少量石器及动物骨骼。陶器有尖底缸、器盖、贴边罐、折沿罐、侈口罐、高领罐、圈足盘等；石器多残斧、锛等。

第53层：距地表深560～740、厚0～40厘米。浅黄色沙土，质较疏松，颗粒较粗，夹炭灰颗粒，分布于探方东北部，向西南倾斜。出土大量陶片，器类有尖底缸、贴边罐、器盖、盘、不明器等；还出石斧1件及部分动物骨骼。

第54层：距地表深595～725、厚0～25厘米。浅灰褐沙土，微泛绿，质较疏松，夹较多炭灰颗粒，分布于探方东北部，向西南倾斜。出土较多陶片，器类有尖底缸、贴边罐、器盖、不明器等；还出土石坯1件及部分动物骨骼。

第55 层：距地表深610～745、厚0～80厘米。黄褐沙土，质较疏松，夹较多红烧土颗粒，分布于探方东北部，向西南倾斜。出土陶器有尖底缸、贴边罐、器盖、侈口罐、纺轮、不明器等；还出部分动物骨骼。

第56层：距地表深705～745、厚0～35厘米。灰褐色黏土，质较紧密，夹大量炭灰颗粒和卵石块，分布于探方北部，向西南倾斜。出土陶器以尖底缸为主，另有贴边罐、侈口罐、不明器等；还出土石斧及部分动物骨骼。

第57层：距地表深650～730、厚0～25厘米。浅褐色沙土，质较疏松，颗粒较粗，分布于探方东北部，向西南倾斜。出土大量陶片，器类有尖底缸、贴边罐、盘、不明器等；还出土少量动物骨骼。

第58层：距地表深675～840、厚0～55厘米。黄褐色沙土，局部泛绿，质稍密，夹大量红烧土颗粒和炭灰，分布于探方东北部，向西南倾斜。出土遗物以陶器为主，另有部分石器与动物骨骼。陶器有尖底缸、器盖、盘、贴边罐、折沿罐、不明器等；石器有镞、斧等。

第59层：距地表深720～825、厚0～60厘米。黄褐色沙土，局部泛绿，夹较多烧土小块，质较疏松，分布于探方东北部，向西南倾斜。出土陶器有尖底缸、器盖、盘、贴边罐、侈口罐等；还出土少量动物骨骼。

第60层：距地表深745～885、厚0～35厘米。浅灰褐黏土，泛绿，质较疏松，夹大量木炭块，分布于探方东北部，向西南倾斜。出土陶片不多，器形以尖底缸为主，另有侈口罐、不明器等；还出土石斧及部分动物骨骼。

第61层：距地表深765～875、厚0～35厘米。灰褐色土，质较疏松，颗粒较粗，夹大量灰白色颗粒，分布于探方东北部，向西南倾斜。出土陶器有尖底缸、贴边罐、器盖、盘、不明器等；还出土石斧与部分动物骨骼。

第62层：距地表深800～885、厚0～55厘米。黄褐色黏土，质较紧密，颗粒较粗，夹大量灰烬等，分布于探方东北部，向西南倾斜。出土陶片较少，器形有尖底缸、盘、折沿罐、纺轮等；还出土石斧与部分动物骨骼。

第63层：距地表深850～925、厚0～22厘米。浅绿色沙土，质疏松，夹大量白色颗粒，分布于探方东北部，向西南倾斜。出土陶片极少，器类为尖底缸、不明器。

第64层：距地表深870～910、厚0～28厘米。黄褐色黏土，质稍密，夹大量类白色颗粒，分布于探方东北部，向东南倾斜。出土陶片较多，器类有尖底缸、圈足器等；还出土少量动物骨骼。

第65层：距地表深880～930、厚0～30厘米。杂花土，质疏松，夹少量灰烬等，分布于探方东北部，向东南倾斜。出土陶片较多，器类有尖底缸、圈足器、器盖、盘、贴边罐等；还出土部分动物骨骼。

第66层：距地表深900～945、厚0～22厘米。浅绿色黏土，质稍密，颗粒较细，夹少量炭灰颗粒，分布于探方东北部，向东南倾斜。出土陶片较少，器类有尖底缸、器盖、盘、罐、不明器等；还出土少量动物骨骼。

第67层：距地表深890～945、厚0～28厘米。黄褐色土，质疏松，夹较多灰烬，分布于探方东北部，向东南倾斜。出土陶片较少，器类单一，为尖底缸、圈足器等。

第68层：距地表深915～950、厚0～55厘米。浅绿色土，质较疏松，夹大量烧土颗粒，分布于探方西北部，向东南倾斜。出土陶片较多，器类中尖底缸已不多见，另有折沿罐、敞口器、盘、器盖、侈口罐、不明器等；还出土部分动物骨骼。

第69层：距地表深900～970、厚0～50厘米。灰白色黏土，质稍密，颗粒较细，夹较多炭灰颗粒，分布于探方东北部，向东南倾斜。出土陶片不多，器类中尖底缸已不多见，另有侈口罐、敞口器、盘、瓮、豆、不明器等；还出土石斧、石坯等。

第70层：距地表深950～1050、厚0～38厘米。杂花土，质疏松，夹大量灰烬，分布于探方东部。无包含物。

第71层：距地表深960～1020、厚0～40厘米。红褐色黏土，局部偏灰褐，质紧密，夹较多炭灰块，分布于探方西北部，向东南倾斜。出土陶片不多，器类有盘口罐、侈口罐、平底器、瓮、敞口器、不明器等；还出有残石器与少量动物骨骼。

第72层：距地表深100～1040、厚0～45厘米。褐色黏土，质紧密，夹大量炭灰块，分布于探方东北部，向东南倾斜。出土少量陶片，器类有盘口罐、侈口罐、盘等；还出土石器、石坯及蚌壳等。

第73层：距地表深990～1020、厚0～100厘米。灰褐色黏土，质硬，夹大量木块和未燃尽树根部，发掘该层时闻有腐臭气味，分布于探方东南部。出土遗物较丰富，陶器有缸、瓮、盘口罐、折沿罐、盘、敞口器、平底器等；石器有斧、凿、石坯及残石器等；还出有部分鱼及哺乳动物骨骼。

第74层：距地表深1020～1100、厚0～60厘米。红褐色黏土，质较硬，夹大量炭块，分布于探方东北部。出土陶片不多，器类有盘口罐、折沿罐、器盖、小平底缸等；还出土石斧、残石器及少量动物骨骼。

第75层：距地表深1040～1110、厚0～30厘米。浅灰褐色黏土，质较紧密，夹大量炭灰块，分布于探方东北部，向东南倾斜。出土陶片不多，器类有盘口罐、盖、盘、钵、侈口罐、敞口器等；还出土石凿、石斧、砺石等。

第75层下为生土，黄红色黏土，内含较多黄黑色水锈，结构紧密，纯净。

（四）D—D′

D—D′为00DT0605～00DT0805北壁堆积（图一五），现择要介绍00DT0605、00DT0805地层堆积情况。

1. 00DT0605地层堆积

第1层：厚8～23厘米。灰褐色沙土，疏松，含较多杂物。遍布全方，西北向东南倾斜。现代农耕土。

第2层：距地表深15～35、厚3～20厘米。黄沙，松软，遍布全方。纯净，无包含物。

第3层：距地表深26～52、厚7～26厘米。浅红色黏土，质紧、硬，夹少量炭粒，遍布全方，由西北向东南略倾斜。出土少量带釉夹砂灰陶罐、盆及砖瓦残块等。

第4层：距地表深44～73、厚8～40厘米。黄褐色沙土，夹沙量大，夹少量炭粒，遍布全方，由西北向东南略倾斜。出土少量布纹瓦片。

第5层：距地表深60～100、厚5～23厘米。黄褐土，质紧，夹少量炭屑，遍布全方。出土有筒瓦、罐和嘉祐通宝铜钱1枚。

第6层：距地表深83～115、厚20～95厘米。褐色沙土，质紧，遍布全方，探方东北部堆积较厚。出土物与5层相似。

第7层：距地表深105～183、厚7～65厘米。黄色细沙，质松软，夹炭，遍布全方，由西北向东南倾斜。出土少量陶罐、钵等器物残片。

第8层：距地表深140～195、厚35～65厘米。红褐色黏土，质紧密，夹沙，夹炭，遍布全方，由西北向南部倾斜，在探方东南部有残存石墙分布，成半圆形（00DT0705）。出土有白瓷圈足碗、灰陶盆、罐等残片。

第9层：距地表深175～250、厚0～40厘米。褐色沙土，质松软，探方北部局部无分布，堆积西北薄东南厚，由西北向东南倾斜。无包含物。

第10层：距地表深180～290、厚5～65厘米。红褐黏土，杂有少量黄褐色黏土，质紧、硬，遍布全方，由西北向东南倾斜。出土少量瓦、罐、盆等陶器残片和少量动物骨骼。

第11层：距地表深235～300、厚0～64厘米。黄沙，夹少量炭，主要分布于探方南部，由北向东较为倾斜，西厚东薄。无包含物。

第12层：距地表220～340、厚0～40厘米。红褐色黏土，夹少量沙，质紧、硬，探方南部局部无分布，由西北向东南倾斜。纯净，无包含物。

第13层：距地表深260～353、厚0～50厘米。红褐色沙土，夹沙量大，夹较多炭粒，质松软，分布于探方大部，东北不见分布。纯净，无包含物。

第14A层：距地表深275～305、厚0～26厘米。黄沙，质松软，仅分布于探方西部。无包含物。

第14B层：距地表深265～325、厚0～25厘米。黄褐色黏土，质紧、较硬，仅在探方北部有零星分布。无包含物。

第15层：距地表深280～353、厚0～35厘米。红褐色黏土，夹沙，探方西北、南部无分布，由北向东南倾斜，西北薄南部厚。无包含物。

第16层：距地表深280～360、厚0～58厘米。灰褐色沙土，夹炭屑、石块较多，仅分布于探方西北部，由北向南倾斜。出土有陶瓷片、筒瓦、板瓦、盘口壶、圜底罐等物。

第17层：距地表深290～395、厚0～50厘米。灰黑色沙黏土，夹大量灰烬，质松。探方南部局部不见分布，由西北向东南倾斜。出土较多陶、瓷片，可辨器形有盘口壶、青瓷碗、杯盏圜底等。

G37开口于此层下。

第18层：距地表深305～356、厚0～45厘米。黄色纯沙，质松软，分布于探方北部。纯净，无包含物。

第19层：距地表深360～400、厚0～25厘米。黄褐色沙黏土，带水痕，质紧、硬，主要分布于探方东南部。出土少量板瓦片。

第20层：距地表深343～405、厚0～40厘米。黄褐色黏土，夹少量炭灰，质紧、硬，除探方东南部外皆有分布。出土少量板瓦片。

第21层：距地表深365～420、厚3～23厘米。灰褐色黏土，夹炭，质紧、硬，遍布全方，由西北角向东南倾斜。出土少量绳纹板瓦等。

第22A层：距地表深375～435、厚0～25厘米。灰褐色沙土，堆积以陶片为主，探方东南部无分布，由西北向东南倾斜。出土大量陶片，多为圜底罐残片。

第22B层：距地表深400～440、厚0～50厘米。黄褐色沙黏土，夹炭灰，质紧，主要分布于探方东部。出土较多陶片，以圜底罐为主。

第23层：距地表深400～450、厚0～26厘米。灰色沙土，质松软，探方东部局部无分布。出土大量圜底罐等残片。

第24层：距地表深423～455、厚5～30厘米。灰褐色沙土，质松软，夹大量炭灰，遍布全方，由西北向东南倾斜。出土少量陶片。

第25层：距地表深435～465、厚5～36厘米。黄褐色沙土，质松软，遍布全方，表面较平。出土较多圜底罐、角杯残片，少量盆、罐等器类。

第26层：距地表深448～485、厚5～70厘米。浅灰色沙土，质松软，夹较多炭屑等，遍布全方，表面较平。出土少量角杯、盆、罐等残片。

第27层：距地表深480～500、厚0～16厘米。灰褐色沙土，夹大量碎陶片粒，质松软，零星分布于探方东部。出土少量角杯残片。

G40、G41、G42、G43及大量“洞”开口于此层下。

第28层：距地表深495～505、厚0～14厘米。灰褐沙土，夹较多黄色沙团，质松软，零星分布于探方南部，表面较平。出土少量角杯、圜底罐残片和一件石器。

第29A层：距地表深465～530、厚10～45厘米。黄色纯沙，质松软，遍布全方，由西北向东南倾斜。无包含物。

第29B层：距地表深495～540、厚6～33厘米。黄色沙土，夹沙量大，质松软，遍布全方，由北向南倾斜。出土少量完整角杯及残片。

第30层：距地表深525～555、厚14～45厘米。红褐色黏土，略偏黄，夹少量沙、灰烬，质硬，遍布全方，由北向南倾斜。出土少量釜、罐、角杯等残片。

第31层：距地表深555～575、厚0～21厘米。灰褐色沙土，夹沙极多，质紧、较软，夹炭，探方西北角局部无分布，表面较平，西北部较薄，余部略厚。无包含物。

第32层：距地表深555～585、厚13～50厘米。红褐色黏土，质硬，遍布全方，由北向南略倾斜，北部堆积稍薄。出土少量陶片，多罐类器物，如小平底罐等。

第33A层：距地表深598～625、厚3～20厘米。褐色沙土，夹沙量大，夹炭和较多石块，质紧、软，遍布全方，由西北向东南略倾斜。出土较多陶片，多见各类罐，少量带耳壶、尖底器、盆等器物残片。

第33B层：距地表深605～635、厚0～13厘米。黑褐色黏土，夹灰烬极多，夹少量沙和大量陶片，质紧、较硬，仅分布于探方西部。出土大量陶片，器类多罐类，另有敞口器、平底器等。

第34A层：距地表深617～650、厚20～45厘米。黄红色黏土，质坚硬，夹少量灰烬，遍布全方，由北向南略倾斜。出土陶器多见罐类器物。

第34B层：距地表深637～670、厚16～38厘米。红黄色黏土，略偏灰，质极紧、硬，夹少量炭粒，遍布全方，由北向南略倾斜。出土少量陶片，多罐类器物。

第35层：距地表深658～695、厚20～45厘米。红黄色夹沙土，夹沙较多，质紧较硬，夹少量炭粒，遍布全方，由北向南倾斜。无包含物。

第36A层：距地表深690～740、厚10～40厘米。灰黄色纯沙，质松软，遍布全方，由北向南倾斜。无包含物。

第36B层：距地表深710～765、厚8～25厘米。黄红色沙土，夹沙极多，质松软，遍布全方，由北向南倾斜。无物包含物。

第36C层：距地表深720～775、厚6～22厘米。灰黄色沙土，质松软，遍布全方，由北向南倾斜。无包含物。

第37A层：距地表深745～795、厚6～25厘米。暗红色沙黏土，夹沙较多，质松软，遍布全方，由北向南倾斜。无包含物。

第37B层：距地表深765～805、厚2～11厘米。黄绿色夹沙黏土，质较紧、软，遍布全方，由北向南倾斜。无包含物。

第37C层：距地表深773～815、厚55～97厘米。茶红沙黏土，夹沙较少，质较紧、较硬，遍布全方，由北向南倾斜。纯净，无包含物。

第38层：距地表深855～905、厚7～53厘米。灰黄色沙土，夹沙极多，松软，夹较多细碎陶片和灰烬，遍布全方，由西北向东南倾斜，西部较厚。出土少量尖底缸残片。

第39层：距地表深880～925、厚5～26厘米。灰褐色沙土，夹炭，质松软，遍布全方，由北向南倾斜。出土少量陶片，似38层所出。

第40层：距地表深906～935、厚5～26厘米。黄沙土，夹炭，质松软，遍布全方。无包含物。

第41层（未再发掘）：距地表深915～945厘米。灰黑沙淤土。经钻探，以下170厘米均为灰黑沙淤土，上部夹少量黑炭颗粒，均无包含物。因探方已太深及隔梁垮塌等原因，停止本方发掘工作。

2. 00DT0805地层堆积

第1层：厚15～30厘米。深褐色土，质疏松，颗粒较粗，夹少量沙和大量植物根茎。现代农耕土。

第2层：距地表深10～30、厚0～90厘米。暗红色沙土，质较紧密，基本分布于整个探方，自西向东倾斜。无包含物。

第3层：距地表深15～70、厚0～20厘米。黄沙，质疏松，基本分布整个探方，自西向东倾斜严重。无包含物。

第4层：距地表深20～90、厚0～10厘米。白膏泥（黏泥），质较松，细腻，纯净，本层基本分布整个探方，自西向东倾斜严重。无包含物。

第5层：距地表深15～100、厚0～40厘米。黄黏土，质疏松，夹大量沙，颗粒较粗，本层基本分布整个探方，自西向东倾斜严重。出土几小块青砖残块。

第6层：距地表深50～140、厚15～50厘米。暗红色黏土，质较板结，夹少量沙，分布全方，自西向东倾斜严重。无包含物。

第7层：距地表深50～180、厚0～1厘米。青膏泥，质较紧密，细腻，纯净，基本分布整个探方，自西向东倾斜严重。无包含物。

第8层：距地表深100～190、厚30～60厘米。黄褐色黏土，质密，较板结，夹少量沙，分布全方，自西向东倾斜严重。出土少量宋代瓷片，可辨器形有碗、盆、罐等。

H607开口于此层下。

第9A层：距地表深150～250、厚15～75厘米。黄黏土，质疏松，夹沙较多，分布全方，自西向东倾斜严重。无包含物。

第9B层：距地表深210～275、厚0～100厘米。黄黏土，质较疏松，夹少量沙，分布于探方东部。无包含物。

第10层：距地表深150～215、厚0～40厘米。黄黏泥，质较密，细腻，夹少量炭灰颗粒，分布于探方西部。无包含物。

第11层：距地表深180～260、厚0～40厘米。灰褐色沙土，质较紧密，颗粒较粗，夹少量炭灰颗粒，分布于探方西部。无包含物。

第12层：距地表深220～280、厚0～50厘米。灰褐土，质较疏松，夹沙和较多炭灰颗粒、卵石块。除东北角外都有分布。出土较多瓷片，可辨器形有碗、盘、瓮、盘口罐、四系罐、瓶、双沿罐、器盖等；还有少量兽骨。

G36开口于此层下。

第13层：距地表深255～275、厚0～40厘米。黄沙，质较密，颗粒较粗，纯净，分布于探方西南部。无包含物。

第14层：距地表深295厘米、厚0～20厘米。黄色沙黏土，质疏松，夹少量沙，颗粒较粗，分布于探方西南部。无包含物。

第15层：距地表深315～380、厚0～35厘米。黄沙，质松，颗粒较粗，纯净，分布于探方西南部。无包含物。

第16层：距地表深290～385、厚0～95厘米。黄黏土，质紧密，夹少量炭灰颗粒，分布于探方西部和南部。出土陶片较多，大多为汉代板瓦残片、筒瓦、卷沿罐等；还发现几块铁器锈块，难辨器形。

第17层：距地表深330～420、厚0～50厘米。黄褐色黏土，质紧密，夹少量杂质和炭灰颗粒，分布于探方西部。出土陶片比上一层更多，以花边圜底罐残片为主，另有釜、缸、花边圜底罐等。

第18A层：距地表深365～405、厚0～20厘米。灰褐土，质较紧密，夹大量炭灰和杂质，分布于探方西部和中部。出土大量陶器残片，可辨器形以圜底罐为主，另有釜、盆、尖底盏、侈口罐、折沿缸、卷沿罐、花边圜底罐、敞口钵、敛口钵、器盖、器座、广肩罐等；还出土铜镞1件。

第18B层：距地表深340～370、厚0～40厘米。黄沙，质疏松，纯净，分布于探方东北角。无包含物。

第18C层：距地表深380～415、厚0～75厘米。黄黏土，质较密，颗粒较细，夹少量沙，分布于探方西北角。无包含物。

第19A层：距地表深405厘米、厚0～25厘米。黄褐色黏土，质密，纯净，分布于探方东南角。无包含物。

第19B层：距地表深385～440、厚0～50厘米。黄褐色黏土，局部偏灰，夹沙较多，质较疏松，夹少量杂质和炭灰颗粒，本层除东北角外都有分布。出土陶片较少，可辨器形有圜底罐、辫唇罐、釜、钵、平底器等；还出土残石器等。

第19C层：距地表深430厘米、厚0～25厘米。黄绿色膏泥，质较密，细腻，分布于探方东南角。无包含物。

第20层：距地表深350～440、厚0～22厘米。灰黑土，质较紧密，夹较多杂质和大量碎陶片，分布于探方西部。出土陶片量少且破碎，可辨器形有卷沿罐、辫唇罐、钵、釜等。

第21层：距地表深370～450、厚0～40厘米。浅灰色沙土，质较紧密，夹大量沙，颗粒较粗，除东北角外都有分布，该层面出现大量“洞”和两条小沟。出土遗物极少，陶器可辨器形只有角杯、罐等；还出土残石斧1件。

第22层：距地表深495～520、厚20～45厘米。黄黏土，质坚硬，颗粒细，较纯净，全方分布，层表面西高东低。出土少量陶片，陶片大多呈堆状分布于地层中，器形主要是小平底罐。

第23层：距地表深495～520、厚0～15厘米。黄灰沙，质较疏松，颗粒较粗，纯净，分布于探方西部。无包含物。

第24层：距地表深550～565、厚20～60厘米。黄黏土，质紧密，颗粒细，较纯净，全方分布。无包含物。

第25层：距地表深约600、厚约24厘米。黄褐泥，夹沙，质较软，纯净，全方分布。无包含物。

第26层：距地表深625～640、厚约17厘米。黄褐色沙夹泥，质软，纯净，全方分布。无包含物。

第27层：距地表深650～660、厚约25厘米。黄沙，极疏松，纯净，全方分布。无包含物。

第28层：距地表深665～685、厚10～19厘米。黄褐色淤沙泥，质较软，纯净，全方分布。无包含物。

第29层：距地表深675～700、厚约23厘米。黄沙、泛白，质疏松，纯净，全方分布。无包含物。

第30A层：距地表深700～725、厚80～92厘米。黄褐色黏土，质较硬，夹铁锈斑，纯净，全方分布。无包含物。

第30B层：距地表深785～790、厚0～37厘米。黄褐色黏土，质较硬，夹少量白膏泥，铁锈较30A层多，除西南角外，全方分布。纯净，无包含物。

第31层：距地表深770～800、厚0～60厘米。灰黏土，质较硬，夹极少炭粒，分布于探方西南部。纯净，无包含物。

第32层：距地表深810～840、厚10～18厘米。灰青色黏土，夹少量铁锈斑，全方分布，西南部。纯净，无包含物。

第33层：距地表深825～855、厚0～18厘米。深黄色沙泥，质较疏松，夹少量炭粒和铁锈斑，除东北角外探方内均有分布。仅出4块陶片，器形为尖底缸和盘口器。

第34层：距地表深840～870、厚5～14厘米。白沙，极疏松，全方分布。纯净，无包含物。

第35层：距地表深855～885、厚1～5厘米。黑土，夹大量草木灰，质较疏松，全方分布。出土较多尖底缸碎片。

第36层：距地表深860～890、厚2～10厘米。白沙，疏松，全方分布。纯净，无包含物。

第37层：距地表深870～900、厚3～18厘米。黑色草木炭，夹少量粗沙，疏松，堆积呈层状，当系踩踏所致，全方分布。出土较多陶片，器形有尖底缸、盘口罐等。

第38层：距地表深870～905、厚0～30厘米。花杂土，黄褐色黏土夹少量灰白沙和大量烧土块，质硬，局部表面有踩踏面，除东北角外探方内均有分布。其中中部堆积较厚。出土少量碎陶片，器形难辨。

第38层下为生土。

（五）E—E′

E—E′为00DT0805～00DT0809西壁（图一六），择要介绍00DT0807、00DT0809地层堆积情况。

1. 00DT0807地层堆积

第1层：厚15～30厘米。褐土，质疏松，含大量植物的根茎。现代农耕土。

第2层：距地表深15～25、厚0～50厘米。黄沙，质紧密，仅分布于探方东北角，其中东北角堆积最厚，向东向北渐薄。包含少量植物根茎及现代砖瓦。

第3层：距地表深20～60、厚0～20厘米。棕红色黏土，质紧密，湿度大，堆积较薄，仅分布于探方偏东部，自西向东北倾斜。纯净，无包含物。

第4层：距地表深20～75、厚0～20厘米。黄沙，质疏松，颗粒较粗，堆积自西南向东北倾斜。纯净，无包含物。

第5层：距地表深25～90、厚0～15厘米。红褐土，沙性很重，质疏松，颗粒粗，仅分布于探方东北角，堆积较薄，自西北向东南倾斜。纯净，无包含物。

第6层：距地表深15～105、厚0～30厘米。红黏土，质紧密，较细腻，分布于探方西北部外区域，湿度大。纯净，无包含物。

第7层：距地表深75～120、厚0～5厘米。青膏泥，质细腻，紧密黏性很强，仅分布于探方东北部。纯净，无包含物。

第8层：距地表深20～125、厚0～25厘米。红褐土，质较紧，夹沙，局部夹黏土较多。仅分布于探方偏东部，自西南向东北倾斜。较纯，无包含物。

第9层：距地表深15～30、厚0～35厘米。黄沙土，质疏松，仅分布于探方偏西部，相对较厚。纯净，无包含物。

第10层：距地表深45～140、厚0～35厘米。红黏土，质紧密，细腻，基本分布全方，在探方偏西部堆积较平，自中部后明显向东倾斜，且东北角堆积相对较厚。纯净，无包含物。

第11层：距地表深50～175、厚15～40厘米。红褐土，质疏松，局部颗粒较粗，在偏西部分较平整，自中部后，明显向东北倾斜，并在东北角可分出亚层，上部为纯净黄沙土，下部局部多含黏土，色偏深与偏西部相似。因皆为纯净土，故并为一层，无包含物。

第12层：距地表深100～130、厚0～50厘米。黄沙，质疏松，颗粒较粗，堆积较厚，仅分布于探方偏西部。纯净，明显为河沙，无包含物。

第13层：距地表深125～150、厚0～15厘米。褐黏土，质相对疏松，夹沙较重，堆积较薄，仅分布于探方偏西部。较纯净，无包含物。

第14层：距地表深140～205、厚15～45厘米。红黏土，质细腻，紧密，湿度较大，有黏性，分布全方。纯净，应为洪水淤积层，无包含物。

第15层：距地表深175～240、厚0～15厘米。褐色沙土，质相对疏松，在探方西北部无分布，自中部向东北明显倾斜，堆积不厚。纯净，无包含物。

第16层：距地表深165～230、厚10～35厘米。红黏土，质细腻，较紧密，全方分布，在探方西部堆积较平，中部向东北部倾斜，在其上部基本有一薄层白色偏深红膏泥带分布至探方东北部，土质相对变松。纯净，无包含物。

第17层：距地表深170～250、厚0～85厘米。沙土，质疏松，仅分布于探方偏西部，自西向东倾斜。纯净，无包含物。

第18层：距地表深195～240、厚0～50厘米。红褐土，颗粒较粗，偏南部沙性重，且中部明显有一淤沙层，但界线表明属局部堆积变异，分布探方大部。出土少量瓷片，可辨器形有假圈足碗等。

第19层：距地表深220～290、厚0～15厘米。黄黏土，色偏褐中夹黄土，质紧密，细腻，黏性较强，仅分布于探方偏西部。出土少量瓷片。

第20层：距地表深200～290、厚0～35厘米。褐土，局部偏灰色，颗粒较细，并夹有少量炭粒，分布于探方东北部。无包含物。

第21层：距地表深220～320、厚0～65厘米。黄沙土，质疏松，颗粒较粗，堆积较厚，探方东北部不见分布。纯净，无包含物。

第22层：距地表深205～330、厚0～30 厘米。黑土，质疏松，夹大量炭灰、红烧土，在红烧土附近发现较多烧硫残渣体，探方东北部无分布。出土较多青瓷片，并发现有较多残砖。砖为青砖，长方形，厚约5～8厘米。

第23层：距地表深240～250、厚0～25厘米。黄沙，质疏松，仅在探方偏西北部小范围分布。纯净，无包含物。

第24层：距地表深265～315、厚0～25厘米。红褐黏土，质紧密、较硬，夹少量炭灰，仅分布于西北部，起层、似为活动面。无包含物。

第25层：距地表深290～355、厚0～20厘米。黄沙土，质疏松，颗粒较粗，仅分布于探方西北及偏西部。纯净，无包含物。

第26层：距地表深300～370、厚0～25厘米。红黏土，普遍泛灰白，质紧密、细腻，湿气较重，夹少量炭灰，仅分布于探方西部及中部大部分，堆积西部平整，中部向东稍有倾斜。较纯净。

第27层：距地表深365～385、厚0～15厘米。褐土，质紧密、细腻，湿、含沙，在探方偏东部不见分布，堆积较薄。纯净，无包含物。

第28层：距地表深310～400、厚0～25厘米。红黏土，色偏深，质细、较紧密，分布于探方西、南部。纯净，无包含物。

第29层：距地表深315～415、厚0～40厘米。褐土，土质相对松，颗粒变粗，夹较多炭粒，在探方偏南部不见分布，此层堆积相对较厚。出土有少量灰褐陶绳纹板瓦残片。

第30A层：距地表深430～465、厚0～40厘米。红黏土，质紧密、湿，分布于探方东、南部，堆积较厚。纯净，无包含物。

M85开口于此层下。

第30B层：距地表深400～545、厚0～30厘米。沙层，分布于探方偏西部。纯净，无包含物。

第31层：距地表深365～485、厚15～25厘米。泛黄褐土，质细腻、黏性较强，湿度较大，全方分布。出土较多碎陶片，可辨器形绝大部分为花边圜底罐。

第32层：距地表深410～510、厚10～35厘米。黄褐土，质细腻，紧密，仅分布于探方中部及偏东部。出土陶片丰富，可辨器形多为花边圜底罐，并有少量尖底杯。

第33层：距地表深420～495、厚0～25厘米。黑土，质较疏松，在探方西南部及偏西部不见分布，整层局部堆积稍厚，普遍厚15厘米左右，基本自西向东倾斜。出土陶片丰富，并有少量兽骨出土。陶器可辨器形以花边圜底罐为主，还有少量钵、盏等。

H615、M86开口于此层下。

第34层：距地表深445～520、厚10～15厘米。黄黏土，质细腻、较紧密，夹少量炭粒，西北角夹石块相对较多，在探方偏西南部局部不见分布。出土少量陶片，可辨器形多为侈口罐，器形相对变大；还零星出土较大块的兽骨等。

第35层：距地表深460～530、厚0～22厘米。黄褐土，质紧密，全方分布，自北向东向南稍微倾斜。出土陶片丰富，可辨器形多为角杯；还出土铜削1件，基本完整，较薄，锈蚀严重。

第36层：距地表深500～570、厚0～10厘米。褐色土、偏黄，与35层土色极相近，但质相对疏松，夹炭粒较多，分布于探方东南部。出土陶片与35层基本一致；在偏北部出土铜斧1件。

第37层：距地表深480～575、厚10～35厘米。黑土，在探方靠西南部质较疏松，余部质相对紧密，夹炭粒，基本分布全方（西南角因下陷太深，坡较陡，不便发掘），堆积较厚。出土陶片丰富，可辨器形多为按唇罐，另有高领罐、小平底罐等。

第38层：距地表深500～570、厚5～10厘米。褐土，紧密，黏性强，全方分布，堆积较薄。出土陶片极少且碎，难辨器形（自本层开始，考虑安全因素，内收为4米×5米）。

G45、G46、H625开口于此层下。

第39层：距地表深515～580、厚10～25厘米。黄褐沙土，夹沙较多，细腻，地层中间含有较粗一层纯黄沙，夹少量炭粒，全方分布。出土少量陶片，器形难辨。

第40层：距地表深535～595、厚15～25厘米。褐色土，质细腻、疏松，较湿，夹较多炭粒，全方分布，自西向东倾斜。出土部分陶片，器形以角杯及尖底杯为主，另有侈口罐、有肩罐等。

第41A层：距地表深550～610、厚10～23厘米。黄沙土、偏褐，质略紧，全方分布。较纯净，无包含物。

第41B层：距地表深560～630、厚5～20厘米。黄沙土，质疏松，全方分布，堆积自西向东倾斜。出土陶片较碎，器形绝大部分为角杯、尖底杯；还出少量石锛等。

第42层：距地表深565～645、厚0～20厘米。黄褐沙土，夹黏土，土质相对紧密，湿度大，探方偏西部无分布，堆积较薄。出土少量碎陶片，可辨器形主要为羊角杯、尖底杯等；还发现少量动物骨骼。

G48开口于此层下。

第43层：距地表深585～645、厚10～45厘米。红褐色黏土，土质相对疏松，夹沙较重，全方分布，堆积较厚。出土少量碎陶片。

第44层：距地表深645～710、厚0～45厘米。红黏土，土质紧密、黏性强，湿度大，分布于探方南部局部。纯净，无包含物。

第45层：距地表深620～670、厚0～30厘米。黄沙土，疏松，分布于探方除南部外区域。纯净，无包含物。

第45层后，在探方西北角及东北角各打一探孔，深2.5米，其堆积基本一致。

自第45层往下约深1.7米为色偏红或褐或黄的沙土层，纯净，无陶片或炭粒，仅在少数层位发现植物腐蚀颗粒，1.7～2.5米处皆为黑色淤泥，有较浓的植物腐蚀味，根据遗址本年度发掘区的堆积情况判断，其下应已无文化堆积层，即使有较薄层位，根据发掘及钻探情况，应在9.5米以下，而本方四壁多为沙层，疏松无支撑力，易发生塌方事故。本方至此层位停止往下发掘。

2. 00DT0809地层堆积

第1层：厚10～45厘米。红黑色土，质疏松，块状，湿度大，含植物根茎，分布全方。无出土物，耕土层。

第2层：距地表深15～40、厚0～17厘米。暗红色土，质紧密，含少量植物根茎，分布于探方西南部，由东向西逐渐变厚。无出土物。

第3层：距地表深8～16、厚0～30厘米。灰沙，质疏松，分布于探方西南部，该层向西南逐渐变厚。无出土物。

第4层：距地表深18～72、厚0～30厘米。红褐色土，质紧密，黏度大，主要分布于探方西南部，向西南逐渐变厚。无出土物。

第5层：距地表深20～100、厚13～37厘米。暗红色土，质紧密，湿度较大，夹沙，分布于探方西南部，由东向西逐渐变厚。无出土物。

第6层：距地表深25～120、厚10～47厘米。红土，质疏松，分布于探方西南部，向西南逐渐变厚。无出土物。

该层下有近代墓两座。

第7层：距地表深13～90、厚0～80厘米。浅红色土，质疏松，夹少量沙，主要分布于探方北部和东部。无出土物。

第8层：距地表深43～140、厚10～30厘米。灰褐色土，质疏松，分布于探方西南部，自东向西逐渐变厚。无出土物。

第9层：距地表深80～170、厚10～30厘米。灰褐色淤土，质疏松，分布于探方西南部，自东向西逐渐变厚。无出土物。

第10层：距地表深80～196、厚7～30厘米。深红色淤土，质紧密，黏度大，分布全方，西南角厚。无出土物。

第11层：距地表深130～207、厚5～40厘米。黄褐土，质紧密，硬度大，分布于探方西南部，向西南部逐渐变厚。无出土物。

第12层：距地表深145～225、厚7～52厘米。红土，质紧密，夹沙，分布于探方西南部。无出土物。

第13层：距地表深220～273、厚3～50厘米。暗红色土，质紧密，夹沙，分布于探方西南部。无出土物。

第14层：距地表深86～246、厚20～40厘米。灰褐土，质疏松，夹大量沙，主要分布于探方北部和东部，西部和南部有一部分。无出土物。

第15层：距地表深120～165、厚20～30厘米。暗红色土，质紧密，硬度大，主要分布于探方北部和东部。无出土物。

第16层：距地表深155～195、厚5～15厘米。暗红色淤土，质紧密，硬度大，分布于探方北部、东部、南部，根据土色细微差异，可分为A、B、C三个亚层，因属自然堆积，归为一层。无出土物。

第17层：距地表深160～240、厚5～20厘米。暗红色淤土，质紧密，硬度大，分布于探方北部、东部、南部。无出土物。

第18层：距地表深165～260、厚0～40厘米。红色淤土，质紧密，硬度大，基本分布全方。无出土物。

第19层：距地表深190～265、厚0～40厘米。红色淤土，质紧密，硬度大，基本分布全方。无出土物。

第20层：距地表深205～295、厚0～30厘米。灰红色土，质疏松，夹沙，基本分布全方。无出土物。

第21层：距地表深220～300、厚0～18厘米。灰褐色土，质疏松，夹沙量大，分布于探方东部、西部和南部。无出土物。

第22层：距地表深250～305、厚40～60厘米。红黄色土，质紧密，夹沙、炭颗粒，分布于全方。无出土物。

第23层：距地表深290～45、厚20～30厘米。灰褐色土，质疏松，夹沙，分布全方，自北部向南部倾斜。无出土物。

自23层以下，考虑本方已经发掘部分多为沙层，极易坍塌，故内收发掘中部4米×4米范围。

第24层：距地表深350～400、厚5～50厘米。暗红色土，质紧密，夹水锈物，分布全方。无出土物。

第25层：距地表深360～475、厚5～30厘米。灰红色土，质疏松，夹沙，分布全方。无出土物。

第26层：距地表深330～425、厚5～30厘米。暗红色淤土，质紧密，硬度大，分布全方。无出土物。

第27层：距地表深400～440、厚5～40厘米。黄绿色膏泥，质紧密，硬度大，分布全方，自西向东逐渐变厚。无出土物。

第28层：距地表深400～500、厚0～20厘米。红褐色土，质疏松，夹少量沙，基本分布全方。无出土物。

第29层：距地表深410～510、厚0～35厘米。灰褐色沙，质疏松，除东部局部外都有分布。无出土物。

第30A层：距地表深425～515、厚0～85厘米。灰红色土，质疏松，分布于探方北、东、南部，西边薄东边厚。出土唐代残瓦片。

第30B层：距地表深450～590、厚0～15厘米。灰红色土，质紧密，硬度较大，夹有炭粒、水锈物，分布于探方东北部，西边高东边低。无出土物。

第31层：距地表深450～490、厚0～50厘米。浅红色土，质紧密，分布于探方西部。无出土物。

第32A层：距地表深430～530、厚0～60厘米 。红土，质紧密，夹炭粒，分布于探方西部，自北向南逐渐变厚。无出土物。

第32B层：距地表深470～540、厚15～60厘米。红土，质紧密，夹少量沙和炭粒，分布于探方西部。无出土物。

第33层：距地表深500～560、厚0～35厘米。红褐色土，质疏松，夹沙，分布于探方西部。无出土物。

第34层：距地表深500～590、厚20～45厘米。深红色土，质紧密，硬度大，分布于探方南部和西部。无出土物。

第35层：距地表深525～620、厚0～50厘米。黄沙，质疏松，分布于探方南部和西部。无出土物。

第36层：距地表深560～650、厚0～35厘米。暗红色土，质疏松，分布于探方南部和西部，自东向西逐渐变厚。无出土物。

第37层：距地表深560～670、厚0～40厘米。黄褐沙，质疏松，分布于探方西南部。无出土物。

第38层：距地表深550～690、厚0～70厘米。红土，质紧密，夹水锈，分布于探方南部和西部。无出土物。

第39层：距地表深525～700、厚0～100厘米。灰褐色土，质紧密，黏度大，主要分布于探方北部、东部和南部，东高西低。无出土物。

第40层：距地表深590～660、厚0～35厘米。褐土，质疏松，夹沙，分布于探方北部和东部，东高西低。无出土物。

第41层：距地表深620～680、厚0～25厘米。暗红色土，质疏松，夹沙，分布于探方北部和东部，东高西低。无出土物。

第42层：距地表深650～710、厚0～40厘米。红灰色土，质疏松，夹沙，分布于探方北部和东部。无出土物。

第42层下未发掘。本方地层堆积特殊，只有第30层包含唐代陶、瓦片，第2～29、31～42层无包含物，似自然堆积。

二、Ⅱ　区

本发掘区位于澹井河右岸一级台地，地处中坝岛（Ⅰ区）西南，与之隔河相望，该区1998年度发掘（本区编号前冠Ⅱ，与他区相别），分南北两部分开展了地层统一工作，以98ⅡT0406～98ⅡT0409东壁为典型剖面（图一七），基本概括了此区的文化堆积情况。择要介绍98ⅡT0406、98ⅡT0409地层堆积情况。

1. 98ⅡT0406地层堆积

第1层：厚20～25厘米。浅褐色土，质密，有黏性，遍布全方。包含物较少。农耕土。

第2层：距地表深20～25、厚0～25厘米。棕红色沙土，质密，分布于探方除西北角外的区域。纯净，无包含物。

第3层：距地表深20～45、厚10～30厘米。褐色土，质密，有黏性，遍布全方。包含物较少，出有青灰板瓦及青花瓷片等。

ⅡH1开口于此层下。

第4层：距地表深50～65、厚0～35厘米。青灰色土，部分区域呈灰褐色，质松，夹沙，仅分布探方西北及中部部分区域。包含物不丰富，出有绳纹板瓦及青花瓷片等。

ⅡH3开口于此层下。

第7A层：距地表深55～75、厚0～35厘米。褐色土，质较密，黏性较重，夹红烧土颗粒，分布于探方大部分区域，探方西北部分区域无此层。出土陶器较为丰富，可辨器类有绳纹板瓦及尖底缸、敛口钵等。

ⅡH4、ⅡH12、ⅡH13开口于此层下。

第7B层：距地表深85～100、厚0～25厘米。蛋黄色土，质较密，夹较多黄色颗粒，此层仅分布于探方东北角。出土陶器较少，可辨器类有汉代绳纹瓦、尖底缸等。

第10层：距地表深90～105、厚0～20厘米。黑褐色土，质较密，分布于探方东部。出土陶器较为丰富，可辨器类以花边绳纹尖底缸为主，其他器形少见。

第11层：距地表深75～115、厚15～50厘米。灰褐土，质较密，较黏，较湿，分布全方。出土陶器非常丰富，器形以花边绳纹尖底缸为主，另有贴边罐、折沿盆、深腹罐、敛口罐、器盖等。

ⅡH21开口于此层下。

第12层：距地表深120～165、厚0～45厘米。黄褐土，质松，较湿，较黏，分布于探方东部。出土陶器较为丰富，器形以花边绳纹尖底缸为主，其他器形较少。

第13层：距地表深120～190、厚0～30厘米。黑灰土，质松，较湿，较黏，夹较多炭屑，分布于探方东部。出土陶器较为丰富，以陶器为主，另有少量石器。陶器器形以花边绳纹尖底缸为主，另有敞口罐及少量平底器。

第14层：距地表深125～205、厚0～60厘米。蛋黄色土，质松，较湿，较黏，分布于探方东北部。出土陶器极为丰富，该层基本由陶片堆积而成，陶器器形以花边绳纹尖底缸为主，还有少量敞口罐、盆、器盖等。

第15层：距地表深110～260、厚0～30厘米。灰黑土，质松，较黏，较湿，夹含较多炭屑，分布于探方大部分区域，在探方西部及中部偏东处缺此层。出土陶器较为丰富，器形以花边绳纹尖底缸为主，另有盆、罐等。

第16层：距地表深125～270、厚0～40厘米。黄褐土，质松，较湿，较黏，分布于探方东部和北部。包含物较为丰富，以陶器为主，另有少量石器。陶器器形仍以花边绳纹尖底缸为主，另有贴边罐、高领罐、壶、簋形器等。

第17层：距地表深120～290、厚0～35厘米。灰黑土，质松，较湿，较黏，分布于探方大部分区域，探方东部无此层。包含物较丰富，以陶器为主，另有少量石器。陶器器形以花边绳纹柱状底缸为主，尖底减少，另有敞口罐、盆、钵、器盖、簋形器、纺轮等。

ⅡH24开口于此层下。

第18层：距地表深140～320、厚15～40厘米。黑褐土，质松，湿度较大，遍布全方。包含物丰富，以陶器为主，另有少量石器。陶器器形以花边柱状底缸为主，另有盆、盘口器、簋形器、钵、器盖等，开始出现内沿缸。

第19层：距地表深155～340、厚0～30厘米。青灰土，质松，黏湿，夹炭屑，主要分布于探方北部边缘及西南部。包含物丰富，以陶器为主，器形主要以花边柱状底或小底缸为主，内沿缸也占一定数量，另有少量盘口器、敞口罐、盆、器盖等。

第20A层：距地表深320～560、厚0～90厘米。黄褐土，质松，夹褐色颗粒，分布于探方西部。包含物较丰富，以陶器为主，器形以缸、盘口器为主，另有盆、敞口罐、杯、钵、簋形器、器盖等，以平底器为主，不见尖底器。

第20B层：距地表深175～265、厚0～30厘米。黄褐土，质稍密，夹褐色颗粒，部分区域夹较多炭屑，分布于探方西部。包含物不甚丰富，出有部分陶器和石器。陶器器形以缸、盘口器、罐为主，另有碗、钵、盆、器盖等。

第21层：距地表深205～360、厚0～30厘米。黄色黏土，质较密，分布于探方大部，仅在局部地方无此层。出土陶器较为丰富，器形以缸、盘口器为主，另有盆、钵、敞口罐、高领罐、圈足器、器盖等。

ⅡH26开口于此层下。

第22层：距地表深250～375、厚0～25厘米。黄褐黏土，质密，分布于探方东南部。出土部分陶器，以缸为主，盘口器也有一定数量，另有钵、盆、敞口罐等。

第22层下为生土。

2. 98ⅡT0409地层堆积

第1层：厚20～25厘米。浅褐色土，有黏性，质密，分布全方。出土较少近现代杂物和少量早期陶片。农耕土。

第2层：距地表深36～40、厚13～21厘米。棕红色沙土，质密，较纯净，分布全方。无包含物。

第3层：距地表深52～60、厚16～21厘米。褐色土，有黏性，质密，全方分布。包含物较多，主要有早期陶片和唐宋瓷片及明清时期的青花瓷片。

第4层：距地表深65～85、厚0～25厘米。青灰土，夹沙，质较疏松，探方大部分地方有分布。包含物较少，仅出少量陶、瓷片。

第6层：距地表深70～94、厚0～19厘米。黄褐土，部分夹灰褐土，质密，有黏性，分布于探方大部分区域。包含物较少，多为唐至明清瓷片和一些早期陶片。

第7层：距地表深70～112、厚10～4厘米。褐色土，夹烧土粒，质较密，有黏性，分布于探方大部。包含物丰富，多为陶片，有极少石器残片。陶片碎小，可辨器形有汉代板瓦、筒瓦、罐、尖底杯、花边罐等；石器多为残片，可辨器类有石斧、凿、石料。

ⅡH5、ⅡH6、ⅡH7开口于此层下，ⅡH5打破ⅡH6，ⅡH6打破ⅡH7。

第8层：距地表深70～140、厚0～60厘米。黑褐土，夹较多烧土颗粒，质密，分布于探方大部。包含物丰富，多为陶片，有少量石器残片。陶器可辨器形以小平底罐、尖底杯为主，另有尖底罐、篹形器、喇叭足豆、平底盆、高领卷沿罐等；石器多残，可辨器类有斧、锛、凿等。

第9层：距地表深134～203、厚25～65厘米。黑褐土，土色花杂，夹有黄土，夹较多烧土颗粒，质密，有黏性，分布全方。包含物丰富，主要为陶片和少量石器残片，发现极少动物骨骼。陶器可辨器形以小平底罐为主，另有尖底杯、尖底罐、篹形器、豆、小罐、敞口罐、平底盆等；石器多为残片，发现有打制石器，可辨器类有斧、凿、锛等。

第9层下为生土。

三、Ⅲ　区

本区位于㽏井河左岸，2001、2002年度发掘，探方比较分散，且发掘时移民尚未搬迁，除“落水井”处布方较为集中外，其他探方皆散布在农民的房前屋后，由于房屋和树、竹林的遮挡，无法按象限法统一布方编号，所以，此区探方除“落水井”处按象限法布方给号外，其他探方号依发掘工作开展的先后编号以示区别。选择相对较集中且有代表性的探方地层堆积情况，择要介绍如下：

1. 01AT0203～01AT0403北壁地层剖面（图一八）

以01AT0203以例，介绍如下：

第1层：厚15～30厘米。褐色土，质疏松。农耕土。

第2层：距地表深15～30、厚20～35厘米。浅黄土，夹沙，稍黏，分布全方。包含部分现代瓷、瓦片。

第3层：距地表深50～55、厚7～14厘米。浅黄色沙土，质疏松，全方分布。无包含物。

第4层：距地表深60～70、厚35～50厘米。褐土，质紧密，较黏，全方分布。包含大量近现代瓷片和瓦片。

第5层：距地表深105～115、厚35～60厘米。灰褐土，质紧密，稍黏，全方分布。包含部分清代青花瓷片和砖瓦残片。

第6层：距地表深155～165、厚7～10厘米。沙土，质疏松，全方分布。纯净，无包含物。

第7层：距地表深165～175、厚10～25厘米。灰褐土，质紧密，黏性稍强，全方分布。包含少量的宋代瓷片，但在其下的DM3中出土明代青花瓷片，其时代仍为明代。

该层下叠压DM3。

第8层：距地表深180～240、厚12～40厘米。灰褐土，质紧密，稍黏，分布全方，自东向西倾斜。包含少量宋代白瓷片。

第9层：距地表深200～215、厚17～60厘米。灰沙土，质疏松，分布全方，自东向西倾斜。极少包含物。

第10层：距地表深215～285、厚0～65厘米。灰沙土，质疏松，全方分布，自东向西略有倾斜。仅出有一枚开元通宝残片。

第10层下由于出水与探方壁垮塌严重，未发掘至生土。

2. 01BT0107东壁地层剖面（图一九）

第1层：厚8～30厘米。灰褐土，质疏松，夹沙较多。地表由北向南倾斜，中部有一道南北向土坎，高60～110厘米，将耕土分成东西两部分，均种植蔬菜。

第2层：距地表深8～145、厚0～28厘米。黄淤土，泛红，质较细软，纯净，主要分布在探方西部坎上，东部仅有零星分布。

第3层：距地表深15～95、厚0～20厘米。黄细沙，质极疏松，纯净，主要分布在探方西部，东部仅有零星分布。

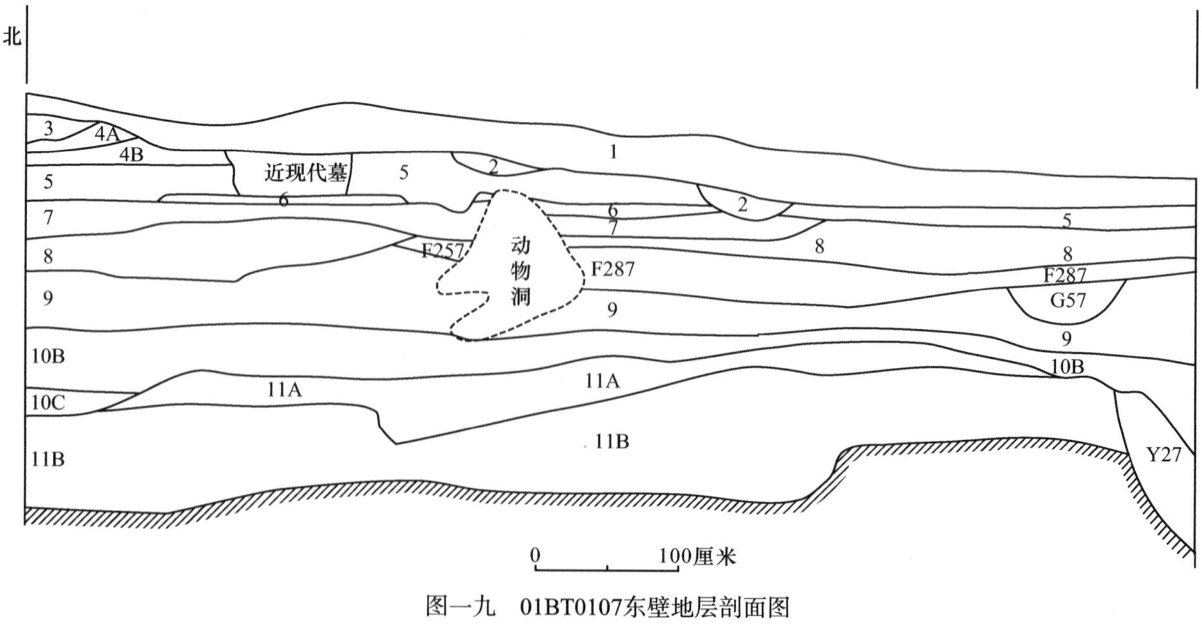

图一九　01BT0107东壁地层剖面图

M90、M91开口于此层下。

第4A层：距地表深30～125、厚10～30厘米。杂花土，夹草木灰烬和红黏土，质疏松，仅分布于探方北部。

第4B层：距地表深20～120、厚0～22厘米。灰黑土，质较疏松，夹红烧土颗粒及少量草木灰烬，分布于探方西部和北部。出土少量陶、瓷片，其中有1片为清代青花瓷片。

H652开口于此层下。

第5层：距地表深75～200、厚0～75厘米。灰黑色草木灰烬，质极疏松，全方分布。出土较多宋代陶、瓷片，可辨器形有碗、盘、窑具等。

第6层：距地表深120～175、厚0～35厘米。黄土泛红，夹草木灰烬，质较紧密，分布于探方北、东、西部，局部有踩踏面。出土少量陶、瓷片，其中有耀州窑印花碗残片。

第7层：距地表深140～150、厚0～30厘米。黑色草木灰烬，质极疏松，仅分布于探方北部。出土少量宋代瓷片。

第8层：距地表深140～170、厚0～40厘米。黄土夹灰，质较紧密，除西南角外均有分布。出土较多宋代陶、瓷片，可辨器形有陶三足釜、瓷碟、烟缸形窑具等。

F287开口于此层下，G57开口于F287下。

第9层：距地表深120～210、厚10～65厘米。浅黄土，质较疏松，夹较多炭粒和烧土颗粒，全方分布。出土较多瓷片，以青釉为主，少量白釉瓷片，器形有碗、三足釜等；还出有开元通宝钱币1枚。

G61、G62、Z7开口于此层下。

第10A层：距地表深230、厚0～13厘米。黄黏土，质紧密，细腻，较纯净，仅分布于探方北部局部。出土数块残瓦片和1件尖底杯残片。

第10B层：距地表深190～240、厚10～70厘米。灰褐土，质较紧密，较细腻，全方分布。出土较多瓦片和少量陶、瓷片。陶器有尖底杯，瓷片有六朝青瓷和1片宋代白瓷片。

H662、Y27开口于此层下。

第10C层：距地表深215～290、厚0～50厘米。褐土，质疏松，夹大量烧土颗粒和少量窑渣，仅分布于探方北部。出土大量瓦片，瓦片上饰稀疏绳纹。

第11A层：距地表深245～270、厚0～30厘米。黄褐黏土，质细腻，较紧密，仅分布于探方东部。出土少量陶片和瓦片，陶器有尖底杯、罐口等，瓦片所饰绳纹与10C层不同。

第11B层：距地表深250～295、厚0～90厘米。黄黏土，质坚硬，细腻，分布于探方中、东部。出土少量陶片和瓦片，陶器有尖底杯、圜底罐、盆等。

第11B层下为生土，红黏土夹膏泥，质坚硬。

3. 01CaT0101南壁地层剖面（图二〇）

第1A层：厚5～30厘米。三合土，全方分布，现代房子地面。

第1B层：距地表深5～30、厚7～80厘米。杂花土，质疏松，处理地面填土层，全方分布。出土近现代瓦片。

第2层：距地表深50～75、厚0～50厘米。花杂土，夹灰烬、瓦砾、石灰渣、沙粒、石块

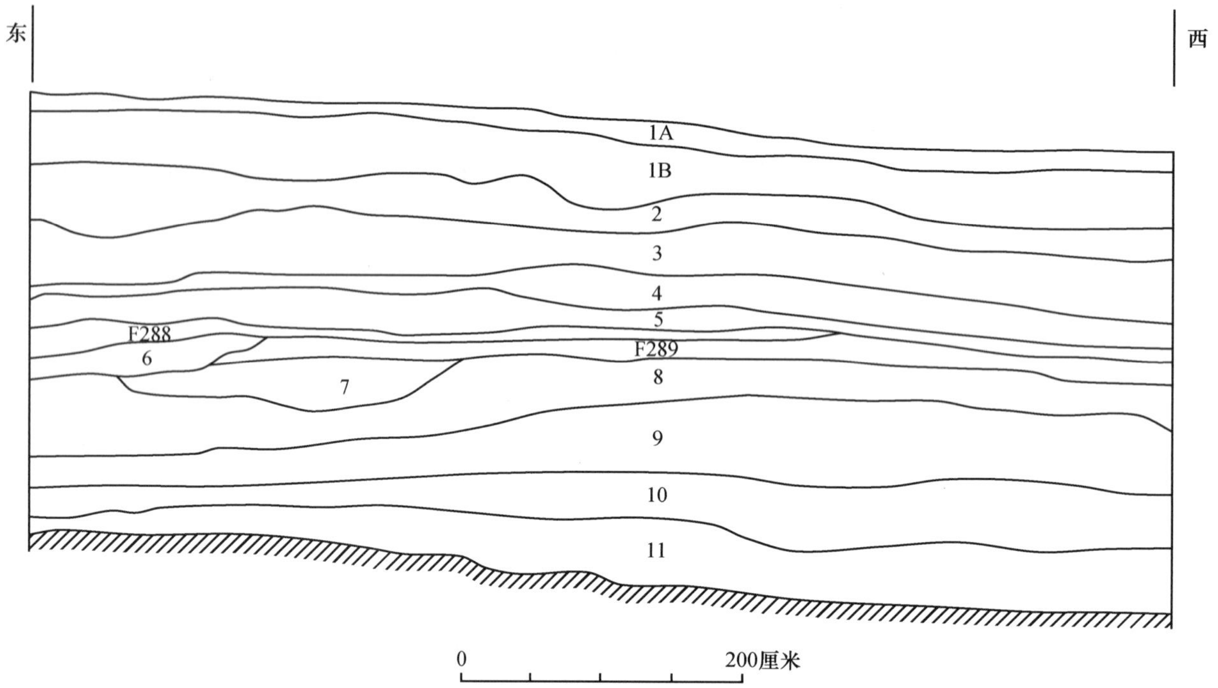

图二〇　01CaT0101南壁地层剖面图

等，质松散，除西北角外都有分布。出土明清瓷片等。

第3层：距地表深105～135、厚0～70厘米。灰褐土，除探方西北角外都有分布。出土部分明清及宋代陶、瓷片。

H653开口于此层下。

第4层：距地表深110～145、厚0～30厘米。灰土，质疏松，夹较多灰烬和红烧土块，除探方西北角外都有分布。出土部分陶、瓷片。

第5层：距地表深135～165、厚0～37厘米。灰黄色土，质松散，夹红烧土及草木灰，除探方西北、北剖局部外都有分布。出土较多陶、瓷片，可辨器形有罐、碗等。

H660、F288叠压在此层下，H660打破F288。

第6层：距地表深156～200、厚0～21厘米。灰褐色土，质较疏松，除探方西北角外都有分布。出土部分宋代陶、瓷片。

F289叠压在此层下，J2叠压在F289下。

第7层：距地表深100～215、厚0～36厘米。五花灰土，夹灰烬，探方东北、南部局部分布。出土少量陶、瓷片，可辨器形有碗、瓦等。

M92开口在此层下。

第8层：距地表深175～255、厚5～60厘米。浅灰色土，夹大量碎瓦片，土质较硬，除探方西北角外都有分布，此层为F289下填土层并经轻微夯打。出土陶、瓷片较少，可辨器形有罐、釜、盆、碗、瓦等。

H665、M93、M94开口于此层下。

第9层：距地表深205～260、厚0～60厘米。局部灰色及浅灰土，微黄，分布于探方东、南、西部。出土汉代绳纹瓦及陶片，可辨器形有罐、杯等；另出极少残石器。

第10层：距地表深210～295、厚0～57厘米。浅黄色土，分布于探方东、南、西部。出土部分陶片，可辨器形有花边圜底罐、角杯等。

第11层：距地表深215～323、厚0～50厘米。黄色土，质较硬，黏性较大，除探方西北角外都有分布。出土陶片较少。

第11层下为生土。

4. 02ET01南壁地层剖面（图二一）

第1层：厚10～50厘米。三合土，由水泥、石子、白灰组成，现代房子地面。

第2层：距地表深10～50、厚15～30厘米。灰褐色土，质软，结构疏松，夹大量黄土块、碎石块等，遍布全方，近代回填土。

第3层：距地表深30～65、厚15～30厘米。褐灰土，质略软，结构疏松，夹白灰粒、碎石块，全方分布，堆积较平。出土部分现代瓦片。

第4层：距地表深50～80、厚8～25厘米。深灰色土，结构疏松，质地略软，夹有零碎白灰粒，分布全方。出土部分现代瓦片。

第5层：距地表深65～95、厚15～55厘米。全部由大、小石块回填形成，分布全方。

第6层：距地表深110～125、厚8～260厘米。褐灰土，结构略紧密，质略硬，夹白灰粒，全方分布，在探方西北角较薄。出土部分瓦片、瓷片。

第7层：距地表深130～140、厚25～40厘米。浅绿色灰土，质略软，结构疏松，夹白灰粒，分布全方，在探方东北部略厚。出土部分瓦片、瓷片，可辨器形有碗、碟等。

第8层：距地表深160～180、厚15～40厘米。褐灰土，质略硬，结构紧密，夹烧土粒，分布全方。出土部分瓦片、青花瓷片。

第9层：距地表深200～205、厚7～30厘米。浅灰色土，结构疏松，质略软，夹烧土粒，遍布全方。出土部分瓷片、瓦片等。

第10层：距地表深210～230、厚15～60厘米。灰褐色土，质略软，结构疏松，遍布全方，整体呈西北高东南低，东南角堆积略厚。出土部分瓷片、陶片等。

F341、H795开口于此层下。

第11层：距地表深280～300、厚20～42厘米。浅灰色土，质略硬，结构紧密，夹烧土粒、黑灰粒较多，分布探方大部分，探方的东南角被H795打破。出土少量釉陶片和白釉、黑釉瓷片。

第12层：距地表深305～355、厚10～40厘米。黄褐色土，结构紧密，质略硬，较纯净，分布探方大半部，西北厚，南部薄。为洪水淤积层，

第13层：距地表深330～380、厚0～40厘米。黄褐色淤土，土质略硬，结构紧密，夹少许黑灰粒。分布于探方西部，北部薄，南部略厚。出土少许瓷片。

第14层：距地表深355～405、厚25～50厘米。浅绿色土偏灰，质略硬，结构略紧密，夹烧土块、黑灰粒，遍布全方。出土部分瓷片，可辨器形有壶、碗、碟等。

第15层：距地表深390～420、厚0～50厘米。浅绿色黏土偏灰，质较软，结构疏松，夹黑灰粒、烧土粒，分布于探方北部。出土部分陶、瓷片及兽骨等。

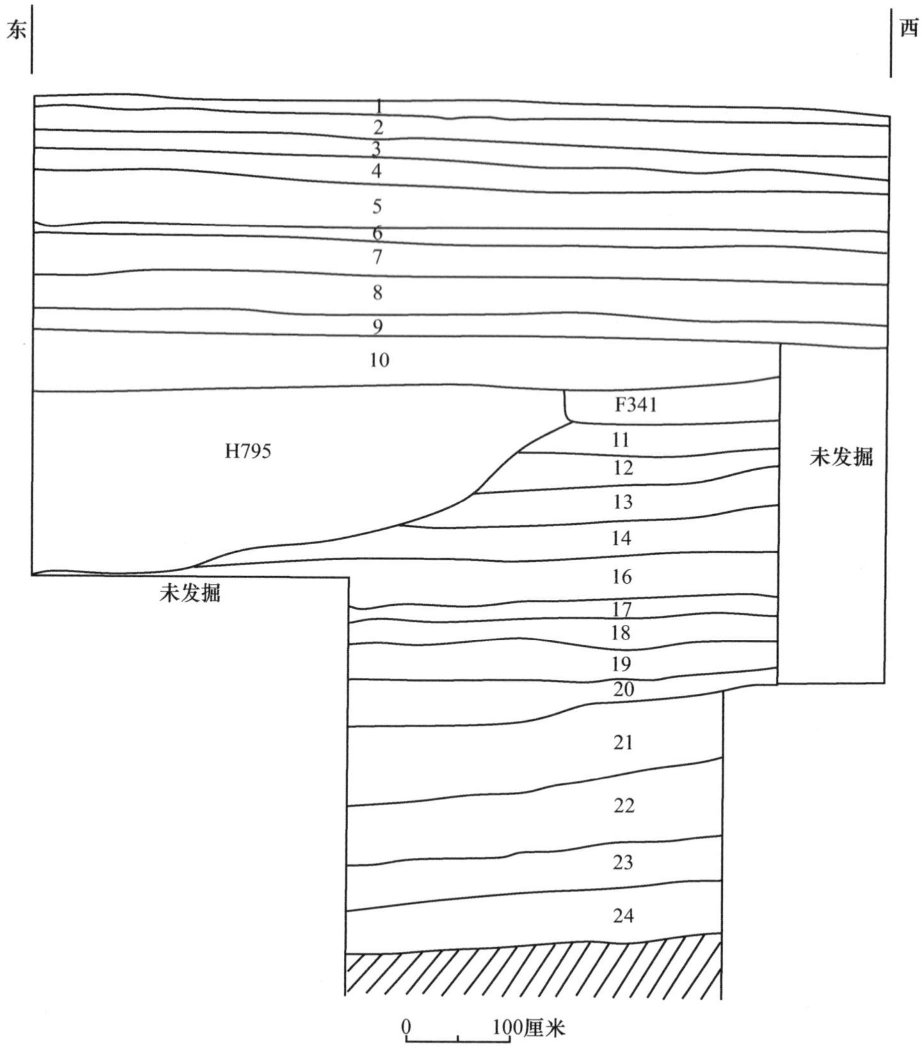

图二一　02ET01南壁地层剖面图

第16层：距地表深400～440、厚30～65厘米。褐色土，质略硬，结构略疏松，夹黑灰粒，分布全方。出土部分陶片、浅绿色釉瓷片等。

本层以下，因考虑安全等问题，探方发掘内收，只发掘中部3米×3米。

第17层：距地表深460～480、厚10～35厘米。褐灰色土，质略硬，结构略紧密，夹烧土块、木炭粒，分布全方。出土部分瓦片、浅绿色釉瓷片。

第18层：距地表深480～510、厚12～30厘米。浅绿色黏土偏灰，质疏松，夹黑灰粒，分布全方。出土部分陶、瓷片，可辨器形有罐、盘、壶等。

第19层：距地表深500～530、厚25～45厘米。浅绿色土偏灰，质软，结构疏松，夹烧土块、木炭粒，遍布全方。出土部分陶片、瓷片，可辨器形有罐、盏等。

第20层：距地表深565～530、厚15～45厘米。浅灰色黏土，质疏松，夹烧土块较多，分布全方，东部略厚，西部稍薄。出土部分瓦片、浅绿色釉瓷片。

第21层：距地表深595～550、厚55～75厘米。浅灰色黏土，质软，结构疏松，夹木炭粒，遍布全方，西北角略低，南部稍高。出土部分布纹板瓦残片、陶片等。

第22层：距地表深615～670、厚20～75厘米。灰褐色黏土，质略紧密，夹烧土块、木炭粒，全方分布，西北角高，南部低。出土陶片、布纹瓦片较多。

第23层：距地表深660～790、厚30～50厘米。灰褐色黏土，质软，结构紧密，夹烧土块、木炭粒，分布全方，西北角略高。出土圜底罐残片较多，可辨器形还有盆、平底罐等。

第24层：距地表深690～770、厚20～50厘米。灰褐色黏土，质略硬，结构略密，夹红烧土块、木炭粒，分布全方，探方西北角略高。出土部分陶片，可辨器形有圜底罐、平底罐等。

第24层下为生土。

第二节　地层对应情况

一、Ⅰ　区

1997、1998、1999、2000、2002年度都在Ⅰ区开展过发掘工作，除2000年度发掘区相对独立外，其他几个年度的发掘区基本连成一片。由于文化层厚、局部堆积多、地层和遗迹以及遗迹间的叠压打破关系复杂，地层的对应情况我们介绍各发掘年度典型探方的地层对应关系。

1997年度的发掘，全工地进行了战国以后地层的统一工作，但发掘的战国时期的地层未统一，其地层对应情况参见1999年度典型探方的介绍。

1998年度的发掘，战国以后的地层，大多是按1997年度统一地层后的标准进行的，由于发现Q1后，其外侧的地层堆积与1997年度发掘的地层无法对应，涉及的探方基本都自编为外1～外N层，在整理时，才依据地层叠压关系，各方依次自编地层；从战国时期的地层起，各探方自编地层号，在年度发掘工作结束时，选择典型探方打隔梁，进行了探方间的地层对应（以后各年度发掘情况相同），典型探方的地层对应关系见表一。

表一　1998年度典型探方地层对应表

统编层	BT0204	BT0205	BT0305	BT0405	BT0505	BT0605	时代
1	1	1	1	1	1	1	农耕土
2	2A	2A	2A	2A	2A		近现代
3	2B						
4	3A					3	明清
5	外1	外1	外1	3A			
6	外2	外2	外2	外4			
7	外3	外3	外3	外5			
8	外4		外4	外6			
9	6						宋元
10	7A				7A	7A	
11				7B	7B	7B	
12		外4		外7			
13		外5		外8			

续表

统编层	BT0204	BT0205	BT0305	BT0405	BT0505	BT0605	时代
14				外9			宋元
15				外10			
16				10			隋唐
17					9		
18	11A			11A	11A	11A	两晋南朝
19						11B	
20				12A	12A	12A	汉代
21	12B					12B	
22	13A						
23	13B						
24	13C			13C	13C	13C	
25	14			14			战国晚段
26	15			15	14		
27		8		16	15		
28	17	9	7	17	16		
29						14	
30		10	8	19		17	
31	18						
32	19						
33	20						
34	21						
35	22						
36	23				18	18	战国中段
37	24					19	战国早段
38	25						
39	26						
40	27	11	9	20	19		
41		F81	10		20		
42		12	11	21			
43				22			
44	28	13	12		21		
45			13		F114	20	
46					22		
47					F120?	22	
48		14	14				
49	29	15A	15	23A			
50			F92?	23B			
51			16		23		

续表

统编层	BT0204	BT0205	BT0305	BT0405	BT0505	BT0605	时代
52		15B	17		F120		春秋晚段
53	30	16			24		
54	31			24			
55					F128		
56					25	23	春秋早段
57					F132		
58						24	
59					26	25	
60	32						
61					27		
62	33	17	18				西周晚段
63			19	25A			
64		18	20	25B			
65	34	19					西周早段
66	35						
67	36	20					
68		21	21				
69	F141	F110/22	F102/22				
70				F124			
71		23					新三11
72	37	24					新三9
73				26			新二8
74		25		27	28A		
75		26	23				
76		27					
77	38						
78	39				28B		
79					29		新二7
80		F116/28	F116/24	F116/28	30		
81		29	25				
82			26	29	31		
83		30	27				
84			28				
85	40	31					
86		32A	29				新二6
87		32B	30				
88	41	33A					新二5
89		33B					

续表

统编层	BT0204	BT0205	BT0305	BT0405	BT0505	BT0605	时代
90		34A					新二5
91		34B					
92				30			
93			31				新一3
94				31			
95		35	32				新一2
96		36					新一1

1999年度的发掘是在1997年度发掘的基础上进行的，在1997年度探方AT0301、AT0401、AT0302、AT0402；AT0501、AT0601、AT0502、AT0602；DT0301、DT0401、DT0302、DT0402；DT0501、DT0601、DT0502、DT0602；DT0303、DT0403、DT0304、DT0404下部分别规划1999年度探方AT0201、AT0301、DT0201、DT0301、DT0202和新开AT0101、DT0101探方向下发掘至生土（AT0101、DT0101因为通信线杆未迁移，只发掘东部二分之一部分，剩余部分在2002年度发掘，并与BT0101、BT0201地层贯通，因此，地层对照关系一并介绍如下），典型探方的地层对应关系见表二。

表二　1999、2002年度典型探方地层对应表

统编层	99AT0301	99AT0201	99AT0101	02AT0101	02BT0101	02BT0201	时代
1	1	1	1	1	1	1	农耕土
2	2A	2A	2A				近现代
3	2B	2B					
4				2	2		
5						2	
6				3	3		
7				4	4		明清
8						3A	
9						3B	
10				5	5A		
11				6A			宋元
12					5B		
13			3A	6B			
14							
15	7	7	7B				
16	8A	8A	9	7A	6	3C	
17			10A				
18		9	10B	7B			
19		10	11A	8A	7		隋唐
20					8A		

续表

统编层	99AT0301	99AT0201	99AT0101	02AT0101	02BT0101	02BT0201	时代
21					8B	4	隋唐
22					8C	5	
23					8D	6A	
24						6B	
25						7	
26						8A	两晋南朝
27						8B	
28	11B						
29						9A	汉代
30						9B	
31				8B	9		
32				9	10		
33	12A	12A					
34		12B	13C	10	11	10	
35					12		
36				11A	13		
37						11	
38			14				
39			15	11B			
40					14		战国晚段
41		14B					
42	15	15A					
43			16				
44	16B	16B					
45	17	17	17				
46	18	18	18	12			
47				13A	15		
48				13B			
49	19	19	19	14	16	12	
50		20A					
51		20B					
52			20				
53						13A	
54						13B	
55			21	15	17		
56						13C	
57						14	
58	20						战国中段
59	21						

续表

统编层	99AT0301	99AT0201	99AT0101	02AT0101	02BT0101	02BT0201	时代
60		21					战国中段
61		22					
62			22				
63			23				
64						15A	
65						15B	
66						16	
67				16	18		
68				17			
69					19		
70	22	23A	24	18			
71	23	23B					
72	24						战国早段
73		24					
74						17	
75						18	
76						19	
77	25	25	25		20		
78	26						
79	27						
80				19			
81				20			
82				21			
83		26					
84		27	26A				
85					21		
86	28						
87	29						
88	30						
89				22	22		
90	31	28	26B				
91	32A						春秋晚段
92	32B						
93			27A	23			
94			27B				
95	33	29					
96		30					
97		31					

续表

统编层	99AT0301	99AT0201	99AT0101	02AT0101	02BT0101	02BT0201	时代
98			28				春秋晚段
99	34						
100	35						
101	36						
102				24A			
103						20	
104					23	21	
105						22	
106						23	
107				24B			
108				25			
109				26			
110		32					
111		33					
112	37	34					
113			29				
114	38						
115	39						
116	40						
117						24	春秋早段
118						25	
119						26	
120					24		
121						27	
122					25		
123						28	
124						29	
125						30	
126						31	
127						32	
128			29	27			
129	41	35					
130	42						
131					26		西周晚段
132					27		
133						33	
134		36					
135	43						

续表

统编层	99AT0301	99AT0201	99AT0101	02AT0101	02BT0101	02BT0201	时代
136						34	西周晚段
137						35	
138						36	
139						37	
140				28			
141	44A	37	30	29A?			
142	44B						
143		38					
144	44C	39					
145	44D						
146		40					
147	45						
148	46?						
149	47	41					
150		42					西周早段
151	48						
152	49	43					
153	50						
154	51A	44					
155			31				
156						38	
157				29B	28		
158					29	39	
159		45A?	32	30			
160					30		
161						40	
162						41	
163						42	
164						43	
165						44	
166						45	
167						46	
168						47	
169						48	
170						49	
171						50	
172						51	
173						52	
174						53	

续表

统编层	99AT0301	99AT0201	99AT0101	02AT0101	02BT0101	02BT0201	时代
175	51B						新三11
176				31A			
177			33				
178			34	31B			
179			35				
180						54	
181					31		
182					32		
183			36				
184			37				
185			38				
186			39A				
187	52	46					
188		47A					
189	53						
190	54						
191	55						
192	56						
193			39B				新三10
194			39C				
195			39D				
196					33		
197		47B					
198		48					
199		49					新三9
200					34		
201	57	50					
202	58						
203		51					
204				32			
205		52	40				
206			41				
207			42				
208			43				
209		53					
210		54					
211		55					
212						55	新二8
213		56					

续表

统编层	99AT0301	99AT0201	99AT0101	02AT0101	02BT0101	02BT0201	时代
214		57					新二8
215		58					
216	59	59					
217		60					
218		61					
219		62					
220		63					
221		64					
222		65					
223		66					
224	60	67					
225				33			
226				34A			
227				34B			
228				35	35		
229					36		
230					37		
231					38		
232					39		
233				36A			
234				36B			
235		68A					新二7
236		68B					
237				37			
238	61	69					
239		70					
240		71					
241		72					
242	62						
243				38			
244				39			
245		73					新二6
246		74					
247	63						新二5
248	64						
249	65						
250	66						
251					40		

续表

统编层	99AT0301	99AT0201	99AT0101	02AT0101	02BT0101	02BT0201	时代
252			44				新二4
253			45				
254		75					
255		76A					
256		76B					新一3
257		77					
258	67						
259	68						
260	69						
261		78					新一2
262				40	41		
263					42		
264				41	43		
265					44		
266				42	45		
267				43			
268		79					

2000年度发掘区相对独立，在发掘工作结束时，选择东西和南北向典型探方打隔梁进行了地层对应，典型探方地层对应关系见表三。

表三　2000年度典型探方地层对应表

统编层	DT0604	DT0605	DT0705	DT0805	时代
1	1	1	1	1	农耕土
2				2	近现代
3				3	
4				4	
5				5	
6	2	2			明清
7	3	3	2		
8	4	4	3		
9	5				
10	6				
11	7	5	4		宋元
12		6	5		
13	8				
14	9	7	6	6	

续表

<table>
<tr><th>统编层</th><th>DT0604</th><th>DT0605</th><th>DT0705</th><th>DT0805</th><th>时代</th></tr>
<tr><td>15</td><td></td><td></td><td></td><td>7</td><td rowspan="8">宋元</td></tr>
<tr><td>16</td><td>10A</td><td>8</td><td rowspan="3">7A</td><td rowspan="3">8</td></tr>
<tr><td>17</td><td>10B</td><td></td></tr>
<tr><td>18</td><td>10C</td><td>9</td></tr>
<tr><td>19</td><td>11A</td><td></td><td></td><td></td></tr>
<tr><td>20</td><td>11B</td><td></td><td></td><td></td></tr>
<tr><td>21</td><td></td><td></td><td>7B</td><td rowspan="2">9A</td></tr>
<tr><td>22</td><td>12A</td><td>10</td><td>8</td></tr>
<tr><td>23</td><td></td><td></td><td></td><td>9B</td><td rowspan="9">隋唐</td></tr>
<tr><td>24</td><td></td><td>11</td><td></td><td></td></tr>
<tr><td>25</td><td></td><td></td><td>9</td><td rowspan="2">10</td></tr>
<tr><td>26</td><td></td><td></td><td>10</td></tr>
<tr><td>27</td><td></td><td>12</td><td></td><td></td></tr>
<tr><td>28</td><td>12B</td><td></td><td></td><td></td></tr>
<tr><td>29</td><td></td><td>13</td><td></td><td></td></tr>
<tr><td>30</td><td></td><td>14</td><td></td><td></td></tr>
<tr><td>31</td><td></td><td>15</td><td>11</td><td></td></tr>
<tr><td>32</td><td></td><td>16</td><td></td><td></td><td rowspan="6">两晋南朝</td></tr>
<tr><td>33</td><td></td><td>17</td><td>12</td><td>11</td></tr>
<tr><td>34</td><td></td><td></td><td></td><td>12</td></tr>
<tr><td>35</td><td></td><td></td><td>13</td><td></td></tr>
<tr><td>36</td><td>13</td><td></td><td></td><td></td></tr>
<tr><td>37</td><td></td><td>18</td><td></td><td></td></tr>
<tr><td>38</td><td></td><td>19</td><td></td><td></td><td rowspan="7">汉代</td></tr>
<tr><td>39</td><td>14</td><td>20</td><td></td><td></td></tr>
<tr><td>40</td><td></td><td></td><td>14</td><td></td></tr>
<tr><td>41</td><td></td><td></td><td>15</td><td></td></tr>
<tr><td>42</td><td></td><td></td><td></td><td></td></tr>
<tr><td>43</td><td></td><td></td><td></td><td>13</td></tr>
<tr><td>44</td><td></td><td></td><td></td><td>14</td></tr>
<tr><td>45</td><td></td><td></td><td></td><td>15</td><td rowspan="3">汉代</td></tr>
<tr><td>46</td><td>15</td><td>21</td><td></td><td></td></tr>
<tr><td>47</td><td></td><td></td><td></td><td>16</td></tr>
<tr><td>48</td><td></td><td></td><td>16</td><td></td><td rowspan="3">战国晚段</td></tr>
<tr><td>49</td><td>16</td><td></td><td></td><td></td></tr>
<tr><td>50</td><td>17</td><td></td><td></td><td></td></tr>
</table>

续表

<table>
<tr><th>统编层</th><th>DT0604</th><th>DT0605</th><th>DT0705</th><th>DT0805</th><th>时代</th></tr>
<tr><td>51</td><td>18</td><td>22A</td><td>17</td><td></td><td rowspan="3">战国中段</td></tr>
<tr><td>52</td><td>19</td><td></td><td></td><td></td></tr>
<tr><td>53</td><td>20</td><td>22B</td><td>18</td><td></td></tr>
<tr><td>54</td><td></td><td>23</td><td></td><td></td><td rowspan="6">战国早段</td></tr>
<tr><td>55</td><td>21</td><td></td><td></td><td></td></tr>
<tr><td>56</td><td>22A</td><td></td><td></td><td></td></tr>
<tr><td>57</td><td>22B</td><td></td><td></td><td></td></tr>
<tr><td>58</td><td>23</td><td></td><td></td><td></td></tr>
<tr><td>59</td><td>24</td><td></td><td></td><td></td></tr>
<tr><td>60</td><td></td><td></td><td></td><td>17</td><td rowspan="4">春秋晚段</td></tr>
<tr><td>61</td><td></td><td></td><td>19</td><td></td></tr>
<tr><td>62</td><td></td><td></td><td></td><td>18A</td></tr>
<tr><td>63</td><td>25</td><td>24</td><td>20</td><td></td></tr>
<tr><td>64</td><td>26</td><td>25</td><td>21</td><td></td><td rowspan="3">西周晚段</td></tr>
<tr><td>65</td><td></td><td></td><td></td><td>19</td></tr>
<tr><td>66</td><td></td><td></td><td></td><td>20</td></tr>
<tr><td>67</td><td>27</td><td>26</td><td>22</td><td></td><td rowspan="6">西周早段</td></tr>
<tr><td>68</td><td></td><td></td><td></td><td>21</td></tr>
<tr><td>69</td><td></td><td>27</td><td></td><td></td></tr>
<tr><td>70</td><td></td><td>28</td><td></td><td></td></tr>
<tr><td>71</td><td rowspan="2">28</td><td>29A</td><td>23</td><td></td></tr>
<tr><td>72</td><td>29B</td><td>24</td><td></td></tr>
<tr><td>73</td><td>29</td><td>30</td><td>25</td><td></td><td rowspan="3">商代晚期</td></tr>
<tr><td>74</td><td>30</td><td>31</td><td rowspan="2">26</td><td>22</td></tr>
<tr><td>75</td><td>31</td><td>32</td><td></td></tr>
<tr><td>76</td><td>32</td><td>33A</td><td>27</td><td>23</td><td rowspan="3">商代早期</td></tr>
<tr><td>77</td><td></td><td>33B</td><td></td><td></td></tr>
<tr><td>78</td><td>33</td><td>34A</td><td rowspan="2">28</td><td>24</td></tr>
<tr><td>79</td><td>34</td><td>34B</td><td></td><td rowspan="3">夏代晚期</td></tr>
<tr><td>80</td><td rowspan="2">35</td><td rowspan="2">35</td><td></td><td>25</td></tr>
<tr><td>81</td><td></td><td>26</td></tr>
<tr><td>82</td><td>36A</td><td>36A</td><td></td><td>27</td><td rowspan="5">洪水层</td></tr>
<tr><td>83</td><td>36B</td><td>36B</td><td></td><td>28</td></tr>
<tr><td>84</td><td>36C</td><td>36C</td><td></td><td></td></tr>
<tr><td>85</td><td>37A</td><td>37A</td><td></td><td rowspan="2">29</td></tr>
<tr><td>86</td><td></td><td>37B</td><td></td></tr>
</table>

续表

统编层	DT0604	DT0605	DT0705	DT0805	时代
87	37B	37C		30A	洪水层
88				30B	
89				31	
90				32	
91	38	38		33	新三11
92				34	
93	39				
94	40	39		35	
95		40		36	
96	41				
97	42				
98	43				
99	44				
100	45			37	新三10
101				38	

2002年度发掘也打隔梁进行了地层对应，典型探方的地层对应关系见表四。由于AT0101和DT0101的东西两部分是分1999和2002两个年度发掘的，通过它们，与1999年度发掘的典型探方建立起了直接的地层对应关系（参见表二）。

表四　2002年度典型探方层位关系对照表

统编层	AT0101	DT0101	DT0102	时代
1	1	1	1	近现代
2	2	2	2A	
3			2B	
4	3	3		
5			3	明清
6			4	
7			5	
8			6	
9	4	4		
10	5	5		
11		6A		宋元
12		6B		
13			8A	
14		7A		
15	6A			

续表

统编层	AT0101	DT0101	DT0102	时代
16	6B	7B	8B	宋元
17			9	
18	7A	7C	10	
19	7B			
20	8A	7D	11A	
21		8A		隋唐
22			12A	
23	8B	8B	12B	
24			13	两晋南朝
25	9	9		汉代
26	10	10		
27	11A			
28	11B			
29			14	
30	12	11		战国晚段
31			15	
32		12	16	
33	13A	13		
34	13			
35			17	
36	14			
37	15			
38		14	18	战国中段
39	16			
40	17			
41	18	15	19	
42			20	战国早段
43			21	
44	19	16	22	
45	20			
46	21			
47		17		
48			23	
49		18	24	
50	22	19		
51	23			春秋晚段
52			25	

续表

统编层	AT0101	DT0101	DT0102	时代
53			26	春秋晚段
54			27	
55		20A	28	
56	24A	20B	29	
57		21		
58		22		
59		23		
60	24B	24		
61	25			
62	26			
63	27			春秋早段
64	28			西周晚段
65	29A			
66	29B			
67	30			
68			30	
69			31	
70		25	32	
71		26		
72			33	
73			34	
74			35	
75			36	
76			37	
77			38	
78			39	
79			40	
80			41	
81			42	
82			43	商代晚期
83			44	
84			45	
85			46A	
86			46B	
87		27	47	
88		28		
89		29		

续表

统编层	AT0101	DT0101	DT0102	时代
90			48	新三11
91			49	
92		30	50	
93		31A	51	
94			52	
95		31B		
96		32		
97			53	
98			54	
99			55	
100	31A			
101	31B			
102		33	56	
103			57	
104			58	
105			59	
106			60	
107			61	
108			62	
109			63	
110			64	
111			65	
112			66	新三10
113			67	新三9
114			68	
115	32			新二8
116	33			
117		34		
118	34A			
119	34B			
120		35		
121	35			
122	36A	36		
123	36B			
124	37			新二7
125	38			
126	39			
127			69	

续表

统编层	AT0101	DT0101	DT0102	时代
128		37		新二7
129		38		
130		39		
131			70	
132			71	新二6
133			72	
134			73	新二5
135			74	
136			75	新二4
137		40A		新一3
138		40B		
139	40			新一2
140	41			
141	42			
142		41		
143		42		
144	43			

二、Ⅱ　区

由于在此区的发掘探方少、面积小，总的来说，Ⅱ区地层对应关系相对简单。该区发掘主要分为南、北两部分，南部探方打隔梁进行了地层统一工作，不存在探方地层对应的问题。北部只有两个探方，地层对应关系相对简单。

三、Ⅲ　区

此区“落水井”探方分布较为集中，但大部分探方年代都只到唐代，而且，部分探方因地下水出露，造成探方内积水和探方壁垮塌，没有发掘到生土，所以，没有对应地层的必要。其他探方都较分散，无法打隔梁进行探方间的地层对应，只能通过出土物判定各地层的年代。

第三节　地层与地层、地层与遗迹间典型叠压、打破关系

中坝遗址由于文化层厚，根据土质土色和包含物划分的地层以及发现的遗迹种类和数量很多，地层与地层以及遗迹间的叠压、打破关系众多，不可能全部介绍，这里只介绍典型探方的地层、遗迹间叠压与打破关系（“—”表示叠压，“→”表示打破，下略）。

一、1998年度

1. BT0204

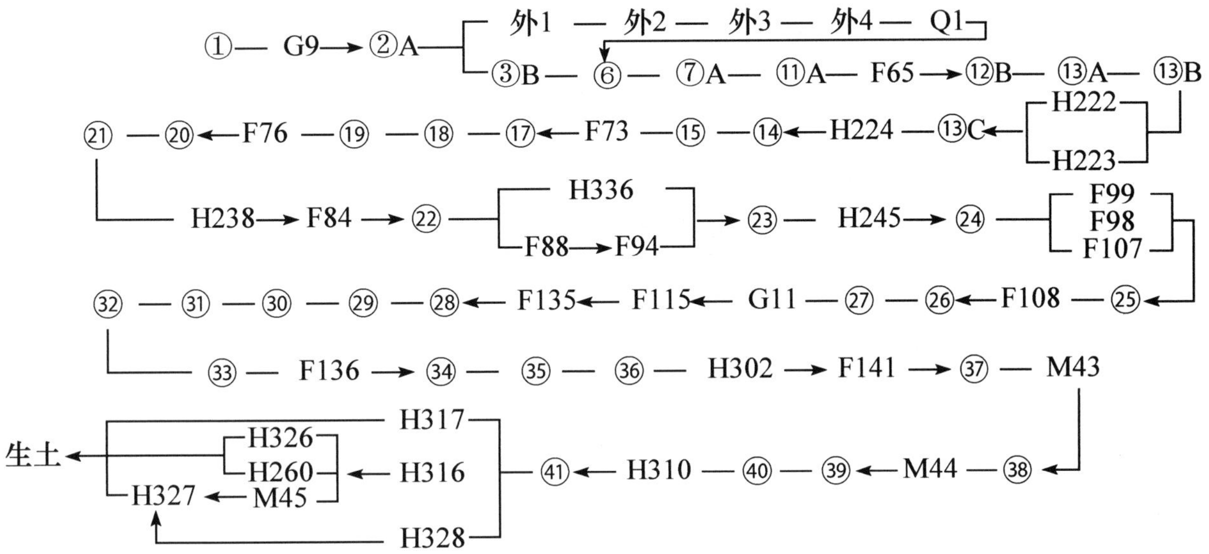

2. BT0205

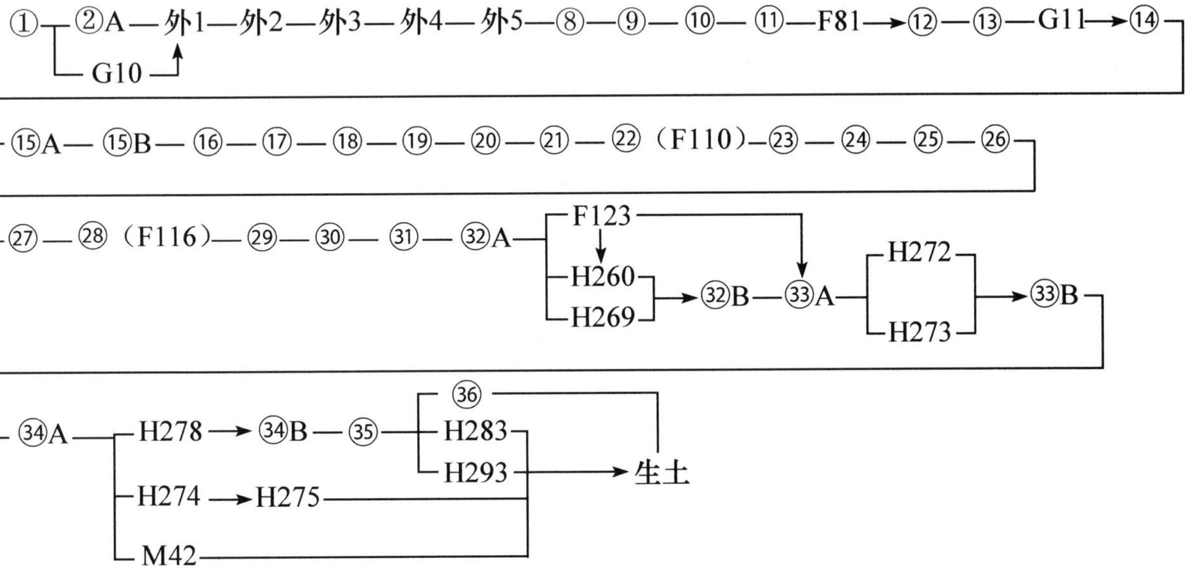

3. BT0305

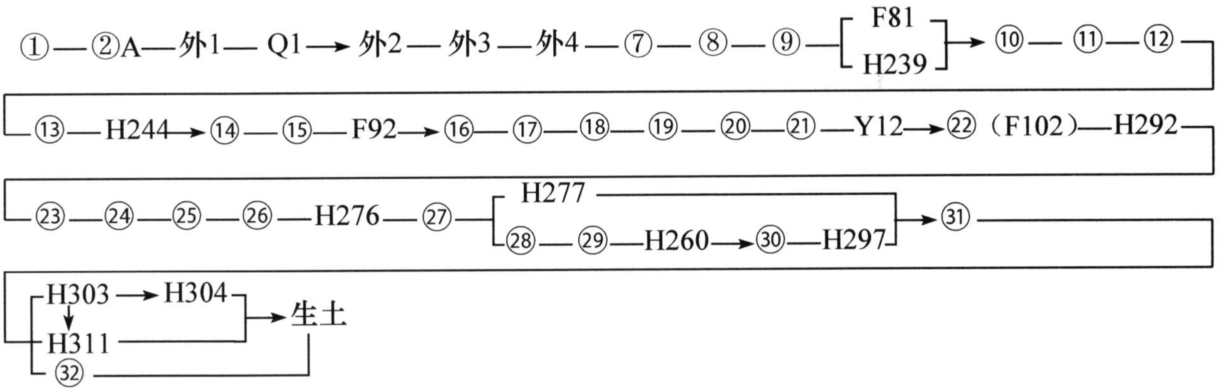

4. BT0405

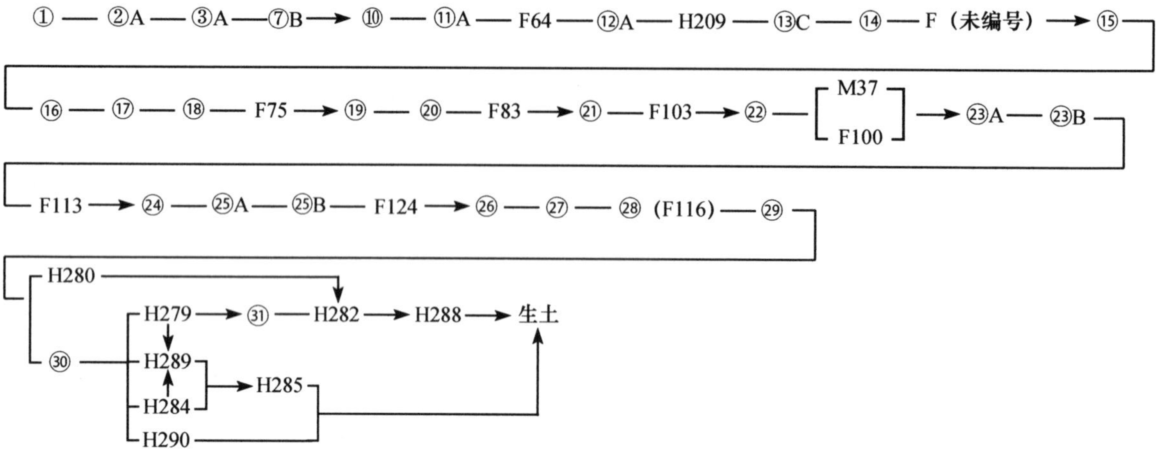

二、1999年度

典型探方仅有AT0201。

第14B层以上为1997年度AT0401、AT0501地层堆积。

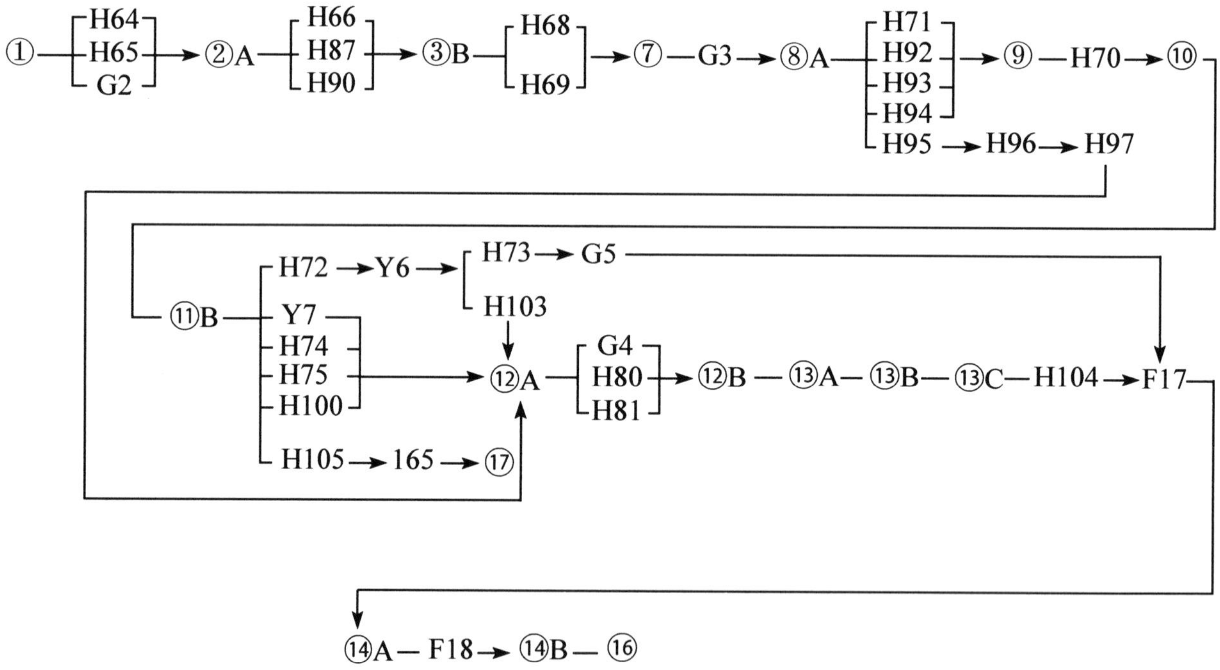

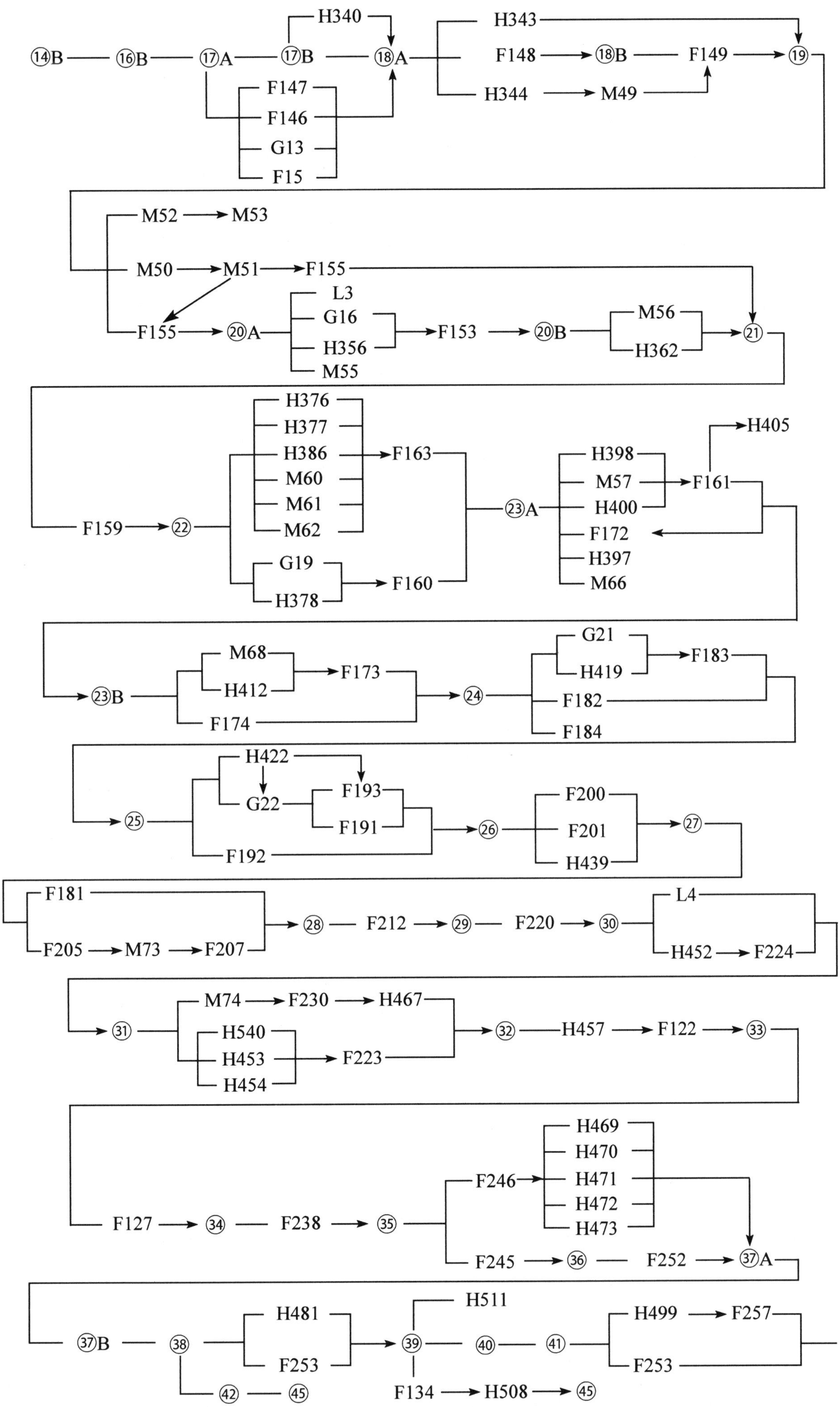
⑭B
⑯B
⑰A
⑰B
H340
⑱A
F147
F146
G13
F15
H343
F148
⑱B
F149
⑲
H344
M49
M52
M53
M50
M51
F155
F155
⑳A
L3
G16
H356
M55
F153
⑳B
M56
H362
㉑
F159
㉒
H376
H377
H386
M60
M61
M62
F163
G19
H378
F160
㉓A
H398
M57
H400
F172
H397
M66
F161
H405
㉓B
M68
H412
F173
F174
㉔
G21
H419
F183
F182
F184
㉕
H422
G22
F193
F191
F192
㉖
F200
F201
H439
㉗
F181
F205
M73
F207
㉘
F212
㉙
F220
㉚
L4
H452
F224
㉛
M74
F230
H467
H540
H453
H454
F223
㉜
H457
F122
㉝
F127
㉞
F238
㉟
F246
H469
H470
H471
H472
H473
F245
㊱
F252
㊲A
㊲B
㊳
H481
F253
㊷
㊺
㊴
H511
F134
H508
㊺
㊵
㊶
H499
F257
F253

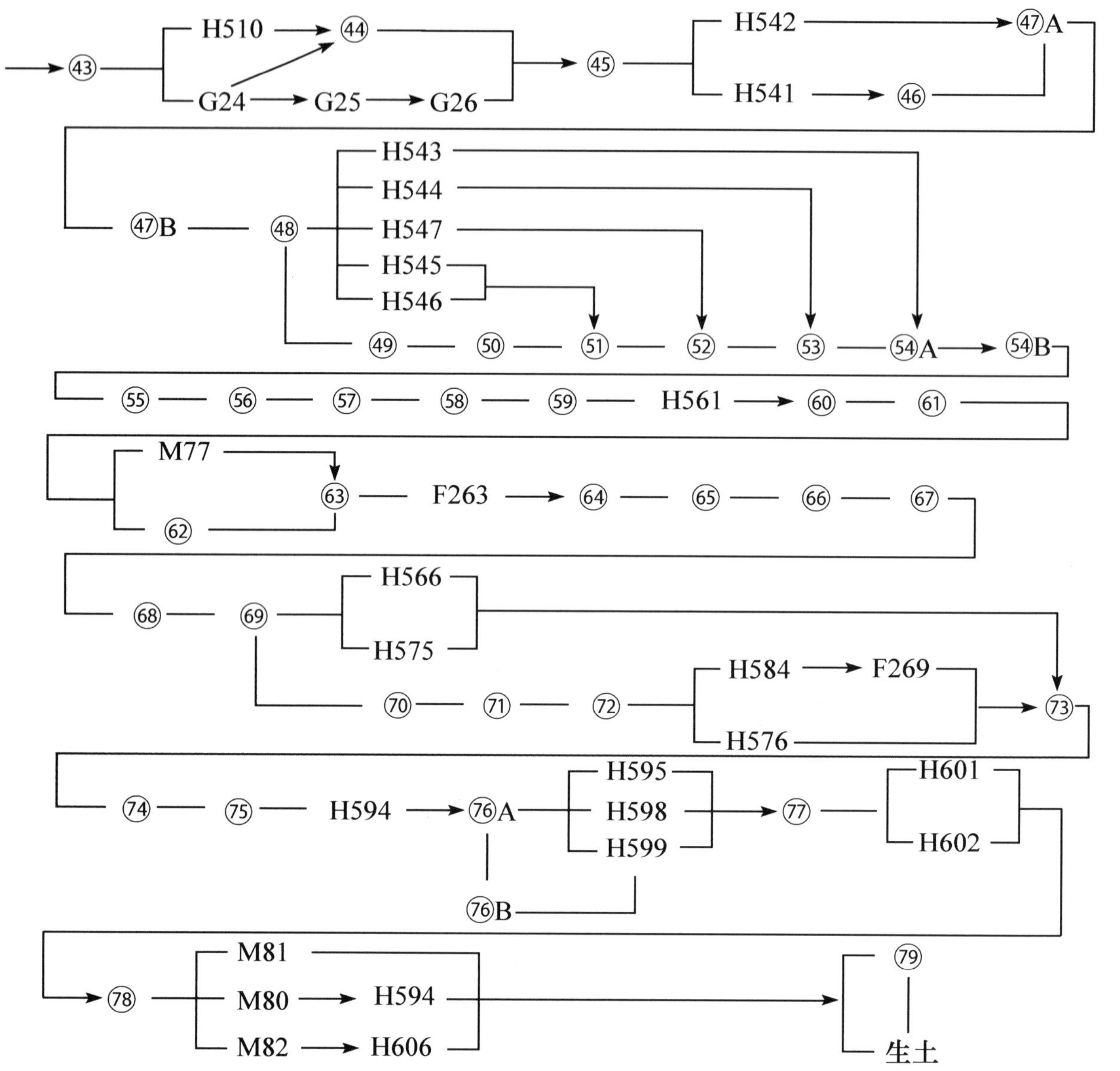

三、2000年度

1. DT0605

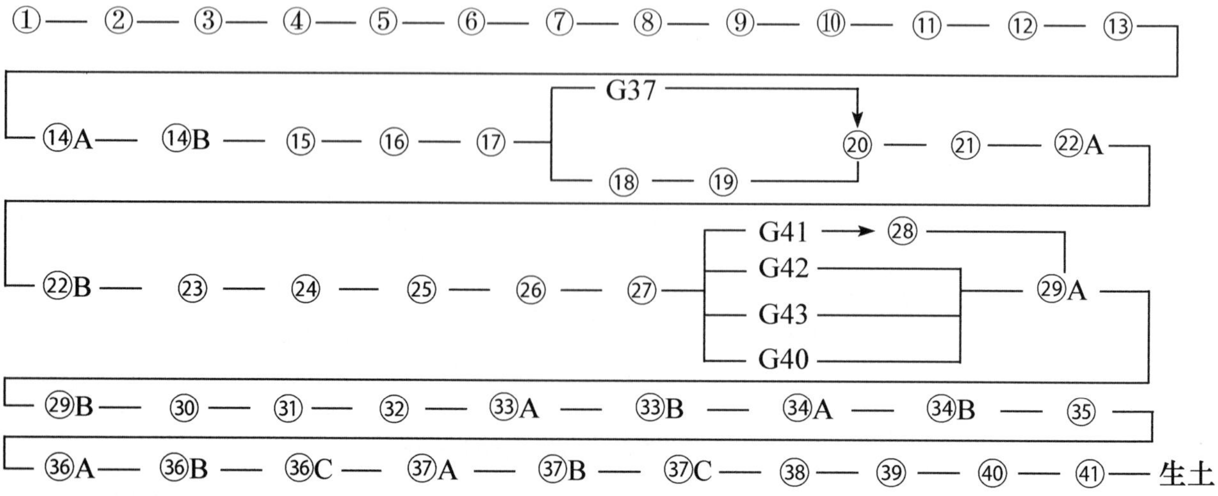

2. DT0805

①—②—③—④—⑤—⑥—⑦—⑧—H607→⑨A—⑨B—⑩—⑪—⑫—G36→⑬—⑭—⑮—⑯—⑰—⑱A—⑱B—⑲A—⑲B—⑲C—⑳—⑳—㉒—㉓—㉔—㉕—㉖—㉗—㉘—㉙—㉚A—㉚B—㉛—㉜—㉝—㉞—㉟—㊱—㊲—㊳—生土

四、2002年度

1. BT0101

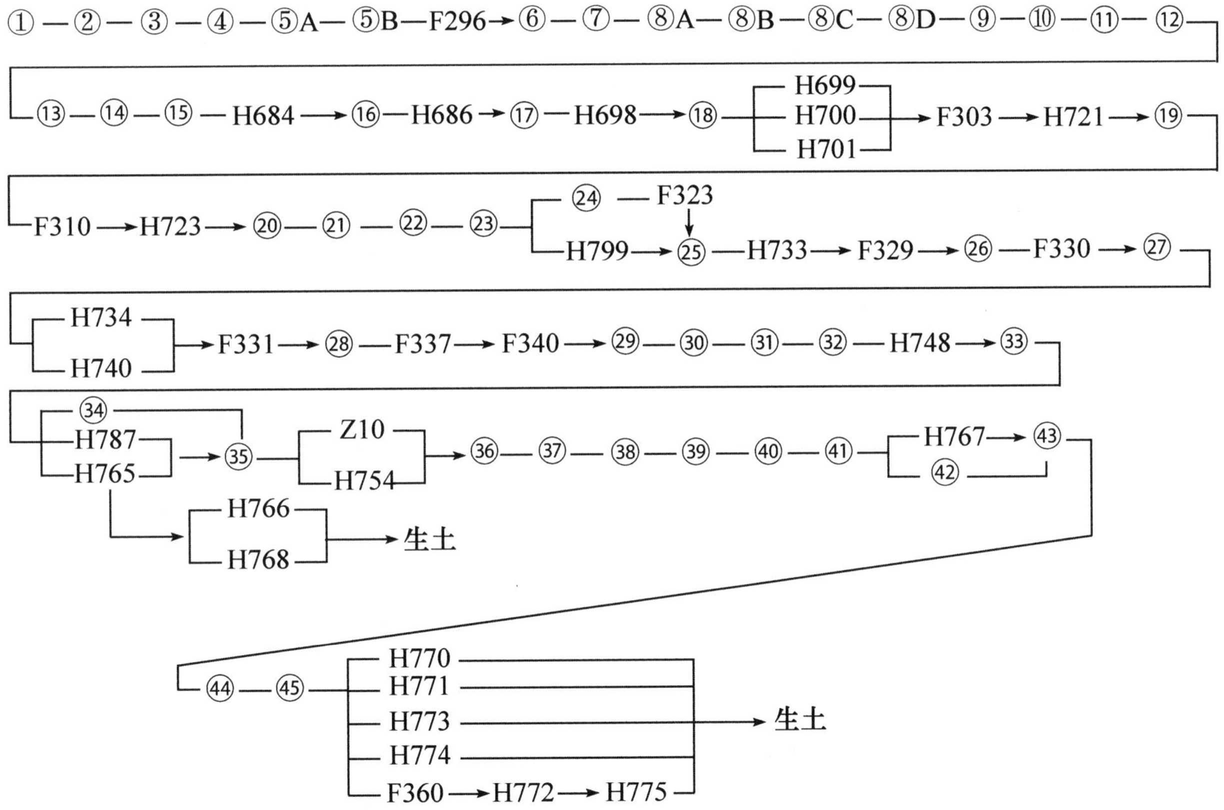

2. DT0102

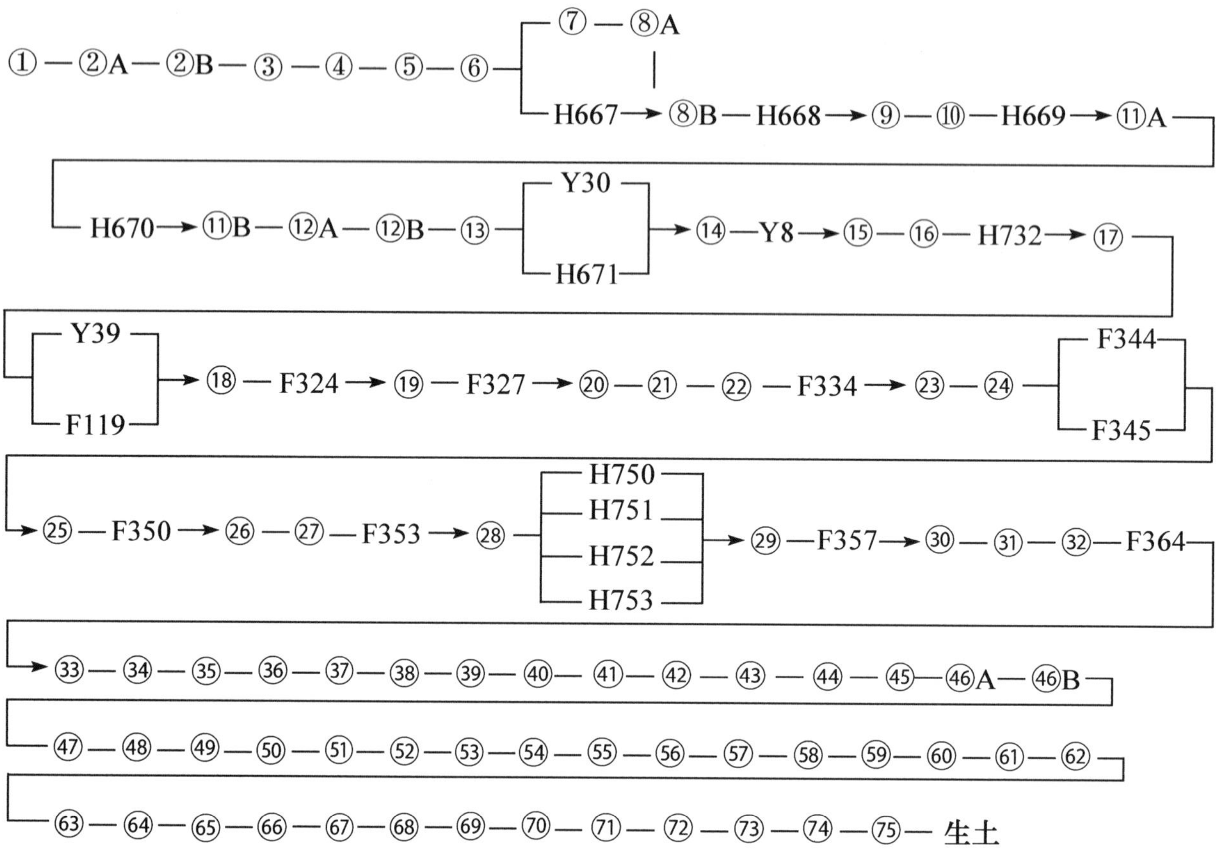

第四节　地层与遗迹单位分组

中坝遗址Ⅰ、Ⅱ、Ⅲ三个发掘区的文化层堆积均以层状堆积为主，其土质土色的差异大多明显，层次分明。比较而言，三个发掘区的文化层堆积情况差异较大，Ⅱ、Ⅲ区文化堆积薄，层次少，时代缺环大，Ⅱ区无周代文化层，Ⅲ区文化遗存始于西周。Ⅰ区文化堆积厚，层次多，由于古人在此区内生产、生活频繁，能够贯通各探方的文化层极少。堆积内包含物的多少存在明显的差异，既有基本由陶片堆积形成的文化层，也有由洪水淤积形成的无包含物的间歇层。绝大多数地层堆积有一定的倾斜度，少数倾斜度较大，局部或断崖处多夹层。由于遗址文化堆积厚，地层编号多，加上三个发掘区位置不同，地层彼此互不对应，即使是同处Ⅰ区的不同年度发掘区，能够贯通的文化层堆积也很少。因此，我们主要以1997、1998、1999、2002年度Ⅰ区地层叠压与遗迹间打破关系以及文化层和遗迹单位中包含物的组合、形制特征与变化关系为序，将中坝遗址生土以上的文化堆积从早到晚划分为如下若干组：

第1组：只有H282、H288。开口最早文化层下，打破生土。出土陶器以平底器为主，器类主要有大口深腹缸、折沿罐、敞口罐、筒腹罐、盘口器、瓮、钵、器盖、器座、圈足等。

第2组：主要有98BT0205㉟，98BT0305㉜；99AT0201⑲、⑱；02AT0101㊸～㊵，02BT0101㊺～㊶，02DT0101㊷、㊶以及其下开口的H283、H483、H605、H606、H776～H781、H783、H784等。出土遗物以陶器为主，另有少量石器。陶器基本同第一组，盘口器（罐）数量大增，石器主要有斧、锛等。

第3组：主要有98BT0305㉛，98BT0405㉛，98AT0103㊶；99AT0201⑰、⑯B，99AT0301⑲～⑰；02DT0101㊵B、㊵A以及其下开口的H278、H279、H284、H285、H289、H290、H595、H598、H601、H602、H770、H776、H778、H779、H783、H784、M99等。出土遗物基本同第2组。

第4组：主要有98BT0404㉜；99AT0101㊺B、㊹，99AT0201⑯A、⑮；02DT0102⑮以及其下开口的H306、H313、H801、H780等。出土遗物仍然以陶器为主，但陶质发生了很大变化，纹饰与形制特征变化也很大。

第5组：主要有98BT0204㊶，98BT0205㉞～㉜A，98BT0305㉚、㉙；99AT0301⑯～⑬；02BT0101㊵，02DT0102⑭、⑬以及其下开口的H578、H305、H791、H568等。

第6组：主要有98BT0204㊵，98BT0205㉛，98BT0305㉘；99AT0201⑭、⑬；02DT0102⑫、⑪等以及其下开口的H310、H316、H276等。

第7组：主要有98BT0204㊴，98BT0205㉚～㉘，98BT0305㉗～㉔，98BT0505㉛～㉘B；99AT0201⑫～⑧A，99AT0301⑫、⑪；02AT0101㊲，02DT0101㊴～㊲，02DT0102⑩、⑨等以及其下开口的H575、H564、H801、H566、H796等。

第8组：主要有98BT0204㊲，98BT0205㉗～㉔，98BT0305㉓，98BT0405㉗、㉖，98BT0505㉘A；99AT0201⑦～⑥，99AT0301⑩、⑨；02AT010 ㊱B～㉝，02BT0101㊴～㉟，02BT0201⑮，02DT0101㊱～㉞等以及其下开口的H766、H788、H794等。

第9组：主要有98BT0205㉓；99AT0101㊸～㊵，99AT0201⑮～㊾，99AT0301⑧、⑦；02AT0101㉜，02BT0101㉞，02DT0102⑧、⑦等以及其下开口的H543、H547、H545等。

第10组：主要有99AT0101㊴D、㊴C，99AT0201㊽、㊼B；00DT0604㊺，00DT0805㊳、㊲；02BT0101㉝，02DT0102⑥等以及其下开口的H546、H574等。

第11组：主要有98BT0204F141，98BT0205㉒，98BT0305㉒；99AT0101㊴A～㉝，99AT0201㊼A、㊻，99AT0301⑥～①B；00DT0604㊹～㊳，00DT0605㊵～㊳，00DT0805㊱～㉝；02AT0101㉛B、㉛A，02BT0101㉜、㉛，02BT0201④，02DT0101㉝～㉛A，02DT0102⑥～④等以及其下开口的H444、H537、H560等。

第12组：主要有00DT0604㉞、㉟，00DT0605㉟、㉞B。

第13组：主要有00DT0604㉝、㉜，00DT0605㉞A、㉝B、㉝A。

第14组：主要有00DT0604㉛～㉙，00DT0605㉜，00DT0705㉖，00DT0805㉒；02DT0101㉙～㉗，00DT0102㊼～㊸等以及其下开口的H756、H757。

第15组：主要有1998年度发掘Ⅱ区探方⑩～⑧；99DT0202⑩、㊾B。

第16组：主要有98BT0204㊱～㉞，98BT0205㉑～⑱，98BT0305㉑～⑲，98BT0405㉕B、㉕A；99AT0101㉜、㉛，99AT0201㊺～㊷，99AT0301⑩A～㊽；00DT0604㉗，00DT0605㉙

A～㉖，00DT0705㉔～㉒，00DT0805㉑；02AT0101㉚、㉙B，02BT0101㉚～㉘，02BT0201㊸～㊳，02DT0101㉖、㉕，02DT0102㊷～㉛等以及其下开口的遗迹单位房址、灰坑等。

第17组：主要有98BT0204㉝、㉜，98BT0205⑰，98BT0305⑱，98BT0505㉗；99AT0101㉚，99AT0201㊶～㊱，99AT0301㊼～㊸；00DT0604㉖，00DT0605㉕，00DT0705㉑，00DT00805⑳、⑲；02AT0101㉙A、㉘，02BT0101㉗、㉖，02BT02021㊲～㉝，02DT0102㉚等以及其下开口的遗迹单位。

第18组：主要有98BT0204㉛，98BT0405㉔，98BT0505㉖、㉓，98BT0605㉖～㉓；99AT0101㉙，99AT0201㉟，99AT0301㊷、㊶；02AT0101㉗，02BT0101㉕、㉔，02BT0201㉜～㉔等以及其下开口的遗迹单位。

第19组：主要有98BT0204㉚，98BT0505㉔、㉓；99AT0101㉙～㉗A，99AT0201㉞～㉙，99AT0301㊵～㉜A；00DT0604㉕，00DT0605㉔，00DT0705⑳、⑲，00DT0805⑱A、⑰；02AT0101㉖～㉓，02BT0101㉓，02BT0201㉓～⑳，02DT0101㉔～⑳A、02DT0102㉙～㉕等以及其下开口的房址、灰坑等遗迹单位。

第20组：主要有98BT0204㉙～㉕，98BT0205⑮B～⑪，98BT0305⑰～⑨，98BT0405㉓A～⑳，98BT0505㉒～⑲，98BT0605⑳；99AT0101㉖B～㉕，99AT0201㉘～㉔，99AT0301㉛～㉔；00DT0604㉔～㉑，00DT0605㉓；02AT0101㉒～⑲，02BT0101㉒～⑳，02BT0201⑲～⑰，02DT0101⑲～⑯，02DT0102㉔～⑳等以及其下开口的房址、灰坑等遗迹单位。

第21组：主要有98BT0204㉔、㉓，98BT0505⑱，98BT0605⑲、⑱；99AT0101㉔～㉒，99AT0201㉓B～㉑，99AT0301㉓～⑳；00DT0604⑳，00DT0605㉒B，00DT0705⑱、⑰；02AT0101⑱～⑯，02BT0101⑲、⑱，02BT0201⑯～⑮A，02DT0101⑮、⑭，02DT0102⑲、⑱等以及其下开口的房址、灰坑等遗迹单位。

第22组：主要有98BT0204㉒～⑰，98BT0205⑩～⑧，98BT0305⑧、⑦，98BT0405⑲～⑭，98BT0505⑰～⑭，98BT0605⑰～⑭；99AT0101㉑～⑯，99AT0201⑳B～⑭B，99AT0301⑲～⑮；00DT0604⑰、⑯，00DT0705⑯；02AT0101⑮～⑫，02BT0101⑰～⑭，02BT0201⑭～⑫，02DT0101⑬～⑪，02DT0102⑰～⑮等以及其下开口的房址、灰坑、灰沟等遗迹单位。

第23组：主要有98BT0204⑬C～⑫B，98BT0405⑬C～⑫A，98BT0505⑬C～⑫A，98BT0605⑬C～⑫A；99AT0101⑮～⑬C，99AT0201⑫B、⑫A，99AT0301⑫A；00DT0604⑮，00DT0605㉑～⑲，00DT0705⑭，00DT0805⑯；02AT0101⑪B～⑧B，02BT0101⑬～⑨，02BT0201⑪～⑨A，02DT0101⑩、⑨，02DT0102⑭等以及其下开口的房址、灰坑等遗迹单位。

第24组：主要有98BT0204⑪A，98BT0405⑪A，98BT0505⑪A，98BT0605⑪B、⑪A；99AT0301⑪B；00DT0604⑬，00DT0605⑰、⑯，00DT0705⑬，00DT0805⑫；02BT0201⑧B、⑧A、02DT0102⑬等以及其下开口的灰坑等遗迹单位。

第25组：主要有98BT0505⑨；99AT0101⑪A，99AT0201⑩；00DT0604⑫B；02AT0101⑧A，02BT0101⑧D、⑦，02BT0201⑦~④，02DT0101⑧B、⑧A，02DT0102⑫B、⑫A等以及其下开口的灰坑等遗迹单位。

第26组：主要有98BT0204⑦A、⑥A，98BT0205⑦，98BT0405⑩~⑦B，98BT0505⑦B，98BT0605⑦B、⑦A；99AT0101⑩B~③A，99AT0201⑨~⑦，99AT0301⑧A、⑦；00DT0604⑪A~⑩A，00DT0605⑧、⑦，00DT0705⑧，00DT0805⑧；02AT0101⑦B、⑦A，02BT0101⑥~⑤B，02BT0201③C，02DT0101⑦D~⑦A，02DT0102⑪A~④等以及其下开口的灰坑等遗迹单位。

第27组：主要有98BT0204③A，98BT0605③；00DT0604⑥~③，00DT0605④、③，00DT0705⑤、④；02AT0101⑤、④，02BT0101⑤A、④，02BT0201③B、③A，02DT0101⑤、④等。

第28组：包括各探方表层农耕土及②B、②A近现代洪水淤积沙层。

第五节　分期与文化属性

根据上述28组地层和遗迹单位中包含物（主要是陶器）的组合、形制特征及变化规律与数量多少的变化，我们将中坝遗址的文化堆积从早到晚分为（表五）：

（1）中坝文化——新石器时代晚期遗存，可分三期8段11组。

（2）三星堆文化渝东类型——夏商时期遗存，可分二期3段4组。

（3）瓮井沟文化——两周遗存，可分三期4段8组。

（4）汉代遗存。

（5）两晋南朝遗存。

（6）隋唐遗存。

（7）宋元遗存。

（8）明清遗存。

（9）近现代遗存。

表五　中坝遗址文化层堆积时代或文化属性分期表

期	段	组	Ⅰ区				Ⅱ区	时代或文化属性
			1998年度	1997/1999年度	2000年度	2002年度	1998年度	
			1~3	1~6	1~6	1~4	1、2	近现代
			4~8	7~10	7~10	5~8	3、4	明清
			9~15	11~18	11~23	9~20	5、6	宋元
			16、17	19~25	24~31	21~23		隋唐
			18、19	26~28	32~37	24		两晋南朝
			20~24	29~39	38~47	25~29	7	汉代

续表

期	段	组	Ⅰ区				Ⅱ区	时代或文化属性	
			1998年度	1997/1999年度	2000年度	2002年度	1998年度		
三	4	8	H226、H229、H230	F17、F18、G15、H347、H375、H394、H395、H651	M85	M96、M97、H688、H691～H694、H698、H702～H705、H714、H715、H719、H724～H726、H730、H731		战国	㽏井沟文化
	3	7	25～35	40～57	48～50	30～37			
		6	36	58～71	51～53	38～41			
		5	37～51	72～90	54～59	42～50			
二	2	4	52～55	91～116	60～63	51～62		春秋	
		3	56～61	117～130		63			
一	1	2	62～64	131～149	64～66	64～67		西周	
		1	65～70	150～174	67～72	68～81			
二	3	4					8～10	商代晚期	三星堆文化渝东类型
一	2	3			73～75	82～89		商代早期	
		2			76～78				
	1	1			79～81			夏代晚期	
三	8	11	71	175～192	91～99	90～111	11～15	新石器时代晚期	中坝文化
	7	10		193～198	100、101	112	16～18		
	6	9	72	199～211		113～115	19		
二	5	8	73～78	212～234		116～123			
		7	79～85	235～242		124～131			
	4	6	86、87	243～246		132、133	20A、20B		
	3	5	88～92	247～251		134、135			
		4		252～255		136	21		
一	2	3	93、94	256～260		137、138	22		
	1	2	95	261～268		139～144			
		1	H282、H288						

注：此表不包括Ⅲ区各探方文化层时代或文化属性。

第三章　中坝文化——新石器时代晚期遗存

第一节　概　　述

中坝遗址新石器时代晚期遗存只在1998、1999、2000、2002四个年度的发掘中发现有，主要分布在Ⅰ区的中部、西部及东部的偏西部和Ⅱ区的中部，涉及的探方和地层单位除上述介绍的外，还有：98AT0103F140～㊷、98BT0404㉖下H291～㉜以及各探方地层之下的遗迹单位；99DT0101㉜下H463～㊵B、99DT0201㊷A～㊽、99DT0301㊹～㊿、99DT0202㊿～㊽以及各探方地层之下的遗迹单位；00DT0707㊾～㉁以及地层之下的遗迹单位；02CT0101㊴～㊺以及地层之下的遗迹单位。共有地层和遗迹单位540余个，发现的遗迹有房址、灰坑、灰沟、墓葬、窑址等。出土遗物有陶、石、骨器及大量的动物骨骼等。

一、陶　　器

（一）总体特征

陶质以夹砂为主，三期略有不同。一期以夹粗砂为主，多为大于半个米粒的石英颗粒，夹砂量有由多到少的变化趋势；二期以夹细砂为主，早段残存有少量石英颗粒；三期以夹粗砂为主，但非一期那种石英颗粒。泥质陶极少，大多表面磨光，也有少量磨光夹砂陶。陶色一期以灰陶和灰褐陶为主，红陶和红褐陶次之，黑陶、褐陶较少；二期陶色与一期大致相同；三期以红陶和红褐陶为主，灰陶、黑陶较少。纹饰一期以菱形绳纹（图二二）为主，并多由菱形绳纹、附加堆纹、波浪形划纹、戳印纹、弦纹、镂孔组成的复合纹（图二三～图二五），划纹较多（图二六、图二七），戳印纹、篦点纹、暗纹等较少（图二八）；二期以粗戳划纹（图二九）为主，保留部分一期除菱形绳纹以外的纹饰，素面和磨光陶的比例增加；三期以绳纹为主，多在口沿部饰戳印纹，少见方格纹、篮纹（图三〇）。火候一般较高，制法多为手制，大口深腹缸多用贴片法，瓮类器物多分口领、器身、底部分制后套接，部分器物轮制或采用慢轮修整。器类以大口深腹缸、各类罐为主，还有瓮、厚胎缸、豆、簋形器、壶、碗、盘、钵、杯、器盖、器座、纺轮等。

图二二　中坝文化陶器菱形绳纹

1. H288：24　2. H282：22　3. H282　4、5. H283　6. H304　7. H316　8. H260　9. H272③

（二）分类

在整理和修复过程中，我们修复的陶器虽然不算少，但具体到每一种器物上来说，还是太少了，所以我们在器物型式划分的分类统计中还是将分类标准多选择在口、沿、唇、颈（领）和肩部特征的不同上，极少器类器底变化特征明显，也进行了分类（只介绍有型式变化和分期意义的器物种类）。

大口深腹缸　出土数量最多的器类。不仅出土量大，而且在口、底和纹饰特征上阶段性变化明显，是我们分期研究中最重要的器物种类。由于没有复原器（哨棚嘴遗址复原一件），我们对缸口、缸底分别进行了分类统计。

缸口　依器表纹饰的不同分四型。

图二三　中坝文化陶器复合纹

1、2. H303　3、5. H283　4. H282　6. H783②　7. 98AT0103㊷　8. F361　9. H781①　10. H781②　11. H284　12. H789①

A型　饰菱形绳纹。依菱形绳纹形态的不同分二亚型。

Aa型　菱格比较大。依口部差别分二式。

Ⅰ式：敞口外张。

Ⅱ式：敞口。依纹饰差别分二亚式。

图二四　中坝文化陶器复合纹

1. H288　2～4. H282　5. H297　6. H586①　7. H310　8、9. H316　10. 99AT0101㉟　11. 98AT0103㊲　12. 99AT0301　13. 02DT0102㊺

Ⅱa式：纹饰规整。

Ⅱb式：纹饰粗糙。

Ab型　菱格较小。依口部差别分二式。

Ⅰ式：口近直。

Ⅱ式：口微敛。

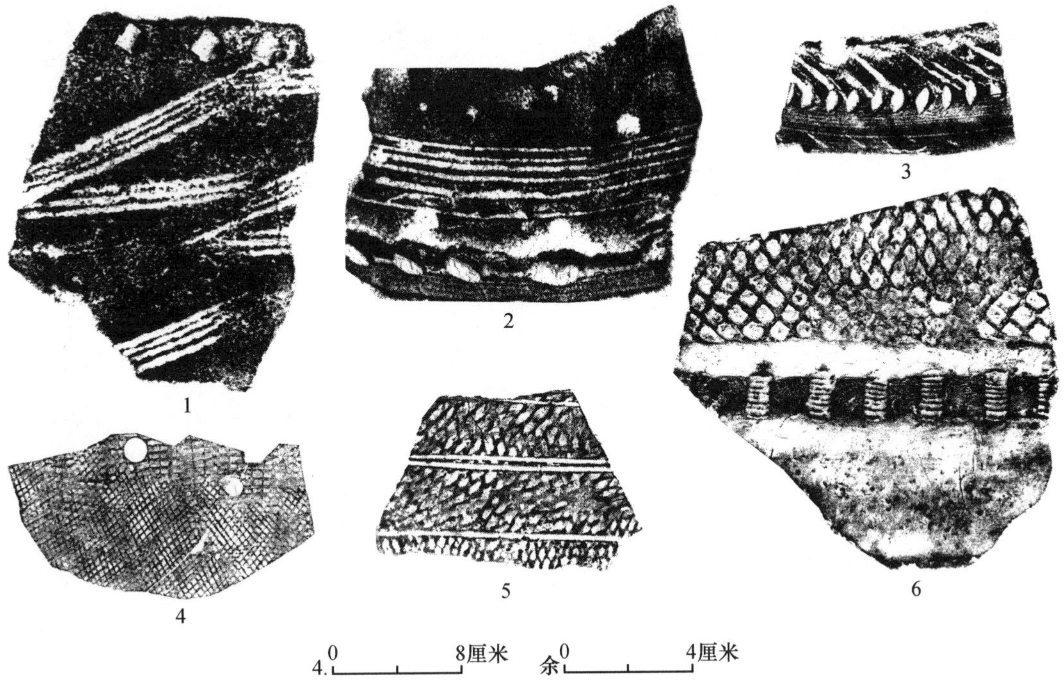

图二五　中坝文化陶器复合纹

1. H311　2、3. H297　4. 99DT0201㊿　5. 99DT0201㊺　6. 02DT0102㊽

B型　饰粗戳划纹。据口沿特征变化分五式。

Ⅰ式：唇部较厚，唇部戳印纹粗、深，唇外缘高于内缘。

Ⅱ式：唇部近平。

Ⅲ式：有明显内沿，在内沿形成一凸棱。

Ⅳ式：有内沿，但不明显。

Ⅴ式：内沿消失。

C型　饰绳纹。据唇部差别分二亚型。

Ca型　唇较器壁厚。据唇部纹饰由浅到深的变化分三式。

Ⅰ式：唇部纹痕浅压或浅戳。

Ⅱ式：纹痕较深。

Ⅲ式：纹痕深。

Cb型　唇、器壁厚近相同。

D型　划或印纹。据唇部纹饰深浅分二式。

Ⅰ式：纹痕浅。

Ⅱ式：纹痕深。

缸底　据底径大小不同可分五型（图版二二，1～6）。

A型　平底，底径10～12厘米。

B型　小平底，底径6～8厘米。

C型　柱状底，底径3～5厘米。据柱底高矮差别分二亚型。

Ca型　柱底较矮。

图二六　中坝文化陶器划纹

1～3. H282　4. H519　5. 02BT0101㊴　6. 02CT0101㉝　7. 98BT0405㉛　8. 99AT0201㊸　9、10. 98BT0505㉙

Cb型　柱底较高。

D型　截锥状底。

E型　尖底。

瓮　出土数量较多。依口部形态差别分三型。

A型　侈口，高束领。

B型　喇叭口或敞口。

C型　敛口。

折沿瓮　出土数量不多。依唇部差异分二型。

A型　平折沿。依沿由宽到窄的变化分三式。

Ⅰ式：宽沿。

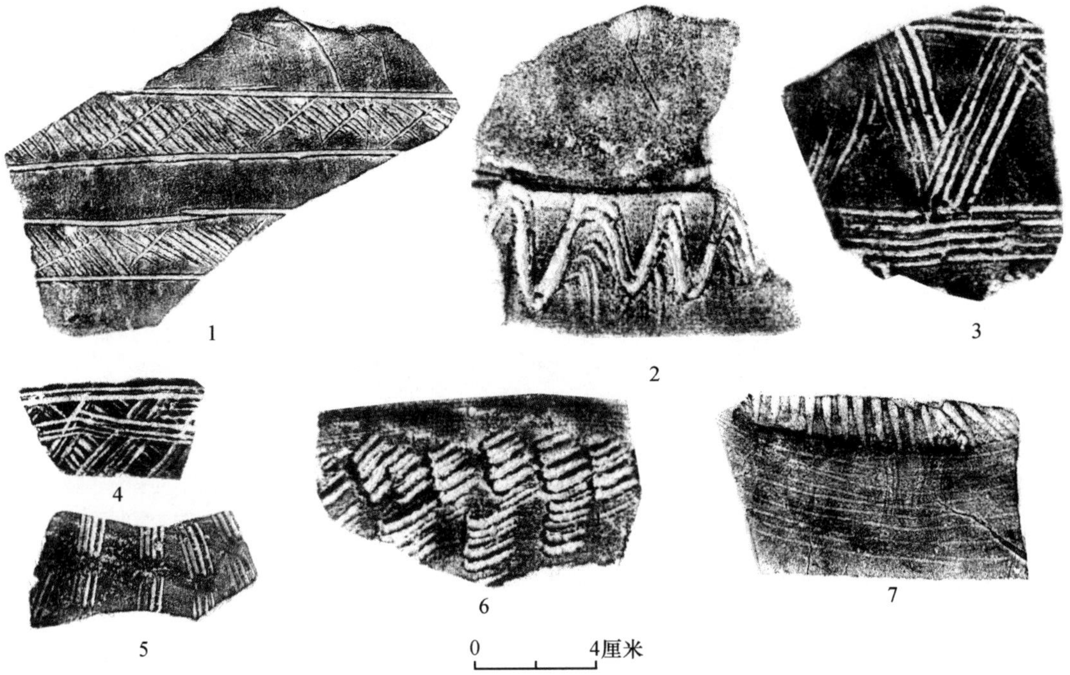

图二七　中坝文化陶器划纹

1. H290　2. 98BT0205㉞R　3. H297　4. H298　5. H585②　6. H310　7. 02CT0101㊷

Ⅱ式：沿较宽。

Ⅲ式：窄沿。

B型　斜折沿。

罐　出土数量和种类都较多。根据特征不同，可分为下列各种。

盘口罐　出土数量也很多，除缸外又一种分期排队的重要器物。据盘口外壁特征的差别分三型。

A型　盘外下缘有凸棱。依盘口由深到浅的变化分三式。

Ⅰ式：盘口较深。

Ⅱ式：盘口较浅。

Ⅲ式：盘口浅。

B型　盘外无棱。依盘外壁内凹与否分二亚型。

Ba型　不内凹。依盘口由深到浅的变化分三式。

Ⅰ式：盘口较深。

Ⅱ式：盘口较浅。

Ⅲ式：盘口浅。

Bb型　盘外壁微内凹。依盘口深浅不同分三式。

Ⅰ式：盘口较浅。

Ⅱ式：盘口浅。

Ⅲ式：微有盘口。

C型　盘外壁微鼓。

图二八　中坝文化陶器纹饰

1～9. 戳印、戳划、篦点纹（99DT0301㊷、99DT0301㊻、99DT0301㊸、98AT0301㊲、99DT0201㊿、H260、H316、H272①、H272①）　10～13. 暗纹（H297、H586①、H586②、H305）

翘唇罐　出土数量不多。依沿面差别分二式。

Ⅰ式：沿面较平。

Ⅱ式：沿面较斜。

折沿罐　出土数量不多。依唇部差别分三型。

A型　圆唇。依唇部是否饰纹分二亚型。

Aa型　唇部无纹。依沿下角大小不同分二式。

Ⅰ式：沿下角较大。

Ⅱ式：沿下角变小。

图二九　中坝文化陶器粗戳划纹

1. 98BT0205㉖　2. H316　3、4. H537　5. H582②　6. H639

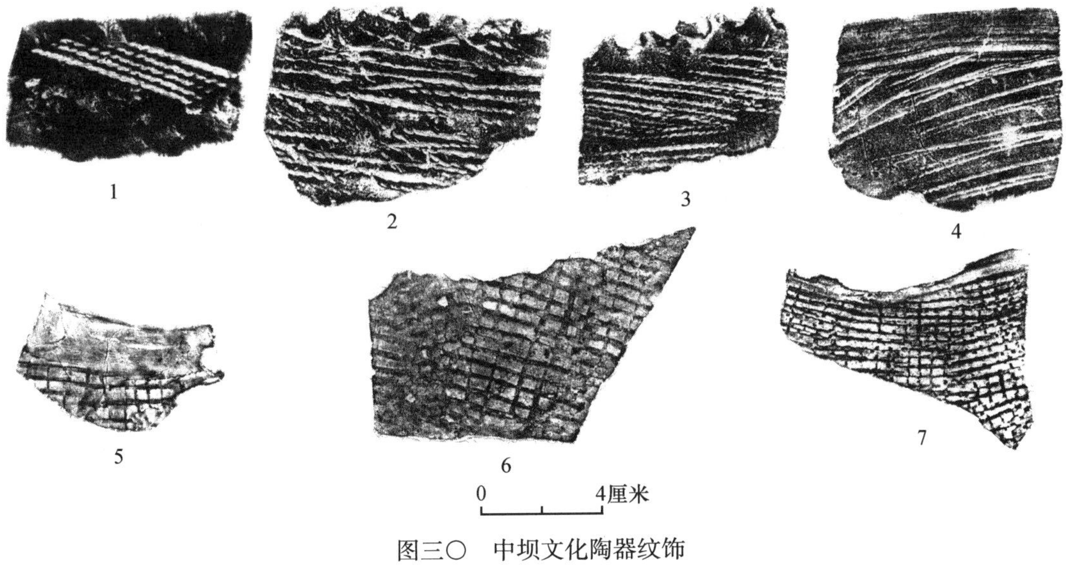

图三〇　中坝文化陶器纹饰

1～3. 绳纹（H537、H541、H542）　4. 篮纹（98BT0205㉓）　5～7. 方格纹（99DT0201㊿、99DT0201㊿、99AT0301㊽）

Ab型　唇部饰戳印纹。依沿下角大小不同分二式。

Ⅰ式：沿下角大。

Ⅱ式：沿下角变小。

B型　斜（方）唇。依沿下角大小不同分二式。

Ⅰ式：沿下角大。

Ⅱ式：沿下角变小。

C型　方唇。依沿下角大小不同分二式。

Ⅰ式：沿下角大。

Ⅱ式：沿下角小。

槽唇罐　出土数量不多。依唇部饰纹差别分三式。

Ⅰ式：唇部上、下缘饰纹。

Ⅱ式：唇部上或下缘饰纹。

Ⅲ式：唇部无纹。

卷沿罐　出土数量不多。依唇部差别分三型。

A型　圆唇。依唇部有无纹饰分二亚型。

Aa型　唇部无纹。依沿下角大小不同分二式。

Ⅰ式：沿下角大。

Ⅱ式：沿下角小。

Ab型　唇部饰纹。依沿下角大小不同分二式。

Ⅰ式：沿下角大。

Ⅱ式：沿下角小。

B型　斜方唇。依沿下角大小不同分二式。

Ⅰ式：沿下角小。

Ⅱ式：沿下角较大。

C型　方唇。依沿下角大小不同分二式。

Ⅰ式：沿下角大。

Ⅱ式：沿下角小。

卷沿鼓腹罐　出土数量较少。依卷沿程度分三式。

Ⅰ式：卷沿。

Ⅱ式：卷沿较甚。

Ⅲ式：卷沿更甚。

敞口罐　依唇部差别分四型。

A型　圆唇。

B型　方唇。

C型　斜方唇。

D型　尖唇。

贴边罐　出土数量较多。依口沿形制差别分三型。

A型　敞口。

B型　沿外卷。

C型　折沿。

敛口罐　出土数量较少。依沿的有无分二型。

A型　有沿。

B型　无沿。

盘口器　出土数量较多，与盘口罐似一类器物，但又有差别，很难归入盘口罐的分类标准中去，故单独作为一种器物来统计。依器表加工特点的不同分二型。

A型　表面磨光、无纹。据盘口特点分二亚型。

Aa型　盘口较明显。

Ab型　盘口不明显。

B型　器表不磨光、饰纹。

盘口壶　出土数量不多。依盘口深浅不同分二型。

A型　盘口浅。据颈部差别分三式。

Ⅰ式：颈部瘦长。

Ⅱ式：颈部较短。

Ⅲ式：颈部短粗。

B型　盘口较深。

盘　出土数量较多。依腹部差别分三型。

A型　弧腹。

B型　折腹。依盘口由深到浅的变化分四式。

Ⅰ式：盘口较深。

Ⅱ式：盘口变浅。

Ⅲ式：盘略浅。

Ⅳ式：盘口近消失。

C型　直腹。

有沿盘　出土数量较少。依沿部特征不同分四式。

Ⅰ式：沿较窄。

Ⅱ式：沿略宽。

Ⅲ式：宽沿。

Ⅳ式：沿不外张。

大圈足盘　出土数量较少。依圈足差别分二型。

A型　圈足较斜。

B型　圈足近直。

筒形器　出土数量较少。依下腹形态差异分二式。

Ⅰ式　下腹近直。

Ⅱ式　下腹内斜。

盆　出土数量较少。依沿的宽窄不同分二型。

A型　窄沿。

B型　宽沿。

圈足碗　出土数量很少。依口沿差异分二式。

Ⅰ式：口近直。

Ⅱ式：敞口。

钵　出土数量较多。依口部差别分三型。

A型　敞口。依唇部不同分二式。

Ⅰ式：圆唇。

Ⅱ式：方唇。

B型　直口。依唇部不同分二式。

Ⅰ式：圆唇。

Ⅱ式：方唇。

C型　敛口。依腹部差别分二亚型。

Ca型　弧腹。依唇部不同分二式。

Ⅰ式：圆唇。

Ⅱ式：方唇。

Cb型　折腹。依唇部不同分二式。

Ⅰ式：圆唇。

Ⅱ式：方唇。

器盖　出土数量不多。依口外沿特征不同分三型。

A型　口外沿平。

B型　口外沿有凸棱。

C型　口外沿有凹槽。

器座　出土数量较少。据腹部特征不同分二型。

A型　斜直腹。

B型　腹内束，略呈亚腰形。依座底差别分二亚型。

Ba型　座底外撇。

Bb型　座底内敛。

圈足　出土数量不多。依圈足特征差别分二型。

A型　假圈足。依内底特征不同分二亚型。

Aa型　内底空。

Ab型　内底实。

B型　圈足。依圈足高矮不同分二亚型。

Ba型　矮圈足。

Bb型　高圈足。

二、石　　器

（一）总体特征

在新石器时代晚期遗物中，石器是除陶器外出土数量最多的一类，在此一时期的地层和遗迹单位中基本都有出土，但在本期晚段的个别地层中，出土数量特别多。本遗址出土石器的石料都来自当地㽏井河沿岸的河滩等地，自然界的三大类岩石——火成岩、沉积岩和变质岩都有。加工方法主要有打、琢、磨制。器形种类主要为斧、锛、凿、矛等。

（二）分类

斧　依整体长短差异分二型。

A型　整体较长。依器身厚薄差别分二亚型。

Aa型　器身较厚。依顶部差别分二式。

Ⅰ式：弧顶。

Ⅱ式：平顶。

Ab型　器身较薄。依顶部差别分二式。

Ⅰ式：弧顶。

Ⅱ式：平顶。

B型　整体较短。依器身厚薄差别分二亚型。

Ba型　器身较厚。依顶部差别分二式。

Ⅰ式：弧顶。

Ⅱ式：平顶。

Bb型　器身较薄。依顶部差别分二式。

Ⅰ式：弧顶。

Ⅱ式：平顶。

锛　依整体形态差异分二型。

A型　梯形。依顶部差别分三亚型。

Aa型　弧顶。

Ab型　斜顶。

Ac型　平顶。

B型　长方形。依顶部差别分三亚型。

Ba型　弧顶。

Bb型　斜顶。

Bc型　平顶。

凿　依整体形态差异分四型。

A型　较扁薄。依顶部差别分二亚型。

Aa型　弧顶。

Ab型　平顶。

B型　较窄厚。

C型　长条形。

D型　短条形。

矛　依整体形态差异分二型。

A型　长叶形。依器身有无凹槽分二亚型。

Aa型　有凹槽。

Ab型　无凹槽。

B型　宽叶形。

镞　依铤有无分二型。

A型　无铤。依器身有无凹槽分二式。

Ⅰ式：有凹槽。

Ⅱ式：无凹槽。

B型　有铤。

三、骨　　器

出土骨器较多，材料多取自动物的肢骨或角、牙等，加工方法主要为切割与磨制，器类主要有锥、锛、凿、刮削器、圭形器、簪等。

第二节　遗　　迹

中坝遗址发现的遗迹种类有房址、灰坑、灰沟、墓葬和窑址等，其中灰坑数量最多也最具特点，墓葬次之，窑址、灰沟、房址等较少（图三一）。

一、房　　址

7座，为地面（或干栏式）建筑，没有发现基槽。

F360

位置：位于02BT0101西北角，H770、H773和H774之西北。距地表深775厘米，被第45层叠压、被H765打破，其柱洞打破H772、H775和生土。层位关系：㊺—F360→H772。

形制：因F360未完全揭露，从暴露部分观察，其形状应为长方形，西北—东南向（通过其他探方发掘可知其南、西有陡坎，故推测其门向西北或东南），残长310、残宽273厘米（图三二；图版七，1）。

仅发现柱洞（ZD）8个，排列有规律，为两横三纵排列，横列：前为ZD1、ZD2、ZD3，后为ZD5、ZD6、ZD7、ZD8，间距约1.2米；纵列：右为ZD1、ZD8，中为ZD2、ZD6，左为ZD3、ZD4、ZD5，间距不等，1.2米左右。ZD1、ZD3、ZD6有石柱础，其余大都在柱洞底发现有小洞，可能为木桩插入留下的遗迹。各柱洞均为圆形，斜直壁，平底，具体情况如下：

ZD1：口径50～56、底径43～52、深19厘米。填灰黄土，疏松，夹少量陶片，中有石头2

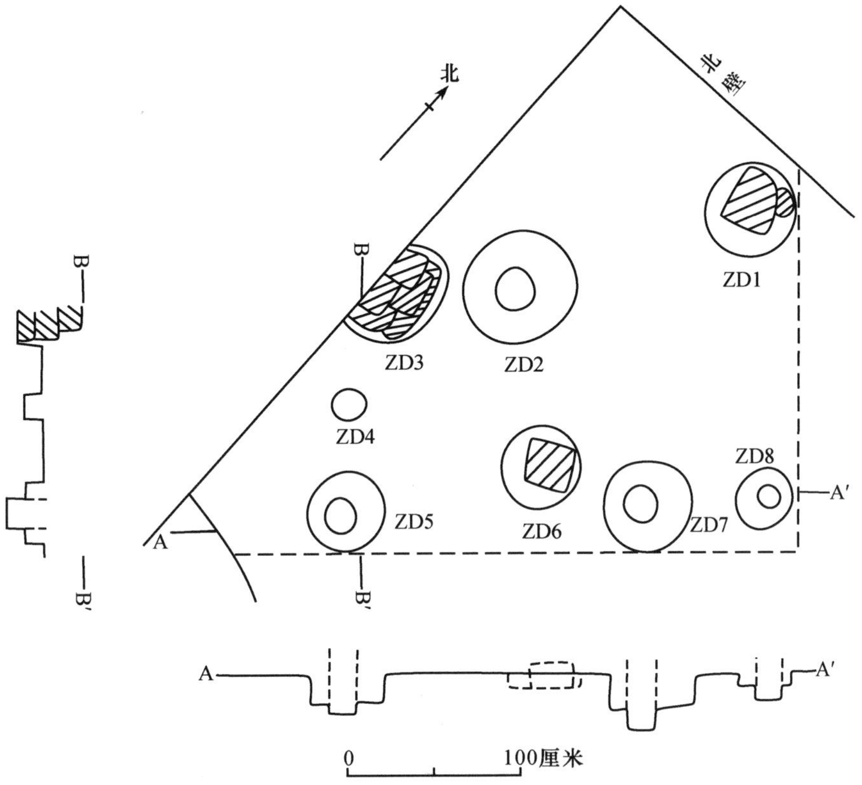

图三二 F360平、剖面图

块，大者宽30、厚约8厘米，底中间有一小洞，口径15、深6厘米。

ZD2：口径60、底径56、深24厘米。填灰黄土，疏松，夹少量陶片，底中有一小洞，口径20、深12厘米。

ZD3：口径64、底径60、深16厘米。填黄红色淤沙泥，质软，纯净，填土中有数块小石头。

ZD4：口径18、底径13、深11厘米。填黄红色淤沙泥，质软，纯净。

ZD5：口径43、底径38、深17厘米。填灰黄土，质疏松，夹少量陶片，底中间有一小洞，口径17、深7厘米。

ZD6：口径50、底径40、深25厘米。填灰黄土，质疏松，夹少量陶片，填土上部有一石头，呈方形，扁薄，宽约30、厚约8厘米。底中间有一小洞，口径7、深7厘米。

ZD7：口径46～50、底径38～42、深22厘米。填灰黄土，质疏松，夹少量陶片，中间小洞口径11、深4厘米。

ZD8：口径35、底径34、深7厘米。填灰黄土，质疏松，夹少量陶片，中间小洞口径11、深4厘米。

屋外为生土，较平整，推测为干栏式建筑。屋外发现有6个柱洞，3个灰坑，其东还见有3小团红烧土，可能与当时人类活动有关。

出土遗物：出土陶片少、碎，可辨器形有缸、钵等。

F263

位置：位于99AT0201西部与99AT0101东部。距地表深为495厘米。层位关系：⑥③—F263→⑥④，被M77打破。

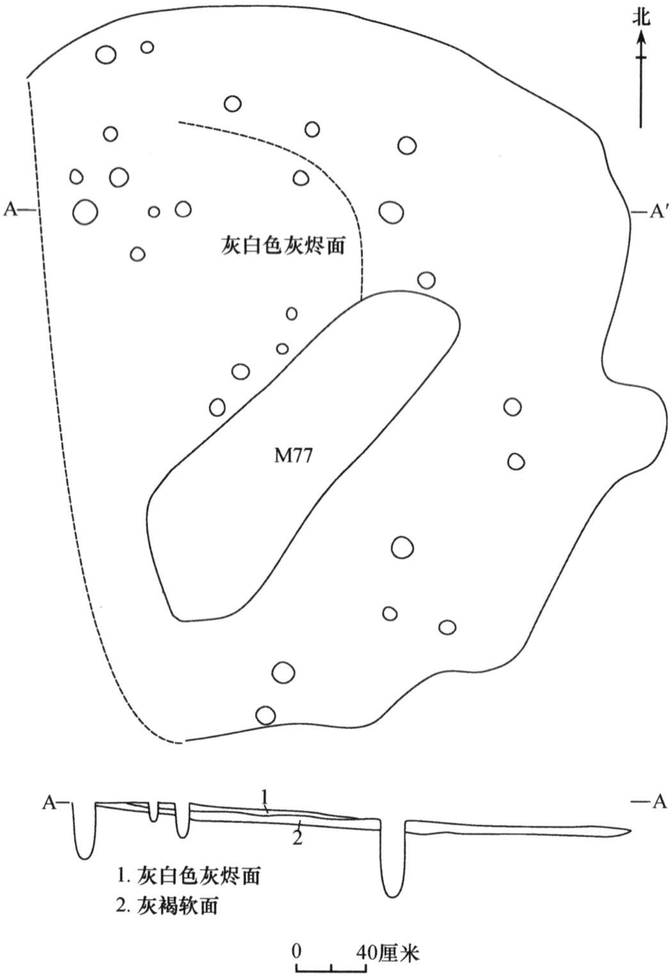

图三三　F263平、剖面图

形制：由于后期破坏，平面形状不规则，残长420、残宽370厘米，方向不明（图三三）。

房面可分两层：

第1层：厚3厘米。灰白色灰烬面，纯净，无包含物。

第2层：厚10厘米。黑褐色砂黏土软面，含少量碎陶片，可辨认器形多为缸。

“洞”：共发现26个，口径7～15、大多10厘米左右，深8～44、大多20厘米左右，排列规律不明显，似可分为东北—西南3组与西北—东南2组。

“洞”内填土多为灰褐土，夹杂少许碎陶片，其中一个出有缸残片，一个填土为纯净的红沙土。

出土遗物：出土陶片少、碎，能辨认出器形有缸、壶、钵等。挑选标本1件。

盘口壶　1件。A型Ⅲ式。

F263：1，泥质红褐陶，红胎。素面。沿外折后上卷呈浅盘口，圆唇，束颈，残。轮制，火候高。口径10、残高4.6厘米（图版二六，4）。

F268

位置：位于99DT0201中部，距地表深585厘米。层位关系：㊿—F268→54，被H573打破。

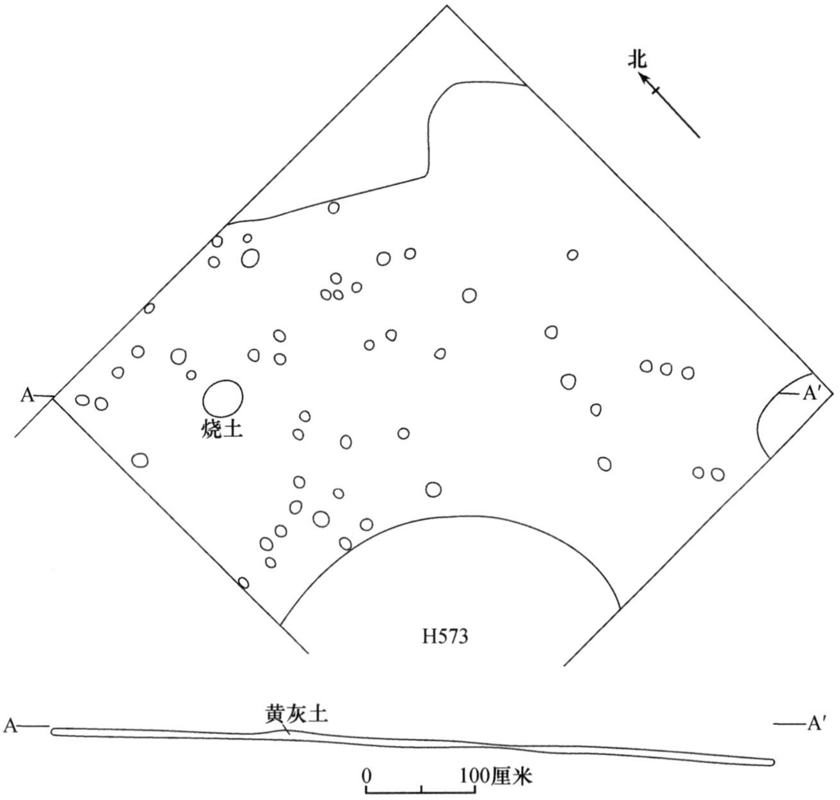

图三四　F268平、剖面图

形制：从暴露情况观察，平面形状不明，方向西北—东南。残长650、残宽385厘米（图三四；图版七，2）。

房面：厚3～6厘米。黄灰土，质紧密，内夹炭灰和红烧土。房面从西北向东南倾斜度较大，高差约50厘米。在F268的西北部，发现一个近椭圆形烧土面，径35、厚5厘米。

“洞”：共发现51个，分布无规律，大小不均匀，口为圆形和椭圆形，径分大、中、小三种，大者15～20、中者10～15、小者6～10厘米，深10～15或15～25厘米。填土为褐灰土，质疏松，内夹炭灰粒。包含少量碎陶片，可辨器形以缸为主。

二、灰　坑

208个，出土遗物多寡不等。根据坑壁、底有无黄黏土加工分两类。

甲类：坑壁、底用黄黏土加工，厚3～20厘米不等，坑底黄黏土上多用较平的卵石铺垫。

乙类：坑壁、底无黄黏土加工。

根据口部平面形状可分六型：A—圆形；B—椭圆形；C—方形；D—长方形；E—不规则形；F—不明（因破坏严重或在发掘区内仅局部暴露，形状不清者，归入该型）。在每一型中，再根据灰坑壁的斜、弧、直等形态分四亚型：a—斜壁；b—弧壁；c—直壁；d—异形壁。

根据地层叠压和灰坑间的相互打破关系以及包含物的器物组合、形制特征的变化，可将灰坑分为11组。

（一）第1组

2个，都为甲类，Ad型。

H288

位置：位于98BT0405的南部，部分压在南壁下，被H282打破，坑口距地表深560厘米。层位关系：H282→H288→生土。

形制：坑口平面略呈不规则圆形，坑壁不规整，西壁较斜直，东壁上弧下斜，底较平，坑壁下部、坑底用灰白膏泥加工，坑底铺排较平卵石块。口径286、深76厘米（图三五；图版八，1）。

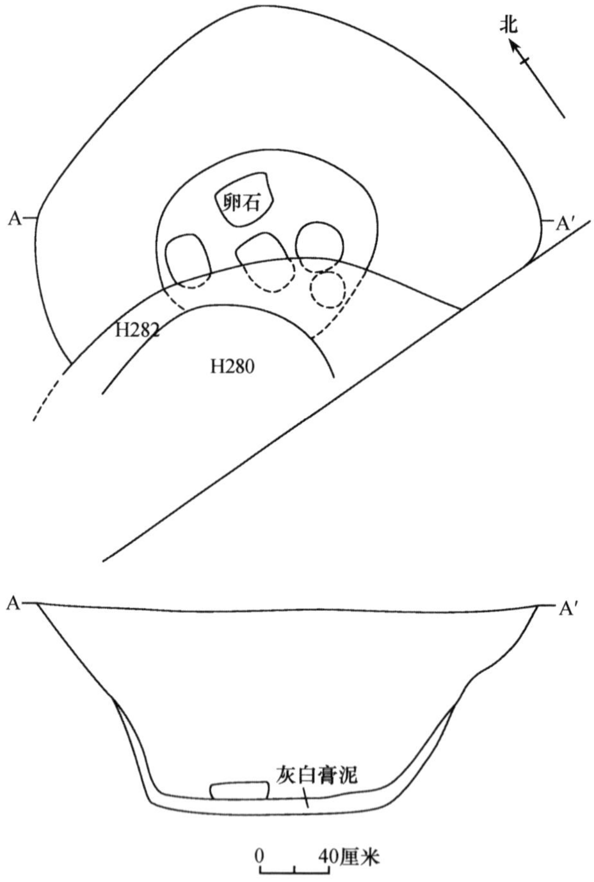

图三五 H288平、剖面图

坑内堆积与包含物：坑内填土为黄褐色，较硬。包含物较丰富，主要为陶片。

出土遗物：共出陶器149件。陶质全为夹砂，以夹粗砂为主，占79.87%，夹细砂较少，占20.13%。陶色以灰为主，占44.30%，次为红和红褐色，占22.82%，黑、褐色较少，各占18.79%和11.41%。器表以带纹饰的为主，占88.59%，素面仅占11.41%。纹饰以菱形绳纹为主，占51.01%，次为复合纹、绳纹，分别占19.46%和8.05%，附加堆纹、凹弦纹、划纹、阴弦纹、细绳纹、篦点纹、暗纹较少。器形以缸为主，占51.69%，次为罐，占34.23%，高领器、瓮、盘口器、盘、盆、钵、圈足等较少（表六）。

表六　H288出土陶器统计表

陶质	夹粗砂					夹细砂				合计	%
陶色	灰	红	黑	褐	红褐	灰	红	黑	褐		
纹饰/器类											
绳纹	4	2		3	1	2				12	8.05
细绳纹						1				1	0.67
菱形绳纹	21	12	25	7	10					76	51.01
凹弦纹						2				2	1.34
划纹	1					1				2	1.34
附加堆纹						5	1			6	4.03
篦点纹						1				1	0.67
复合纹	12	1	3	6	6	1				29	19.46
暗纹						1				1	0.67
阴弦纹						2				2	1.34
素面	2	1		1		10	2	1		17	11.41
合计	40	17	28	17	17	26	3	1		149	100
%	26.85	11.41	18.79	11.41	11.41	17.45	2.01	0.67		100	
缸口	8	1	23							32	21.48
缸腹	16	9	1	9	5					40	26.85
缸底		1	1		3					5	3.36
罐口	1		1	1	1	3				7	4.70
罐腹	9	1		2	4	8	1			25	16.78
折沿罐口	5	1	2	2	1					11	7.38
罐底		3		2	3					8	5.37
高领器						5	1			6	4.03
瓮腹						5				5	3.36
盘口器	1									1	0.67
盘				1			1			2	1.34
盆								1		1	0.67
钵						2				2	1.34
圈足						1				1	0.67
不明器	1					2				3	2.01

参加分类排队的陶器41件，挑选标本25件。

缸口　11件。Aa型。

Ⅰ式：6件。

标本H288：24，夹粗砂灰陶，口部、里红褐。唇面饰戳印纹，器表饰菱形绳纹。敞口、外张，上腹斜直，残。残宽16.2、残高8.4厘米（图三六，1）。标本H288：25，夹粗砂黑陶，局部灰色。唇面饰戳印纹，器表饰菱形绳纹。敞口、外张，上腹曲，残。残宽20、残高8.8厘米（图三六，2）。

Ⅱa式：5件。

标本H288：26，夹粗砂黑陶，唇面饰戳印纹，器表饰菱形绳纹。敞口，上腹较斜直，残。口径38、残高9.6厘米（图三六，4）。标本H288：27，夹粗砂黑陶，局部灰。唇面饰戳印纹，器表饰菱形绳纹。敞口，残。残宽8.5、残高5.6厘米（图三六，5）。

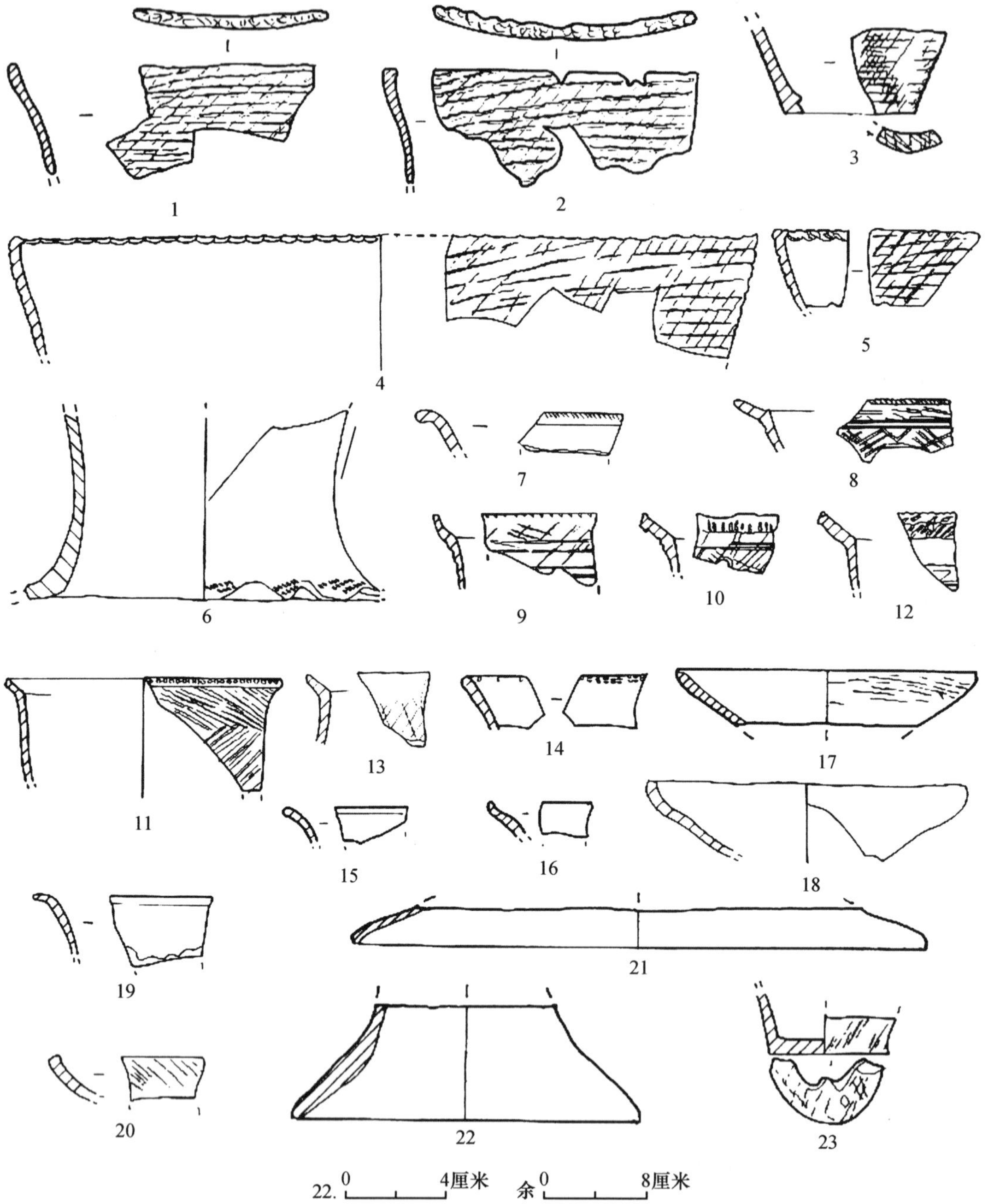

图三六 H288出土陶器

1、2. Aa型Ⅰ式缸口（H288：24、H288：25） 3. A型缸底（H288：16） 4、5. Aa型Ⅱa式缸口（H288：26、H288：27） 6. A型瓮（H288：15） 7. B型瓮（H288：18） 8. Ab型Ⅰ式折沿罐（H288：10） 9～11. C型Ⅰ式折沿罐（H288：6、H288：2、H288：5） 12. C型Ⅱ式折沿罐（H288：8） 13. 侈口罐（H288：12） 14. A型敞口罐（H288：28） 15. B型敞口罐（H288：29） 16. Aa型盘口器（H288：19） 17、18. A型盘（H288：3、H288：22） 19. A型盆（H288：9） 20. 钵（H288：17） 21. A型器盖（H288：21） 22. Bb型圈足（H288：20） 23. 罐底（H288：23）

缸底　1件。A型。

标本H288：16，夹粗砂红陶，局部、胎、里黑。下腹、外底饰菱形绳纹。下腹斜收，平底，残。手制，火候较高。残宽7.4、残高6.4厘米（图三六，3）。

瓮　2件。

A型　1件。

标本H288：15，夹砂灰陶，胎褐。领、肩相交处饰附加堆纹、在堆纹上饰斜粗绳压纹。高领微束，有肩，残。肩、领分制，火候较高。残宽27.2、残高14.4厘米（图三六，6）。

B型　1件。

标本H288：18，夹粗砂灰陶，内壁磨光，唇面饰斜细绳纹。喇叭口，卷沿外翻，圆唇，残。残宽8、残高2.8厘米（图三六，7）。

折沿罐　9件。

A型　1件。Ab型Ⅰ式。

标本H288：10，夹粗砂红陶，胎局部红夹灰。唇饰浅绳切纹，外沿、上腹饰交错划纹。敞口，斜折沿，上腹斜收，残。轮制，火候较高。残宽8.8、残高4.8厘米（图三六，8）。

C型　8件。

Ⅰ式：4件。

标本H288：6，夹粗砂灰陶，局部褐，里黑。外唇缘饰戳印纹，外沿下部、上腹饰菱形绳纹和细凹弦纹。敞口，折沿上卷，方唇，上腹微斜收，残。轮制，火候较高。残宽8.8、残高5.6厘米（图三六，9）。标本H288：2，夹粗砂褐陶，局部、里黑。上、下唇缘饰戳印纹，外沿、上腹饰交错划纹。敞口，沿斜折后上卷，上腹斜收，残。轮制，火候较高。残宽6.4、残高4.4厘米（图三六，10）。标本H288：5，夹砂褐陶，局部灰褐。上唇缘饰戳印纹，上腹饰折划纹。敞口，沿斜折后微上卷，上腹微斜收，残。轮制，火候较高。口径21.6、残高8.6厘米（图三六，11；图版二四，3）。

Ⅱ式：4件。

标本H288：8，夹砂灰陶，胎、里黑。唇饰戳印纹，外沿、上腹饰绳纹。敞口，斜折沿较宽，上腹微斜收，残。轮制，火候较高。残宽4.8、残高6厘米（图三六，12）。

侈口罐　3件。

标本H288：12，夹砂黑褐陶，局部褐。上腹饰交错划纹。侈口，斜折沿、沿面微凹，上腹微外斜，残。轮制，火候较高。残宽5.6、残高5.6厘米（图三六，13）。

敞口罐　3件。

A型　2件。

标本H288：28，夹砂灰陶，局部红褐、黑。唇饰浅戳印纹。敞口，圆唇，残。手制，火候较高。残宽6.2、残高4厘米（图三六，14）。

B型　1件。

标本H288：29，夹砂红陶，口部黑。素面，内外壁磨光。敞口，卷沿外翻，残。手制轮修，火候较高。残宽5.6、残高2.8厘米（图三六，15）。

盘口器　1件。Aa型。

标本H288：19，夹粗砂灰陶，局部红褐。素面，内壁磨光。略呈盘口，圆唇，上腹内弧，残。轮制，火候较高。残宽4.2、残高2.8厘米（图三六，16）。

盘　2件。A型。

标本H288：3，夹细砂灰褐陶，里黑，胎红褐、灰色。器表饰组状细绳纹，内外壁磨光。敞口，圆唇，壁微弧，残。口径23.2、残高4厘米（图三六，17）。标本H288：22，夹粗砂褐陶，里黑。素面，内外壁磨光。敞口，圆唇，弧壁，残。手制，轮修。火候不高。口径24、残高5.8厘米（图三六，18）。

盆　1件。A型。

标本H288：9，泥质黑皮陶，胎褐夹灰。素面，内外壁磨光。敞口，卷沿近平，圆唇，上腹斜收，残。轮制，火候较高。残宽8、残高5.4厘米（图三六，19）。

钵　1件。

标本H288：17，夹粗砂红陶，局部暗紫。外沿饰斜细绳纹。敞口，圆唇，弧腹，残。轮制，火候较高。残宽6.4、残高3.2厘米（图三六，20）。

器盖　1件。A型。

标本H288：21，夹细砂褐陶，素面，内外壁磨光。覆盘状，敞口，曲腹，残。口径44、残高2.8厘米（图三六，21）。

圈足　1件。Bb型。

标本H288：20，泥质灰陶，素面，内外壁磨光。喇叭状，圈足外撇，残。足径13.4、残高4.4厘米（图三六，22）。

罐底　5件。

标本H288：23，夹粗砂红陶，局部、胎、里黑。下腹饰斜绳纹，外底饰交错绳纹。下腹斜收，平底，残。手制，火候较高。底径8.8、残高4.6厘米（图三六，23）。

H282

位置：位于98BT0405的南部，部分叠压在探方南壁下，被H280打破，坑口距地表深550厘米。层位关系：H280→H282→H288。

形制：平面呈不规则圆形，其南部叠压在探方南壁下，坑壁上斜下弧、光滑，加工精细，有一层厚约4～8厘米的黄胶泥，坑底排列有大块卵石。口径256、深142厘米（图三七；图版八，1）。

坑内堆积与包含物：坑内填土分2层。

第1层：厚0～70厘米。灰褐土，该层底部有一层炭灰。包含陶片较多。

第2层：厚0～72厘米。黄褐土，有黏性，至底部。包含陶片较少。

出土遗物：共出土陶器201件。陶质全为夹砂，以夹粗砂为主，占64.18%；夹细砂占35.82%。陶色以灰为主，占47.76%；次为红和红褐色，占30.85%；褐陶较少，占14.43%；黑陶最少，占6.96%。器表以带纹饰者为主，占78.61%，素面占21.39%。纹饰以菱形绳纹为主，占30.35%，次为复合纹，占18.41%，绳纹、附加堆纹、凹弦纹较少，分别占10.00%、6.47%、5.97%，划纹、暗纹、粗绳纹、凸弦纹、戳印纹等极少。器形以罐为主，占38.30%，次为缸占

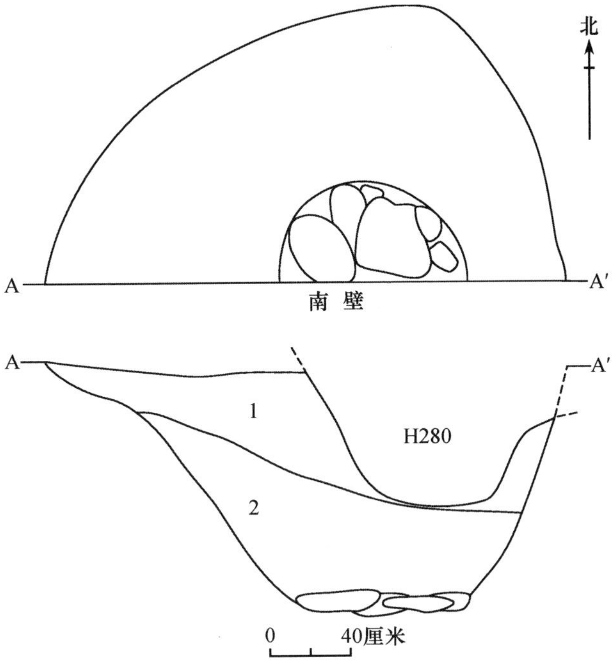

图三七　H282平、剖面图

32.34%，盘口器较少，占15.92%，瓮、钵、器盖、器座、圈足等很少（表七）。

表七　H282出土陶器统计表

陶质	夹粗砂				夹细砂				合计	%
陶色	灰	红	黑	褐	灰	红褐	黑	褐		
纹饰/器类										
粗绳纹		1			1				2	1.00
绳纹	3	9	1	5		2			20	10.00
细绳纹		1							1	0.50
菱形绳纹	22	20	9	9			1		61	30.35
凸弦纹				1					1	0.50
划纹	3	2		1	2				8	3.98
戳印纹						1			1	0.50
附加堆纹		2			10			1	13	6.47
复合纹	15	8		1	9	4			37	18.41
暗纹					2				2	1.00
凹弦纹	4	4	1		3				12	5.97
素面	4	3			18	5	2	11	43	21.39
合计	51	50	11	17	45	12	3	12	201	100
%	25.37	24.88	5.47	8.46	22.39	5.97	1.49	5.97	100	
缸口	10	4	7	4					25	12.44
缸腹	12	16		4	1				33	16.42
缸底	1		4	1	1				7	3.48
罐口	2	2	1		2	2			9	4.48

续表

陶质	夹粗砂				夹细砂				合计	%
陶色	灰	红	黑	褐	灰	红褐	黑	褐		
纹饰/器类										
折沿罐口	5	4		1					10	4.96
盘口器口	16	3	1	1	7	2	2		32	15.92
罐腹	2	10		4	21	6		6	49	24.38
罐底	1	2	1	2	1			2	9	4.48
瓮口					1	1		1	3	1.49
瓮腹					8				8	3.98
钵口					1	1			2	1.00
钵底								1	1	0.50
碗底	2								2	1.00
器盖		1							1	0.50
器座		2							2	1.00
圈足		2							2	1.00
不明器					3		1	2	6	2.99

参加分类排队的陶器47件，挑选标本41件。

缸口　5件。Aa型。

Ⅰ式：4件。

标本H282：22，夹粗砂灰陶，口部红，里黑。唇饰斜绳切纹、内唇饰较浅粗戳印纹，腹饰小菱形绳纹。敞口、外张，上腹较直，残。手制，火候较高（图三八，1）。口径32、残高11.6厘米。标本H282：23，夹粗砂红褐陶，局部灰，里黑。唇饰浅戳印纹，上腹饰菱形绳纹。敞口，上腹斜收，残。手制，火候较高。残宽6、残高5.6厘米（图三八，2）。标本H282：33，夹粗砂红陶，局部褐。唇饰浅戳印纹，上腹饰菱形绳纹、斜绳纹。敞口，上腹斜收，残。手制，火候较高。残宽6.4、残高6.4厘米（图三八，3）。

Ⅱa式：1件。

标本H282：17，夹粗砂褐陶，局部、里黑。唇饰浅戳印纹，上腹饰小菱形绳纹。口微敛，上腹弧收，残。手制，火候较高。残宽12、残高7.2厘米（图三八，4；图版二〇，2）。

瓮　3件。

A型　1件。

标本H282：31，夹砂红陶，局部褐。唇缘饰绳切纹，内外壁磨光。侈口，唇面微凹，束领，残。轮制，火候较高。残宽4.8、残高4.6厘米（图三八，5）。

B型　2件。

标本H282：30，夹砂褐陶，红胎。上唇面饰斜绳切纹，内外壁磨光。喇叭口，沿微外下卷，尖唇，残。轮制，火候较高。残宽11.2、残高3.4厘米（图三八，6）。标本H282：36，夹砂灰陶。唇面饰斜绳切纹，外壁、沿面磨光。喇叭口，沿为外下卷，圆唇，残。轮制，火候

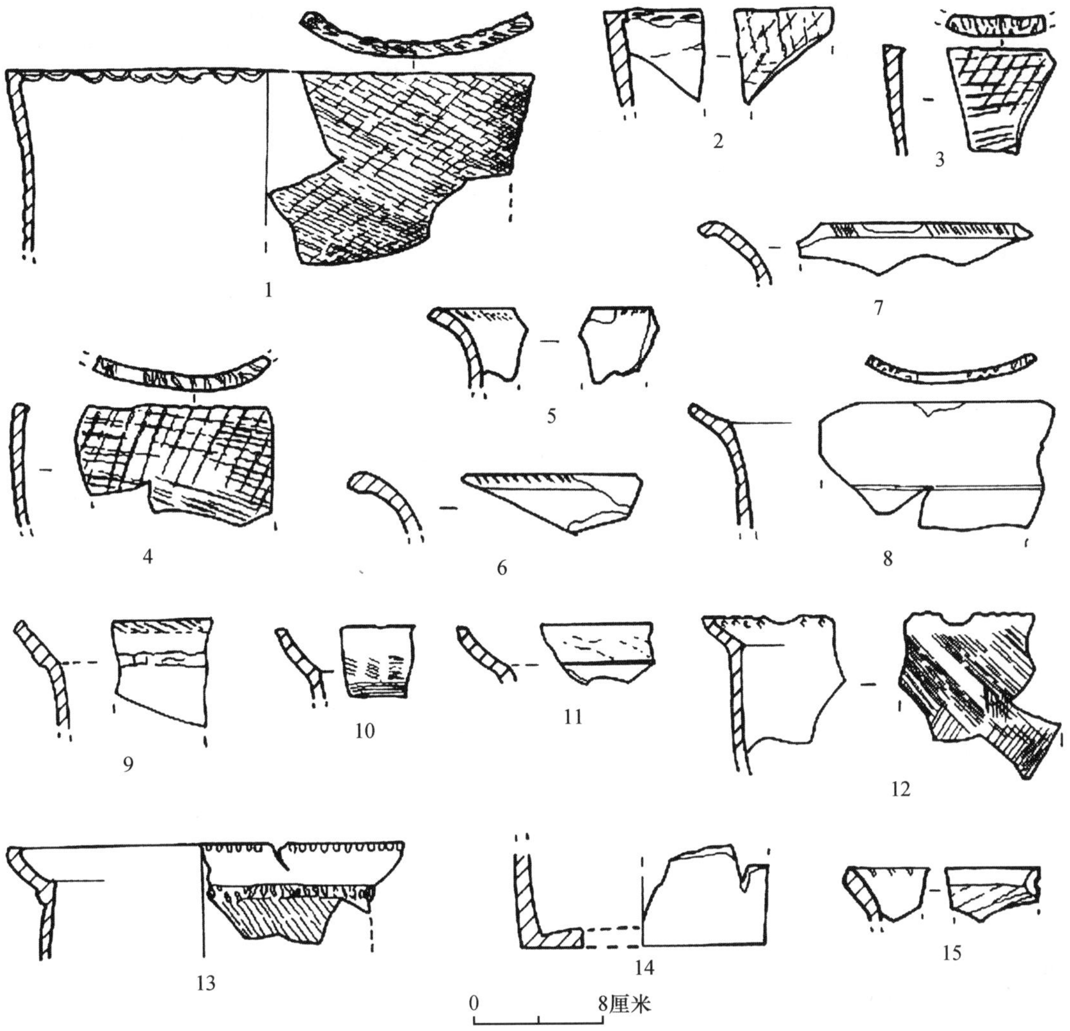

图三八　H282出土陶器

1～3. Aa型Ⅰ式缸口（H282：22、H282：23、H282：33）　4. Aa型Ⅱa式缸口（H282：17）　5. A型瓮（H282：31）　6、7. B型瓮（H282：30、H282：36）　8、9. Ab型Ⅰ式折沿罐（H282：8、H282：7）　10、11. C型Ⅰ式折沿罐（H282：2、H282：5）　12、13. C型Ⅱ式折沿罐（H282：3、H282：4）　14. Ⅰ式筒形罐（H282：19）　15. A型敞口罐（H282：20）

高。残宽14.4、残高3.6厘米（图三八，7）。

折沿罐　8件。

A型　3件。Ab型Ⅰ式。

标本H282：8，夹砂红陶，局部黄褐、灰，黑胎。唇饰戳印纹，上腹饰凹弦纹一周。敞口，斜折沿较宽、沿面微凹，圆唇，上腹微内束，残。轮制，火候较高。残宽14、残高7.6厘米（图三八，8）。标本H282：7，夹粗砂褐陶，局部灰，黑胎，里红。唇饰斜绳切纹，沿下部饰附加堆纹、在堆纹上饰按窝。敞口，斜折沿较宽、上腹微斜收，残。手制轮修，火候较高。残宽6、残高6.4厘米（图三八，9）。

C型　5件。

Ⅰ式：2件。

标本H282：2，夹粗砂褐陶，局部灰、黑。外沿下部饰组状细戳印纹，上腹饰细划纹。敞口，折沿较宽、上弧，方唇，上腹微斜收，残。轮制，火候较高。残宽4.4、残高4.4厘米（图三八，10）。标本H282：5，夹粗砂红陶，局部灰黑。外沿下部饰斜细绳纹，多旋痕。敞口，折沿较宽、上卷，唇面微凹，上腹斜收，残。轮制，火候较高。残宽6.8、残高3.6厘米（图三八，11）。

Ⅱ式：3件。

标本H282：3，夹粗砂灰褐陶，局部红褐，里黑。唇内缘饰戳印纹，上腹饰斜细划纹，局部交错。敞口，斜折沿，唇微上卷，唇面微凹，上腹直、下腹弧收，残。轮制，火候较高。残宽10、残高10厘米（图三八，12）。标本H282：4，夹粗砂红陶，局部褐、黑，胎局部灰褐。外唇缘饰戳印纹，沿、腹相交处饰附加堆纹、在堆纹上饰戳印纹，上腹饰斜细划纹。侈口，折沿上卷，方唇，上腹外斜，残。轮制，火候较高。口径24、残高6.8厘米（图三八，13；图版二四，4）。

筒形罐　1件。Ⅰ式。

标本H282：19，泥质紫红陶，局部黑。素面，外壁磨光。腹较直，平底，残。手制，火候较高。底径14.8、残高6厘米（图三八，14）。

敞口罐　1件。A型。

标本H282：20，夹砂红褐陶，局部黑。内唇缘饰绳切纹，外沿饰斜绳纹。敞口，卷沿，圆唇，残。轮制，火候较高。残宽5.6、残高3.2厘米（图三八，15）。

盘口器　18件。

A型　8件。

Aa型　6件。

标本H282：40，夹粗砂灰陶，局部、里黑。素面，内壁磨光。盘口，圆唇，上腹内弧，残。轮制，火候较高。残宽5.2、残高4厘米（图三九，1）。

Ab型　2件。

标本H282：12，泥质灰陶。上腹饰瓦棱纹，内外壁磨光。略呈盘口，圆唇，上腹内斜，残。轮制，火候高。残宽10、残高4.6厘米（图三九，2）。标本H282：25，夹砂红陶，局部黑。素面，内外壁磨光。略呈盘口，圆唇，上腹内弧，残。轮制，火候较高。口径21.2、残高6.2厘米（图三九，3）。

B型　10件。

标本H282：10，夹粗砂红褐陶，胎、里黑。盘外饰戳印纹，上腹饰凹弦纹、组状戳印纹，内壁磨光。略呈盘口，圆唇，上腹内弧，残。轮制，火候较高。口径29.6、残高5.8厘米（图三九，4）。标本H282：11，夹粗砂红陶，局部灰，口、里黑。盘外饰斜绳纹，腹饰细凹弦纹相间波浪形细划纹和篦点纹，内壁磨光。盘口，圆唇，上腹内弧，腹较直，残。轮制，火候较高。残宽10、残高10厘米（图三九，5）。标本H282：13，夹粗砂灰褐陶，局部红褐。上腹饰细凹弦纹相间斜组状短划纹。略呈盘口，圆唇，上腹内弧，残。轮制，火候较高。残宽14、残高8厘米（图三九，6）。标本H282：38，夹粗砂红陶，灰褐胎，里局部黑。外沿饰戳印纹，内壁磨光。内沿微凹略呈盘口，圆唇，上腹内弧，残。轮制，火候较高。口径20.4、残高2厘米（图三九，7）。

钵　2件。

A型　1件。Ⅰ式。

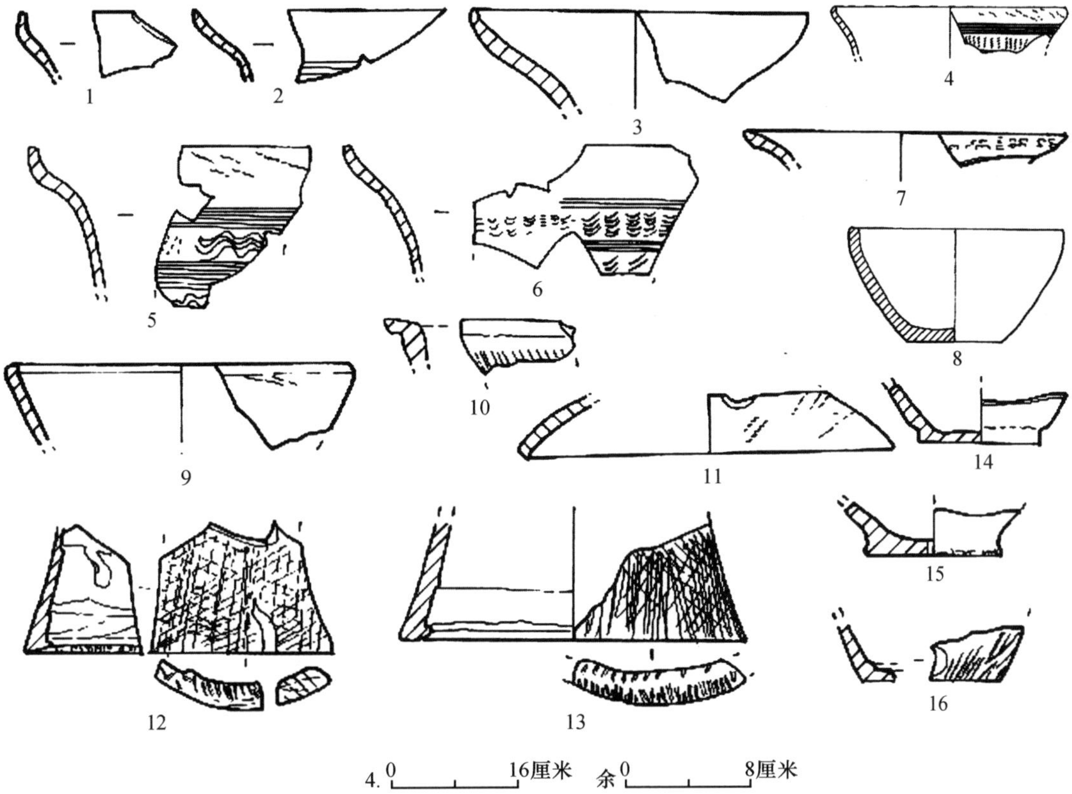

图三九　H282出土陶器

1. Aa型盘口器（H282：40）　2、3. Ab型盘口器（H282：12、H282：25）　4～7. B型盘口器（H282：10、H282：11、H282：13、H282：38）　8. A型Ⅰ式钵（H282：41）　9. Ca型Ⅰ式钵（H282：24）　10. A型盆（H282：9）　11. A型器盖（H282：16）　12、13. Bb型器座（H282：28、H282：27）　14、15. Ab型圈足（H282：29、H282：34）　16. 器底（H282：39）

标本H282：41，夹砂灰陶，局部灰黑。素面。敞口，圆唇，弧腹，平底，修复。手制轮修。火候较高。口径13.6、底径6、高7厘米（图三九，8）。

C型　1件。Ca型Ⅰ式。

标本H282：24，夹粗砂灰陶，局部、里黑。上腹微有斜细绳纹，内壁磨光。口微敛，圆唇，腹较斜直，残。手制轮修，火候较高。口径21.6、残高5.2厘米（图三九，9）。

盆　1件。A型。

标本H282：9，夹粗砂灰陶，黑胎，里红。上腹饰斜划纹。敞口，折沿微斜，斜方唇，上腹微弧收，残。轮制，火候较高。残宽7.2、残高3.4厘米（图三九，10）。

器盖　1件。A型。

标本H282：16，夹砂红陶，局部、里黑。器表饰零星斜绳纹，多旋痕。弧壁，敞口，唇面微凹，残。手制轮修，火候较高。口径23.6、残高3.6厘米（图三九，11）。

器座　2件。Bb型。

标本H282：28，夹砂红陶，局部褐，里黑。器表饰交错细绳纹，内壁多贴片痕。束腰，底缘内折，残。泥片贴制，火候较高。残宽11.2、残高8厘米（图三九，12）。标本H282：27，夹砂红陶，局部、胎灰。器表饰交错划纹。束腰，底缘内折，残。泥片贴制，火候较高。底径21.6、残高7.2厘米（图三九，13；图版二九，5）。

圈足　2件。Ab型。

标本H282：29，夹粗砂灰陶，局部红褐。素面，内外壁磨光。下腹较斜直，假圈足、平底，残。手制，火候较高。足径7.6、残高3.2厘米（图三九，14）。标本H282：34，夹砂灰陶，胎局部黑，里褐。素面，内壁磨光。下腹斜收，假圈足、平底，残。手制，火候较高。足径8.8、残高2.8厘米（图三九，15）。

器底　3件。

标本H282：39，夹粗砂黑陶，局部、胎红。下腹饰斜绳纹。下腹弧收，平底，残。手制，火候较高。残宽6.2、残高3.2厘米（图三九，16）。

（二）第2组

7个。

1. 甲类

2个。

（1）A型

1个。Ab型。

H283

位置：位于98BT0205中部偏南，坑口距地表深570厘米。层位关系：㉟—H283→生土。

形制：坑口平面形状呈圆形，弧壁、平底，坑壁、底用5～10厘米厚的黄黏土，坑底用6块较大石块铺垫。口径125～135、底径100～110、深45～85厘米（图四〇；图版八，2）。

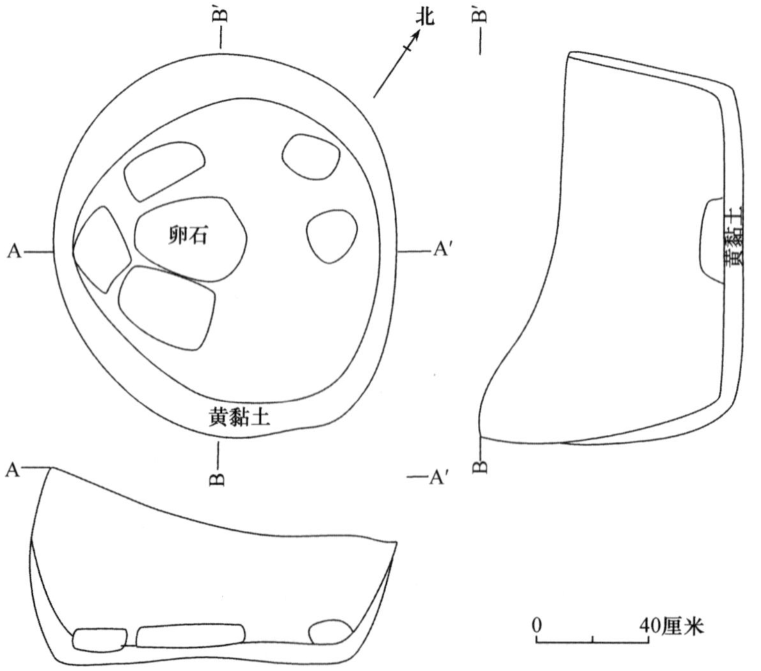

图四〇　H283平、剖面图

坑内堆积与包含物：坑内填灰褐色土，质松，夹较多石块，西、北坑壁有较多大块陶片；近坑底处，土质变为褐黑土，夹部分炭粒及石块，质松，基本为陶片堆积，灰坑东南部有部分黄黏土，夹少量陶片。

出土遗物：该坑出土陶器十分丰富，共735件。陶质夹砂占98.91%，夹粗砂占90.07%，夹细砂占8.84%，泥质陶极少，仅占1.09%。陶色以灰为主，占38.09%，次为褐、红色，各占22.86%和20.82%，黑色较少，占18.23%。器表以纹饰为主，占97.14%，素面极少，仅有2.86%。纹饰以菱形绳纹为主，占86.94%，次为细绳纹、戳印纹、凹弦纹、划纹和附加堆纹等组成的复合纹，占3.95%，绳纹、细绳纹、附加堆纹、阴弦纹、戳印纹、凹弦纹、暗纹等很少。器类以缸为主，占83.14%，次为罐，占13.19%，瓮、盘、钵、器盖等很少（表八）。

表八　H283出土陶器统计表

陶质	夹粗砂				夹细砂				泥质		合计	%
陶色	灰	红	黑	褐	灰	红	黑	褐	灰	黑		
纹饰/器类												
绳纹	3	2			1			1			8	1.09
细绳纹	1				5						6	0.82
菱形绳纹	218	147	117	153	1		3				639	86.94
凹弦纹					4				1		5	0.68
戳印纹					3						3	0.41
附加堆纹					13						13	1.77
复合纹	5	3		12	4		5				29	3.95
暗纹					2						2	0.27
阴弦纹					5		4				9	1.22
素面		1			9		2	2	4	3	21	2.86
合计	227	153	117	165	48		14	3	5	3	735	100
%	30.88	20.82	15.92	22.45	6.53		1.90	0.41	0.68	0.41	100	
缸口	161	38	99	93							391	53.20
缸腹	36	66	15	41							158	21.50
缸底	8	44		10							62	8.44
罐口	2	2		8	4		2				18	2.45
罐腹	8	1		11	26		6	1	2		55	7.48
折沿罐口	12		3								15	2.04
罐底									2		2	0.27
盘口器口					3						3	0.41
盘口器腹					4						4	0.54
瓮口		1									1	0.14
瓮腹					2						2	0.27
钵口					3		6				9	1.22
钵腹					3						3	0.41
盘口		1				1				3	5	0.68

续表

陶质	夹粗砂				夹细砂				泥质		合计	%
陶色	灰	红	黑	褐	灰	红	黑	褐	灰	黑		
纹饰/器类												
盘腹					1	1					2	0.27
器盖		2									2	0.27
不明器					2				1		3	0.27

参加分类排队的陶器共100件，挑选标本35件。

缸口　44件。Aa型。

Ⅰ式：35件。

标本H283：4，夹粗砂红陶，局部灰色。唇部饰戳印纹、略呈齿状，器表饰菱形绳纹。敞口外侈，方唇，上腹斜直，残。口径40、残高15.2厘米（图四一，1）。标本H283：26，夹粗砂黑陶，局部灰褐。唇饰较浅粗戳印纹，器表饰菱形绳纹。敞口，上腹斜收，残。手制，火候较高。残宽17.2、残高15厘米（图四一，2；图版二〇，1）。

Ⅱa式：9件。

标本H283：27，夹粗砂黑陶，局部灰、褐。唇饰较浅粗戳印纹，器表饰菱形绳纹。敞口，上腹斜直，收，残。手制，火候较高。残宽25.2、残高13.2厘米（图四一，3；图版二〇，3）。

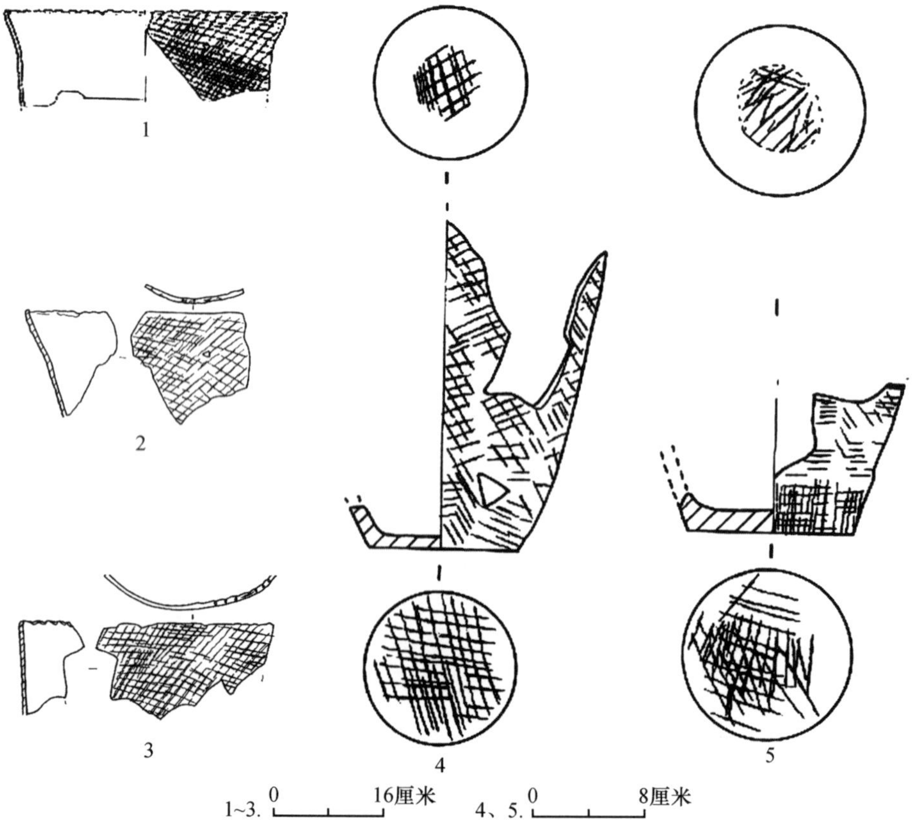

图四一　H283出土陶器

1、2. Aa型Ⅰ式缸口（H283：4、H283：26）　3. Aa型Ⅱa式缸口（H283：27）　4、5. A型缸底（H283：5、H283：18）

缸底　20件。A型。

标本H283：5，夹粗砂红陶，局部灰褐，胎、里黑。腹饰菱形绳纹，外底、内底中部饰交错绳纹。腹较斜直，下腹微弧收，残。手制，火候较高。底径10.2、残高22.4厘米（图四一，4；图版二二，1）。H283：18，夹粗砂红陶，胎、里黑。腹饰菱形绳纹，外底、内底中部饰交错绳纹。下腹斜直，平底，残。手制，火候较高。底径11.6、残高10.4厘米（图四一，5）。

瓮　1件。A型。

标本H283：9，夹粗砂褐黄陶，口内沿磨光。素面。侈口，卷沿，高领微束，领以下残。口径28、残高14.4厘米（图四二，1）。

翘唇罐　2件。Ⅰ式。

标本H283：2，夹粗砂褐陶。口外沿饰绳切纹，器表上腹饰竖“之”字形划纹，腹部饰附加堆纹4道，在其上饰戳印纹，间隙处饰菱形绳纹，下腹满布烟炱。侈口，斜折沿，圆唇，微鼓腹，平底，修复，手制轮修，火候较高。口径21.6、底径9.2、高25厘米（图四二，2；图版二三，1）。标本H283：35，夹粗砂红陶，胎、里灰黑。上、下唇缘饰戳印纹，上腹饰组状细划纹，腹饰附加堆纹、在堆纹上饰戳印纹，外沿、附加堆纹间饰斜细绳纹。敞口，折沿较窄，沿面微凹，唇微上翘，上腹较直、下腹弧收，收，残。手制，火候较高。残宽8.8、残高15.6厘米（图四二，3）。

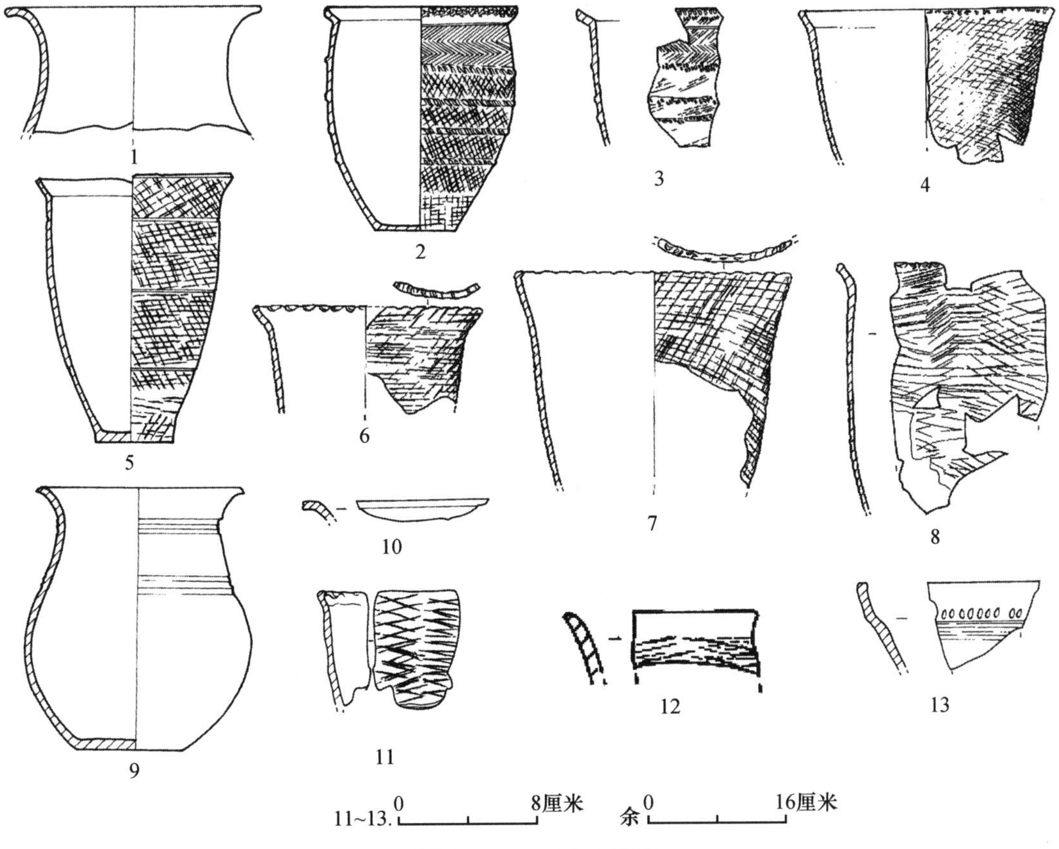

图四二　H283出土陶器

1. A型瓮（H283：9）　2、3. Ⅰ式翘唇罐（H283：2、H283：35）　4. Ab型Ⅰ式折沿罐（H283：17）
5. C型Ⅰ式折沿罐（H283：1）　6～8. A型敞口罐（H283：28、H283：29、H283：41）　9、10. 侈口罐（H283：3、H283：7）
11、12. A型小罐（H283：8、H283：34）　13. B型盘口器（H283：6）

折沿罐　6件。

Ab型　3件。Ⅰ式。

标本H283：17，夹粗砂灰陶，局部红褐，口、里黑。唇饰较浅绳切纹、戳印纹，器表饰菱形绳纹。敞口，折沿，圆唇，上腹微弧收，收，残。手制，火候较高。口径29.6、残高17.6厘米（图四二，4；图版二三，3）。

C型　3件。Ⅰ式。

标本H283：1，夹粗砂灰陶。器表饰菱形绳纹，腹部饰凹弦纹3道。微侈口，斜折沿，方唇，上腹微弧，下腹近直渐收至平底，修复，手制，火候较高。口径22、底径10.6、高30厘米（图四二，5；图版二四，2）。

敞口罐　6件。A型。

标本H283：28，夹粗砂灰褐陶，局部、里黑。唇饰较深粗戳印纹，器表饰菱形绳纹。敞口，卷沿，上腹斜直，收，残。手制，火候较高。口径26、残高12.2厘米（图四二，6）。标本H283：29，夹粗砂灰陶，局部黑、红褐，里黑。唇饰较深粗戳印纹，器表饰菱形绳纹。敞口，沿微卷，腹微鼓，收，残。手制，火候较高。口径31.6、残高24.2厘米（图四二，7）。标本H283：41，夹粗砂灰陶，部分红，口、里黑。唇饰浅戳印纹，器表饰交错绳纹、局部呈菱形。口微敞，卷斜沿，上腹较直，下腹弧收，收，残。手制，火候较高。残宽18、残高28厘米（图四二，8；图版二五，3）。

侈口罐　2件。

标本H283：3，磨光黄褐陶。领与上腹部各饰凹弦纹3道。侈口，卷沿，鼓下腹，平底，修复。手制轮修，火候较高。口径23.2、底径12、高29.6厘米（图四二，9；图版二五，4）。标本H283：7，磨光黑陶。素面。侈口，卷平沿，圆唇，残。残高1.2厘米（图四二，10）。

小罐　2件。A型。

标本H283：8，夹粗砂黑褐陶。唇部压印绳纹，器表饰菱形绳纹。口微外敞，圆唇，腹近斜直，底残。残宽4.8、残高12.8厘米（图四二，11）。标本H283：34，夹砂红陶，局部褐、灰。腹饰交错绳纹。敞口，微卷沿，圆唇，收，残。轮制，火候较高。残宽6.8、残高3.6厘米（图四二，12）。

盘口器　1件。B型。

标本H283：6，夹砂灰陶，局部、里褐。盘外下饰戳印纹，上腹饰细凹弦纹、戳印纹，内壁磨光。略呈盘口，圆唇，上腹微弧收。轮制，火候较高。残宽6.4、残高4.2厘米（图四二，13）。

盘　3件。A型。

标本H283：12，泥质黑陶，局部褐。素面，内外壁磨光。口近直，圆唇，弧腹。轮制，火候较高。残宽11.6、残高4.6厘米（图四三，1）。

钵　6件。

A型　3件。Ⅰ式。

标本H283：10，磨光黑陶，陶色不匀，部分地方偏黄褐色。素面。口微外敞，圆唇，浅

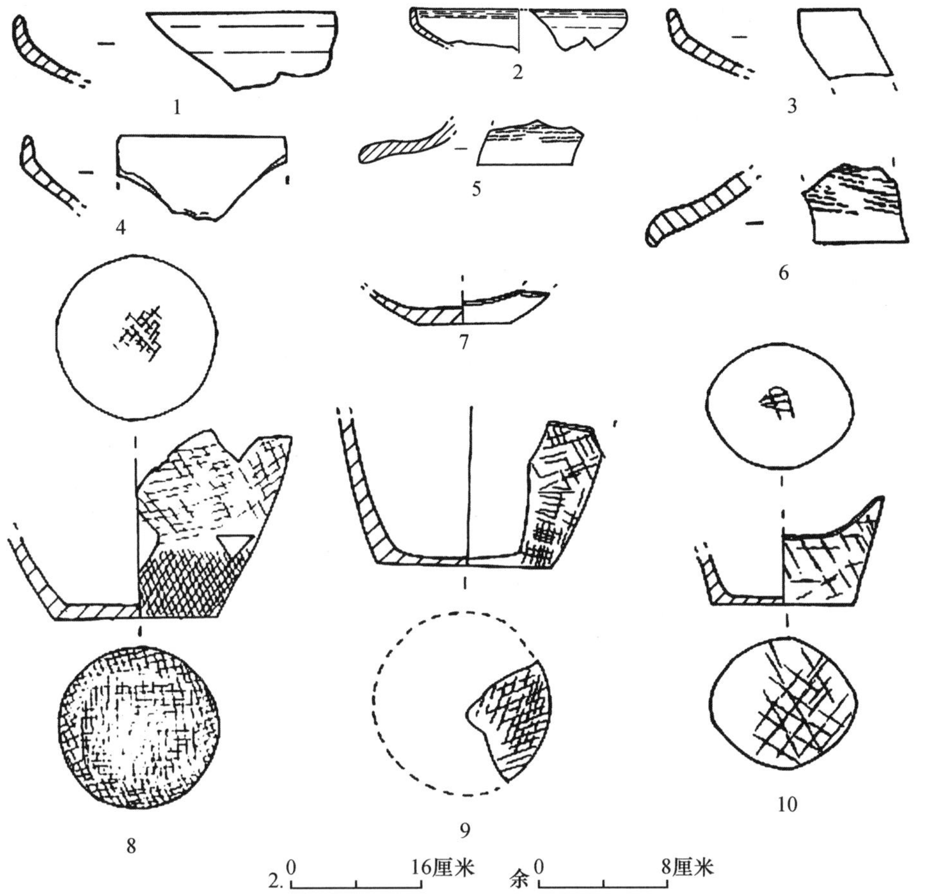

图四三　H283出土陶器

1. A型盘（H283：12）　2、3. A型Ⅰ式钵（H283：10、H283：31）　4. B型Ⅰ式钵（H283：11）　5、6. A型器盖（H283：42、H283：33）　7～10. 器底（H283：25、H283：23、H283：21、H283：22）

腹，残。轮制，火候较高。口径22、残高4.5厘米（图四三，2）。标本H283：31，夹细砂黑陶。素面。内外壁磨光。口微敞，圆唇，弧腹、下腹斜收，残。轮制，火候较高。残宽5.8、残高4.2厘米（图四三，3）。

B型　3件。Ⅰ式。

标本H283：11，夹细砂灰褐陶，局部、里黑。素面，内外壁磨光。口近直，圆唇，上腹微内斜，下腹斜直收，残。轮制，火候较高。残宽10.4、残高5.2厘米（图四三，4）。

器盖　2件。A型。

标本H283：42，夹粗砂红褐陶。器表饰绳纹。覆盘状， 壁微曲，圆唇，敞口，残。手制，火候较高。残高2.6厘米（图四三，5）。标本H283：33，夹粗砂红陶，局部黑。器表饰斜绳纹。弧壁，敞口，圆唇，残。轮制，火候较高。残宽6.4、残高3.6厘米（图四三，6）。

器底　5件。

H283：25，夹细砂灰褐陶。素面，外壁磨光。下腹微弧收，平底，残。手制，火候较高。底径5.6、残高2.2厘米（图四三，7）。H283：23，夹粗砂红陶，局部、胎灰，里黑。腹、外底和内底中部饰小菱形绳纹。下腹弧收，平底，残。手制，火候较高。底径10、残高10.8厘米（图四三，8）。H283：21，夹粗砂红陶，胎、里黑。腹饰菱形绳纹，外底饰交错绳纹。下腹微弧收，平底，残。手制，火候较高。底径10.8、残高8.8厘米（图四三，9）。H283：22，夹粗砂红陶，局部褐、黑，胎、里黑，局部灰。下腹、外底和内壁中部饰交错绳纹。下腹较斜直，平底，残。手制，火候较高。底径8.8、残高6.4厘米（图四三，10）。

（2）B型

1个。Bb型。

H275

位置：位于98BT0205东北，其北因地层塌陷而被破坏，其东压在探方东壁下，其南被H274打破，探方内仅暴露小部分。距地表深640厘米。层位关系：H274→H275→生土。

形制：从暴露和残存情况看，坑口平面形状为椭圆形，弧壁，底较平，坑壁、底用5～10厘米厚的黄黏土加工。口残长径55、短径90、底残长径50、短径80、残深74厘米（图四四）。

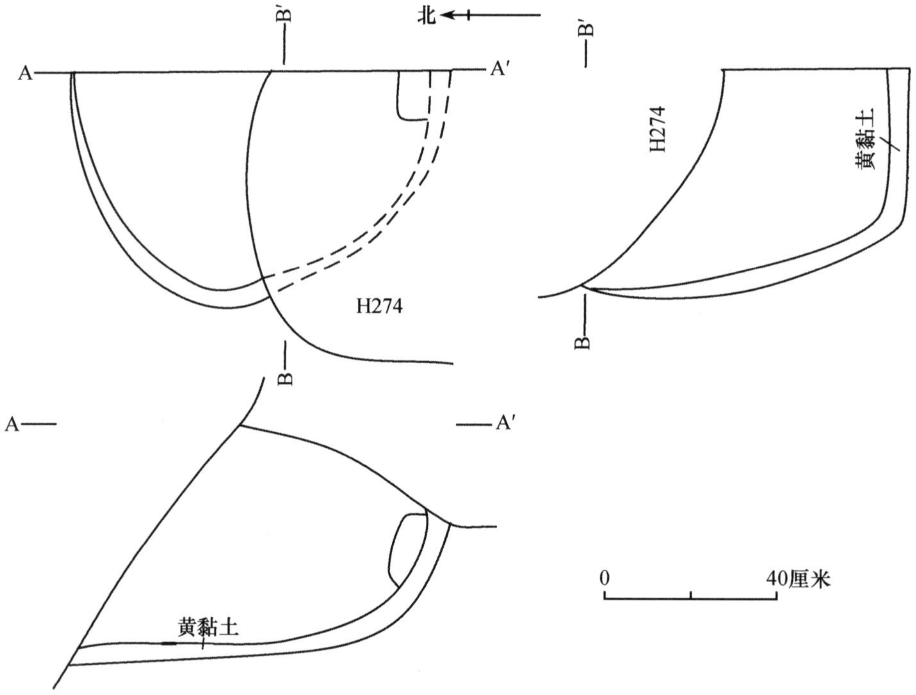

图四四　H275平、剖面图

坑内堆积与包含物：坑内填土分上下两层，上层厚40～50厘米，黄褐色土，质密，较硬，有黏性，北边稍厚，较纯净，包含物较少；下层厚24～34厘米，灰褐土，质松，夹较多炭灰，含少量碎陶片。

出土遗物：出土陶器43件。陶质以夹砂为主，占95.35%，其中夹粗砂占93.02%，夹细砂仅占2.33%，泥质陶极少，仅占4.66%。陶色以褐、灰色为主，分别占39.54%和34.88%，次为红色，占23.26%，黑色极少，仅占2.33%。器表以纹饰为主，占93.02%，素面较少，占6.98%。纹饰以菱形绳纹为主，占74.42%，次为绳纹，占11.63%，细绳纹、篮纹、复合纹极少。器类以缸为主，少量罐（表九）。

表九　H275出土陶器统计表

陶质	夹粗砂				夹细砂	泥质		合计	%
陶色	灰	红	黑	褐	红	红	褐		
纹饰/器类									
绳纹		2		3				5	11.63
细绳纹				1				1	2.33
菱形绳纹	14	6		12				32	74.42
篮纹			1					1	2.33
复合纹	1							1	2.33
素面					1	1	1	3	6.98
合计	15	8	1	16	1	1	1	43	100
%	34.88	18.60	2.33	37.21	2.33	2.33	2.33	100	
缸口	2	2						4	9.30
缸底		2		1				3	6.98
缸/罐腹片	12	4	1	15	1	1	1	35	81.40
盘口罐	1							1	2.33

参加分类排队的陶器仅6件。

缸口　2件。Aa型Ⅱa式。

标本H275：3，夹粗砂灰陶，里黑。唇面绳压、戳印纹，器表饰菱形绳纹。敞口，上腹近斜直，残。残宽9、残高4.8厘米（图四五，1）。标本H275：4，夹粗砂红陶，局部、里黑。唇面戳印浅齿状，器表饰大菱形绳纹。敞口，上腹近直，残。残宽4.1、残高4.6厘米（图四五，2）。

缸底　3件。A型。

标本H275：2，夹粗砂红陶，胎、里黑。腹饰菱形绳纹，外底饰交错绳纹。下腹斜收，平

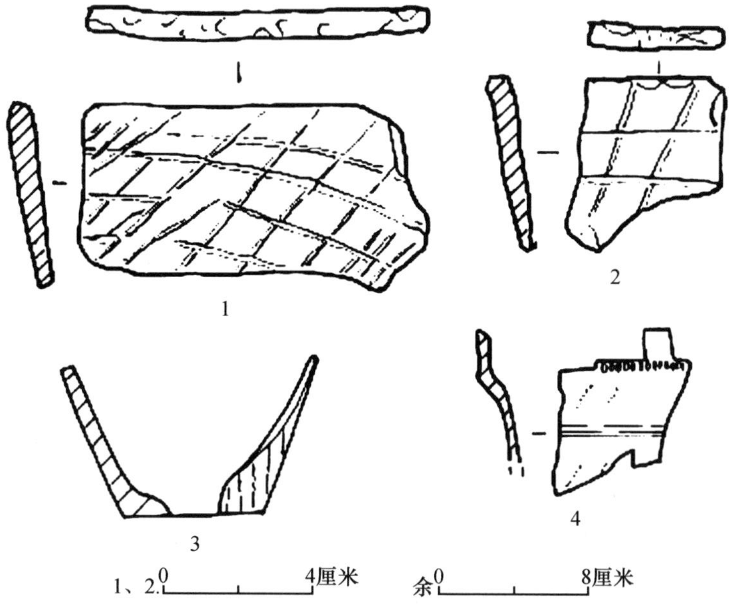

图四五　H275出土陶器

1、2. Aa型Ⅱa式缸口（H275：3、H275：4）　3. A型缸底（H275：2）　4. A型Ⅰ式盘口罐（H275：1）

底，残。手制，火候较高。残宽5.6、残高8厘米（图四五，3）。

盘口罐　1件。A型Ⅰ式。

标本H275：1，夹砂灰褐陶，局部、里黑。盘外下凸棱饰戳印纹，腹饰横细划纹、斜小篦点纹。较深盘口，圆唇，上腹微斜直，残。轮制，火候较高。残宽7.6、残高8.8厘米（图四五，4）。

2. 乙类

5个。

（1）A型

3个。

1）Ab型

2个。

H606

位置：位于99AT0201西南部，坑口距地表深575厘米。开口第78层下，被M82打破。层位关系：M82→H606→生土。

形制：坑口平面呈不规则圆形，部分被M82打破，坑壁较弧，圜底，壁、底无加工痕迹，口径195、深64厘米（图四六）。

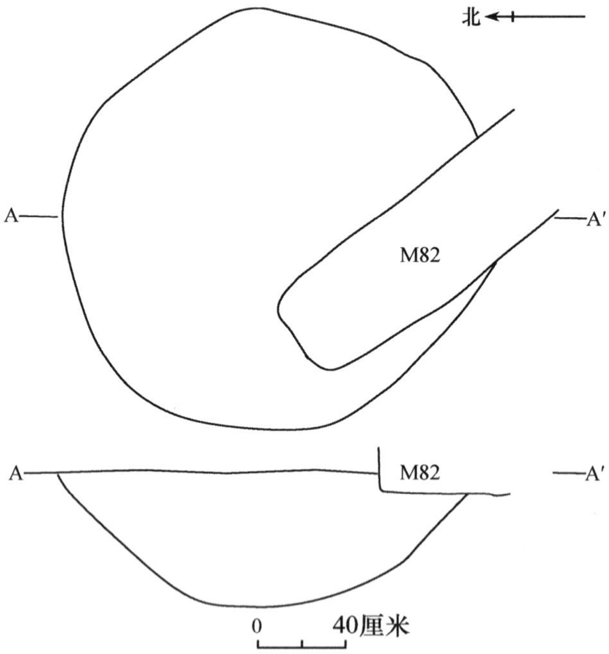

图四六　H606平、剖面图

坑内堆积与包含物：坑内填黄褐沙黏土，质松，夹有卵石块，包含物较少，以陶器为主，但多碎小。

出土遗物：出土陶器共33件。陶质以夹粗砂陶为主，约占出土陶器总数的93.93%，磨光陶只约占6%。陶器表大多饰纹饰，约占92%，素面占8%，纹饰以菱形绳纹为主，占

54.55%，次为复合纹，占18.18%，划纹和凹弦纹、绳纹较少，分别占6.06%、3.03%。器类有缸、瓮、罐等（表一〇）。

表一〇　H606出土陶器统计表

陶质	夹粗砂				磨光				合计	%
陶色	灰	红	黑	褐	灰	红	黑	褐		
纹饰/器类										
绳纹	1			2					3	9.09
菱形绳纹	6		3	9					18	54.55
凹弦纹				1					1	3.03
划纹	1				1				2	6.06
复合纹	3		2	1					6	18.18
素面			1	1			1		3	9.09
合计	11		6	14	1		1		33	100
%	33.33		18.18	42.42	3				100	
罐	3		1	6	1				11	33.33
瓮	1								1	3.03
缸	4		2	5					11	33.33
不明器	3			6			1		10	30.30

参加分类排队的陶器只有5件。

瓮　2件。A型。标本碎小。

折沿罐　2件。

Aa型　1件。Ⅰ式。

标本H606：2，夹粗砂灰陶，口部、里黑。器表饰菱形绳纹，沿、腹交接处饰附加堆纹。敞口，斜折沿，圆唇，腹较斜直，残。轮制，火候较高。残宽6.2、残高4.8厘米（图四七，1）。

Ab型　1件。Ⅰ式。

标本H606：1，夹粗砂灰陶，里灰黑。唇面饰戳印纹，器表饰绳纹。敞口，斜折沿，圆唇，腹斜直，残。轮制，火候一般。残宽8.4、残高6厘米（图四七，2）。

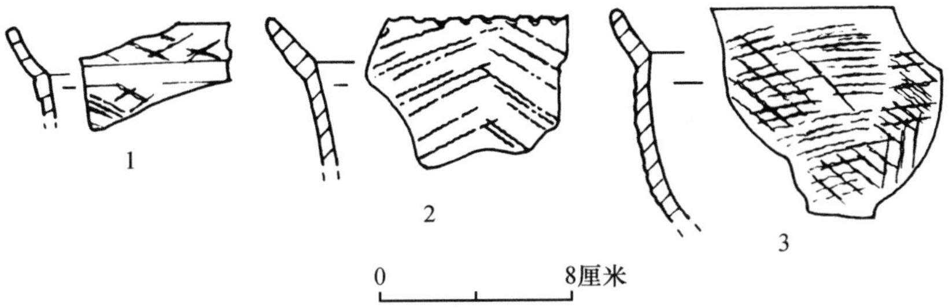

图四七　H606出土陶器

1. Aa型Ⅰ式折沿罐（H606：2）　2. Ab型Ⅰ式折沿罐（H606：1）　3. A型敞口罐（H606：3）

敞口罐　1件。A型。

标本H606：3，夹粗砂黑陶。器表饰细菱形绳纹。敞口，斜折沿，圆唇，腹微弧，残。手制轮修，火候一般。口径13.1（残宽9.6）、残高8.5厘米（图四七，3）。

2）Ad型

1个。

H484

位置：位于99AT0101北部，坑口距地表深620厘米。层位关系：㊺—H484→生土。

形制：坑口平面形状略呈不规则圆形，坑壁不规整，底较平，无加工痕迹。口径54、深18厘米（图四八）。

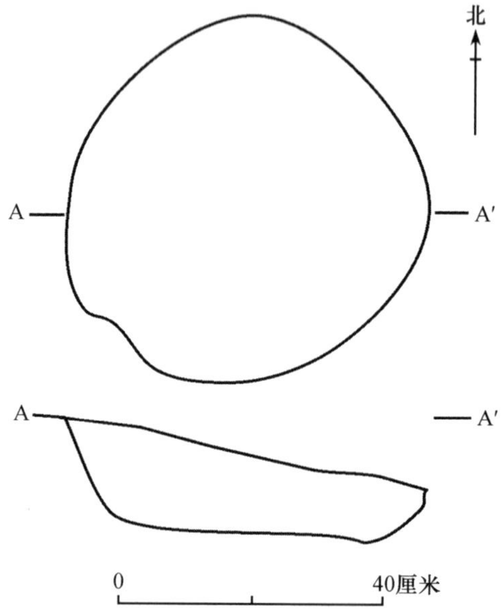

图四八　H484平、剖面图

坑内堆积与包含物：坑内填灰黑沙土，较紧，夹少量炭粒。包含少量碎小陶片。

出土遗物：出土陶器仅17件。陶质全为夹砂。陶色以灰为主，占35.30%，次为褐、黑色，分别占29.41%和29.41%，红色很少，仅占5.88%。器表全部饰纹，纹饰以菱形绳纹为主，占82.36%，次为绳纹，占11.76%，凹弦纹很少，占5.88%。器类以罐为主，次为缸，由于出土陶片碎小，有47.06%的腹片难辨器形（表一一）。

表一一　H484出土陶器统计表

陶质	夹砂				合计	%
陶色	灰	红	黑	褐		
纹饰/器类						
绳纹	1			1	2	11.76
菱形绳纹	5	1	4	4	14	82.36
凹弦纹			1		1	5.88
合计	6	1	5	5	17	100
%	35.30	5.88	29.41	29.41	100	
缸	2		1		3	17.65
罐	1		3	2	6	35.30
不明器	3	1	1	3	8	47.06

参加分类排队的陶器只有4件。

缸口　3件。Aa型。

Ⅰ式：2件。

标本H484：1，夹砂黑陶。唇饰较深戳印纹，器表饰菱形绳纹。敞口外张，残。手制，火候较高。残宽5.7、残高3.5厘米（图四九，1）。标本H484：3，夹粗砂黑陶。唇饰较深

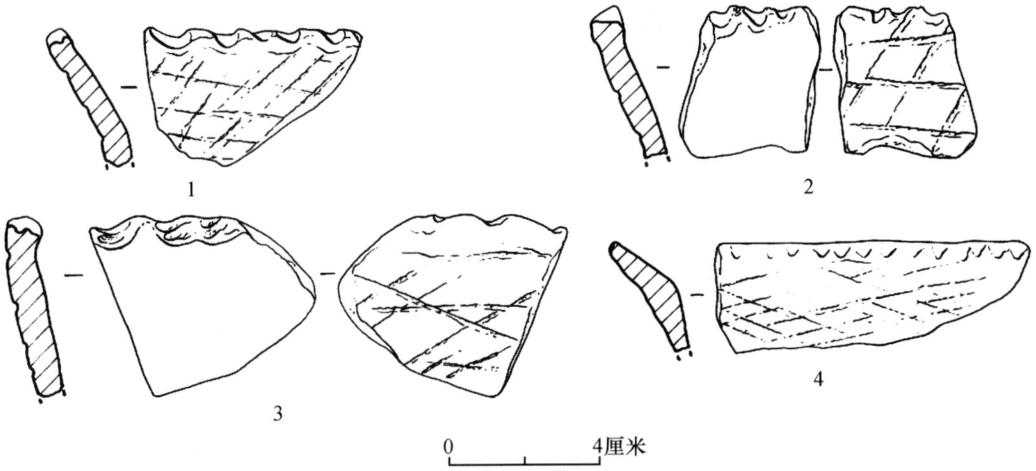

图四九　H484出土陶器

1、2. Aa型Ⅰ式缸口（H484：1、H484：3）　3. Aa型Ⅱa式缸口（H484：2）　4. Ab型Ⅰ式折沿罐（H484：4）

戳印纹，器表饰菱形绳纹。敞口外张，残。手制，火候较高。残宽3.7、残高3.9厘米（图四九，2）。

Ⅱa式：1件。

标本H484：2，夹粗砂灰陶。唇饰较深戳印纹，器表饰菱形绳纹。敞口，上腹斜收，残。手制，火候较高。残宽5.9、残高4.7厘米（图四九，3）。

折沿罐　1件。Ab型Ⅰ式。

标本H484：4，夹砂黑陶。外唇沿饰浅戳印纹，器表饰菱形绳纹。敞口，斜折沿，圆唇，上腹斜收，残。轮制，火候较高。残宽8.4、残高2.9厘米（图四九，4）。

（2）B型。

1个。Bb型。

H605

位置：位于99AT0201西部，部分压在探方西壁下，坑口距地表深520厘米，局部被M80打破。层位关系：M80→H605→生土。

形制：从暴露部分观察，坑口平面为椭圆形，坑壁较弧，圜底，底、壁无加工痕迹。残长径200、短径210、深62厘米（图五〇）。

坑内堆积与包含物：坑内填灰褐沙黏土，质松，夹较多杂质和炭灰，有少量红烧颗粒。包含物较为丰富，主要为陶器。

出土遗物：出土陶器共计56件。陶质以夹砂陶为主，约占出土陶器总量的91.03%，另有少量磨光陶，占8.93%。陶色以灰色为主，占48.21%，次为褐陶，占39.29%，黑陶占10.71%，红陶较少，只占

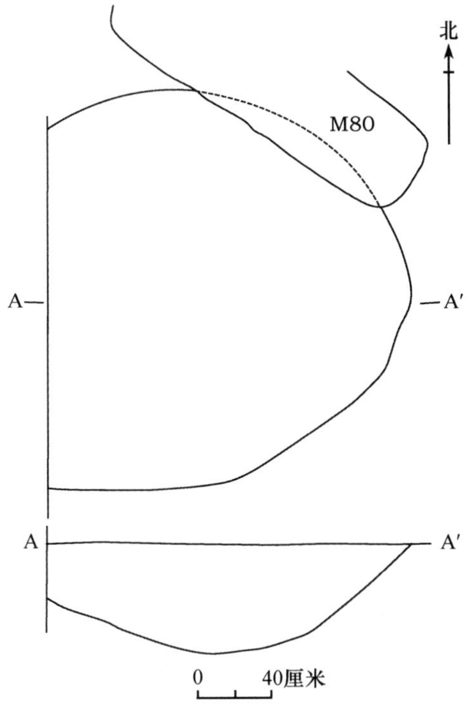

图五〇　H605平、剖面图

1.79%。出土陶器全部有纹饰，以菱形绳纹为主，占73.21%，次为复合纹，占17.86%，绳纹、划纹、凹弦纹较少。器类主要有缸、罐及部分不明器形腹片（表一二）。

表一二　H605出土陶器统计表

陶质	夹粗砂				磨光				合计	%
陶色	灰	红	黑	褐	灰	红	黑	褐		
纹饰/器类										
绳纹				1					1	1.79
细绳纹				2					2	3.57
菱形绳纹	18	1	6	16					41	73.21
凹弦纹					1				1	1.79
划纹				1					1	1.79
复合纹	5			1	3			1	10	17.86
素面										
合计	23	1	6	21	4			1	56	100
%	41.07	1.79	10.71	37.50	7.14			1.79	100	
罐					1				1	1.79
折沿罐	5			3					8	14.29
盘口罐				2					2	3.57
缸	16	1	6	7					30	53.57
不明器	2			9	3			1	15	26.79

参加分类排队的陶器33件，挑选标本14件。

缸口　21件。Aa型。

Ⅰ式：7件。

标本H605：1，夹粗砂褐陶，口部、里黑色。唇面饰绳压纹和戳印纹，器表饰菱形绳纹。敞口外张，唇沿内凸，腹较斜直，残。轮制，火候较高。残宽7.5、残高7.2厘米（图五一，1）。标本H605：4，夹粗砂黑陶。唇面饰戳印纹，器表饰菱形绳纹，器表下部表皮脱落。敞口外张，腹稍斜直，残。轮制，火候不高。残宽7.1、残高9.3厘米（图五一，2）。

Ⅱa式：14件。

标本H605：2，夹粗砂黑陶，局部灰色。唇面饰戳印纹，器表饰菱形绳纹。敞口，唇沿内凸，内沿呈波浪状，上腹斜直，残。轮制，火候较高。残宽7.9、残高8.4厘米（图五一，3）。标本H605：3，夹粗砂黑陶。唇面饰戳印纹，器表饰菱形绳纹。敞口，唇沿内凸，上腹较斜直，残。轮制，火候不高。残宽7.8、残高5.75厘米（图五一，4）。

缸底　1件。A型。

标本H605：13，夹粗砂灰褐陶，局部红、黑，里黑色。下腹、底外缘和外底饰菱形绳纹。下腹斜直，平底，残。分制，器身轮制，底手制，地包天套接，火候较高。底径10、残高12厘米（图五一，5）。

翘唇罐　1件。Ⅰ式。

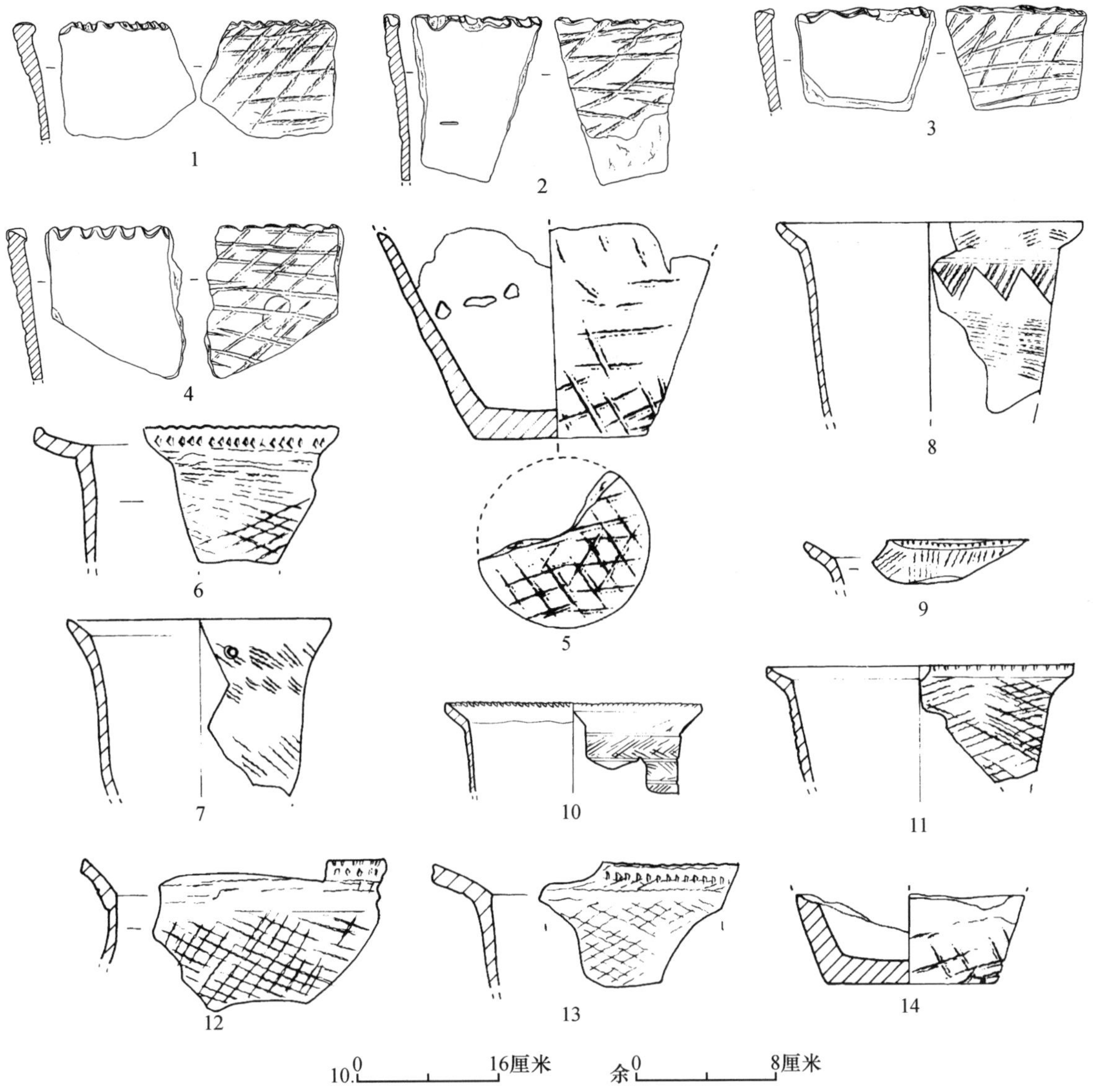

图五一　H605出土陶器

1、2. Aa型Ⅰ式缸口（H605：1、H605：4）　3、4. Aa型Ⅱa式缸口（H605：2、H605：3）　5. A型缸底（H605：13）　6. Ⅰ式翘唇罐（H605：11）　7. Aa型Ⅰ式折沿罐（H605：9）　8. Aa型Ⅱ式折沿罐（H605：8）　9. Ab型Ⅰ式折沿罐（H605：12）　10、11. Ab型Ⅱ式折沿罐（H605：7、H605：10）　12. B型Ⅰ式折沿罐（H605：6）　13. Ⅰ式槽唇罐（H605：5）　14. 罐底（H605：14）

标本H605：11，夹粗砂灰陶，里黑。唇面、外下缘、沿面饰戳印纹，器表饰细菱形绳纹。敞口，沿先宽折、沿面较平，再上卷，腹较直，残。轮制，火候较高。残宽11.2、残高7.6厘米（图五一，6）。

折沿罐　8件。

A型　6件。

Aa型　3件。

Ⅰ式：2件。

标本H605：9，夹粗砂褐陶，局部黑，里红。上腹饰外向里单穿镂孔和组状划纹，腹饰绳纹。敞口，斜折沿，圆唇，弧腹，残。轮制，火候一般。口径14.8、残高10厘米（图五一，7）。

Ⅱ式：1件。

标本H605：8，夹粗砂黑陶，局部、里红褐。沿下饰细绳纹，上腹饰几何形暗纹，腹饰细绳纹，外上壁和内壁磨光。敞口，斜折沿，沿面微内凹，圆唇，腹微弧，残。轮制，火候一般。口径17.6、残高11.2厘米（图五一，8）。

Ab型 3件。

Ⅰ式：1件。

标本H605：12，夹细砂灰褐陶，局部红。唇面饰戳印纹，器表饰细绳纹。敞口，斜折沿，圆唇，残。轮制，火候一般。残宽8.8、残高2.4厘米（图五一，9）。

Ⅱ式：2件。

标本H605：7，夹粗砂灰陶，局部红褐，黑胎。唇面切割成浅齿状，腹饰以凹弦纹相间的组状划纹。敞口，斜折沿，唇缘上凸，腹斜直，残。轮制，火候较高。口径28.8、残高10厘米（图五一，10）。标本H605：10，夹粗砂红褐陶，口局部、里黑。唇上缘饰浅戳印纹，器表饰菱形绳纹。敞口，斜折沿，沿面微内凹，圆唇，上腹较斜直，残。轮制，火候一般。口径17.6、残高6.4厘米（图五一，11）。

B型 2件。Ⅰ式。

标本H605：6，夹粗砂灰陶，口局部、里黑。唇上、下缘饰戳印纹，器表饰菱形绳纹，沿、腹相交处饰附加堆纹。侈口，斜折沿，沿面较平，斜方唇，弧腹，残。轮制，火候一般。残宽13.2、残高8.4厘米（图五一，12）。

槽唇罐 1件。Ⅰ式。

标本H605：5，夹粗砂黑陶，腹局部灰。唇上、下缘饰戳印纹，器表饰细菱形绳纹，沿、腹相交处饰附加堆纹。敞口，斜折沿，沿面微弧，腹直，残。轮制，火候一般。残宽11.6、残高6.8厘米（图五一，13）。

罐底 1件。

标本H605：14，夹粗砂灰褐陶，局部红、黑，里黑色。下腹、底外缘饰交错绳纹。下腹较斜直，平底，残。器身轮制，底手制，火候较高。底径9.8、残高5厘米（图五一，14）。

（3）E型

1个。Ed型。

H278

位置：位于98BT0205中部，坑口距地表深530～570厘米，其北为断坎，被H269、H272打破。层位关系：㉞—H278→㉟。

形制：坑口平面为不规则形，坑壁、底也不规整，坑壁、底无加工痕迹，可能为地势低洼形成。残长260、残宽120、深0～10厘米（图五二）。

坑内堆积与包含物：坑内填土呈灰黑色，质松，夹大量炭粒。包含物丰富，主要为陶器，另有极少骨器。

出土遗物：出土陶器323件。陶质全为夹砂，以夹粗砂为主，占78.01%，夹细砂较少，占21.97%。陶色以灰色为主，占50.46%，次为黑、红褐色，各占24.76%和19.81%，红陶很

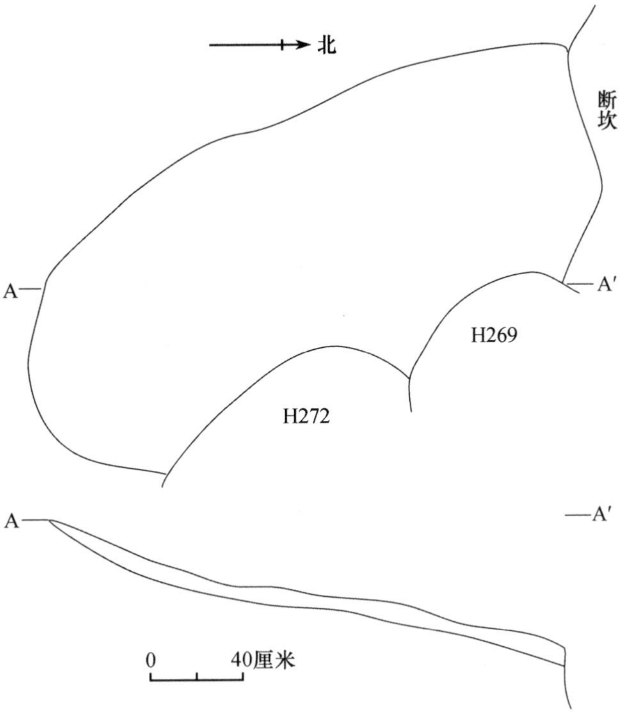

图五二　H278平、剖面图

少，仅占4.95%。器表以纹饰为主，占87%，素面较少，占13%。纹饰以菱形绳纹为主，占76.16%，次为复合纹和细绳纹，各占5.26%、3.10%，暗纹、凹弦纹、划纹很少。器类以缸为主，占64.70%，次为罐，占21.06%，钵、器盖、圈足等很少（表一三）。

表一三　H278出土陶器统计表

陶质	夹粗砂				夹细砂				合计	%
陶色	灰	红褐	黑	红	灰	红	黑	红褐		
纹饰/器类										
细绳纹	4				6				10	3.10
菱形绳纹	114	41	61	16	7		7		246	76.16
凹弦纹					2			1	3	0.93
划纹					1				1	0.31
复合纹	6	4	2		3		1	1	17	5.26
暗纹					2			2	4	1.24
素面	1	3			17		9	12	42	13.00
合计	125	48	63	16	38		17	16	323	100
%	38.70	14.86	19.50	4.95	11.76		5.26	4.95	100	
缸口	74	17	46						137	42.41
缸腹	20	8	5	16					49	15.17
缸底	6	13	4						23	7.12
罐口	5	2	4		4		4		19	5.89
罐腹	18	8	4		13		4	1	48	14.86

续表

陶质	夹粗砂				夹细砂				合计	%
陶色	灰	红褐	黑	红	灰	红	黑	红褐		
纹饰/器类										
罐底							1		1	0.31
瓮腹	2								2	0.62
壶					3			4	7	2.17
钵								8	8	2.48
杯					1				1	0.31
器盖					2			1	3	0.93
圈足					1				1	0.31
不明器					14		8	2	24	7.43

参加分类排队的陶器32件。

缸口　6件。Aa型。

Ⅰ式：1件。

标本H278：21，夹粗砂黑陶。唇面饰戳印纹、略呈齿状，器表饰菱形绳纹。敞口、外张，上腹曲，残。手制，火候较高。口径44、残高10.8厘米（图五三，1）。

Ⅱa式：5件。标本H278：19，夹粗砂褐陶，里黑。唇面戳印呈齿状，器表饰菱形绳纹。敞口、微外张，曲上腹，残。残宽12、残高5.7厘米（图五三，2）。标本H278：20，夹粗砂灰陶，口局部黑。唇面绳切、戳印呈齿状，器表饰大菱形绳纹。敞口，上腹斜直，残。残宽11.4、残高6.1厘米（图五三，3）。

缸底　3件。A型。标本碎小。

翘唇罐　3件。Ⅱ式。

标本H278：10，夹砂褐陶，局部、里黑。唇饰浅戳印纹，器表、外底饰小菱形绳纹，腹饰附加堆纹、在堆纹上饰绳切纹。敞口，斜折沿、沿面微凹，上腹较直、下腹弧收，平底，复原。轮制，火候较高。口径19.6、底径8.4、高20.4厘米（图五三，4）。

折沿罐　4件。

A型　3件。

Aa型　1件。Ⅱ式。

标本H278：11，夹砂红褐陶，局部、里黑。腹饰小菱形绳纹。侈口，折沿上翘，圆唇，上腹较直、下腹弧收，残。手制轮修，火候较高。口径21.6、残高14.8厘米（图五三，5）。

Ab型　2件。

Ⅰ式：1件。

标本H278：14，夹粗砂灰陶，黑胎，里褐。唇饰戳印纹，器表饰大菱形绳纹。敞口，斜折沿，上腹较直，残。轮制，火候较高。残宽8.4、残高5.4厘米（图五三，6）。

Ⅱ式：1件。

标本H278：4，夹砂黑陶，里黄褐。上下唇缘饰戳印纹，外沿、腹饰菱形绳纹，上腹饰附

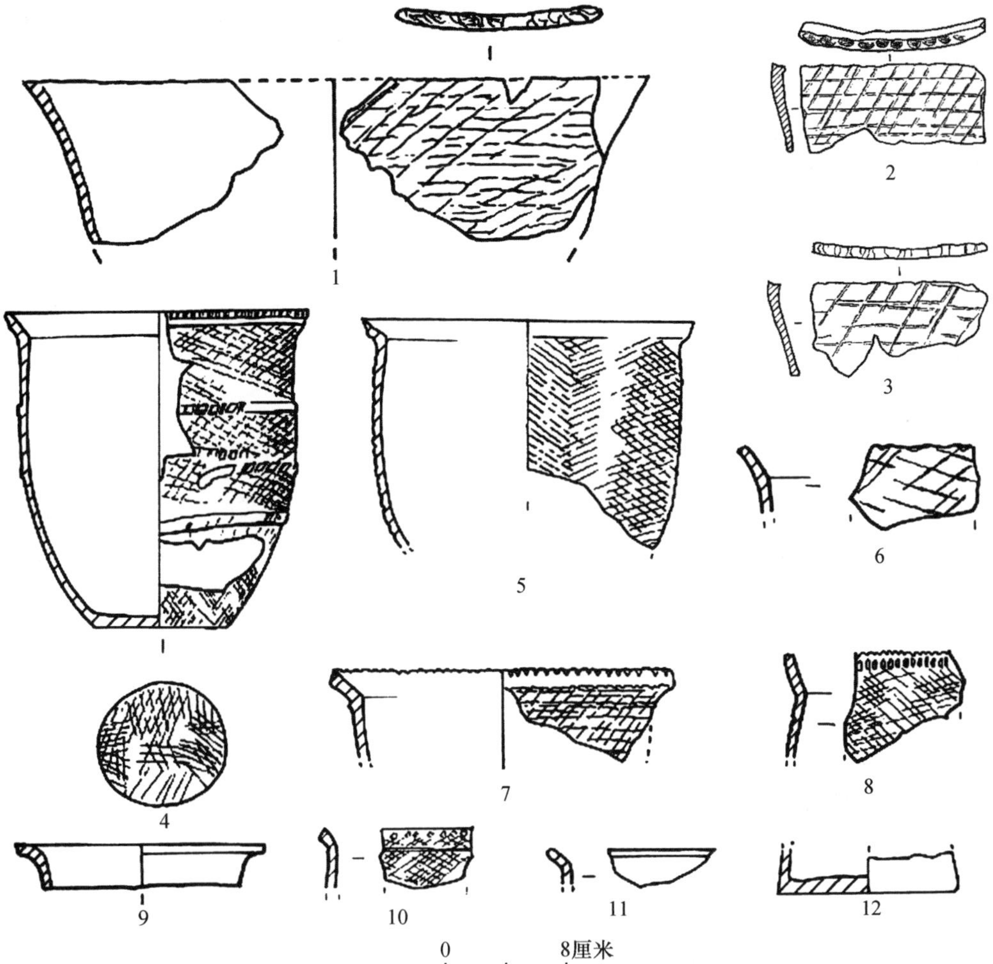

图五三　H278出土陶器

1. Aa型Ⅰ式缸口（H278：21）　2、3. Aa型Ⅱa式缸口（H278：19、H278：20）　4. Ⅱ式翘唇罐（H278：10）　5. Aa型Ⅱ式折沿罐（H278：11）　6. Ab型Ⅰ式折沿罐（H278：14）　7. Ab型Ⅱ式折沿罐（H278：4）　8. C型Ⅱ式折沿罐（H278：13）　9. 高领罐（H278：16）　10、11. 侈口罐（H278：15、H278：18）　12. Ⅱ式筒形器（H278：23）

加堆纹、在堆纹上饰戳印纹。敞口，斜折沿，上腹较斜直，残。轮制，火候较高。口径22.4、残高6厘米（图五三，7）。

C型　1件。Ⅱ式。

标本H278：13，夹砂红褐陶，局部灰黑，里黑。外唇缘和外沿上部饰戳印纹，外沿下、腹饰小菱形绳纹。侈口，斜折沿，唇面微凹，鼓腹，残。轮制，火候较高。残宽8、残高7.2厘米（图五三，8）。

高领罐　2件。

标本H278：16，夹细砂黄褐陶，沿、领相交处和领部饰凹弦纹，器外壁和沿内壁磨光。敞口，卷沿，圆唇，残。口径16、残高2.8厘米（图五三，9）。

侈口罐　2件。

标本H278：15，夹粗砂黑陶。外唇缘饰浅戳印纹，器表饰小菱形绳纹，外沿下饰凹弦纹一周。侈口，卷沿，方唇，上腹微外斜，残。轮制，火候较高。残宽6、残高4厘米（图五三，

10）。标本H278：18，夹细砂红陶，局部褐。素面，沿面磨光。侈口，卷沿外斜，圆唇，上腹微外斜，残。轮制，火候较高。残宽7.2、残高2.4厘米（图五三，11）。

筒形器 1件。Ⅱ式。

标本H278：23，泥质黑皮陶，局部红。底缘饰浅戳印纹，内外壁磨光。下腹微外斜，平底，残。轮制，火候较高。底径12、残高2.8厘米（图五三，12）。

壶 1件。

标本H278：17，夹细砂灰陶。肩、腹饰瓦棱纹，腹部瓦棱纹间饰暗纹，外壁磨光。侈口，卷沿外翻，颈较斜直，溜肩，鼓腹，残。轮制，火候高。口径9.6、残高15.2厘米（图五四，1；图版二六，2）。

盆 1件。A型。

标本H278：3，夹砂红褐陶，局部灰，黑胎。器表饰交错细绳纹，上腹饰圆形镂孔。敞口，折沿较窄、沿面内凹，圆唇，上腹斜直，残。轮制，火候较高。残宽13.6、残高7.6厘米（图五四，2）。

盘 1件。A型。

标本H278：6，夹砂红褐陶。素面。敞口，圆唇，弧腹，残。手制，火候较高。口径36、残高4.9厘米（图五四，3）。

钵 1件。C型Ⅰ式。

标本H278：5，夹砂红陶，里黑。素面。口微敛，圆唇，弧腹，残。手制，火候较高。残宽8、残高11.2厘米（图五四，4）。

平底钵 1件。

标本H278：24，夹砂红陶，局部黑。素面。敞口，圆唇，腹较斜直，平底微圜，复原。手制，火候较高。口径10.6、底径8、高6.6厘米（图五四，5；图版二八，4）。

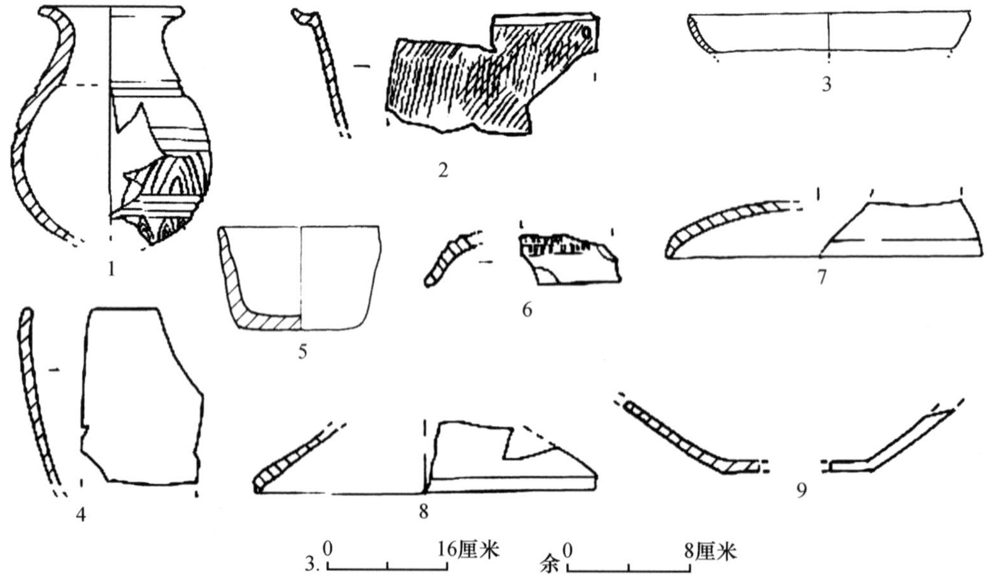

图五四 H278出土陶器

1. 壶（H278：17） 2. A型盆（H278：3） 3. A型盘（H278：6） 4. C型Ⅰ式钵（H278：5） 5. 平底钵（H278：24） 6. A型器盖（H278：9） 7、8. B型器盖（H278：7、H278：8） 9. 器底（H278：22）

器盖　3件。

A型　1件。标本H278：9，夹砂灰陶，局部黑、红，里黑。器表饰附加堆纹、在堆纹上饰戳印纹，内壁磨光。弧壁，敞口，微有卷沿，圆唇，残。轮制，火候较高。残宽6.2、残高2.4厘米（图五四，6）。

B型　2件。标本H278：7，夹砂黑陶，局部、里褐。素面，内外壁磨光。弧壁，敞口，圆唇，残。手制，火候较高。残宽10.6、残高3.6厘米（图五四，7）。标本H278：8，夹砂褐陶，局部红、黑，胎、里黑。素面，内外壁磨光。壁较斜直，敞口，微折沿，圆唇，残。手制，火候较高。口径22.4、残高4.4厘米（图五四，8）。

器底　2件。

标本H278：22，夹砂褐陶，局部灰褐。素面，内外壁磨光。下腹较斜直，平底，残。手制，火候较高。底径9.6、残高4.2厘米（图五四，9）。

圈足　1件。Aa型。标本碎小。

（三）第3组

60个。

1. 甲类

37个。

（1）A型

19个。

1）Aa型

11个。

H335

位置：位于98BT0404西部，部分叠压在98BT0504东隔梁下。开口于第32层下，被第31层下开口的H305打破。层位关系：㉜—H335→生土。

形制：从清理部分观察，坑口平面呈圆形，斜壁，平底，坑底及坑壁均用厚4～6厘米黄黏泥加工，坑底铺一层不规则平整的卵石，与黄黏泥混杂。口径134、底径92、残高30～70厘米（图五五）。

坑内堆积与包含物：坑内填黄灰土，厚30～70厘米，夹沙多，质地较松软，包含物较少，以陶片为主。

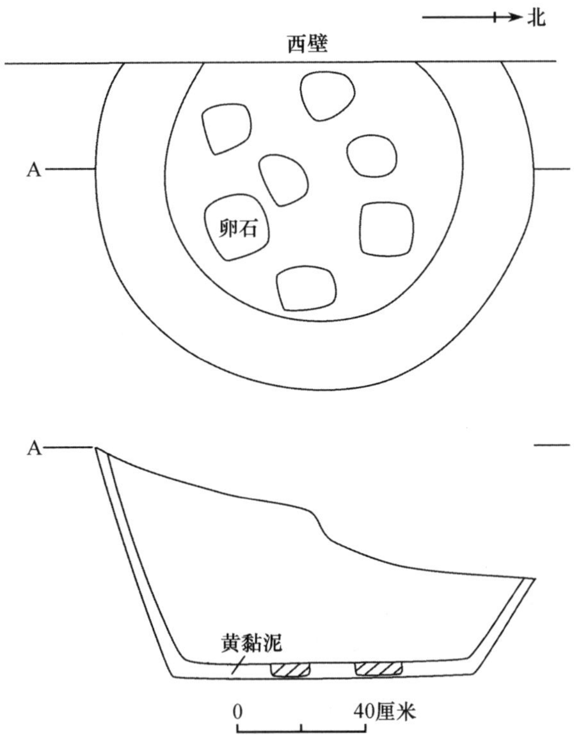

图五五　H335平、剖面图

出土遗物：出土陶器仅28件。陶质全为夹砂，以夹粗砂为主，占92.86%，少量夹细砂，占7.14%。陶色以红为主，占46.43%，次为灰、黑色，各占25%，褐色很少，仅占3.57%。器表以纹饰为主，占96.43%，素面很少，仅占3.57%。纹饰以菱形绳纹为主，占85.71%，复合纹、绳纹较少。器类较单一，仅缸、罐两类（表一四）。

表一四　H335出土陶器统计表

陶质	夹粗砂				夹细砂		合计	%
陶色	灰	红	黑	褐	灰	黑		
纹饰/器类								
绳纹				1			1	3.57
菱形绳纹	5	13	6				24	85.71
复合纹	1				1		2	7.14
素面						1	1	3.57
合计	6	13	6	1	1	1	28	100
%	21.43	46.43	21.43	3.57	3.57	3.57	100	
缸口	2		3				5	17.86
缸腹	1	2	1				4	14.28
缸底		4					4	14.28
罐口			1				1	3.57
罐腹	2	3		1	1	1	8	28.57
折沿罐口	1		1				2	7.14
罐底		4					4	14.28

参加分类排队的陶器12件，挑选标本9件。

缸口　5件。A型。

Aa型　2件。

Ⅰ式：1件。

标本H335：5，夹粗砂灰陶，口部、里黑。唇部饰戳印纹，器表饰菱形绳纹。敞口外张，唇缘内凸，上腹较斜直，残。手制轮修，火候不高。残宽8.6、残高6.6厘米（图五六，1）。

Ⅱa式：1件。

标本H335：4，夹粗砂黑陶，局部灰，里黑。唇部饰戳印纹，器表饰菱形绳纹。敞口，唇缘微内凸，上腹较斜直，残。手制轮修，火候不高。残宽10、残高5.4厘米（图五六，2）。

Ab型　3件。

标本H335：1，夹粗砂灰陶，局部黑。唇部饰戳印纹，器表饰绳纹小菱形纹。口微侈，上腹微束，残。手制轮修，火候不高。残宽15.2、残高8.5厘米（图五六，3）。标本H335：3，夹粗砂灰陶，里黑。唇部饰戳印纹，器表饰绳纹小菱形纹。敞口外张，上腹微弧内收，残。手制轮修，火候不高。残宽10.3、残高10.6厘米（图五六，4）。

缸底　3件。A型。

标本H335：7，夹粗砂红陶，外底灰，胎、里黑。器表、外底饰菱形绳纹，内底有戳印

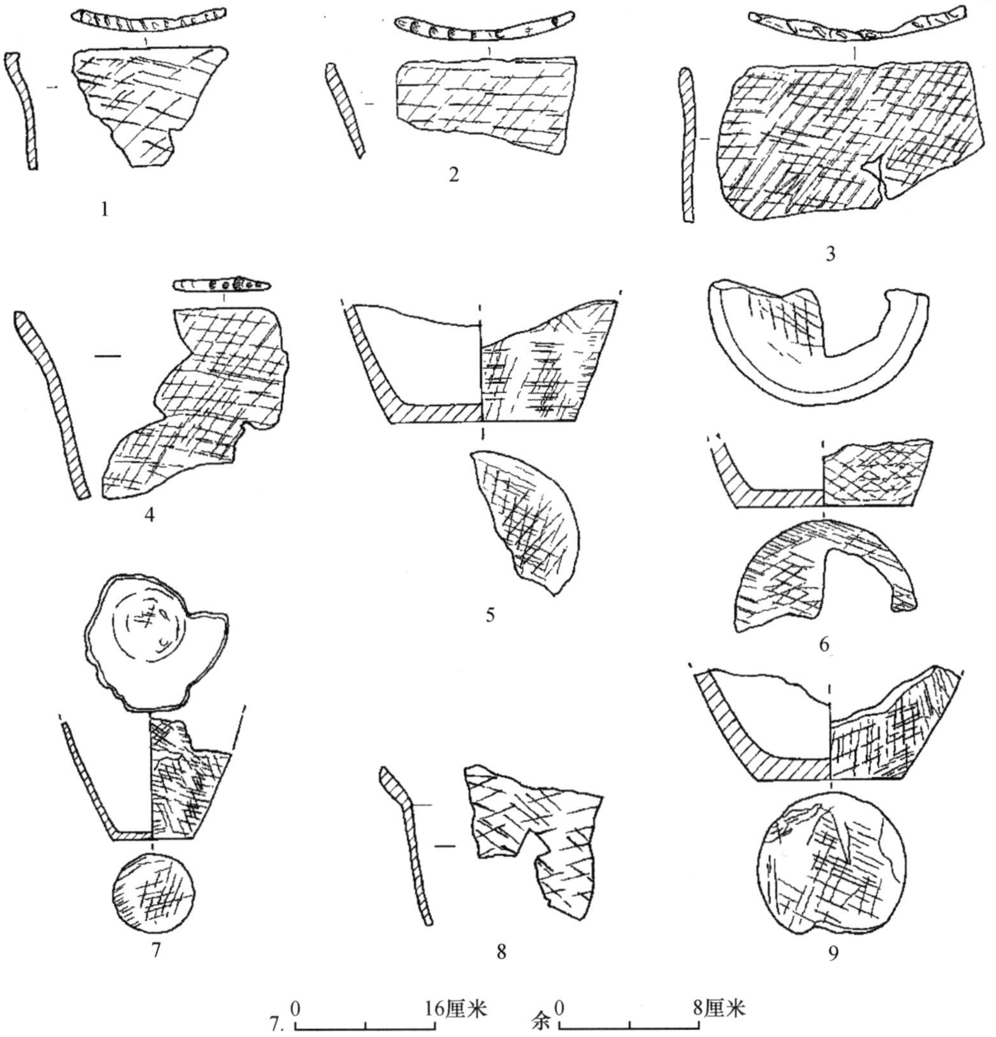

图五六　H335出土陶器

1. Aa型Ⅰ式缸口（H335：5）　2. Aa型Ⅱa式缸口（H335：4）　3、4. Ab型缸口（H335：1、H335：3）　5～7. A型缸底（H335：7、H335：8、H335：9）　8. Aa型Ⅰ式折沿罐（H335：2）　9. 罐底（H335：6）

痕。下腹较斜直，平底，残。手制，火候较高。底径10.4、残高6.8厘米（图五六，5）。标本H335：8，夹粗砂红陶，局部、外底灰褐，里黑。器表、外底、内底中部饰菱形绳纹。下腹斜直，平底，残。手制，火候较高。底径10.2、残高3.6厘米（图五六，6）。标本H335：9，夹粗砂红陶，局部灰，里黑。器表、外底饰菱形绳纹，内底中部有戳印痕。腹微弧，下腹较斜直，平底，残。手制，火候不高。底径9.2、残高13.2厘米（图五六，7）。

折沿罐　1件。Aa型Ⅰ式。

标本H335：2，夹粗砂灰陶，灰黑胎，里浅绿。器表饰菱形绳纹。敞口，斜折沿较宽，弧腹，残。轮制，火候不高。残宽7.6、残高8.8厘米（图五六，8）。

罐底　3件。

标本H335：6，夹粗砂红陶，外底、里灰黑。器表、外底饰菱形绳纹。下腹弧，平底，残。手制，火候不高。底径8.4、残高6.3厘米（图五六，9）。

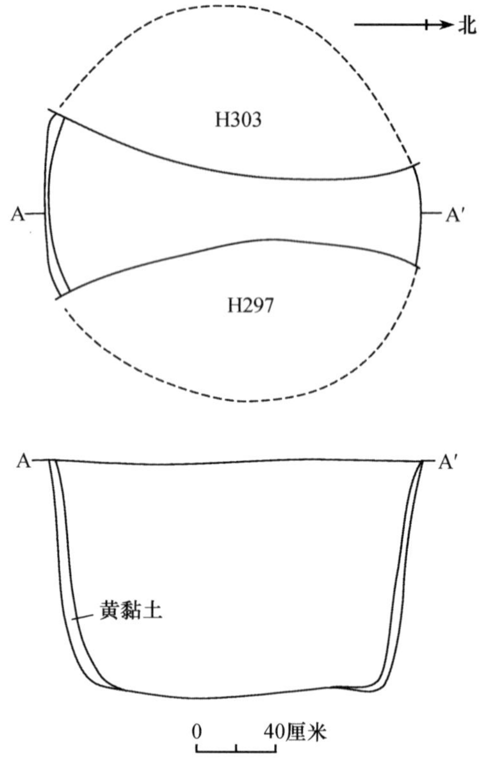

图五七　H304平、剖面图

H304

位置：位于98BT0305中部，同时被H297和H303打破。层位关系：H303→H304→生土。

形制：从H304被打破的残余部分观察，坑口平面应为圆形，斜壁内收，平底，坑壁加工比较规整，以黄黏土涂抹坑壁和底部。口径约188、底径116、深115厘米（图五七）。

坑内堆积与包含物：坑内填大量灰土，质较松，包含物主要是大量的陶片。

出土陶器：共293件。陶质绝大部分为夹砂陶，占97.59%，以夹粗砂为主，占85.99%，夹细砂较少，占11.60%，泥质陶极少，仅占2.39%。陶色以灰色为主，占39.59%，次褐色，可细分为黑褐、红褐、灰褐，总计占37.53%，黑色较少，占16.38%，红色最少，占6.48%。器表绝大部分饰纹，占91.81%，素面很少，仅占8.19%。纹饰以菱形绳纹为主，占67.58%，次为复合纹，占13.65%，绳纹、细绳纹较少，暗纹、凹弦纹、戳印纹、附加堆纹等很少。器类以缸为主，次为罐，瓮、壶、盆、碗、钵、杯等较少（表一五）。

表一五　H304出土陶器统计表

陶质	夹粗砂						夹细砂			泥质	合计	%
陶色	灰	红	黑	黑褐	红褐	灰褐	灰	红褐	灰褐	灰		
纹饰/器类												
绳纹	6	1			3	4					14	4.78
细绳纹				5			4				9	3.07
菱形绳纹	71	16	45	30	20	15				1	198	67.58
凹弦纹				1			1	1			3	1.02
戳印纹	1										1	0.34
附加堆纹							1				1	0.34
复合纹	9	2	3	8	2	4	6	2		4	40	13.65
暗纹							3				3	1.02
素面	1			4		1	6		10	2	24	8.19
合计	88	19	48	48	25	24	21	3	10	7	293	100
%	30.03	6.48	16.38	16.38	8.53	8.19	7.17	1.02	3.41	2.39	100	
缸口	41		38	17	11						107	36.52
缸腹	37	13	6	2	10	16					84	28.67
缸底	2	6		3	2						13	4.44
罐口			1				3				4	1.37

续表

陶质	夹粗砂						夹细砂			泥质	合计	%
陶色	灰	红	黑	黑褐	红褐	灰褐	灰	红褐	灰褐	灰		
纹饰/器类												
罐腹			1	24		7	11	2	5	3	53	18.09
折沿罐口	8		1	2	2			1			14	4.78
罐底									1	1	2	0.68
盘口器口							1				1	0.34
瓮腹										3	3	1.02
壶腹							4				4	1.37
盆口							1				1	0.34
碗底									1		1	0.34
钵口									1		1	0.34
杯腹									1		1	0.34
不明器			1			1	1		1		4	1.37

参加分类排队的陶器36件，挑选标本18件。

缸口　15件。Aa型。

Ⅰ式：3件。

标本H304：14，夹粗砂灰陶，里黑。唇饰绳切纹、内唇缘饰较浅粗戳印纹，上腹饰粗糙菱形绳纹。敞口外张，上腹斜收，残。手制，火候较高。残宽18.4、残高10.8厘米（图五八，1）。标本H304：17，夹粗砂灰陶，口部、里黑。唇面饰戳印纹，器表饰菱形绳纹。敞口、外张，上腹微弧，残。残宽11.6、残高10厘米（图五八，2）。

Ⅱa式：12件。

标本H304：15，夹粗砂黑陶。唇面饰戳印纹，器表饰菱形绳纹。口微敛，上腹微弧，残。残宽12.8、残高7.6厘米（图五八，3）。

缸底　2件。A型。

标本H304：12，夹粗砂灰陶，局部红、褐。下腹饰斜绳纹，外底中部饰交错绳纹。腹微弧，下腹斜直，平底，残。手制，火候较高。底径11.2、残高19厘米（图五八，4）。

瓮　2件。

A型　1件。

标本H304：11，夹细砂红褐陶，局部灰。外沿饰细凹弦纹。侈口，卷沿外翻，圆唇，领微束，残。轮制，火候较高。

B型　1件。

标本H304：10，夹粗砂灰褐陶。素面。喇叭口，圆唇，残。轮制，火候较高。残宽4.5、残高2.7厘米（图五八，5）。

翘唇罐　1件。Ⅱ式。

标本H304：5，夹粗砂灰陶，局部褐。唇饰戳印纹，器表饰菱形绳纹、戳印纹。侈口，折

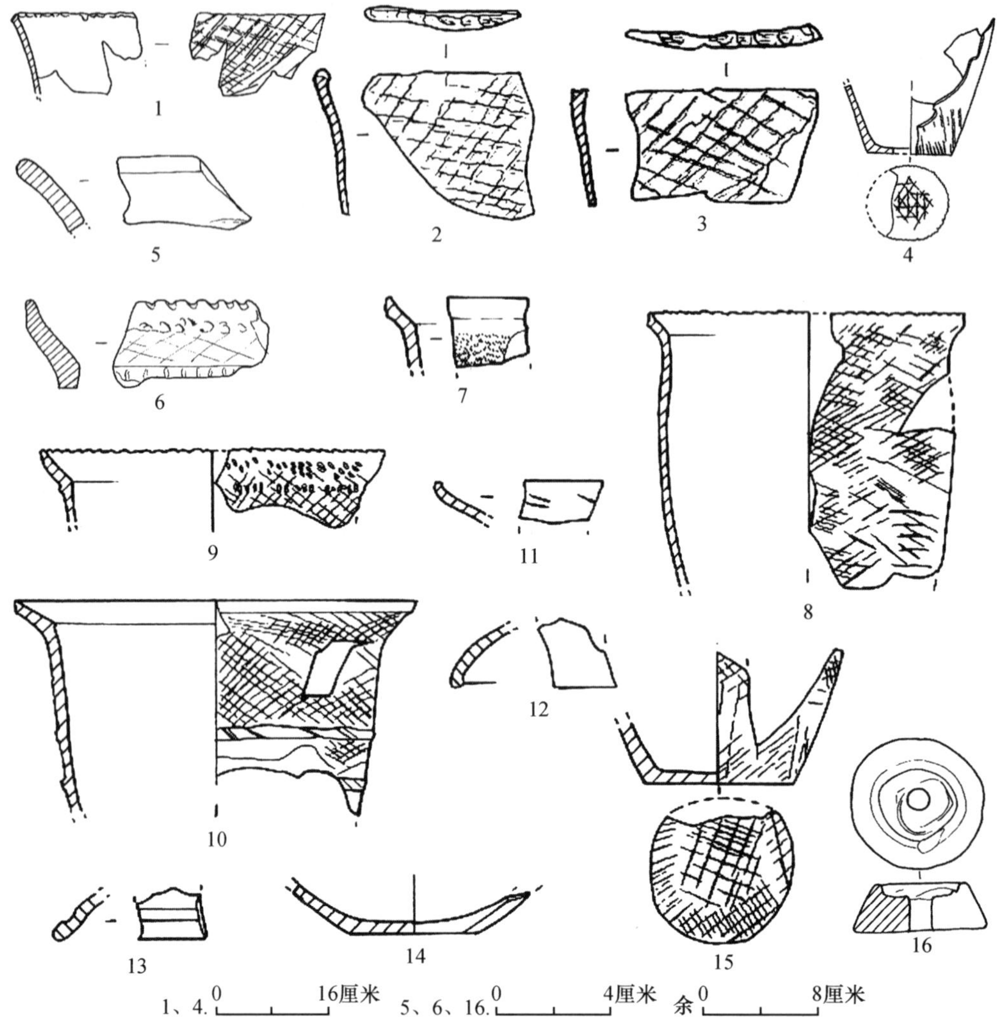

图五八　H304出土陶器

1、2. Aa型Ⅰ式缸口（H304：14、H304：17） 3. Aa型Ⅱa式缸口（H304：15） 4. A型缸底（H304：12） 5. B型瓮（H304：10） 6. Ⅱ式翘唇罐（H304：5） 7. Aa型Ⅱ式折沿罐（H304：9） 8、9. Ab型Ⅱ式折沿罐（H304：19、H304：2） 10. C型Ⅱ式折沿罐（H304：6） 11. A型盘（H304：8） 12. A型器盖（H304：3） 13. C型器盖（H304：4） 14、15. 器底（H304：18、H304：13） 16. Aa型纺轮（H304：1）

沿，唇上翘，残。轮制，火候较高。残宽5.5、残高3厘米（图五八，6）。

折沿罐　10件。

A型　8件。

Aa型　1件。Ⅱ式。

标本H304：9，夹砂红陶，局部褐，黑胎。唇饰戳印纹，上腹饰细划纹。敞口，斜折沿，上腹微斜直，残。轮制，火候较高。残宽5.6、残高5厘米（图五八，7）。

Ab型　7件。Ⅱ式。

标本H304：19，夹粗砂灰陶，局部褐、黑，里黑。唇部戳印呈浅齿形，腹饰菱形绳纹。侈口，窄斜折沿，腹微鼓，残。手制轮修，火候较高。口径21.6、残高19.2厘米（图五八，8；图版二三，5）。标本H304：2，夹砂黑陶，上腹红褐。唇、外沿饰浅戳印纹，上腹饰附加堆纹、在堆纹上饰戳印纹，腹饰小菱形绳纹。敞口，斜折沿，唇斜上卷，上腹较斜直，残。轮制，火候较高。口径24、残高5.2厘米（图五八，9；图版二三，6）。

C型　2件。Ⅱ式。

标本H304∶6，夹粗砂灰褐陶，局部红，口、里黑。器表饰菱形绳纹，腹饰附加堆纹。敞口，斜折沿较宽，圆唇，腹较斜直，残。轮制，火候较高。口径28、残高14.8厘米（图五八，10）。

盘　1件。A型。

标本H304∶8，夹砂红陶。素面，内外壁磨光。口微敞，圆唇，微折腹，上腹微束、下腹弧收，残。轮制，火候较高。残宽5、残高2.4厘米（图五八，11）。

器盖　2件。

A型　1件。

标本H304∶3，夹砂灰褐陶，局部黑。素面。覆钵形，圆唇，残。轮制，火候较高。残宽5.6、残高4.8厘米（图五八，12）。

C型　1件。

标本H304∶4，夹砂黑陶，局部褐。素面，外沿有凹槽一周。敞口，圆唇，残。轮制，火候较高。残宽4.9、残高3.2厘米（图五八，13）。

器底　2件。

标本H304∶18，夹砂黑陶，局部褐。素面，内外壁磨光。下腹斜直，平底，残。手制，火候较高。底径8.8、残高3.2厘米（图五八，14）。标本H304∶13，夹粗砂黑陶，局部褐。腹饰菱形绳纹，外底饰交错绳纹。下腹微弧收，平底，残。手制，火候较高。底径10、残高9.2厘米（图五八，15）。

纺轮　1件。Aa型。

标本H304∶1，夹砂褐陶，局部灰、黑。素面。圆台形，顶部内凹，底较平，斜腰，微残。轮制，火候较高。最大径4.6、穿径0.7、高1.7厘米（图五八，16；图版三〇，2）。

H586

位置：位于99DT0201北部，坑口距地表深615厘米。层位关系：㊼A—H586→㊼B。

形制：从暴露部分观察，坑口平面形状为圆形，斜壁、较规整，用3～5厘米黄黏泥加工。底部近平，用四块石头铺底，石头下用厚6厘米黄黏土加工。口径170、底径73、深130厘米（图五九）。

坑内堆积与包含物：坑内堆积据土质、土色可分为2层。

第1层：厚50～55厘米。褐土，夹有红黏

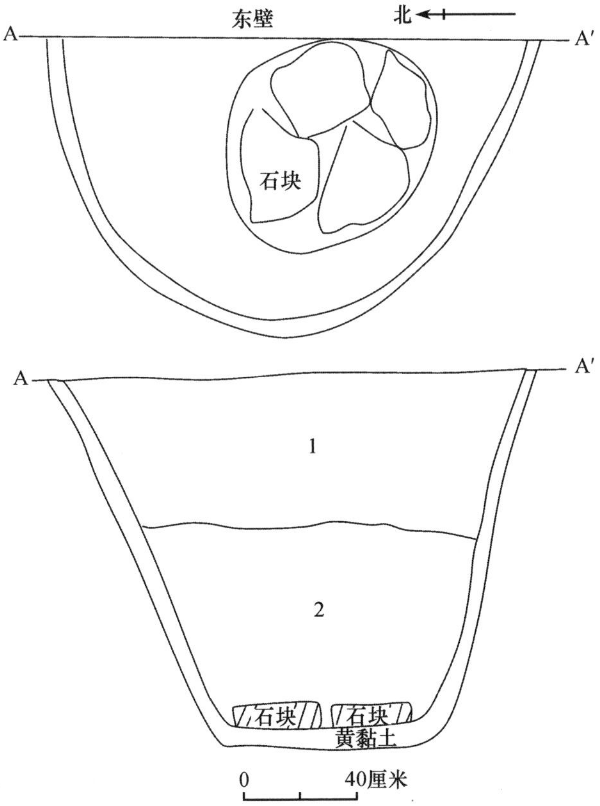

图五九　H586平、剖面图

泥、炭灰，质紧密，包含陶片较多。

第2层：厚60厘米。灰土，夹黄泥块和炭灰，质疏松，包含陶片较多，还出土一件残石锛。

出土遗物：共出陶器216件。

第1层：出土陶器102件。陶质以夹砂为主，占90.20%，可细分为夹粗砂与夹细砂两种，以夹粗砂为主，泥质较少，占9.80%。陶色以褐色为主，可细分为褐、红褐和黄褐色，共占32.35%，次为灰、红色，分别占26.47%和22.53%，黑色较少，占17.65%。器表以纹饰为主，占59.80%，素面也占较多，占40.20%。纹饰以菱形绳纹为主，占49.02%，复合纹、附加堆纹、凹弦纹、戳印纹、绳纹较少。器类以缸为主，次为罐，豆、盘、钵等较少，有多达72.55%的腹片难辨器形（表一六）。

表一六　H586①出土陶器统计表

陶质	夹砂					泥质			合计	%
陶色	灰	红	黑	褐	红褐	灰	红	黄褐		
纹饰/器类										
绳纹	1								1	0.98
菱形绳纹	15	16	9	5	5				50	49.02
凹弦纹								2	2	1.96
戳印纹					1				1	0.98
附加堆纹			1		2				3	2.94
复合纹	3				1				4	3.92
素面	5	7	8	7	6	3	1	4	41	40.20
合计	24	23	18	12	15	3	1	6	102	100
%	23.53	22.55	17.65	11.76	14.71	2.94	0.98	5.88	100	
罐				1					1	0.98
深腹罐			3						3	2.94
侈口罐	1					1		1	3	2.94
钵							1		1	0.98
缸	2	1	3	1	2				9	8.82
器盖			2						2	1.96
盘口罐		1			1				2	1.96
瓮		4							4	3.92
盘					1				1	0.98
平底器				1	1				2	1.96
腹片	21	17	10	9	10	2		5	74	72.55

第2层：出土陶器114件。陶质全为夹砂。陶色以褐为主，可细分为褐、红褐、黄褐，占68.42%，红、灰色较少，分别占17.54%和11.40%，黑色很少，仅占2.63%。器表以纹饰为主，占69.42%，有部分素面，占31.58%。纹饰以菱形绳纹为主，占53.51%，绳纹、复合纹较少，凹、凸弦纹和附加堆纹很少。器类以缸为主，次为罐，盘、器盖等很少，另有51.75%的腹片难

辨器形（表一七）。

表一七　H586②出土陶器统计表

陶质	夹砂						合计	%
陶色	灰	红	黑	褐	红褐	黄褐		
纹饰/器类								
绳纹	2		2			4	8	7.02
菱形绳纹	1	16	1	10	19	14	61	53.51
凸弦纹						1	1	0.88
凹弦纹	2						2	1.75
附加堆纹					1		1	0.88
复合纹	2					3	5	4.39
素面	6	4		14	8	4	36	31.58
合计	13	20	3	24	28	26	114	100
%	11.40	17.54	2.63	21.05	24.56	22.81	100	
罐			1				1	0.88
深腹缸	1	15		2	10	2	30	26.32
侈口罐				6	1		7	6.14
器盖					1		1	0.88
盘			1		2	1	4	3.51
陶土块		1			1	1	3	2.63
高领罐				4	2		6	5.26
平底			1	2			3	2.63
腹片	12	4		10	11	22	59	51.75

参加分类排队的陶器77件，分层介绍如下：

第1层：参加分类排队陶器23件，挑选标本16件。

缸口　8件。A型。

Aa型　6件。Ⅱa式。

标本H586①：2，夹粗砂灰陶，口局部、里黑。唇部饰戳印纹，器表饰较粗糙菱形绳纹。口近直，上腹微弧，残。轮制，火候较高。残宽4.7、残高5.4厘米（图六〇，1）。标本H586①：3，夹粗砂黑陶。唇部饰戳印纹，器表饰菱形绳纹。口微敞，上腹微弧内收，残。轮制，火候不高。残宽6.4、残高6.6厘米（图六〇，2）。

Ab型　2件。

标本H586①：5，夹粗砂黑陶，局部灰。唇部饰戳印纹略呈波浪形，器表饰小菱形绳纹。敞口外张，残。轮制，火候较高。残宽6、残高3.9厘米（图六〇，3）。

缸底　1件。A型。

标本H586①：15，夹粗砂红陶，灰胎。器表、外底饰较大菱形绳纹。下腹微弧内收，平底，残。手制，火候较高。残宽7.6、残高3.8厘米（图六〇，14）。

瓮　2件。A型、B型各1件。标本碎小。

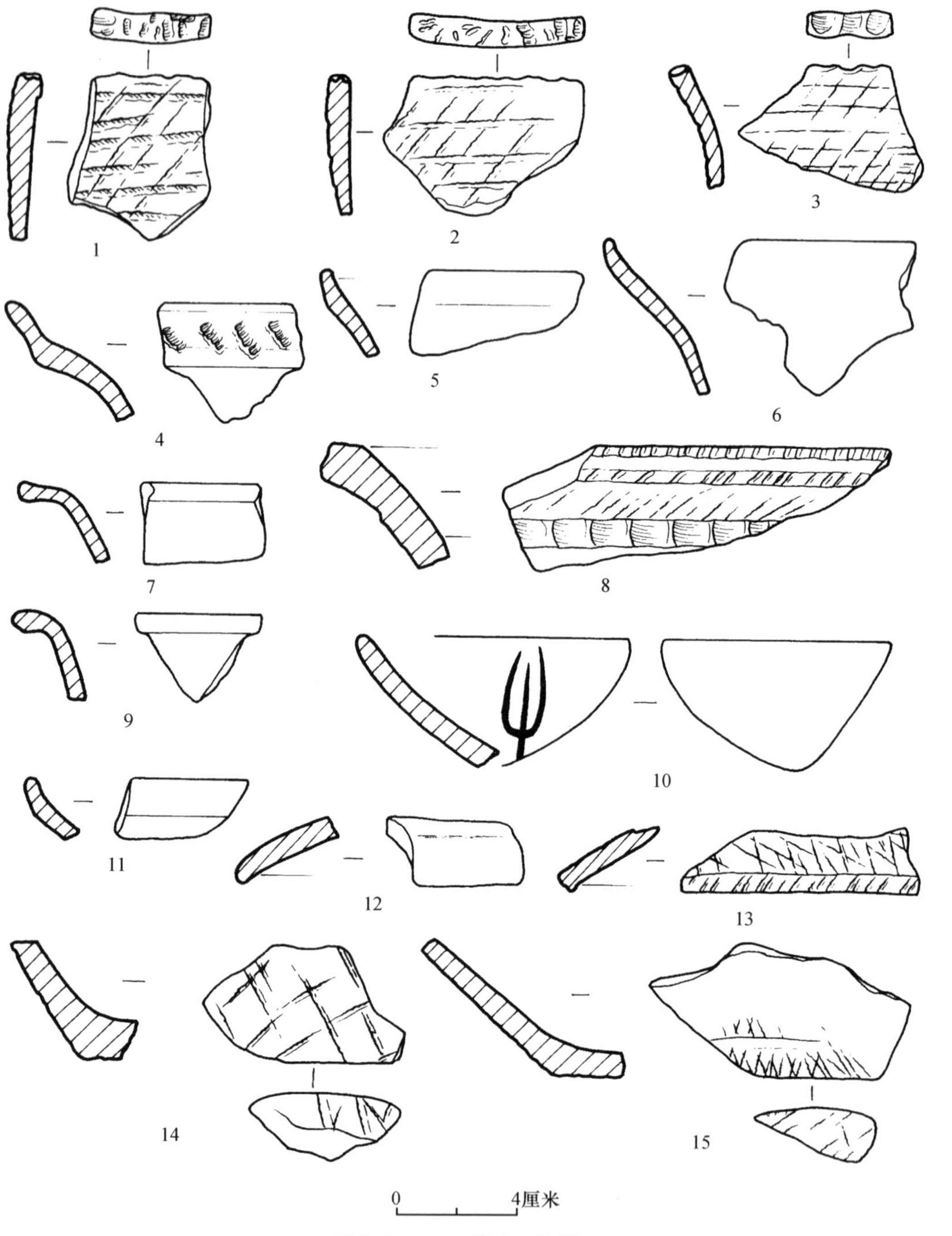

图六〇 H586①出土陶器

1、2. Aa型Ⅱa式缸口（H586①：2、H586①：3） 3. Ab型缸口（H586①：5） 4. A型Ⅰ式盘口罐（H586①：6） 5、6. Aa型盘口器（H586①：7、H586①：8） 7. Ab型盘口器（H586①：9） 8. Ⅰ式槽唇罐（H586①：11） 9. 盆?（H586①：10） 10. A型Ⅱ式钵（H586①：12） 11. B型Ⅱ式盘（H586①：13） 12、13. A型器盖（H586①：14、H586①：4） 14. A型缸底（H586①：15） 15. 器底（H586①：16）

盘口罐 1件。A型Ⅰ式。

标本H586①：6，夹粗砂红褐陶，局部橙黄。盘外壁饰组状戳印纹。敞口，圆唇，盘较深，上腹内弧收，残。轮制，火候一般。残宽4.8、残高3.8厘米（图六〇，4）。

盘口器 3件。

Aa型　2件。

标本H586①：7，夹细砂褐陶，胎褐夹黑，里黑。素面，内外壁磨光。敞口，圆唇，微有盘，残。轮制，火候较高。残宽5.6、残高2.8厘米（图六〇，5）。标本H586①：8，夹粗砂红陶。素面，内外壁磨光。敞口，圆唇，微有盘，上腹内弧收，残。轮制，火候较高。残宽6.2、残高5厘米（图六〇，6）。

Ab型　1件。

标本H586①：9，夹粗砂灰褐陶。素面，内外壁磨光。喇叭口，卷沿外翻、沿面微凹略呈盘状，圆唇，残。轮制，火候高。残宽4.2、残高2.6厘米（图六〇，7）。

槽唇罐　1件。Ⅰ式。

标本H586①：11，夹粗砂红陶，局部灰褐。唇部上、下缘饰绳切纹，下沿饰斜细绳纹，沿、腹相交处饰附加堆纹、在堆纹上饰按窝。侈口，斜折沿，唇面内凹呈浅槽状，残。轮制，火候较高。残宽12.6、残高4厘米（图六〇，8）。

盆？　1件。

标本H586①：10，夹细砂灰陶。素面，内外壁磨光。敞口，卷沿近平，圆尖唇，上腹较斜内收，残。轮制，火候高。残宽4.3、残高2.8厘米（图六〇，9）。

钵　1件。A型Ⅱ式。

标本H586①：12，夹细砂红陶，局部灰黑。素面，内外壁磨光，内壁饰叶形暗纹。敞口，圆唇，弧腹内收，残。手制，火候高。残宽7.5、残高4.3厘米（图六〇，10）。

盘　1件。B型Ⅱ式。

标本H586①：13，夹细砂黑陶，胎褐夹黑。素面，内外壁磨光。敞口，圆唇，折腹，残。轮制，火候较高。残宽4.4、残高2厘米（图六〇，11）。

器盖　2件。A型。

标本H586①：14，夹粗砂黑陶，局部灰，里红。器表饰划纹，内壁磨光。敞口，圆唇，壁微弧，残。轮制，火候较高。残宽4.5、残高2.2厘米（图六〇，12）。标本H586①：4，夹粗砂黑陶。唇部饰绳切纹，器表饰菱形绳纹。敞口，壁较斜直，残。手制轮修，火候较高。残宽7.8、残高2.2厘米（图六〇，13）。

器底　2件。

标本H586①：16，夹粗砂黑陶，局部红。底外缘、外底饰交错绳纹。下腹斜直内收，平底，残。手制，火候较高。残宽8.6、残高4.4厘米（图六〇，15）。

第2层：参加分类排队的陶器54件，挑选标本23件。

缸口　15件。A型。

Aa型　14件。Ⅱa式。

标本H586②：1，夹粗砂红陶，局部褐。唇饰较浅粗戳印纹，上腹饰菱形绳纹。敞口，上腹弧收，残。手制，火候较高。残宽17、残高5.2厘米（图六一，1）。标本H586②：2，夹粗砂黑陶，灰褐胎。唇饰较浅粗戳印纹，上腹饰菱形绳纹。敞口，上腹斜收，残。手制，火候较高。残宽6.8、残高9.4厘米（图六一，2）。

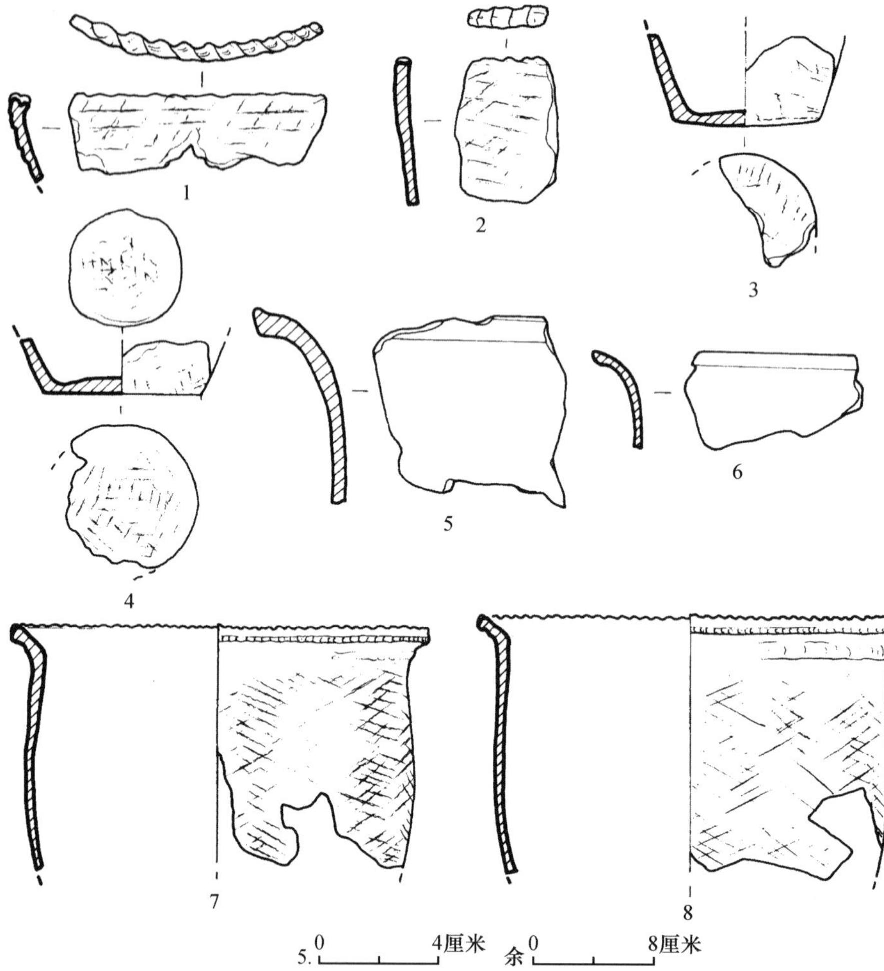

图六一 H586②出土陶器

1、2. Aa型Ⅱa式缸口（H586②：1、H586②：2） 3、4. A型缸底（H586②：20、H586②：21）
5、6. Aa型盘口器（H586②：3、H586②：4） 7、8. Ⅱ式翘唇罐（H586②：11、H586②：12）

Ab型 1件。不明式别。标本碎小。

缸底 8件。A型。

标本H586②：20，夹粗砂红陶，胎、里灰黑。下腹、外底饰交错绳纹。下腹斜收，底微圜，残。手制，火候较高。底径9.6、残高6厘米（图六一，3）。标本H586②：21，夹粗砂红陶，里黑。下腹、外底和内底中部饰交错绳纹。下腹微弧收，平底，残。手制，火候较高。底径10.4、残高3.6厘米（图六一，4）。

盘口器 2件。Aa型。

标本H586②：3，夹红褐陶，灰褐胎。素面，内外壁磨光。略呈浅盘口，卷沿外翻，圆唇，上腹内弧，腹较直，残。轮制，火候较高。残宽6.3、残高6.2厘米（图六一，5）。标本H586②：4，夹砂红陶，胎局部红夹黑。素面，内外壁磨光。略呈浅盘口，卷沿外翻，圆唇，腹较直，残。轮制，火候较高。残宽11.6、残高6.4厘米（图六一，6）。

翘唇罐 3件。Ⅱ式。

标本H586②：11，夹粗砂红陶，局部褐、黑。上下唇缘饰戳印纹，沿、腹相接处饰附加堆纹，外沿、腹饰菱形绳纹。侈口，斜折沿，唇缘上翘，微鼓腹，残。手制，火候较高。口径27.6、残高16厘米（图六一，7）。标本H586②：12，夹砂红陶，局部黄褐。上下唇缘饰戳印纹，沿、腹相接处饰附加堆纹，外沿、腹饰菱形绳纹。侈口，斜折沿，微鼓腹，残。手制，火候较高。口径28、残高17.2厘米（图六一，8；图版二三，2）。

折沿罐　8件。

A型　2件。

Aa型　1件。Ⅰ式。

标本H586②：5，夹粗砂灰褐陶，胎灰褐较黑。外沿、上腹饰小菱形绳纹。敞口，斜折沿、沿面微凹，上腹斜收，残。轮制，火候较高。残宽5.4、残高2.6厘米（图六二，1）。

Ab型　1件。Ⅰ式。

标本H586②：6，夹粗砂红褐陶，胎、里黑。唇饰浅齿形戳印纹，外沿、上腹饰菱形绳纹。

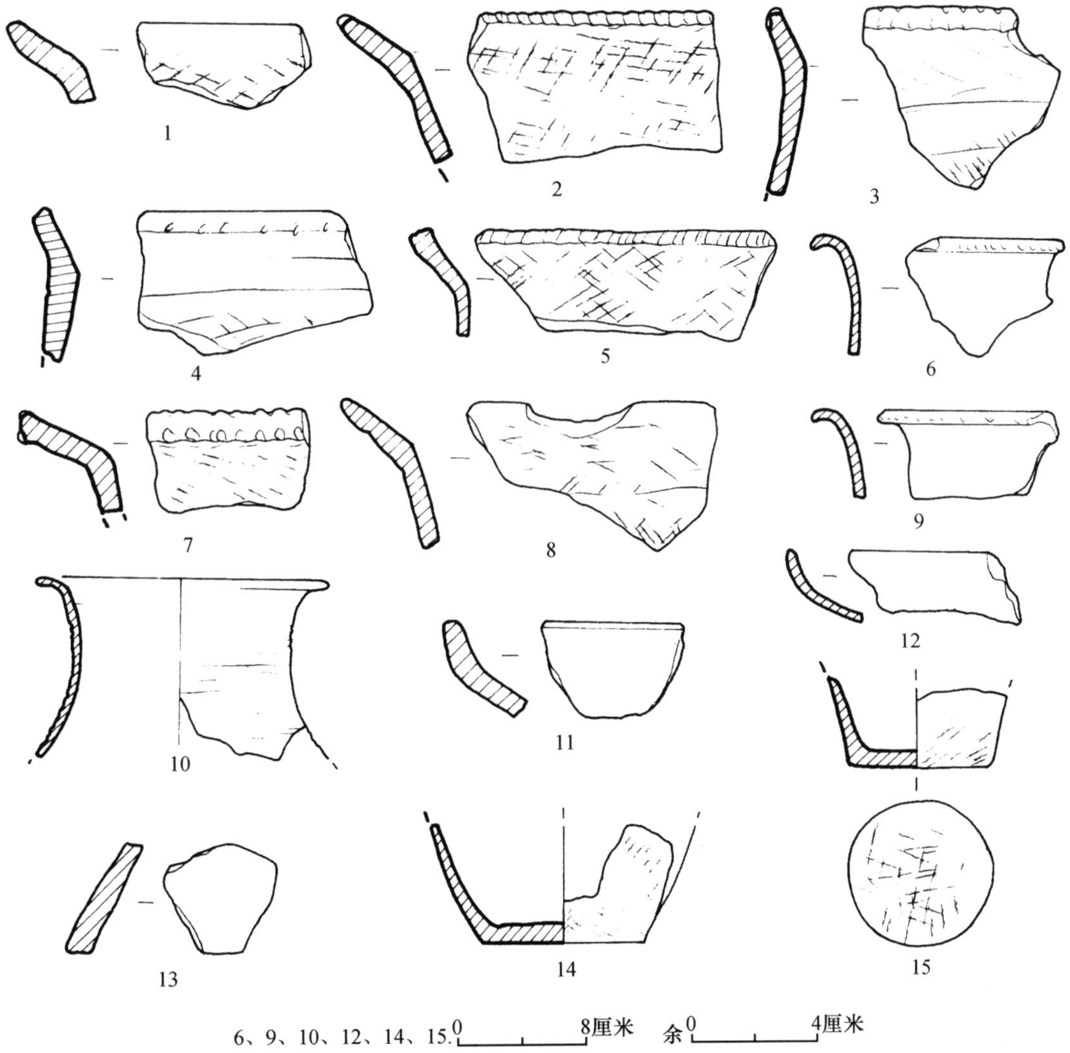

图六二　H586②出土陶器

1. Aa型Ⅰ式折沿罐（H586②：5）　2. Ab型Ⅰ式折沿罐（H586②：6）　3、4. B型Ⅰ式折沿罐（H586②：8、H586②：7）　5. C型Ⅰ式折沿罐（H586②：9）　6、9、10. 高领罐（H586②：14、H586②：18、H586②：19）　7. Ⅰ式槽唇罐（H586②：10）　8. A型敞口罐（H586②：13）　11、12. A型盘（H586②：15、H586②：16）　13. A型器盖（H586②：17）　14、15. 器底（H586②：22、H586②：23）

敞口，斜折沿，上腹斜收、微弧，残。轮制，火候较高。残宽7.8、残高4.6厘米（图六二，2）。

B型　4件。Ⅰ式。

标本H586②：8，夹粗砂红陶，灰黑胎。上下唇缘饰戳印纹，外沿饰斜细绳纹，上腹饰交错划纹。侈口，斜折沿，上腹外斜，残。轮制，火候较高。残宽6.1、残高5.6厘米（图六二，3）。标本H586②：7，夹砂红陶，局部灰褐。外唇缘饰戳印纹，上腹饰交错划纹。敞口，斜折沿，上腹斜直收，残。轮制，火候较高。残宽7.2、残高4.4厘米（图六二，4）。

C型　2件。

Ⅰ式：1件。

标本H586②：9，夹粗砂黑褐陶，局部红褐。唇饰绳切纹，器表饰交错绳纹。敞口，折沿外张，上腹较直，残。手制轮修，火候较高。残宽9.3、残高3.4厘米（图六二，5）。

Ⅱ式：1件。标本碎小。

高领罐　6件。

标本H586②：14，夹砂红褐陶，胎褐夹红。沿面饰斜绳压纹。侈口，沿微外下卷，圆唇，领微束，残。轮制，火候较高。残宽9.8、残高7.2厘米（图六二，6）。标本H586②：18，夹砂红褐陶，里黑，胎褐夹红。沿面饰斜绳压纹。侈口，沿外卷沿，圆唇，高领微束，残。轮制，火候较高。残宽11.2、残高7.4厘米（图六二，9）。标本H586②：19，夹砂褐陶，局部灰褐，胎红夹灰，里红。领饰瓦棱纹。侈口，卷平沿，圆唇，高束领，残。轮制，火候较高。口径22、残高11.2厘米（图六二，10）。

槽唇罐　1件。Ⅰ式。

标本H586②：10，夹粗砂红陶，局部黑。唇缘饰戳印纹，外沿、上腹饰斜细绳纹。敞口，斜折沿较宽，唇面微凹，上腹斜收，残。轮制，火候较高。残宽5、残高3.2厘米（图六二，7）。

敞口罐　1件。A型。

标本H586②：13，夹粗砂红陶，局部、里灰黑。器表饰交错划纹。敞口，斜折沿，圆唇，上腹斜收，残。手制，火候较高。残宽7.6、残高4.6厘米（图六二，8）。

盘　4件。A型。

标本H586②：15，夹粗砂黑陶，局部红，胎红夹黑。素面。敞口，圆唇，弧腹，下腹斜收，残。轮制，火候较高。残宽4.4、残高3厘米（图六二，11）。标本H586②：16，夹砂灰陶，局部、胎、里红。素面，内外壁粗磨。敞口，圆唇，弧腹，残。轮制，火候较高。残宽10.4、残高4.4厘米（图六二，12）。

器盖　1件。A型。

标本H586②：17，夹砂红陶，局部、胎黑。素面。壁较斜直，敞口，唇面微凹，残。手制，火候较高。残宽3.4、残高3.4厘米（图六二，13）。

器底　5件。

标本H586②：22，夹砂红陶，里黑。下腹饰斜细绳纹、局部交错。下腹弧收，平底，残。手制，火候较高。底径10、残高7.2厘米（图六二，14）。标本H586②：23，夹粗砂红陶，局部、里黑。下腹饰斜细绳纹，外底饰交错细绳纹。下腹斜收，平底，残。手制，火候较高。底径9.2、残高5.6厘米（图六二，15）。

2）Ab型

3个。

H324

位置：位于98AT0103西部，大部压在探方西壁下，被H323打破，坑口距地表深560厘米。层位关系：H323→H324→生土。

形制：从暴露部分观察，坑口平面应为圆形，弧壁，圜底，坑壁下部残存黄黏土加工痕迹。残径190、深108厘米（图六三）。

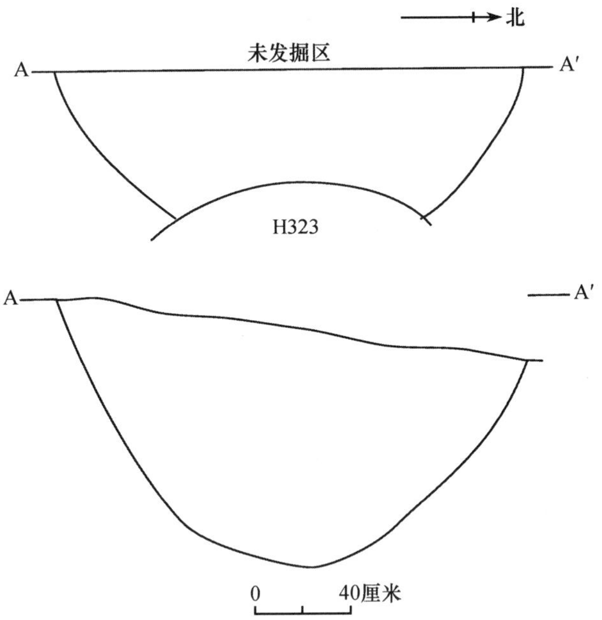

图六三　H324平、剖面图

坑内堆积与包含物：坑内填黄褐色土，较黏，夹少量炭粒、石头，包含物主要为陶片。

出土遗物：共出土陶器72件。陶质全为夹砂，以夹粗砂为主，占72.23%，夹细砂较少，占27.77%。陶色以灰为主，占76.39%，红陶较少，占12.50%，黑陶、褐陶、红褐陶较少，所占比例不到5%。器表以纹饰为主，占87.50%，素面较少，占12.50%。纹饰以菱形绳纹为主，占70.83%，次为复合纹，占8.33%，绳纹、凹弦纹等较少。器类以缸为主，次为罐，瓮、钵等很少（表一八）。

表一八　H324出土陶器统计表

陶质	夹粗砂				夹细砂		合计	%
陶色	灰	红	黑	褐	灰	红褐		
纹饰/器类								
粗绳纹						1	1	1.39
绳纹					3		3	4.17
菱形绳纹	35	9	3	3		1	51	70.83
凹弦纹					2		2	2.78
复合纹	2				4		6	8.33
素面					9		9	12.50
合计	37	9	3	3	18	2	72	100
%	51.39	12.50	4.17	4.17	25.00	2.78	100	
缸口	19	3	2			1	25	34.72
缸腹	13	5	1	1		1	21	29.17
缸底	1						1	1.39
罐口	1				2		3	4.17
罐腹	3	1		1	10		15	20.83
罐底				1	3		4	5.56
瓮					1		1	1.39
盘口器口					1		1	1.39
钵					1		1	1.39

参加分类排队的陶器共27件，挑选标本12件。

缸口 19件。

Aa型 18件。

Ⅰ式：6件。

标本H324：5，夹粗砂灰陶，口部、里黑。唇面戳印呈齿状，器表饰大菱形绳纹。敞口外张，唇缘内凸，上腹斜直，残。手制，火候较高。残宽10.4、残高9.6厘米（图六四，1）。标本H324：6，夹粗砂灰陶，口部、里黑。唇面戳印成齿状，器表饰菱形绳纹。敞口外张，上腹斜直，残。手制轮修，火候较高。残宽8.8、残高7.6厘米（图六四，2）。

Ⅱa式：12件。

标本H324：8，夹粗砂黑陶。唇面戳印成缓齿状，器边饰菱形绳纹。敞口，上腹斜直，残。轮制，火候较高。残宽8、残高4.8厘米（图六四，3）。标本H324：10，夹粗砂黑陶，局部灰。唇面戳印成缓齿状，器表饰菱形绳纹。敞口，唇缘外凸，上腹斜直，残。手制轮修，火候较高。残宽8.2、残高6.1厘米（图六四，4）。

Ab型 1件。

标本H324：11，夹粗砂红陶。唇面饰戳印纹，器表饰小菱形绳纹。敞口，上腹斜直，残。轮制，火候一般。残宽4、残高4厘米（图六四，5）。

缸底 1件。A型。

标本H324：12，夹粗砂红陶，外底灰、里黑。器表饰菱形绳纹，外底饰绳纹。下腹斜直，平底，残。手制，火候较高。残宽6、残高 1.5厘米（图六四，6）。

瓮 1件。B型。

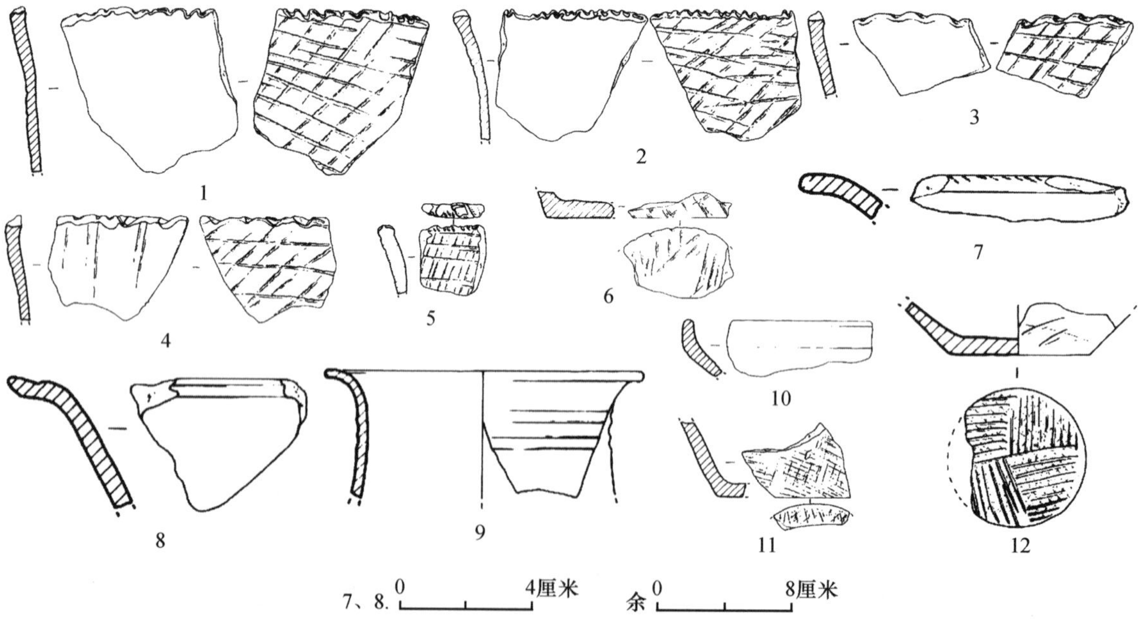

图六四 H324出土陶器

1、2. Aa型Ⅰ式缸口（H324：5、H324：6） 3、4. Aa型Ⅱa式缸口（H324：8、H324：10） 5. Ab型缸口（H324：11）
6. A型缸底（H324：12） 7. B型瓮（H324：16） 8. Aa型盘口器（H324：1） 9. 高领罐（H324：3）
10. B型Ⅰ式钵（H324：2） 11、12. 器底（H324：13、H324：14）

标本H324：16，夹细砂灰陶。唇面饰斜细绳纹，内外壁磨光。喇叭口，圆唇，残。轮制，火候高。残宽6.3、残高1.3厘米（图六四，7）。

盘口器　1件。Aa型。

标本H324：1，夹细砂灰陶。素面，内外壁磨光。敞口，卷沿，沿面内凹，圆唇，器壁斜直，残。轮制，火候高。残宽5.3、残高3.8厘米（图六四，8）。

高领罐　1件。

标本H324：3，细砂灰陶。领部饰粗凹弦纹三道，沿面磨光。侈口，卷沿，圆唇，领上部微束，残。轮制，火候较高。口径18.8、残高7.4厘米（图六四，9）。

钵　1件。B型Ⅰ式。

标本H324：2，夹细砂灰陶。素面。口微敞，折腹，残。轮制，火候较高。残宽8.5、残高3.3厘米（图六四，10）。

器底　3件。

标本H324：13，夹粗砂红陶。里灰。器表、外底饰小菱形绳纹。下腹较斜直，平底，残。手制轮修，火候较高。残宽6.4、残高4.4厘米（图六四，11）。标本H324：14，夹细砂灰陶。外底饰交错细绳绳纹后，再饰组状暗纹，外壁磨光。下腹斜直外敞，平底。轮制，火候高。底径8.2、残高3厘米（图六四，12）。

H601

位置：位于99AT0201西北角，坑口距地表深625～670厘米，被H599打破。层位关系：⑦⑦—H601→⑦⑧。

形制：从暴露部分观察，坑口平面略呈圆形，弧壁，圜底，壁、底用厚2厘米左右的黄黏土加工。口径250、深120厘米（图六五）。

坑内堆积与包含物：坑内填灰褐沙黏土，质疏松，夹大量炭灰颗粒。包含物较少，多为陶器，少量残石片。

出土遗物：共出陶器98件。陶质全为夹砂，以夹粗砂为主，约占69.38%，夹细砂约占30.62%。陶色以灰陶和灰褐陶为主，各占49.97%、38.77%，黑陶和红陶较少，分别仅有7.14%、4.08%。器表以纹饰为主，占76.53%，部分素面陶，占23.47%。纹饰以菱形绳纹为主，占39.80%，其次为复合纹和绳纹，各占18.37%、10.20%，凹弦纹、戳印、划纹等较少。器类以缸、罐为主，瓮、钵、器盖等较少（表一九）。

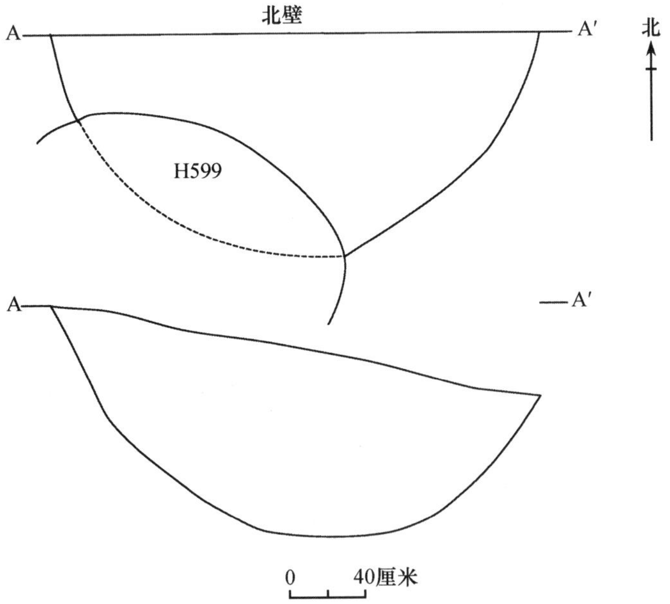

图六五　H601平、剖面图

表一九 H601出土陶器统计表

陶质	夹粗砂				夹细砂				合计	%
陶色	灰	红	黑	褐	灰	红	黑	褐		
纹饰/器类										
绳纹	3	2		5					10	10.20
菱形绳纹	22			17					39	39.80
凹弦纹	2		1	1			1		5	5.10
划纹					1				1	1.02
戳印纹	1		1						2	2.04
复合纹	5		1	6	4	1	1		18	18.37
素面				1	11	1	2	8	23	23.47
合计	33	2	3	30	16	2	4	8	98	100
%	33.67	2.04	3.06	30.61	16.3	2.04	4.08	8.16	100	
罐			1	3	2			3	9	9.18
折沿罐	1			1					2	2.04
盘口罐	4		2	1	2				9	9．18
钵						1	1		2	2．04
缸	23			8					31	31.63
器盖	1	1			1				3	3.06
平底	1			3	1		2		7	7.14
瓮				1	3				4	4.08
不明器	3	1		13	7	1	1	5	31	31.63

参加分类排队的陶器30件，挑选标本18件。

缸口　10件。A型。

Aa型　8件。

Ⅰ式：5件。

标本H601：10，夹粗砂灰陶，口部、里黑色。唇面饰戳印纹，器表饰形绳纹。敞口，唇沿内凸，腹较斜直，残。轮制，火候较高。残宽6.4、残高6.8厘米（图六六，2）。

Ⅱa式：3件。

标本H601：6，夹粗砂灰陶，口部、里黑色。唇面饰戳印纹，器表饰菱形绳纹。敞口，唇沿微内凸，上腹较斜直，残。轮制，火候不高。残宽5.8、残高7.4厘米（图六六，3）。标本H601：9，夹粗砂灰陶，口部、里黑色。唇面饰压印绳纹和切割纹，器表饰横绳纹。敞口，上腹较斜直，残。轮制，火候不高。残宽7、残高5.1厘米（图六六，4）。

Ab型　2件。Ⅰ式。

标本H601：5，夹粗砂灰陶，里黑色。唇面压印绳纹，器表饰细菱形绳纹。敞口，唇沿微内凸，上腹较斜直，残。轮制，火候较高。残宽6.9、残高6.2厘米（图六六，5）。标本H601：8，夹粗砂红陶，局部灰色。唇面饰压印绳纹，器表饰细绳纹菱形。敞口，唇沿微凸，上腹较斜直，残。轮制，火候较高。残宽5.8、残高6厘米（图六六，6）。

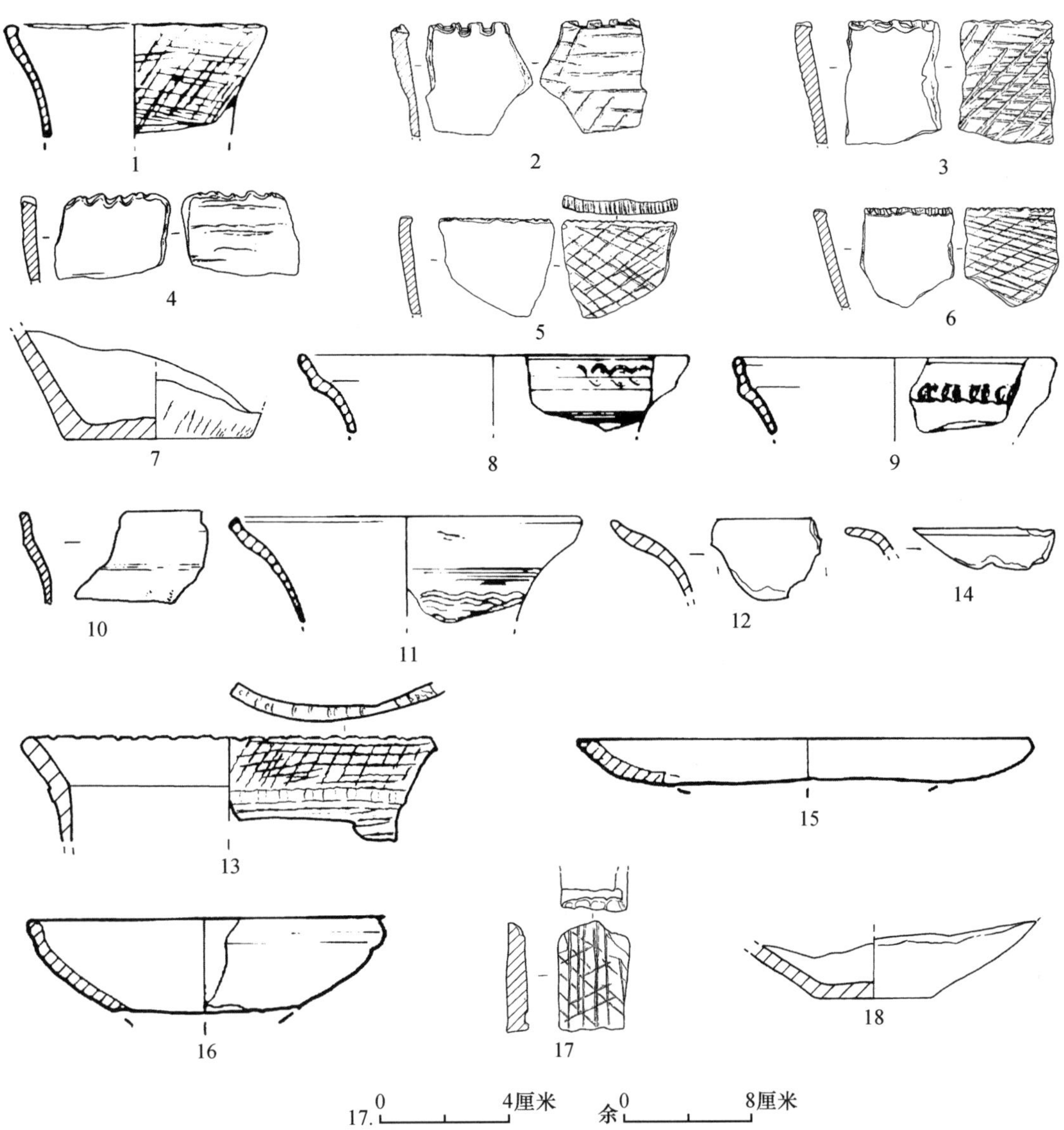

图六六　H601出土陶器

1. A型敞口罐（H601：7）　2. Aa型Ⅰ式缸口（H601：10）　3、4. Aa型Ⅱa式缸口（H601：6、H601：9）　5、6. Ab型Ⅰ式缸口（H601：5、H601：8）　7. A型缸底（H601：15）　8、9. A型Ⅰ式盘口罐（H601：3、H601：4）　10. Ba型Ⅰ式盘口罐（H601：2）　11. C型盘口罐（H601：16）　12. Ab型盘口器（H601：1）　13. C型Ⅰ式折沿罐（H601：13）　14. 盆？（H601：17）　15. A型盘（H601：11）　16. B型Ⅰ式盘（H601：12）　17. 器座（H601：18）　18. 器底（H601：14）

缸底　1件。A型。

标本H601：15，夹粗砂红陶，局部灰褐，里黑。下腹、外底饰绳纹。下腹斜收，平底，残。手制，火候较高。底径11.6、残高6.7厘米（图六六，7）。

盘口罐　5件。

A型　2件。Ⅰ式。

标本H601：3，夹粗砂灰褐陶，里黑。盘外饰波浪形戳印纹，棱上饰指甲形戳印纹，上腹饰细凹弦纹数道，内壁磨光。敞口，圆唇，盘深，残。轮制，火候不高。口径23.6、残高4.8厘米（图六六，8）。标本H601：4，夹粗砂黑陶。盘外下凸棱饰戳印纹，内壁磨光。敞口，方唇，盘深，残。轮制，火候较高。口径20.2、残高4.6厘米（图六六，9）。

B型　2件。BaⅠ式。

标本H601：2，夹粗砂灰陶，局部红褐，口部、里黑。盘下饰划纹，领部饰篦状戳印纹。盘口外张，方唇，盘深，束领，残。残宽8.2、残高5.6厘米（图六六，10）。

C型　1件。

标本H601：16，夹粗砂灰陶，口局部黑色。盘下饰凹弦纹，上腹饰波浪形划纹。敞口，卷沿，方唇，唇面微内凹，盘较深，上腹较斜，残。轮制，火候不高。口径21.2、残高6.4厘米（图六六，11）。

盘口器　1件。Ab型。

标本H601：1，夹粗砂黑陶，局部红，灰胎。素面，内外壁磨光。圆唇，微有盘，残。轮制，火候一般。残宽7、残高5厘米（图六六，12）。

敞口罐　1件。A型。

标本H601：7，夹粗砂灰陶。唇面饰浅压印绳纹和戳印纹，器表饰菱形绳纹。敞口外张，唇沿微内凸，腹较斜直，残。轮制，火候不高。口径16.2、残高6.8厘米（图六六，1）。

翘唇罐　1件。标本碎小。

折沿罐　3件。

B型　1件。Ⅱ式。标本碎小。

C型　2件。Ⅰ式。

标本H601：13，夹粗砂红陶，口部、里黑色。唇面饰绳压纹，器表饰菱形绳纹，沿、腹交接处饰附加堆纹，堆纹上饰按窝纹。敞口，斜折沿，方唇，腹较斜直，残。轮制，火候较高。口径25.6、残高6.4厘米（图六六，13）。

侈口罐　1件。标本碎小。

盆？　1件。

标本H601：17，夹细砂灰陶。素面，内外壁磨光。敞口，卷平沿，圆唇，残。轮制，火候较高。残宽9、残高2.4厘米（图六六，14）。

盘　2件。

A型　1件。

标本H601：11，夹砂黑陶，局部褐。素面，内外壁磨光。敞口，圆唇，弧腹，浅盘，残。轮制，火候较高。口径27.6、残高2.6厘米（图六六，15）。

B型　1件。Ⅰ式。

标本H601：12，夹粗砂红褐陶，局部黑，里灰。素面，内外壁磨光。敞口，圆唇，折腹，残。手制轮修，火候较高。口径21.6、残高5.4厘米（图六六，16）。

器座　1件。

标本H601：18，夹砂红陶，局部、胎黑。器表饰交错细绳纹，底缘饰戳印纹、绳切纹。下腹较斜直，底沿内斜折，残。手制，火候较高。残宽4.4、残高6.5厘米（图六六，17）。

器底　3件。

标本H601：14，泥质黑陶，紫红胎。素面，内外壁磨光。下腹斜收、微弧，平底，残。轮制，火候较高。底径7.2、残高4.6厘米（图六六，18）。

3）Ad型

5个。

H598

位置：位于99AT0201西南部，部分压在探方南壁下，坑口距地表深620～655厘米，开口第76层下，被H575、H596打破。层位关系：⑯—H598→生土。

形制：从暴露部分观察，坑口平面形状略呈圆形，坑壁不规整，圜底，壁、底均用5～10厘米厚的蛋黄色胶泥加工。口径345、坑深180厘米（图六七）。

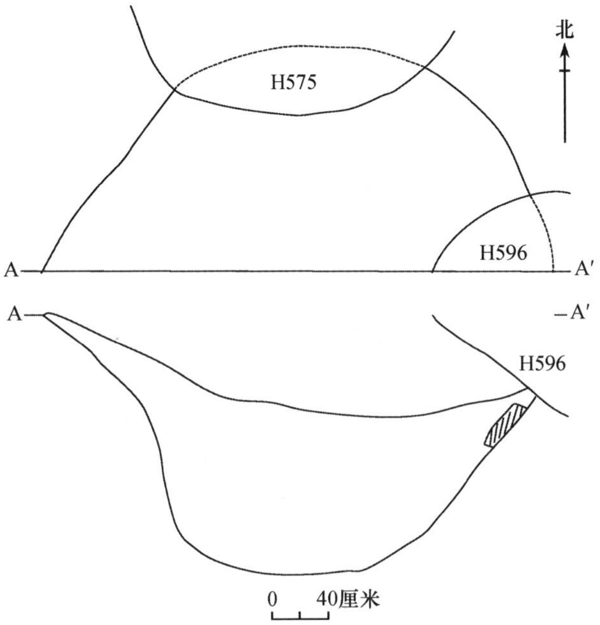

图六七　H598平、剖面图

坑内堆积与包含物：坑内填灰白色土，质松，夹较多杂质及炭粒，湿度较大。包含物丰富，以陶器为主，还出有较多石器。该坑底部有一层厚30厘米左右的黄色黏土及青绿色胶泥相杂堆积，质紧密，较硬，纯净。

出土遗物：灰坑内出土有陶器和石器。

陶器　共257件。陶质全为夹砂，以夹粗砂为主，占68.88%，部分夹细砂，占31.13%。陶色以褐陶和灰陶为主，各占44.75%和32.69%，其次为黑陶，占17.15%，红陶较少，仅占5.84%。器表以纹饰为主，占72%，部分素面，约占28%。纹饰以复合纹和菱形绳纹为主，各占23.35%和20.62%，其次为弦纹和绳纹，各约占14%和7.78%，划纹、戳印纹、镂孔、暗纹较少。器类以缸、罐为主，瓮、盆、盘、钵、器盖等较少，约有35.80%的腹片不辨器形（表二〇）。

表二〇　H598出土陶器统计表

陶质	夹粗砂				夹细砂				合计	%
陶色	灰	红	黑	褐	灰	红	黑	褐		
纹饰/器类										
绳纹	4	2	12	1			1		20	7.78
菱形绳纹	26	4	2	21					53	20.62
凸弦纹					1		1		2	0.78
凹弦纹	7	2	4	20	1				34	13.23
划纹	2			5	1		1	1	10	3.89
戳印纹				1				2	3	1.17
镂孔					2				2	0.78
复合纹	16	5	4	20	5	1	2	7	60	23.35
暗纹								1	1	0.39
素面	4	2	2	12	14		25	13	72	28.02

续表

陶质	夹粗砂				夹细砂				合计	%
陶色	灰	红	黑	褐	灰	红	黑	褐		
纹饰/器类										
合计	59	15	24	80	24	1	30	24	257	100
%	22.96	5.84	9.34	31.1	9.34	0.39	11.70	9.34	100	
罐				2	4		5	1	12	4.67
折沿罐	2			1					3	1.17
盘口罐	17	3	5	25					50	19.46
盆							1	2	3	1.17
钵					1		6		7	2.72
缸	24	4	3	18					49	19.07
圈足					1		7		8	3.11
平底	2	1		6	3				12	4.67
器盖				4	1				5	1.95
盘				1	1		1	5	8	3.11
瓮	1	1		2				4	8	3.11
不明器	13	4	6	32	14	1	10	12	92	35.80

参加分类排队的陶器共105件，挑选标本41件。

缸口　29件。A型。

Aa型　2件。Ⅱa式。

标本H598：25，夹粗砂灰陶，里黑色。唇面饰戳印纹，器表饰菱形绳纹。敞口，唇沿内凸，上腹较直，残。轮制，火候较高。残宽5.6、残高3.7厘米（图六八，1）。

Ab型　27件。

Ⅰ式：8件。

标本H598：23，夹粗砂灰陶，里黑色。唇面饰压印绳纹，器表饰细菱形绳纹。敞口，唇沿内凸，上腹较斜直，残。轮制，火候较高。残宽7.2、残高6.9厘米（图六八，2）。标本H598：24，夹粗砂灰陶，里黑色。唇面饰压印绳纹，器表饰细菱形绳纹。敞口，唇沿内凸，上腹斜直，残。轮制，火候较高。残宽7、残高4.6厘米（图六八，3）。

Ⅱ式：19件。

标本H598：21，夹粗砂褐陶，灰黑胎。唇面饰戳印纹，器表饰细菱形绳纹。敞口，唇沿内凸，上腹微曲，残。轮制，火候较高。口径32.4、残高10.8厘米（图六八，4）。标本H598：22，夹粗砂褐陶，局部红、黑，里灰黑色。唇面饰压印绳纹，器表饰细菱形绳纹。敞口，唇沿内凸，上腹微曲，残。轮制，火候不高。口径30.8、残高8.4厘米（图六八，5）。

缸底　1件。A型。

标本H598：40，夹粗砂灰陶，里灰黑色。下腹饰细绳纹，底外缘饰绳纹。下腹斜收，平底。轮制，火候较高。底径8.4、残高5.3厘米（图六八，6）。

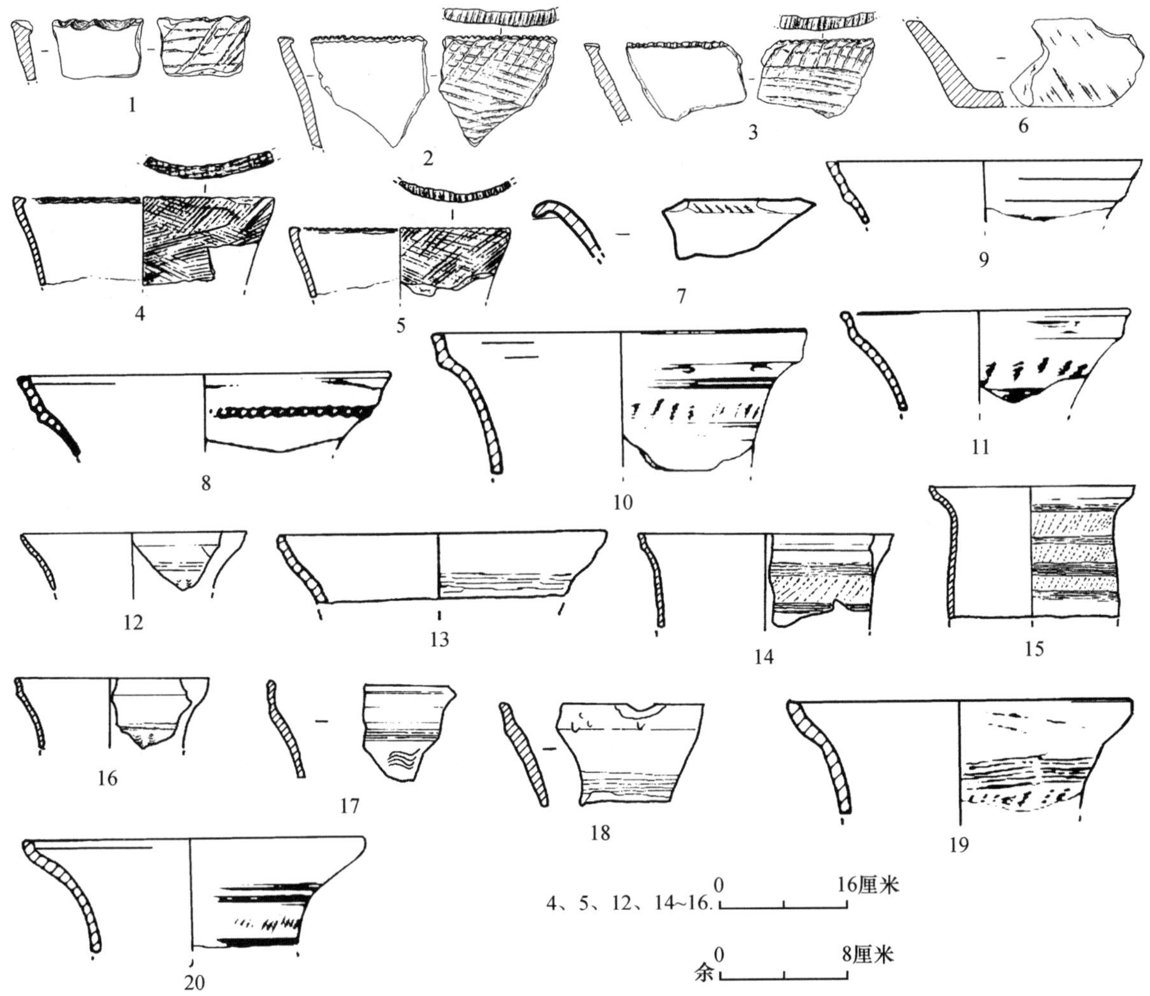

图六八　H598出土陶器

1. Aa型Ⅱa式缸口（H598：25）　2、3. Ab型Ⅰ式缸口（H598：23、H598：24）　4、5. Ab型Ⅱ式缸口（H598：21、H598：22）　6. A型缸底（H598：40）　7. B型瓮（H598：35）　8、9. A型Ⅰ式盘口罐（H598：16、H598：18）　10、11. A型Ⅱ式盘口罐（H598：8、H598：10）　12、13. Ba型Ⅰ式盘口罐（H598：17、H598：19）　14、15. Ba型Ⅱ式盘口罐（H598：7、H598：20）　16、17. Bb型Ⅰ式盘口罐（H598：13、H598：14）　18. Bb型Ⅱ式盘口罐（H598：12）　19、20. C型盘口罐（H598：9、H598：11）

瓮　7件。

A型　6件。标本碎小。

B型　1件。

标本H598：35，夹细砂灰褐陶，局部黄褐。唇面饰细绳纹，外壁磨光。喇叭口，沿外下卷，残。轮制，火候较高。残宽9.6、残高3.7厘米（图六八，7）。

盘口罐　43件。

A型　12件。

Ⅰ式：7件。

标本H598：16，夹粗砂灰褐陶，局部红褐，里黑。盘外下凸棱饰戳印纹，盘腹有制作缝隙缺陷。敞口，方唇，盘深，残。轮制，火候不高。口径22.8、残高4.8厘米（图六八，8）。标本H598：18，夹粗砂灰陶，口、里黑。上腹饰细凹弦纹数道，内壁磨光。敞口，圆唇，盘深，残。轮制，火候不高。口径19、残高4厘米（图六八，9）。

Ⅱ式：5件。

标本H598：8，夹粗砂褐陶，局部灰、黑，里黑。腹部饰组状划纹、戳印纹、篦点纹。敞口，圆唇，盘深，上腹微外张，残。手制轮修，火候较低。口径23.6、残高8.6厘米（图六八，10）。标本H598：10，夹粗砂灰褐陶，里黑。上腹饰组状戳印纹、划纹，内壁磨光，敞口，圆唇，盘较深，残。手制轮修，火候不高。口径18、残高6厘米（图六八，11）。

B型 18件。

Ba型 6件。

Ⅰ式：4件。

标本H598：17，夹粗砂黑陶。唇面饰弦纹，盘下饰粗凹弦纹，盘外下有凸棱一周，领部饰划纹和戳印纹。盘口外张，方圆唇，盘深，束领，残。口径28、残高6.8厘米（图六八，12）。标本H598：19，夹粗砂褐陶，口部、里黑。领部饰凹弦纹。盘口外张，圆唇，盘较深，残。口径20.4、残高4厘米（图六八，13）。

Ⅱ式：2件。

标本H598：7，夹粗砂红褐陶，领以上、胎、里灰色。领、腹部饰相间的组状划纹、戳印纹。盘口较深，方唇，盘外微内凹，盘下有凸棱，腹微弧，残。口径31.2、残高11.4厘米（图六八，14）。标本H598：20，夹粗砂灰陶，腹局部红褐，里黑。领、腹部饰相间的组状划纹和戳印纹，内壁磨光。盘口较浅，方唇，腹为微弧，残。口径25.6、残高16厘米（图六八，15）。

Bb型 12件。

Ⅰ式：2件。

标本H598：13，夹粗砂褐陶，局部灰色。领部饰划纹，腹饰指甲组状戳印纹，内壁磨光。盘口深，圆唇，盘壁微内凹，腹微弧，残。口径24、残高8.4厘米（图六八，16）。标本H598：14，夹粗砂褐陶，口部、里灰黑。盘外壁饰凹弦纹，领上部饰凹弦纹、中部饰波浪形划纹，内壁磨光。敞口，斜方唇，盘深，残。残宽5.8、残高5.9厘米（图六八，17）。

Ⅱ式：10件。

标本H598：12，夹粗砂黑陶，局部红褐。盘外饰戳印纹，领、腹相交处饰划纹。盘口浅，圆唇，折盘，残。残宽9、残高6.3厘米（图六八，18）。

C型 13件。

标本H598：9，夹粗砂灰褐陶，口部、里黑。上腹饰组状划纹、戳印纹。敞口，卷沿微内凹，圆唇，残。轮制，火候较高。口径21、残高6.8厘米（图六八，19）。标本H598：11，夹粗砂黑陶。上腹饰组状凹弦纹，戳印纹。敞口，卷沿，圆唇，残。轮制，火候不高。口径20.2、残高6.8厘米（图六八，20）。

盘口器 1件。Aa型。标本碎小。

折沿罐 3件。

B型 2件。

Ⅰ式：1件。

标本H598：37，夹粗砂褐陶，局部黑色。下唇面饰戳印纹，下沿面饰绳纹，腹饰竖划纹。敞口，沿先斜折再上折，斜方唇，腹较直，残。轮制，火候较高。口径23.6、残高5.2厘米（图六九，1）。

Ⅱ式：1件。标本碎小。

C型　1件。Ⅱ式。

标本H598：38，夹粗砂褐陶，里局部黑色。唇面饰压印绳纹，下沿面饰绳纹，腹先饰绳纹后，再饰竖划纹。敞口，斜折沿，方唇，弧腹，残。轮制，火候不高。口径42、残高15.6厘米（图六九，2）。

卷沿罐　2件。Aa型。

Ⅰ式：1件。

标本H598：36，夹粗砂黑陶，局部褐色。器表先饰绳纹，再饰划纹。侈口，卷沿，内沿近唇处微内凹，圆唇，腹微鼓，残。轮制，火候较高。口径30.8、残高6.4厘米（图六九，3）。

Ⅱ式：1件。

标本H598：29，夹粗灰褐陶。素面。侈口，卷沿，圆唇，上腹微鼓，残。轮制，火候较高。口径27、残高10.1厘米（图六九，4）。

有领罐　1件。标本碎小。

盆　1件。A型。

标本H598：41，夹细砂灰褐陶，褐、黑胎。素面，内外壁磨光。敞口，卷沿，圆唇，腹斜直，残。轮制，火候较高。残宽6.8、残高2.8厘米（图六九，5）。

盘　7件。

A型　1件。

标本H598：26，夹砂黄褐陶，局部、胎红褐。腹饰篦划纹，内外壁磨光。敞口，圆唇，弧腹，残。轮制，火候较高。口径28.8、残高5.2厘米（图六九，6）。

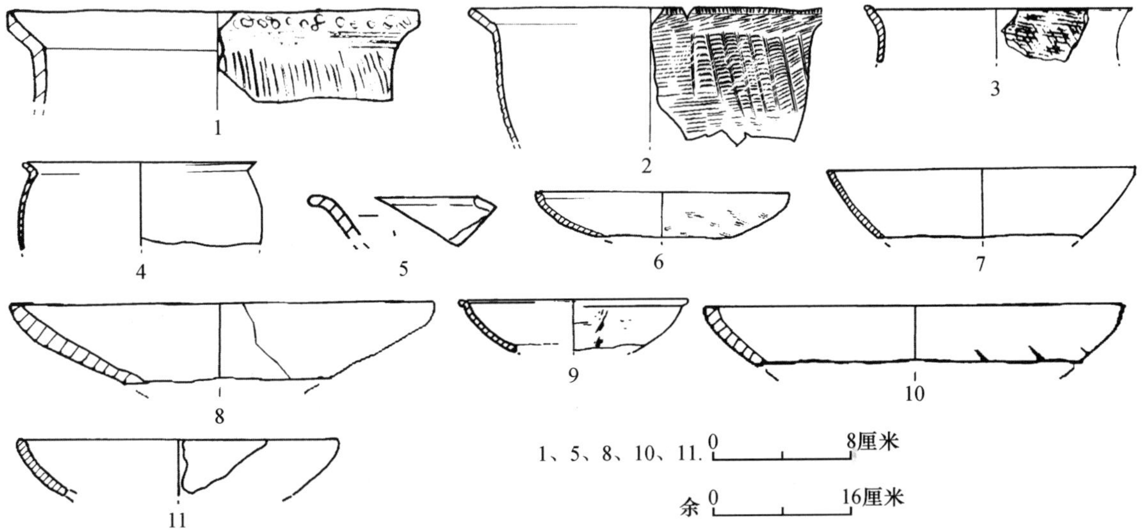

图六九　H598出土陶器

1. B型Ⅰ式折沿罐（H598：37）　2. C型Ⅱ式折沿罐（H598：38）　3. Aa型Ⅰ式卷沿罐（H598：36）　4. Aa型Ⅱ式卷沿罐（H598：29）　5. A型盆（H598：41）　6. A型盘（H598：26）　7、8. C型盘（H598：27、H598：28）　9. Ⅰ式有沿盘（H598：30）　10、11. A型Ⅰ式钵（H598：32、H598：31）

C型　6件。

标本H598：27，夹粗砂红陶，局部灰褐、褐，胎黑。口、内壁磨光。敞口，圆唇，斜弧腹，残。手制，火候较高。口径35.2、残高7.8厘米（图六九，7）。标本H598：28，夹粗砂红陶，局部、胎黑。素面，内壁磨光。敞口，圆唇，斜腹微弧，残。手制，火候较高。口径24、残高4.2厘米（图六九，8）。

有沿盘　1件。Ⅰ式。

标本H598：30，泥质黑陶，红胎。器表饰划纹，内外壁磨光。敞口，微有沿，圆唇，弧腹，残。轮制，火候不高。口径26、残高6厘米（图六九，9）。

钵　2件。A型Ⅰ式。

标本H598：32，泥质黑皮陶，红褐胎。腹饰斜划纹，内外壁磨光。敞口，圆唇，弧腹，残。轮制，火候较高。口径24、残高3.2厘米（图六九，10）。标本H598：31，夹砂黑皮陶。素面，内外壁磨光。敞口，微有内沿，圆唇，弧腹，残。轮制，火候较高。口径37.2、残高6厘米（图六九，11）。

圈足　4件。标本碎小。

器底　3件。标本碎小。

石器　共发现5件，1件为石料，器类有锛、凿。

锛　3件。Ba型。

标本H598：1，黑色角岩。平面略长方形，弧顶、弧刃、有崩疤，偏锋，刃大部残。磨制。长6.7、残宽4.2、厚1.4厘米（图七〇，1）。标本H598：2，青色浅变质岩。平面略呈长方形，圆顶、弧刃、有崩疤，正锋。顶部、一侧打制，余磨制。长8.1、宽4.2、厚1.8厘米（图七〇，2）。标本H598：4，暗黄色玉，局部灰白。平面略呈长方形，圆顶，刃残。磨制。残长8.9、宽4.3、厚2厘米（图七〇，3）。

凿　1件。Aa型。

标本H598：3，青绿色浅变质岩。平面长条形，圆顶、弧刃、少有崩疤，正锋，完整。磨制。长7.2、宽3.3、厚1厘米（图七〇，4；图版三二，4）。

石料　1件。

标本H598：5，圆柱形灰绿变质石英岩，顶部圆尖，残。残长18.7厘米。

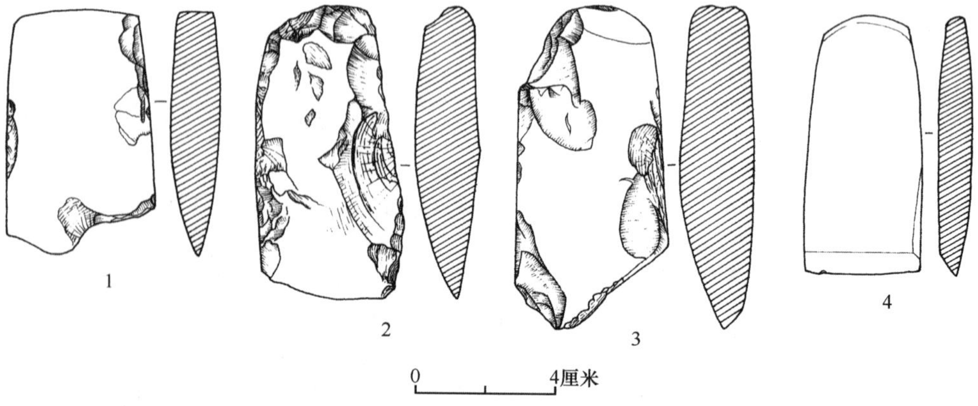

图七〇　H598出土石器

1～3. Ba型锛（H598：1、H598：2、H598：4）　4. Aa型凿（H598：3）

H323

位置：位于98AT0103西部，坑口距地表深562厘米，开口第41层下，打破同层下H324和M46。层位关系：㊶—H323→H324、M46。

形制结构：坑口平面略呈圆形，壁上部较直、下部斜弧收，平底，壁下半部用厚0～3厘米的黄黏泥加工，底部垫10厘米厚的黄黏土，极紧、平，黏土上平置4块卵石。口径175、底径58、深130厘米（图七一）。

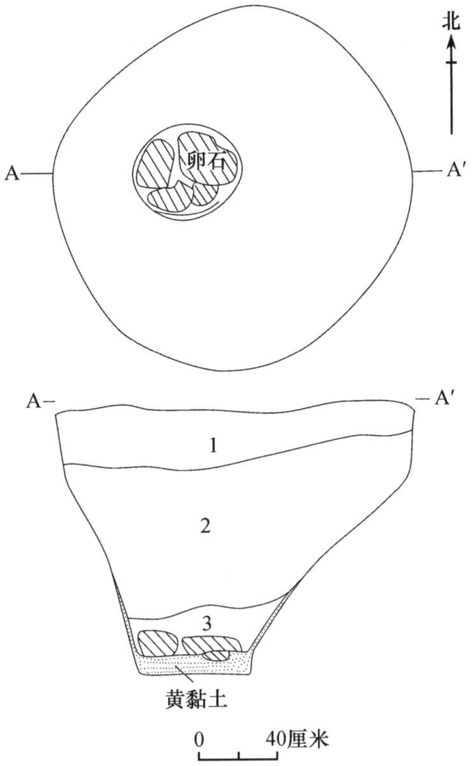

图七一　H323平、剖面图

坑内堆积与包含物：可分3层。

第1层：厚10～30厘米。灰褐沙土，较纯，包含较多石块和极少菱形绳纹陶片和附加堆纹陶片。

第2层：厚64～80厘米。灰褐色土，极松，无卵石、石块，包含陶片含量猛增。

第3层：厚16～25厘米。灰黑色土，极松，夹少量炭粒，包含少量陶片、碎骨等。

出土遗物：主要有陶器、石块和兽骨等。

陶器　共249件。陶质全为夹砂，以夹粗砂为主，占73.08%，部分夹细砂，占26.90%。陶色以灰为主，占38.16%，次为红、黑、褐色，分别占21.68%、21.28%和18.87%。器表以纹饰为主，占85.14%，素面较少，占14.86%。纹饰以菱形绳纹为主，占53.41%，次为复合纹、绳纹，分别占11.65%和12.85%，附加堆纹、凹弦纹、暗纹较少。器类以缸为主，占46.99%，次为罐，占41%，瓮、壶、钵、器盖等较少（表二一）。

表二一　H323出土陶器统计表

陶质	夹粗砂					夹细砂				合计	%
陶色	灰	红	黑	褐	灰褐	灰	红	黑	黄褐		
纹饰/器类											
绳纹	3	11		6	5	1		1		27	10.84
细绳纹						5				5	2.01
菱形绳纹	41	22	45	5	20					133	53.41
凹弦纹						4	1			5	2.01
附加堆纹		3	1			6	1	1		12	4.82
复合纹	2	6		9		9	1	1	1	29	11.65
暗纹								1		1	0.40
素面		2		1		24	7	3		37	14.86
合计	46	44	46	21	25	49	10	7	1	249	100
%	18.47	17.67	18.47	8.43	10.04	19.69	4.01	2.81	0.40	100	
缸口	9		26	1	5					41	16.47

续表

陶质	夹粗砂					夹细砂				合计	%
陶色	灰	红	黑	褐	灰褐	灰	红	黑	黄褐		
纹饰/器类											
缸腹	23	22	11	1	14					71	28.51
缸底		3	1		1					5	2.01
罐口											
罐腹	4	15	4	12	5	31	6	2		79	31.73
折沿罐口	7		3	6						16	6.43
罐底	2	3		1		1				7	2.81
盘口器口			1			2	1	2		6	2.41
高领罐口								1		1	0.40
瓮腹		1				4			1	6	2.41
壶口						1				1	0.40
钵口						1		1		2	0.80
钵腹								1		1	0.40
器盖	1									1	0.40
平底						3				3	1.20
不明器						6	3			9	3.61

参加器物排队的陶器共70件，挑选标本36件。

缸口　35件。Aa型。

Ⅰ式：2件。

标本H323：27，夹粗砂黑陶，局部灰。唇内外缘饰戳印纹，器表饰菱形绳纹。敞口外张，腹较斜直，残。轮制，火候较高。残宽5.8、残高2.9厘米（图七二，1）。标本H323：28，夹粗砂黑陶。唇部戳印成齿状，器表饰菱形绳纹。敞口外张，唇缘微凸，残。轮制，火候较高。残宽5.5、残高3.9厘米（图七二，2）。

Ⅱa式：33件。

标本H323：29，夹粗砂灰褐陶，里黑。唇部外向里饰较粗、深戳印纹，器表饰粗糙菱形绳纹。敞口外张，唇缘内凸，腹斜直，残。轮制，火候一般。残宽14.2、残高7.4厘米（图七二，3）。标本H323：30，夹粗砂黑陶。唇部饰浅、密戳印纹，器表饰大菱形绳纹，表皮大部脱落。敞口，唇缘内凸，腹较斜直，残。轮制，火候不高。残宽16、残高9.2厘米（图七二，4）。

缸底　2件。A型。

标本H323：37，夹粗砂红陶，局部里黑。器表、外底饰菱形绳纹。下腹较斜直，平底，残。手制轮修，火候较高。底径9、残高9.3厘米（图七二，5）。H323：38，夹粗砂红陶，胎、里灰黑。器表饰菱形绳纹，外底饰绳纹。下腹较斜直，平底，残。轮制，火候较高。底径10、残高7.8厘米（图七二，6）。

瓮　3件。A型。

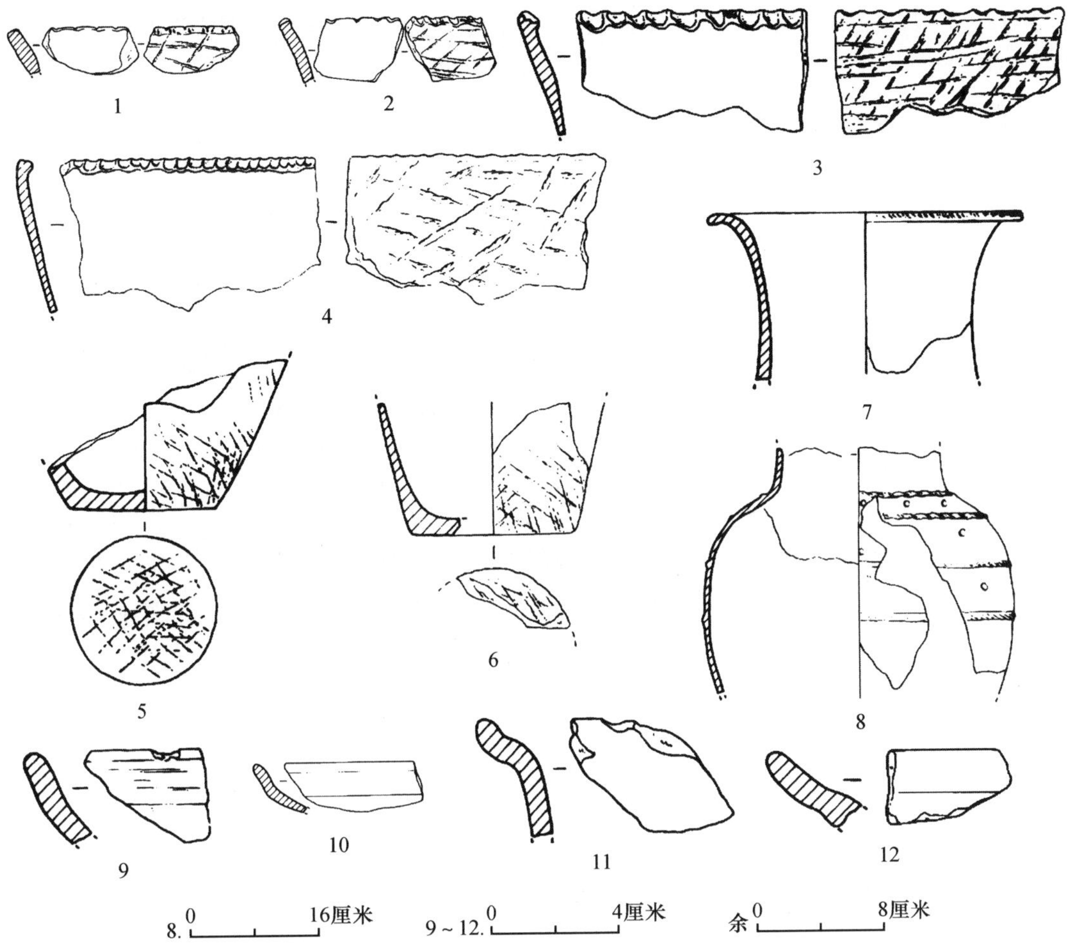

图七二 H323出土陶器

1、2. Aa型Ⅰ式缸口（H323：27、H323：28） 3、4. Aa型Ⅱa式缸口（H323：29、H323：30） 5、6. A型缸底（H323：37、H323：38） 7、8. A型瓮（H323：5、H323：39） 9. Ba型Ⅱ式盘口罐（H323：6） 10. Bb型Ⅰ式盘口罐（H323：7） 11. Aa型盘口器（H323：9） 12. Ab型盘口器（H323：8）

标本H323：5，夹细砂黑陶。上唇面饰绳切纹，外壁、沿面磨光。微侈口，卷沿，圆唇，束领，残。轮制，火候较高。口径19.6、残高10.1厘米（图七二，7）。标本H323：39，夹细砂灰陶，局部灰黑。器表饰斜细绳纹、镂孔、多道附加堆纹，再在堆纹上饰绳纹。微束领，圆肩，鼓腹，平底，残。腹径38.8、残高29.6厘米（图七二，8）。标本H323：3，夹砂灰黑陶，局部黑。肩、腹饰附加纹，领下附加堆纹上饰戳印纹，其余堆纹上饰斜细绳切纹，上肩部附加三个近圆形泥贴片、其上压印绳纹，肩、腹饰较多成对圆形镂孔。高束领，溜肩，鼓腹，下腹弧收，一侧变形内凹，平底，残。盘筑轮修，火候较高。底径13、残高46.4厘米（图版二二，7）。

盘口罐 2件。B型。

Ba型 1件。Ⅱ式。

标本H323：6，夹细砂黑陶。素面，内外壁磨光。敞口，圆唇，盘较浅，盘下微折，残。轮制，火候一般。残宽3.8、残高2.8厘米（图七二，9）。

Bb型 1件。Ⅰ式。

标本H323：7，夹细砂黑陶，胎褐、黑。器表饰凹弦纹、划纹，内壁磨光。敞口，圆唇，盘较深，盘壁微凹，残。轮制，火候较高。残宽4.8、残高3.3厘米（图七二，10）。

盘口器　2件。A型。

Aa型　1件。

标本H323：9，夹细砂灰陶。素面，内外壁磨光。敞口，圆唇，浅盘，颈较斜直，残。轮制，火候高。残宽4.8、残高3.5厘米（图七二，11）。

Ab型　1件。

标本H323：8，夹粗砂灰黑陶，里黑。素面，器表有划痕。敞口，圆唇，微有盘，盘下有凸棱，残。轮制，火候较高。残宽3.9、残高2.25厘米（图七二，12）。

翘唇罐　2件。Ⅱ式。

标本H323：10，夹细砂黑陶。器表饰斜细绳纹。敞口，斜折沿上卷，沿面凹，尖圆唇，腹斜直，残。手制轮修，火候较高。残宽5.7、残高7.2厘米（图七三，1）。标本H323：11，夹粗砂灰陶，局部红，里黑。唇面中部饰划纹，上下唇缘饰戳印纹，器表饰菱形绳纹。敞口，斜折沿，唇面微凹，腹斜直，残。轮制，火候较高。口径26.4、残高6.6厘米（图七三，2）。

折沿罐　11件。

A型　10件。

Aa型　2件。Ⅰ式。

标本H323：16，夹粗砂灰陶，里黑。唇面饰划纹，器表饰小菱形绳纹。敞口，斜折沿，沿面微凹，圆唇，腹斜直，残。轮制，火候较高。残宽10.1、残高3.6厘米（图七三，3）。标本H323：19，夹粗砂褐陶，局部、里黑。器表饰菱形绳纹。敞口，斜折沿，圆唇，上唇缘微上翘，腹斜直，残。轮制，火候较高。残宽8.2、残高4.9厘米（图七三，4）。

Ab型　8件。

Ⅰ式：2件。

标本H323：14，夹粗砂褐陶，局部红，口、里黑。唇面饰戳印纹，器表饰菱形绳纹。敞口，斜折沿，沿面微弧，腹较斜直，残。轮制，火候较高。口径17.6、残高7.9厘米（图七三，5）。标本H323：15，夹粗砂灰陶。上唇面饰戳印纹，器表饰绳纹。敞口，斜折沿，腹斜直，残。轮制，火候较高。残宽3.8、残高2.8厘米（图七三，6）。

Ⅱ式：6件。

标本H323：12，夹粗砂褐陶，灰黑胎。上唇面饰绳切纹，器表饰绳纹。敞口，斜折沿，沿面微凹，圆唇斜上翘，腹较斜直，残。轮制，火候一般。残宽9.2、残高4.2厘米（图七三，7）。标本H323：13，夹粗砂灰陶，局部红，里黑。上唇缘饰戳印纹，器表饰绳纹。敞口，斜折沿，沿面微凸，唇面微凹，腹斜直，残。轮制，火候较高。残宽10.5、残高4.2厘米（图七三，8）。

B型　1件。Ⅰ式。

标本H323：20，夹细砂褐陶，胎褐、黑。外沿饰凸弦纹，器表饰细绳纹。微侈口，斜折沿，圆尖唇，残。轮制，火候高。残宽4.8、残高2.9厘米（图七三，9）。

槽唇罐　1件。Ⅰ式。

标本H323：17，夹粗砂灰陶，口局部、里黑。上下唇缘饰戳印纹，器表饰菱形绳纹。敞

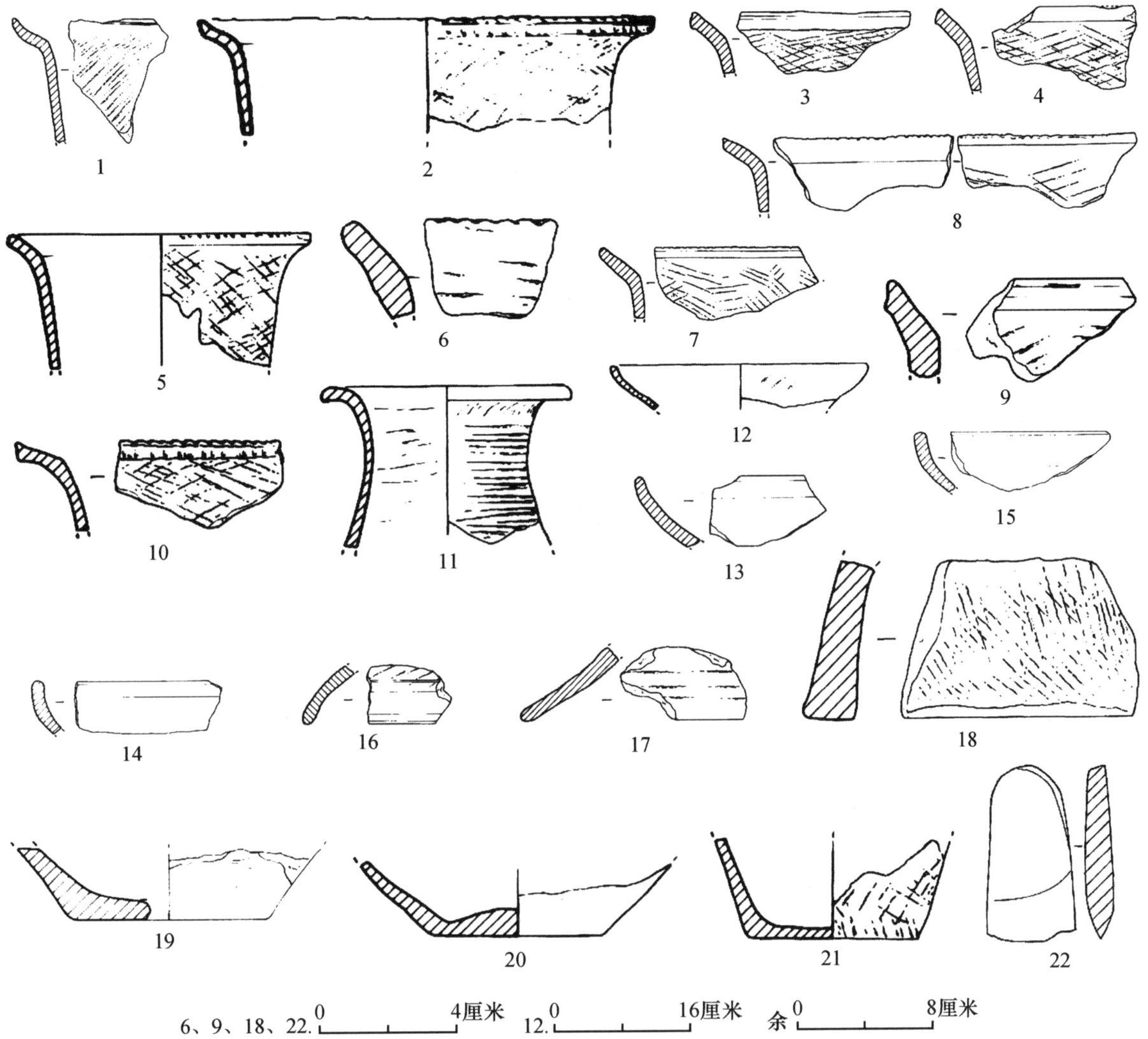

图七三　H323出土器物

1、2. Ⅱ式陶翘唇罐（H323：10、H323：11）　3、4. Aa型Ⅰ式陶折沿罐（H323：16、H323：19）　5、6. Ab型Ⅰ式陶折沿罐（H323：14、H323：15）　7、8. Ab型Ⅱ式陶折沿罐（H323：12、H323：13）　9. B型Ⅰ式陶折沿罐（H323：20）　10. Ⅰ式陶槽唇罐（H323：17）　11. 陶壶（H323：4）　12、13. Aa型陶盘（H323：21、H323：22）　14、15. A型Ⅰ式陶钵（H323：23、H323：24）　16. A型陶器盖（H323：40）　17. B型陶器盖（H323：25）　18. A型陶器座（H323：26）　19～21. 陶器底（H323：34、H323：35、H323：36）　22. Aa型石凿（H323：1）

口，斜折沿，沿面近唇部微凹，唇面内凹，腹较斜直，残。轮制，火候较高。残宽9.6、残高5厘米（图七三，10）。

壶　1件。

标本H323：4，夹细砂灰陶。颈部饰暗纹，颈上部有刮抹痕，内壁有划痕和刮抹痕。侈口，卷沿，圆唇，束颈，残。手制轮修，火候较高。口径14.3、残高9.2厘米（图七三，11）。

盘　2件。Aa型。

标本H323：21，夹粗砂褐陶，局部、里灰黑。器表饰稀疏绳纹，内上壁磨光。敞口，圆唇，微曲腹，残。手制轮修，火候不高。口径30、残高5.2厘米（图七三，12）。标本H323：22，泥质灰褐陶，局部胎、里红。素面，内外壁磨光。敞口，圆尖唇，弧腹，残。轮制，火候高。残宽6.7、残高4厘米（图七三，13）。

钵　2件。A型Ⅰ式。

标本H323：23，夹细砂红褐陶，局部灰、黑，里黑。素面，内外壁磨光，器表有细划痕。口微敞，弧腹，残。轮制，火候较高。残宽8.5、残高3厘米（图七三，14）。标本H323：24，夹细砂黑陶。素面，内外壁磨光。敞口，圆唇，微折腹，残。轮制，火候高。残宽9.4、残高3.5厘米（图七三，15）。

器盖　2件。

A型　1件。

标本H323：40，夹粗砂黑陶，里红褐。器表饰绳纹。覆盘形，敞口，圆唇，弧壁，残。轮制，火候一般。残宽7、残高4厘米（图七三，16）。

B型　1件。

标本H323：25，夹细砂黑陶，里褐。素面，内外壁粗磨。敞口，圆唇，折腹，残。轮制，火候较高。残宽8.5、残高3.2厘米（图七三，17）。

器座　1件。A型。

标本H323：26，夹粗砂淡黄陶，灰胎，里红。器表饰小菱形绳纹，座底饰绳纹。截面呈梯形，壁微内弧，残。手制，火候高。残宽6.8、残高4.5厘米（图七三，18）。

器底　4件。

标本H323：34，夹粗砂黑陶。器表饰细划纹。下腹微内弧，平底，残。手制，火候较高。底径11.6、残高4.3厘米（图七三，19）。标本H323：35，夹细砂灰黑陶，里灰。素面，器壁有刮抹、细划痕。下腹微弧，平底，残。手制，火候较高。底径9.5、残高4.3厘米（图七三，20）。标本H323：36，夹粗砂褐陶，里黑。器表饰绳纹。下腹较斜直，平底，残。轮制，火候较高。底径9.8、残高5.9厘米（图七三，21）。

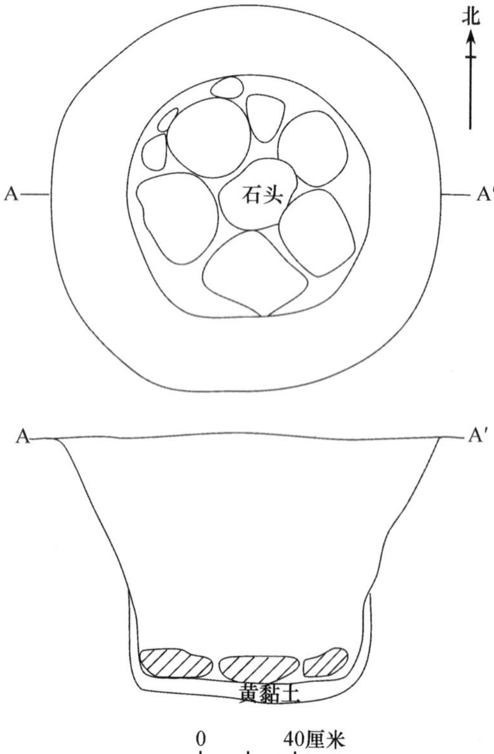

图七四　H778平、剖面图

石器　仅出土1件。

石凿　1件。Aa型。

标本H323：1，黑色角岩，局部灰。窄长方形，圆顶，微弧刃、有崩疤，正锋，微残。磨制。长5、宽2.6、厚0.8厘米（图七三，22）。

H778

位置：位于02AT0101西南部，坑口距地表深690厘米，开口第39层下，打破第40层。层位关系：㊴—H778→㊵。同层下遗迹还有H776、H777、H779、H780、H781、H782、H783、H784、H785、H786。

形制：坑口平面略呈圆形，坑壁上斜下较直，底部较平，坑壁、底使用浅黄色黏土加工，坑底黏土之上用河卵石块铺垫。直径160、深105厘米（图七四）。

坑内堆积与包含物：坑内填土呈黄灰色，略杂黑灰，土质结构稍硬，带沙性。包含物以陶器为主，另有部分兽骨。

出土遗物：出土陶器共128件。陶质全为夹砂，以夹粗砂为主，部分夹细砂。陶色以灰为主，占54.69%，次为黑色，占23.44%，红、褐色较少，分别占11.72%和10.16%。器表以纹饰为主，占96.09%，素面及少，仅占3.91%。纹饰以菱形绳纹为主，占47.66%，次为绳纹，占42.19%，复合纹、附加堆纹较少。器类以缸为主，次为罐（表二二）。

表二二　H778出土陶器统计表

陶质	夹砂				合计	%
陶色	灰	红	黑	褐		
纹饰/器类						
绳纹	27	8	12	7	54	42.19
菱形绳纹	35	7	15	4	61	47.66
附加堆纹			1		1	0.78
复合纹	6			1	7	5.47
素面	2		2	1	5	3.91
合计	70	15	30	13	128	100
%	54.69	11.72	23.44	10.16	100	
罐	4	2		6	12	9.38
盘口罐	2			1	3	2.34
卷沿罐	1				1	0.78
折沿罐	6	1			7	5.47
缸	46		28	6	80	62.50
器底	7	10	1		18	14.06
不明器	4	2	1		7	5.47

参加分类排队的陶器85件，挑选标本60件。

缸口　58件。A型。

Aa型　13件。

Ⅰ式：10件。

标本H778∶2，夹粗砂灰褐陶，口沿、胎、里黑。唇饰较浅戳印纹，器表饰菱形绳纹。敞口外张，上腹微弧内收，残。手制，火候较高。残宽18、残高10.4厘米（图七五，1）。

Ⅱa式：3件。

标本H778∶1，夹粗砂灰褐陶，口沿、里黑。唇饰较浅粗戳印纹，器表饰菱形绳纹。敞口，上腹较直，残。手制，火候较高。残宽11.6、残高9.6厘米（图七五，2）。

Ab型　45件，24件不明式别。

Ⅰ式：7件。

标本H778∶3，夹粗砂灰褐陶，口、胎、里黑。唇饰较浅戳印纹，器表饰较小菱形绳纹。敞口外张，上腹斜收，残。手制，火候较高。残宽8.4、残高7.2厘米（图七五，3）。标本

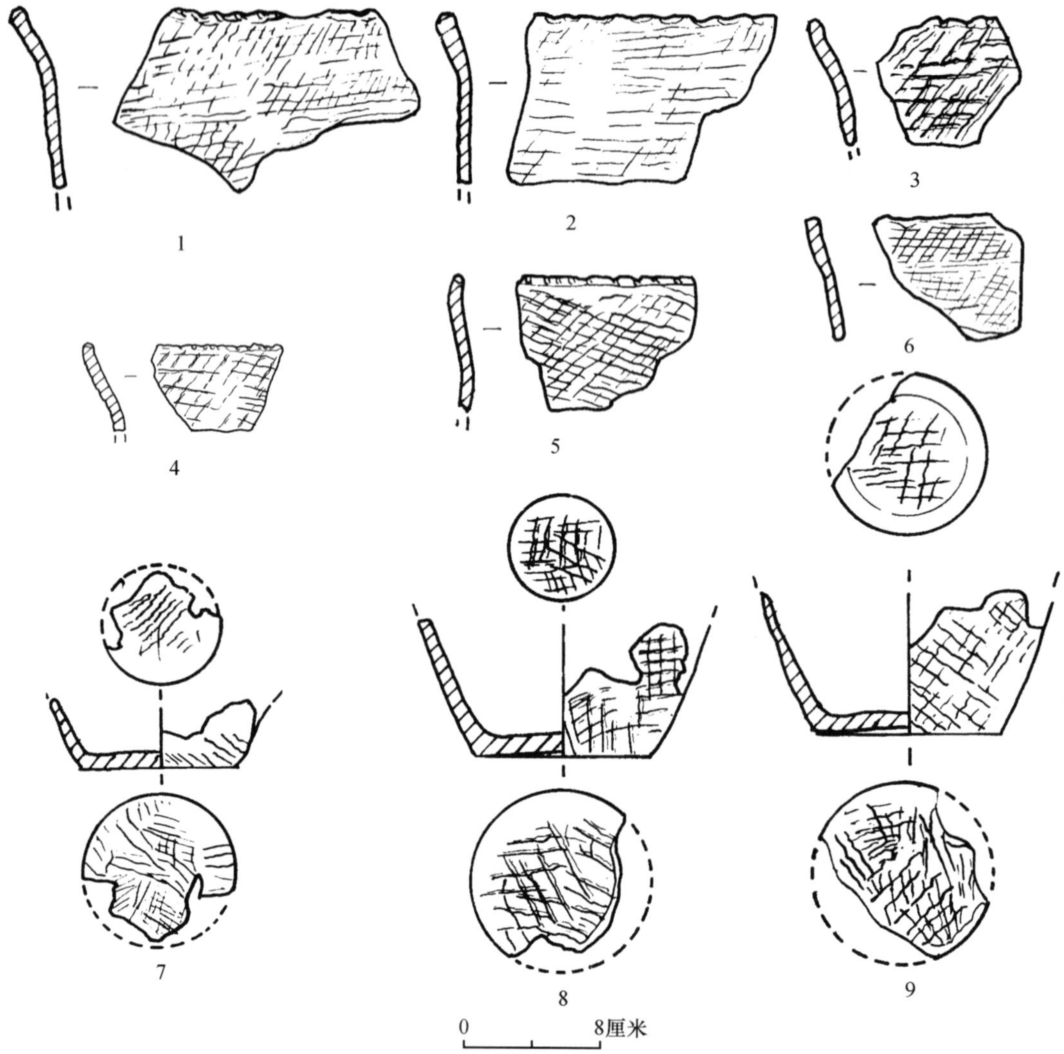

图七五　H778出土陶器

1. Aa型Ⅰ式缸口（H778：2）　2. Aa型Ⅱa式缸口（H778：1）　3、4. Ab型Ⅰ式缸口（H778：3、H778：4）
5、6. Ab型Ⅱ式缸口（H778：5、H778：6）　7～9. A型缸底（H778：17、H778：18、H778：19）

H778：4，夹粗砂黑陶。唇饰较浅戳印纹，器表饰较小菱形绳纹。敞口外张，残。手制，火候较高。残宽7.7、残高5厘米（图七五，4）。

Ⅱ式：14件。

标本H778：5，夹粗砂黑陶，局部灰褐。唇饰较浅戳印纹，器表饰小菱形绳纹。敞口，上腹较直，残。手制，火候较高。残宽10.4、残高7.6厘米（图七五，5）。标本H778：6，夹粗砂灰褐陶，局部、胎、里黑。唇饰较浅戳印纹，器表饰小菱形绳纹。敞口，上腹斜收，残。手制，火候较高。残宽8.4、残高7.2厘米（图七五，6）。

缸底　12件。A型。

标本H778：17，夹粗砂黑陶，外底红褐。下腹饰斜绳纹，外底、内底中部饰交错绳纹。下腹斜收，平底，残。手制，火候较高。底径8.8、残高4厘米（图七五，7）。标本H778：18，夹粗砂红褐陶，灰胎，里黑。下腹、外底和内底中部饰交错绳纹。下腹微弧斜收，平底微凹，残。手制，火候较高。底径10.4、残高7.6厘米（图七五，8）。标本H778：19，夹粗砂红陶，局部灰褐，里黑。下腹、外底和内底中部饰交错绳纹。下腹微弧收，底微凹，残。手制，火候较高。底径10.4、残高8.2厘米（图七五，9）。

翘唇罐　3件。

Ⅰ式：1件。

标本H778∶12，夹粗砂黑陶，局部灰褐。上腹饰菱形细绳纹。敞口，折沿较宽、近唇部上翘，圆唇，上腹斜收，残。轮制，火候较高。残宽6.2、残高3.4厘米（图七六，1）。

Ⅱ式：2件。

标本H778∶13，夹粗砂灰褐陶，胎、里黑。器表饰菱形绳纹。敞口，斜折沿较宽、近唇部上翘，上腹斜收，残。轮制，火候较高。残宽9.4、残高4.4厘米（图七六，2）。

折沿罐　6件。

Ab型　5件。Ⅰ式。

标本H778∶7，夹粗砂褐陶，局部灰褐，黑胎。唇上缘饰戳印纹，器表饰斜绳纹。敞口，斜折沿较宽，上腹斜收，残。手制，火候较高。残宽7.6、残高5厘米（图七六，3）。标本H778∶8，夹粗砂灰褐陶，局部红。唇饰较浅粗戳印纹，器表饰菱形绳纹。敞口，斜沿较宽，上腹较直，残。手制，火候较高。残宽17.2、残高10.4厘米（图七六，4）。

C型　1件。Ⅰ式。

标本H778∶9，夹粗砂黑陶，局部红。外沿、腹饰小菱形绳纹，上腹饰附加堆纹。侈口，斜折沿较宽，唇面微凹，上腹外斜，残。轮制，火候较高。残宽6.6、残高5.5厘米（图七六，5）。

盘口罐　4件。

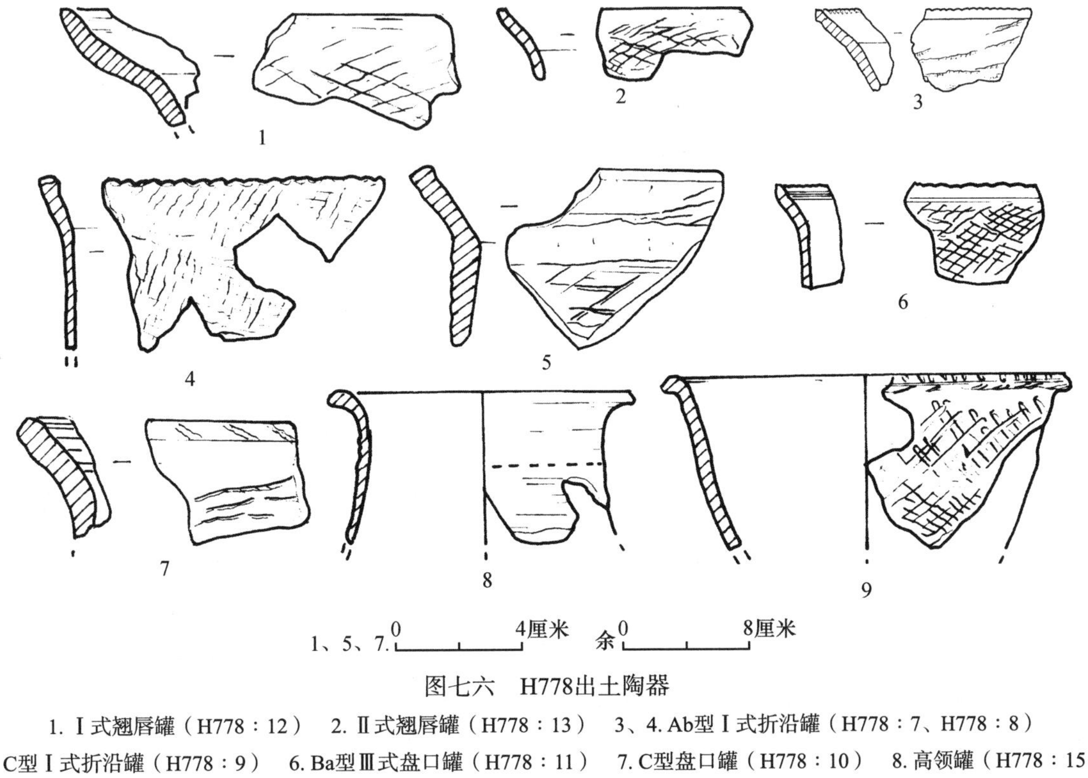

图七六　H778出土陶器

1. Ⅰ式翘唇罐（H778∶12）　2. Ⅱ式翘唇罐（H778∶13）　3、4. Ab型Ⅰ式折沿罐（H778∶7、H778∶8）　5. C型Ⅰ式折沿罐（H778∶9）　6. Ba型Ⅲ式盘口罐（H778∶11）　7. C型盘口罐（H778∶10）　8. 高领罐（H778∶15）　9. A型盆（H778∶14）

B型　2件。

Ba型　1件。Ⅲ式。

标本H778：11，夹粗砂灰褐陶，局部红，黑胎。唇饰戳印纹，腹饰菱形绳纹，内沿多细凹弦纹。盘口，浅盘，上腹斜收，腹较直，残。轮制，火候较高。残宽8.8、残高6厘米（图七六，6）。

Bb型　1件。Ⅱ式。标本碎小。

C型　2件。

标本H778：10，夹砂红陶，局部、胎黑。唇饰绳切纹，上腹饰斜绳纹，内沿饰暗纹，内壁磨光。盘口较浅，上腹内弧，残。轮制，火候高。残宽5、残高3.8厘米（图七六，7）。

高领罐　1件。

标本H778：15，泥质灰陶。领饰粗凹弦纹三周、戳印纹一周，内外壁磨光。侈口，卷沿外下斜，圆唇，微束领，残。轮制，火候高。口径18.8、残高9.2厘米（图七六，8）。

盆　1件。A型。

标本H778：14，夹粗砂灰褐陶，局部、胎、里黑。唇上、下缘饰绳切纹，上腹饰交错粗划纹，腹饰交错绳纹。敞口，微有窄沿，唇面微凹，腹微鼓，残。手制，火候较高。口径25.2、残高10.4厘米（图七六，9）。

（2）B型

16个。

1）Ba型

6个。

H274

位置：位于98BT0205东中部，大部分叠压在东壁下，坑口距地表深570厘米，被H272、H273打破，打破H275。层位关系：H272、H273→H274→H275。

形制：从暴露部分观察，坑口平面形状呈椭圆形，部分已被打破破坏，斜壁，平底，坑底、壁用厚5～10厘米的黄黏土加工。坑口残长154、残宽68、底径为90、残深84～89厘米（图七七）。

坑内堆积与包含物：坑内填土分上下两层，上层为褐土，质较紧密，较纯净，包含物较少，主要为菱形绳纹陶器残片；下层仅在底部分布，为灰褐土，夹较多灰烬，质较松，包含陶片较为丰富，还有少量残石器。

出土遗物：灰坑内出土有陶器和石器。

陶器　共280件。陶质全为夹砂，以夹粗砂为主，占71.19%，部分夹细砂，占28.21%。陶色以灰为主，占44.64%；次为褐陶（红褐和灰褐），占32.29%；红陶较少，占13.93%；黑陶最少，只占7.14%。器表以纹饰为主，占89.21%；素面较少，占11.79%。纹饰以菱形绳纹为主，占56.43%；次为绳纹、复合纹，各占11.79%和8.21%；细绳纹、凹弦纹、划纹、戳印纹等较少。器类以缸为主，占66.08%；次为罐，占29.40%；瓮、壶、钵、器盖、圈足等很少（表二三）。

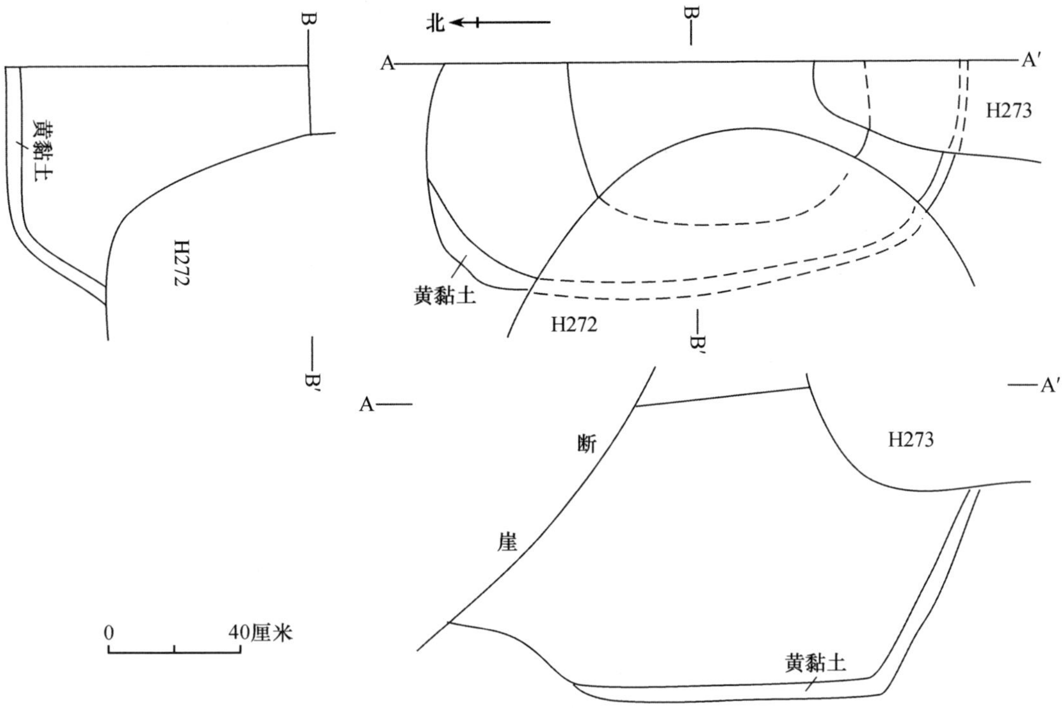

图七七　H274平、剖面图

表二三　H274出土陶器统计表

陶质	夹粗砂				夹细砂				合计	%
陶色	灰	红	黑	红褐	灰	红	黑	灰褐		
纹饰/器类										
绳纹	24	1		3				5	33	11.79
细绳纹			6	5	1				12	4.29
菱形绳纹	66	37	14	20				21	158	56.43
凹弦纹				2	4	1			7	2.50
划纹	5						1	7	13	4.64
戳印纹					1				1	0.36
复合纹	3			6	7		2	5	23	8.21
素面	4	1		4	10	1		13	33	11.79
合计	102	39	20	40	23	2	3	51	280	100
%	36.43	13.93	7.14	14.29	8.21	0.71	1.07	18.00	100	
缸口	20		6	2				12	40	14.29
缸腹	67	34	4	15				18	138	49.29
缸底	3	2						2	7	2.50
罐口	4								4	1.43
罐腹	5	2	4	16	15	1		4	47	16.89
折沿罐口			4					4	8	2.86
罐底	3			1				2	6	2.14
盘口器			2					3	5	1.79

续表

陶质	夹粗砂				夹细砂				合计	%
陶色	灰	红	黑	红褐	灰	红	黑	灰褐		
纹饰/器类										
盘口罐口				1			1	1	3	1.07
盘口罐腹				3	1	1	1	2	8	2.86
卷沿罐								1	1	0.36
瓮腹					2				2	0.71
壶口					1				1	0.36
钵口					1				1	0.36
器盖								1	1	0.36
圈足				2					2	0.71
不明器		1			3		1	1	6	2.14

参加分类排队的陶器37件，挑选标本28件。

缸口　10件。A型。

Aa型　1件。Ⅰ式。标本碎小。

Ab型　9件。Ⅰ式。

标本H274∶24，夹粗砂黑陶，局部褐。唇饰浅绳切纹，上腹饰小菱形绳纹。口近直，上腹微弧收，残。手制，火候较高。残宽10.8、残高5.4厘米（图七八，1）。标本H274∶25，夹粗砂红褐陶。唇饰浅绳切纹，上腹饰小菱形绳纹。直口，上腹微弧收，残。手制，火候较高。残宽9.2、残高4.4厘米（图七八，2）。

缸底　2件。A型。标本碎小。

盘口罐　3件。

A型　1件。Ⅰ式。

标本H274∶6，夹粗砂红陶，局部褐、灰，里黑。盘外下凸棱饰戳印纹，腹饰横细划纹、斜小篦点纹，内壁磨光。较深盘口，方唇，鼓腹，残。轮制，火候较高。口径24.4、残高18厘米（图七八，3）。

Ba型　2件。Ⅰ式。

标本H274∶7，夹粗砂灰褐陶，局部红褐、黑。上腹饰细凹弦纹，内壁磨光。较深盘口，圆唇，上腹微弧，残。轮制，火候较高。残宽12、残高3.6厘米（图七八，4）。标本H274∶8，夹粗砂灰陶，局部、里黑。上腹饰斜凹弦纹，内壁磨光。较深盘口，圆唇，上腹微弧，残。轮制，火候较高。残宽12、残高3.2厘米（图七八，5）。

盘口器　4件。B型。

标本H274∶18，夹砂红陶，局部褐，里黑。盘外、上腹饰斜绳纹，内壁磨光。略呈盘口，圆唇，上腹微内弧，残。轮制，火候较高。残宽4.8、残高4.8厘米（图七八，6）。标本H274∶17，夹砂红陶，局部灰褐，胎红、褐夹黑。盘外饰戳印纹，上腹饰凹弦纹、波浪形划纹，内壁粗磨。较浅盘口，圆唇，上腹内弧，残。轮制，火候较高。残宽6、残高5厘米（图

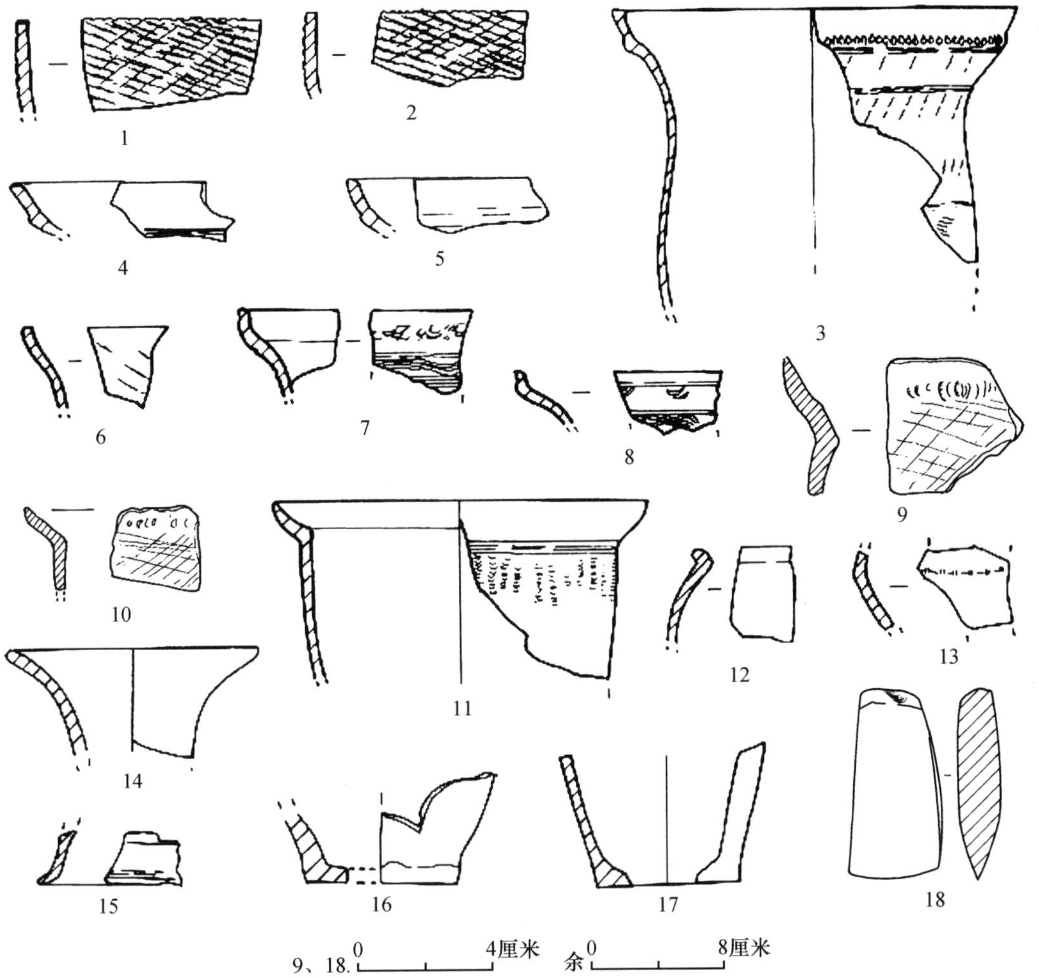

图七八　H274出土器物

1、2. Ab型Ⅰ式陶缸口（H274：24、H274：25）　3. A型Ⅰ式陶盘口罐（H274：6）　4、5. Ba型Ⅰ式陶盘口罐（H274：7、H274：8）　6～8. B型陶盘口器（H274：18、H274：17、H274：19）　9、11. Aa型Ⅱ式陶折沿罐（H274：5、H274：13）　10. B型Ⅱ式陶折沿罐（H274：4）　12. Aa型Ⅱ式陶卷沿罐（H274：27）　13. 陶折腹壶（H274：28）　14. 陶喇叭口器（H274：20）　15. Aa型陶圈足（H274：16）　16、17. 陶器底（H274：22、H274：25）　18. B型石凿（H274：1）

七八，7）。标本H274：19，夹砂红褐陶，局部灰褐。黑胎。盘外饰戳划纹，上腹饰凹弦纹、波浪形划纹，内壁磨光。浅盘口，圆唇，上腹内弧，残。轮制，火候较高。残宽6.4、残高3.6厘米（图七八，8）。

折沿罐　8件，4件可分型。

A型　3件。Aa型Ⅱ式。

H274：5，夹粗砂黑陶，局部红。外沿饰戳印纹，上腹饰交错绳纹。侈口，折沿较宽，斜方唇，上腹微弧，残。手制轮修，火候较高。残宽4.2、残高4厘米（图七八，9）。标本H274：13，夹砂褐陶，局部、里黑。腹饰细凹弦纹、指甲戳印纹。敞口，折沿较宽，微上卷，圆唇，腹微弧收，残。轮制，火候较高。口径22.4、残高10.8厘米（图七八，11）。

B型　1件。Ⅱ式。

H274：4，夹粗砂黑陶，局部褐。外沿饰戳印纹，上腹饰交错绳纹。口微敞，折沿较宽，斜方唇，上腹较直，残。轮制，火候较高。残宽5.6、残高5.2厘米（图七八，10）。

卷沿罐　1件。Aa型Ⅱ式。

标本H274：27，夹细砂褐陶，里黑褐。素面，内外壁磨光。敛口，微有卷沿，圆唇，溜肩，残。轮制，火候较高。残宽4、残高5.6厘米（图七八，12）。

折腹壶　1件。

标本H274：28，夹细砂褐陶，紫红胎。折腹处饰浅戳印纹，外壁磨光。斜折腹，腹弧收，残。手制，火候较高。残宽5.6、残高4.8厘米（图七八，13）。

喇叭口器　1件。

标本H274：20，夹砂灰褐陶，局部黑。素面，外壁、内沿磨光。喇叭口，圆唇，残。轮制，火候较高。口径15.2、残高6.4厘米（图七八，14）。

钵　1件。A型Ⅱ式。标本碎小。

圈足　2件。Aa型。

标本H274：16，夹砂红褐陶，胎红夹灰褐。素面，多细旋痕。较高喇叭形，底外卷，残。轮制，火候较高。残宽4.8、残高3厘米（图七八，15）。

器底　4件。

标本H274：22，夹粗砂褐陶，里黑。素面。下腹微弧，平底，残。手制，火候较高。底径8.8、残高6.4厘米（图七八，16）。标本H274：25，夹粗砂红褐陶，局部、胎、里黑。素面。下腹较斜直，平底，残。手制，火候较高。底径8.8、残高8厘米（图七八，17）。

石器　仅出土凿2件，其中1件可分型，为B型。

标本H274：1，黑紫色角岩。平面近长方形，弧顶，弧刃、少有小崩疤，偏锋，微残。磨制。长5.7、宽2.7、厚1.3厘米（图七八，18）。

H583

位置：位于99AT0301东北角，少部分压在探方北壁下，坑口距地表深680厘米。开口第66层下，打破第67层。层位关系：㊿—H583→67。

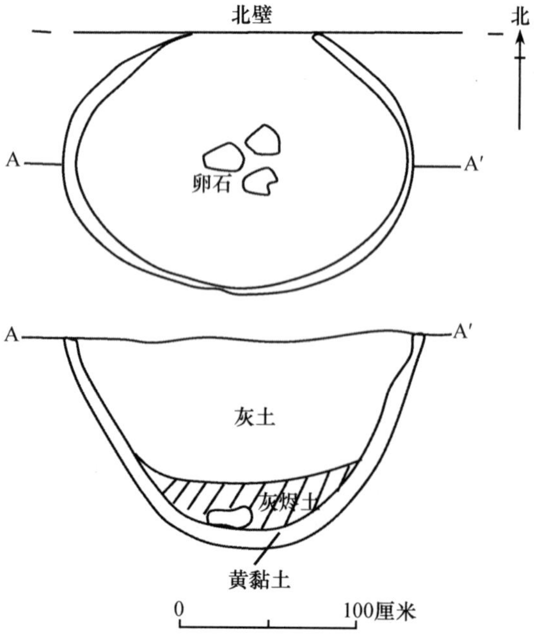

图七九　H583平、剖面图

形制：坑口平面呈椭圆形，近斜壁，圜底，壁、底用厚度不均匀的黄黏土加工，坑底用3块卵石铺垫。长径190、残短径150、深120厘米（图七九）。

坑内堆积与包含物：坑内填土大致可分二层：上层为灰土，厚约80厘米；下层为灰烬土，厚约40厘米。包含物主要为陶器。

出土遗物：出土陶器共104件。陶质全为夹砂，以夹粗砂为主，占87.50%，夹细砂较少，占12.50%。陶色以灰陶为主，占48.08%，次为红、黑陶，占25.96%和17.30%，褐陶较少，只占8.65%。器表以纹饰为主，占83.65%，素面较少，占16.35%。纹饰以菱形绳纹为主，占48.08%，次为复合纹和绳纹，占19.23%和13.46%，划纹等较少。

器类以缸为主，次为罐，盘、盆、钵等较少（表二四）。

表二四 H583出土陶器统计表

陶质	夹粗砂				夹细砂				合计	%
陶色	灰	红	黑	褐	灰	红	黑	褐		
纹饰/器类										
绳纹	2	4	3	3					12	11.54
细绳纹	1			1					2	1.92
菱形绳纹	29	11	9	1					50	48.08
划纹	1	1			1				3	2.88
复合纹	6	4	3	3	1	2	1		20	19.23
素面	5	2	1	1	4	3	1		17	16.35
合计	44	22	16	9	6	5	2		104	100
%	42.31	21.15	15.38	8.65	5.77	4.81	1.92		100	
折沿罐	4								4	3.85
侈口罐			1	1					2	1.92
盘		2							2	1.92
盆	1								1	0.96
钵				1					1	0.96
缸	12	1	8						21	20.19
盘口罐		8	3						11	10.58
盘口器	2		1	1					4	3.85
喇叭口器	1	1	1						3	2.88
高领器		3		1					4	3.85
平底	3	1		4					8	7.69
不明器	21	6	2	1	6	5	2		43	41.35

参加分类排队的陶器17件，挑选标本9件。

翘唇罐 1件。Ⅱ式。

标本H583：3，夹粗砂红褐陶，局部灰、黑，里灰色。外下沿面饰绳纹，腹先饰斜绳纹，再饰竖划纹。侈口，沿先斜折再上卷，方圆唇，鼓腹，残。轮制，火候较高。口径26.6、残高13.2厘米（图八〇，1）。

折沿罐 2件。A型。

Aa型 1件。Ⅰ式。

标本H583：5，夹粗砂灰陶，局部红，里黑色。下沿面饰绳纹，腹局部斜饰细绳纹后再饰竖划纹。敞口，斜折沿，圆唇，弧腹，残。手制轮修，火候一般。口径24.8、残高16.6厘米（图八〇，2）。

Ab型 1件。Ⅱ式。

H583：2，夹砂灰陶，局部黑，红。唇外缘饰戳印纹，外沿饰绳纹后按抹呈细线，腹饰竖、斜划纹，下腹、外底饰斜绳纹。侈口，沿斜折后微上卷，圆唇，腹微鼓，平底，修复。手

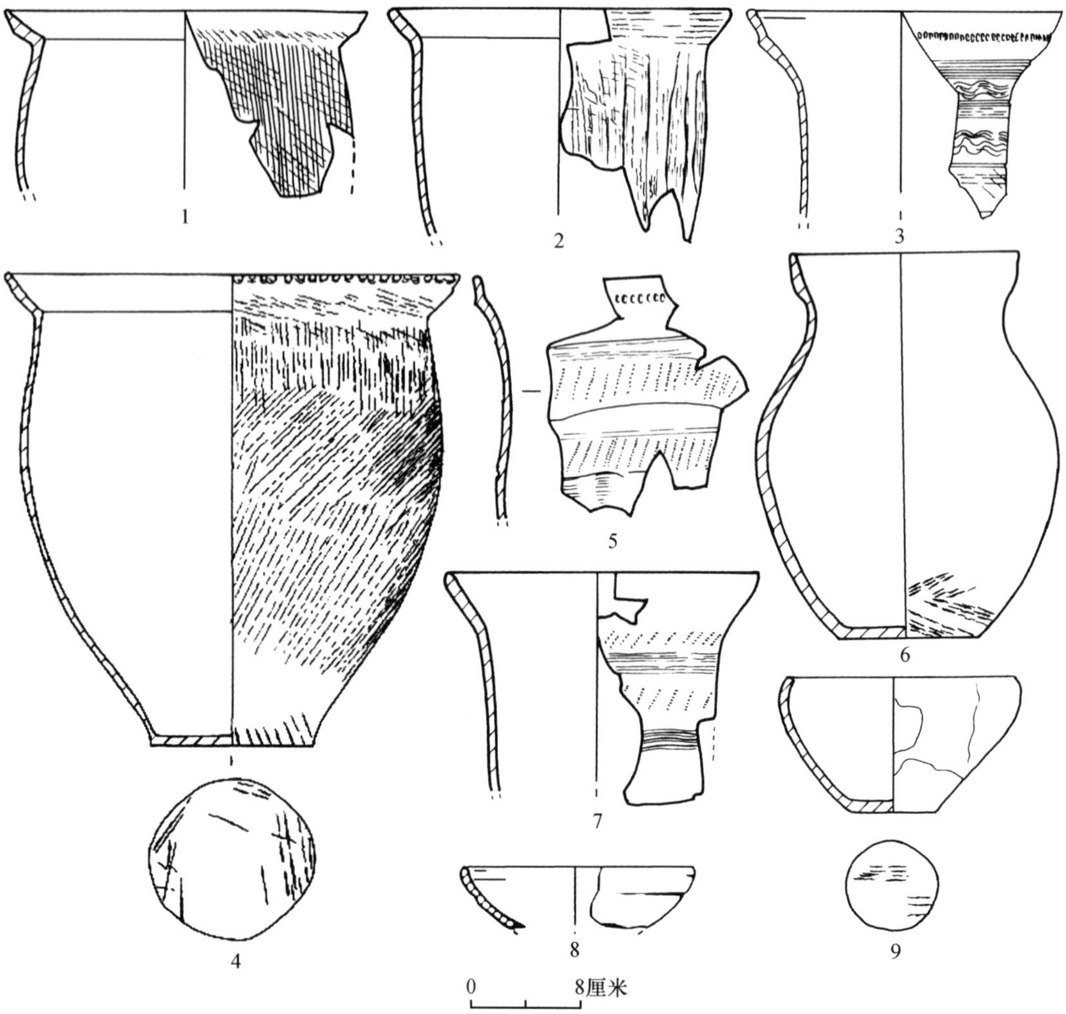

图八〇　H583出土陶器

1. Ⅱ式翘唇罐（H583：3）　2. Aa型Ⅰ式折沿罐（H583：5）　3. A型Ⅰ式盘口罐（H583：7）　4. Ab型Ⅱ式折沿罐（H583：2）　5. A型Ⅱ式盘口罐（H583：6）　6. C型盘口罐（H583：1）　7. B型盘口器（H583：8）　8. B型Ⅰ式钵（H583：4）　9. Ca型Ⅰ式钵（H583：9）

制轮修，火候较高。口径33.2、底径11.6、高33.6厘米（图八〇，4；图版二三，4）。

盘口罐　11件。

A型　6件。

Ⅰ式：5件。

标本H583：7，夹粗砂红陶，局部黑、褐。盘外下凸棱饰戳印纹，腹饰凹弦纹间组状波浪形划纹，局部饰斜划纹。敞盘口，圆唇，盘较深，直腹，残。手制轮修，火候较高。口径22.8、残高15.2厘米（图八〇，3；图版二四，5）。

Ⅱ式：1件。

标本H583：6，夹粗砂黑陶，局部红、灰褐。盘外下凸棱饰戳印纹，腹饰划纹、组状篦点纹。盘口微敞，圆唇，盘较浅，腹上部微束、中部微鼓，残。手制轮修，火候较高。残宽14.8、残高17.6厘米（图八〇，5）。

C型　5件。

标本H583：1，夹砂灰褐陶，局部红褐，里黑。下腹饰组状斜绳纹。盘口较深，外壁微鼓，方唇，束领，鼓腹，平底，复原。手制轮修，火候较高。口径16.4、底径10、高27.6厘米（图八〇，6；图版二五，2）。

盘口器　1件。B型。

标本H583：8，夹粗砂灰陶，局部红、褐。腹饰相间组状篦点纹和划纹。敞口，圆唇，内沿面微凹略呈盘状，腹较直，残。手制轮修，火候较高。口径22.8、残高17.2厘米（图八〇，7）。

钵　2件。

B型　1件。Ⅰ式。

标本H583：4，泥质红陶，上腹微有凹槽有周，内外壁磨光。口近直，圆唇，弧腹，圈足残。轮制，火候不高。口径17.6、残高4.4厘米（图八〇，8）。

C型　1件。Ca型Ⅰ式。

标本H583：9，夹粗砂红陶，局部黑、褐。外底饰绳纹，内外壁粗磨。敛口，沿内卷，圆唇，上腹圆弧、下腹弧收，平底，手制轮修，火候较高。口径16.4、底径6.4、高9.6厘米（图八〇，9；图版二八，2）。

2）Bb型

6个。

H315

位置：位于98BT0505东部，部分压在探方东隔梁下，坑口距地表深约550厘米，被开口于第30层下H284打破。层位关系：H284→H315→㉛。

形制：从暴露情况观察，坑口平面呈椭圆形，坑壁略弧、光滑，圜底。坑壁用一层黄胶泥不均匀加工，坑底放数块石块。坑口长径残长约195、深90厘米（图八一）。

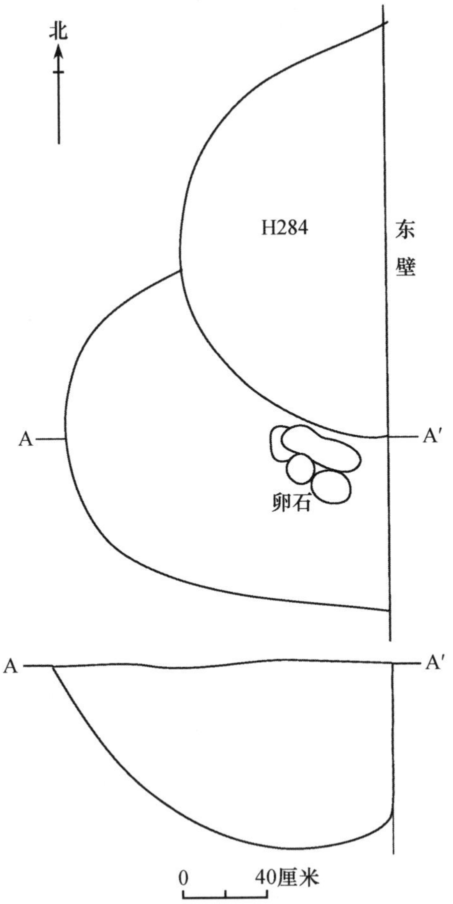

图八一　H315平、剖面图

坑内堆积与包含物：坑内填灰白色土，质较密。包含物丰富，主要为陶器，另有少量石器。

出土遗物：灰坑内出土有陶器和石器。

陶器　共349件。陶质全为夹砂，以夹粗砂为主，占84.25%，部分夹细砂，占15.75%。陶色以灰、褐为主，各占35.53%和30.96%，褐陶可细分为褐、红褐、灰褐等，红、黑陶较少，各占18.91%和14.62%。器表以纹饰为主，占89.25%，少量素面，占11.75%。纹饰以菱形绳纹为主，占60.74%，次为绳纹和复合纹，各占11.46%和8.02%，粗绳纹、附加堆纹、凹弦纹、划纹、波浪纹、戳印纹、镂孔、阴弦纹等较少。器类以缸为主，占59.59%，次为罐，占34.10%，高领器、盘口器、盆、钵、器座等较少（表二五）。

表二五 H315出土陶器统计表

陶质	夹粗砂						夹细砂				合计	
陶色	灰	红	黑	褐	红褐	灰褐	灰	红	黑	褐		
纹饰/器类												
粗绳纹	4	3		1	1	3					12	3.44
绳纹	3			24	4	1	8				40	11.46
菱形绳纹	71	42	44	25	24	6					212	60.74
凹弦纹							3				3	0.86
划纹							2				2	0.57
波浪纹										1	1	0.29
戳印纹				1			1				2	0.57
附加堆纹	1					1	1	1			4	1.15
镂孔								1			1	0.29
复合纹	5		6	2	1	5	4	2		3	28	8.02
阴弦纹							1	2			3	0.86
素面	5	6		3		2	15	9	1		41	11.75
合计	89	51	50	56	30	18	35	15	1	4	349	100
%	25.50	14.61	14.33	16.05	8.60	5.16	10.03	4.30	0.29	1.15	100	
缸口	31		39	7	11						88	25.21
缸腹	42	45	4		16	5					112	32.09
缸底	1			7							8	2.29
罐口	1						5	1			7	2.01
罐腹	4		1	26	2	9	19	8	1		70	20.06
折沿罐口	8		6	3	1		2				20	5.73
罐底				12			1	1			14	4.01
盘口罐口				1			2	2		3	8	2.29
盘口器口							1	2		1	4	1.15
高领器口							1				1	0.29
盆口							1				1	0.29
钵口							3				3	0.89
器座								1			1	0.29
不明器	2	6				4					12	3.44

参加分类排队的陶器46件，挑选标本20件。

缸口　28件。A型。

Aa型　27件。

Ⅰ式：1件。

标本H315：2，夹粗砂黑陶，上腹部灰色。唇部饰较深戳印纹，器表饰菱形绳纹。敞口外张，残。手制，火候较高。残宽9.8、残高7.6厘米（图八二，1）。

Ⅱa式：26件。

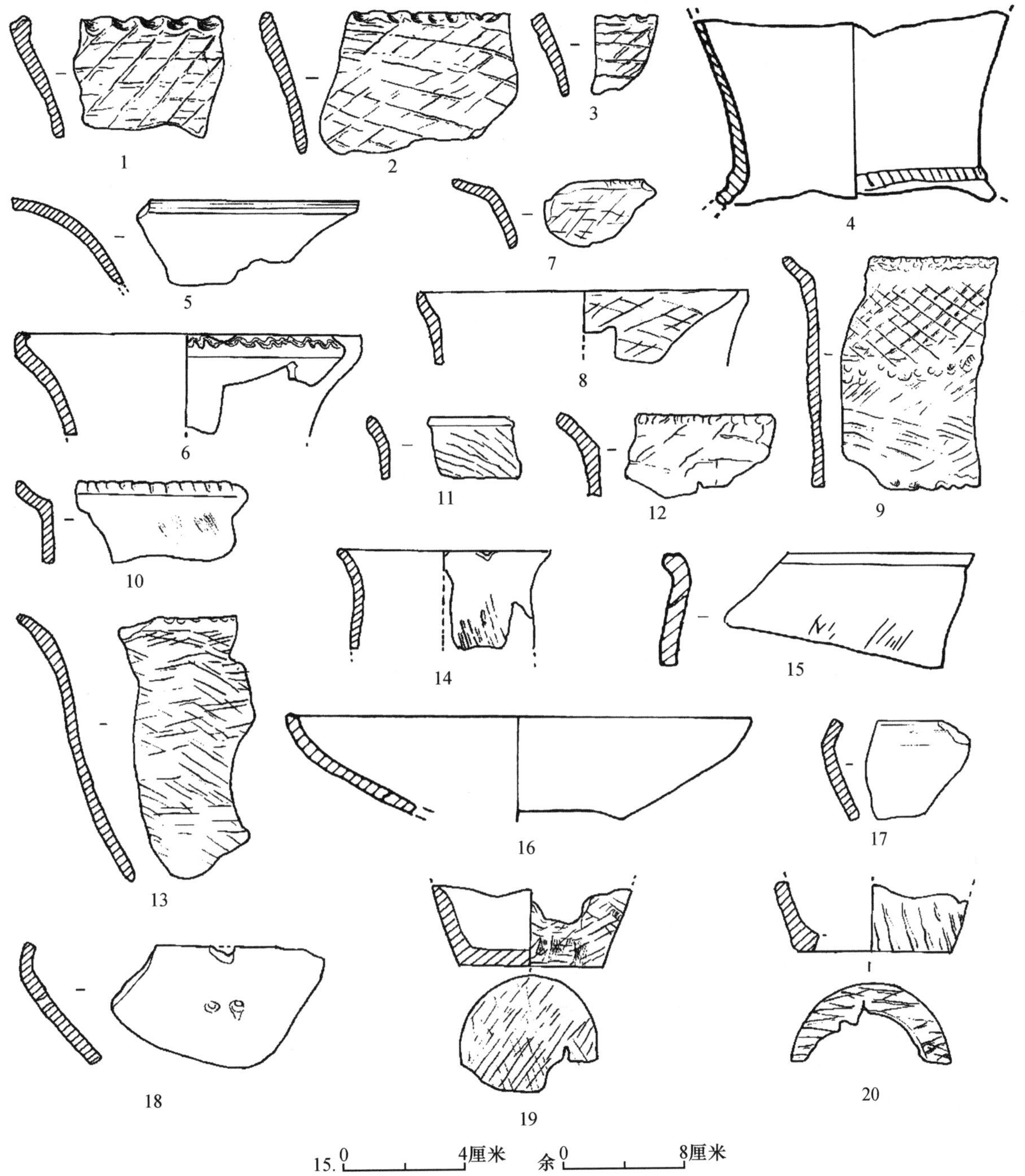

图八二　H315出土陶器

1. Aa型Ⅰ式缸口（H315：2）　2. Aa型Ⅱa式缸口（H315：23）　3. Ab型缸口（H315：17）　4. A型瓮（H315：18）　5. B型瓮（H315：3）　6. C型盘口罐（H315：7）　7. Ⅰ式翘唇罐（H315：9）　8～10. Ⅱ式翘唇罐（H315：5、H315：10、H315：14）　11. Aa型Ⅰ式折沿罐（H315：4）　12. Ab型Ⅱ式折沿罐（H315：11）　13. Ab型Ⅰ式折沿罐（H315：12）　14. 侈口罐（H315：8）　15. A型盆？（H315：13）　16. 小平底盘（H315：6）　17、18. B型Ⅱ式钵（H315：15、H315：16）　19、20. 器底（H315：19、H315：20）

标本H315：23，夹粗砂灰陶。唇部饰较戳印纹，器表饰菱形绳纹。敞口，上腹斜收，残，手制，火候较高。残宽13.2、残高9.2厘米（图八二，2）。

Ab型　1件。

标本H315：17，夹粗砂灰陶，里黑。唇部饰戳印纹，器表饰小菱形绳纹。敞口外张，腹较斜直内收，残。轮制，火候较高。残宽4.1、残高5.2厘米（图八二，3）。

瓮 2件。

A型 1件。

标本H315：18，夹细砂红褐陶。领、肩相交处饰附加堆纹，附加堆纹上再饰戳印纹。领较斜直，残。分制。残宽20.8、残高12.4厘米（图八二，4）。

B型 1件。

标本H315：3，夹细砂红陶。颈部有镂孔痕，内外壁磨光。喇叭口，内沿面微凹，圆唇，外沿部下部内收，残。轮制，火候高。残宽14.3、残高5.4厘米（图八二，5）。

盘口罐 1件。C型。

标本H315：7，夹细砂红褐陶，局部灰、褐，口、里黑，灰胎。盘外饰波浪形划纹，内壁磨光。口近直，圆唇，盘较浅，上腹内弧收，残。轮制，火候较高。口径22.4、残高6.4厘米（图八二，6）。

翘唇罐 4件。

Ⅰ式：1件。

标本H315：9，夹粗砂灰陶，胎、里黑色。唇部饰绳切纹，腹部饰菱形绳纹。敞口，斜折沿、近唇部微上卷，上腹斜内收，残。轮制，火候较高。残宽7、残高4.5厘米（图八二，7）。

Ⅱ式：3件。

标本H315：5，夹粗砂黑陶，局部灰色。器表饰菱形绳纹。敞口，沿斜折后上卷，圆唇，上腹斜直内收，残。轮制，火候较高。口径21.4、残高4.7厘米（图八二，8）。标本H315：10，夹粗砂红褐陶，部分褐色。唇面、外沿饰戳印纹，上腹饰方格形划纹，中、下腹饰中粗绳纹、附加堆纹，在附加堆纹上再饰戳印纹。敞口，沿先斜折后再上卷，沿面内凹，腹较斜直内收，残。手制轮修，火候较高。残宽10.1、残高14.9厘米（图八二，9）。标本H315：14，夹粗砂褐陶，局部灰、黑色。唇部戳印呈齿状，腹饰篦划纹。侈口，沿斜折后再上卷，沿面微凹，腹微弧，残。手制轮修，火候一般。残宽11.2、残高5.2厘米（图八二，10）。

折沿罐 4件。A型。

Aa型 2件。Ⅰ式。

标本H315：4，夹粗砂灰陶，局部、里黑，褐胎。器表饰斜绳纹。敞口，斜折沿，圆唇，腹较斜直内收，残。轮制，火候较高。残宽6、残高4厘米（图八二，11）。

Ab型 2件。

Ⅰ式：1件。

标本H315：12，夹粗砂灰黑陶，中腹以下红褐色。唇部饰戳印纹，器表饰菱形绳纹。敞口，斜折沿，弧腹内收，残。手制轮修，火候较高。残宽8.4、残高16.8厘米（图八二，13）。

Ⅱ式：1件。

标本H315：11，夹粗砂黑陶，局部灰色。唇部饰戳印纹，器表饰菱形绳纹。敞口，斜折沿，上腹较斜直内收，残。轮制，火候较高。残宽9.4、残高5.2厘米（图八二，12）。

侈口罐 1件。

标本H315：8，夹粗砂红褐陶，局部、里黑。腹部饰斜绳纹。侈口，卷沿，圆唇，微鼓腹，残。轮制，火候较高。口径14、残高6.4厘米（图八二，14）。

盆？　1件。A型。

标本H315：13，夹细砂灰陶。腹部饰组状暗纹，外壁磨光。侈口，窄卷平沿，圆唇，鼓腹，残。轮制，火候高。残宽7.4、残高3.6厘米（图八二，15）。

小平底盘　1件。

标本H315：6（部分置于H284内），泥质灰陶。素面，内外壁磨光。敞口，圆唇，弧腹、下腹较斜直，残。轮制，火候较高。口径30、残高6.2厘米（图八二，16）。

钵　2件。B型Ⅱ式。

标本H315：15，夹细砂褐陶，口部红，黑胎。素面，上腹多旋痕。敛口，方唇，上腹内卷、下腹弧内收，残。手制轮修，火候较高。残宽6.7、残高6.4厘米（图八二，17）。标本H315：16，夹细砂红陶，局部、胎灰色。腹部饰圆形镂孔，上腹有旋痕。敛口，方唇，上腹内卷、下腹弧内收，残。手制轮修，火候较高。残宽13.6、残高7.8厘米（图八二，18）。

器底　2件。

标本H315：19，夹粗砂褐陶，胎、里黑色。下腹、外底饰小菱形绳纹。下腹较斜直，平底，残。手制，火候较高。底径9.2、残高5厘米（图八二，19）。标本H315：20，夹粗砂红褐陶，局部灰，胎、里黑色。下腹、底外缘饰粗绳纹，外底饰菱形粗绳纹。下腹较斜直，平底，残。手制，火候较高。底径10.4、残高4.4厘米（图八二，20）。

石器　数量和种类都很少。

斧　2件。型式不明。

标本H315：1，青色角砾岩。平面近长方形，顶、下部残。磨制。残长13.9、残宽6.5、厚3.9厘米（图八三，1）。标本H315：21，黑色砾石。残剩中段，略呈梯形。磨制。残宽6.8、残长5、厚3.2厘米（图八三，2）。

刮削器　1件。

标本H315：22，灰黑色砾石。略呈半圆形，弧刃，刃部略有加工。打制。长7.9、宽约5厘米（图八三，3）。

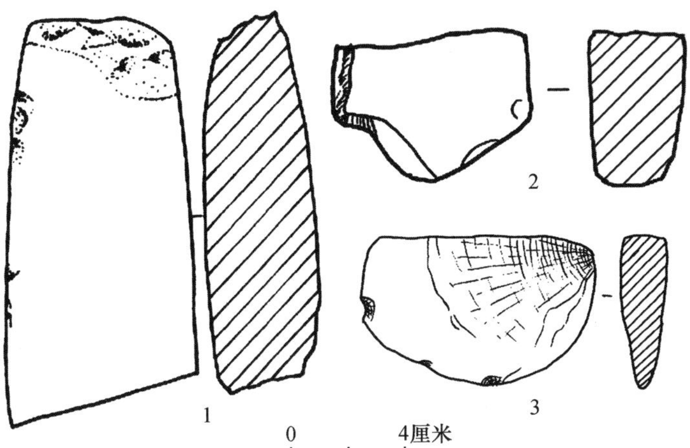

图八三　H315出土石器

1、2. 斧（H315：1、H315：21）　3. 刮削器（H315：22）

H328

位置：位于98BT0204南部，部分压在探方南壁下，坑口距地表深590厘米。层位关系：㊶—H328→H327。

形制：从暴露情况观察，坑口平面呈椭圆形坑，弧壁，圜底，坑壁和坑底用黄色黏土加工，坑底放有几块不规则卵石。残长径94、残短径190、深84厘米（图八四）。

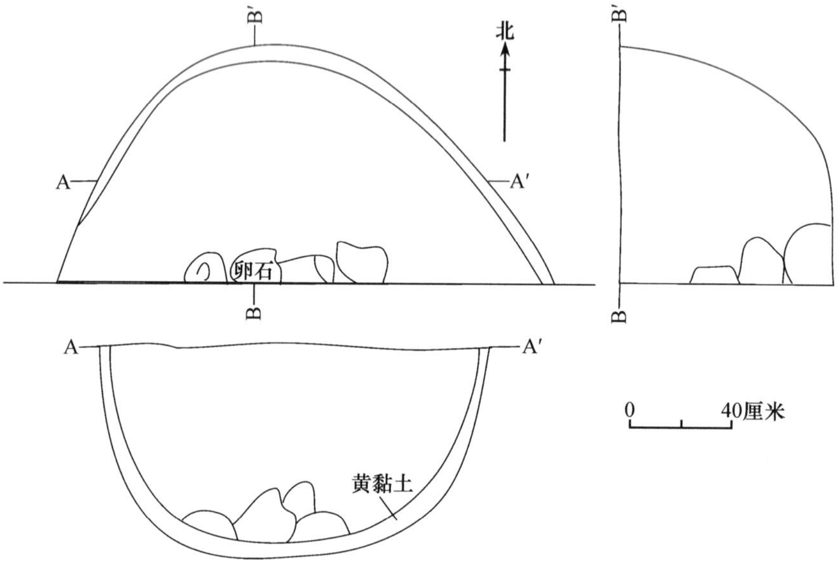

图八四　H328平、剖面图

坑内堆积与包含物：坑内填松软的灰土，包含物单纯，以碎陶片为主。

出土遗物：出土陶器共120件。陶质绝大多数为夹砂，以夹粗砂为主，占81.67%，部分夹细砂，占17.50%。泥质陶极少，仅占0.83%。陶色以灰为主，占34.16%，次为红、褐陶，各占25.83%和23.34%，黑陶最少，占16.67%。器表以纹饰为主，占95.83%，素面很少，占4.17%。纹饰以菱形绳纹为主，占70%，次为绳纹和复合纹，占10%左右，凹弦纹、戳印纹、附加堆纹等很少。器类以缸为主，占75%，次为罐，盆等很少（表二六）。

表二六　H328出土陶器统计表

陶质	夹粗砂				夹细砂				泥质	合计	%
陶色	灰	红	黑	褐	灰	红	黑	褐	灰		
纹饰/器类											
绳纹		8	2	2				1	1	14	11.67
细绳纹		1			1					2	1.67
菱形绳纹	26	20	18	16				4		84	70.00
凹弦纹					1					1	0.83
戳印纹	1							1		2	1.67
附加堆纹					1					1	0.83
复合纹	1	1		2	5			2		11	9.17
素面					4	1				5	4.17
合计	28	30	20	20	12	1		8	1	120	100

续表

陶质	夹粗砂				夹细砂				泥质	合计	%
陶色	灰	红	黑	褐	灰	红	黑	褐	灰		
纹饰/器类											
%	23.33	25.00	16.67	16.67	10.00	0.83		6.67	0.83	100	
缸口	6	1	12	3				1		23	19.17
缸腹	17	21	7	12				4		61	50.83
缸底		6								6	5.00
罐口						1		1		2	1.67
罐腹	4	2		3	8			1		18	15.00
折沿罐口	1		1							2	1.67
罐底					1					1	0.83
敞口罐口					2					2	1.67
盆口									1	1	0.83
器底				2						2	1.67
不明器					1			1		2	1.67

参加分类排队的陶器31件，挑选标本6件。

缸口　22件。Aa型Ⅱa式。

标本H328：6，夹粗砂黑陶，口部红褐。唇面饰戳印纹，器表饰菱形绳纹。口微敞，上腹近斜直，残。残宽7、残高6.4厘米（图八五，1）。标本H328：7，夹粗砂黑陶，局部灰。唇面戳印，器表饰菱形绳纹。敞口，残。残宽7.2、残高4.8厘米（图八五，2）。

缸底　3件。A型。

标本H328：5，夹粗砂灰陶，局部红褐。下腹饰交错绳纹。下腹斜收，平底，残。手制，火候较高。

翘唇罐　1件。Ⅱ式。

标本H328：4，夹粗砂红陶，局部灰褐。上腹饰菱形绳纹。敞口，沿斜折后上卷，圆唇，上腹斜收，残。轮制，火候较高。残宽5.6、残高4.4厘米（图八五，3）。

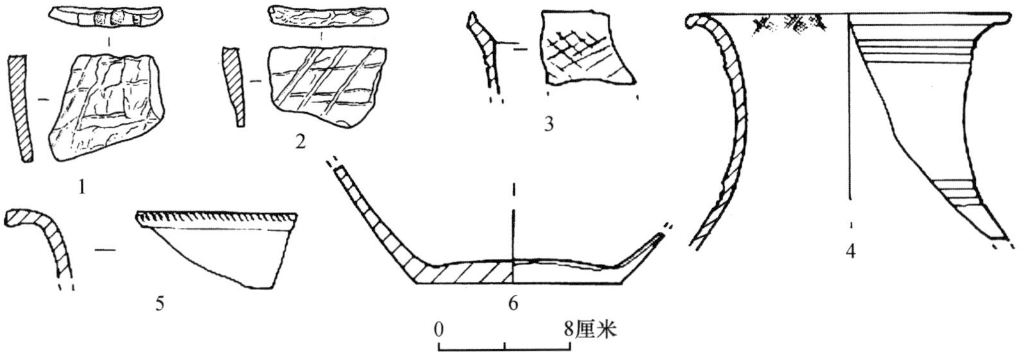

图八五　H328出土陶器

1、2. Aa型Ⅱa式缸口（H328：6、H328：7）　3. Ⅱ式翘唇罐（H328：4）　4. 高领罐（H328：3）　5. B型盆（H328：1）　6. 器底（H328：8）

折沿罐　2件。C型Ⅱ式。标本碎小。

高领罐　1件。

标本H328：3，夹细砂灰褐陶。领上、下部饰粗凹弦纹，内沿饰交错暗纹，内外壁磨光。侈口，卷沿，圆唇，高束领，残。轮制，火候较高。口径20、残高13.6厘米（图八五，4）。

盆　1件。B型。

标本H328：1，泥质灰陶。上唇面饰斜绳切纹，内壁磨光。敞口，卷平沿，圆唇，上腹微斜收，残。轮制，火候高。残宽9.6、残高4.4厘米（图八五，5）。

器底　2件。

标本H328：8，夹砂灰褐陶，局部、里黑。下腹饰斜细绳纹。下腹斜直，平底，残。手制，火候较高。底径13.6、残高5.4厘米（图八五，6）。

H595

位置：位于99AT0201东部偏南处，探方内暴露大部分，其余被探方东壁所压。坑口距地表深670厘米，被H575和H594打破。层位关系：⑯—H595→⑰。

形制：从暴露情况观察，该坑平面形状为椭圆形，弧壁，圜底，壁、底均用黄黏土加工。残长径约280、深100厘米（图八六）。

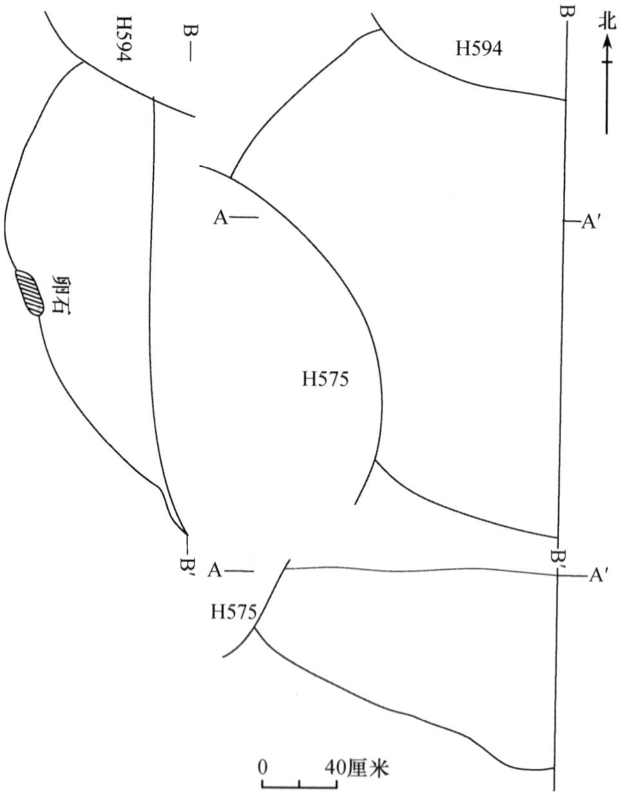

图八六　H595平、剖面图

坑内堆积与包含物：坑内填土为灰白色，部分区域泛绿，质松，夹较多杂质。包含物较丰富，以陶器为主。

出土遗物：出土陶器172件。陶质以夹砂为主，约占98.84%，其中，夹粗砂占86.05%、夹细砂占12.79%，极少泥质陶，仅占1.16%。陶色以灰陶、褐陶为主，各占45.35%、38.96%，其次黑陶，占13.96%，红陶最少，仅占1.74%。器表以纹饰纹主，约占92.44%，素面占7.56%。纹饰以菱形绳纹，占44.19%，其次复合纹和绳纹，各占22.09%、19.19%，凹弦纹、划纹、附加堆纹、暗纹等较少。器类主要有大口深腹缸、罐为主，各占33.72%、23.83%，不明器约占34.88%，瓮、壶、盘等较少（表二七）。

表二七　H595出土陶器统计表

陶质	夹粗砂				夹细砂（磨光）				泥质				合计	%
陶色	灰	红	黑	褐	灰	红	黑	褐	灰	红	黑	褐		
纹饰/器类														
粗绳纹			1										1	0.58
绳纹	12		4	16	1								33	19.19
菱形绳纹	34	2	11	29									76	44.19
凹弦纹					1		1						2	1.16
划纹	1	1	1	2									5	2.91
附加堆纹	1												1	0.58
复合纹	18			13	2		4	1					38	22.09
暗纹					3								3	1.74
素面			1	1	5			4			1	1	13	7.56
合计	66	3	18	61	12		5	5			1	1	172	100
%	38.37	1.74	10.47	35.47	6.98		2.91	2.91			0.58	0.58	100	
缸	26		11	21									58	33.72
罐	2		6	4	4			1					17	9.88
折沿罐	19			3									22	12.79
盘口罐	1			1									2	1.16
矮领罐					1								1	0.58
瓮					2		1						3	1.74
盘							2						2	1.16
平底	2		1	3			1						7	4.07
不明器	16	3		29	5		1	4			1	1	60	34.88

参加分类排队的陶器51件，挑选标本11件。

缸口　30件。A型。

Aa型　29件。

Ⅰ式：1件。标本碎小。

Ⅱa式：28件。

标本H595：1，夹粗砂褐陶，里黑。唇面饰戳印纹，器表饰菱形绳纹，器表纹饰缝隙里夹有白色钙化物。敞口，腹较斜直，残。手制，火候较高。残宽7.7、残高10.2厘米（图八七，1）。标本H595：2，夹粗砂黑陶，局部灰色。唇面饰戳印纹，器表饰菱形绳纹。敞口，唇沿内凸，上腹较斜直，残。手制，火候较高。口径33.2、残高6.5厘米（图八七，2）。

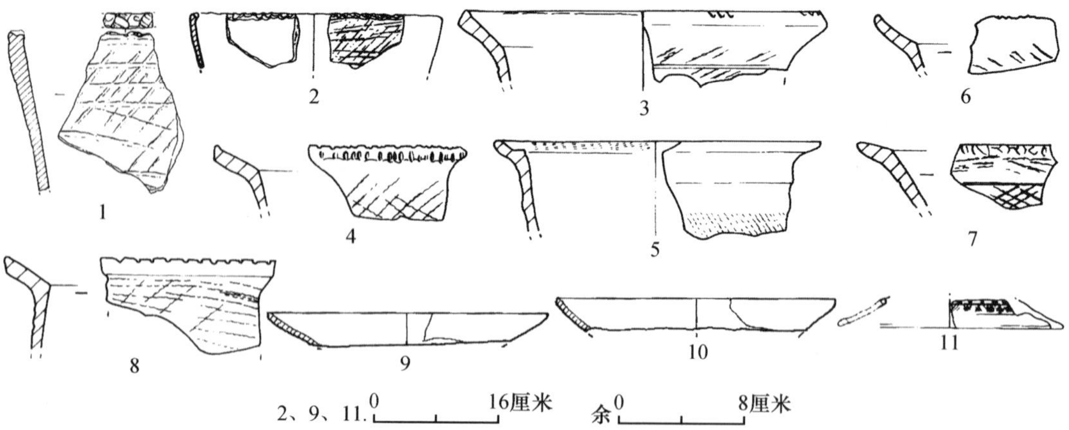

图八七 H595出土陶器

1、2. Aa型Ⅱa式缸口（H595：1、H595：2） 3、4. Ⅱ式翘唇罐（H595：6、H595：7） 5. Aa型Ⅱ式折沿罐（H595：3） 6、7. Ab型Ⅰ式折沿罐（H595：5、H595：9） 8. Ab型Ⅱ式折沿罐（H595：8） 9、10. C型盘（H595：11、H595：12） 11. B型器盖（H595：4）

Ab型 1件。标本碎小。

翘唇罐 13件。Ⅱ式。

标本H595：6，夹粗砂灰陶，局部、里黑。唇外缘饰戳印纹，上腹饰细绳纹和凹弦纹。外沿下有按窝痕。敞口，沿先斜折再微上折，上腹斜直，残。轮制，火候较高。口径23.2、残高4.8厘米（图八七，3）。标本H595：7，夹粗砂灰陶，口局部、里黑。唇面、外下缘饰戳印纹，腹饰菱形划纹和凹弦纹。敞口，沿先宽斜折后再微上折，尖唇，腹斜直，残。轮制，火候较高。残宽10.2、残高4.4厘米（图八七，4）。

折沿罐 4件。A型。

Aa型 1件。Ⅱ式。

标本H595：3，夹粗砂灰陶，局部红、黑色。内沿面饰压印绳纹，腹饰细绳纹。敞口，斜折沿，沿面内凹，腹斜直，残。轮制，火候较高。口径20.8、残高6.2厘米（图八七，5）。

Ab型 3件。

Ⅰ式：2件。

标本H595：5，夹粗砂灰陶。唇面饰浅戳印纹，上腹饰划纹。敞口，斜折沿，唇微上翘，腹斜直，残。轮制，火候较高。残宽6、残高3.6厘米（图八七，6）。标本H595：9，夹粗砂褐陶，里灰。唇面切割成浅齿状，下沿面饰绳纹，腹饰凹弦纹和划纹菱形纹。敞口，斜折沿，圆唇，腹斜直，残。轮制，火候较高。残宽6.8、残高4.8厘米（图八七，7）。

Ⅱ式：1件。

标本H595：8，夹粗砂灰陶，口局部黑。唇面饰戳印纹，器表饰菱形绳纹。侈口，斜折沿，浅齿状唇，上腹内斜，残。轮制，火候一般。残宽11.2、残高6厘米（图八七，8）。

矮领罐 1件。标本碎小。

盘 2件。C型。

标本H595：11，夹砂黑陶，局部灰褐。素面，内外壁磨光。敞口，圆唇，斜腹微弧，残。手制轮修，火候较高。口径35.2、残高3.6厘米（图八七，9）。标本H595：12，夹砂黑皮陶，紫红胎。素面，内外壁磨光。敞口，圆唇，斜腹微弧，残。轮制，火候较高。口径35.2、残高4厘米（图八七，10）。

器盖　1件。B型。

标本H595：4，夹细砂灰陶，局部褐。器表饰绳纹、划纹。敞口，圆唇，盖壁较直，残。轮制，火候较高。口径28.4、残高3.7厘米（图八七，11）。

3）Bc型

2个。

H785

位置：位于02AT0101西北部，部分压在探方西壁下，坑口距地表深740厘米，被H780打破。层位关系：H780→H785→㊵。

形制：从暴露部分观察，坑口平面呈椭圆形，直壁，平底。坑底用不规则卵石块铺垫。残长径105、短径60、残深105厘米（图八八）。

坑内堆积与包含物：坑内填浅黄色黏土，纯净，质坚硬。无包含物。

H786

位置：位于02AT0101西北部，部分压在探方北壁下，坑口距地表深575厘米，被H780所打破。层位关系：H780→H786→生土。

形制：从暴露情况观察，坑口平面为椭圆形，坑壁较直，底不平，坑底用不规则卵石铺垫。残长径110、残短径为30、残深70厘米（图八九）。

坑内堆积与包含物：坑内填黄色黏土，质较硬。包含物极少，仅数块残陶腹片，难辨器形。

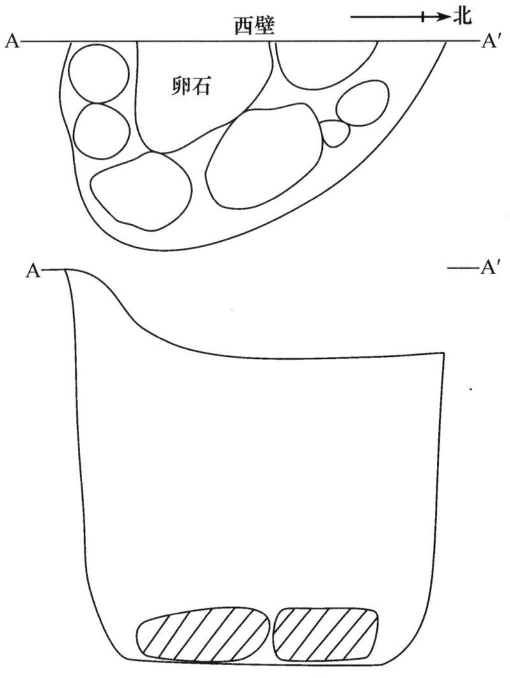

图八八　H785平、剖面图

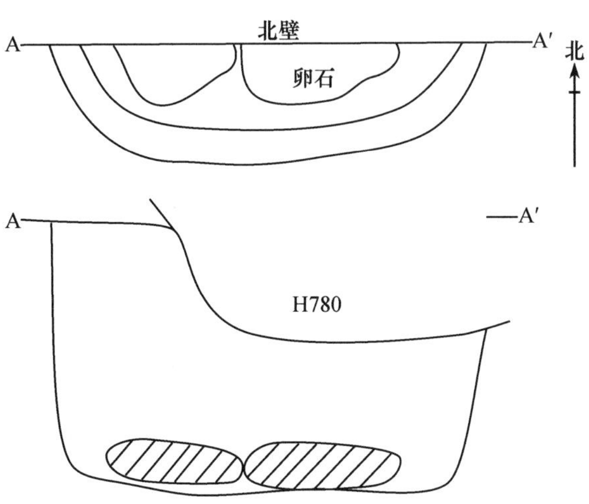

图八九　H786平、剖面图

4）Bd型

2个。

H297

位置：位于98BT0305近东壁处，完全暴露于探方中。层位关系：㉖—H297→㉜。

形制：坑口平面呈较规则的椭圆形，壁不规整内收，坑底较小，略呈圜底，坑壁经过一定加工，但不十分规整，局部涂抹黄黏土。长径250、短径208、深85厘米（图九〇）。

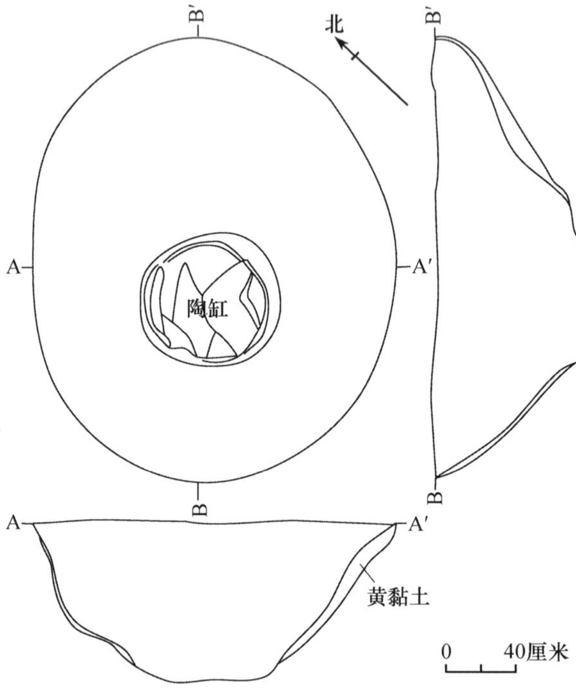

图九〇　H297平、剖面图

坑内堆积与包含物：坑内填较黏的夹黄黏土的灰褐土和砾石，坑底用一半截陶缸铺底。包含物主要为陶器。

出土遗物：出土陶器438件。陶质以夹砂为主，占94.30%，可分夹粗砂和夹细砂两种，以夹粗砂为主，占64.39%，夹细砂占29.91%，泥质陶极少，仅占5.70%。陶色以红褐和灰色为主，各占34.24%和34.02%，部分褐陶，占27.62%，红陶最少，占4.10%。器表以纹饰为主，占76.71%，部分素面，占23.29%。纹饰以菱形绳纹为主，占44.29%，次为复合纹、绳纹，各约占10%多一点，凹弦纹、戳印纹、划纹、波浪纹、方格纹、镂孔、暗纹等很少。器类以缸、罐为主，瓮、盘、钵、器盖、圈足、纺轮等很少（表二八）。

表二八　H297出土陶器统计表

陶质	夹粗砂				夹细砂				泥质				合计	%
陶色	灰	红	红褐	褐	灰	红	红褐	褐	灰	红	红褐	褐		
纹饰/器类														
粗绳纹	3		3				1						7	1.60
绳纹	14	1	12	5	1			2					35	7.99

续表

陶质	夹粗砂				夹细砂				泥质				合计	%
陶色	灰	红	红褐	褐	灰	红	红褐	褐	灰	红	红褐	褐		
纹饰/器类														
细绳纹	1		2	1	1		1	2				1	9	2.05
菱形绳纹	75	7	72	36			4						194	44.29
凹弦纹	8		2	1			1	2					17	3.88
划纹	1		1					1					3	0.68
波浪纹								2					2	0.46
戳印纹	1		1		3		3	5		1			14	3.20
方格纹										1			1	0.23
镂孔							1						1	0.23
复合纹	6		8	6	7		4	9	6	2	1	3	52	11.87
暗纹												1	1	0.23
素面	8	2	3	2	13	3	27	38	1	1	3	1	102	23.29
合计	117	10	104	51	25	3	42	61	7	5	4	9	438	100
%	26.71	2.28	23.74	11.64	5.71	0.68	9.59	13.93	1.60	1.14	0.91	2.00	100	
缸口	21	1	3	25									50	11.42
缸腹	61	5	62	9			4						141	32.19
缸底			1										1	0.23
罐口	6		1	4	1		3	4					19	4.34
罐腹	20	1	23	5	23	2	22	35	7	4	3	7	152	34.70
折沿罐				3									3	0.68
罐底	3	3	14	4		1	1			1			27	6.20
盘口器	1						6	11					18	4.11
敞口罐	1												1	0.23
瓮							1						1	0.23
盘							1	1					2	0.46
钵	1						1	8					10	2.28
碗					1								1	0.23
器盖							1						1	0.23
圈足	1						1	1					3	0.68
纺轮				1							1		2	0.43
不明器	2						1	1				2	6	1.37

参加分类排队的陶器46件，挑选标本21件。

缸口　12件。Aa型Ⅱa式。

标本H297：33，夹粗砂黑褐陶，唇面饰戳印纹，器表饰菱形绳纹。口微敞，上腹较直，残。残宽8.6、残高6厘米（图九一，1）。标本H297：35，夹粗砂黑陶，局部灰。唇面饰戳印纹，器表饰大菱形绳纹。直口，上腹近直，残。残宽10.8、残高6.6厘米（图九一，2）。

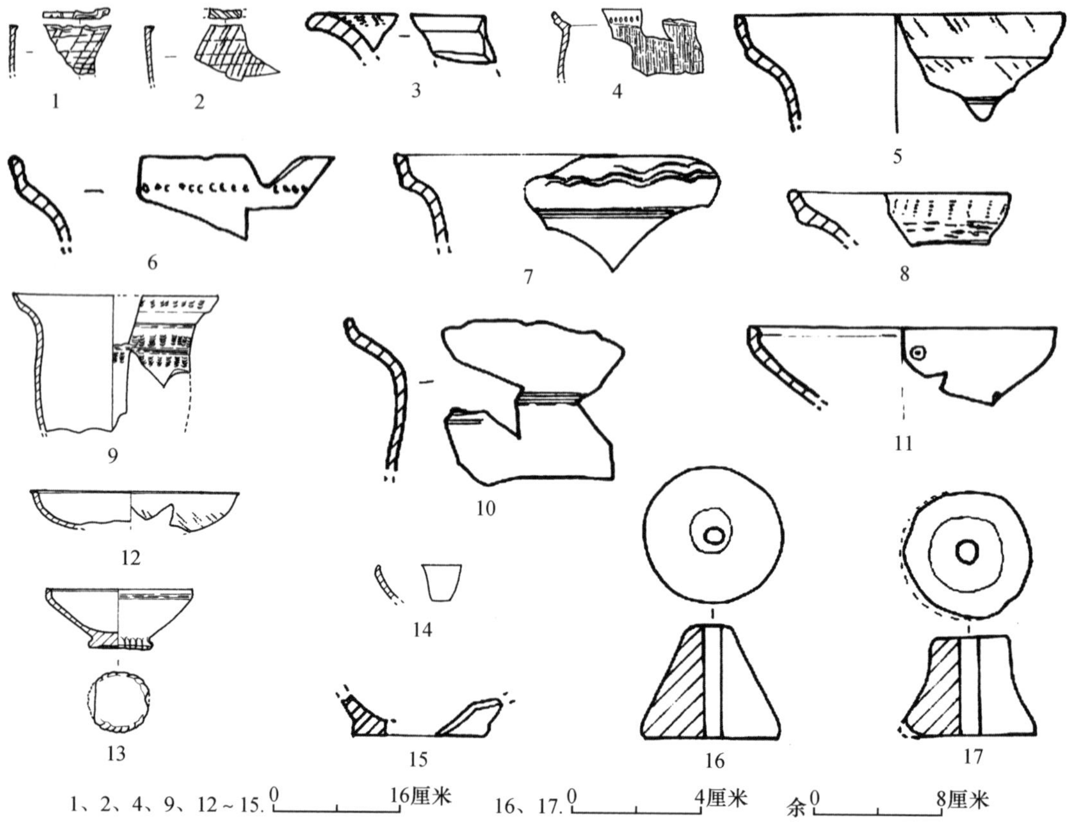

图九一　H297出土陶器

1、2. Aa型Ⅱa式缸口（H297：33、H297：35）　3. B型瓮（H297：29）　4. Ⅱ式翘唇罐（H297：25）　5、6. A型Ⅰ式盘口罐（H297：7、H297：8）　7. Bb型Ⅰ式盘口罐（H297：9）　8. Bb型Ⅱ式盘口罐（H297：14）　9、10. B型盘口器（H297：6、H297：5）　11. A型盘（H297：11）　12. Ⅰ式有沿盘（H297：10）　13. Ⅰ式圈足碗（H297：4）　14. A型Ⅱ式钵（H297：17）　15. Ab型圈足（H297：44）　16. Aa型纺轮（H297：1）　17. Ac型纺轮（H297：2）

缸底　1件。A型。标本碎小。

瓮　1件。B型。

标本H297：29，夹砂红褐陶，局部灰褐。内沿饰粗绳压纹，内外壁磨光。喇叭口，圆唇，残。轮制，火候较高。残宽5.6、残高2.8厘米（图九一，3）。

翘唇罐　1件。Ⅱ式。

标本H297：25，夹粗砂黑褐陶，局部红、灰。外沿饰戳印纹，腹饰竖划纹。侈口，折沿斜上卷，圆唇，微鼓腹，手制，火候较高。残宽12.4、残高8.4厘米（图九一，4）。

折沿罐　2件。标本碎小。

盘口罐　9件。

A型　7件。

Ⅰ式：5件。

标本H297：7，夹粗砂红陶，里黑。盘外、上腹饰斜细绳纹，腹饰细凹弦纹，内壁磨光。较深盘口，圆唇，上腹内弧，残。轮制，火候较高。口径20.4、残高6.6厘米（图九一，5）。标本H297：8，夹粗砂红陶，胎红夹灰。盘外下凸棱饰戳印纹，内壁磨光。较深盘口，圆唇，上腹内弧，残。轮制，火候较高。残宽12.2、残高5.2厘米（图九一，6）。

Ⅱ式：2件。标本碎小。

B型　2件。Bb型。

Ⅰ式：1件。

标本H297：9，夹粗砂红陶，里黑。盘外饰波浪形划纹，上腹饰细凹弦纹，内壁磨光。较深盘口，内沿微折，圆唇，上腹微内斜，残。轮制，火候较高。残宽12.4、残高7.2厘米（图九一，7）。

Ⅱ式：1件。

标本H297：14，夹粗砂红褐陶，局部褐。盘外饰篦点形戳印纹，上腹饰斜绳纹，内壁磨光。较浅盘口，圆唇，上腹内弧，残。轮制，火候较高。残宽7.6、残高3.2厘米（图九一，8）。

盘口器　7件。B型。

标本H297：6，夹细砂黑陶，胎外红褐里黑。盘外饰戳印纹，腹饰划纹相间组状戳印纹，内壁磨光。较深盘口，圆唇，腹微鼓，残。制，火候较高。口径26.4、残高12厘米（图九一，9）。标本H297：5，夹砂红陶，局部、里黑。上腹饰凹弦纹，内外壁磨光。略呈盘口，圆唇，腹较直，残。轮制，火候较高。残宽11.2、残高9.8厘米（图九一，10）。

盘　1件。A型。

标本H297：11，夹砂红陶，局部灰黑。盘、上腹饰圆形镂孔，内壁磨光。微敛浅盘口，斜方唇，上腹斜收，残。轮制，火候较高。口径19.2、残高4.6厘米（图九一，11）。

有沿盘　1件。Ⅰ式。

标本H297：10，夹砂黑陶，局部、胎褐。下腹饰斜划纹，上腹、内壁磨光。敞口，窄折沿微斜，圆唇，弧腹，轮制，火候较高。口径25.6、残高4厘米（图九一，12）。

圈足碗　1件。Ⅰ式。

标本H297：4，夹细砂灰陶。内壁磨光，器身素面，足缘饰绳纹。直口，方唇，弧腹内收至圈足，圈足不明显。口径17.2、足径7.6、通高7.2厘米（图九一，13；图版二八，5）。

钵　2件。A型Ⅱ式。

标本H297：17，夹细砂灰陶，口及内壁黑色。素面，磨光。口微外侈，圆唇，弧腹较深。残宽、残高4.4厘米（图九一，14）。

圈足　1件。Ab型。

标本H297：44，夹砂红褐陶，局部、里黑。素面，内壁磨光。微有下腹，假圈足、平底，残。手制，火候较高。残宽4、残高2.4厘米（图九一，15）。

器盖　1件。标本碎小。

器底　4件。标本碎小。

纺轮　2件。

Aa型　1件。

标本H297：1，泥质红陶，部分黑。素面，器表磨光。凸台形，弧顶，平底，斜腰，中部圆形穿，微残。轮制，火候高。最大径4.3、穿径0.6、高3.3厘米（图九一，16）。

Ac型　1件。

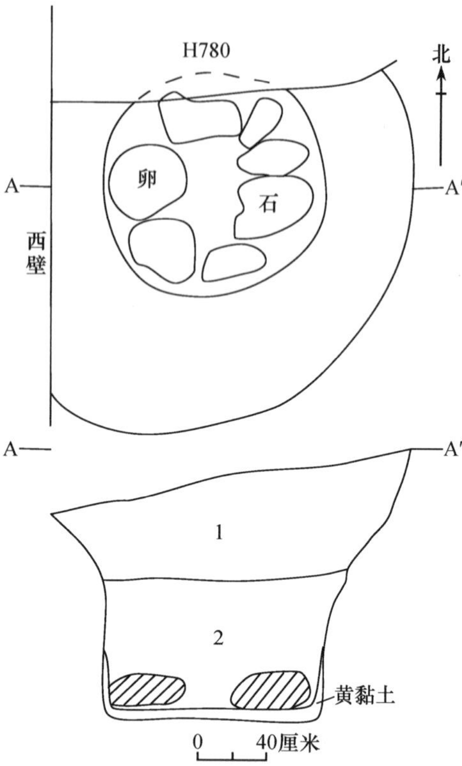

图九二 H783平、剖面图

标本H297：2，夹粗砂灰褐陶，局部、胎黑。素面，器表磨光。凸台形，顶、底平，微束腰，中部圆形穿，微残。轮制，火候较高。最大径4.2、穿径0.6、高3厘米（图九一，17；图版三〇，3）。

H783

位置：位于02AT0101西南部，坑口距地表深690厘米，开口于第39层下，被H780打破，该坑打破H784。层位关系：H780→H783→H784。

形制：从暴露部分观察，坑口平面略呈椭圆形，坑壁不规整，上弧、下较直，平底，坑壁及坑底用黄色黏土加工，坑壁上部已塌落，保留下壁局部与底部，坑底黏土之上用不规则卵石块铺垫。口残长径230、短径205、底径130、深150厘米（图九二；图版九，1）。

坑内堆积与包含物：坑内填土可分2层。

第1层：厚80厘米。浅黄色土，略杂黑灰土，质松软，包含物主要为陶片。

第2层：厚为70厘米。黄褐色土，杂有黏土块、黑灰土，质松软，夹木炭颗粒。包含物除少量兽骨外，全为陶器。

出土遗物：主要为陶器。

第1层：出土陶器103件。陶质全为夹砂，陶色以灰陶为主，占42.72%，次为红色，占36.89%，褐陶较少，占13.59%，黑陶较少，占6.80%。器表以纹饰为主，占94.17%，素面较少，仅占5.83%。纹饰以绳纹为主，占54.37%，次为菱形绳纹和复合纹，各占11.65%，附加堆纹较少，占7.77%，凸弦纹、凹弦纹、戳印纹极少。器类以缸为主，占57.28%，次为罐，瓮极少（表二九）。

表二九 H783①出土陶器统计表

陶质	夹砂				合计	%
陶色	灰	红	黑	褐		
纹饰/器类						
绳纹	25	28		3	56	54.37
细绳纹	1	1	1	3	6	5.83
菱形绳纹	2	5	2	3	12	11.65
凸弦纹			1		1	0.97
凹弦纹	1				1	0.97
戳印纹	1				1	0.97
附加堆纹	4	1	1	2	8	7.77
复合纹	5	2	2	3	12	11.65

续表

陶质	夹砂				合计	%
陶色	灰	红	黑	褐		
纹饰/器类						
素面	5	1			6	5.83
合计	44	38	7	14	103	100
%	42.72	36.89	6.80	13.59	100	
罐	8	5	2	2	17	16.50
盘口器	1	1		6	8	7.77
小罐	2				2	1.94
缸	24	30	3	2	59	57.28
瓮				1	1	0.97
器底	2	1	1	2	6	5.83
不明器	7	1	1	1	10	9.71

参加分类排队的陶器21件，挑选标本9件。

缸口　6件。A型。

Aa型　3件。

Ⅰ式：1件。

标本H783①：1，夹粗砂灰褐陶，局部褐，口、里黑。唇饰浅戳印纹，器表饰菱形绳纹，外沿饰按窝。敞口微外折，上腹斜收，残。手制，火候较高。残宽5.8、残高5.8厘米（图九三，1）。

Ⅱa式：2件。

标本H783①：2，夹粗砂灰褐陶，局部、里黑。唇部较浅粗戳印纹，器表饰菱形绳纹。敞口，上腹斜收，残。手制，火候较高。残宽12.4、残高6厘米（图九三，2）。

Ab型　3件。标本碎小。

缸底　1件。A型。标本碎小。

瓮　1件。A型。

标本H783①：8，夹砂浅黄褐陶。素面。侈口，沿外卷，圆唇，高束领，残。分制，火候较高。残宽9.8、残高5厘米（图九三，3）。

翘唇罐　4件。Ⅱ式。

标本H783①：3，夹砂黑陶，里灰。唇面饰细绳切纹，外沿下部饰戳印纹，腹饰交错细绳纹。侈口，折沿，外沿内凹，尖唇，微鼓腹，残。轮制，火候较高。残宽11.4、残高11厘米（图九三，4）。标本H783①：9，夹粗砂褐陶，局部、里黑。外沿、腹饰菱形绳纹。敞口，斜折沿较宽、沿上翘，圆唇，上腹斜收，残。轮制，火候较高。残宽7.6、残高3.2厘米（图九三，5）。

折沿罐　5件。

A型　2件。Aa型Ⅰ式。标本碎小。

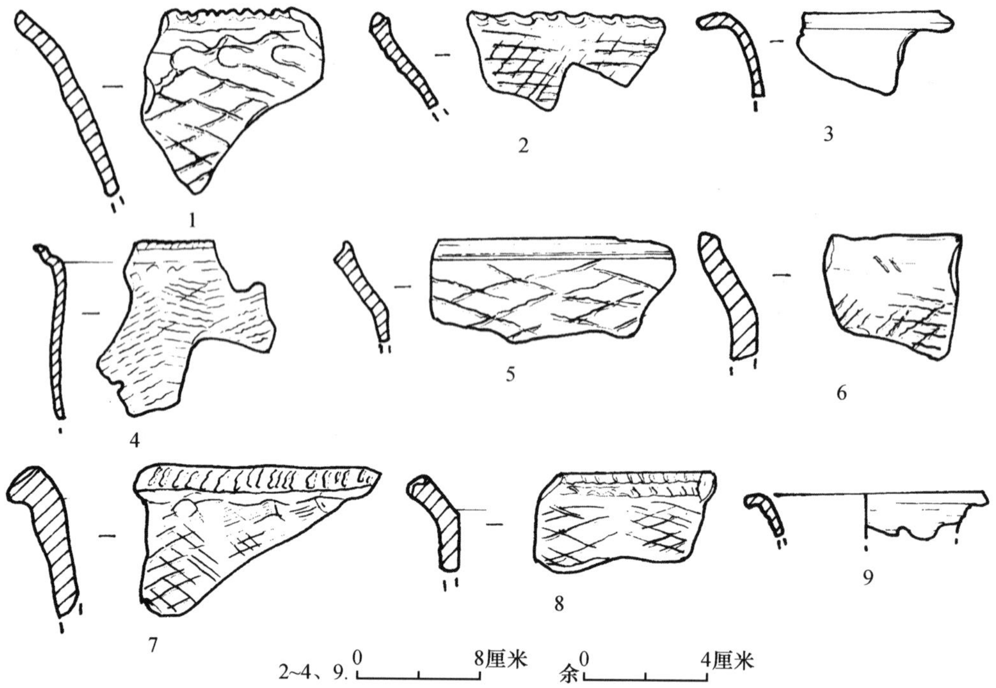

图九三　H783①出土陶器

1. Aa型Ⅰ式缸口（H783①：1） 2. Aa型Ⅱa式缸口（H783①：2） 3. A型瓮（H783①：8） 4、5. Ⅱ式翘唇罐（H783①：3、H783①：9） 6. B型Ⅰ式折沿罐（H783①：4） 7. B型Ⅱ式折沿罐（H783①：5） 8. C型Ⅰ式折沿罐（H783①：6） 9. Aa型Ⅱ式卷沿罐（H783①：7）

B型　2件。

Ⅰ式：1件。

标本H783①：4，夹砂红陶，局部灰黑。唇饰细绳切纹，器表饰交错细绳纹。侈口，斜折沿较宽，唇部上卷，残。轮制，火候较高。残宽4.2、残高3.8厘米（图九三，6）。

Ⅱ式：1件。

标本H783①：5，夹粗砂灰褐陶，局部、里黑，胎外灰里黑。唇饰绳切纹，外沿根饰戳印纹，上腹饰交错绳纹。敞口，窄斜折沿，上腹斜内收，残。轮制，火候较高。残宽5.8、残高4.6厘米（图九三，7）。

C型　1件。Ⅰ式。

标本H783①：6，夹砂黑陶，灰褐胎。唇面饰绳切纹，外沿上部饰戳印纹，腹饰菱形绳纹。侈口，斜折沿较窄，残。轮制，火候较高。残宽5.6、残高3厘米（图九三，8）。

卷沿罐　2件。Aa型Ⅱ式。

标本H783①：7，泥质灰褐陶。领上部饰瓦棱纹，内外壁磨光。侈口，沿微外下卷，圆唇，领较斜直，残。轮制，火候高。口径15.2、残高2.8厘米（图九三，9）。

器底　2件。标本碎小。

第2层：出土陶器162件。陶质全为夹砂。陶色以灰为主，占51.85%，次为黑、褐色，各占19.13%和16.67%，红陶较少，占12.35%。器表以纹饰为主，占93.83%，素面很少，占6.17%。纹饰以绳纹为主，占66.05%，次为复合纹，占11.73%。划纹、凹弦纹、附加堆纹较少，暗纹、波浪纹、镂孔很少。器类以缸为主，次为罐，瓮、盘等很少（表三〇）。

表三〇　H783②出土陶器统计表

陶质	夹砂				合计	%
陶色	灰	红	黑	褐		
纹饰/器类						
绳纹	55	10	23	19	107	66.05
凹弦纹	5	1	1		7	4.32
划纹	6	1		2	9	5.56
波浪纹	1				1	0.62
附加堆纹	5				5	3.09
镂孔				1	1	0.62
复合纹	4	4	6	5	19	11.73
暗纹	3				3	1.85
素面	5	4		1	10	6.17
合计	84	20	30	28	28	100
%	51.85	12.35	19.13	16.67	100	
罐	10		1	1	12	7.41
卷沿罐	4	1		1	6	3.70
折沿罐	5	2	4	4	15	9.26
缸	52	7	23	14	96	59.26
盘	2	2			4	2.47
高领瓮	3				3	1.85
器底	3	6	1	6	16	9.88
不明器	5	2	2	1	10	6.17

参加分类排队的陶器54件，挑选标本25件。

缸口　23件。A型。

Aa型　14件。

Ⅰ式：9件。

标本H783②：1，夹粗砂灰褐陶，局部、里灰黑。唇部饰较深戳印纹，器表饰大菱形绳纹。敞口外张，腹斜收，残。手制，火候较高。残宽10.4、残高10.2厘米（图九四，1）。标本H783②：4，夹粗砂灰陶，口、胎、里黑。唇部饰较深戳刮纹，器表饰菱形绳纹。敞口外张，上腹斜收，残。手制，火候较高。残宽9.2、残高8.8厘米（图九四，2）。

Ⅱa式：5件。

标本H783②：3，夹粗砂灰褐陶，口、里黑。唇部饰较深戳印纹，器表饰大菱形绳纹。敞口，上腹斜收，残。手制，火候较高。残宽9.2、残高11.2厘米（图九四，3）。标本H783②：5，夹粗砂红陶，局部、里黑。唇部饰较深粗戳印纹，器表饰大菱形绳纹。敞口，外张，上腹斜收，残。手制，火候较高。残宽17.6、残高7.2厘米（图九四，5）。

Ab型　9件。2件可分式，7件不明式别。

Ⅱ式：2件。

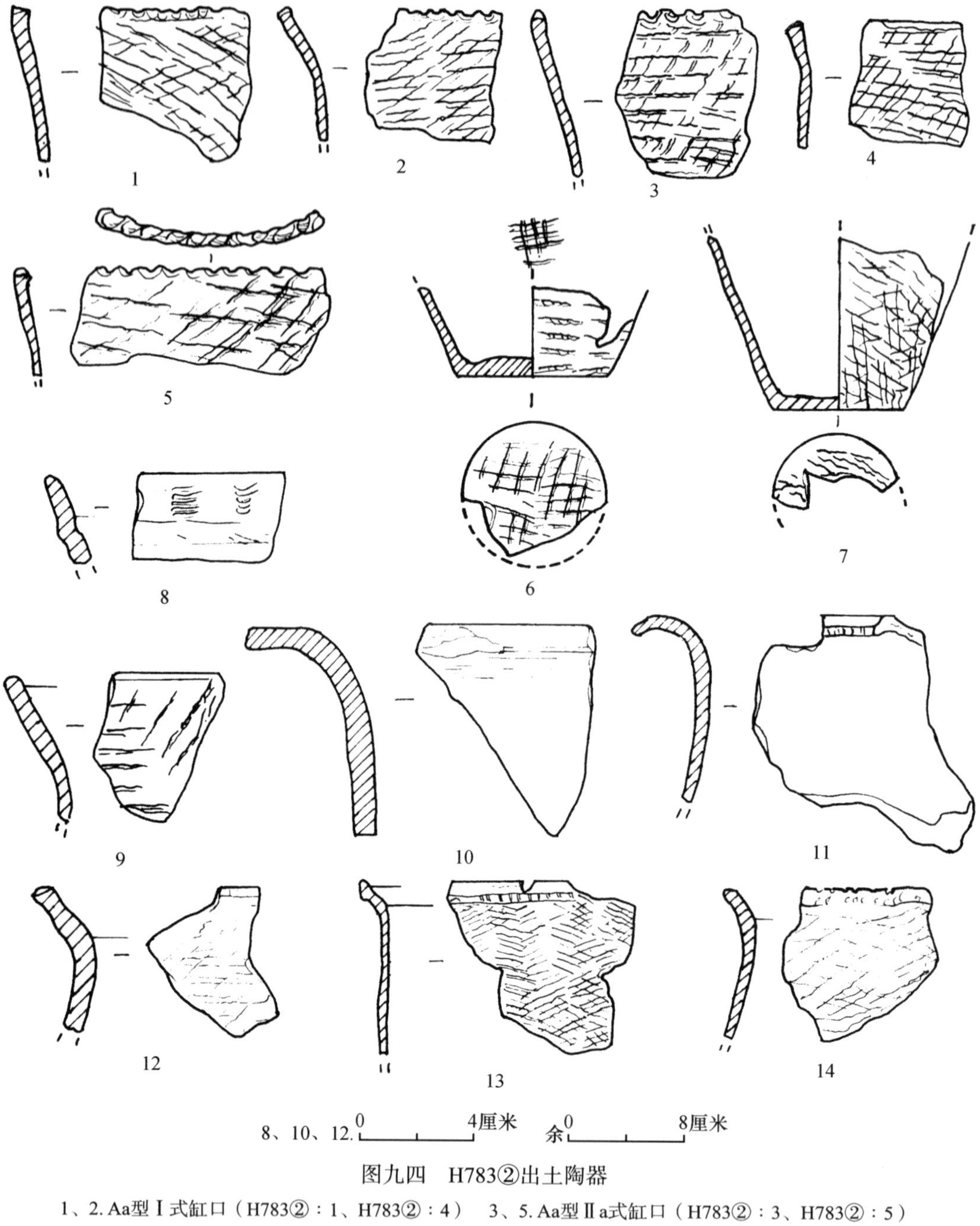

图九四 H783②出土陶器

1、2. Aa型Ⅰ式缸口（H783②：1、H783②：4） 3、5. Aa型Ⅱa式缸口（H783②：3、H783②：5）
4. Ab型Ⅱ式缸口（H783②：6） 6、7. A型缸底（H783②：22、H783②：23） 8. A型Ⅰ式盘口罐（H783②：15）
9. C型盘口罐（H783②：16） 10、11. A型瓮（H783②：20、H783②：21）
12、13. Ⅰ式翘唇罐（H783②：7、H783②：8） 14. Ⅱ式翘唇罐（H783②：9）

标本H783②：6，夹粗砂灰陶，局部褐，里红。唇部饰较浅戳印纹，器表饰菱形绳纹。敞口，上腹直，残。手制，火候较高。残宽8.2、残高8.4厘米（图九四，4）。

缸底 2件。A型。

标本H783②：22，夹粗砂红褐陶，灰胎，里黑。下腹饰中粗绳纹，外底、内底中部饰较粗绳纹。下腹斜收，内底微凸，平底，残。手制，火候较高。底径10、残高6厘米（图九四，6）。标本H783②：23，夹粗砂红褐陶，局部灰黑，胎、里黑。腹、外底饰交错绳纹。下腹斜收，平底，残。手制，火候较高。底径8.6、残高11.4厘米（图九四，7）。

瓮　4件，1件瓮底。

A型　3件。

标本H783②：20，夹砂红褐陶，胎红褐夹灰。上唇饰戳印纹。侈口，卷平沿，圆唇，领较直，残。轮制，火候较高。残宽6.2、残高7.1厘米（图九四，10）。标本H783②：21，夹砂灰陶。上唇面饰斜细绳压纹。侈口，沿外下卷，高领微束，残。轮制，火候较高。残宽15.2、残高15.8厘米（图九四，11）。

盘口罐　2件。

A型　1件。Ⅰ式。

标本H783②：15，夹粗砂灰褐陶。盘外饰戳划纹。盘口，圆唇，盘较深，壁斜，盘下沿有凸棱一周，上腹内弧，残。轮制，火候较高。残宽5.2、残高3厘米（图九四，8）。

C型　1件。

标本H783②：16，夹粗砂灰陶，局部、里黑。器表饰较粗绳纹。盘口，圆唇，盘较深，弧壁，上腹内斜，残。轮制，火候较高。残宽4.4、残高4.8厘米（图九四，9）。

翘唇罐　8件。

Ⅰ式：3件。

标本H783②：7，夹粗砂红陶，局部、里灰褐，黑胎。唇部饰绳切纹，外沿下部饰戳印纹，腹饰小菱形绳纹。侈口，斜折沿较宽，沿面微凹，上腹外斜，残。轮制，火候较高。残宽4.4、残高4.8厘米（图九四，12）。标本H783②：8，夹粗砂黑陶，局部褐、灰褐。唇部、外沿下凸棱饰戳印纹，器表饰小菱形绳纹。侈口，沿斜折后再斜上折，腹微鼓，残。轮制，火候较高。残宽12.6、残高11.6厘米（图九四，13）。

Ⅱ式：5件。

标本H783②：9，夹粗砂灰黑陶，局部红。唇上下缘饰戳印纹，器表饰菱形绳纹。侈口，斜折沿，唇缘微翘，上腹外斜，残。轮制，火候较高。残宽10.4、残高10.2厘米（图九四，14）。

折沿罐　2件。A型。

Aa型　1件。Ⅰ式。

标本H783②：11，夹粗砂灰褐陶，局部、里黑，褐胎。器表饰菱形绳纹，沿、腹相交处饰附加堆纹，在堆纹上饰按窝。敞口，斜折沿、外卷，上腹斜内收，残。轮制，火候较高。残宽8、残高7.2厘米（图九五，1）。

Ab型　1件。Ⅰ式。

标本H783②：12，夹粗砂红褐陶，局部红、黑，里黑。唇部饰浅戳印纹，器表饰组状斜细绳纹，上腹饰圆形镂孔。敞口，斜折沿、沿面微凹，腹弧收，残。轮制，火候较高。口径18.8、残高12.2厘米（图九五，2）。

卷沿罐　3件。Aa型Ⅱ式。

标本H783②：18，夹砂红陶，局部灰、黑，胎红夹灰。上腹饰瓦棱纹，上部、内沿磨光。侈口，卷沿，圆唇，束颈，鼓腹，残。轮制，火候较高。口径、残高10厘米（图九五，3）。标本H783②：19，夹砂灰褐陶。领、上腹饰瓦棱纹。侈口，卷沿，圆唇，束领，鼓腹，

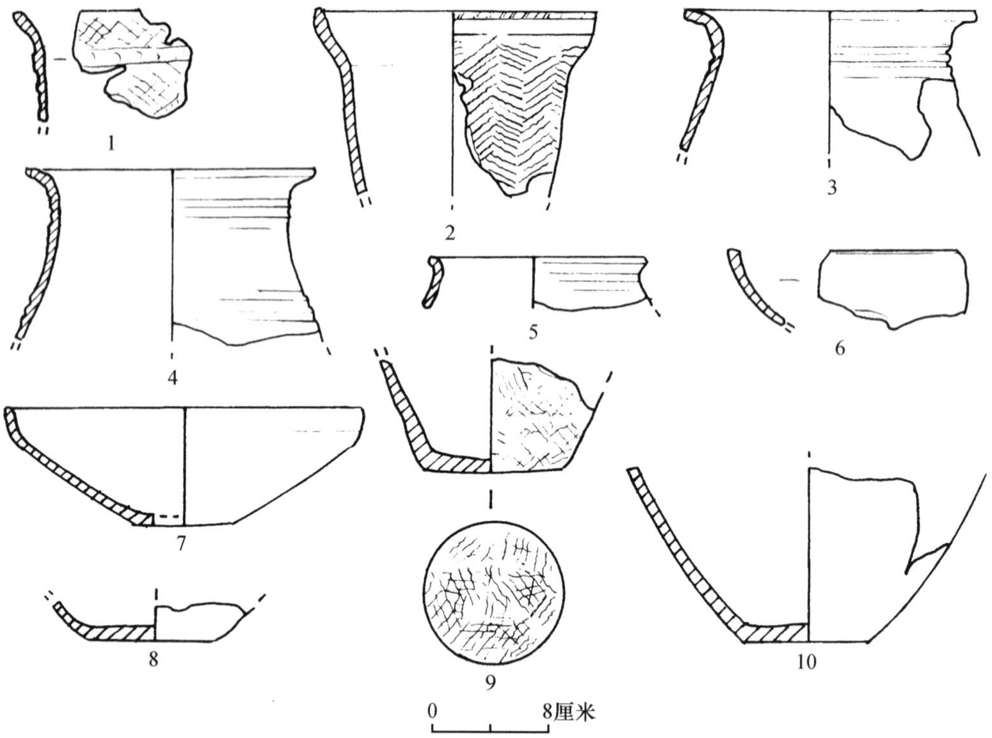

图九五　H783②出土陶器

1. Aa型Ⅰ式折沿罐（H783②：11）　2. Ab型Ⅰ式折沿罐（H783②：12）　3、4. Aa型Ⅱ式卷沿罐（H783②：18、H783②：19）　5. Ⅰ式卷沿鼓腹罐（H783②：17）　6、7. A型盘（H783②：13、H783②：14）　8～10. 器底（H783②：25、H783②：24、H783②：26）

残。轮制，火候较高。口径19.4、残高11.4厘米（图九五，4）。

卷沿鼓腹罐　1件。Ⅰ式。

标本H783②：17，泥质灰陶。上腹饰划纹，内外壁磨光。侈口，卷沿，圆唇，鼓腹，残。轮制，火候高。口径14.4、残高3.4厘米（图九五，5）。

盘　2件。A型。

标本H783②：13，夹砂红褐陶，局部、胎灰。素面，内外壁磨光。口微敞，圆唇，弧腹，残。轮制，火候较高。残宽10、残高5.2厘米（图九五，6）。标本H783②：14，夹砂黑陶，灰褐胎。素面，底饰斜绳纹，内外壁磨光。口微敞口，圆唇，弧腹，底微圜，复原。轮制，火候较高。口径16.4、高8厘米（图九五，7）。

器底　7件。

标本H783②：25，夹砂灰陶。素面。下腹弧收，底较平，残。手制，火候较高。底径9.2、残高2.6厘米（图九五，8）。标本H783②：24，夹粗砂红褐陶，局部褐，黑胎。下腹、外底饰交错绳纹。下腹微弧斜收，圜平底，残。手制，火候较高。底径9.6、残高7.4厘米（图九五，9）。标本H783②：26，泥质灰褐陶。素面。下腹弧收，平底，残。手制，火候较高。底径8.2、残高11.4厘米（图九五，10）。

（3）F型

2个。

1）Fa型

1个。

H329

位置：位于98AT0103东北角，坑口距地表深594厘米，被H298、H318打破。层位关系：H318→H329→㊷。

形制：由于暴露范围太小和未清理至底，坑口平面形状不明，坑壁较斜直，底不明，坑壁用黄黏土加工。残长120、宽100、深132（图九六）。

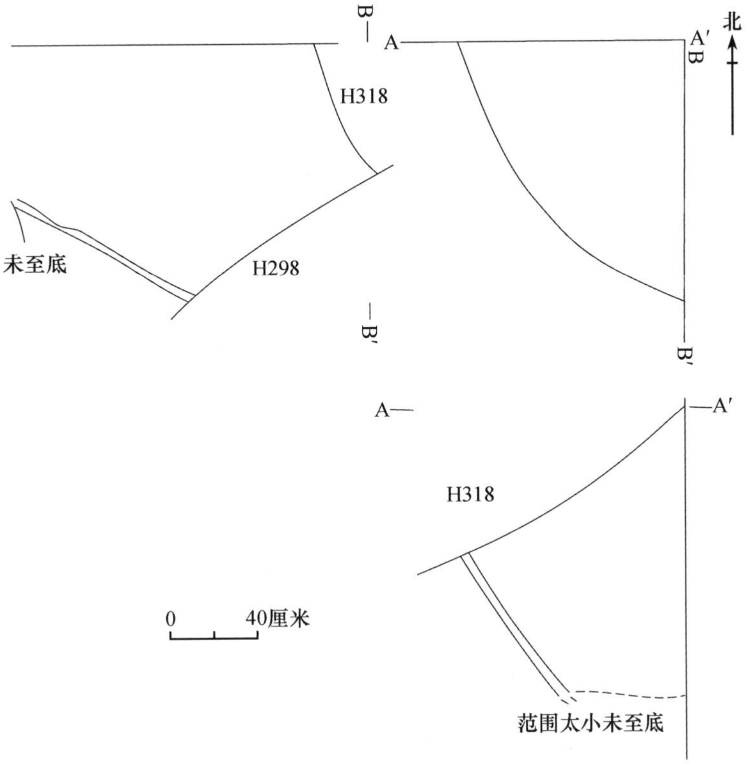

图九六　H329平、剖面图

坑内堆积与包含物：坑内填灰褐土，较黏，较松。包含很少碎小陶片，可辨器类只有缸。

2）Fb型

1个。

H326

位置：位于98BT0204东北角，被开口第40层下的H310和开口第41层下的H316打破。层位关系：H316→H326→生土。

形制：由于暴露不全和被H310、H316打破，坑口平面形状不明，弧壁，圜底，坑壁部分地方用黄色黏土加工，坑底垫有几块不规则的卵石。残长180、残宽140、深120（图九七）。

坑内堆积与包含物：坑内填灰褐色黏土，夹杂零星的炭屑。包含物主要为陶器和少量残石器。

出土遗物：出土陶器共80件。陶质以夹砂陶为主，占95%，可分夹粗砂和夹细砂两种，以夹粗砂为主，占67.50%，部分夹细砂，占27.50%，泥质陶极少，仅占5%。陶色以灰陶为主，

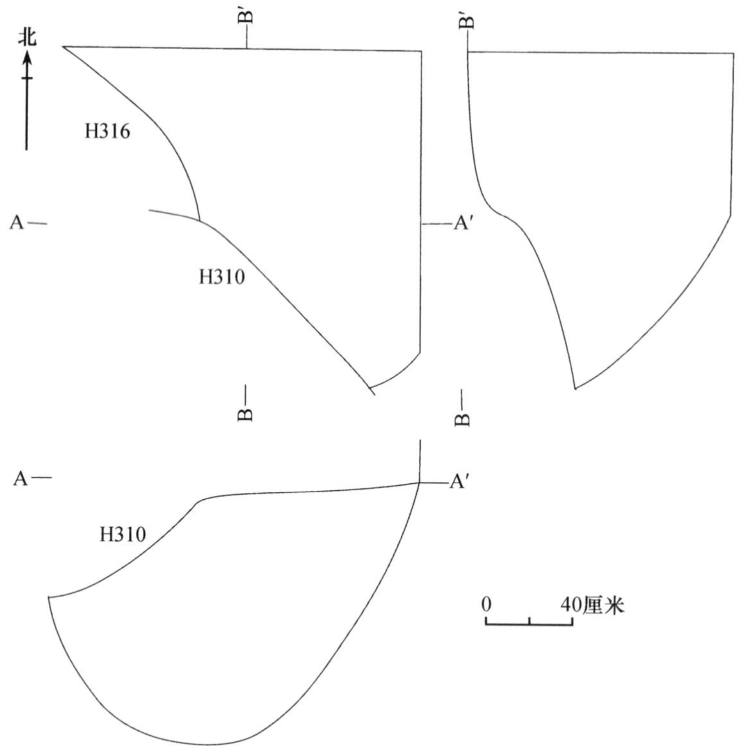

图九七 H326平、剖面图

占48.75%，次为黑褐和黑陶与红褐和褐陶，各占22.50%和18.75%，红陶最少，占10%。器表以纹饰为主，占90%，素面较少，占10%。纹饰以菱形绳纹为主，占47.50%，次为绳纹、复合纹和细绳纹及附加堆纹，约占5%～11%，凹弦纹、阴弦纹、粗绳纹、划纹等较少，占5%以下。器类以缸为主，占43.75%，次为罐，占37.5%，瓮、盆、钵、杯等很少（表三一）。

表三一 H326出土陶器统计表

陶质	夹粗砂				夹细砂				泥质	合计	%
陶色	灰	红	黑褐	红褐	灰	红	黑	褐	灰		
纹饰/器类											
粗绳纹	2									2	2.50
绳纹	2	1		5	1					9	11.25
细绳纹	1		3				2			6	7.50
菱形绳纹	17	2	10	8	1					38	47.50
凹弦纹					2	1				3	3.75
划纹		1								1	1.25
附加堆纹						1			3	4	5.00
复合纹	1	1			3		1	1		7	8.75
阴弦纹					1		1			2	2.50
素面					4	1	1	1	1	8	10.00
合计	23	5	13	13	12	3	5	2	4	80	100
%	28.75	6.25	16.25	16.25	15.00	3.75	6.25	2.50	5.00	100	

续表

陶质	夹粗砂				夹细砂				泥质	合计	%
陶色	灰	红	黑褐	红褐	灰	红	黑	褐	灰		
纹饰/器类											
缸口	6		8	1						15	18.75
缸腹	5	2	1	10	1					19	23.75
缸底		1								1	1.25
罐口	3		1		1		1			6	7.50
罐腹	5			1	4	1	3	1	3	18	22. 50
折沿罐口		1		1	1					3	3.75
罐底	2	1								3	3.75
盘口器						1				1	1.25
瓮					1				1	2	2.50
盆口					2					2	2.50
钵口								1		1	1.25
杯口					1					1	1.25
不明器	2		3		1	1	1			8	10.00

参加分类排队的陶器31件，挑选标本14件。

缸口　13件。Aa型Ⅱa式。

标本H326：13，夹粗砂红陶，局部灰，里黑。唇饰较浅粗戳印纹，上腹饰菱形绳纹。敞口，上腹较斜直，残。手制，火候较高。口径34.4、残高13.2厘米（图九八，1）。标本H326：14，夹粗砂黑褐陶，局部灰黑，里黑。唇饰较浅戳印纹，上腹饰菱形绳纹。口近直，上腹微束，残。手制，火候较高。残宽15.6、残高14.4厘米（图九八，2）。

缸底　3件。A型。标本碎小。

瓮　1件。B型。

标本H326：10，夹砂灰褐陶，黑胎。内壁磨光，外壁多细旋痕。喇叭口，圆唇，残。轮制，火候较高。残宽6.8、残高1.6厘米（图九八，3）。

盘口器　1件。Aa型。

标本H326：9，夹细砂黄褐陶，紫红胎。素面，内外壁磨光。浅盘口，圆唇，上腹内弧，残。轮制，火候较高。残宽9.2、残高2.4厘米（图九八，4）。

折沿罐　4件。

A型　2件。Ab型Ⅱ式。

标本H326：1，夹粗砂灰褐陶，局部黑。唇部饰戳印纹，上腹饰划纹。敞口，圆唇，上腹斜直，残。轮制，火候较高。口径19.4、残高2.5厘米（图九八，5）。

B型　2件。Ⅰ式。

标本H326：2，夹粗砂褐陶，局部灰。唇缘饰戳印纹，上腹饰菱形绳纹。敞口，斜方唇，残。轮制，火候较高。残宽5.4、残高3.4厘米（图九八，6）。

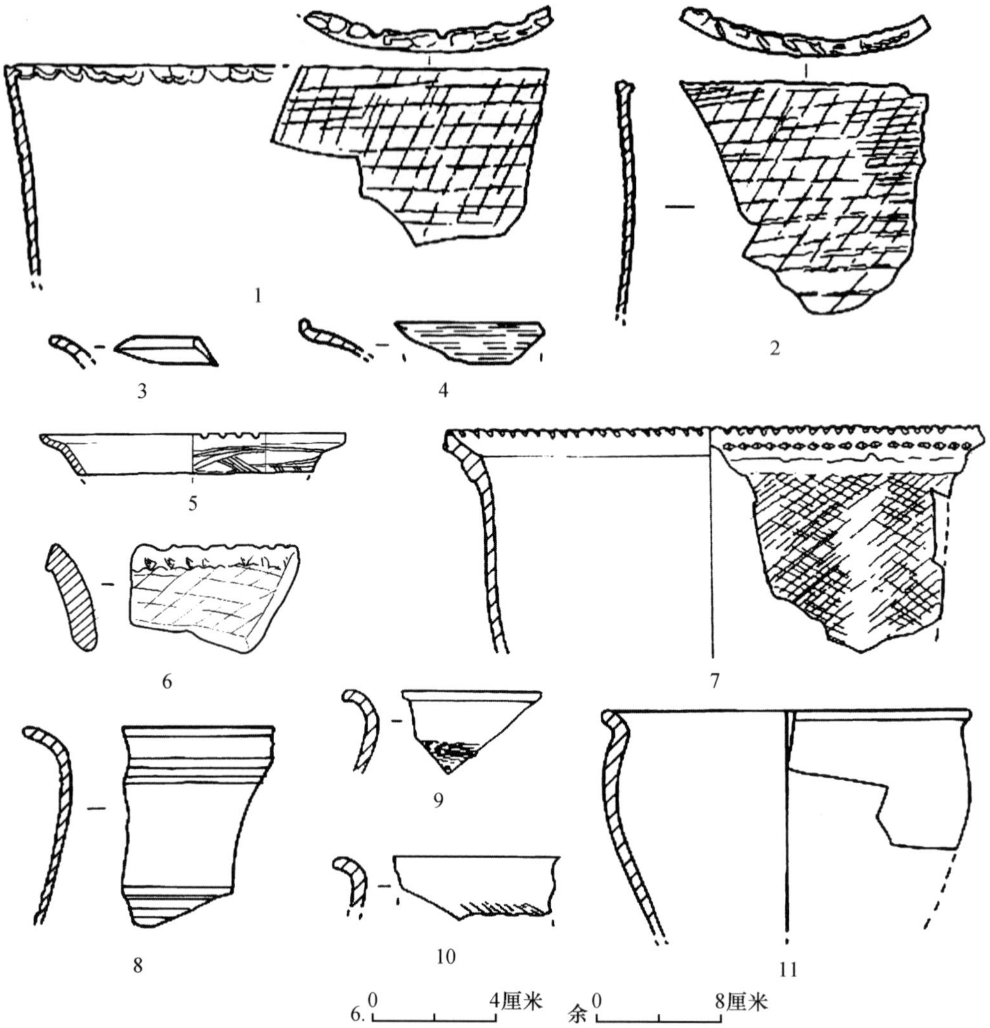

图九八　H326出土陶器

1、2. Aa型Ⅱa式缸口（H326：13、H326：14）　3. B型瓮（H326：10）　4. Aa型盘口器（H326：9）　5. Ab型Ⅱ式折沿罐（H326：1）　6. B型Ⅰ式折沿罐（H326：2）　7. Ⅰ式槽唇罐（H326：8）　8. 高领罐（H326：7）　9、10. 侈口罐（H326：11、H326：12）　11. Aa型Ⅱ式卷沿罐（H326：3）

槽唇罐　1件。Ⅰ式。

标本H326：8，夹粗砂灰陶，局部黑、红，里黑。上下唇缘饰戳印纹，器表饰小菱形绳纹，外沿下部饰附加堆纹。敞口，斜折沿较宽，唇缘上翘，上腹较直，下腹弧收，残。轮制，火候较高。口径34、残高14厘米（图九八，7）。

高领罐　1件。

标本H326：7，夹细砂黑陶，胎、里灰黑。领上、下部饰瓦棱纹，沿面、外壁磨光。侈口，卷沿外翻，斜领微束，残。轮制，火候较高。残宽9.6、残高12.8厘米（图九八，8）。

侈口罐　2件。

标本H326：11，夹砂黑陶，局部灰褐、红。腹饰斜细绳纹。侈口，卷沿外翻，圆唇，上腹外斜，残。轮制，火候较高。残宽8.6、残高5.2厘米（图九八，9）。标本H326：12，夹砂黑陶，局部褐。上腹饰斜细绳纹。侈口，卷沿外翻，上腹微外斜，残。轮制，火候较高。残宽

10.4、残高3.8厘米（图九八，10）。

卷沿罐　1件。Aa型Ⅱ式。

标本H326：3，夹细砂灰褐陶，局部红、黑，胎、里黑。素面，内外壁磨光。侈口，卷沿，圆唇，上腹微鼓，下腹弧收，残。手制，火候较高。口径23.2、残高14厘米（图九八，11）。

器底　4件。标本碎小。

2. 乙类

23个。

（1）A型

13个。

1）Aa型

3个。

H602

位置：位于99AT0201东北部，开口第77层下，被开口第75层下的H594与开口第76层下的H595破。层位关系：⑰—H602→⑱。

形制：坑口平面略呈圆形，斜壁，平底，壁、底无加工痕迹，坑底置放4块卵石。直径220、深70厘米（图九九）。

坑内堆积与包含物：坑内填灰褐土，质疏松，夹大量杂质和炭灰块，包含物丰富。以陶器为主，另出少量石器。

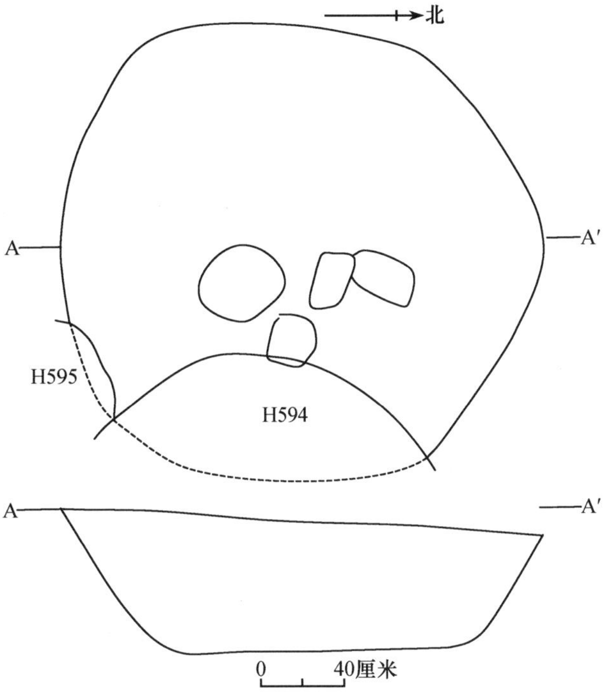

图九九　H602平、剖面图

出土遗物：灰坑内出土有陶器和石器。

陶器　137件。陶质以夹砂为主，占99.27%，其中粗砂占81.02%，细砂占18.25%，泥质陶极少。陶色灰、褐为主，各占41.61%、37.96%，其次为黑陶，占15.33%，红陶最少，只占5.11%。陶器表面以纹饰为主，占86.14%，素面占13.87%，纹饰以菱形绳纹和复合纹为主，各占43.80%、22.63%，其次为绳纹，占13.87%，凹弦纹、划纹、粗绳纹和镂孔等较少。器类主要以大口深腹缸、罐为主，分别占33.58%和30.66%，瓮、盘、壶、厚胎缸、杯等较少，还有18.98%的器物不辨器形（表三二）。

表三二　H602出土陶器统计表

陶质	夹粗砂				夹细砂（磨光）				泥质				合计	%
陶色	灰	红	黑	褐	灰	红	黑	褐	灰	红	黑	褐		
纹饰/器类														
粗绳纹	1												1	0.73
绳纹	6		5	8									19	13.87
菱形绳纹	23	4	9	24									60	43.80

续表

陶质	夹粗砂				夹细砂（磨光）				泥质				合计	%
陶色	灰	红	黑	褐	灰	红	黑	褐	灰	红	黑	褐		
纹饰/器类														
凹弦纹					2			1					3	2.19
划纹	3												3	2.19
镂孔					1								1	0.73
复合纹	10	1	5	5	4	1		5					31	22.63
素面	3		1	3	4	1	1	5				1	19	13.87
合计	46	5	20	40	11	2	1	11				1	137	100
%	33.58	3.65	14.60	29.20	8.03	1.46	0.73	8.03				0.73	100	
罐						1		2					3	2.19
折沿罐	20		8	8									36	26.28
盘口罐	1			1			1						3	2.19
壶								1					1	0.73
缸	20		8	18									46	33.58
杯								1					1	0.73
瓮					4			1					5	3.65
盘	2				2								4	2.92
圈足器	1												1	0.73
厚胎缸	1												1	0.73
平底		1	1	3	3			2					10	7.30
不明器	1	4	3	10	2	1		4				1	26	18.98

参加分类排队的陶器73件，挑选标本28件。

缸口　24件。Aa型。

Ⅰ式：6件。

标本H602：4，夹粗砂灰陶，局部褐色。唇面饰戳印纹，器表饰菱形绳纹。敞口外张，内沿面呈波浪状，腹较斜直，残。轮制，火候较高。口径48.2、残高6.6厘米（图一〇〇，1）。标本H602：6，夹粗砂灰陶。唇面饰压印绳纹和戳印纹，器表饰菱形绳纹。敞口微外张，内沿呈较稀疏波浪状，上腹较斜直，残。残宽6.8、残高7厘米（图一〇〇，2）。

Ⅱa式：18件。

标本H602：5，夹粗砂灰褐陶。唇面饰压印绳纹和戳印纹，器表饰菱形绳纹。敞口微敛，内沿呈波浪状，残。轮制，火候较高。口径36.8、残高5.6厘米（图一〇〇，3）。标本H602：7，夹粗砂黑陶。唇面饰戳印纹，器表饰菱形绳纹。敞口微敛，唇沿内、外凸出，上腹微弧，残。轮制，火候不高。残宽8、残高5厘米（图一〇〇，4）。

厚胎缸　1件。

标本H602：28，夹粗砂灰陶。器表饰交错粗绳纹。口微敞，上腹较斜直，厚胎，残。手制，火候较高。残宽5.2、残高7厘米（图一〇〇，5）。

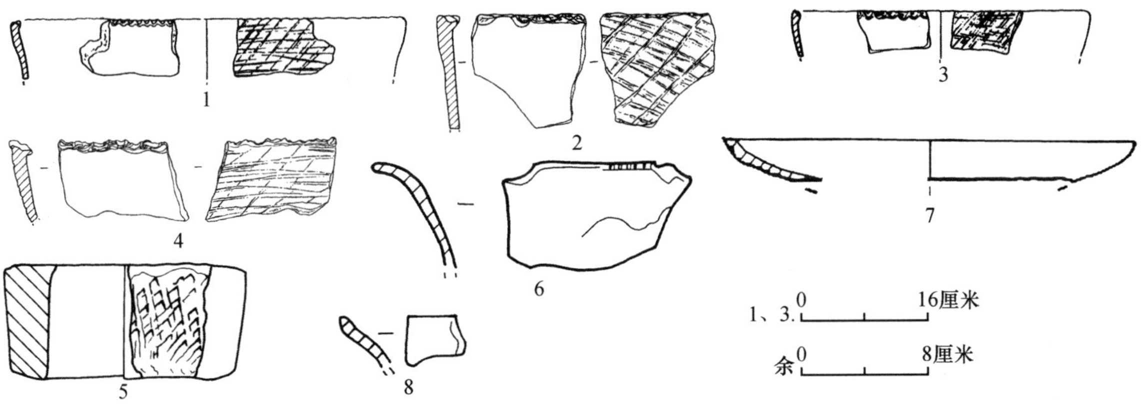

图一〇〇　H602出土陶器

1、2. Aa型Ⅰ式缸口（H602：4、H602：6）　3、4. Aa型Ⅱa式缸口（H602：5、H602：7）　5. 厚胎缸（H602：28）　6. A型瓮（H602：11）　7. Ba型Ⅰ式盘口罐（H602：3）　8. Ab型盘口器（H602：2）

瓮　3件。A型。

标本H602：11，夹砂灰褐陶。素面，磨光。敞口，卷沿，圆唇，领微束，残。分制，火候较高。残宽11.6、残高6.8厘米（图一〇〇，6）。

盘口罐　2件。Ba型Ⅰ式。

标本H602：3，夹细砂灰陶，口局部、里黑。盘外细弦纹，器壁磨光。盘口外张，圆唇，盘较深，残。口径25.2、残高2.7厘米（图一〇〇，7）。

盘口器　1件。Ab型。

标本H602：2，夹细砂黑陶，褐胎。素面，内外壁磨光。圆尖唇，微有盘，残。轮制，火候较高。残宽3.7、残高3厘米（图一〇〇，8）。

翘唇罐　5件。

Ⅰ式：4件。

标本H602：20，夹细砂红褐陶。唇外沿饰绳纹，外下沿近腹部饰细绳纹，上腹饰划纹、凹弦纹，下腹饰细绳纹。敞口，沿先斜折后再上卷，腹微弧，残。轮制，火候较高。残宽10、残高12.6厘米（图一〇一，1）。

Ⅱ式：1件。

标本H602：21，夹粗砂灰褐陶，里黑。唇面饰戳印纹，器表饰菱形绳纹，沿、腹相较处饰附加堆纹。侈口，沿先斜折再微上折，腹微弧，残。轮制，火候一般。残宽12.4、残高7.4厘米（图一〇一，2）。

折沿罐　24件。

A型　12件。

Aa型　2件。Ⅰ式。

标本H602：18，夹粗砂褐陶，口局部、里黑。器表饰绳纹。敞口，折沿，沿面微弧，圆唇，弧腹，残。轮制，火候一般。残宽8、残高8厘米（图一〇一，3）。标本H602：23，夹粗砂灰陶，局部褐、黑，里黑色。唇面饰浅戳印纹，沿下面饰绳纹，腹饰划纹菱形纹和凹弦纹。敞口，折沿，腹微弧，残。口径30.4、残高10.8厘米（图一〇一，6）。

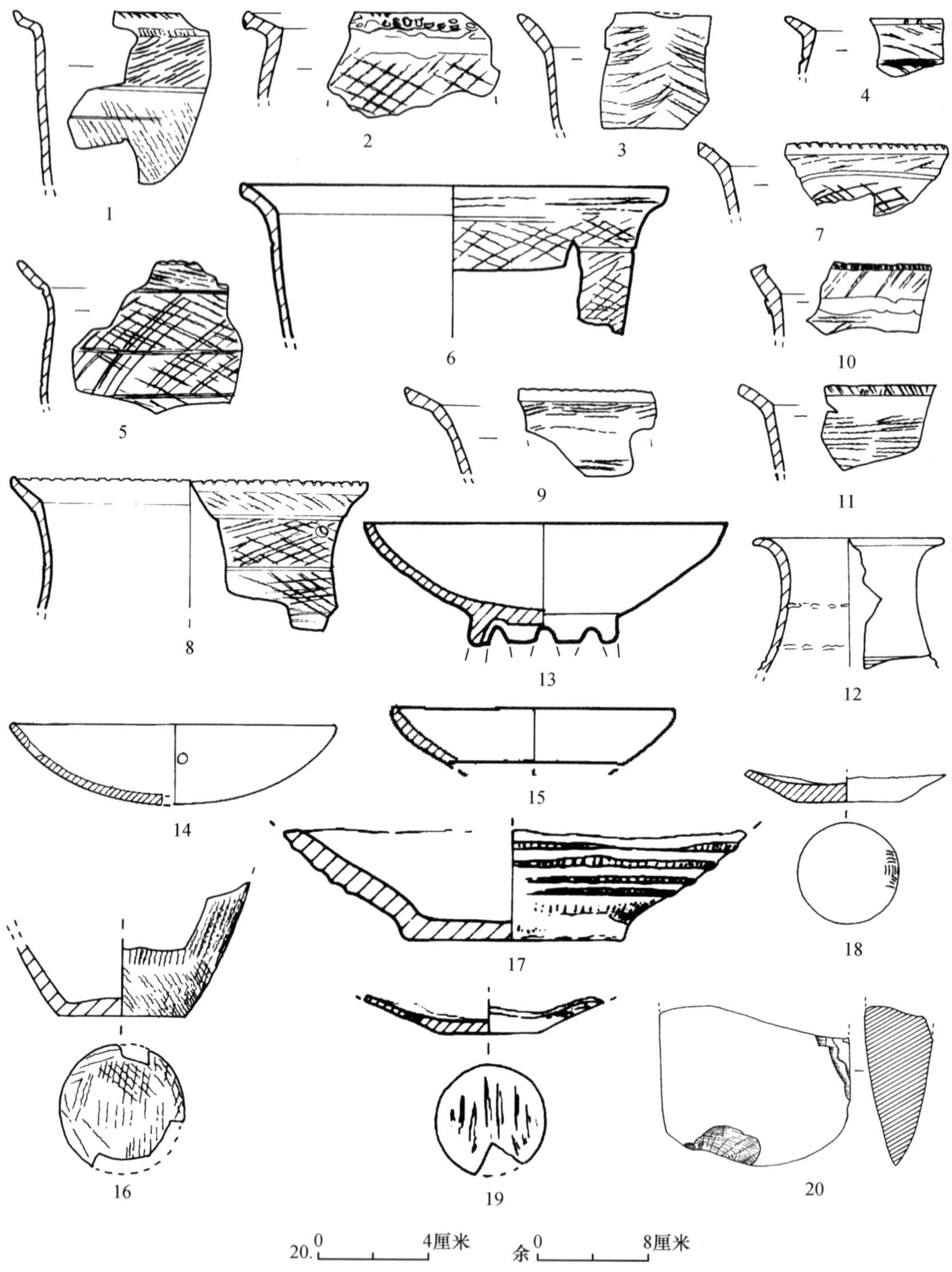

图一〇一　H602出土器物

1. Ⅰ式陶翘唇罐（H602：20）　2. Ⅱ式陶翘唇罐（H602：21）　3、6. Aa型Ⅰ式陶折沿罐（H602：18、H602：23）　4. Ab型Ⅱ式陶折沿罐（H602：22）　5. Ab型Ⅰ式陶折沿罐（H602：14）　7～9. B型Ⅰ式陶折沿罐（H602：17、H602：13、H602：15）　10. C型Ⅰ式陶折沿罐（H602：19）　11. C型Ⅱ式陶折沿罐（H602：16）　12. 陶高领壶（H602：27）　13. 陶高圈足盘（H602：8）　14. A型陶盘（H602：9）　15. A型Ⅰ式陶钵（H602：10）　16. 陶罐底（H602：29）　17. 陶瓮底（H602：25）　18、19. 陶器底（H602：24、H602：26）　20. 石斧（H602：1）

Ab型 10件。

Ⅰ式：9件。

标本H602：14，夹粗砂褐陶，局部黑。唇面切割成浅齿，下沿面饰绳纹，腹饰划纹呈菱形，再横饰划纹分成宽带状。侈口，斜折沿，齿状唇，弧腹，残。手制轮修，火候一般。残宽12、残高10.6厘米（图一〇一，5）。

Ⅱ式：1件。

标本H602：22，夹粗砂灰陶，局部红、里黑。唇面饰稀疏戳印纹，沿下面饰细绳纹，腹饰划纹。侈口，折沿，圆唇，上腹内斜，残。轮制，火候一般。残宽5.2、残高3.8厘米（图一〇一，4）。

B型 10件。Ⅰ式。

标本H602：17，夹粗砂灰陶，里黑。唇面切割成浅齿状，下沿饰细绳纹，腹饰划纹菱形纹。敞口，斜折沿，唇缘微上凸，腹斜直，残。轮制，火候较高。残宽11.6、残高5.2厘米（图一〇一，7）。标本H602：13，夹粗砂灰陶，里黑。唇面饰戳印纹，下沿面饰绳纹，腹饰菱形划纹、凹弦纹、外向里单穿镂孔。敞口，沿先较宽斜折、沿面较平，再上窄折，上腹微内弧，残。轮制，火候较高。口径30、残高10.6厘米（图一〇一，8）。标本H602：15，夹粗砂灰陶，口部、里黑。上唇缘切割成浅齿状，器表饰绳纹。敞口，斜折沿，上腹斜直，残。轮制，火候一般。残宽10、残高6.4厘米（图一〇一，9）。

C型 2件。

Ⅰ式：1件。

标本H602：19，夹粗砂灰陶，口部、里黑。唇面压印绳纹，器表饰大绳问纹菱形纹，沿、腹交接处饰附加堆纹。敞口，折沿，方唇，腹较斜直，残。轮制，火候较高。残宽8.8、残高4.8厘米（图一〇一，10）。

Ⅱ式：1件。

标本H602：16，夹粗砂褐陶，里黑。唇面压印细绳纹，器表横饰细绳纹。敞口，斜折沿，方唇，腹斜直，残。轮制，火候较高。残宽8、残高6厘米（图一〇一，11）。

槽唇罐 2件。Ⅰ式。标本碎小。

高领壶 1件。

标本H602：27，泥质灰褐陶，红褐胎。领下部饰凹弦纹，外壁和领内上部磨光，领内有两道制作凹痕。侈口，卷沿，圆唇，残。轮制，火候较高。口径13.6、残高9.2厘米（图一〇一，12）。

高圈足盘 1件。

标本H602：8，泥质灰陶。圈足饰镂孔，内外壁磨光。敞口，圆唇，弧腹，圈足较高，残。分制，火候高。口径25.6、残高8.4厘米（图一〇一，13；图版二七，3）。

盘 1件。A型。

标本H602：9，泥质灰陶，局部黑。上腹饰圆形镂孔，内外壁磨光。敞口，圆唇，弧腹，残。轮制，火候较高。口径23.2、残高7.6厘米（图一〇一，14）。

钵 1件。A型Ⅰ式。

标本H602：10，夹砂灰褐陶，灰胎。素面。敞口，圆唇，斜弧腹，残。轮制，火候较高。口径20、残高3.8厘米（图一〇一，15）。

罐底 1件。

标本H602：29，夹细砂红褐陶，局部黑。腹饰竖细绳纹，近底部饰斜细绳纹，外底交错细绳纹。弧腹，平底。底径9.2、残高11.4厘米（图一〇一，16）。

瓮底 1件。

标本H602：25，夹细砂灰陶。下腹饰细绳纹和堆纹，在堆纹上再饰戳印纹，堆纹之间有明显刮抹痕。下腹斜直内收，假圈足，平底。残。分制，火候较高。底径15.6、残高7.6厘米（图一〇一，17）。

器底 3件。

标本H602：24，夹细砂灰褐陶，局部红褐色。外底饰图案形戳印纹，内外壁磨光。下腹斜直急收至平底。轮制，火候较高。底径7.2、残高2.2厘米（图一〇一，18）。标本H602：26，夹细砂灰陶。下腹有镂孔和未穿镂孔各一个，内外壁磨光，外底有不规整凹凸痕。下腹斜直急收至平底。残。轮制，火候较高。底径7.6、残高2.8厘米（图一〇一，19）。

器座 1件。标本碎小。

圈足 1件。标本碎小。

石器 仅发现1件残石斧，型式不明。

标本H602：1，青灰色变质石英岩。弧刃、有崩疤，正锋，残。磨制。残长5.5、残宽6.6、残厚2.4厘米（图一〇一，20）。

2）Ab型

4个。

H322

位置：位于98AT0103中部。坑口距地表深563厘米，开口第41层下。层位关系：㊶—H322→㊸。

形制：坑口平面为圆形，弧壁，底较平。壁、底无加工痕迹。口径60、底径40、深26厘米（图一〇二）。

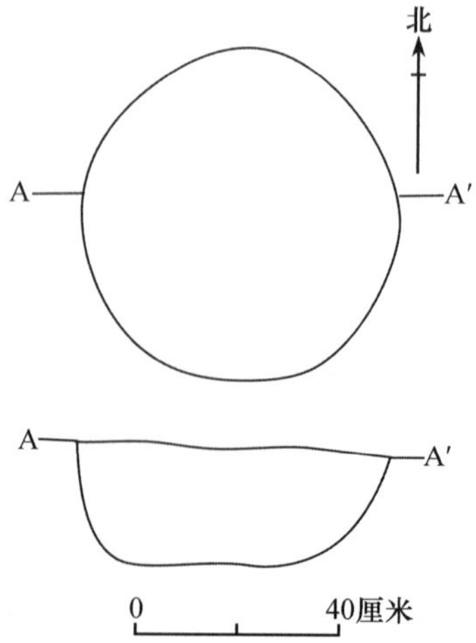

图一〇二 H322平、剖面图

坑内堆积与包含物：坑内填黄褐色沙土，较紧，包含陶片较多。

出土遗物：出土陶器共176件。陶质全为夹砂，以夹粗砂为主，占91.91%，夹细砂较少，占9.09%。陶色以灰陶为主，占43.75%，次为黑陶、红陶，各占21.59%和17.05%，褐陶和灰褐陶较少，各占9.09%和8.52%。器表以纹饰为主，占96.02%，素面极少，仅占3.98%。纹饰以菱形绳纹为主，占83.52%，绳纹和复合纹较少，凹弦纹、凸弦纹、戳印纹、附加堆纹极少。器类以缸为主，占86.36%，次为罐，约占10%，钵、器盖等极少（表三三）。

表三三　H322出土陶器统计表

陶质	夹粗砂					夹细砂				合计	%
陶色	灰	红	黑	褐	灰褐	灰	红	黑	褐		
纹饰/器类											
绳纹	1	6	2		1	2		1		13	7.39
菱形绳纹	64	24	33	13	13					147	83.52
凹弦纹						1				1	0.57
凸弦纹						1				1	0.57
戳印纹								1		1	0.57
附加堆纹						1				1	0.57
复合纹				2		2		1		5	2.84
素面					1	5			1	7	3.98
合计	65	30	35	15	15	12		3	1	176	100
%	36.93	17.05	19.89	8.52	8.52	6.82		1.70	0.57	100	
缸口	39	1	29							69	39.20
缸腹	23	24	4	9	10					70	39.77
缸底	1	4	1	4	3					13	7.39
罐口	1							1		2	1.14
罐腹		1		2	1	8		1		13	7.39
折沿罐口			1		1					2	1.14
罐底	1									1	0.57
盘口器口								1		1	0.57
钵口						1				1	0.57
器盖						1				1	0.57
不明器						2			1	3	1.70

参加分类排队的陶器59件，挑选标本11件。

缸口　53件。A型。

Aa型　50件。

Ⅰ式：4件。

标本H322：2，夹粗砂灰陶，局部、里黑。唇面饰戳印纹，器表饰大菱形绳纹。敞口，上腹较斜直，残。轮制，火候较高。残宽4.8、残高4.8厘米（图一〇三，1）。

Ⅱa式：45件。

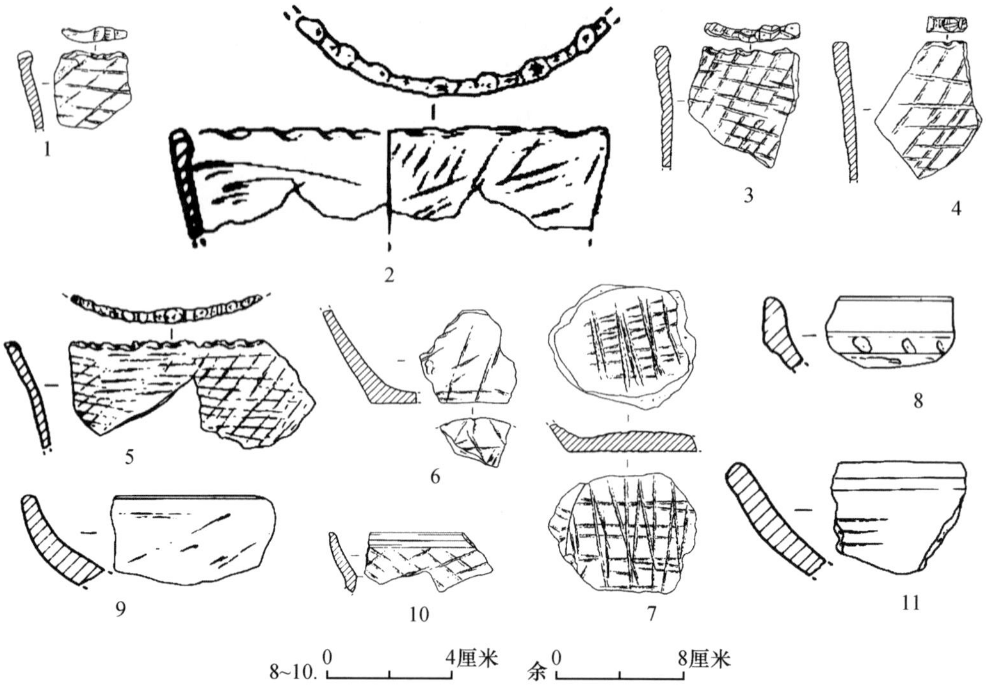

图一〇三　H322出土陶器

1. Aa型Ⅰ式缸口（H322：2）　2. Aa型Ⅱb式缸口（H322：3）　3、4. Aa型Ⅱa式缸口（H322：4、H322：5）　5. Ab型缸口（H322：6）　6、7. A型缸底（H322：8、H322：9）　8. A型Ⅲ式盘口罐（H322：7）　9. Ba型Ⅱ式盘口罐（H322：1）　10. Ⅱ式翘唇罐（H322：10）　11. B型盘口器（H322：11）

标本H322：4，夹粗砂灰陶，口局部、里黑色。唇面饰戳印纹，器表饰菱形绳纹。敞口微外张，上腹较直，残。轮制，火候一般。残宽6.8、残高7.4厘米（图一〇三，3）。标本H322：5，夹粗砂灰陶，口局部、里黑。唇面饰戳印纹，器表饰大菱形绳纹。敞口微外张，上腹较直，残。轮制，火候一般。残宽6.6、残高8.45厘米（图一〇三，4）。

Ⅱb式：1件。

标本H322：3，夹粗砂黑陶，唇面饰戳印纹，器表饰不规整大菱形绳纹，内壁饰划纹。敞口外张，上腹斜直，残。轮制，火候较高。口径27.2、残高6.6厘米（图一〇三，2）。

Ab型　3件。

标本H322：6，夹粗砂灰陶，口部、里黑色。唇面饰戳印纹，器表饰小菱形绳纹。敞口外张，上腹较斜直，残。轮制，火候一般。残宽15.4、残高6.6厘米（图一〇三，5）。

缸底　2件。A型。

标本H322：8，夹粗砂灰陶，局部红色。器表、器底饰大菱形绳纹，下腹附有不规整形泥饼。下腹较斜直，平底，残。手制轮修，火候较高。残宽6、残高5.85厘米（图一〇三，6）。标本H322：9，夹粗砂灰黑陶，局部红褐色。器表、外底、内底饰长方形交错绳纹。下腹斜直，平底，内底微凸，残。手制，火候一般。残宽8.9、残高1.7厘米（图一〇三，7）。

盘口罐　2件。

A型　1件。Ⅲ式。

标本H322：7，夹细砂褐陶。盘下饰凹弦纹一道，盘折下处饰戳印纹，上腹饰划纹。口微敞，折盘、盘壁直，残。轮制，火候高。残宽4、残高2.2厘米（图一〇三，8）。

Ba型　1件。Ⅱ式。

标本H322：1，夹细砂灰褐陶，胎黑，里红。器表饰斜细绳纹，内外壁粗磨。敞口，圆唇，盘腹弧，残。轮制，火候高。残宽5.2、残高2.8厘米（图一〇三，9）。

盘口器　1件。B型。

标本H322：11，夹粗砂灰陶。盘外饰划纹，内外壁磨光。敞口，方圆唇，盘壁内凹，残。轮制，火候较高。残宽4.2、残高4.3厘米（图一〇三，11）。

翘唇罐　1件。Ⅱ式。

标本H322：10，夹粗砂灰陶，局部红。盘下饰菱形绳纹。侈口，斜折沿，沿微凹，圆唇，残。轮制，火候较高。残宽8、残高3.6厘米（图一〇三，10）。

H761

位置：位于02CT0101东南部，坑口距地表深730厘米，开口第42层下。层位关系：㊷—H761→㊹。

形制：坑口平面呈不规则圆形，坑壁略弧，圜底，坑壁无加工痕迹。直径约110、深110厘米（图一〇四）。

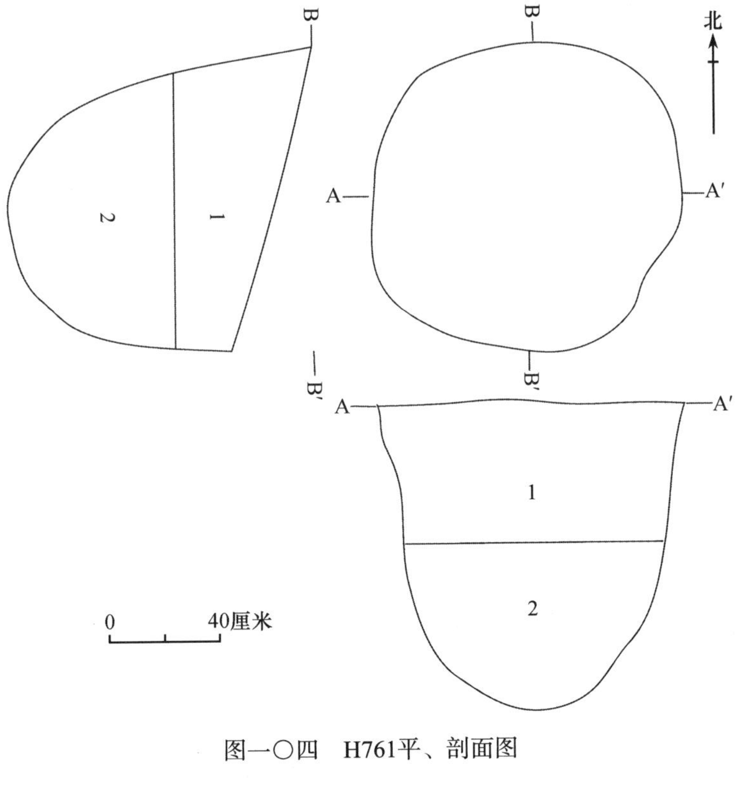

图一〇四　H761平、剖面图

坑内堆积与包含物：坑内堆积分2层。

第1层：厚20～50厘米。灰褐色土，质疏松，夹较多木炭粒、灰烬。包含少量陶片。

第2层：厚约60厘米。黄色黏土，结构较密，内夹少许木炭粒、灰烬，包含较多夹砂残陶片。

出土遗物：出土陶器共147件。陶质夹粗砂。陶色以灰陶为主，占45.58%，次为红陶，占

28.57%，黑、褐陶较少，各占13.61%和12.24%。器表以纹饰为主，占94.56%，素面很少，仅占5.44%。纹饰以菱形绳纹为主，占84.35%，次为复合纹，占7.48%，绳纹、细绳纹、附加堆纹等很少。器类以缸为主，占74.15%，次为罐，盘等很少（表三四）。

表三四 H761出土陶器统计表

陶质	夹粗砂				合计	%
陶色	灰	红	黑	褐		
纹饰/器类						
绳纹	1				1	0.68
细绳纹	1				1	0.68
菱形绳纹	51	40	18	15	124	84.35
附加堆纹	2				2	1.36
复合纹	7	1	2	1	11	7.48
素面	5	1		2	8	5.44
合计	67	42	20	18	147	100
%	45.58	28.57	13.61	12.24	100	
缸	38	38	18	15	109	74.15
罐	2	1		2	5	3.40
折沿罐	4	1	2		7	4.76
盘	4				4	2.72
器底	13			1	14	9.52
不明器	6	2			8	5.44

参加分类排队的陶器125件，挑选标本12件。

缸口 64件。A型。

Aa型 39件，1件不明式别。

Ⅰ式：38件。

标本H761：1，夹粗砂灰褐陶，局部、里黑。唇部饰较浅戳印纹，器表饰菱形绳纹。敞口外张，腹鼓，残。手制，火候较高。残宽13.2、残高5.8厘米（图一〇五，1）。标本H761：2，夹粗砂灰褐陶，局部黑、黄绿。唇部饰较浅戳印纹，器表饰菱形绳纹。敞口外张，腹微鼓，残。手制，火候较高。残宽8.4、残高7.2厘米（图一〇五，2）。

Ab型 25件，13件不明式别。

Ⅰ式：12件。

标本H761：3，夹粗砂黑陶。唇部饰较浅戳印纹，器表饰菱形绳纹。敞口外张，腹内斜收，残。手制，火候较高。残宽10.6、残高8厘米（图一〇五，3）。

缸底 30件。A型。

标本H761：9，夹粗砂黑陶，局部红、灰、褐。器表、外底和内底中部饰交错绳纹，腹局部饰划纹。下腹较斜收，平底，内底中部微凸，残。手制，火候较高。底径10.8、残高10.2厘米（图一〇五，5）。标本H761：11，夹粗砂红陶，里灰褐、黑。器表、外底和内底中部

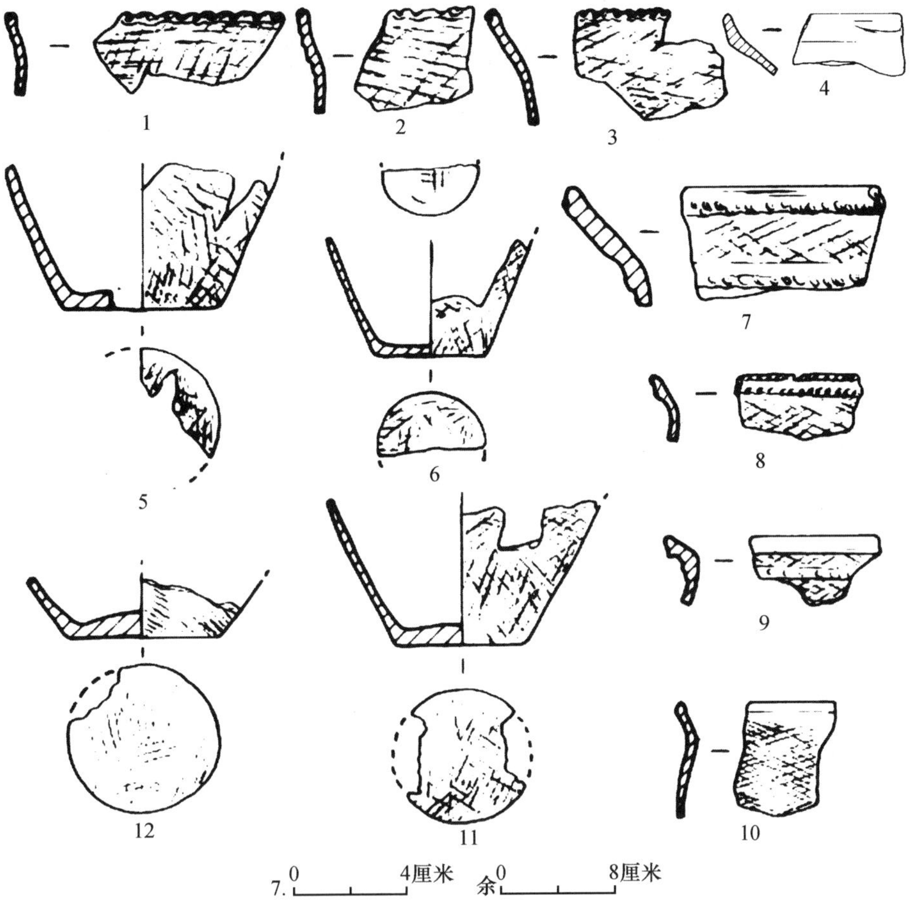

图一〇五　H761出土陶器

1、2. Aa型Ⅰ式缸口（H761：1、H761：2）　3. Ab型Ⅰ式缸口（H761：3）　4. B型Ⅰ式钵（H761：7）　5、6. A型缸底（H761：9、H761：11）　7. Ⅱ式翘唇罐（H761：4）　8. Ab型Ⅰ式折沿罐（H761：5）　9. B型Ⅱ式折沿罐（H761：6）　10. 侈口罐（H761：8）　11、12. 器底（H761：10、H761：12）

饰菱形绳纹。下腹斜收，平底微凹，残。手制，火候较高。底径7.2、残高8.4厘米（图一〇五，6）。

翘唇罐　3件。Ⅱ式。

标本H761：4，夹粗砂黑陶。唇下缘饰戳印纹，外沿饰菱形绳纹，上腹饰附加堆纹、在堆纹上饰戳印纹。敞口，斜折沿较宽、至唇部微翘，圆唇，上腹斜内收，轮制，火候较高。残宽7.3、残高4.2厘米（图一〇五，7）。

折沿罐　3件。

Ab型　1件。Ⅰ式。

标本H761：5，夹粗砂灰褐陶，局部黑。唇外缘饰戳印纹，外沿饰附加堆纹一周、在堆纹上饰戳印纹，器表饰菱形细绳纹。侈口，斜折沿，圆唇，上腹微鼓，残。轮制，火候较高。残宽9、残高4.6厘米（图一〇五，8）。

B型　2件。Ⅱ式。

标本H761：6，夹粗砂灰褐陶，局部、里黑。器表饰菱形绳纹，沿、腹相交处饰附加堆纹一周。侈口，斜折沿，鼓腹，残。轮制，火候较高。残宽9.2、残高4.9厘米（图一〇五，9）。

侈口罐　1件。

标本H761：8，夹粗砂红褐陶，局部灰褐，胎、里灰黑。器表饰小菱形绳纹。侈口，斜折沿，圆唇，鼓腹，残。手制轮修，火候较高。残宽7.2、残高8厘米（图一〇五，10）。

钵　1件。B型Ⅰ式。

标本H761：7，夹砂灰褐陶，局部黑，里褐。素面，内外壁磨光。敞口，圆唇，折腹，残。手制轮修，火候较高。残宽7.8、残高4.2厘米（图一〇五，4）。

器底　23件。

标本H761：10，夹粗砂褐陶，局部红，里黑。器表、外底饰交错绳纹。下腹斜收，平底、内底微凸，残。手制，火候较高。底径9.2、残高10.2厘米（图一〇五，11）。标本H761：12，夹砂黑陶，里红褐。下腹、外底饰组状细绳纹。下腹斜收，平底、内底凸，残。手制，火候较高。底径10.4、残高4.4厘米（图一〇五，12）。

3）Ac型

3个。

H332

位置：位于98AT0103西北部，坑口距地表深580厘米，被同开口于第41层下的M46打破。层位关系：M46→H332→生土。

形制：坑口平面圆形，直壁，平底，壁、底无加工痕迹。口底径41、深23厘米（图一〇六）。

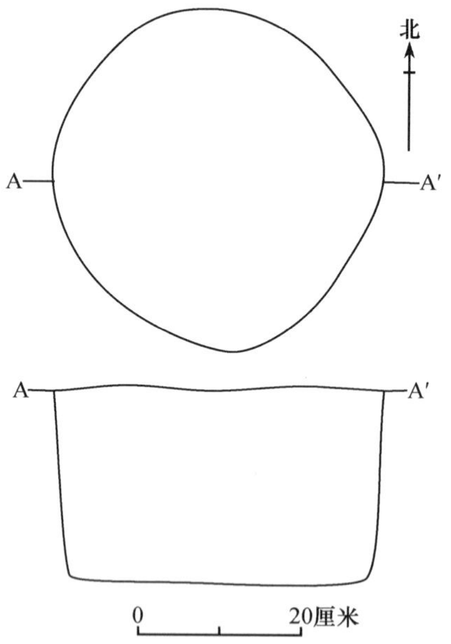

图一〇六　H332平、剖面图

坑内堆积与包含物：坑内填灰黑色沙土，松软，极纯。包含部分陶片。

出土遗物：出土陶器共41件。陶质以夹砂为主，占97.56%，可细分为夹粗砂和夹细砂两种，以夹粗砂为主，占90.24%，夹细砂很少，占7.32%，泥质陶极少，仅占2.44%。器表以纹饰为主，占95.12%，素面很少，仅占4.88%。纹饰以菱形绳纹为主，占85.37%，复合纹、绳纹较少。器类以缸为主，占80.48%，次为罐，瓮、圈足等很少（表三五）。

表三五　H332出土陶器统计表

陶质	夹粗砂					夹细砂	泥质	合计	%
陶色	灰	红	黑	褐	灰褐	灰	红		
纹饰/器类									
绳纹						1		1	2.44
菱形绳纹	13	10	1	2	9			35	85.37
复合纹	1	1				1		3	7.32
素面						1	1	2	4.88
合计	14	11	1	2	9	3	1	41	100
%	34.15	26.83	2.44	4.88	21.95	7.32	2.44	100	
缸口	3	2	1					6	14.63
缸腹	9	5		1	5			20	48.78
缸底	1	2			4			7	17.07
罐腹	1	2		1		1		5	12.20
瓮						1		1	2.44
圈足							1	1	2.44
不明器						1		1	2.44

参加分类排队的陶器14件，挑选标本10件。

缸口　8件。A型。

Aa型　4件。Ⅰ式。

标本H332：2，夹粗砂红褐陶，口部、里黑。唇面饰戳印纹，器表饰菱形绳纹。敞口外张，唇缘微内凸，上腹较斜直，残。轮制，火候较高。残宽4.7、残高6.4厘米（图一〇七，1）。标本H332：3，夹粗砂红陶，里黑。唇面饰戳印纹，器表饰菱形绳纹。敞口外张，上腹较斜直，残。轮制，火候一般。残宽8、残高6.2厘米（图一〇七，2）。

Ab型　4件。Ⅰ式。

标本H332：6，夹粗砂灰陶，里黑。唇面先饰细绳切纹，再斜压浅凹槽，器表饰小菱形绳纹。敞口外张，唇缘微凸，上腹近直，残。轮制，火候较高。残宽8.6、残高4.5厘米（图一〇七，3）。标本H332：5，夹粗砂灰陶。唇面饰绳切和戳印纹，器表饰小菱形绳纹。敞口，上腹斜直，残。轮制，火候较高。残宽5.6、残高4.3厘米（图一〇七，4）。

缸底　2件。A型。

标本H332：10，夹粗砂灰褐陶，里灰黑。器表和外底饰菱形绳纹。下腹微弧，平底，残。轮制，火候较高。底径9.8、残高3.2厘米（图一〇七，5）。标本H332：11，夹粗砂红褐陶，里黑。器表、外底饰菱形绳纹，内底中部饰绳纹。下腹微弧，平底，残。轮制，火候较高。底径10.4、残高2.7厘米（图一〇七，6）。

瓮　1件。A型。

标本H332：8，夹细砂灰陶，领肩相交处饰堆纹，在堆纹上再饰绳纹，肩部饰交错细绳纹，领外壁磨光。高束领，有肩，残。肩、领分制，地包天套接，火候较高。残宽11.4、残高

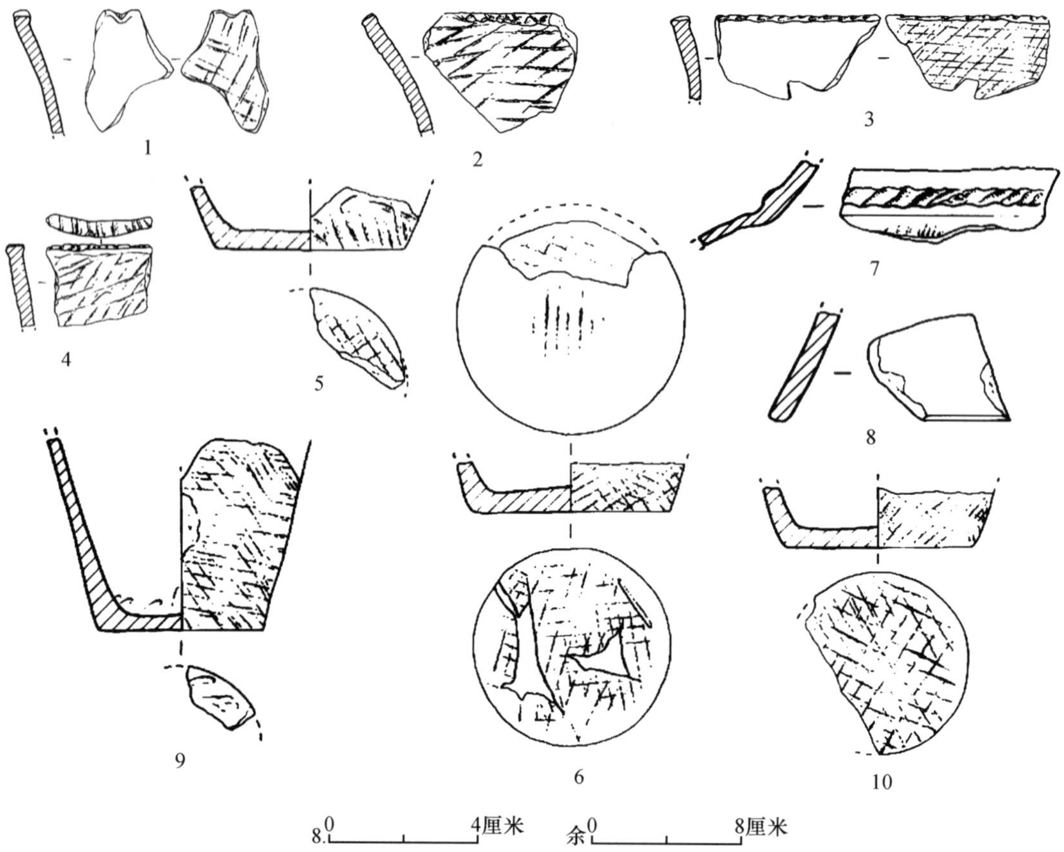

图一〇七 H332出土陶器

1、2. Aa型Ⅰ式缸口（H332：2、H332：3） 3、4. Ab型Ⅰ式缸口（H332：6、H332：5） 5、6. A型缸底（H332：10、H332：11） 7. A型瓮（H332：8） 8. Bb型圈足（H332：9） 9、10. 罐底（H332：13、H332：12）

4.2厘米（图一〇七，7）。

圈足 1件。Bb型。

标本H332：9，泥质红陶。素面，内外壁磨光。圈足外撇，较高，残。轮制，火候较高。残宽3.5、残高2.8厘米（图一〇七，8）。

罐底 4件。

标本H332：13，夹粗砂陶，器表颜色不匀，灰、红、褐、米黄，里黑。下腹斜直，平底，残。手制轮修，火候很高。底径8.6、残高10厘米（图一〇七，9）。标本H332：12，夹粗砂红褐陶，里黑。器表、外底饰菱形绳纹。下腹微弧，平底，残。轮制，火候较高。底径9.8、残高3.2厘米（图一〇七，10）。

H482

位置：位于99AT0101北部，坑口距地表深617厘米。层位关系：㊺—H482→生土。

形制：坑口平面为不规则圆形，壁较直微内收，底较平，壁、底未经修整。口径40、深52厘米（图一〇八）。

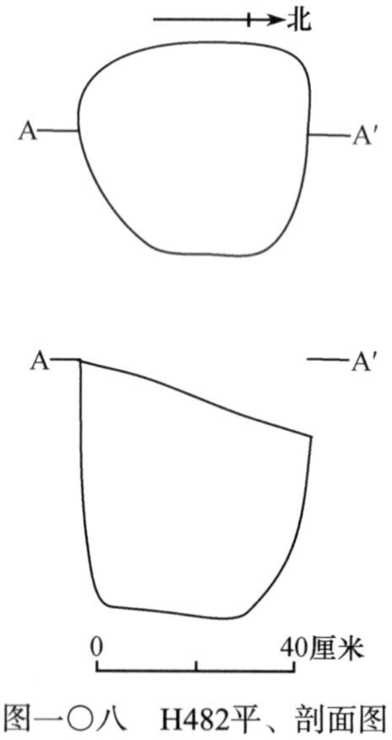

图一〇八 H482平、剖面图

坑内堆积与包含物：坑内填灰沙土，略显黑，质疏松。包含较多细碎陶片。

出土遗物：出土陶器共42件。陶质全为夹砂，以夹粗砂为主，占97.62%，夹细砂很少，仅占2.38%。陶色以灰、褐为主，各占30.95%和28.57%，次为红陶，占21.43%，黑陶较少，占19.05%。器表以纹饰为主，占92.85%，素面很少，仅占7.15%。纹饰以菱形绳纹为主，占80.95%，绳纹、附加堆纹、划纹很少。器类以罐为主，次为缸，有47.62%的腹片难辨器形（表三六）。

表三六　H482出土陶器统计表

陶质	夹粗砂				夹细砂	合计	%
陶色	灰	红	黑	褐	灰		
纹饰/器类							
绳纹	2					2	4.76
菱形绳纹	10	9	6	9		34	80.95
划纹				1		1	2.38
附加堆纹			2			2	4.76
素面				2	1	3	7.15
合计	12	9	8	12	1	42	100
%	28.57	21.43	19.05	28.57	2.38	100	
罐	3	3	4	5		15	35.71
缸	3	2	2			7	16.67
不明器	6	4	2	7	1	20	47.62

参加分类排队的陶器只有9件，挑选标本6件。

缸口　7件。A型。

Aa型　6件。

Ⅰ式：2件。

标本H482∶2，夹粗砂灰褐陶，局部红褐，里黑。唇饰浅戳印纹，器表饰菱形绳纹。敞口，上腹斜收，残。手制，火候较高。残宽4.5、残高4.5厘米（图一〇九，1）。

Ⅱa式：4件。

标本H482∶3，夹粗砂灰陶，里黑。唇饰较浅戳印纹，器表饰大菱形绳纹。敞口，上腹弧收，残。手制，火候较高。残宽5.8、残高3.6厘米（图一〇九，2）。标本H482∶4，夹粗砂灰陶，里黑。唇饰戳印纹，器表饰大菱形绳纹。敞口，上腹斜收，残。手制，火候较高。残宽4.7、残高3.7厘米（图一〇九，3）。

Ab型　1件。Ⅰ式。

标本H482∶1，夹粗砂黑陶。唇饰绳切纹、戳印纹，器表饰小菱形绳纹。敞口外张，残。手制，火候较高。残宽8.4、残高3.2厘米（图一〇九，4）。

翘唇罐　1件。Ⅱ式。

标本H482∶5，夹砂灰陶，黑胎。上下唇缘饰浅戳印纹，器表饰小菱形绳纹。敞口，斜折沿，唇面内凹，上腹斜收，残。轮制，火候较高。残宽3.6、残高3.1厘米（图一〇九，5）。

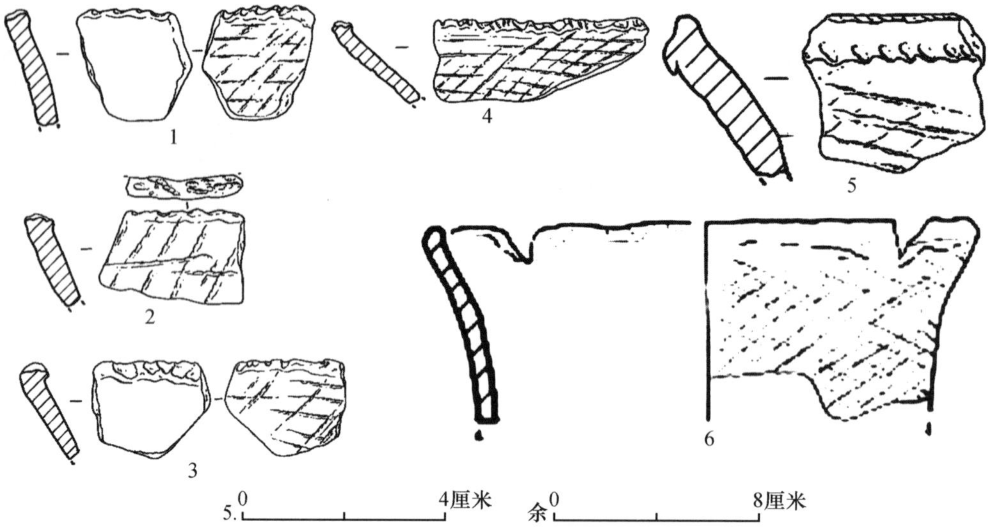

图一〇九　H482出土陶器

1. Aa型Ⅰ式缸口（H482：2）　2、3. Aa型Ⅱa式缸口（H482：3、H482：4）　4. Ab型Ⅰ式缸口（H482：1）
5. Ⅱ式翘唇罐（H482：5）　6. A型敞口罐（H482：6）

敞口罐　1件。A型。

标本H482：6，夹粗砂红褐陶，局部黑。唇饰戳印纹，器表饰小菱形绳纹。敞口，上腹斜收，残。手制，火候较高。口径21.8、残高7.6厘米（图一〇九，6）。

4）Ad型

3个。

H483

位置：位于99AT0101北部，坑口距地表深625厘米，开口第45层下。层位关系：㊺—H483→生土。

形制：坑口平面近圆形，壁、底形状不规整。口径约36～41、深18厘米（图一一〇）。

坑内堆积与包含物：坑内填灰褐土，较紧，出土少量陶片。

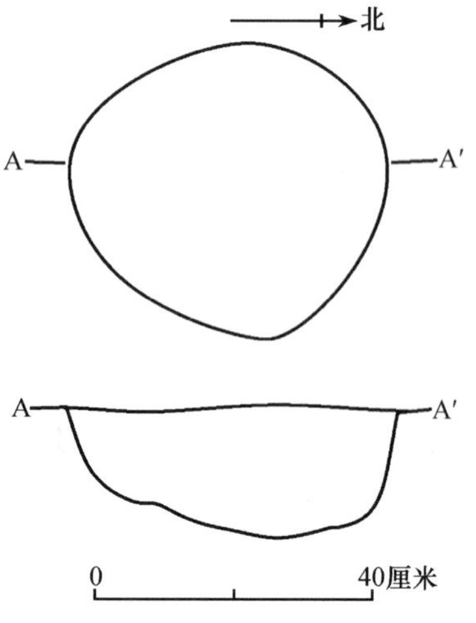

图一一〇　H483平、剖面图

出土遗物：出土陶器仅6件。

参加分类排队的陶器3件，全为缸。

缸口　3件。A型。

Aa型　1件。Ⅰ式。

标本H483：1，夹粗砂灰陶，里黑。唇饰较浅戳印纹，器表饰大菱形绳纹。敞口外张，上腹斜收，残。手制，火候较高。残宽5.1、残高6.5厘米（图一一一，1）。

Ab型　2件。Ⅰ式。

标本H483：2，夹粗砂灰陶，口、里黑。唇饰较浅戳印纹，器表饰小菱形绳纹。敞口，上腹斜收，残。手制，火候较高。残宽4.5、残高3.5厘米（图一一一，2）。标本H483：3，夹粗砂红陶。唇饰绳切纹，器表饰小菱形绳纹。敞口外张，上

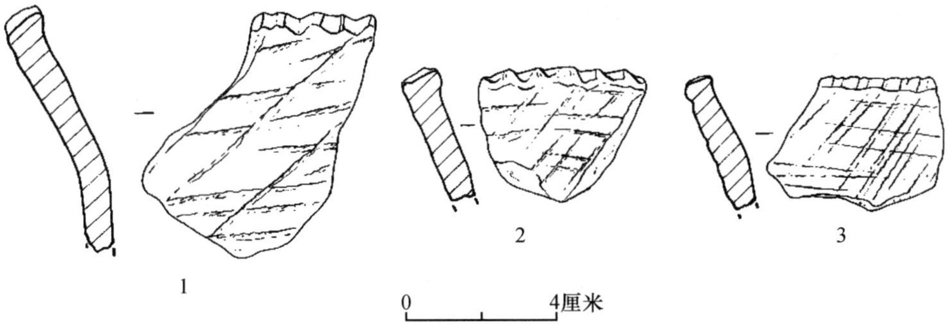

图一一一　H483出土陶器

1. Aa型Ⅰ式缸口（H483：1）　2、3. Ab型Ⅰ式缸口（H483：2、H483：3）

腹斜收，残。手制，火候较高。残宽4.8、残高3.5厘米（图一一一，3）。

（2）B型

3个，其中2个可分亚型。

1）Ba型

1个。

H325

位置：位于98AT0103北部，大部分压在探方北隔梁下，坑口距地表深550厘米，开口第41层下。层位关系：㊶—H325→㊷。

形制：从暴露情况观察，坑口平面呈椭圆形，坑壁较斜直，底较平，壁、底无加工痕迹。口残长径118、残短径114、深40厘米（图一一二）。

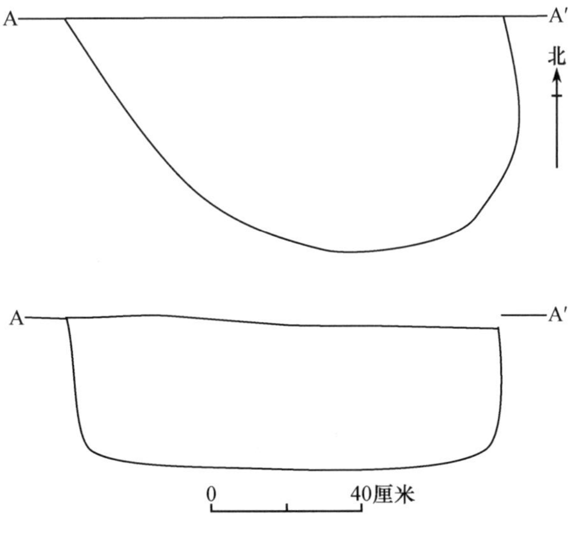

图一一二　H325平、剖面图

坑内堆积与包含物：填灰色沙土，包含部分陶片。

出土遗物：出土陶器共86件。陶质全为夹砂，以夹粗砂为主，占86.05%，夹细砂较少，占13.95%。陶色以灰陶为主，占52.33%，次为红陶，占22.09%，灰褐陶较少，占10.47%，褐陶、黑陶最少，各占8.14%和6.97%。器表以纹饰为主，占93.02%，素面很少，占6.98%。

纹饰以菱形绳纹为主，占75.58%，复合纹、绳纹、附加堆纹、划纹较少。器类以缸为主，占62.79%，次为罐，盘等很少（表三七）。

表三七　H325出土陶器统计表

陶质	夹粗砂					夹细砂				合计	%
陶色	灰	红	黑	褐	灰褐	灰	红	黑	褐		
纹饰/器类											
绳纹	2	2								4	4.65
菱形绳纹	34	15	5	2	9					65	75.58
戳印纹							1		1	2	2.33
附加堆纹						2		1	1	4	4.65
复合纹	2			2					1	5	5.81
素面		1				5				6	6.98
合计	38	18	5	4	9	7	1	1	3	86	100
%	44.19	20.93	5.81	4.65	10.47	8.14	1.16	1.16	3.49	100	
缸口	16	1	4	1						22	25.58
缸腹	12	7	1	1	6					27	31.40
缸底		4			1					5	5.81
罐腹	7	3		1	2	4			2	19	22.09
折沿罐口	3			1						4	4.65
罐底		3				1				4	4.65
盘口罐						1			1	2	2.33
盘								1		1	2.33
不明器						1	1			2	2.33

参加分类排队的陶器32件，挑选标本19件。

缸口　24件。A型。

Aa型　9件。Ⅱa式。

标本H325：1，夹粗砂灰陶，唇面、里黑。唇面饰戳印纹，器表饰菱形绳纹。敞口，唇缘外凸，上腹近斜直，残。轮制，火候较高。残宽3.9、残高3厘米（图一一三，1）。标本H325：2，夹粗砂灰黑陶，口部红。唇面饰戳印纹，器表饰菱形绳纹。敞口，唇缘外凸，上腹斜直，残。轮制，火候较高。残宽4.8、残高3.5厘米（图一一三，2）。

Ab型　15件。Ⅰ式。

标本H325：5，夹粗砂灰陶。唇面饰细绳纹，器表饰小菱形绳纹。敞口外张，方唇，残。轮制，火候较高。残宽3.3、残高3.3厘米（图一一三，3）。标本H325：4，夹粗砂灰陶，里红。唇面饰戳印纹，器表饰小菱形绳纹。敞口，上腹微弧，残。轮制，火候较高。残宽3.4、残高3.8厘米（图一一三，4）。

盘口罐　1件。Bb型Ⅱ式。

标本H325：11，夹粗砂黑陶。盘外、内壁磨光，上腹表皮脱落，有饰绳纹痕迹。口

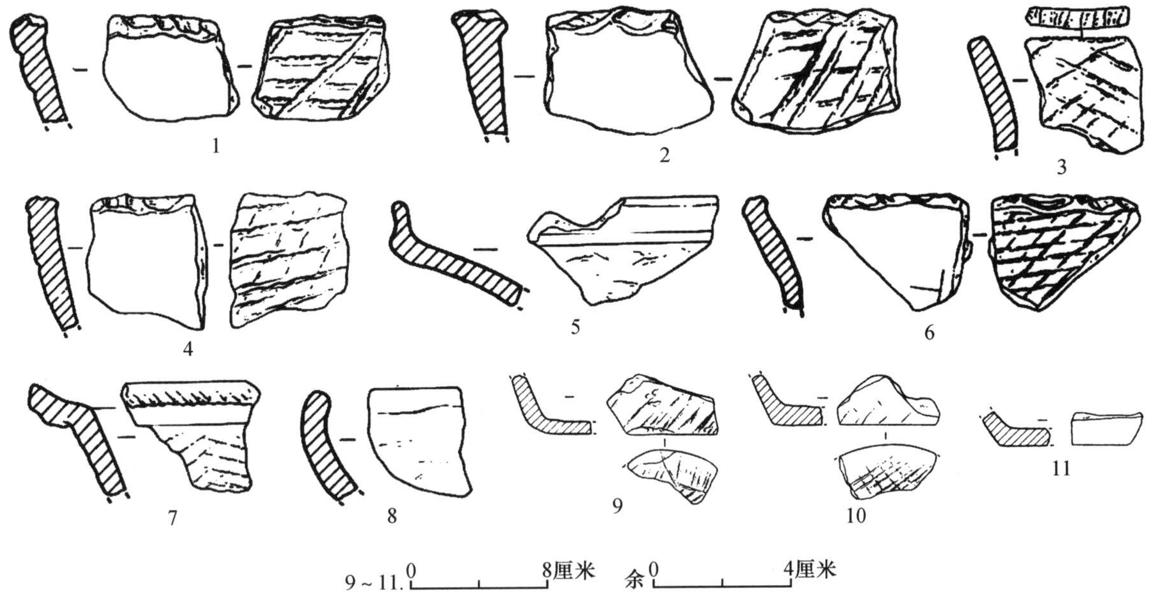

图一一三　H325出土陶器

1、2. Aa型Ⅱa式缸口（H325：1、H325：2）　3、4. Ab型Ⅰ式缸口（H325：5、H325：4）　5. Bb型Ⅱ式盘口罐（H325：11）　6. Ab型Ⅰ式折沿罐（H325：6）　7. C型Ⅱ式折沿罐（H325：10）　8. A型盘（H325：12）　9～11. 罐底（H325：7、H325：8、H325：9）

微敞，圆唇，盘壁内凹，上腹内收较甚，残。轮制，火候较高。残宽5.4、残高3厘米（图一一三，5）。

折沿罐　3件。

Ab型　1件。Ⅰ式。

标本H325：6，夹粗砂灰陶，口、里黑。唇面饰戳印纹，器表饰小菱形绳纹，内壁有划纹。敞口，斜折沿，腹近直，残。轮制，火候较高。残宽4.4、残高3.3厘米（图一一三，6）。

C型　2件。Ⅱ式。

标本H325：10，夹粗砂灰褐陶，局部褐。唇面饰唇纹，器表饰菱形绳纹。敞口，折沿，沿面微凹，方唇，腹斜直，残。轮制，火候较高。残宽 4.1、残高3.1厘米（图一一三，7）。

盘　1件。A型。

标本H325：12，夹细砂黑陶。素面，内外壁磨光。敛口，圆唇，弧腹，残。轮制，火候高。残宽2.9、残高3厘米（图一一三，8）。

罐底　3件。

标本H325：7，夹粗砂红陶，里黑。器表、外底饰绳纹。下腹斜直，平底，残。轮制，火候较高。残宽6.7、残高3.4厘米（图一一三，9）。标本H325：8，夹粗砂灰陶，局部、里黑。器表、外底饰菱形绳纹。下腹斜直，平底，残。轮制，火候一般。残宽6.1、残高2.8厘米（图一一三，10）。标本H325：9，夹细砂灰陶，里黑。素面。下腹较斜直，平底，残。轮制，火候较高。残宽4、残高1.9厘米（图一一三，10）。

2）Bc型

1个。

H772

位置：位于02BT0101西北部，坑口距地表深775厘米，西北有H771，东南有H770、H773、H774。开口于第45层下，被开口同层下的F360柱洞（ZD2、ZD3、ZD6）打破，打破H775。层位关系：F360→H772→H775。

形制：坑口平面略呈椭圆形，直壁，平底，壁、底无特别加工痕迹。坑口长径132、短径120、深22厘米（图一一四）。

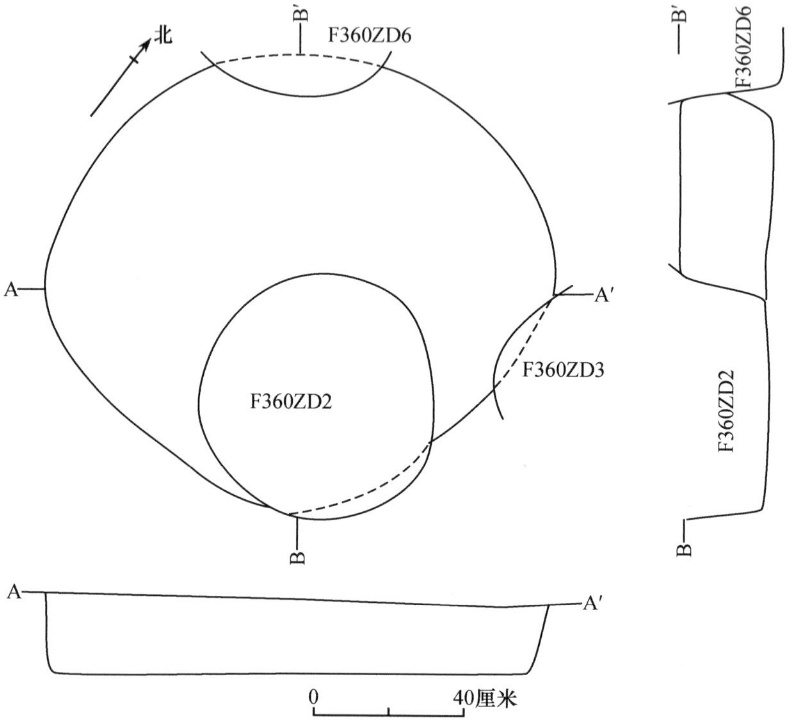

图一一四　H772平、剖面图

坑内堆积与包含物：坑内填灰黄土，质较疏松，较纯净。包含几片碎小陶片，难辨器形。

（3）D型

1个。Db型。

H327

位置：位于98BT0204西南部，坑口距地表深530厘米，西北和东南分别被开口第41层下的M45和H328打破。层位关系：M45、H328→H327→生土。

形制：坑口平面形状略呈长方形，弧壁，平底，坑底比坑口略小，壁、底无加工痕迹。口残长134、宽60、深20厘米（图一一五）。

坑内堆积与包含物：坑内填褐色黏土，质松软，夹杂少量的炭屑。纯净，无包含物。

（4）E型

4个。

1）Ea型

1个。

H643

位置：位于99DT0202中南部，H640正南方，开口第68层下。层位关系：⑱—H643→生土。

形制：坑口平面形状不规则，坑壁较斜，底略圜，在探方底部有7块扁平石块，无加工痕迹。口残长260、底径90、深约100厘米（图一一六）。

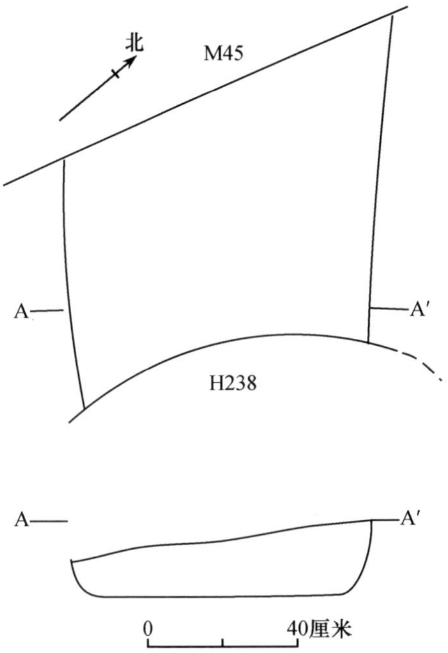

图一一五　H327平、剖面图

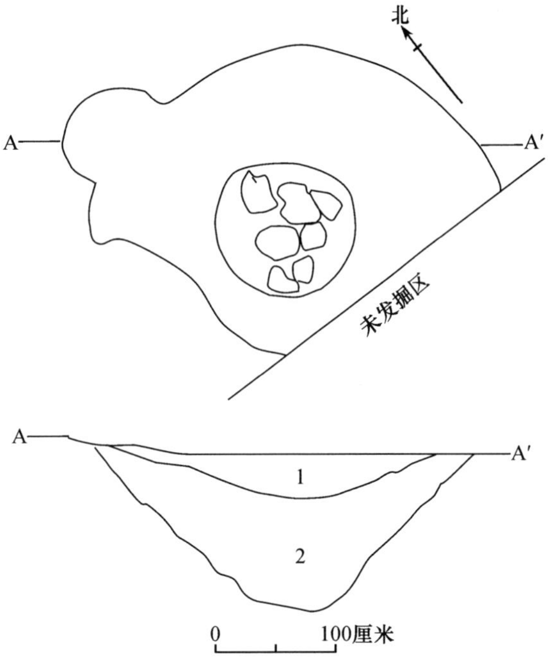

图一一六　H643平、剖面图

坑内堆积与包含物：坑内堆积可分两层。上层堆积较薄，夹一大块炭块。包含陶片，一件石器残件，以及较多动物骨骼残片。下层很厚，为黏沙土，较周围软且含较多沙。包含物主要为陶器，在近底部处出土一件陶纺轮，下层出土动物骨骼少。

参加分类排队的陶器共46件，挑选标本9件。

缸口　18件。Ab型Ⅱ式。

标本H643：11，夹粗砂灰陶，局部褐、黑。唇面饰绳纹，器表饰小菱形绳纹。敞口微敛，残。手制，火候较高。残宽6.2、残高5.7厘米（图一一七，1）。

缸底　2件。A型。标本碎小。

瓮　1件。A型。标本碎小。

盘口罐　16件。

A型　2件。Ⅱ式。

标本H643：12，夹粗砂灰黑陶，灰褐胎。盘外下凸棱饰戳印纹，上腹饰凹弦纹。盘口较深，圆唇，壁外斜，上腹内束，残。轮制，火候较高。口径24.6、残高4.9厘米（图一一七，2）。

B型　9件。

Ba型　5件。Ⅰ式。

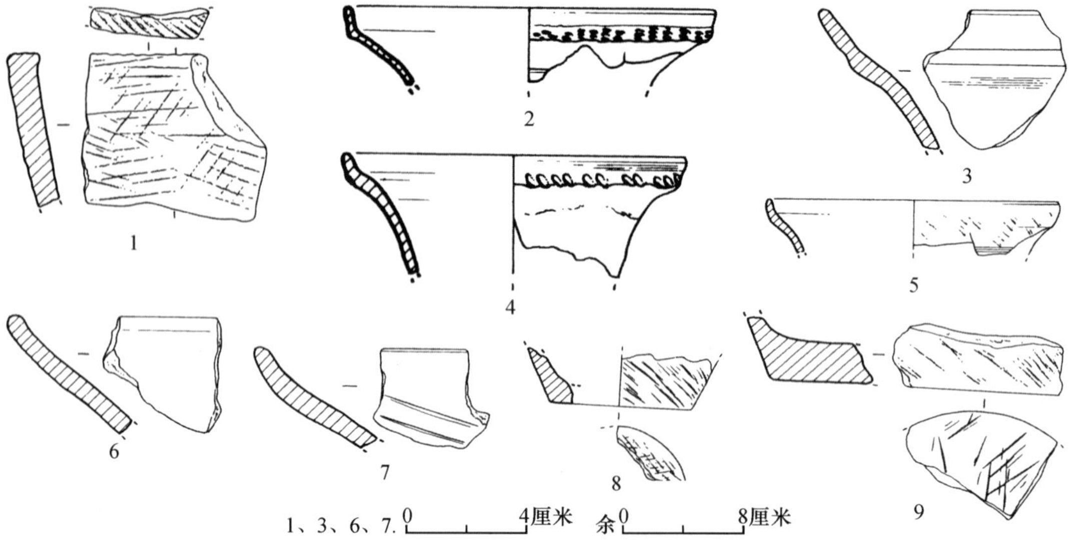

图一一七 H643出土陶器

1. Ab型Ⅱ式缸口（H643：11） 2. A型Ⅱ式盘口罐（H643：12） 3. Ba型Ⅰ式盘口罐（H643：17） 4. Bb型Ⅰ式盘口罐（H643：13） 5. C型盘口罐（H643：14） 6. Ab型盘口器（H643：15） 7. B型盘口罐（H643：16） 8、9. 罐底（H643：19、H643：20）

标本H643：17，夹粗砂灰褐陶，局部红褐，里黑。上腹饰组状细划纹，内壁磨光。敞口，圆唇，盘外下内凹，上腹内弧，残。轮制，火候较高。残宽4.8、残高4.5厘米（图一一七，3）。

Bb型 4件。Ⅰ式。

标本H643：13，夹粗砂灰褐陶，局部黑。盘外下凸棱饰戳印纹，内壁磨光。盘口较深，圆唇，斜壁，上腹斜收，残。轮制，火候较高。口径22.6、残高8.2厘米（图一一七，4）。

C型 5件。

H643：14，夹粗砂黑陶，灰胎。盘外饰组状短斜划纹，上腹饰横划纹。敞口，圆唇，盘微内弧，上腹弧收，残。轮制，火候较高。口径19.2、残高3.5厘米（图一一七，5）。

盘口器 2件。

A型 1件。Ab型。

标本H643：15，夹粗砂灰褐陶，局部黑。素面，内壁磨光。敞口，盘口不明显，圆唇，残。轮制，火候较高。残宽4、残高3.8厘米（图一一七，6）。

B型 1件。

H643：16，夹粗砂灰褐陶，局部红褐，里黑。上腹饰组状细划纹，内壁磨光。敞口，圆唇，盘外下内凹，上腹内弧，残。轮制，火候较高。残宽4.8、残高4.5厘米（图一一七，7）。

折沿罐 1件。Ab型Ⅰ式。标本碎小。

器盖 1件。A型。标本碎小。

器座 1件。A型。标本碎小。

罐底 4件。

标本H643：19，夹粗砂灰褐陶，局部黑。下腹饰斜绳纹，外底饰交错绳纹。下腹斜收，平底，残。轮制，火候较高。底径9.3、残高3.6厘米（图一一七，8）。标本H643：20，夹粗砂灰黑陶，局部褐。下腹饰斜绳纹，外底饰交错绳纹。下腹斜收，平底，残。轮制，火候较高。残宽11.2、残高4.3厘米（图一一七，9）。

2）Eb型

3个。

H781

位置：位于02AT0101南部，大部分压在探方南壁下，坑口距地表深690厘米，开口第39层下。层位关系：㊴—H781→㊵。

形制：从暴露部分观察，坑口平面形状不规则，弧壁，底较平，无加工痕迹。残长180、残宽50、深20厘米（图一一八）。

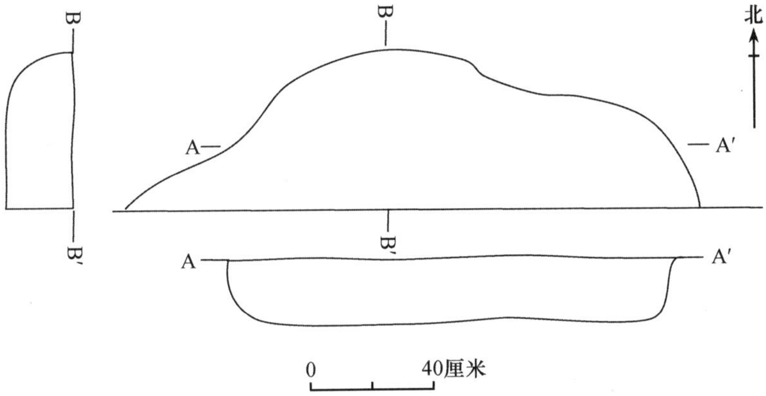

图一一八　H781平、剖面图

坑内堆积与包含物：坑内填灰褐土，略杂红色淤土块，土质疏松，夹炭灰。包含极少陶片。

出土遗物：出土陶器共25件。陶片碎小，可辨器类有缸、罐、器盖等。

参加分类排队的陶器仅2件。

高领罐　1件。

标本H781∶1，夹砂红褐陶，局部灰褐、黑。内外沿饰细凹弦纹，领饰稀疏斜绳纹，内沿磨光。侈口，圆唇，束领，残。轮制，火候较高。残宽8.6、残高6.2厘米（图一一九，1）。

器盖　1件。B型。

标本H781∶2，夹砂红褐陶，局部黑。素面，内壁磨光。盖壁较斜直，敞口，圆唇，纽残。手制，火候较高。口径13.1、残高5.4厘米（图一一九，2）。

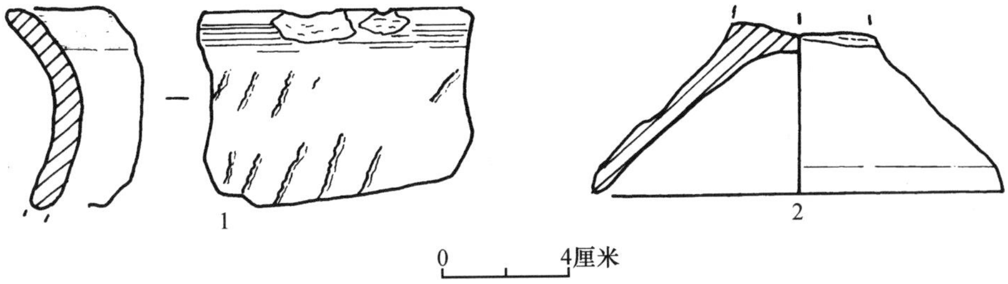

图一一九　H781出土陶器

1. 高领罐（H781∶1）　2. B型器盖（H781∶2）

Fb型　2个。

（5）F型

2个。Fb型。

H774

位置：位于02BT0101南部，大部分压在02CT0101北隔梁下，坑口距地表深775厘米，开口于第45层下。层位关系：㊺—H774→生土。

形制：从暴露部分观察，坑口平面形状不明，弧壁，圜底，无加工痕迹。暴露部分长约118、宽32、深28厘米（图一二〇）。

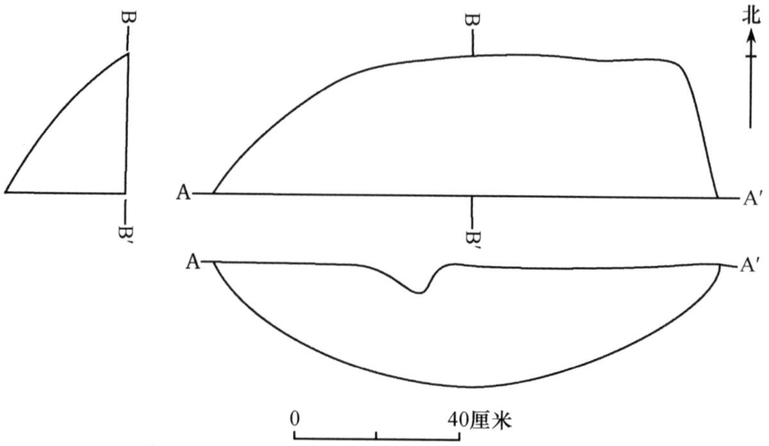

图一二〇　H774平、剖面图

坑内堆积与包含物：坑内填灰黄色土，夹少量烧土颗粒，质较疏松。包含极少碎小陶片。

出土遗物：出土陶器共14件，多碎小，可辨器类有缸、罐、瓮、盘等。

参加分类排队的陶器4件，挑选标本2件。

缸口　1件。Aa型Ⅰ式。标本碎小。

瓮　1件。B型。标本碎小。

盘　1件。B型Ⅱ式。

标本H774：1，夹砂灰褐陶，局部褐、灰黑。素面，内外壁磨光，多细旋痕。敞口，圆唇，微折腹，残。轮制，火候较高。残宽7、残高4厘米（图一二一，1）。

小罐　1件。

标本H774：2，夹砂灰褐陶，局部红、黑。外底饰绳，器表多抹痕。折腹，平底，残。手制，火候较高。底径8、残高5.4厘米（图一二一，2）。

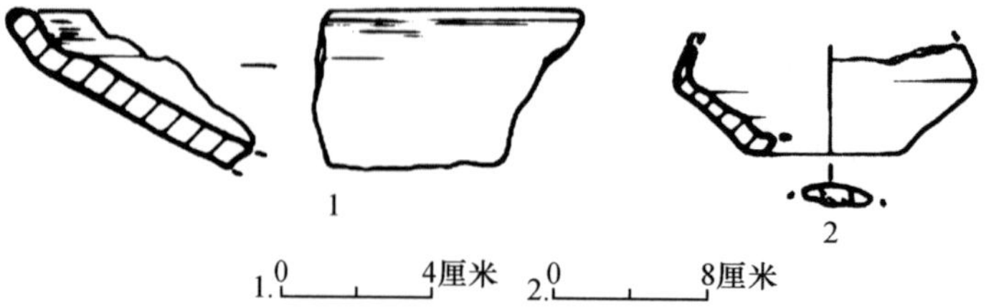

图一二一　H774出土陶器

1. B型Ⅱ式盘（H774：1）　2. 小罐（H774：2）

H311

位置：位于98BT0305西北部，局部暴露，大部分压在探方北隔梁下，被开口第31层下的H303和开口第26B层下的H276打破。层位关系：H303→H311→生土。

形制：由于暴露范围太小，又被H276、H303打破，坑口平面形状不明，坑壁略弧、不太规整，圜底。残长215、残宽40、深80厘米（图一二二）。

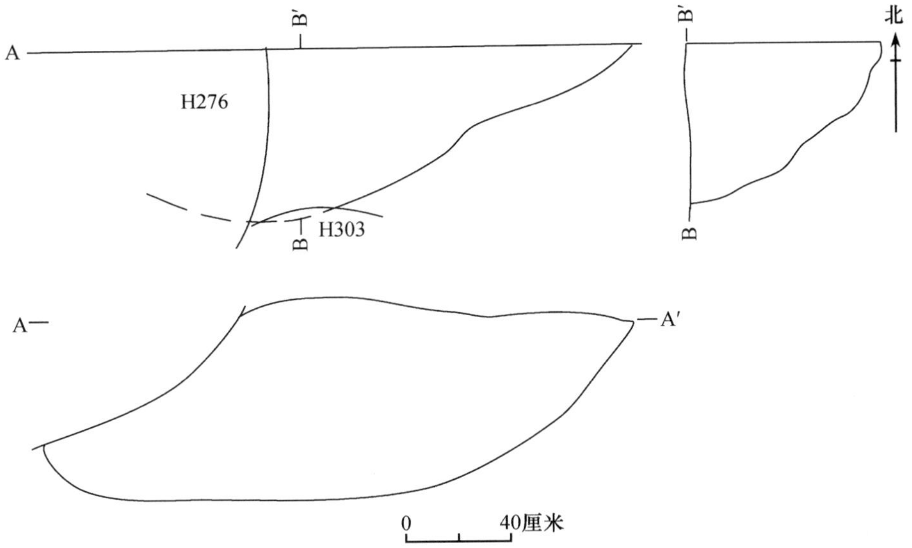

图一二二　H311平、剖面图

坑内堆积与包含物：坑内填大量灰土和红烧土，较松软。包含物多陶片和少量的砾石。

出土遗物：出土陶器共76件。陶质以夹砂为主，占92.11%，可分为夹粗砂和夹细砂两种，以夹粗砂为主，占80.27%，夹细砂较少，占11.84%，泥质陶极少，仅占7.89%。陶色以灰陶为主，占52.63%，次为红褐陶和红陶，各占23.68%和18.42%，黑陶很少，只占5.26%。器表以纹饰为主，占94.74%，素面很少，仅占5.26%。纹饰以菱形绳纹为主，占55.26%，次为复合纹和绳纹，各占19.74%和11.84%，戳印纹、附加堆纹、阴弦纹等较少。器类以缸为主，占64.48%，次为罐，瓮、盘口器、盆、钵等较少（表三八）。

表三八　H311出土陶器统计表

陶质	夹粗砂			夹细砂			泥质	合计	%
陶色	灰	红	红褐	灰	红褐	黑	灰		
纹饰/器类									
绳纹	1	3	3				2	9	11.84
菱形绳纹	22	10	10					42	55.26
戳印纹			1	1		1		3	3.95
附加堆纹					1			1	1.32
复合纹	5	1	2	1		2	4	15	19.74
阴弦纹	1					1		2	2.63
素面	2			1	1			4	5.26
合计	31	14	16	3	2	4	6	76	100

续表

陶质	夹粗砂			夹细砂			泥质	合计	%
陶色	灰	红	红褐	灰	红褐	黑	灰		
纹饰/器类									
%	40.79	18.42	21.05	3.95	2.63	5.26	7.89	100	
缸口	14	4	3					21	27.63
缸腹	10	10	7					27	35.53
缸底			1					1	1.32
罐口				1		1		2	2.63
罐腹			4		1	1		6	7.89
折沿罐口	7		1					8	10.53
罐底				1				1	1.32
盘口器						2		2	2.63
瓮腹							6	6	7.89
盆口				1				1	1.32
钵口					1			1	1.32

参加分类排队的陶器27件，挑选标本7件。

缸口　11件。Aa型Ⅱa式。

标本H311：9，夹粗砂红陶。唇饰绳切纹、内唇缘饰较浅粗戳印纹。上腹饰菱形绳纹。敞口，上腹微斜收，残。手制，火候较高。残宽15.6、残高8厘米（图一二三，1）。标本H311：10，夹粗砂灰陶，口部、里黑。唇面饰戳印纹，器表饰大菱形菱绳纹。敞口，上腹微曲，残。残宽7.8、残高6.4厘米（图一二三，2）。

瓮　1件。B型。

标本H311：13，夹砂褐陶。唇面饰斜细绳切纹，内外壁磨光。喇叭口，卷沿近平，残。轮制，火候较高。残宽7.8、残高2.6厘米（图一二三，3）。

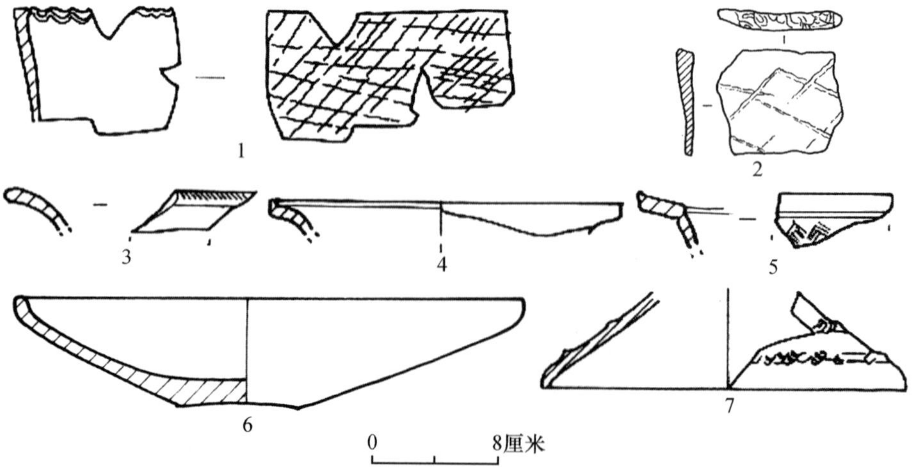

图一二三　H311出土陶器

1、2. Aa型Ⅱa式缸口（H311：9、H311：10）　3. B型瓮（H311：13）　4. Bb型盘口罐（H311：16）　5. Ⅱ式翘唇罐（H311：2）　6. C型盘（H311：12）　7. A型器盖（H311：1）

盘口罐　1件。Bb型。

标本H311：16，夹砂黑陶，局部黑褐。素面，内外壁磨光。唇略上折呈浅盘口，圆唇，上腹内弧，残。轮制，火候较高。口径22.4、残高2厘米（图一二三，4）。

折沿罐　7件。标本碎小。

翘唇罐　4件。Ⅱ式。

标本H311：2，夹粗砂灰陶，局部褐，里黑。上腹饰横划纹和组状划纹。敞口，折沿较宽、微斜，唇缘微上翘，圆唇，上腹内斜，残。轮制，火候较高。残宽7.2、残高3.4厘米（图一二三，5）。

盘　1件。C型。

标本H311：12，泥质红褐陶，局部灰褐，褐。素面，内外壁磨光。敞口，圆唇，直腹，凹底，复原。手制轮修，火候较高。口径32、底径8、高7.2厘米（图一二三，6；图版二七，1）。

器盖　2件。A型。

标本H311：1，夹细砂灰陶，局部红，里黑。器表饰附加堆纹、在堆纹上饰戳印纹，内壁磨光。壁较斜直，敞口，圆唇，残。手制轮修，火候较高。口径22.8、残高6厘米（图一二三，7）。

（四）第4组

10个。

1. 甲类

7个。

（1）A型

6个。Ab型。

H306

位置：位于98BT0404东部，H312东南，H313西南，H307、H334北部。开口第32层下。层位关系：㉜—H306→H307、H312、H313、H314。

形制：坑口平面呈圆形，弧壁内收，平底，南部坑壁保存较好，北部破坏严重，坑壁及坑底用6～12厘米厚的黄黏土加工，底部平铺数块较平卵石。口径188～196、底径64～66、深105厘米（图一二四；图版九，2）。

坑内堆积与包含物：坑内填灰色杂土，厚62厘米，较疏松。包含物主要为陶器和少量石器。

出土遗物：灰坑内出土有陶器和石器。

陶器　共198件。陶质发生了很大变化，以夹

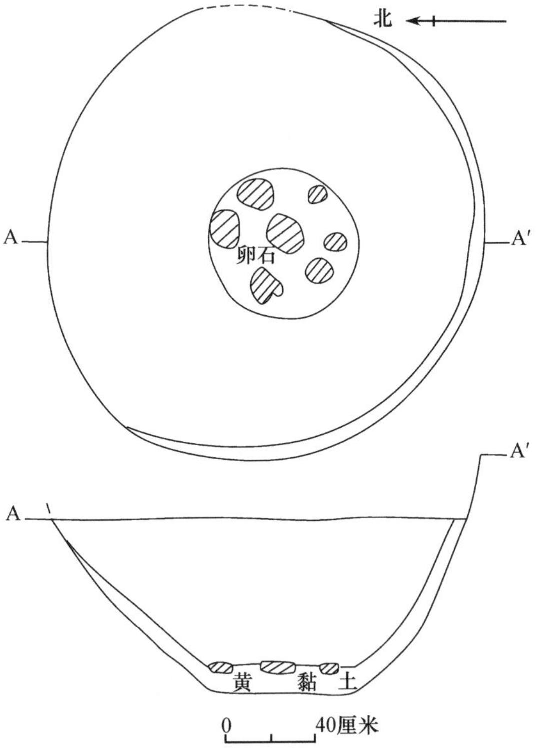

图一二四　H306平、剖面图

细砂为主，占62.12%，夹粗砂陶也较多，占37.88%。陶色仍以灰陶为主，占41.41%，次为红陶，占32.32%，褐陶和黑陶较少，各占15.15%和11.12%。器表仍以纹饰为主，占82.32%，素面陶比例增加，占17.68%。纹饰虽然仍以菱形绳纹为主，但比例有所下降，菱形绳纹变得非常粗糙，占31.81%，次为绳纹和新出现的粗戳划纹，分别占19.70%和16.16%，复合纹、附加堆纹、戳印纹、细绳纹、划纹、凹弦纹、阴弦纹等较少。器类仍以缸为主，占55.06%，次罐，占35.86%，盘口器、盘、盆、碗、钵、器盖等较少（表三九）。

表三九　H306出土陶器统计表

陶质	夹粗砂				夹细砂				合计	%
陶色	灰	红	黑	褐	灰	红	黑	褐		
纹饰/器类										
粗戳划纹					16	15		1	32	16.16
绳纹	2	8		2	2	8	2	15	39	19.70
细绳纹					3				3	1.51
菱形绳纹	28	17	13	4	1				63	31.81
凹弦纹					2				2	1.011
划纹								2	2	1.01
戳印纹					1		1	3	5	2.53
附加堆纹					3	4			7	3.54
复合纹					4	2		3	9	4.55
阴弦纹							1		1	0.51
素面		1			20	9	5		35	17.68
合计	30	26	13	6	52	38	9	24	198	100
%	15.15	13.13	6.57	3.03	26.26	19.19	4.55	12.12	100	
缸口	12	1	11		7	7		1	39	19.70
缸腹	17	22	2	4	7	7			59	29.80
缸底	1	3		2	4	1			11	5.56
罐口								3	3	1.51
罐腹					21	16	6	10	53	26.77
折沿罐口								1	1	0.51
罐底					4	6		4	14	7.07
盘口罐口							2	5	7	3.54
盘口器口					1				1	0.51
盘口					1				1	0.51
盆					1				1	0.51
钵口						1	1		2	1.01
器盖					1				1	0.51
碗底					1				1	0.51
圈足					1				1	0.51
平底					1				1	0.51
不明器					2				2	1.01

参加分类排队的陶器35件，挑选标本24件。

缸口　10件。

A型　7件。Aa型。

Ⅱa式：6件。

标本H306：6，夹粗砂黑陶，局部灰。唇部饰戳印纹，唇面外高内低，内唇缘呈波浪形，器表饰绳纹大菱形纹。敞口，唇缘内凸，上腹斜内收，残。轮制，火候较高。残宽8.5、残高4.7厘米（图一二五，1）。

Ⅱb式：1件。

标本H306：7，夹粗砂灰陶，口、里黑。唇部饰戳印纹，器表饰粗糙菱形绳纹，纹饰上有划痕。敞口，唇缘内凸，上腹弧内收，残。轮制，火候较高。残宽8.3、残高4.8厘米（图一二五，2）。

B型　3件。Ⅰ式。

标本H306：4，夹细砂灰陶，极少粗砂，里黑。唇部、器表饰粗戳印纹，内壁有刮削痕。敞口，唇缘内凸，上腹弧收，残。手制，火候较高。残宽7、残高5厘米（图一二五，3）。标本H306：5，夹细砂灰陶，口局部黑。唇部、器表饰粗戳印纹，内壁有划痕。敞口，唇缘微凸，上腹较斜直，残。手制轮修，火候较高。残宽4.2、残高6.3厘米（图一二五，4）。

缸底　2件。B型。

标本H306：26，夹细砂红陶，里黑。素面，器表有刮抹、手捏痕。下腹微斜弧，圆柱状足，实足跟矮，残。手制，火候不高。足径5.2、残高8.9厘米（图一二五，5）。标本H306：27，夹细砂灰褐陶，里黑。足外缘、外底饰粗戳印纹，下腹有刮抹、手捏痕。下腹斜弧，圆柱状足，实足跟矮，外底凹凸不平，残。手制，火候不高。足径5.2、残高7.7厘米（图一二五，6）。

盘口罐　4件。

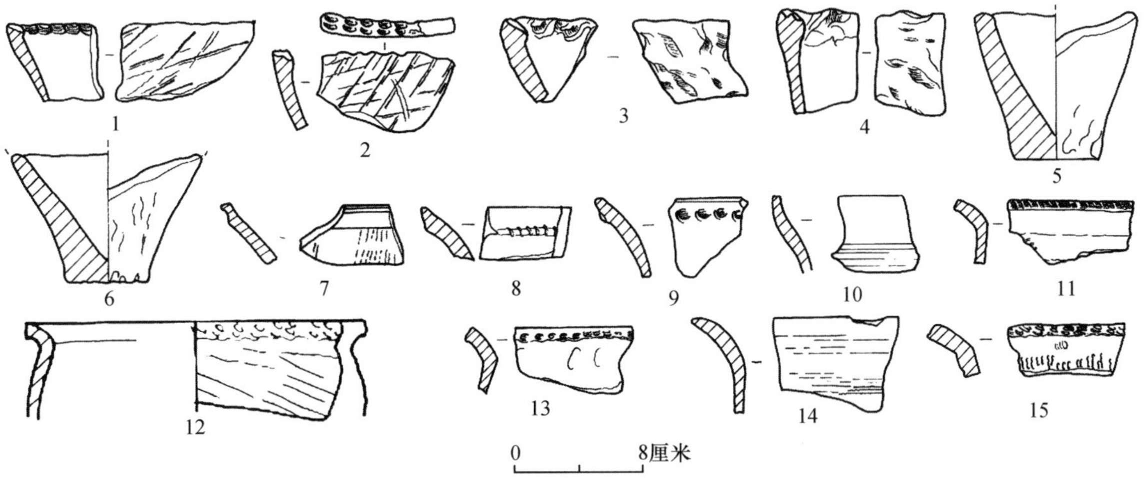

图一二五　H306出土陶器

1. Aa型Ⅱa式缸口（H306：6）　2. Aa型Ⅱb式缸口（H306：7）　3、4. B型Ⅰ式缸口（H306：4、H306：5）　5、6. B型缸底（H306：26、H306：27）　7、8. A型Ⅲ式盘口罐（H306：15、H306：16）　9. Bb型Ⅱ式盘口罐（H306：20）　10. B型盘口器（H306：25）　11、12. C型Ⅱ式折沿罐（H306：19、H306：8）　13. Ⅱ式槽唇罐（H306：11）　14. A型敞口罐（H306：9）　15. B型敞口罐（H306：18）

A型　3件。Ⅲ式。

标本H306：15，夹细砂黑陶，里黑褐。唇面饰凹弦纹，上腹饰绳纹，局部按抹，内壁磨光。敞口，唇面微凹，浅盘，上腹内收，残。轮制，火候较高。残宽6.2、残高3.8厘米（图一二五，7）。标本H306：16，夹粗砂褐陶，口局部、胎灰黑。盘外下凸棱饰戳印纹，内壁磨光。敞口，圆唇，浅盘，上腹内收，残。轮制，火候较高。残宽5.8、残高3.2厘米（图一二五，8）。

B型　1件。Bb型Ⅱ式。

标本H306：20，夹细砂红褐陶，胎、里黑。盘外下凸棱饰戳印纹，上腹饰绳纹，内壁磨光。敞口，圆唇，微有浅盘，上腹内收，残。轮制，火候较高。残宽4.9、残高4.7厘米（图一二五，9）。

盘口器　1件。B型。

标本H306：25，夹粗砂灰褐陶，口、胎、里黑。唇面饰凹弦纹，上腹饰划纹。微敞口，唇面微凹，盘较浅，上腹内收，残。轮制，火候一般。残宽5.4、残高4.6厘米（图一二五，10）。

折沿罐　2件。C型Ⅱ式。

标本H306：19，夹细砂红陶，局部黑褐，灰胎。唇面饰绳切纹，腹饰绳纹，内壁磨光。侈口，折沿外卷，方唇，鼓腹，残。轮制，火候高。残宽7.6、残高3.8厘米（图一二五，11）。标本H306：8，夹细砂黑褐陶，胎红褐、灰黑、红褐，里红褐。唇面饰戳印纹，器表饰绳纹，沿面磨光，内壁有划痕。侈口，折沿，沿面微弧，唇下缘下垂，鼓腹，残。轮制，火候不高。口径20.4、残高6厘米（图一二五，12）。

槽唇罐　1件。Ⅱ式。

标本H306：11，夹细砂红褐陶，胎、里灰。唇面饰凹弦纹，下唇面饰戳印纹，沿、腹相交处有按窝，沿面磨光。侈口，斜折沿，沿面微弧，唇面微凹，鼓腹，残。轮制，火候较高。残宽9.1、残高4厘米（图一二五，13）。

敞口罐　2件。

A型　1件。

标本H306：9，夹细砂褐陶，口部、胎、里灰黑。器表饰绳纹后按抹，部分呈细绳纹，内沿磨光。敞口，卷沿外翻，圆唇，腹较直，残。轮制，火候较高。残宽7.6、残高5.7厘米（图一二五，14）。

B型　1件。

标本H306：18，夹细砂红褐陶，口沿、里黑，褐胎。唇部、下沿面饰戳印纹，沿、腹相交处饰附加堆纹，在堆纹上饰戳印纹，内壁磨光。敞口，卷沿近折，上腹斜直，残。轮制，火候较高。残宽7.1、残高3.2厘米（图一二五，15）。

盆　1件。B型。

标本H306：10，夹细砂灰褐陶，胎红褐、黑、红褐，里黑。下沿面饰划纹，沿、腹相交处饰凹弦纹，内外壁磨光。敞口，斜卷沿，方圆唇，弧腹，残。轮制，火候较高。残宽7.1、残高4.1厘米（图一二六，1）。

盘　2件。A型。

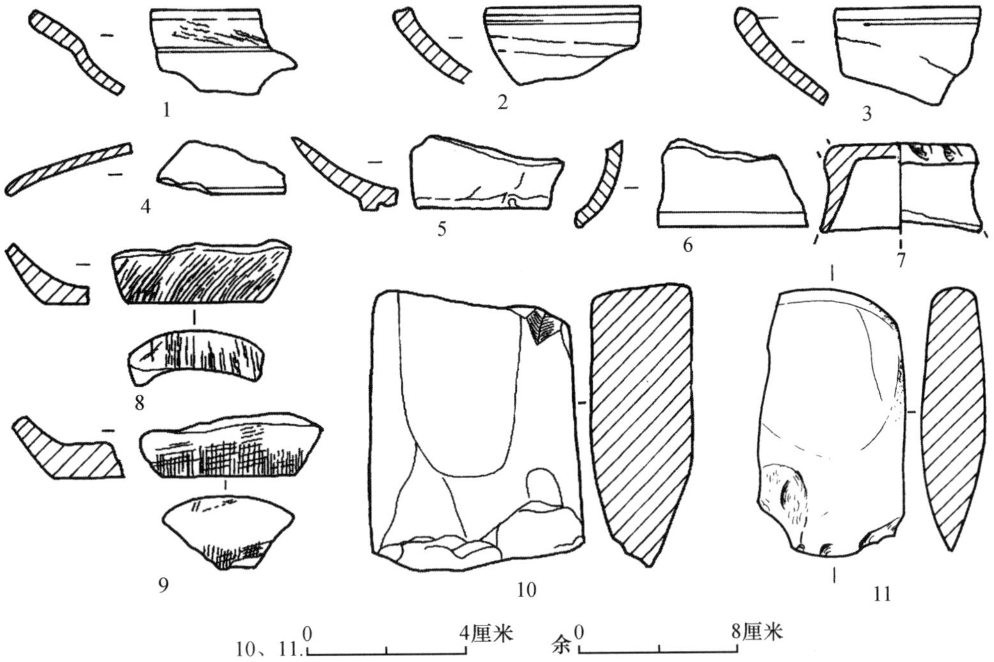

图一二六　H306出土器物

1. B型陶盆（H306：10）　2、3. A型陶盘（H306：13、H306：14）　4. B型陶器盖（H306：12）
5. Ba型陶圈足（H306：22）　6、7. Bb型陶圈足（H306：17、H306：24）
8、9. 陶罐底（H306：21、H306：23）　10. 石斧（H306：3）　11. Ba型石锛（H306：1）

标本H306：13，夹细砂红褐陶，局部黑，灰褐胎，里黑。唇面饰凹弦纹，器表饰绳纹，内外壁粗磨。敞口，唇面微凹，弧腹，残。轮制，火候较高。残宽7.6、残高3.8厘米（图一二六，2）。标本H306：14，夹细砂黑陶。器表饰绳纹后按抹，内壁磨光，外表有旋痕。敞口，圆尖唇，弧腹，残。手制轮修，火候不高。残宽7.2、残高4.8厘米（图一二六，3）。

器盖　1件。B型。

标本H306：12，夹细砂红褐陶，局部、胎、里灰。素面，内外壁磨光。覆盘状，敞口，圆唇，壁微弧，残。手制，火候较高。残宽6.2、残高2.5厘米（图一二六，4）。

圈足　3件。B型。

Ba型　1件。

标本H306：22，夹细砂灰褐陶，局部红褐，黑胎。素面，内壁磨光。下腹斜弧，矮圈足较直，残。手制，火候不高。残宽7.5、残高3.6厘米（图一二六，5）。

Bb型　2件。

标本H306：17，夹细砂黑陶，足缘红褐。素面，外壁磨光。圈足弧外撇，足缘近直，残。手制，火候较高。残宽7.5、残高4.3厘米（图一二六，6）。标本H306：24，夹细砂灰黑陶，胎、里黑。素面，内底磨光。圈足外撇，内底较平，残。轮制，火候较高。残宽8、残高4.3厘米（图一二六，7）。

罐底　6件。

标本H306：21，夹细砂褐陶，黑胎。器表、外底饰绳纹，内壁有刮抹痕。下腹斜弧，平底，残。手制，火候不高。残宽8.6、残高3厘米（图一二六，8）。标本H306：23，夹细砂黑陶，局部褐，里灰黑。器表饰交错绳纹，外底饰绳纹，内壁有按抹痕。下腹较斜直，平底，残。手制，火候较高。残宽8.8、残高3厘米（图一二六，9）。

石器　仅发现3件。

斧　1件。型式不明。

标本H306：3，黑色砾石，局部青灰、略有红褐色。平面略呈梯形，正锋，端部、刃部残。通体磨制，除刃面纵磨外，余皆横磨。残长6.95、宽5.2、厚2.5厘米（图一二六，10）。

锛　2件。Ba型。

标本H306：1，黑色角岩，多灰色层理。平面近长方形，圆顶，弧刃、多崩疤，正锋，残。磨制。长6.6、宽3.6、厚1.5厘米（图一二六，11）。

H312

位置：位于98BT0404北部，H313西南，H305、H335东面，H306、H334西北面，H307北面，部分压在探方北壁下，被H305、H306、H313打破。层位关系：H305、H306→H312→生土。

形制：从暴露部分看，坑口平面呈圆形，弧壁，平底，坑壁及坑底用黄色黏土加工，厚4～6厘米，坑底用较平卵石铺垫。口径204、底径80、深134厘米（图一二七）。

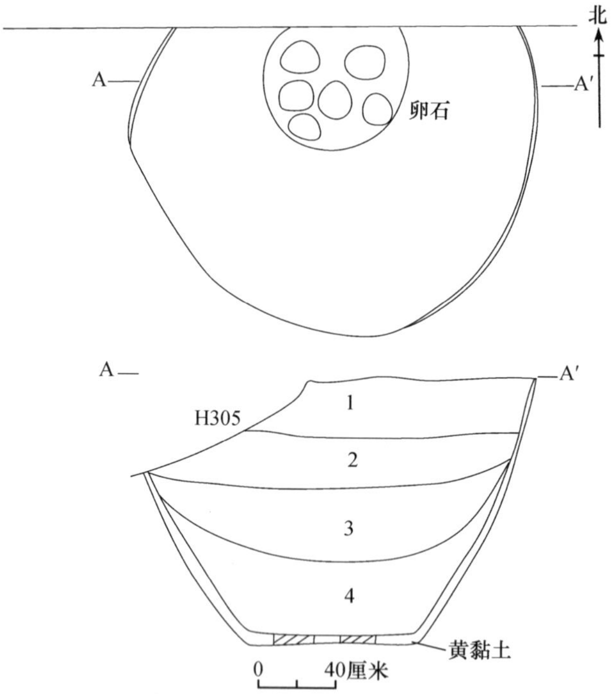

图一二七　H312平、剖面图

坑内堆积与包含物：坑内堆积可分4层。

第1层：厚约28厘米，灰土，疏松，包含部分陶片。

第2层：厚12～36厘米，黄泥、带黏性、较纯净，包含陶片较多。

第3层：厚0～38厘米，灰黑土，疏松，包含部分陶片。

第4层：厚0～38厘米，灰土、夹黄泥，质较紧，无包含物。

出土遗物：出土陶器共324件，参加分类排队的陶器98件，挑选标本44件。分层介绍如下：

第1层：出土陶器59件。陶质全为夹砂，以夹细砂为主，占59.33%，夹粗砂较多，占40.67%。陶色以灰色为主，占37.29%，次为褐陶和红褐陶，各占22.03%和16.95%，红陶较少，占11.86%，黑陶和灰褐陶最少，各占6.78%和5.08%。器表以纹饰为主，占77.97%，素面增加，占22.03%。纹饰以菱形绳纹为主，占25.42%，次为绳纹和复合纹，各占18.64%和11.86%，划纹、附加堆纹、凹弦纹、粗绳纹、戳印纹、阴弦纹等较少。器类以罐为主，次为缸，盘口器、圈足等较少（表四〇）。

表四〇　H312①出土陶器统计表

陶质	夹粗砂				夹细砂					合计	%
陶色	灰	红	黑	褐	灰	红	红褐	黑	灰褐		
纹饰/器类											
粗绳纹					1					1	1.69
绳纹	1	1		4	1	1	3			11	18.64
菱形绳纹	6		2	4	1		2			15	25.42
凹弦纹				3						3	5.08
划纹				2	1		1			4	6.78
戳印纹							1			1	1.69
附加堆纹					1	1			1	3	5.08
复合纹	1				3		2		1	7	11.86
阴弦纹					1					1	1.69
素面					5	4	1	2	1	13	22.03
合计	8	1	2	13	14	6	10	2	3	59	100
%	13.56	1.69	3.39	22.03	23.73	10.17	16.95	3.39	5.08	100	
缸口	2		2		2	1				7	11.86
缸腹	4	1								5	8.47
缸底	1									1	1.69
罐口				1						1	1.69
罐腹	1			9	9	4	5		3	31	52.54
折沿罐口				2			1			3	5.08
罐底				1		1				2	3.39
盘口罐口							1			1	1.69
盘口器口					2					2	3.39
圈足							1			1	1.69
不明器					1		2	2		5	8.47

参加分类排队的陶器13件，挑选标本11件。

缸口　5件。

A型　4件。Aa型Ⅱa式。

标本H312①：1，夹粗砂黑陶。唇部饰戳印纹，器表饰菱形绳纹。敞口，唇缘内凸，上腹微弧斜收，残。手制轮修，火候较高。残宽7.2、残高4.7厘米（图一二八，1）。标本H312①：7，夹粗砂黑陶，里黑。唇部饰粗戳印纹，器表饰绳纹大菱形纹。敞口，唇缘内凸，唇部较厚，上腹微弧斜内收，残。轮制，火候较高。残宽6.6、残高5.6厘米（图一二八，2）。

B型　1件。Ⅰ式。

标本H312①：6，夹细砂灰陶，口部、里黑。唇部、器表饰粗戳印纹。敞口，局部微有内沿，上腹斜直，残。手制轮修，火候较高。残宽7.3、残高6.7厘米（图一二八，3）。

瓮　1件。B型。

标本H312①：10，夹细砂灰陶。素面，内外壁精磨。喇叭口，圆唇，残。轮制，火候高。残宽7.3、残高4.4厘米（图一二八，4）。

折沿罐　2件。

A型　1件。Aa型Ⅱ式。

标本H312①：5，夹粗砂灰陶，局部红褐，胎、里灰黑。器表饰细绳纹。敞口，斜折沿较宽，唇斜上翘，上腹斜直，残。轮制，火候较高。残宽7.7、残高2.8厘米（图一二八，5）。

C型　1件。Ⅱ式。

标本H312①：4，夹粗砂红褐陶，口部、里黑。内唇缘饰戳印纹，器表饰绳纹，沿、腹相交处饰附加堆纹，堆纹上饰按窝纹，唇面、外沿有旋痕。敞口，斜折沿较宽，方唇，唇斜上翘，上腹斜直，残。轮制，火候较高。残宽5.3、残高3厘米（图一二八，6）。

盘口罐　1件。Bb型Ⅱ式。

标本H312①：2，夹细砂褐陶，口部、胎黑。盘外饰月牙形戳印纹，内壁粗磨。敞口，盘

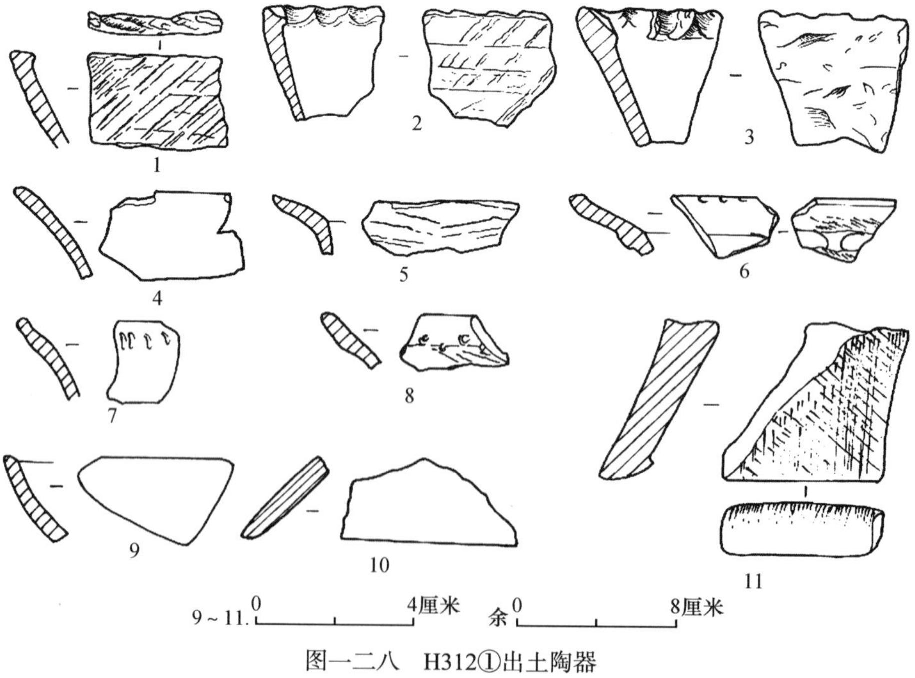

图一二八　H312①出土陶器

1、2. Aa型Ⅱa式缸口（H312①：1、H312①：7）　3. B型Ⅰ式缸口（H312①：6）　4. B型瓮（H312①：10）　5. Aa型Ⅱ式折沿罐（H312①：5）　6. C型Ⅱ式折沿罐（H312①：4）　7. Bb型Ⅱ式盘口罐（H312①：2）　8. B型盘口器（H312①：9）　9. A型盘（H312①：3）　10. A型器盖（H312①：8）　11. 器座（H312①：11）

较浅，圆唇，上腹内收，残。轮制，火候较高。残宽3.5、残高4厘米（图一二八，7）。

盘口器　1件。B型。

标本H312①：9，夹粗砂灰黑陶，里黑。盘外下饰错印纹，上腹饰绳纹，内壁磨光。敞口，微有盘，上腹内收，残。轮制，火候较高。残宽5.4、残高2.7厘米（图一二八，8）。

盘　1件。A型。

标本H312①：3，夹细砂灰陶，口部、里黑。唇面饰凹弦纹，器表有划痕。敞口，斜方唇，弧腹，残。轮制，火候较高。残宽3.9、残高2.1厘米（图一二八，9）。

器盖　1件。A型。

标本H312①：8，夹粗砂黑陶，局部红褐。素面，内外壁磨光。覆钵状，敞口，圆尖唇，壁较斜直，残。轮制，火候较高。残宽4.3、残高2.1厘米（图一二八，10）。

器座　1件。

标本H312①：11，夹细砂灰褐陶，局部红褐，里红。器表饰交错细绳纹，外底饰细绳纹。截面梯形，壁较斜直，底斜尖，残。手制，火候不高。残宽4.5、残高3.9厘米（图一二八，11）。

第2层：出土陶器230件。陶质以夹砂为主，占99.57%，可细分为夹粗砂和夹细砂两种，以夹粗砂为主，占86.97%，夹细砂较少，占12.60%。泥质陶极少，仅占0.43%。陶色以灰陶为主，占39.13%，次为红陶和红褐陶，各占22.61%和14.35%，黑陶和灰褐陶较少，各占10.00%和9.56%，褐陶最少，只占4.35%。器表以纹饰为主，占95.22%，素面极少，仅占4.78%。纹饰以菱形绳纹为主，占74.35%，次为复合纹，占10.87%，绳纹、凹弦纹、附加堆纹、阴弦纹、划纹、细绳纹、戳印纹等很少。器类以缸为主，占71.31%，次为罐，壶、盘等很少（表四一）。

表四一　H312②出土陶器统计表

陶质	夹粗砂						夹细砂				泥质	合计	%
陶色	灰	红	黑	褐	红褐	灰褐	灰	红	黑	灰褐	灰		
纹饰/器类													
绳纹	3				3		1					7	3.04
细绳纹										1		1	0.43
菱形绳纹	53	45	22	9	28	14						171	74.35
凹弦纹							2	1			1	4	1.74
划纹	1					1						2	0.87
戳印纹							1					1	0.43
附加堆纹							4					4	1.74
复合纹	8	2		1	2	6	6					25	10.87
阴弦纹							4					4	1.74
素面	1	1					5	3	1			11	4.78
合计	66	48	22	10	33	21	23	4	1	1	1	230	100
%	28.70	20.87	9.57	4.35	14.5	9.13	10.00	1.74	0.43	0.43	0.43	100	
缸口	27	12	22		5							66	28.70
缸腹	24	30		7	23	10						94	40.87

续表

陶质	夹粗砂						夹细砂				泥质	合计	%
陶色	灰	红	黑	褐	红褐	灰褐	灰	红	黑	灰褐	灰		
纹饰/器类													
缸底	1	2			1							4	1.74
罐口						1	1					2	0.87
罐腹	4			3		5	14	3				29	12.61
折沿罐口	8	4			3	5						20	8.70
罐底	1				1							2	0.87
壶口	1						1					2	0.87
盘口									1		1	2	0.43
不明器							8	1		1		10	4.35

参加分类排队的陶器72件，挑选标本22件。

缸口　36件。Aa型Ⅱa式。

标本H312②：16，夹粗砂黑陶，局部灰。唇部饰戳印纹，器表饰大菱形绳纹，口外有抹痕。敞口，唇缘内凸，腹较斜直，残。手制轮修，火候较高。残宽11.2、残高10.4厘米（图一二九，1）。标本H312②：17，夹粗砂灰陶，口部、胎、里红。唇部内侧饰戳印纹，外侧饰绳纹，器表饰菱形绳纹。敞口，唇缘微凸，上腹较斜直，残。轮制，火候较高。残宽10.6、残高6.4厘米（图一二九，2）。

缸底　3件。A型。

标本H312②：20，夹粗砂红陶，局部灰，胎、里黑。器表、外底饰粗菱形绳纹。下腹较斜直，平底，残。手制，火候较高。底径10.6、残高3.5厘米（图一二九，3）。标本H312②：22，夹粗砂黑陶，局部红褐。腹外下近底部饰粗绳纹，外底饰菱形绳纹。下腹较斜直，平底，残。手制，火候一般。残高5.9厘米（图一二九，4）。

瓮　1件。A型。

标本H312②：15，夹细砂灰陶。领饰细划纹，内外壁磨光。敞口，卷沿，圆唇外下垂，领微束，残。轮制，火候高。残宽8.4、残高2.8厘米（图一二九，5）。

折沿罐　22件。

A型　19件。

Aa型　4件。Ⅱ式。

标本H312②：5，夹粗砂红陶，局部灰褐，黄灰胎。上腹饰几何形划纹、戳印纹，内壁有刮抹痕。口微侈，斜折沿，圆唇，上腹微束，残。手制轮修，火候一般。口径26.4、残高10.2厘米（图一二九，6）。

Ab型　15件。

Ⅰ式：4件。

标本H312②：2，夹粗灰褐陶，胎、里黑。唇面饰戳印纹，沿外饰细凹弦纹、戳印纹、细菱形绳纹。敞口，折沿上卷，沿面内凹，残。轮制，火候较高。残宽4.3、残高2.6厘米（图一二九，

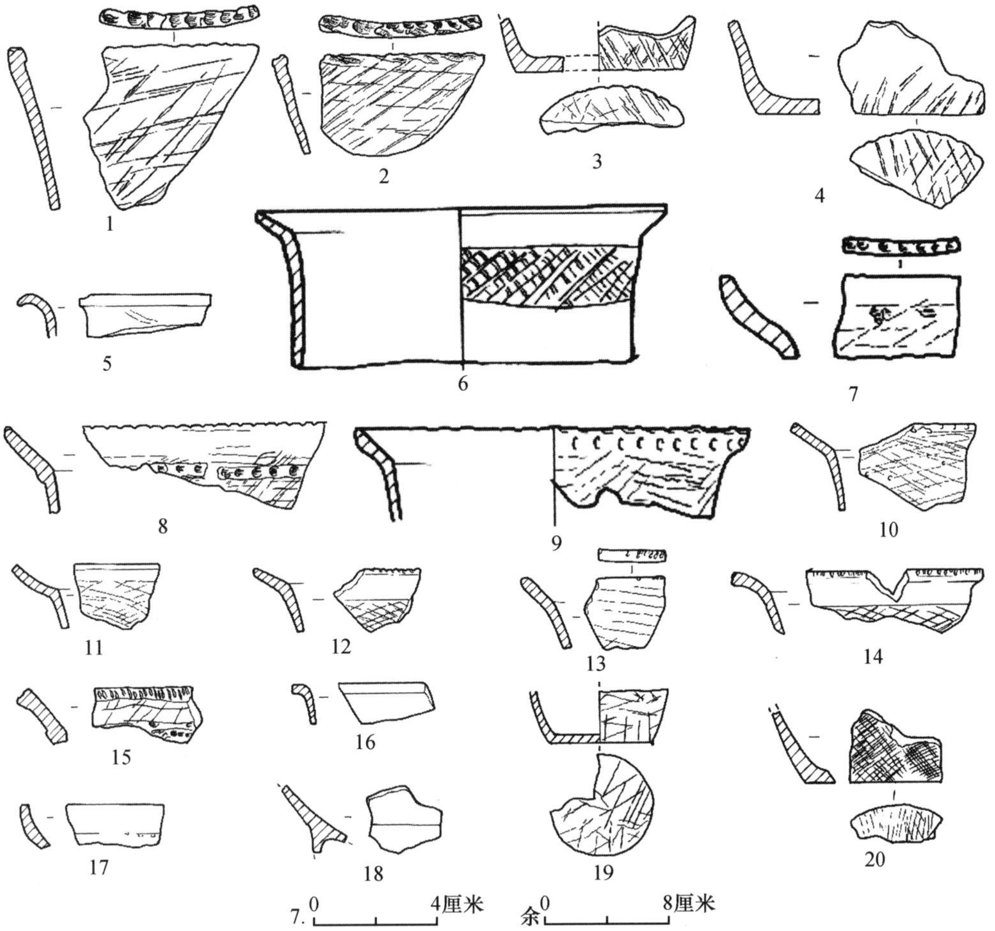

图一二九　H312②出土陶器

1、2. Aa型Ⅱa式缸口（H312②：16、H312②：17）　3、4. A型缸底（H312②：20、H312②：22）　5. A型瓮（H312②：15）　6. Aa型Ⅱ式折沿罐（H312②：5）　7、8. Ab型Ⅰ式折沿罐（H312②：2、H312②：18）　9. Ab型Ⅱ式折沿罐（H312②：14）　10、11. C型Ⅰ式折沿罐（H312②：6、H312②：11）　12～14. A型敞口罐（H312②：8、H312②：12、H312②：13）　15. B型敞口罐（H312②：7）　16. 束颈罐（H312②：10）　17. B型盘（H312②：1）　18. 大圈足盘（H312②：3）　19、20. 罐底（H312②：19、H312②：21）

7）。标本H312②：18，夹粗砂灰褐陶，里黑。唇部饰戳印纹，外下沿、器表饰菱形绳纹，沿、腹相交处饰附加堆纹，在堆纹上饰戳印纹。敞口，斜折沿，唇面上翘，上腹斜直，残。手制轮修，火候一般。残宽15.4、残高5.5厘米（图一二九，8）。

Ⅱ式：11件。

标本H312②：14，夹粗砂红陶，局部灰、褐，里灰，局部红褐。唇面、下唇沿饰戳印纹，器表饰交错绳纹，内壁有戳、划痕。敞口，斜折沿，圆唇，上腹斜直，残。轮制，火候不高。口径25.6、残高6厘米（图一二九，9）。

C型　3件。Ⅰ式。

标本H312②：6，夹粗砂灰陶，局部褐，胎、里黑。唇面饰戳印纹，器表饰细菱形绳纹、戳印纹，内壁有戳、划痕。敞口，斜折沿，方唇，上腹内收，残。轮制，火候不高。残宽7.8、残高5.5厘米（图一二九，10）。标本H312②：11，夹粗砂红陶，局部褐，部分胎、里黑。器表饰细菱形绳纹。敞口，折沿上卷，沿面内凹，方唇，上腹较斜直，残。轮制，火候较高。残宽5.5、残高4.1厘米（图一二九，11）。

敞口罐　4件。

A型　3件。

标本H312②：8，夹粗砂黑陶，里灰黑。唇面饰戳印纹，上腹饰菱形划纹。敞口，折沿，沿面微弧，圆唇，上腹较斜直，残。轮制，火候一般。残宽5.4、残高4厘米（图一二九，12）。标本H312②：12，夹粗砂红褐陶，黑胎、里红。唇面饰绳切纹，器表饰绳纹。敞口，斜折沿，圆唇，上腹斜直，残。轮制，火候较高。残宽5.1、残高4.6厘米（图一二九，13）。标本H312②：13，夹粗砂灰陶，局部黑。上唇缘饰戳印纹，上腹饰凹弦纹、菱形划纹。敞口，沿微折外卷，上腹较斜直，残。轮制，火候不高。残宽11.4、残高4厘米（图一二九，14）。

B型　1件。

标本H312②：7，夹粗砂灰陶，胎、里黑。唇面饰绳切纹，器表饰菱形绳纹、附加堆纹，在堆纹上饰戳印纹。敞口，斜折沿，方唇，残。轮制，火候不高。残宽7、残高3.5厘米（图一二九，15）。

束颈罐　1件。

标本H312②：10，泥质灰陶。素面，外壁精磨，内壁有旋痕。侈口，平折沿，沿面微凹，方唇，颈微束，残。轮制，火候高。残宽6.2、残高2.6厘米（图一二九，16）。

盘　1件。B型。式别不明。

标本H312②：1，夹粗砂黑陶，局部褐，红褐胎。盘外饰戳印纹，内壁磨光。敞口，方唇，微折腹，残。手制轮修，火候较高。残宽6.2、残高2.8厘米（图一二九，17）。

大圈足盘　1件。型式不明。

标本H312②：3，泥质灰陶。盘下近圈足处饰凸弦纹，内外壁精磨。下腹较斜，圈足内收，残。轮制，火候高。残宽4.8、残高4.3厘米（图一二九，18）。

不明器　1件。

标本H312②：4，夹粗砂灰褐陶，黑胎。素面。敛口，沿内斜折，圆唇，上腹微束，残。轮制，火候较高。口径12.2、残高5.2厘米。

罐底　2件。

标本H312②：19，夹粗砂褐陶，里黑。器表、外底饰菱形绳纹，外底、壁有白色附着物。下腹弧，平底，残。手制，火候一般。底径6.6、残高3.3厘米（图一二九，19）。标本H312②：21，夹粗砂红褐陶，里黑。器表、外底饰交错细绳纹。下腹微弧，平底，残。手制，火候一般。残宽6、残高4.6厘米（图一二九，20）。

第3层：出土陶器35件。陶质全为夹砂，以夹粗砂为主，占88.57%，夹细砂较少，占11.43%。陶色以灰陶为主，占34.27%，次为红、褐和灰褐陶，各占22.86%、20.00%和17.14%，黑陶很少，仅占5.72%。器表以纹饰为主，占91.43%，素面很少，占8.57%。纹饰以菱形绳纹为主，占68.57%，次为绳纹，占17.14%，复合纹、阴弦纹很少。器类以缸为主，占62.86%，次为罐，盘口器、器盖很少（表四二）。

表四二 H312③出土陶器统计表

陶质	夹粗砂					夹细砂				合计	%
陶色	灰	红	黑	褐	灰褐	灰	红	黑	褐		
纹饰/器类											
绳纹		2		2	2					6	17.14
菱形绳纹	9	6	1	5	3					24	68.57
复合纹					1					1	2.86
阴弦纹						1				1	2.86
素面						2		1		3	8.57
合计	9	8	1	7	6	3		1		35	100
%	25.71	22.86	2.86	20.00	17.14	8.57		2.86		100	
缸口	5		1	2						8	22.86
缸腹	4	5			2					11	31.43
缸底				3						3	8.57
罐口				1	1					2	5.71
罐腹		1			1	3				5	14.29
折沿罐口		1			1					2	5.71
罐底		1		1						2	5.71
盘口器口								1		1	2.86
器盖					1					1	2.86

参加分类排队的陶器15件，挑选标本11件。

缸口 6件。Aa型Ⅱa式。

标本H312③：2，夹粗砂灰陶，局部红褐，口部、胎、里黑。唇部饰戳印纹，器表饰菱形绳纹。敞口，唇缘内凸，腹较斜直，残。手制，火候较高。残宽10.6、残高11.7厘米（图一三〇，1）。标本H312③：7，夹粗砂灰黑陶，局部灰，里黑。唇部饰戳印纹，器表饰菱形绳纹，内壁有刮抹痕。敞口，唇缘内凸，上腹弧收，残。手制，火候较高。残宽12.8、残高6.2厘米（图一三〇，2）。

缸底 1件。A型。

标本H312③：4，夹粗砂黑陶，局部褐。底外缘、外底饰菱形绳纹，下部器表脱落。下腹较斜直，平底，残。手制，火候不高。底径11.6、残高2.8厘米（图一三〇，3）。

折沿罐 3件。

A型 2件。

Aa型 1件。Ⅱ式。

标本H312③：5，夹粗砂灰陶，里局部黑。唇面饰凹弦纹，器表饰菱形绳纹。侈口，斜折沿，沿面较平，圆唇，鼓腹，残。轮制，火候较高。残宽13、残高4.8厘米（图一三〇，4）。

Ab型 1件。Ⅰ式。

标本H312③：12，夹粗砂灰陶，口，里黑。唇面饰绳切纹，器表饰菱形绳纹，沿、腹相交处饰附加堆纹。敞口，斜折沿，上腹斜直，残。轮制，火候较高。残宽8.6、残高2.4厘米（图

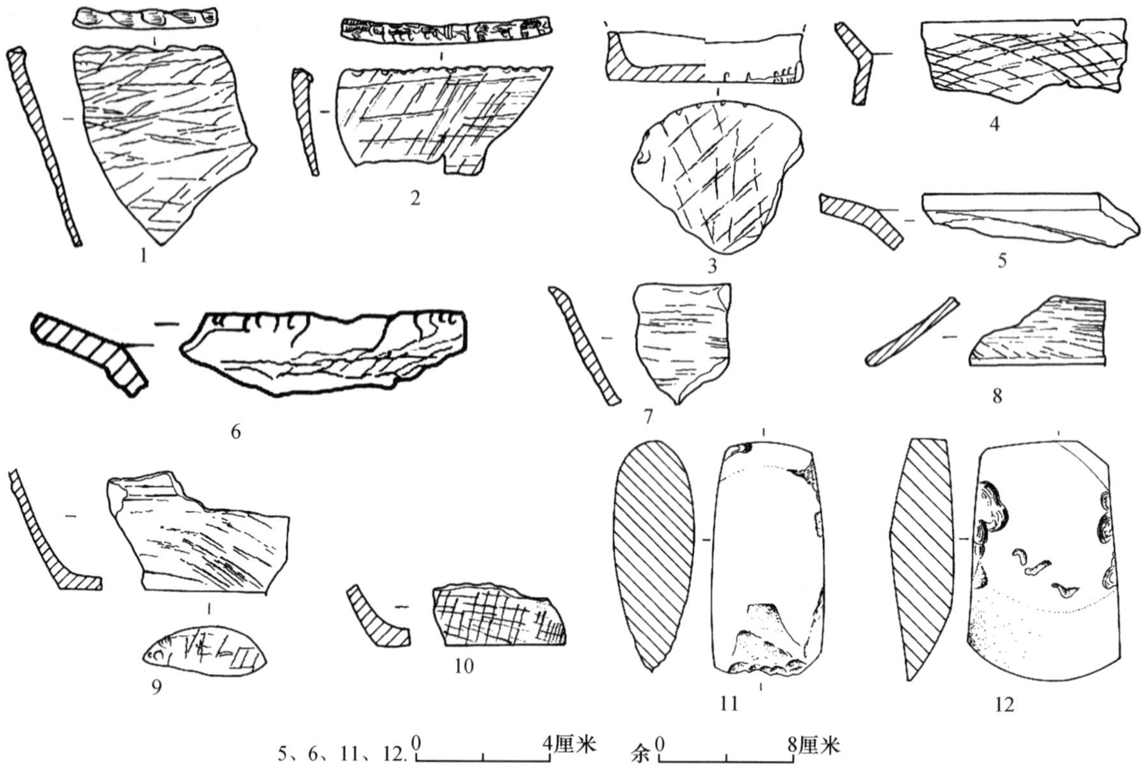

图一三〇 H312③出土器物

1、2. Aa型Ⅱa式陶缸口（H312③：2、H312③：7） 3. A型陶缸底（H312③：4） 4. Aa型Ⅱ式陶折沿罐（H312③：5） 5. B型Ⅰ式陶折沿罐（H312③：3） 6. Ab型Ⅰ式陶折沿罐（H312③：12） 7. A型陶小罐（H312③：8） 8. A型陶器盖（H312③：6） 9、10. 陶罐底（H312③：10、H312③：11） 11. Bb型Ⅰ式石斧（H312③：16） 12. Bb型石锛（H312③：17）

一三〇，6）。

B型　1件。Ⅰ式。

标本H312③：3，夹粗砂红褐陶，胎红褐、灰，里灰，局部黑。器表饰绳纹。敞口，斜折沿，沿面较平，近唇处微凹，唇面微凹，上腹斜直，残。轮制，火候一般。残宽6.3、残高1.6厘米（图一三〇，5）。

小罐　1件。A型。

标本H312③：8，夹粗砂黑陶，褐胎。唇面饰细绳切纹，器表饰绳纹，内壁有刮抹痕。敞口，卷沿近折，腹微弧，残。手制，火候不高。残宽5.5、残高7厘米（图一三〇，7）。

器盖　1件。A型。

标本H312③：6，夹粗砂灰黑陶，里黑。器表饰绳纹。覆盘形，敞口，圆唇，壁微弧，残。手制，火候不高。残宽8、残高4厘米（图一三〇，8）。

罐底　3件。

标本H312③：10，夹粗砂黑陶，局部褐。器表、外底饰绳纹，下腹饰附加堆纹，内壁有划痕。下腹较斜直，平底，残。手制轮修，火候不高。残宽10.7、残高7厘米（图一三〇，9）。标本H312③：11，夹粗砂灰黑陶。器表饰交错细绳纹。下腹弧，平底，残。轮制，火候较高。残宽7.6、残高3.6厘米（图一三〇，10）。

石器　仅出土2件。

斧　1件。Bb型Ⅰ式。

标本H312③：16，黑色砾石。平面长方形，弧顶，正锋，刃残。磨制。残长6.8、宽3.4、厚2.4厘米（图一三〇，11）。

锛　1件。Bb型。

标本H312③：17，黑色角岩，多灰色层理。平面略呈长方形，斜顶，偏锋，弧刃，完整。磨制。长7、宽4.4、厚1.8厘米（图一三〇，12）。

H596

位置：位于99AT0201中部偏北部，坑口距地表深650厘米，开口第76层下，被开口第72层下的H576打破，南边有H598，东南有H595。层位关系：⑯—H596→⑰。

形制：坑口平面呈圆形，弧壁，圜底，坑壁、底均用黄黏土加工，坑壁黄黏土保持很差，坑底黄黏土厚5～10厘米，坑底铺9块卵石。口径225、深105厘米（图一三一）。

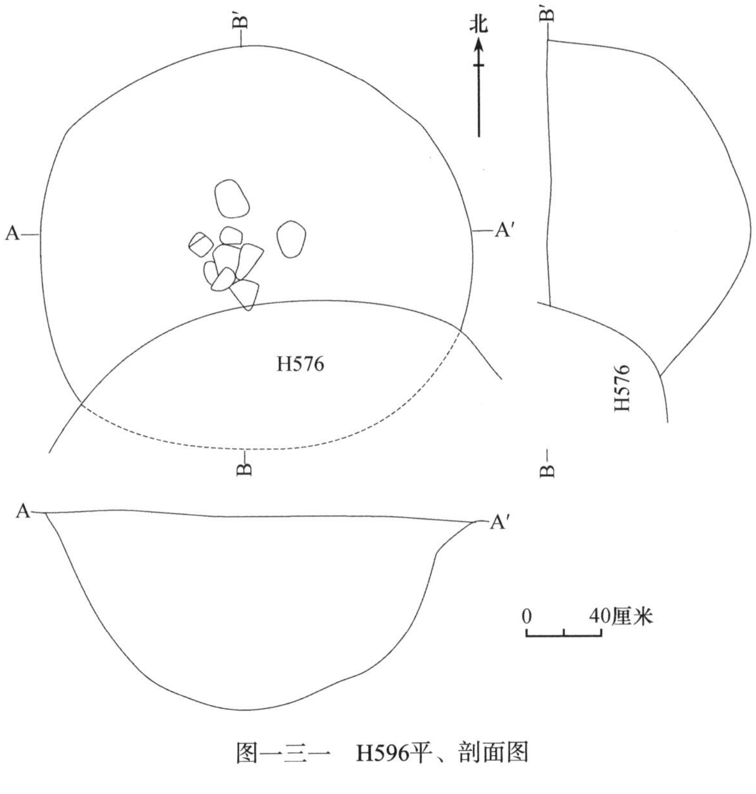

图一三一　H596平、剖面图

坑内堆积与包含物：坑内填灰褐土，质稍密，夹较多炭粒与少量杂质，包含物较丰富，多为陶器，还有石斧等；该坑近底部有厚约30厘米的花杂黏土堆积，质紧密，较硬，纯净，几无包含物。

出土遗物：灰坑内出土有陶器和石器。

陶器　151件。陶质全为夹砂陶，夹粗砂占65.56%，夹细砂占34.43%。陶色以灰陶为主，占51.65%，其次为褐陶，占30.46%，黑陶和红陶较少，各占9.93%、7.95%。器表以饰纹为主，占65.54%，素面陶比例有所增加，占34.44%，纹饰以菱形绳纹为主，占21.85%，其次为复合纹，占15.89%，新出现粗戳划纹，占7.28%，绳纹、凹弦纹较少，各占8.61%、5.96%，划纹、戳印纹、波浪纹、附加堆纹、镂孔等极少。器类以大口缸、罐为主，分别占30.46%、

24.51%，瓮、壶、盘、钵等较少，另有28.48%的腹片不辨器形（表四三）。

表四三　H596出土陶器统计表

陶质	夹粗砂				夹细砂				合计	%
陶色	灰	红	黑	褐	灰	红	黑	褐		
纹饰/器类										
粗绳纹	7		2	2					11	7.28
绳纹	5			7			1		13	8.61
菱形绳纹	26	1	2	4					33	21.85
凹弦纹	4			4	1				9	5.96
划纹	4								4	2.65
波浪纹	1								1	0.66
戳印纹	1			1					2	1.32
附加堆纹						1			1	0.66
镂孔						1			1	0.66
复合纹	12		1	2	4		1	4	24	15.89
素面	3	3		7	10	6	8	15	52	34.44
合计	63	4	5	27	15	8	10	19	151	100
%	41.72	2.65	3.31	17.88	9.93	5.30	6.62	12.58	100	
罐	4	1			4		1	6	16	10.60
折沿罐	2			1					3	1.99
盘口罐	15		1	1				1	18	11.92
钵					1		1?		2	1.32
壶						2			2	1.32
缸	36	1	4	5					46	30.46
盘		1		1				2	4	2.65
瓮					2		1	1	4	2.65
平底	2	1		6		1	1		11	7.28
圈足				1			1		2	1.32
不明器	4			12	8	5	5	9	43	28.48

参加分类排队的陶器56件，挑选标本18件。

缸口　17件。

A型　16件。

Aa型　1件。Ⅱb式。标本碎小。

Ab型　15件。

Ⅰ式：5件。标本碎小。

Ⅱ式：10件。标本碎小。

B型　1件。Ⅰ式。

标本H596：12，夹粗砂灰陶，里灰黑色。唇面饰戳印纹，器表饰粗戳划纹。敞口，唇面内斜，唇沿内凸，上腹较斜直，残。轮制，火候较高。残宽5.1、残高5.9厘米。

缸底　2件。B型。

标本H596：20，夹粗砂灰陶。下腹至底饰绳纹。下腹斜收，小平底。轮制，火候较高。底径7.2、残高4.6厘米（图一三二，1）。

瓮　4件，2件不明型别。

A型　1件。

标本H596：16，夹细砂褐陶，局部红褐、黑。沿面近唇部饰斜绳纹，内壁、外领部磨光。侈

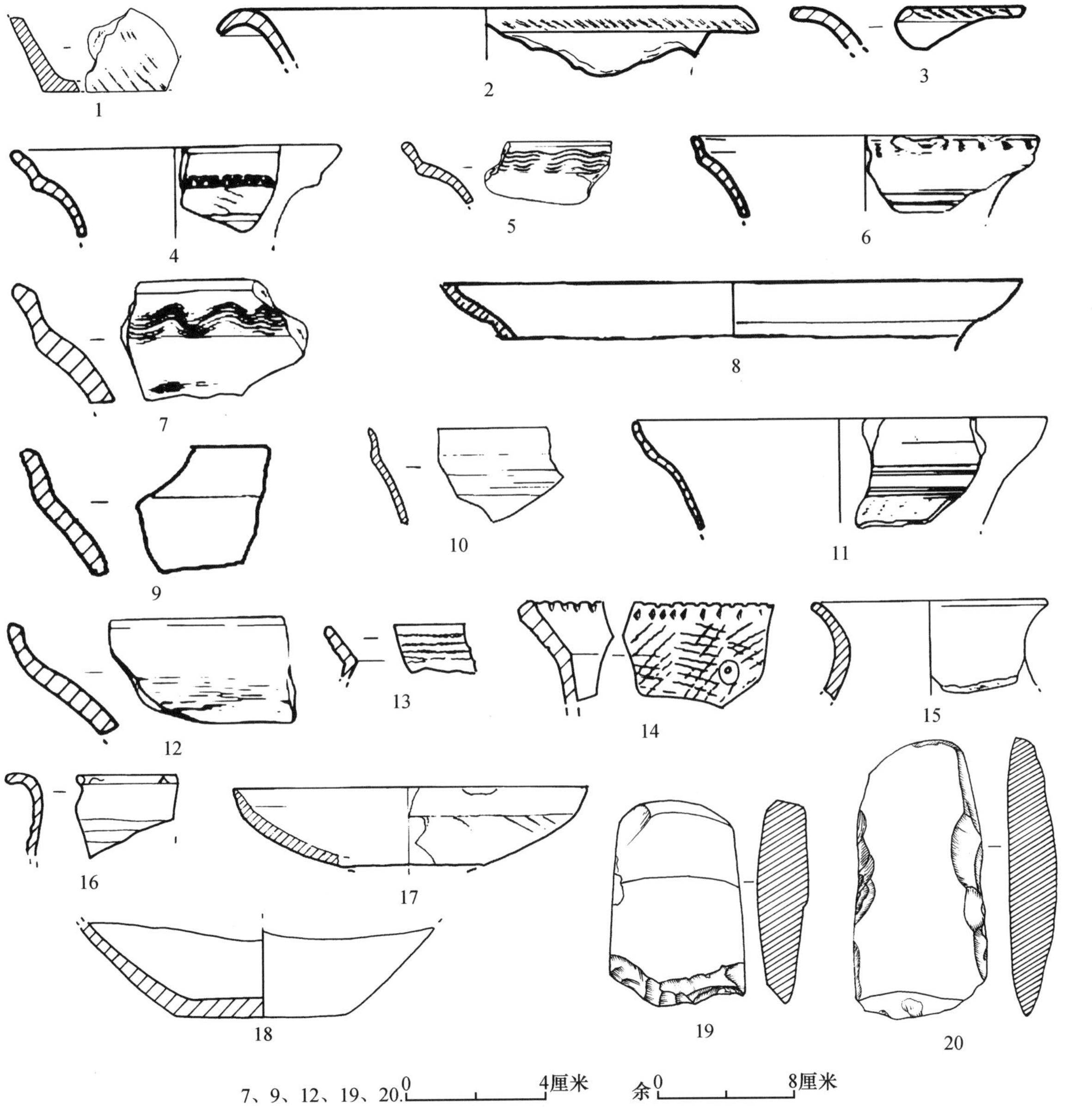

图一三二　H596出土器物

1. B型陶缸底（H596：20）　2. A型陶瓮（H596：16）　3. B型陶瓮（H596：17）　4、5. A型Ⅰ式陶盘口罐（H596：4、H596：6）　6、7. A型Ⅱ式陶盘口罐（H596：3、H596：5）　8. Ba型Ⅰ式陶盘口罐（H596：10）　9. Ba型Ⅱ式陶盘口罐（H596：11）　10. Bb型Ⅱ式陶盘口罐（H596：7）　11、12. C型陶盘口罐（H596：8、H596：9）　13. Aa型Ⅱ式陶折沿罐（H596：18）　14. B型Ⅱ式陶折沿罐（H596：15）　15. 陶矮领罐（H596：14）　16. Aa型Ⅰ式陶卷沿罐（H596：21）　17. B型Ⅲ式陶盘（H596：13）　18. 陶器底（H596：19）　19. Ba型石锛（H596：2）　20. Bb型Ⅰ式石斧（H596：1）

口，卷沿外下垂，圆唇，束领，残。分制，火候较高。口径30.8、残高4.4厘米（图一三二，2）。

B型 1件。

标本H596：17，夹细砂灰陶。唇部饰斜绳纹，内外壁磨光。喇叭口，圆唇，残。分制，火候较高。残宽8、残高2.8厘米（图一三二，3）。

盘口罐 15件。

A型 7件。

Ⅰ式：2件。

标本H596：4，夹粗砂褐陶，口部灰，里黑。口内沿上部饰凹弦纹，盘外下凸棱饰戳印纹，上腹饰细绳纹、细凹弦纹，内壁磨光。敞口，圆唇，盘深，残。轮制，火候不高。口径18.8、残高4.8厘米（图一三二，4）。标本H596：6，夹粗砂灰陶，口部、里黑。盘外饰波浪形划纹，内壁磨光。敞口，圆唇，盘较深，残。轮制，火候不高。残宽7、残高3.4厘米（图一三二，5）。

Ⅱ式：5件。

标本H596：3，夹粗砂灰黑陶，里黑。盘外饰组状戳印纹，上腹饰细划纹数道，内壁磨光。敞口，圆唇，盘较浅，残。轮制，火候不高。口径19.6、残高4.4厘米（图一三二，6）。标本H596：5，夹粗砂灰陶，里黑。盘外饰波浪形划纹，上腹饰细绳纹，内壁磨光。敞口，圆唇，盘较深，残。轮制，火候不高。残宽5.2、残高3.4厘米（图一三二，7）。

B型 3件。

Ba型 2件。

Ⅰ式：1件。

标本H596：10，夹粗砂灰陶，口部、里黑。领部饰凹弦纹，敞口外张，方唇，盘较深，残。口径33.6、残高3.6厘米（图一三二，8）。

Ⅱ式：1件。

标本H596：11，夹细砂褐陶，里灰。素面，内壁磨光。盘口外张，方唇，折盘较深，残。残宽3.8、残高3.6厘米（图一三二，9）。

Bb型 1件。Ⅱ式。

标本H596：7，夹细砂褐陶，口部、里黑。器表饰划纹，领部饰戳印纹。盘口外卷，尖唇，口外下内凹，束领，残。残宽7、残高5.4厘米（图一三二，10）。

C型 5件。

标本H596：8，夹粗砂灰陶，局部红褐。沿外饰细绳纹，上腹饰组状凹弦纹、戳印纹。敞口，卷沿内凹，圆唇，残。轮制，火候不高。口径24.6、残高6厘米（图一三二，11）。标本H596：9，夹粗砂灰陶，里黑。盘下饰划纹数道，内壁磨光。口近直，内卷沿，方唇，残。轮制，火候不高。残宽6.2、残高3.2厘米（图一三二，12）。

翘唇罐 2件。标本碎小。

折沿罐 2件。

A型 1件。Aa型Ⅱ式。

标本H596：18，夹粗砂灰陶，局部黑色。唇下缘饰戳印纹，下沿面饰绳纹。侈口，折沿，圆唇，残。轮制，火候较高。残宽4.8、残高2.8厘米（图一三二，13）。

B型　1件。Ⅱ式。

标本H596：15，夹粗砂褐陶，局部灰、褐。唇、外上沿饰戳印纹，外下沿、上腹饰交错绳纹，上腹饰镂孔。敞口，斜折沿较宽、沿面较平，上腹斜直，残。轮制，火候较高。残宽8.8、残高6厘米（图一三二，14）。

矮领罐　1件。

标本H596：14，夹细砂灰陶，里灰黑色。素面，外壁磨光。侈口，卷沿，圆唇，残。轮制，火候较高。口径13.6、残高5.6厘米（图一三二，15）。

卷沿罐　1件。Aa型Ⅰ式。

标本H596：21，夹细砂黑陶，领部饰宽凹弦纹两道，内外壁磨光。口微侈，卷沿，圆唇，领稍斜直，残。轮制，火候较高。残宽5.8、残高4.8厘米（图一三二，16）。

盘　2件。

B型　1件。Ⅲ式。

标本H596：13，夹粗砂红陶，局部黑，里灰。下腹饰斜绳纹、局部抹平，内外壁磨光。敞口，圆唇，折腹，残。手制轮修，火候较高。口径20、残高4.4厘米（图一三二，17）。

C型　1件。标本碎小。

圈足　5件。标本碎小。

器底　5件。

标本H596：19，夹细砂红陶，局部黑，里灰。素面，外壁磨光。下腹微弧收，平底，残。轮制，火候较高。底径9.6、残高5.4厘米（图一三二，18）。

石器　仅出土2件。

斧　1件。Bb型Ⅰ式。

标本H596：1，紫红色细砂岩。平面略呈长方形，端部略窄。圆顶，弧刃，偏锋，刃部有崩疤，微残。两侧打制、顶部琢制，两侧、刃部粗磨。长7.9、宽3.8、厚1.4厘米（图一三二，20）。

锛　1件。Ba型。

标本H596：2，黑色角岩。平面略呈梯形，圆顶，刃部残。磨制。残长5.8、残宽3.9、厚1.5厘米（图一三二，19）。

（2）B型

1个。Ba型。

H272

位置：位于98BT0205中部偏东北处，被H269打破。层位关系：H269→H272→H274。

形制：坑口略呈椭圆形，坑壁较斜直，圜底，坑壁、底用厚5～10厘米的黄黏土加工，坑底部放置三块较大的卵石。长径180、短径150、深94厘米（图一三三；图版一〇，1）。

坑内堆积与包含物：坑内堆积可分为7层，分述如下：

第1层：厚12～25厘米。灰褐色土，质密，夹少量颗粒，与地层土质相同。包含物不丰富，仅少量陶片。

第2层：厚15～27厘米。灰黑土，质松，夹大量炭灰，主要分布于灰坑北部。包含物较为

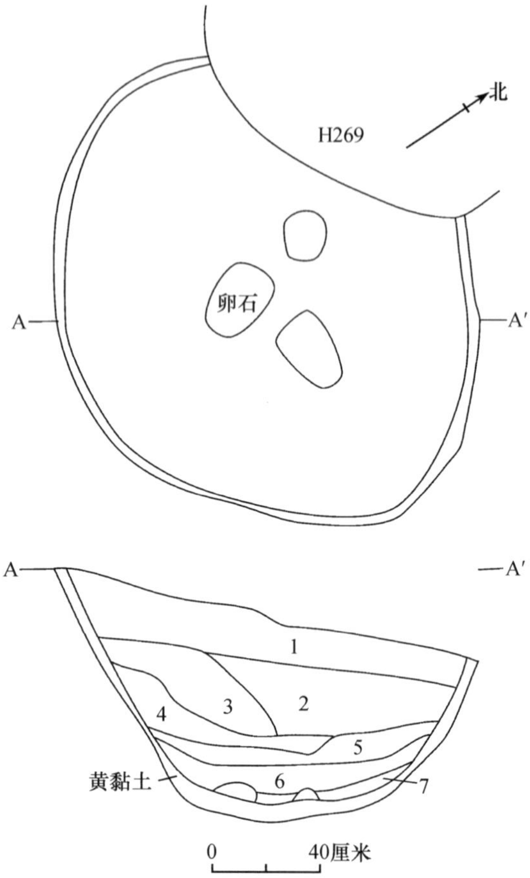

图一三三　H272平、剖面图

丰富，多为陶片，还有石斧等。

第3层：厚10～30厘米。红烧土块层，不少红烧土块均有较大的烧结面，分布无规律，较杂乱，其周围填土质松，色红，分布于灰坑南部。包含物不丰富，仅少量陶片。

第4层：厚0～20厘米。红褐色黏土，质密，较纯净，从灰坑西南向东北倾斜。包含物较少，出有少量陶片和石锛。

第5层：厚5～10厘米。灰白沙土，质松，结构较密，夹颗粒，东北部较厚，西南稍薄。包含物较少，出土陶盘口器残片。

第6层：厚6～12厘米。黄色黏土，质密，黏性较重，较纯。包含物较少，出有陶片、纺轮等。

第7层：厚5厘米。黑褐色土，质松，夹较多杂质和灰烬。包含物较少，仅少量陶片。

出土遗物：出土陶器275件。陶质全为夹砂，以夹细砂为主，占67.64%，夹粗砂较少，占32.37%。陶色以灰陶为主，占41.46%，次为红褐陶和褐陶，各占22.91%和18.19%。红陶、黑陶较少，各占12.72%和4.73%。器表以纹饰为主，占62.91%，素面增加，占37.09%。纹饰以菱形绳纹为主，占16.73%，次为粗戳划纹，占13.09%，复合纹、戳印纹、细绳纹、附加堆纹较少，绳纹、凹弦纹、划纹、凸弦纹很少。器类以罐为主，占48.37%，次为缸，占35.27%，瓮、盘口器、盘、钵、器盖、圈足等很少（表四四）。石器出土很少，仅斧、锛各1件。

表四四　H272出土陶器统计表

陶质	夹粗砂					夹细砂					合计	%
陶色	灰	红	红褐	黑	褐	灰	红	黑	红褐	褐		
纹饰/器类												
粗戳划纹	12	1	6	5	2	3			3	4	36	13.09
绳纹				1					5		6	2.18
细绳纹			3			6	2		4		15	5.45
菱形绳纹	10	11	1	3	15	4	1			1	46	16.73
凹弦纹						1			4		5	1.82
凸弦纹						1			1	1	3	1.09
划纹						1		1	1	2	5	1.82
戳印纹						8	3		7	2	20	7.27
附加堆纹	1		1		1	4	2		1	4	14	5.09
复合纹	1		2	1	3	3	4	1	3	5	23	8.36

续表

陶质	夹粗砂					夹细砂					合计	%
陶色	灰	红	红褐	黑	褐	灰	红	黑	红褐	褐		
纹饰/器类												
素面	6	3				53	8	1	21	10	102	37.09
合计	30	15	13	10	21	84	20	3	50	29	275	100
%	10.91	5.45	4.73	3.64	7.64	30.55	7.27	1.09	18.18	10.55	100	
缸口	4		4	2	2						12	4.48
缸腹	19	14	2	5	12	14	1		10		77	28.00
缸底	2		2			1	1		1	1	8	2.91
罐口			1	1	1	4	2	1	1	3	14	5.09
罐腹	2		4		3	37	12	2	23	12	95	34.55
折沿罐口				2						1	3	1.09
盘口罐口						4	2		2	7	15	5.45
罐底	1					2			2	1	6	2.18
盘							1		2		3	1.09
钵口	1					4			1		6	2.18
瓮	1					1				1	3	1.09
盘口器						1				1	2	0.73
器盖						1					1	0.36
圈足							1				1	0.36
不明器		1			3	15			8	2	29	10.55

第1层：出土陶器78件，挑选标本3件。

瓮　1件。A型。

标本H272①：7，泥质灰褐陶，紫红胎。上唇面饰斜绳切纹，内外壁磨光。敞口，沿微外下卷，唇面微凹，上腹较斜直，残。轮制，火候较高。残宽8、残高3.2厘米（图一三四，1）。

盘　1件。A型。

标本H272①：6，夹细砂红陶，局部黑。素面，内外壁磨光。敞口，方唇，弧腹，手制轮修，火候较高。残宽8、残高3.1厘米（图一三四，2）。

圈足　1件。Ba型。

标本H272①：5，夹细砂红陶。素面。圈足较矮，微外撇，残。分制，火候较高。残宽5、残高3.4厘米（图一三四，3）。

第2层：出土陶器63件，挑选标本5件。

缸口　2件。A型。

Aa型　1件。Ⅱa式。

标本H272②：3，夹粗砂褐陶，里灰黑色。唇面饰戳印纹，器表饰粗菱形绳纹。口近直，唇沿内凸，上腹较直，残。轮制，火候较高。残宽6.8、残高7.5厘米（图一三四，4）。

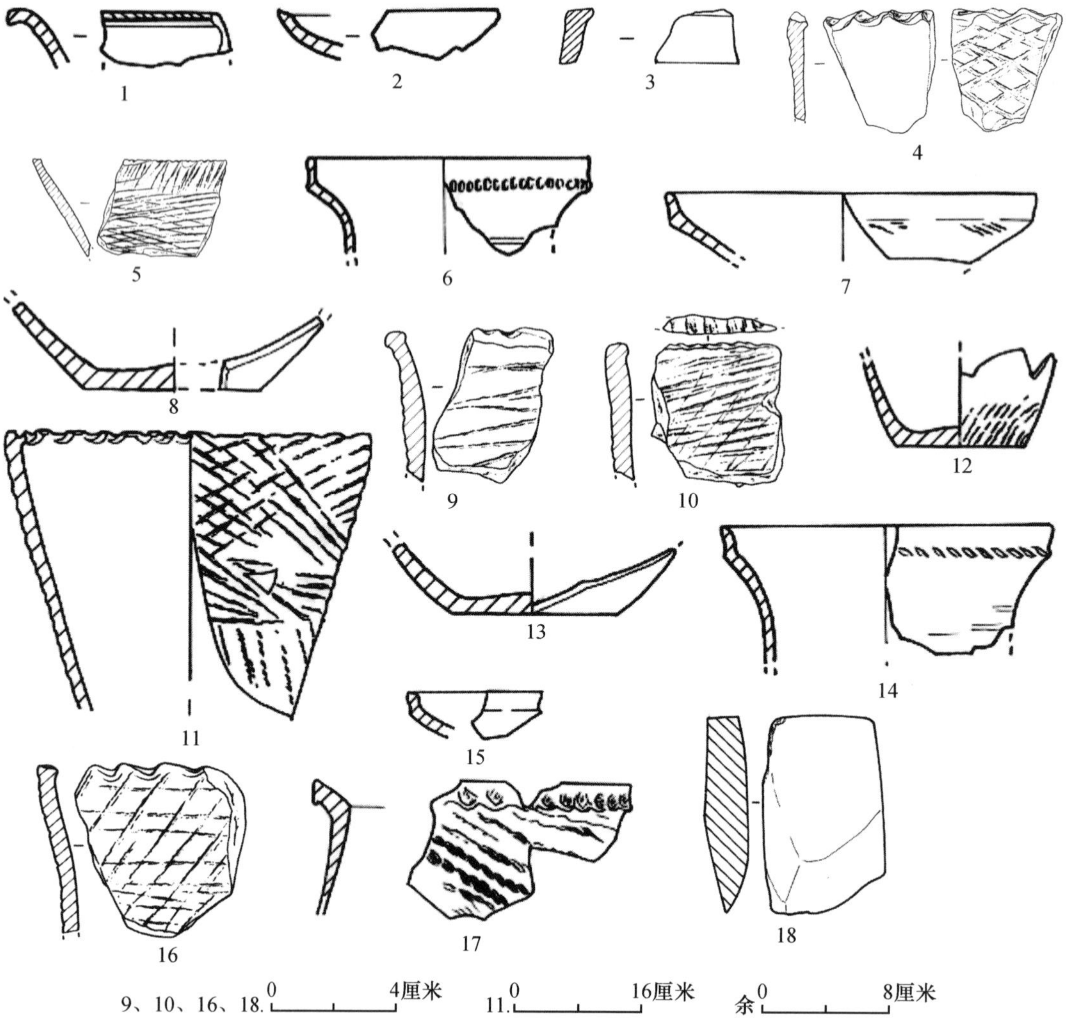

图一三四　H272出土器物

1. A型陶瓮（H272①：7）　2. A型陶盘（H272①：6）　3. Ba型陶圈足（H272①：5）　4. Aa型Ⅱa式陶缸口（H272②：3）　5. Ab型陶缸口（H272②：4）　6. A型Ⅱ式陶盘口罐（H272②：2）　7. Bb型Ⅰ式陶盘口罐（H272②：6）　8. 陶器底（H272②：5）　9. Aa型Ⅱb式陶缸口（H272③：5）　10. Ab型陶缸口（H272③：4）　11. B型Ⅰ式陶缸口（H272③：1）　12、13. 陶器底（H272③：3、H272③：6）　14. A型Ⅱ式陶盘口罐（H272④：2）　15. Bb型Ⅱ式陶盘口罐（H272④：3）　16. Aa型Ⅱa式陶缸口（H272⑤：2）　17. B型Ⅱ式陶折沿罐（H272⑤：1）　18. Ba型石锛（H272④：2）

Ab型　1件。

标本H272②：4，夹粗砂黑陶。唇面饰绳压纹，器表上部饰斜绳纹，下部饰菱形绳纹。敞口，唇沿微内凸，上腹斜直，残。残宽8、残高5.9厘米（图一三四，5）。

盘口罐　2件。

A型　1件。Ⅱ式。

标本H272②：2，夹粗砂灰褐陶，局部、里黑。盘外下凸棱饰戳印纹，腹饰细划纹，内壁磨光。较浅盘口，圆唇，腹较直，残。轮制，火候较高。口径22、残高6厘米（图一三四，6）。

B型　1件。Bb型Ⅰ式。

标本H272②：6，夹砂灰褐陶，局部红、灰黑。上腹饰斜绳纹后按抹，内壁磨光。较深盘口，圆唇，上腹较斜直收，残。手制轮修，火候较高。口径23.2、残高4.4厘米（图一三四，7）。

器底　1件。

标本H272②：5，夹砂黑陶，胎、里灰黑。素面。下腹微弧收，内底中部微凸，平底，残。手制，火候较高。残宽6.8、残高5.2厘米（图一三四，8）。

第3层：出土陶器61件，挑选标本5件。

缸口　3件。

A型　2件。

Aa型　1件。Ⅱb式。

标本H272③：5，夹细砂红褐陶。唇面饰戳印纹，器表饰交错绳纹。敞口，上腹微弧，残。手制，火候较高。残宽3.7、残高4.7厘米（图一三四，9）。

Ab型　1件。

标本H272③：4，夹粗砂灰黑陶。唇面饰绳压纹，器表饰细菱形绳纹。敞口，唇沿微内凸，上腹较直，残。手制，火候较高。残宽4.1、残高5.4厘米（图一三四，10）。

B型　1件。Ⅰ式。

标本H272③：1，夹粗砂灰陶，局部黑、红褐。唇饰粗戳印纹、上腹饰粗糙交错粗绳纹，腹饰斜粗绳纹。敞口，腹较斜直，残。手制，火候较高。口径45.6、残高33.2厘米（图一三四，11）。

器底　2件。

标本H272③：3，夹砂红陶，里黑。下腹饰斜绳纹，腹外壁磨光。下腹微弧收，平底，残。手制，火候较高。底径8、残高6厘米（图一三四，12）。标本H272③：6，夹砂灰褐陶，局部、里红褐。素面。下腹微弧收，平底，残。手制，火候较高。底径10、残高4.4厘米（图一三四，13）。

第4层：出土陶器28件，挑选标本2件。

盘口罐　2件。

A型　1件。Ⅱ式。

标本H272④：2，夹砂灰褐陶，局部黑、红，里黑。盘外下凸棱饰戳印纹，腹饰细划纹，内壁磨光。较浅盘口，圆唇，腹较直，残。轮制，火候较高。口径20.8、残高8厘米（图一三四，14）。

B型　1件。Bb型Ⅱ式。

标本H272④：3，夹粗砂黑陶，局部、里红。素面，内壁磨光。浅盘口，圆唇，上腹微弧收，残。轮制，火候较高。残宽4.4、残高2.8厘米（图一三四，15）。

第5层：45件，挑选标本2件。

缸口　1件。Aa型Ⅱa式。

标本H272⑤：2，夹细砂灰陶。唇面饰戳印纹，器表饰菱形绳纹。敞口，唇沿微内凸，上腹近斜直，残。轮制，火候较高。残宽5、残高4.9厘米（图一三四，16）。

折沿罐　1件。B型Ⅱ式。

标本H272⑤：1，夹粗砂褐陶，局部红，里黑。唇下部饰戳印纹，器表饰斜粗绳纹，沿面、上腹磨光。侈口，斜折沿，上腹外斜，残。轮制，火候较高。残宽14、残高8.4厘米

（图一三四，17）。

石器　出土数量较少。

斧　1件。Ba型Ⅰ式。

标本H272②：1，黑色角岩，多灰白、褐色层理。平面近长方形，弧顶，弧刃，正锋。磨制。长9.9、宽5、厚3.1厘米（图版三二，1）。

锛　1件。Ba型。

标本H272④：2，灰黑色角岩，多灰白色层理。平面近长方形，弧顶，弧刃、崩残，偏锋，残。磨制。长6.2、宽3.7、厚1.3厘米（图一三四，18）。

2. 乙类

3个。F型。

1）Fb型。

1个。

ⅡH26

位置：位于98ⅡT0406西南角，仅暴露一小部分，被ⅡH12打破。层位关系：㉑—ⅡH26→㉒。

形制：由于暴露部分太少，坑口平面形状不明，壁斜弧，底较平，坑壁有很薄一层棕红色细砂。残长140、残宽86、深70厘米（图一三五）。

坑内堆积与包含物：坑内填黄褐色土，质较密，黏性较重，较为纯净。包含有少量碎小陶片，器形难辨。

2）Fd型

2个。

H280

位置：位于98BT0405西南角，局部暴露，坑口距地表深550厘米，开口第29层下。层位关系：㉙—H280→H282。

形制：由于暴露部分太小，坑口平面形状不明，坑壁不规整，底微圜，无加工痕迹。残长195、残宽61、深81.4厘米（图一三六）。

坑内堆积与包含物：坑内填灰褐色土且花杂，质较疏松，夹黏土块。包含部分陶片。

出土遗物：出土陶器共62件。陶质全为夹砂，以夹细砂为主，占69.35%，夹粗砂陶较多，占31.65%。陶色以灰陶为主，占40.33%，次为褐陶和红陶，各占19.35%和17.74%，黑陶、灰褐陶较少，各占12.90%和9.68%。器表以纹饰为主，占85.48%，素面较少，占14.52%。纹饰以菱形绳纹和粗戳划纹为主，都占20.97%，次为绳纹和复合纹，各占14.52%和12.90%，附加堆纹、划纹较少，细绳纹、戳印纹、阴弦纹很少。器类以罐为主，占46.78%，次为缸，占32.25%，瓮、盘口器、盆、钵等很少（表四五）。

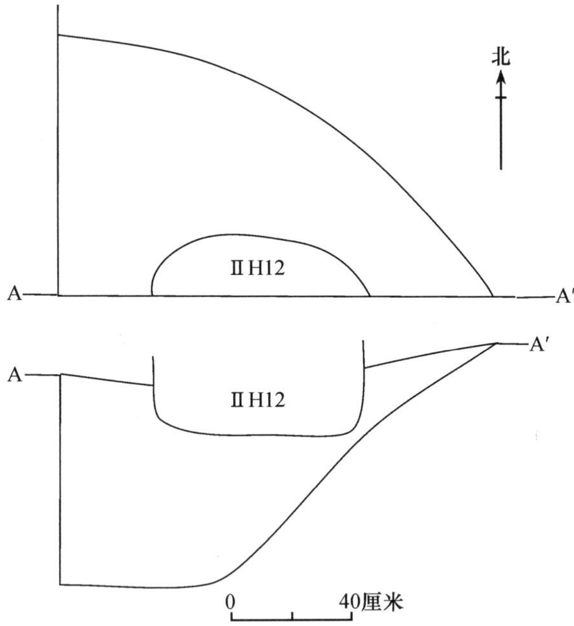

图一三五　ⅡH26平、剖面图

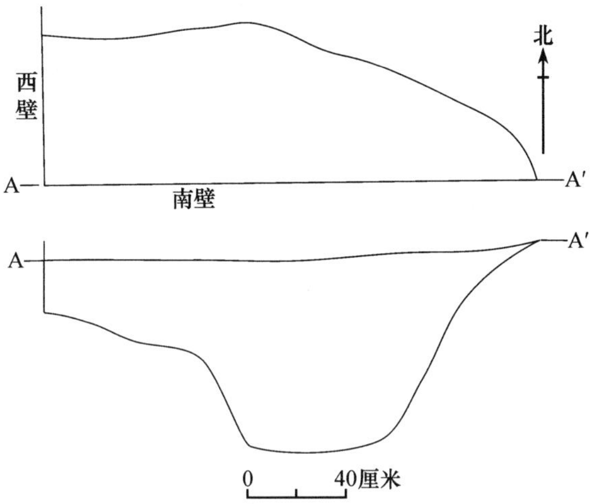

图一三六　H280平、剖面图

表四五　H280出土陶器统计表

陶质	夹粗砂				夹细砂				合计	%
陶色	灰	红	黑	灰褐	灰	红	黑	褐		
纹饰/器类										
粗戳划纹				1	5	3	2	2	13	20.97
绳纹	2	1		1	1		1	3	9	14.52
细绳纹								1	1	1.61
菱形绳纹	6	2		4			1		13	20.97
划纹					1		1	1	3	4.84
戳印纹					1				1	1.61
附加堆纹					1	2		1	4	6.45
复合纹			1		4	2	1		8	12.90
阴弦纹	1								1	1.61
素面					3	1	1	4	9	14.52
合计	9	3	1	6	16	8	7	12	62	100
%	14.52	4.84	1.61	9.68	25.81	12.90	11.29	19.35	100	
缸口	1				2		2		5	8.06
缸腹	2			3	4	2			11	17.74
缸底	1					1		2	4	6.45
罐腹	3	2		3	2	2	2	5	19	30.65
折沿罐口	1		1		1				3	4.84
盘口罐口					2			1	3	4.84
罐底		1				1	1	1	4	6.45
盆口					1				1	1.61

续表

陶质	夹粗砂				夹细砂				合计	%
陶色	灰	红	黑	灰褐	灰	红	黑	褐		
纹饰/器类										
钵口					1	1		1	3	4.84
瓮腹					4	1			5	8.06
盘口器口	1							1	2	3.23
不明器							1	1	2	3.23

参加分类排队的陶器23件，挑选标本16件。

缸口　5件。

A型　1件。Aa型Ⅱa式。

标本H280：1，夹粗砂灰陶，里黑。唇部饰戳印纹，器表饰绳纹大菱形纹，内壁有刮抹痕。敞口，唇缘微内凸，唇部较厚，上腹斜弧收，残。手制，火候较高。残宽5、残高5厘米（图一三七，1）。

B型　4件。Ⅰ式。

标本H280：2，夹细砂灰陶，里黑。唇部戳印呈粗槽状，器表饰粗戳印纹，内壁有刮抹痕。敞口，厚唇内凸，上腹斜弧收，残。手制，火候较高。残宽5.2、残高5厘米（图一三七，2）。标本H280：3，夹粗细砂黑陶，局部、胎灰。唇部戳印呈深槽状，器表饰粗戳印纹，内壁有刮削痕。敞口，厚唇内凸、下有刮抹痕，上腹较斜直，残。手制，火候较高。残宽6.7、残高6厘米（图一三七，3）。

缸底　4件。B型。

标本H280：15，夹细砂红褐陶，局部、胎、里灰黑。足外缘、外底饰粗戳印纹，器表、内壁有刮抹痕。下腹较斜直，矮圆柱状足，外底凹凸不平，残。手制，火候一般。足径5.4、残高5.6厘米（图一三七，4）。标本H280：16，夹细砂红褐陶，局部、胎、里灰黑。足外缘、外底饰粗戳印纹，器表、内壁有刮抹痕。下腹较斜直，矮圆柱状足，底较平，残。手制，火候不高。足径5.8、残高5.8厘米（图一三七，5）。

厚胎缸　2件。标本碎小。

盘口罐　3件。

A型　2件。Ⅲ式。

标本H280：11，夹细砂灰陶，局部灰黑、褐，里红褐。盘外下凸棱饰戳印纹，内壁磨光。敞口，圆唇，浅盘，残。轮制，火候较高。残宽4.3、残高3.5厘米（图一三七，7）。

B型　1件。Bb型Ⅱ式。

标本H280：6，夹细砂灰褐陶，灰黑胎。上腹饰绳纹后按抹呈细菱形绳纹，内壁磨光。敞口，圆唇，浅盘、斜壁微凹，上腹内弧收，残。轮制，火候较高。残宽5、残高4.5厘米（图一三七，6）。

盘口器　1件。Aa型。

标本H280：7，夹粗砂灰陶，局部灰。腹饰划纹，器表有旋痕。敞口，沿面内凹微呈盘

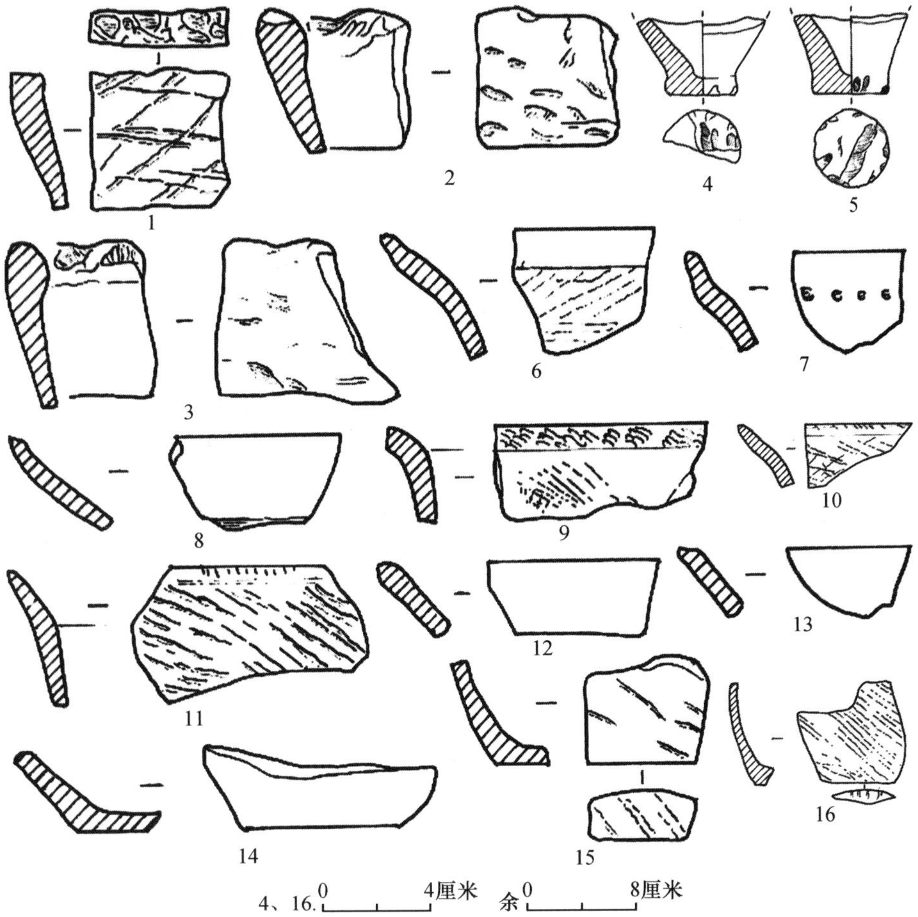

图一三七　H280出土陶器

1. Aa型Ⅱa式缸口（H280：1）　2、3. B型Ⅰ式缸口（H280：2、H280：3）　4、5. B型缸底（H280：15、H280：16）　6. Bb型Ⅱ式盘口罐（H280：6）　7. A型Ⅲ式盘口罐（H280：11）　8. Aa型盘口器（H280：7）　9. B型Ⅱ式折沿罐（H280：4）　10、11. D型敞口罐（H280：10、H280：5）　12、13. C型盘（H280：8、H280：9）　14. 瓮底（H280：14）　15、16. 罐底（H280：12、H280：13）

状，方唇，残。轮制，火候较高。残宽6.2、残高3.5厘米（图一三七，8）。

折沿罐　1件。B型Ⅱ式。

标本H280：4，夹粗砂黑陶，灰黑胎。唇面饰戳印纹，器表饰交错细绳纹，内沿面、上腹磨光，内壁有刮划痕。敞口，斜折沿较窄，腹稍斜直，残。轮制，火候较高。残宽7.7、残高3.5厘米（图一三七，9）。

敞口罐　2件。D型。

标本H280：10，夹细砂黑陶。上、下唇面饰绳压纹，器表饰菱形绳纹，沿面有旋痕。敞口，斜折沿较窄，尖唇，残。轮制，火候较高。残宽3.9、残高2.3厘米（图一三七，10）。标本H280：5，夹粗砂灰陶，里黑。唇面、下沿面近唇处饰细绳纹，下沿面饰划纹，器表饰细绳纹小菱形纹。敞口，斜折沿较宽、圆尖唇，腹较斜直，残。轮制，火候较高。残宽8.8、残高4.8厘米（图一三七，11）。

盘　2件。C型。

标本H280：8，夹细砂黑陶。素面，内外壁精磨。敞口，圆唇，腹较斜直，残。轮制，火候高。残宽6.2、残高2.6厘米（图一三七，12）。标本H280：9，泥质黄褐陶。素面，内外壁精磨。敞口，方圆唇，腹斜直，残。轮制，火候高。残宽4.6、残高2.4厘米（图一三七，13）。

瓮底 1件。

标本H280：14，夹细砂红陶。素面，外壁磨光，内壁有刮抹痕。下腹较斜直，平底，残。手制，火候高。残宽8.4、残高3厘米（图一三七，14）。

罐底 2件。

标本H280：12，夹细砂黑陶，红褐胎。器表、外底饰绳纹，内壁有刮抹痕。下腹微弧，平底，残。手制，火候较高。残宽4.4、残高3.8厘米（图一三七，15）。标本H280：13，夹细砂褐陶，局部灰黑，红褐胎、里。器表、外底饰绳纹，内壁有刮削痕。弧腹，平底，残。手制，火候不高。残宽8、残高7.3厘米（图一三七，16）。

（五）第5组

21个。

1. 甲类

10个。

（1）A型

6个。

1）Aa型

2个。

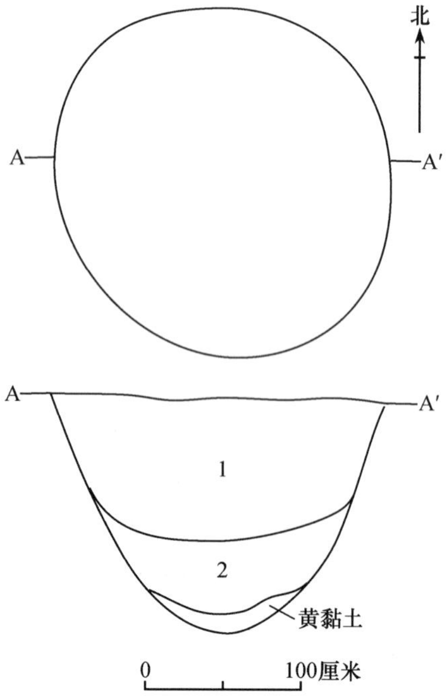

图一三八 H578平、剖面图

H578

位置：位于99AT0301中部略偏北，坑口距地表深650厘米，开口第64层下。层位关系：㊹—H578→㊺。

形制：坑口平面呈圆形，斜壁，圜底，壁、底较规整，底部用厚10厘米的黄黏土加工。口径210～220、深150厘米（图一三八）。

坑内堆积与包含物：坑内堆积可分2层。

第1层：厚86厘米。灰土，质松。包含较多陶片与少量动物骨骼。

第2层：厚54厘米。黄灰土，黏性大。包含遗物较少，主要为陶片。

出土遗物：出土陶器274件，分层介绍如下：

第1层：出土陶器160件。陶质以夹砂为主，占92.50%，可分为夹粗砂和夹细砂两种，以夹粗砂为主，占50.64%，夹细砂占41.86%，泥质陶很少，占7.50%。陶色以灰、红陶为主，各占32.50%和30.63%，次为黑陶，占23.12%，褐陶较少，占13.75%。器表以纹饰为主，占60.00%，素面增加，占40.00%。纹饰以粗戳划纹为主，占27.50%，次为菱形绳纹和绳纹，各占8.75%和7.50%，划纹、戳印纹、凹弦纹和镂孔很少。器类以缸为主，罐、盘口器、喇叭口器、高领器等很少，出土陶片碎小，不明腹片占61.25%（表四六）。

表四六　H578①出土陶器统计表

陶质	夹粗砂				夹细砂				泥质				合计	%
陶色	灰	红	黑	褐	灰	红	黑	褐	灰	红	黑	褐		
纹饰/器类														
粗戳划纹	18	7	14	5									44	27.50
绳纹		1	2	6		1		2					12	7.50
菱形绳纹	9	4					1						14	8.75
凹弦纹									1				1	0.63
划纹	1	1	2										4	2.50
波浪纹					1								1	0.63
戳印纹	1							2					3	1.87
镂孔		1											1	0.63
复合纹			1		5	6	3	1					16	10.00
素面		3	3	2	13	23	7	2	3	2	4	2	64	40.00
合计	29	17	22	13	19	30	11	7	4	2	4	2	160	100
%	18.13	10.63	13.75	8.13	11.87	18.75	6.87	4.37	2.50	1.25	2.50	1.25	100	
缸底	17	7	9										33	20.63
敛口罐					1								1	0.63
喇叭口器					1		1						2	1.25
高领器					1	1							2	1.25
盘口罐			2		1	1		3					7	4.37
圈足				2									2	1.25
平底			3	6	1	1	3			1			15	9.38
不明器	12	10	8	5	14	27	7	4	4	1	4	2	98	61.25

参加分类排队的陶器8件，挑选标本2件。

盘口罐　4件。A型。

Ⅱ式：3件。标本碎小。

Ⅲ式：1件。

标本H578①：6，夹粗砂黑陶，局部红褐、灰。盘外下凸棱上饰戳印纹，内外壁磨光。敞口，圆唇，残。轮制，火候较高。残宽5.6、残高3.2厘米（图一三九，1）。

盘　4件。

B型　2件。

Ⅲ式：1件。

标本H578①：5，夹细砂灰褐陶，口局部黑色。素面。敞口，圆唇，腹微折，残。手制轮

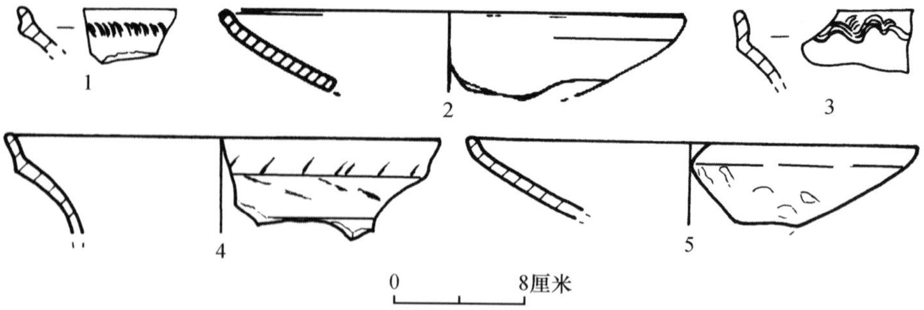

图一三九　H578出土陶器

1. A型Ⅲ式盘口罐（H578①：6）　2. B型Ⅲ式盘（H578①：5）　3、4. Bb型Ⅰ式盘口罐（H578②：7、H578②：1）　5. C型盘（H578②：5）

修。口径27.6、残高4.8厘米（图一三九，2）。

Ⅳ式：1件。标本碎小。

C型　2件。标本碎小。

第2层：出土陶器114件。陶质以夹砂为主，占92.98%，可分为夹粗砂与夹细砂两种，以夹粗砂为主，占64.04%，夹细砂较少，占28.94%，泥质陶很少，占7.02%。陶色以灰为主，占34.20%，次为红、黑陶，各占27.18%和23.69%，褐陶较少，占9.65%。器表以纹饰为主，占76.32%，素面增加，占23.68%。纹饰以菱形绳纹为主，占32.46%，次为复合纹和绳纹，都占16.67%，细绳纹、划纹、戳印纹、篦点纹很少。器类以缸、罐为主，盆、钵、器盖等很少，出土陶片碎小，有71.05%的腹片难辨器形（表四七）。

表四七　H578②出土陶器统计表

陶质	夹粗砂				夹细砂			泥质				合计	%
陶色	灰	红	黑	褐	灰	红	黑	灰	红	黑	褐		
纹饰/器类													
绳纹	5	9		5								19	16.67
细绳纹			1	2	1							4	3.51
菱形绳纹	19	9	5	4								37	32.46
划纹	1		2				1					4	3.51
戳印纹	1	2										3	2.63
篦点纹										1		1	0.88
复合纹	4		1		2	4	8					19	16.67
素面			3		6	5	6		2	5		27	23.68
合计	30	20	12	11	9	9	15		2	6		114	100
%	26.31	17.54	10.53	9.65	7.89	7.89	13.16		1.75	5.26		100	
缸	7	1		1								9	7.89
折沿罐	1		1									2	1.75
盘口罐	2	1	3		1		1					8	7.02
高领器							1					1	0.88
盆					1							1	0.88

续表

陶质	夹粗砂				夹细砂			泥质				合计	%
陶色	灰	红	黑	褐	灰	红	黑	灰	红	黑	褐		
纹饰/器类													
盘			3			1						4	3.51
器盖							1					1	0.88
器座		1	1									2	1.75
圈足		1										1	0.88
平底		1			1		1			1		4	3.51
不明器	20	15	4	10	6	8	11		2	5		81	71.05

参加分类排队的陶器6件，挑选标本3件。

盘口罐　4件。

A型　1件。Ⅱ式。标本碎小。

B型　2件。Bb型Ⅰ式。

标本H578②：7，夹细砂褐陶，局部灰、红。盘外壁饰波浪形划纹，内外壁磨光。盘口微敞，圆唇，盘壁微凹，残。轮制，火候较高。残宽7.2、残高4厘米（图一三九，3）。标本H578②：1，夹细砂红陶，局部灰、褐。盘外壁下部饰短斜划纹，上腹饰斜绳纹、凹弦纹，内外壁磨光。敞口，圆唇，盘壁微凹，残。轮制，火候较高。口径26.4、残高6.4厘米（图一三九，4）。

C型　1件。标本碎小。

盘　2件。C型。

标本H578②：5，夹粗砂黑陶。腹饰不规则划纹，内壁磨光。敞口，圆唇，腹斜直，残。手制轮修，火候较高。口径27.2、残高4.8厘米（图一三九，5）。

2）Ab型

4个。

H269

位置：位于98BT0205中部偏北，坑口距地表深515厘米。层位关系：㉜—H269→㉝。

形制：坑口平面呈不规则圆形，弧壁，圜底，坑北半部全部垮塌。坑壁、底用厚5～10厘米的黄黏土加工，坑底有三块较大卵石或石块铺底。口径150～156、深95厘米（图一四〇）。

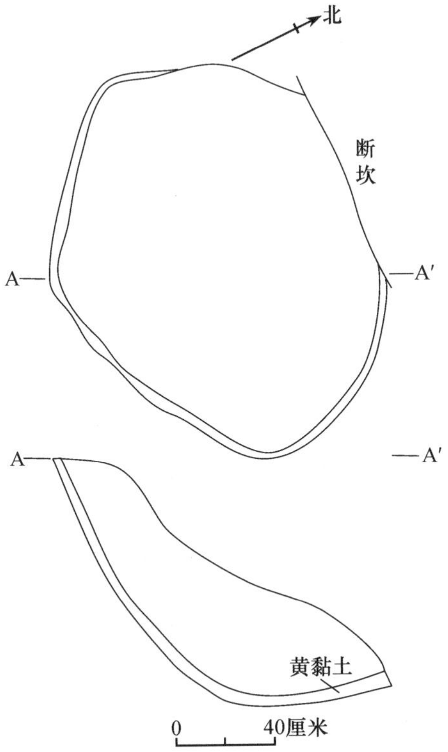

图一四〇　H269平、剖面图

坑内堆积与包含物：坑内堆积可分为5层（由于5层包含物变化不大，图未分层）。

第1层：厚5～10厘米。白浆土，部分区域为黄浆土，质紧密，较硬。包含物较少。

第2层：厚10～40厘米。浅褐土，质密，有黏性，夹少许颗粒。包含少许陶片。

第3层：厚5～20厘米。黄沙土，细砂，纯净，质密。无包含物。

第4层：厚5～10厘米。青灰土，质松，夹灰烬及少许炭粒。包含少量陶片。

第5层：厚0～30厘米。灰褐土，质松，夹颗粒及较多大石块与较大的红烧土块。包含物较为丰富，多为陶器，有盘口罐，缸、折沿罐等。

出土遗物：出土陶器235件。陶质全为夹砂，以夹细砂为主，占57.87%，夹粗砂也较多，占42.13%。陶色以灰陶为主，占40.85%，次为红陶，占37.44%，黑褐陶、黑陶较少，各占9.36%和8.51%，褐陶很少，仅占3.83%。器表以纹饰为主，占60.00%，素面增加，占40.00%。纹饰以粗戳划纹、细绳纹和菱形绳纹为主，分别占15.74%、15.31%和14.47%，戳印纹、凹弦纹、波浪形划纹、镂孔很少。器类以罐为主，占43.40%，次为缸，占37.45%，盘口器、瓮、壶、钵等很少（表四八）。

表四八　H269出土陶器统计表

陶质	夹粗砂			夹细砂				合计	%
陶色	灰	红	黑褐	灰	红	黑	褐		
纹饰/器类									
粗戳划纹	17	7	7	2	1		3	37	15.74
细绳纹		9	3	9	7	3	5	36	15.31
菱形绳纹	21	7	6					34	14.47
凹弦纹				4				4	1.70
波浪纹					2	1		3	1.28
戳印纹				2	9	2		13	5.53
镂孔			1			1		2	0.85
复合纹		1		3	7	1		12	5.11
素面	6	9	5	32	29	12	1	94	40.00
合计	44	33	22	52	55	20	9	235	100
%	18.72	14.04	9.36	22.13	23.40	8.51	3.83	100	
缸口	25	6	7					38	16.17
缸腹	17	16	14	1				48	20.43
缸底		2						2	0.85
罐口				1	1	1		3	1.28
罐腹				29	22	2	8	61	25.96
折沿罐口	1	1		2	2			6	2.55
高领罐口				1	3			4	1.70
罐底		8				3	1	12	5.11
盘口罐口				1	10	5		16	6.80
盘口器口			1	2	8			11	4.68
瓮腹				5				5	2.13
壶口					2			2	0.85
壶腹					1			1	0.43

续表

陶质	夹粗砂			夹细砂				合计	%
陶色	灰	红	黑褐	灰	红	黑	褐		
纹饰/器类									
钵口				1	1			2	0.85
平底				1	2			3	1.28
圈足	1			3				4	1.70
不明器				5	3	9		17	7.23

参加分类排队的陶器43件，挑选标本12件。

缸口　12件。

A型　5件。

Aa型　3件。

Ⅰ式：1件。

标本H269⑤：11，夹粗砂灰陶，里黑。唇面饰切割、戳印纹，器表饰菱形绳纹。敞口外张，上腹较直，残。轮制，火候较高。残宽6.8、残高6.1厘米（图一四一，1）。

Ⅱa式：2件。

标本H269⑤：13，夹粗砂灰陶，口局部黑色。唇面饰绳压和戳印纹，器表饰菱形绳纹。敞口，唇沿内凸，上腹较斜直，残。轮制，火候较高。残宽6.5、残高4.8厘米（图一四一，2）。

Ab型　2件。

标本H269⑤：12，夹粗砂褐陶，局部、里黑色。唇面饰绳压纹，器表饰细菱形绳纹。敞口，唇沿内凸，上腹较直，残。轮制，火候较高。残宽7.3、残高5.3厘米（图一四一，3）。

B型　7件。

Ⅰ式：3件。

标本H269⑤：7，夹粗砂灰陶，口局部、里黑色。唇面饰戳印纹，器表饰粗戳划纹。直口，唇沿内凸，上腹直，残。轮制，火候较高。残宽6.8、残高7厘米（图一四一，4）。标本H269⑤：8，夹粗砂灰褐陶，里黑色。唇面、器表饰戳印纹。口近直，唇沿内凸，上腹微弧，残。轮制，火候较高。残宽6.5、残高7厘米（图一四一，5）。

Ⅱ式：4件。标本碎小。

缸底　2件。B型。标本碎小。

瓮　1件。A型。

标本H269⑤：6，夹砂红陶，局部、胎黑。素面。侈口，卷沿，圆唇，领微束，残。轮制，火候较高。残宽12、残高5.6厘米（图一四一，6）。

盘口罐　13件。

A型　11件。

Ⅰ式：2件。

标本H269⑤：1，夹砂红褐陶，局部黑，里红。盘外下饰戳印纹，腹饰划纹，内壁磨光。

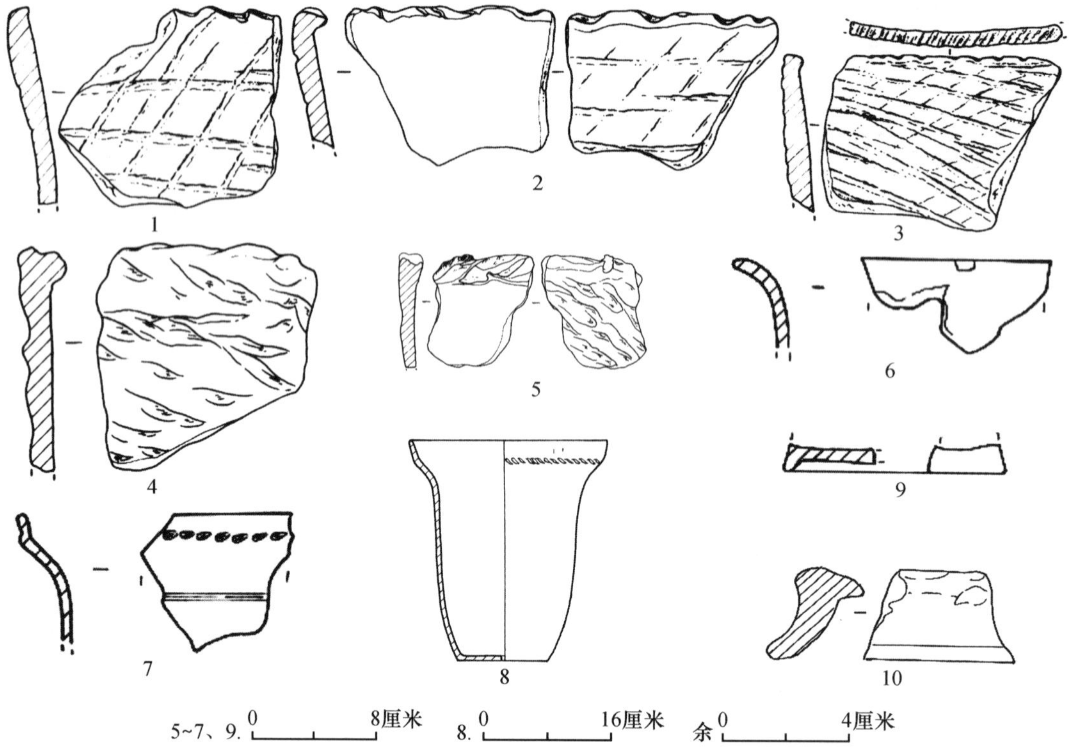

图一四一　H269出土陶器

1. Aa型Ⅰ式缸口（H269⑤：11） 2. Aa型Ⅱa式缸口（H269⑤：13） 3. Ab型缸口（H269⑤：12）
4、5. B型Ⅰ式缸口（H269⑤：7、H269⑤：8） 6. A型瓮（H269⑤：6） 7. A型Ⅰ式盘口罐（H269⑤：1）
8. Ba型Ⅰ式盘口罐（H269⑤：15） 9. Ba型圈足（H269⑤：2） 10. Bb型圈足（H269⑤：3）

盘口较深，圆唇，上腹较直，残。轮制，火候较高。残宽9.6、残高8.4厘米（图一四一，7）。

Ⅱ式：9件。

标本H269②：1，夹细砂褐陶，口局部灰，里黑。口外下凸棱上饰圆形戳印纹，领部饰绳纹，内壁磨光。盘口外张，圆唇，盘较深，束领，残。残宽10、残高5.4厘米。

B型　2件。

Ba型　1件。Ⅰ式。

标本H269⑤：15，夹砂红褐陶。盘外下饰戳印纹。盘口，圆唇，盘较深、壁外斜，腹微弧，平底，修复。口径24.6、底径11.1、高27.7厘米（图一四一，8；图版二四，6）。

Bb型　1件。

标本H269①：1，夹细砂黑陶，口外下饰戳印纹，内壁磨光，有划纹。盘口外张，圆唇，口外下内凹，浅盘，束领，残。残宽4.4、残高4.3厘米。

折沿罐　2件。B型Ⅱ式。

标本H269⑤：5，夹粗砂褐陶，局部灰褐，胎、里灰。唇下缘饰戳印纹，器表饰绳纹，沿面磨光。侈口，斜折沿，腹微鼓，残。轮制，火候较高。

喇叭口器　2件。标本碎小。

侈口罐　1件。标本碎小。

圈足　4件。B型。

Ba型　1件。

标本H269⑤：2，夹粗砂红褐陶，黑胎。素面。矮圈足、外撇，残。手制，火候较高。残宽4.8、残高1.6厘米（图一四一，9）。

Bb型　3件。

标本H269⑤：3，夹粗砂灰陶，局部灰。素面。矮圈足、外卷，残。手制，火候较高。残宽4.8、残高2.8厘米（图一四一，10）。

罐底　4件。标本碎小。

平底　2件。标本碎小。

H285

位置：位于98BT0405西北部，部压在BT0505东隔梁下，坑口距地表660厘米，被H284、H289打破。层位关系：H284→H285→生土。

形制：从暴露情况观察，坑口平面略呈圆形，坑壁斜弧、光滑，坑底较平，坑壁、底用厚约1～4厘米的黄黏土加工，坑底铺垫大块卵石。口径约100、深100厘米（图一四二）。

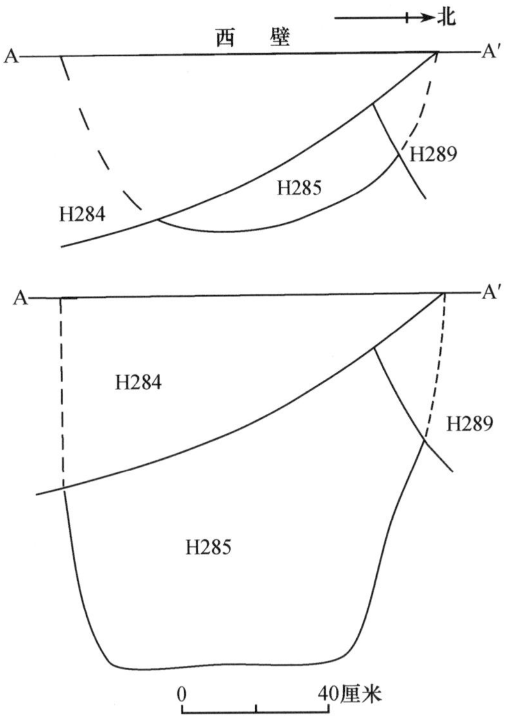

图一四二　H285平、剖面图

坑内堆积与包含物：坑内填灰褐色土，黏性大。包含物较少，主要为陶片。

出土遗物：出土陶器共64件。陶质全为夹砂，以细粗砂为主，占85.93%，夹粗砂陶较少，占14.17%。陶色以红陶为主，占50.00%，次为红褐陶和灰陶，各占23.44%和20.32%，黑陶、灰褐陶很少，各占4.69%和1.56%。器表以纹饰为主，占76.56%，素面较多，占23.44%。纹饰以粗戳划纹和绳纹为主，都占15.63%，次为复合纹、戳印纹、菱形绳纹和戳印纹，分别占10.94%、9.38%、7.81%和6.25%，凹弦纹、划纹、细绳纹、阴弦纹和镂孔很少。器类以罐为主，占56.25%，次为缸，占31.26%，瓮、盘口器、钵、盘等很少（表四九）。

表四九　H285出土陶器统计表

陶质	夹粗砂		夹细砂					合计	%
陶色	灰	红	灰	红	黑	红褐	灰褐		
纹饰/器类									
粗戳划纹			1	8		1		10	15.63
绳纹	2		1	4		3		10	15.63
细绳纹						1		1	1.56
菱形绳纹	4	1						5	7.81
凹弦纹				2				2	3.13
划纹						2		2	3.13
戳印纹			2	2		2		6	9.38
附加堆纹				4				4	6.25

续表

陶质	夹粗砂		夹细砂					合计	%
陶色	灰	红	灰	红	黑	红褐	灰褐		
纹饰/器类									
镂孔			1					1	1.56
复合纹		1	1			5		7	10.94
阴弦纹			1					1	1.56
素面		1		9	3	1	1	15	23.44
合计	6	3	7	29	3	15	1	64	100
%	9.38	4.69	10.94	45.31	4.69	23.44	1.56	100	
缸口	2			4		1		7	10.94
缸腹	3		1	3				7	10.94
缸底				5		1		6	9.38
罐口		1	1	1	1			4	6.25
罐腹	1	1		11	1	6	1	21	32.81
罐底		1	1	1		1		4	6.25
盘口罐口			2			5		7	10.94
盘口器			2					2	3.13
瓮腹				2				2	3.13
盘口				1				1	1.56
钵口				1	1			2	3.13
不明器						1		1	1.56

参加分类排队的陶器28件，挑选标本23件。

缸口　6件。

A型　2件。Aa型Ⅱa式。

标本H285：4，夹粗砂黑陶。唇部饰戳印纹，器表饰菱形绳纹，内壁有刮抹痕。敞口，唇缘微内凸，腹较斜直，残。手制，火候一般。残宽5、残高7厘米（图一四三，1）。标本H285：5，夹粗砂灰陶，口部、里黑。唇部饰戳印纹，器表饰菱形绳纹。敞口，唇缘内凸，上腹斜弧收，残。手制，火候较高。残宽6.4、残高3.8厘米（图一四三，2）。

B型　4件。

Ⅰ式：2件。

标本H285：1，夹细砂红陶，局部灰，口部、胎、里黑。唇部戳印呈粗槽状，器表饰粗戳印纹，内壁有刮削痕。敞口，唇缘内凸，上腹较斜直，残。手制，火候较高。残宽11.2、残高11.8厘米（图一四三，3）。标本H285：6，夹细砂红褐陶，局部灰。唇部戳印呈粗槽状，器表饰粗戳印纹，内壁有刮抹痕。敞口，厚唇内凸，上腹斜弧收，残。手制，火候较高。残宽8.6、残高4.6厘米（图一四三，4）。

Ⅱ式：2件。

标本H285：2，夹细砂灰褐陶，口部、里黑。唇部、器表饰粗戳印纹。敞口，微有内

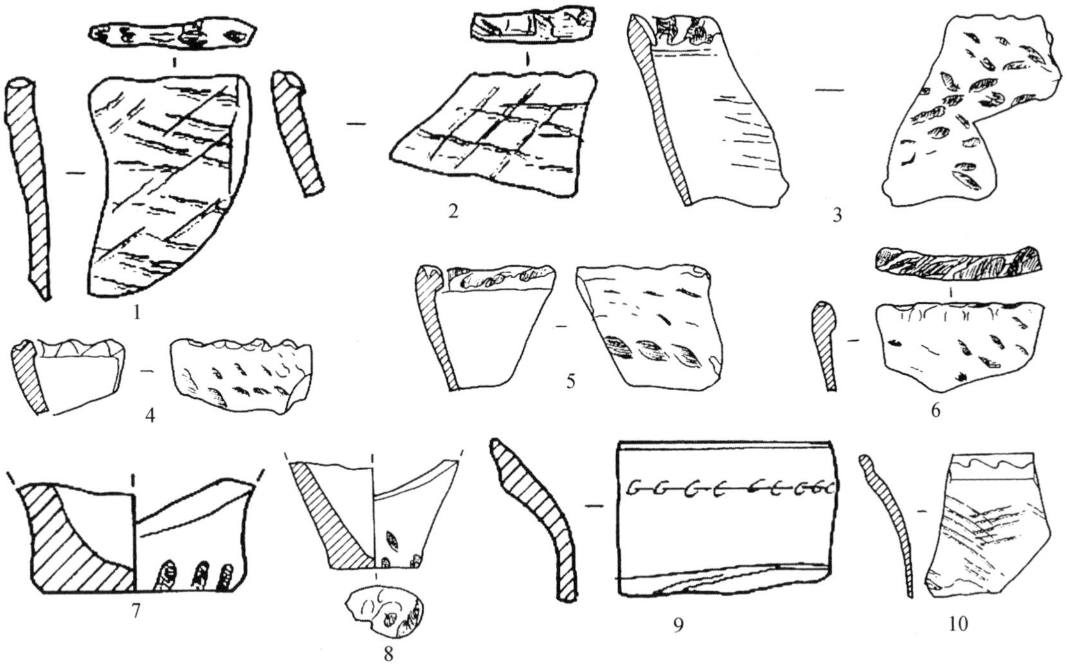

图一四三　H285出土陶器

1、2.Aa型Ⅱa式缸口（H285：4、H285：5）　3、4. B型Ⅰ式缸口（H285：1、H285：6）　5、6. B型Ⅱ式缸口（H285：2、H285：3）　7、8. B型缸底（H285：20、H285：21）　9. A型Ⅲ式盘口罐（H285：16）　10. Bb型Ⅱ式盘口罐（H285：17）

沿、下棱清楚，上腹较斜直，残。手制，火候较高。残宽8.8、残高7.7厘米（图一四三，5）。标本H285：3，夹细砂红褐陶，局部灰褐，里黑。唇部、器表饰粗戳印纹，外沿有手捏痕，内壁有刮抹痕。敞口，微有内沿，上腹较斜直，残。手制，火候较高。残宽10.8、残高5.6厘米（图一四三，6）。

缸底　2件。B型。

标本H285：20，夹细砂红陶，胎红、黑。足外缘、外底饰粗戳印纹，内壁有按抹痕。微有下腹，圆柱形足，平底，残。手制，火候较高。足径6.6、残高3.7厘米（图一四三，7）。标本H285：21，夹细砂红陶，胎红、灰黑。下腹、足外缘、外底饰粗戳印纹，内壁有按抹痕。下腹较斜直，底凹凸不平，残。手制，火候较高。足径5.7、残高6.6厘米（图一四三，8）。

厚胎缸　2件。标本碎小。

盘口罐　5件。

A型　4件。Ⅲ式。

标本H285：16，夹细砂灰褐陶，局部、胎黑，里褐。盘外下凸棱饰戳印纹，上腹饰划纹，内壁粗磨。敞口，卷沿，沿面微凹似有浅盘、盘壁微凹，圆唇，腹较直，残。轮制，火候较高。残宽6.7、残高4.8厘米（图一四三，9）。

B型　1件。Bb型Ⅱ式。

标本H285：17，夹细砂褐陶，局部、里红，灰黑胎。盘外饰波浪形划纹，腹饰菱形绳纹，内壁磨光。敞口，圆唇，浅盘、盘壁微凹，上腹弧收、腹较直，残。轮制，火候较高。残宽7.8、残高8.8厘米（图一四三，10）。

折沿罐　2件。A型。

Aa型　1件。式别不明。

标本H285：12，夹细砂红陶。唇面饰凹弦纹，外下凸棱饰戳印纹，内沿磨光。敞口，斜折沿，沿面平、外沿面内凹，唇面微凹，残。轮制，火候较高。残宽5.6、残高2.8厘米（图一四四，1）。

Ab型　1件。Ⅰ式。

标本H285：8，夹粗砂褐陶，口部、里黑。唇面饰戳印纹，器表饰菱形绳纹，沿、腹相交处饰附加堆纹，在堆纹上再饰戳印纹。敞口，沿宽斜折后再上折，腹较斜直，残。轮制，火候较高。残宽4.5、残高6厘米（图一四四，2）。

敞口罐　2件。

A型　1件。

标本H285：9，夹细砂黑陶。唇面饰凹弦纹，下唇缘饰戳印纹，内壁磨光。喇叭口，唇面内凹，残。轮制，火候较高。残宽6.9、残高3.2厘米（图一四四，3）。

D型　1件。

标本H285：14，夹细砂灰褐陶，局部红褐，胎、里黑。外下沿饰戳印纹，上腹饰划纹，内壁磨光。敞口，卷沿，圆尖唇，腹较直，残。轮制，火候较高。口径18、残高6.2厘米（图一四四，4）。

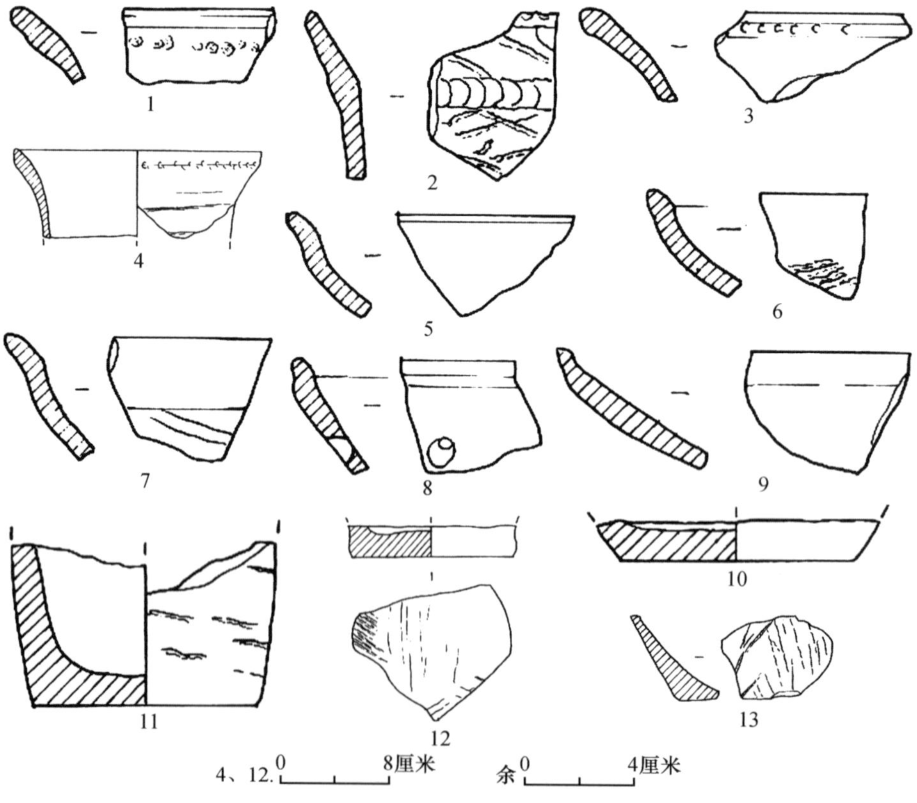

图一四四　H285出土陶器

1. Aa型折沿罐（H285：12）　2. Ab型Ⅰ式折沿罐（H285：8）　3. A型敞口罐（H285：9）
4. D型敞口罐（H285：14）　5、6. A型盘（H285：13、H285：15）　7、8. B型盘（H285：7、H285：11）
9. 小平底盘（H285：10）　10～13. 器底（H285：18、H285：19、H285：22、H285：23）

盘　4件。

A型　2件。

标本H285：13，夹细砂红褐陶。素面，内壁磨光。敞口，卷沿，圆唇，上腹微束、下腹外弧，残。轮制，火候较高。残宽6.3、残高3.6厘米（图一四四，5）。标本H285：15，夹细红陶。下腹饰划纹，内壁磨光。敞口，内沿外折，沿面微弧，圆唇，弧腹，残。轮制，火候较高。残宽3.8、残高3.7厘米（图一四四，6）。

B型　2件。

标本H285：7，夹细砂黑陶。下腹饰划纹，内壁磨光。敞口，内沿微外折，沿面较平，圆唇，折腹，上腹微内弧、下腹较斜直，残。轮制，火候较高。残宽5.8、残高4.4厘米（图一四四，7）。标本H285：11，夹细砂黑陶，红褐胎。下腹饰外向里单穿镂孔，内壁磨光。敞口，内沿折外卷，圆唇，折腹，残。轮制，火候较高。残宽4.9、残高4.1厘米（图一四四，8）。

小平底盘　1件。

标本H285：10，夹细砂黑皮陶，内壁局部灰褐。素面，内外壁磨光，有磨痕。敞口，方唇，折腹，上腹微凹、下腹较斜直，残。轮制，火候较高。残宽5.8、残高4.3厘米（图一四四，9）。

器底　4件。

标本H285：18，夹粗砂红褐陶，黑胎。素面，内底有刮抹痕。下腹较斜直，平底，残。手制，火候不高。底径8.4、残高1.5厘米（图一四四，10）。标本H285：19，夹细砂褐陶，胎红褐、黑。器表饰绳纹，内外壁有白色附着物。下腹较斜直，平底，残。手制，火候较高。底径8、残高5.8厘米（图一四四，11）。标本H285：22，夹细砂红褐陶，里黑，胎红褐、灰。外底边饰绳纹、中部饰划纹，内壁有刮抹痕。平底，残。手制，火候一般。底径12、残高2.2厘米（图一四四，12）。标本H285：23，夹细砂灰陶，里红。器表饰绳纹、粗划纹，外底、内壁有按抹痕。下腹较斜直，底较平，残。手制，火候较高。残宽7.5、残高6厘米（图一四四，13）。

（2）B型

3个。

1）Bb型

2个。

H305

位置：位于98BT0404西北角，大部分压在探方壁下，H335之北，H312之西。层位关系：㉜—H305→H312、H335。

形制：从暴露部分观察，坑口平面应为椭圆形，弧壁，圜底，坑壁、底用厚4～12厘米黄黏土加工。口残长194、残宽75、深61厘米（图一四五）。

坑内堆积与包含物：坑内填土可分2层。

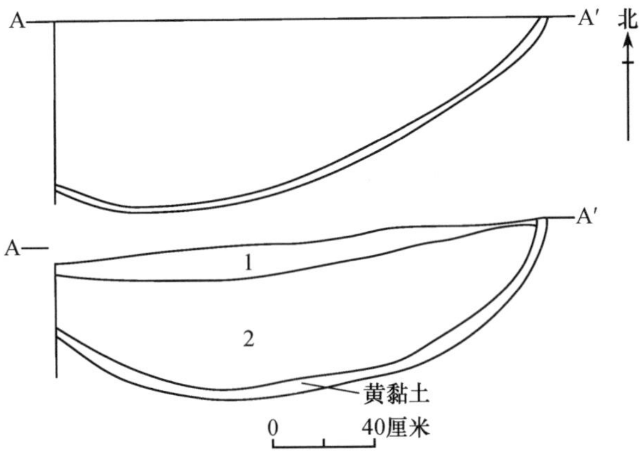

图一四五　H305平、剖面图

第1层：厚0～15米。灰土，质较疏松，夹少量炭粒。包含少量陶片和石器。

第2层：厚0～35米。灰黄色花杂土，夹较多黄色黏土块、少量炭粒。包含少量陶片。

出土遗物：出土陶器63件，石器仅1件。分层介绍如下：

第1层：出土陶器34件。陶质全为夹砂，可分为夹粗砂和夹细砂两种，以夹细砂为主，占85.29%，夹粗砂较少，占14.71%。陶色以红陶为主，占32.35%，次为灰陶和灰褐陶，各占23.53%和17.65%，红褐陶、褐陶、黑陶较少，都占8.82%。器表以纹饰为主，占73.53%，部分素面，占26.47%。纹饰以粗戳划纹为主，占32.35%，次为绳纹和复合纹，占11.76%，菱形绳纹、附加堆纹、划纹较少。器类以罐、缸为主，盘等很少（表五〇）。石器仅1件。

表五〇　H305①出土陶器统计表

陶质	夹粗砂			夹细砂						合计	%
陶色	灰	红褐	黑	灰	红	黑	褐	灰褐	红褐		
纹饰/器类											
粗戳划纹		2			4			5		11	32.35
绳纹				3			1			4	11.76
菱形绳纹	1		2							3	8.82
划纹							1			1	2.94
附加堆纹					2					2	5.88
复合纹				2		1		1		4	11.76
素面				2	5		1		1	9	26.47
合计	1	2	2	7	11	1	3	6	1	34	100
%	2.94	5.88	5.88	20.59	32.35	2.94	8.82	17.65	2.94	100	
缸口				2				2		4	11.76
缸腹	1	2			4			3		10	29.41
罐口				1	1	1				3	8.82
罐腹				5	2		2	1		10	29.41
罐底				1						1	2.94
盘口罐口					4					4	11.76
盘									1	1	2.94
不明器							1			1	2.94

陶器　参加分类排队的陶器8件。

缸口　1件。B型Ⅰ式。

标本H305①：1，夹细砂灰褐陶，里黑。唇部饰粗深戳印纹，器表饰粗戳印纹，内壁有划痕，外沿表皮脱落。敞口，唇缘内凸，上腹较斜直，残。手制，火候不高。残宽9、残高5.8厘米（图一四六，1）。

盘口罐　4件。

A型　3件。Ⅲ式。

标本H305①：2，夹细砂红褐陶，灰黑胎。盘外饰划纹，内壁磨光。敞口，圆唇，浅盘，盘壁微凹，上腹内收，残。轮制，火候较高。残宽3.6、残高5厘米（图一四六，2）。标本

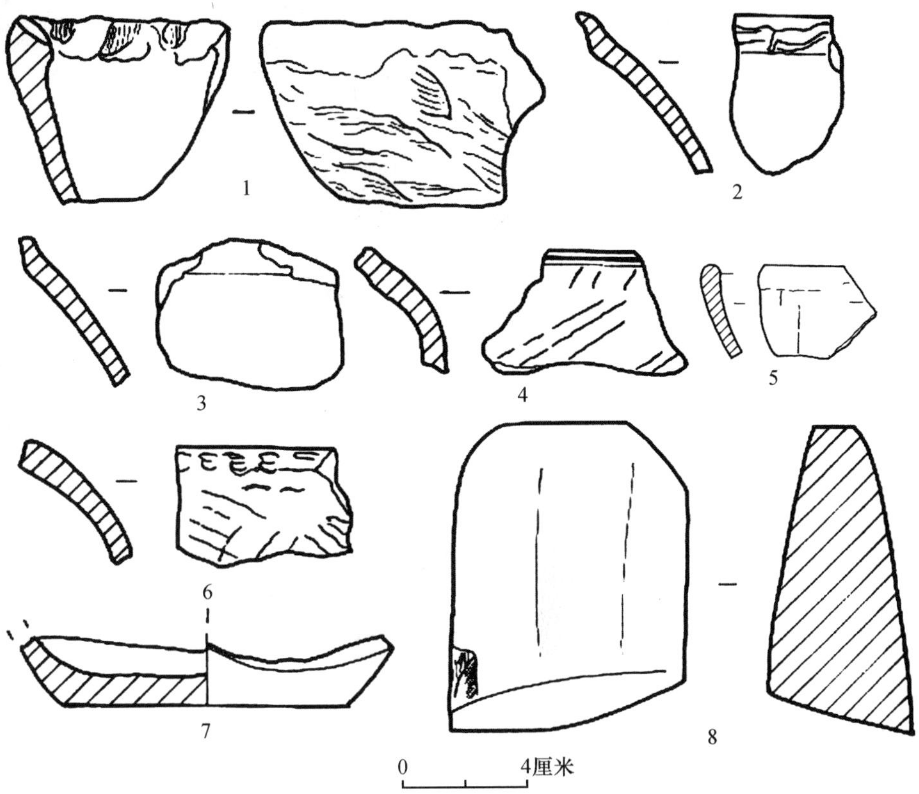

图一四六　H305①出土器物

1. B型Ⅰ式陶缸口（H305①：1）　2、3. A型Ⅲ式陶盘口罐（H305①：2、H305①：4）　4. Bb型Ⅱ式陶盘口罐（H305①：5）　5. A型陶盘（H305①：6）　6. B型陶敞口罐（H305①：3）　7. 陶器底（H305①：7）　8. Aa型Ⅱ式石斧（H305①：8）

H305①：4，夹细砂灰褐陶，口部、里灰黑。素面，内外壁磨光。敞口，圆唇，浅盘，上腹内收，残。轮制，火候较高。残宽5.9、残高4.6厘米（图一四六，3）。

Bb型　1件。Ⅱ式。

标本H305①：5，夹细砂黑陶，局部口、里红褐。唇面饰凹弦纹，盘外下饰戳印纹，器表饰细绳纹，内壁磨光。敞口，卷沿，唇面微凹，微有浅盘，残。轮制，火候较高。残宽6.5、残高3.9厘米（图一四六，4）。

敞口罐　1件。B型。

标本H305①：3，夹细砂灰陶，局部褐，灰黑胎。下唇面饰戳印纹，器表饰交错绳纹，内壁磨光、有划痕。喇叭口，卷沿，残。轮制，火候较高。残宽5.6、残高3.8厘米（图一四六，6）。

盘　1件。A型。

标本H305①：6，夹细砂红褐陶，灰黑胎。素面，磨光，器表有疵点。敞口，圆唇，弧腹，残。手制，火候较高。残宽3.8、残高2.9厘米（图一四六，5）。

器底　1件。

标本H305①：7，夹粗砂浅土黄陶。素面，外壁磨光，内壁有刮抹痕。下腹弧，平底，残。手制，火候高。底径8.8、残高2.2厘米（图一四六，7）。

石器　仅1件。

斧　1件。Aa型Ⅱ式。

标本H305①：8，青灰色砾石，局部红褐。窄长方形，圆角平顶，下部残，残断处上、下边中部有崩疤。选择长条形砾石端部打制，两面纵磨，两侧横磨而成。残长9.7、宽7.5厘米（图一四六，8）。

第2层：出土陶器29件。陶质全为夹砂，可分为夹粗砂和夹细砂两种，以夹细砂为主，占82.76%，夹粗砂较少，占17.24%。陶色以红褐陶为主，占27.59%，次为灰陶和红陶，各占24.14%和20.68%，褐陶和黑陶较少，各占17.24%和10.35%。器表以纹饰为主，占65.52%，部分素面，占34.48%。纹饰以菱形绳纹为主，20.69%，次为粗戳划纹、复合纹和绳纹，分别占13.79%和10.34%，细绳纹、凹弦纹、附加堆纹较少。器类以罐为主，占44.83%，次为缸，占31.03%，盘口器、盘等很少（表五一）。

表五一　H305②出土陶器统计表

陶质	夹粗砂			夹细砂					合计	%
陶色	灰	红	黑	灰	红	黑	褐	红褐		
纹饰/器类										
粗戳划纹				2				2	4	13.79
绳纹				1			2		3	10.34
细绳纹							1		1	3.45
菱形绳纹	1	3	1			1			6	20.69
凹弦纹								1	1	3.45
附加堆纹								1	1	3.45
复合纹				1		1		1	3	10.34
素面				2	3		2	3	10	34.48
合计	1	3	1	6	3	2	5	8	29	100
%	3.45	10.34	3.45	20.69	10.34	6.90	17.24	27.59	100	
缸口			1	1				1	3	10.34
缸腹	1	3		1				1	6	20.69
罐口								1	1	3.45
罐腹				1	3	1	1	4	10	34.48
罐底				1			1		2	6.90
盘口器口						1			1	3.45
盘口罐口				1			1		2	6.90
盘							2	1	3	10.34
不明器				1					1	3.45

参加分类排队的陶器9件。

缸口　2件。B型。

Ⅰ式：1件。

标本H305②：4，夹细砂灰陶，胎、里黑。唇部饰浅槽戳印纹，器表饰粗戳印纹。敞口，唇缘微内凸，上腹弧收，残。轮修，火候高。残宽7、残高3.3厘米（图一四七，1）。

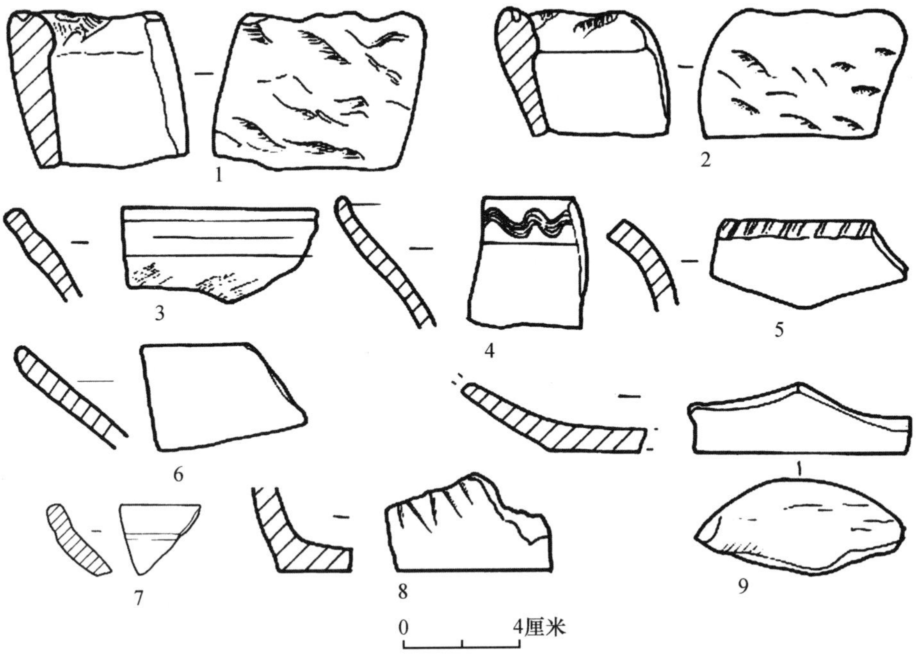

图一四七　H305②出土陶器

1. B型Ⅰ式缸口（H305②：4）　2. B型Ⅱ式缸口（H305②：2）　3、7. Bb型Ⅱ式盘口罐（H305②：1、H305②：5）　4. B型盘口器（H305②：7）　5. C型敞口罐（H305②：6）　6. A型盘（H305②：9）　8、9. 器底（H305②：3、H305②：8)

Ⅱ式：1件。

标本H305②：2，夹细砂红褐陶，里灰褐。唇部、器表饰粗戳印纹。敞口，微有内沿，上腹弧内收，残。手制轮修，火候不高。残宽7、残高4.3厘米（图一四七，2）。

盘口罐　2件。Bb型Ⅱ式。

标本H305②：1，夹细砂灰褐陶，口局部灰黑。上腹饰细绳纹。敞口，方圆唇，浅盘，盘壁微凹，上腹内收，残。轮制，火候较高。残宽6.6、残高3.2厘米（图一四七，3）。标本H305②：5，夹细砂红褐陶，褐胎，里黑。盘外下饰凸弦纹，内壁磨光。敞口，方圆唇，浅盘，盘下壁微凹，上腹内收，残。轮制，火候较高。残宽2.7、残高2.4厘米（图一四七，7）。

盘口器　1件。B型。

标本H305②：7，夹细砂黑陶。盘外饰波浪形划纹，内壁磨光。敞口，圆尖唇，微有盘，上腹内收，残。轮制，火候较高。残宽4.1、残高4.4厘米（图一四七，4）。

敞口罐　1件。C型。

标本H305②：6，夹细砂红褐陶，褐胎，里灰黑。唇面饰绳切纹，内壁磨光，器表有划痕、凹窝。敞口，卷沿，方唇，残。轮制，火候较高。残宽6.7、残高3厘米（图一四七，5）。

盘　1件。A型。

标本H305②：9，夹细砂褐陶。素面，内外壁磨光。敞口，尖圆唇，腹较斜直，残。手制轮修，火候较高。残宽5.5、残高3.5厘米（图一四七，6）。

器底　2件。

标本H305②：3，夹粗砂褐陶，里黑。器表饰划纹，外底有白色附着物。下腹微弧，平底，残。轮制，火候不高。残宽5.6、残高3.3厘米（图一四七，8）。标本H305②：8，夹细砂灰陶，褐胎。外底饰划纹，内外壁磨光，内壁有刮抹痕。下腹急弧收，平底，残。手制，火候高。残宽7.6、残高2.6厘米（图一四七，9）。

2）Bd型

1个。

H791

位置：位于02DT0101南部偏东处，大部分压在探方南壁下，坑口距地表深610厘米，其西北有H792，东侧有H793，东南有H794。层位关系：F363→H791→H796。

形制：从暴露部分观察，坑口平面略呈椭圆形，坑壁不规整，底较平，底部铺垫石块。口残径226、深115厘米（图一四八）。

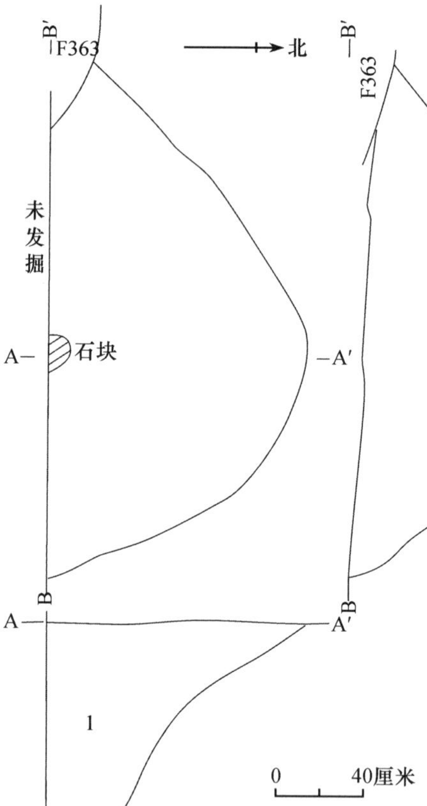

图一四八　H791平、剖面图

坑内堆积与包含物：坑内填土可分2层堆积。

第1层：厚100厘米。黄沙土，结构疏松。包含较少陶片和兽骨。

第2层：厚15厘米。黑灰土，结构疏松。包含较少陶片。

出土遗物：出土陶器共53件，参加分类排队的陶器22件，分层介绍如下：

第1层：出土陶器27件。陶质以夹砂为主，占96.30%，泥质陶极少，仅占3.70%。陶色以红、灰陶为主，各占40.74%和37.04%，黑陶较少，占14.82%，褐陶很少，只占7.40%。器表以纹饰为主，占66.67%，素面增加，占33.33%。纹饰以粗戳划纹为主，占33.33%，次为绳纹、复合纹，占18.52%和11.11%，戳印纹很少，仅占3.70%。器类以缸为主，占33.33%，次为罐，占22.22%，盘口器等很少，有29.63%的腹片难辨器形（表五二）。

表五二　H791①出土陶器统计表

陶质	夹砂				泥质	合计	%
陶色	灰	红	黑	褐	灰		
纹饰/器类							
粗戳划纹	3	5		1		9	33.33
绳纹	2		2	1		5	18.52
戳印纹		1				1	3.70
复合纹		1	2			3	11.11
素面	4	4			1	9	33.33
合计	9	11	4	2	1	27	100
%	33.33	40.74	14.82	7.40	3.70	100	
缸	3	5		1		9	33.33
罐	2	1		1		4	14.82
盘口器				1	1	2	7.40
侈口罐	1					1	3.70
敞口罐		1				1	3.70
盆		1				1	3.70
器底	1					1	3.70
不明器	2	3	2	1		8	29.63

参加分类排队的陶器8件，挑选标本5件。

缸口　2件。B型Ⅰ式。

标本H791①：1，夹砂灰陶，局部、里黑。唇部饰较深粗戳印纹，器表饰粗戳划纹。敞口，上腹斜弧收，残。手制，火候较高。残宽4.6、残高5.4厘米（图一四九，1）。标本H791①：2，夹砂黑陶，局部褐。唇饰较深粗戳印纹，器饰粗戳划状绳纹。敞口，上腹斜收，残。手制，火候较高。残宽5.1、残高5.4厘米（图一四九，2）。

缸底　2件。Ca型。标本碎小。

盘口罐　1件。Ba型Ⅱ式。

标本H791①：3，夹砂红褐陶，局部、里黑。盘下缘饰戳印，内壁多细弦纹。盘口，圆唇，斜壁，盘较浅，上腹内弧，残。轮制，火候较高。残宽5.2、残高3.8厘米（图一四九，3）。

盘口器　2件。

A型　1件。Ab型。

标本H791①：5，泥质灰陶。素面，内外壁磨光。唇部上折呈浅盘状，圆唇，上腹内弧，残。轮制，火候高。残宽6.7、残高2.4厘米（图一四九，4）。

B型　1件。

标本H791①：4，夹砂红褐陶，里红。外沿下饰戳印纹，内壁磨光。唇部上翘略呈盘状，圆唇，上腹内弧，残。轮制，火候较高。残宽7、残高3.1厘米（图一四九，5）。

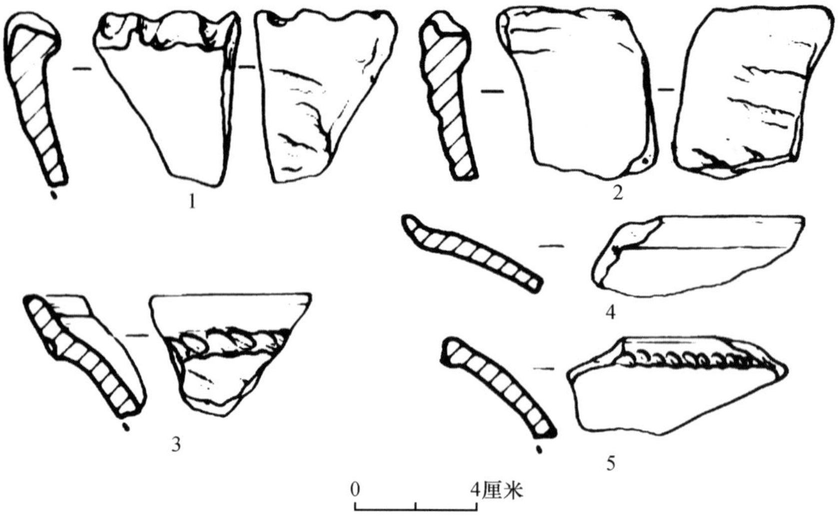

图一四九 H791①出土陶器

1、2. B型Ⅰ式缸口（H791①：1、H791①：2） 3. Ba型Ⅱ式盘口罐（H791①：3） 4. Ab型盘口器（H791①：5）
5. B型盘口器（H791①：4）

盆 1件。标本碎小。

第2层：出土陶器26件。陶质全为夹砂，以夹细砂为主，夹粗砂极少。陶色以褐陶为主，占34.62%，次为灰、红陶，各占26.92%和23.08%，黑陶较少，占15.38%。器表以纹饰为主，占76.92%，素面占23.08%。纹饰以粗戳划纹为主，占38.46%，次为复合纹、绳纹，占19.23%和15.38%，菱形绳纹极少，只占3.85%。器类以缸为主，占38.46%，次为罐，占23.08%，盘口器等较少，另有23.07%的腹片难辨器形（表五三）。

表五三 H791②出土陶器统计表

陶质	夹砂				合计	%
陶色	灰	红	黑	褐		
纹饰/器类						
粗戳划纹	4	5		1	10	38.46
绳纹			2	2	4	15.38
菱形绳纹	1				1	3.85
复合纹	2			3	5	19.23
素面		1	2	3	6	23.08
合计	7	6	4	9	26	100
%	26.92	23.08	15.38	34.62	100	
缸	4	5		1	10	38.46
小罐			1		1	3.85
盘口罐	2			2	4	15.38
敞口罐			1		1	3.85
盘口器				1	1	3.85
器底	1			2	3	11.54
不明器		1	2	3	6	23.07

参加分类排队的陶器14件，挑选标本9件。

缸口　3件。B型。

Ⅰ式：2件。

标本H791②：2，夹砂灰褐陶，局部红褐，里黑。唇部饰较深粗戳印纹，器表饰粗戳划纹。敞口，上腹斜收，残。手制，火候较高。残宽5.4、残高6.6厘米（图一五〇，1）。标本H791②：3，夹砂黑陶，局部红褐。唇部饰较深粗戳印纹，器表饰斜粗戳划纹。敞口，上腹斜收，残。手制，火候较高。残宽6.6、残高6厘米（图一五〇，2）。

Ⅱ式：1件。

标本H791②：1，夹粗砂灰陶，局部红褐。唇部饰较深粗戳印纹，器表饰粗戳划纹。敞口，上腹斜收，残。手制，火候较高。残宽5.2、残高5.1厘米（图一五〇，3）。

缸底　1件。Ca型。标本碎小。

瓮　1件。B型。

标本H791②：8，夹砂黑陶，红胎。唇部饰戳印纹。喇叭口，残。轮制，火候较高。残宽12.4、残高4.4厘米（图一五〇，4）。

盘口罐　4件。Ba型Ⅱ式。

标本H791②：4，夹砂灰陶，局部灰白、红。盘外饰戳印纹，上腹饰斜绳纹，盘内壁磨光。盘口，圆唇，斜壁，盘较浅，上腹内弧，残。轮制，火候较高。口径20.6、残高7厘米

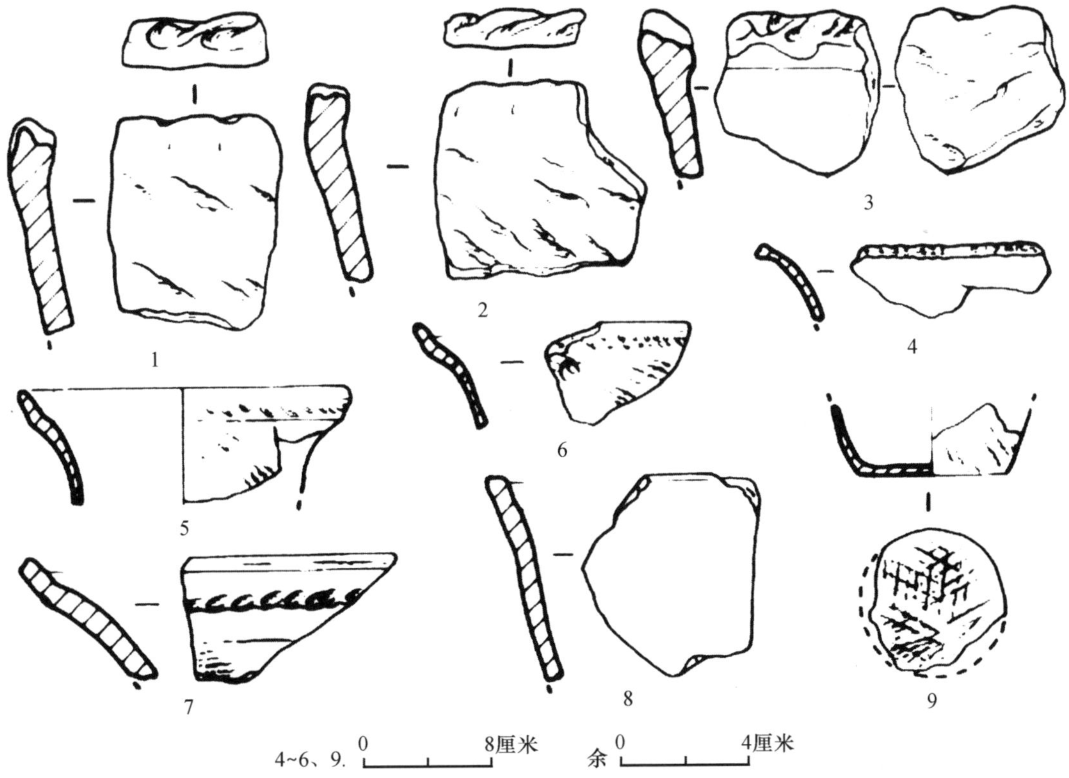

图一五〇　H791②出土陶器

1、2. B型Ⅰ式缸口（H791②：2、H791②：3）　3. B型Ⅱ式缸口（H791②：1）
4. B型瓮（H791②：8）　5、6. Ba型Ⅱ式盘口罐（H791②：4、H791②：5）
7. B型盘口器（H791②：6）　8. A型敞口罐（H791②：7）　9. 罐底（H791②：9）

（图一五〇，5）。标本H791②：5，夹砂红褐陶，局部红、灰黑，灰胎。盘外饰戳印纹，上腹饰斜绳纹、圆形镂孔，内壁磨光。盘口，圆唇，斜壁，盘较浅，上腹内弧，残。轮制，火候较高。残宽9、残高6.4厘米（图一五〇，6）。

盘口器　1件。B型。

标本H791②：6，夹砂褐陶，黑胎。盘下缘饰戳印纹，上腹饰斜绳纹，内壁磨光。沿上斜呈浅盘状，唇面微凹，上腹内弧，残。轮制，火候较高。残宽6.6、残高3.8厘米（图一五〇，7）。

敞口罐　1件。A型。

标本H791②：7，夹砂黑陶，局部褐，里部分红褐。素面。敞口外张，圆唇，弧腹，残。手制，火候较高。残宽5.4、残高6.2厘米（图一五〇，8）。

罐底　3件。

标本H791②：9，夹砂黑陶，内底局部红褐。下腹饰斜绳纹，外底饰交错绳纹。下腹微弧收，平底，残。手制，火候较高。底径9.2、残高4.2厘米（图一五〇，9）。

（3）E型

1个。Ed型。

H260

位置：位于98BT0205西南角，大部分压在探方壁下，坑口距地表深500厘米。层位关系：㉜—H260→㉝。

形制：从暴露部分观察，坑口平面呈不规则形，坑壁不规整，圜底，坑壁、底用5～10厘米厚的青灰色黏土加工。口长335、残宽215厘米，坑口下50厘米左右开始变为规则的圆形坑，直径215、深160厘米（图一五一）。

坑内堆积与包含物：坑内填土呈杂花色，灰褐土中夹大量黄黏土或青灰色黏土，坑上部土质稍松，下部稍密，有黏性，近底部有一层厚约20厘米褐红色细沙。包含物主要为陶片。

出土遗物：参加分类排队的陶器68件，挑选标本16件。

缸口　29件。

A型　1件。Aa型Ⅱa式。

标本H260：20，夹粗砂灰陶，口局部、里黑色。唇面饰戳印纹，器表饰菱形绳纹。敞口，唇沿内凸，上腹较斜直，残。轮制，火候不高。残宽4.4、残高4.5厘米（图一五二，1）。

B型　28件。Ⅰ式。

标本H260：16，夹粗砂灰陶。唇面、器表饰戳印纹。口近直，唇外侧较平、内侧戳印内凸，腹微弧，残。轮制，火候较高。残宽5.2、残高5.3厘米（图一五二，2）。标本H260：17，夹粗砂灰黑陶。唇面、器表饰戳印纹。口微敛，上腹微弧，残。轮制，火候较高。残宽6.8、残高5.2厘米（图一五二，3）。

缸底　5件。B型。

标本H260：18，夹粗砂红陶，局部灰、黑褐，里黑。腹、底缘和外底饰粗戳划纹。下腹较斜直，小平底，残。手制，火候较高。底径5.6、残高12.4厘米（图一五二，4；图版二二，

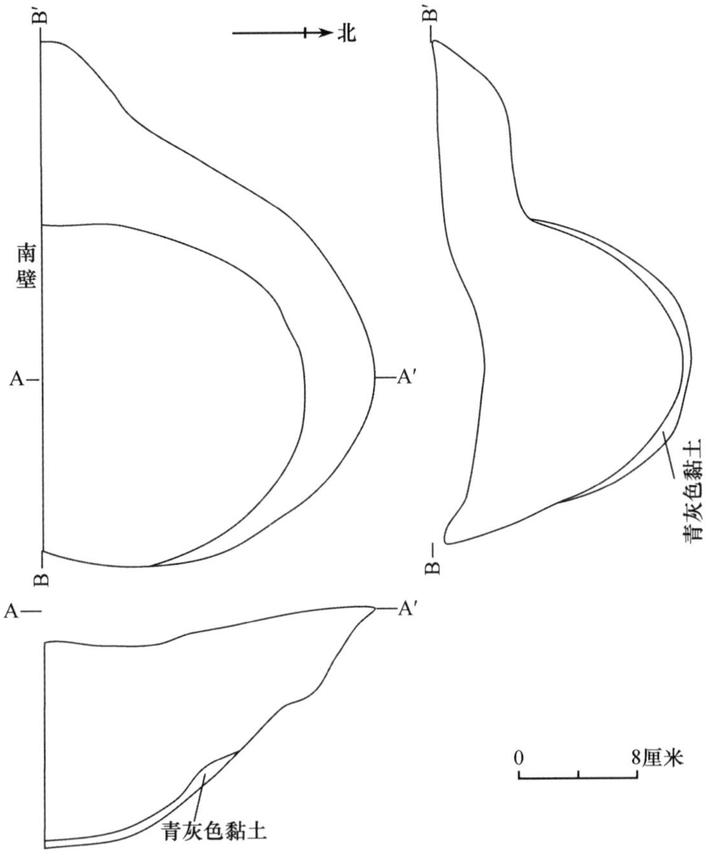

图一五一 H260平、剖面图

2）。标本H260：19，夹粗砂灰黑陶，局部红。下腹、底缘饰粗戳划纹，外底饰粗绳纹、细绳纹。下腹斜收，小平底，残。手制，火候较高。底径6、残高4.6厘米（图一五二，5）。

瓮 1件。B型。

标本H260：8，夹细砂灰褐陶。素面，外壁磨光。敞口，卷平沿，圆唇，上腹斜直，残。轮制，火候较高。残宽8.4、残高2.2厘米（图一五二，6）。

盘口罐 13件。A型。

Ⅰ式：3件。标本碎小。

Ⅱ式：9件。

标本H260：2，夹粗砂红陶，里黑。盘外饰波浪形划纹，上腹饰斜绳纹后按抹、饰细凹弦纹，内壁磨光。较浅盘口，圆唇，上腹内斜，残。轮制，火候较高。残宽8.8、残高3.2厘米（图一五二，7）。标本H260：1，夹粗砂黑陶，局部灰。盘外饰戳印纹，上腹饰细划纹，内壁磨光。较浅盘口，圆唇，上腹内弧，残。轮制，火候较高。口径23.2、残高5.2厘米（图一五二，8）。

Ⅲ式：1件。

标本H260：3，夹砂红褐陶，局部、里黑。盘外下饰戳印纹，内壁磨光。浅盘口，圆唇，上腹内弧，残。轮制，火候较高。残宽5.2、残高4厘米（图一五二，9）。

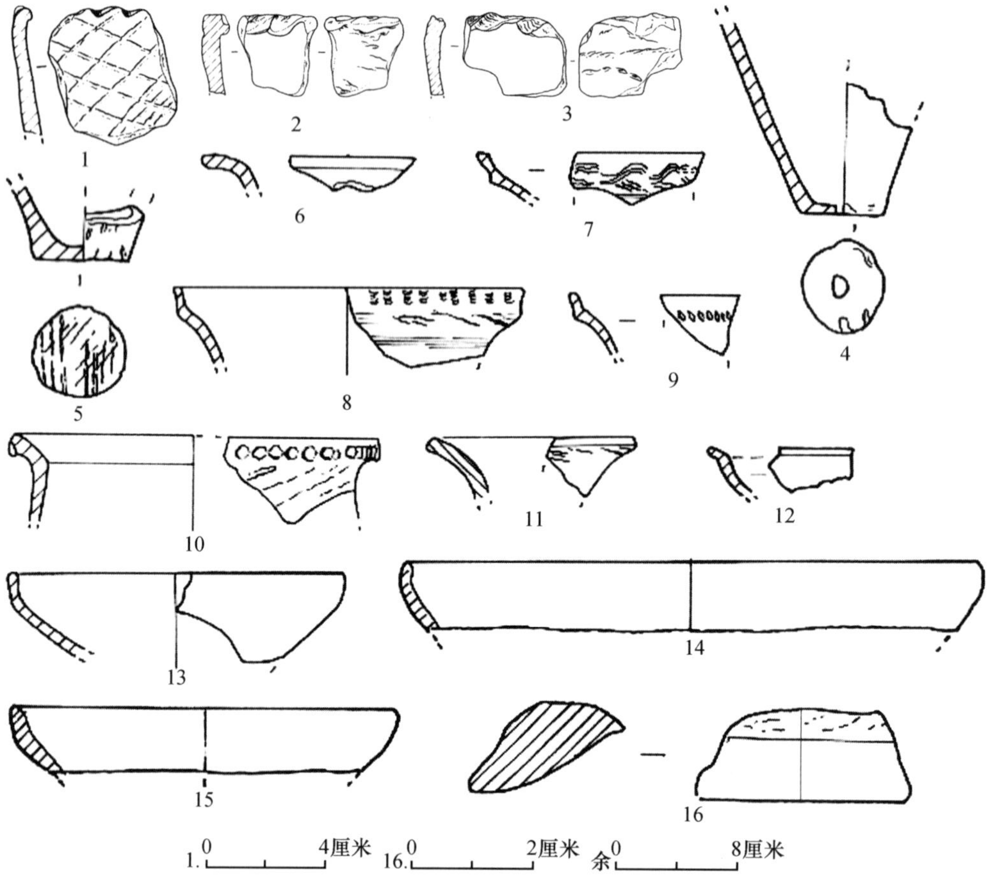

图一五二　H260出土陶器

1. Aa型Ⅱa式缸口（H260：20）　2、3. B型Ⅰ式缸口（H260：16、H260：17）　4、5. B型缸底（H260：18、H260：19）　6. B型瓮（H260：8）　7、8. A型Ⅱ式盘口罐（H260：2、H260：1）　9. A型Ⅲ式盘口罐（H260：3）　10. B型Ⅱ式折沿罐（H260：15）　11. A型敞口罐（H260：13）　12. Ⅱ式有沿盘（H260：14）　13. B型Ⅰ式钵（H260：5）　14. Ca型Ⅰ式钵（H260：4）　15. A型Ⅰ式钵（H260：6）　16. Ba型圈足（H260：12）

折沿罐　4件。

B型　3件。Ⅱ式。

标本H260：15，夹砂红褐陶，局部黑。下唇部饰戳印纹，上腹饰斜绳纹后按抹，内壁磨光。侈口，斜折沿，上腹微外斜，残。轮制，火候较高。口径24.4、残高5.6厘米（图一五二，10）。

C型　1件。Ⅱ式。标本碎小。

敞口罐　1件。A型。

标本H260：13，夹粗砂灰陶，里黑。外沿饰斜细绳纹。喇叭口，圆唇，残。轮制，火候较高。残宽6、残高3.8厘米（图一五二，11）。

有沿盘　2件。Ⅱ式。

标本H260：14，夹砂红褐陶，局部、里黑。素面，内壁磨光。敞口，斜折沿，圆唇，弧腹。轮制，火候较高。残宽5.4、残高2.8厘米（图一五二，12）。

盘　1件。A型。

H260：7，夹细砂褐陶，局部灰黑，里灰。素面，唇、沿、内壁磨光。敞口，圆唇，弧腹，残。手制轮修，火候高。

盆　1件。标本碎小。

钵　6件。

A型　4件。

Ⅰ式：2件。

标本H260：6，夹细砂灰褐陶，局部红、褐。素面，内外壁磨光。敞口，圆唇，微弧腹，残。手制，火候较高。口径25.2、残高4.4厘米（图一五二，15）。

Ⅱ式：2件。标本碎小。

B型　1件。Ⅰ式。

标本H260：5，夹细砂灰陶，黑胎。素面，内外壁磨光。直口，圆唇，弧腹，残。轮制，火候较高。口径26.4、残高5.8厘米（图一五二，13）。

C型　1件。Ca型Ⅰ式。

标本H260：4，夹细砂褐陶，局部红、灰。素面，内外壁磨光。口微敛，圆唇，弧腹，残。手制，火候较高。口径37.2、残高4.8厘米（图一五二，14）。

圈足　2件。Ba型。

标本H260：12，夹砂红褐陶。素面。矮圈足，外撇，残。手制，火候较高。残宽3.5、残高1.6厘米（图一五二，16）。

器底　3件。标本碎小。

2. 乙类

11个。

（1）A型

3个。

1）Ab型

1个。

H568

位置：位于99AT0301中部偏南，坑口距地表深610厘米，东北局部被开口第55层下的Y16打破。层位关系：㊸—H568→H573。

形制：坑口平面呈圆形，弧壁，圜底，壁、底较规整，边上有一层灰烬。口径170～180、深50厘米（图一五三）。

坑内堆积与包含物：坑内填灰土，夹炭粒稍多，质松。包含极少碎小陶片，可辨器形有大口缸、罐等。

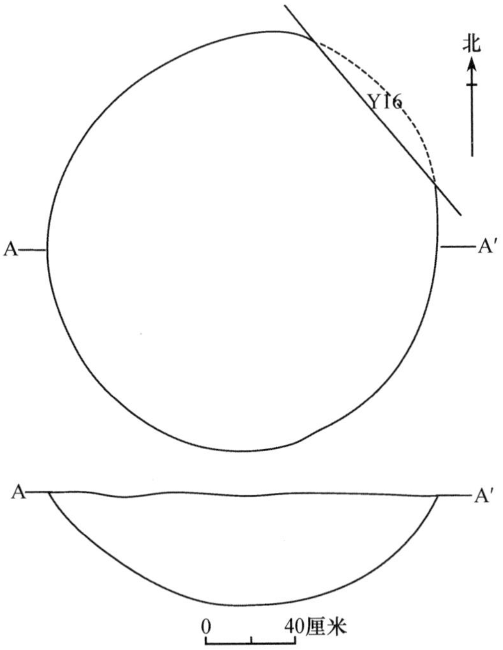

图一五三　H568平、剖面图

2）Ac型

1个。

H577

位置：位于99AT0301东南部，H573东部，坑口距地表深640厘米。层位关系：㊿—H577→㊿。

形制：坑口平面呈圆形，坑壁较直，平底，壁、底较规整。口径70～80、深60厘米（图一五四）。

坑内堆积与包含物：坑内填浅灰色土，质松，夹炭粒多。包含少量碎小陶片和兽骨。

出土遗物：出土陶器共46件。陶质以夹砂为主，占95.65%，可分为夹粗砂、夹细砂两种，以夹粗砂为主，占86.98%，夹细砂很少，占8.70%，泥质陶很少，仅占4.35%。陶色以灰陶为主，占54.36%，次为红陶，占28.26%，黑、褐陶很少，各占8.70%。器表以纹饰为主，占95.65%，素面极少，仅占4.35%。纹饰以粗戳划纹为主，占73.91%，绳纹、菱形绳纹、复合纹、篮纹、暗纹等很少。可辨器形有缸、罐、钵、器盖等。

3）Ad型

1个。

H792

位置：位于02DT0101南部，东南距H791约70厘米，坑口距地表深610厘米。层位关系：F363→H792→H796。

形制：坑口平面略呈圆形，坑壁西北斜直，东南略弧，底不规整。口径40、底宽14、深44厘米（图一五五）。

坑内堆积与包含物：坑内填黄沙土，纯净，无包含物。

（2）B型

2个。Bb型。

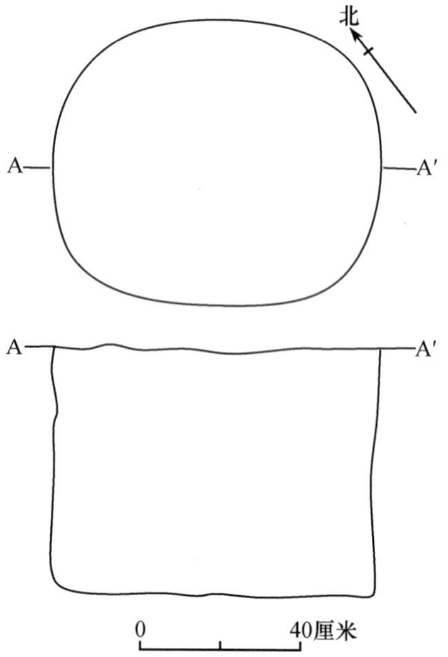

图一五四　H577平、剖面图

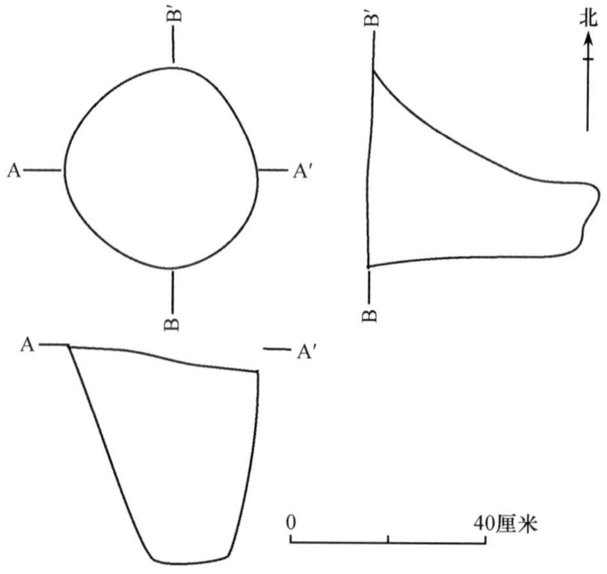

图一五五　H792平、剖面图

H777

位置：位于02AT0101南部，坑口距地表深690厘米。层位关系：㊴—H777→㊵。

形制：坑口平面呈椭圆形，坑壁微弧，底较平，壁、底无加工痕迹。口长径80、短径50、深20厘米（图一五六）。

坑内堆积与包含物：坑内填浅灰色土，略带沙性，质松。包含陶片少而碎。

出土遗物：出土陶器共17件。陶质全为夹砂。陶色以褐陶和灰陶为主，各占35.29%和29.41%，次为红陶，占23.53%，黑陶较少，占11.77%。器表以纹饰为主，占82.35%，素面较少，占17.65%。纹饰以绳纹为主，占52.94%，细绳纹、凹弦纹、戳印纹、复合纹、暗纹很少。器类以缸为主，占58.82%，次为罐，占29.41%，盘口器、盘等很少（表五四）。

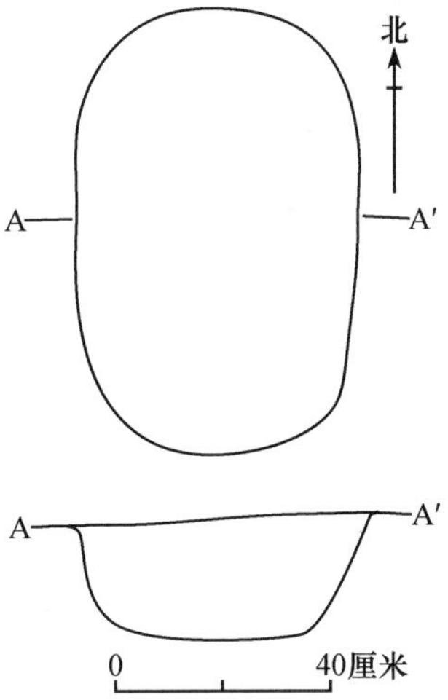

图一五六　H777平、剖面图

表五四　H777出土陶器统计表

陶质	夹砂				合计	%
陶色	灰	红	黑	褐		
纹饰/器类						
绳纹	3	3		3	9	52.94
细绳纹	1				1	5.88
凹弦纹				1	1	5.88
戳印纹				1	1	5.88
复合纹			1		1	5.88
暗纹				1	1	5.88
素面	1	1	1		3	17.65
合计	5	4	2	6	17	100
%	29.41	23.53	11.77	35.29	100	
缸	3	4		3	10	58.82
罐	1			1	2	11.77
盘口罐			1	1	2	11.77
卷沿罐				1	1	5.88
盘口器			1		1	5.88
盘	1				1	5.88

参加分类排队的陶器6件，挑选标本5件。

盘口罐　2件。B型。

Ba型　1件。Ⅲ式。

标本H777∶1，夹砂褐陶，局部红，胎、里黑。唇、盘外下饰戳印纹，内壁磨光。浅盘口，唇面微凹，上腹内弧，残。轮制，火候较高。残宽5.2、残高2.8厘米（图一五七，1）。

Bb型　1件。Ⅱ式。

标本H777：2，夹砂黑陶，里灰褐。盘外下饰戳印纹，上腹饰斜细绳纹、多细旋痕。浅盘口，微有卷沿，圆唇，上腹内弧，残。轮制，火候较高。残宽9、残高2.8厘米（图一五七，2）。

卷沿罐　2件。

Aa型　1件。Ⅱ式。

标本H777：3，夹砂灰褐陶，局部褐。素面，内外壁磨光。侈口，卷沿，圆唇，残。轮制，火候较高。残宽5.5、残高4.5厘米（图一五七，3）。

Ab型　1件。Ⅱ式。

标本H777：4，夹砂黑陶，局部红褐。唇饰戳印纹，上饰细划纹。敞口，上腹较直，残。轮制，火候高。残宽5.4、残高3.6厘米（图一五七，4）。

盘　1件。B型Ⅰ式。标本碎小。

器盖　1件。A型。

标本H777：5，夹砂灰褐陶，局部红褐、黑。器表饰稀疏绳纹，近唇处饰划纹，外壁磨光。敞口，圆唇，盖壁较直，圈足形捉手，修复。手制，火候较高。口径16.9、捉手径6.4、高8.9厘米（图版二九，1）。

（3）E型

2个。Eb型。

H284

位置：位于98BT0405西南部，部分压于探方西壁下，坑口距地表深540厘米。层位关系：㉚—H284→H285。

形制：从暴露部分观察，坑口平面呈不规则形，弧壁，圜底。残长240、残宽50、深50厘米（图一五八）。

坑内堆积与包含物：坑内填浅灰色土，疏松。包含陶片较多。

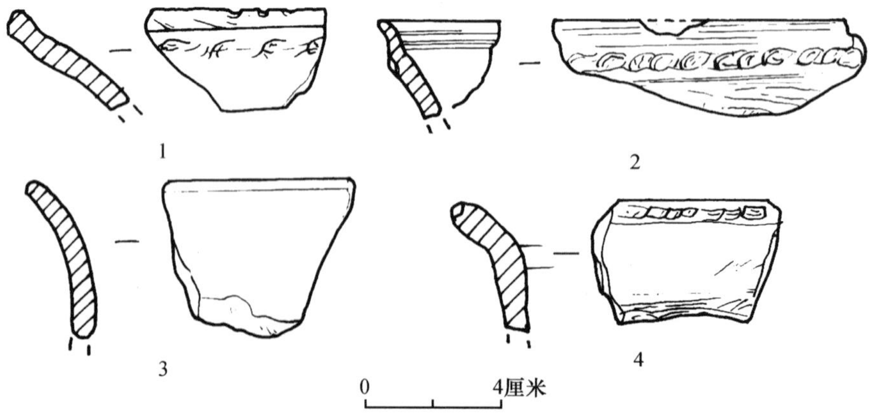

图一五七　H777出土陶器

1. Ba型Ⅲ式盘口罐（H777：1）　2. Bb型Ⅱ式盘口罐（H777：2）　3. Aa型Ⅱ式卷沿罐（H777：3）　4. Ab型Ⅱ式卷沿罐（H777：4）

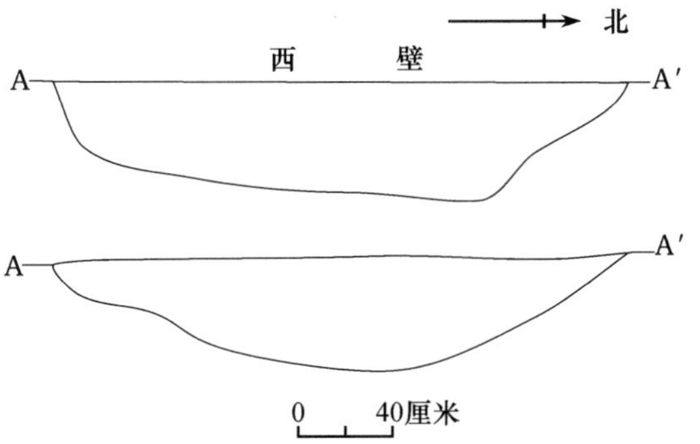

图一五八　H284平、剖面图

出土遗物：陶器共出375件。陶质全为夹砂，以夹细砂为主，占68.53%，夹粗砂较少，占31.47%。陶色以灰陶为主，占34.14%，次为红陶、褐陶，各占27.73%和20.00%，黑陶、灰褐陶、红褐陶较少，分别占9.87%、4.53%和3.73%。器表以纹饰为主，占84.80%，素面较少，占15.20%。纹饰以菱形绳纹为主，占26.67%，次为绳纹、粗戳划纹和复合纹，分别占20.53%、12.80%和12.27%，附加堆纹、阴弦纹、戳印纹、凹弦纹、划纹、细绳纹、波浪纹、镂孔、印纹等很少。器类以罐、缸为主，各占46.66%和41.86%，盘口器、瓮、壶、盆、钵、器盖等很少（表五五）。石器仅出土镞1件。

表五五　H284出土陶器统计表

陶质	夹粗砂				夹细砂						合计	%
陶色	灰	红	黑	褐	灰	红	黑	灰褐	红褐	褐		
纹饰/器类												
粗戳划纹					16	21	3	6	1	1	48	12.80
绳纹	8	9	1	5	6	11	8	3	1	25	77	20.53
细绳纹					3				1		4	1.07
菱形绳纹	51	16	12	11	1		2	1	1	5	100	26.67
凹弦纹					2	2			1		5	1.33
划纹					3		2				5	1.33
波浪纹					2					1	3	0.80
戳印纹					1	4				2	7	1.87
附加堆纹					4	6			3		13	3.47
镂孔					1						1	0.27
复合纹	1				4	12	5	5	3	16	46	12.27
阴弦纹	1				3		2			2	8	2.13
印纹						1					1	0.27
素面		2		1	21	20	2	2	3	6	57	15.20
合计	61	27	13	17	67	77	24	17	14	58	375	100
%	16.27	7.20	3.47	4.53	17.87	20.53	6.40	4.53	3.73	15.47	100	
缸口	26	1	11	2	11	6	3	4	1	1	66	17.06
缸腹	27	20	1	8	7	10		2			75	20.00

续表

陶质	夹粗砂				夹细砂						合计	%
陶色	灰	红	黑	褐	灰	红	黑	灰褐	红褐	褐		
纹饰/器类												
缸底		2		5	1	7			1	2	18	4.80
罐口					8	5	3	2	1	6	25	6.67
罐腹	7	1		1	18	31	6	5	7	22	98	26.13
折沿罐			1		2	3	2	2			10	2.67
盘口罐					3	4	3	1	1	11	23	6.13
敞口罐										2	2	0.53
罐底	1	3		1	1	3				8	17	4.53
盘口器					3		2		1	1	7	1.87
瓮					1	1			1		3	0.80
壶					2						2	0.53
盆					1	1					2	0.53
钵					5	1	4			1	11	2.93
器盖										1	1	0.27
圈足					1	1				2	4	1.07
平底					1				1		2	0.53
不明器					2	4	1	1		1	9	2.40

陶器　参加分类排队的陶器80件，挑选标本57件。

缸口　17件。

A型　6件。

Aa型　4件。

Ⅰ式：1件。

标本H284：18，夹粗砂灰陶，口部、里黑。唇部饰戳印纹，器表饰粗菱形绳纹。敞口外张，唇缘内凸，腹较斜直，残。手制轮修，火候较高。残宽8.6、残高6.5厘米（图一五九，1）。

Ⅱa式：3件。

标本H284：2，夹粗砂灰陶，口、里黑。唇部饰戳印纹，器表饰绳纹大菱形纹。敞口，唇缘外凸，上腹微弧内收，残。手制轮修，火候较高。残宽6.6、残高4.7厘米（图一五九，2）。

Ab型　2件。

标本H284：4，夹粗砂黑陶，局部褐。唇部饰戳印纹，器表饰绳纹小菱形纹。敞口，唇缘内凸，上腹斜直，残。手制轮修，火候一般。残宽4.8、残高4.5厘米（图一五九，3）。标本H284：6，夹细砂黑陶。唇部饰戳印纹，器表饰绳纹小菱形纹。敞口，上腹较斜直，残。手制，火候较高。残宽4、残高4.6厘米（图一五九，4）。

B型　11件。

Ⅰ式：4件。

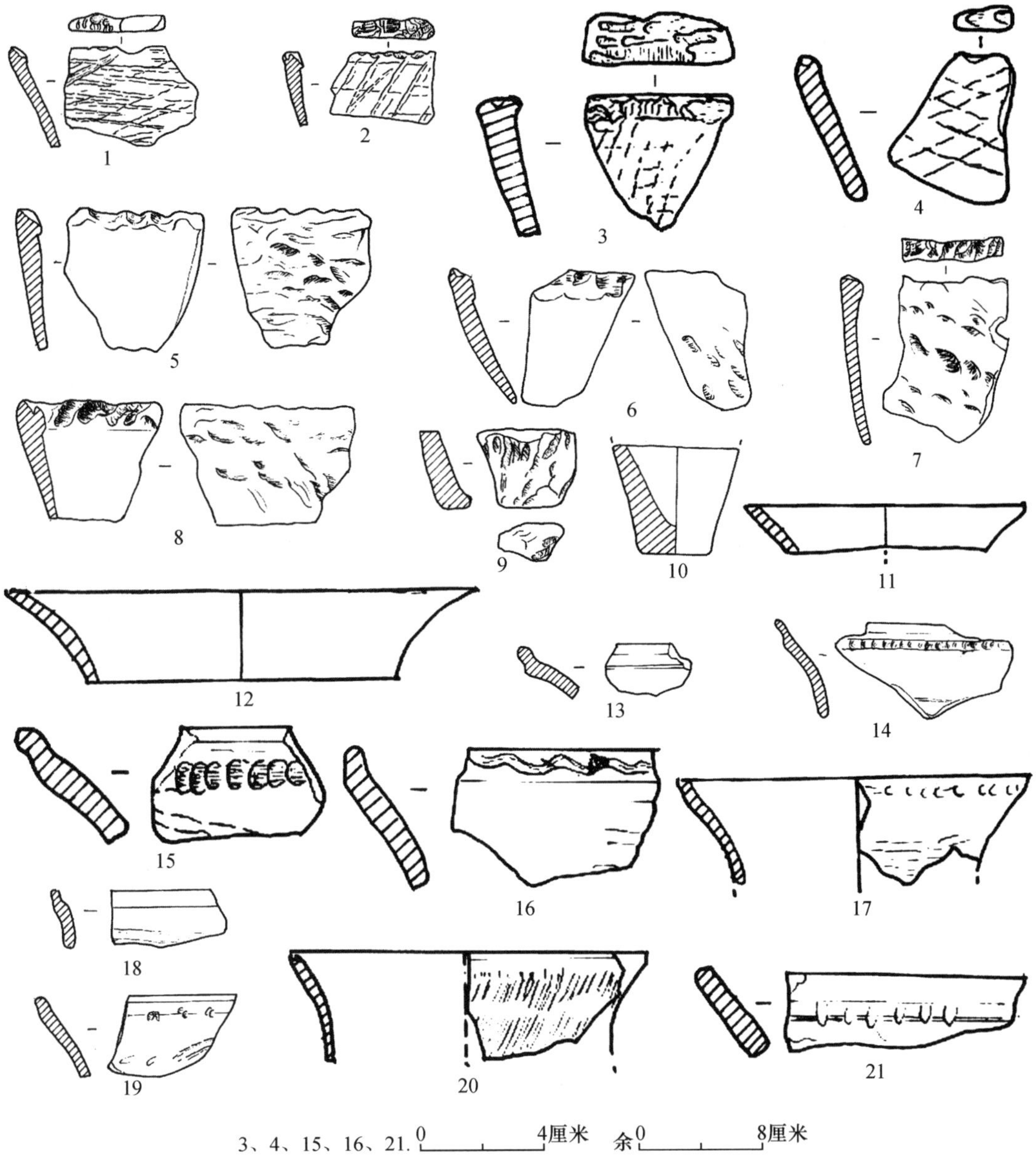

图一五九　H284出土陶器

1. Aa型Ⅰ式缸口（H284：18）　2. Aa型Ⅱa式缸口（H284：2）　3、4. Ab型缸口（H284：4、H284：6）　5、6. B型Ⅰ式缸口（H284：31、H284：32）　7、8. B型Ⅱ式缸口（H284：34、H284：33）　9. B型缸底（H284：16）　10. Ca型缸底（H284：40）　11、12. B型瓮（H284：52、H284：53）　13、14. A型Ⅲ式盘口罐（H284：10、H284：49）　15. Bb型Ⅰ式盘口罐（H284：8）　16、17. Bb型Ⅱ式盘口罐（H284：48、H284：50）　18. Aa型盘口器（H284：35）　19、20. B型盘口器（H284：12、H284：46）　21. Ab型盘口器（H284：36）

标本H284：31，夹细砂灰陶。唇面、器表饰戳印纹。敞口，唇缘内凸，腹斜直，残。轮制，火候较高。残宽9.1、残高8.9厘米（图一五九，5）。标本H284：32，夹细砂红陶，口、里黑。唇面、器表饰戳印纹。敞口，沿内卷贴，上腹弧，残。轮制，火候较高。残宽7、残高9厘米（图一五九，6）。

Ⅱ式：7件。

标本H284：34，夹细砂灰陶，局部红，口、里黑。唇面、器表饰戳印纹。敞口，微有内沿，腹微弧，残。轮制，火候较高。残宽8.4、残高10.6厘米（图一五九，7）。标本

H284：33，夹细砂褐陶，口、里黑。唇面、器表饰戳印纹。敞口，有内沿，上腹较斜直，残。轮制，火候一般。残宽11.2、残高7.7厘米（图一五九，8；图版二一，3）。

缸底 6件。

B型 5件。

标本H284：16，夹细砂红陶，局部灰、褐，黑胎，里褐。器表、外底饰粗戳印纹，有手捏痕。下腹斜直，平底，残。手制，火候一般。残宽6.4、残高5厘米（图一五九，9）。

C型 1件。Ca型。

标本H284：40，夹细砂红陶，胎灰，里黑。素面，有刮削痕。下腹较斜直，柱状足，实足跟较矮，残。手制，火候较高。足径4.6、残高6.9厘米（图一五九，10）。

瓮 2件。B型。

标本H284：52，夹细砂红陶，口局部灰黑。素面，内外壁磨光。喇叭口，圆唇，残。轮制，火候高。口径18.4、残高2.7厘米（图一五九，11）。标本H284：53，夹细砂红陶。素面，外壁和内沿磨光。喇叭口，圆唇，残。轮制，火候高。口径30.4、残高6.3厘米（图一五九，12）。

盘口罐 13件。

A型 9件。Ⅲ式。

标本H284：10，夹细砂黑陶，红褐胎。素面，口沿、内壁磨光。敞口，圆唇，浅盘，盘外下有凸棱，上腹内收，残。轮制，火候高。残宽5.4、残高3.1厘米（图一五九，13）。标本H284：49，夹细砂褐陶，黑胎。盘外下凸棱饰戳印纹，上腹饰细划纹和凹弦纹。敞口，圆唇，盘较浅，上腹内收，残。轮制，火候较高。残宽11.6、残高6厘米（图一五九，14）。

B型 4件。Bb型。

Ⅰ式：1件。

标本H284：8，夹细砂黑陶，红褐胎，里黑。盘外下凸棱饰戳印纹，上腹饰细绳纹，内壁磨光。敞口，圆唇，浅盘，盘壁微凹，上腹内收，残。轮制，火候较高。残宽5.1、残高3.3厘米（图一五九，15）。

Ⅱ式：3件。

标本H284：48，夹细砂灰陶，红褐陶，里灰黑。盘外饰波浪形划纹，上腹饰绳纹，内壁磨光。敞口，圆唇，浅盘，盘壁微凹，上腹内收，残。轮制，火候较高。残宽7、残高4.4厘米（图一五九，16）。标本H284：50，夹细砂红陶，局部黑，里褐。盘外下饰戳印纹，上腹饰绳纹，内壁磨光。敞口，圆唇，浅盘，盘壁微凹，上腹内收，残。轮制，火候较高。口径24、残高6.9厘米（图一五九，17）。

盘口器 6件。

A型 4件。

Aa型 3件。

标本H284：35，夹粗砂褐陶，局部、胎黑。上腹饰凹弦纹和划纹，内壁磨光。敞口，圆唇，盘较浅，盘壁内凹，上腹内收，腹较直，残。轮制，火候较高。残宽7.6、残高3.6厘米（图一五九，18）。

Ab型　1件。

标本H284：36，夹细砂褐陶，灰黑胎。盘外饰凹弦纹、戳印纹和绳纹，内壁有划痕。敞口，圆唇，弧腹，残。轮制，火候较高。残宽8.1、残高2.5厘米（图一五九，21）。

B型　2件。

标本H284：12，夹细砂红褐陶，里黑褐。盘外下凸棱饰戳印纹，腹饰绳纹、戳印纹，内壁磨光。敞口，圆唇，微有浅盘，上腹内收，残。轮制，火候高。残宽8.4、残高5.2厘米（图一五九，19）。标本H284：46，夹细砂褐陶，灰黑胎，里黑。器表饰交错细绳纹和戳印纹，内壁磨光。敞口，方唇，唇下内沿微凹，腹较直，残。轮制，火候较高。口径23.2、残高6.4厘米（图一五九，20）。

翘唇罐　1件。Ⅱ式。

标本H284：61，夹细砂黑陶。素面，内壁磨光。侈口，微折沿，沿面微凹，圆唇，上腹稍斜，残。轮制，火候较高。残宽5.4、残高4.8厘米（图一六〇，1）。

折沿罐　5件。

B型　3件。

Ⅰ式：2件。

标本H284：7，夹粗砂黑陶，局部灰。下唇缘饰戳印纹，器表饰菱形绳纹，内沿面饰划纹。侈口，斜折沿，沿面微弧、近唇处微凹，方唇，鼓腹，残。轮制，火候较高。残宽7.4、残高3.6厘米（图一六〇，2）。标本H284：54，夹细砂红褐陶，胎、里黑。侈口，斜折沿，腹微鼓，残。轮制，火候较高。残宽9.3、残高6.3厘米。

Ⅱ式：1件。

标本H284：55，夹细砂褐陶，胎、里黑。唇面饰戳印纹，器表饰绳纹。敞口，折沿，残。轮制，火候高。残宽5.3、残高3.2厘米（图一六〇，3）。

C型　2件。Ⅰ式。

标本H284：58，夹细砂红陶，局部褐，灰胎。唇面饰凹弦纹，下唇面饰戳印纹，器表饰绳纹，内壁磨光。敞口，斜折沿，方唇，上腹斜直，残。轮制，火候高。残宽4.7、残高2.8厘米（图一六〇，4）。标本H284：59，夹细砂红陶，局部、胎黑。唇面饰戳印纹，器表饰细绳纹，器表有旋痕。敞口，斜折沿，上腹较直，残。轮制，火候较高。口径24、残高4.6厘米（图一六〇，5）。

敞口罐　6件。

A型　4件。

标本H284：56，夹细砂灰陶，局部灰黑。器表饰绳纹，内壁磨光。卷沿，圆唇，残。轮制，火候高。残宽5.8、残高4.8厘米（图一六〇，6）。

C型　2件。

标本H284：13，夹细砂黑陶。器表饰绳纹后按抹，内壁有刮抹痕。喇叭口，卷沿，唇面微凹，残。手制轮修，火候较高。残宽5、残高3.2厘米（图一六〇，7）。标本H284：63，夹细砂褐陶，里局部黑。唇面饰绳纹，内壁磨光。卷沿，残。轮制，火候高。残宽5.2、残高3.7厘米（图一六〇，8）。

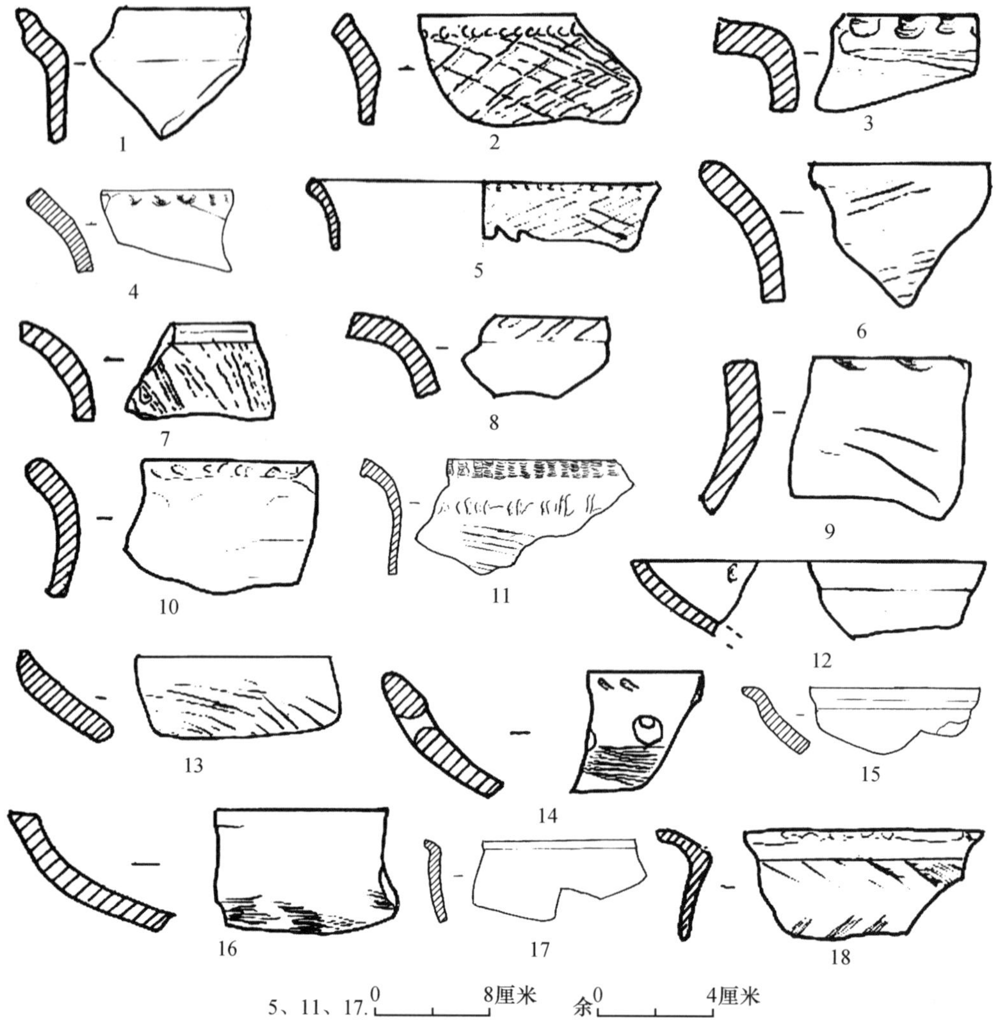

图一六〇　H284出土陶器

1. Ⅱ式翘唇罐（H284：61）　2. B型Ⅰ式折沿罐（H284：7）　3. B型Ⅱ式折沿罐（H284：55）　4、5. C型Ⅰ式折沿罐（H284：58、H284：59）　6. A型敞口罐（H284：56）　7、8. C型敞口罐（H284：13、H284：63）　9. 矮领罐（H284：60）　10、11. 侈口罐（H284：57、H284：62）　12、13. A型盘（H284：28、H284：29）　14. B型盘（H284：11）　15. Ⅱ式有沿盘（H284：26）　16. Ⅰ式有沿盘（H284：27）　17. A型盆（H284：15）　18. B型盆（H284：30）

矮领罐　1件。

标本H284：60，夹细砂褐陶，局部黑，里红褐。下唇缘饰戳印纹，器表饰绳纹。口微侈，方唇，矮领，有肩，残。轮制，火候较高。残宽6、残高5.4厘米（图一六〇，9）。

侈口罐　2件。

标本H284：57，夹细砂红陶，局部、胎灰。下唇面饰戳印纹，器表饰绳纹，有手捏痕。卷沿，残。轮制，火候较高。残宽6.7、残高4.6厘米（图一六〇，10）。标本H284：62，夹细砂褐陶，口、里黑。唇面饰戳印纹，沿腹相交处饰附加堆纹后再饰戳印纹，腹饰绳纹，内壁磨光。卷沿，微鼓腹，残。轮制，火候较高。残宽15.1、残高7.8厘米（图一六〇，11）。

盘　3件。

A型　2件。

标本H284：28，夹细砂黑陶。内上腹饰未穿透镂孔，内外壁磨光。敞口，圆唇，口外下微凹，腹微折，残。轮制，火候高。残宽6、残高2.7厘米（图一六〇，12）。标本H284：29，夹粗砂红陶，局部灰褐、黑。器表饰细绳纹，内壁磨光。敞口，圆唇，弧腹，残。轮制，火候高。残宽7.2、残高2.8厘米（图一六〇，13）。

B型　1件。

标本H284：11，夹细砂灰褐陶。唇外下沿饰戳印纹，上腹饰双向穿镂孔，下腹饰划纹，内壁磨光。敞口，内沿面斜折，圆唇，折腹，残。轮制，火候较高。残宽4.4、残高4.1厘米（图一六〇，14）。

有沿盘　2件。

Ⅰ式：1件。

标本H284：27，夹细砂黑陶。器表饰组状划纹，唇面、内壁磨光。敞口，微有沿，方唇，弧腹，残。轮制，火候较高。残宽6.4、残高4.2厘米（图一六〇，16）。

Ⅱ式：1件。

标本H284：26，夹粗砂红褐陶，里局部黑。素面，内外壁粗磨。敞口，窄卷沿，沿面微凸，圆唇，弧腹，残。轮制，火候较高。残宽5.9、残高2.3厘米（图一六〇，15）。

盆　2件。

A型　1件。

标本H284：15，夹细砂灰陶。素面，内外壁磨光，有磨痕，内壁局部表皮脱落。微侈口，卷沿，圆唇，弧腹，残。轮制，火候较高。残宽11.7、残高5.5厘米（图一六〇，17）。

B型　1件。

标本H284：30，夹粗砂灰陶，局部泛红，蓝。唇面饰戳印纹，器表饰划纹。侈口，斜折沿，鼓腹，残。轮制，火候较高。残宽7.9、残高3.7厘米（图一六〇，18）。

圈足　4件。

A型　1件。Ab型。

标本H284：45，夹细砂红陶。素面，外壁磨光。下腹弧，假圈足，内底微凸、外平底，残。手制轮修，火候较高。足径10、残高4.2厘米（图一六一，1）。

B型　3件。

Ba型　2件。

标本H284：42，夹细砂黑陶。圈足外底饰菱形纹，唇面饰绳纹，内底磨光。矮圈足外撇，足方唇，残。轮制，火候较高。足径8.8、残高2.2厘米（图一六一，3）。标本H284：43，夹粗砂灰陶。素面，外壁磨光，有磨痕。下腹外弧，矮圈足外撇，内底中部凸起，残。轮制，火候高。足径8.4、残高3.5厘米（图一六一，2）。

Bb型　1件。

标本H284：37，夹细砂褐陶，胎、里黑。素面，内底磨光。圈足外撇，残。轮制，火候较高。残高2.8厘米（图一六一，4）。

器底　8件。

标本H284：38，夹细砂红褐陶，局部褐，胎、里灰黑。下腹和外底饰绳纹。下腹微弧，平底，残。残宽10.4、残高4.8厘米（图一六一，5）。标本H284：44，泥质灰黑陶。下腹饰

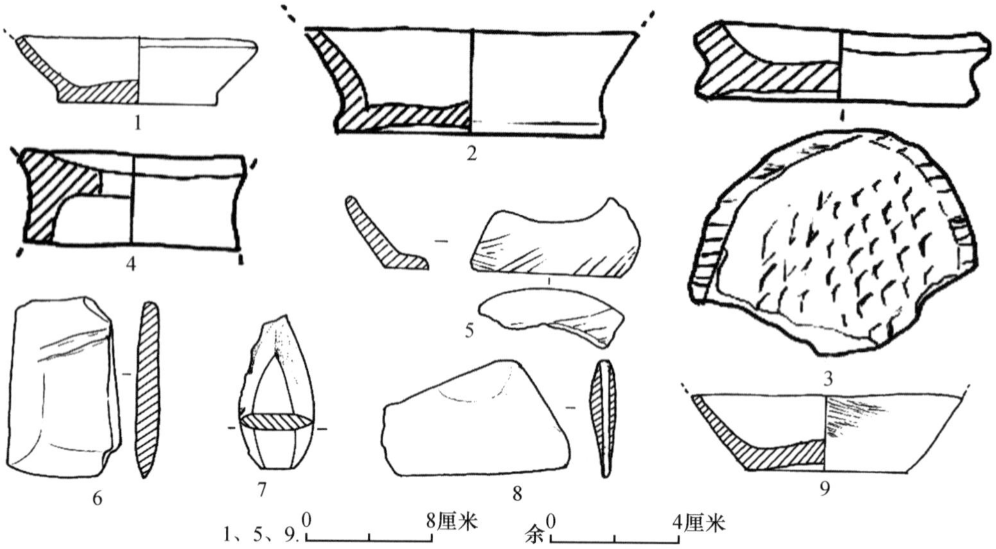

图一六一 H284出土器物

1. Ab型陶圈足（H284：45） 2、3. Ba型陶圈足（H284：43、H284：42） 4. Bb型陶圈足（H284：37） 5、9. 陶器底（H284：38、H284：44） 6. 陶斧（H284：19） 7. A型Ⅱ式石镞（H284：1） 8. 陶刀（H284：22）

细绳纹，外壁磨光。下腹较斜直，底内凹，残。手制，火候高。底径10、残高4.6厘米（图一六一，9）。

斧 1件。

标本H284：19，夹细砂淡黄陶，局部灰褐。正面上部饰暗纹两道，局部磨光。平面略呈梯形，弧端，弧刃，正锋，局部残。磨制，火候高。残上宽2.35、下宽2.9、高5.45、厚0.65厘米（图一六一，6）。

刀 1件。

标本H284：22，夹细砂褐陶。素面，磨光。形状不明，直刃，偏锋，残。磨制，火候高。残长5.85、高约3.5厘米（图一六一，8）。

石器 出土少量石器残片和废屑，可辨器形仅镞1件。

镞 1件。A型Ⅱ式。

标本H284：1，黑色角岩。尖叶形，刃锋利，平端，残。磨制。残长4.7、宽2.3、厚0.5厘米（图一六一，7）。

（4）F型

4个。

1）Fa型

1个。

H317

位置：位于98BT0204东南角，北边被开口第40层下的H310打破，西边有H328，坑口距地表深560厘米。层位关系：㊶—H317→生土。

形制：由于暴露面积较小，且被H310打破，坑口平面形状不明，斜壁，坑底形状不明，无加工痕迹。坑口残长200、残宽70、残深106厘米（图一六二）。

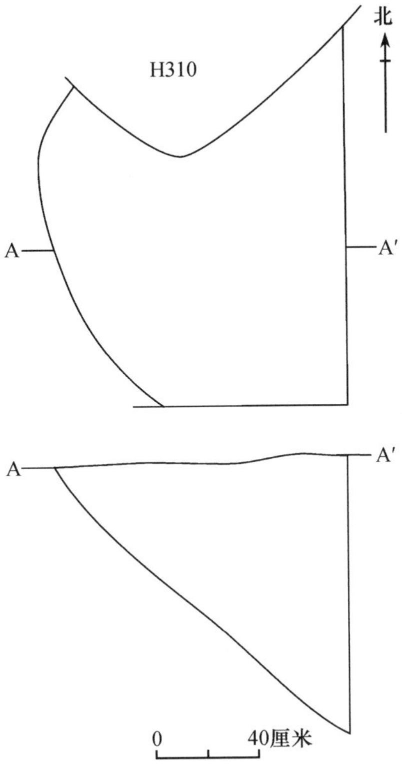

图一六二　H317平、剖面图

坑内堆积与包含物：坑内填松软的灰褐色土，夹杂少量不规则石头。包含物主要是碎陶片。

出土遗物：出土陶器共102件。陶质全为夹砂，以夹细砂为主，占74.51%，夹粗砂较少，占25.49%。陶色以灰陶为主，占51.96%，次为红褐陶，占13.73%，褐陶、黑陶较少，都占11.76%，红陶最少，占10.78%。器表以纹饰为主，占69.61%，部分素面，占30.39%。纹饰以粗戳划纹为主，占22.55%，次为菱形绳纹，占12.75%，绳纹、复合纹、凹弦纹、附加堆纹较少，波浪纹、戳印纹、细绳纹、划纹很少。器类以罐为主，占51.96%，次为缸，占36.28%，盘口器、瓮、钵等很少（表五六）。

表五六　H317出土陶器统计表

陶质	夹粗砂				夹细砂					合计	%
陶色	灰	红	黑	褐	灰	红	黑	红褐	褐		
纹饰/器类											
粗戳划纹	3	3		4	6		3	4		23	22.55
绳纹	1			2	1	3	1	1		9	8.82
细绳纹								1		1	0.98
菱形绳纹	3		3	3	4					13	12.75
凹弦纹	1				4		1			6	5.88
划纹					1					1	0.98
波浪纹								2		2	1.96
戳印纹				1	1					2	1.96

续表

陶质	夹粗砂				夹细砂					合计	%
陶色	灰	红	黑	褐	灰	红	黑	红褐	褐		
纹饰/器类											
附加堆纹					4		1			5	4.90
复合纹					8		1			9	8.82
素面	1			1	15	5	2	6	1	31	30.39
合计	9	3	3	11	44	8	9	14	1	102	100
%	8.82	2.94	2.94	10.78	43.14	7.84	8.82	13.73	0.98	100	
缸口	2		3	2	5		3	2		17	16.67
缸腹	5	2		5	5			2		19	18.63
缸底		1								1	0.98
罐口					3					3	2.94
罐腹	1			1	18	9	6	4	1	40	39.22
罐底				2						2	1.96
盘口罐				1	5			2		8	7.84
盘口器	1				3					4	3.92
瓮						1				1	0.98
钵								1		1	0.98
不明器					5	1				6	5.88

参加分类排队的陶器35件，挑选标本12件。

缸口 21件。

A型 7件。

Aa型 5件。

Ⅱa式：4件。

标本H317：13，夹粗砂黑陶。唇面饰按压纹，器表饰菱形绳纹。口微敞，残。残宽6、残高3.2厘米（图一六三，1）。

Ⅱb式：1件。

标本H317：14，夹粗砂灰黑陶。唇面饰戳印纹，器表饰粗糙菱形绳纹。口近直，残。残宽6.4、残高4.1厘米（图一六三，2）。

Ab型 2件。

标本H317：15，夹粗砂灰陶，局部、里黑。唇饰浅绳切纹，上腹饰小菱形绳纹。敞口，上腹较斜收，残。手制，火候较高。残宽6.4、残高6.8厘米（图一六三，3）。

B型 14件。

Ⅰ式：8件。

标本H317：9，夹粗砂黑陶。唇面、器表饰戳印纹。口近直，唇沿内凸，上腹较直，残。轮制，火候较高。残宽6.9、残高6.8厘米（图一六三，4）。标本H317：10，夹粗砂黑陶，部分红。唇饰较深粗戳印纹，上腹饰粗戳划纹。敛口，上腹弧收，残。手制，火候较高。残宽

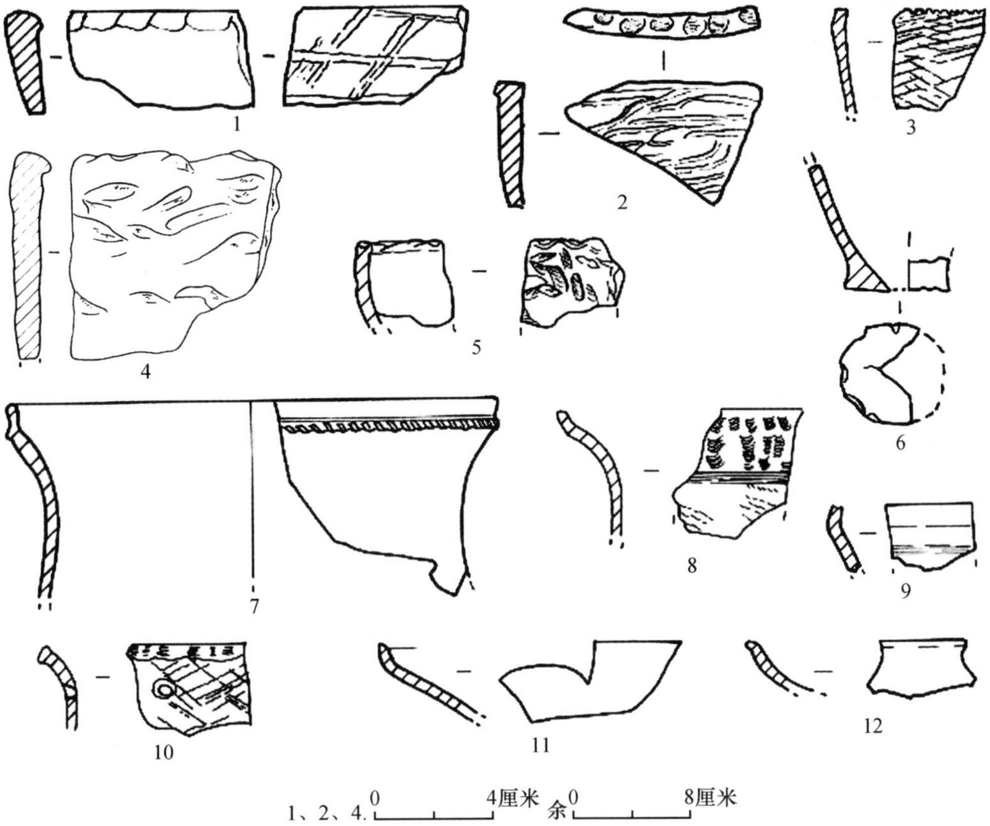

图一六三　H317出土陶器

1. Aa型Ⅱa式缸口（H317：13）　2. Aa型Ⅱb式缸口（H317：14）　3. Ab型缸口（H317：15）　4、5. B型Ⅰ式缸口（H317：9、H317：10）　6. B型缸底（H317：11）　7. A型Ⅱ式盘口罐（H317：1）　8. C型盘口罐（H317：7）　9. B型盘口器（H317：8）　10. Ab型Ⅰ式卷沿罐（H317：4）　11. C型盘（H317：5）　12. Ⅰ式有沿盘（H317：6）

7.2、残高5.6厘米（图一六三，5）。

Ⅱ式：6件。标本碎小。

缸底　2件。

A型　1件。标本碎小。

B型　1件。

标本H317：11，夹粗砂红陶，里黑。底缘饰粗戳划纹。下腹微弧收，小平底，残。手制，火候较高。底径6.8、残高8厘米（图一六三，6）。

盘口罐　5件。

A型　2件。Ⅱ式。

标本H317：1，夹砂灰褐陶，局部黑，里红。盘外下凸棱饰戳印纹，内壁磨光。盘口较浅，圆唇，上腹内弧，腹微鼓，残。手制轮修，火候较高。口径32.8、残高13.2厘米（图一六三，7）。

B型　2件。Ba型Ⅰ式。

H317：2，夹砂红褐陶。盘外饰波浪形划纹，内壁磨光。盘口，圆唇，盘较浅，残。轮制，火候较高。

C型　1件。

标本H317：7，夹砂灰褐陶，局部红褐，里黑。盘外饰篦划纹，腹饰细凹弦纹相间斜细绳纹，内壁磨光。浅盘口，圆唇，上腹微束。轮制，火候较高。残宽8.6、残高8.4厘米（图一六三，8）。

盘口器　3件。

A型　2件。标本碎小。

B型　1件。

标本H317：8，夹砂灰陶，局部黑。唇面饰细凹弦纹，上腹饰细划纹。敛口，沿微内折，唇面微凹，上腹斜收，残。轮制，火候较高。残宽6、残高4.4厘米（图一六三，9）。

卷沿罐　1件。Ab型Ⅰ式。

标本H317：4，夹砂红陶，局部灰、黑。唇饰浅戳划纹，器表饰菱形绳纹，沿、腹相交处饰圆形镂孔，内沿磨光。侈口，卷沿，圆唇。轮制，火候较高。残宽8、残高6厘米（图一六三，10）。

盘　2件。C型。

标本H317：5，夹砂灰褐陶，局部、里红。素面，内外壁磨光。敞口，圆唇，上腹弧，下腹斜直，残。手制轮修，火候较高。残宽12、残高5.2厘米（图一六三，11）。

有沿盘　1件。Ⅰ式。

标本H317：6，夹砂褐陶，局部、里红褐。素面，内壁磨光。敞口，微有卷沿，圆唇，弧腹。手制轮修，火候较高。残宽7.6、残高3.6厘米（图一六三，12）。

2）Fb型

2个。

H762

位置：位于02CT0101东部，坑口距地表深730厘米。层位关系：㊷—H762→㊹。

形制：H762大部分被压在东隔梁下，坑口平面形状不明，略弧壁，圜底，坑壁无加工痕迹。残长315、残宽80、深110厘米（图一六四）。

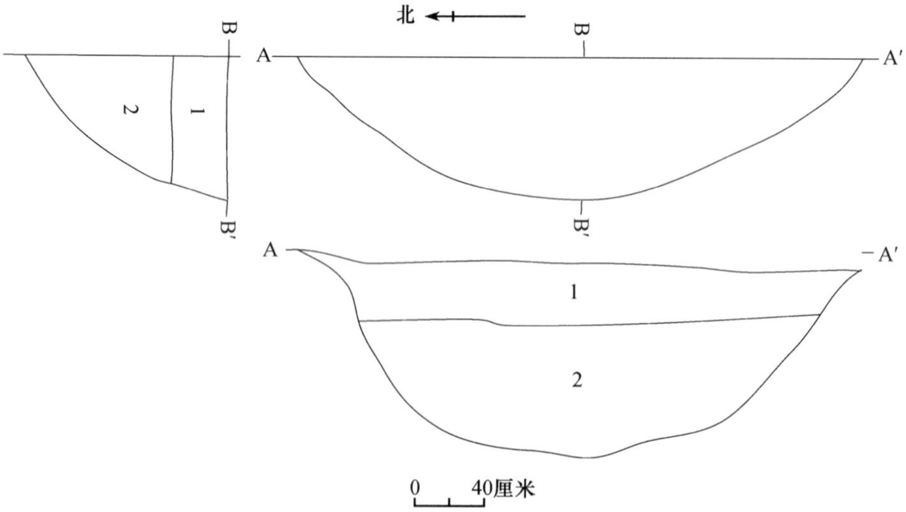

图一六四　H762平、剖面图

坑内堆积与包含物：坑内堆积可为2层。

第1层：厚约35厘米。黄褐色土，质较密，夹少许木炭粒、灰屑、黄色黏泥土块。

第2层：厚约75厘米。灰黄色土，质较疏松，夹较多木炭粒、灰烬、黏泥块。包含部分陶片和极少残石器。

出土遗物：出土陶器61件。陶质全为夹砂，以夹细砂为主，次为夹粗砂。陶色以灰陶，占55.24%，次为褐陶，占26.23%，红陶较少，占18.03%。器表以纹饰为主，占86.99%，素面较少，占13.11%。纹饰以粗戳划纹为主，占37.70%，次为菱形绳纹，占29.51%，戳印纹、复合纹、附加堆纹、绳纹等较少。器类以缸为主，占63.93%，次为罐，占16.40%，瓮、盘等很少，另有16.39%的腹片不辨器形（表五七）。还出土残石斧1件。

表五七　H762出土陶器统计表

陶质	夹砂				合计	%
陶色	灰	红	黑	褐		
纹饰/器类						
粗戳划纹	16	2		5	23	37.70
绳纹	1	1			2	3.28
菱形绳纹	11	2		5	18	29.51
戳印纹		3		1	4	6.56
附加堆纹	1			2	3	4.92
复合纹	1	1		1	3	4.92
素面	4	2		2	8	13.11
合计	34	11		16	61	100
%	55.24	18.03		26.23	100	
缸口	26	4		9	39	63.93
盘口罐	1	4		1	6	9.84
罐底	2	1		1	4	6.56
盘	1				1	1.64
瓮				1	1	1.64
不明器	4	2		4	10	16.39

参加分类排队的陶器28件，挑选标本12件。

缸口　15件。

A型　6件。

Aa型　5件。

Ⅰ式：2件。

标本H762：3，夹粗砂灰褐陶，局部、里黑。唇饰浅戳印纹，器表饰菱形绳纹。敞口外张，上腹斜收，残。手制，火候较高。残宽13.2、残高10.2厘米（图一六五，1）。

Ⅱb式：3件。

标本H762：4，夹粗砂红褐陶，局部灰褐，里黑。唇饰较深粗戳印纹，器表饰粗糙菱形粗绳纹。敛口，上腹较直，残。手制，火候较高。残宽4、残高7.8厘米（图一六五，2）。标

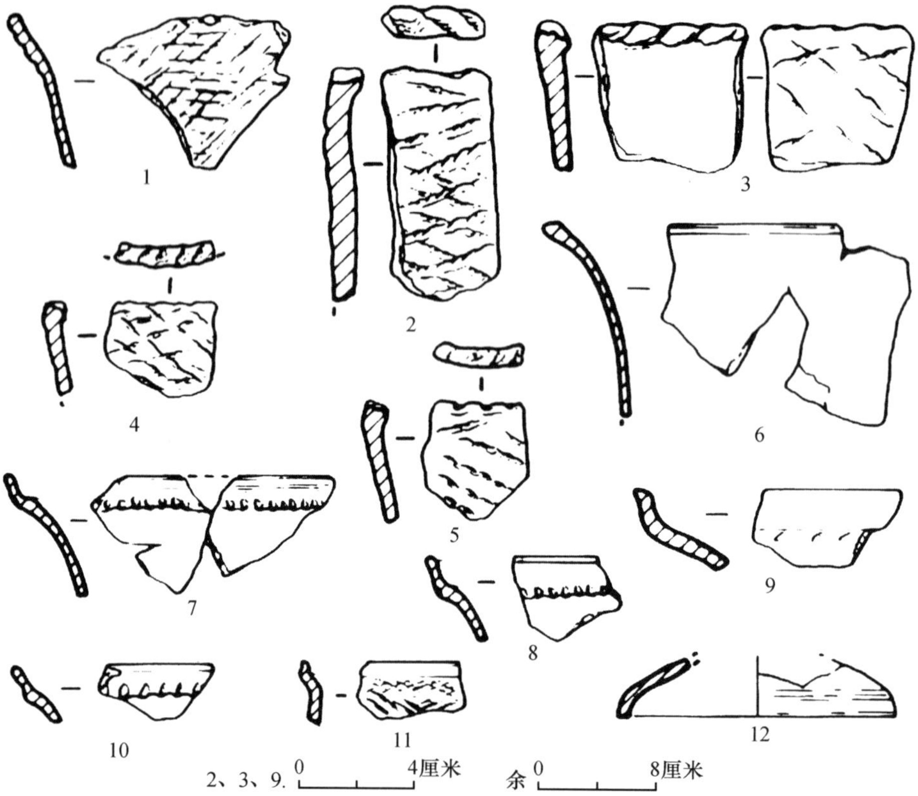

图一六五 H762出土陶器

1. Aa型Ⅰ式缸口（H762：3） 2～4. Aa型Ⅱb式缸口（H762：4、H762：7、H762：6） 5. B型Ⅰ式缸口（H762：5） 6. B型瓮（H762：14） 7. A型Ⅱ式盘口罐（H762：8） 8. Ba型Ⅰ式盘口罐（H762：11） 9. Ba型Ⅲ式盘口罐（H762：9） 10. Bb型Ⅰ式盘口罐（H762：10） 11. Ⅱ式翘唇罐（H762：12） 12. C型器盖（H762：13）

本H762：7，夹粗砂黑褐陶，局部红褐。唇饰粗戳印纹，器表饰粗戳划纹。敞口，上腹斜收，残。手制，火候较高。残宽5、残高5厘米（图一六五，3）。标本H762：6，夹粗砂灰褐陶，局部、里黑。唇饰较浅粗戳印纹，器表饰粗糙菱形粗戳划纹。敞口，上腹斜收，残。手制，火候较高。残宽7.6、残高6.4厘米（图一六五，4）。

Ab型 1件。标本碎小。

B型 9件。Ⅰ式。

标本H762：5，夹粗砂黑陶，局部灰褐。唇饰粗戳印纹，器表饰粗戳划状绳纹。敞口，上腹斜收，残。手制，火候较高。残宽7.4、残高8厘米（图一六五，5）。

缸底 1件。A型。标本碎小。

瓮 1件。B型。

标本H762：14，夹细砂红陶，灰黑胎。素面，内外壁磨光，内壁多划痕。喇叭口，沿微外下卷，圆唇，残。分制，火候较高。残宽16.8、残高12.9厘米（图一六五，6）。

盘口罐 5件。

A型 1件。Ⅱ式。

标本H762：8，夹砂褐陶，局部红、黑，里黑。盘下缘饰戳印纹，内壁磨光。盘口，圆唇，壁斜，盘较深，上腹内束，残。轮制，火候较高。残宽16.6、残高8厘米（图一六五，7）。

B型　4件。

Ba型　2件。

Ⅰ式：1件。

标本H762：11，夹砂褐陶，局部、里黑。盘下缘饰戳印纹。盘口，圆唇，壁斜，盘较深，上腹内弧，残。轮制，火候较高。残宽7.2、残高5.6厘米（图一六五，8）。

Ⅲ式：1件。

标本H762：9，夹砂褐陶，局部、里黑。盘下缘饰戳印纹，内壁磨光。盘口，斜方唇，壁斜，盘浅，上腹内束，残。轮制，火候较高。残宽5、残高2.6厘米（图一六五，9）。

Bb型　2件。Ⅰ式。

标本H762：10，夹砂红陶，局部黑。盘外下饰戳印纹，内壁磨光。盘口，圆唇，壁斜，盘较深，上腹内弧，残。轮制，火候较高。残宽7.8、残高3.6厘米（图一六五，10）。

翘唇罐　1件。Ⅱ式。

标本H762：12，夹粗砂灰褐陶，黑胎。外下沿、腹饰菱形绳纹、粗划纹。侈口，沿斜折后上卷，圆唇，鼓腹，残。轮制，火候较高。残宽7.4、残高4厘米（图一六五，11）。

器盖　1件。C型。

标本H762：13，夹细砂黑陶，局部、里红褐。唇面、上腹饰凹弦纹。敞口，唇面微凹，弧腹，残。手制轮修，火候较高。残宽12.2、残高4厘米（图一六五，12）。

罐底　4件。标本碎小。

3）Fd型

1个。

H289

位置：位于98BT0405西北部，大部分压在探方北、西壁下，坑口距地表深570厘米，同时被开口于第27层下的H279和开口第30层下的H284打破。层位关系：H284→H289→生土。

形制：该灰坑由于暴露范围太小和被H279、H284打破，坑口平面形状不明，壁不规整，底较平。坑口残长120、残宽80、深106厘米（图一六六）。

坑内堆积与包含物：坑内填黄褐色土，有黏性，较硬。包含很少碎小陶片。陶片陶质以夹砂为主，极少泥质，陶色以灰、褐陶为主，黑、红陶较少。纹饰以菱形绳纹为主，粗戳划纹、绳纹等较少，素面陶占一定比例。可辨器形有盘口器、罐、钵等。

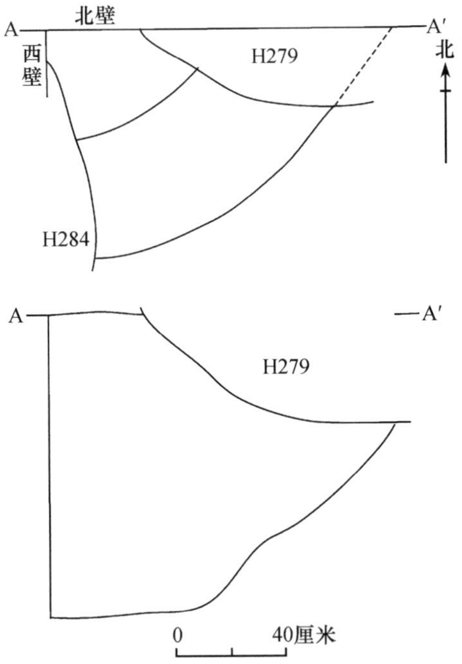

图一六六　H289平、剖面图

（六）第6组

4个。全为甲类。

（1）A型

1个。Ab型。

H316

位置：位于98BT0204中部偏西北，坑口距地表深550厘米，东边被H310打破，西边被H302打破，打破H326。层位关系：H310→H316→H326。

形制：从灰坑残存情况观察，坑口平面呈圆形，弧壁，圜底，坑壁和坑底部分地方用黄色黏土加工，坑壁部分垮塌。口残径260、深108厘米（图一六七）。

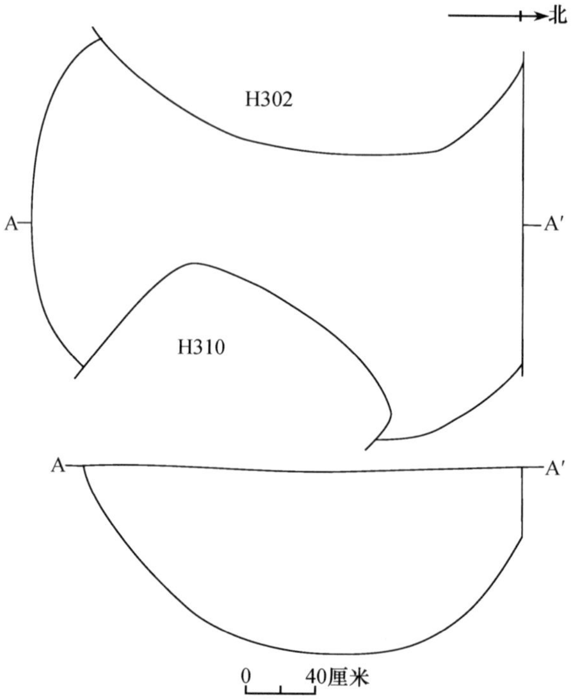

图一六七　H316平、剖面图

坑内堆积与包含物：坑内填灰色土，质松软，夹杂一些白色土。包含物主要为陶器，还有少量石器。

出土遗物：出土陶器262件。陶质全为夹砂，以夹粗砂为主，占61.07%，部分夹细砂，占38.93%。陶色以灰陶为主，占48.09%，次为褐陶、红陶和黑陶，分别占19.47%、16.41%和12.98%，灰褐陶和红褐陶很少，各占1.91%和1.15%。器表以纹饰为主，占72.90%，素面较少，占27.10%。纹饰以粗戳划纹为主，占20.99%，次为菱形绳纹、绳纹，各占13.74%和12.60%，戳印纹、复合纹、凹弦纹较少，附加堆纹、划纹、波浪纹、镂孔很少。器类以罐、缸为主，各占48.85%和45.42%，盘、钵等很少（表五八）。石器出土数量很少，有残石斧、石臼等。

表五八　H316出土陶器统计表

陶质	夹粗砂				夹细砂						合计	%
陶色	灰	红	黑	褐	灰	红	黑	褐	灰褐	红褐		
纹饰/器类												
粗戳划纹	30	7	8	10							55	20.99
绳纹	10	11	4	8							33	12.60
菱形绳纹	21	6	3	4	1	1					36	13.74
凹弦纹		2	3		5		1	1	1	1	14	5.34
划纹				2	1	2					5	1.91
波浪纹					1	1		1			3	1.15
戳印纹					10	3	5	4			22	8.40
附加堆纹				1	3	2			1		7	2.67
镂孔								1			1	0.38
复合纹	2			3	3		1	6			15	5.73
素面	15	5		5	24	3	9	5	3	2	71	27.10
合计	78	31	18	33	48	12	16	18	5	3	262	100
%	29.77	11.83	6.87	12.60	18.32	4.58	6.11	6.87	1.91	1.15	100	
缸口	22	3	9	3							37	14.12
缸腹	35	21	5	12							73	27.86
缸底	5			4							9	3.44
罐口	2				2	3		2			9	3.44
罐腹	8	4	4	12	28	4	8	6	4	2	80	30.53
罐底	4	3		2							9	3.44
盘口罐口					11	4	5	7			27	10.31
折沿罐口	2				1						3	1.15
盘								3			3	1.15
钵口					1				1		2	0.76
不明器					5	1	3			1	10	3.82

陶器　参加分类排队的陶器81件，挑选标本21件。

缸口　29件。

A型　7件。Aa型。

Ⅱa式：6件。

标本H316：26，夹粗砂黑陶，局部灰色。唇面饰戳印纹，器表饰菱形绳纹。敞口，唇沿内凸，上腹较斜直，残。轮制，火候较高。口径43.6、残高4.4厘米（图一六八，1）。

Ⅱb式：1件。

标本H316：22，夹粗砂灰陶，口局部、里黑色。唇面饰切割和戳印纹，器表饰菱形绳纹。敞口，唇沿内凸，上腹微弧，残。轮制，火候较高。残宽6.6、残高4.8厘米（图一六八，2）。

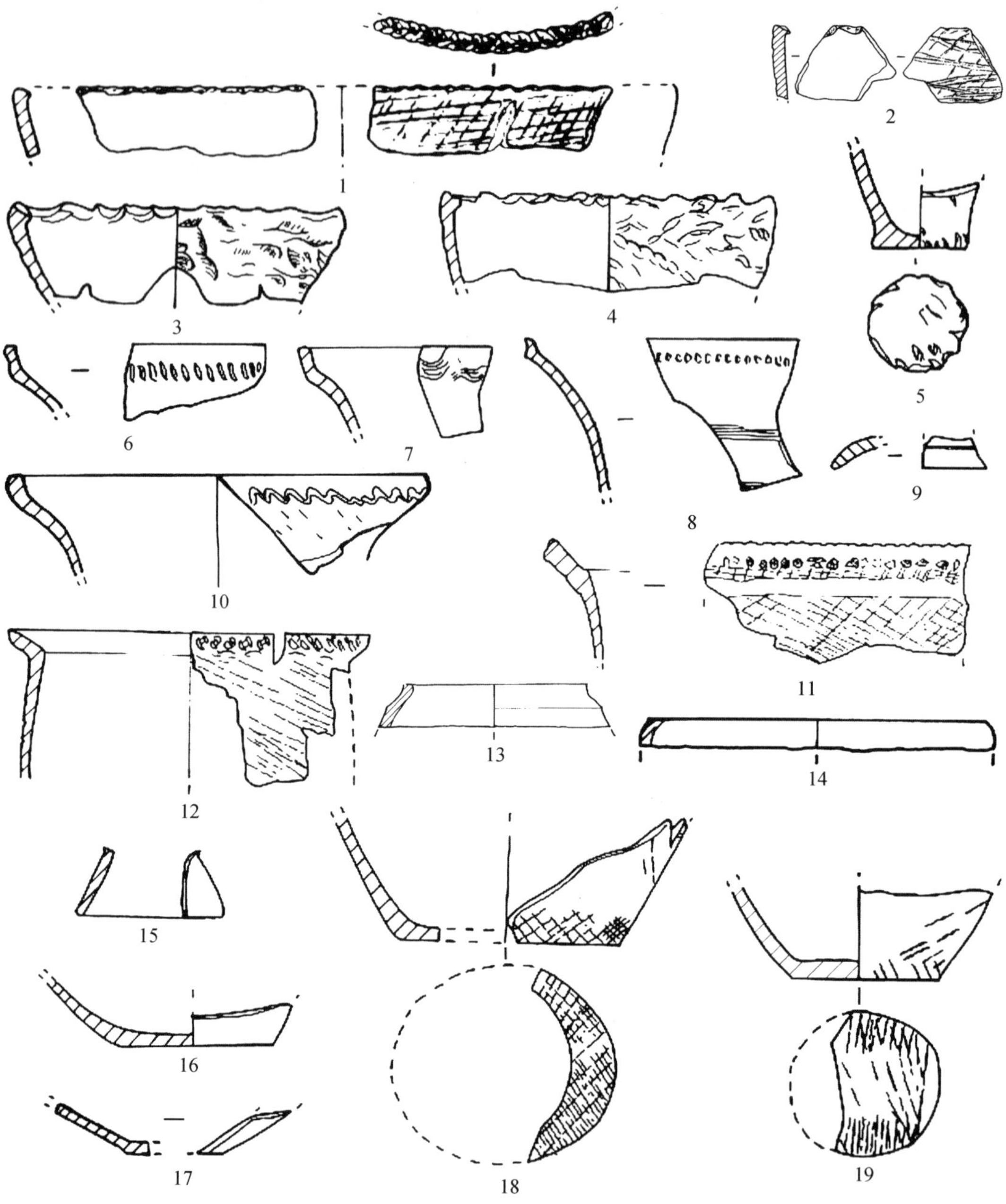

图一六八 H316出土陶器

1. Aa型Ⅱa式缸口（H316：26） 2. Aa型Ⅱb式缸口（H316：22） 3、4. B型Ⅰ式缸口（H316：16、H316：17） 5. B型缸底（H316：19） 6. A型Ⅱ式盘口罐（H316：5） 7. Ba型Ⅰ式盘口罐（H316：4） 8、10. B型盘口器（H316：14、H316：3） 9. A型器盖（H316：8） 11. B型Ⅰ式折沿罐（H316：12） 12. B型Ⅱ式折沿罐（H316：13） 13. A型敛口罐（H316：24） 14. B型敛口罐（H316：25） 15. Bb型圈足（H316：11） 16～19. 器底（H316：27、H316：23、H316：20、H316：21）

B型 22件。

Ⅰ式：12件。

标本H316：16，夹粗砂红陶，局部灰黑。唇饰较深粗戳印纹，器表饰粗戳划纹。敞口，上腹微弧收。手制，火候较高。口径22.4、残高6.4厘米（图一六八，3）。标本H316：17，夹粗砂红陶，局部灰、黑。唇饰较深粗戳印纹，上腹饰粗戳划纹。敞口，上腹微弧收。手制，火候较高。口径22、残高6.2厘米（图一六八，4）。

Ⅱ式：1件。标本碎小。

Ⅲ式：9件。标本碎小。

缸底　8件。

A型　2件。标本碎小。

B型　6件。

标本H316：19，夹粗砂红陶，局部、胎灰褐，里黑。下腹、底缘、外底饰粗戳划纹。下腹微弧收，小平底，残。手制，火候较高。底径6.4、残高6.2厘米（图一六八，5）。H316：18，夹砂灰陶，局部黑。下腹、底缘、外底饰粗戳划纹。下腹斜收，小平底，残。手制，火候较高。

盘口罐　18件。

A型　17件。

Ⅰ式：7件。标本碎小。

Ⅱ式：10件。

标本H316：5，夹细砂红陶，褐胎。盘外下凸棱饰戳印纹，内壁磨光。较浅盘口，圆唇，上腹内弧，残。轮制，火候较高。残宽9.6、残高5厘米（图一六八，6）。

B型　1件。Ba型Ⅰ式。

标本H316：4，夹砂红陶，局部黑。盘外饰波浪形划纹，内壁磨光。较深盘口，圆唇，上腹内斜，残。轮制，火候较高。残宽5.2、残高6厘米（图一六八，7）。

盘口器　6件。

A型　3件。标本碎小。

B型　3件。

标本H316：14，夹砂褐陶，局部黑。盘外下饰戳印纹，上腹饰划纹，内壁磨光。浅盘口，圆唇，上腹内弧，残。轮制，火候较高。残宽9.8、残高10厘米（图一六八，8）。标本H316：3，夹细砂红陶，灰胎。盘外饰波浪形划纹，上腹饰斜细绳纹后抹平，内壁磨光。较浅盘口，圆唇，上腹内弧，残。手制轮修，火候较高。口径28、残高6.5厘米（图一六八，10）。

折沿罐　4件。

A型　1件。标本碎小。

B型　2件。

Ⅰ式：1件。

标本H316：12，夹粗砂灰褐陶，局部、里黑。上下唇缘饰戳印纹，器表饰菱形绳纹，沿、上腹相交处饰附加堆纹。敞口，斜折沿较宽，唇面微凹，上腹微斜收，残。轮制，火候较高。残宽17.6、残高8厘米（图一六八，11）。

Ⅱ式：1件。

标本H316：13，夹砂褐陶，局部、胎黑。唇面饰戳印纹，上腹饰斜绳纹，沿面磨光。侈口，斜折沿，腹微鼓，残。轮制，火候较高。口径24、残高10厘米（图一六八，12）。

C型　1件。标本碎小。

敛口罐　2件。

A型　1件。

标本H316：24，夹细砂红陶。唇面、器表磨光，素面。敛口，圆唇，外沿有宽凹槽一周，斜折肩，残。轮制。口径12、残高3.9厘米（图一六八，13）。

B型　1件。

标本H316：25，夹细砂褐陶。唇面、器表磨光，素面。敛口，方唇，弧肩，残。口径21.6、残高1.8厘米（图一六八，14）。

钵　1件。A型Ⅰ式。

H316：7，夹粗砂红陶，局部灰。素面，内外壁磨光。口微敛，圆唇，弧腹，残。轮制，火候较高。

器盖　1件。A型。

标本H316：8，夹细砂灰褐陶，胎红夹黑。器表饰划纹，内壁磨光。弧壁，敞口，圆唇，残。手制，火候较高。残宽4.1、残高2.1厘米（图一六八，9）。

圈足　1件。Bb型。

标本H316：11，夹砂浅黄陶。素面，外壁磨光。喇叭形圈足较高，残。手制，火候较高。残宽2.6、残高4.4厘米（图一六八，15）。

器底　11件。

标本H316：27，夹砂红陶，黑胎。素面。下腹微弧收，平底，残。手制，火候较高。底径10.4、残高4.8厘米（图一六八，16）。标本H316：23，夹砂黑陶，胎、里红。素面，外壁磨光。下腹较斜直，平底，残。手制，火候较高。残宽6.4、残高3.2厘米（图一六八，17）。标本H316：20，夹粗砂灰陶，局部、里黑。腹、底缘饰菱形绳纹，外底饰交错绳纹。下腹较斜直，平底，残。手制，火候较高。底径15.2、残高8厘米（图一六八，18）。标本H316：21，夹砂红陶，局部褐。下腹、外底饰绳纹。下腹微弧，平底，残。手制，火候较高。底径9.6、残高5.8厘米（图一六八，19）。

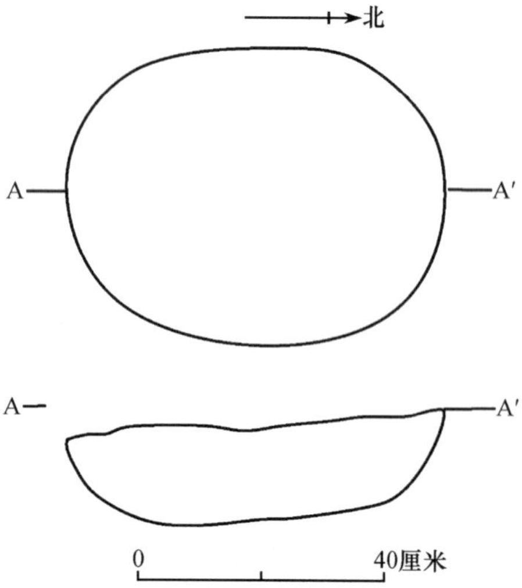

图一六九　H587平、剖面图

（2）B型

2个。

1）Bb型

1个。

H587

位置：位于99DT0201中部，坑口距地表深590厘米。

层位关系：⑯A—H587→⑰B。

形制：坑口平面形状为椭圆形，弧壁，底部近平，坑壁规整，为红黏土加工。口长径55、短径45、深15厘米（图一六九）。

坑内堆积与包含物：坑内堆积黄灰土，夹炭粒较多，质疏松。包含物多为陶碎片，参加分类排队的陶器5件。

缸口　1件。B型Ⅰ式。

标本H587：1，夹细砂灰黑陶，局部灰。唇部饰较深粗戳印纹，内上壁饰横细划纹。口近直，残。手制，火候较高。残宽6.4、残高3.6厘米（图一七〇，1）。

有沿盘　1件。Ⅱ式。

标本H587：3，夹粗砂红褐陶。素面，内外壁粗磨。侈口，沿外翻，圆唇，残。轮制，火候一般。残宽6.2、残高2.8厘米（图一七〇，2）。

钵　1件。Cb型Ⅱ式。

标本H587：2，夹细砂红褐陶，黑胎。外沿、内上腹饰细划纹。敛口，圆唇，上腹内卷、下腹斜直内收，残。手制轮修，火候较高。口径20.8、残高6.1厘米（图一七〇，3）。

器盖　2件。A型。

标本H587：4，夹细砂红陶。近捉手处饰戳印纹。喇叭口，方唇，残。手制，火候较高。残宽6.4、残高5.1厘米（图一七〇，4）。标本H587：5，夹细砂黑陶，局部红褐。器表饰绳纹。侈口，圆唇，壁微弧，残。手制，火候较高。残宽4.3、残高2.4厘米（图一七〇，5）。

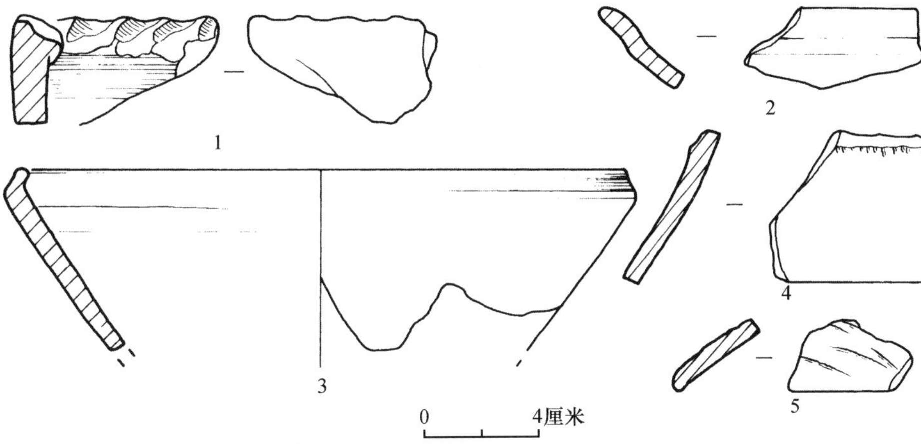

图一七〇　H587出土陶器

1. B型Ⅰ式缸口（H587：1）　2. Ⅱ式有沿盘（H587：3）　3. Cb型Ⅱ式钵（H587：2）　4、5. A型器盖（H587：4、H587：5）

2）Bd型

1个。

H276

位置：位于98BT0305西北角，局部暴露于探方内，部分压在98BT0305北隔梁和98BT0405东隔梁下。层位关系：㉖—H276→㉗。

形制：从暴露部分观察，坑口平面应为椭圆形，四壁不规则，底略圜，坑壁平滑，用厚3～6厘米的黄黏土加工。残长径115、短径198、深100厘米（图一七一）。

坑内堆积与包含物：坑内填大量松软的灰褐、黄褐土，夹大量的砾石。包含物主要为陶器。

出土遗物：出土陶器154件。陶质全为夹砂，以夹细砂为主，占84.42%，夹粗砂较少，占15.58%。陶色以灰陶和褐陶（包括灰褐与红褐）为主，各占34.41%和31.83%，次为红陶，占23.38%，黑陶最少，占10.39%。器表以纹饰为主，占82.47%，素面较少，占17.53%。纹饰以粗戳划纹为主，占25.97%，次为绳纹和菱形绳纹，各占18.18%和11.69%，复合纹、附加堆纹较

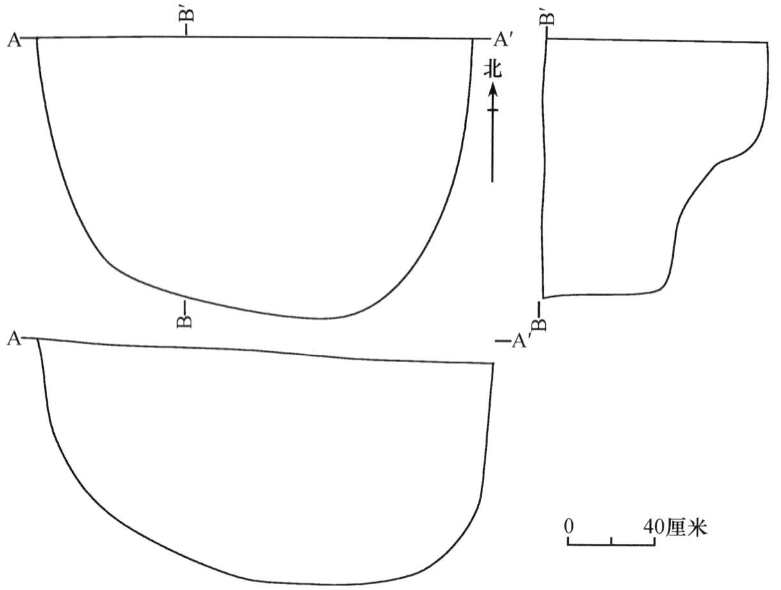

图一七一　H276平、剖面图

少，划纹、戳印纹、暗纹、阴弦纹、细绳纹、凹弦纹等很少。器类以罐、缸为主，各占48.70%和41.56%，瓮、钵、器盖等很少（表五九）。

表五九　H276出土陶器统计表

陶质	夹粗砂			夹细砂						合计	%
陶色	灰	红	黑	灰	红	黑	褐	灰褐	红褐		
纹饰/器类											
粗戳划纹				12	9	2	1	16		40	25.97
绳纹	1		1	3	2	3	15		3	28	18.18
细绳纹	1									1	0.65
菱形绳纹	9	3	4	2						18	11.69
凹弦纹				1						1	0.65
划纹	1			4		1			1	7	4.55
戳印纹				1	1				2	4	2.60
附加堆纹				2	5		1	2		10	6.49
复合纹			1	4	3	3	1		1	13	8.44
阴弦纹				2						2	1.30
暗纹					3					3	1.95
素面	2	1		8	9	1	3	3		27	17.53
合计	14	4	6	39	32	10	21	21	7	154	100
%	9.09	2.60	3.90	25.32	20.78	6.49	13.64	13.64	4.55	100	
缸口	4	1	4	12	3	2		13		39	25.32
缸腹	5		2		7		1	6		21	13.64
缸底	1	1			1		1			4	2.60
罐口				8	5	3			4	20	12.99

续表

陶质	夹粗砂			夹细砂						合计	%
陶色	灰	红	黑	灰	红	黑	褐	灰褐	红褐		
纹饰/器类											
罐腹	2	1		12	11	5	11		3	45	29.22
罐底	2	1			1		6			10	6.49
瓮				3				2		5	3.45
器盖							1			1	0.65
钵				3	1					4	2.60
不明器				1	3		1			5	3.45

参加分类排队的陶器40件，挑选标本25件。

缸口　13件。

A型　3件。Aa型。

Ⅱa式：2件。

标本H276：9，夹粗砂黑陶，局部灰色。唇面饰戳印纹，器表饰菱形绳纹。敞口，唇沿内凸，上腹微弧，残。轮制，火候较高。残宽5.8、残高4.1厘米（图一七二，1）。标本H276：10，夹粗砂灰陶，里黑色。唇面饰戳印纹，器表饰菱形绳纹。口近直，唇沿内凸，上腹直，残。轮制，火候较高。残宽6.8、残高4.3厘米（图一七二，2）。

Ⅱb式：1件。

标本H276：3，夹粗砂灰陶，局部黑、红，里黑。唇饰较深粗戳印纹，器表饰斜粗绳纹、局部交错呈菱形。敞口，腹斜直。手制，火候较高。口径23.2、残高17.6厘米。

B型　10件。

Ⅰ式：7件。

标本H276：8，夹砂红褐陶，局部褐。唇饰较深粗戳印纹，上腹饰粗戳划纹。敞口，上腹较斜直，残。手制，火候较高。残宽8、残高7.2厘米（图一七二，3；图版二一，2）。

Ⅱ式：2件。

标本H276：5，夹砂红陶，口、里黑。唇饰较深粗戳印纹，腹饰粗戳划纹。口微敛，微有内沿，上腹微弧收。手制，火候较高。残宽16、残高18.4厘米（图一七二，4；图版二一，1）。标本H276：7，夹砂红褐陶，口、里黑。唇饰较深粗戳印纹，上腹饰粗戳划纹。敞口，微有内沿，上腹较斜直。手制，火候较高。残宽14.8、残高10.4厘米（图一七二，5）。

Ⅲ式：1件。

标本H276：6，夹砂红陶，局部灰褐，口、里黑。唇饰较深粗戳印纹，腹饰粗戳划纹。敞口，有内沿，上腹弧收。手制，火候较高。残宽15.8、残高10.8厘米（图一七二，6）。

缸底　2件。

B型　1件。

标本H276：17，夹细砂红褐陶，局部灰褐，里黑。素面。下腹近斜直，猪嘴状足。足径7.2、残高7厘米（图一七二，7）。

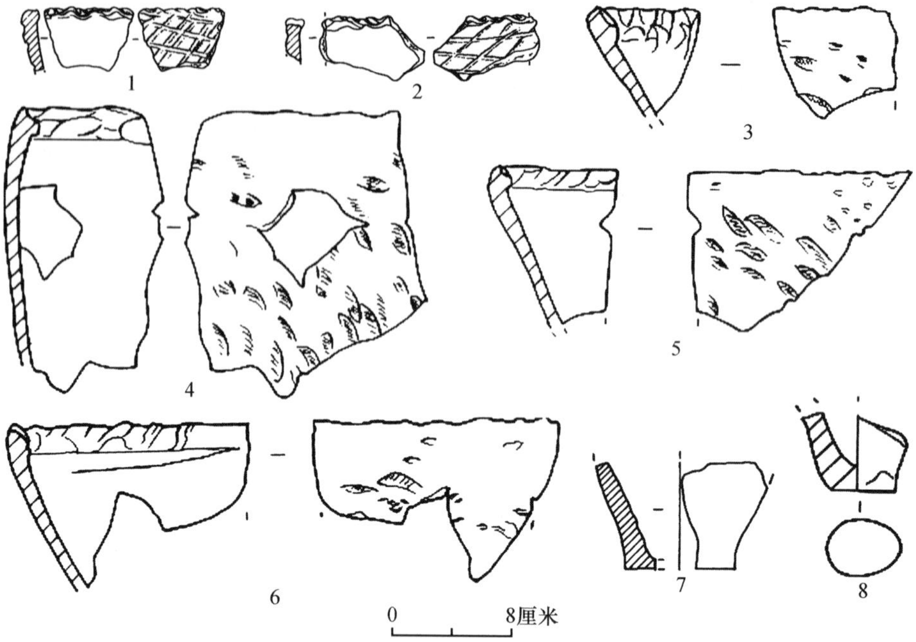

图一七二　H276出土陶器

1、2. Aa型Ⅱa式缸口（H276：9、H276：10） 3. B型Ⅰ式缸口（H276：8） 4、5. B型Ⅱ式缸口（H276：5、H276：7） 6. B型Ⅲ式缸口（H276：6） 7. B型缸底（H276：17） 8. Ca型缸底（H276：16）

C型　1件。Ca型。

标本H276：16，夹细砂红陶，里黑。素面。下腹斜收，近圆形小平底。手制，火候较高。底径约4.8、残高5厘米（图一七二，8）。

盘口罐　6件。Bb型Ⅱ式。

标本H276：1，夹砂灰褐陶，局部黑，里红褐。盘外下饰戳印纹，上腹饰圆形镂孔，腹饰零星斜绳纹，内壁磨光。较浅盘口，圆唇，上腹略呈喇叭形，残。手制轮修，火候较高。口径22.4、残高8.5厘米（图一七三，1）。

盘口器　2件。B型。

标本H276：2，夹砂灰陶，局部红。上腹饰斜细绳纹，内壁磨光。浅盘口，圆唇，上腹内弧，残。轮制，火候较高。残宽8、残高4.8厘米（图一七三，2）。

侈口罐　1件。

标本H276：11，夹砂黑陶，局部红褐。唇饰戳印纹，器表饰斜绳纹、横划纹。侈口，卷沿外斜，唇面微凹，上腹外斜，残。轮制，火候较高。残宽10.2、残高7.2厘米（图一七三，3）。

敞口罐　5件。

B型　3件。

标本H276：14，夹粗砂红陶，局部、里黑。唇饰戳印纹，腹饰组状斜绳纹，沿面、上腹磨光。敞口，卷沿外翻，腹微弧，残。手制轮修，火候较高。口径28.4、残高12厘米（图一七三，4）。

C型　2件。

标本H276：12，夹砂红陶，局部褐、灰。唇饰浅粗戳印纹，上腹饰组状斜绳纹。敞口，卷

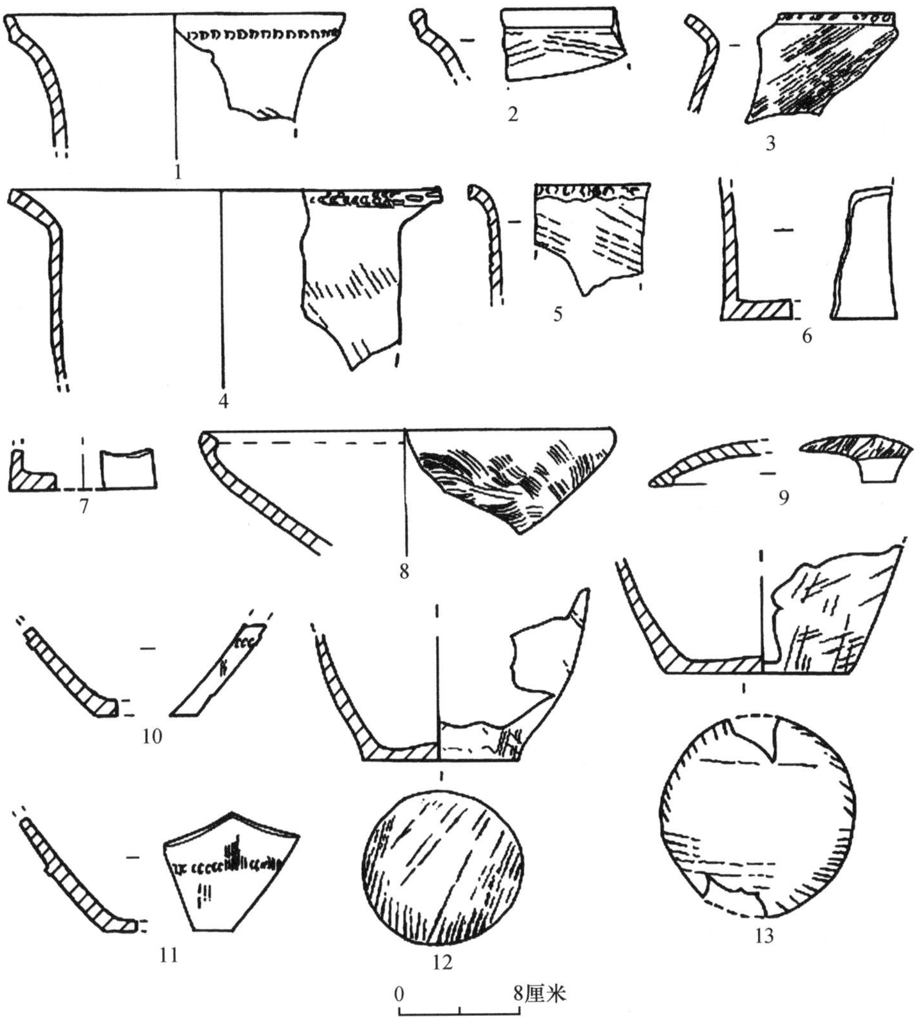

图一七三　H276出土陶器

1. Bb型Ⅱ式盘口罐（H276：1）　2. B型盘口器（H276：2）　3. 侈口罐（H276：11）　4. B型敞口罐（H276：14）　5. C型敞口罐（H276：12）　6、7. Ⅱ式筒形器（H276：21、H276：22）　8. A型Ⅰ式钵（H276：25）　9. A型器盖（H276：4）　10、11. 瓮底（H276：23、H276：24）　12、13. 罐底（H276：19、H276：18）

沿外翻，上腹直，残。手制，火候较高。残宽7.6、残高6.2厘米（图一七三，5）。

筒形器　2件。Ⅱ式。

标本H276：21，夹砂黑陶，紫红胎。素面，外壁磨光。腹微束，平底，残。手制，火候较高。底径11.8、残高8.2厘米（图一七三，6）。标本H276：22，泥质红陶，底部胎红夹灰。素面，外壁磨光。下腹微凹斜，平底，残。手制，火候较高。底径9.6、残高2.4厘米（图一七三，7）。

钵　2件。A型。

Ⅰ式：1件。

标本H276：25，夹砂黑陶，局部、胎红褐。腹饰划纹。敞口，微有折沿，圆唇，腹微弧，残。轮制，火候较高。口径27.2、残高8厘米（图一七三，8）。

Ⅱ式：1件。标本碎小。

器盖　1件。A型。

标本H276：4，夹砂红褐陶，局部、胎、里黑。器表饰划纹，沿、内壁磨光。弧壁，口近直，平折沿、沿面微凹，圆唇，残。轮制，火候较高。残宽7.6、残高2.8厘米（图一七三，9）。

瓮底　3件。

标本H276：23，夹砂红陶。下腹饰附加堆纹，在堆纹上饰绳切纹；斜细绳纹。下腹微弧收，平底，残。手制，火候较高。残宽6.4、残高5.8厘米（图一七三，10）。标本H276：24，夹砂红陶。下腹饰附加堆纹，在堆纹上饰绳切纹、斜细绳纹。下腹微弧收，平底，残。手制，火候较高。残宽8.8、残高7.6厘米（图一七三，11）。

罐底　3件。

标本H276：19，夹砂红陶，局部、胎、里黑。下腹、外底边饰斜绳纹。下腹微弧收，平底，残。手制，火候较高。底径12.8、残高8厘米（图一七三，12）。标本H276：18，夹砂红陶，局部褐、黑。底外缘、外底饰绳纹。鼓腹，平底，残。手制，火候较高。底径10.4、残高10.8厘米（图一七三，13）。

（3）D型

1个。Db型。

H310

位置：位于98BT0204中部偏东，H326南边，H316东边，H317北边，坑口距地表深550厘米。层位关系：㊵—H310→H316、H317、H326。

形制：坑口平面呈圆角长方形，弧壁，圜底，坑壁和坑底用黄黏土加工，坑口、坑壁黏土相对较薄，厚2～8厘米，坑底黏土层厚8厘米，坑底用不规整的卵石铺垫。坑口长200、宽160、深68厘米（图一七四；图版一〇，2）。

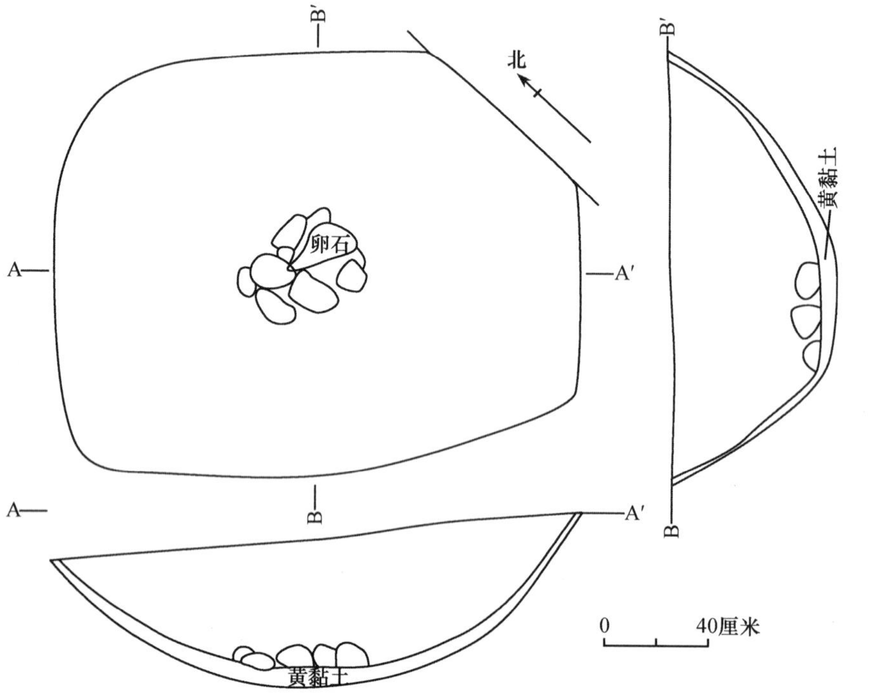

图一七四　H310平、剖面图

坑内堆积与包含物：坑内填松软的灰土，夹杂炭屑。包含物以碎陶片为主，有少量的残石器。

出土遗物：出土陶器131件。陶质全为夹砂，以夹细砂为主，占94.66%，夹粗砂很少，仅占5.34%。陶色以灰陶为主，占41.98%，次为褐陶（包括红褐、黑褐）和红陶，各占24.43%和22.14%，黑陶最少，占11.45%。器表以纹饰为主，占69.47%，部分素面陶，占30.53%。纹饰以粗戳划纹为主，占26.72%，次为绳纹，占16.03%，菱形绳纹、复合纹、附加堆纹较少，各占7.63%、7.63%、5.34%，戳印纹、划纹、凹弦纹、阴弦纹、镂孔等很少。器类以罐为主，占48.09%，次为缸，占39.69%，瓮、盘口器、钵等很少（表六〇）。

表六〇　H310出土陶器统计表

陶质	夹粗砂	夹细砂						合计	%
陶色	灰	灰	红	黑	褐	红褐	黑褐		
纹饰/器类									
粗戳划纹		18	10		5	2		35	26.72
绳纹	1	3	6	5	3	3		21	16.03
菱形绳纹	4	2		3	1			10	7.63
凹弦纹			1					1	0.76
划纹		1	1					2	1.53
戳印纹		1				1	1	3	2.29
附加堆纹		1	2		3	1		7	5.34
镂孔							1	1	0.76
复合纹	1	2	1		1	4	1	10	7.63
阴弦纹	1							1	0.76
素面		20	8	7	4	1		40	30.53
合计	7	48	29	15	17	12	3	131	100
%	5.34	36.64	22.14	11.45	12.98	9.16	2.29	100	
缸口		14	6	1	3	2		26	19.85
缸腹	5	4	8	1	4			22	16.79
缸底		1	2		1			4	3.05
罐口		1				2		3	2.29
罐腹	1	15	7	7	9	3		42	32.06
罐底		1	3	5				9	6.87
盘口罐口		2				2	2	6	4.58
折沿罐口			1			1	1	3	2.29
盘口器口	1	1				2		4	3.05
瓮		1						1	0.76
碗底		1						1	0.76
钵口		2						2	1.53
圈足			1					1	0.76
不明器		5	1	1				7	5.34

参加分类排队的陶器42件，挑选标本7件。

缸口 13件。

A型 1件。Ab型。标本碎小。

B型 12件。

Ⅰ式：9件。

标本H310：9，夹细砂灰陶，口局部、里黑色。唇面、器表饰戳印纹。敞口，内沿面有按抹痕，上腹微弧，残。轮制，火候较高。残宽9.7、残高6.4厘米（图一七五，1）。标本H310：10，夹细砂灰褐陶，口、里黑。唇部内斜饰粗戳印纹，器表饰粗戳划纹。敞口，上腹微弧收，残。手制，火候较高。

Ⅱ式：2件。

标本H310：11，夹细砂灰陶，口局部黑，里褐色。唇面、器表饰戳印纹。口近直，微有内沿，上腹较直，残。轮制，火候不高。残宽6.8、残高4.1厘米（图一七五，2）。

Ⅲ式：1件。

标本H310：12，夹砂褐陶，里红。唇饰较深粗戳印纹，上腹饰粗戳划纹。敞口，有内沿，上腹较斜直，残。手制，火候较高。残宽5.2、残高6厘米（图一七五，3）。

缸底 3件。B型。标本碎小。

盘口罐 6件。

A型 4件。

Ⅱ式：3件。

标本H310：3，夹细砂红褐陶。素面，内外壁磨光。浅盘口，圆唇，残。轮制，火候较高。口径20、残高2.8厘米（图一七五，4）。

Ⅲ式：1件。标本碎小。

B型 2件。

Ba型 1件。Ⅱ式。标本碎小。

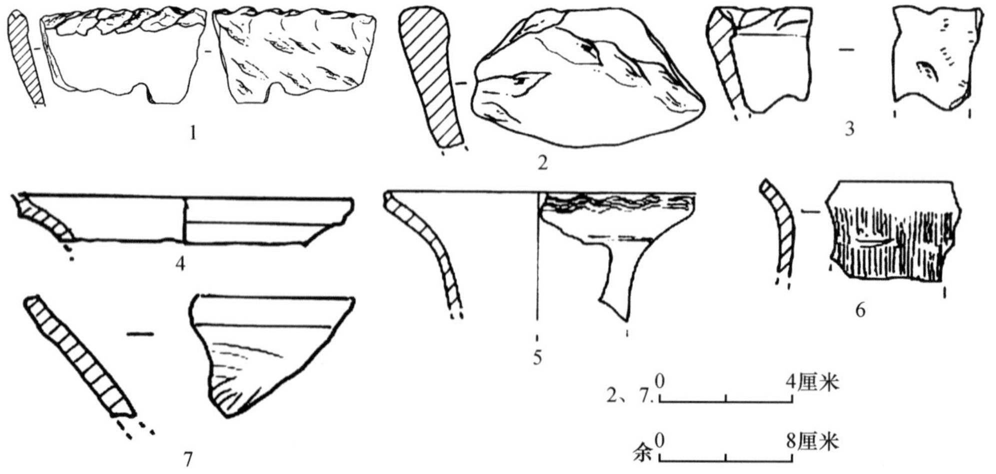

图一七五 H310出土陶器

1. B型Ⅰ式缸口（H310：9） 2. B型Ⅱ式缸口（H310：11） 3. B型Ⅲ式缸口（H310：12） 4. A型Ⅱ式盘口罐（H310：3） 5. B型盘口器（H310：8） 6. 侈口灌（H310：13） 7. 喇叭口罐（H310：2）

Bb型　1件。Ⅱ式。标本碎小。

盘口器　1件。B型。

标本H310：8，夹砂红褐陶，胎红夹褐，里红。盘外饰波浪形划纹，内壁磨光，多细旋痕。略呈浅盘口，圆唇，上腹内弧。轮制，火候较高。口径18.4、残高7.2厘米（图一七五，5）。

折沿罐　3件。C型。标本碎小。

侈口罐　5件。

标本H310：13，夹砂红褐陶，局部、里黑，红胎。唇饰浅戳印纹，腹饰竖绳纹、划纹。侈口，卷沿，上腹微外斜，残。轮制，火候较高。残宽7.6、残高5.8厘米（图一七五，6）。

喇叭口罐　1件。

标本H310：2，夹细砂红褐陶。上腹饰绳纹，内壁磨光。喇叭口，方唇，残。手制轮修，火候较高。残宽5、残高3.6厘米（图一七五，7）。

敛口罐　1件。B型。标本碎小。

圈足　2件。Bb型。

标本H310：4，夹砂红陶，局部红褐，灰黑胎。素面。圈足较高、外撇，残。手制，火候较高。

罐底　7件。标本碎小。

（七）第7组

26个。

1. 甲类

10个。

（1）A型

3个，1个不明亚型，余为Ab型。

H575

位置：位于99AT0201东南部，坑口距地表深600～620厘米。层位关系：⑥⑨—H575→⑦③。

形制：坑平面形状呈不规则圆形，弧壁，圜底，坑壁、底用10～15厘米厚的黄黏土加工，坑底置放大小卵石14块，近坑底处有较多较纯净的花杂黏土。口径300、深140厘米（图一七六；图版一一，1）。

坑内堆积与包含物：坑内填灰褐土，质松，夹较多杂质。包含物较为丰富，主要是陶器，还有少量石器。

出土遗物：出土陶器140件。陶质全为夹砂陶，以夹细砂为主，少量夹粗砂。陶色以褐陶为主，占40.00%，次为黑陶、红陶，分别占25.71%和20.00%，灰陶较少，占14.29%。纹饰与素面各占50%，纹饰以绳纹和粗戳划纹为主，各占19.29%和17.14%，复合纹和戳印纹较少，各占5.71%和4.29%，暗纹、方格纹、凹弦纹、镂孔极少，磨光陶所占比例增加，占20.00%。器类以缸、罐为

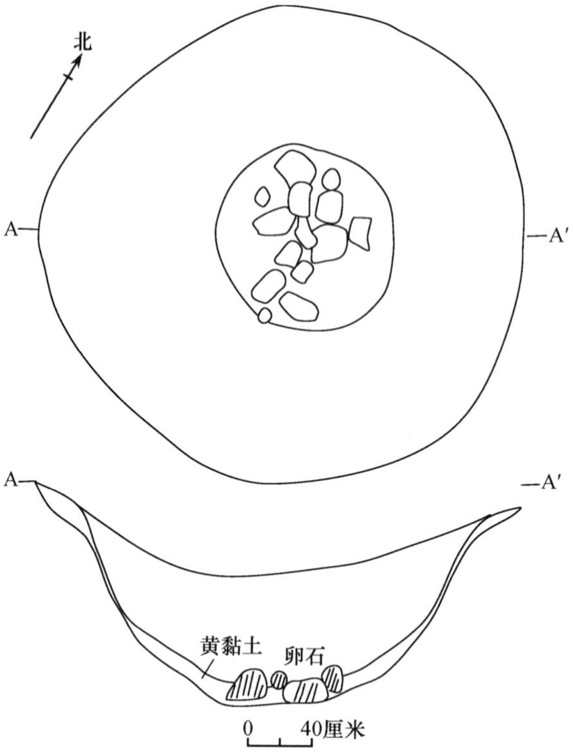

图一七六　H575平、剖面图

主，各占46.43%和17.86%，器形难辨者约占22.86%，盘、钵、折腹器等较少（表六一）。石器发现很少，仅2件。

表六一　H575陶器统计表

陶质	夹砂				合计	%
陶色	灰	红	黑	褐		
纹饰/器类						
粗戳划纹	6	4	8	6	24	17.14
绳纹	3	3	6	15	27	19.29
方格纹		1			1	0.71
凹弦纹				1	1	0.71
戳印纹		1		5	6	4.29
镂孔				1	1	0.71
复合纹		5		3	8	5.71
暗纹		1		1	2	1.43
素面	11	13	22	24	70	50。00
合计	20	28	36	56	140	100
%	14.29	20.00	25.71	40.00	100	
缸	11	5	23	26	65	46.43
罐	3	7	3	12	25	17.86
盘				1	1	0.71
钵				1	1	0.71

续表

陶质	夹砂				合计	%
陶色	灰	红	黑	褐		
纹饰/器类						
折腹器			1		1	0.71
圈足				1	1	0.71
平底	1	1	3	9	14	10.00
不明器	5	15	6	6	32	22.86

陶器　参加分类排队的陶器64件，挑选标本19件。

缸口　30件。B型。

Ⅲ式：17件。

标本H575：10，夹细砂灰黑陶，里红褐。唇面饰戳印纹，器表饰粗绳纹，外沿有手捏痕。敞口，有明显内沿，残。残宽6.4、残高8.2厘米（图一七七，1）。标本H575：7，夹细砂黑陶，唇面、内沿面饰戳印纹，外沿有手捏痕。敞口，有内沿，残。残宽6.6、残高5.2厘米。

Ⅳ式：13件。

标本H575：8，夹细砂黑陶。唇面饰戳印纹。敛口，有内沿，残。残宽5、残高5.2厘米（图一七七，2）。标本H575：9，夹细砂灰褐陶，局部红褐，里灰。唇面饰戳印纹，外沿有手捏痕。敞口，残。残宽6.8、残高6厘米（图一七七，3）。

缸底　5件。

B型　1件。

标本H575：15，夹细砂红陶，胎灰色。下腹和底外缘饰绳纹，外底饰粗绳纹。下腹斜收，平底中部内凹似圈足，残。手制轮修，火候不高。足径5.5、残高5厘米（图一七七，4）。

C型　4件。Cb型。

标本H575：16，夹细砂灰陶。素面，器表有手捏和刮削痕，内壁有刮抹和戳印痕。下腹斜收，圆柱状平底，实足跟较高，残。手制，火候较高。足径3.4、残高7.8厘米（图一七七，5；图版二二，4）。标本H575：29，夹细砂灰陶。素面，下部有刮削痕。下腹斜直，圆柱足较矮，实足跟较高，底微凸，残。分制，火候较高。足径3.9、残高10厘米（图一七七，6）。

瓮　1件。A型。标本碎小。

盘口罐　7件。

A型　4件。

Ⅱ式：1件。

标本H575：5，夹粗砂红褐陶。盘外下饰戳印纹，内壁磨光。口微敞，圆唇，盘较深，残。轮制，火候不高。残宽5.4、残高5厘米（图一七七，7）。

Ⅲ式：3件。

标本H575：6，夹细砂红褐陶，里黑。盘外下凸棱和上腹饰戳印纹，有较多轮制痕。口微敞，圆尖唇，盘浅，残。轮制，火候不高。残宽5、残高3.6厘米（图一七七，8）。

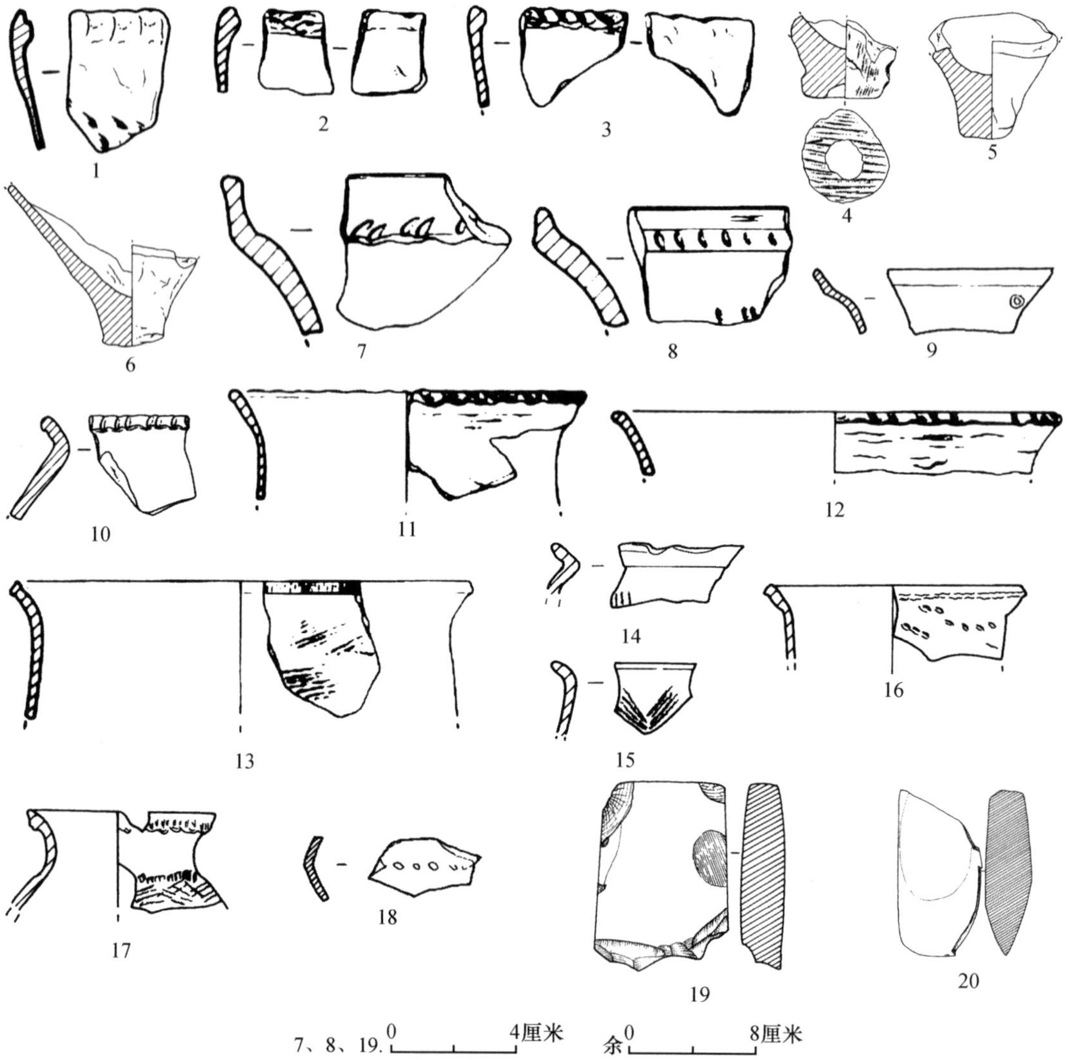

图一七七　H575出土器物

1. B型Ⅲ式陶缸口（H575：10）　2、3. B型Ⅳ式陶缸口（H575：8、H575：9）　4. B型陶缸底（H575：15）　5、6. Cb型陶缸底（H575：16、H575：29）　7. A型Ⅱ式陶盘口罐（H575：5）　8. A型Ⅲ式陶盘口罐（H575：6）　9. Bb型Ⅱ式陶盘口罐（H575：4）　10. Aa型Ⅱ式陶卷沿罐（H575：14）　11、12. Ab型Ⅱ式陶卷沿罐（H575：12、H575：13）　13. C型Ⅱ式陶卷沿罐（H575：11）　14、15. 陶侈口罐（H575：18、H575：20）　16. 陶敞口罐（H575：17）　17. A型陶壶（H575：3）　18. 陶折腹壶?（H575：19）　19. Ab型Ⅱ式石斧（H575：1）　20. Bb型石斧（H575：2）

B型　3件。

Ba型　1件。Ⅲ式。标本碎小。

Bb型　2件。Ⅱ式。

标本H575：4，夹细砂红褐陶，灰胎，里黑。领部饰斜细绳纹、镂孔。盘口外张，圆唇，口外下微内凹，浅盘，束领，残。残宽10.5、残高4厘米（图一七七，9）。

卷沿罐　6件。

A型　4件。

Aa型　1件。Ⅱ式。

标本H575：14，夹细砂褐陶，灰胎，里黑色。唇面饰戳印纹，口内壁磨光。侈口，卷沿，圆唇，鼓腹，残。轮制，火候较高。残宽6.6、残高6.2厘米（图一七七，10）。

Ab型　3件。

Ⅰ式：1件。标本碎小。

Ⅱ式：2件。

标本H575：12，夹细砂灰陶，里褐色。唇面饰戳印纹，上腹饰绳纹，口内壁磨光。敞口，卷沿，圆唇，上腹近直，残。轮制，火候较高。口径22.6、残高6.7厘米（图一七七，11）。标本H575：13，夹细砂灰陶，里红色。唇面饰戳印纹，器表饰绳纹，口内壁磨光。敞口，圆唇，残。轮制，火候较高。口径28.2、残高3.6厘米（图一七七，12）。

C型　2件。Ⅱ式。

标本H575：11，夹细砂褐陶，口部灰黑，里黑色。唇面浅压细绳纹，上腹饰细绳纹，口内壁磨光。微侈口，卷沿，内沿近唇处微内凹，方唇，腹微弧，残。轮制，火候较高。口径29.2、残高8.4厘米（图一七七，13）。

侈口罐　3件。

标本H575：18，夹细砂红褐陶，黑胎。肩部饰划纹，外壁和口沿内壁磨光。卷沿，圆唇，鼓肩，残。轮制，火候较高。残宽8.4、残高4厘米（图一七七，14）。标本H575：20，夹细砂红陶，灰黑胎、里。器表饰波浪形划纹，口内沿粗磨。卷沿，圆唇，腹较内斜，残。轮制，火候较高。残宽5、残高4.4厘米（图一七七，15）。

敞口罐　1件。

标本H575：17，夹细砂灰黑陶，里黑。唇外沿饰戳印纹，器表饰戳印纹，内壁磨光。敞口，卷沿，方唇，腹直，残。轮制，火候一般。口径16.4、残高4.8厘米（图一七七，16）。

壶　1件。A型。

标本H575：3，夹粗砂红陶，黑胎。口外下凸棱和颈肩相交处饰戳印纹，肩部饰菱形绳纹。侈口，束颈，圆唇，溜肩，残。手制轮修，火候较高。口径11.8、残高6.4厘米（图一七七，17）。

折腹壶?　1件。

标本H575：19，夹砂黑陶，局部灰褐。折棱处饰浅戳印纹，外壁磨光。斜折沿，下腹斜收，残。轮制，火候较高。残宽7、残高4厘米（图一七七，18）。

盘　1件。A型。标本碎小。

钵　1件。A型Ⅰ式。标本碎小。

圈足　2件。Ba型、Bb型各1件。标本碎小。

器底　5件。标本碎小。

石器　出土很少，仅2件。

斧　2件。

Ab型　1件。Ⅱ式。

标本H575：1，青黑色角岩，局部青绿。平面略呈长方形，顶较平，刃残断。磨制。残长5.8、残宽4.1、厚1.35厘米（图一七七，19）。

Bb型　1件。

标本H575：2，黑色角岩。平面长方形，弧刃，正锋，刃部锋利、有崩疤，残。磨制。残长10.2、残宽5.2、厚2.9厘米（图一七七，20）。

（2）B型

5个。

1）Ba型

2个。

H564

位置：位于99AT0301西北部，部分压在西壁下，坑口距地表深610厘米。层位关系：㉛—H564→㉜。

形制：坑口平面近椭圆形，斜壁，圜底。坑壁、底用厚5～7厘米红黏土加工，底部有一块椭圆形石块。残长径240、短径200、深145厘米（图一七八）。

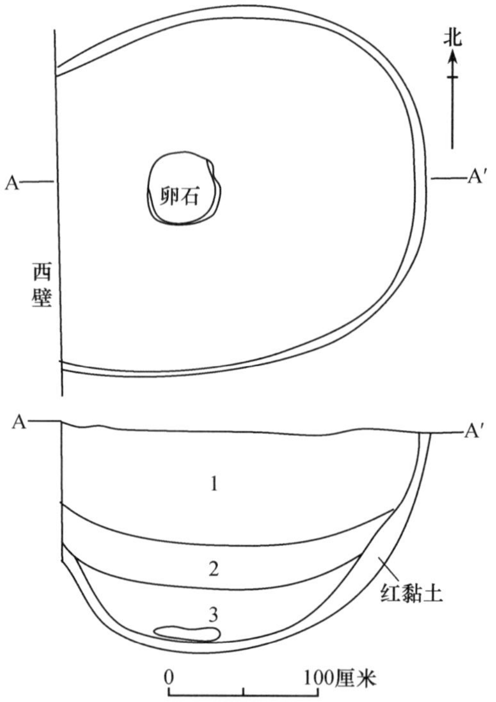

图一七八　H564平、剖面图

坑内堆积与包含物：坑内填土根据土质、土色可分3层。

第1层：厚75厘米。红黏土，质稍硬，夹灰土。包含陶片较多。

第2层：厚28.5厘米。灰土，质松，夹红黏土块。包含陶片较丰富。

第3层：厚34.5厘米。灰烬，质疏松。包含较多陶片与少量兽骨。

出土遗物：该坑包含遗物丰富，出土陶器498件，参加分类排队的陶器26件。分层介绍如下：

第1层：出土陶器136件。陶质全为夹砂，以夹细砂为主，占97.05%，夹粗砂极少，仅占2.95%。陶色以红陶为主，占33.09%，次为灰、黑陶，各占26.47%和25.00%，褐陶最少，占15.44%。器表以纹饰为主，占81.15%，素面较少，占19.85%。素面以粗戳划纹为主，占

36.03%，次为绳纹和复合纹，各占23.53%和11.76%，划纹、菱形绳纹较少，凹弦纹、瓦棱纹、镂孔极少。器类以缸为主，占44.12%，次为罐，盘口器、盘、盆、钵等很少，有22.79%的腹片不辨器形（表六二）。

表六二　H564①出土陶器统计表

陶质	夹粗砂				夹细砂				合计	%
陶色	灰	红	黑	褐	灰	红	黑	褐		
纹饰/器类										
粗戳划纹					28	21			49	36.03
绳纹					3	6	11	12	32	23.53
菱形绳纹	3								3	2.21
瓦棱纹						1			1	0.74
凹弦纹							1		1	0.74
划纹						1	3	2	6	4.41
镂孔						1			1	0.74
复合纹					1	9	2	4	16	11.76
素面			1		1	6	16	3	27	19.85
合计	3		1		33	45	33	21	136	100
%	2.21		0.74		24.26	33.09	24.26	15.44	100	
缸口	1				9	15	8	9	42	30.88
缸底					3	14	1		18	13.24
折沿罐							1		1	0.74
侈口罐							7	3	10	7.35
盆?							1		1	0.74
钵							2		2	1.47
盘口器								2	2	1.47
喇叭口器						4	2		6	4.41
盘							2	1	3	2.21
平底			1		1	3	8	4	17	12.50
圈足							1	2	3	2.21
不明器	2				20	9			31	22.79

参加分类排队的陶器9件，挑选标本6件。

瓮　1件。A型。

H564①：7，夹细砂灰陶，褐胎。唇面、内壁饰组状戳印纹，上腹饰镂孔。侈口，卷沿，圆唇，腹微弧残。口径27.6、残高7.6厘米（图一七九，4）。

盘口罐　2件。A型Ⅲ式。

H564①：4，夹细砂黑褐陶，口部黑色。素面，内外壁磨光。盘口浅，圆唇，口外内凹，下有凸棱一周，残。轮制，火候一般。口径23、残高4.4厘米（图一七九，1）。H564①：5，夹细砂褐陶，局部灰，里红，灰胎。口外下凸棱上饰戳印纹，盘下饰绳纹，内壁磨光。盘口

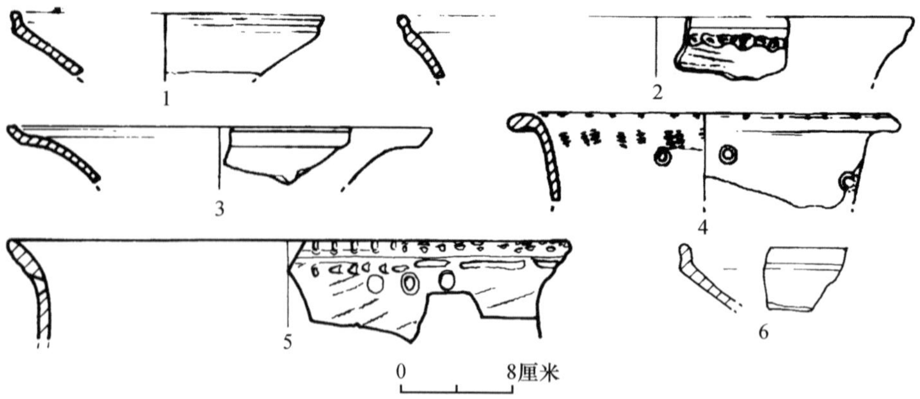

图一七九 H564①出土陶器

1、2. A型Ⅲ式盘口罐（H564①：4、H564①：5） 3. Ab型盘口器（H564①：3） 4. A型瓮（H564①：7） 5. B型Ⅰ式卷沿罐（H564①：6） 6. B型Ⅲ式盘（H564①：9）

浅，圆唇，口外下内凹，残。轮制，火候较高。口径36.8、残高4.1厘米（图一七九，2）。

盘口器 1件。Ab型。

H564①：3，夹细砂红陶。素面，器壁磨光。微有盘口，圆唇，残。轮制，火候较高。口径33.6、残高3.6厘米（图一七九，3）。

卷沿罐 1件。B型Ⅰ式。

H564①：6，夹细砂红褐陶，局部黑色。唇面、沿下堆纹上饰戳印纹，沿、腹交接处饰单穿和双穿镂孔、一镂孔未镂穿，腹饰稀疏绳纹，内壁磨光。敞口，卷沿，腹微弧，残。轮制，火候较高。口径40、残高7.2厘米（图一七九，5）。

盘 3件。

B型 2件。Ⅲ式。

标本H564①：9，夹细砂褐陶，口、里黑。素面。浅盘口，圆唇，领斜直内收，残。轮制，火候较高。残宽6、残高4厘米（图一七九，6）。

C型 1件。标本碎小。

钵 1件。Ca型Ⅰ式。标本碎小。

第2层：出土陶器171件。陶质全为夹砂，以夹细砂为主，占98.25%，夹粗砂极少，仅占1.75%。陶色以红、黑陶为主，各占31.58%与30.41%，次为灰陶，占23.39%，褐陶较少，占14.62%。器表以纹饰为主，占88.89%，素面较少，占11.11%。纹饰以粗戳划纹为主，占52.60%，次为绳纹，占21.08%，复合纹较少，占11.70%，划纹、戳印纹很少。器类以缸为主，占38.60%，罐、壶、盘等较少，有36.84%的腹片不明器形（表六三）。

表六三 H564②出土陶器统计表

陶质	夹粗砂				夹细砂				合计	%
陶色	灰	红	黑	褐	灰	红	黑	褐		
纹饰/器类										
粗戳划纹	1				31	24	34		90	52.60
绳纹	1			1	2	6	6	19	35	20.50

续表

陶质	夹粗砂				夹细砂				合计	%
陶色	灰	红	黑	褐	灰	红	黑	褐		
纹饰/器类										
细绳纹							1		1	0.58
方格纹						1			1	0.58
划纹						2			2	1.17
戳印纹							1	2	3	1.75
复合纹					1	11	5	3	20	11.70
素面					4	10	5		19	11.11
合计	2			1	38	54	52	24	171	100
%	1.17			0.58	22.22	31.58	30.41	14.04	100	
缸口	2				15	8	27	2	54	31.58
缸底					2	6	1	3	12	7.02
折沿罐				1			2		3	1.75
侈口罐					2	2	2		6	3.51
盘口器（壶）						4	3	2	9	5.26
喇叭口器					1	2			3	1.75
盘					2		1		3	1.75
平底					2	4	7	5	18	10.53
不明器					14	28	9	12	63	36.84

参加分类排队的陶器10件，挑选标本3件。

盘口罐　2件。B型。

Ba型　1件。Ⅱ式。标本碎小。

Bb型　1件。Ⅱ式。

标本H564②：1，夹细砂红陶，局部黑、褐。盘外壁饰戳印纹，上腹饰细绳纹，内壁磨光。浅盘口，圆唇，盘壁微凹，残。轮制，火候较高。残宽7.2、残高6厘米（图一八〇，1）。

盘口器　2件。

A型　1件。Aa型。标本碎小。

B型　1件。

标本H564②：2，夹细砂红褐陶。盘外下凸棱上饰戳印纹，上腹部饰细绳纹和一道凹

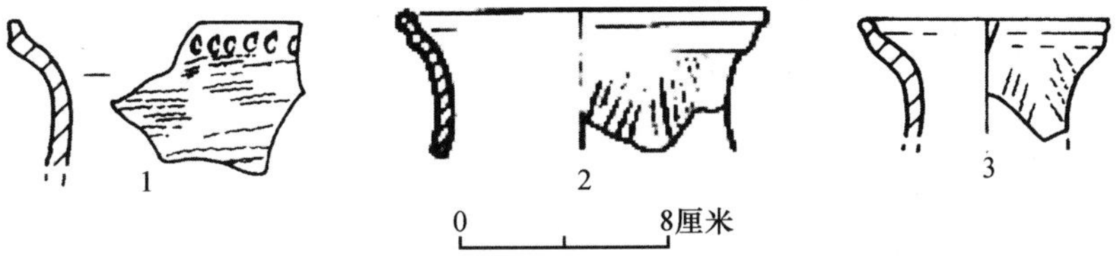

图一八〇　H564②出土陶器

1. Bb型Ⅱ式盘口罐（H564②：1）　2. B型盘口器（H564②：2）　3. A型Ⅱ式盘口壶（H564②：3）

弦纹，内壁磨光。浅盘口，圆唇，上腹内弧，残。轮制，火候较高。口径14、残高4.8厘米（图一八〇，2）。

盘口壶　2件。A型Ⅱ式。

标本H564②：3，夹细砂黑陶。盘下和上腹饰斜细绳纹，内壁磨光。盘口较浅，圆唇，口外下有凸棱一道，残。口径10、残高5.2厘米（图一八〇，3）。

盘　4件。

A型　3件。标本碎小。

C型　1件。标本碎小。

第3层：出土陶器191件。陶质全为夹砂，以夹细砂为主，占96.34%，夹粗砂很少，仅占3.66%。陶色以红陶为主，占29.84%，次为灰、黑陶，各占25.65%和25.13%，褐陶最少，占19.37%。器表以纹饰为主，站84.82%，素面较少，占15.18%。纹饰以粗戳划纹为主，占53.40%，次为绳纹、复合纹，各占15.71%和9.95%。菱形绳纹、戳印纹、细绳纹、凹弦纹、划纹、方格纹等很少。器类以缸为主，占28.79%，次为罐，盘口器、钵等很少，另有58.64%的腹片不辨器形（表六四）。

表六四　H564③出土陶器统计表

陶质	夹粗砂				夹细砂				合计	%
陶色	灰	红	黑	褐	灰	红	黑	褐		
纹饰/器类										
粗戳划纹				1	29	32	25	15	102	53.40
绳纹				1	3	6	10	10	30	15.71
细绳纹								2	2	1.05
方格纹						1			1	0.52
菱形绳纹	3		1						4	2.09
凹弦纹				1					1	0.52
划纹					1				1	0.52
戳印纹					1		1		2	1.05
复合纹					2	10	7		19	9.95
素面					10	8	4	7	29	15.18
合计	3		1	3	46	57	47	34	191	100
%	1.57		0.52	1.57	24.08	29.84	24.61	17.80	100	
缸口	2		1		13	16	13	4	49	25．65
缸底					2	3	1		6	3.14
折沿罐							1		1	0.52
侈口罐						2	1	1	4	2.09
喇叭口器								2	2	1.05
敞口器					1				1	0.52
盘口器				1	1	1	1	1	5	2.62
钵					1				1	0.52
圈足								1	1	0.52

续表

陶质	夹粗砂				夹细砂				合计	%
陶色	灰	红	黑	褐	灰	红	黑	褐		
纹饰/器类										
平底					1	3	5		9	4.71
不明器	1			2	27	32	25	25	112	58.64

参加分类排队的陶器7件，挑选标本4件。

盘口罐　3件。B型。

Ba型　2件。Ⅲ式。

标本H564③：3，夹细砂褐陶，局部红、黑。盘外壁饰戳印纹，上腹饰细绳纹、凹弦纹、镂孔，内壁磨光。浅盘口，圆唇，残。轮制，火候较高。口径27.6、残高8.4厘米（图一八一，1）。

Bb型　1件。Ⅱ式。

标本H564③：1，夹细砂红陶，局部灰、褐。盘外壁饰戳印纹，上腹饰绳纹，内壁磨光。浅盘口，圆唇，盘壁微凹，残。轮制，火候较高。口径23.2、残高5.2厘米（图一八一，2）。

盘口器　1件。Aa型。标本碎小。

盘　2件。

A型　1件。标本碎小。

C型　1件。

标本H564③：4，夹细砂灰黑陶，里黑。口外下有凹弦纹一道，内外壁磨光。敞口，圆唇，壁近斜直，残。残宽5、残高4.9厘米（图一八一，3）。

卷沿罐　1件。Aa型。

标本H564③：2，夹细砂灰陶，局部淡黄色。器表饰组状绳纹，内壁磨光。敞口，卷沿，圆唇，微弧腹，残。轮制，火候较高。口径26.4、残高11.2厘米（图一八一，4）。

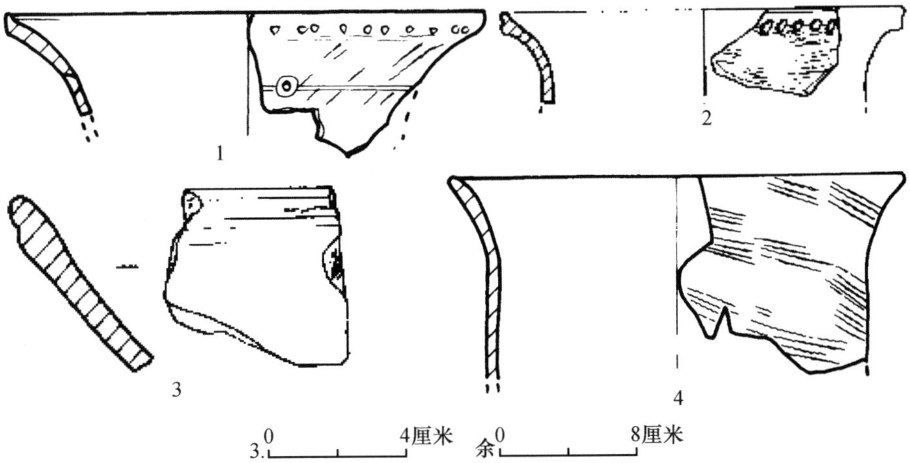

图一八一　H564③出土陶器

1. Ba型Ⅲ式盘口罐（H564③：3）　2. Bb型Ⅱ式盘口罐（H564③：1）　3. C型盘（H564③：4）　4. Aa型卷沿罐（H564③：2）

2）Bb型

2个。

H801

位置：位于02DT0101东北部，部分压在探方北壁下，西部被H788打破，距地表深680厘米。层位关系：㊵A—H801→㊶。

形制：从暴露部分观察，坑口平面呈椭圆形，弧壁，圜底，底部用卵石铺垫，无加工痕迹。口残长86、残宽21、深50厘米（图一八二）。

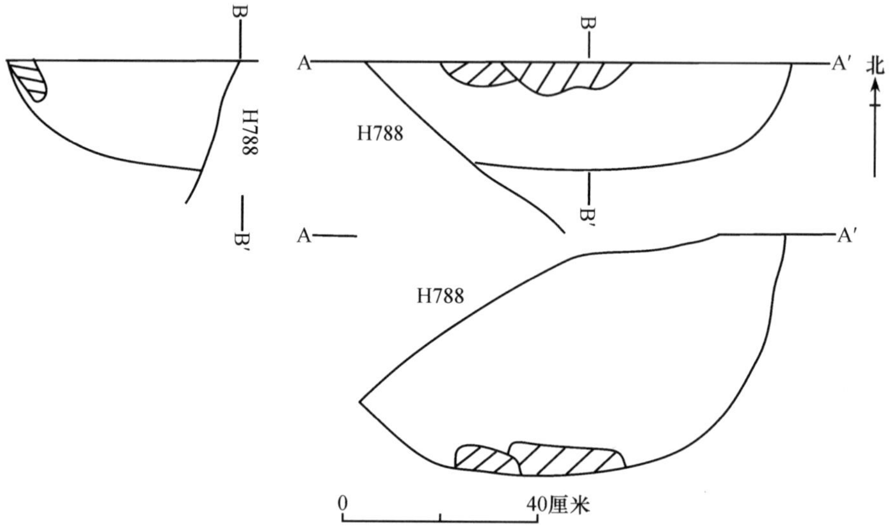

图一八二　H801平、剖面图

坑内堆积与包含物：坑内填黄土，质较密，夹少量沙粒、杂黏土块。包含少量碎小陶片，难辨器形。

3）Bd型

1个。

H551

位置：位于99DT0101南部，部分压在探方西壁下，被H550打破。层位关系：H550→H551→生土。

形制：从暴露部分观察，坑口平面呈椭圆形，弧壁，平底，坑壁用黏土涂抹加工。残长190、残宽140、深110、底径60厘米（图一八三）。

坑内堆积与包含物：坑内填松软的红沙土。包含物主要是陶器。

出土遗物：出土陶器共307件。陶质以夹砂为主，占96.74%，其中，夹粗砂占85.02%，夹细砂占11.72%，泥质陶极少，仅占3.26%。陶色以灰陶为主（包括灰褐陶），占92.51%，红陶较少，占7.17%，褐陶极少，仅占0.33%。纹饰以菱形绳纹为主，占66.10%，戳印纹、粗戳划纹较少，分别占5.50%和2.28%，附加堆纹、复合纹、细绳纹、凹弦纹、波浪纹等很少，素面陶比例增加，占21.20%。器类以缸为主，占38.76%，罐、瓮、豆、钵等较少，不辨器形腹片占53.09%（表六五）。

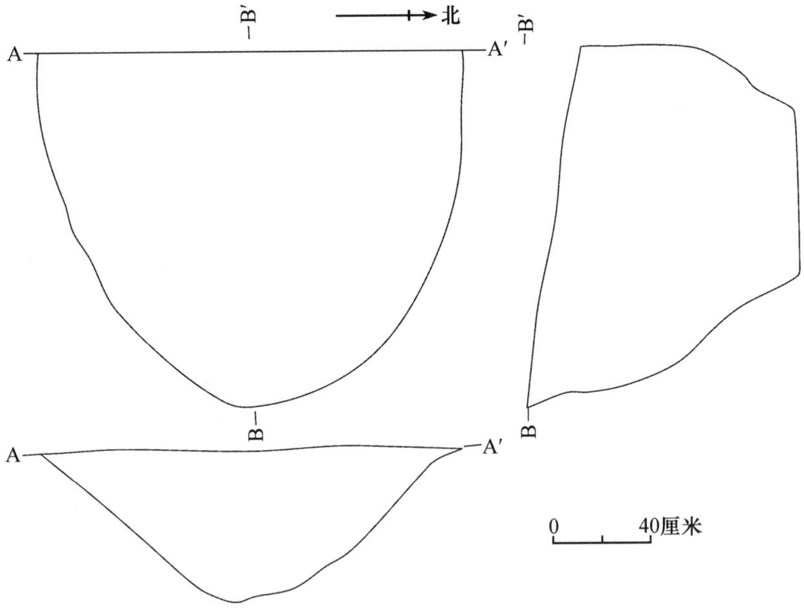

图一八三　H551平、剖面图

表六五　H551出土陶器统计表

陶质	夹粗砂		夹细砂			泥质			合计	%
陶色	灰	红	灰	红	灰褐	灰	红	褐		
纹饰/器类										
粗戳划纹	4	3							7	2.28
细绳纹			1	1					2	0.65
菱形绳纹	202	1							203	66.10
凹弦纹			1	1					2	0.65
波浪纹			1		1				2	0.65
戳印纹	6		10		1				17	5.50
附加堆纹				2			4		6	1.95
复合纹				3					3	0.98
素面	42	3	1	3	10	4	1	1	65	21.20
合计	254	7	14	10	12	4	5	1	307	100
%	82.74	2.28	4.56	3.26	3.91	1.30	1.63	0.33	100	
缸	96								96	31.27
缸底	22			1					23	7.49
罐							1	1	2	0.65
盘口器			10	1	2				13	4.23
瓮					1		2		3	0.98
豆			1						1	0.33
钵				1					1	0.33
平底	3	1			1				5	1.63
腹片	133	6	3	7	8	4	2		163	53.09

参加分类排队的陶器70件，挑选标本11件。

缸口 61件。

A型 1件。Aa型Ⅱb式。标本碎小。

B型 60件

Ⅰ式：1件。

标本H551：2，夹细砂黑陶，局部灰色。唇部外向内饰戳印纹，器表饰戳划纹。敞口，弧腹内收，残。轮制，火候较高。残宽6.4、残高5厘米（图一八四，1）。

Ⅲ式：34件。

标本H551：3，夹细砂灰陶，局部红，黑胎。唇部饰戳印纹，器表饰戳划纹，外沿有手捏痕。敞口，腹较斜直内收，残。手制，火候较高。口径40.2、残高8.2厘米（图一八四，2）。标本H551：4，夹细砂灰陶，局部红褐，黑胎。唇部饰戳印纹，器表饰戳划纹，外沿多手捏痕。口近直，沿内卷，腹斜直内收，残。手制，火候较高。残宽8.7、残高7.4厘米（图一八四，3）。

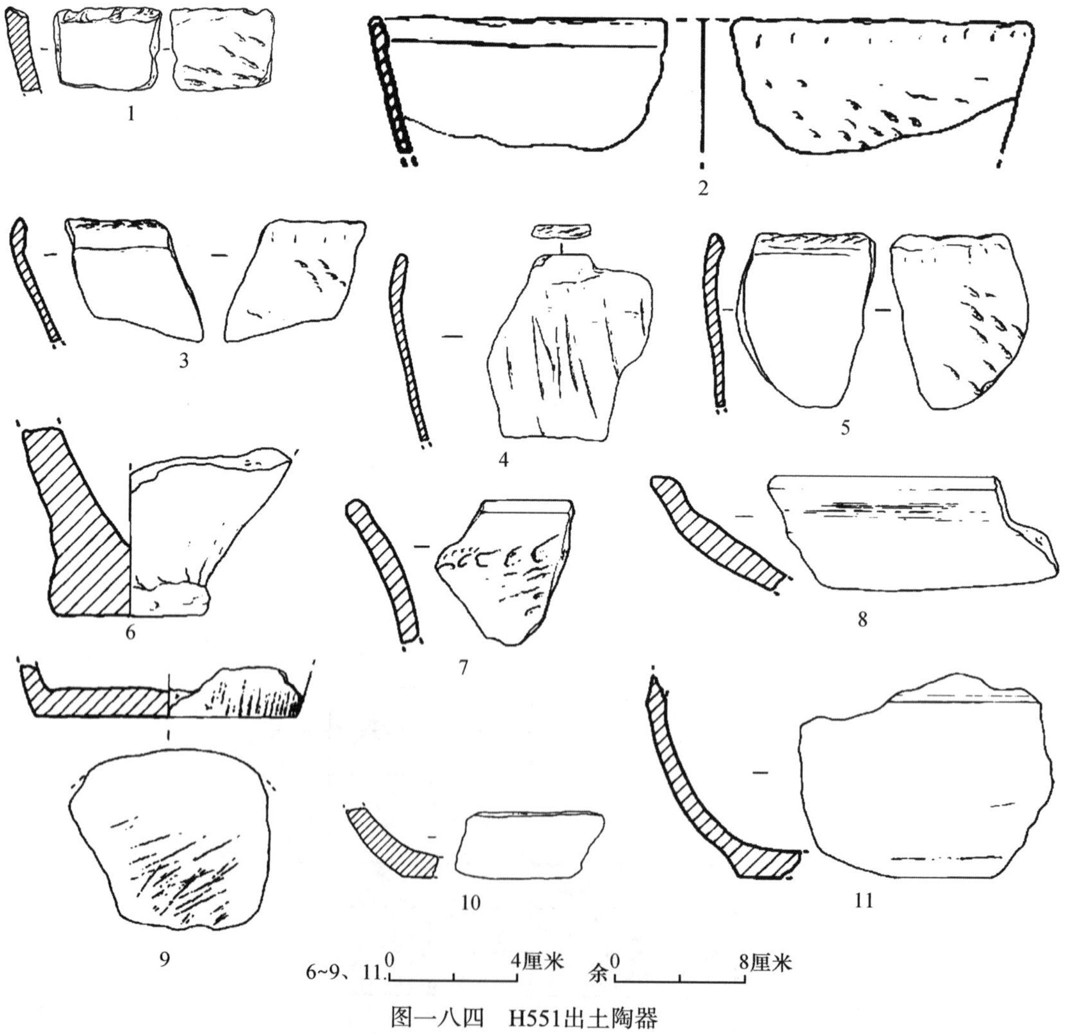

图一八四 H551出土陶器

1. B型Ⅰ式缸口（H551：2） 2、3. B型Ⅲ式缸口（H551：3、H551：4） 4、5. B型Ⅳ式缸口（H551：5、H551：6） 6. Ca型缸底（H551：11） 7. B型盘口器（H551：7） 8. B型Ⅱ式盘（H551：8） 9、10. 器底（H551：9、H551：10） 11. Ab型圈足（H551：12）

Ⅳ式：25件。

标本H551：5，夹细砂灰陶，口、胎、里黑色。唇部饰戳印纹，器表饰划纹，外沿有手捏痕。口微敛，沿内卷，腹较斜直内收，残。轮制，火候较高。残宽10、残高11.2厘米（图一八四，4）。标本H551：6，夹细砂灰陶，局部、胎、里黑色。唇部饰戳印纹，器表饰戳粗划纹。口微敛，沿内卷，腹较斜直内收，残。手制，火候不高。残宽8.3、残高10.4厘米（图一八四，5）。

缸底　4件。

B型　1件。标本碎小。

C型　3件。Ca型。

标本H551：11，夹细砂黑陶。素面，器表多刮抹痕。下腹微弧内收，近圆柱状底，残。手制，火候一般。底径4.8、残高5.5厘米（图一八四，6）。

盘口器　1件。B型。

标本H551：7，夹细砂褐陶，局部浅黄褐色。外沿下饰戳印纹、斜绳纹，内壁磨光。喇叭口，内沿凹，圆唇，残。轮制，火候较高。残宽4.1、残高4.3厘米（图一八四，7）。

盘　1件。B型Ⅱ式。

标本H551：8，夹细砂黑陶。唇面饰细凹弦纹，上腹多旋痕，内壁磨光。敞口，圆唇，上腹微凹，下腹弧内收，残。手制轮修， 火候较高。残宽8.8、残高3.4厘米（图一八四，8）。

器底　2件。

标本H551：9，夹粗砂红陶，黑胎，里灰色。器表、外底饰绳纹。下腹斜直，平底，残。手制，火候较高。底径8、残高1.5厘米（图一八四，9）。标本H551：10，夹细砂红陶，局部、胎黑，里褐色。素面。下腹弧收，平底，残。手制，火候较高。残宽9、残高4.1厘米（图一八四，10）。

圈足　1件。Ab型。

标本H551：12，夹细砂黑陶。素面，内外壁磨光。上腹内折，下腹弧内收，假圈足、平底，残。手制轮修，火候较高。残宽7.6、残高6.1厘米（图一八四，11）。

（3）F型

2个。

1）Fb型

1个。

H566

位置：位于99AT0301西南角，大部分压在南、西壁下，探方内暴露较少，坑口距地表深580厘米。层位关系：㉑—H566→㉒。

形制：暴露部分平面形状不明，弧壁，底部形态不明。坑壁用黏土加工。口残长110、残宽90、残深65厘米（图一八五）。

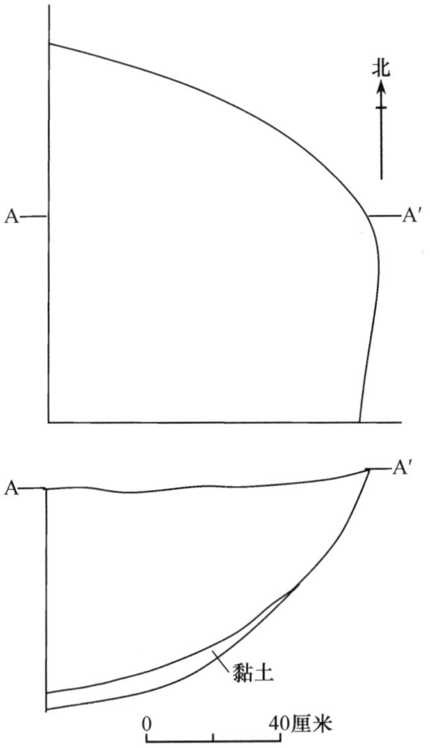

图一八五　H566平、剖面图

坑内堆积与包含物：坑内填灰土，包含较少陶器。

出土遗物：出土陶器共54件。陶质全为夹砂，以夹细砂为主，部分夹粗砂。陶色以褐陶为主，占50.00%，次为灰陶、黑陶，各占25.93%、16.67%，红陶很少，占7.41%。纹饰与素面各占50.00%，纹饰以绳纹和粗戳划纹为主，分别占22.22%与18.52%，复合纹、凸弦纹、波浪纹、戳印纹较少。器类以缸为主，占42.59%，次为罐，占25.93%，瓮等很少，另有20.37%的腹片难辨器形（表六六）。

表六六　H566出土陶器统计表

陶质	夹砂				合计	%
陶色	灰	红	黑	褐		
纹饰/器类						
粗戳划纹	3		2	5	10	18.52
绳纹	2		2	8	12	22.22
凸弦纹		1			1	1.85
波浪纹				1	1	1.85
戳印纹				1	1	1.85
复合纹		1		1	2	3.70
素面	9	2	5	11	27	50.00
合计	14	4	9	27	54	100
%	25.93	7.41	16.67	50.00	100	
缸	7		4	12	23	42.59
罐	1		3	10	14	25.93
瓮		1			1	1.85
平底			2	3	5	9.26
不明器	6	3		2	11	20.37

参加分类排队的陶器9件，挑选标本9件。

缸口　2件。B型。

Ⅲ式：1件。

标本H566：2，夹细砂灰褐陶，里黑。唇面、器表饰戳印纹，口外沿有手捏痕。敞口，有清楚内沿，腹较斜直，残。手制，火候一般。残宽6.6、残高5.6厘米（图一八六，1）。

Ⅳ式：1件。

标本H566：3，夹细砂黑陶，局部灰褐色。唇面、器表饰戳印纹，口外沿有手捏痕。口微敛，微有内沿，上腹较斜直，残。轮制，火候不高。残宽4.6、残高4.5厘米（图一八六，2）。

缸底　3件。

C型　2件。

Ca型　1件。

标本H566：7，夹细砂灰陶，局部、里黑色。素面，下部有刮削痕。下腹微弧，矮柱足微外凸呈猪嘴状，实足跟不高，残。手制，火候较高。足径4、残高11.4厘米（图一八六，3）。

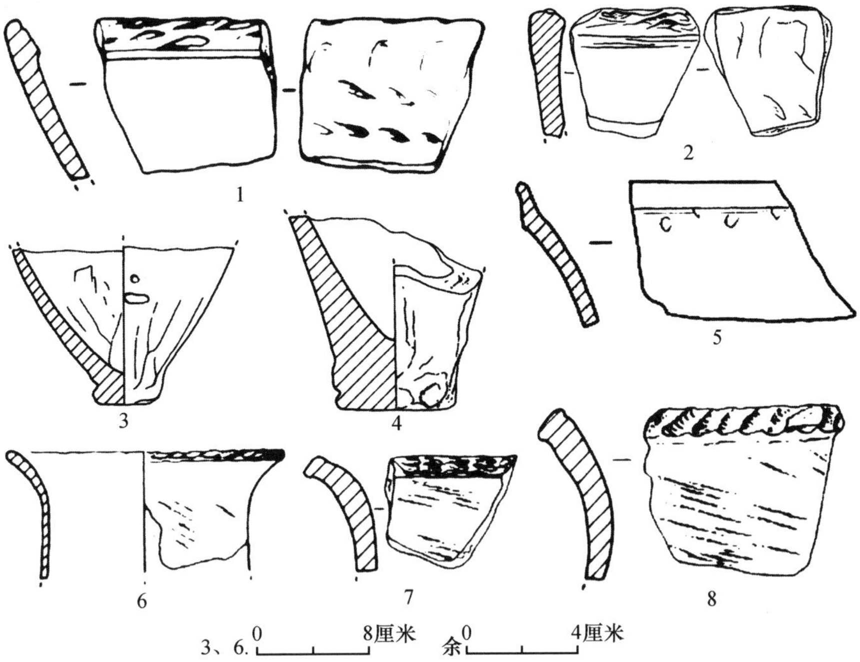

图一八六　H566出土陶器

1. B型Ⅲ式缸口（H566：2）　2. B型Ⅳ式缸口（H566：3）　3. Ca型缸底（H566：7）　4. Cb型缸底（H566：8）　5. Ba型Ⅲ式盘口罐（H566：1）　6. Ab型Ⅱ式卷沿罐（H566：4）　7. B型Ⅰ式卷沿罐（H566：5）　8. C型Ⅱ式卷沿罐（H566：6）

Cb型　1件。

标本H566：8，夹细砂红陶，里黑色。素面，下部有刮削痕。下腹斜直，近圆柱状足，实足跟较高。手制，火候较高。足径4.3、残高6.8厘米（图一八六，4）。

D型　1件。

标本H566：9，夹粗砂灰陶，里黑。素面，下部有刮削痕。下腹较斜收至底，实足跟较高，残。手制，火候较高。足径3.2、残高6.3厘米。

盘口罐　1件。Ba型Ⅲ式。

标本H566：1，夹细砂褐陶，灰陶，里红褐。盘外饰细凹弦纹、戳印纹，领部饰划纹。盘口外张，圆唇，盘较浅，束领，残。残宽8、残高5厘米（图一八六，5）。

卷沿罐　3件。

A型　1件。Ab型Ⅱ式。

标本H566：4，夹细砂褐陶，灰胎。唇面、上腹饰绳纹。微侈口，卷沿，圆唇，腹微弧，残。轮制，火候较高。口径19.6、残高8.4厘米（图一八六，6）。

B型　1件。Ⅰ式。

标本H566：5，夹细砂红陶，黑胎。唇面饰戳印纹，器表饰细绳纹，口内壁磨光。敞口，卷沿，唇缘外下垂，残。轮制，火候较高。残宽4.6、残高4厘米（图一八六，7）。

C型　1件。Ⅱ式。

标本H566：6，夹细砂黑陶，局部褐色。唇面饰戳印纹，器表饰细绳纹。侈口，卷沿，内沿面近唇处微内凹，领微束，残。轮制，火候较高。残宽6.8、残高6厘米（图一八六，8）。

2）Fd型

1个。

H796

位置：位于02DT0101南部，坑口距地表深610厘米，部分垮塌和被H791、H792打破。层位关系：H791、H792→H796→㊵A。

形制：坑口因为垮塌和被打破，平面形状不明，坑壁不规整，底较平，坑壁用厚5厘米、坑底用厚10厘米的黄黏土加工，在黏土上放置有卵石块铺垫。口残长140～160、底径70、深110厘米（图一八七）。

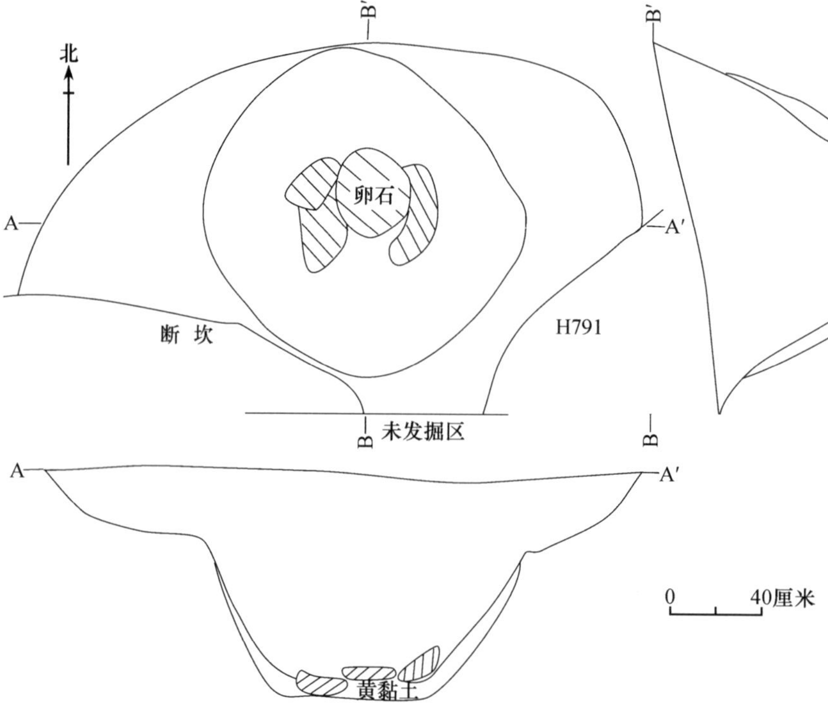

图一八七　H796平、剖面图

坑内堆积与包含物：坑内堆积黄沙土，夹有灰粒。包含少量陶器和1件石器。

出土遗物：出土陶器45件。陶质全为夹砂，以夹细砂为主，少量夹粗砂。陶色以灰陶为主，占42.22%，次为褐陶，占35.56%，红陶较少，占17.78%，黑陶很少，仅占4.44%。器表以纹饰为主，占82.22%，素面较少，占17.78%。纹饰以粗戳划纹为主，占37.78%，次为绳纹，占22.22%，附加堆纹、菱形绳纹、复合纹、戳印纹等较少。器类以缸为主，占37.78%，次为罐，瓮、盘、器盖等很少，另有28.89%的腹片不辨器形（表六七）。还出土残石器1件。

表六七　H796出土陶器统计表

陶质	夹砂				合计	%
陶色	灰	红	黑	褐		
纹饰/器类						
粗戳划纹	10	1	1	5	17	37.78
绳纹	3	2		5	10	22.22

续表

陶质	夹砂				合计	%
陶色	灰	红	黑	褐		
纹饰/器类						
菱形绳纹	2				2	4.44
戳印纹		2			2	4.44
附加堆纹	1		1	2	4	8.89
复合纹		1		1	2	4.44
素面	3	2		3	8	17.78
合计	19	8	2	16	45	100
%	42.22	17.78	4.44	35.56	100	
缸	10	1	1	5	17	37.78
盘口罐		1	1	1	3	6.67
折沿罐	1				1	2.22
卷沿罐		1			1	2.22
瓮	2	1			3	6.67
盘	1				1	2.22
器盖	1				1	2.22
圈足				1	1	2.22
器底				4	4	8.89
不明器	4	4		5	13	28.89

陶器　参加分类排队的陶器16件，挑选标本7件。

缸口　4件。B型。

Ⅰ式：1件。标本碎小

Ⅱ式：2件。标本碎小。

Ⅳ式：1件。

标本H796：2，夹砂黑陶。唇部饰戳印纹，外沿微有手捏痕。敞口，上腹斜收，残。手制，火候较高。残宽9.6、残高6厘米（图一八八，1）。

缸底　2件。A型。

标本H796：8，夹粗砂红陶，局部、胎、里黑。下腹饰斜绳纹。下腹斜收，平底，残。手制，火候较高。底径8.6、残高4.4厘米（图一八八，2）。

瓮　3件。

A型　1件。

标本H796：5，夹砂灰褐陶，局部灰黑。领、肩相接处饰附加堆纹，在堆纹上饰粗绳压纹，领外磨光。高束领，圆肩，残。盘筑，火候较高。肩宽30.4、残高8.6厘米（图一八八，6）。

B型　2件。

标本H796：6，夹砂灰陶。唇部饰斜绳压纹。喇叭口，卷沿，残。轮制，火候高。残宽

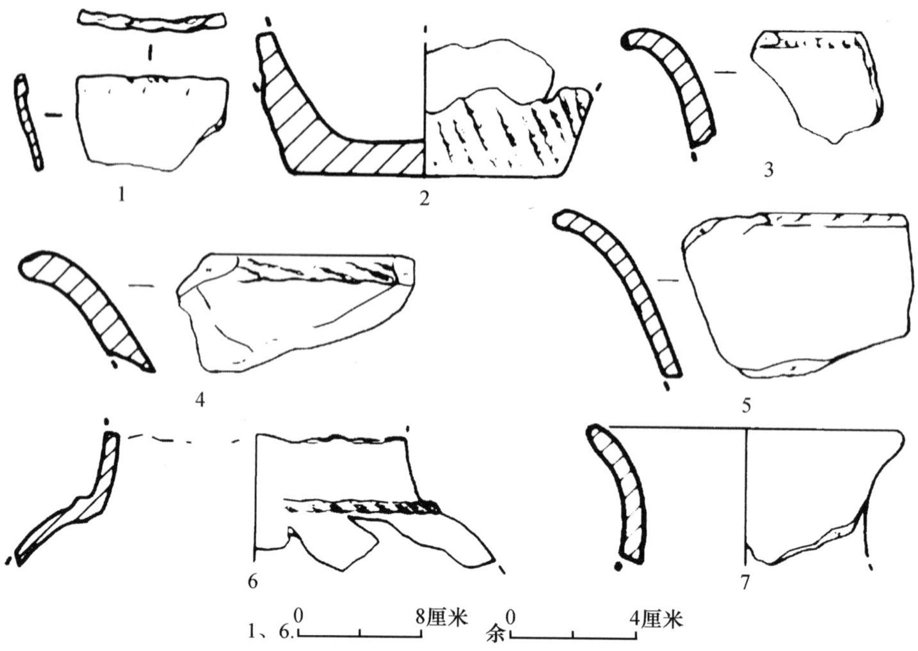

图一八八　H796出土陶器

1. B型Ⅳ式缸口（H796：2）　2. A型缸底（H796：8）　3. Ab型Ⅱ式卷沿罐（H796：3）　4、5. B型瓮（H796：6、H796：7）　6. A型瓮（H796：5）　7. Aa型Ⅰ式卷沿罐（H796：4）

7.6、残高3.8厘米（图一八八，4）。标本H796：7，夹砂红陶，局部褐。唇部饰斜绳压纹，内外壁磨光。喇叭口，圆唇，残。轮制，火候高。残宽7.3、残高5.2厘米（图一八八，5）。

盘口罐　3件。Ba型。

Ⅰ式：2件。标本碎小。

Ⅱ式：1件。标本碎小。

卷沿罐　2件。A型。

Aa型　1件。Ⅰ式。

标本H796：4，夹砂红陶。素面，器表、内沿磨光。侈口，圆唇，束颈，残。轮制，火候高。口径9.9、残高4.3厘米（图一八八，7）。

Ab型　1件。Ⅱ式。

标本H796：3，夹砂红褐陶，红胎。唇部饰戳印纹。敞口，卷沿，上腹斜收，残。轮制，火候高。残宽4.2、残高3.6厘米（图一八八，3）。

圈足　1件。Ba型。标本碎小。

罐底　1件。标本碎小。

石器　仅发现石斧1件。

标本H796：1，黑色砾石。平面长方形，圆顶，下部残。顶部自然面，余磨制。残长10.5、宽5.4、厚4.3厘米。

2. 乙类

16个。

（1）A型

1个。Aa型。

H798

位置：位于02DT0101南部偏东，坑口距地表深680厘米，西部被H796打破，东南上部被H791打破部分。层位关系：H796→H798→㊵A。

形制：从残存部分观察，坑口平面略呈圆形，坑壁斜直，平底，坑壁、底无加工痕迹。口径110、底径90、深70厘米（图一八九）。

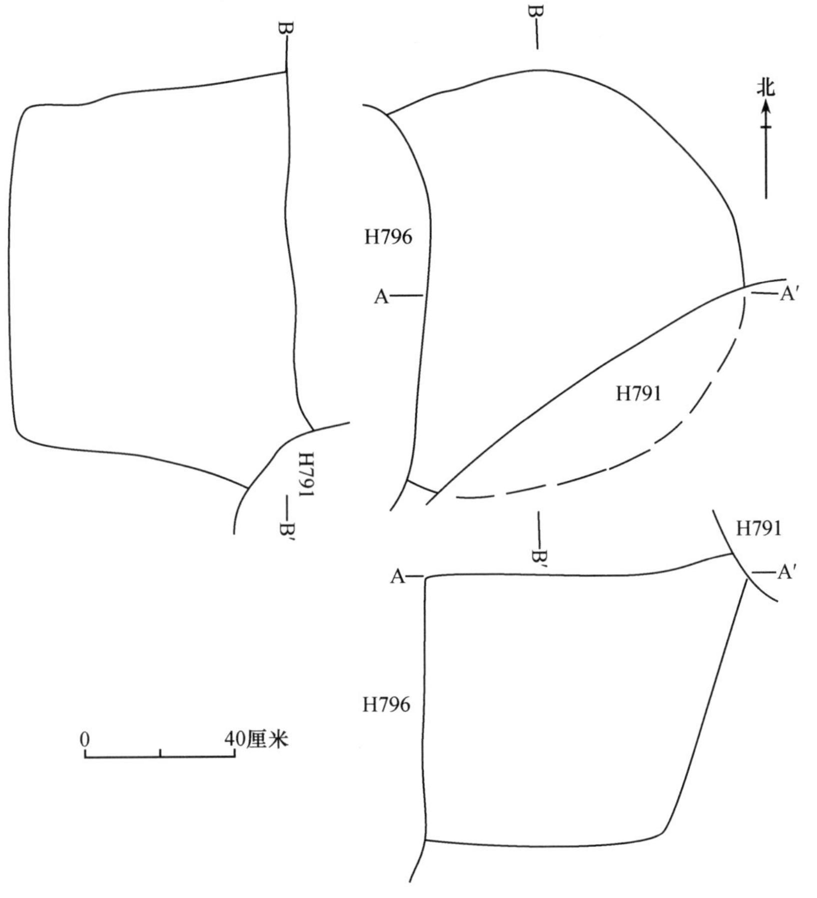

图一八九　H798平、剖面图

坑内堆积与包含物：坑内堆积黄沙土，夹红烧土粒、炭灰粒。包含极少碎小陶片，难辨器形。

（2）B型

5个。

1）Ba型

1个。

H768

位置：位于02BT0101西南部，H766之西，部分压在探方西壁下，坑口距地表深835厘米，被H765打破。层位关系：H765→H768→㊺。

形制：从暴露情况观察，坑口平面呈椭圆形，斜直壁，平底，壁、底无加工痕迹。口长径66、短径约50、残深12厘米（图一九○）。

坑内堆积与包含物：坑内填黄灰色淤泥，质疏软，较纯净。仅包含3块碎小陶片，难辨器形。

2）Bb型

2个。

H754

位置：位于02BT0101中部偏东南，Z7之西北，H748之东南，H787之东北，坑口距地表深612～688厘米。层位关系：㉟—H754→㊶。

形制：坑口平面呈不规则椭圆形，弧壁，圜底，壁、底无明显加工痕迹。口长径110、短径68、深16厘米（图一九一）。

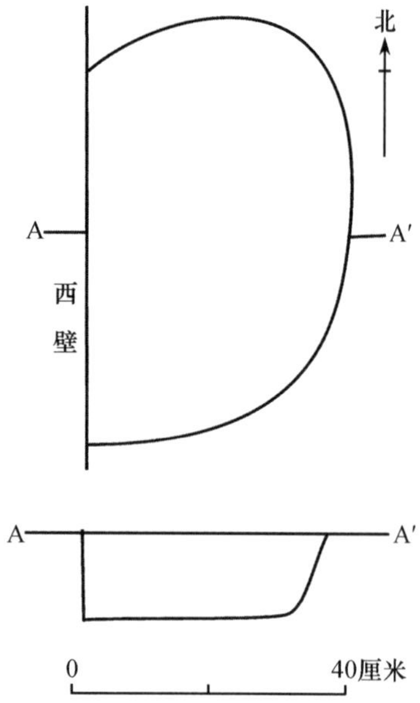

图一九○ H768平、剖面图

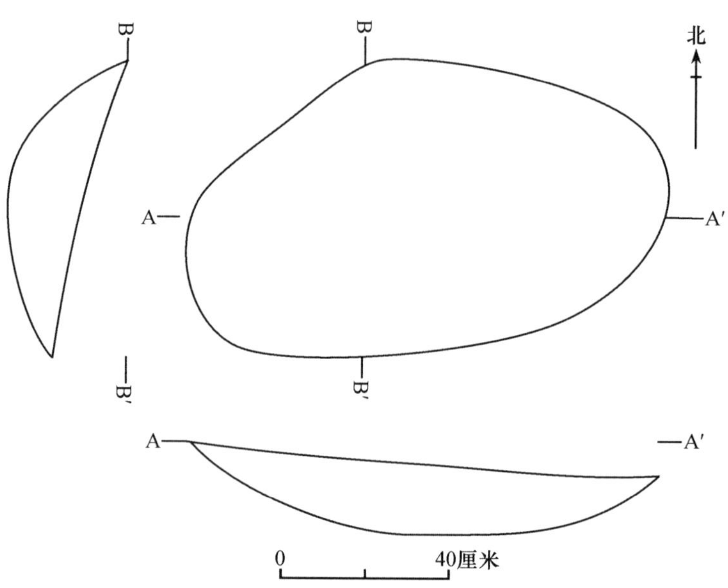

图一九一 H754平、剖面图

坑内堆积与包含物：坑内填灰土，质疏松。包含少量陶片。

出土遗物：出土陶器共50件。陶质以夹砂为主，占98%，泥质极少，近占2.00%。陶色以红陶和灰陶为主，各占28.00%，次为褐陶，占24.00%，黑陶最少，占20.00%。器表以纹饰为主，占74.00%，素面陶较少，占26.00%。纹饰以绳纹为主，占64.00%，复合纹、划纹、波浪纹、方格纹、镂孔等很少。器类以缸为主，占64.00%，罐、盘、器盖、网坠等很少（表六八）。

表六八 H754出土陶器统计表

陶质	夹砂				泥质				合计	%
陶色	灰	红	黑	褐	灰	红	黑	褐		
纹饰/器类										
绳纹	11	4	7	10					32	64.00
方格纹		1							1	2.00

续表

陶质	夹砂				泥质				合计	%
陶色	灰	红	黑	褐	灰	红	黑	褐		
纹饰/器类										
划纹	1								1	2.00
波浪纹				1					1	2.00
镂孔			1						1	2.00
复合纹					1				1	2.00
素面	1	9	2	1					13	26.00
合计	13	14	10	12	1				50	100
%	26.00	28.00	20.00	24.00	2.00				100	
缸	11	4	7	10					32	64.00
盘口罐			1	1					2	4.00
盘		1		1					2	4.00
器盖	1	2	1		1				5	10.00
平底			1						1	2.00
网坠	1								1	2.00
不明器		7							7	14.00

参加分类排队的陶器16件，挑选标本5件。

缸口　6件。B型Ⅳ式。

标本H754：1，夹砂褐陶，局部、里黑。唇部饰戳印纹，外沿多手捏痕。敛口，微有内沿，上腹微鼓，残。手制，火候不高。残宽6.8、残高5.2厘米（图一九二，1）。

瓮　1件。B型。标本碎小。

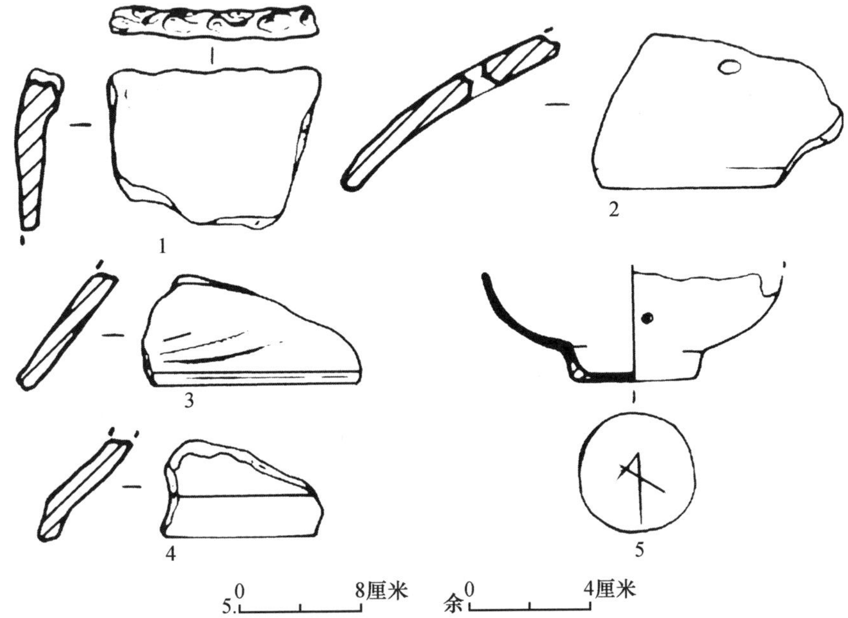

图一九二　H754出土陶器

1. B型Ⅳ式缸口（H754：1）　2、3. A型器盖（H754：3、H754：2）　4. C型器盖（H754：4）　5. Aa型圈足（H754：5）

盘口罐　2件。B型。

Ba型　1件。Ⅲ式。标本碎小。

Bb型　1件。Ⅰ式。标本碎小。

盘　2件。C型。标本碎小。

器盖　3件。

A型　2件。

标本H754：3，夹砂黑陶，胎局部红褐。盖壁饰圆形镂孔，内外壁磨光。弧壁，敞口，圆唇。手制，火候一般。残宽8.2、残高5厘米（图一九二，2）。标本H754：2，夹砂灰褐陶。器表饰划纹，内壁磨光。盖壁较直，敞口，唇面微凹，残。手制，火候较高。残宽7、残高3.6厘米（图一九二，3）。

C型　1件。

标本H754：4，夹砂红陶，局部黑，灰褐胎。素面，内外壁磨光。折壁，敞口，方唇，残。手制轮修，火候较高。残宽5.2、残高3.2厘米（图一九二，4）。

圈足　1件。Aa型。

标本H754：5，泥质灰褐陶，局部、里黄褐。下腹饰小圆形镂孔两个，外底饰交错划纹，内外壁磨光。下腹弧收后再斜下折，假圈足较矮、平底，残。轮制，火候高。底径8、残高7厘米（图一九二，5）。

器底　1件。标本碎小。

3）Bc型

2个。

H550

位置：位于99DT0101南部，部分压在探方西壁下，被开口第39层下的H549打破。层位关系：㊵B→H550→H551。

形制：坑口平面略呈椭圆形，壁较直，底较平，坑壁经过加工，较规整。残口径100、深70厘米（图一九三）。

坑内堆积与包含物：坑内填松软的灰沙土，包含部分陶片。

出土遗物：出土陶器共112件。陶质全为夹砂，以夹细砂为主，夹粗砂较少。陶色以灰陶为主，占86.61%，次为红陶，占11.61%，灰褐陶很少，仅占1.79%。器表以纹饰为主，占58.93%，素面较多，占41.07%。纹饰以菱形绳纹为主，占49.11%，戳印纹、粗戳划纹、细绳纹、凹弦纹较少。器类以缸、罐为主，瓮、盘口器、盘等较少，有74.11%的腹片不辨器形（表六九）。

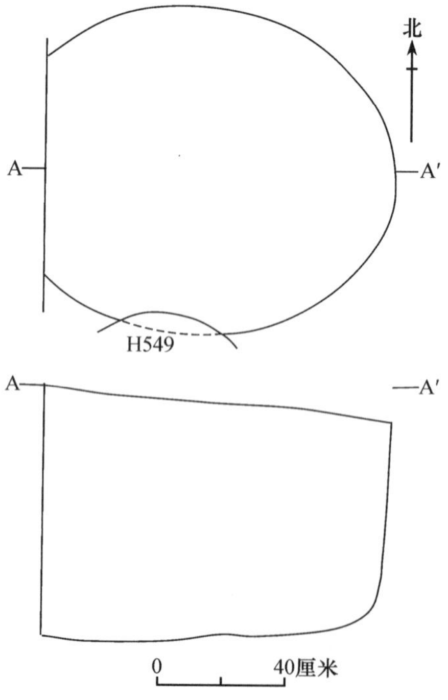

图一九三　H550平、剖面图

表六九　H550出土陶器统计表

陶质	夹砂				合计	%
陶色	灰	红	黑	灰褐		
纹饰/器类						
粗戳划纹	3				3	2.68
细绳纹	1				1	0.89
菱形绳纹	45	10			55	49.11
凹弦纹				1	1	0.89
戳印纹	6				6	5.36
素面	42	3		1	46	41.07
合计	97	13		2	112	100
%	86.61	11.61		1.79	100	
缸	12				12	10.71
罐	8	2			10	8.93
盘口器	1				1	0.89
盘		1			1	0.89
瓮				2	2	1.79
器底	3				3	2.68
不明器	73	10			83	74.11

参加分类排队的陶器50件，挑选标本22件。

缸口　32件。

A型　2件。Aa型Ⅱb式。

标本H550：4，夹粗砂灰陶，局部红褐，里黑色。唇部饰戳印纹，器表饰菱形粗绳纹。敞口，弧腹内收，残。残宽6.8、残高5厘米（图一九四，1）。标本H550：5，夹粗砂灰黑陶。唇部饰戳印纹，器表饰粗糙戳划纹。敞口，微弧腹内收，残。手制，火候较高。残宽6.8、残高6厘米（图一九四，2）。

B型　30件。

Ⅰ式：15件。

标本H550：2，夹粗砂灰陶，局部、里黑色。唇部饰戳印纹，器表饰粗戳划纹。敞口，腹较斜内收，残。手制，火候较高。残宽7.4、残高4.2厘米（图一九四，3）。标本H550：3，夹粗砂红陶，局部、胎、里黑色。唇部外向里饰戳印纹，器表饰粗绳纹。敞口，弧腹内收，残。手制，火候较高。残宽4.8、残高5.5厘米（图一九四，4）。

Ⅱ式：13件。标本碎小。

Ⅳ式：2件。

标本H550：6，夹细砂红陶。唇部饰戳印纹，外沿有手捏痕。敞口， 微有内沿，弧腹内收，残。手制，火候较高。残宽5.3、残高6.5厘米（图一九四，5）。标本H550：7，夹细砂黑陶，局部红、灰色。唇部饰戳印纹，器表饰戳划纹。敞口，微有内沿，腹较斜直内收，残。手

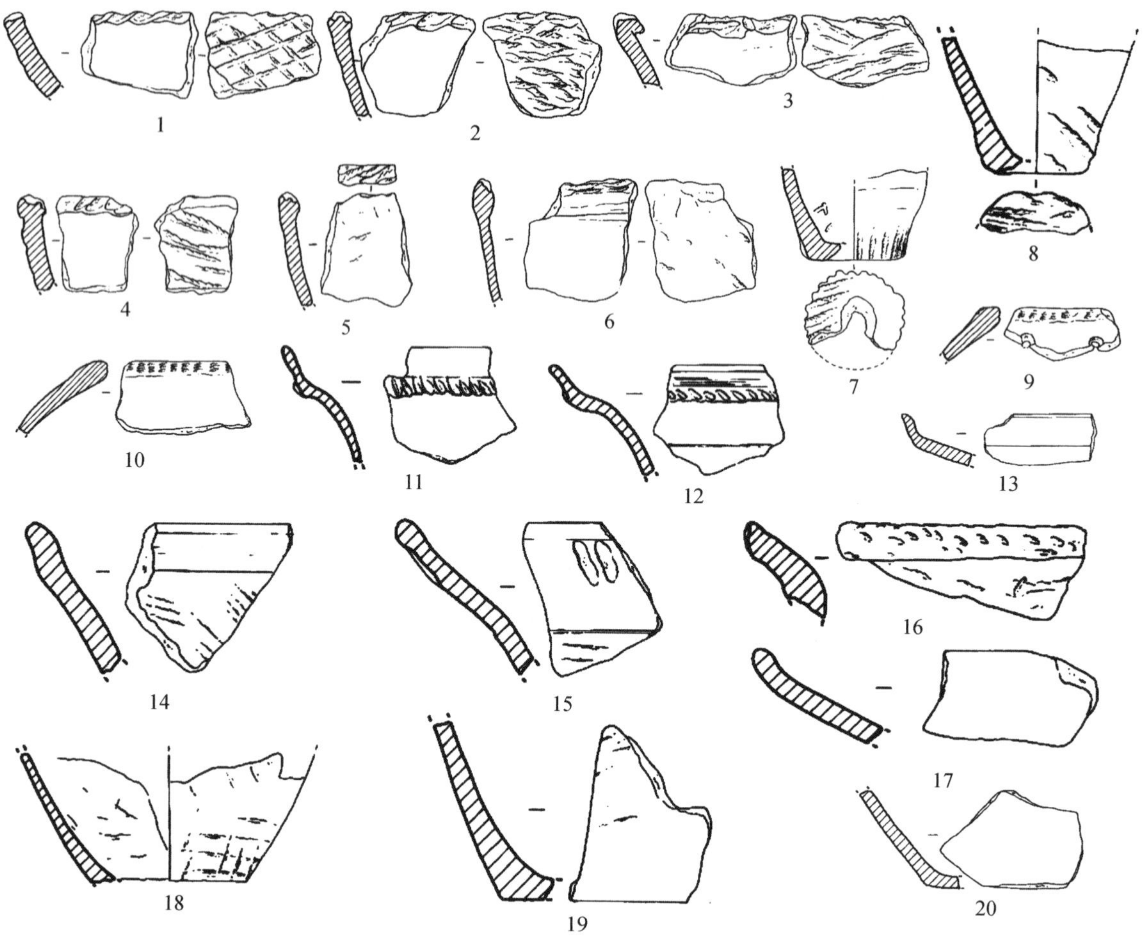

图一九四　H550出土陶器

1、2. Aa型Ⅱb式缸口（H550：4、H550：5）　3、4. B型Ⅰ式缸口（H550：2、H550：3）　5、6. B型Ⅳ式缸口（H550：6、H550：7）　7、8. B型缸底（H550：22、H550：20）　9、10. C型瓮（H550：15、H550：16）　11、12. A型Ⅰ式盘口罐（H550：8、H550：9）　13. Ba型Ⅱ式盘口罐（H550：10）　14. Bb型Ⅲ式盘口罐（H550：11）　15. B型盘口器（H550：12）　16. Ⅰ式槽唇罐（H550：14）　17. A型盘（H550：13）　18～20. 器底（H550：17、H550：18、H550：19）

制，火候较高。残宽6.4、残高7.1厘米（图一九四，6）。

缸底　3件。

B型　2件。

标本H550：22，夹粗砂灰陶，局部红、褐。下腹饰粗戳划纹，外底饰粗绳纹。下腹较斜直，小平底，残。手制，火候较高。底径6.4、残高5.6厘米（图一九四，7）。标本H550：20，夹细砂灰褐陶，局部红、黑。下腹近底处饰粗戳划纹，外底饰粗绳纹，底缘呈花边状。下腹较斜直，小平底，残。手制，火候较高。底径6、残高8厘米（图一九四，8）。

C型　1件。Ca型。标本碎小。

瓮　2件。C型。

标本H550：15，夹细砂灰陶，里褐色。外沿饰戳印纹，沿下饰双向穿镂孔，肩部磨光。敛口，圆唇，斜肩，残。轮制，火候高。残宽6.8、残高3.1厘米（图一九四，9）。标本H550：16，夹细砂灰褐陶。外沿饰戳印纹，肩部磨光。敛口，圆唇，圆肩，残。轮制，火候高。残宽7.7、残高4.2厘米（图一九四，10）。

盘口罐　7件。

A型　5件。

Ⅰ式：2件。

标本H550：8，夹细砂灰陶，里黑色。盘外下凸棱饰戳印纹，内壁磨光。敞口，圆唇，盘较深，上腹内弧，残。手制轮修，火候较高。残宽7.8、残高6.7厘米（图一九四，11）。标本H550：9，夹细砂灰黑陶，局部灰褐色。盘外下凸棱饰戳印纹，上腹饰划纹，内壁磨光。敞口，圆唇，盘较深，上腹内弧，残。轮制，火候一般。残宽7.4、残高6.4厘米（图一九四，12）。

Ⅱ式：3件。标本碎小。

B型　2件。

Ba型　1件。Ⅱ式。

标本H550：10，夹细砂红陶，局部、里黑色。素面，内壁磨光。敞口，圆尖唇，折腹，上腹较斜直、下腹微弧急内收，残。轮制，火候较高。残宽6.5、残高2.9厘米（图一九四，13）。

Bb型　1件。Ⅲ式。

标本H550：11，夹细砂灰褐陶，黑胎。上腹饰绳纹，内壁磨光。敞口，圆唇，浅盘、盘壁微凹，上腹内弧，残。轮制，火候较高。残宽4.9、残高4.3厘米（图一九四，14）。

盘口器　1件。B型。

标本H550：12，夹细砂灰褐陶，胎、里黑色。外沿饰戳印纹，上腹饰凹弦纹、绳纹，内壁磨光。喇叭口，沿微上卷、略呈盘状，上腹内弧，残。轮制，火候较高。残宽4、残高4.6厘米（图一九四，15）。

槽唇罐　1件。Ⅰ式。

标本H550：14，夹细砂灰褐陶，胎、里黑色。唇部饰戳印纹、细凹弦纹，下沿饰细绳纹，内壁磨光。侈口，卷沿，圆唇，残。轮制，火候较高。残宽7.3、残高2.7厘米（图一九四，16）。

盘　1件。A型。

标本H550：13，夹细砂红陶，局部灰褐，胎、里黑色。素面，内壁磨光。敞口，圆唇，弧腹内收，残。轮制，火候较高。残宽5、残高2.7厘米（图一九四，17）。

器底　3件。

标本H550：17，夹粗砂灰陶，部分红，里黑色。下腹饰绳纹，内壁多划纹。下腹弧内收，残。手制，火候较高。残高7.4厘米（图一九四，18）。标本H550：18，夹细砂灰褐陶，里局部黑色。腹饰绳纹。下腹弧内收，平底，残。手制，火候较高。残宽4.1、残高5.1厘米（图一九四，19）。标本H550：19，夹细砂灰陶，局部黑，灰黑胎。素面，外壁磨光。下腹较斜直内收，平底，残。轮制，火候较高。残宽8.2、残高5.7厘米（图一九四，20）。

（3）D型

1个。Da型。

H769

位置：位于02AT0101南部，坑口距地表深690厘米。层位关系：㊱B—H769→㊳。

形制：坑口平面略呈圆角窄长方形，坑壁较直，底较平，壁、底无加工痕迹。口长90、宽30、深18厘米（图一九五）。

坑内堆积与包含物：坑内填灰褐色土，夹草木灰，质疏松。无包含物。

（4）E型

1个。Ed型。

H580

位置：位于99DT0201东部，坑口距地表深585厘米。层位关系：⑮—H580→⑯A。

形制：坑口平面呈不规则形，壁、底不规整。口长110、宽80、深20厘米（图一九六）。

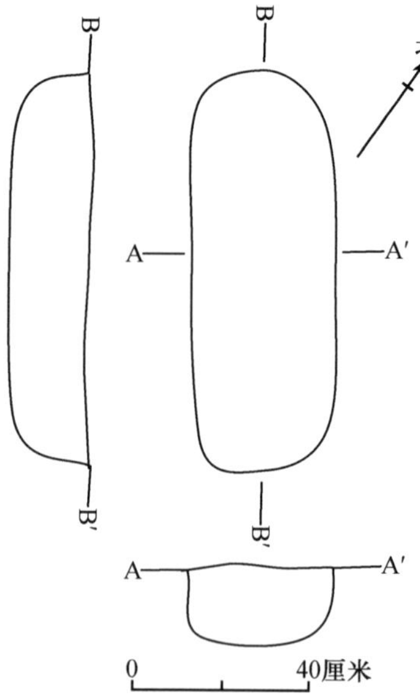

图一九五　H769平、剖面图

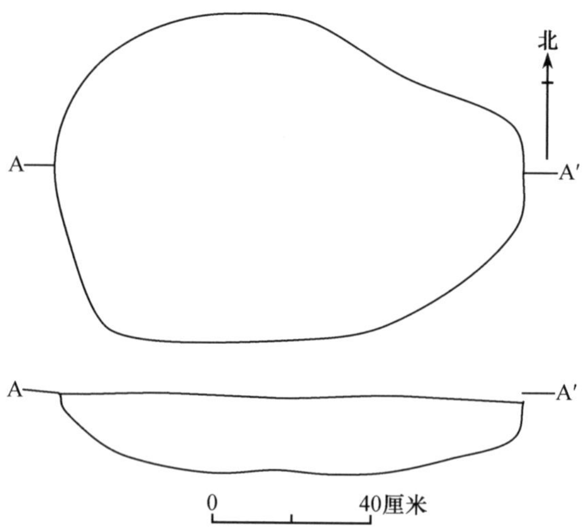

图一九六　H580平、剖面图

坑内堆积与包含物：坑内堆积灰土，夹炭灰粒较多，质紧密。包含部分碎小陶片，可辨器形有缸等。

（5）F型

8个。

1）Fa型

1个。

H789

位置：位于02DT0101西南，大部分压在探方西壁下，坑口距地表深610厘米，北部被开口第31层下的H760打破。层位关系：㊴—H789→F363。

形制：由于暴露范围太小和被打破，坑口平面形状不明，壁较斜直，底略圜。口残长320、深90厘米（图一九七）。

坑内堆积与包含物：坑内堆积根据土质、土色变化可分为3层。

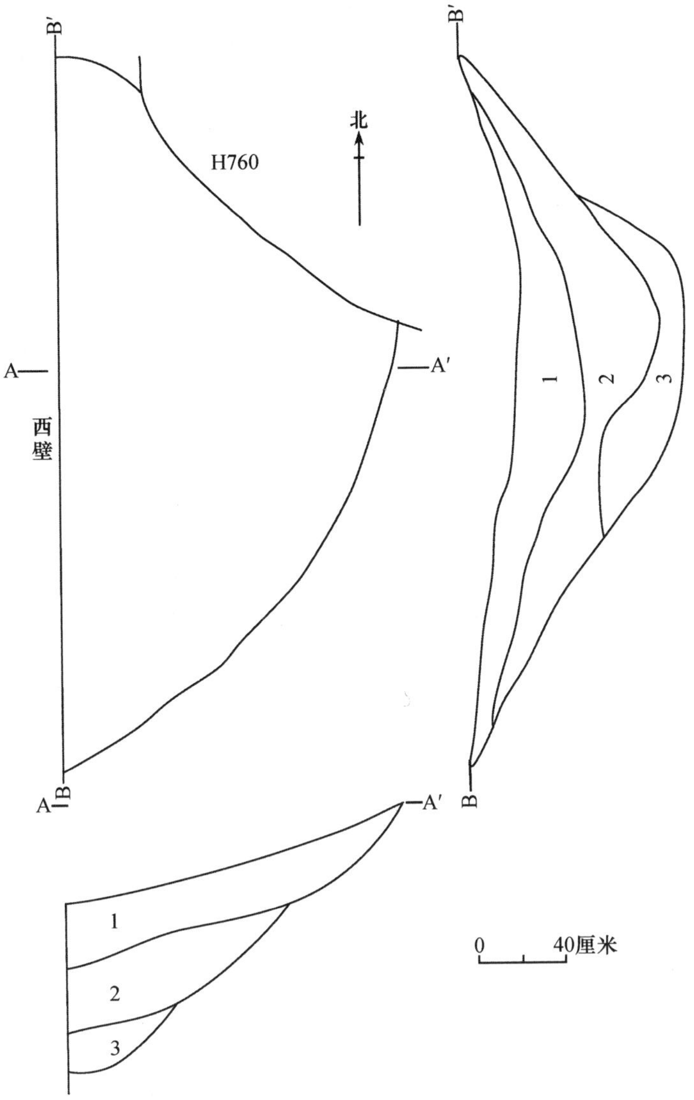

图一九七 H789平、剖面图

第1层：厚15～30厘米。灰花土，质疏松，夹有黄土块、烧土粒。包含陶片，可辨器形有罐、缸。

第2层：厚10～40厘米。黄土，结构略密，夹少量灰粒。无包含物。

第3层：厚10～35厘米。青灰土，结构疏松，夹炭粒。包含陶片，可辨器形有缸、罐、盘等。

出土遗物：出土陶器81件。分层介绍如下：

第1层：出土陶器53件。陶质以夹砂为主，占98.11%，多为夹细砂，少量夹粗砂，泥质陶极少，仅占1.89%。陶色以灰、褐陶为主，各占39.63%和37.74%，红、黑陶较少，分别占13.21%和9.43%。器表以纹饰为主，占94.34%，素面较少，占5.66%。纹饰以粗戳划纹为主，占75.47%，附加堆纹、凹弦纹、复合纹、戳印纹、镂孔等很少。器类以缸为主，占75.47%，瓮、罐、盘口器等很少，有13.21%的腹片不辨器形（表七〇）。

表七〇 H789①出土陶器统计表

陶质	夹砂				泥质	合计	%
陶色	灰	红	黑	褐	灰		
纹饰/器类							
粗戳划纹	18	4	5	13		40	75.47
凹弦纹		1		1		2	3.77
附加堆纹		1		3		4	7.55
戳印纹					1	1	1.89
镂孔	1					1	1.89
复合纹		1		1		2	3.77
素面	1			2		3	5.66
合计	20	7	5	20	1	53	100
%	37.74	13.21	9.43	37.74	1.89	100	
缸	18	4	5	13		40	75.47
折沿罐				1		1	1.89
盘口器				1		1	1.89
瓮	1				1	2	3.77
圈足				1		1	1.89
器底	1					1	1.89
不明器		3		4		7	13.21

参加分类排队的陶器22件，挑选标本9件。

缸口　15件。B型。

Ⅰ式：1件。

标本H789①：1，夹砂灰黑陶，局部灰、红。唇部饰较深粗戳印纹，器表饰粗戳划纹。敞口，上腹微弧收，残。手制，火候较高。残宽6.4、残高5.6厘米（图一九八，1）。

Ⅲ式：11件。

标本H789①：2，夹砂褐陶，局部、里黑。唇内沿饰戳印纹，器表饰粗戳划纹，外沿微有手按痕。敞口，内沿，上腹弧收，残。手制，火候较高。残宽7、残高5厘米（图一九八，2）。标本H789①：3，夹砂红褐陶，里黑。唇部饰戳印纹。敞口，内沿，上腹斜收，残。手制，火候较高。残宽6.6、残高5.4厘米（图一九八，3）。

Ⅳ式：3件。

标本H789①：4，夹砂灰褐陶，局部红褐、黑，胎、里黑。唇部饰戳印纹，器表饰戳划纹，外沿微有手按痕。敞口，微有内沿，上腹弧收，残。手制，火候较高。残宽11.2、残高7.6厘米（图一九八，4）。标本H789①：5，夹砂灰陶，局部褐，里黑。唇部饰戳印纹，器饰戳划纹，外沿微有手按痕。口微敛，微有内沿，上腹微鼓、下腹弧收，残。手制，火候较高。残宽12.4、残高7.2厘米（图一九八，5）。

缸底　2件。Ca型。

标本H789①：6，夹砂红陶，里黑。足缘、外底饰戳划纹。下腹弧收，圆足形底，外底微

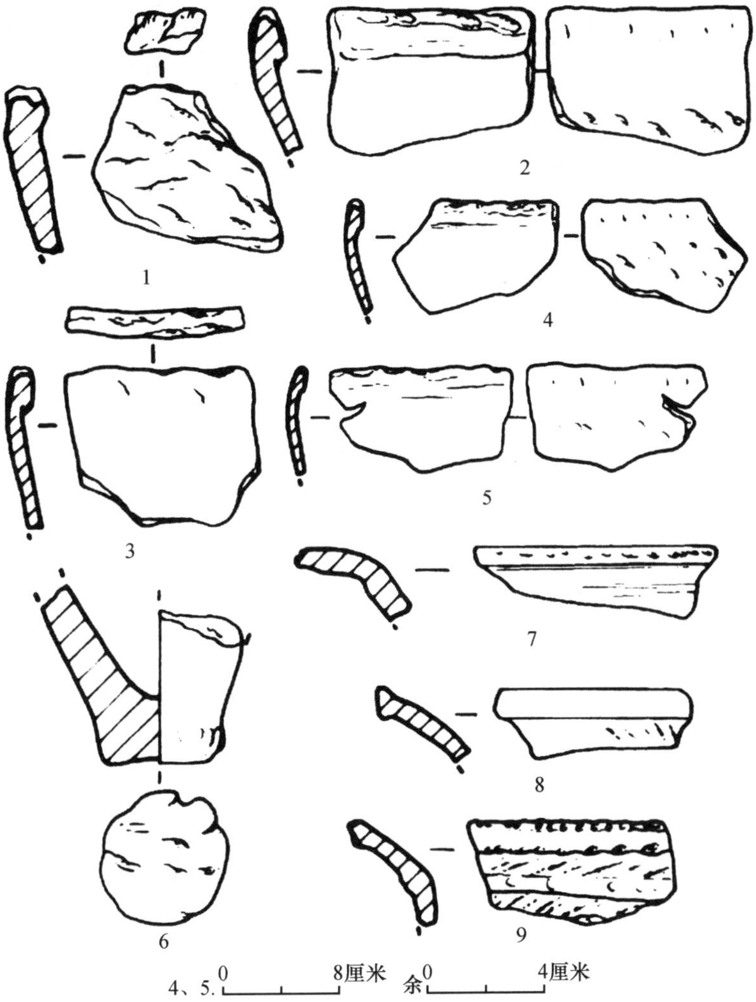

图一九八　H789①出土陶器

1. B型Ⅰ式缸口（H789①：1）　2、3. B型Ⅲ式缸口（H789①：2、H789①：3）　4、5. B型Ⅳ式缸底（H789①：4、H789①：5）　6. Ca型缸底（H789①：6）　7. A型瓮（H789①：9）　8. B型盘口器（H789①：7）　9. Ab型Ⅰ式折沿罐（H789①：8）

凹，残。手制，火候较高。底径4.3、残高6厘米（图一九八，6）。

瓮　1件。A型。

标本H789①：9，泥质灰陶。唇部饰戳印纹，内外壁磨光。侈口，卷平沿，圆唇，上领部较内斜，残。轮制，火候高。残宽8.2、残高2.4厘米（图一九八，7）。

瓮底　1件。标本碎小。

盘口器　1件。B型。

标本H789①：7，夹砂褐陶，胎、里黑。上腹饰斜绳纹后抹平，内壁磨光。唇部上翘呈浅盘，圆唇，上腹内弧，残。轮制，火候较高。残宽6.8、残高2.4厘米（图一九八，8）。

折沿罐　1件。Ab型Ⅰ式。

标本H789①：8，夹砂红陶，局部、胎、里黑。唇部饰戳印纹，外沿有凸棱一周、在凸棱上饰戳印纹，外下沿、腹饰斜绳纹，上腹饰附加堆纹、在堆纹饰按压纹。敞口，斜折沿较斜，上腹微斜内收，残。轮制，火候较高。残宽7.1、残高3.5厘米（图一九八，9）。

圈足　1件。Ba型。标本碎小。

第3层：出土陶器28件。陶质以夹砂为主，占96.43%，泥质陶极少，仅占3.57%。陶色以灰陶为主，占57.14%。次为褐陶，占32.14%，红陶最少，占10.72%。器表以纹饰为主，占89.28%，素面较少，占10.72%。纹饰以粗戳划纹为主，占78.57%，绳纹、细绳纹、凸弦纹很少。器类以缸为主，占78.57%，盘等很少（表七一）。

表七一　H789③出土陶器统计表

陶质	夹砂				泥质	合计	%
陶色	灰	红	黑	褐	褐		
纹饰/器类							
粗戳划纹	15			7		22	78.57
绳纹				1		1	3.57
细绳纹	1					1	3.57
凸弦纹		1				1	3.57
素面		2			1	3	10.72
合计	16	3		8	1	28	100
%	57.14	10.72		28.57	3.57	100	
缸	15			7		22	78.57
盘		1			1	2	7.14
器底				1		1	3.57
不明器	1	2				3	10.72

参加分类排队陶器8件，挑选标本3件。

缸口　5件。B型Ⅲ式。

标本H789③：1，夹砂黑陶，局部灰。唇部饰戳印纹，外沿微有手捏痕，腹饰戳划纹。口微敞，上腹弧内收，残。手制，火候较高。残宽8.6、残高7.6厘米（图一九九，1）。标本H789③：2，夹砂黑陶，局部褐，里灰。唇部饰戳印纹，腹饰粗戳划纹。敛口，沿内卷，上腹弧收，残。手制，火候较高。残宽7.3、残高8.8厘米（图一九九，2）。

瓮　1件。B型。标本碎小。

罐底　1件。标本碎小。

有沿盘　1件。Ⅲ式。

标本H789③：3，泥质褐陶，局部红、黑，里灰。素面，内外壁磨光。敞口，微有斜折沿，圆唇，折腹，上腹较直、下腹弧收，残。轮制，火候高。残宽7.6、残高3.3厘米（图一九九，3）。

2）Fb型

6个。

H549

位置：位于99DT0101南端，暴露部分较小，打破H550。层位关系：④B—H549→H550。

形制：由于暴露范围太小，坑口平面形状不明，弧壁，平底，壁、底无加工痕迹。残长200、残宽140、深145厘米（图二〇〇）。

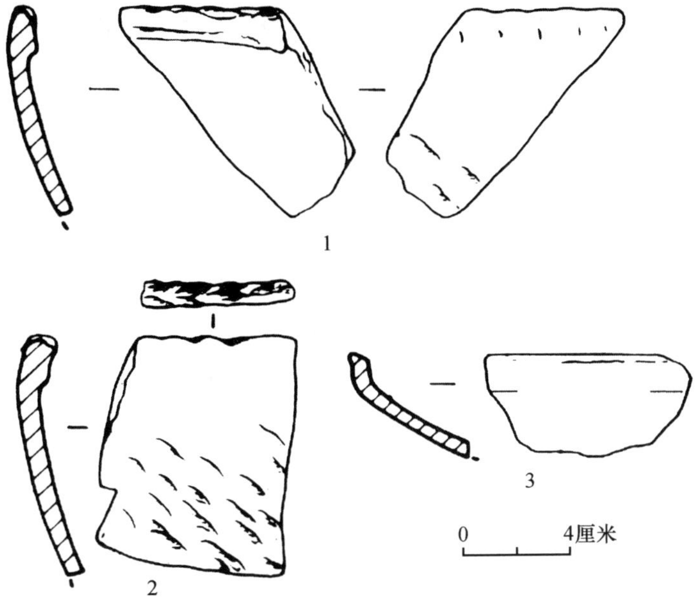

图一九九　H789③出土陶器

1、2. B型Ⅲ式缸口（H789③：1、H789③：2）　3. Ⅲ式有沿盘（H789③：3）

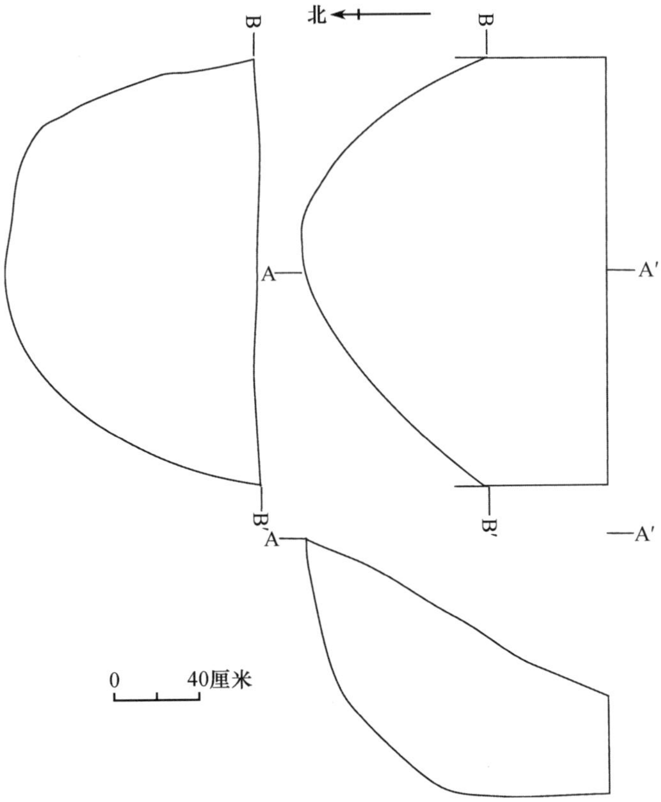

图二〇〇　H549平、剖面图

坑内堆积与包含物：坑内填灰褐色灰土，夹黑灰土、砾石，质疏松。包含较多陶片。

出土遗物：出土陶器共332件。陶质夹砂陶占绝大多数，约占98.80%，以夹细砂为主，占96.69%，夹粗砂很少，仅占2.11%，泥质陶极少，仅占1.20%。陶色以灰陶为主，占89.76%，黑陶和红陶较少，分别占6.02%、4.21%。器表以纹饰为主，约占96.40%，其中，粗戳划纹占92.50%，绳纹、凹弦纹、戳印纹、附加堆纹、复合纹较少，素面陶仅占3.60%，多数磨光。器类以缸为主，约占18.37，罐、盘口器、瓮、钵等较少，有75.30%的腹片难辨器形（表七二）。

表七二　H549出土陶器统计表

陶质	夹粗砂				夹细砂				泥质				合计	%
陶色	灰	红	黑	褐	灰	红	黑	褐	灰	红	黑	褐		
纹饰/器类														
绳纹	4												4	1.20
粗戳划纹					289		18						307	92.50
菱形绳纹	2					2							4	1.20
凹弦纹						1							1	0.30
戳印纹						1							1	0.30
附加堆纹										1			1	0.30
复合纹					2								2	0.60
素面	1					6	2			3			12	3.60
合计	7				291	10	20			4			332	100
%	2.11				87.65	3.01	6.02			1.20			100	
缸	3				48		10						61	18.37
罐					1					2			3	0.90
盘口器					1		1						2	0.60
瓮										1				
钵					3								3	0.90
豆?						1							1	0.30
器底	1				4	6							11	3.31
不明器	3				234	3	9			1			250	75.30

参加分类排队的陶器78件，挑选标本18件。

缸口　66件。

A型　2件。Aa型Ⅱb式。

标本H549：2，夹粗砂灰陶，局部红，里黑色。唇部饰戳印纹，器表饰粗糙菱形粗绳纹。敞口，唇缘内凸，弧腹内收，残。轮制，火候较高。残宽7.5、残高7厘米（图二〇一，1）。

B型　64件。

Ⅱ式：1件。

标本H549：1，夹粗灰陶，里黑色。唇部饰戳印纹，器表饰戳划纹。敞口，腹较斜直内收，残。轮制，火候较高。残宽4.4、残高6.1厘米（图二〇一，2）。

Ⅲ式：42件。

标本H549：3，夹细砂灰褐陶，局部、胎黑色。唇部饰戳印纹，器表饰戳划纹，外沿有手捏痕。敛口，上腹内卷、下腹弧内收，残。手制，火候较高。口径48、残高9.8厘米（图二〇一，

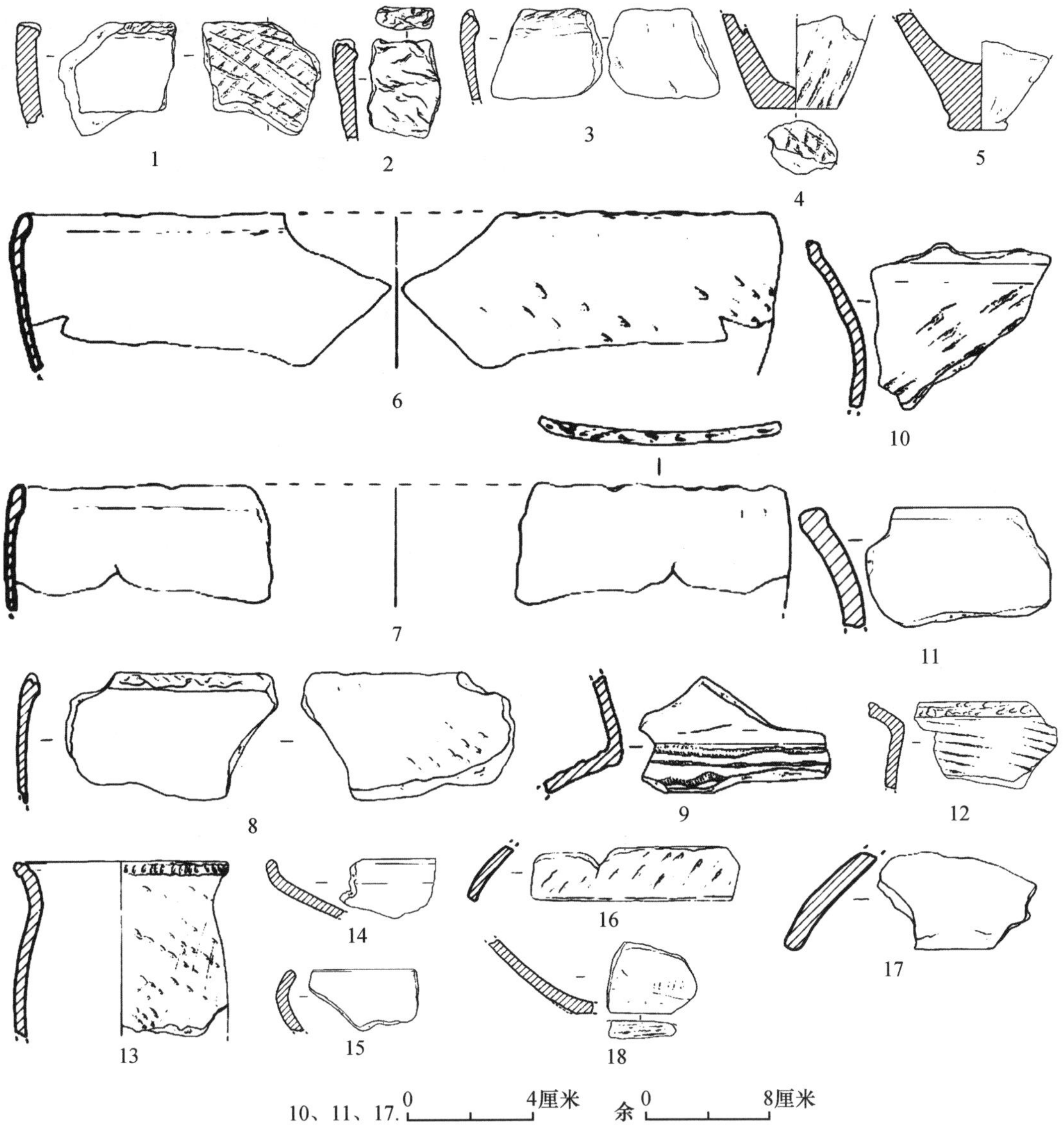

图二〇一　H549出土陶器

1. Aa型Ⅱb式缸口（H549：2）　2. B型Ⅱ式缸口（H549：1）　3、8. B型Ⅳ式缸口（H549：5、H549：6）　4. B型缸底（H549：16）　5. Cb型缸底（H549：15）　6、7. B型Ⅲ式缸口（H549：3、H549：4）　9. 瓮（H549：18）　10. Bb型Ⅱ式盘口罐（H549：17）　11. Ab型盘口器（H549：7）　12. Ⅱ式槽唇罐（H549：13）　13. B型Ⅰ式卷沿罐（H549：12）　14. B型Ⅲ式盘（H549：8）　15. Ca型Ⅰ式钵（H549：11）　16、17. A型器盖（H549：9、H549：10）　18. 器底（H549：14）

6）。标本H549：4，夹细砂红褐陶，局部、胎黑，里灰褐色。唇部饰戳印纹，外沿有手捏痕。敛口，弧腹内收，残。手制，火候较高。口径49.6、残高7.9厘米（图二〇一，7）。

Ⅳ式：21件。

标本H549：5，夹细砂灰褐陶，局部红褐，黑胎。唇部饰戳印纹，外沿微有手捏痕。口微敛，弧腹内收，残。手制，火候较高。残宽7.1、残高5.6厘米（图二〇一，3）。标本H549：6，夹细砂灰陶，里黑色。唇部饰戳印纹，器表饰戳划纹，外沿有手捏痕。敛口，弧腹内收，残。手制，火候较高。残宽13.6、残高8.1厘米（图二〇一，8）。

缸底　2件。

B型　1件。

标本H549∶16，夹粗砂红褐陶，局部灰，胎、里黑色。器表、外底饰粗绳纹。下腹微弧，平底，残。手制，火候不高。底径5.2、残高5.8厘米（图二〇一，4）。

C型　1件。Cb型。

标本H549∶15，夹细砂红陶。素面，器表多刮抹痕。下腹微弧，圆柱形底，残。手制，火候一般。底径3.8、残高7.2厘米（图二〇一，5）。

瓮　1件。不明型别。

标本H549∶18，泥质红陶，局部灰褐。肩饰附加堆纹，在堆纹上饰压印斜绳纹，领部磨光。敞口，领下部较斜直，广肩，残。分制，火候较高。残宽13、残高8厘米（图二〇一，9）。

盘口罐　1件。Bb型Ⅱ式。

标本H549∶17，夹细砂黑陶，灰胎。腹部饰中粗绳纹，内壁磨光。敞口，微有外卷沿，浅盘，上腹内收、下腹微鼓，残。手制轮修，火候较高。残宽5.8、残高5.2厘米（图二〇一，10）。

盘口器　1件。Ab型。

标本H549∶7，夹细灰褐陶，局部红褐。素面，内壁磨光。喇叭口，内沿微凹，圆唇，残。轮制，火候较高。残宽5.9、残高3.7厘米（图二〇一，11）。

槽唇罐　1件。Ⅱ式。

标本H549∶13，夹细砂褐陶，里黑色。唇中部饰凹弦纹略呈凹槽，下唇面饰戳印纹，器表饰斜绳纹。侈口，沿斜折后再斜上翘，鼓腹，残。轮制，火候较高。残宽9.1、残高5.6厘米（图二〇一，12）。

卷沿罐　1件。B型Ⅰ式。

标本H549∶12，夹细砂黑陶，局部、里褐，胎褐夹灰黑色。唇面饰凹弦纹，外沿饰戳印纹，腹部饰戳划纹。侈口，卷沿，内沿面内凹，鼓腹，残。手制轮修，火候较高。口径13.6、残高10.8厘米（图二〇一，13）。

盘　1件。B型Ⅲ式。

标本H549∶8，夹细砂黑皮陶，胎、里灰色。素面，内外壁磨光。敞口，圆唇，弧腹微折、下腹急内收，残。轮制，火候高。残宽6、残高3.7厘米（图二〇一，14）。

钵　1件。Ca型Ⅰ式。

标本H549∶11，夹细砂黑陶，局部褐。素面，外壁磨光。敛口，圆唇，上腹内卷、下腹弧内收，残。轮制，火候高。残宽6.9、残高4厘米（图二〇一，15）。

器盖　2件。A型。

标本H549∶9，夹细砂黑陶。器表饰绳纹后按抹，内壁磨光。覆盘形。敞口，圆唇，弧腹，残。手制，火候较高。残宽13.2、残高3.4厘米（图二〇一，16）。标本H549∶10，夹细砂褐陶，胎红、灰，里灰黑色。器表饰细划纹，内壁磨光。覆钵状。敞口，圆唇，弧腹，残。手制，火候较高。残宽5.1、残高3厘米（图二〇一，17）。

器底　1件。

标本H549∶14，夹细砂褐陶，胎、里红色。一侧有磨痕，外底饰细绳纹。下腹较斜直，平底，残。轮制，火候高。残宽5.6、残高4.6厘米（图二〇一，18）。

3）Fd型

1个。

H646

位置：位于99DT0202东北部，大部分压在东隔梁下，坑口距地表深约720厘米，被开口第65层下的H642打破。层位关系：㊼—H646→生土。

形制：因大部分压在东隔梁下和被H642打破，坑口平面形状不好，坑壁不规则，圜底。暴露部分残长约200、深约100厘米。

坑内堆积与包含物：坑内填浅灰褐色土，质较松，夹少量炭屑。包含很少碎陶片，可辨器形有缸、瓮、盘。

（八）第8组

17个。

1. 甲类

8个。

（1）A型

3个。

1）Aa型

1个。

H766

位置：位于02BT0101西南部，H768之东，坑口距地表深895厘米，被H765打破。层位关系：H765→H766→生土。

形制：从现存情况观察，坑口平面应为圆形，口大底略小，斜直壁，平底，坑壁和坑底均用青白色膏泥加工，上部稍薄，底部稍厚，最厚处4厘米，底部在膏泥上用较平整扁薄卵石铺垫。口径120、底径80、残深46厘米（图二〇二；图版一一，2）。

坑内堆积与包含物：坑内填黄红色淤沙，质疏松。包含较多陶片。

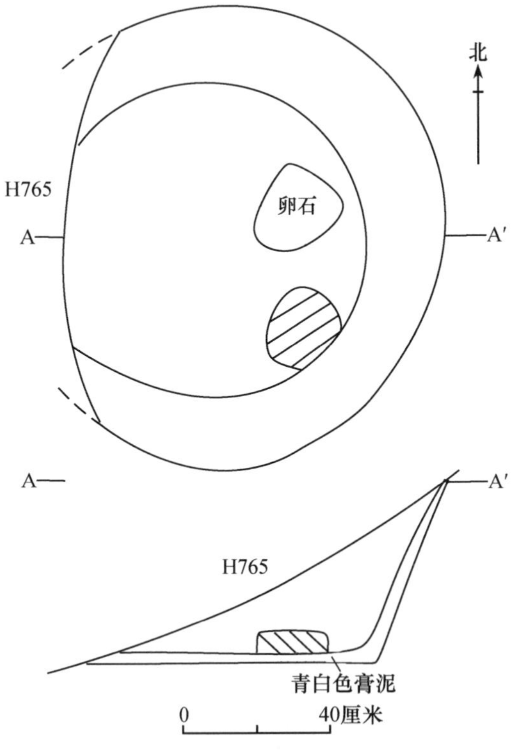

图二〇二　H766平、剖面图

出土遗物：出土陶器共315件。陶质全为夹砂，以夹粗砂为主，部分夹细砂。陶色以灰陶为主，占53.02%，次为褐陶，占32.06%，红、黑陶较少，各占8.25%和6.67%。器表以纹饰为主，占98.41%，素面极少，仅占1.59%。纹饰以粗戳划纹为主，占

97.78%，附加堆纹很少，只占0.63%。器类以缸为主，占97.78%，罐、盘、钵、器盖很少（表七三）。

表七三　H766出土陶器统计表

陶质	夹砂				合计	%
陶色	灰	红	黑	褐		
纹饰/器类						
粗戳划纹	165	23	20	100	308	97.78
附加堆纹	1	1			2	0.63
素面	1	2	1	1	5	1.59
合计	167	26	21	101	315	100
%	53.02	8.25	6.67	32.06	100	
缸口	42	3	15	12	72	22.86
缸腹	119	20	5	85	229	72.70
缸底	4			3	7	2.22
罐	1				1	0.23
盘		1			1	0.23
钵			1		1	0.23
器盖				1	1	0.23
不明器	1	2			3	0.95

参加分类排队的陶器13件，挑选标本6件。

缸口　6件。B型。

Ⅰ式：3件。

标本H766：1，夹粗砂黑陶，局部灰褐。唇部饰较深粗戳印纹，器表饰粗戳划纹、略呈菱形。敞口，上腹弧收，残。手制，火候较高。残宽10、残高7.6厘米（图二〇三，1）。标本H766：2，夹砂红陶，局部灰、黑，胎外红里灰黑。唇部饰较深粗戳印纹，器表饰粗戳划状菱形纹。敞口，上腹斜收，残。手制，火候较高。口径23.2、残高6.2厘米（图二〇三，2）。

Ⅱ式：3件。

标本H766：3，夹粗砂红褐陶，局部灰、黑。唇部戳较深粗戳印纹，器表饰粗戳划状菱形纹。敞口，上腹斜收，残。手制，火候不高。口径22.8、残高8.4厘米（图二〇三，3）。

缸底　3件。B型。

标本H766：4，夹粗砂红褐陶，局部、里黑。腹、足外、外底饰粗戳划纹。下腹微弧斜收，小平底，残。手制，火候不高。残宽8、残高9.6厘米（图二〇三，4）。标本H766：5，夹粗砂黑陶，局部灰褐。足缘、外底饰粗戳划纹。下腹斜收，小平底，残。手制，火候较高。底径7.4、残高6.4厘米（图二〇三，5）。

广肩罐　1件。标本碎小。

盘　1件。C型。标本碎小。

钵　1件。Ca型Ⅱ式。

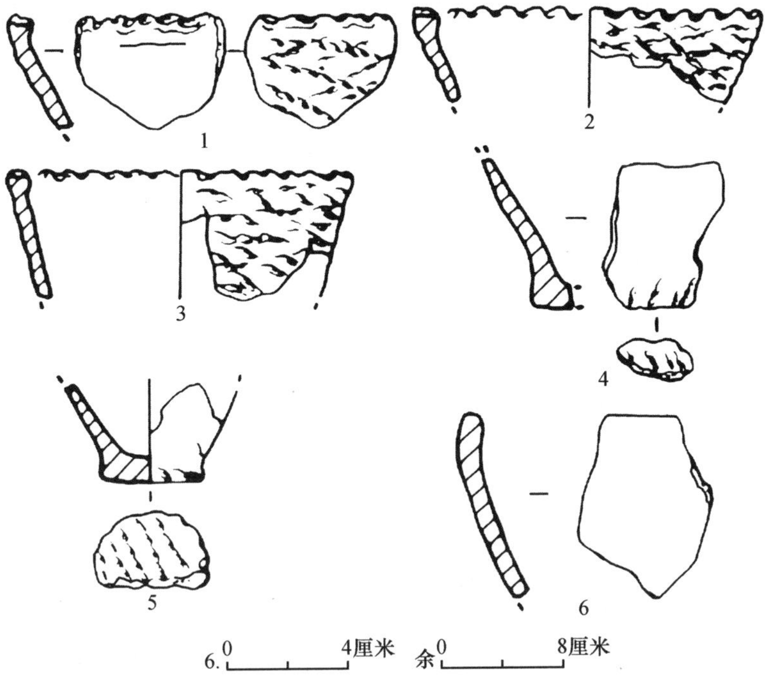

图二〇三 H766出土陶器

1、2. B型Ⅰ式缸口（H766：1、H766：2） 3. B型Ⅱ式缸口（H766：3） 4、5. B型缸底（H766：4、H766：5） 6. Ca型Ⅱ式钵（H766：6）

标本H766：6，夹砂黑陶，胎褐夹黑。素面，内外壁磨光。口微敛，方唇，弧腹，残。轮制，火候较高。残宽4.4、残高6厘米（图二〇三，6）。

器盖 1件。A型。标本碎小。

2）Ab型

2个。

H576

位置：位于99AT0201中部偏东北处，坑口距地表深590～610厘米，打破F269。层位关系：⑫—H576→⑬。

形制：坑口平面略呈圆形，弧壁，圜底，底、壁均用黄黏土加工，黏土厚5厘米左右。口径320～330、深135厘米（图二〇四）。

坑内堆积与包含物：坑内填土呈绿色，夹沙，质较松，夹较多杂质。包含物丰富，多为陶器残片，另有少量磨制石斧、石坯等，还出有少量兽骨，有狗头骨、牛下颌骨等。

出土遗物：共出陶器236件。陶质全为夹砂陶，以夹细砂纹主，夹粗砂极少。陶色以褐陶、黑陶和灰陶为主，分别占33.47%、27.97%、27.12%，红陶较少，占11.44%。器表以素面为主，占53.81%，约有20.34%磨光。纹饰以粗戳划纹和绳纹为主，分别占16.95%和13.56%，其次为复合纹和戳印纹，分别占8.05%和3.81%，划纹、凹弦纹、镂孔等很少。器类多以缸、罐为主，分别占53.81%和16.53%，瓮、盘、钵、器盖等较少，另有16.95%的腹片难辨器形（表七四）。还出土石器5件。

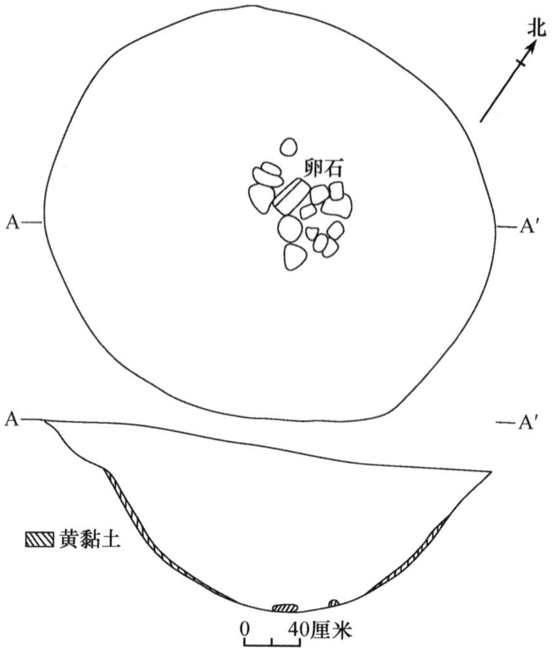

图二〇四 H576平、剖面图

表七四 H576出土陶器统计表

陶质	夹细砂				合计	%
陶色	灰	红	黑	褐		
纹饰/器类						
粗戳划纹	10	2	13	15	40	16.95
绳纹	4	3	9	16	32	13.56
凹弦纹	1	1			2	0.85
划纹				5	5	2.12
戳印纹	2		3	4	9	3.81
镂孔			1	1	2	0.85
复合纹	5	6	1	7	19	8.05
素面	42	15	39	31	127	53.81
合计	64	27	66	79	236	100
%	27.12	11.44	27.97	33.47	100	
罐	7	5	5	22	39	16.53
盘				2	2	0.85
钵	1				1	0.42
缸	37	5	52	33	127	53.81
瓮		3			3	1.27
器盖	1	1		2	4	1.69
圈足			1	3	4	1.69
假圈足				2	2	0.85
平底	3	3	3	5	14	5.93
不明器	15	10	5	10	40	16.95

陶器　参加分类排队的陶器111件，挑选标本25件。

缸口　61件。B型。

Ⅱ式：5件。标本碎小。

Ⅲ式：38件。

标本H576：11，夹细砂黑陶，局部灰褐色。唇面、器表饰戳印纹，口外沿有手捏痕。敞口，唇面内斜，有明显内沿，上腹微弧，残。轮制，火候不高。残宽7、残高5.8厘米（图二〇五，1）。标本H576：12，夹细砂黑陶，褐黄胎。唇面、器表饰戳印纹，外沿有手捏痕。敞口，有清楚内沿，残。口径32、残高6.2厘米（图二〇五，2）。

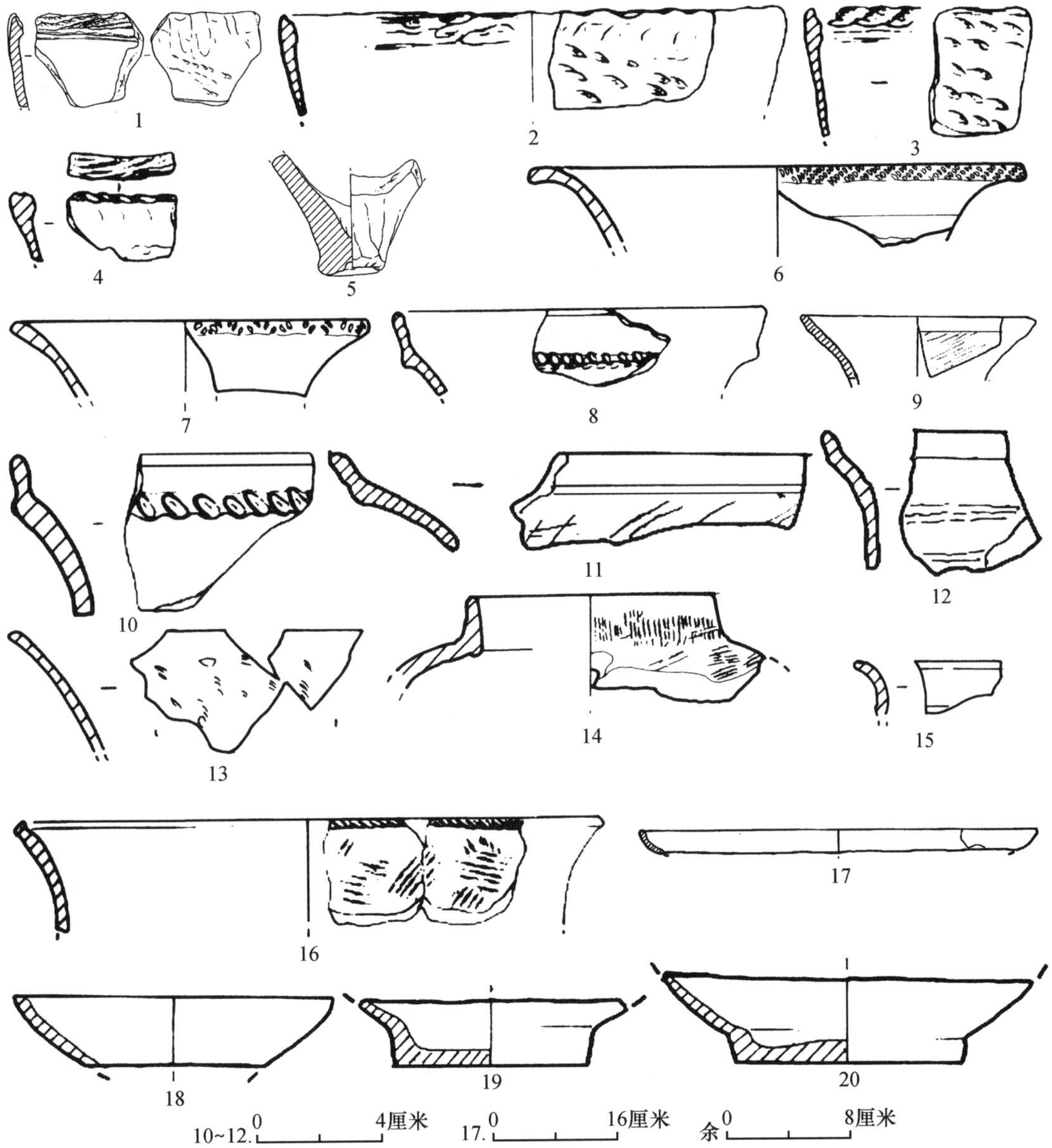

图二〇五　H576出土陶器

1、2. B型Ⅲ式缸口（H576：11、H576：12）　3、4. B型Ⅳ式缸口（H576：14、H576：17）　5. Ca型缸底（H576：30）　6. A型瓮（H576：24）　7. B型瓮（H576：23）　8. A型Ⅰ式盘口罐（H576：6）　9. Ba型Ⅲ式盘口罐（H576：7）　10. A型Ⅱ式盘口罐（H576：8）　11、12. Bb型Ⅱ式盘口罐（H576：9、H576：10）　13. Ⅱ式槽唇罐（H576：21）　14. 矮领罐（H576：25）　15. Aa型Ⅰ式卷沿罐（H576：31）　16. C型Ⅰ式卷沿罐（H576：22）　17. A型盘（H576：19）　18. C型盘（H576：18）　19、20. Aa型圈足（H576：26、H576：27）

Ⅳ式：14件。

标本H576：14，夹细砂灰陶，局部灰黑。唇面饰戳印纹，器表饰粗绳纹。敞口，有内沿，残。残宽6、残高8厘米（图二〇五，3）。标本H576：17，夹细砂灰陶。唇面饰戳印纹，外沿有手捏痕。敞口，有内沿，残。残宽6.8、残高4.4厘米（图二〇五，4）。

Ⅴ式：4件。

标本H576：15，夹细砂黑陶，局部、里灰。唇面饰戳印纹，器表饰粗绳纹，外沿微有手捏痕。敞口，微有内沿，残。残宽10、残高5.6厘米。

缸底　6件。C型。

Ca型　2件。

标本H576：30，夹细砂黑陶，足部红色。素面，下部有刮削痕。下腹微内弧至底，实足跟稍高，内底尖、外底中部内凹，残。手制，火候较高。足径4.1、残高7.6厘米（图二〇五，5）。

Cb型　4件。标本碎小。

瓮　5件，1件不明型别。

A型　3件。

标本H576：24，夹砂红陶。唇部饰组状戳印纹，内外壁磨光。敞口，圆唇，束领，残。分制，火候较高。口径31.9、残高5.4厘米（图二〇五，6）。

B型　1件。

标本H576：23，夹砂红陶。唇部饰戳印纹，内外壁磨光。喇叭口，圆唇，残。分制，火候较高。口径22.8、残高5.2厘米（图二〇五，7）。

盘口罐　15件。

A型　9件。

Ⅰ式：5件。

标本H576：6，夹细砂黑陶。盘外下凸棱饰戳印纹，内壁磨光。敞口，圆唇，盘深，残。轮制，火候不高。口径23.6、残高3.2厘米（图二〇五，8）。

Ⅱ式：3件。

标本H576：8，夹细砂灰陶，里黑。盘外下凸棱饰戳印纹，内壁磨光。口微敞，圆唇，盘较深，残。轮制，火候不高。残宽5.8、残高5厘米（图二〇五，10）。

Ⅲ式：1件。标本碎小。

B型　6件。

Ba型　2件。Ⅲ式。

标本H576：7，夹细砂灰陶，里红、局部黑。领部饰细斜绳纹，内壁磨光。盘口外张，方圆唇，口外下微内凹，束领，残。口径15.2、残高4厘米（图二〇五，9）。

Bb型　4件。Ⅱ式。

标本H576：9，夹细砂褐陶，胎灰，里黑。领部饰绳纹，口部、内壁磨光。盘口外张，圆唇，折盘较浅，束领，残。残宽9.2、残高3厘米（图二〇五，11）。标本H576：10，夹细砂灰褐，口局部黑。领部饰绳纹后再饰附加堆纹。盘口外张，圆唇，口外微内凹，折浅盘，残。残宽4.5、残高4.3厘米（图二〇五，12）。

槽唇罐　1件。Ⅱ式。

标本H576：21，夹细砂褐陶。器表饰粗戳印纹，内壁磨光。喇叭口，唇面微内凹，残。轮制，火候一般。残宽14.8、残高7.6厘米（图二〇五，13）。

矮领罐　1件。

标本H576：25，夹砂褐陶。领、肩部饰绳纹。口近直，圆唇，圆肩，残。手制轮修，火候较高。口径16、残高7厘米（图二〇五，14）。

卷沿罐　4件。

A型　3件。Aa型Ⅰ式。

标本H576：31，夹细砂灰陶。领部饰凸弦纹一道，内外壁磨光。微侈口，卷沿，圆唇，残。轮制，火候较高。残宽6.4、残高3.4厘米（图二〇五，15）。

C型　1件。Ⅰ式。

标本H576：22，夹细砂灰陶，局部褐，口局部、里黑色。唇面饰绳压纹，器表饰组状细绳纹。敞口，卷沿，方唇，残。轮制，火候不高。口径37.4、残高7.2厘米（图二〇五，16）。

盘　2件。

A型　1件。

标本H576：19，夹砂褐陶，局部、胎、里黑。素面，内外壁磨光。敞口，圆唇，弧腹，浅盘，残。轮制，火候较高。口径51.2、残高2.8厘米（图二〇五，17）。

C型　1件。

标本H576：18，夹砂红褐陶，局部、胎、里黑。敞口，圆唇，斜腹微弧，残。手制，火候较高。口径20、残高4.4厘米（图二〇五，18）。

器盖　3件。

A型　1件。标本碎小。

C型　2件。标本碎小。

圈足　4件。

A型　2件。Aa型。

标本H576：26，夹砂红陶，黑胎。素面，外壁磨光。下腹斜收，内底下折、较平，假圈足、平底，残。手制，火候较高。底径12、残高4厘米（图二〇五，19；图版二九，6）。标本H576：27，夹砂红褐陶，局部、胎、里黑。素面，外壁磨光。下腹弧收，内底下折、底微凸，假圈足、平底，残。手制，火候较高。底径14.8、残高5.6厘米（图二〇五，20）。

B型　2件。Ba型。标本碎小。

器底　9件。

标本H576：28，碎小。

石器　出土数量很少，仅5件。

斧　2件。Aa型Ⅱ式。

标本H576：2，青绿色浅变质岩。平面略呈长方形，斜顶，刃部残。磨制。残长12.6、宽4.9、厚3厘米（图二〇六，1）。标本H576：3，黑色角岩。平面略呈长方形，斜顶，刃部残。

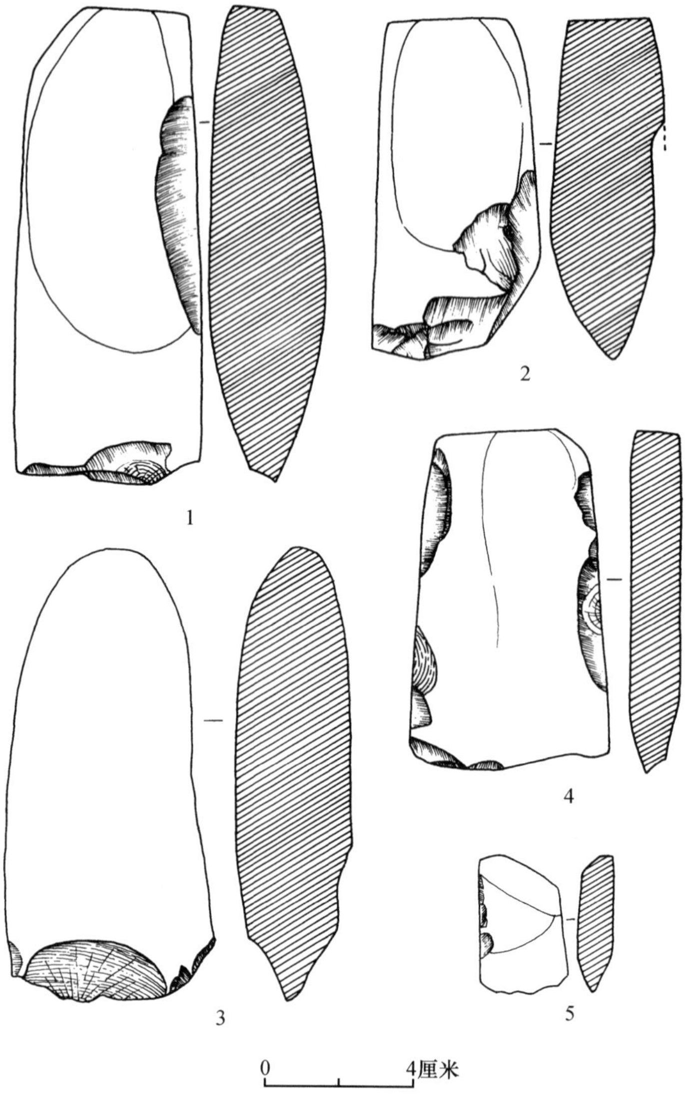

图二〇六 H576出土石器

1、2. Aa型Ⅱ式斧（H576：2、H576：3） 3. 坯料（H576：5） 4. Bb型锛（H576：1） 5. C型凿（H576：4）

磨制。残长8.9、残宽4.3、残厚2.7厘米（图二〇六，2）。

锛 1件。Bb型。

标本H576：1，青绿色浅变质岩。平面略呈长梯形，斜顶，刃部残。磨制。残长8.9、残宽5.2、厚1.6厘米（图二〇六，4）。

凿 1件。C型。

标本H576：4，绿色石英砂岩，局部紫红。长条形，弧刃、多崩疤，正锋，残。磨制。残长3.6、宽2.3、厚0.9厘米（图二〇六，5）。

坯料 1件。

标本H576：5，黑色角岩。近椭圆形，一面、一端打制修整。长11.7、宽5.5、厚3厘米（图二〇六，3）。

（2）B型

4个。

1）Bb型

2个。

H590

位置：位于99DT0301北部，H591南侧，坑口距地表深605厘米。层位关系：㊸—H590→H591。

形制：坑口平面呈不规则椭圆形，坑壁略弧，圜底，坑壁、底用厚4～6厘米的红黏土加工，坑底部放置石头一块。长径163～175、短径142～152、深80厘米（图二〇七）。

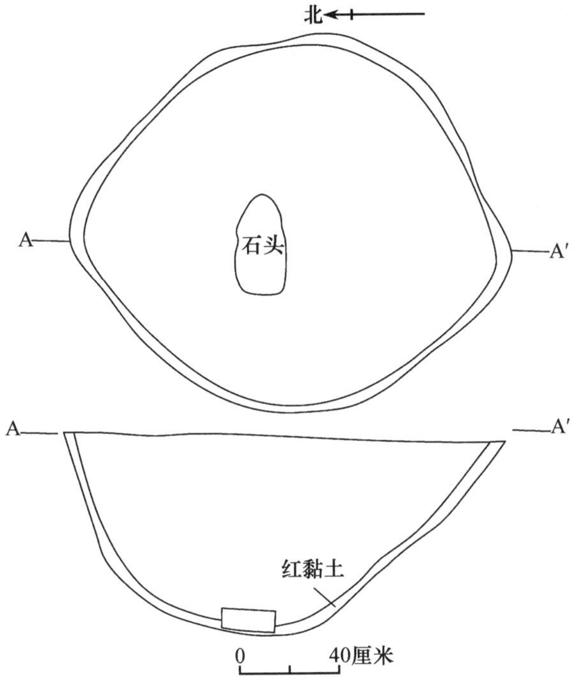

图二〇七　H590平、剖面图

坑内堆积与包含物：坑内填灰色土、杂花土及黏土，土质疏松。包含物主要有陶器及残石器等。

出土遗物：出土陶器62件。陶质以夹砂为主，占96.77%，多夹细砂，少量夹粗砂，泥质陶极少，仅占3.23%。陶色以褐陶为主，占32.26%，次为黑、灰陶，各占27.42%和25.81%，红陶最少，占14.52%。器表以纹饰为主，占69.35%，素面较多，占30.65%。纹饰以粗戳划纹为主，占30.65%，次为戳印纹，占16.13%，附加堆纹、细绳纹、凹弦纹、镂孔较少，复合纹、划纹等很少。器类以缸、罐为主，各占30.65%和30.64%，盘口壶、圈足器等很少（表七五）。还出土残石锛1件。

表七五　H590出土陶器统计表

陶质	夹砂				泥质	合计	%
陶色	灰	红	黑	褐	红		
纹饰/器类							
粗戳划纹	7	1	7	4		19	30.65
细绳纹	1		2			3	4.84

续表

陶质	夹砂				泥质	合计	%
陶色	灰	红	黑	褐	红		
纹饰/器类							
凹弦纹				1	1	2	3.23
划纹			1			1	1.61
戳印纹	1			9		10	16.13
附加堆纹	1	1	2	1		5	8.06
镂孔	2					2	3.23
复合纹				1		1	1.61
素面	4	5	5	4	1	19	30.65
合计	16	7	17	20	2	62	100
%	25.81	11.29	27.42	32.26	3.23	100	
缸	7	1	7	4		19	30.65
盘口罐	1		1	6		8	12.90
卷沿罐	1		3	3	1	8	11.29
折沿罐		1	1	1		3	4.84
侈口罐					1	1	1.61
盘口壶	1					1	1.61
圈足		1		3		4	6.45
不明器	6	4	5	3		18	29.03

参加分类排队的陶器53件，挑选标本22件。

缸口　31件。

A型　1件。Aa型Ⅱb式。

标本H590：23，夹粗砂红陶，局部灰。唇饰较浅戳印纹，上腹饰粗糙菱形粗绳纹。敞口，上腹斜收，残。手制，火候较高。残宽6.4、残高6厘米（图二〇八，1）。

B型　27件。

Ⅰ式：1件。

标本H590：2，夹粗砂灰陶，局部、里黑。唇饰较深粗戳印纹，上腹饰粗戳划纹。敞口，上腹弧收，残。手制，火候较高。残宽6.6、残高6.2厘米（图二〇八，2）。

Ⅱ式：1件。

标本H590：3，夹砂褐陶，灰黑胎。唇饰戳印纹，外沿微有手捏痕。口近直，微有内沿，上腹微斜收，残。手制，火候较高。残宽4.6、残高3.4厘米（图二〇八，3）。

Ⅲ式：1件。标本碎小。

Ⅳ式：11件。

标本H590：4，夹砂褐陶，局部、里黑。唇饰戳印纹，外沿有手捏痕。口微敛，微有内沿，上腹斜收，残。手制，火候较高。残宽6.6、残高6厘米（图二〇八，4）。标本H590：5，夹砂红褐陶，局部、里灰褐。外沿多手捏痕。敛口，沿内卷，上腹弧收，残。手制，火候较

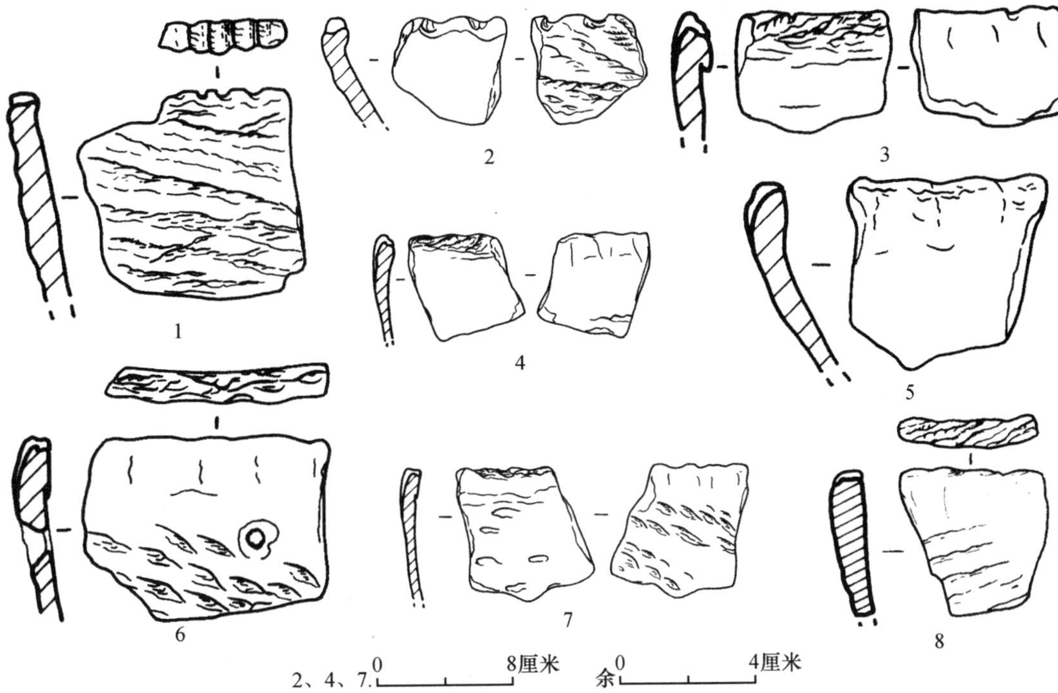

图二〇八　H590出土陶器

1. Aa型Ⅱb式缸口（H590：23）　2. B型Ⅰ式缸口（H590：2）　3. B型Ⅱ式缸口（H590：3）　4、5. B型Ⅳ式缸口（H590：4、H590：5）　6、7. B型Ⅴ式缸口（H590：6、H590：7）　8. Cb型缸口（H590：8）

高。残宽5.8、残高5.4厘米（图二〇八，5）。

Ⅴ式：13件。

标本H590：6，夹砂黑陶，局部褐。唇饰戳印纹，上腹饰戳划纹、圆形镂孔，外沿多手捏痕。口微敞，上腹斜收，残。手制，火候较高。残宽7、残高5.2厘米（图二〇八，6）。标本H590：7，夹砂褐陶，胎、里黑。唇饰戳印纹，上腹饰戳划纹，外沿多手捏痕。口微敛，上腹微弧收，残。手制，火候较高。残宽8、残高7.6厘米（图二〇八，7）。

C型　3件。Cb型。

标本H590：8，夹砂红褐陶，里黑；器表多灰白色附着物。唇饰戳印纹，上腹饰斜绳纹。口近直，上腹弧收，残。手制，火候较高。残宽4.4、残高4.2厘米（图二〇八，8）。

盘口罐　5件。A型Ⅰ式。

标本H590：9，夹砂红陶，局部、里黑。盘外下饰戳印纹，内壁磨光。盘口，圆唇，盘较深，上腹内弧，残。轮制，火候较高。残宽8.6、残高3.7厘米（图二〇九，1）。标本H590：10，夹砂褐陶，局部黑、红，里黑。盘外下凸棱饰戳印纹，上腹饰斜细划纹，内壁磨光。盘口，圆唇，盘较深，上腹内弧，残。轮制，火候较高。残宽10、残高4.4厘米（图二〇九，2）。

盘口器　2件。A型。

Aa型　1件。

标本H590：11，夹砂黑陶，局部灰。素面，内外壁磨光。略呈盘口，圆唇，上腹微弧收，残。轮制，火候较高。残宽7、残高3.4厘米（图二〇九，3）。

Ab型　1件。

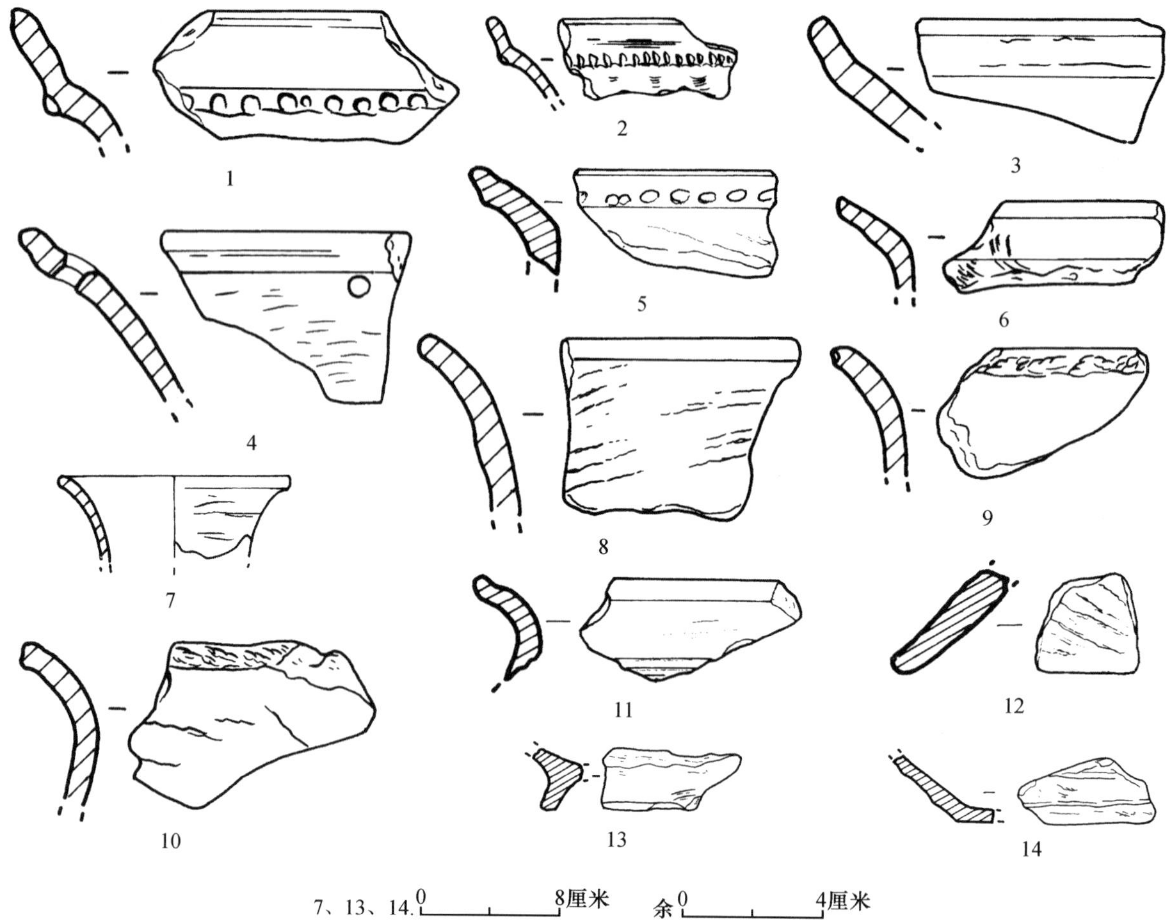

图二〇九 H590出土陶器

1、2. A型Ⅰ式盘口罐（H590：9、H590：10） 3. Aa型盘口器（H590：11） 4. Ab型盘口器（H590：12） 5、6. B型Ⅱ式折沿罐（H590：13、H590：14） 7. Aa型Ⅰ式卷沿罐（H590：16） 8. Aa型Ⅱ式卷沿罐（H590：19） 9. Ab型Ⅰ式卷沿罐（H590：17） 10. Ab型Ⅱ式卷沿罐（H590：18） 11. 侈口罐（H590：20） 12. A型器盖（H590：15） 13. Ba型圈足（H590：22） 14. 器底（H590：21）

标本H590：12，夹砂灰褐陶，灰黑胎。上腹饰圆形镂孔，内外壁磨光。盘口，圆唇，浅盘，上腹内弧，残。轮制，火候较高。残宽7.1、残高4.8厘米（图二〇九，4）。

折沿罐 2件。B型Ⅱ式。

标本H590：13，夹砂红褐陶，局部、里黑。唇下沿饰戳印纹，外沿饰斜细绳纹，沿面磨光。侈口，斜折沿、沿面微弧，唇缘微翘、唇面内凹，残。轮制，火候较高。残宽5.6、残高3厘米（图二〇九，5）。标本H590：14，夹粗砂黑陶，局部灰。外沿饰戳划纹。侈口，斜折沿较宽，圆唇，上腹微斜收，残。轮制，火候较高。残宽6.2、残高2.6厘米（图二〇九，6）。

卷沿罐 8件。A型。

Aa型 5件。

Ⅰ式：3件。

标本H590：16，泥质红陶。素面，内外壁磨光。侈口，圆唇，残。轮制，火候较高。口径13.2、残高4.8厘米（图二〇九，7）。

Ⅱ式：2件。

标本H590：19，夹砂灰黑陶，胎、里灰褐。上腹饰斜细绳纹，内壁磨光。侈口，圆唇，腹较直，残。轮制，火候较高。残宽6.8、残高5厘米（图二〇九，8）。

Ab型　3件。

Ⅰ式：2件。

标本H590：17，夹砂黑褐陶，局部、里红，胎红夹黑。外唇饰戳印纹。敞口，圆唇，腹较直，残。轮制，火候较高。残宽6、残高3.6厘米（图二〇九，9）。

Ⅱ式：1件。

标本H590：18，夹砂红褐陶，胎红褐夹黑。唇饰戳印纹，上腹饰斜绳纹。侈口，卷沿，鼓腹，残。轮制，火候较高。残宽7、残高4.6厘米（图二〇九，10）。

侈口罐　1件。

标本H590：20，泥质红陶。上腹饰细凹弦纹，唇、沿面磨光。侈口，卷沿，圆唇、唇微上卷，鼓腹，残。轮制，火候高。残宽6.2、残高2.8厘米（图二〇九，11）。

器盖　1件。A型。

标本H590：15，夹砂灰陶，灰白胎。器表饰斜绳纹。壁较直，敞口，圆唇，残。轮制，火候较高。残宽2.9、残高2.8厘米（图二〇九，12）。

圈足　1件。Ba型。

标本H590：22，夹砂红陶，黑胎。素面。微有下腹，矮圈足、外撇，残。手制，火候较高。残宽7.8、残高3.5厘米（图二〇九，13）。

器底　2件。

标本H590：21，夹砂红陶，局部灰褐。下腹饰附加堆纹、细划纹。下腹斜收，平底，残。轮制，火候高。残宽7.8、残高3.7厘米（图二〇九，14）。

2）Bd型

2个。

H788

位置：位于02DT0101东北角，部分压在北、东隔梁下。坑口距地表深600厘米，南边上部被开口第33层下的H763打破部分，打破H790和F363。层位关系：㊴—H788→F363。

形制：从暴露情况观察，坑口平面为椭圆形，坑壁不规整，底较平，坑底铺垫两块卵石。坑口东西长280、底径60、深100厘米（图二一〇）。

坑内堆积与包含物：坑内填灰花土，质疏松，夹有少量灰粒。出土遗物较丰富，以陶器为主，还出土残石斧1件和部分兽骨。

出土遗物：出土陶器共194件。陶质全为夹砂，以夹细砂为主，少量夹粗砂。陶色以褐陶、灰陶为主，各占39.69%和35.05%，红陶、黑陶较少，各占14.43%和10.83%。器表以纹饰为主，占88.66%，素面较少，占11.34%。纹饰以粗戳划纹为主，占68.55%，次为绳纹，占11.34%，戳印纹、菱形绳纹、附加堆纹、划纹很少。器类以缸为主，占69.07%，次为罐，盘、器盖等很少，有14.95%的腹片难辨器形（表七六）。

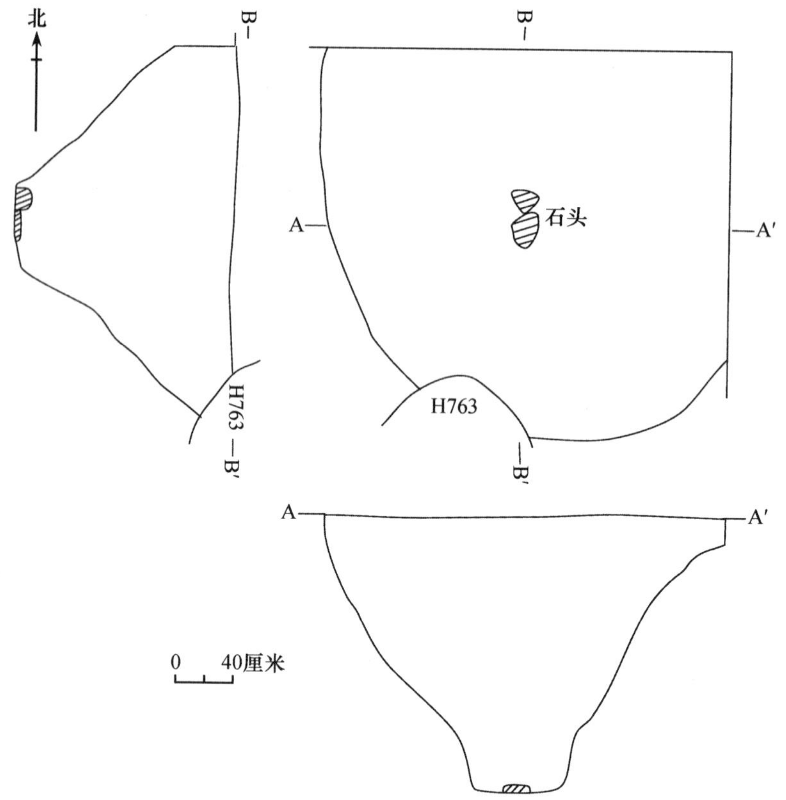

图二一〇 H788平、剖面图

表七六 H788出土陶器统计表

陶质	夹砂				合计	%
陶色	灰	红	黑	褐		
纹饰/器类						
粗戳划纹	54	13	15	51	133	68.55
绳纹	7		2	13	22	11.34
菱形绳纹	2	1		2	5	2.58
划纹		1			1	0.52
戳印纹		2	2	2	6	3.09
附加堆纹		5			5	2.58
素面	5	6	2	9	22	11.34
合计	68	28	21	77	194	100
%	35.05	14.43	10.83	39.69	100	
缸	55	13	15	51	134	69.07
敞口罐	2		1		3	1.55
侈口罐		5		1	6	3.09
盘口器		1	1	2	4	2.06
盘			1		1	0.52
器盖				1	1	0.52
圈足				3	3	1.55

续表

陶质	夹砂				合计	%
陶色	灰	红	黑	褐		
纹饰/器类						
器底	2	3		8	13	6.70
不明器	9	6	3	11	29	14.95

参加分类排队的陶器47件，挑选标本22件。

缸口　5件。B型。

Ⅲ式：1件。

标本H788：2，夹砂红陶，局部、里黑。唇部饰戳印纹，器表饰戳划纹。敛口，内沿，上腹斜弧内收，残。手制，火候较高。残宽12.4、残高9.4厘米（图二一一，1）。

Ⅳ式：2件。

标本H788：1，夹砂红褐陶，局部灰褐，里黑。唇部饰戳印纹，器表饰戳划纹，外沿微有手按痕。敛口，微有内沿，上腹弧内收，残。手制，火候较高。残宽13.6、残高14厘米（图二一一，2）。标本H788：4，夹砂灰陶，局部、里黑。唇部饰戳印纹，器表饰零星戳划纹。口微敛，上腹弧收，残。手制，火候较高。残宽13.4、残高6厘米（图二一一，3）。

Ⅴ式：2件。

标本H788：3，夹砂灰褐陶，局部、里黑。唇部饰戳印纹，器表饰戳划纹。口微敛，上腹微弧内收，残。手制，火候较高。残宽15.8、残高11厘米（图二一一，4）。标本H788：5，夹砂黑陶，局部灰黑。唇部饰戳印纹，器表饰零星戳划纹，外沿微有按痕。敞口，上腹微弧收，残。手制，火候较高。残宽9.4、残高6厘米（图二一一，5）。

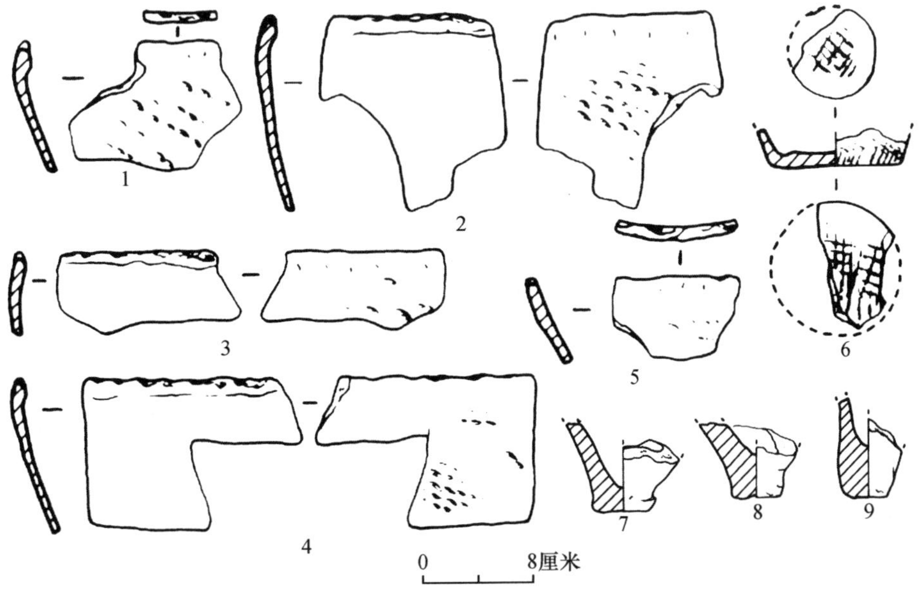

图二一一　H788出土陶器

1. B型Ⅲ式缸口（H788：2）　2、3. B型Ⅳ式缸口（H788：1、H788：4）　4、5. B型Ⅴ式缸口（H788：3、H788：5）　6. A型缸底（H788：19）　7. Ca型缸底（H788：21）　8、9. Cb型缸底（H788：20、H788：22）

缸底　7件。

A型　2件。

标本H788：19，夹粗砂红陶，局部灰，胎、里黑。器表、外底、内底中部饰交错绳纹。下腹斜收，平底，残。手制，火候较高。底径9.6、残高2.6厘米（图二一一，6）。

C型　5件。

Ca型　3件。

标本H788：21，夹砂红陶，局部、里黑。素面，下腹多刮抹痕。下腹斜收，圆柱形底，残。手制，火候较高。底径4.2、残高6.4厘米（图二一一，7）。

Cb型　2件。

标本H788：20，夹粗灰褐陶，局部、里黑。素面，下腹多刮抹痕。下腹斜收，圆柱形底，残。手制，火候较高。底径3.6、残高5.4厘米（图二一一，8）。标本H788：22，夹砂红陶，局部灰褐。素面，器表多刮抹痕。微有下腹，近圆柱形底、实足跟较高，残。手制，火候较高。底径3.6、残高7厘米（图二一一，9）。

瓮　6件。B型。标本碎小。

盘口罐　3件。

B型　2件。Ba型。

Ⅱ式：1件。

标本H788：6，夹砂黑陶，褐胎。盘下缘饰戳印纹，内壁磨光。盘口，圆唇，壁较斜，盘较浅，上腹内弧，残。轮制，火候较高。残宽3.8、残高4厘米（图二一二，1）。

Ⅲ式：1件。标本碎小。

C型　1件。标本碎小。

盘口器　1件。Aa型。

标本H788：7，夹砂褐陶，黑胎。素面，内外壁磨光。盘口，圆唇，浅盘，斜壁，上腹内斜，残。手制轮修，火候较高。残宽6.4、残高3厘米（图二一二，2）。

槽唇罐　2件。

Ⅱ式：1件。

标本H788：8，夹砂红陶，黑胎。唇外缘饰斜戳印纹。喇叭口，唇面内凹，残。轮制，火候较高。残宽6.6、残高2.2厘米（图二一二，3）。

Ⅲ式：1件。

标本H788：9，夹砂红褐陶，局部灰褐。上腹饰斜绳纹。喇叭口，唇面内凹，残。轮制，火候较高。残宽4.6、残高3.7厘米（图二一二，4）。

卷沿罐　6件。

A型　5件。Aa型。

Ⅰ式：1件。

标本H788：10，夹砂红陶，局部灰褐、黑，胎黑。器表饰斜绳纹，外沿下抹细。侈口，卷沿，圆唇，鼓腹，残。轮制，火候较高。残宽10.4、残高8.2厘米（图二一二，5）。

Ⅱ式：4件。

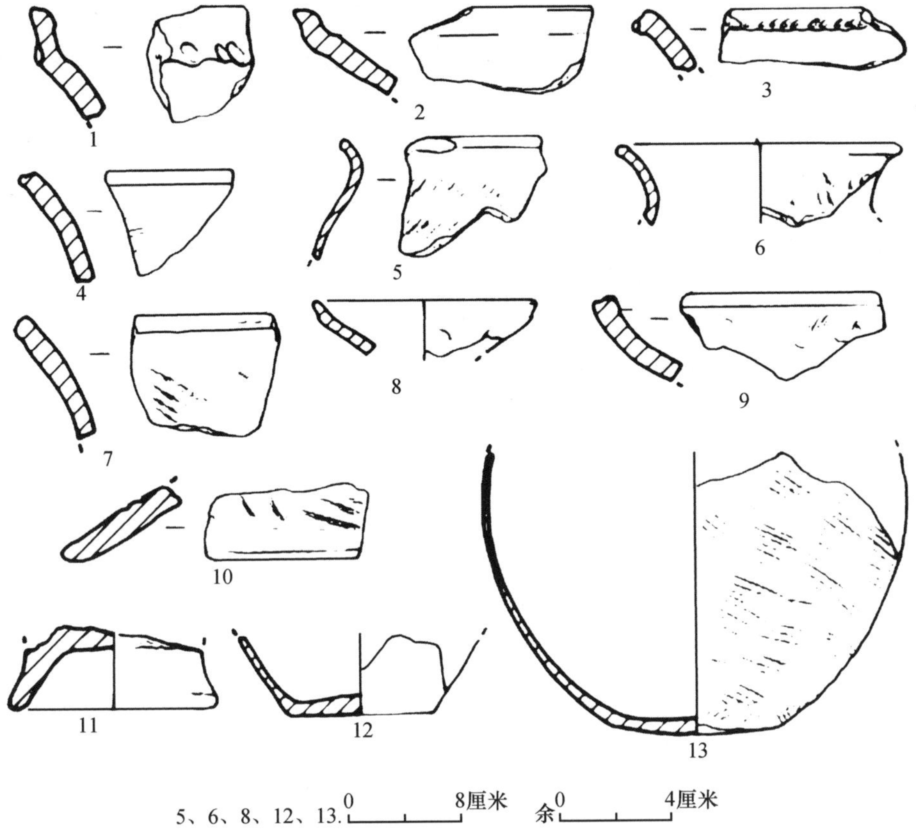

图二一二 H788出土陶器

1. Ba型Ⅱ式盘口罐（H788：6） 2. Aa型盘口器（H788：7） 3. Ⅱ式槽唇罐（H788：8） 4. Ⅲ式槽唇罐（H788：9） 5. Aa型Ⅰ式卷沿罐（H788：10） 6. Aa型Ⅱ式卷沿罐（H788：11） 7. B型Ⅱ式卷沿罐（H788：12） 8. 壶?（H788：13） 9. C型盘（H788：15） 10. A型器盖（H788：14） 11. Ba型圈足（H788：16） 12、13. 器底（H788：17、H788：18）

标本H788：11，夹砂红陶。器表饰零星绳纹、细划纹，内壁粗磨。侈口，圆唇，束领，残。轮制，火候较高。口径20.3、残高5.6厘米（图二一二，6）。

B型 1件。Ⅱ式。

标本H788：12，夹砂灰陶，局部褐，灰黑胎。上腹饰斜绳纹。喇叭口，圆唇、局部唇面微凹，残。轮制，火候较高。残宽5.2、残高4.2厘米（图二一二，7）。

卷沿鼓腹罐 1件。Ⅱ式。标本碎小。

壶? 1件。

标本H788：13，夹砂黑陶，局部褐。敞口，圆唇，折腹，残。手制，火候一般。口径15.6、残高4厘米（图二一二，8）。

盘 1件。C型。

标本H788：15，夹砂红陶，胎外红里灰，里黑。上腹饰划纹。敞口，唇面内凹，弧腹，残。轮制，火候较高。残宽7.2、残高3厘米（图二一二，9）。

器盖 2件。A型。

标本H788：14，夹砂黑陶，局部红。器表饰绳纹。壁较斜直，敞口，圆唇，残。手制轮修，火候较高。残宽5.6、残高2.6厘米（图二一二，10）。

圈足　2件。Ba型。

标本H788：16，夹砂红褐陶，局部、胎黑。素面。圈足较矮，壁外斜，残。手制，火候较高。足径7.3、残高2.8厘米（图二一二，11）。

器底　10件。

标本H788：17，夹砂红褐陶，局部、胎黑。素面，器表粗磨，内壁饰划纹。下腹斜收，平底，内底凸，残。手制，火候较高。底径10、残高5.4厘米（图二一二，12）。标本H788：18，夹砂红褐陶，局部、胎、里黑。腹饰斜绳纹。鼓腹，下腹弧收，圜底，残。手制，火候较高。残高19.4厘米（图二一二，13）。

（3）D型

1个。Dc型。

H588

位置：位于99DT0301中部。坑口距地表深595～600厘米。层位关系：㊷—H588→㊸。

形制：坑口平面整体略呈圆角长方形，东南—西北向，东南侧坑壁呈圆角，西北侧两条长壁略外撇，短壁内收，坑壁用红黏土筑成，坑壁较规整，外壁略内凹，底部较平，黏土壁厚20～28厘米。坑外壁长250、宽126、内壁长178、宽62、深6～12厘米（图二一三）。

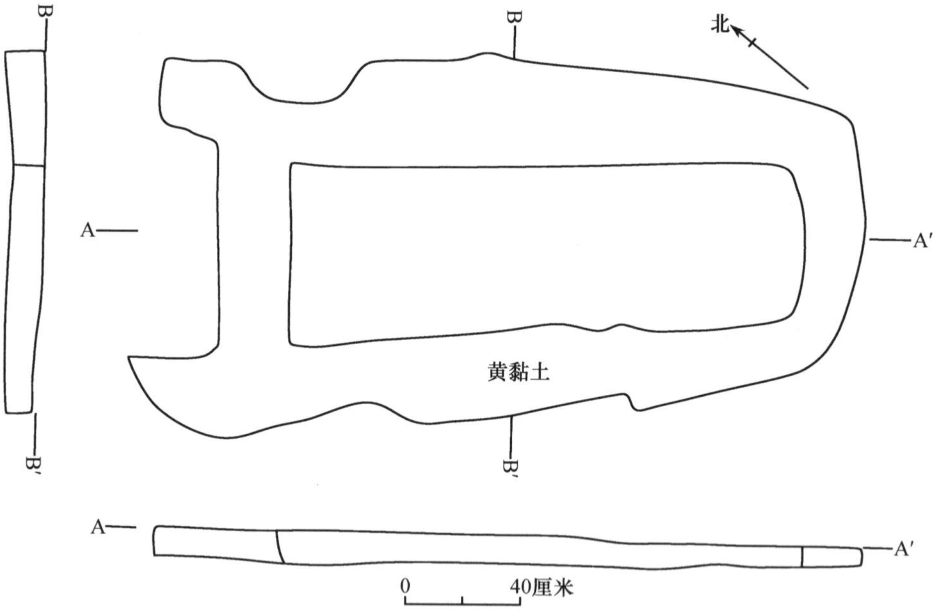

图二一三　H588平、剖面图

坑内堆积与包含物：坑内填灰色土，夹杂黏土，质疏松。包含物有少量陶器、兽骨等。

出土遗物：出土陶器共18件。陶质以夹砂为主，占94.44%，其中以夹细砂为主，少量夹粗砂，泥质陶极少，仅占5.56%。陶色以红、黑陶为主，各占33.33%，次为褐陶和黄褐陶，各占16.67%和11.12%，灰陶最少，占5.56%。器表以纹饰为主，占72.22%，素面较少，占27.78%。纹饰以粗戳划纹为主，占50.00%，绳纹、戳印纹、附加堆纹、镂孔等很少。器类以缸为主，占50.00%，盘口器、器盖等很少，有27.78%的腹片不辨器形（表七七）。

表七七　H588出土陶器统计表

陶质	夹砂					泥质	合计	%
陶色	灰	红	黑	褐	黄褐	黄褐		
纹饰/器类								
粗戳划纹	1	3	3	2			9	50.00
绳纹			1				1	5.56
戳印纹				1			1	5.56
附加堆纹		1					1	5.56
镂孔						1	1	5.56
素面		2	2		1		5	27.78
合计	1	6	6	3	1	1	18	100
%	5.56	33.33	33.33	16.67	5.56	5.56	100	
缸	1	3	3	2			9	50.00
盘口罐				1			1	5.56
盘口器					1		1	5.56
器盖		1					1	5.56
平底			1				1	5.56
不明器		2	2			1	5	27.78

参加分类排队的陶器9件，挑选标本5件。

缸口　6件。B型Ⅰ式。

标本H588：1，夹砂褐陶，灰胎，里红；器表多灰白色附着物。唇饰较深粗戳印纹，上腹饰粗戳划纹。敞口，上腹斜收，残。手制，火候较高。残宽6.6、残高6.2厘米（图二一四，1）。标本H588：2，夹砂灰褐陶，灰胎、里黑。唇饰较深粗戳印纹，上腹饰粗戳划纹。敞口，上腹弧收，残。手制，火候较高。残宽5.6、残高4.2厘米（图二一四，2）。

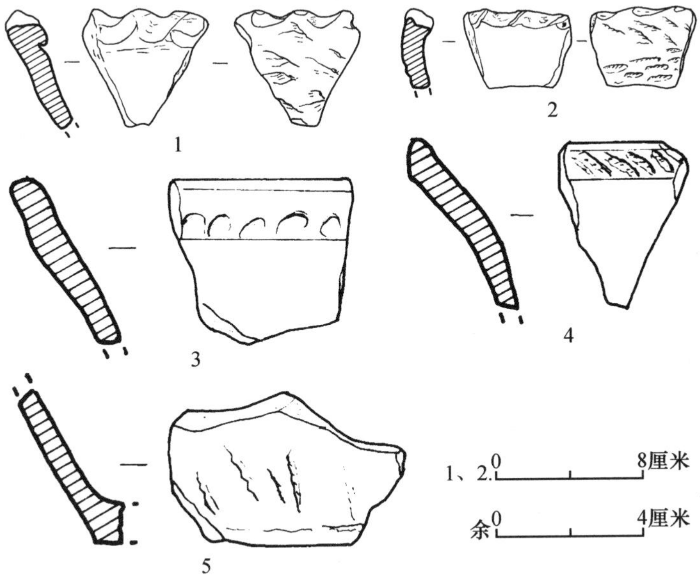

图二一四　H588出土陶器

1、2. B型Ⅰ式缸口（H588：1、H588：2）　3. Ba型Ⅲ式盘口罐（H588：3）　4. B型盘口器（H588：4）　5. 罐底（H588：5）

盘口罐　1件。Ba型Ⅲ式。

标本H588：3，夹粗砂红褐陶，胎褐夹黑。盘外饰戳印纹。较浅盘口，圆唇，上腹微内弧，残。轮制，火候较高。残宽4.9、残高4.4厘米（图二一四，3）。

盘口器　1件。B型。

标本H588：4，夹砂红陶，胎红夹黑。唇饰戳印纹，内壁磨光。略呈浅盘口，圆唇，上腹内弧，残。轮制，火候较高。残宽3.4、残高4.4厘米（图二一四，4）。

罐底　1件。

标本H588：5，夹砂黑陶，红褐胎。下腹饰斜绳纹。下腹微弧收，平底，残。手制，火候较高。残宽6.1、残高4厘米（图二一四，5）。

2. 乙类

9个。

（1）A型

3个。

1）Ab型

1个。

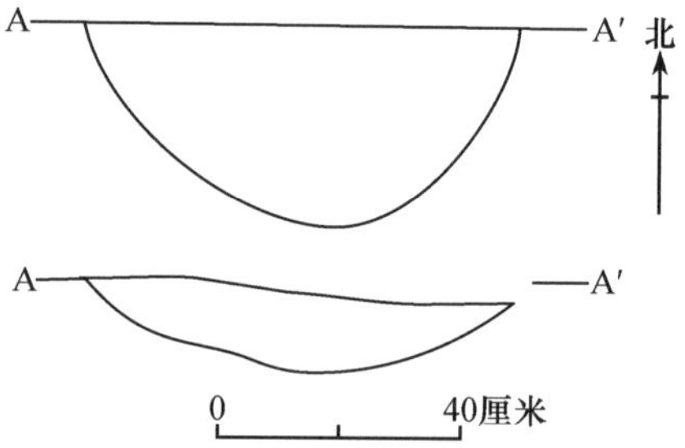

图二一五　H299平、剖面图

H299

位置：位于98AT0103北部，部分压在探方北隔梁下，处于同层下的H300之东，H308之西，坑口距地表深深540厘米。层位关系：㊴—H299→㊵。

形制：从暴露部分观察，坑口平面略呈圆形，弧壁，圜底，壁、底未见加工痕迹。口径70、深18厘米（图二一五）。

坑内堆积与包含物：坑内填灰黑色灰土，极松。包含少量陶片和残石器。

出土遗物：出土陶器26件。陶质全为夹细砂。陶色以褐陶（包括灰褐陶）为主，占46.15%，次为黑陶，占26.92%，红陶、灰陶较少，各占15.38%和11.54%。器表以纹饰为主，占61.54%，素面增多，占38.46%。纹饰以绳纹为主，占34.62%，次为复合纹，占11.54%，粗戳划纹、附加堆纹等较少，均占7.79%。器类以缸为主，占65.39%，次为罐、瓮，各占19.23%和11.54%，圈足很少（表七八）。还出有残石斧1件。

表七八　H299出土陶器统计表

陶质	夹细砂					合计	%
陶色	灰	红	黑	褐	灰褐		
纹饰/器类							
粗戳划纹			1		1	2	7.69
绳纹			4	3	2	9	34.62
附加堆纹			1	1		2	7.69
复合纹		1		2		3	11.54

续表

陶质	夹细砂					合计	%
陶色	灰	红	黑	褐	灰褐		
纹饰/器类							
素面	3	3	1	2	1	10	38.46
合计	3	4	7	8	4	26	100
%	11.54	15.38	26.92	30.77	15.38	100	
缸口	1		3	2	3	9	34.62
缸腹	1	1	3	2	1	8	30.77
罐口	1	2				3	11.54
罐腹		1		1		2	7.69
瓮			1	2		3	11.54
圈足				1		1	3.85

参加分类排队的陶器12件，挑选标本10件。

缸口　8件。B型。

Ⅱ式：1件。

标本H299：6，夹细砂黑陶。唇部戳印纹较深，器表饰粗戳印纹。敞口，有内沿，上腹弧，残。轮制，火候较高。残宽5.2、残高3.3厘米（图二一六，1）。

Ⅳ式：3件。

标本H299：7，夹细砂黑陶。唇部饰戳印纹，外沿有手捏痕。敞口，腹较斜直，残。手制，火候一般。残宽5.4、残高4.6厘米（图二一六，2）。标本H299：8，夹细砂黑陶，红褐胎。唇部饰戳印纹，外沿有手捏痕，器表疵裂。敞口，唇沿较厚，腹较斜直，残。轮制，火候较高。残宽7.7、残高4.2厘米（图二一六，5）。标本H299：9，夹细砂黑陶。唇部饰戳印纹，外沿有手捏痕，器表有划痕。敛口，唇部较厚，弧腹，残。手制，火候不高。残宽16.4、残高7.2厘米（图二一六，6）。

Ⅴ式：4件。

标本H299：10，夹细砂灰陶，局部褐，里灰黑。唇部饰戳印纹，外沿有手捏痕，器表饰绳纹。敞口，唇较厚，微弧腹，残。手制，火候不高。残宽6.5、残高6.3厘米（图二一六，3）。标本H299：11，夹细砂黑陶。唇部饰戳印纹，器表饰划纹。敞口，唇部稍厚，腹较斜直，残。手制，火候不高。残宽5.8、残高4.4厘米（图二一六，4）。

瓮　3件。B型。

标本H299：2，夹细砂黑陶。素面，内外壁磨光，器表有磨痕。喇叭口，圆唇，残。轮制，火候高。口径18、残高5厘米（图二一六，7）。标本H299：3，夹细砂褐陶。器表饰双向穿镂孔，内壁饰暗纹，内外壁磨光，器表有磨痕。喇叭口，圆唇，残。轮制，火候高。口径22.4、残高7.1厘米（图二一六，8）。标本H299：4，夹细砂褐陶，胎、里红。素面，内沿、外壁磨光。喇叭口，圆唇，残。轮制，火候较高。口径23、残高8.4厘米（图二一六，9）。

圈足　1件。Bb型。

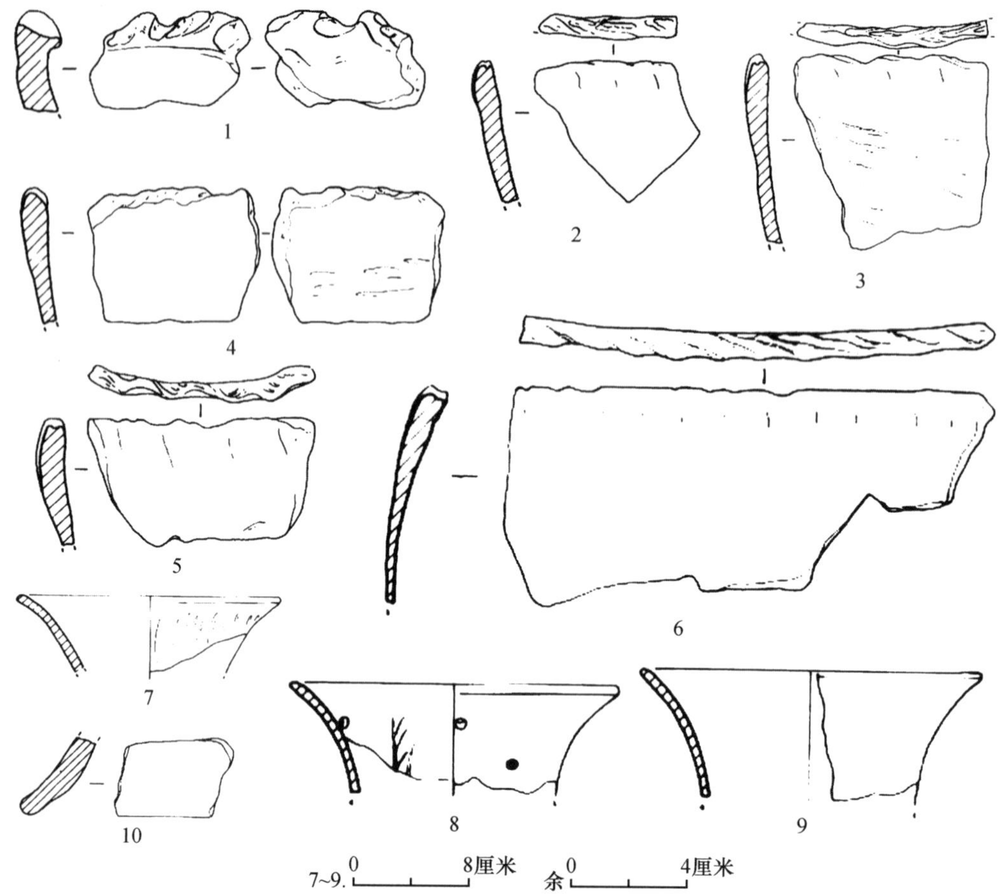

图二一六　H299出土陶器

1. B型Ⅱ式缸口（H299：6）　2、5、6. B型Ⅳ式缸口（H299：7、H299：8、H299：9）　3、4. B型Ⅴ式缸口（H299：10、H299：11）　7～9. B型瓮（H299：2、H299：3、H299：4）　10. Bb型圈足（H299：5）

标本H299：5，夹细砂褐陶，局部红、黑。素面，外壁磨光。喇叭形圈足，残。轮制，火候较高。残宽3.9、残高2.7厘米（图二一六，10）。

2）Ac型

2个。

H308

位置：位于98AT0103北部中段，部分压在探方北壁下，坑口距地表深550厘米，被H318打破，打破H309。层位关系：㊴—H308→H309。

形制：从暴露部分观察，坑口平面略呈圆形，直壁，底较平，壁、底不见加工痕迹。口、底径112、深39厘米（图二一七）。

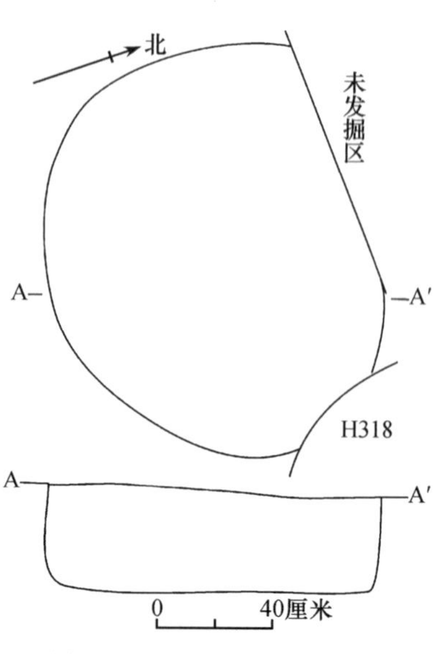

图二一七　H308平、剖面图

坑内堆积与包含物：坑内填灰黑色灰土，极软。包含少量碎小陶片。

出土遗物：出土陶器共57件。陶质全为夹砂，以夹细砂为主，占91.23%，夹粗砂很少，只占8.77%。陶色以灰、红陶为主，各占38.59%和29.82%，次为褐陶（包括灰褐陶），占21.05%，黑陶最少，占10.53%。器表纹饰略多，占50.88%，素面比例增加，占49.12%。纹饰以绳纹为主，占33.33%，次为菱形绳纹和复合纹，各占7.02%和3.51%，细绳纹、划纹、附加堆纹、镂孔等很少，极少陶器表面施黑色陶衣。器类以缸为主，占24.56%，罐、盘口器、瓮、簋形器等很少，有64.91%的腹片不辨器形（表七九）。

表七九　H308出土陶器统计表

陶质	夹粗砂	夹细砂					合计	%
陶色	灰	灰	红	黑	褐	灰褐		
纹饰/器类								
绳纹	3	6	6	1	3		19	33.33
细绳纹					1		1	1.75
菱形绳纹	2		1		1		4	7.02
划纹		1					1	1.75
附加堆纹		1					1	1.75
镂孔		1					1	1.75
复合纹		1	1				2	3.51
素面		7	9	5	5	2	28	49.12
合计	5	17	17	6	10	2	57	100
%	8.77	29.82	29.82	10.53	17.54	3.51	100	
缸口		2	1	1			4	7.02
缸腹	5	1	2			2	10	17.54
罐					2		2	3.51
盘口罐		1					1	1.75
盘口器		1					1	1.75
瓮			1				1	1.75
簋形器					1		1	1.75
不明器		12	13	5	7		37	64.91

参加分类排队的陶器8件，挑选标本7件。

缸口　4件。B型。

Ⅱ式：1件。

标本H308：4，夹细砂灰陶。唇面、器表饰戳印纹。敞口，有明显内沿，上腹较直，残。手制轮修，火候一般。残宽3.85、残高3.6厘米（图二一八，1）。

Ⅳ式：1件。

标本H308：5，夹细砂灰陶，施黑色陶衣。唇面饰戳印纹，上腹饰划纹一道，口外沿微有手捏痕。口近直，微有内沿，上腹弧，残。手制轮修，火候一般。残宽5.8、残高4.9厘米（图二一八，2）。

Ⅴ式：2件。

标本H308：6，夹细砂褐黄陶，胎、里灰黑色。唇面、器表饰戳印纹，口外沿有手捏痕。

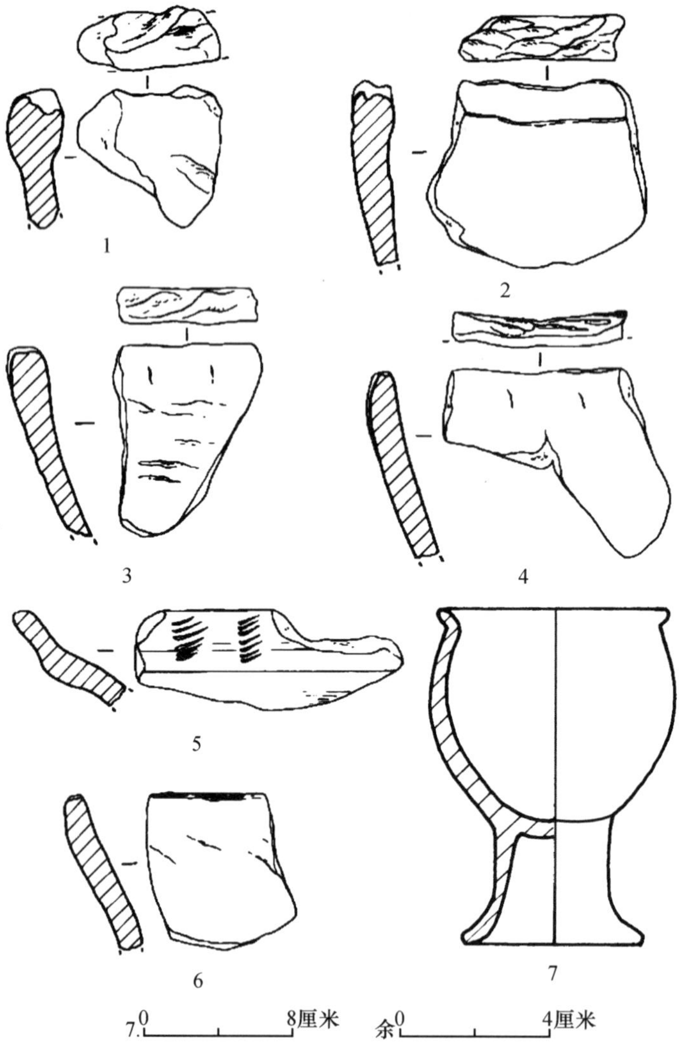

图二一八 H308出土陶器

1. B型Ⅱ式缸口（H308：4） 2. B型Ⅳ式缸口（H308：5） 3、4. B型Ⅴ式缸口（H308：6、H308：7）
5. A型Ⅱ式盘口罐（H308：2） 6. Aa型Ⅰ式折沿罐（H308：3） 7. 簋形器（H308：1）

敞口，上腹微弧，残。手制轮修，火候较高。残宽3.9、残高5厘米（图二一八，3）。标本H308：7，夹细砂红褐陶，灰黑胎。唇面饰戳印纹，口外沿有手捏痕。敞口，上腹微弧，残。手制轮修，火候一般。残宽6、残高4.9厘米（图二一八，4）。

盘口罐 1件。A型Ⅱ式。

标本H308：2，夹粗砂灰褐陶，局部、里黑。盘外饰组状戳印纹，上腹饰细划纹。敞口，圆唇，盘较浅，盘外下有凸棱，残。轮制，火候一般。残宽7.1、残高2.6厘米（图二一八，5）。

盘口器 1件。Aa型。标本碎小。

折沿罐 1件。Aa型Ⅰ式。

标本H308：3，夹细砂灰陶，口局部、里黑。沿外饰稀疏细绳纹。敞口，斜折沿较宽，方唇，残。轮制，火候较高。残宽3.9、残高4.15厘米（图二一八，6）。

簋形器 1件。

标本H308：1，磨光褐陶。素面。侈口，圆唇，鼓腹，喇叭状圈足。口径11.6、足径9.2、通高17.6厘米（图二一八，7；图版二六，1）。

（2）D型

3个，2个可分亚型。

1）Db型

1个。

H300

位置：位于98AT0103北部，一角在探方发掘区外，坑口距地表深540厘米。层位关系：㊴—H300→㊵。

形制：从暴露部分观察，坑口平面略呈圆角长方形，弧壁，圜底。长86、宽60、深19厘米（图二一九）。

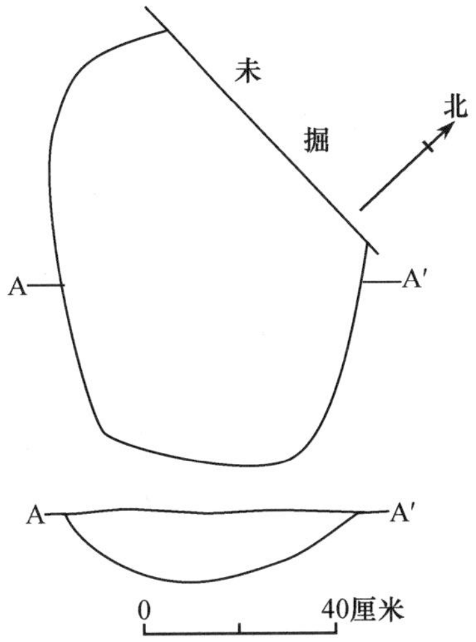

图二一九　H300平、剖面图

坑内堆积与包含物：坑内填灰褐色灰土，质松软。包含较多碎陶片、少量残石器。

出土遗物：出土陶器45件。陶质全为夹细砂。陶色以褐陶为主，占35.56%，次为红、灰陶，各占26.67%和20.00%，黑陶较少，占15.56%，红褐陶最少，占2.22%。器表以纹饰为主，占57.78%，素面较多，占42.22%。纹饰以粗戳划纹、绳纹为主，各占28.89%和15.56%，复合纹、菱形绳纹、划纹、附加堆纹、镂孔等很少。器类以缸为主，占75.56%，次为罐，占13.33%，瓮、器盖等很少（表八〇）。还出土石器1件。

表八〇　H300出土陶器统计表

陶质	夹细砂					合计	%
陶色	灰	红	黑	褐	红褐		
纹饰/器类							
粗戳划纹	6		3	4		13	28.89
绳纹		4	1	2		7	15.56
菱形绳纹		1				1	2.22
划纹		1				1	2.22
附加堆纹				1		1	2.22
复合纹		1		1		2	4.44
镂孔					1	1	2.22
素面	3	5	3	8		19	42.22
合计	9	12	7	16	1	45	100
%	20.00	26.67	15.56	35.56	2.22	100	
缸口	1	3	4	4		12	26.67
缸腹	7	3	3	8		21	46.67
缸底		1				1	2.22
罐口		1			1	2	4.44
罐腹		1		2		3	6.67
罐底		1				1	2.22
瓮				1		1	2.22

续表

陶质	夹细砂					合计	%
陶色	灰	红	黑	褐	红褐		
纹饰/器类							
器盖		1				1	2.22
不明器	1	1		1		3	6.67

陶器　参加分类排队的陶器15件，挑选标本10件。

缸口　11件。B型。

Ⅲ式：1件。

标本H300：5，夹细砂灰褐陶，里灰黑色。唇面、器表饰戳印纹，口外沿有手捏痕。敛口，有明显内沿，上腹较斜直，残。手制轮修，火候一般。残宽10.4、残高10厘米（图二二〇，1）。

Ⅳ式：3件。

标本H300：6，夹细砂黑陶。唇面饰戳印纹，口外沿有手捏痕。敞口，沿内卷贴，上腹微弧，残。手制，火候一般。残宽6.6、残高5.5厘米（图二二〇，2）。标本H300：7，夹细砂灰陶，胎、里黑色。唇面饰戳印纹，器表饰组状斜绳纹，口外沿有手捏痕。敛口，微有内沿，上

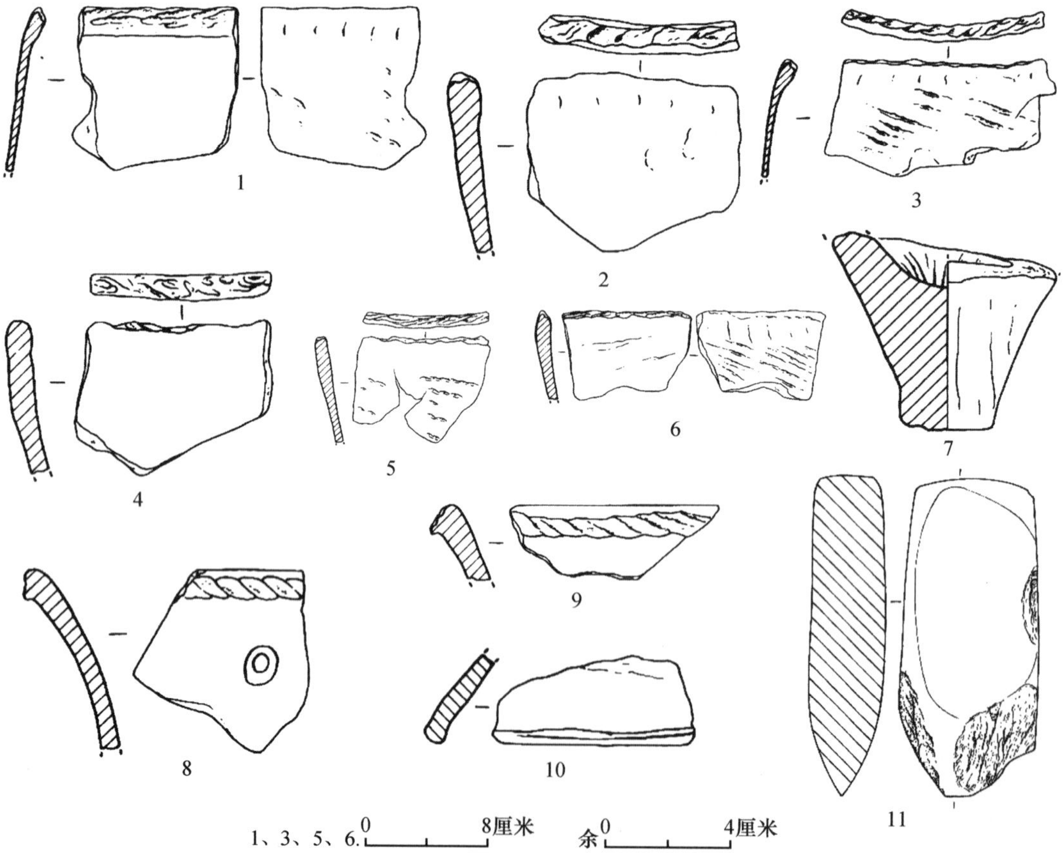

图二二〇　H300出土器物

1. B型Ⅲ式陶缸口（H300：5）　2、3. B型Ⅳ式陶缸口（H300：6、H300：7）　4～6. B型Ⅴ式陶缸口（H300：8、H300：9、H300：10）　7. Cb型陶缸底（H300：11）　8、9. C型陶敞口罐（H300：2、H300：3）　10. B型陶器盖（H300：4）　11. Bb型Ⅱ式石斧（H300：1）

腹弧，残。手制轮修，火候一般。残宽14.3、残高7.5厘米（图二二〇，3）。

Ⅴ式：7件。

标本H300：8，夹细砂黑陶，局部、里红色。唇面饰戳印纹，口外沿微有手捏痕。敞口，上腹微弧，残。手制，火候一般。残宽6.2、残高4.75厘米（图二二〇，4）。标本H300：9，夹粗砂灰陶，局部、里黑。唇面、器表饰戳印纹。敞口，上腹斜直，残。手制轮修，火候一般。残宽8.7、残高6.5厘米（图二二〇，5）。标本H300：10，夹细砂红陶，灰黑胎。唇面饰戳印纹，器表饰斜绳纹，口外沿有手捏痕，内壁有疵痕。敞口，上腹较斜直，残。手制，火候一般。残宽8、残高5.5厘米（图二二〇，6）。

缸底　1件。Cb型。

标本H300：11，夹粗砂红陶，里黑色。素面，器表有刮削、捏抹痕，足外底有白色附着物。锥柱足，下腹较斜，实足跟较高。手制，火候一般。足径2.8、残高6.1厘米（图二二〇，7）。

敞口罐　2件。C型。

标本H300：2，夹细砂红褐陶，局部、里黑。唇面、上腹饰戳印纹，上腹饰双面穿镂孔。圆唇，上腹内弧，残。轮制，火候一般。残宽5.4、残高5.7厘米（图二二〇，8）。标本H300：3，夹细砂黑陶，褐胎。唇面饰戳印纹，内壁磨光。唇外缘外下垂，上腹斜直，残。轮制，火候一般。残宽6.4、残高2.5厘米（图二二〇，9）。

器盖　1件。B型。

标本H300：4，夹细砂红陶，局部、胎灰黑色。器表饰划纹。覆钵状，敞口，圆唇，弧腹，残。手制，火候一般。残宽6.2、残高2.8厘米（图二二〇，10）。

石器　仅1件石斧。

斧　1件。Bb型Ⅱ式。

标本H300：1，黑色角岩，表皮暗紫。平面长方形，弧顶，弧刃、蹦残，正锋。磨制。长9.8、残宽4.3、厚2.3厘米（图二二〇，11）。

2）Dd型

1个。

H794

位置：位于02DT0101东南角，部分压在东壁与土梯下，其北侧为H793，西北侧为H791，坑口距地表深600厘米。层位关系：F363—H794→㊶。

形制：从暴露部分观察，坑口平面略呈圆角长方形，坑壁不规整，侧壁较斜、端壁上部较直下部略呈阶梯状，底较平，无加工痕迹。残长120、残宽60、深84厘米（图二二一）。

坑内堆积与包含物：坑内填黄沙土，夹沙较多，夹有少量木炭粒，质疏松。包含陶片较少。

出土遗物：出土陶器共103件。陶质全为夹砂，以夹细砂为主，夹粗砂极少。陶色以红陶为主，占35.92%，次为灰、褐陶，均占26.21%，黑陶最少，占11.65%。器表以纹饰为主，占92.23%，素面很少，占7.77%。纹饰以粗戳划纹为主，占77.67%，次为绳纹，占10.68%，菱形绳纹、附加堆纹等很少。器类以缸为主，占77.67%，罐、盘口器、圈足等较少（表八一）。

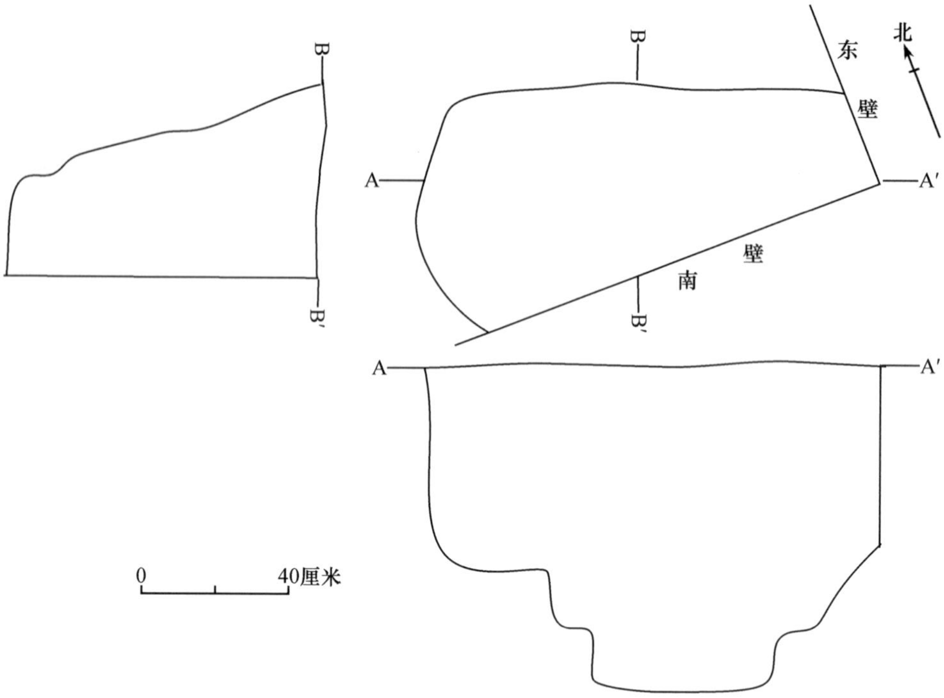

图二二一　H794平、剖面图

表八一　H794出土陶器统计表

陶质	夹砂				合计	%
陶色	灰	红	黑	褐		
纹饰/器类						
粗戳划纹	24	23	11	22	80	77.67
绳纹	1	6		4	11	10.68
菱形绳纹	1				1	0.97
附加堆纹		2		1	3	2.91
素面	1	6	1		8	7.77
合计	27	37	12	27	103	100
%	26.21	35.92	11.65	26.21	100	
缸口	24	23	11	22	80	77.67
侈口罐		1			1	0.97
罐腹	2	1		2	5	4.85
盘口器				2	2	1.94
圈足		2			2	1.94
器底		2	1	1	4	3.88
不明器	1	8			9	8.74

参加分类排队的陶器40件，挑选标本11件。

缸口　30件。B型。

Ⅰ式：3件。

标本H794：1，夹砂黑陶，灰胎。唇部戳较深粗戳印纹，器表饰粗戳划纹。口微敞，上腹微斜直，残。手制，火候较高。残宽5.4、残高6.2厘米（图二二二，1）。

Ⅲ式：6件。

标本H794：2，夹砂红褐陶，局部、胎、里黑。唇部饰戳印纹，腹饰戳划纹。敞口，内沿，上腹弧收，残。手制，火候较高。残宽7.2、残高8.6厘米（图二二二，2）。

Ⅳ式：17件。

标本H794：3，夹砂黑褐陶，红胎。唇部内沿饰戳印纹，外沿有按窝，腹饰戳划纹。敞口，微有内沿，上腹斜收，残。手制，火候较高。残宽6.7、残高7.2厘米（图二二二，3）。标本H794：4，夹砂黑陶，局部红褐。唇部饰戳印纹，腹饰戳划纹，外沿微有手捏痕。敞口，微有内沿，上腹斜收，残。手制，火候较高。残宽9.2、残高8.2厘米（图二二二，4）。

Ⅴ式：4件。

标本H794：5，夹砂灰褐陶，局部、里黑。唇部内沿饰戳印纹，外沿微有手捏痕。敞口，上腹斜收，残。手制，火候较高。残宽7.4、残高5.2厘米（图二二二，5）。标本H794：6，夹砂黑陶，局部灰褐。唇部饰戳印纹。口近直，上腹弧收，残。手制，火候较高。残宽5.6、残高6.9厘米（图二二二，6）。

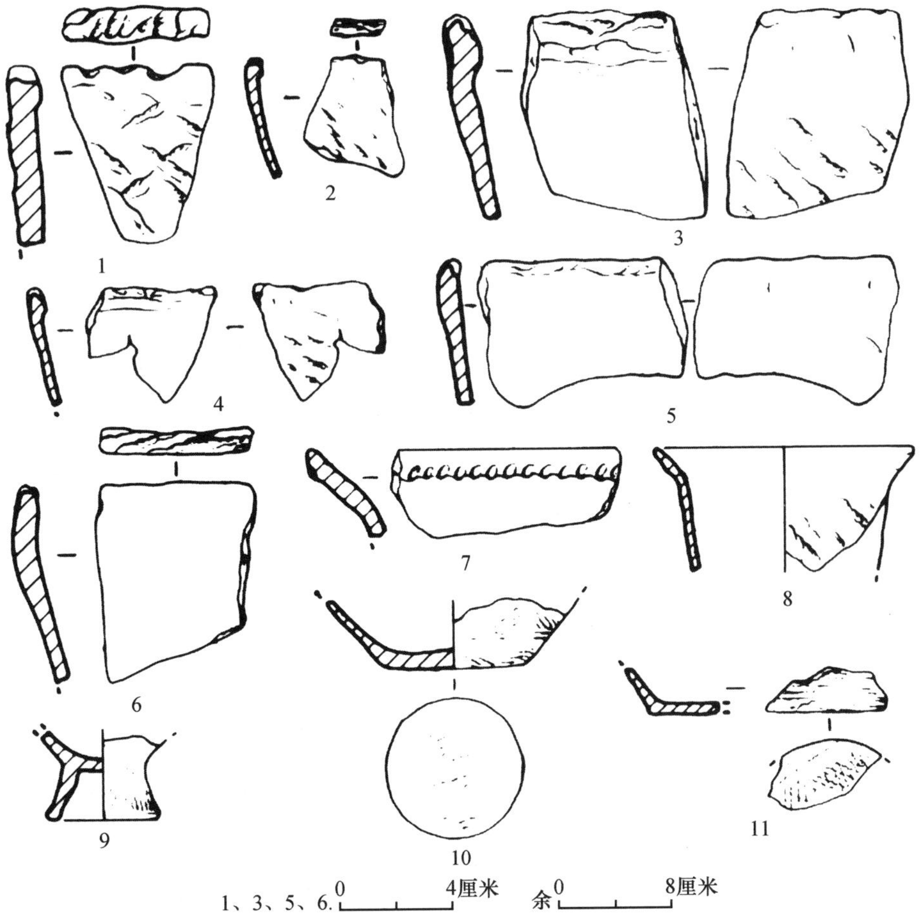

图二二二　H794出土陶器

1. B型Ⅰ式缸口（H794：1）　2. B型Ⅲ式缸口（H794：2）　3、4. B型Ⅳ式缸口（H794：3、H794：4）
5、6. B型Ⅴ式缸口（H794：5、H794：6）　7. A型Ⅲ式盘口罐（H794：7）　8. Aa型Ⅰ式折沿罐（H794：8）
9. 簋形器（H794：9）　10、11. 器底（H794：11、H794：10）

缸底　4件。Ca型、Cb型各2件。标本碎小。

盘口罐　1件。A型Ⅲ式。

标本H794：7，夹砂黑陶，局部红褐，里红。盘外下缘饰戳印纹。盘口，圆唇，浅盘，上腹内弧，残。轮制，火候较高。残宽8.2、残高3.1厘米（图二二二，7）。

折沿罐　1件。Aa型Ⅰ式。

标本H794：8，夹砂红陶，局部褐，灰胎。腹饰粗戳划纹，内壁磨光。敞口，圆唇，腹斜弧，残。手制轮修，火候较高。口径18.8、残高8.8厘米（图二二二，8）。

簋形器　1件。

标本H794：9，夹砂红陶，局部、胎黑，里灰褐。圈足饰竖细绳纹，腹内外壁磨光。下腹弧收，圈足较高，外敞，残。分制，火候较高。足径8、残高6厘米（图二二二，9）。

器底　3件。

标本H794：10，夹砂红褐陶，胎、里黑。下腹饰绳纹，外底饰交错绳纹，内壁、底磨光。下腹斜收，平底，残。手制，火候较高。残宽8.8、残高3.2厘米（图二二二，11）。标本H794：11，夹砂红陶，局部、胎灰褐。下腹、外底饰绳纹。下腹斜收，平底微圜，残。手制，火候较高。底径10、残高5厘米（图二二二，10）。

（3）F型

3个，1个可分亚型，为Fd型。

H585

位置：位于99DT0201东南部，大部分压在探方南壁和东壁下，坑口距地表深595厘米。层位关系：㊹—H585→㊺。

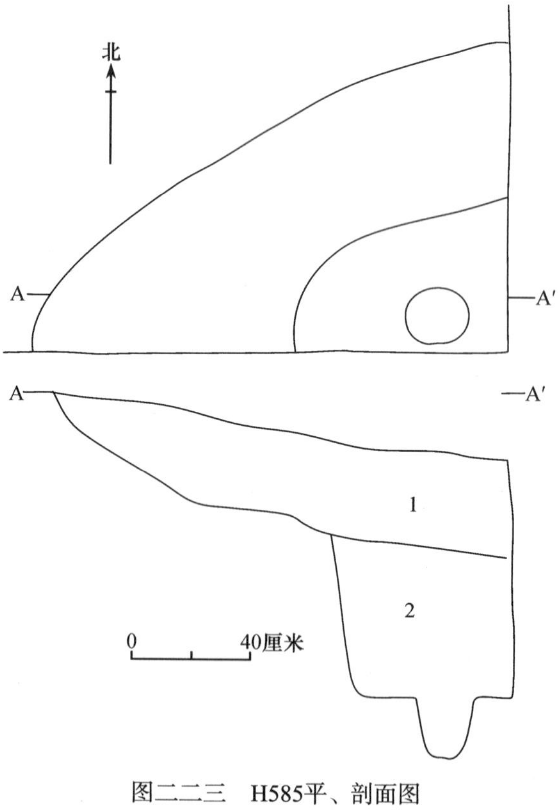

图二二三　H585平、剖面图

形制：由于大部分未暴露，坑口平面形状不明，坑壁从口部向下40厘米倾斜度较大，40厘米向下到底部较直，底部近平，在坑底部有一个直径20、深20厘米的圆形洞。口部残长156、残宽100、底部残长70、残宽50、深80～100厘米（图二二三）。

坑内堆积与包含物：坑内堆积可分2层。

第1层：厚30～34厘米。褐灰土，夹黄黏土和炭灰，水分大，质疏松。包含少量陶片和兽骨等。

第2层：厚46～54厘米。黄灰土，夹黄泥块和炭灰，质疏松。包含部分陶片和少量兽骨。

出土遗物：分层介绍如下：

第1层：出土陶器94件。陶质以夹砂为主，占96.81%，可分为夹粗砂和夹细砂两种，以夹细砂为主，占81.91%，夹粗砂较少，占14.90%，泥质陶极少，只有3.19%。陶色以褐陶和红褐陶为主，各占35.11%和30.85%，次为黑陶，占28.72%，红陶最少，占5.32%。器表以纹饰为主，占59.57%，素面较多，占40.43%。纹饰以绳纹为主，占46.81%，次为粗戳划纹，占10.64%，复合纹、附加堆纹很少。器类以缸为主，占19.15%，钵等很少，有78.72%的腹片难辨器形（表八二）。

表八二　H585①出土陶器统计表

陶质	夹粗砂		夹细砂			泥质	合计	%
陶色	红	黑	黑	褐	红褐	红		
纹饰/器类								
粗戳划纹			10				10	10.64
绳纹		9		23	12		44	46.81
附加堆纹					1		1	1.06
复合纹	1						1	1.06
素面	1	3	5	10	16	3	38	40.43
合计	2	12	15	33	29	3	94	100
%	2.13	12.77	15.96	35.11	30.85	3.19	100	
缸		3	8	2	5		18	19.15
钵				1			1	1.06
平底				1			1	1.06
不明器	2	9	7	29	24	3	74	78.72

参加分类排队的陶器18件，由于陶片太碎小，未挑选标本。

第2层：出土陶器60件。陶质以夹砂为主，占98.33%，可分为夹粗砂与夹细砂两种，以夹细砂为主，占63.33%，夹粗砂也较多，占35.00%，泥质陶极少，仅占1.67%。陶色以黑、褐陶为主，各占36.67%和31.67%，次为红褐陶，占21.67%，红陶较少，占10.00%。器表以纹饰为主，占79.33%，素面较多，占21.67%。纹饰以粗戳划纹为主，占66.67%，绳纹、复合纹、凹弦纹等很少。器类以缸为主，占31.67%，罐、瓮、盘口器、圈足等很少（表八三）。

表八三　H585②出土陶器统计表

陶质	夹粗砂		夹细砂			泥质	合计	%
陶色	红	黑	黑	褐	红褐	红		
纹饰/器类								
粗戳划纹		16	5	13	6		40	66.67
绳纹	2		1				3	5.00
凹弦纹				1			1	1.67
复合纹	2			1			3	5.00
素面	1			4	7	1	13	21.67
合计	5	16	6	19	13		60	100
%	8.33	26.67	10.00	31.67	21.67	1.67	100	
缸		7	3	4	5		19	31.67
罐				2		1	3	5.00

续表

陶质	夹粗砂		夹细砂			泥质	合计	%
陶色	红	黑	黑	褐	红褐	红		
纹饰/器类								
瓮					1		1	1.67
盘口器			2				2	3.33
圈足				5			5	8.33
平底					1		1	1.67
不明器	5	9	1	8	6		29	43.33

参加分类排队的陶器29件，挑选标本10件。

缸口　12件。B型。

Ⅲ式：2件。

标本H585②：1，夹细砂灰黑陶。唇部饰戳印纹，外沿微有手捏痕，器表饰戳划纹。敛口，微有内沿，弧腹内收，残。手制，火候较高。残宽10.6、残高6厘米（图二二四，1）。标本H585②：2，夹细砂红褐陶，黑胎，里灰黑。唇部饰戳印纹，外沿多手捏痕，内壁多横刮抹痕。口微敛，弧腹内收，残。手制，火候较高。残宽7.4、残高5.7厘米（图二二四，2）。

Ⅳ式：4件。

标本H585②：4，夹细砂黑陶，局部红褐。唇部饰戳印纹，器表饰戳划纹略呈粗绳纹状。敛口，微鼓腹，残。手制，火候一般。口径38.4、残高9.2厘米（图二二四，4）。标本H585②：3，夹细砂褐陶，胎、里灰黑。唇部饰戳印纹，外沿微有手捏痕。口近直，腹内收，残。手制，火候较高。残宽6.2、残高6.4厘米（图二二四，5）。

Ⅴ式：6件。

标本H585②：6，夹细砂红褐陶，局部、胎黑，里灰。唇部饰戳印纹，外沿有手捏痕。口微敞，残。手制，火候较高。残宽5.2、残高4.6厘米（图二二四，3）。标本H585②：5，夹细砂灰陶，局部、胎、里黑。唇部饰戳印纹，器表饰戳划纹。口微敞，残。手制，火候一般。残宽6.4、残高5.8厘米（图二二四，6）。

瓮　1件。B型。

标本H585②：9，夹细砂红陶。唇部饰戳印纹。喇叭口，圆唇，残。轮制，火候高。残宽6.3、残高2.4厘米（图二二四，7）。

盘口器　2件。

A型　1件。Ab型。

标本H585②：7，夹细砂灰黑陶，胎、里黑。盘外壁多细弦纹，内壁磨光。敞口，圆唇，内沿微凹略呈盘状，上腹内弧，残。轮制，火候一般。残宽7、残高5厘米（图二二四，8）。

B型　1件。

标本H585②：8，夹细砂灰黑陶，局部褐，灰胎，里红。盘外下饰戳印纹，腹饰组状绳纹。敞口，圆唇，微有盘，上腹内弧，残。轮制，火候较高。残宽8.9、残高6.6厘米（图二二四，9）。

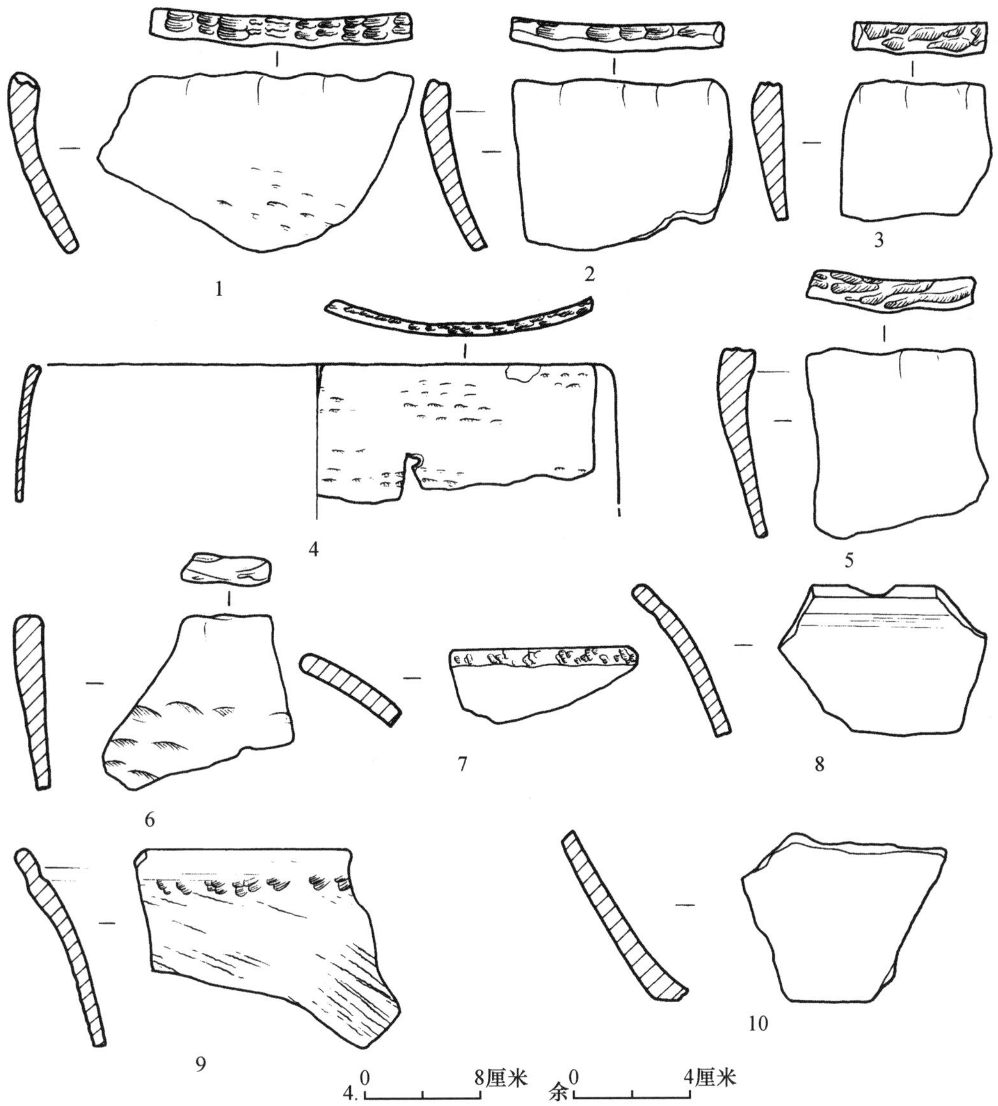

图二二四　H585②出土陶器

1、2. B型Ⅲ式缸口（H585②：1、H585②：2）　3、6. B型Ⅴ式缸口（H585②：6、H585②：5）
4、5. B型Ⅳ式缸口（H585②：4、H585②：3）　7. B型瓮（H585②：9）　8. Ab型盘口器（H585②：7）
9. B型盘口器（H585②：8）　10. 器底（H585②：10）

喇叭口罐　3件。标本碎小。

折腹壶?　1件。标本碎小。

盖纽　1件。标本碎小。

圈足　5件。

A型　1件。Ab型。标本碎小。

B型　4件。

Ba型　1件。标本碎小。

Bb型　3件。标本碎小。

器底　4件。

标本H585②：10，夹细砂红褐陶，黑胎。素面。下腹弧收，平底，残。手制，火候较高。残宽7、残高5.6厘米（图二二四，10）。

（九）第9组

7个。

1. 甲类

1个。Ab型。

H640

位置：位于99DT0202中部略偏北，东北部被开口第64层下的H638打破。层位关系：㊅—H640→㊇。

形制：坑口平面呈不规则圆形，弧壁，圜底，壁、底用黄、绿黏土加工，表面有一层黑灰，在底部有一堆大且平的卵石块。口径约260、底径150、深100厘米（图二二五）。

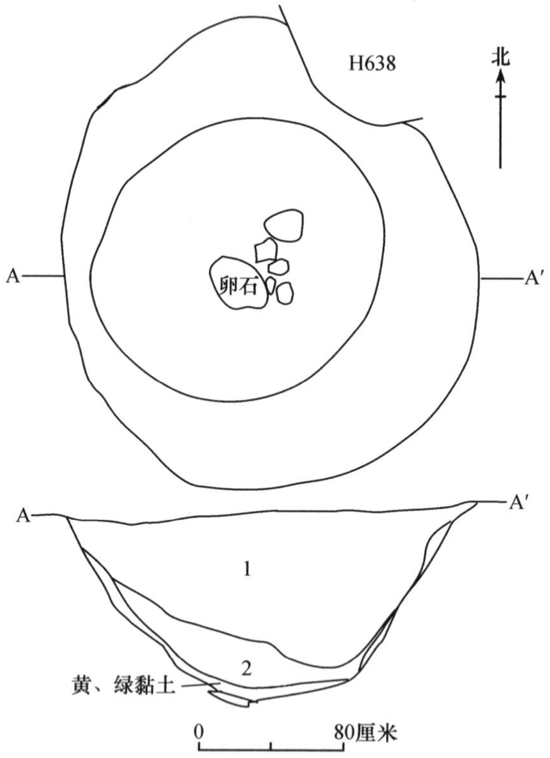

图二二五　H640平、剖面图

坑内堆积与包含物：根据土质、土色变化，坑内填土可分为2层。

第1层：最厚81厘米。褐色土，夹部分中型石块。包含部分陶片和少量兽骨。

第2层：最厚26厘米。灰土，包含陶片较多。

出土遗物：多为陶器，极少石器、骨器。

陶器　参加分类排队的陶器253件，挑选标本40件。

缸口　221件。

B型　216件。

Ⅲ式：10件。

标本H640：17，夹细砂灰陶，局部、里黑。唇部饰戳印纹，外沿有手捏痕，器表饰粗戳划纹。敞口，有明显内沿，上腹较斜直，残。手制，火候一般。残宽8、残高6.1厘米（图二二六，1）。标本H640：22，夹细砂灰陶，局部红、黑。唇部饰戳印纹，上腹饰中粗戳划纹，内壁有贴片痕迹。口微敛，有明显内沿，上腹略弧，残。手制，火候较高。残宽4.9、残高5.4厘米（图二二六，2）。

Ⅳ式：84件。

标本H640：15，夹细砂灰褐陶，局部红。唇部饰戳印纹，外沿有手捏痕，上腹饰双向圆形穿。敛口，微有内沿，上腹弧，残。手制，火候一般。残宽7.6、残高4.9厘米（图二二六，3）。标本H640：20，夹细砂灰陶，局部黑。唇部饰戳印纹，外沿有手捏痕，上腹饰中粗组状斜戳划纹，内壁有划痕。敛口，上腹略弧，残。手制，火候较高。残宽13.2、残高6.2厘米（图二二六，4）。

Ⅴ式：122件。

标本H640：16，夹细砂红褐陶，局部灰、褐。唇部饰戳印纹，外沿有手捏痕，上腹饰斜中粗戳划纹。敛口，上腹外弧，残。手制，火候较高。残宽11.2、残高8.3厘米（图二二六，5）。标本H640：19，夹细砂灰褐陶，局部红、黑。唇部饰戳印纹，外沿有手捏痕，上腹饰绳

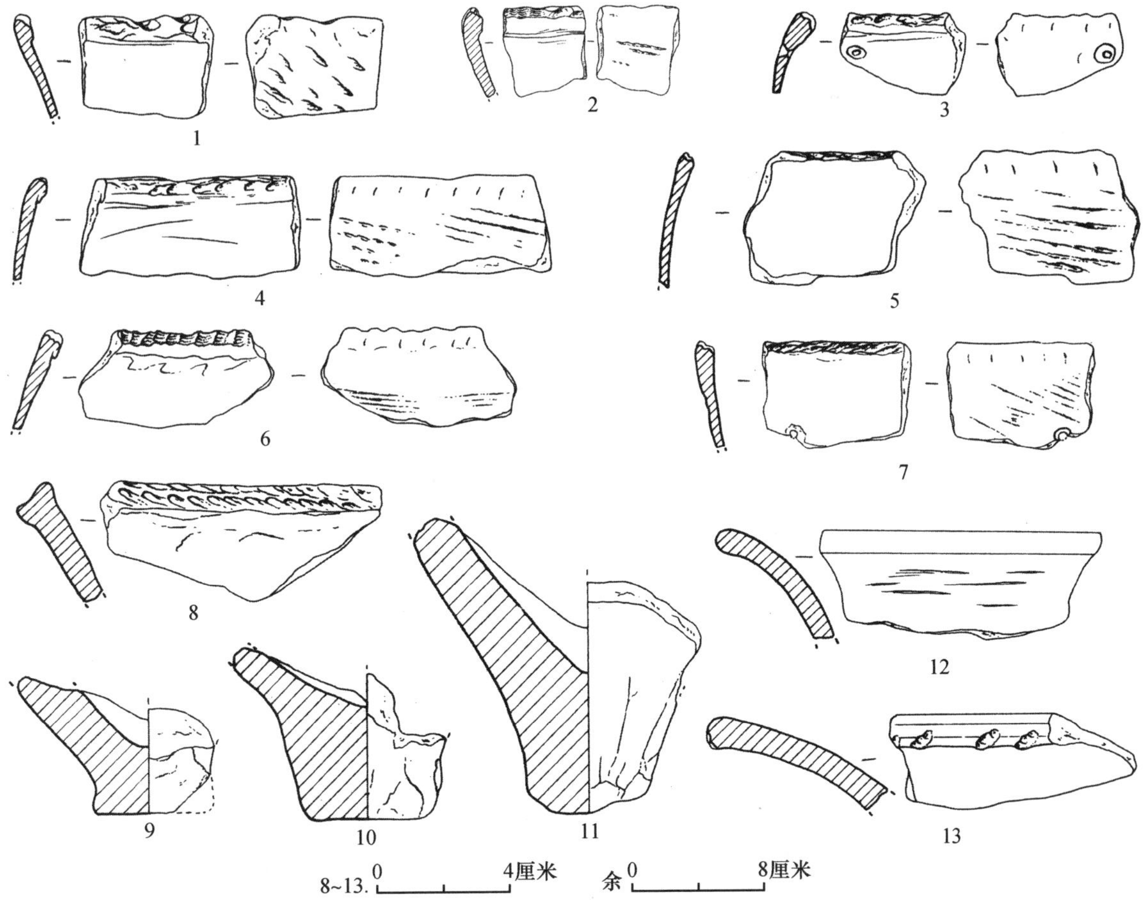

图二二六　H640出土陶器

1、2. B型Ⅲ式缸口（H640：17、H640：22）　3、4. B型Ⅳ式缸口（H640：15、H640：20）
5、6. B型Ⅴ式缸口（H640：16、H640：19）　7. Cb型缸口（H640：21）　8. Ca型Ⅰ式缸口（H640：18）
9. Ca型缸底（H640：41）　10、11. Cb型缸底（H640：43、H640：42）　12. A型瓮（H640：31）　13. B型瓮（H640：30）

纹。敛口，上腹外弧，残。手制，火候一般。残宽11.7、残高6厘米（图二二六，6）。

C型　5件。

Ca型　1件。Ⅰ式。

标本H640：18，夹砂红褐陶，局部灰。唇部饰浅戳印纹。敞口，上腹斜内收，残。手制，火候较高，残宽8.5、残高3.6厘米（图二二六，8）。

Cb型　4件。

标本H640：21，夹细砂灰褐陶，里黑。唇部饰戳印纹，外沿有手捏痕，上腹饰组状绳纹、镂孔。敞口，上腹微弧，残。手制，火候较高。残宽9、残高6.5厘米（图二二六，7）。

缸底　4件。C型。

Ca型　1件。

标本H640：41，夹细砂红陶，局部褐。素面，有刮痕。下腹斜收，圆柱形底，残。手制，火候一般。底径3.6、残高4.2厘米（图二二六，9）。

Cb型　3件。

标本H640：43，夹细砂红褐陶，局部灰。素面，有手捏痕。下腹斜收，圆柱形底，残。手制，火候较高。底径3.5、残高5.2厘米（图二二六，10）。标本H640：42，夹细砂红陶，局部褐、黑。素面，有明显刮抹痕。下腹斜收，近圆柱形底，残。手制，火候较高。底径3.5、残高8.7厘米（图二二六，11）。

瓮　2件。

A型　1件。

标本H640：31，夹细砂红陶。素面，内外壁磨光，器表有磨痕。侈口，圆唇，束领，残。轮制，火候高。残宽8.6、残高3.3厘米（图二二六，12）。

B型　1件。

标本H640：30，夹细砂红陶。唇面饰划纹，外唇缘饰戳印纹。喇叭口，圆唇，残。手制，火候高。残宽7.6、残高3厘米（图二二六，13）。

盘口罐　2件。

A型　1件。Ⅱ式。标本碎小。

B型　1件。Bb型Ⅱ式。

标本H640：23，夹细砂灰褐陶，局部红。沿外下饰戳印纹，上腹饰组状斜绳纹，内上壁磨光。略呈盘口，圆唇，残。轮制，火候较高。残宽6、残高4.6厘米（图二二七，1）。

盘口器　2件。Aa型。

标本H640：25，夹细砂红陶。上腹饰双向穿镂孔多个，内盘磨光。敞口，圆唇，微有盘，上腹内弧，残。轮制，火候高。残宽9.1、残高2.7厘米（图二二七，2）。标本H640：24，夹细砂红褐陶。素面，内外壁磨光。略呈盘口，圆唇，残。轮制，火候较高。残宽7、残高2.5厘米（图二二七，3）。

喇叭口罐　1件。标本碎小。

卷沿罐　8件。

A型　3件。

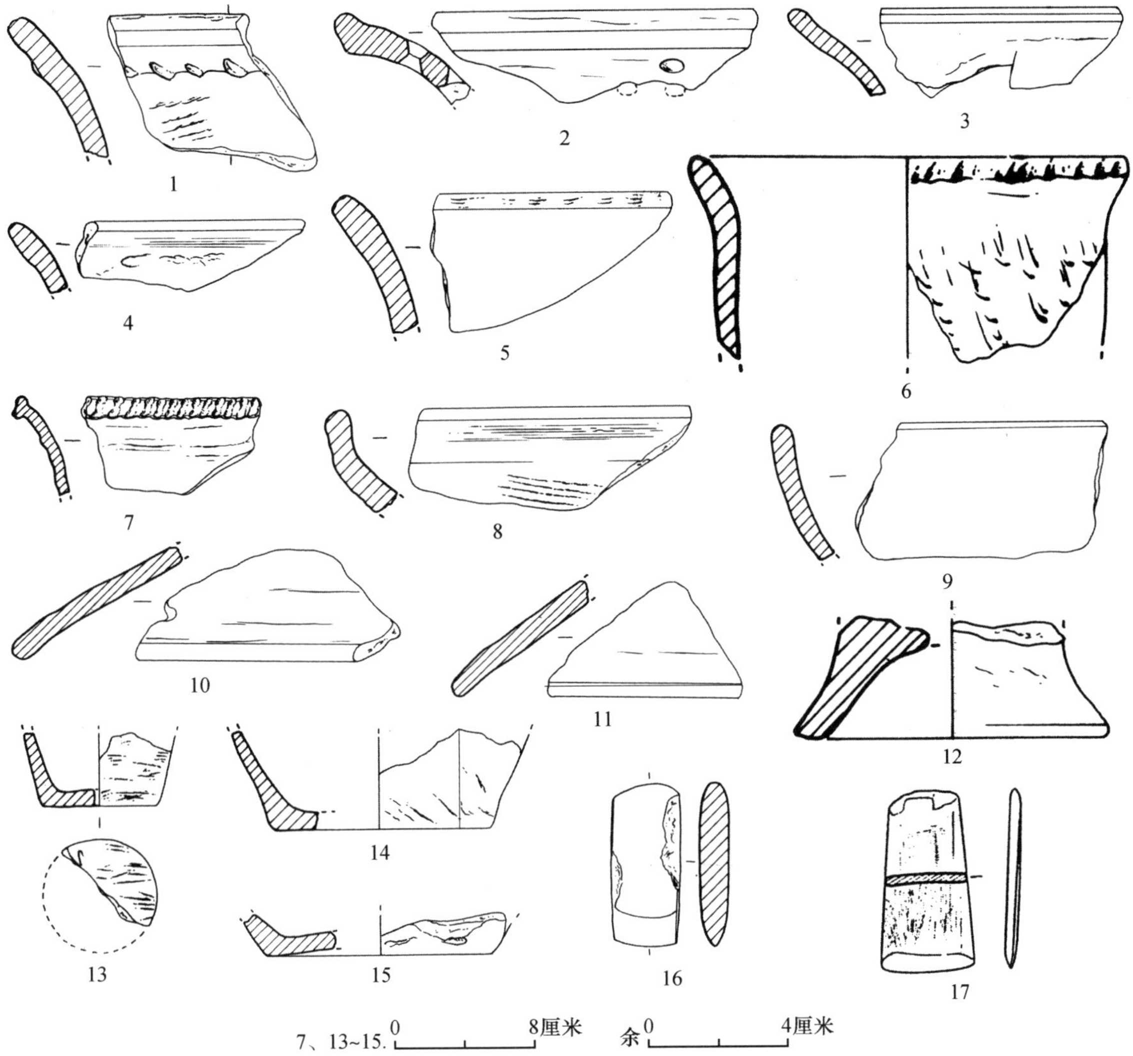

图二二七　H640出土器物

1. Bb型Ⅱ式陶盘口罐（H640：23）　2、3. Aa型陶盘口器（H640：25、H640：24）　4. Aa型Ⅱ式陶卷沿罐（H640：29）　5. Ab型Ⅰ式陶卷沿罐（H640：27）　6. Ab型Ⅱ式陶卷沿罐（H640：28）　7. C型Ⅱ式陶卷沿罐（H640：26）　8. B型Ⅱ式陶盘（H640：34）　9. B型Ⅰ式陶钵（H640：33）　10、11. A型陶器盖（H640：35、H640：36）　12. Ba型陶圈足（H640：37）　13~15. 陶器底（H640：40、H640：39、H640：38）　16. Ba型石锛（H640：5）　17. 骨锛（H640：1）

Aa型　1件。Ⅱ式。

标本H640：29，夹细砂灰褐陶，局部红褐。素面，外沿下有疵痕。喇叭口，圆唇，残。轮制，火候较高。残宽6.6、残高2.1厘米（图二二七，4）。

Ab型　2件。

Ⅰ式：1件。

标本H640：27，夹细砂灰陶，局部褐、红。唇面饰浅戳印纹，口内沿磨光。喇叭口，圆唇，残。轮制，火候较高。残宽6.8、残高3.9厘米（图二二七，5）。

Ⅱ式：1件。

标本H640：28，夹细砂灰褐陶，局部褐，灰黑胎。唇外缘、器表饰细戳划纹，口内沿磨光。敞口，卷沿，圆唇，腹较直，残。轮制，火候较高。口径12.6、残高5.8厘米（图二二七，6）。

B型　4件。

Ⅰ式：1件。标本碎小。

Ⅱ式：3件。标本碎小。

C型　1件。Ⅱ式。

标本H640：26，夹细砂红褐陶，局部灰。唇部饰戳印纹，上腹饰绳纹。喇叭口，方唇，残。手制轮修，火候较高。残宽10.4、残高5.7厘米（图二二七，7）。

盘　1件。B型Ⅱ式。

标本H640：34，夹细砂黑陶，胎红褐夹黑。盘上腹饰细划纹，下腹饰绳纹，内壁磨光。敞口，圆唇，折腹，上腹微凹，下腹弧收，残。轮制，火候较高。残宽8、残高3厘米（图二二七，8）。

钵　2件。B型Ⅰ式。

标本H640：33，夹细砂红褐陶，里黑。素面，内壁粗磨。敞口，圆唇，弧腹，残。手制，火候较高。残宽7.3、残高3.8厘米（图二二七，9）。

器盖　2件。A型。

标本H640：35，夹细砂黑陶，局部、里灰。素面，内外壁磨光。覆盘状，敞口，圆唇，壁较斜直，残。轮制，火候较高。残宽7.5、残高3厘米（图二二七，10）。标本H640：36，夹细砂灰黑陶，局部褐，里灰。素面，外壁磨光。敞口，圆唇，盖壁较斜直，残。手制轮修，火候较高。残宽5.6、残高3.4厘米（图二二七，11）。

圈足　2件。

A型　1件。Ab型。标本碎小。

B型　1件。Ba型。

标本H640：37，夹细砂灰褐陶，局部红、黑。素面。矮圈足，外撇，残。分制，火候较高。足径9.2、残高3.6厘米（图二二七，12）。

器底　6件。

标本H640：40，夹细砂红褐陶，局部灰、黑。下腹、外底饰绳纹。下腹斜收，平底，残。手制，火候较高。底径6.6、残高4.2厘米（图二二七，13）。标本H640：39，夹细砂灰褐陶，局部红。下腹饰斜绳纹。下腹微弧，平底，残。手制，火候较高。底径12.4、残高5.7厘米（图二二七，14）。标本H640：38，夹细砂红陶。素面。下腹斜收，底微凹，残。轮制，火候较高。底径12.8、残高2.4厘米（图二二七，15）。

石器　3件，器类为锛、凿（残）。

锛　2件。Ba型。

标本H640：5，青灰色砾石。长方形，弧顶，弧刃，正锋，两侧残。磨制。长4.7、宽1.9、厚0.9厘米（图二二七，16）。

骨器　1件，为锛。

标本H640：1，黑褐色，局部浅黄褐色。弧顶，弧刃，正锋，顶部微残。磨制。长5.3、残宽2.7、厚0.3厘米（图二二七，17）。

2. 乙类

6个。

（1）A型

4个。

1）Ac型

3个。

H543

位置：位于99AT0201东北部，其西为H544，坑口距地表深500厘米。层位关系：㊽—H543→54。

形制：坑口平面呈不规则圆形，微直壁，平底，坑底略小于坑口，壁、底无加工痕迹。口径50、底径40、深30厘米（图二二八）。

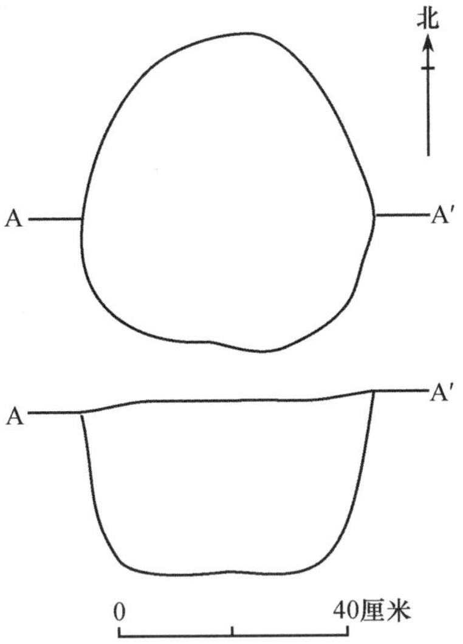

图二二八　H543平、剖面图

坑内堆积与包含物：坑内填黄褐土，微泛灰，质松，夹少量杂质及中小颗粒。包含很少陶片。

出土遗物：出土陶器仅12件。陶质全为夹砂。陶色以褐陶、黑陶为主，分别占41.67%和33.33%，灰陶较少，占16.67%，红陶极少，占8.33%。器表全为绳纹。器类全为缸（表八四）。

表八四　H543出土陶器统计表

陶质	夹砂				合计	%
陶色	灰	红	黑	褐		
纹饰/器类						
绳纹	2	1	4	5	12	100
合计	2	1	4	5	12	
%	16.67	8.33	33.33	41.67	100	100
缸	2	1	4	5	12	100

参加分类排队的陶器10件，挑选标本2件。

缸口　10件。C型。8件不明亚型。

Ca型　2件。Ⅰ式。

标本H543：1，夹细砂黑陶。唇面、器表饰绳纹。口微敞，腹斜直，残。残宽5.8、残高4.3厘米（图二二九，1）。标本H543：2，夹细砂黑陶。唇面和器表饰绳纹。敞口，口部泥条卷贴内壁，腹近斜直，残。手制，火候不高。残宽8.8、残高4.6厘米（图二二九，2）。

H547

位置：位于99AT0201西南部，其东北为H546，坑距地表深480厘米。层位关系：㊽—H547→51。

形制：坑口平面呈圆形，壁较直，底较平，壁、底无加工痕迹。口径41、底径30、深27厘米（图二三〇）。

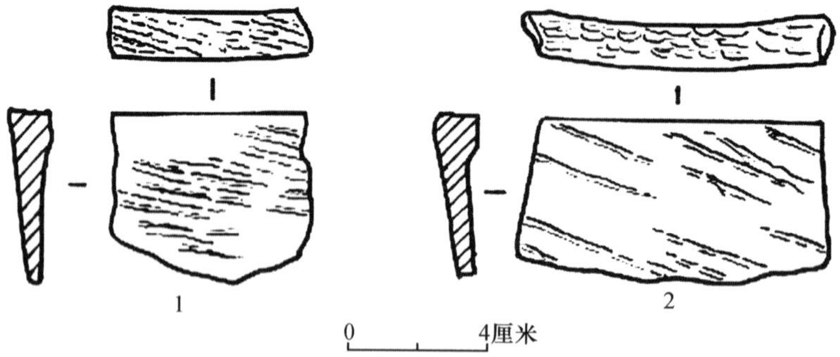

图二二九　H543出土陶器

1、2. Ca型Ⅰ式缸口（H543：1、H543：2）

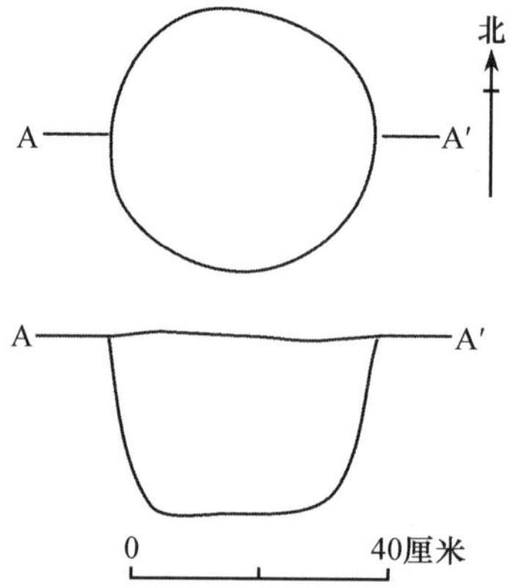

图二三〇　H547平、剖面图

坑内堆积与包含物：坑内填黄褐土，夹沙、较细，质松。包含很少陶片。

出土遗物：出土陶器仅6件。陶质全为夹砂。陶色以褐陶为主，占50.00%，次为黑陶，占33.33%，灰陶较少，占16.67%。器表以绳纹为主，占66.67%，素面陶较多，占33.33%。器类以缸为主，占83.33%，另有1件平底（表八五）。

表八五　H547出土陶器统计表

陶质	夹砂				合计	%
陶色	灰	红	黑	褐		
纹饰/器类						
绳纹	1		2	1	4	66.67
素面				2	2	33.33
合计	1		2	3	6	100
%	16.67		33.33	50.00	100	
缸	1		2	2	5	83.33
平底				1	1	16.67

参加分类排队的陶器5件，挑选标本4件。

缸口　4件。Cb型。

标本H547：2，夹细砂陶，外褐里灰，黑胎。唇面饰绳纹，器表饰斜绳纹，外沿面手捏痕不明显。直口，残。手制，火候不高。口径48、残高8厘米（图二三一，1；图版二一，6）。标本H547：3，夹细砂陶，外褐里灰，黑胎。唇面饰绳纹，器表饰横绳纹，外沿面有手捏痕。直口，方唇，腹斜直，残。手制，火候不高。残宽18.2、残高11.1厘米（图二三一，2）。标本H547：4，夹细砂陶，外褐、局部灰黑，里灰，黑胎。唇面饰绳纹，器表饰斜绳纹。口微敞，圆唇，腹近斜直，残。手制，火候不高。口径41.2、残高13.6厘米（图二三一，4）。

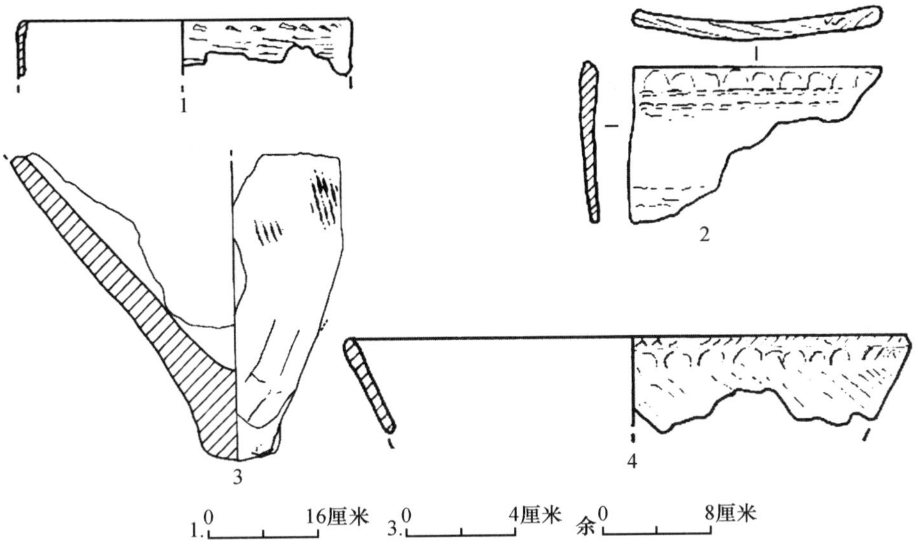

图二三一　H547出土陶器

1、2、4. Cb型缸口（H547：2、H547：3、H547：4）　3. Cb型缸底（H547：5）

缸底　1件。Cb型。

标本H547：5，夹细砂灰陶，足部红色。下腹饰绳纹，下部有刮削痕。下腹微曲，小柱状足，实足跟较高，残。分制，身轮制足手制，火候较高。足径2.8、残高11厘米（图二三一，3）。

2）Ad型

1个。

H301

位置：位于98AT0103西北部，坑口距地表深540厘米。层位关系：㊴—H301→㊵。

形制：坑口平面呈圆形，坑壁不规整，西壁直、东壁弧，平底略小，壁、底无加工痕迹。口径56、底径50、深18厘米（图二三二）。

坑内堆积与包含物：坑内填灰褐色土，松软。包含少量碎陶片。

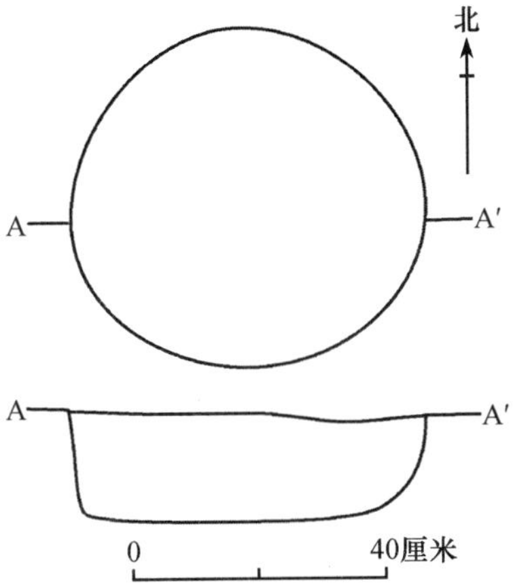

图二三二　H301平、剖面图

出土遗物：出土陶器共48件。陶质全为夹砂，以夹细砂为主，夹粗砂较少。陶色以灰陶为主，占54.17%，次为黑、红陶，各占18.75%和16.67%，褐陶最少，占10.42%。器表以纹饰为主，占85.42%，素面较少，占14.58%。纹饰以绳纹为主，占

68.75%，菱形绳纹、附加堆纹、复合纹、阴弦纹很少。器类以缸为主，占68.75%，次为罐，占25.00%，瓮等很少（表八六）。

表八六　H301出土陶器统计表

陶质	夹砂				合计	%
陶色	灰	红	黑	褐		
纹饰/器类						
绳纹	19	4	7	3	33	68.75
菱形绳纹	1	1		2	4	8.33
附加堆纹	1	1			2	4.17
复合纹	1				1	2.08
阴弦纹			1		1	2.08
素面	4	2	1		7	14.58
合计	26	8	9	5	48	100
%	54.17	16.67	18.75	10.42	100	
缸口	8	1	4	1	14	29.17
缸腹	11	3	3	2	19	39.58
罐口	1		1		2	4.17
罐腹	5	3		2	10	20.83
瓮	1				1	2.08
平底		1			1	2.08
不明器			1		1	2.08

参加分类排队的陶器13件，挑选标本10件。

缸口　9件。

B型　8件。

Ⅲ式：2件。

标本H301：3，夹细砂褐陶，里黑色。唇面饰戳印纹，口外沿有手捏痕。敞口，沿内卷贴呈内沿，上腹微弧，残。手制，火候一般。残宽4.4、残高4.4厘米（图二三三，1）。标本H301：4，夹粗砂黑陶，灰褐胎。唇面饰戳印纹，口外沿有手捏痕。敞口，微有内沿，上腹弧，残。轮制，火候不高。残宽5.9、残高5.5厘米（图二三三，2）。

Ⅳ式：1件。

标本H301：5，夹细砂褐陶，胎、里黑色。唇面、器表饰戳印纹，内壁有划痕，口外沿有手捏痕。敞口，微有内沿，上腹微弧，残。轮制，火候一般。残宽9.9、残高6.8厘米（图二三三，3）。

Ⅴ式：5件。

标本H301：6，夹细砂黑陶，里暗褐色。唇面饰戳印纹，口外沿有手捏痕，器表饰横戳印纹，内壁有划痕。敛口，微有内沿，上腹微弧，残。轮制，火候一般。残宽7.1、残高4.9厘米（图二三三，4）。标本H301：7，夹细砂灰褐陶，红胎，里黑色。唇面饰戳印纹，口外沿有手

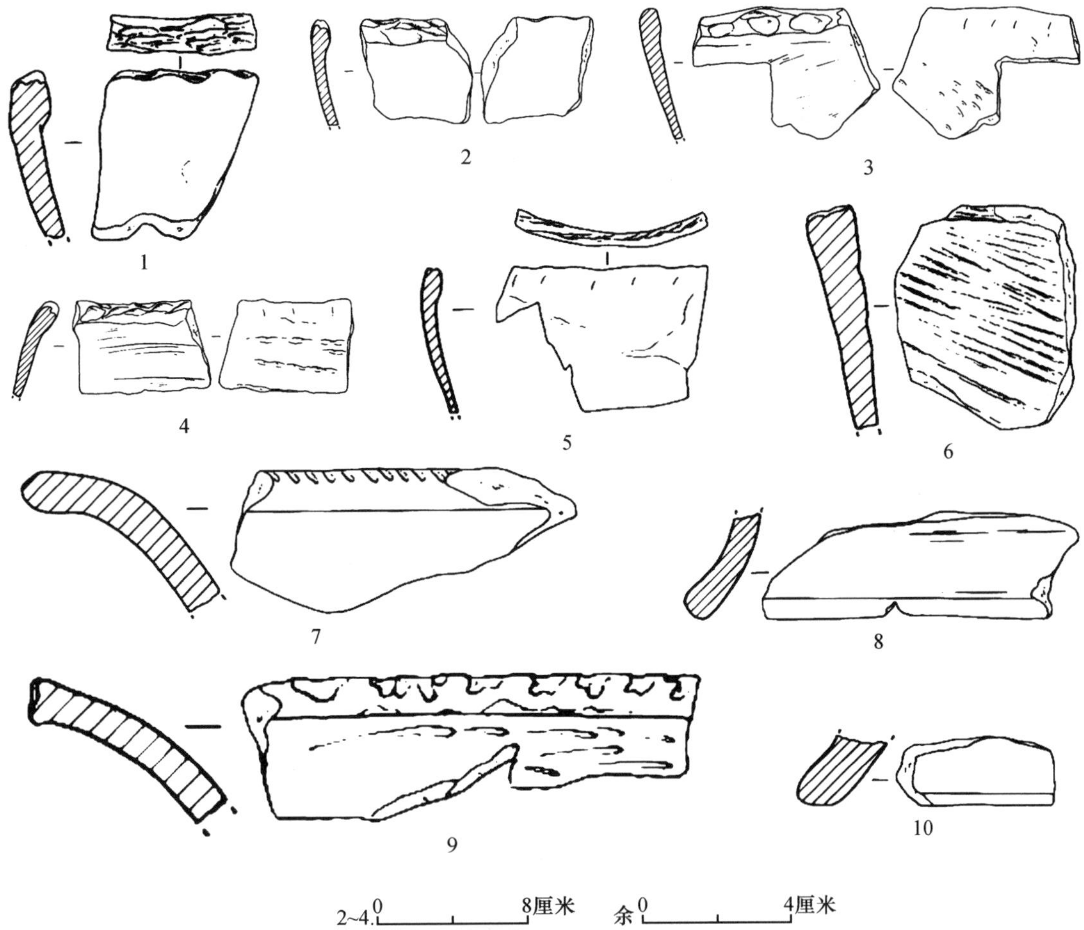

图二三三　H301出土陶器

1、2. B型Ⅲ式缸口（H301：3、H301：4）　3. B型Ⅳ式缸口（H301：5）　4、5. B型Ⅴ式缸口（H301：6、H301：7）　6. Ca型Ⅰ式缸口（H301：8）　7. B型瓮（H301：2）　8. Bb型圈足（H301：10）　9. C型敞口罐（H301：1）　10. Ba型圈足（H301：9）

捏痕，口部表皮略有剥落，内壁有刮抹痕。敞口，微有内沿，上腹弧，腹较斜直，残。手制，火候一般。残宽11、残高7.6厘米（图二三三，5）。

C型　1件。Ca型Ⅰ式。

标本H301：8，夹细砂灰陶。唇面饰浅戳印纹，器表饰斜绳纹。敞口，上腹较斜直，残。手制，火候一般。残宽4.8、残高5.8厘米（图二三三，6）。

瓮　1件。B型。

标本H301：2，夹粗砂黄褐陶，灰胎。唇上缘饰浅压绳纹，内外壁磨光。喇叭口，卷沿，圆唇，残。轮制，火候较高。残宽9.1、残高3.7厘米（图二三三，7）。

敞口罐　1件。C型。

标本H301：1，夹粗砂灰黑陶，胎灰，里褐色。唇面饰戳印纹，器表饰暗纹，内壁局部疵裂。喇叭口，残。轮制，火候一般。残宽11.9、残高3.8厘米（图二三三，9）。

圈足　2件。B型。

Ba型　1件。

标本H301：9，夹细砂黑陶。素面，内外壁磨光。圈足外撇，残。轮制，火候较高。残宽

4.1、残高2.6厘米（图二三三，10）。

Bb型　1件。

标本H301：10，夹细砂黑陶。器表有细划纹，内壁磨光。圈足内收，残。轮制，火候较高。残宽8.4、残高2.7厘米（图二三三，8）。

（2）B型

1个。Bb型。

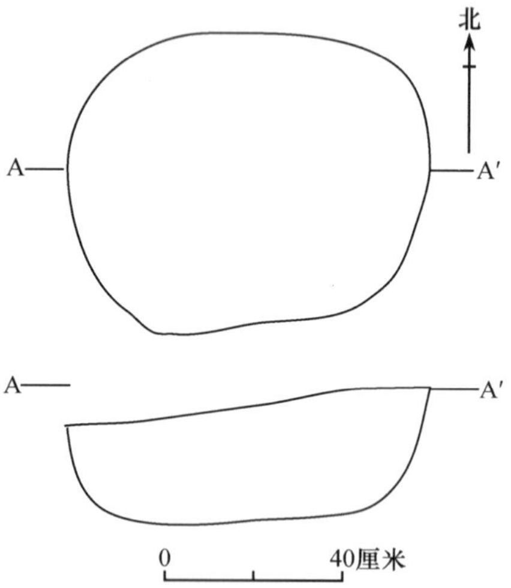

图二三四　H545平、剖面图

H545

位置：位于99AT0201北部偏中处，其东有H544，西南有H546，坑口距地表深505厘米。层位关系：㊽—H545→�51。

形制：坑口平面形状呈不规则椭圆形，坑壁较弧，坑底较平，壁、底无加工痕迹。口长径80、短径65、深30厘米（图二三四）。

坑内堆积与包含物：坑内填黄褐土，质粗、松，夹较多杂质和石块。包含少量陶片。

出土遗物：出土陶器仅17件。陶质全为夹细砂，陶色以灰、褐色为主，分别占41.18%和35.29%，黑、红色较少，分别只占17.65%和5.88%。器表全部饰纹，以绳纹占绝大多数，达94.12%，暗纹很少，占5.88%。器类缸占94.12%，罐很少（表八七）。

表八七　H545出土陶器统计表

陶质	夹砂				合计	%
陶色	灰	红	黑	褐		
纹饰/器类						
绳纹	7	1	2	6	16	94.12
暗纹			1		1	5.88
合计	7	1	3	6	17	100
%	41.18	5.88	17.65	35.29	100	
罐			1		1	5.88
缸	7	1	2	6	16	94.12

参加分类排队的陶器17件，挑选标本4件。

缸口　16件。C型。

Ca型　15件，2件不明式别。

Ⅰ式：13件。

标本H545：2，夹细砂褐红陶。唇面、器表饰绳纹。口微敛，残。残宽8.4、残高3.9厘米（图二三五，1）。标本H545：3，夹细砂褐陶。唇面饰横绳纹，器表饰组状斜绳纹。口近直，上腹较斜直，残。残宽7.1、残高6厘米（图二三五，2）。

Cb型　1件。

标本H545：1，夹细砂陶，外灰里黑。唇面饰绳纹，器表饰斜绳纹。敞口，残。口径28、残高7.6厘米（图二三五，3）。

卷沿鼓腹罐　1件。Ⅲ式。

标本H545：4，夹细砂黑褐陶，里黑。上腹饰波浪形暗纹，内外壁磨光。侈口，卷沿，圆唇，腹内斜，残。轮制，火候较高。残宽7.2、残高4.6厘米（图二三五，4）。

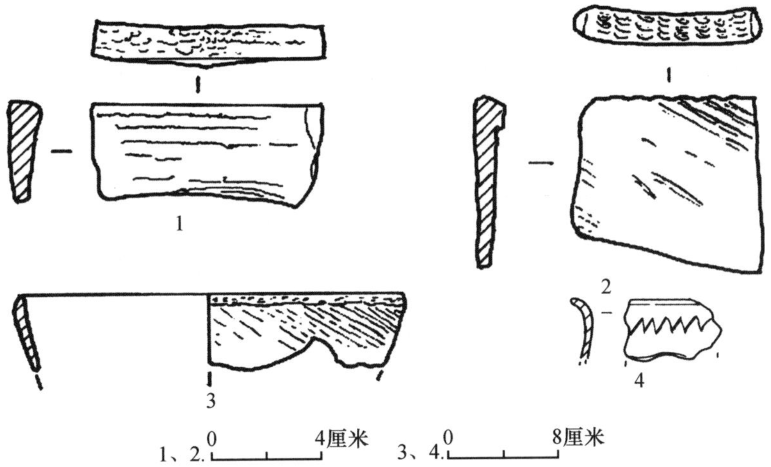

图二三五　H545出土陶器

1、2. Ca型Ⅰ式缸口（H545：2、H545：3）　3. Cb型缸口（H545：1）　4. Ⅲ式卷沿鼓腹罐（H545：4）

（3）F型

1个。Fd型。

H787

位置：位于02BT0101南部，大部分在南壁之下，H748、H754、Z10在其北，H765在其西，坑口距地表深720厘米。层位关系：㉝—H787→㉟。

形制：由于暴露太小，坑口平面形状不明，坑壁不规整，圜底。残长100、残宽10、残深60厘米（图二三六）。

坑内堆积与包含物：坑内填灰土，夹较多黄黏土，质较紧密。无包含物。

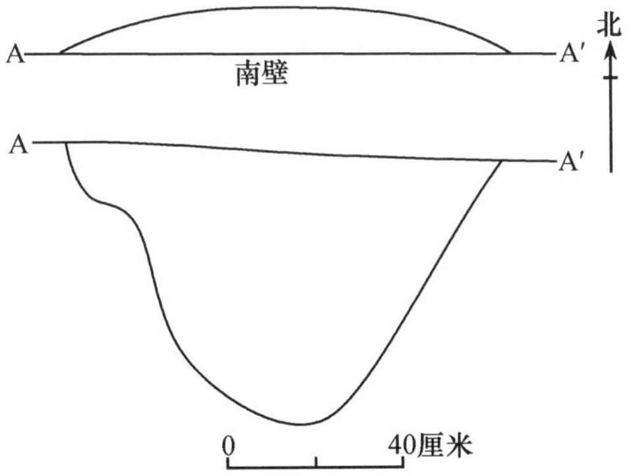

图二三六　H787平、剖面图

（十）第10组

7个。

1. 甲类

3个。

（1）A型

1个。Ab型。

H764

位置：位于02DT0101东南部，部分压东壁下，西北有H763。层位关系：㉝—H764→㉟。

形制：从暴露部分观察，坑口平面为圆形，弧壁，圜底，壁、底无加工痕迹，坑底铺垫卵石。口南北130、东西70、深50厘米（图二三七）。

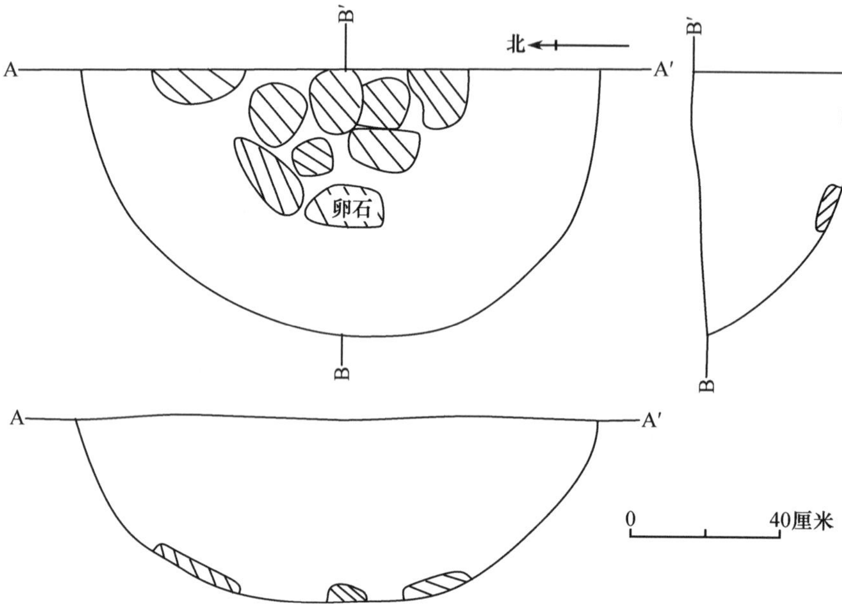

图二三七　H764平、剖面图

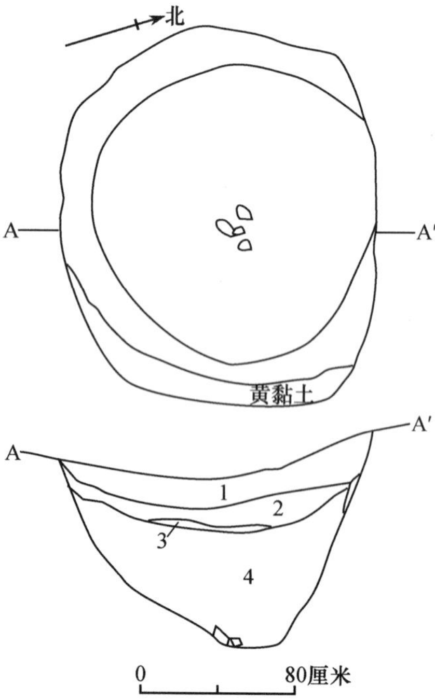

图二三八　H636平、剖面图

坑内堆积与包含物：坑内填灰花土，质疏松，夹少量烧土粒、炭灰粒。包含极少碎小陶器底残片及残石臼1件。

（2）B型

2个。Bb型。

H636

位置：位于99DT0202中东部。层位关系：62A—H636→H639。

形制：坑口平面呈不规则椭圆形，弧壁，圜底，东南壁用黄黏土加工，其他部分保存不好，坑底用卵石铺垫。口长径192、短径160、底径50、深100（图二三八）。

坑内堆积与包含物：根据土质、土色变化，可分4层。

第1层：最厚22厘米。为混有白灰的褐色沙质土，夹红土块及白色和灰色的灰。

第2层：厚约2～16厘米。暗灰褐色沙质土。

第3层：最厚0.6厘米。褐色土。

第4层：最厚56厘米。很厚的褐色黏土，夹有几块石块及少量骨头，部分骨头烧黑。

出土遗物：出土部分陶片、少量残石器和骨器及动物骨骼等。

陶器　参加分类排队的陶器83件，挑选标本41件。

缸口　57件。

B型　17件。

Ⅱ式：1件。

标本H636：6，夹细砂灰褐陶，局部红、黑。唇部饰粗戳印纹，上腹饰粗戳划纹。敞口，微有内沿，上腹斜收，残。手制，火候较高。残宽8、残高5.6厘米（图二三九，1）。

Ⅳ式：4件。

标本H636：9，夹细砂红褐陶，局部灰。唇部饰浅戳印纹，上腹饰粗戳划纹。敞口，上腹微弧收，残。手制，火候较高。残宽6.4、残高5.8厘米（图二三九，2）。标本H636：10，夹细

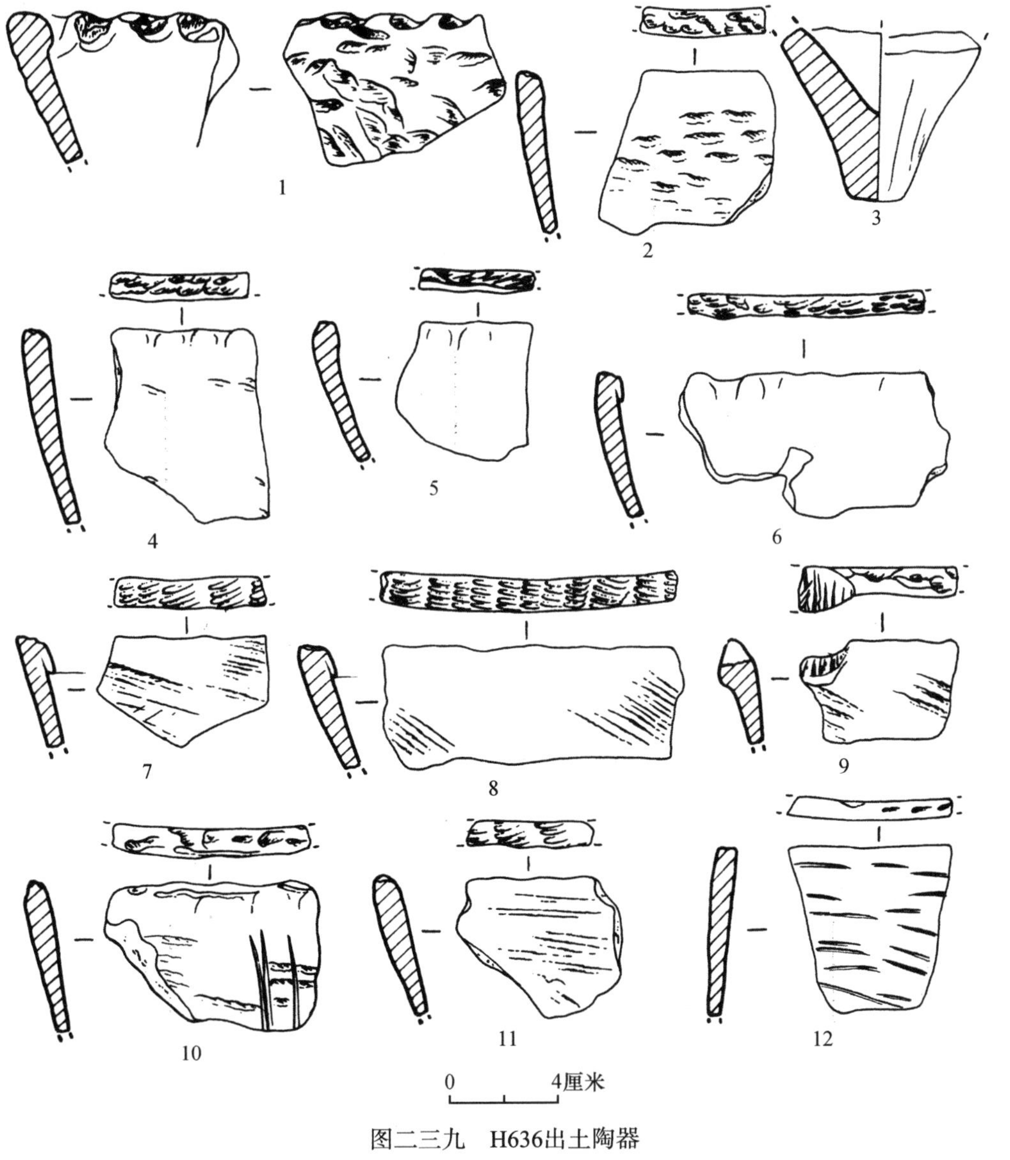

图二三九　H636出土陶器

1. B型Ⅱ式缸口（H636：6）　2、4. B型Ⅳ式缸口（H636：9、H636：10）　3. D型缸底（H636：35）　5、6. B型Ⅴ式缸口（H636：7、H636：8）　7、8. Ca型Ⅰ式缸口（H636：11、H636：12）　9. Ca型Ⅱ式缸口（H636：13）　10、11. Cb型缸口（H636：14、H636：23）　12. D型Ⅰ式缸口（H636：16）

砂黑陶，局部红、褐。唇部饰浅戳印纹，外沿有手捏痕，上腹饰稀疏粗戳划纹。敞口，上腹弧收，残。手制，火候较高。残宽5.8、残高6.2厘米（图二三九，4）。

Ⅴ式：12件。

标本H636：7，夹细砂红褐陶，局部灰。唇部饰浅戳印纹，外沿有手捏痕。敞口，微有内沿，残。手制，火候一般。残宽5、残高5.2厘米（图二三九，5）。标本H636：8，夹细砂灰陶，局部褐。唇部饰浅戳印纹，外沿有手捏痕。敞口，上腹弧收，残。手制，火候较高。残宽10、残高5.3厘米（图二三九，6）。

C型　39件。

Ca型　21件。

Ⅰ式：20件。

标本H636：11，夹粗砂红陶，局部灰、黑。唇部饰浅绳压纹，上腹饰组状斜绳纹。敞口，上腹斜收，残。手制，火候较高。残宽6.1、残高4厘米（图二三九，7）。标本H636：12，夹粗砂红褐陶，局部灰。唇部饰浅粗绳压纹，上腹饰组状斜绳纹。敞口，上腹微弧收，残。手制，火候较高。残宽11、残高4.5厘米（图二三九，8）。

Ⅱ式：1件。

标本H636：13，夹粗砂红褐陶，局部灰、褐。唇部饰浅戳印纹、较深凹槽，上腹饰组状斜绳纹。敞口，上腹较斜直，残。手制，火候较高。残宽6、残高3.8厘米（图二三九，9）。

Cb型　18件。

标本H636：14，夹细砂灰褐陶，局部红褐。唇部饰浅戳印纹，上腹饰中粗戳划纹、划纹。敞口，上腹斜收，残。手制，火候较高。残宽7.8、残高5.7厘米（图二三九，10）。标本H636：23，夹细砂红褐陶，局部灰、黑。唇部饰浅绳压纹，上腹饰中粗戳划纹。敞口，上腹斜收，残。手制，火候较高。残宽6.1、残高4.1厘米（图二三九，11）。

D型　1件。Ⅰ式。

标本H636：16，夹粗砂红陶，局部灰、褐。唇部饰浅戳印纹，上腹饰篮纹。口微敛，上腹微外弧，残。手制，火候较高。残宽6、残高6.1厘米（图二三九，12）。

缸底　6件。

C型　2件。Cb型。标本碎小。

D型　4件。

标本H636：35，夹细砂红褐陶，胎局部灰黑。素面，器表多刮抹痕。下腹外鼓，近圆截锥状足，残。手制，火候不高。足径1.9、残高6.2厘米（图二三九，3）。

瓮　1件。A型。标本碎小。

盘口器　2件。

A型　1件。Aa型。

标本H636：17，夹细砂灰褐陶。素面，内外壁磨光。浅盘口，圆方唇，残。轮制，火候较高。残宽5.8、残高2.6厘米（图二四〇，1）。

B型　1件。标本碎小。

矮领罐　1件。

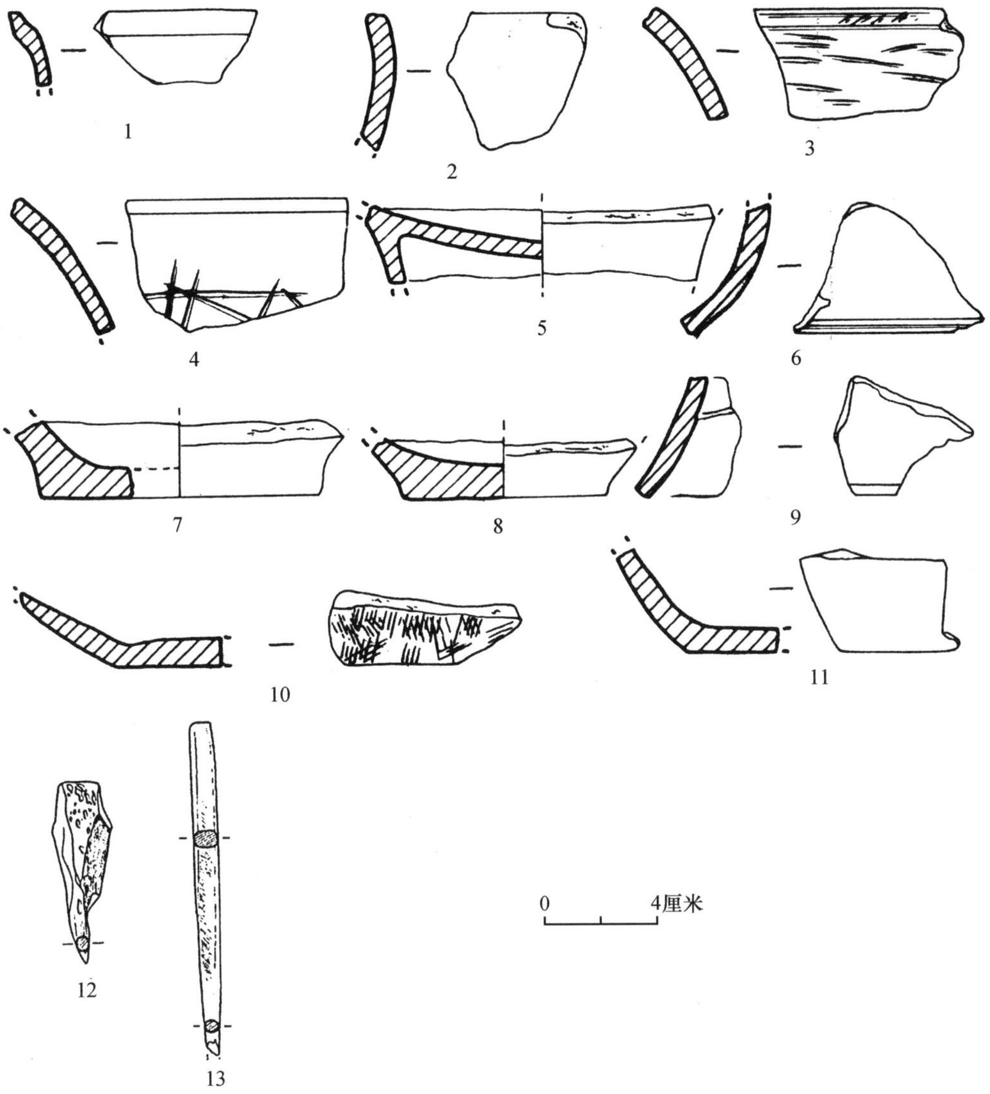

图二四〇　H636出土器物

1. Aa型陶盘口器（H636：17）　2. 陶矮领罐（H636：19）　3、4. 陶喇叭口罐（H636：21、H636：22）
5. A型陶大圈足盘（H636：24）　6、9. Bb型陶圈足（H636：28、H636：27）　7、8. Ab型陶圈足（H636：25、H636：26）
10、11. 陶器底（H636：29、H636：30）　12. 骨锥（H636：3）　13. 骨笄（H636：1）

标本H636：19，夹细砂红褐陶。素面。侈口，圆唇，领微束，残。轮制，火候较高。残宽5、残高4.8厘米（图二四〇，2）。

喇叭口罐　3件。

标本H636：21，夹砂红褐陶，局部灰。唇饰戳印纹，器表饰划纹。喇叭口，唇面微凹，残。轮制，火候较高。残宽7.2、残高4厘米（图二四〇，3）。标本H636：22，夹砂红陶，局部黑。上腹饰划纹。喇叭口，圆唇，残。轮制，火候较高。残宽7.8、残高4.8厘米（图二四〇，4）。

卷沿罐　1件。C型Ⅰ式。标本碎小。

大圈足盘　1件。A型。

标本H636：24，泥质灰陶。素面，内外壁磨光。盘内底圜，圈足斜直内收，残。轮制，火候高。残宽12、残高2.6厘米（图二四〇，5）。

圈足　4件。

A型　2件。Ab型。

标本H636：25，夹砂红褐陶。素面。下腹斜收，略呈假圈足，残。手制，火候较高。底径9.8、残高2.6厘米（图二四〇，7）。标本H636：26，夹砂红陶，局部褐。素面。微有下腹，假圈足，残。手制，火候较高。底径7.2、残高2厘米（图二四〇，8）。

B型　2件。Bb型。

标本H636：28，夹砂红褐陶。素面。喇叭形，残。轮制，火候较高。残宽6.8、残高4.6厘米（图二四〇，6）。标本H636：27，夹砂灰褐陶，局部红。素面。喇叭形，残。手制轮修。火候较高。残宽5、残高4.3厘米（图二四〇，9）。

器底　7件。

标本H636：29，夹砂红陶。下腹饰交错细绳纹。下腹微弧收，平底，内底微凸，残。轮制，火候较高。残宽6.6、残高2.6厘米（图二四〇，10）。标本H636：30，夹砂灰褐陶，局部红。素面。下腹弧收，平底，残。轮制，火候较高。残宽5.4、残高3.6厘米（图二四〇，11）。

骨器　出土数量很少。

锥　1件。

标本H636：3，黑褐色，部分浅黄褐。尖锥形，完整。长6.4厘米（图二四〇，12）。

笄　1件。

标本H636：1，褐色，部分灰褐色。尾部扁、前部圆柱形，残。磨制。残长11.8、最宽0.8、直径0.4厘米（图二四〇，13）。

2. 乙类

4个。

（1）B型

2个。Ba型。

H546

位置：位于99AT0201中部，东北有H545，西南有H547，坑口距地表深500厘米。层位关系：㊽—H546→(51)。

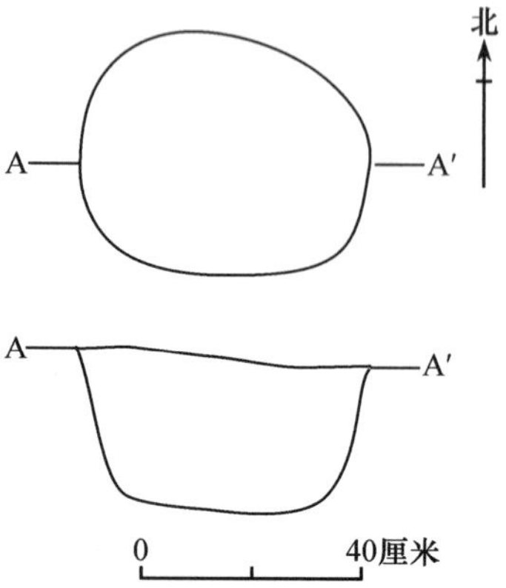

图二四一　H546平、剖面图

形制：坑口平面形状呈不规则椭圆形，坑壁稍斜，底微圜，坑壁、底无加工痕迹。口长径52、短径42、深30厘米（图二四一）。

坑内堆积与包含物：坑内填黄褐色土，质松、较酥，夹沙和较多杂质。包含少量陶缸残片。

出土遗物：出土陶器共16件。陶质全为夹砂。陶色以灰陶为主，占37.50%，褐、红陶次之，均占25.00%，黑陶较少，占12.50%。器表以纹饰为主，绳纹最多，占87.50%，复合纹较少，占6.25%，素面很少，仅占6.25%。可辨器类全为缸，占56.25%，另有43.75%的腹片不辨器形（表八八）。

表八八　**H546出土陶器统计表**

陶质	夹砂				合计	%
陶色	灰	红	黑	褐		
纹饰/器类						
绳纹	5	4	2	3	14	87.50
复合纹	1				1	6.25
素面				1	1	6.25
合计	6	4	2	4	16	100
%	37.50	25.00	12.50	25.00	100	
缸	3	1	2	3	9	56.25
不明器	3	3		1	7	43.75

参加分类排队的陶器8件，挑选标本2件。

缸口　7件。Ca型。

Ⅰ式：6件。

标本H546：1，夹细砂灰褐陶，局部灰黑。唇面饰绳压纹，器表饰斜绳纹。直口，上腹斜直，残。残宽9.6、残高8厘米（图二四二，1）。

Ⅱ式：1件。

标本H546：2，夹细砂灰褐陶，局部红褐、灰黑。唇面先饰绳纹、再用棍状物稀疏横压呈凹槽，器表饰斜绳纹。敞口，口部泥条卷贴内壁，腹近斜直，残。手制，火候不高。残宽11.6、残高10.6厘米（图二四二，2）。

缸底　1件。D型。标本碎小。

（2）E型

1个。Ec型。

ⅡH25

位置：位于98ⅡT0407中部，坑口距地表深185厘米。层位关系：⑱—ⅡH25→⑳。

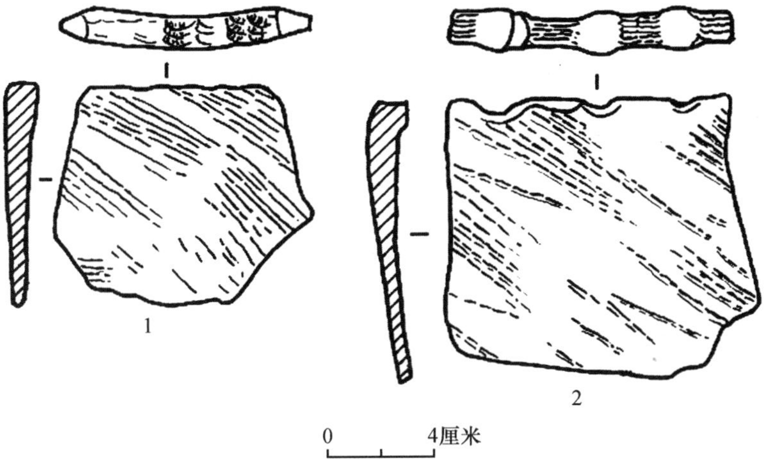

图二四二　H546出土陶器

1. Ca型Ⅰ式缸口（H546：1）　2. Ca型Ⅱ式缸口（H546：2）

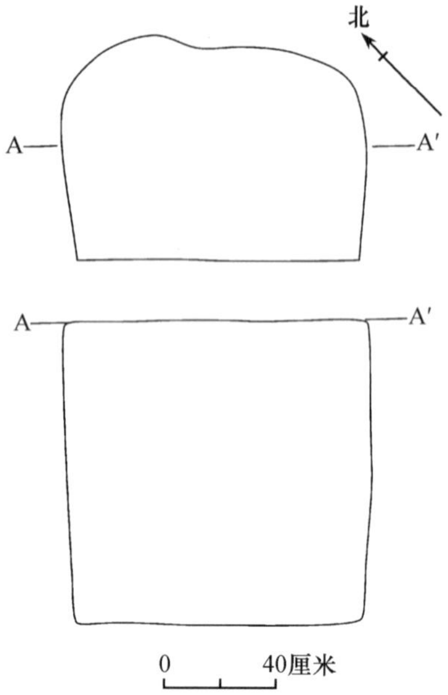

图二四三 ⅡH25平、剖面图

形制：坑口平面呈不规则形，坑壁较直，平底，坑壁、底加工痕迹较为明显。口长105、宽72、底长100、宽68、深95～105厘米（图二四三）。

坑内堆积与包含物：灰坑东南一侧为灰褐土，质松，包含少量破碎陶片；灰坑西北一侧为杂花土，夹较多黄黏土、少量灰褐土，黄黏土质密，黏性重，包含部分碎小陶片。

出土遗物：出土陶器共191件，无复原器物。陶质以夹砂陶为主，占97.39%，泥质陶极少，仅占2.61%。陶色以红陶为主，占70.68%，次为褐陶，占16.23%，灰陶、黑陶较少，分别仅占8.38%和4.71%。器表以纹饰为主，占81.15%，素面占18.85%，纹饰以绳纹为主，占73.82%，粗戳划纹、复合纹、凹弦纹、方格纹、附加堆纹都很少。由于出土陶片太碎小，有67.02%的腹片不辨器形，可辨器类以缸为主，约占25.65%，罐、簋形器、盆、盘口器、器盖等都很少（表八九）。未挑选标本。

表八九 ⅡH25出土陶器统计表

陶质	夹砂				泥质				合计	%
陶色	灰	红	黑	褐	灰	红	黑	褐		
纹饰/器类										
粗戳划纹	5	1							6	3.14
绳纹	4	120	7	9	1				141	73.82
方格纹	1								1	0.52
凹弦纹				1			1		2	1.05
戳印纹			1						1	0.52
附加堆纹						1			1	0.52
复合纹	2	1							3	1.57
素面	1	12		21	2				36	18.85
合计	13	134	8	31	3	1	1		191	100
%	6.81	70.16	4.19	16.23	1.57	0.52	0.52		100	
B型缸	5	1		1					7	3.66
C型缸	4	21	6	7					38	19.90
缸底	1	2		1					4	2.09
小罐	1								1	0.52
罐		1		1					2	1.05
直领罐					1				1	0.52
盘口器		1	1						2	1.05
簋形器						1			1	0.52
盆		1							1	0.52

续表

陶质	夹砂				泥质				合计	%
陶色	灰	红	黑	褐	灰	红	黑	褐		
纹饰/器类										
器盖				2			1		3	1.57
平底		1	1	1					3	1.57
不明器	2	106		8	2				118	67.02

（3）F型

1个。Fb型。

H574

位置：位于99AT0301西北角，大部分压在探方西、北壁下，坑口距地表深632厘米。层位关系：⑥⓪—H574→⑥②。

形制：由于暴露范围太小，坑口平面形状不明，弧壁，底较平，坑壁、底无加工痕迹。口残长112、残宽90、深29厘米（图二四四）。

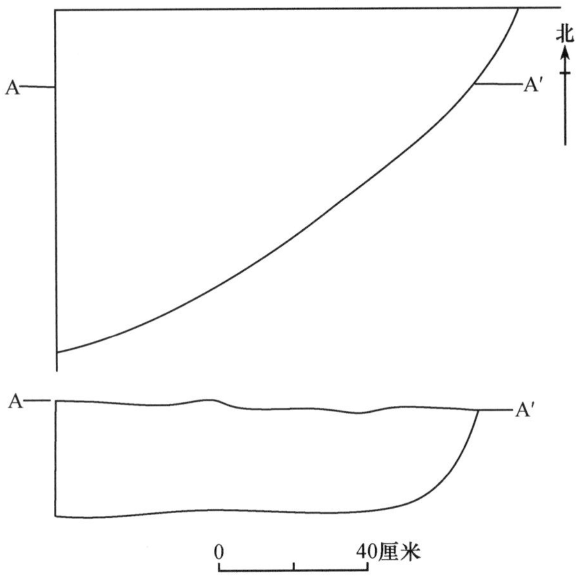

图二四四　H574平、剖面图

坑内堆积与包含物：坑内填红黏土，无包含物。

（十一）第11组

47个。

1. 甲类

22个。

（1）A型

8个。

1）Aa型

1个。

H538

位置：位于99DT0201西南部，H536西侧，坑口距地表深510厘米。层位关系：㊶—H538→㊷。

形制：坑口平面形状为圆形，坑壁斜直，底较平，坑壁残留较为清楚的黄黏土。口径60、底径40、深36～40厘米（图二四五）。

坑内堆积与包含物：坑内填灰土，夹炭灰，质疏松。包含极少碎小陶缸残片。

2）Ab型

2个。

H298

位置：位于98AT0103东部，一半压在出土梯道下，坑口距地表深515厘米，打破F142、H318、H319、H329。层位关系：㊲—H298→H318。

形制：从暴露部分观察，坑口平面为圆形，壁微弧，平底，坑壁下半部及坑底用黄黏土加工。口径约220、底径80、深160厘米（图二四六）。

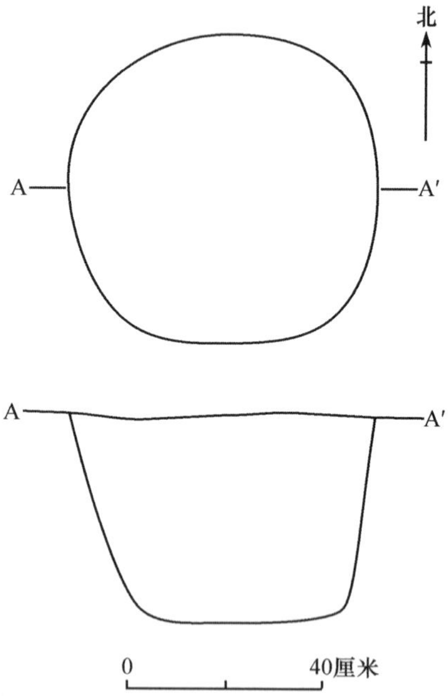

图二四五　H538平、剖面图

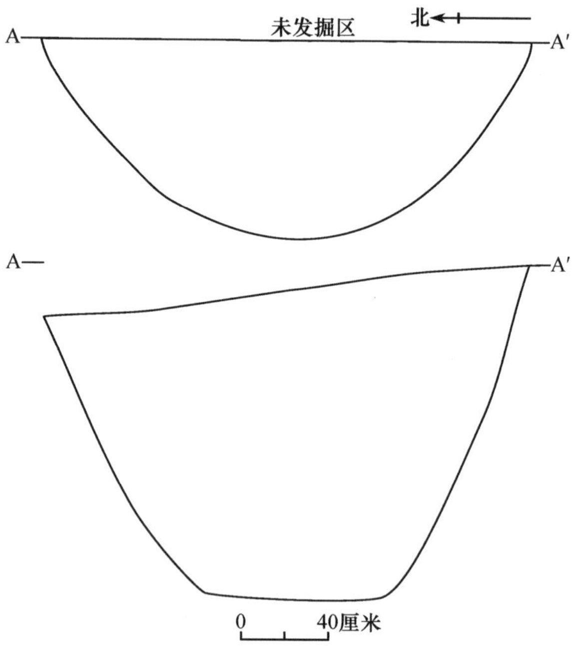

图二四六　H298平、剖面图

坑内堆积与包含物：坑内填黄褐色沙土，偏灰，质较松。包含较多陶器和部分石、骨器等。

出土遗物：出土陶器404件。陶质全为夹砂，以夹细砂为主，占93.06%，少量夹粗砂，仅占6.94%。陶色以灰陶和红陶（包括红褐陶）为主，各占41.09%和40.84%，黑陶较少，占

12.87%，灰褐陶很少，占1.49%。器表以纹饰为主，占76.98%，素面较多，占23.02%。纹饰以绳纹为主，占68.81%，附加堆纹、凹弦纹、戳印纹、复合纹、菱形绳纹、阴弦纹、波浪纹、镂孔、凸弦纹、划纹等很少。器类以缸为主，占73.01%，次为罐，占17.08%，盘口器、瓮、钵、碗等很少（表九〇）。出土石器很少，有斧、锛、凿等。骨器仅1件。

表九〇　H298出土陶器统计表

陶质	夹粗砂				夹细砂						合计	%
陶色	灰	红	黑	红褐	灰	红	黑	褐	红褐	灰褐		
纹饰/器类												
绳纹	18	1		5	102	50	36	10	54	2	278	68.81
菱形绳纹									2		2	0.50
凹弦纹					1	1	1		2		5	1.24
凸弦纹									1		1	0.25
划纹						1					1	0.25
波浪纹						2					2	0.50
戳印纹						1	1	1	1		4	0.99
附加堆纹					6	1			2		9	2.23
镂孔					1		1				2	0.50
复合纹			1			2			1		4	0.99
阴弦纹					2				1		3	0.74
素面	3				33	14	12	4	23	4	93	23.02
合计	21	1	1	5	145	72	51	15	87	6	404	100
%	5.20	0.25	0.25	1.24	35.89	17.82	12.62	3.71	21.53	1.49	100	
缸口	4				62	29	22	5	30		152	37.62
缸腹	11	1		5	51	24	8	2	30		132	32.67
缸底					2	3			6		11	2.72
罐口						1	3	2	2		8	1.98
罐腹	4				17	9	8	4	7	4	53	13.12
折沿罐口	1		1				1				3	0.74
罐底							1	1	1		3	0.74
盘口罐口							1		1		2	0.50
盘口器					6	1	3		4	2	16	3.96
瓮					2				1		3	0.74
钵					2		1		1		4	0.99
碗								1			1	0.25
圈足						1			2		3	0.74
平底	1				1	1					3	0.74
不明器					2	3	3		2		10	2.48

陶器　参加分类排队的陶器173件，挑选标本41件。

缸口　120件。

A型　21件。Aa型Ⅱb式。

标本H298：42，夹粗砂灰陶，里灰黑。唇部饰戳印纹，器表饰粗糙大菱形粗绳纹，内壁有刮痕。敞口，腹较斜直，残。手制轮修，火候较高。残宽7.4、残高5.6厘米（图二四七，1）。

B型　1件。Ⅱ式。

标本H298：41，夹细砂黑陶。唇部、器表饰粗戳印纹，外沿有手捏痕。敞口，厚唇、微有内沿，弧腹内收，残。手制，火候较高。残宽7.8、残高4.1厘米（图二四七，2）。

C型　98件。

Ca型　96件。

Ⅰ式：64件。

标本H298：27，夹粗砂灰黑陶，局部红，红胎。唇面、器表饰绳纹，内壁有刮抹痕。敛口，唇较厚，上腹斜直，残。手制，火候较高。残宽7.9、残高6.2厘米（图二四七，3）。标本H298：37，夹粗砂灰黑陶，局部红褐、灰，胎、里黑。唇部正面压印细绳纹，器表饰组状绳纹，器表有按抹痕，内壁多刮抹痕。敞口，厚唇，腹较斜直，残。手制，火候较高。残宽7.4、残高6厘米（图二四七，4）。

Ⅱ式：32件。

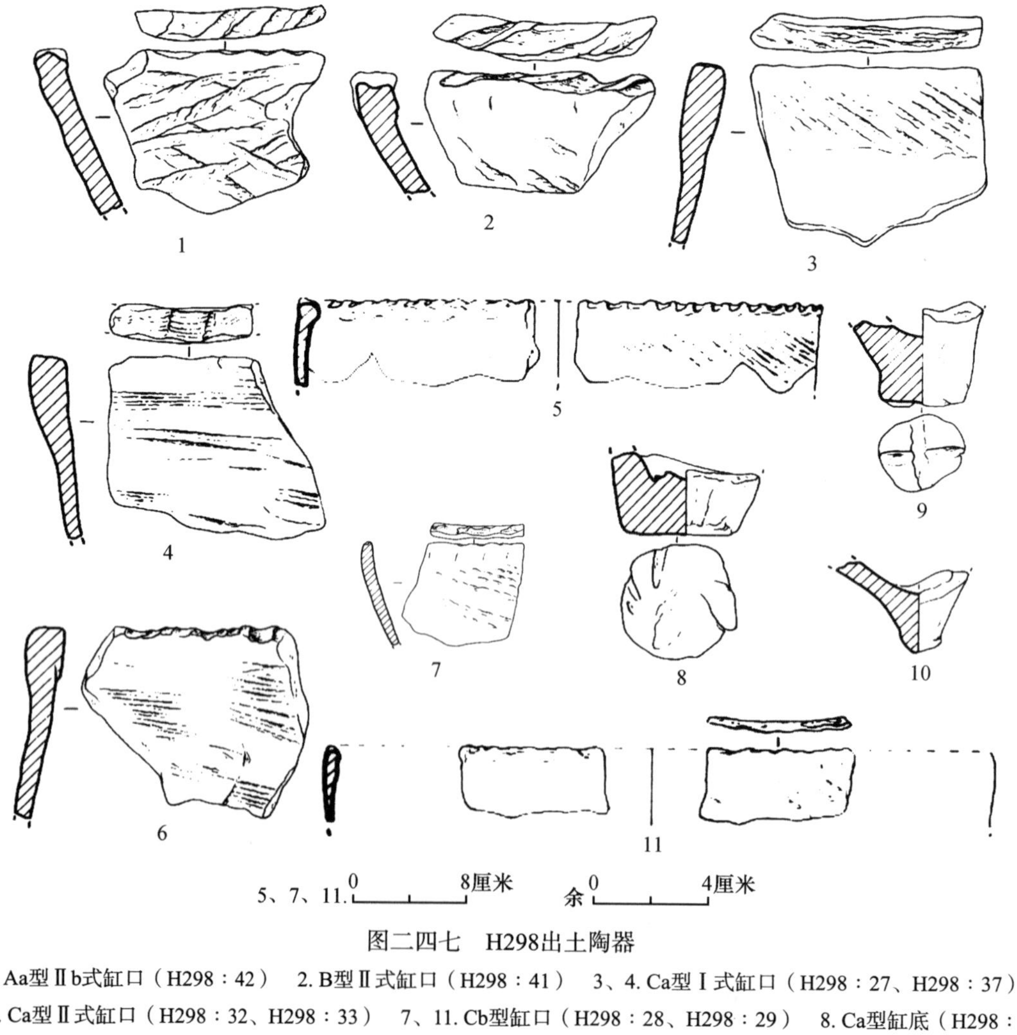

图二四七　H298出土陶器

1. Aa型Ⅱb式缸口（H298：42）　2. B型Ⅱ式缸口（H298：41）　3、4. Ca型Ⅰ式缸口（H298：27、H298：37）　5、6. Ca型Ⅱ式缸口（H298：32、H298：33）　7、11. Cb型缸口（H298：28、H298：29）　8. Ca型缸底（H298：5）　9. Cb型缸底（H298：24）　10. E型缸底（H298：23）

标本H298：32，夹粗砂红褐陶，局部灰，胎红褐、灰，里褐、局部灰。唇部里饰绳纹、外饰戳印纹呈浅波浪形，器表饰斜绳纹，内壁多刮抹痕。口微敛，唇稍厚，腹较直，残。手制，火候较高。口径36、残高6.8厘米（图二四七，5）。标本H298：33，夹细砂红陶，口部、胎黑，里灰黑。唇部正面横饰粗绳纹，器表饰绳纹，沿内卷贴，内壁有刮抹痕。敛口，厚唇，腹微弧，残。手制，火候较高。残宽7.8、残高6.5厘米（图二四七，6）。

Cb型　2件。

标本H298：28，夹砂红褐陶，灰胎，里灰、褐、灰黑。唇部饰戳印纹，器表饰绳纹，外沿有手捏痕，内壁有刮抹痕。敞口，弧腹内收，残。手制，火候较高。残宽8.2、残高7.1厘米（图二四七，7）。标本H298：29，夹细砂红褐陶，局部黑，胎、里灰黑。唇部、器表饰戳印纹、有划痕，外沿有手捏痕，内壁多刮抹痕。口微敛，腹较直，残。手制，火候较高。口径44.4、残高5.2厘米（图二四七，11）。

缸底　6件。

C型　5件。

Ca型　4件。

标本H298：5，夹粗砂红陶，灰黑胎。素面，器表有按抹痕，外底凹凸不平、有印痕。近截锥圆柱形，实足跟稍矮，残。手制，火候不高。足径3.9、残高2.8厘米（图二四七，8）。

Cb型　1件。

标本H298：24，夹细砂陶，灰黑胎。外底饰十字形戳印纹，器表有刮抹痕。下腹较斜直，近圆柱状足，实足跟较高。足径2.9、残高3.6厘米（图二四七，9）。

E型　1件。

标本H298：23，夹细砂红陶。素面，器表有刮抹痕。下腹内弧收，尖底、实足跟较高，残。手制，火候较高。残高3.12厘米（图二四七，10）。

盘口罐　6件。

A型　3件。Ⅲ式。

标本H298：19，夹细砂黑陶，里红褐。盘外下凸棱饰戳印纹，腹饰绳纹，内壁粗磨。敞口，圆唇，浅盘外斜，上腹内收，残。轮制，火候高。残宽3.5、残高3.7厘米（图二四八，1）。标本H298：20，夹细砂红陶，灰黑胎。盘外下凸棱饰戳印纹，内壁磨光。敞口，圆唇，浅盘、内沿面微凹，上腹内收，残。轮制，火候高。残宽4.7、残高3.1厘米（图二四八，2）。

B型　3件。

Ba型　2件。

Ⅰ式：1件。标本碎小。

Ⅱ式：1件。标本碎小。

Bb型　1件。Ⅱ式。

标本H298：12，夹细砂红陶，局部黑、褐，灰黑胎。器表饰划纹，内外壁磨光。敞口，圆唇，浅盘、斜壁内凹，腹较直，残。轮制，火候较高。口径21.6、残高7.6厘米（图二四八，3）。

盘口器　1件。Ab型。

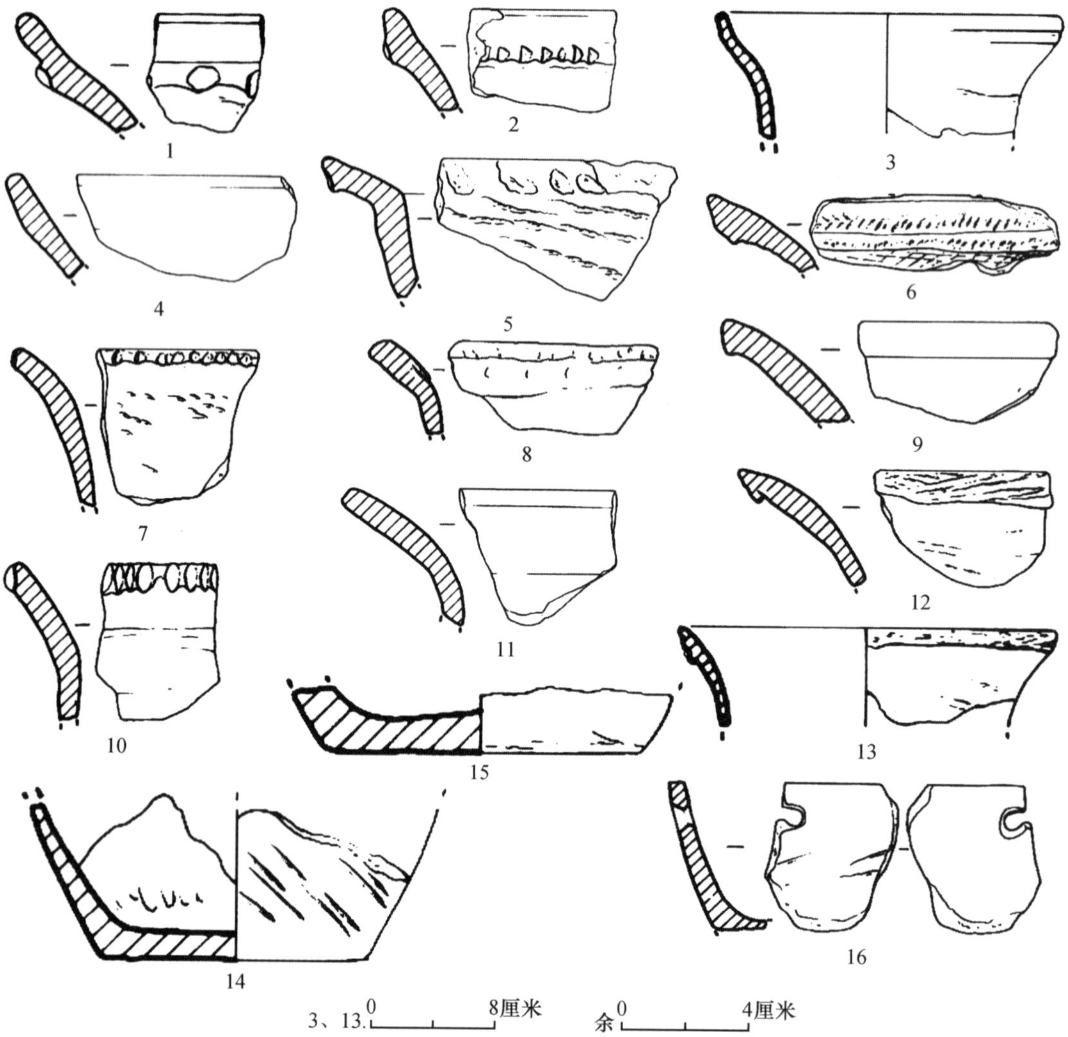

图二四八　H298出土陶器

1、2. A型Ⅲ式盘口罐（H298：19、H298：20）　3. Bb型Ⅱ式盘口罐（H298：12）　4. Ab型盘口器（H298：31）　5、6. Ab型Ⅱ式折沿罐（H298：14、H298：15）　7. A型敞口罐（H298：39）　8、9. C型敞口罐（H298：21、H298：26）　10、11. 侈口罐（H298：30、H298：35）　12、13. A型贴边罐（H298：3、H298：4）　14～16. 器底（H298：8、H298：22、H298：40）

标本H298：31，夹细砂灰褐陶，黑胎。素面，内外壁磨光。敞口，圆唇，沿面微凹、略呈盘状，外沿下微有凸棱，上腹内收，残。轮制，火候较高。残宽6.8、残高3.4厘米（图二四八，4）。

折沿罐　2件。Ab型Ⅱ式。

标本H298：14，夹细砂灰陶，局部、沿、里黑，胎灰、黑。唇面饰戳印纹，器表饰中粗绳纹。敞口，斜折沿，沿面微凹，圆唇，腹微弧内收，残。轮制，火候较高。残宽7.5、残高4.3厘米（图二四八，5）。标本H298：15，夹粗砂黑陶。唇下沿饰戳印纹，器表饰菱形绳纹。敞口，沿斜折后再微上卷，外下沿近唇处圆凸，圆唇，残。轮制，火候较高。残宽7.7、残高1.8厘米（图二四八，6）。

敞口罐　3件。

A型　1件。

标本H298：39，夹细砂褐陶，局部黑褐，胎、里黑。唇部、器表饰戳印纹。敞口，卷沿，腹较斜，残。轮制，火候较高。残宽5、残高4.8厘米（图二四八，7）。

C型　2件。

标本H298：21，夹细砂灰褐陶，局部、胎黑。唇面饰细划纹，外下沿有按窝纹，器表饰划纹，内壁有按抹痕。敞口外张，卷沿，圆唇，上腹较斜直，残。手制，火候不高。残宽6.5、残高2.9厘米（图二四八，8）。标本H298：26，夹细砂黑陶，局部红褐。素面，内外壁磨光，内沿有组状细划纹。喇叭口，方圆唇，残。轮制，火候较高。残宽6.1、残高3厘米（图二四八，9）。

高领罐　1件。标本碎小。

侈口罐　2件。

标本H298：30，夹细砂红陶，灰黑胎，里灰、局部红褐。外唇面饰戳印纹，腹饰划纹。侈口外张，卷沿较斜，鼓腹，残。轮制，火候较高。残宽3.7、残高4.9厘米（图二四八，10）。标本H298：35，夹细砂红褐陶，局部红，黑胎，里灰褐。素面，内沿、外壁磨光。侈口，卷沿外张，方圆唇，残。轮制，火候较高。残宽4.8、残高4.6厘米（图二四八，11）。

贴边罐　2件。A型。

标本H298：3，夹粗砂褐陶，局部黑褐，灰黑胎，里红褐。外下沿面、器表饰绳纹。喇叭口，沿外卷贴，圆尖唇，残。手制轮修，火候较高。残宽5.5、残高3.6厘米（图二四八，12）。标本H298：4，夹粗砂褐陶，局部红褐，口、里黑，胎红褐、黑。外下沿、器表饰绳纹，内壁有划痕。喇叭口，沿外卷贴，尖唇，上腹稍斜，残。手制轮修，火候较高。口径23.4、残高6厘米（图二四八，13）。

器底　6件。

标本H298：8，夹细砂黑陶，外底红褐，胎红褐、黑、褐。器表饰划纹，内壁多刮抹痕。鼓腹，平底，残。手制，火候不高。底径8.6、残高4.8厘米（图二四八，14）。标本H298：22，夹细砂红陶。素面，器表、内底多刮划痕，器表附着灰白色粉末。下腹较斜直，平底，残。手制，火候较高。底径9.8、残高2.4厘米（图二四八，15）。标本H298：40，夹细砂黑陶，底部红褐。下腹饰双向穿镂孔，内外壁磨光，内壁有划痕。鼓腹，平底，残。轮制，火候高。残宽4.1、残高4.6厘米（图二四八，16）。

大圈足盘　1件。

标本H298：7，夹细砂灰褐陶，局部红、黑，胎、里灰黑。素面，内外壁磨光。敞口，唇面微凹，腹较斜直，残。轮制，火候较高。残宽9.1、残高4厘米（图二四九，1）。

盘　3件。A型。

标本H298：9，夹细砂红陶。素面，内外壁磨光。敞口，圆唇，腹微弧内收，残。轮制，火候较高。残宽4.5、残高3.1厘米（图二四九，2）。标本H298：18，夹细砂黑陶。素面，内外壁磨光。敞口，圆唇，腹微弧较深，残。手制，火候较高。残宽3.4、残高4.3厘米（图二四九，3）。

钵　4件。

A型　3件。

Ⅰ式：1件。

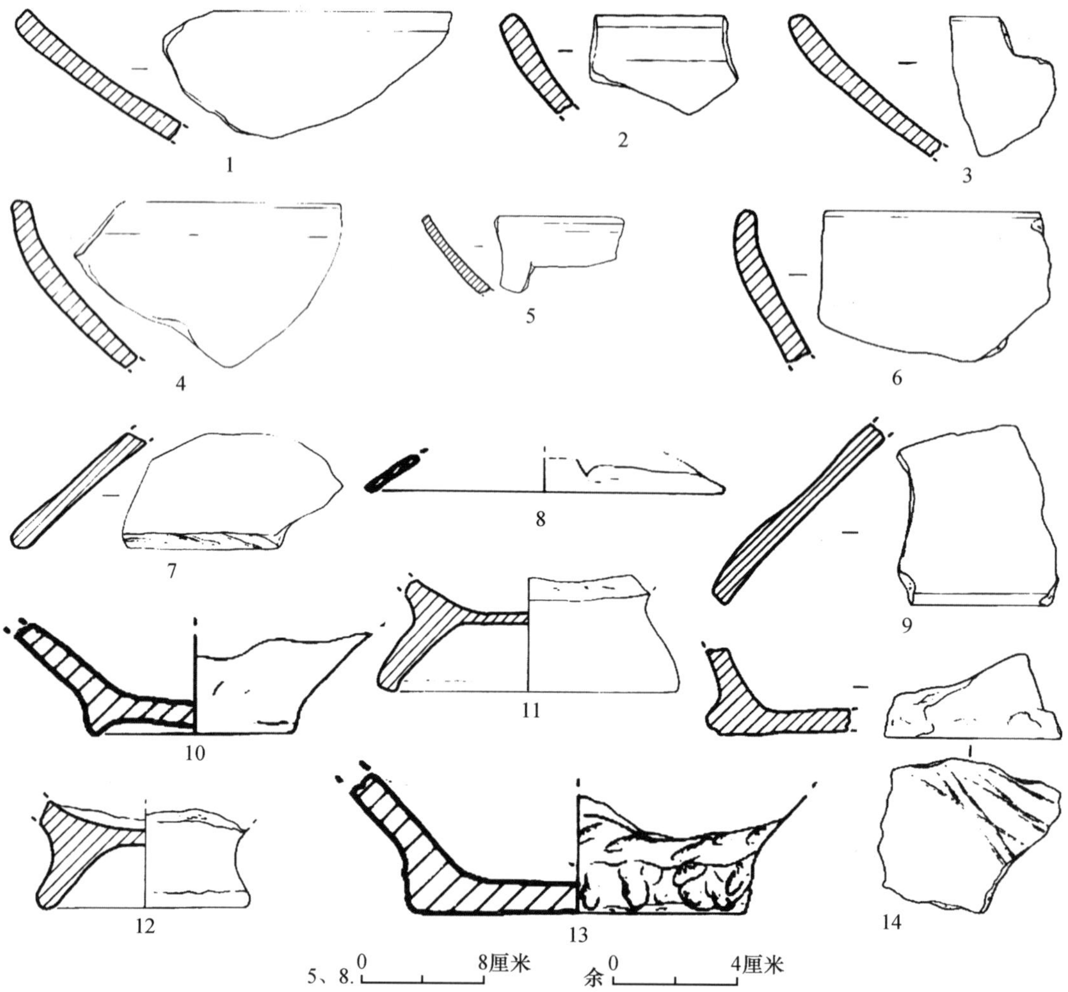

图二四九　H298出土陶器

1. 大圈足盘（H298：7）　2、3. A型盘（H298：9、H298：18）　4. A型Ⅰ式钵（H298：13）　5. A型Ⅱ式钵（H298：17）　6. B型Ⅱ式钵（H298：25）　7～9. A型器盖（H298：36、H298：11、H298：38）　10. Ba型圈足（H298：34）　11、12. Bb型圈足　（H298：2、H298：10）　13、14. Ab型圈足（H298：6、H298：16）

标本H298：13，夹粗砂黑陶。素面，内外壁磨光。敞口，圆唇，弧腹较深，残。轮制，火候高。残宽8.4、残高5.2厘米（图二四九，4）。

Ⅱ式：2件。

标本H298：17，夹细砂灰褐陶，局部黑、红。素面，内外壁磨光，器表有疵点、磨痕。敞口，方唇，腹稍斜直较深，残。手制，火候较高。残宽8.1、残高4.8厘米（图二四九，5）。

B型　1件。Ⅱ式。

标本H298：25，夹细砂红陶。素面，内壁磨光。口近直，方圆唇，上腹弧、下腹较斜直，残。手制，火候较高。残宽7.2、残高4.7厘米（图二四九，6）。

器盖　9件。A型。

标本H298：36，夹细砂红褐陶，器表多灰白色粉末。唇面饰绳纹，器表多按抹痕。覆钵状，敞口，圆唇，腹斜直较深，残。手制，火候不高。残宽6.9、残高3.5米（图二四九，7）。标本H298：11，夹细砂灰陶，局部红褐、黄，红褐胎。器表饰划纹，内壁磨光。覆盘状，敞口，方唇，壁较斜直，残。手制，火候不高。口径22.4、残高2.4厘米（图二四九，8）。标本H298：38，夹细砂红褐陶，局部黑褐，灰胎，里黑褐、局部灰。素面，内外壁磨光。覆钵状，敞口，方圆唇，腹斜曲较深，残。手制轮修，火候较高。残宽5、残高5.5厘米（图二四九，9）。

圈足　7件。

A型　2件。Ab型。

标本H298：6，夹粗砂红褐陶，灰黑胎。器表、足外缘饰戳印纹，内壁、底有刮抹痕。下腹斜直，假圈足，内底微凹、外底平，残。手制，火候较高。底径10.4、残高4.4厘米（图二四九，13）。标本H298：16，夹粗砂黑陶。外底饰交错绳纹，内壁有划痕、乳凸。下腹斜直，假圈足、平底微凹，残。手制，火候高。残宽5.5、残高2.7厘米（图二四九，14）。

B型　5件。

Ba型　2件。

标本H298：34，夹细砂红褐陶，局部黑、红，黑胎。素面，内外壁磨光，器表多磨痕。下腹斜直，内底较平，矮圈足微外撇，残。手制轮修，火候较高。残宽11.3、足径6.6、残高3.4厘米（图二四九，10）。

Bb型　3件。

标本H298：2，夹细砂红陶，局部灰，胎、里灰黑。素面，器表有刮抹痕，内壁粗磨。内底圜，圈足外撇，外壁微弧、内壁较斜直，残。手制，火候较高。足径9.4、残高3.7厘米（图二四九，11）。标本H298：10，夹细砂灰陶，局部红褐、黑，灰褐胎。素面，内底壁磨光。内底圜，圈足外撇，残。手制，火候较高。足径6.7、残高3.4厘米（图二四九，12）。

石器　出土石器较少，挑选标本4件。

斧　2件。B型。

Ba型　1件。Ⅱ式。

标本H298：46，砾石，黑色，局部褐。平面梯形，圆角平顶、顶部有崩疤，刃部残。通体磨制。残长8.2、残宽4.3、厚2.8厘米（图二五〇，1）。

Bb型　1件。Ⅰ式。

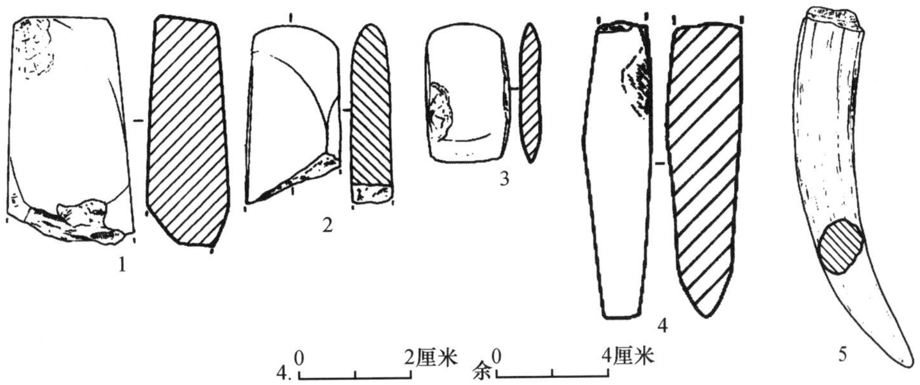

图二五〇　H298出土器物

1. Ba型Ⅱ式石斧（H298：46）　2. Bb型Ⅰ式石斧（H298：45）　3. Ba型石锛（H298：44）　4. B型石凿（H298：1）　5. 骨锥（H298：43）

标本H298：45，砾石，黑色。平面窄长方形，弧顶，下部残。选择较平长方形砾石两面、两侧磨直而成。残长6.3、宽3.25、厚1.4厘米（图二五〇，2）。

锛　1件。Ba型。

标本H298：44，砾石，青灰色。平面近长方形，弧顶，弧刃、刃部有小崩疤，正峰，器身略有剥落。通体磨制。长4.85、宽2.95、厚0.7厘米（图二五〇，3）。

凿　1件。B型。

标本H298：1，黑色角岩。窄长条形，弧刃，残。磨制。残长5.1、宽1.1、厚1.3厘米（图二五〇，4）。

骨器　仅锥1件。

标本H298：43，鹿角，褐色。近锥尖处有崩疤。弧锥状。用鹿角磨制而成。长12.3、最大径2.5厘米（图二五〇，5）。

3）Ac型

1个。

H291

位置：位于98BT0404东南部。层位关系：㉖—H291→㉗。

形制：坑口平面呈圆形，直壁，圜底，坑壁、底用厚4～20厘米的黄黏土和白膏泥相混杂的花黏土加工。口径约100、残深22厘米（图二五一）。

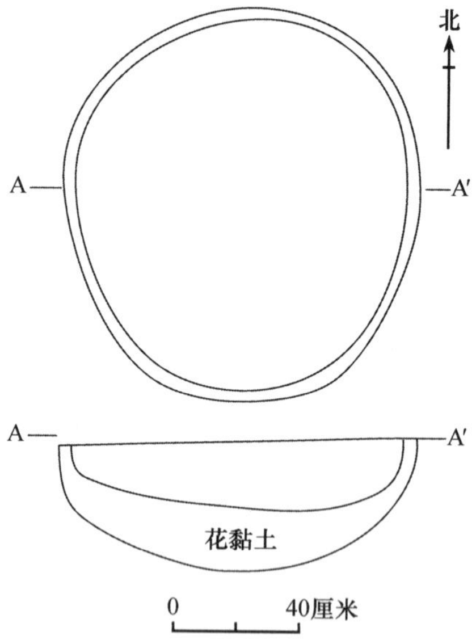

图二五一　H291平、剖面图

坑内堆积与包含物：坑内填灰土。包含较多陶片。

出土遗物：出土陶器共69件。陶质以夹粗砂为主，占98.35%，泥质陶极少，仅占1.45%。陶色以红褐陶与红陶为主，各占27.54%和24.64%，黑褐陶较少，占18.84%，灰陶与灰褐陶最少，都占14.49%。器表以纹饰为主，占92.76%，素面很少，只有7.24%。纹饰以绳纹为主，占75.36%，复合纹、附加堆纹、菱形绳纹、细绳纹等较少。器类以缸为主，占86.96%，罐、盆等很少（表九一）。

表九一　H291出土陶器统计表

陶质	夹粗砂					泥质	合计	%
陶色	灰	红	黑褐	灰褐	红褐	灰		
纹饰/器类								
绳纹	4	11	13	9	15		52	75.36
细绳纹				1	1		2	2.90
菱形绳纹	2				1		3	4.35
附加堆纹		2			1		3	4.35
复合纹	1	2			1		4	5.80
素面	2	2				1	5	7.24
合计	9	17	13	10	19	1	69	100
%	13.04	24.64	18.84	14.49	27.54	1.45	100	
缸口		2	8	6	1		17	24.64
缸腹	6	9	5	3	17		40	57.97
缸底	1	2					3	4.35
罐口	2	3			1		6	8.70
罐腹				1			1	1.45
盆		1					1	1.45
不明器						1	1	1.45

参加分类排队的陶器21件，挑选标本6件。

缸口　17件。Ca型。

Ⅱ式：1件。

标本H291：8，夹砂红陶，胎局部灰。唇饰较浅粗戳印纹，上腹饰粗划纹。口近直，上腹较直，残。手制，火候较高。口径30.4、残高9.6厘米（图二五二，1；图版二一，8）。

Ⅲ式：16件。

标本H291：7，夹砂红褐陶，局部灰黑。唇饰较深粗戳印纹，内沿饰较宽带形浅戳印纹，上腹饰斜粗划纹。敞口，上腹斜收，残。手制，火候较高。口径44、残高5.8厘米（图二五二，4）。H291：2，夹粗砂红陶，口局部灰色。口内外沿面饰绳纹，腹部饰斜绳纹。敞口，尖唇，上腹斜直，残。口径57.6、残高4.8厘米（图二五二，6）。

缸底　1件。E型。

标本H291：3，夹粗砂红陶。下腹饰绳纹，底部刮削痕明显。尖底，残。残高9.6厘米（图二五二，5）。

敞口罐　1件。C型。

标本H291：4，夹粗砂灰陶，局部黑色。素面。敞口，方唇，残。残宽7.2、残高2.4厘米（图二五二，2）。

侈口罐　1件。标本碎小。

盆　1件。A型。

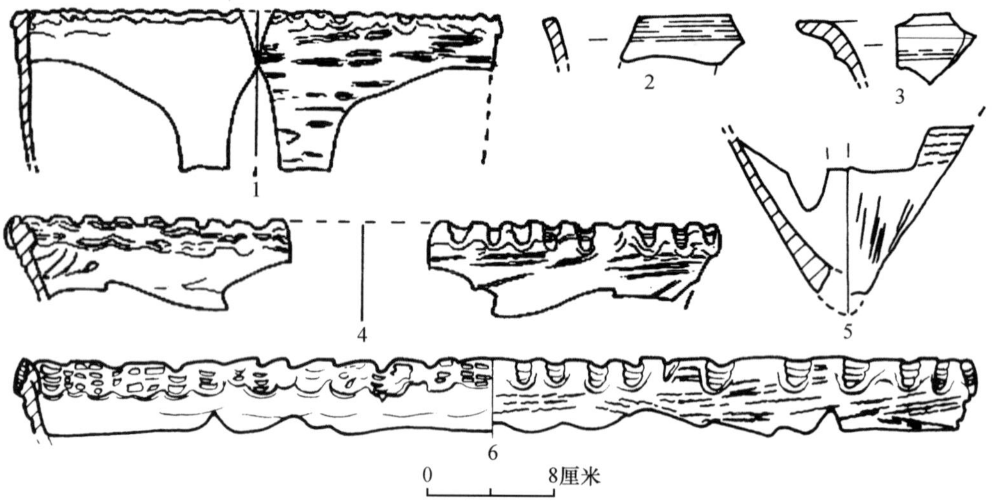

图二五二　H291出土陶器

1. Ca型Ⅱ式缸口（H291：8）　2. C型敞口罐（H291：4）　3. A型盆（H291：5）
4、6. Ca型Ⅲ式缸口（H291：7、H291：2）　5. E型缸底（H291：3）

标本H291：5，磨光红陶。上腹饰瓦棱纹。敞口，折平沿，圆唇，残。残宽5、残高4.4厘米（图二五二，3）。

4）Ad型

4个。

H444

位置：位于99AT0101北部，坑口距地表深455厘米。层位关系：㉛下“洞”→H444→㉜。

形制：坑口平面呈不规则圆形，壁不规整，底较平，壁、底用黄黏土加工，黏土壁上部垮塌严重，坑底黄黏土厚约10厘米，在黏土上平置四块表面平整的卵石。口径126、底径53、深73厘米（图二五三）。

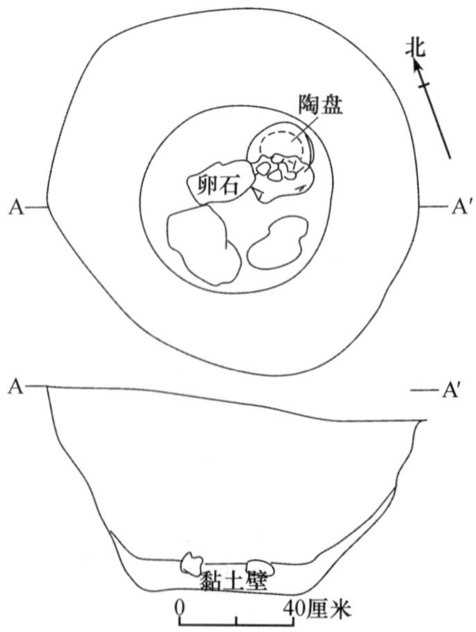

图二五三　H444平、剖面图

坑内堆积与包含物：坑内满填黄黏土，较紧。包含部分碎陶片，坑底有一陶盘（完整）正放于一块卵石之上。

出土遗物：出土陶器68件。陶质以夹砂为主，占97.06%，可分为夹粗砂与夹细砂两种，以夹粗砂为主，占77.95%，夹细砂较少，占19.12%，泥质陶极少，仅占2.94%。陶色以红陶为主，占33.83%，次为黑陶和褐陶，各占26.47%和22.06%，灰陶最少，占17.65%。器表以纹饰为主，占72.06%，素面较少，占27.94%。纹饰以绳纹为主，占57.35%，凸棱纹、复合纹、凹弦纹较少。器类以缸为主，占51. 47%，次为罐，占10.29%，瓮、盘、器盖等很少（表九二）。还出土石器1件。

表九二　H444出土陶器统计表

陶质	夹粗砂				夹细砂		泥质	合计	%
陶色	灰	红	黑	褐	红	褐	黑		
纹饰/器类									
绳纹	9	8	15	7				39	57.35
凸棱纹					5		1	6	8.82
凹弦纹						1		1	1.47
复合纹		1		2				3	4.41
素面	3	5	1	2	4	3	1	19	27.94
合计	12	14	16	11	9	4	2	68	100
%	17.65	20.59	23.53	16.18	13.24	5.88	2.94	100	
缸	8	9	15	3				35	51.47
罐		1		2	2	1	1	7	10.29
瓮		1						1	1.47
盘	1					1		2	2.94
器盖					1	1		2	2.94
平底		3						3	4.41
不明器	3		1	6	6	1	1	18	26.74

陶器　参加分类排队的陶器44件，挑选标本16件。

缸口　29件。C型。

Ca型　28件。

Ⅰ式：2件。

标本H444：3，夹粗砂灰褐陶，胎、里红。唇部饰戳印纹，器表饰绳纹。敞口，上腹弧收，残。手制，火候较高。残宽4.6、残高3.5厘米（图二五四，1）。

Ⅱ式：3件。

标本H444：2，夹砂红陶，局部红褐，灰黑胎。唇部饰较浅横压粗绳纹。口近直，上腹弧收，残。手制，火候较高。残宽5.4、残高5.2厘米（图二五四，2）。

Ⅲ式：23件。

标本H444：4，夹粗砂红陶，局部红褐。唇部饰较深戳印纹，内沿饰窄带状印纹。敞

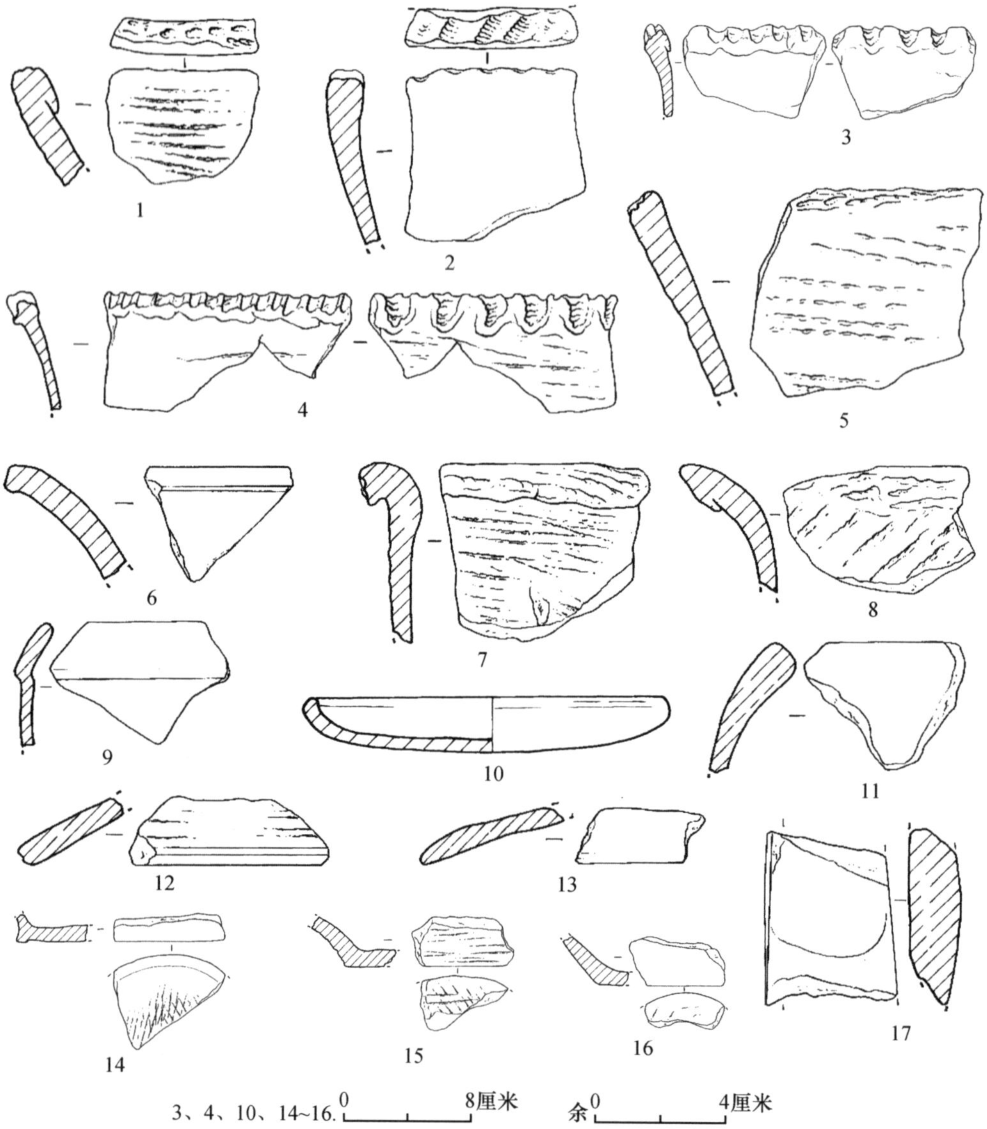

图二五四 H444出土器物

1. Ca型Ⅰ式陶缸口（H444：3） 2. Ca型Ⅱ式陶缸口（H444：2） 3、4. Ca型Ⅲ式陶缸口（H444：4、H444：5） 5. Cb型陶缸口（H444：6） 6. B型陶瓮（H444：13） 7、8. B型陶贴边罐（H444：11、H444：12） 9. A型陶敛口罐（H444：8） 10. A型陶盘（H444：17） 11. Ca型Ⅱ式陶钵（H444：7） 12、13. C型陶器盖（H444：9、H444：10） 14. Ba型陶圈足（H444：14） 15、16. 陶器底（H444：15、H444：16） 17. B型石锛（H444：1）

口外张，上腹较直，残。手制，火候较高。残宽8.7、残高5.6厘米（图二五四，3）。标本H444：5，夹粗砂灰陶，口、里黑。唇面、外沿饰较深戳印纹，器表饰绳纹。敞口，上腹斜内收，残。手制，火候较高。残宽15、残高7.2厘米（图二五四，4）。

Cb型 1件。

标本H444：6，夹砂褐陶，胎、里红褐；器表多灰白色附着物。唇部饰戳印纹，器表饰戳划纹，外沿微有手捏痕。敞口，上腹斜收，残。手制，火候较高。残宽6、残高6.2厘米（图二五四，5）。

瓮 1件。B型。

标本H444：13，夹砂红陶，里灰黑。素面，内外壁磨光。喇叭口，方唇，残。轮制，火候较高。残宽4.5、残高3.4厘米（图二五四，6）。

贴边罐　3件。B型。

标本H444：11，夹砂红褐陶，局部灰褐。唇面饰戳印纹，腹饰绳纹、戳印纹，沿面、内壁粗磨。侈口，卷沿外翻，弧腹，残。手制，火候较高。残宽6.3、残高5.4厘米（图二五四，7）。标本H444：12，夹砂红陶，胎、里黑。外沿饰戳印纹，器表饰斜绳纹，内壁磨光。侈口，卷沿外翻，圆唇，残。轮制，火候较高。残宽5.7、残高3.8厘米（图二五四，8）。

敛口罐　1件。A型。

标本H444：8，泥质黑陶，胎灰夹黑。素面，内外壁磨光。敛口，沿内折，圆唇，腹微鼓，残。轮制，火候高。残宽5.5、残高3.7厘米（图二五四，9）。

盘　1件。A型。

标本H444：17，夹砂红褐陶，局部黑、灰。素面，内外壁磨光。敞口，圆唇，浅盘，圜平底，复原。手制，火候较高。口径22.4、高3.2厘米（图二五四，10）。

钵　2件。C型。

Ca型　1件。Ⅱ式。

标本H444：7，夹砂红陶，局部灰黑。素面，内外壁磨光。敛口，沿内卷，方唇，弧腹，残。手制，火候较高。残宽4.9、残高3.8厘米（图二五四，11）。

Cb型　1件。Ⅰ式。标本碎小。

器盖　2件。C型。

标本H444：9，夹砂红陶，局部、胎黑。唇面饰凹弦纹一道，器表饰绳纹，内壁磨光。壁斜直，敞口，残。轮制，火候较高。残宽6.1、残高2厘米（图二五四，12）。标本H444：10，夹砂褐陶，黑胎。素面，内外壁磨光。壁微曲，敞口，圆唇，残。手制，火候较高。残宽3.9、残高1.7厘米（图二五四，13）。

圈足　2件。Ba型。

标本H444：14，夹砂红陶，局部红褐。外底饰绳纹，内壁磨光。微有下腹，微有矮圈足，残。手制，火候较高。残宽6.7、残高1.7厘米（图二五四，14）。

器底　3件。

标本H444：15，夹砂红陶，黑胎。下腹、外底饰绳纹。下腹外撇，平底，残。手制，火候较高。残宽6.2、残高3厘米（图二五四，15）。标本H444：16，夹砂红陶，局部、胎褐。素面，外底饰绳纹。下腹斜收，平底，残。手制，火候较高。残宽5.7、残高2.9厘米（图二五四，16）。

石器　仅出土残石锛1件，B型。

标本H444：1，黑色砾石，局部青灰。平面近长方形，顶、刃残。磨制。残长5.4、残宽4、厚1.5厘米（图二五四，17）。

H573D

位置：位于99DT0201西南部，部分压于探方壁下，坑口距地表570厘米，被开口第46层下的H562打破。层位关系：㊿—H573D→�51。

形制：从暴露部分观察，坑口平面呈不规则圆形，坑壁上弧下斜，底不平，坑壁规整，

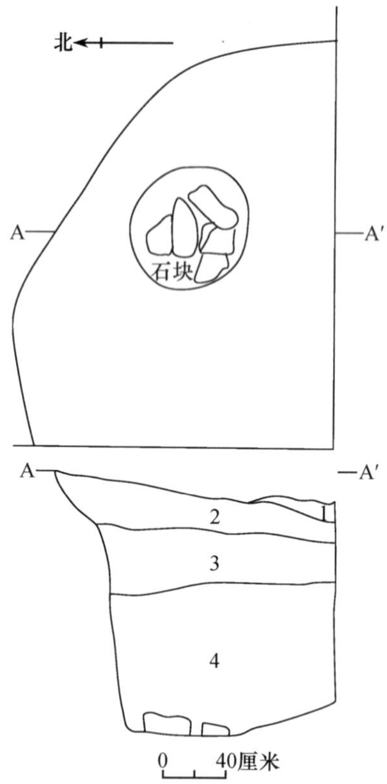

图二五五 H573D平、剖面图

坑底部有5块石头铺底。口径约310、底径80、深120～160厘米（图二五五）。

坑内堆积与包含物：坑内堆积可分4层。

第1层：厚3～10厘米。灰土，质疏松。包含陶片较多。

第2层：厚16～33厘米。褐灰土，质疏松。包含极少碎小陶片。

第3层：厚24～42厘米。黄褐土，质紧密，湿性大，夹炭灰粒。包含部分陶片、残石器和兽骨等。

第4层：厚78～88厘米。灰土，质疏松，夹黄黏泥、石头和炭灰。包含部分陶片、残石器和兽骨等。

出土遗物：出土陶器490件，参加分类排队的陶器256件，挑选标本67件。分层介绍如下：

第1层：出土陶器262件。陶质全为夹砂。陶色以红褐陶为主，占33.59%，次为灰陶，占20.99%，黑、黄褐、红陶较少，分别占12.60%、11.83%和11.45%，褐陶最少，占9.54%。器表以纹饰为主，占64.12%，素面较多，占35.88%。纹饰以绳纹为主，占63.36%，附加堆纹、镂孔很少。器类以缸为主，占80.92%，罐、盘等很少（表九三）。

表九三 H573D①出土陶器统计表

陶质	夹砂						合计	%
陶色	灰	红	黑	褐	黄褐	红褐		
纹饰/器类								
绳纹	49	19	27	11	18	42	166	63.36
附加堆纹		1					1	0.38
镂孔				1			1	0.38
素面	6	10	6	13	13	46	94	35.88
合计	55	30	33	25	31	88	262	100
%	20.99	11.45	12.60	9.54	11.83	33.59	100	
缸口	43	17	19	10	18	36	143	54.58
缸底	5	6		13	10	35	69	26.34
罐			1				1	0.38
盘口罐					1		1	0.38
圈足罐		3					3	1.15
侈口罐		1	2			2	5	1.91
盘			3				3	1.15
平底			2			3	5	1.91
不明起器	7	3	6	2	2	12	32	12.21

参加分类排队的陶器162件，挑选标本27件。

缸口　132件。

B型　9件。

Ⅳ式：3件。

标本H573D①：1，夹细砂灰褐陶，局部灰。唇部饰戳印纹，器表饰戳划纹。敞口，上腹弧内收，残。手制，火候较高。残宽8.1、残高4.7厘米（图二五六，1）。H573D①：2，夹细砂灰陶，里灰褐。唇部饰戳印纹，器表饰斜绳纹。口近直，残。手制，火候较高。残宽10.4、残高5.1厘米（图二五六，2）。

Ⅴ式：6件。

标本H573D①：3，夹粗砂红陶，局部黑。唇部饰戳印纹，器表饰斜绳纹。口微敛，上腹

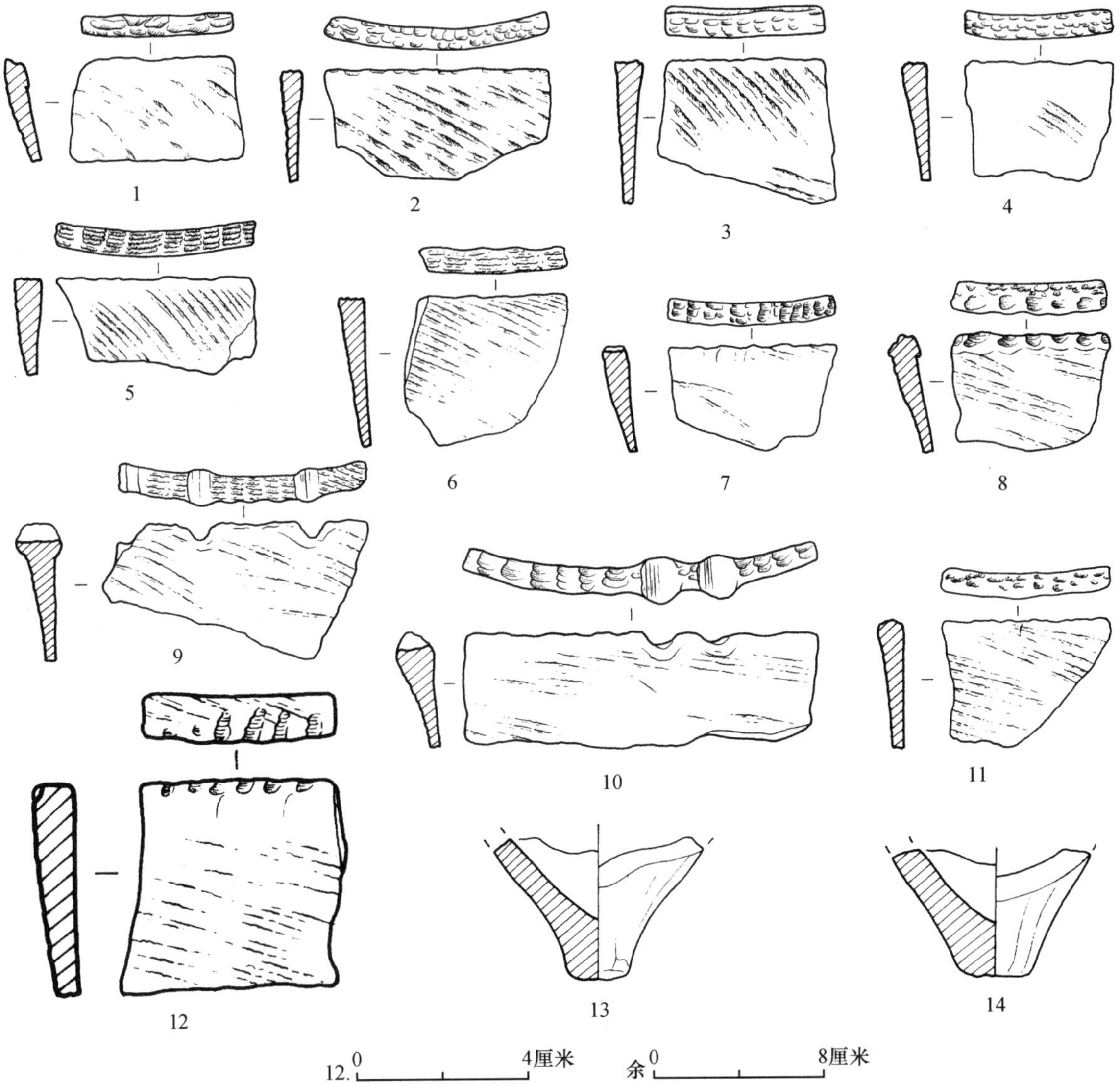

图二五六　H573D①出土陶器

1、2. B型Ⅳ式缸口（H573D①：1、H573D①：2）　3、4. B型Ⅴ式缸口（H573D①：3、H573D①：4）　5、6. Ca型Ⅰ式缸口（H573D①：5、H573D①：6）　7、8. Ca型Ⅱ式缸口（H573D①：7、H573D①：8）　9、10. Ca型Ⅲ式缸口（H573D①：9、H573D①：10）　11、12. Cb型缸口（H573D①：11、H573D①：12）　13. Cb型缸底（H573D①：25）　14. D型缸底（H573D①：24）

直，残。手制，火候较高。残宽8.2、残高6.6厘米（图二五六，3）。标本H573D①：4，夹细砂灰陶。唇部饰戳印纹，器表饰组状斜绳纹。口微敞，上腹斜内收，残。手制，火候较高。残宽6.9、残高5.4厘米（图二五六，4）。

C型 123件。

Ca型 99件。

Ⅰ式：47件。

标本H573D①：5，夹细砂红陶，局部灰。唇部横压粗绳纹，器表饰斜绳纹。口近直，上腹弧内收，残。手制，火候较高。残宽9.2、残高4.4厘米（图二五六，5）。标本H573D①：6，夹粗砂黑陶。唇部横压粗绳纹，器表饰斜绳纹。敞口，上腹微弧内收，残。手制，火候较高。残宽7.5、残高6.8厘米（图二五六，6）。

Ⅱ式：50件。

标本H573D①：7，夹细砂灰陶，局部灰黑。唇部饰戳印纹，器表饰斜绳纹，外沿微有手捏痕。口微敞，上腹弧内收，残。手制，火候较高。残宽7.8、残高4.8厘米（图二五六，7）。标本H573D①：8，夹粗砂灰陶，口部、里黑。唇部饰戳印纹，器表饰斜绳纹。敞口，上腹斜内收，残。手制，火候较高。残宽7.3、残高5.3厘米（图二五六，8）。

Ⅲ式：2件。

标本H573D①：9，夹粗砂红褐陶，灰黑胎。唇部饰绳压纹、较深凹槽，器表饰斜绳纹。敞口，上腹较直，残。手制，火候较高。残宽12.2、残高6.2厘米（图二五六，9）。标本H573D①：10，夹细砂灰陶，局部黑。唇部饰戳印纹、较深凹槽，器表饰绳纹。敞口，上腹斜内收，残。手制，火候较高。残宽16.4、残高5.3厘米（图二五六，10）。

Cb型 24件。

标本H573D①：11，夹细砂黑陶，局部灰。唇部饰戳印纹，器表饰斜绳纹。口近直，残。手制，火候较高。残宽7.8、残高5.8厘米（图二五六，11）。标本H573D①：12，夹细砂黑陶，局部灰。唇部饰绳压纹、戳印纹，器表饰斜绳纹，外沿微有手捏痕。口近直，残。手制，火候较高。残宽5.3、残高4.8厘米（图二五六，12）。

缸底 8件。

C型 1件。Cb型。

标本H573D①：25，夹粗砂红褐陶，胎、里黑。下部多刮抹痕。下腹微弧内收，近圆柱状底，残。手制，火候一般。底径2.8、残高6.4厘米（图二五六，13）。

D型 7件。

标本H573D①：24，夹粗砂褐陶，里黑。下部多刮抹痕。下腹微弧内收，截锥状底，残。手制，火候一般。底径2.8、残高5.7厘米（图二五六，14）。

喇叭口罐 1件。

标本H573D①：14，夹细砂红陶，胎红夹褐。素面，内沿、外壁磨光。喇叭口，圆唇，残。轮制，火候高。残宽9.2、残高5.4厘米（图二五七，1）。

侈口罐 1件。

标本H573D①：13，夹细砂黑陶，局部褐。素面，内外壁磨光。侈口，卷沿，圆唇，鼓

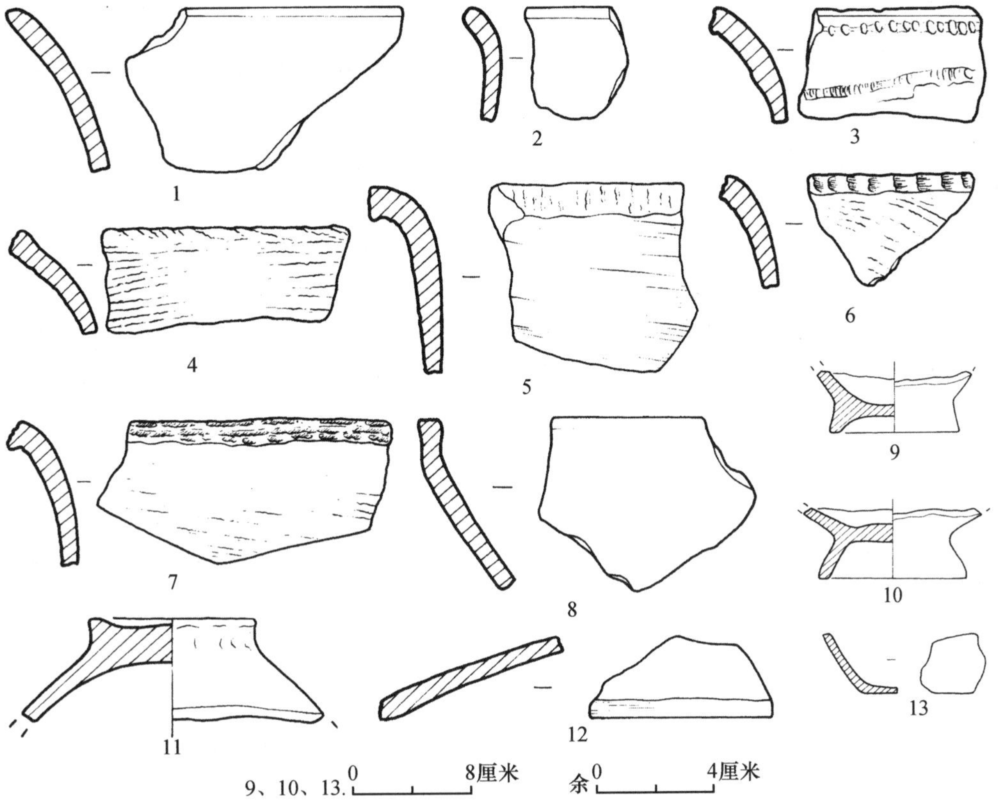

图二五七　H573D①出土陶器

1. 喇叭口罐（H573D①：14）　2. 侈口罐（H573D①：13）　3、4. Aa型Ⅰ式卷沿罐（H573D①：15、H573D①：16）
5. B型Ⅰ式卷沿罐（H573D①：17）　6、7. B型Ⅱ式卷沿罐（H573D①：19、H573D①：20）　8. B型Ⅱ式钵（H573D①：22）
9. Ba型圈足（H573D①：26）　10. Bb型圈足（H573D①：27）　11. 盖纽（H573D①：23）　12. A型器盖（H573D①：21）
13. 器底（H573D①：28）

腹，残。轮制，火候高。残宽3.4、残高3.7厘米（图二五七，2）。

卷沿罐　10件。

A型　3件。

Aa型　2件。Ⅰ式。

标本H573D①：15，夹细砂黑陶，口部红。唇部饰戳印纹，上腹饰附加堆纹、在堆纹上饰戳印纹。喇叭口，唇面微凹，残。轮制，火候较高。残宽6.3、残高3.8厘米（图二五七，3）。标本H573D①：16，夹细砂褐陶，黑胎。唇部、器表饰绳纹。喇叭口，卷沿外翻，残。轮制，火候较高。残宽8.3、残高5.4厘米（图二五七，4）。

Ab型　1件。Ⅰ式。标本碎小。

B型　7件。

Ⅰ式：3件。

标本H573D①：17，夹细砂红陶，局部、胎黑。唇部饰戳印纹，器表饰划纹。敞口，卷沿外翻，残。轮制，火候较高。残宽7、残高6.2厘米（图二五七，5）。

Ⅱ式：4件。

标本H573D①：19，夹细砂黑陶，里红。唇部饰戳印纹，器表饰斜绳纹。喇叭口，残。轮制，火候较高。残宽5.6、残高3.6厘米（图二五七，6）。标本H573D①：20，夹细砂黑陶，里红褐。唇部饰戳印纹，器表饰斜绳纹。喇叭口，唇缘外凸，腹较直，残。手制轮修，火候较高。残宽9.8、残高4.7厘米（图二五七，7）。

钵　1件。B型Ⅱ式。

标本H573D①：22，夹细砂黑陶，局部红、褐。素面，内外壁磨光。敞口，唇面微凹，上腹微内束、下腹较斜内收，残。手制轮修，火候较高。残宽7.3、残高5.7厘米（图二五七，8）。

器盖　2件。

A型　1件。

标本H573D①：21，夹细砂黑陶。唇部多旋痕，内外壁磨光。敞口，圆唇，壁微弧，残。手制轮修，火候较高。残宽6.2、残高2.7厘米（图二五七，12）。

盖纽　1件。

标本H573D①：23，夹细砂红陶，局部、胎灰。素面。捉手略呈圈足形，壁微弧，残。手制，火候较高。捉手径5.6、残高3.4厘米（图二五七，11）。

圈足　2件。B型。

Ba型　1件。

标本H573D①：26，夹细砂红陶，局部、胎黑，里褐。素面，内外壁磨光。下腹较斜内收，内底圜平，圈足较矮、外撇，残。分制，火候较高。足径8.8、残高4厘米（图二五七，9）。

Bb型　1件。

标本H573D①：27，夹粗砂黑陶，部分红、褐。素面，器表多刮抹痕。下腹斜内收，内底微凸，圈足较高、微弧外撇，残。分制，火候较高。足径10、残高4.6厘米（图二五七，10）。

器底　5件。

标本H573D①：28，夹细砂黑陶，褐胎。素面，外壁磨光。下腹微弧内收，平底，残。手制，火候不高。残宽4.4、残高3.9厘米（图二五七，13）。

第3层：出土陶器142件。陶质全为夹砂。陶色以褐陶为主，占33.10%，次为红褐陶，占26.76%，灰、黑陶较少，占17.61%和14.08%，红陶最少，占8.45%。器表以纹饰为主，占79.58%，素面较多，占20.42%。纹饰以绳纹为主，占78.17%，其他纹饰很少，只有附加堆纹。器类以缸为主，占44.37%，罐、钵、盘等很少，有48.59%的腹片不辨器形（表九四）。

表九四　H573D③出土陶器统计表

陶质	夹砂					合计	%
陶色	灰	红	黑	褐	红褐		
纹饰/器类							
绳纹	22	9	20	41	19	111	78.17
附加堆纹		1			1	2	1.41
素面	3	2		6	18	29	20.42
合计	25	12	20	47	38	142	100
%	17.61	8.45	14.08	33.10	26.76	100	

续表

陶质	夹砂					合计	%
陶色	灰	红	黑	褐	红褐		
纹饰/器类							
缸口	12	2	12	13	7	46	32.39
缸底		1		4	12	17	11.97
罐				1		1	0.70
侈口罐			1			1	0.70
钵				2		2	1.41
盘			1			1	0.70
圈足		1			2	3	2．11
平底	1				1	2	1.41
不明器	12	8	6	27	16	69	48.59

参加分类排队的陶器57件，挑选标本22件。

缸口　42件。

B型　9件。

Ⅳ式：3件。

标本H573D③：2，夹细砂褐陶，口部、里黑。唇部饰戳印纹，外沿微有手捏痕，器表饰细斜绳纹。敞口，上腹斜内收，残。手制，火候较高。残宽7.2、残高4.4厘米（图二五八，1）。标本H573D③：3，夹细砂红陶，局部灰，胎红夹灰黑。唇部饰戳印纹，器表饰戳划纹，外沿微有手捏痕。敞口，上腹微弧内收，残。手制，火候较高。残宽13.7、残高5.9厘米（图二五八，2）。

Ⅴ式：6件。

标本H573D③：4，夹细砂灰黑陶。唇部饰戳印纹，器表拍印组状斜绳纹，内沿有手捏痕。敛口，微鼓腹，残。手制，火候较高。残宽10.2、残高5.7厘米（图二五八，3）。标本H573D③：5，夹细砂黑陶。唇部饰戳印纹，器表饰斜绳纹，外沿微有手捏痕。口微敛，残。手制，火候较高。残宽7.4、残高4.6厘米（图二五八，4）。

C型　32件。

Ca型　21件。

Ⅰ式：19件。

标本H573D③：6，夹细砂黑陶，局部灰。唇面饰刮划纹、戳印纹，器表饰斜绳纹。口近直，残。手制，火候较高。残宽8.8、残高5.8厘米（图二五八，5）。标本H573D③：7，夹细砂灰陶，局部、胎、里黑。唇面饰戳印纹，器表拍印组状斜绳纹。口近直，残。手制，火候较高。残宽7、残高4.6厘米（图二五八，6）。

Ⅱ式：2件。

标本H573D③：8，夹细砂灰陶，口部、里黑。唇部饰较深戳印纹，器表饰斜绳纹、戳印纹，外沿微有手捏痕。口微敛，上腹弧内收，残。手制，火候较高。残宽8.2、残高4.8厘米（图

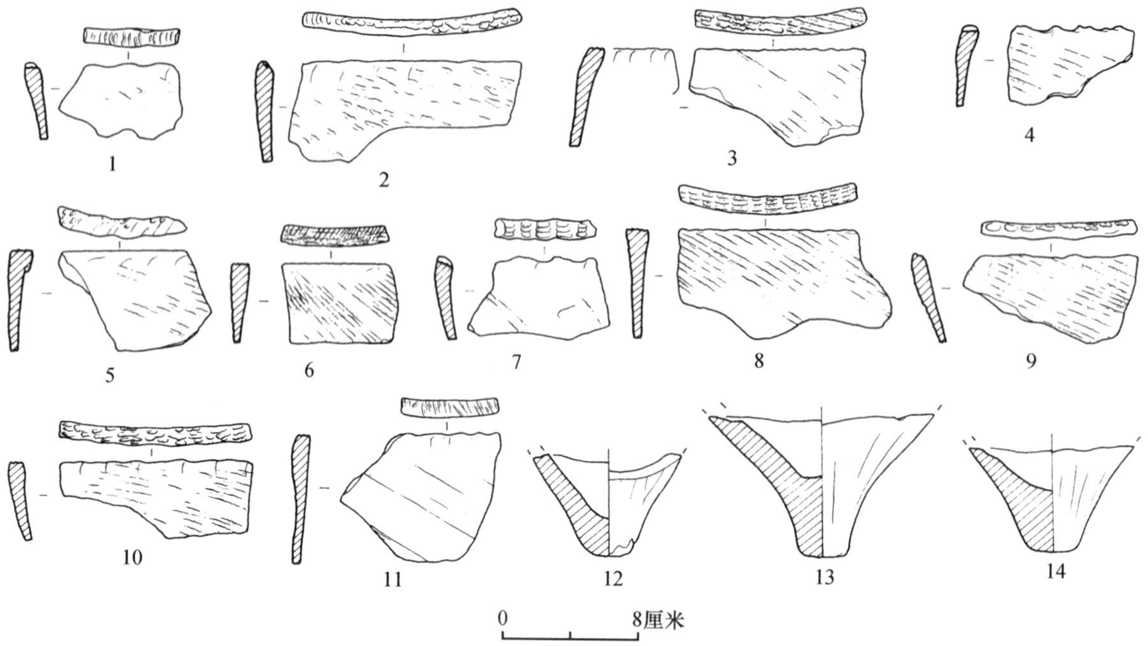

图二五八 H573D③出土陶器

1、2. B型Ⅳ式缸口（H573D③：2、H573D③：3） 3、4. B型V式缸口（H573D③：4、H573D③：5）
5、6. Ca型Ⅰ式缸口 （H573D③：6、H573D③：7） 7、8. Ca型Ⅱ式缸口（H573D③：8、H573D③：9）
9、10. Cb型缸口（H573D③：10、H573D③：11） 11. D型Ⅰ式缸口 （H573D③：12） 12. Ca型缸底（H573D③：18）
13. Cb型缸底（H573D③：19） 14. D型缸底（H573D③：20）

二五八，7）。标本H573D③：9，夹细砂红褐陶，局部褐，胎、里黑。唇部饰较浅戳印纹，器表饰斜绳纹。口近直，残。手制，火候较高。残宽12.4、残高6.3厘米（图二五八，8）。

Cb型 11件。

标本H573D③：10，夹细砂红褐陶，局部、胎黑。唇部饰戳印纹，器表饰斜绳纹，外沿多手捏痕。敞口，上腹斜内收，残。手制，火候较高。残宽10.2、残高5.1厘米（图二五八，9）。标本H573D③：11，夹细砂红陶，局部、胎灰黑。唇部饰戳印纹，器表饰斜绳纹，外沿多手捏痕。口近直，上腹微弧内收，残。手制，火候较高。残宽11.2、残高4.5厘米（图二五八，10）。

D型 1件。Ⅰ式。

标本H573D③：12，夹细砂黑陶，局部黑褐。唇部饰戳划纹，器表饰斜划纹。口微敛，微鼓腹，残。手制，火候较高。残宽9.4、残高7.4厘米（图二五八，11）。

缸底 6件。

C型 5件。

Ca型 2件。

标本H573D③：18，夹粗砂红陶，局部褐，胎、里黑。下腹多刮抹痕。下腹斜内收，杵状底，残。手制，火候较高。残高5.9厘米（图二五八，12）。

Cb型 3件。

标本H573D③：19，夹粗砂红陶，胎、里黑。下腹多刮削痕。下腹外张，近截锥状底，残。手制，火候较高。残高8.2厘米（图二五八，13）。

D型 1件。

标本H573D③：20，夹粗砂红陶，局部褐，胎、里黑。下腹多刮削痕。下腹斜内收，杵状底，残。手制，火候较高。残高6厘米（图二五八，14）。

矮领罐 1件。

标本H573D③：22，夹细砂黑陶，局部褐。素面，内外壁磨光。侈口，外领外敞，圆唇，有肩，残。轮制，火候较高。残宽5.7、残高3.6厘米（图二五九，1）。

卷沿罐 2件。B型Ⅱ式。

标本H573D③：23，夹细砂黑褐，黑胎，里红。唇部饰戳印纹，器表饰斜绳纹。喇叭口，残。手制轮修，火候较高。残宽6.1、残高4.6厘米（图二五九，2）。标本H573D③：13，夹细砂黑陶，部分褐。外沿饰戳印纹，器表饰斜绳纹。侈口，卷沿，鼓腹，残。手制轮修，火候较高。残宽8、残高6.2厘米（图二五九，3）。

盘 1件。A型。

标本H573D③：14，夹细砂黑陶，红褐胎。素面，内外壁磨光。敞口，圆唇，弧腹急内收，残。轮制，火候较高。残宽10.2、残高4.1厘米（图二五九，4）。

钵 2件。

A型 1件。Ⅱ式。

标本H573D③：16，夹细砂褐陶，局部红，黑胎。素面，内外壁磨光。敞口，圆唇，弧腹内收，残。手制，火候较高。残宽8、残高5.8厘米（图二五九，6）。

C型 1件。Ca型Ⅱ式。

标本H573D③：15，夹细砂黑褐陶，局部红褐，胎红褐夹灰黑。素面，内外壁磨光。敛口，圆唇，弧腹内收，残。手制，火候较高。残宽4.8、残高3.8厘米（图二五九，5）。

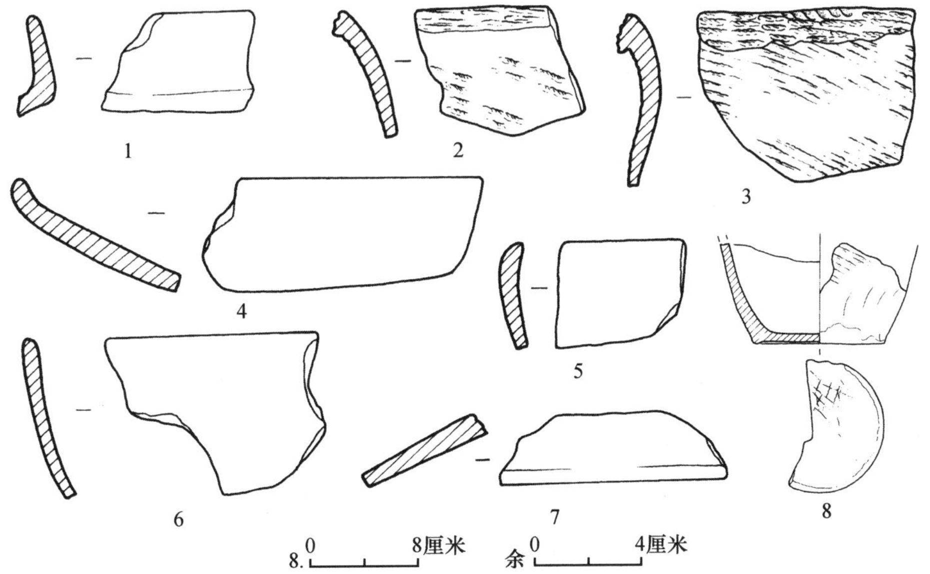

图二五九 H573D③出土陶器

1. 矮领罐（H573D③：22） 2、3. B型Ⅱ式卷沿罐（H573D③：23、H573D③：13） 4. A型盘（H573D③：14） 5. Ca型Ⅱ式钵（H573D③：15） 6. A型Ⅱ式钵（H573D③：16） 7. A型器盖（H573D③：17） 8. 器底（H573D③：21）

器盖　1件。A型。

标本H573D③：17，夹粗砂红陶，局部、胎黑。素面，内外壁磨光。敞口，圆唇，壁斜直，残。手制，火候较高。残宽8.3、残高2.5厘米（图二五九，7）。

器底　2件。

标本H573D③：21，夹粗砂红褐陶，局部黑。腹部、外底饰斜绳纹，下腹多刮抹痕。鼓腹，微有圈足，残。手制，火候较高。底径9.8、残高7.2厘米（图二五九，8）。

第4层：出土陶器86件。陶质全为夹砂。陶色以红褐陶为主，占40.70%，次为灰、褐陶，占25.58%和20.93%，黑、红陶较少，占9.30%和3.49%。器表以纹饰为主，占60.47%，素面较多，占39.53%。纹饰以绳纹为主，占53.49%，粗戳划纹、凹弦纹、附加堆纹很少。器类以缸为主，占46.51%，罐、盘等很少，有46.51%的腹片不辨器形（表九五）。

表九五　H573D④出土陶器统计表

陶质	夹砂					合计	%
陶色	灰	红	黑	褐	红褐		
纹饰/器类							
粗戳划纹	1				1	2	2.33
绳纹	16	1	6	15	8	46	53.49
凹弦纹					2	2	2.33
附加堆纹		1			1	2	2.33
素面	5	1	2	3	23	34	39.53
合计	22	3	8	18	35	86	100
%	25.58	3.49	9.30	20.93	40.70	100	
缸口	13		6	5	5	29	33.72
缸底					11	11	12.79
罐				1		1	1.16
侈口罐	1	1		1		3	3.49
盘			1			1	1.16
圈足				1		1	1.16
平底					1	1	1.16
不明器	8	2	1	11	18	40	46.51

参加分类排队的陶器37件，挑选标本18件。

缸口　25件。

B型　5件。

Ⅳ式：2件。

标本H573D④：8，夹细砂红陶，局部灰黑。唇部饰戳印纹，器表饰戳划纹，外沿微有手捏痕。敞口，上腹斜收，残。手制，火候较高。残宽9.7、残高5厘米（图二六〇，1）。

Ⅴ式：3件。

标本H573D④：9，夹细砂黑陶。唇部饰戳印纹、划纹，器表多划痕。敞口，上腹斜弧

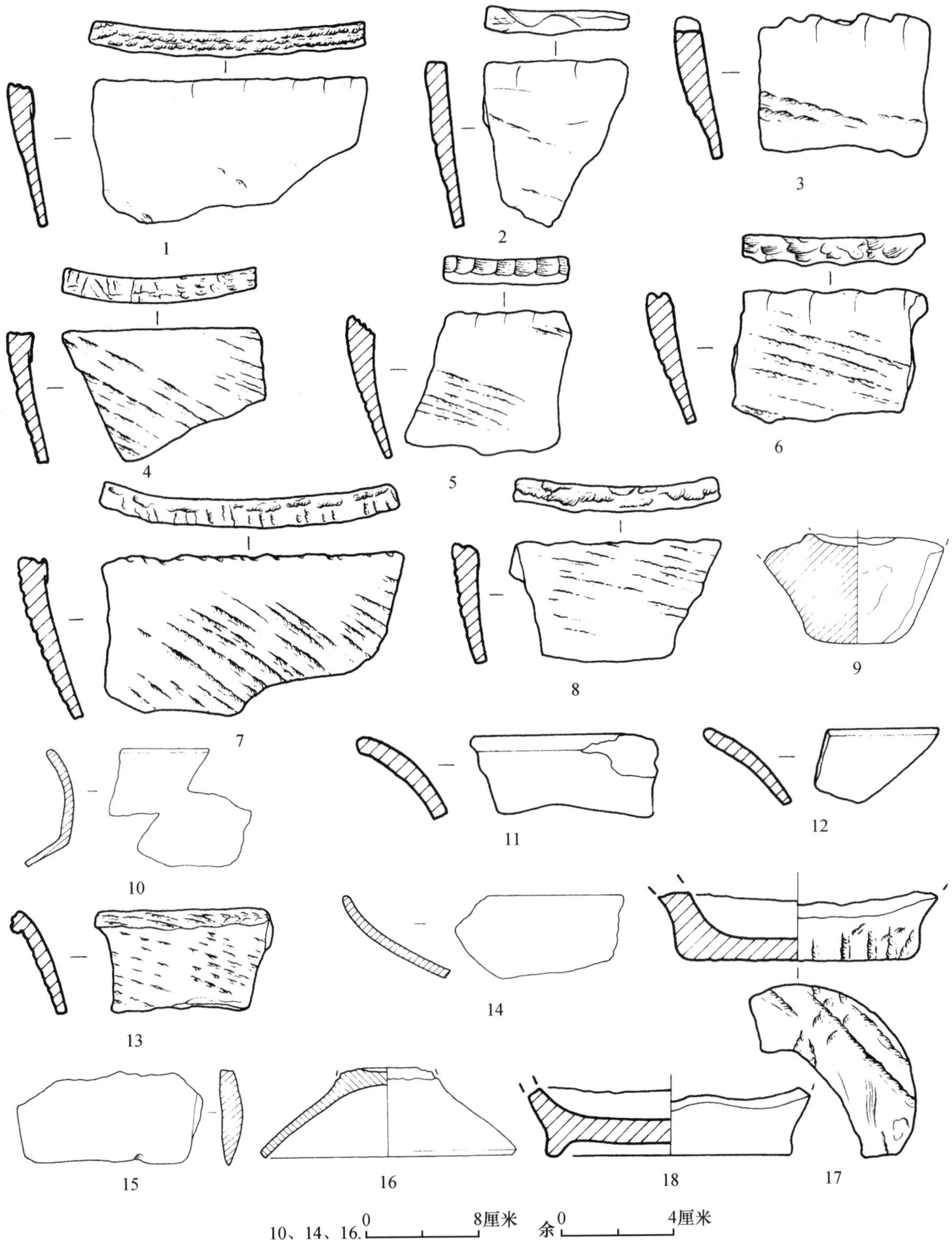

图二六〇 H573D④出土陶器

1. B型Ⅳ式缸口（H573D④：8） 2、3. B型Ⅴ式缸口（H573D④：9、H573D④：10） 4、5. Ca型Ⅰ式缸口（H573D④：11、H573D④：12） 6、7. Ca型Ⅱ式缸口（H573D④：13、H573D④：14） 8. Cb型缸口（H573D④：15） 9. D型缸底（H573D④：24） 10. 高领罐（H573D④：16） 11、12. 喇叭口罐（H573D④：18、H573D④：19） 13. Ab型Ⅰ式卷沿罐（H573D④：17） 14. A型盘（H573D④：20） 15. 刀?（H573D④：22） 16. B型器盖（H573D④：21） 17. Ab型圈足（H573D④：25） 18. Ba型圈足（H573D④：23）

收，残。手制，火候较高。残宽5.2、残高5.8厘米（图二六〇，2）。标本H573D④：10，夹细砂红陶，胎、里黑。唇部饰戳印纹，器表饰戳划纹，外沿有手捏痕。敞口，上腹斜弧收，残。手制，火候较高。残宽6.1、残高5厘米（图二六〇，3）。

C型 20件。

Ca型 10件。

Ⅰ式：8件。

标本H573D④：11，夹细砂灰陶，局部、胎、里黑。唇部饰戳印纹，器表饰斜绳纹。敞口，上腹弧收，残。手制，火候较高。残宽7.1、残高4.6厘米（图二六〇，4）。标本H573D④：12，夹细砂红陶。唇部饰戳印纹，器表饰组状斜绳纹，外沿微有手捏痕。敞口，上腹弧内收，残。手制，火候较高。残宽5.9、残高5厘米（图二六〇，5）。

Ⅱ式：2件。

标本H573D④：13，夹粗砂灰陶，局部、胎黑，里红。唇部饰戳印纹，器表饰斜绳纹，外沿有手捏痕。敞口，上腹斜弧收，残。手制，火候较高。残宽7、残高4.6厘米（图二六〇，6）。标本H573D④：14，夹细砂红陶，灰黑胎。唇部饰戳印纹，器表饰斜绳纹。敞口，上腹弧内收，残。手制，火候较高。残宽10.6、残高5.6厘米（图二六〇，7）。

Cb型 10件。

标本H573D④：15，夹细砂黑陶。唇部饰戳印纹，器表饰绳纹、粗划纹。口近直，上腹弧内收，残。手制，火候较高。残宽7.5、残高4.2厘米（图二六〇，8）。

缸底 3件。D型。

标本H573D④：24，夹细砂红陶，胎、里黑。下部多刮抹痕。近截锥状底，残。手制，火候较高。残高3.9厘米（图二六〇，9）。

高领罐 1件。

标本H573D④：16，夹细砂黑陶，局部红。素面，外壁磨光。侈口，圆唇，束领，有肩，残。轮制，火候较高。残宽10、残高8.3厘米（图二六〇，10）。

喇叭口罐 2件。

标本H573D④：18，夹细砂红陶，局部、胎灰。素面。喇叭口，圆唇，残。手制轮修，火候较高。残宽6.6、残高3.9厘米（图二六〇，11）。标本H573D④：19，夹细砂褐陶。素面，内外壁磨光。喇叭口，圆唇，残。轮制，火候较高。残宽4.4、残高2.6厘米（图二六〇，12）。

卷沿罐 1件。Ab型Ⅰ式。

标本H573D④：17，夹细砂褐陶，局部、胎黑。唇部饰戳印纹，器表饰戳划纹。喇叭口，微有卷沿，残。手制轮修，火候较高。残宽6.3、残高3.5厘米（图二六〇，13）。

盘 1件。A型。

标本H573D④：20，夹细砂黑陶，局部褐。素面，内外壁磨光。敞口，圆唇，弧腹内收，残。手制轮修，火候较高。残宽11.8、残高5.8厘米（图二六〇，14）。

器盖 1件。B型。

标本H573D④：21，夹细砂红陶，局部灰，黑胎。素面，内外壁磨光。敞口，方唇，腹较斜直，圈足残。手制，火候较高。口径18、残高6.2厘米（图二六〇，16）。

圈足　2件。

A型　1件。Ab型。

标本H573D④：25，夹细砂褐陶，局部、胎黑。底缘饰戳印纹，外底饰绳纹、划纹。微有下腹，假圈足、平底，残。手制，火候较高。底径8.8、残高2.4厘米（图二六〇，17）。

B型　1件。Ba型。

标本H573D④：23，夹细砂黑陶，局部红褐。素面。下腹弧收，矮圈足、外撇，残。手制，火候较高。足径8.8、残高2.4厘米（图二六〇，18）。

刀？　1件。

标本H573D④：22，夹细砂灰褐陶。直刃、刃部有崩疤，偏锋，残。用陶片磨制而成，火候较高。残、长6.5、残宽3.2厘米（图二六〇，15）。

（2）B型

11个。

1）Ba型

1个。

H537

位置：位于99AT0301的南壁中部，小部分压在南壁下，坑口距地表深530厘米。层位关系：㊹—H537→㊺。

形制：坑口平面近椭圆形，壁较斜，圜底，壁、底较规整，用厚0～5厘米黄黏土加工，底部较厚。口长径250、短径200、深150厘米（图二六一）。

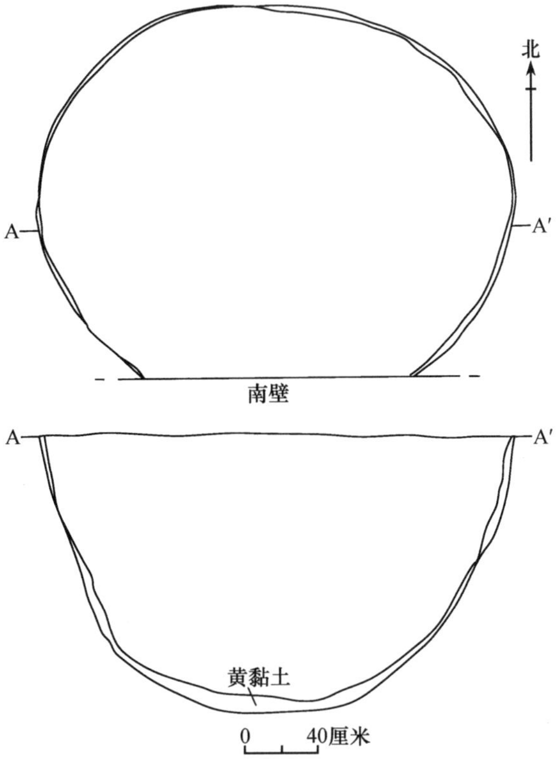

图二六一　H537平、剖面图

坑内堆积与包含物：坑内填灰土，夹红黏土块，质松。包含遗物丰富，有陶器、兽骨等。

出土遗物：出土陶器共554件。陶质全为夹砂。陶色以黑陶为主，占32.13%，次为灰、红陶，各占27.62%和27.26%，褐陶最少，占12.99%。器表以纹饰为主，占89.89%，素面较少，占10.11%。纹饰以绳纹为主，占83.75%，复合纹、附加堆纹、镂孔、粗戳划纹、细绳纹、划纹、戳印纹等很少。器类以缸为主，占90.97%，罐、盘口器、钵、盘、器盖等很少（表九六）。

表九六 H537出土陶器统计表

陶质	夹砂				合计	%
陶色	灰	红	黑	褐		
纹饰/器类						
粗戳划纹	3	1			4	0.72
绳纹	133	103	172	56	464	83.75
细绳纹		1	1		2	0.36
划纹				1	1	0.18
戳印纹				1	1	0.18
附加堆纹	1	3	1		5	0.90
镂孔	3	1		1	5	0.90
复合纹	2	12		2	16	2.89
素面	11	30	4	11	56	10.11
合计	153	151	178	72	554	100
%	27.62	27.26	32.13	12.99	100	
缸口	130	111	170	51	462	83.39
缸底	11	22		9	42	7.58
贴边罐	1	1			2	0.36
侈口罐	1	4		2	7	1.26
卷沿罐		1			1	0.18
盘口器	1				1	0.18
喇叭口器	2	3	3	2	10	1.81
钵	1		1		2	0.36
盖/盘	5	2	2	2	11	1.99
圈足	1			1	2	0.36
平底		7	2	5	14	2．53

参加分类排队的陶器100件，挑选标本7件。

缸口 81件。Ca型Ⅰ式。

标本H537：3，夹细砂褐陶，口局部、胎黑色。唇面压印浅绳纹，器表饰斜绳纹。口近直，上腹微弧收，残。手制，火候较高。残宽8.6、残高6.6厘米（图二六二，1）。标本H537：4，夹粗砂黑陶，局部灰色。唇面饰浅戳印纹，器表饰组状斜绳纹。敞口，上腹斜直，残。手制，火候一般。残宽9.8、残高8.4厘米（图二六二，2）。标本H537：6，夹细砂红褐

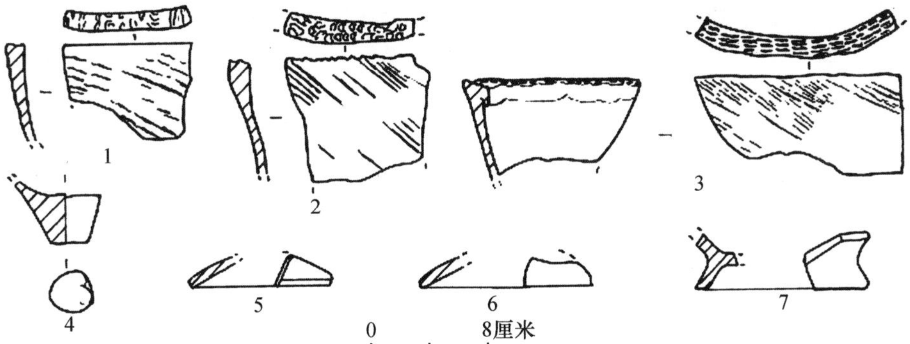

图二六二　H537出土陶器

1～3. Ca型Ⅰ式缸口（H537：3、H537：4、H537：6）　4. D型缸底（H537：9）
5、6. A型器盖（H537：7、H537：8）　7. Ba型圈足（H537：5）

陶，灰黑胎。唇面饰浅戳印纹，器表饰组状斜绳纹。敞口，沿内贴，上腹较斜直，残。手制，火候较高。残宽14.4、残高7厘米（图二六二，3；图版二一，7）。

缸底　2件。D型。

标本H537：9，夹细砂红褐陶。素面，器表有刮削痕。下腹较斜直，截锥状底、较平，残。手制，火候一般。足径2.4、残高4.2厘米（图二六二，4）。

侈口罐　2件。标本碎小。

矮领瓮　1件。标本碎小。

器盖　6件。A型。

标本H537：7，夹细砂褐陶。素面，内外壁磨光。覆盘状，敞口，方唇，残。手制，火候一般。残宽4、残高2厘米（图二六二，5）。标本H537：8，夹细砂黑陶，灰胎。素面，内外壁粗磨光。覆钵状，敞口，圆唇，残。手制，火候一般。残宽4.8、残高2.2厘米（图二六二，6）。

圈足　3件。

A型　1件。Ab型。标本碎小。

B型　2件。Ba型。

标本H537：5，夹细砂红褐陶，黑胎。素面，内外壁磨光。圈足较矮，呈八字形外撇，残。手制轮修，火候较高。足径14.8、残高3.6厘米（图二六二，7）。

器底　5件。标本碎小。

2）Bb型

7个。

H318

位置：位于98AT0103东北部，坑口距地表深508厘米，部分压在探方北、东壁下，被开口第37层下的H298打破、F142叠压。层位关系：F142—H318→H329。

形制：从暴露部分观察，坑口平面呈椭圆形，弧壁，底较平，坑壁、底均用黄黏土加工，底部平置卵石。残长径203、残短径362、残深170厘米（图二六三）。

坑内堆积与包含物：坑内填黄褐灰土，夹黑灰土，质较松，包含较多陶片和少量残石器、兽骨等。

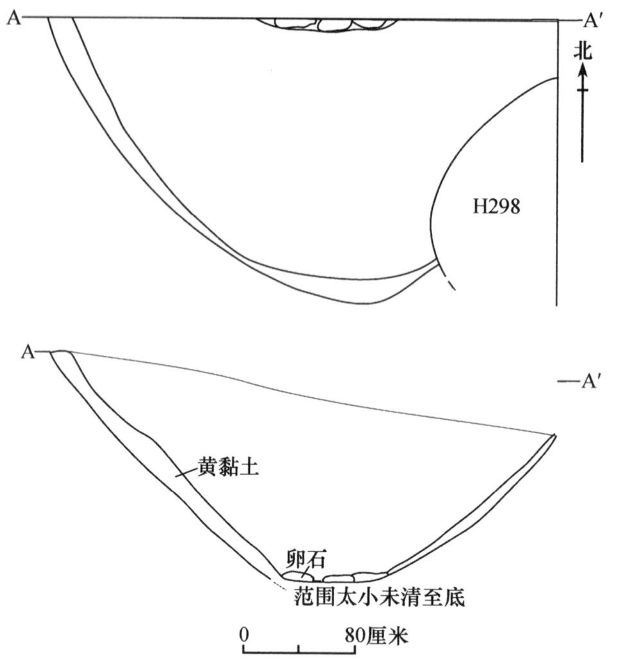

图二六三 H318平、剖面图

出土遗物：出土陶器354件。陶质全为夹砂，以夹细砂为主，占77.68%，夹粗砂较少，占22.32%。陶色以灰陶为主，占42.94%，次为红褐陶，占26.27%，红、黑陶较少，各占16.95%和13.84%。器表以纹饰为主，占69.64%，素面较多，占31.36%。纹饰以绳纹为主，占58.47%，菱形绳纹、复合纹、阴弦纹、篦点纹、凹弦纹、粗戳划纹、凸弦纹、划纹、波浪纹、戳印纹等很少。器类以缸为，占85.03%，罐、瓮、钵等很少（表九七）。

表九七 H318出土陶器统计表

陶质	夹粗砂		夹细砂				合计	%
陶色	灰	红褐	灰	红	黑	红褐		
纹饰/器类								
粗戳划纹	2						2	0.57
绳纹	14	19	72	29	30	43	207	58.47
菱形绳纹	7			1	1		9	2.54
凸弦纹				2			2	0.56
凹弦纹			1	1	1		3	0.85
划纹			1		1		2	0.56
波浪纹			1				1	0.28
戳印纹			1				1	0.28
附加堆纹				2			2	0.56
篦点纹				2		2	4	1.13
复合纹			3	2	1		6	1.69
阴弦纹			1		3		4	1.13
素面	12	25	37	21	12	4	111	31.36

续表

陶质	夹粗砂		夹细砂				合计	%
陶色	灰	红褐	灰	红	黑	红褐		
纹饰/器类								
合计	35	44	117	60	49	49	354	100
%	9.89	12.43	33.05	16.95	13.84	13.84	100	
缸口	9	4	36	12	18	24	103	29.10
缸腹	21	31	59	25	21	25	182	51.41
缸底	3	9	3	1			16	4.52
罐口	2		1	1	3		7	1.98
罐底				1			1	0.28
瓮			3	7			10	2.82
盘口罐			2	1			3	0.85
钵			3	2	3		8	2.26
圈足			1				1	0.28
不明器			9	10	4		23	6.50

陶器　参加分类排队的陶器119件，挑选标本37件。

缸口　94件。

B型　28件。

Ⅰ式：1件。

标本H318：29，夹细砂灰陶，胎、里黑色。唇面饰戳印纹，器表饰粗戳划纹。敞口，上腹斜直，残。手制，火候一般。残宽9.7、残高6.2厘米（图二六四，1）。

Ⅱ式：1件。

标本H318：20，夹粗砂黑陶。唇面饰粗深戳印纹，器表饰粗绳纹。敞口，唇缘内凸，上腹斜直，残。轮制，火候较高。残宽4.6、残高5.9厘米（图二六四，2）。

Ⅲ式：1件。

标本H318：7，夹细砂灰陶。唇面饰戳印纹，器表饰斜绳纹。口微敛，口沿内壁起棱呈内沿状，方唇，上腹斜直，残。残高6.8厘米（图二六四，3）。

Ⅴ式：25件。

标本H318：6，夹细砂灰陶。唇面饰压印纹，口外沿按压明显，器表饰斜绳纹。口微敛，圆唇，上腹斜直，残。残高5.6厘米（图二六四，4）。

C型　66件。

Ca型　64件。

Ⅰ式：62件。

标本H318：26，夹细砂褐陶，灰黑胎、里。唇面浅压绳纹，器表饰斜细绳纹。敞口，上腹较斜直，残。手制，火候较高。残宽10.5、残高6.4厘米（图二六四，5）。标本H318：23，夹细砂红陶，褐胎。唇面饰浅戳印纹，器表饰斜绳纹，口外沿微有手捏痕，内壁有划痕。敞口，上腹较斜直，残。手制轮修，火候一般。残宽7.9、残高6.2厘米（图二六四，6）。标本

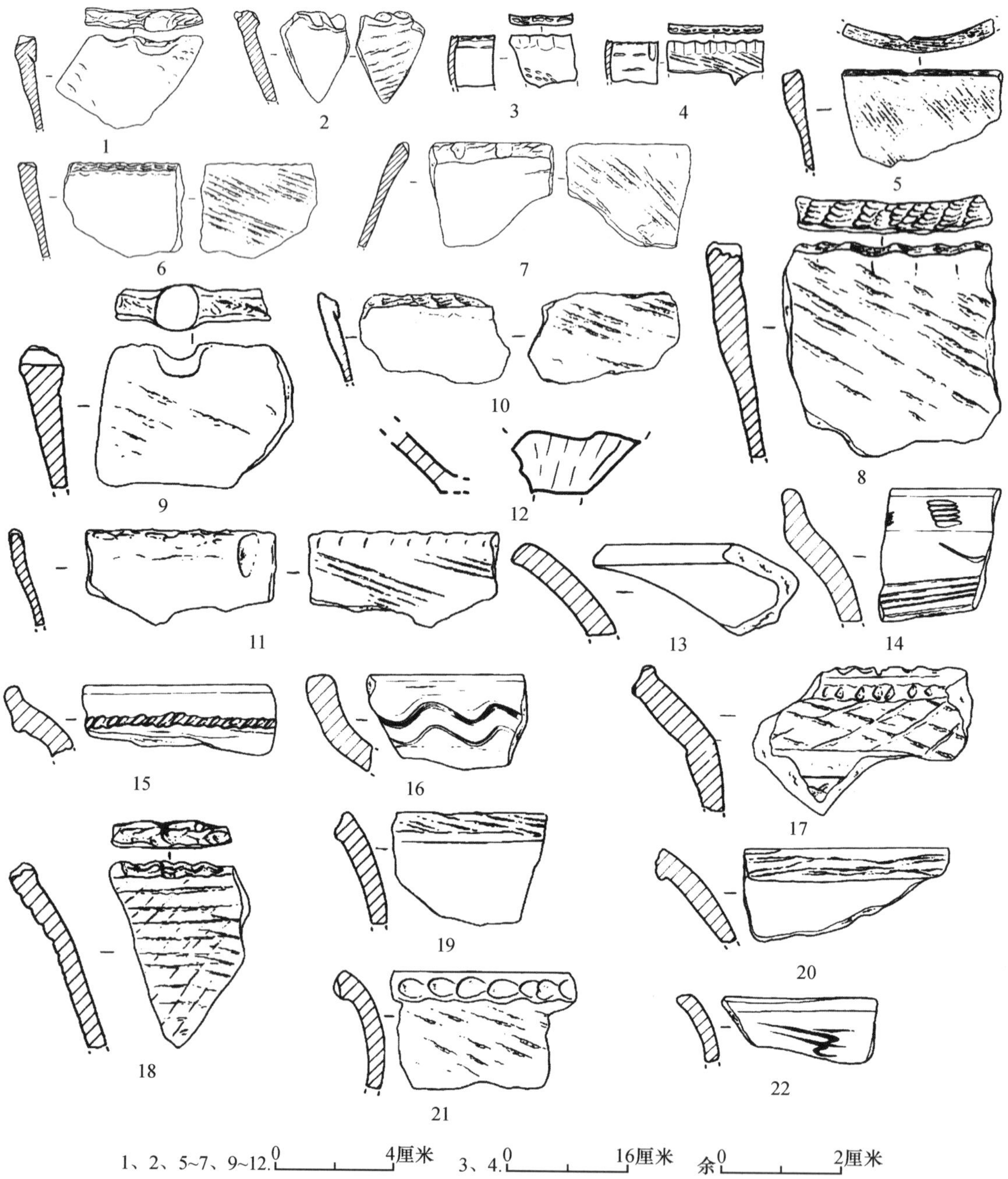

图二六四 H318出土陶器

1. B型Ⅰ式缸口（H318：29） 2. B型Ⅱ式缸口（H318：20） 3. B型Ⅲ式缸口（H318：7） 4. B型Ⅴ式缸口（H318：6） 5～7. Ca型Ⅰ式缸口（H318：26、H318：23、H318：24） 8. Ca型Ⅱ式缸口（H318：28） 9. Ca型Ⅲ式缸口（H318：30） 10、11. Cb型缸口（H318：21、H318：22） 12. E型缸底（H318：8） 13. B型瓮（H318：12） 14、15. A型Ⅲ式盘口罐（H318：35、H318：36） 16. Bb型Ⅰ式盘口罐（H318：37） 17. C型Ⅰ式折沿罐（H318：38） 18. A型敞口罐（H318：19） 19、20. C型敞口罐（H318：10、H318：11） 21. 高领罐（H318：9） 22. 矮领罐（H318：13）

H318：24，夹细砂褐陶，里黑色。唇面饰戳印纹，器表饰斜绳纹，口外沿微有手捏痕。敛口，上腹内斜较直，残。手制轮修，火候较高。残宽8.2、残高6.8厘米（图二六四，7）。

Ⅱ式：1件。

标本H318：28，夹细砂黑陶，褐胎。唇面饰戳印纹，器表饰斜绳纹，口外沿有手捏痕。敞口，上腹斜直，残。手制，火候一般。残宽7.1、残高7厘米（图二六四，8）。

Ⅲ式：1件。

标本H318：30，夹细砂灰黑陶，里黑色。唇面饰戳印纹和深凹槽，器表饰斜绳纹。敞口，沿内卷贴，上腹斜直，残。手制，火候一般。残宽6.6、残高4.7厘米（图二六四，9）。

Cb型　2件。

标本H318：21，夹细砂灰陶。唇面饰戳印纹，器表饰斜绳纹。敞口，沿内卷贴，上腹较斜直，残。手制，火候一般。残宽10.2、残高6厘米（图二六四，10）。标本H318：22，夹粗砂黑衣陶，褐胎。唇面饰戳印纹，器表饰组状斜绳纹，口外沿有手捏痕。敞口，上腹微曲，残。手制轮修，火候一般。残宽12.6、残高6.2厘米（图二六四，11）。

缸底　1件。E型。

标本H318：8，夹细砂红陶，内壁黑色。素面，刮抹痕明显。尖底，残。残高4厘米（图二六四，12）。

瓮　1件。B型。

标本H318：12，泥质黄褐陶，灰胎。素面，内外壁磨光。喇叭口，方圆唇，残。轮制，火候很高。残宽6.7、残高3厘米（图二六四，13）。

盘口罐　3件。

A型　2件。Ⅲ式。

标本H318：35，夹粗砂灰陶，局部褐，口、里黑色。盘外饰组状戳印纹，上腹饰细划纹，内壁磨光。口微敞，圆唇，盘较浅，盘外下有凸棱，上腹内弧，残。轮制，火候较高。残宽4、残高4.3厘米（图二六四，14）。标本H318：36，夹粗砂褐陶。盘外下凸棱饰戳印纹，内壁磨光。敞口，圆唇，浅盘，上腹内弧，残。轮制，火候一般。残宽6.4、残高2.4厘米（图二六四，15）。

B型　1件。Bb型Ⅰ式。

标本H318：37，夹细砂灰黑陶，里红色。盘外饰波浪形划纹，内壁磨光。敞口，方圆唇，盘壁微内凹，上腹内弧，残。轮制，火候较高。残宽5.3、残高3.1厘米（图二六四，16）。

折沿罐　1件。C型Ⅰ式。

标本H318：38，夹粗砂红陶，局部灰色。上、下唇缘饰戳印纹，下沿面、器表饰菱形绳纹，沿、腹交接处饰附加堆纹。敞口，斜折沿，唇面内凹，唇缘上凸，上腹斜直，残。轮制，火候较高。残宽7、残高4.75厘米（图二六四，17）。

敞口罐　5件。

A型　1件。

标本H318：19，夹粗砂灰陶，口部、里黑色。唇面饰戳印纹，器表饰小菱形绳纹。敞口，斜折沿，上腹斜直，残。轮制，火候较高。残宽4.5、残高6.1厘米（图二六四，18）。

C型　4件。

标本H318：10，夹细砂黑陶。唇面饰绳压纹，器表有划痕。方唇，上腹内弧，残。轮制，火候较高。残宽5.1、残高3.65厘米（图二六四，19）。标本H318：11，夹粗砂褐陶，口部、胎黑，里红褐色。唇面饰绳压纹，唇缘下垂，上腹微内弧，残。轮制，火候一般。残宽6.7、残高3厘米（图二六四，20）。

高领罐　1件。

标本H318：9，夹细砂褐陶，局部黑色。下唇面饰戳印纹，器表饰斜绳纹。侈口，卷沿，束领，残。轮制，火候一般。残宽6.2、残高4.8厘米（图二六四，21）。

矮领罐　1件。

标本H318：13，夹细砂灰褐陶，局部黑色。素面，内、外壁磨光。敞口，圆唇，束领，残。轮制，火候一般。残宽5、残高2.2厘米（图二六四，22）。

盘　2件。

A型　1件。

标本H318：18，夹细砂黑陶，口局部红褐色。素面，内外壁磨光。敞口，圆唇，盘较深，弧壁，残。轮制，火候较高。残宽6.4、残高4.5厘米（图二六五，2）。

C型　1件。

标本H318：17，夹细砂灰褐陶，褐胎，里黑。素面，内外壁磨光。敞口，方唇，浅盘，壁较斜直，残。手制，火候一般。残宽5.1、残高2.7厘米（图二六五，1）。

矮圈足盘　1件。

标本H318：3，磨光黑陶，局部褐色。素面。敞口，方唇，盘较深，圈足微外撇，足内壁

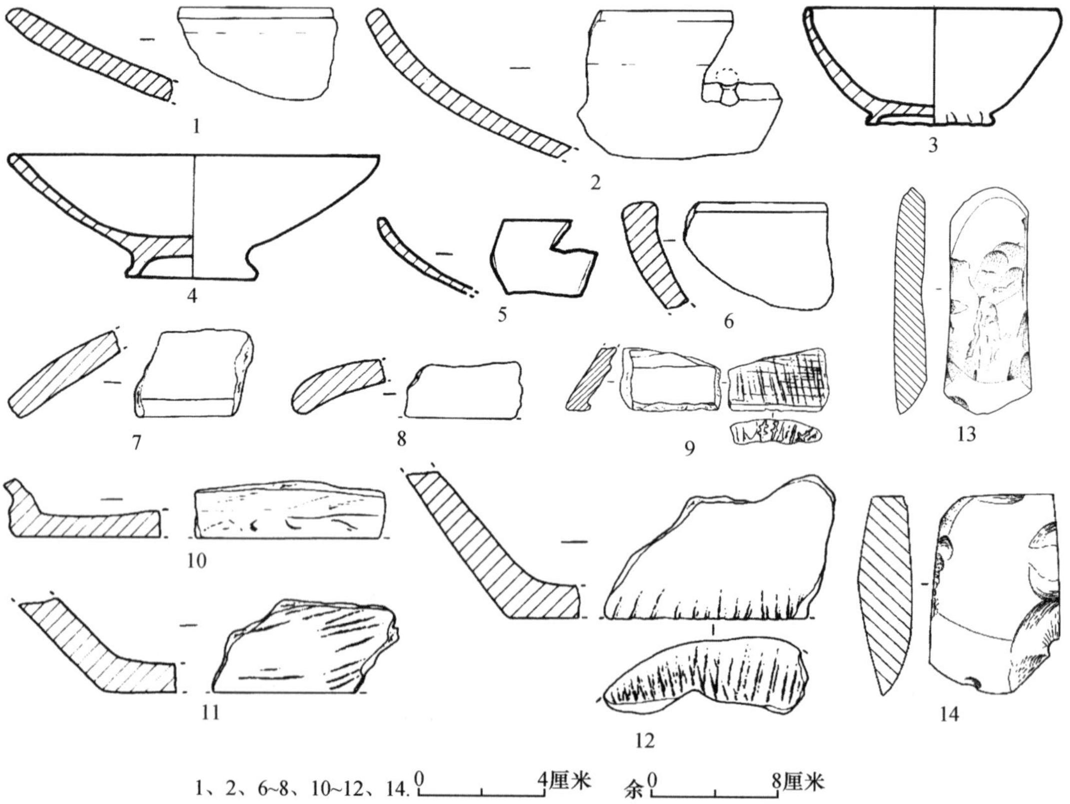

图二六五　H318出土器物

1. C型陶盘（H318：17）　2. A型陶盘（H318：18）　3. Ⅱ式陶圈足碗（H318：4）　4. 陶矮圈足盘（H318：3）　5. A型Ⅰ式陶钵（H318：12）　6. B型Ⅰ式陶钵（H318：14）　7、8. A型陶器盖（H318：15、H318：16）　9. 陶器座（H318：31）　10～12. 陶器底（H318：32、H318：33、H318：34）　13. Ab型Ⅰ式石斧（H318：2）　14. Bc型石锛（H318：1）

有斜竖短划纹三道，修复。口径23.2、足径8.4、通高7.6厘米（图二六五，4；图版二七，2）。

圈足碗　1件。Ⅱ式。

标本H318：4，磨光褐陶。素面。口近直，圆唇，弧腹内收，圈足外撇，修复。口径14.2、足径7.6、通高7.2厘米（图二六五，3；图版二八，6）。

钵　2件。

A型　1件。Ⅰ式。

标本H318：12，磨光黑陶。素面。敞口，圆唇，弧腹，残。残宽6.6、残高5厘米（图二六五，5）。

B型　1件。Ⅰ式。

标本H318：14，夹细砂灰黑陶，黑胎。素面，内外壁磨光。直口，圆唇，弧腹，残。手制，火候较高。残宽4.7、残高3.3厘米（图二六五，6）。

器盖　2件。A型。

标本H318：15，夹细砂褐陶，唇部黑色。素面。覆盘状，敞口，圆唇，弧壁，残。轮制，火候一般。残宽3.8、残高2.6厘米（图二六五，7）。标本H318：16，夹细砂黄褐陶，局部红，黑胎。素面，内外壁磨光，唇部有疵裂痕。覆盘状，敞口，圆唇，弧壁，残。轮制，火候较高。残宽3.7、残高2.2厘米（图二六五，8）。

器座　1件。

标本H318：31，夹细砂红褐陶，胎、里黑色。器表饰交错绳纹，座底饰绳纹和戳印纹。圈足状，壁斜直，残。手制轮修，火候较高。残宽6.2、残高3.9厘米（图二六五，9）。

器底　3件。

标本H318：32，夹细砂红陶。素面，外壁磨光。下腹较斜直，假圈足，平底，残。手制，火候较高。残宽6、残高1.8厘米（图二六五，10）。标本H318：33，夹粗砂灰陶，局部、胎、里黑色。器表饰斜绳纹。下腹斜直，平底，残。轮制，火候一般。残宽5.9、残高2.8厘米（图二六五，11）。标本H318：34，夹细砂灰黑陶，里红色。底外缘和外底饰绳纹。下腹斜直，平底，残。轮制，火候一般。残宽7、残高4.7厘米（图二六五，12）。

石器　出土数量很少，仅2件。

斧　1件。Ab型Ⅰ式。

标本H318：2，黑色角岩。平面长方形，圆顶，弧刃、崩残，偏锋。磨制。长13.9、宽5.4、厚1.9厘米（图二六五，13）。

锛　1件。Bc型。

标本H318：1，黑色角岩。平面近长方形，圆角平顶，弧刃、崩残，偏锋。磨制。长6.1、残宽3.9、厚1.6厘米（图二六五，14）。

H560

位置：位于99AT0301中部，东部局部压在出土梯子下，坑口距地表深520厘米。层位关系：⑥⓪—H560→⑥①。

形制：从暴露部分观察，坑口平面呈椭圆形，弧壁，圜底，壁、底规整，用厚10～15厘米黄黏土加工，底部较厚。残长径160、短径150、深70厘米（图二六六）。

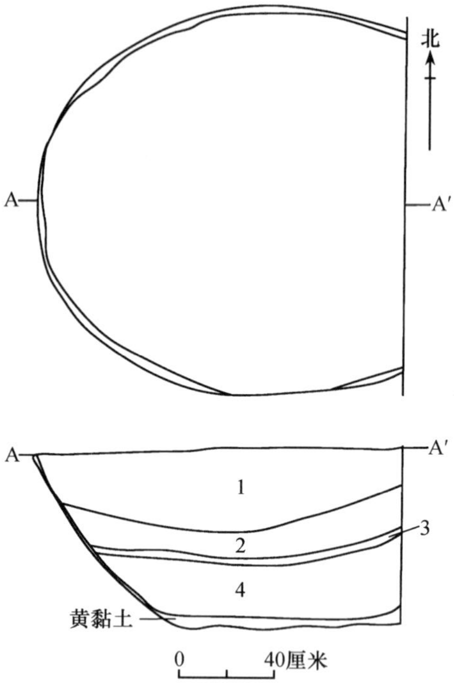

图二六六　H560平、剖面图

坑内堆积与包含物：坑内填土分4层。

第1层：厚15～40厘米。深灰土，质松，夹炭。包含陶片较多。

第2层：厚10～17厘米。红胶泥，性黏，质硬。基本无包含物。

第3层：厚约5厘米。灰土，较薄，质松。包含极少陶片。

第4层：厚20～28厘米。红胶泥，夹黄黏土。基本无包含物。

出土遗物：出土陶器共103件。陶质全为夹砂，陶色以红陶为主，占53.40%，次为灰、黑陶，各占19.42%和16.50%，褐陶最少，占10.68%。器表以纹饰主，占96.12%，素面很少，仅占3.88%。纹饰以绳纹为主，占89.32%，次为复合纹，占4.85%，菱形绳纹、附加堆纹等极少。器类以缸为主，占88.35%，罐、器盖等很少（表九八）。

表九八　H560出土陶器统计表

陶质	夹砂				合计	%
陶色	灰	红	黑	褐		
纹饰/器类						
绳纹	20	48	17	7	92	89.32
菱形绳纹		1			1	0.97
附加堆纹		1			1	0.97
复合纹		4		1	5	4.85
素面		1		3	4	3.88
合计	20	55	17	11	103	100
%	19.42	53.40	16.50	10.68	100	
缸口	19	47	17	6	89	86.41
缸底		1		1	2	1.94
贴边罐		3			3	2.91
器盖		1			1	0.97
圈足				1	1	0.97
器底	1			1	2	1.94
不明器		3		1	4	3.88
环形饰				1	1	0.97

参加分类排队的陶器101件，挑选标本13件。

缸口　87件。C型。

Ca型　83件。

Ⅰ式：14件。

标本H560：13，夹砂黑陶。唇饰浅戳印纹，上腹饰组状斜绳纹。口微敞，上腹斜收，残。手制，火候较高。残宽5、残高5厘米（图二六七，1）。

Ⅱ式：64件。

标本H560：2，夹砂红陶。唇内外双向饰较浅粗戳印纹，上腹饰斜绳纹。敞口，上腹斜收，残。手制，火候一般。残宽14.4、残高6.4厘米（图二六七，2）。标本H560：3，夹红褐陶，胎、里黑。唇内外双向饰较深粗戳印纹，上腹饰斜绳纹。敞口，上腹弧收，残。手制，火候较高。残宽12、残高6.2厘米（图二六七，3）。

Ⅲ式：5件。

标本H560：4，夹砂灰褐陶，局部、里黑。唇饰浅戳印纹、横压较深凹槽，上腹饰斜绳

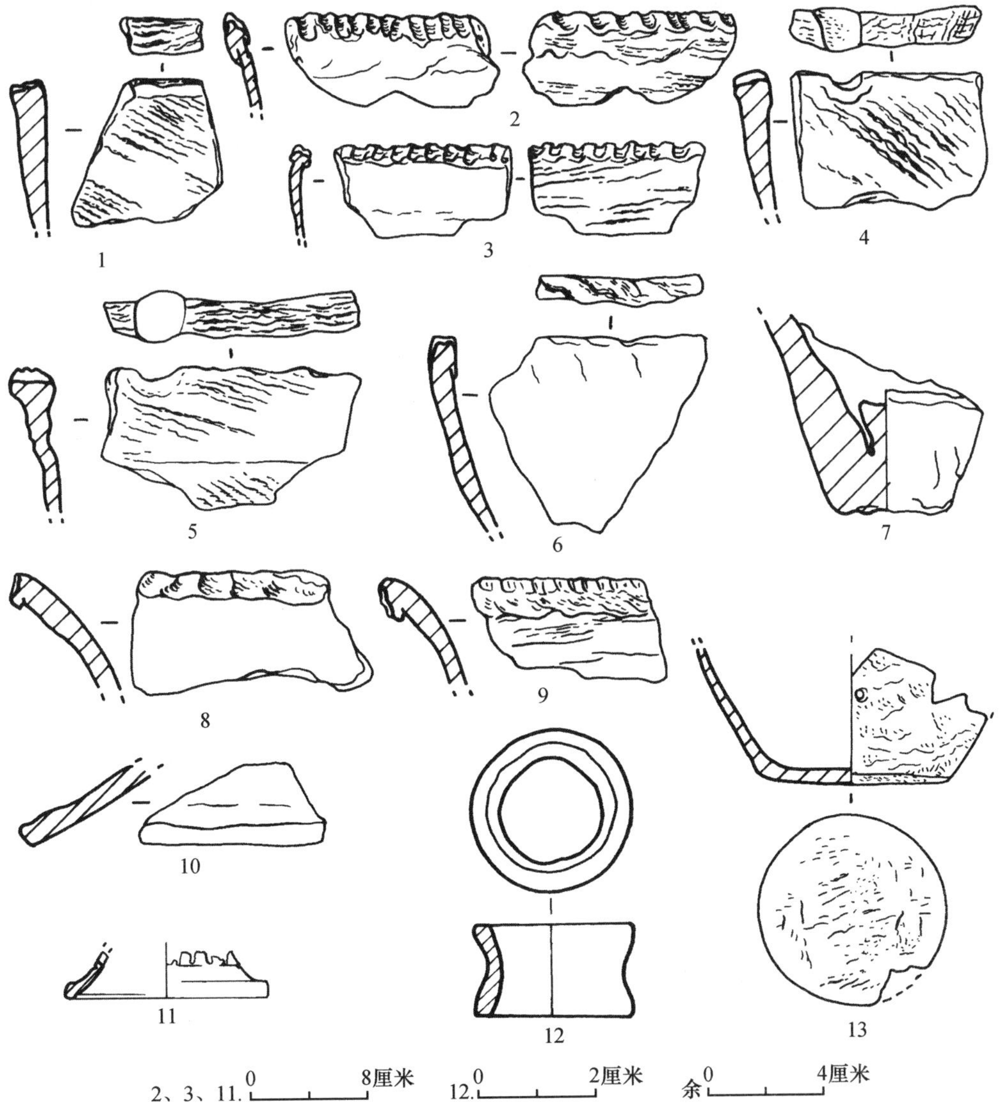

图二六七　H560出土陶器

1. Ca型Ⅰ式缸口（H560：13）　2、3. Ca型Ⅱ式缸口（H560：2、H560：3）　4、5. Ca型Ⅲ式缸口（H560：4、H560：5）　6. Cb型缸口（H560：6）　7. D型缸底（H560：11）　8、9. A型贴边罐（H560：7、H560：8）　10. B型器盖（H560：9）　11. Bb型圈足（H560：10）　12. 环形饰（H560：1）　13. 器底（H560：12）

纹。敞口，上腹微弧收，残。手制，火候较高。残宽6.6、残高4.6厘米（图二六七，4）。标本H560：5，夹砂灰褐陶，局部黑，里红褐。唇饰较浅戳印纹、横压较深凹槽，上腹饰斜绳纹。敞口，上腹斜收，残。手制，火候较高。残宽8.6、残高5.8厘米（图二六七，5）。

Cb型　4件。

标本H560：6，夹砂褐陶，局部、里黑。唇饰戳印纹，外沿微有手捏痕。敞口，微有内沿，上腹弧收，残。手制，火候较高。残宽7.2、残高6.6厘米（图二六七，6）。

缸底　1件。D型。

标本H560：11，夹砂褐陶，局部黑。素面，多刮抹痕。下腹斜收，近杵状底，残。手制，火候不高。底径3.8、残高6.6厘米（图二六七，7）。

贴边罐　3件。A型。

标本H560：7，夹砂红陶，局部、胎黑。唇饰戳印纹，内外壁粗磨。喇叭口，残。手制，火候较高。残宽8、残高4厘米（图二六七，8）。标本H560：8，夹砂红陶，局部褐。外沿饰戳印纹，上腹饰斜细绳纹，内壁磨光。喇叭口，残。手制，火候较高。残宽6.4、残高3.6厘米（图二六七，9）。

卷沿罐　1件。B型Ⅱ式。标本碎小。

钵　4件。Ca型Ⅰ式。标本碎小。

器盖　1件。B型。

标本H560：9，夹砂褐陶，红褐胎。素面。壁微弧，喇叭口，微有折沿，圆唇，残。手制轮修，火候较高。残宽6、残高2.6厘米（图二六七，10）。

圈足　1件。Bb型。

标本H560：10，夹砂黑褐陶，局部褐、红。圈足饰窄长方形镂孔，下部饰粗凹弦纹一周，器表磨光。喇叭形高圈足，内足缘微凹，残。轮制，火候高。足径13.6、残高3厘米（图二六七，11）。

环形饰　1件。

标本H560：1，夹砂红褐陶，局部黑。素面。圆环形，束腰，完整。轮制，火候较高。最大径2.6、高1.5、壁厚0.2厘米（图二六七，12；图版三一，1）。

器底　2件。

标本H560：12，夹砂褐陶，局部黑，里红。下腹饰绳纹后按抹、饰小圆形镂孔，外底饰交错绳纹、按抹，内外壁多按抹痕。下腹弧收，圜平底，残。手制，火候较高。底径12.8、残高9.2厘米（图二六七，13）。

3）Bd型

3个。

H294

位置：位于98AT0103东北部，坑口距地表深489厘米。层位关系：F140—H294→㊱。

形制：坑口平面呈不规则椭圆形，口大底小，坑壁不规整，上壁外弧、下壁内弧，底较平，坑中下部至底部为较规整的圆形，坑壁、底均用黄绿色（局部红色）黏土加工，黏土壁厚0～5、底厚30厘米。坑口及坑壁上部黏土已不存，坑底黏土上平放五块片状石板。坑口长径145、短径

118、底径45、深90厘米（图二六八）。

坑内堆积与包含物：坑内堆积可分3层。

第1层：厚34厘米。青灰色黏土，极纯。

第2层：厚0～32厘米。黄褐色灰土，极松。包含较多陶片，出土残石斧1件。

第3层：厚0～8厘米。黄色黏土。包含少量陶片及少量石器。第3层下为石板铺底，石板下为厚30厘米的红黏土铺底，无出土物。

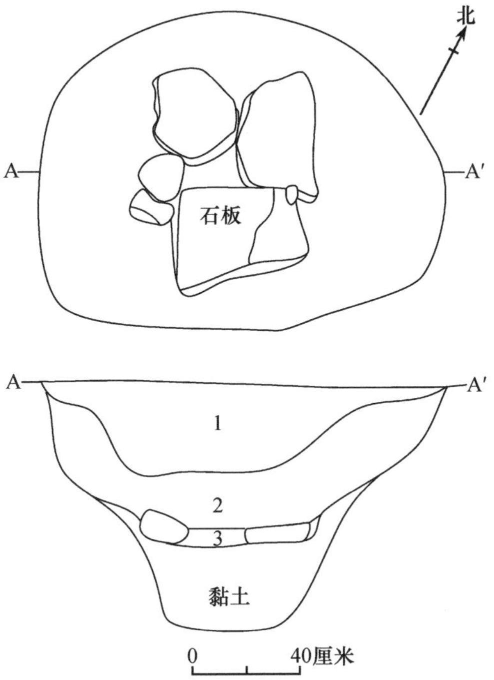

图二六八　H294平、剖面图

出土遗物：出土陶器91件，参加分类排队的陶器33件，挑选标本15件。分层介绍如下：

第2层：出土陶器65件。陶质全为夹砂，以夹细砂为主，占92.31%，夹粗砂很少，占7.69%。陶色以灰陶为主，占49.23%，次为红陶和褐陶，各占16.93%和16.92%，黑陶和灰褐陶最少，各占9.23%和7.69%。器表以纹饰为主，占83.08%，部分素面，占16.92%。纹饰以绳纹为主，占64.62%，次为粗戳划纹，占10.77%，附加堆纹、凹弦纹、划纹等很少。器类以缸为主，占75.39%，次为罐，占12.31%，盘、瓮等很少（表九九）。

表九九　H294②出土陶器统计表

陶质	夹粗砂		夹细砂					合计	%
陶色	灰	红	灰	红	黑	褐	灰褐		
纹饰/器类									
粗戳划纹	1	1	4				1	7	10.77
绳纹	2		19	7	4	7	3	42	64.62
凹弦纹						1		1	1.54
划纹			1					1	1.54
附加堆纹				1		2		3	4.62
素面	1		4	2	2	1	1	11	16.92
合计	4	1	28	10	6	11	5	65	100
%	6.15	1.54	43.08	15.38	9.23	16.92	7.69	100	
缸口			10	4	1	7		22	33.85
缸腹	4	1	13	3	2		2	25	38.46
缸底			1				1	2	3.08
罐			2	1	2	2	1	8	12.31
盘			1	1		1		3	4.62
瓮				1				1	1.54
平底							1	1	1.54
不明器			1		1	1		3	4.62

参加分类排队的陶器23件，挑选标本9件。

缸口　17件。Ca型。

Ⅰ式：6件。

标本H294②：12，夹粗砂灰褐陶，里红色。唇面饰浅戳印纹，器表饰斜绳纹。敛口，上腹微弧，残。手制，火候一般。残宽6.5、残高4.4厘米（图二六九，1）。

Ⅲ式：11件。

标本H294②：14，夹粗砂红陶。唇内沿斜饰粗绳纹，外沿饰戳印纹，器表饰微斜绳纹。敞口，浅齿状唇，上腹斜直，残。轮制，火候较高。残宽7.8、残高4.8厘米（图二六九，2）。标本H294②：15，夹粗砂褐陶。唇面压印粗绳纹，内沿饰戳印纹，器表饰斜绳纹。敞口，上腹斜直，残。轮制，火候一般。残宽7.7、残高4.1厘米（图二六九，3）。

缸底　2件。Cb型。

标本H294②：18，夹粗砂红陶。饰橙黄色陶衣，足外有刮抹痕。锥柱状足，下部较直，实足跟较高，残。手制，火候一般。足径3.2、残高5.3厘米。标本H294②：19，夹粗砂褐陶，胎、里灰黑色。足部有手捏和刮抹痕。锥柱状足，下部较斜，实足跟稍高。手制，火候一般。足径3.6、残高4.7厘米。

瓮　1件。B型。

标本H294②：5，夹细砂红陶，灰黑胎。素面，饰红色陶衣。喇叭口，方唇，上腹斜直，残。轮制，火候一般。口径19、残高5.8厘米（图二六九，5）。

盘　3件。

A型　1件。

标本H294②：8，夹细砂褐陶，灰黑胎、里。素面，内外壁磨光。敞口，方唇，弧壁，残。轮制，火候较高。残宽5.3、残高2.6厘米（图二六九，4）。

B型　2件。

标本H294②：6，夹细砂红陶，黑胎，里褐。上腹有凹槽一周，内外壁磨光。敞口，圆唇，折腹，残。轮制，火候较高。残宽4.9、残高4厘米。标本H294②：7，夹细砂黄褐陶，黑胎。上腹有凹槽一周，内外壁磨光。口微敞，圆唇，折腹，残。轮制，火候较高。残宽5.7、

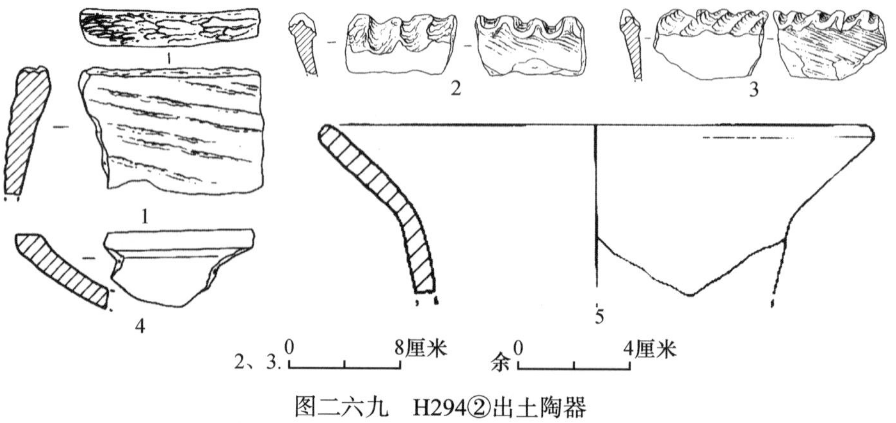

图二六九　H294②出土陶器

1. Ca型Ⅰ式缸口（H294②：12）　2、3. Ca型Ⅲ式缸口（H294②：14、H294②：15）　4. A型盘（H294②：8）　5. B型瓮（H294②：5）

残高3.9厘米。

第3层：出土陶器26件。陶质以夹细砂为主，占96.15%，泥质陶极少，仅占3.85%。陶色以红陶为主，占38.46%，次为红褐和灰陶，各占26.92%和23.08%，黑陶极少，仅占3.85%。器表以纹饰为主，占53.85%，素面较多，占46.15%。纹饰全为绳纹。器类以缸为主，占88.46%，罐、盘口器很少（表一〇〇）。还出土少量石器。

表一〇〇　H294③出土陶器统计表

陶质	夹砂					泥质	合计	%
陶色	灰	红	黑	褐	红褐	红		
纹饰/器类								
绳纹	4	5		2	3		14	53.85
素面	2	4	1		4	1	12	46.15
合计	6	9	1	2	7	1	26	100
%	23.08	34.62	3.85	7.69	26.92	3.85	100	
缸口	2	2		1	3		8	30.77
缸腹	4	6		1	4		15	57.69
罐口		1					1	3.85
盘口器			1				1	3.85
纺轮？						1	1	3.85

陶器　参加分类排队的陶器10件，挑选标本6件。

缸口　8件。

B型　2件。Ⅴ式。标本碎小。

C型　6件。

Ca型　4件。

Ⅰ式：1件。

标本H294③：11，夹细砂黑陶，局部灰、褐色。唇面饰浅戳印纹，器表饰斜绳纹。敞口，腹斜直，残。手制，火候一般。残宽6.3、残高5.85厘米（图二七〇，1）。

Ⅱ式：3件。

标本H294③：13，夹细砂紫红陶。唇面饰戳印纹，器表饰组状斜绳纹。敞口，沿内卷抹平，上腹斜直，残。手制，火候一般。残宽8.3、残高3.2厘米（图二七〇，2）。

Cb型　2件。

标本H294③：10，夹细砂褐陶，里黑色。唇面饰横压粗绳纹，器表饰组装斜绳纹，口外沿有手捏痕。敞口，沿内卷抹平，上腹斜直，残。手制，火候一般。残宽9.3、残高6.4厘米（图二七〇，3）。标本H294③：9，夹细砂暗紫红陶，灰黑胎，里红色。唇面饰戳印纹，口外沿有手捏痕。敞口，腹斜直，残。手制轮修，口沿内贴，火候一般。残宽5.7、残高6.15厘米（图二七〇，4）。

钵　1件。A型Ⅰ式。

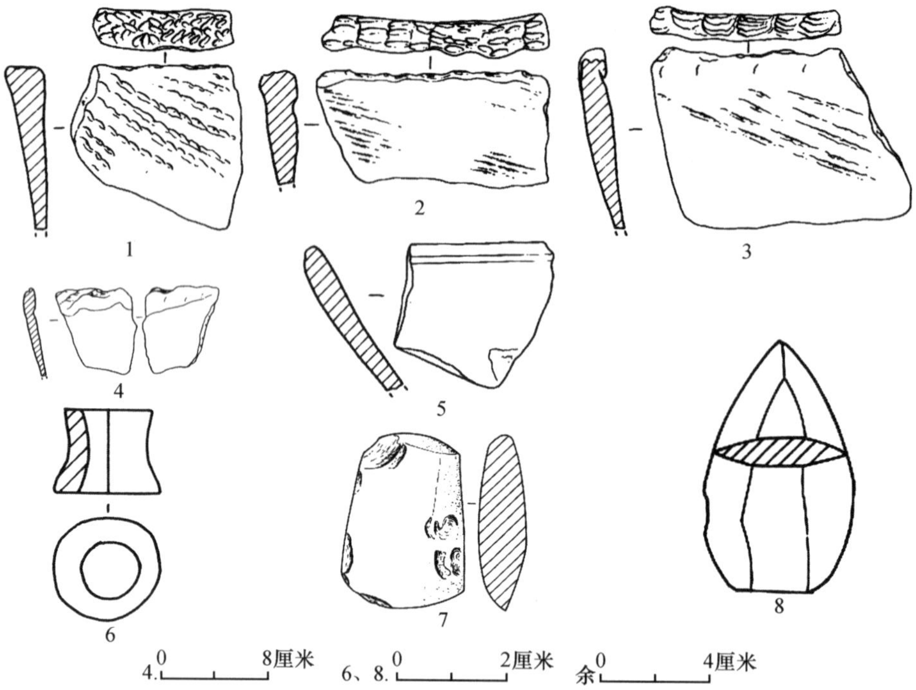

图二七〇 H294③出土器物

1. Ca型Ⅰ式陶缸口（H294③：11） 2. Ca型Ⅱ式陶缸口（H294③：13） 3、4. Cb型陶缸口（H294③：10、H294③：9） 5. A型Ⅰ式陶钵（H294③：17） 6. Ac型陶纺轮？（H294③：2） 7. Aa型石锛（H294③：3） 8. A型Ⅱ式石镞（H294③：4）

标本H294③：17，夹细砂黑陶。唇外沿饰凹弦纹一周，内外壁磨光。敞口，圆唇，腹较斜直，残。轮制，火候较高。残宽5.8、残高5.15厘米（图二七〇，5）。

纺轮？ 1件。Ac型。

标本H294③：2，泥质红陶，局部黑褐。素面，器表磨光。圆管形，顶部略小，底部略大，束腰，中部圆形穿，完整。手制，火候较高。最大径1.9、穿径1、高1.5厘米（图二七〇，6）。

石器 出土石锛、石镞各1件及残石斧1件。

锛 1件。Aa型。

标本H294③：3，黑色角岩，多灰白色层理。平面近梯形，圆顶，弧刃、多崩疤，偏锋，微残。磨制。长6.3、宽4.4、厚1.7厘米（图二七〇，7；图版三二，2）。

镞 1件。A型Ⅱ式。

标本H294③：4，黑色角岩，有灰白色层理。桃尖形，身较扁平，刃锋利，尾端微弧，微残。磨制。长4.5、宽2.6、厚0.5厘米（图二七〇，8；图版三二，6）。

H524

位置：位于99AT0301西中部，大部被探方西壁叠压，坑口距地表深450厘米。层位关系：㉛A—H524→㉜。

形制：从暴露部分观察，坑口平面呈椭圆形，坑壁不规则、上弧下近直壁，坑壁与底用厚约0～20厘米的黏土加工，底部黏土较厚，中间铺垫三块不规整的石块。口残长径195、短径375、清理深度为180厘米（图二七一）。

坑内堆积与包含物：填土根据土质、土色差异，可分8层。

第1层：厚0～25厘米。灰土，颜色略有深浅变化，夹有黏土、褐土等，质松。包含物较丰富，出土陶片、兽骨等。

第2层：厚0～5厘米。褐土，稍纯，质稍硬。基本无包含物。

第3层：厚0～10厘米。灰土，质松。基本无包含物。

第4层：厚0～7厘米。纯灰烬，质松。基本无包含物。

第5层：厚0～15厘米。灰土，质松。基本无包含物。

第6层：厚5～25厘米。黄褐，质硬。包含物较少。

第7层：厚0～55厘米。灰土，质松。基本无包含物。

第8层：厚0～35厘米。灰土，质松。基本无包含物。

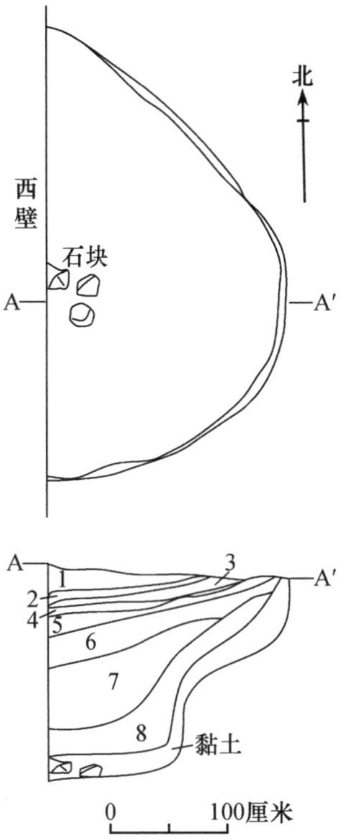

图二七一　H524平、剖面图

出土遗物：出土陶器共263件。陶质以夹粗砂为主，占98.86%，泥质陶极少，仅占1.14%。陶色以红陶为主，占44.11%，次为黑、灰陶，各占27.00%和20.53%，褐陶最少，占8.37%。器表以纹饰为主，占81.61%，部分素面，占19.39%。纹饰以绳纹为主，占69.58%，复合纹、附加堆纹较少，各占6.08%和2.28%，瓦棱纹、凹弦纹、戳印纹、镂孔等很少。器类以缸为主，占67.21%，次为钵、罐、瓮、盘、盖等很少（表一〇一）。

表一〇一　H524出土陶器统计表

陶质	夹粗砂				泥质		合计	%
陶色	灰	红	黑	褐	灰	黑		
纹饰/器类								
绳纹	42	87	42	12			183	69.58
瓦棱纹		3					3	1.14
凹弦纹			1				1	0.38
戳印纹			1				1	0.38
附加堆纹	5			1			6	2.28
镂孔						1	1	0.38
复合纹	6	7		3			16	6.08
暗纹						1	1	0.38
素面		19	25	6	1		51	19.39
合计	53	116	69	22	1	2	263	100
%	20.15	44.11	26.24	8.37	0.38	0.76	100	
缸口	36	50	38	14			138	52.47
缸底	7	15		3			25	9.51
贴边缸	5	9					14	5.32
敛口罐			2				2	0.76
瓮	1	8	5	1			15	5.70
喇叭口器	2	7	5				14	5.32

续表

陶质	夹粗砂				泥质		合计	%
陶色	灰	红	黑	褐	灰	黑		
纹饰/器类								
盆		2					2	0.76
钵	1	15	13	1			30	11.41
盘口罐			1				1	0.38
盖/盘			5	2			7	2.66
纺轮		1					1	0.38
假圈足		3					3	1.14
圈足		1					1	0.38
平底	1	5		1			7	2.66
不明器					1	2	3	1.14

参加分类排队的陶器140件，挑选标本43件。

缸口　42件。C型。

Ca型　41件。

Ⅰ式：2件。

标本H524：1，夹砂灰褐陶，局部红、黑。唇部刮抹，上腹饰斜绳纹。口微敛，上腹较直，残。手制，火候较高。残宽6.2、残高4.4厘米（图二七二，1）。标本H524：2，夹砂黑陶，局部褐。唇饰浅戳印纹，上腹饰斜绳纹。敞口，上腹斜收，残。手制，火候较高。残宽5.6、残高5.8厘米（图二七二，2）。

Ⅱ式：9件。

标本H524：4，夹粗砂灰褐陶，局部、胎红，里黑。唇内外双向饰较浅粗戳印纹，上腹饰圆形镂孔、斜组状绳纹。敞口，上腹斜收，残。手制，火候较高。残宽10.8、残高5.2厘米（图二七二，3）。标本H524：5，夹粗砂褐陶，胎、里红。唇内外双向饰较浅粗戳印纹，上腹饰组状斜绳纹。敞口，上腹斜收，残。手制，火候较高。残宽13.6、残高7厘米（图二七二，4）。

Ⅲ式：30件。标本碎小。

Cb型　1件。

标本H524：3，夹砂黑陶，局部褐。唇饰戳印纹，上腹饰斜戳划纹，外沿有手捏痕。敞口，上腹弧收，残。手制，火候较高。残宽6.4、残高5.4厘米（图二七二，5）。

缸底　8件。D型。

标本H524：43，夹砂红褐陶，局部灰褐、红，胎、里黑。下腹饰斜划纹，多刮抹痕。下腹斜收，杵状底，残。手制，火候较高。残高8.8厘米（图二七二，6）。标本H524：42，夹砂红陶，胎、里黑。素面，多刮抹痕。下腹斜收，近杵状底，残。手制，火候较高。残高5.3厘米（图二七二，7）。

贴边缸　14件。

A型　11件。

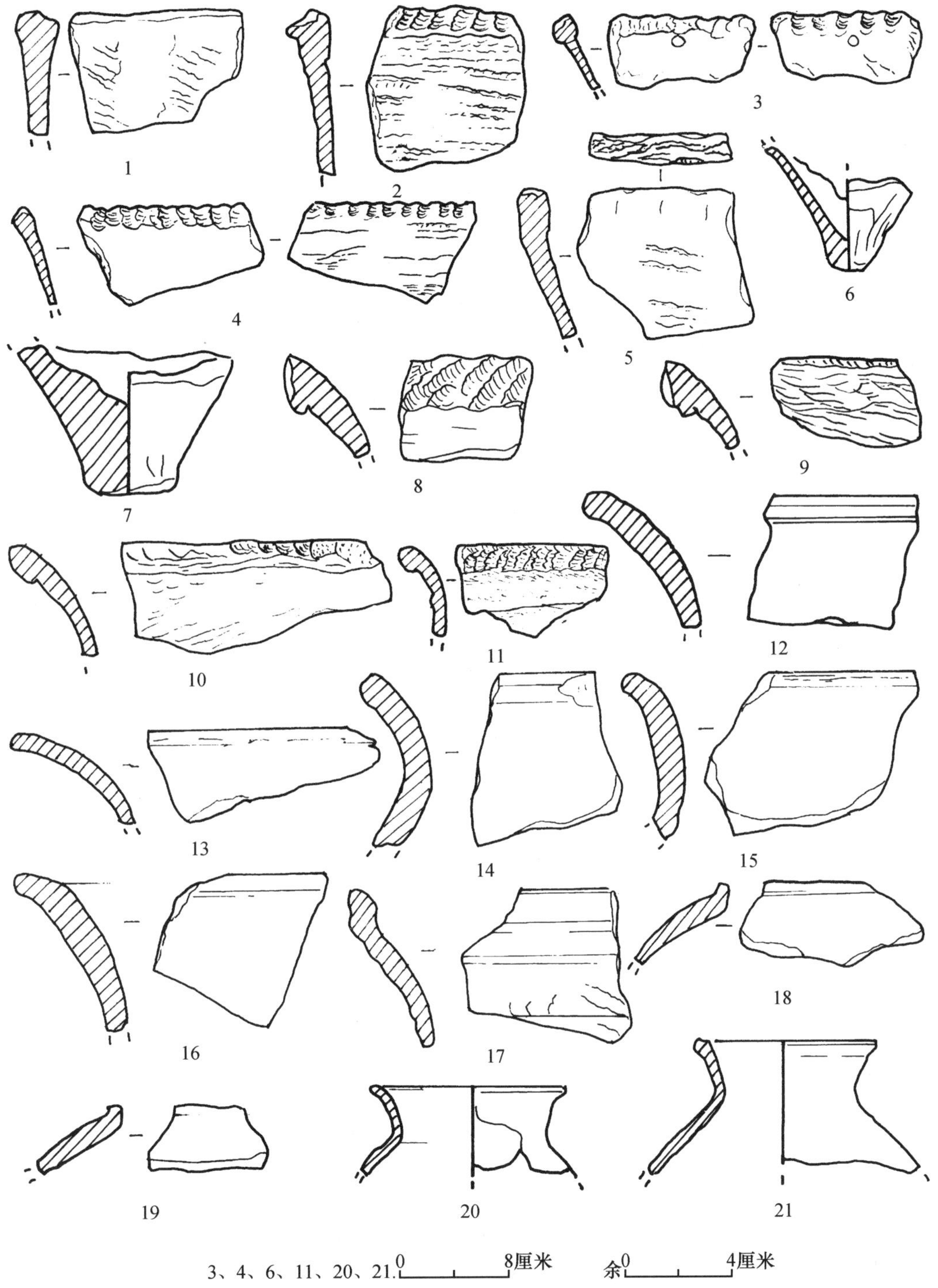

图二七二　H524出土陶器

1、2. Ca型Ⅰ式缸口（H524：1、H524：2）　3、4. Ca型Ⅱ式缸口（H524：4、H524：5）　5. Cb型缸口（H524：3）　6、7. D型缸底（H524：43、H524：42）　8、9. A型贴边缸（H524：6、H524：7）　10、11. B型贴边缸（H524：8、H524：9）　12、13. B型瓮（H524：21、H524：22）　14、15. 矮领瓮（H524：23、H524：24）　16. B型折沿瓮（H524：25）　17. A型Ⅲ式盘口罐（H524：44）　18、19. B型敛口罐（H524：28、H524：29）　20、21. 矮领罐（H524：40、H524：41）

标本H524：6，夹粗砂红褐陶，局部灰黑。唇、外沿饰戳印纹，内壁磨光。喇叭口，残。手制，火候高。残宽4.8、残高3.8厘米（图二七二，8）。标本H524：7，夹砂灰褐陶，局部红、黑。唇、外沿饰戳印纹，上腹饰斜绳纹，内壁磨光。喇叭口，残。手制，火候较高。残宽

5.5、残高3.2厘米（图二七二，9）。

B型 3件。

标本H524：8，夹砂红陶。唇、外沿饰戳印纹，上腹饰斜细绳纹，内壁磨光。喇叭口，残。手制，火候较高。残宽9.8、残高4厘米（图二七二，10）。标本H524：9，夹砂红褐陶，里红。唇、外沿饰戳印纹，上腹饰斜细绳纹、附加堆纹，内壁磨光。喇叭口，腹较直，残。手制，火候高。残宽11、残高6.4厘米（图二七二，11）。

瓮 9件。B型。

标本H524：21，夹砂褐陶，黑胎。素面，内外壁磨光。喇叭口，卷沿，圆唇，残。轮制，火候较高。残宽6.2、残高4.9厘米（图二七二，12）。标本H524：22，夹砂红陶，黑胎。素面，内外壁磨光。喇叭口，圆唇，残。轮制，火候较高。残宽8.7、残高3.4厘米（图二七二，13）。

矮领瓮 2件。

标本H524：23，夹砂黑褐陶，局部、里红，黑胎。素面。侈口，唇面微凹，束领，残。轮制，火候高。残宽5.4、残高6.2厘米（图二七二，14）。标本H524：24，夹砂黑陶，局部红褐，胎红褐夹黑。素面，内外壁磨光。侈口，卷沿，唇面微凹，束领，残。轮制，火候高。残宽7.8、残高6厘米（图二七二，15）。

折沿瓮 2件。B型。

标本H524：25，夹砂灰褐陶，局部、胎黑。素面，内外壁磨光。侈口，折沿微斜，圆唇，束领，残。轮制，火候高。残宽6.3、残高5.6厘米（图二七二，16）。

盘口罐 1件。A型Ⅲ式。

标本H524：44，夹砂黑陶，灰褐胎。上腹饰凹弦纹、斜绳纹，内壁磨光。盘口，圆唇，浅盘、壁内凹，上腹内弧，残。轮制，火候较高。残宽6.1、残高5.6厘米（图二七二，17）。

敛口罐 2件。B型。

标本H524：28，夹砂黑陶，局部、里红。素面，内外壁磨光。敛口，矮沿内斜，圆唇，圆肩，残。轮制，火候较高。残宽6.7、残高3厘米（图二七二，18）。标本H524：29，夹砂黑陶，里红褐。素面，内外壁磨光。敛口，外沿内斜，圆唇，斜肩，残。轮制，火候较高。残宽4.3、残高2.4厘米（图二七二，19）。

矮领罐 6件。

标本H524：40，夹砂红陶，胎红夹灰。素面，器表、内领磨光。侈口，卷沿微折，圆唇，领外斜，溜肩，残。轮制，火候较高。口径14、残高6.6厘米（图二七二，20）。标本H524：41，夹砂红陶，局部黑、褐。素面，内外壁磨光。侈口，窄平折沿，圆唇，领外斜，溜肩，残。轮制，火候较高。口径13.6、残高9.8厘米（图二七二，21）。

有领罐？ 3件。

标本H524：30，夹砂黑陶，局部褐。素面，内外壁磨光。侈口，卷沿，圆唇，束领，残。轮制，火候较高。残宽6.6、残高3.5厘米（图二七三，1）。标本H524：31，夹砂红陶，局部、胎黑。素面，内外壁磨光。敞口，平折沿，圆唇，领较斜直，残。轮制，火候较高。口径16.2、残高4.6厘米（图二七三，2）。

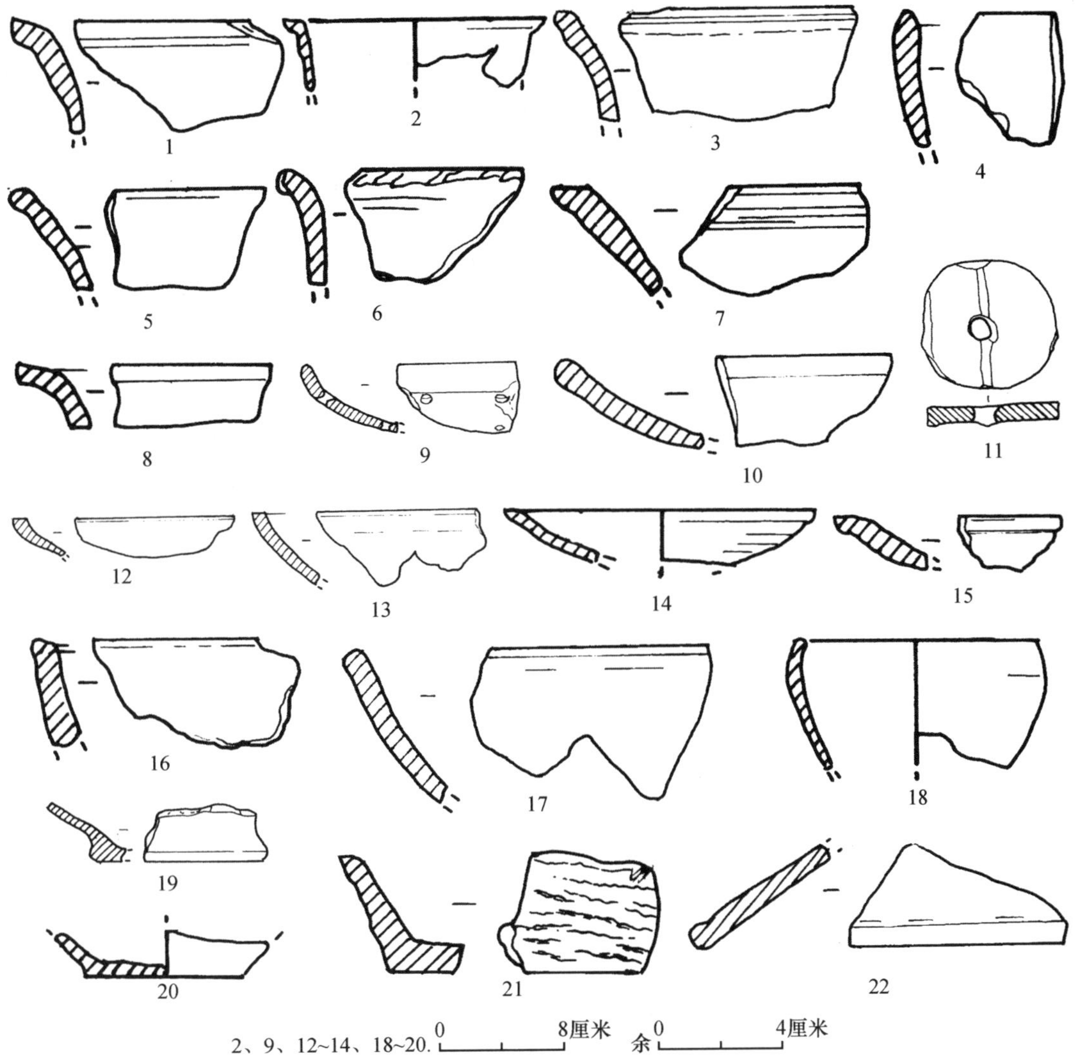

图二七三　H524出土陶器

1、2. 有领罐?（H524：30、H524：31）　3、5. 喇叭口罐（H524：32、H524：33）　4、18. Ca型Ⅱ式钵（H524：19、H524：20）　6. C型Ⅰ式卷沿罐（H524：34）　7. A型盆（H524：26）　8. B型盆（H524：27）　9. 大圈足盘（H524：10）　10、12、13. A型盘（H524：11、H524：14、H524：15）　11. Da型纺轮（H524：38）　14. Ⅰ式有沿盘（H524：12）　15. Ⅱ式有沿盘（H524：13）　16、17. A型Ⅱ式钵（H524：17、H524：18）　19、20. Aa型圈足（H524：35、H524：36）　21. 罐底（H524：37）　22. B型器盖（H524：16）

喇叭口罐　3件。

标本H524：32，夹砂黑陶，局部褐。外沿饰粗凹弦纹一周，内外壁磨光。喇叭口，唇面微凹，残。轮制，火候较高。残宽7.4、残高3.5厘米（图二七三，3）。标本H524：33，夹砂黑陶，里局部红。素面，内外壁磨光。喇叭口，圆唇，残。轮制，火候较高。残宽5、残高3.2厘米（图二七三，5）。

卷沿罐　1件。C型Ⅰ式。

标本H524：34，夹砂灰黑陶，里红褐。唇下部饰戳印纹，上腹饰横划纹。敞口，卷沿，上腹微斜收，残。轮制，火候较高。残宽5.6、残高3.6厘米（图二七三，6）。

盆　2件。

A型 1件。

标本H524：26，夹砂红陶，局部灰褐。素面，内外壁磨光。敞口，平折沿，圆唇，上腹斜直内收，残。轮制，火候高。残宽6、残高2.4厘米（图二七三，7）。

B型 1件。

标本H524：27，夹砂红陶，黑胎。素面，内外壁磨光。敞口，折沿微斜，圆唇，上腹斜直内收，残。轮制，火候较高。残宽5、残高2厘米（图二七三，8）。

大圈足盘 1件。

标本H524：10，泥质黑皮陶，红胎。上下腹饰圆形镂孔，内外壁磨光。敞口，圆唇，弧腹，残。轮制，火候较高。残宽7.6、残高4.4厘米（图二七三，9）。

盘 4件。A型。

标本H524：11，夹砂红褐陶，里黑。素面，内外壁磨光。敞口，圆唇，弧腹，残。轮制，火候较高。残宽5.6、残高2.8厘米（图二七三，10）。标本H524：14，夹砂褐陶，胎、里红。素面。敞口，方唇，上腹外弧、下腹微内弧，残。轮制，火候较高。残宽10、残高2.4厘米（图二七三，12）。标本H524：15，夹砂灰褐陶，红胎。素面。敞口，方唇，弧腹，残。轮制，火候较高。残宽10.6、残高4.6厘米（图二七三，13）。

有沿盘 3件。

Ⅰ式：1件。

标本H524：12，夹砂黑褐陶，局部褐，里黑。器表微有瓦棱纹，内外壁磨光。敞口，微有沿、内沿斜折，圆尖唇，弧腹，残。轮制，火候较高。口径19.4、残高3.6厘米（图二七三，14）。

Ⅱ式：2件。

标本H524：13，夹砂黑褐陶，黑胎。素面，内外壁磨光。敞口，折沿微斜、略宽，圆唇，弧腹，残。轮制，火候较高。残宽3.2、残高1.7厘米（图二七三，15）。

钵 30件。

A型 2件。Ⅱ式。

标本H524：17，夹砂灰褐陶，局部灰黑。素面，内外壁磨光。敞口，圆唇，上腹微凹、下腹弧收，残。轮制，火候较高。残宽6.3、残高3.3厘米（图二七三，16）。标本H524：18，夹砂红陶，局部、胎黑。素面，内外壁磨光。敞口，唇面微凹，弧腹，残。轮制，火候较高。残宽7.6、残高4.8厘米（图二七三，17）。

C型 28件。Ca型。

Ⅰ式：26件。标本碎小。

Ⅱ式：2件。

标本H524：19，夹砂红陶，胎局部灰黑。素面，内外壁磨光。口微敛，圆唇，上腹微鼓、下腹弧收，残。轮制，火候较高。残宽3.4、残高4.2厘米（图二七三，4）。标本H524：20，夹砂褐陶，局部黑、红褐，里黑。素面，内外壁磨光。敛口，圆唇，上腹微鼓、下腹弧收，残。轮制，火候高。口径15.2、残高8厘米（图二七三，18）。

器盖　1件。B型。

标本H524：16，夹砂黑陶，局部褐。素面，内外壁磨光。微弧壁，敞口，微有外沿，方唇，残。手制轮修，火候较高。残宽6.8、残高3厘米（图二七三，22）。

圈足　4件。

A型　3件。Aa型。

标本H524：35，夹砂红褐陶，局部黑。素面，内外壁磨光。下腹斜收，假圈足外斜、平底，残。手制，火候较高。残宽7.6、残高3.6厘米（图二七三，19）。标本H524：36，夹砂红陶。素面，内外壁磨光。下腹斜直收，假圈足微内斜、平底，残。轮制，火候较高。底径10、残高2.6厘米（图二七三，20）。

B型　1件。Bb型。标本碎小。

罐底　1件。

标本H524：37，夹砂红褐陶，红胎。下腹饰斜绳纹。下腹斜收，平底，残。手制，火候较高。残宽5、残高5.7厘米（图二七三，21）。

纺轮　1件。Da型。

标本H524：38，夹砂红褐陶，黑胎。表面饰附加堆纹，中部圆穿孔。圆形，完整。用陶片磨圆而成，火候较高。直径4.3、穿径0.6、厚0.6厘米（图二七三，11）。

（3）C型

1个。Cd型。

H292

位置：位于98BT0305中部。层位关系：F102→H292→H297。

形制：坑口平面略呈圆角方形，在坑口下约30厘米处，坑壁内收呈比较规整的圆形，坑壁上斜下弧，底部不甚规整，壁、底用厚度不一的黄黏土加工，在坑底的黄黏土上用数块较大的卵石铺垫。口宽215、深146厘米（图二七四；图版一二，1）。

坑内堆积与包含物：坑内填较紧密的灰褐土，夹大量质地纯净、紧密的黄黏土。包含物有陶器、残石器等。

出土遗物：出土陶器207件。陶质全为夹砂，以夹粗砂为主，占58.45%，夹细砂也较多，占41.55%。陶色以红褐陶为主，占46.38%，次为红陶，占31.43%，黑褐陶和灰陶较少，均占11.59%。器表以纹饰为主，占73.43%，素面较多，占26.57%。纹饰以绳纹为主，占57.00%，次为复合纹与凸弦纹，各占9.18%和6.28%，凹弦纹、划纹很少。器类以缸为主，占56.99%，次为罐，占24.15%，盆、钵、器盖等很少（表一〇二）。另有少量残石斧。

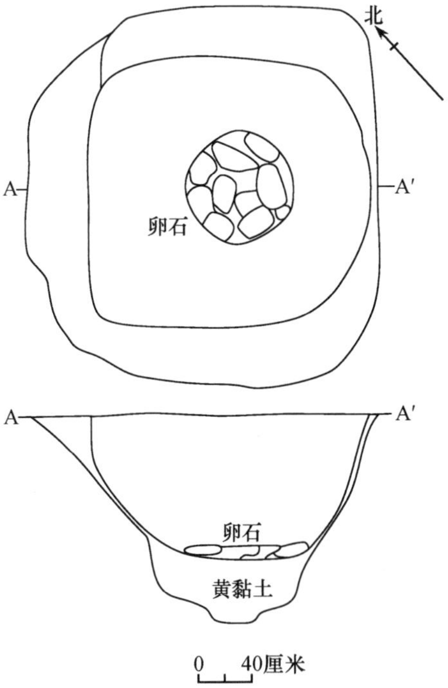

图二七四　H292平、剖面图

表一〇二　H292出土陶器统计表

陶质	夹粗砂				夹细砂				合计	%
陶色	灰	红	黑褐	红褐	灰	红	黑褐	红褐		
纹饰/器类										
绳纹	18	29	20	36	2	6		7	118	57.00
凹弦纹							1		1	0.48
凸弦纹						4		9	13	6.28
划纹							1		1	0.48
复合纹		4				7		8	19	9.18
素面		4	1	9	4	9	1	27	55	26.57
合计	18	37	21	45	6	26	3	51	207	100
%	8.69	18.87	10.14	21.74	2.90	12.56	1.45	24.64	100	
缸口	8	16	15	15					54	26.08
缸腹	10	11	5	22		6			54	26.08
缸底		4		6					10	4.83
罐口		1		2	3	1		7	14	6.76
罐腹						8	1	17	26	12.56
罐底		1			1	5	1	3	11	5.31
盆						4		9	13	6.28
钵口					1			3	4	1.93
器盖						2		5	7	3.38
圈足								5	5	2.42
不明器		4	1		1		1	2	9	4.35

参加分类排队的陶器14件，挑选标本14件。

缸口　3件。

B型　1件。Ⅲ式。

标本H292：45，夹细砂红褐陶，口部与内壁黑色。唇面饰戳印纹，器表素面。敞口，有内沿，上腹斜直，残。残宽6.6、残高6.4厘米（图二七五，1）。

C型　2件。Ca型Ⅲ式。

标本H292：41，夹粗砂灰陶，口部黑色。唇面饰绳切纹，器表饰斜绳纹。口近直，花边唇，残。残宽15.4、残高6.4厘米（图二七五，2）。标本H292：42，夹粗砂红陶，局部灰色。唇面饰绳切纹，器表饰斜绳纹。敞口，花边唇，上腹近直，残。残宽14.4、残高9.2厘米（图二七五，3）。

缸底　2件。C型。

Ca型　1件。

标本H292：68，夹粗砂红陶，内壁黑色。素面，器表抹痕清晰。猪嘴状，残。残宽7.2、残高4.8厘米（图二七五，4）。

Cb型　1件。

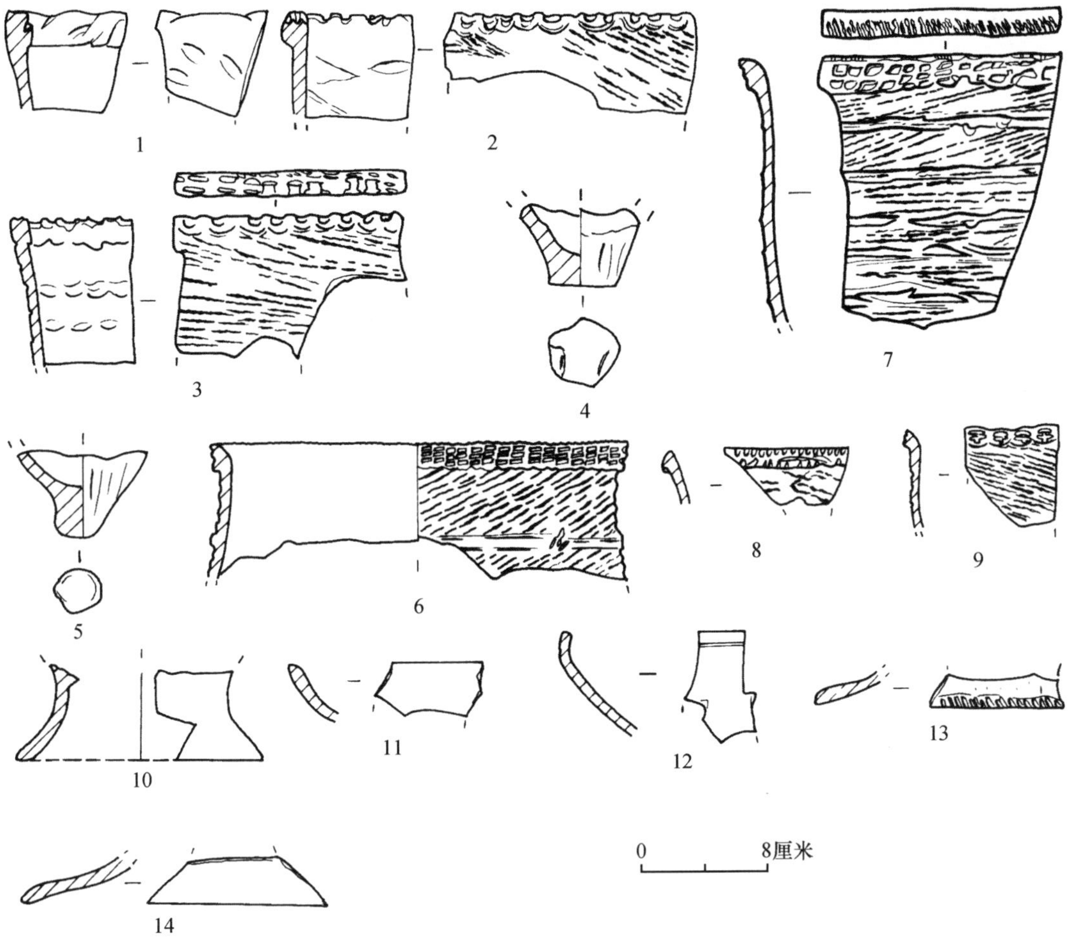

图二七五　H292出土陶器

1. B型Ⅲ式缸口（H292：45）　2、3. Ca型Ⅲ式缸口（H292：41、H292：42）　4. Ca型缸底（H292：68）　5. Cb型缸底（H292：69）　6、7. B型贴边罐（H292：23、H292：26）　8、9. 小罐（H292：35、H292：37）　10. 高圈足盘（H292：4）　11. A型Ⅱ式钵（H292：21）　12. Ca型Ⅰ式钵（H292：14）　13、14. A型器盖（H292：20、H292：34）

标本H292：69，夹粗砂红陶。器外壁表皮脱落。乳突状，残。残宽7.8、残高5.2厘米（图二七五，5）。

贴边罐　2件。B型。

标本H292：23，夹粗砂红褐陶。内壁磨光，唇及外沿面和器表饰斜绳纹，上腹饰附加堆纹一道。侈口，圆唇，鼓腹，残。口径25.6、残高8.4厘米（图二七五，6）。标本H292：26，夹粗砂红陶。沿面及唇部饰绳纹，沿外饰戳印纹，腹部饰斜向、横向绳纹与附加堆纹；内壁简单刮抹。微侈口，卷沿，圆唇，上腹近直，残。残宽15.4、残高16.4厘米（图二七五，7）。

小罐　2件。

标本H292：35，夹细砂黑陶。唇面与器表饰绳纹。侈口，方唇，残。残宽7.8、残高3.6厘米（图二七五，8）。标本H292：37，夹细砂红褐陶。唇面与器表压印绳纹。侈口，卷沿，圆唇，腹微鼓，残。残宽5.8、残高6厘米（图二七五，9）。

高圈足盘　1件。

标本H292：4，磨光红陶。素面。喇叭状圈足，圆唇，残。足径14、残高6厘米（图二七五，10）。

钵　2件。

A型　1件。Ⅱ式。

标本H292：21，磨光灰黑陶。素面。敞口，方唇，唇面内凹，弧腹，残。残宽6.4、残高3.2厘米（图二七五，11）。

C型　1件。Ca型Ⅰ式。

标本H292：14，磨光红陶。素面。敛口，圆唇，弧腹，残。残宽4.6、残高6.8厘米（图二七五，12）。

器盖　2件。A型。

标本H292：20，夹粗砂褐陶。磨光，唇面饰绳纹。覆盘状，敞口，圆唇，残。残宽8、残高2厘米（图二七五，13）。标本H292：34，夹粗砂红褐陶。素面。覆盘状，敞口，圆唇，残。残宽10.4、残高2.8厘米（图二七五，14）。

（4）E型

1个。Ed型。

H760

位置：位于02DT0101西北角。层位关系：㉜—H760→㉟。

形制：从暴露部分观察，坑口平面为不规则形，不规则壁，圜底，坑壁、底用黏土加工，已大部分垮塌，仅在壁下部和坑底部留有部分，坑底黏土厚3厘米，在黏土上铺垫不规则石块。口残长250、残宽234、深142厘米（图二七六）。

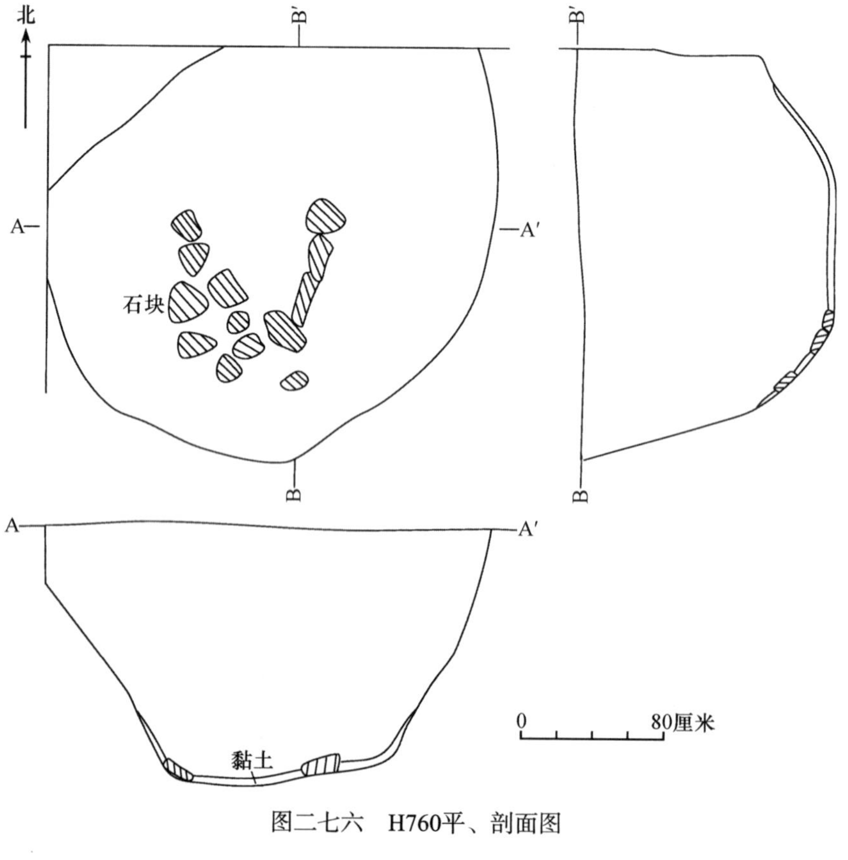

图二七六　H760平、剖面图

坑内堆积与包含物：坑内填灰花土，质疏，夹有红烧土块、木灰粒。包含物有陶器、石器和骨器等。

出土遗物：出土陶器151件。陶质全为夹砂。陶色以红陶和红褐陶为主，约占57.62%，次为灰陶，占41.72%，黑陶极少，仅占0.66%。器表以纹饰为主，约占92.72%，素面仅占7.28%，大部分磨光。纹饰以绳纹为主，约占83.44%，凸弦纹、粗绳纹、镂孔等很少。器类以缸为主，约占57.62%，罐、瓮、盘、圈足等较少，另有7.95%的腹片难辨器形（表一〇三）。还出土有少量石器等。

表一〇三　H760出土陶器统计表

陶质	夹砂					合计	%
陶色	灰	红	黑	褐	红褐		
纹饰/器类							
粗绳纹		1				1	0.66
绳纹	61	48			17	126	83.44
凸弦纹		12				12	7.95
镂孔		1				1	0.66
素面	1				1	2	1.32
磨光	1	4	1		3	9	5.96
合计	63	66	1		21	151	100
%	41.72	43.71	0.66		13.91		
罐					1	1	0.66
贴边罐	3				8	11	7.28
喇叭口瓮	1		4			5	3.31
缸口	35	36				71	47.02
缸底	13	13				26	17.22
缸腹片	10					10	6.62
盘	1				2	3	1.99
平底盘			1		1	2	1.32
圈足		3				3	1.99
罐底					9	9	5.96
不明腹片		10				10	6.62

陶器　参加分类排队的陶器134件，挑选标本30件。

缸口　71件。C型。

Ca型　70件。

Ⅱ式：41件。

标本H760：11，夹粗砂红褐陶，黑胎。唇部饰较深粗戳印纹，内沿饰粗戳印纹，器表饰斜组状细绳纹。敞口，上腹较直，残。手制，火候较高。残宽16、残高6.4厘米（图二七七，1）。标本H760：12，夹砂黑陶，局部灰。唇部饰较深粗戳印纹，内沿饰浅粗戳印纹，器表饰斜绳纹。敞口，上腹斜收，残。手制，火候较高。残宽10.2、残高5.2厘米（图二七七，2）。

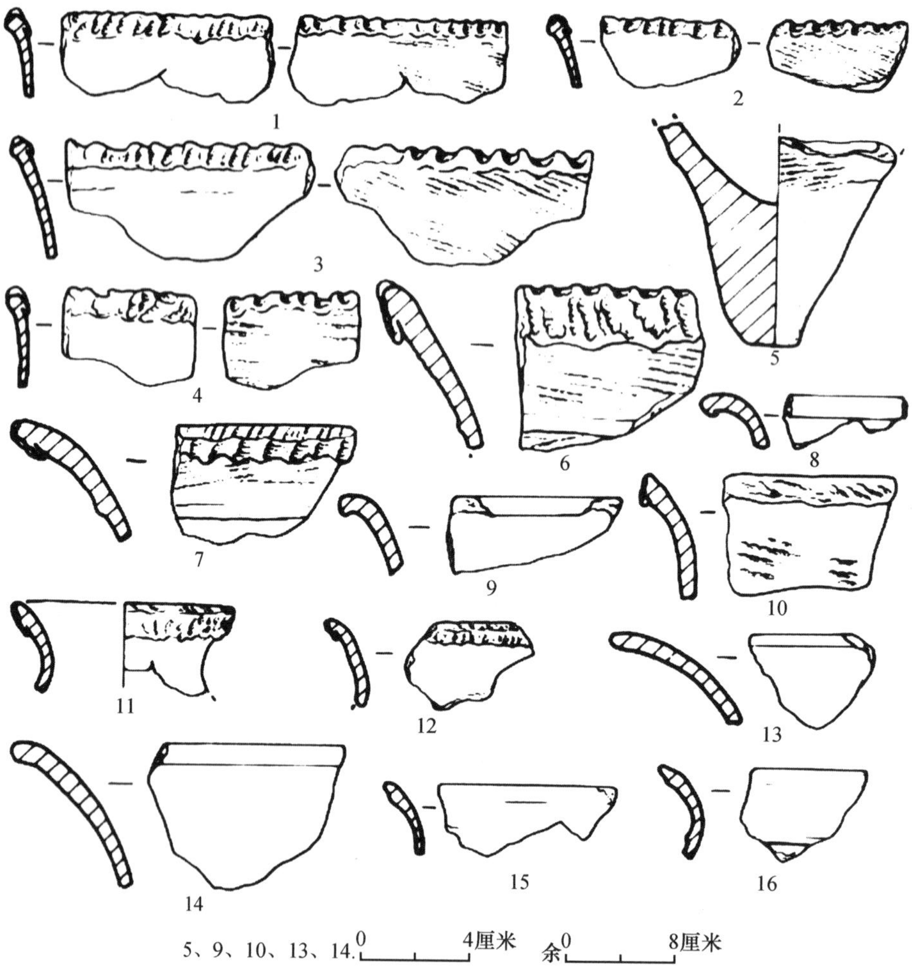

图二七七　H760出土陶器

1、2. Ca型Ⅱ式缸口（H760：11、H760：12）　3、4. Ca型Ⅲ式缸口（H760：10、H760：13）
5. Cb型缸底（H760：14）　6、7. B型贴边缸（H760：17、H760：18）　8. A型瓮（H760：24）
9. 高领罐（H760：29）　10. B型Ⅰ式卷沿罐（H760：19）　11、12. B型贴边罐（H760：15、H760：16）
13、14. 喇叭口罐（H760：20、H760：21）　15、16. 束颈罐（H760：22、H760：23）

Ⅲ式：29件。

标本H760：10，夹粗砂灰褐陶，局部红、黑，里黑。唇部饰深粗戳印纹、凹槽，内沿饰戳印纹，器表饰斜绳纹。敞口，上腹斜收，残。手制，火候较高。残宽18.8、残高8.8厘米（图二七七，3；图版二一，9）。标本H760：13，夹砂灰褐陶，局部红、黑。唇部和内沿饰较深粗戳印纹、凹槽，器表饰绳纹。敞口，上腹较直，残。手制，火候较高。残宽10.2、残高7.2厘米（图二七七，4）。

Cb型　1件。标本碎小。

缸底　26件。

C型　17件。

Ca型　6件。标本碎小。

Cb型　11件。

标本H760：14，夹粗砂红褐陶。腹饰绳纹，下部多刮抹痕。下腹微弧收，近截圆锥形底，残。手制，火候较高。底径2、残高8厘米（图二七七，5）。

D型　6件。标本碎小。

E型　3件。标本碎小。

贴边缸　7件。B型。

标本H760：17，夹砂红陶，局部灰褐。唇部、外沿饰戳印纹，上腹饰斜绳纹、附加堆纹，内壁磨光。喇叭口，残。手制，火候较高。残宽7、残高6厘米（图二七七，6）。标本H760：18，夹砂灰褐陶，局部、里橙黄，胎红褐夹灰。唇部、外沿饰戳印纹，上腹饰斜绳纹、附加堆纹，内壁粗磨。喇叭口，残。手制，火候较高。残宽6.8、残高4.4厘米（图二七七，7）。

瓮　1件。A型。

标本H760：24，夹砂红褐陶，灰黑胎。素面。喇叭口，沿微外下卷，圆唇，残。轮制，火候过高，内壁多烧裂纹。残宽9、残高3.8厘米（图二七七，8）。

高领罐　1件。

标本H760：29，夹砂黑陶，局部褐。素面，内外壁磨光。侈口，卷沿近平，圆唇，领微束，残。轮制，火候较高。残宽6.4、残高2.8厘米（图二七七，9）。

卷沿罐　1件。B型Ⅰ式。

标本H760：19，夹砂红褐陶，局部、里黑。唇部饰戳印纹，腹饰细戳划状绳纹。敞口，上腹斜收，残。手制，火候较高。残宽6.2、残高4.4厘米（图二七七，10）。

贴边罐　4件。B型。

标本H760：15，夹砂褐陶，局部灰褐，里红。唇部、外沿饰戳印纹，内沿磨光。侈口，束颈，残。手制，火候较高。口径20.4、残高6.5厘米（图二七七，11）。标本H760：16，夹砂褐陶，胎红夹灰，里部分红、灰黑。唇部、外沿饰戳印纹。侈口，束颈，残。手制，火候高。残宽9.2、残高6.4厘米（图二七七，12）。

喇叭口罐　3件。

标本H760：20，夹砂红陶，局部、胎黑。素面，内外壁磨光。喇叭口，圆唇，残。手制轮修，火候较高。残宽4.6、残高3.3厘米（图二七七，13）。标本H760：21，夹砂红陶，局部、胎黑。素面，内外壁磨光。喇叭口，圆唇，残。手制轮修，火候较高。残宽7.3、残高5.3厘米（图二七七，14）。

束颈罐　2件。

标本H760：22，夹砂黑陶，局部红褐。素面，内外壁磨光。侈口，圆尖唇，外沿微凸，束颈，残。轮制，火候较高。残宽13、残高5.2厘米（图二七七，15）。标本H760：23，夹砂红陶，黑胎。上腹饰附加堆纹，内外壁磨光。侈口，圆唇，外沿微凸，束颈，鼓腹，残。轮制，火候较高。残宽9.2、残高6.8厘米（图二七七，16）。

盘　4件。

A型　3件。

标本H760：25，夹砂黑陶，局部红。素面，内外壁磨光。敞口，圆唇，弧腹，浅盘，残。手制，火候较高。残宽19.6、残高6厘米（图二七八，1）。标本H760：26，夹砂红陶，局

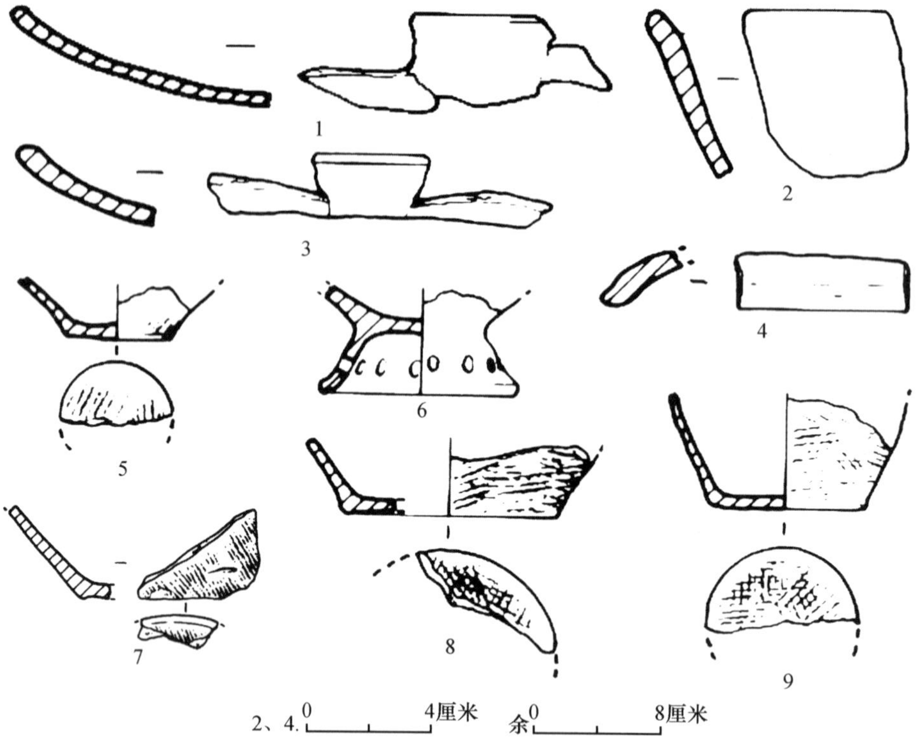

图二七八　H760出土陶器

1、3. A型盘（H760：25、H760：26）　2. A型Ⅰ式钵（H760：27）　4. C型器盖（H760：28）　5. Ab型圈足（H760：34）　6. Bb型圈足（H760：30）　7～9. 器底（H760：33、H760：31、H760：32）

部灰褐、黑，胎红夹灰。素面，内外壁磨光。敞口，圆唇，弧腹，浅盘，残。手制，火候较高。残宽21.6、残高4.4厘米（图二七八，3）。

C型　1件。标本碎小。

钵　1件。A型Ⅰ式。

标本H760：27，夹砂褐陶，局部红褐，胎红夹黑。素面，内外壁磨光。敞口，卷沿微折，圆唇，弧腹，残。手制，火候较高。残宽5.1、残高3.2厘米（图二七八，2）。

器盖　1件。C型。

标本H760：28，夹砂褐陶，局部褐，胎红夹黑。素面，内外壁磨光。弧壁，敞口，微有卷沿，圆唇，残。手制，火候较高。残宽5.4、残高1.8厘米（图二七八，4）。

圈足　3件。

A型　2件。Ab型。

标本H760：34，夹砂红陶，局部灰。外底中部饰斜绳纹，内外壁磨光。下腹外敞，假圈足、平底，残。手制，火候较高。底径6.8、残高3.4厘米（图二七八，5）。

B型　1件。Bb型。

标本H760：30，夹砂红陶，局部、胎、里黑。圈足中部饰里向外穿近椭圆形镂孔一周，腹内外壁磨光。下腹斜弧收，喇叭形圈足、较高，残。分制，火候较高。足径12.4、残高6.4厘米（图二七八，6）。

器底　9件。

标本H760：33，夹砂灰褐陶，胎红夹灰，里红。下腹、外底中部饰斜细绳纹，内壁磨光。下腹斜收，底微凹，残。手制，火候较高。残宽7.6、残高5.6厘米（图二七八，7）。标本H760：31，夹砂红陶，局部黑。下腹饰斜绳纹，外底饰交错绳纹。下腹斜收，平底微凹，残。手制，火候较高。底径13.6、残高4.6厘米（图二七八，8）。标本H760：32，夹砂黑陶，局部、胎红褐。下腹饰绳纹，外底饰交错绳纹，内壁、底磨光。鼓腹，下腹斜收，平底，残。手制，火候较高。底径9.2、残高6.8厘米（图二七八，9）。

石器　出土数量较少，5件。

斧　1件。Bb型Ⅰ式。

标本H760：3，黑色砾石，多灰色层理。平面近长方形、顶部略窄，圆顶，刃部崩残。顶局部自然面，余磨制。残长10、宽5.2、厚2.6厘米（图二七九，1）。

锛　4件，1件不明型别。

标本H760：7，黑色砾石。残剩下部，弧刃、多崩疤，偏锋。磨制。残长4.1、残宽3.9厘米（图二七九，5）。

A型　3件。Aa型。

标本H760：6，黑色砾石。平面近梯形，圆顶，弧刃、少有崩疤，偏锋，完整。磨制。长5.1、宽3.7、厚1.4厘米（图二七九，2）。标本H760：5，青绿色砾石。平面近梯形，弧顶，刃部崩残，偏锋。磨制。残长5、残宽4.3、厚1.4厘米（图二七九，3）。标本H760：8，青绿色砾石。平面近梯形，圆角弧顶，弧刃、多崩疤，偏锋，微残。圆角处自然面，余磨制。长5.4、宽3.9、厚1.4厘米（图二七九，4）。

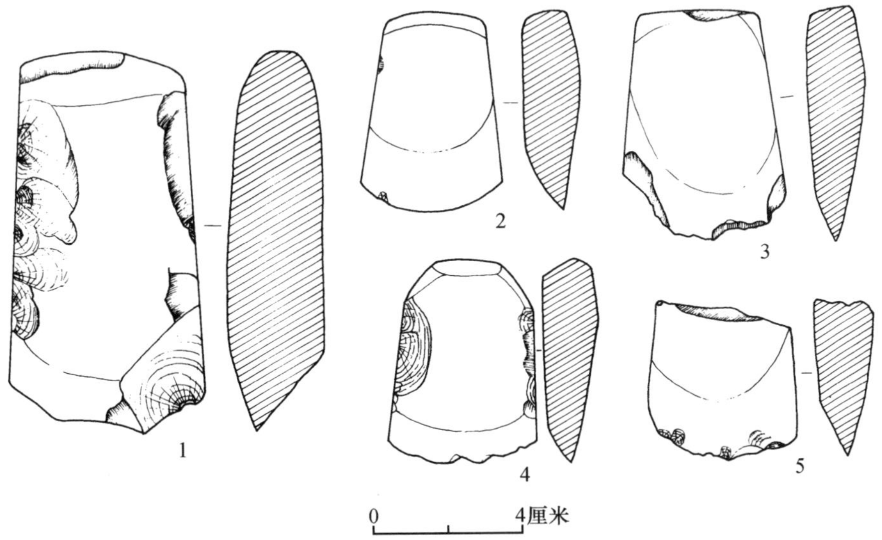

图二七九　H760出土石器

1. Bb型Ⅰ式斧（H760：3）　2～4. Aa型锛（H760：6、H760：5、H760：8）　5. 锛（H760：7）

（5）F型

1个。Fb型。

H319

位置：位于98AT0103东南角，大部分被开口第37层下的H298打破，坑口距地表深560厘

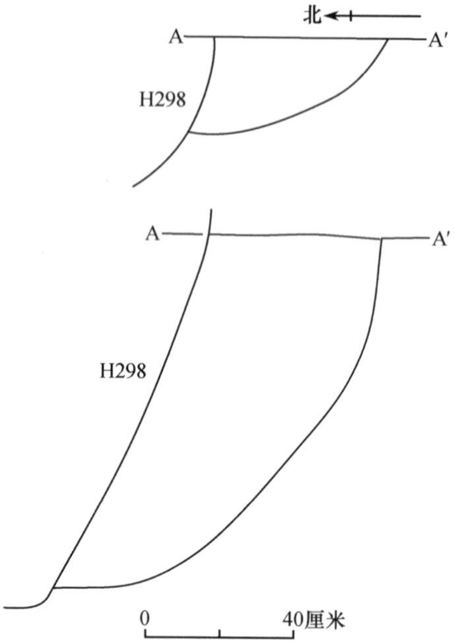

图二八〇　H319平、剖面图

米。层位关系：F142—H319→㊵。

形制：由于坑口暴露范围太小，且大部分被H298打破，平面形状不明，弧壁，底较平。坑壁、底用厚0～3厘米的黄绿色黏土加工。口残长45、残宽26、深94厘米（图二八〇）。

坑内堆积与包含物：坑内填灰绿色灰土，极松软。包含部分陶片和极少石器。

出土遗物：出土陶器54件。陶质全为夹砂，以夹细砂为主，占96.30%，夹粗砂陶很少，只占3.70%。陶色以灰陶为主，占42.59%，次为红陶和红褐陶，各占24.07%和20.37%，黑陶、褐陶较少，各占9.26%和3.70%。器表以纹饰为主，占74.07%，部分素面，占25.93%。纹饰以绳纹为主，占51.85%，次为附加堆纹，占11.11%，菱形绳纹和戳印纹等很少。器类以缸为主，占75.92%，次为罐，占24.08%（表一〇四）。还出土残石锛1件。

表一〇四　H319出土陶器统计表

陶质	夹粗砂	夹细砂					合计	%
陶色	灰	灰	红	黑	褐	红褐		
纹饰/器类								
绳纹		12	7	5		4	28	51.85
菱形绳纹	2		2				4	7.41
戳印纹		2					2	3.70
附加堆纹			2		1	3	6	11.11
素面		7	2		1	4	14	25.93
合计	2	21	13	5	2	11	54	100
%	3.70	38.89	24.07	9.26	3.70	20.37	100	
缸口	1	7	2	2			12	22.22
缸腹	1	9	7	3		7	27	50.00
缸底		1				1	2	3.70
罐口		1			2		3	5.56
罐腹		2	2	2	1	3	10	18.52

陶器　参加分类排队的陶器15件，挑选标本13件。

缸口　9件。

A型　2件。

Aa型　1件。Ⅱb式。

标本H319：6，夹粗砂灰陶，口、里黑。唇面戳印成齿状，器表饰绳纹。敞口，唇缘外凸，上腹较斜直，残。轮制，火候较高。残宽3.9、残高4.2厘米（图二八一，1）。

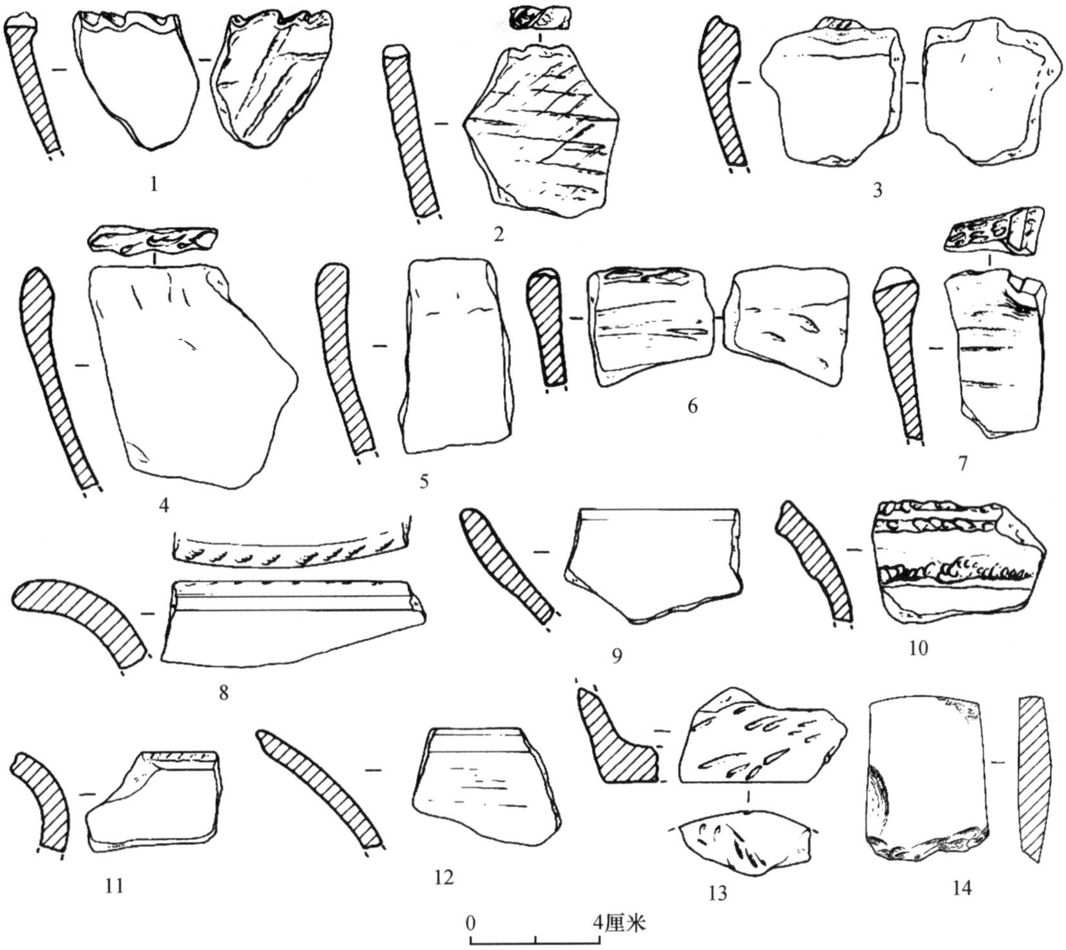

图二八一　H319出土器物

1. Aa型Ⅱb式陶缸口（H319：6）　2. Ab型陶缸口（H319：7）　3、4. B型Ⅳ式陶缸口（H319：8、H319：9）
5、6. B型Ⅴ式陶缸口（H319：11、H319：12）　7. Ca型Ⅲ式陶缸口（H319：13）　8. B型陶瓮（H319：5）
9. Aa型陶盘口器（H319：2）　10. Ⅰ式陶槽唇罐（H319：3）　11. 陶侈口罐（H319：4）
12. 陶喇叭口罐（H319：14）　13. 陶罐底（H319：10）　14. Aa型石锛（H319：1）

Ab型　1件。

标本H319：7，夹粗砂灰陶，里黑。唇面戳印成浅齿状，器表饰小菱形绳纹。敞口，上腹微弧，残。轮制，火候高。残宽4.8、残高5.2厘米（图二八一，2）。

B型　6件。

Ⅳ式：2件。

标本H319：8，夹细砂褐陶，里红。唇面饰戳印纹，口外沿有手捏痕。敞口，微有内沿，上腹微弧，残。轮制，火候较高。残宽4.3、残高4.5厘米（图二八一，3）。标本H319：9，夹细砂褐陶，局部黑，里红褐。唇面饰戳印纹，口外沿有手捏痕，内壁有刮抹痕。敞口，微有内沿，上腹弧，残。手制，火候一般。残宽6.4、残高6.8厘米（图二八一，4）。

Ⅴ式：4件。

标本H319：11，夹细砂灰陶。唇面饰戳印纹，口外沿微有手捏痕。口微敛，上腹弧，残。手制，火候较高。残宽3.6、残高5.9厘米（图二八一，5）。标本H319：12，夹细砂黑陶，褐胎。唇面饰戳印纹，器表饰戳印纹，口部器表皮脱落，内壁有多道划痕。敞口，上腹较斜直，残。手制，火候不高。残宽3.9、残高3.6厘米（图二八一，6）。

C型　1件。Ca型Ⅲ式。

标本H319：13，夹细砂褐陶，红胎。唇面饰戳印纹和凹槽，器表饰绳纹。敞口，唇缘外凸，上腹较斜直，残。轮制，火候较高。残宽3.2、残高5.2厘米（图二八一，7）。

瓮　1件。B型。

标本H319：5，夹细砂灰陶。唇面饰粗绳压纹，内外壁磨光。喇叭口，卷沿外翻，圆唇，残。轮制，火候较高。残宽8.2、残高2.7厘米（图二八一，8）。

盘口器　1件。Aa型。

标本H319：2，夹细砂黑陶。素面，内外壁磨光。敞盘口，圆唇，残。手制轮修，火候较高。残宽5.5、残高3.5厘米（图二八一，9）。

槽唇罐　1件。Ⅰ式。

标本H319：3，夹粗砂褐陶，胎、里黑。唇面饰戳印纹，沿、腹相交处饰附加堆纹，在堆纹上再饰戳印纹。敞口，卷沿，唇面内凹，残。轮制，火候较高。残宽5.4、残高3.7厘米（图二八一，10）。

侈口罐　1件。

标本H319：4，夹细砂褐陶，里红。唇上缘面饰细绳纹。卷沿，唇面微凹，残。轮制，火候较高。残宽4.2、残高3厘米（图二八一，11）。

喇叭口罐　1件。

标本H319：14，夹细砂黑陶，褐胎。素面，内外壁磨光。喇叭口，圆唇，唇下微凹，外壁微折，残。轮制，火候较高。残宽4.6、残高3.7厘米（图二八一，12）。

罐底　1件。

标本H319：10，夹细砂灰陶，里黑。器表饰戳印纹，外底饰绳纹。下腹斜直，平底，残。轮制，火候较高。残宽5.2、残高2.8厘米（图二八一，13）。

石器　仅发现锛1件，Aa型。

标本H319：1，灰色变质岩，局部橙黄。平面近长方形，弧顶，下部崩残。磨制。残长5.1、残宽3.8、厚1厘米（图二八一，14）。

2. 乙类

25个。

（1）A型

12个。

1）Aa型

4个。

H557

位置：位于99DT0201北部，H558西北侧，坑口距地表深515厘米。层位关系：㊷B—H557→㊹。

形制：坑口平面呈不规则圆形，壁较斜，底部近平，坑壁清楚，无加工痕迹。口径56、底径30、深45厘米（图二八二）。

坑内堆积与包含物：坑内填灰土，质疏松，夹炭灰粒。包含物主要为陶器。

出土遗物：出土陶器共39件。陶质全为夹砂，以夹细砂为主，夹粗砂较少。陶色以黑陶为主，占33.33%，次为红褐陶，占23.08%，红陶、褐陶和灰陶较少，分别占15.38%、15.38%和10.26%，黄褐陶极少，只占2.56%。器表以纹饰为主，占52.28%，素面较多，占48.72%。纹饰以绳纹为主，占48.72%，附加堆纹极少，仅占2.56%。器类以缸为主，占61.54%，罐、盘等很少（表一〇五）。

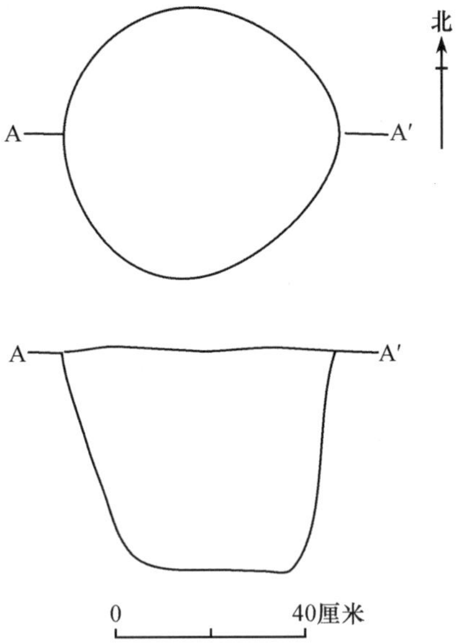

图二八二　H557平、剖面图

表一〇五　H557出土陶器统计表

陶质	夹砂					泥质	合计	%
陶色	灰	红	黑	褐	红褐	黄褐		
纹饰/器类								
绳纹	3	3	4	3	6		19	48.72
附加堆纹			1				1	2.56
素面	1	3	8	3	3	1	19	48.72
合计	4	6	13	6	9	1	39	100
%	10.26	15.38	33.33	15.38	23.08	2.56	100	
缸口	2	2	3	2	5		14	35.90
缸腹	1		2				3	7.69
缸底			5		2		7	17.95
罐			1	1			2	5.13
盘		2	1	1			4	10.26
圈足			1		1		2	5.13
不明器	1	2		2	1	1	7	17.95

参加分类排队的陶器20件，挑选标本11件。

缸口　12件。Ca型。

Ⅰ式：1件。

标本H557：1，夹粗砂黑陶，红褐胎。唇部饰戳印纹，器表饰斜绳纹，在绳纹上饰竖划纹。口近直，上腹微弧内收，残。手制，火候较高。残宽7.1、残高5厘米（图二八三，1）。

Ⅱ式：3件。

标本H557：2，夹粗砂红陶，局部灰褐。唇部饰戳印纹，器表饰斜绳纹。口近直，残。手制，火候较高。残宽4.3、残高6.4厘米（图二八三，2）。标本H557：4，夹粗砂红褐陶，口局

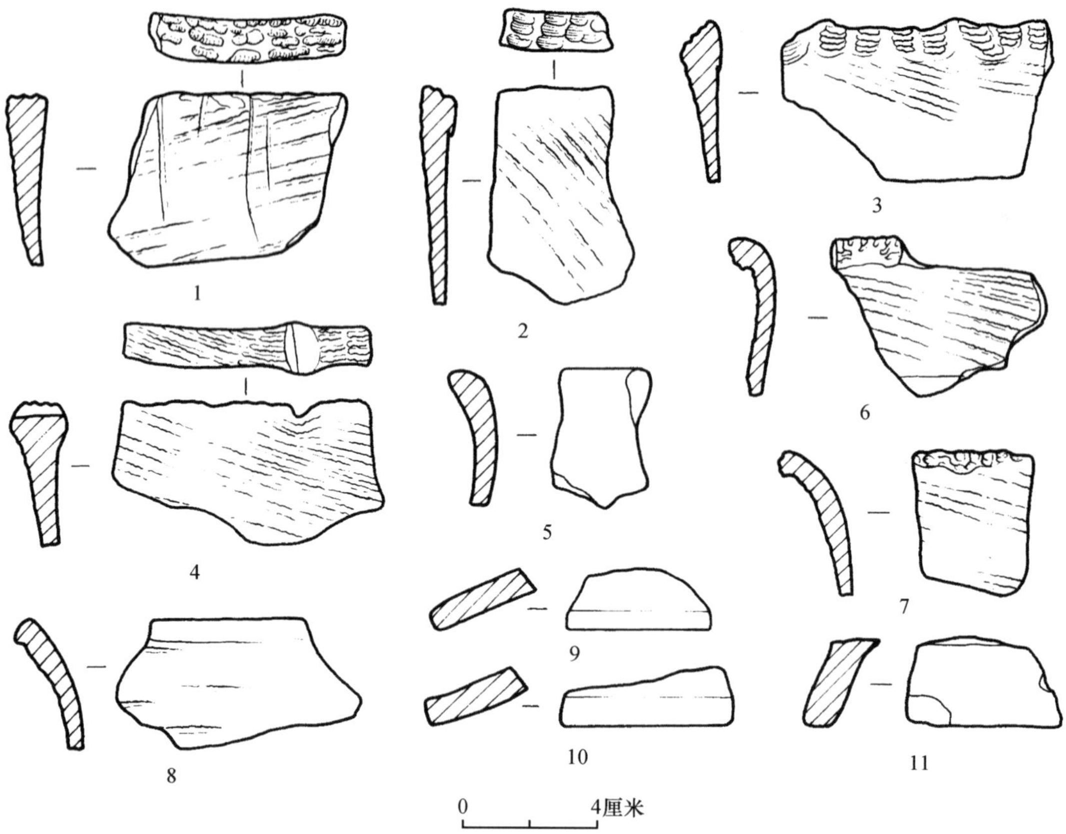

图二八三　H557出土陶器

1. Ca型Ⅰ式缸口（H557：1）　2、3. Ca型Ⅱ式缸口（H557：2、H557：4）　4. Ca型Ⅲ式缸口（H557：3）
5. 高领罐（H557：11）　6. B型Ⅰ式卷沿罐（H557：5）　7、8. B型Ⅱ式卷沿罐（H557：6、H557：7）
9. A型器盖（H557：9）　10. B型器盖（H557：8）　11. Ba型圈足（H557：10）

部、胎、里黑。唇部外斜横压粗绳纹，器表饰斜绳纹。口微敞，上腹微斜内收，残。手制，火候较高。残宽8、残高4.7厘米（图二八三，3）。

Ⅲ式：8件。

标本H557：3，夹粗砂红褐陶，灰黑胎。唇部饰戳印纹、较浅凹槽，器表饰斜绳纹。敞口，上腹斜内收，残。手制，火候较高。残宽8.1、残高4.2厘米（图二八三，4）。

高领罐　1件。

标本H557：11，夹细砂红陶，局部灰黑胎。素面，内外壁磨光。侈口，卷沿，圆唇，束领，残。轮制，火候较高。残宽2.9、残高4厘米（图二八三，5）。

卷沿罐　3件。B型。

Ⅰ式：1件。

标本H557：5，夹细砂红陶，黑胎。唇部饰戳印纹，上腹饰斜绳纹，腹饰附加堆纹，内壁磨光。侈口，卷沿外翻，微鼓腹，残。手制轮修，火候较高。残宽6.4、残高4.6厘米（图二八三，6）。

Ⅱ式：2件。

标本H557：6，夹细砂黑陶，里红。唇部饰戳印纹，器表饰斜绳纹，内壁磨光。喇叭口，残。轮制，火候较高。残宽3.6、残高4.2厘米（图二八三，7）。标本H557：7，夹细砂黑陶，里褐。器表饰篮纹，内壁磨光。喇叭口，圆唇，残。手制轮修，火候较高。残宽7.3、残高3.8厘米（图二八三，8）。

器盖　2件。

A型　1件。

标本H557：9，夹细砂黑陶。素面，内外壁磨光。敞口，圆唇，壁较斜直，残。手制，火候较高。残宽4.2、残高1.8厘米（图二八三，9）。

B型　1件。

标本H557：8，夹细砂红陶，黑胎，里红褐。素面，内外壁磨光。喇叭口，圆唇，残。手制，火候较高。残宽5、残高1.7厘米（图二八三，10）。

圈足　2件。Ba型。

标本H557：10，夹细砂黑陶。素面，内外壁磨光。圈足较矮、外撇，残。手制，火候较高。残宽4.6、残高2.6厘米（图二八三，11）。

2）Ab型

6个。

H522

位置：位于99AT0301中部偏北，Y14北部，坑口距地表深520厘米。层位关系：㊾—H522→H525。

形制：坑口平面近圆形，弧壁，圜底，坑壁、底无明显加工痕迹。口径170～180、深50厘米（图二八四）。

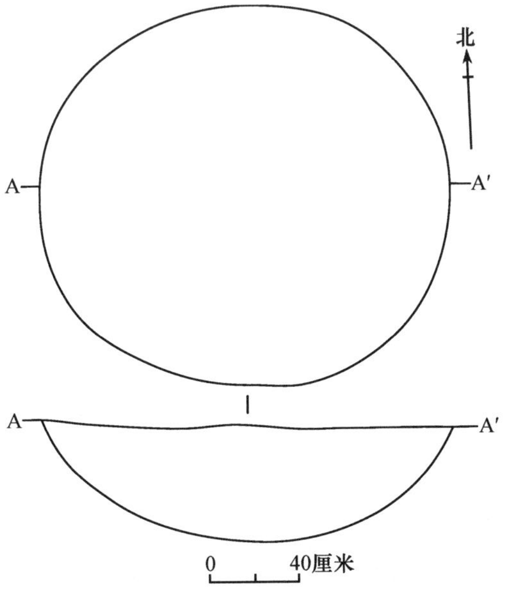

图二八四　H522平、剖面图

坑内堆积与包含物：坑内填灰黑土，质松，夹炭粒。包含陶器较少。

出土遗物：出土陶器共31件。陶质全为夹砂。陶色以红陶为主，占35.48%，其次为灰、黑陶，分别占29.03%和25.84%，褐陶较少，占9.68%。器表以纹饰为主，占77.74%，部分素面，占32.26%。纹饰以绳纹为主，占54.80%，附加堆纹、复合纹、瓦棱纹较少。器类以缸为主，占58.06%，瓮、罐、钵等较少（表一〇六）。

表一〇六 H522出土陶器统计表

陶质	夹砂				合计	%
陶色	灰	红	黑	褐		
纹饰/器类						
绳纹	6	5	4	2	17	54.80
瓦棱纹		1			1	3.23
附加堆纹		2			2	6.45
复合纹		1			1	3.23
素面	3	2	4	1	10	32.26
合计	9	11	8	3	31	100
%	29.03	35.48	25.84	9.68	100	
缸口	5	5	4	2	16	51.61
缸底	1		1		2	6.45
折沿瓮	1				1	3.23
贴边罐				1	1	3.23
喇叭口罐		1			1	3.23
豆			2		2	6.45
器盖			1		1	3.23
钵		3			3	9.68
圈足	1				1	3.23
平底		1			1	3.23
不明器	1	1			2	6.45

参加分类排队的陶器22件，挑选标本7件。

缸口 16件。C型。

Ca型 12件。

Ⅱ式：7件。

标本H522：1，夹砂红陶，局部褐。唇内外双向饰较浅戳印纹，上腹饰斜绳纹。敞口，上腹斜收，残。手制，火候较高。残宽6.6、残高5.6厘米（图二八五，1）。标本H522：2，夹砂红陶，局部褐。唇饰较深粗戳印纹，上腹饰斜绳纹。敞口，上腹微斜收，残。手制，火候较高。残宽7.2、残高5厘米（图二八五，2）。

Ⅲ式：5件。

标本H522：3，夹砂灰褐陶，局部、里红。唇饰深粗戳印纹，上腹饰斜绳纹，外沿有手捏痕。敞口，上腹斜收，残。手制，火候较高。残宽8.2、残高4.4厘米（图二八五，3）。

Cb型 4件。标本碎小。

折沿瓮 1件。B型。

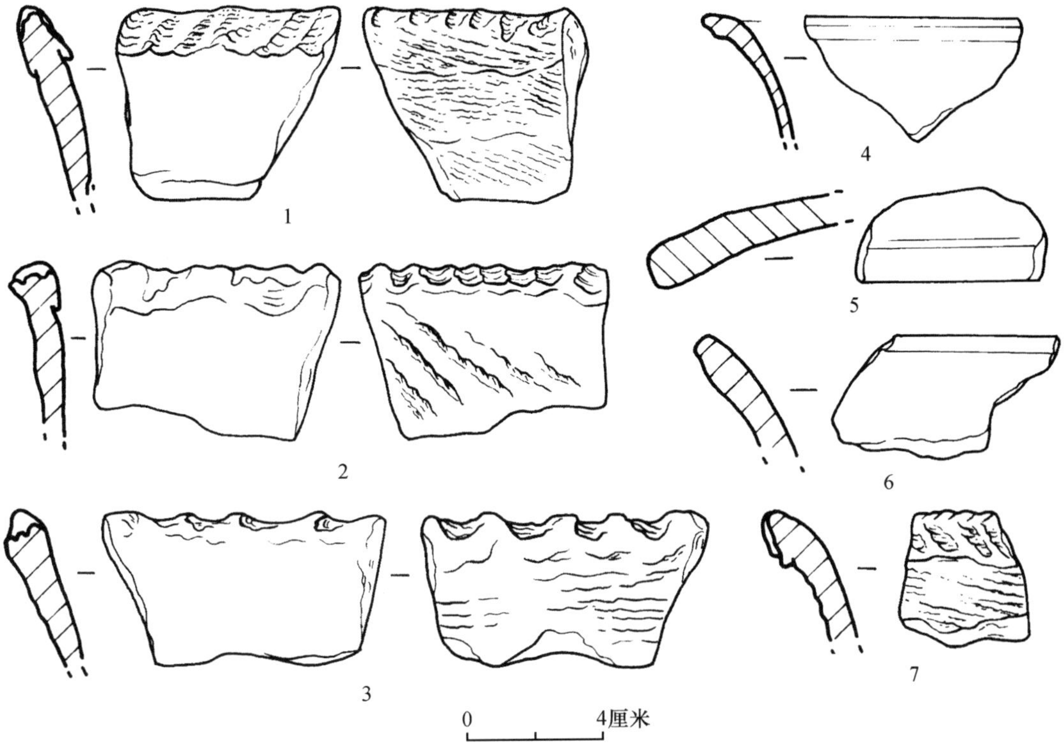

图二八五　H522出土陶器

1、2. Ca型Ⅱ式缸口（H522：1、H522：2）　3. Ca型Ⅲ式缸口（H522：3）　4. B型折沿瓮（H522：7）
5. A型器盖（H522：5）　6. 喇叭口罐（H522：4）　7. B型贴边罐（H522：6）

标本H522：7，夹砂褐陶，局部红，胎红夹黑褐。素面，内外壁磨光。侈口，折沿微斜，外沿内凹，圆唇，高束领，残。轮制，火候较高。残宽12.6、残高7厘米（图二八五，4）。

喇叭口罐　1件。

标本H522：4，夹砂褐陶，局部、胎黑褐。素面，内外壁磨光。喇叭口，圆唇，残。轮制，火候较高。残宽6.7、残高3.6厘米（图二八五，6）。

贴边罐　1件。B型。

标本H522：6，夹砂褐陶，局部、里红褐。唇、外沿饰戳印纹，上腹饰斜绳纹。喇叭口，残。轮制，火候较高。残宽3.8、残高3.8厘米（图二八五，7）。

器盖　1件。A型。

标本H522：5，夹砂黑陶，里红。素面，内外壁磨光。敞口，圆唇，浅盘，弧腹，圜底，残。轮制，火候较高。残宽5.6、残高2.6厘米（图二八五，5）。

钵　2件。Ca型Ⅰ式。标本碎小。

3）Ad型

2个。

H281

位置：位于98AT0103西南部，坑口距地表深475厘米。层位关系：F140—H281→㊱。

形制：坑口平面呈不规则圆形，壁、底不规整，西壁较直，南、东壁略弧，北壁上部折内收、下部较直，不见加工痕迹。口径112、底径100、深42厘米（图二八六）。

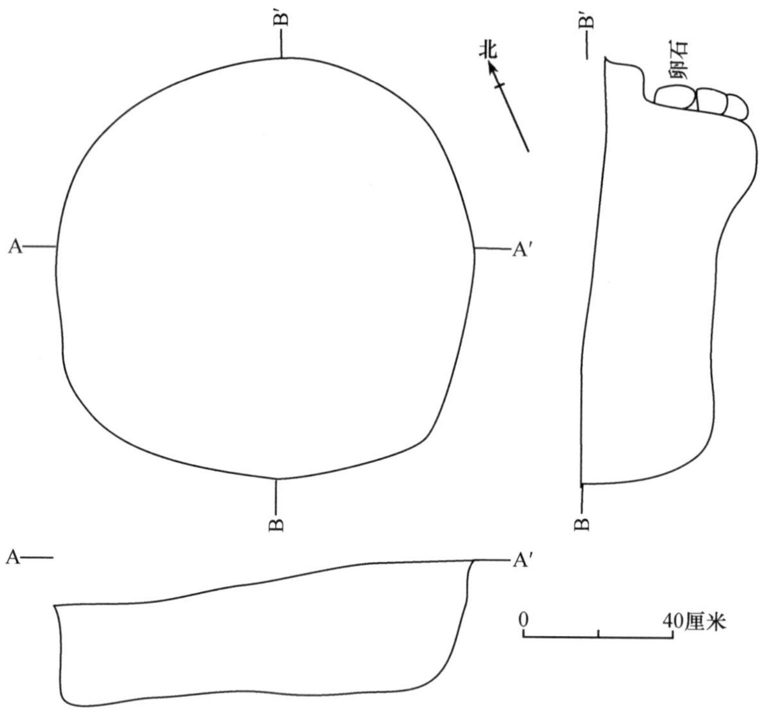

图二八六　H281平、剖面图

坑内堆积与包含物：坑内填黄褐色沙土，质松软。包含部分陶片和少量残石器。

出土遗物：出土陶器48件。陶质全为夹砂。陶色以灰、褐陶为主，分别占35.42%、29.17%，其次为红陶和黑陶，各占18.75%和16.67%。器表以纹饰为主，约占62.50%，素面较多，占37.50%。纹饰以绳纹为主，占54.16%，戳印纹、凹弦纹等较少。器类以缸为主，占52.08%，罐、瓮、盘、钵、纺轮等较少，另有20.83%的腹片不辨器类（表一〇七）。还出少量残石器、石片、石核等遗物。

表一〇七　H281出土陶器统计表

陶质	夹砂				合计	%
陶色	灰	红	黑	褐		
纹饰/器类						
粗绳纹			1		1	2.08
绳纹	11	2	4	8	25	52.08
凹弦纹	1				1	2.08
戳印纹	1		1		2	4.17
附加堆纹		1			1	2.08
素面	1	1	1	1	4	8.33
磨光	3	5	1	5	14	29.17
合计	17	9	8	14	48	100
%	35.42	18.75	16.67	29.17	100	
缸	10	2	5	8	25	52.08
罐			1	1	2	4.17

续表

陶质	夹砂				合计	%
陶色	灰	红	黑	褐		
纹饰/器类						
瓮		1			1	2.08
钵		1		1	2	4.17
盘	1				1	2.08
纺轮	1				1	2.08
圈足	1				1	2.08
器底	1	2	1	1	5	10.42
不明器	3	3	1	3	10	20.83

陶器　参加分类排队的陶器31件，挑选标本15件。

缸口　17件。C型。

Ca型　15件。Ⅰ式。

标本H281：13，夹细砂黑陶，褐胎，里灰褐。唇面饰浅戳印纹，器表饰斜绳纹，内壁有刮抹痕。敞口，上腹斜直，残。手制，火候较高。残宽5.9、残高6.9厘米（图二八七，1）。标本H281：14，夹细砂灰褐陶，口部黑，里红。唇面饰浅戳印纹，器表饰组状斜绳纹，口外沿有手捏痕，内壁有制作疵痕。敞口，上腹微弧，残。手制，火候较高。残宽10.6、残高8.2厘米（图二八七，2）。

Cb型　2件。

标本H281：12，夹细砂褐陶，口局部黑。唇面饰戳印纹，器表饰斜绳纹，口外沿有手捏痕。敞口，沿内卷贴，抹平，微有内沿，上腹微弧，残。手制，火候较高。残宽7.9、残高5.2厘米（图二八七，3）。

缸底　2件。Cb型。

标本H281：19，夹细砂红褐陶。素面，器表有刮抹痕。柱状足，实足跟较高，残。手制，火候一般。足径3.6、残高4.1厘米（图二八七，4）。标本H281：18，夹细砂红褐陶。素面，器表有刮抹痕。下腹较斜，柱状足，实足跟较高，残。手制，火候较高。足径3.7、残高5.9厘米（图二八七，5）。

瓮　1件。B型。

标本H281：8，夹细砂灰陶。唇面饰凹弦纹一道，器表饰多道细划纹，内外壁粗磨。敞口，圆唇，束领，残。轮制，火候高。残宽4.2、残高4.8厘米（图二八七，6）。

盘口罐　1件。Bb型Ⅱ式。

标本H281：6，夹细砂黑陶，口、里红褐。口外下凹处饰戳印纹。敞口，圆唇，口外下内凹，浅盘，残。轮制，火候较高。残宽6.2、残高5厘米（图二八七，7）。

敞口罐　1件。C型。

标本H281：5，夹细砂褐陶，局部黑。唇面饰戳印纹。敞口，唇面微凹，唇下缘外凸，腹较斜，残。轮制，火候较高。残宽5.9、残高4.5厘米（图二八七，8）。

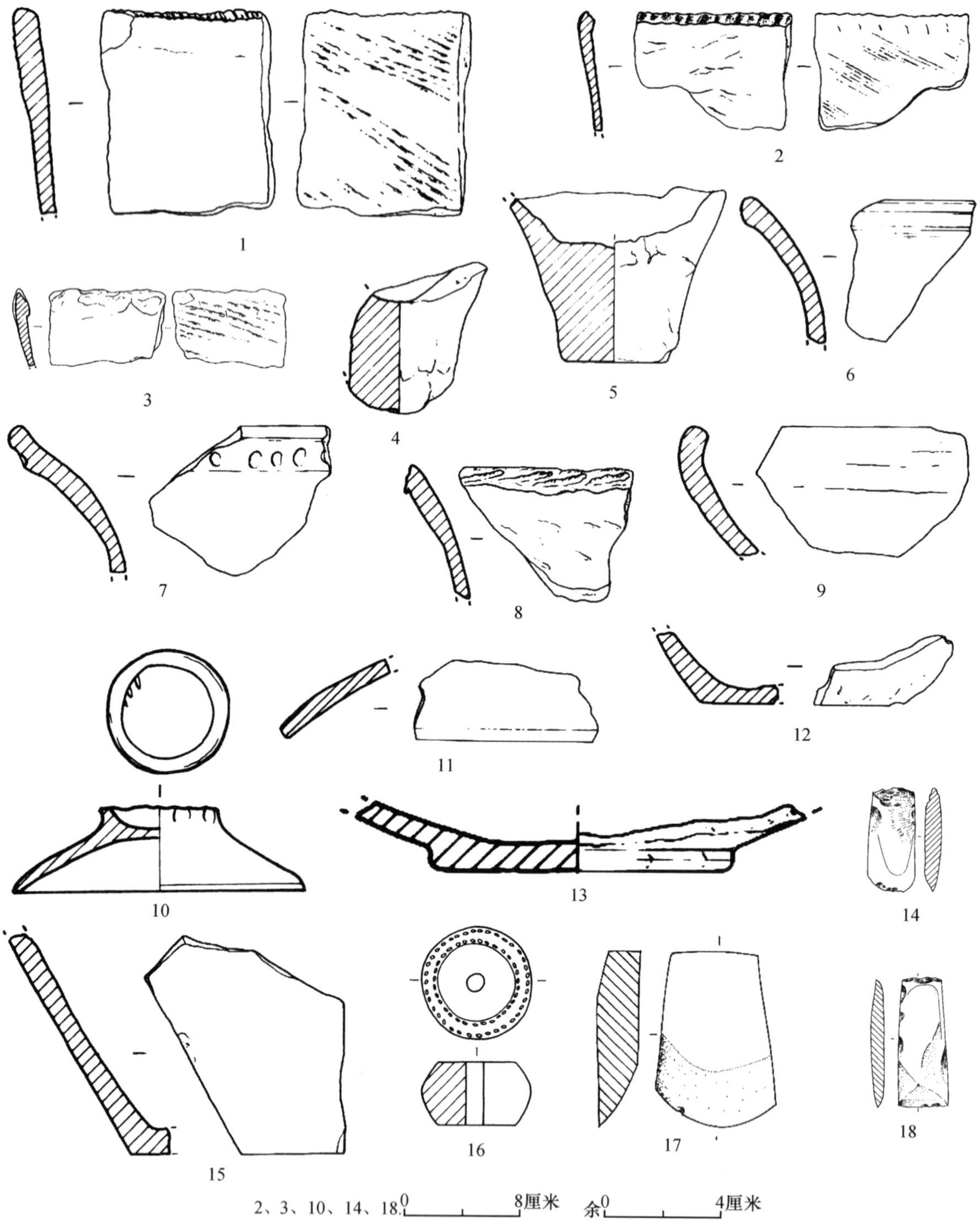

图二八七　H281出土器物

1、2. Ca型Ⅰ式陶缸口（H281：13、H281：14）　3. Cb型陶缸口（H281：12）　4、5. Cb型陶缸底（H281：19、H281：18）　6. B型陶瓮（H281：8）　7. Bb型Ⅱ式陶盘口罐（H281：6）　8. C型陶敞口罐（H281：5）　9. Ca型Ⅰ式陶钵（H281：11）　10、11. B型陶器盖（H281：20、H281：9）　12、15. 陶器底（H281：15、H281：16）　13. Aa型陶圈足（H281：17）　14、18. Aa型石凿（H281：3、H281：4）　16. Cb型陶纺轮（H281：2）　17. Aa型石锛（H281：1）

钵　1件。Ca型Ⅰ式。

标本H281：11，夹粗砂红陶。素面，外壁磨光，外上壁有刮抹痕，内壁有划痕。敛口，内卷沿，圆唇，弧腹，残。手制轮修，火候高。残宽7.3、残高4.3厘米（图二八七，9）。

器盖　3件。B型。

标本H281：20，夹细砂红陶，局部灰、黑。素面，盘壁内外磨光。覆盘状，圆圈形捉手，壁较斜直，敞口，尖唇，复原。手制轮修，火候较高。口径20、纽径9、通高5.6厘米（图二八七，10；图版二九，3）。标本H281：9，夹细砂灰黑陶，口部、里褐。素面，内外壁磨光。敞口，方唇，弧壁，残。手制轮修，火候较高。残宽6.2、残高2.7厘米（图二八七，11）。

圈足　1件。Aa型。

标本H281：17，夹细砂红陶。素面，外壁磨光。下腹微弧，残。轮制，火候高。足径10.2、残高2.3厘米（图二八七，13）。

器底　3件。

标本H281：15，夹粗砂灰黑陶，里红。器表饰竖戳印纹。下腹微弧，平底，残。轮制，火候较高。残宽4.8、残高2.4厘米（图二八七，12）。标本H281：16，夹粗砂褐陶，里灰。素面，外壁磨光。下腹斜直，平底，残。手制，火候高。残宽6.8、残高7.4厘米（图二八七，15）。

纺轮　1件。Cb型。

标本H281：2，夹砂黑陶，局部褐。上腰部饰小圆形戳印纹两排。圆台形，顶、底平，鼓腰，中部圆形穿，完整。轮制，火候较高。直径3.7、穿径0.5、高2.1厘米（图二八七，16；图版三〇，6）。

石器　发现数量较少，有锛、凿等。

锛　1件。Aa型。

标本H281：1，灰色变质岩，局部黄褐色。平面呈梯形，微弧顶，弧刃、微有小崩疤，偏锋，完整。磨制。长6、宽4、厚1.4厘米（图二八七，17）。

凿　2件。Aa型。

标本H281：3，黑色角岩，多灰白色层理。窄长方形，弧刃、多崩疤，偏锋，残。磨制。残长7.1、宽3.2、厚1厘米（图二八七，14）。标本H281：4，黑色角岩，多灰白色层理。窄长方形，两端刃、多崩疤，偏锋，残。磨制。残长8.9、宽3.5、厚0.9厘米（图二八七，18）。

（2）B型

7个。

1）Ba型

2个。

H314

位置：位于98AT0103东北部，坑口距地表深555厘米，被H318打破。层位关系：F142→H314→㊴。

形制：从暴露部分观察，坑口平面呈椭圆形，坑壁较斜，底不平，壁、底不见加工痕迹。残长径102、短径100、深54厘米（图二八八）。

坑内堆积与包含物：坑内填灰黑色土，质松软。包含少量陶片和2件陶豆。

出土遗物：出土陶器共183件。陶质以夹砂为主，占99.45%，可细分为夹粗砂与夹细砂两种，以夹细砂为主，占95.63%，夹粗砂很少，仅占3.82%，泥质陶极少，只占0.55%。陶色以灰陶为主，占44.81%，次为黑陶、红陶和灰褐陶，分别占20.22%、17.49%和15.85%，褐陶最

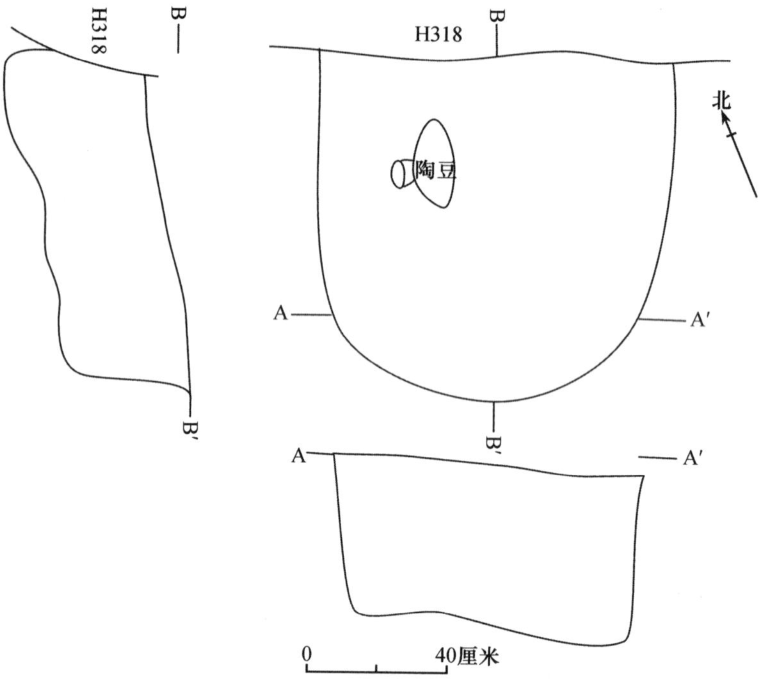

图二八八　H314平、剖面图

少，只占1.64%。器表以纹饰为主，占58.47%，素面较多，占41.53%。纹饰以绳纹为主，占43.17%，篦点纹较少，占6.01%，复合纹、附加堆纹、阴弦纹、凹弦纹、划纹、戳印纹很少。器类以缸为主，占73.22%，罐、瓮、豆、盆、钵、盘等较少（表一〇八）。

表一〇八　**H314出土陶器统计表**

陶质	夹粗砂		夹细砂					泥质	合计	%
陶色	灰	红	灰	红	黑	褐	灰褐	灰		
纹饰/器类										
绳纹	5		33	7	11	2	21		79	43.17
凹弦纹					1				1	0.55
划纹							1		1	0.55
戳印纹	1								1	0.55
附加堆纹			1	4					5	2.73
篦点纹			6	1	4				11	6.01
复合纹		1	1	2	1		1		6	3.28
阴弦纹			1	1			1		3	1.64
素面			33	16	20	1	5	1	76	41.53
合计	6	1	75	31	37	3	29	1	183	100
%	3.28	0.55	40.98	16.94	20.22	1.64	15.85	0.55	100	
缸口	4		9	3	12		4		32	17.49
缸腹			44	11	14		23		92	50.27
缸底	1		6	1			2		10	5.46
罐口	1	1	1	1	1	1			6	3.28

续表

陶质	夹粗砂		夹细砂					泥质	合计	%
陶色	灰	红	灰	红	黑	褐	灰褐	灰		
纹饰/器类										
瓮			4	5					9	4.92
豆					1	1			2	1.09
盆			1						1	0.55
钵			4	2	5				11	6.01
盘			2	2	1			1	6	3.28
圈足				1		1			2	1.09
平底				2					2	1.09
不明器			4	3	3				10	5.46

参加分类排队的陶器54件，挑选标本27件。

缸口　29件。

B型　25件。

Ⅳ式：1件。标本碎小。

Ⅴ式：24件。

标本H314：18，夹细砂褐陶，灰胎。唇面、器表饰戳印纹，口外沿有手捏痕，内壁有刮抹痕。敞口，上腹微弧，残。手制，火候较高。残宽6.8、残高6厘米（图二八九，1）。标本H314：19，夹细砂灰褐陶，局部黑，里灰。唇面、器表饰戳印纹，口外微有手捏痕，沿内卷贴抹平。口微敛，上腹微弧，残。手制，火候较高。残宽8.3、残高5厘米（图二八九，2）。

C型　4件。

Ca型　1件。Ⅲ式。

标本H314：23，夹细砂灰陶，里黑。唇面饰戳印纹和凹槽，器表饰粗绳纹，口外沿有手捏痕，内壁有划痕。敞口，上腹较斜直，残。手制，火候较高。残宽5.6、残高4.7厘米（图二八九，5）。

Cb型　3件。

标本H314：20，夹粗砂灰褐陶，局部红、灰黑。唇面饰戳印纹，器表饰组状斜绳纹，口外沿有手捏痕，内壁有疵裂痕。敞口，上腹微弧，残。手制，火候较高。残宽7.4、残高5.9厘米（图二八九，3）。标本H314：21，夹细砂灰黑陶，里红褐。唇面饰戳印纹，器表饰划纹，口外沿有手捏痕。口微敛，上腹近直，腹斜直，残。手制，火候较高。残宽5.5、残高6.3厘米（图二八九，4）。

缸底　2件。

B型　1件。

标本H314：28，夹粗砂灰陶，里黑。器表饰斜粗绳纹，外底饰交错粗绳纹。下腹较斜直，平底，残。手制，火候较高。底径5.8、残高3.8厘米（图二八九，7）。

C型　1件。Cb型。

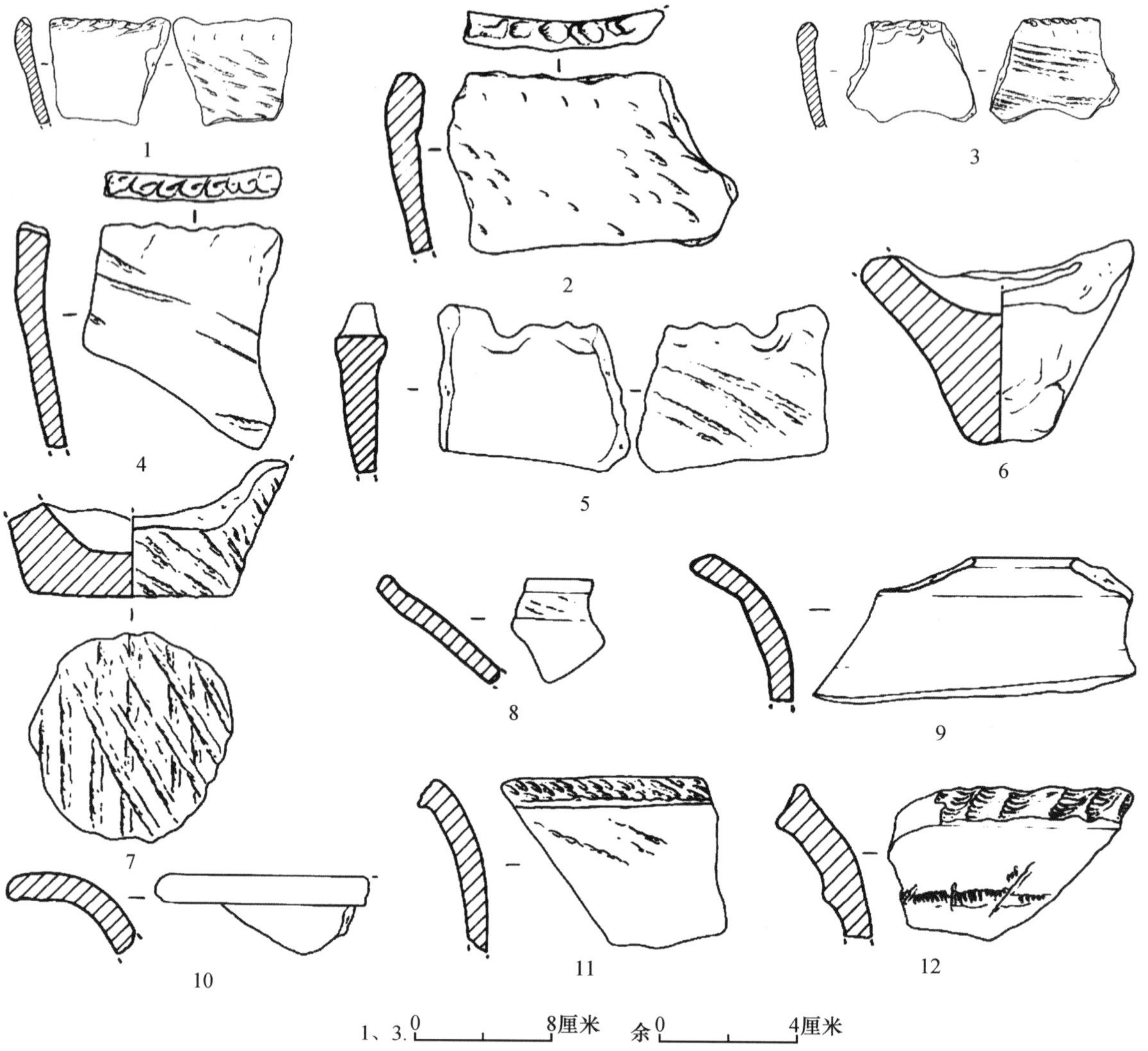

图二八九　H314出土陶器

1、2. B型Ⅴ式缸口（H314：18、H314：19）　3、4. Cb型缸口（H314：20、H314：21）
5. Ca型Ⅲ式缸口（H314：23）　6. Cb型缸底（H314：29）　7. B型缸底（H314：28）
8. Ab型盘口器（H314：9）　9、10. 高领罐（H314：5、H314：30）　11、12. C型敞口罐（H314：6、H314：7）

标本H314：29，夹粗砂红褐陶，局部、胎黑，里褐。素面，器表有刮抹痕。下腹较斜，柱状足，实足跟较高，残。手制，火候较高。足径2.5、残高5.8厘米（图二八九，6）。

盘口器　1件。Ab型。

标本H314：9，夹细砂红褐陶。素面。敞口，微有盘，方圆唇，残。轮制，火候较高。残宽2.7、残高3厘米（图二八九，8）。

高领罐　3件。

标本H314：5，夹细砂橙黄陶，灰黑胎，里黑褐。素面，饰黑褐陶衣，器表有裂痕。敞口，卷沿，斜方唇，外沿下有折棱，残。轮制，火候高。残宽9、残高4.2厘米（图二八九，9）。标本H314：30，夹细砂灰陶。素面，内外壁磨光。敞口，卷沿，圆唇，残。轮制，火候高。残宽6.4、残高2.3厘米（图二八九，10）。

敞口罐　3件。C型。

标本H314：6，夹细砂红陶，局部黄褐。唇面饰戳印纹，器表饰斜绳纹。敞口，唇缘外下斜，残。轮制，火候一般。残宽6.3、残高4.8厘米（图二八九，11）。标本H314：7，夹粗砂红陶，局部褐黑。唇面饰组状戳印纹，器表饰附加堆纹，再在其上饰戳印纹。敞口，唇缘外凸，唇面内凹，残。轮制，火候较高。残宽7、残高4.3厘米（图二八九，12）。

豆　2件。

标本H314：1，夹砂红褐陶，局部、里黑。素面。敞口，圆唇，盘较深、壁较斜直，粗圈足形豆座，复原。手制，火候较高。口径24.4、足径6.4、通高10厘米（图二九〇，1；图版二六，5）。标本H314：2，磨光黑陶，圈足下部红褐色。形制同H314：1，唯圈足增高，盘稍浅，修复。口径22.4、足径12、通高11.4厘米（图二九〇，2；图版二六，6）。

高圈足盘　2件。

标本H314：10，夹细砂红陶。素面。敞口，圆唇，唇下微凹，壁较斜直，残。手制轮修，火候一般。残宽 7.2、残高2.8厘米（图二九〇，5）。标本H314：11，夹细砂灰黄陶，局部红，灰黑胎，里灰褐。素面。敞口，圆唇，唇下微凹，壁较斜直，残。轮制，火候较高。残宽5.8、残高2厘米（图二九〇，6）。

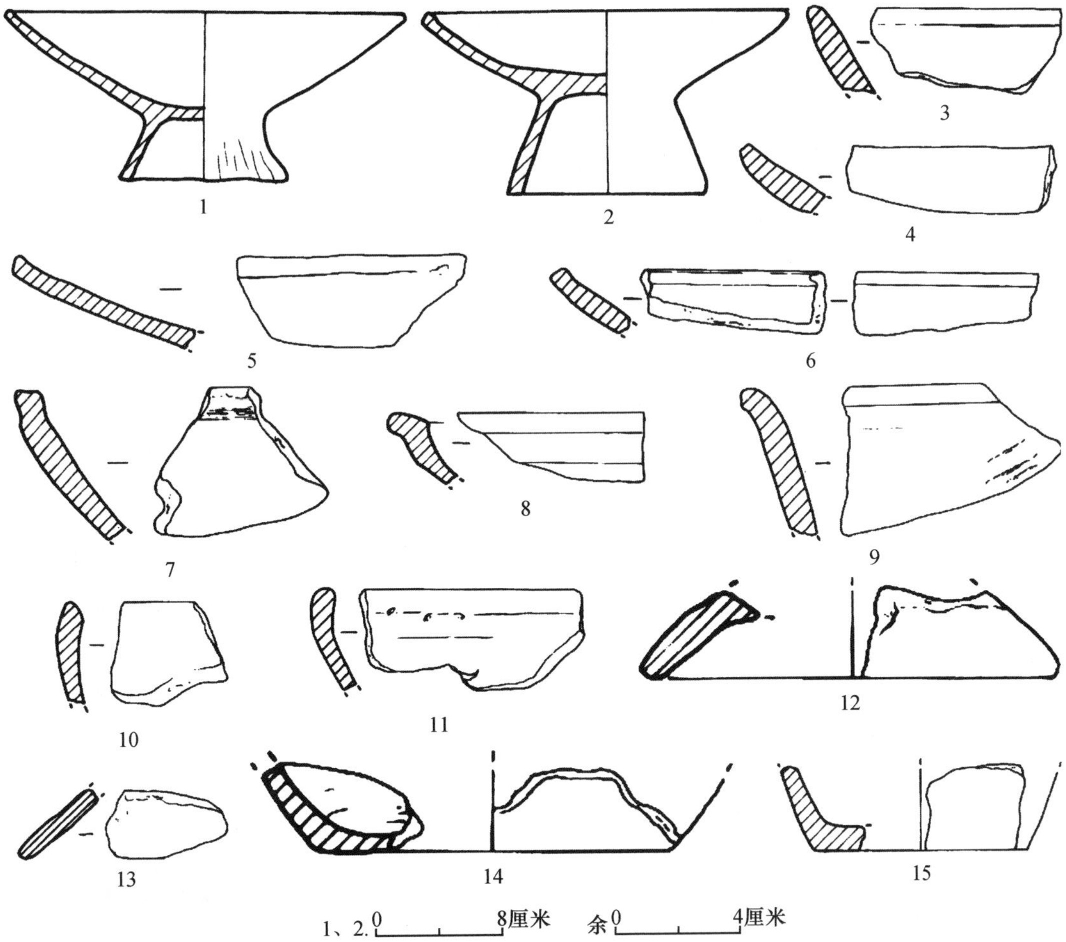

图二九〇　H314出土陶器

1、2. 豆（H314：1、H314：2）　3. A型Ⅰ式钵（H314：16）　4、7. A型盘（H314：13、H314：14）　5、6. 高圈足盘（H314：10、H314：11）　8. Ⅱ式有沿盘（H314：15）　9. A型盆（H314：4）　10、11. Ca型Ⅰ式钵（H314：12、H314：17）　12、13. Ba型圈足（H314：25、H314：24）　14、15. 平底（H314：26、H314：27）

盘　3件。A型。

标本H314：13，夹细砂红陶。素面，内外壁磨光，器表有刮抹痕。敞口，方唇，弧壁，残。手制，火候高。残宽6.6、残高2.2厘米（图二九〇，4）。标本H314：14，夹细砂黑陶，里褐。唇面一细划纹，口外下有一浅凹槽，内外壁磨光。敞口，唇面微凹，弧腹，残。轮制，火候不高。残宽5.6、残高4.6厘米（图二九〇，7）。

有沿盘　1件。Ⅱ式。

标本H314：15，泥质灰陶，有黑斑。素面，内外壁磨光。口近直，折沿，圆唇，折腹，残。轮制，火候高。残宽5.6、残高2.2厘米（图二九〇，8）。

盆　1件。A型。

标本H314：4，夹细砂灰陶，里红褐。器表饰细绳纹，内壁粗磨。敞口，圆唇，上腹斜直，残。轮制，火候较高。残宽6.9、残高4.3厘米（图二九〇，9）。

钵　3件。

A型　1件。Ⅰ式。

标本H314：16，夹细砂黑陶，里局部红褐。口外下饰细划纹，内外壁磨光。敞口，圆唇，腹较斜直，残。轮制，火候高。残宽6、残高2.7厘米（图二九〇，3）。

C型　2件。Ca型Ⅰ式。

标本H314：12，夹细砂红褐陶，里灰黑。素面，内外壁磨光。敛口，圆唇，弧腹，残。轮制，火候高。残宽3.6、残高3.1厘米（图二九〇，10）。标本H314：17，夹细砂褐陶，口、里黑。素面，内外壁磨光，器表有划痕和疵点。口微敛，圆唇，弧腹，残。轮制，火候较高。残宽7、残高3.1厘米（图二九〇，11）。

圈足　2件。Ba型。

标本H314：25，夹粗砂褐陶，里黑。足唇上饰划纹。圈足外撇，壁微弧，残。轮制，火候高。足径13.2、残高2.7厘米（图二九〇，12）。标本H314：24，夹粗砂褐陶。素面。圈足外撇较直，残。轮制，火候一般。残宽3.8、残高2.1厘米（图二九〇，13）。

平底　2件。

标本H314：26，夹细砂红褐陶，里黑。素面。下腹微弧，残。轮制，火候较高。底径11.2、残高2.6厘米（图二九〇，14）。标本H314：27，夹细砂红陶。素面。下腹微弧，残。手制，火候高。底径6.8、残高2.6厘米（图二九〇，15）。

2）Bb型

4个。

H763

位置：位于02DT0101东南部。层位关系：㉝—H763→㉞。

形制：坑口平面呈不规则椭圆形，弧壁，圜底，坑壁、坑底无加工痕迹。口长径140、短径110、深46厘米（图二九一）。

坑内堆积与包含物：坑内填灰花土，夹烧土粒较多，质疏松。包含物主要为陶器，少量残石器和骨器。

出土遗物：出土陶器共55件。陶质全为夹砂。陶色以红、褐陶为主，各占40.00%和

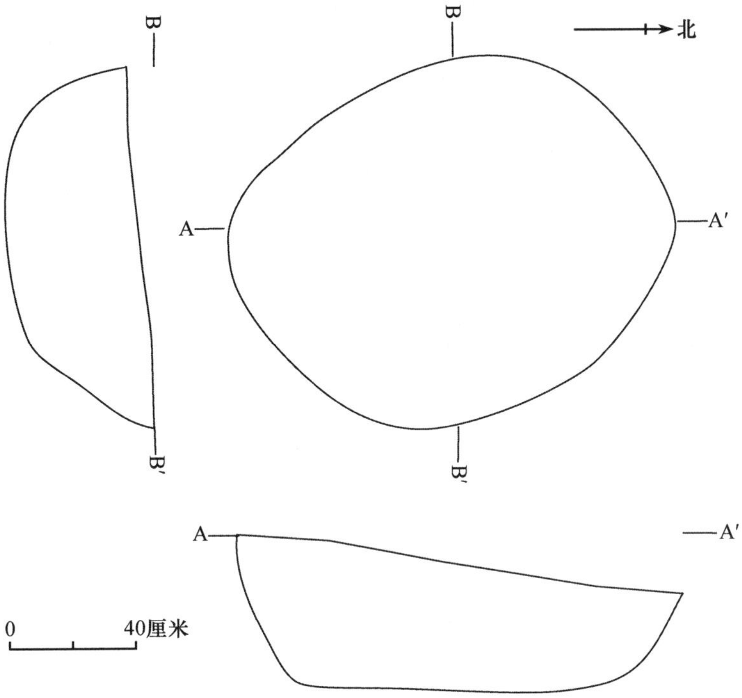

图二九一　H763平、剖面图

38.18%，次为灰陶，占14.55%，黑陶较少，占7.27%。器表全部饰纹，纹饰以绳纹为主，粗绳纹、绳纹占61.82%，次为复合纹，占23.64%，弦纹、附加堆纹较少，在饰弦纹和附加堆纹的陶器中，多经过磨光处理，约占38.18%。器类以缸为主，占49.09%，罐、盖、圈足等较少，另有30.91%的腹片不辨器形（表一〇九）。

表一〇九　H763出土陶器统计表

陶质	夹砂				合计	%
陶色	灰	红	黑	褐		
纹饰/器类						
粗绳纹	3	1	1	1	6	10.90
绳纹	5	9		14	28	50.90
凸弦纹		1		1	2	3.63
凹弦纹		3		1	4	7.27
附加堆纹		1		1	2	3.63
复合纹		7	3	3	13	23.63
合计	8	22	4	21	55	100
%	14.54	40.00	7.27	38.18	100	
贴边罐		2			2	3.63
敞口罐				1	1	1.81
盖		2			2	3.63
盘口罐		1		1	2	3.63
盘口器				2	2	3.63

续表

陶质	夹砂				合计	%
陶色	灰	红	黑	褐		
纹饰/器类						
缸	8	7	1	11	27	49.09
圈足				1	1	1.81
器底		1			1	1.81
不明器		9	3	5	17	30.90

参加分类排队的陶器25件，挑选标本15件。

缸口　16件。

B型　2件。

Ⅳ式：1件。标本碎小。

Ⅴ式：1件。

标本H763：1，夹砂灰陶，里黑。唇部饰戳印纹，器表饰戳划纹，外沿微有手捏痕。敛口，鼓腹，残。手制，火候较高。残宽9.2、残高6厘米（图二九二，1）。

C型　14件。

Ca型　13件。

Ⅰ式：5件。

标本H763：2，夹砂红陶，局部、里黑。唇部饰戳印纹，器表饰交错绳纹。敞口，上腹斜内收，残。手制，火候较高。残宽6.9、残高4.6厘米（图二九二，2）。标本H763：3，夹粗砂红陶，局部褐。唇部饰戳印纹，器表饰斜绳纹。敞口，上腹斜弧收，残。手制，火候较高。残宽6.6、残高5.2厘米（图二九二，3）。

Ⅱ式：6件。

标本H763：4，夹砂褐陶，里灰黑。唇部外沿饰较深斜粗戳印纹、内沿饰窄带形戳印纹，器表饰斜绳纹。敞口，上腹斜收，残。手制，火候较高。残宽6.4、残高6.2厘米（图二九二，4）。标本H763：5，夹砂红褐陶，胎、里灰。唇部饰较深斜戳印纹，器表饰斜绳纹。敞口，上腹斜弧收，残。手制，火候较高。残宽8.2、残高5.4厘米（图二九二，5）。

Ⅲ式：2件。

标本H763：6，夹砂灰黑陶，局部红褐。唇部饰深粗戳印纹，内沿饰戳印纹，器表饰斜绳纹。敞口，上腹斜收，残。手制，火候较高。残宽6.6、残高4.6厘米（图二九二，6）。

Cb型　1件。

标本H763：7，夹砂红褐陶，局部黑，胎、里灰褐。唇部饰戳印纹，器表饰斜绳纹，外沿微有手捏痕。敞口，上腹斜收，残。手制，火候较高。残宽7.4、残高6.4厘米（图二九二，7）。

卷沿罐　1件。B型Ⅱ式。

标本H763：13，夹砂黑陶，局部褐。唇部饰戳印纹，上腹饰指甲形戳印纹。喇叭口，上腹

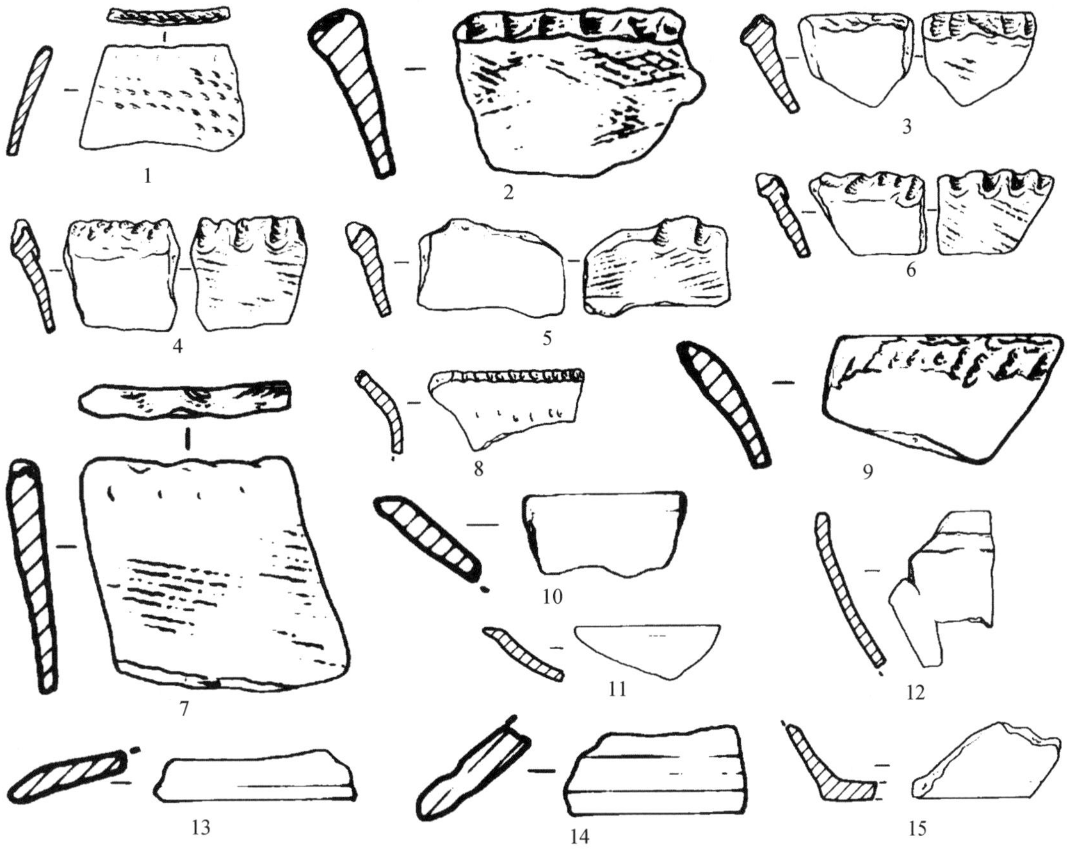

图二九二　H763出土陶器

1. B型Ⅴ式缸口（H763：1）　2、3. Ca型Ⅰ式缸口（H763：2、H763：3）　4、5. Ca型Ⅱ式缸口（H763：4、H763：5）　6. Ca型Ⅲ式缸口（H763：6）　7. Cb型缸口（H763：7）　8. B型Ⅱ式卷沿罐（H763：13）　9. B型贴边罐（H763：14）　10、11. Ⅰ式有沿盘（H763：10、H763：11）　12. Ca型Ⅰ式钵（H763：12）　13. A型器盖（H763：8）　14. C型器盖（H763：9）　15. 器底（H763：15）

较直，残。手制，火候较高。残宽8.6、残高4.4厘米（图二九二，8）。

贴边罐　1件。B型。

标本H763：14，夹砂红陶。外沿饰戳印纹，内壁粗磨。喇叭口，残。轮制，火候较高。残宽6.7、残高3.5厘米（图二九二，9）。

有沿盘　2件。Ⅰ式。

标本H763：10，夹砂黑褐陶，红褐胎。素面，内外壁磨光。敞口，窄折平沿，圆唇，弧腹，残。轮制，火候较高。残宽4.6、残高2.3厘米（图二九二，10）。标本H763：11，夹砂黑陶，局部褐，里部分红。素面，内外壁磨光。敞口，折平沿，弧腹，残。轮制，火候较高。残宽8.1、残高3厘米（图二九二，11）。

钵　2件。Ca型Ⅰ式。

标本H763：12，夹砂红陶，里黑。上腹饰划纹，内外壁粗磨。口微敛，圆唇，弧腹，残。手制，火候较高。残宽6、残高8.4厘米（图二九二，12）。

器盖　2件。

A型　1件。

标本H763：8，夹砂红陶。内壁有薄层灰白色附着物。壁较斜，敞口，圆唇，残。轮制，火候较高。残宽5.6、残高1.4厘米（图二九二，13）。

C型　1件。

标本H763：9，夹砂红陶。壁饰斜绳纹，外沿、内壁磨光。壁微弧，喇叭口，外沿下有凹槽一周，圆唇，残。轮制，火候较高。残宽5、残高2.4厘米（图二九二，14）。

器底　1件。

标本H763：15，夹砂红陶，黑胎。素面，外壁磨光。下腹弧收，平底，残。轮制，火候较高。残宽8.4、残高4.2厘米（图二九二，15）。

3）Bc型

1个。

H296

位置：位于98AT0103东南部，部分压于探方壁，坑口距地表深500厘米。层位关系：㊱—H296→㊲。

形制：从暴露部分观察，坑口平面为椭圆，壁较直，底略圜，壁、底不见加工痕迹。口残长径100、短径85、底长径92、短径73、深46厘米（图二九三）。

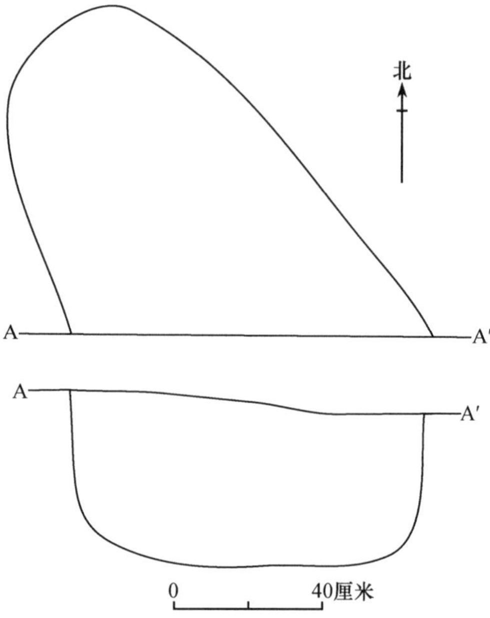

图二九三　H296平、剖面图

坑内堆积与包含物：坑内填灰褐色灰土，质松软。包含少量陶片，还出土石器1件。

出土遗物：出土陶器54件。陶质全为夹砂，以夹细砂为主，占98.15%，夹粗砂极少，仅占1.85%。陶色以灰、红陶为主，各占33.33%和31.48%，次为褐、黑陶，各占18.52%和16.67%。器表以纹饰为主，占57.41%，素面较多，占42.59%。纹饰以绳纹为主，占40.74%，附加堆纹、复合纹、划纹、细绳纹较少。器类以缸为主，占62.96%，次为罐，占22.23%，瓮、钵、盘口器很少（表一一〇）。还出土石凿1件。

表一一〇　H296出土陶器统计表

陶质	夹粗砂	夹细砂				合计	%
陶色	黑	灰	红	黑	褐		
纹饰/器类							
绳纹		10	2	3	7	22	40.74
细绳纹			1			1	1.85
划纹		1		1		2	3.70
附加堆纹			3	1		4	7.41
复合纹		1			1	2	3.70
素面	1	6	11	3	2	23	42.59

续表

陶质	夹粗砂	夹细砂				合计	%
陶色	黑	灰	红	黑	褐		
纹饰/器类							
合计	1	18	17	8	10	54	100
%	1.85	33.33	31.48	14.81	18.52	100	
缸口	1	6	1	1	3	12	22.22
缸腹		8	4	2	6	20	37.04
缸底			2			2	3.70
罐口			1	1	1	3	5.56
罐腹		2	6	1		9	16.67
瓮			1			1	1.85
盘口器		1		1		2	3.70
钵				2		2	3.70
不明器		1	2			3	5.56

陶器　参加分类排队的陶器18件，挑选标本10件。

缸口　12件。

B型　8件。

Ⅳ式：1件。标本碎小。

Ⅴ式：7件。

标本H296：6，夹细砂褐陶，口、里灰黑。唇面、器表饰戳印纹。敞口，沿内卷贴、抹平，腹较斜直，残。轮制，火候一般。残宽6.1、残高4.6厘米（图二九四，1）。标本H296：9，夹细砂红陶。唇面、器表饰戳印纹，外沿微有手捏痕。敞口，沿内卷贴、抹平，腹较斜直，残。手制轮修，火候一般。残宽6、残高4.7厘米（图二九四，2）。

C型　4件。

Ca型　2件。

Ⅰ式：1件。标本碎小。

Ⅲ式：1件。

标本H296：11，夹粗砂红陶，局部黑色。唇面饰粗绳压纹和戳印纹，器表饰斜细绳纹。敛口，上腹内斜，残。手制，火候不高。残宽4.7、残高3.6厘米（图二九四，4）。

Cb型　2件。

标本H296：7，夹细砂黑陶，褐胎。唇面饰戳印纹，外沿有手捏痕。敞口，腹较斜直，残。手制，火候一般。残宽7.2、残高6.9厘米（图二九四，5）。标本H296：10，夹细砂红陶。唇面饰戳印纹，外沿有手捏痕，内壁有划痕。敞口，腹微弧，残。残宽5、残高4.6厘米（图二九四，6）。

缸底　2件。Cb型。

标本H296：8，夹细砂红陶，里黑。素面，器表有手捏痕。不规则圆柱形，实足跟较高。

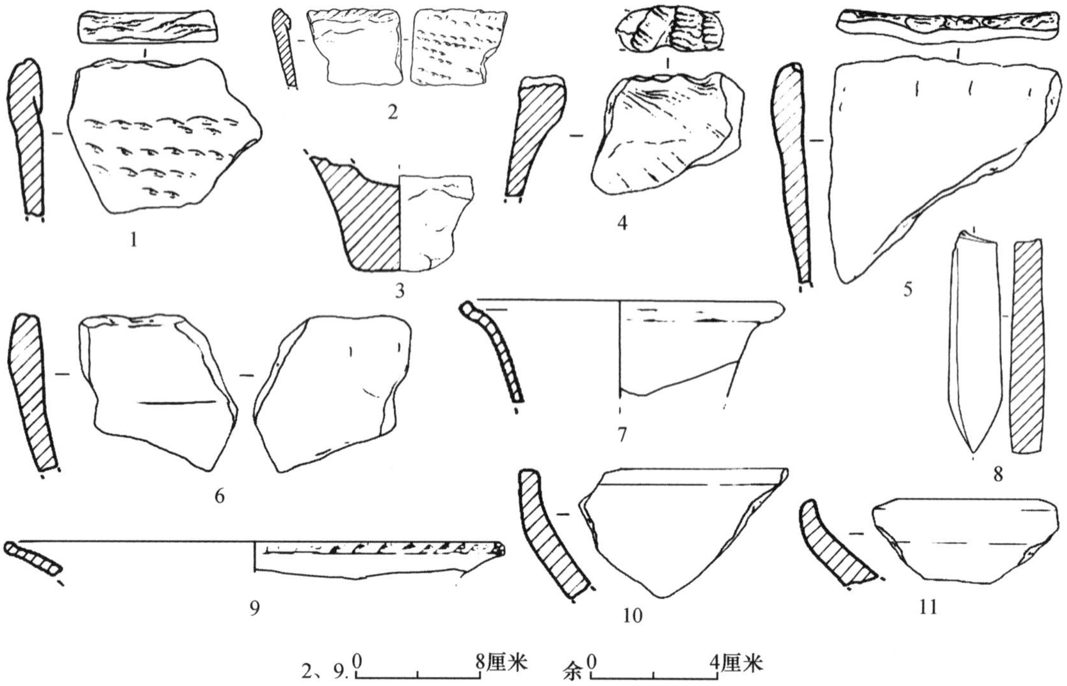

图二九四　H296出土器物

1、2. B型Ⅴ式陶缸口（H296：6、H296：9）　3. Cb型陶缸底（H296：8）　4. Ca型Ⅲ式陶缸口（H296：11）　5、6. Cb型陶缸口（H296：7、H296：10）　7. B型陶敞口罐（H296：2）　8. B型石凿（H296：1）　9. B型陶瓮（H296：5）　10. B型Ⅰ式陶钵（H296：4）　11. A型Ⅰ式陶钵（H296：3）

手制，火候较高。足径3.3、残高3.8厘米（图二九四，3）。

瓮　1件。B型。

标本H296：5，夹细砂红褐陶。唇面饰粗绳压纹。喇叭口，残。轮制，火候高。口径31.8、残高2.3厘米（图二九四，9）。

敞口罐　1件。B型。

标本H296：2，夹细砂褐陶，局部黑。素面，内外壁磨光，有划痕。敞口，卷沿、沿面微凹，方唇，腹较斜直，残。手制轮修，火候高。口径20.2、残高6.6厘米（图二九四，7）。

钵　2件。

A型　1件。Ⅰ式。

标本H296：3，夹细砂黑陶，口局部、里褐。素面。口微敞，弧腹，残。轮制，火候较高。残宽5.8、残高2.6厘米（图二九四，11）。

B型　1件。Ⅰ式。

标本H296：4，夹细砂黑陶。口外下饰凹弦纹一道，内外壁磨光。直口，圆唇，弧腹，残。轮制，火候高。残宽6.4、残高4厘米（图二九四，10）。

石器　仅出土凿1件，B型。

标本H296：1，黑色角岩。窄长条形，弧刃，残。磨制。残长6.6、宽1.1、厚1.6厘米（图二九四，8；图版三二，5）。

（3）F型

6个，其中1个不明亚型。

1）Fa型

1个。

H579

位置：位于99DT0301东部，大部分压于探方壁下，坑口距地表深575厘米。层位关系：㊻—H579→㊼。

形制：从暴露部分观察，坑口平面形状不明，坑壁较斜，圜底，坑壁不规整，无加工痕迹。南北长380、东西宽190、坑深36厘米（图二九五）。

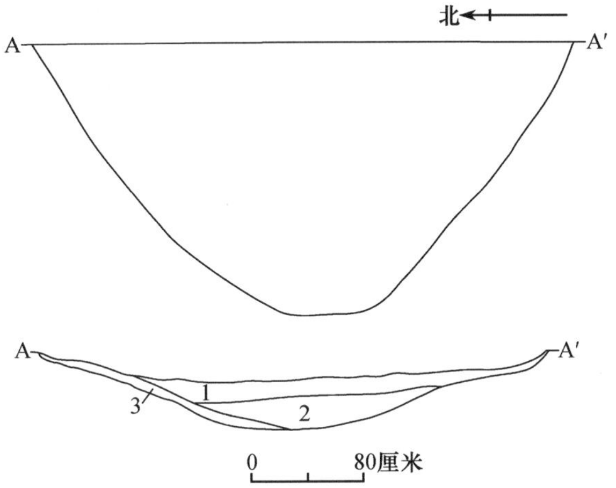

图二九五　H579平、剖面图

坑内堆积与包含物：坑内堆积根据土质、土色差异可分3层。包含物较丰富，有陶器、石器、玉器、兽骨等。

第1层：厚10～15厘米。灰黄色土，质疏松，颗粒较粗。

第2层：厚4～24厘米。红褐色土，质疏松，夹有红色沙土。

第3层：厚5厘米。黄褐色土，质疏松，颗粒较粗，似经火烧。

出土遗物：出土陶器108件。陶质以夹砂为主，占98.15%，泥质陶极少，仅占1.85%。陶色以红、褐陶为主，分别占29.63%和28.70%，黑、灰陶稍少，各占23.15%、18.52%。器表以纹饰为主，占79.63%，素面占20.37%。纹饰以绳纹为主，占61.11%，可分粗、细两种，以粗绳纹为主，复合纹、戳印纹、凹凸弦纹、附加堆纹、镂孔等较少。器类以缸为主，占61.11%，罐、盘、钵、盖等较少，还有18.52%的腹片难辨器形（表一一一）。另出土少量残石器。

表一一一　H579出土陶器统计表

陶质	夹砂				泥质				合计	%
陶色	灰	红	黑	褐	灰	红	黑	褐		
纹饰/器类										
粗绳纹	9	9	10	12					40	37.04
绳纹	8	7	6	5					26	24.07

续表

陶质	夹砂				泥质				合计	%
陶色	灰	红	黑	褐	灰	红	黑	褐		
纹饰/器类										
凸弦纹	1	3							4	3.07
凹弦纹							2		2	1.85
戳印纹		1		4					5	4.63
附加堆纹			1	1					2	1.85
镂孔		1		1					2	1.85
复合纹		2	1	2					5	4.63
素面	2	9	5	6					22	20.37
合计	20	32	23	31			2		108	100
%	18.52	29.63	21.30	28.70			1.85		100	
缸	17	16	16	17					66	61.11
卷沿罐	1	2	1	3					7	6.48
高领罐		2		2					4	3.70
盘口器	1								1	0.93
圈足盘							2		2	1.85
盘		1	1						2	1.85
钵		1	1						2	1.85
器盖				2					2	1.85
圈足			1						1	0.93
器底			3						3	2.78
不明器	2	10	1	7					20	18.52

参加分类排队的陶器85件，挑选标本24件。

缸口　64件。

B型　3件。Ⅴ式。

标本H579：6，夹砂红陶，黑胎。唇饰戳印纹，外沿微有手捏痕。敞口，上腹斜收，残。手制，火候较高。残宽4.6、残高3.6厘米（图二九六，1）。标本H579：8，夹砂红陶，局部、胎黑。唇饰戳印纹，外沿手捏痕。口近直，上腹微弧收，残。手制，火候较高。残宽6、残高5.4厘米（图二九六，2）。

C型　61件。

Ca型　34件。

Ⅰ式：13件。

标本H579：10，夹砂红陶，局部、胎灰褐。唇饰浅戳印纹，上腹饰组状斜绳纹。口近直，上腹微斜收，残。手制，火候较高。残宽7.5、残高4.6厘米（图二九六，3）。标本H579：12，夹砂红陶，局部灰褐、灰黑。唇饰浅戳印纹，上腹饰组状斜绳纹。口微敛，上腹微外斜，残。手制，火候较高。残宽19.4、残高7.6厘米（图二九六，4）。

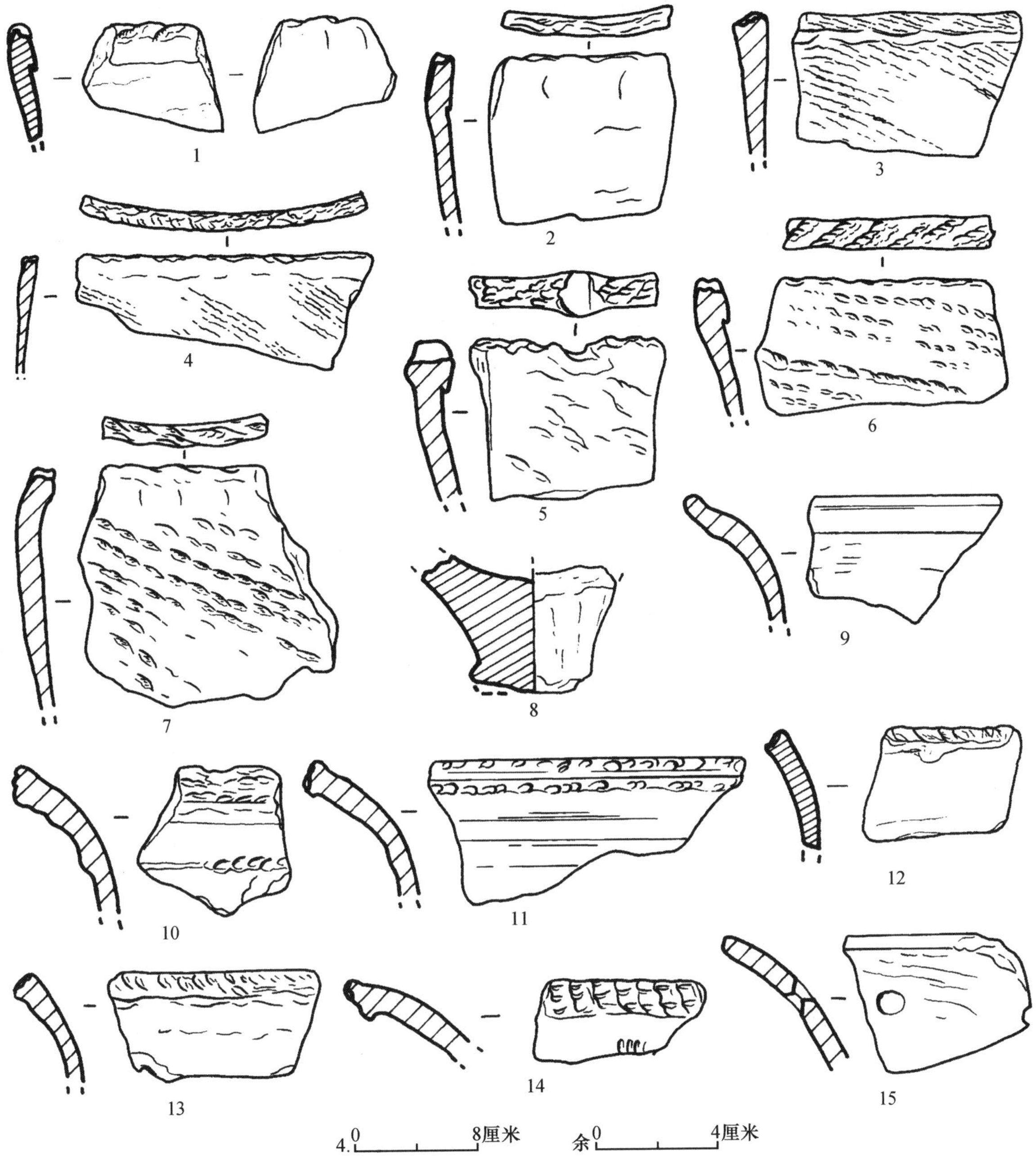

图二九六　H579出土陶器

1、2. B型Ⅴ式缸口（H579：6、H579：8）　3、4. Ca型Ⅰ式缸口（H579：10、H579：12）
5. Ca型Ⅱ式缸口（H579：13）　6、7. Cb型缸口（H579：9、H579：15）　8. Cb型缸底（H579：29）
9. Ab型盘口器（H579：28）　10、11. B型Ⅰ式卷沿罐（H579：23、H579：24）
12、13. B型Ⅱ式卷沿罐（H579：26、H579：25）　14. A型贴边罐（H579：22）　15. 喇叭口罐（H579：27）

Ⅱ式：21件。

标本H579：13，夹砂黑陶，灰褐胎。唇饰浅戳印纹、较浅凹槽，上腹饰戳划纹。敞口，上腹弧收，残。手制，火候较高。残宽6.4、残高5.2厘米（图二九六，5）。

Cb型　27件。

标本H579：9，夹砂红陶，胎局部灰。唇饰浅戳印纹，上腹饰戳划纹。敞口，上腹斜收，残。手制，火候较高。残宽8.2、残高4.4厘米（图二九六，6）。标本H579：15，夹砂红陶，局部、里黑。唇饰戳印纹，上腹饰戳划纹，外沿微有手捏痕。敛口，上腹微鼓，残。手制，火候较高。残宽8.4、残高7.8厘米（图二九六，7）。

缸底 2件。Cb型。

标本H579：29，夹砂红褐陶，局部、里黑。素面，多刮削痕。微有下腹，近杵状底，残。手制，火候较高。残高4.4厘米（图二九六，8）。

盘口器 1件。Ab型。

标本H579：28，夹砂灰白陶，黑胎，里褐。外沿饰细划纹，内外壁磨光。微呈喇叭口，圆唇，上腹内弧，残。轮制，火候较高。残宽6.4、残高4.1厘米（图二九六，9）。

卷沿罐 5件。

B型 4件。

Ⅰ式：2件。

标本H579：23，夹砂灰褐陶，黑胎，里红。唇饰戳印纹，外沿、上腹饰附加堆纹，在堆纹上饰戳印纹，内沿磨光。喇叭口，卷沿，唇面内凹，残。轮制，火候较高。残宽5、残高4.8厘米（图二九六，10）。标本H579：24，夹砂红陶，局部黑，胎红夹黑褐。唇上下缘饰戳印纹。喇叭口，卷沿，唇面微凹，残。轮制，火候较高。残宽10.2、残高4.6厘米（图二九六，11）。

Ⅱ式：2件。

标本H579：26，夹砂黑褐陶，局部红，胎黑。唇饰戳印纹。敞口，腹较直，残。手制，火候较高。残宽5.3、残高3.7厘米（图二九六，12）。标本H579：25，夹砂黑陶，局部红褐。唇饰戳印纹。喇叭口，残。手制轮修，火候较高。残宽6.9、残高3.5厘米（图二九六，13）。

C型 1件。Ⅰ式。标本碎小。

贴边罐 1件。A型。

标本H579：22，夹砂红陶，局部黑、褐。外沿、上腹饰戳印纹。喇叭口，残。轮制，火候较高。残宽5.6、残高2.6厘米（图二九六，14）。

喇叭口罐 2件。

标本H579：27，夹砂红陶。领饰圆形镂孔，内外壁磨光。喇叭口，圆唇，残。轮制，火候高。残宽6、残高4.4厘米（图二九六，15）。

盘 2件。C型。

标本H579：17，夹砂黑褐陶，胎红夹黑。上腹饰圆形镂孔，内外壁磨光。敞口，方唇，腹较直，残。手制轮修，火候较高。残宽4.2、残高3.4厘米（图二九七，1）。标本H579：18，夹砂红褐陶，里黑。素面，内外壁磨光。敞口，圆唇，腹较直，残。手制轮修，火候较高。残宽6.4、残高4.6厘米（图二九七，2）。

大圈足盘 2件，1件不明型别。

标本H579：19，泥质黑陶，胎、里灰褐。腹饰圆形镂孔、细凹弦纹，内外壁磨光。敞口，圆唇，圆弧腹，残。轮制，火候高。残宽5.4、残高2.4厘米（图二九七，3）。

B型 1件。

标本H579：20，泥质黑陶，局部、胎灰。圈足饰粗凹弦纹，器表磨光。圈足较高、微

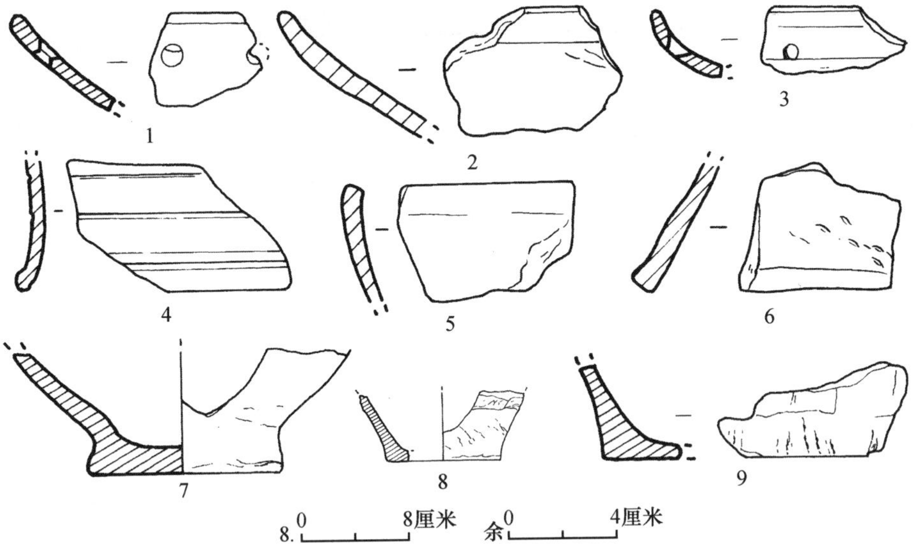

图二九七　H579出土陶器

1、2. C型盘（H579：17、H579：18）　3. 大圈足盘（H579：19）　4. B型大圈足盘（H579：20）　5. Ca型Ⅱ式钵（H579：16）　6. B型器盖（H579：21）　7. Ab型圈足（H579：30）　8、9. 器底（H579：31、H579：32）

束，残。轮制，火候高。残宽8、残高4.8厘米（图二九七，4）。

钵　1件。Ca型Ⅱ式。

标本H579：16，夹砂红陶，胎、里褐。素面，内外壁磨光。口微敛，方唇，弧腹，残。手制轮修，火候较高。残宽6.4、残高4.3厘米（图二九七，5）。

器盖　1件。B型。

标本H579：21，夹砂灰黑陶，局部红、褐。器表饰斜绳纹，内外壁磨光。盖壁较斜，敞口，方唇，残。手制，火候较高。残宽5.9、残高4.6厘米（图二九七，6）。

圈足　1件。Ab型。

标本H579：30，夹砂黑陶，局部褐。素面，内外壁磨光。下腹弧收，内底下弧、较平，假圈足、底较平，残。轮制，火候较高。底径7、残高4.4厘米（图二九七，7）。

器底　3件。

标本H579：31，夹砂黑陶，局部、里红褐。下腹饰附加堆纹，在堆纹上饰戳印纹。下腹弧收，平底，残。手制，火候较高。底径8.4、残高4.9厘米（图二九七，8）。标本H579：32，夹砂红褐陶，局部灰，胎、里黑。下腹饰细划纹。下腹斜收，平底，残。手制，火候较高。残宽7、残高3.4厘米（图二九七，9）。

2）Fb型

3个。

H569

位置：位于99DT0301东北部，H520东侧稍偏南，坑口距地表深550厘米。层位关系：㊶—H569→㊹。

形制：由于暴露范围太小，坑口平面形状不明，弧壁，圜底，壁较规整，无加工痕迹。残长200、残宽76、深56厘米（图二九八）。

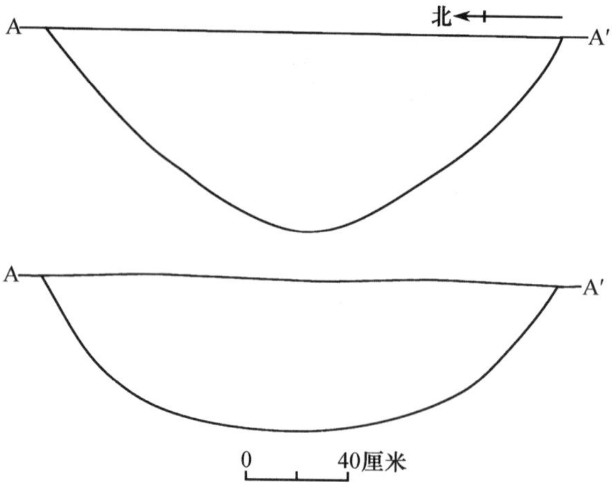

图二九八　H569平、剖面图

坑内堆积与包含物：坑内堆积较杂乱，上部基本为疏松的深黑炭灰堆积，中部堆积部分乱石，底部为灰黄黏土。包含部分陶片。

出土遗物：出土陶器共32件。陶质全为夹砂。陶色以灰陶为主，占31.25%，黑、红、褐陶其次，分别占25%、21.88%、21.88%。器表以纹饰为主，占90.62%，素面占9.38%，磨光陶6件，占18.75%。纹饰以绳纹为主，占78.13%，由绳纹和戳印纹、附加堆纹组成的复合纹与凸弦纹较少。器类以缸为主，占75.00%，侈口罐、器盖等较少（表一一二）。

表一一二　H569出土陶器统计表

陶质	夹砂				合计	%
陶色	灰	红	黑	褐		
纹饰/器类						
绳纹	10	4	6	5	25	78.13
凸弦纹		1			1	3.13
复合纹			1	2	3	9.38
素面		2	1		3	9.38
合计	10	7	8	7	32	100
%	31.25	21.88	25.00	21.88	100	
缸	10	4	6	4	24	75.00
卷沿罐			1	1	2	6.25
盘		1			1	3.13
器盖		1		2	3	9.38
器底		1			1	3.13
不明器			1		1	3.13

参加分类排队的陶器28件，挑选标本12件。

缸口　20件。Ca型。

Ⅱ式：3件。

标本H569：1，夹粗砂灰黑陶，局部褐。唇饰浅戳印纹，上腹饰细横绳纹。敞口，上腹斜收，残。手制，火候较高。残宽6.6、残高3.8厘米（图二九九，1）。标本H569：2，夹砂褐陶；器表多灰白色附着物。唇饰较浅戳印纹，上腹饰斜绳纹。口微敞，上腹弧收，残。手制，火候较高。残宽5.4、残高4.6厘米（图二九九，2）。

Ⅲ式：17件。

标本H569：3，夹砂红陶，局部黑、灰褐。唇饰较深粗戳印纹，上腹饰斜绳纹，内沿饰较浅粗戳印纹，内壁有贴片刮抹痕。敞口，上腹斜收，残。手制，火候较高。残宽7.2、残高5厘米（图二九九，3）。标本H569：4，夹砂黑陶，局部褐；器表多灰白色附着物。唇饰较深粗戳印纹，上腹饰斜绳纹。敞口，上腹斜收，残。手制，火候较高。残宽10.8、残高6.6厘米（图二九九，4）。

缸底　1件。D型。

标本H569：5，夹砂红陶，局部褐，里黑。下腹饰戳划纹，下部多刮抹痕。下腹斜收，杵状底，残。手制，火候较高。残高6.4厘米（图二九九，5）。

贴边缸　1件。A型。

标本H569：10，夹砂红陶，局部灰褐。唇、外沿饰戳印纹，上腹饰斜绳纹，内壁磨光。喇叭口，残。轮制，火候较高。残宽5.8、残高3.4厘米（图二九九，6）。

卷沿罐　1件。B型Ⅱ式。

标本H569：8，夹砂红褐陶，黑胎。唇饰戳印纹，上腹饰附加堆纹，在堆纹上饰戳印纹，内沿磨光。敞口，卷沿，唇面内凹，上腹斜收，残。轮制，火候较高。残宽5.6、残高4.4厘米

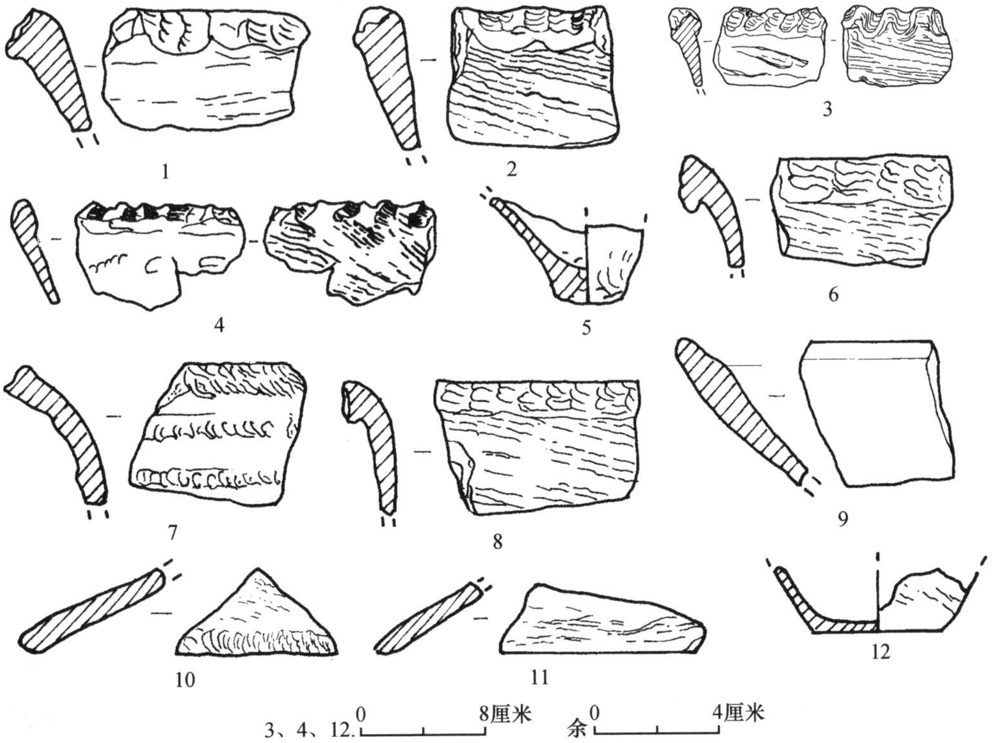

图二九九　H569出土陶器

1、2. Ca型Ⅱ式缸口（H569：1、H569：2）　3、4. Ca型Ⅲ式缸口（H569：3、H569：4）　5. D型缸底（H569：5）　6. A型贴边缸（H569：10）　7. B型Ⅱ式卷沿罐（H569：8）　8. A型贴边罐（H569：9）　9. Ⅲ式有沿盘（H569：11）　10、11. A型器盖（H569：6、H569：7）　12. 器底（H569：12）

（图二九九，7）。

贴边罐　1件。A型。

标本H569：9，夹砂黑陶，褐胎。唇饰戳印纹，上腹饰斜绳纹，内壁磨光。敞口，卷沿，腹较直，残。轮制，火候较高。残宽6.4、残高4.2厘米（图二九九，8）。

有沿盘　1件。Ⅲ式。

标本H569：11，夹砂红陶，胎局部红夹灰。素面，内外壁磨光。敞口，内沿微折、沿面微凹，圆唇，弧腹，残。轮制，火候较高。残宽5、残高4.6厘米（图二九九，9）。

器盖　2件。A型。

标本H569：6，夹砂褐陶，局部、胎灰褐。唇饰戳印纹，器表饰绳纹。壁微弧，敞口，残。手制，火候较高。残宽5、残高2.7厘米（图二九九，10）。标本H569：7，夹砂黑陶，局部红褐。器表饰绳纹，口、内壁磨光。壁微弧，敞口，圆唇，残。手制，火候较高。残宽6.5、残高2.2厘米（图二九九，11）。

器底　1件。

标本H569：12，夹砂红陶，局部、胎黑。素面，内外壁磨光。下腹微弧收，底较平，残。手制，火候较高。底径8.4、残高4厘米（图二九九，12）。

3）Fd型

1个。

H464

位置：位于99DT0101中部靠东壁处，局部暴露。层位关系：㉝—H464→㉟。

形制：由于暴露部分较小，坑口平面形状不明，壁不规整，北壁略外弧、南壁内弧，圜底，壁、底无加工痕迹。残长350、残宽94、深76厘米（图三〇〇）。

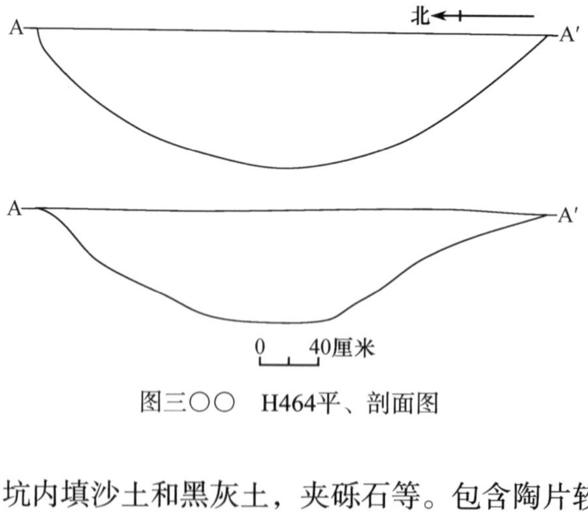

图三〇〇　H464平、剖面图

坑内堆积与包含物：坑内填沙土和黑灰土，夹砾石等。包含陶片较多。

出土遗物：出土陶器共227件。陶质全为夹砂。陶色以灰陶为主，占66.08%，次为红陶，占27.31%，褐陶较少，占6.17%，黑陶极少，仅占0.44%。器表以纹饰为主，占92.51%，素面很少，占7.49%，其中，磨光陶占3.08%。纹饰以绳纹为主，占91.19%，凸弦纹很少。器类以缸为主，罐、器盖等较少，由于出土陶片碎小，有约64.32%的腹片难辨器形（表一一三）。

表一一三　H464出土陶器统计表

陶质	夹砂				合计	%
陶色	灰	红	黑	褐		
纹饰/器类						
绳纹	143	49	1	14	207	91.19
凸弦纹		3			3	1.32
素面	7	10			17	7.49
合计	150	62	1	14	227	100
%	66.08	27.31	0.44	6.17	100	
缸	37	15	1	14	67	29.52
罐	1	5			6	2.64
瓮		1			1	0.44
器盖	1	2			3	1.32
器底		1			1	0.44
不明器	110	39			149	64.64

参加分类排队的陶器71件，挑选标本17件。

缸口　54件。

C型　53件。

Ca型　48件。

Ⅰ式：23件。

标本H464：1，夹粗砂红陶，黑胎。唇部饰戳印纹，器表饰斜细绳纹。敞口，腹较斜直内收，残。手制，火候较高。残宽6.2、残高4.7厘米（图三〇一，1）。标本H464：2，夹细砂灰陶，里灰褐色。唇部饰戳印纹，器表饰斜绳纹，外沿有手捏痕。敞口，腹较斜直内收，残。手制，火候高。残宽7.6、残高4.8厘米（图三〇一，2）。

Ⅱ式：25件。

标本H464：4，夹粗砂黑陶。唇部饰横压粗绳纹，器表饰斜中粗绳纹。口近直，腹微弧内收，残。手制，火候较高。残宽10、残高6.3厘米（图三〇一，3）。

Cb型　5件。

标本H464：5，夹粗砂红陶，灰黑胎。唇部饰戳印纹，器表饰绳纹。口近直，弧腹内收，残。手制，火候较高。残宽4.4、残高5.1厘米（图三〇一，4）。标本H464：6，夹细砂灰陶。唇部饰绳压纹，器表饰斜绳纹，外沿有手捏痕。口微敞，腹较斜直内收，残。手制，火候较高。残宽5.2、残高5厘米（图三〇一，5）。

D型　1件。Ⅰ式。

标本H464：3，夹粗砂灰褐陶。唇部横压粗绳纹，器表饰篮纹。敞口，腹较斜直内收，残。火候较高。残宽6.1、残高5.5厘米（图三〇一，6）。

缸底　6件。

C型　5件。Cb型。

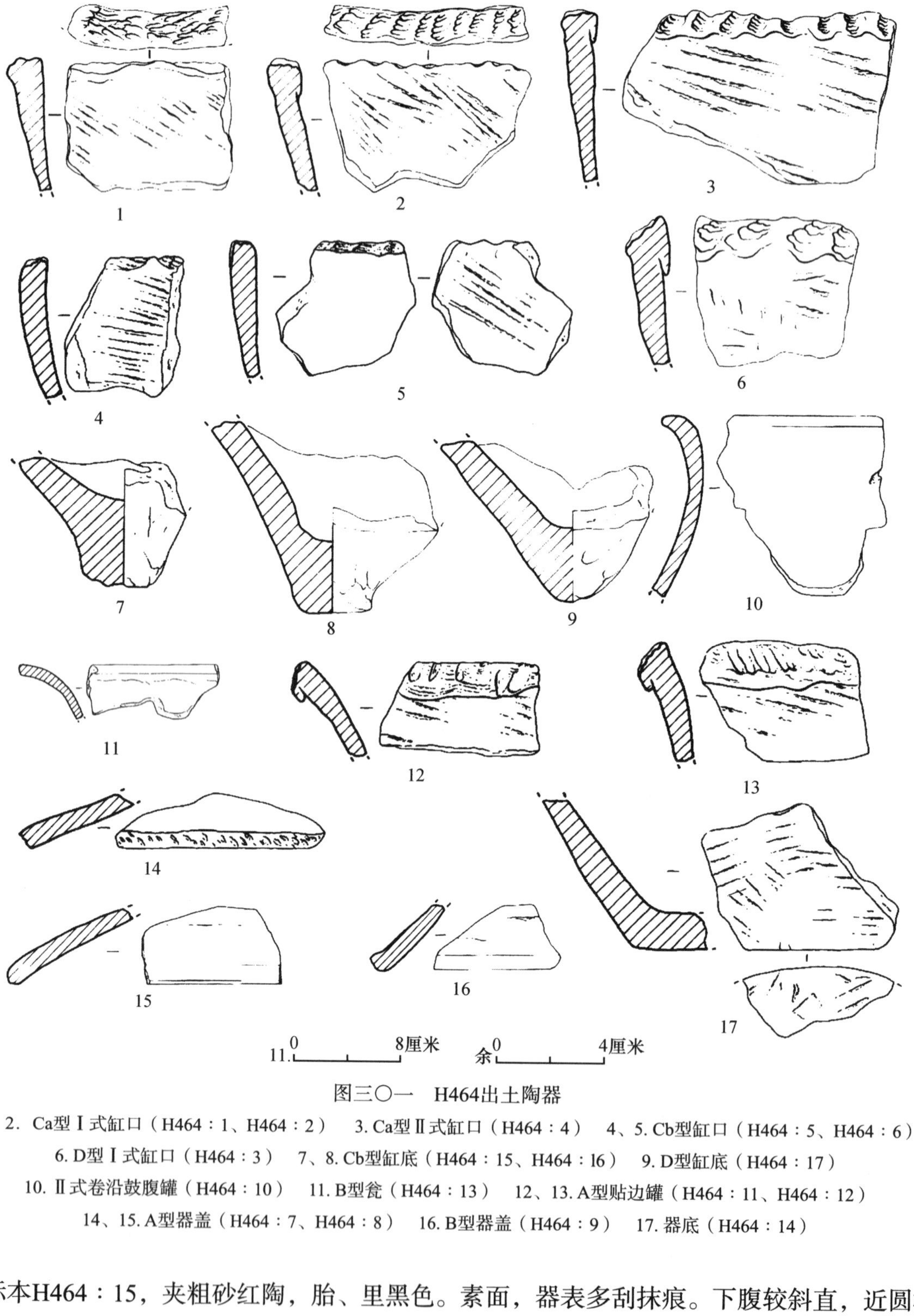

图三〇一 H464出土陶器

1、2. Ca型Ⅰ式缸口（H464：1、H464：2） 3. Ca型Ⅱ式缸口（H464：4） 4、5. Cb型缸口（H464：5、H464：6） 6. D型Ⅰ式缸口（H464：3） 7、8. Cb型缸底（H464：15、H464：16） 9. D型缸底（H464：17） 10. Ⅱ式卷沿鼓腹罐（H464：10） 11. B型瓮（H464：13） 12、13. A型贴边罐（H464：11、H464：12） 14、15. A型器盖（H464：7、H464：8） 16. B型器盖（H464：9） 17. 器底（H464：14）

标本H464：15，夹粗砂红陶，胎、里黑色。素面，器表多刮抹痕。下腹较斜直，近圆柱状底，残。手制，火候较高。底径2.8、残高4.7厘米（图三〇一，7）。标本H464：16，夹粗砂灰陶，局部、里黑色。素面，器表多刮抹痕。下腹外张，近圆柱状底，残。手制，火候较高。底径2.9、残高6.9厘米（图三〇一，8）。

D型 1件。

标本H464：17，夹粗砂红褐陶，局部灰，胎、里黑色。素面，器表多刮抹痕。下腹较斜直，圆尖底，残。手制，火候较高。残高5.8厘米（图三〇一，9）。

瓮　1件。B型。

标本H464：13，夹细砂红陶，灰黑胎。素面，内外壁磨光。喇叭口，圆唇，残。手制轮修，火候较高。残宽9.8、残高3.9厘米（图三〇一，11）。

卷沿鼓膜罐　1件。Ⅱ式。

标本H464：10，夹细砂黑陶，胎红夹黑，里红色。素面，内外壁磨光。侈口，卷沿外翻，圆唇，束颈，残。轮制，火候较高。残宽6.2、残高6.5厘米（图三〇一，10）。

贴边罐　5件。A型。

标本H464：11，夹粗砂褐陶，胎、里黑色。唇部、外沿饰戳印纹，器表饰斜绳纹，内壁磨光。喇叭口，残。轮制，火候较高。残宽5.9、残高3.5厘米（图三〇一，12）。标本H464：12，夹粗砂红褐陶，里黑色。唇部饰戳印纹，器表饰斜绳纹，内壁磨光。敞口外张，腹较斜直内收，残。轮制，火候较高。残宽6.2、残高4.4厘米（图三〇一，13）。

器盖　3件。

A型　2件。

标本H464：7，夹粗砂褐陶，局部、里黑。唇部饰戳印纹，内壁磨光，外壁粗磨。覆盘状。敞口，腹较斜直，残。手制，火候较高。残宽7.8、残高2厘米（图三〇一，14）。标本H464：8，夹细砂红陶，局部灰色。素面，内外壁磨光。覆盘状，敞口，尖唇，腹微弧，残。轮制，火候高。残宽5.3、残高2.7厘米（图三〇一，15）。

B型　1件。

标本H464：9，夹细砂褐陶，灰黑胎。唇面饰凹弦纹，内外壁磨光。喇叭口，微有沿，残。轮制，火候较高。残宽4.6、残高2.4厘米（图三〇一，16）。

器底　1件。

标本H464：14，夹粗砂红陶，黑胎。器表、外底饰绳纹。下腹斜直，平底，残。手制，火候高。残宽7.2、残高5.3厘米（图三〇一，17）。

三、灰　沟

本遗址新石器时代的灰沟数量很少，仅2条，分述如下：

G12

位置：位于98AT0103东南部，沟口距地表深600厘米。层位关系：㊶—G12→㊷，部分被H318打破。

形制：因部分被H318打破，从暴露部分观察，平面为长方形，沟口南高北低，高差约为50厘米，沟壁垂直，底较平，沟壁为生土，无特殊加工痕迹，底局部为红烧面。残长220、宽106、深74厘米（图三〇二）。

沟内堆积与包含物：沟内填灰黄土，含沙较重，较软。包含物主要为陶器。

出土遗物：出土陶器以夹粗砂菱形绳纹陶片为主，亦见少量素面磨光陶。参加分类排队的

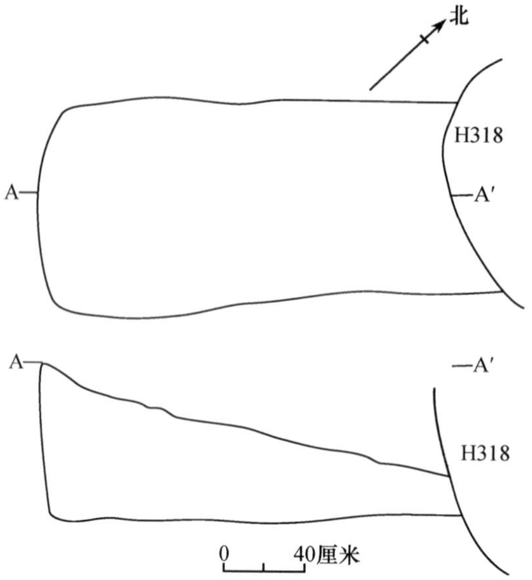

图三〇二　G12平、剖面图

陶器19件，挑选标本5件。

缸口　17件。A型。

Aa型　9件。

Ⅰ式：1件。标本碎小。

Ⅱa式：8件。

标本G12：3，夹粗砂黑陶，局部灰色。唇面饰戳印纹，器表饰菱形绳纹。敞口，上腹斜直，残。手制，火候一般。残宽9.4、残高4厘米（图三〇三，1）。标本G12：5，夹粗砂灰陶，局部、里黑色。唇面饰绳切纹和切齿纹，器表饰菱形绳纹。敞口，上腹微弧，残。轮制，火候较高。残宽8.5、残高3.1厘米（图三〇三，2）。

Ab型　8件。

标本G12：4，夹粗砂黑陶。唇面饰浅切齿纹和戳印纹，器表饰小菱形绳纹。敞口，上腹较斜直，残。轮制，火候一般。残宽4.9、残高3厘米（图三〇三，3）。

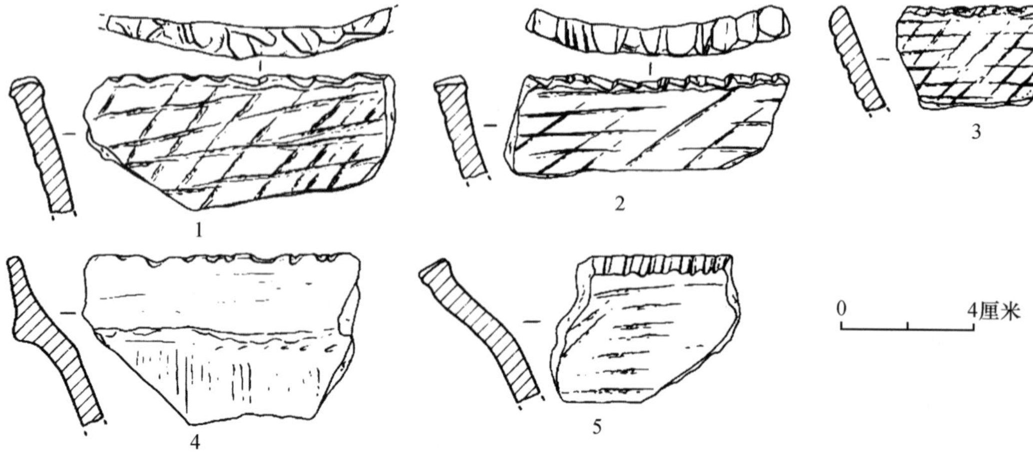

图三〇三　G12出土陶器

1、2. Aa型Ⅱa式缸口（G12：3、G12：5）　3. Ab型缸口（G12：4）　4. A型Ⅰ式盘口罐（G12：1）　5. B型敞口罐（G12：2）

盘口罐　1件。A型Ⅰ式。

标本G12：1，夹粗砂灰陶，口局部、里黑色。唇面饰戳印纹，上腹饰竖划纹，盘外下附加凸棱一周，内外壁有轮制划痕。敞口，圆唇，盘较深，上腹内斜，残。轮制，火候较高。残宽8.4、残高5厘米（图三〇三，4）。

敞口罐　1件。B型。

标本G12：2，夹粗砂红陶，口部、里灰色。唇面饰绳切纹，器表饰细绳纹。敞口，斜微折沿，方唇，上腹斜直，残。轮制，火候一般。残宽5.6、残高4.3厘米（图三〇三，5）。

G35

位置：位于99DT0301西南部，呈西北—东南向，西端压于西壁下，沟口距地表深560厘米，被开口同层下的H571打破。层位关系：H571—G35→㊻。

形制：沟口平面呈长条状，中部略曲，沟壁不规整，底部不平，东端被H571打破。残长420、宽68～106、深32～40厘米（图三〇四）。

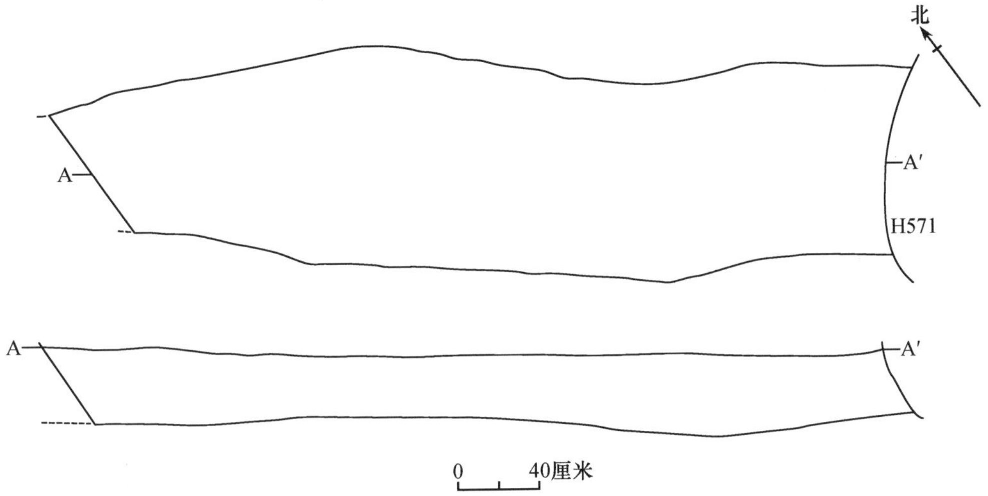

图三〇四　G35平、剖面图

沟内堆积与包含物：沟内填浅灰色土，质疏松，夹有大量沙土、砾石，沟底部明显有水浸痕迹，堆积有2厘米厚的水锈土。包含物有陶器、残石器、兽骨等。

出土遗物：陶器以磨光陶为主，次为夹砂陶，陶色有灰陶、红陶等，器表以素面为主，纹饰主要有弦纹、划纹、附加堆纹等，器形有罐、缸、瓮、盘、圈足器等。石器出土有石锛等。

参加分类排队的陶器89件，挑选标本27件。

缸口　52件。

C型　51件。Ca型。

Ⅰ式：2件。

标本G35：3，夹砂灰黑陶，局部红，胎红夹黑。唇饰浅戳印纹，上腹饰斜戳划纹，外沿多手捏痕。口近直，上腹弧收，残。手制，火候较高。残宽8.2、残高6.2厘米（图三〇五，1）。

Ⅱ式：48件。标本碎小。

Ⅲ式：1件。

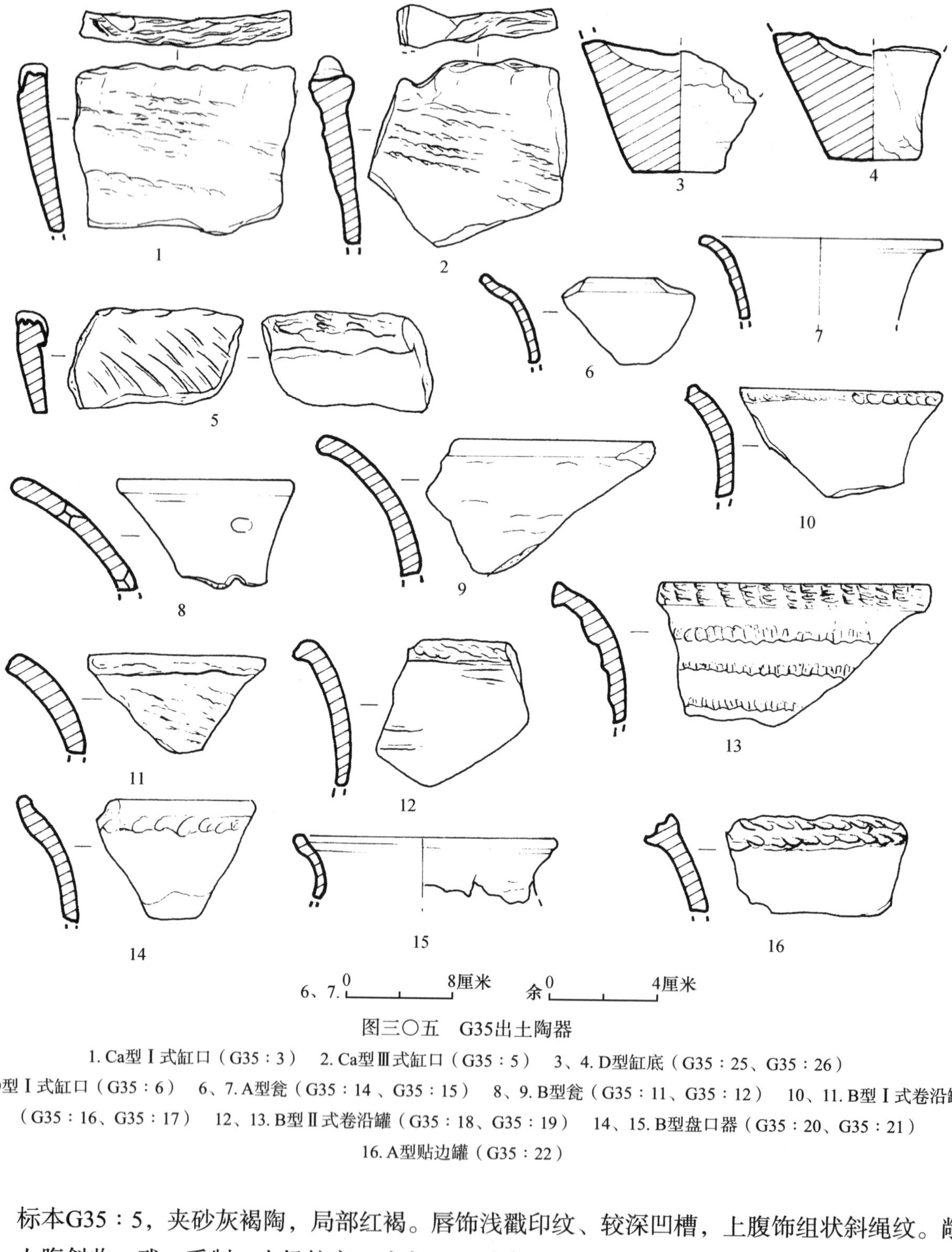

图三〇五 G35出土陶器

1. Ca型Ⅰ式缸口（G35：3） 2. Ca型Ⅲ式缸口（G35：5） 3、4. D型缸底（G35：25、G35：26） 5. D型Ⅰ式缸口（G35：6） 6、7. A型瓮（G35：14、G35：15） 8、9. B型瓮（G35：11、G35：12） 10、11. B型Ⅰ式卷沿罐（G35：16、G35：17） 12、13. B型Ⅱ式卷沿罐（G35：18、G35：19） 14、15. B型盘口器（G35：20、G35：21） 16. A型贴边罐（G35：22）

标本G35：5，夹砂灰褐陶，局部红褐。唇饰浅戳印纹、较深凹槽，上腹饰组状斜绳纹。敞口，上腹斜收，残。手制，火候较高。残宽7.4、残高6.8厘米（图三〇五，2）。

D型 1件。Ⅰ式。

标本G35：6，夹砂黑陶。唇饰较浅粗戳印纹，上腹饰斜粗划纹。敞口，上腹微斜收，残。手制，火候较高。残宽6.4、残高3.8厘米（图三〇五，5）。

缸底 3件。D型。

标本G35：25，夹砂红陶，局部、胎灰黑。素面，多刮抹痕。下腹斜收，圆截锥状底，残。手制，火候较高。底径3.2、残高4.8厘米（图三〇五，3）。标本G35：26，夹砂红褐陶，局部、胎黑。素面，多刮抹痕。微有下腹，圆截锥状底，残。手制，火候较高。底径3.3、残高4.6厘米（图三〇五，4）。

瓮　7件。

A型　4件。

标本G35：14，泥质红陶，胎红夹灰。素面，内外壁磨光。喇叭口，圆唇，领外翻、内沿微凹，残。轮制，火候高。残宽9.6、残高6.4厘米（图三〇五，6）。标本G35：15，泥质黑陶，胎灰夹红褐。素面，内外壁磨光。喇叭口，卷沿，圆唇，领外斜，残。轮制，火候高。口径18、残高6厘米（图三〇五，7）。

B型　3件。

标本G35：11，夹砂红陶。领饰圆形镂孔，内外壁磨光。喇叭口，圆唇，领外翻，残。轮制，火候高。残宽6.6、残高4厘米（图三〇五，8）。标本G35：12，夹砂红陶。素面，内外壁磨光。喇叭口，圆唇，领外翻，残。轮制，火候高。残宽8.4、残高5厘米（图三〇五，9）。

卷沿罐　7件。B型。

Ⅰ式：4件。

标本G35：16，夹砂红褐陶，局部灰褐、黑。唇饰戳印纹。侈口，卷沿，微鼓腹，残。手制轮修，火候较高。残宽7.7、残高4厘米（图三〇五，10）。标本G35：17，夹砂红褐陶，黑胎。唇饰浅戳印纹，上腹饰斜绳纹。喇叭口，残。手制，火候较高。残宽6.6、残高3.6厘米（图三〇五，11）。

Ⅱ式：3件。

标本G35：18，夹砂黑陶，里灰褐。唇饰戳印纹，腹饰零星印纹。喇叭口，微鼓腹，残。手制，火候较高。残宽5.7、残高5.3厘米（图三〇五，12）。标本G35：19，夹砂黑陶，局部、里红褐。唇饰戳印纹，上腹饰附加堆纹、在堆纹上饰戳印纹。喇叭口，腹较直，残。轮制，火候较高。残宽10、残高5.2厘米（图三〇五，13）。

盘口器　2件。B型。

标本G35：20，夹砂红褐陶，黑胎。外沿下饰戳印纹。略呈浅盘口，圆唇，上腹内弧，残。轮制，火候较高。残宽5.8、残高4.4厘米（图三〇五，14）。标本G35：21，夹砂褐陶，胎、里褐。素面，内外壁磨光。略呈浅盘口，圆唇，鼓腹，残。手制，火候较高。口径19.6、残高4.8厘米（图三〇五，15）。

贴边罐　1件。A型。

标本G35：22，夹砂红陶，黑胎。唇饰戳印纹。敞口，残。手制，火候较高。残宽6.6、残高3.6厘米（图三〇五，16）。

盘　2件。A型。

标本G35：7，夹砂黑陶，局部褐。素面，内外壁磨光。口近直，圆唇，弧腹，残。轮制，火候高。残宽3.8、残高3.2厘米（图三〇六，1）。标本G35：8，夹砂黑陶，局部灰褐。素面，内外壁磨光。口微敞，圆唇，弧腹，残。轮制，火候高。残宽6.8、残高2.4厘米（图三〇六，2）。

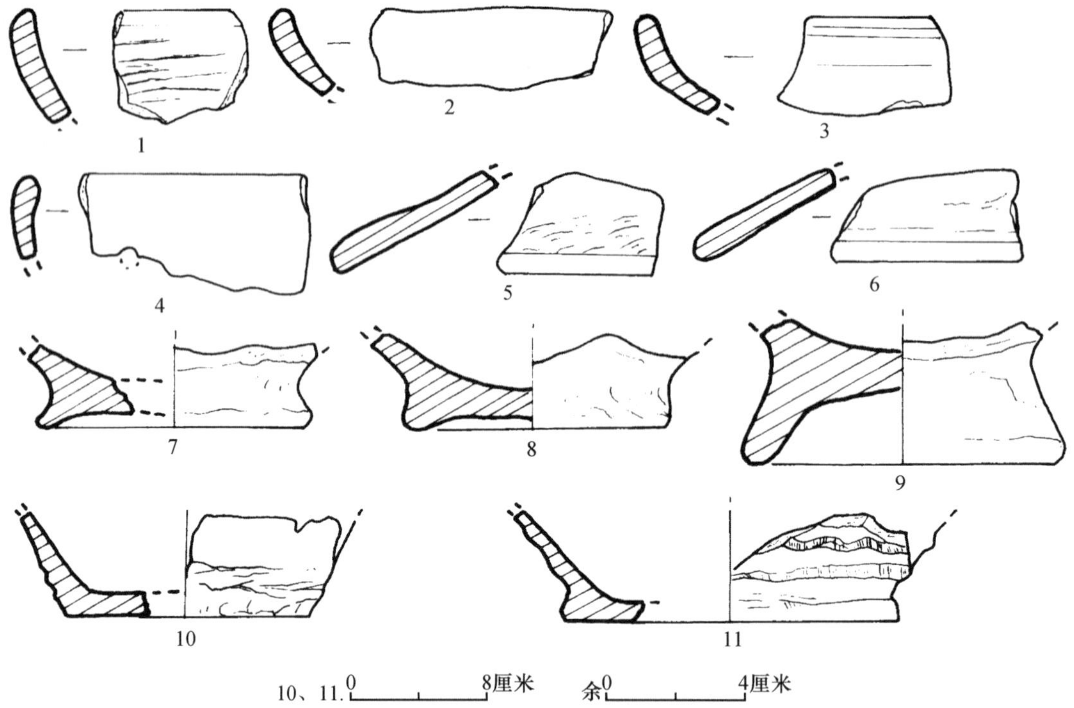

图三〇六　G35出土陶器

1、2. A型盘（G35：7、G35：8）　3. 大圈足盘（G35：9）　4. Ca型Ⅰ式钵（G35：10）　5、6. A型器盖（G35：23、G35：24）　7、8. Ba型圈足（G35：27、G35：28）　9. Bb型圈足（G35：29）　10、11. 瓮底（G35：30、G35：31）

大圈足盘　1件。

标本G35：9，泥质灰陶。素面，内外壁磨光。敞口，圆唇，弧腹，残。轮制，火候高。残宽5、残高2.8厘米（图三〇六，3）。

钵　1件。Ca型Ⅰ式。

标本G35：10，夹砂褐陶，局部、里黑。上腹饰圆形镂孔，内外壁磨光。敛口，沿内卷，圆唇，腹微弧，残。轮制，火候高。残宽6.6、残高3.5厘米（图三〇六，4）。

器盖　2件。A型。

标本G35：23，夹砂红褐陶，局部、里褐，黑胎。素面，内外壁磨光。壁较斜直，敞口，圆唇，残。手制，火候较高。残宽4.6、残高2.8厘米（图三〇六，5）。标本G35：24，夹砂红褐陶，黑胎。素面。壁斜直，敞口，圆唇，残。手制，火候较高。残宽5.3、残高2.6厘米（图三〇六，6）。

圈足　3件。B型。

Ba型　2件。

标本G35：27，夹砂灰褐陶，局部红褐，黑胎。素面。下腹弧收，矮圈足、外斜，残。手制，火候较高。足径7.9、残高2.4厘米（图三〇六，7）。标本G35：28，夹砂红陶，局部、里褐，黑胎。素面，内外壁磨光。下腹微弧收，矮圈足、外撇，残。手制，火候较高。足径7.6、残高2.7厘米（图三〇六，8）。

Bb型　1件。

标本G35：29，夹砂灰褐陶，局部红，胎、里黑。内底磨光。微有下腹，内底圜，圈足较高，残。分制，火候较高。足径9.2、残高4.1厘米（图三〇六，9）。

瓮底　8件。

标本G35：30，夹砂黑陶，局部灰褐。素面，底缘多按抹痕。下腹斜收，平底，残。手制，火候较高。底径13.6、残高5.8厘米（图三〇六，10）。标本G35：31，夹砂红陶，胎局部灰。下腹饰横向、波浪形附加堆纹，在堆纹上饰戳印纹。下腹斜收，略呈假圈足，平底，残。手制，火候高。底径19.2、残高6.2厘米（图三〇六，11）。

四、墓　葬

（一）概述

本遗址新石器时代的墓葬除1座发现于2002年度外，其余主要发现于1998、1999年度，共16座（M42、M43、M44、M45、M46、M47、M77、M78、M79、M80、M81、M82、M83、M84、M99、ⅡM1），都为竖穴土坑墓，底较平。墓口平面以长方形为主，共12座，其中10座为圆角长方形，2座转角较直；椭圆形墓2座；“刀”形墓2座。9座墓壁较直（M43、M44、M46、M47、M77、M78、M79、M83、M84），口、底径相同；5座墓斜壁，口大底小（M42、M45、M80、M81、M82）；2座墓也是斜壁，但口小底大（M99、ⅡM1）。墓口长88～220、宽40～100、墓底长89～220、宽40～100、残深8～20厘米。

16座墓都没有发现葬具，仅在M84发现有散乱炭灰痕。葬式主要为：仰身直肢（2座，M77、M79）、仰身直下肢屈臂（5座，M42、M45、M83、M84、ⅡM1）和侧身屈肢（5座，M46、M78、M80、M81、M82）三种，4座因为无人骨，葬式不明（M43、M44、M47、M99）。墓葬头向主要为西北和东南向，面多向右侧，少数面向上。

出土随葬品的墓葬不多，仅在M77、M84、M99三座墓葬中发现有随葬品，数量也很少，2～5件不等，在部分墓葬填土中发现有少量碎陶片，空墓3座。

（二）分类

根据墓口平面形状，分三型。

A型　12座。长方形。根据转角差异，分二亚型。

Aa型　10座。圆角长方形。M42、M43、M44、M45、M77、M78、M80、M81、M82、ⅡM1。

Ab型　2座。转角较直。M79、M99。

B型　2座。椭圆形。M46、M47。

C形　2座。略呈“刀”形。M83、M84。

（三）墓葬分述

1. A型

12座。

Aa型 10座（M42、M43、M44、M45、M77、M78、M80、M81、M82、ⅡM1）。

M42

位置：位于98BT0205东南角，部分压在98BT0204关键柱下。墓口距地表深562厘米。层位关系：㉞—M42→生土。局部清理（骨盆以上部分）。

形制：从暴露部分观察，墓口呈圆角长方形，口大底小，斜壁，底较平。墓内填灰褐色土，质松，夹少量陶片。无葬具，出土人骨一具，肋骨，盆骨部分腐烂，其余较好。仰身直下肢屈臂葬，头向西北、319°，面向右侧（西南），性别、年龄未鉴定。墓口长100、宽45、墓底长98、宽42、残深13厘米（图三〇七；图版一二，2）。

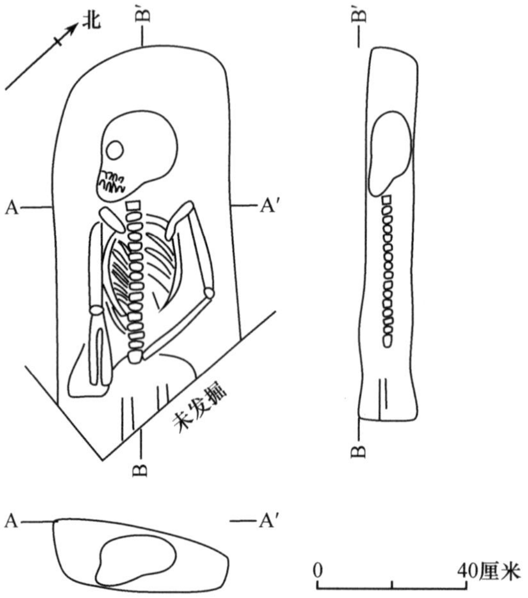

图三〇七 M42平、剖面图

随葬品：无。填土中出土部分菱形绳纹大口深腹缸陶片。

M45

位置：位于98BT0204西部，墓口距地表深534厘米。层位关系：H316→M45→H327。

形制：墓口平面呈窄圆角长方形，口微大于底，壁近直，底较平。墓内填褐色土，夹炭屑。无葬具，出土人骨一具，除左腿和右腿趾骨被H316打破破坏外，其余部分保存较好。仰身，左臂屈于耻骨处，右臂直放，右腿向左交叉？（被破坏，不清）。头向西南、225° 面向右侧。性别、年龄待鉴定。墓口残长88、宽42、墓底残长100、宽40、残深13厘米（图三〇八；图版一三，1）。

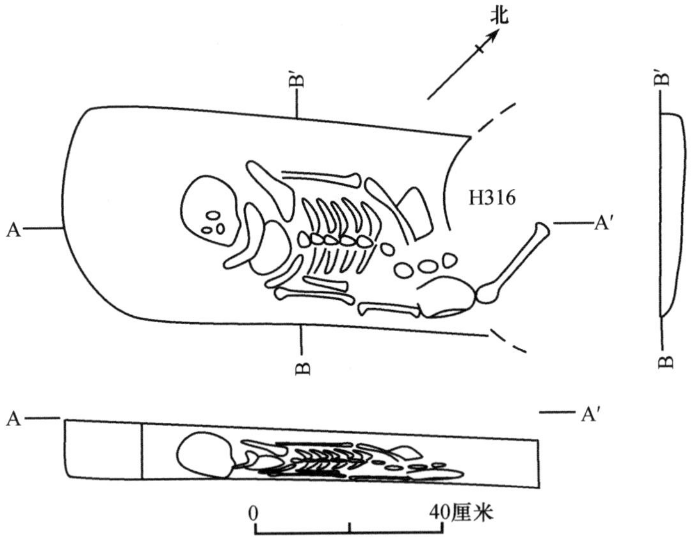

图三〇八　M45平、剖面图

随葬品：无。

M77

位置：位于99AT0201西南部，墓口距地表深490厘米。层位关系：㉛—M77→㉝。

形制：墓口平面呈圆角长方形，壁较斜弧，底较平，微向东南倾斜。墓内填花杂土。无葬具，发现人骨一具，保存较好，但错位严重，似捡骨二次葬。略呈仰身直肢，无头，颈部有割痕，脊椎错位，盆骨被扰动，下肢叠放，头向西北、321°。性别女，年龄成年。头部随葬石锛一件，脚下随葬陶小罐一件。墓口长220、宽55、墓底长220、宽50、深30厘米（图三〇九；图版一三，2）。

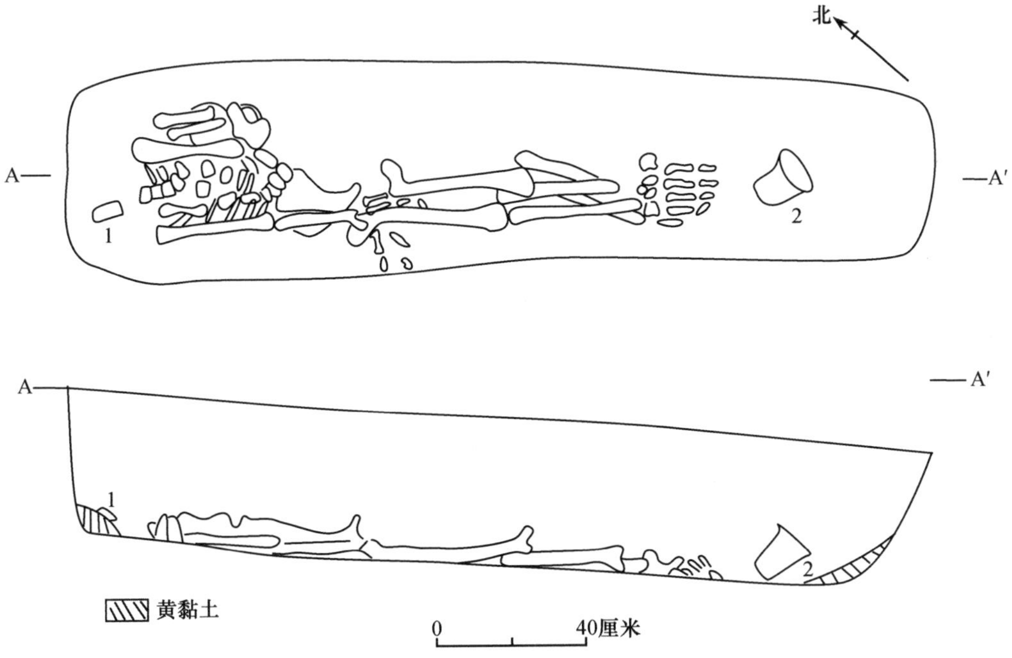

图三〇九　M77平、剖面图
1. 石锛　2. 陶小罐

随葬品：2件。

陶小罐　1件。

标本M77：2，夹砂红褐陶，局部灰、黑。素面，多刮抹痕。侈口，卷沿，圆唇，微鼓腹，平底，复原。手制轮修，火候较高。口径11.6、底径6、高10.2厘米（图三一〇，1；图版二五，5）。

石锛　1件。Aa型。

标本M77：1，青色浅变质岩，局部灰。平面略呈长梯形，圆顶，弧刃、锋利、有崩疤，偏锋，微残。磨制。长4.9、宽3、厚0.6厘米（图三一〇，2；图版三二，3）。

另外，在墓葬填土中出土陶器24件，参加分类排队的13件，挑选标本9件。

缸口　10件。B型。

Ⅲ式：2件。

标本M77：02，夹细砂黑陶。唇部饰戳印纹，器表饰戳划纹。敞口，上腹弧内收，残。手制，火候较高。残宽5.7、残高6厘米（图三一〇，3）。标本M77：03，夹细砂黑陶。唇部饰戳印纹，外沿有手捏痕。敞口，上腹弧内收，残。手制，火候较高。残宽3.4、残高5.3厘米（图三一〇，4）。

Ⅳ式：6件。

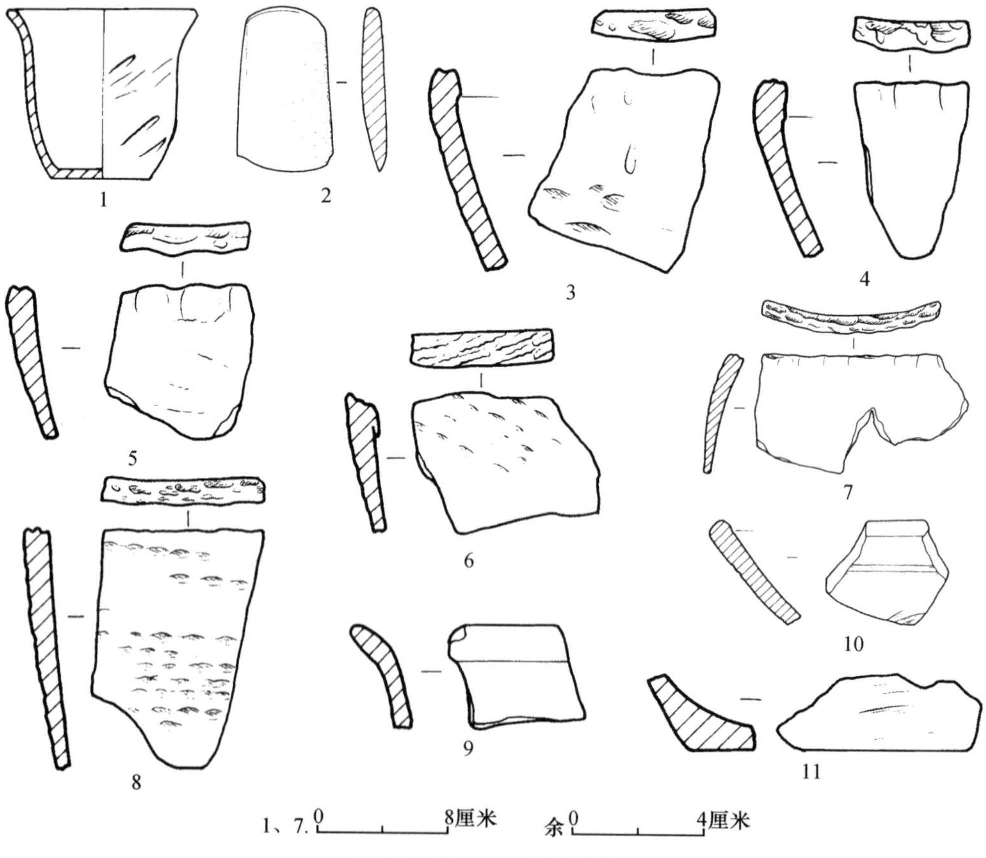

图三一〇　M77出土器物

1. 陶小罐（M77：2）　2. Aa型石锛（M77：1）　3、4. B型Ⅲ式陶缸口（M77：02、M77：03）　5、6. B型Ⅵ式陶缸口（M77：01、M77：04）　7、8. B型Ⅴ式陶缸口（M77：05、M77：06）　9. B型陶盆（M77：08）　10. A型陶盘（M77：07）　11. 陶器底（M77：09）

标本M77：01，夹细砂红褐陶。唇部饰戳划纹，器表皮脱落，微有斜绳纹痕，外沿有手捏痕。敞口，上腹弧内收，残。手制，火候一般。残宽4.6、残高4.6厘米（图三一〇，5）。标本M77：04，夹细砂黑陶。唇部饰戳印纹，器表饰戳划状绳纹。敞口，上腹微弧内收，残。手制，火候较高。残宽5.6、残高4.2厘米（图三一〇，6）。

Ⅴ式：2件。

标本M77：05，夹细砂黑陶。唇部饰戳印纹，外沿多手捏痕。敛口，微鼓腹，残。手制，火候较高。残宽12.8、残高7厘米（图三一〇，7）。标本M77：06，夹细砂红褐陶，局部、胎黑。唇部饰戳印纹，器表饰戳划状绳纹。敞口，上腹较斜内收，残。手制，火候较高。残宽5.3、残高7.1厘米（图三一〇，8）。

盆　1件。B型。

标本M77：08，夹细砂黑陶，里红。素面，内外壁磨光。喇叭口，圆唇，残。轮制，火候较高。残宽4.1、残高3.1厘米（图三一〇，9）。

盘　1件。A型。

标本M77：07，夹细砂黑陶，局部红褐，胎、里灰黑。器表饰划纹，内外壁磨光。敞口，圆唇，壁微弧，残。轮制，火候较高。残宽7.2、残高6.2厘米（图三一〇，10）。

器底　1件。

标本M77：09，夹细砂红褐陶。器表多刮抹痕。下腹斜内收，平底，残。手制，火候高。残宽6.1、残高2.2厘米（图三一〇，11）。

M78

位置：位于99AT0101东南角，墓口距地表深575～600厘米。层位关系：㊺—M78→生土。

形制：墓口平面呈短圆角长方形，壁微弧，底较平，墓壁、底无加工痕迹。墓内填土为灰褐色沙土，松软，纯净，含沙极多。无葬具，出土人骨一具，保存状况较好，面部略残，人骨左腿近膝处似有砍斫痕，左腿断处以下肢骨无存。侧身屈肢葬，头向东南、318°，面向东，性别男，年龄35～40岁。墓长89、宽44～48、深12～37厘米（图三一一；图版一四，1）。

随葬品：无。

M80

位置：位于99AT0201西部偏北，墓口距地表深580厘米。层位关系：⑱—M80→H605，被H599打破。

形制：墓口平面呈圆角长方形，口大底小，壁内弧，底较平。墓内填土为黄褐色沙黏土。无葬具，出土人骨一具，保存较好，右股骨和双脚趾骨无存。侧身屈肢葬，头向东南、122°，面向东北，性别、年龄待鉴定。墓口长185、宽60、底长180、宽55、残深15厘米（图三一二；图版一四，2）。

随葬品：无。

M81

位置：位于99AT0201西北部，墓口距地表深625厘米。层位关系：⑱—M81→生土，被H576打破。

形制：墓口平面呈圆角长方形，壁近直，底较平。墓内填土为黄褐色沙黏土。无葬具，出

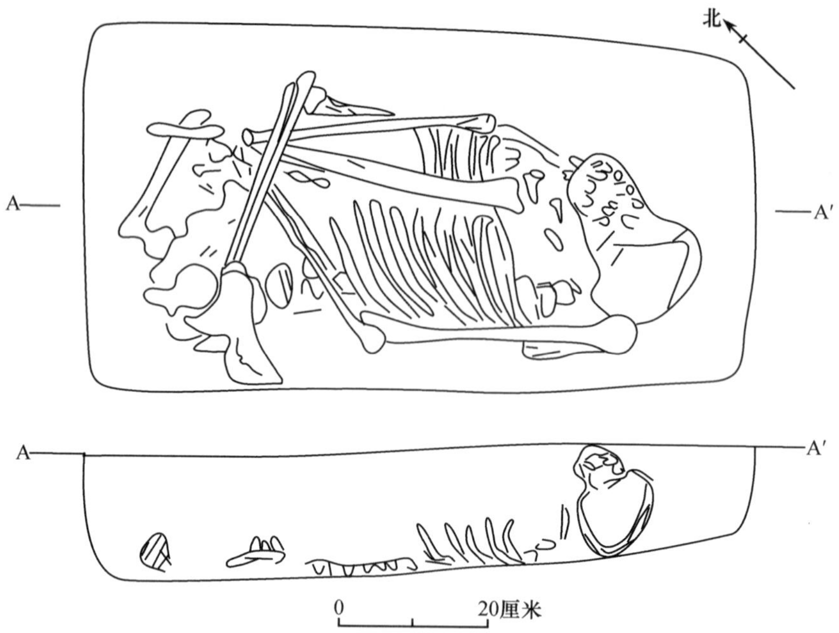

图三一一 M78平、剖面图

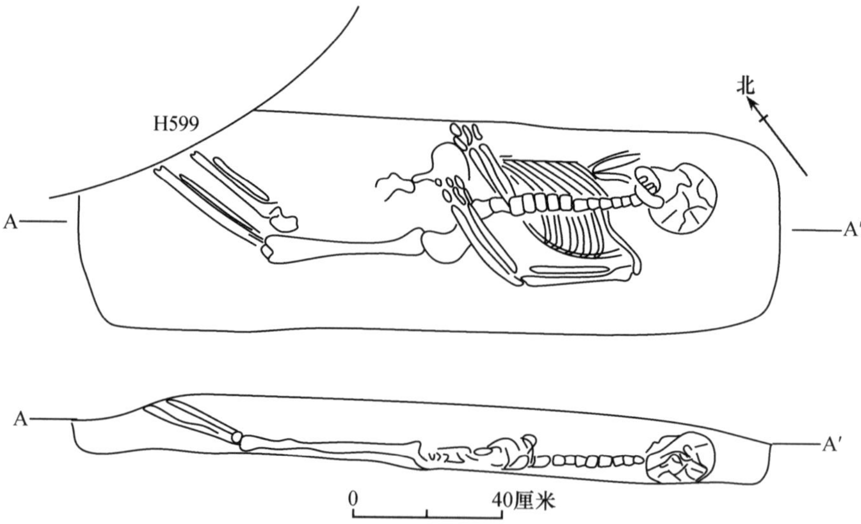

图三一二 M80平、剖面图

土人骨一具，保存状况较好，腰部被柱洞打破，两脚趾骨被H576打破破坏。仰身直下肢屈臂葬，头异位。头向西北、310°，面向东北，性别女，年龄成年。墓口残长140、宽45、墓底残长135、宽45、残深15厘米（图三一三；图版一五，1）。

随葬品：无。填土中出土陶器10件，可辨器形有缸口8件，罐1件。

缸口 8件。Ab型Ⅱ式。

标本M81：01，夹粗砂灰陶，里黑色。唇面饰戳印纹，器表饰细菱形绳纹。敞口，唇沿内凸，残。轮制，火候较高。残宽6.5、残高3.8厘米。

M82

位置：位于99AT0201南部偏西，墓口距地表560厘米。层位关系：⑱—M82→H606。

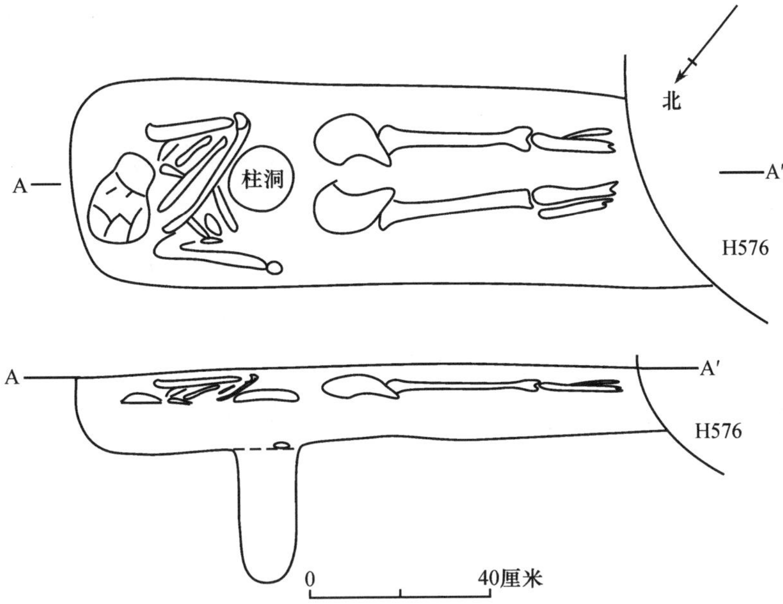

图三一三　M81平、剖面图

形制：墓口平面呈圆角长方形，口略大于底，壁较直，底较平。墓内填土黄褐色，微泛灰。无葬具，出土人骨一具，保存完好。侧身屈肢葬，头向东南、141°，面向北，性别女，年龄25～30岁。墓口长170、宽50、墓底长165、宽45、残深20厘米（图三一四；图版一五，2）。

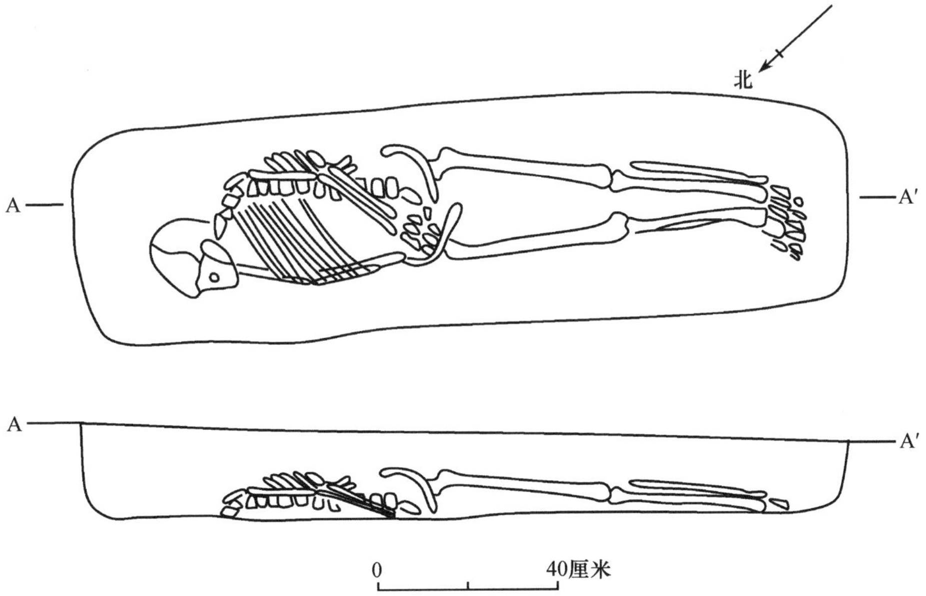

图三一四　M82平、剖面图

随葬器：无。填土中出土陶器14件，可辨器形有缸、罐、器盖。

缸口　1件。Ab型Ⅰ式。

标本M82：01，夹粗砂灰陶，口部、里黑色。唇面压印绳纹，器表饰菱形绳纹。敞口外张，残。轮制，火候较高。残宽9.2、残高4厘米。

敞口罐　1件。B型Ⅰ式。

标本M82：02，夹粗砂灰陶，里黑。上腹饰划纹。卷沿，方唇，唇缘微上凸，腹斜直，残。轮制，火候不高。残宽8.4、残高5.2厘米。

ⅡM1

位置：位于98ⅡT0406西北部，墓口距地表深245～255厘米，其北部压在探方壁下。层位关系：㉑A—ⅡM1→㉑B。

形制：墓口平面略呈圆角长方形，四边不直，墓壁较直，底较平。墓内填松软的黄褐土。无葬具，出土人骨一具，除腿骨保存较好外，余部腐烂严重。仰身直肢葬，双臂向上折置于双肩处，性别、年龄不详。在其头部上方发现一堆乳白色小卵石，应是故意放置，在卵石周围发现有陶片，似为盛卵石的陶器。头向125°。墓口残长189、宽50～55、残深10厘米（图三一五）。

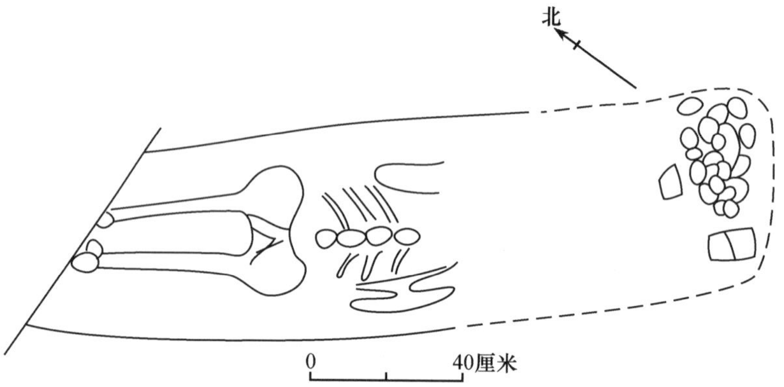

图三一五 ⅡM1平面图

随葬品：无。

Ab型 2座（M79、M99）。

M79

位置：位于99DT0201中部，墓口距地表深610厘米。层位关系：57B—M79→58。

形制：墓口平面呈长方形，弧壁，底不平，西北、东南端被柱洞打破，墓壁、底无加工痕迹。墓内填土为夹沙红土，松软，纯净。无葬具，出土人骨一具，保存状况差，头、脚、左股骨无。仰身直肢葬，头向东南、110°，性别男，年龄成年。墓残长150、宽40～45、残深10厘米（图三一六；图版一六，1）。

随葬品：无。

M99

位置：位于02CT0101东南部，墓口距地表深770厘米。层位关系：H761→M99→生土。

形制：墓口平面呈长方形，直壁，平底，中部被H761打破，南端位于断崖处、部分垮塌。墓内填土为黄黏土。无葬具，残存人骨仅3块，葬式不明，性别、年龄不明，头向164°或344°。残长155～165、宽55、残深20厘米（图三一七）。

随葬品：陶器5件，器类有罐、杯等。

折沿罐 1件。B型Ⅰ式。

标本M99：5，夹粗砂红陶，局部灰，里黑。唇面饰绳切纹，器表饰菱形绳纹，外底饰交

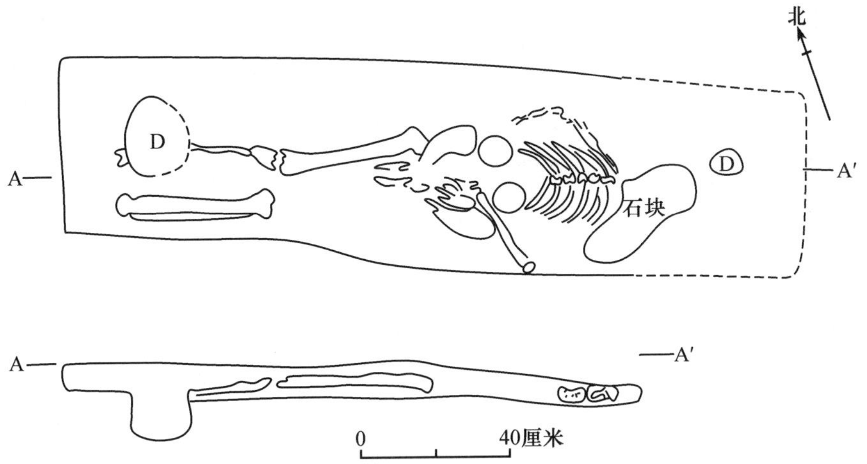

图三一六　M79平、剖面图

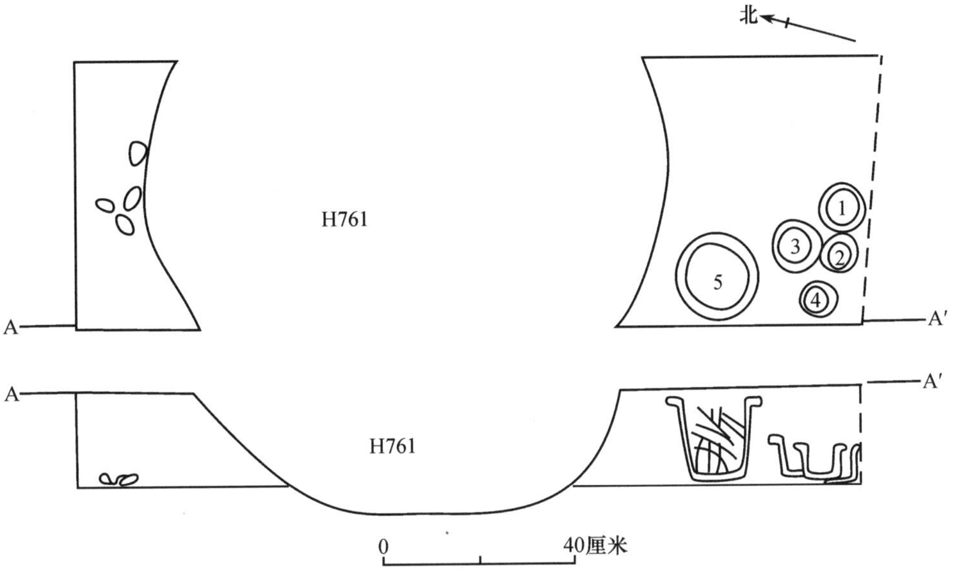

图三一七　M99平、剖面图

1、2. 陶杯　3. 陶小罐　4. 陶器底　5. 陶折沿罐

错绳纹。敞口，斜折沿，弧腹，平底，修复。手制轮修，火候较高。口径18.4、底径9.2、高17.2厘米（图三一八，1；图版二四，1）。

小罐　1件。

标本M99：3，夹细砂红陶，局部、里黑。腹饰戳划状绳纹，外底饰绳纹。敞口，斜折沿，圆唇，腹微鼓，平底，完整。手制轮修，火候较高。口径10.4、底径6.8、高9.8厘米（图三一八，2；图版二五，6）。

杯　2件。

A型　1件。

标本M99：1，夹细砂红褐陶，部分黑。素面。敞口，卷沿，圆唇，腹较斜直，假圈足、平底，修复。手制，火候较高。口径9、底径5.4、高8厘米（图三一八，3；图版三一，4）。

B型　1件。

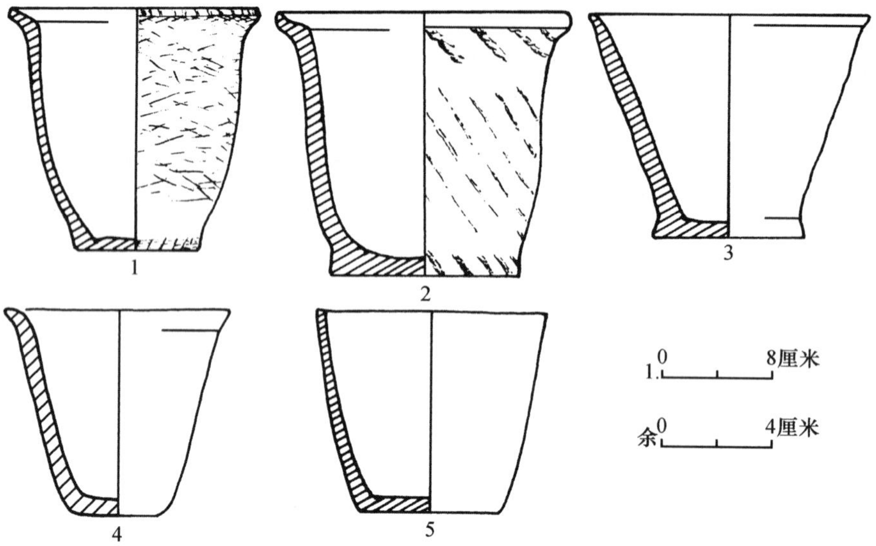

图三一八　M99出土陶器

1. B型Ⅰ式折沿罐（M99：5）　2. 小罐（M99：3）　3. A型杯（M99：1）　4. B型杯（M99：2）　5. 器底（M99：4）

标本M99：2，夹细砂褐陶，局部黑、红褐。素面。敞口，卷沿，圆唇，腹较斜直，平底，修复。手制，火候较高。口径8.2、底径3.2、高7.3厘米（图三一八，4；图版三一，5）。

器底　1件。

标本M99：4，夹细砂黑陶，局部灰褐。素面。下腹斜直，平底，残。手制，火候较高。底径6、残高7.3厘米（图三一八，5）。

2. B型

2座（M64、M47）。

M46

位置：位于98AT0103西北部，墓口距地表深590厘米。层位关系：H323→M46→㊷。

形制：墓口平面呈椭圆形，直壁，底较平，壁、底无加工痕迹。墓内填灰褐沙土。无葬具，出土人骨一具，部分朽坏，小腿被H323破坏。侧身屈肢葬，头向东南、134°，面向南，性别、年龄（成年）待鉴定。墓长径196、短径100、残深20厘米（图三一九；图版一六，2）。

随葬品：无。填土中出土部分陶片，可辨器形有大口深腹缸、敞口罐等。

缸口　8件。A型。

Aa型　7件。

Ⅰ式：4件。

标本M46：03，夹粗砂灰陶，局部红、黑，里黑。唇面饰戳印纹，器表饰菱形绳纹。敞口，上腹斜直，残。轮制，火候较高。残宽5、残高4.3厘米（图三二〇，1）。标本M46：07，夹粗砂灰陶，口部、里黑。唇面饰较粗戳印纹，器表饰菱形绳纹。敞口外张，唇缘内凸，上腹较直，残。轮制，火候一般。残宽17.6、残高5.7厘米（图三二〇，2）。

Ⅱa式：3件。

标本M46：06，夹粗砂黑陶。唇面饰较粗斜戳印纹，器表饰菱形绳纹。敞口，上腹斜直，

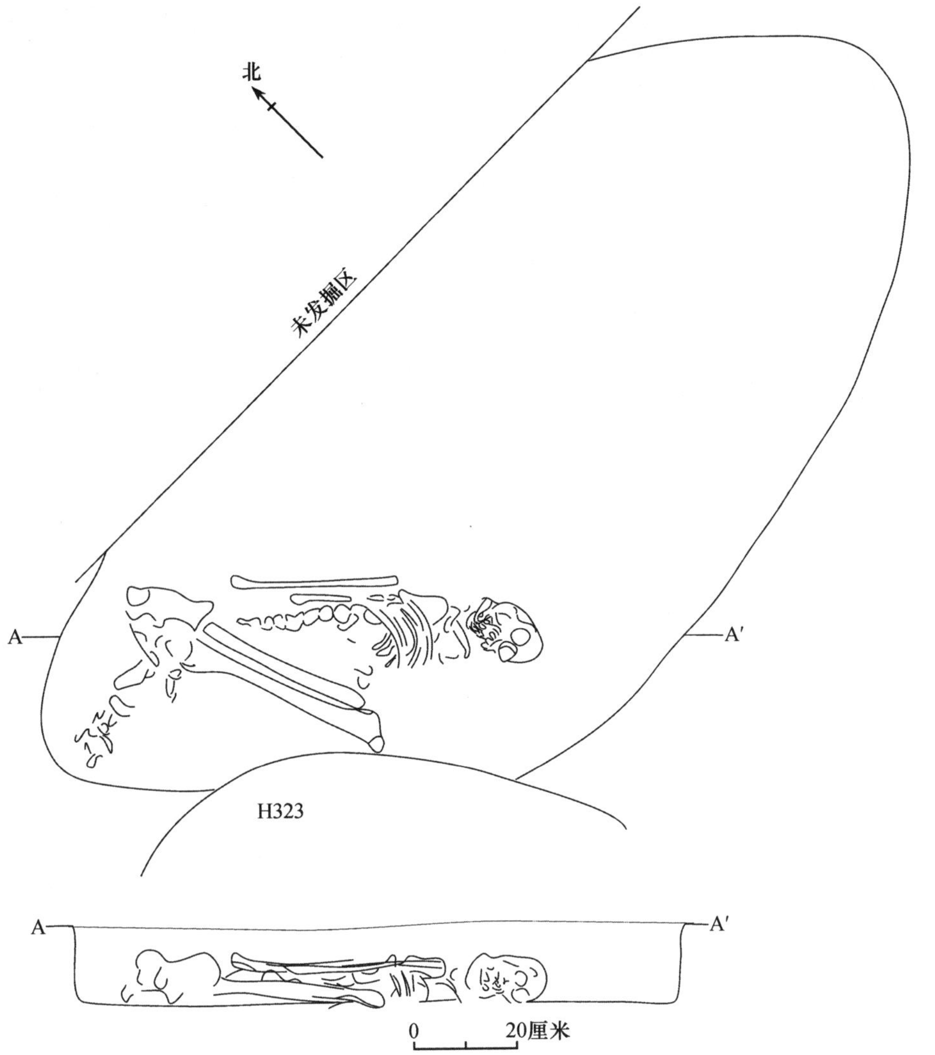

图三一九　M46平、剖面图

残。轮制，火候一般。残宽7.2、残高4.7厘米（图三二〇，3）。标本M46：08，夹粗砂红陶，里黑。唇面切割呈缓齿状，器表饰大菱形绳纹。敞口，上腹斜直，残。轮制，火候较高。残宽5.4、残高3.8厘米（图三二〇，4）。

Ab型　1件。

标本M46：09，夹粗砂灰陶，局部、里黑。唇面饰戳印纹，器表饰小菱形绳纹。敞口外张，上腹较直，残。轮制，火候一般。残宽5.2、残高4.7厘米（图三二〇，5）。

缸底　1件。A型。

标本M46：010，夹粗砂红褐陶，局部褐、里黑。下腹饰稀疏绳纹，外底饰交错绳纹，内底有刮抹痕。下腹较斜直，平底，残。轮制，火候较高。底径10.6、残高6.8厘米（图三二〇，6）。

敞口罐　5件。A型。

标本M46：02，夹粗砂灰褐陶，口局部黑。唇面饰戳印纹，器表饰稀疏斜绳纹。敞口，斜折沿，上腹较直，残。轮制，火候较高。残宽4.9、残高6.4厘米（图三二〇，7）。

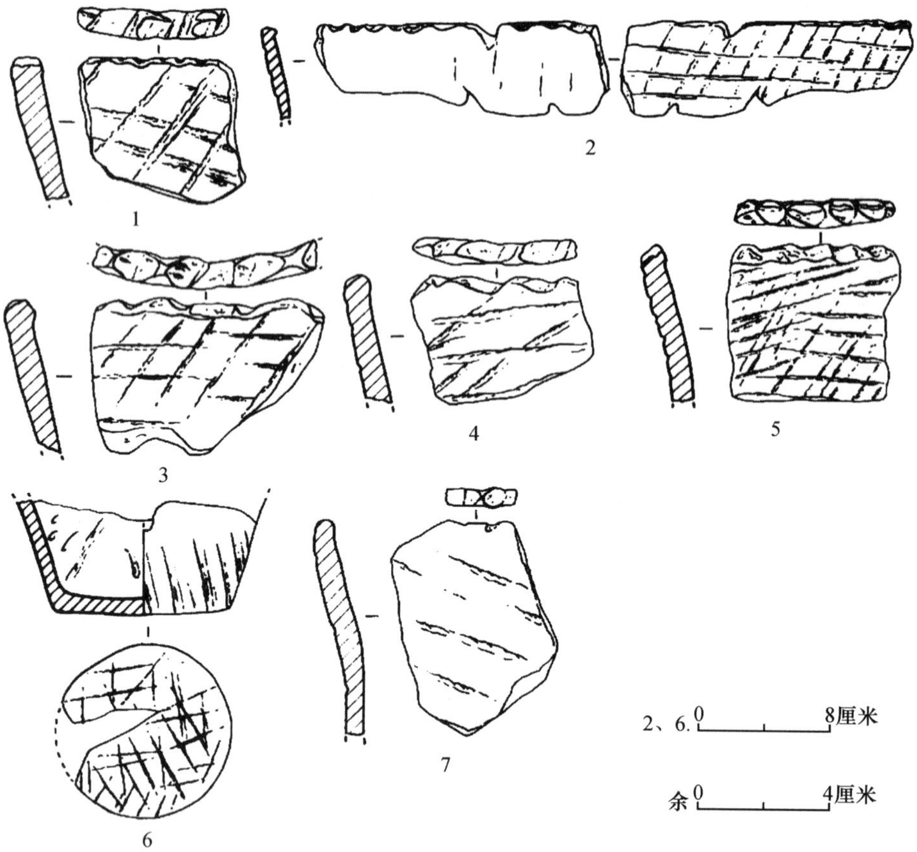

图三二〇　M46出土陶器

1、2. Aa型Ⅰ式缸口（M46：03、M46：07）　3、4. Aa型Ⅱa式缸口（M46：06、M46：08）　5. Ab型缸口（M46：09）　6. A型缸底（M46：010）　7. A型敞口罐（M46：02）

M47

位置：位于98AT0103东南部，墓口距地表深595厘米。层位关系：㊶—M47→㊷。

形制：墓口平面略呈椭圆形，壁内弧，底不平，有数小坑，深3～5厘米。墓内填灰褐色沙土。无葬具，发现人骨数块，保存状况极差，严重腐朽，墓圹呈西北—东南向，葬式、头向、面向、性别、年龄不明。长径173、短径91、残深24厘米（图三二一）。

随葬品：无。

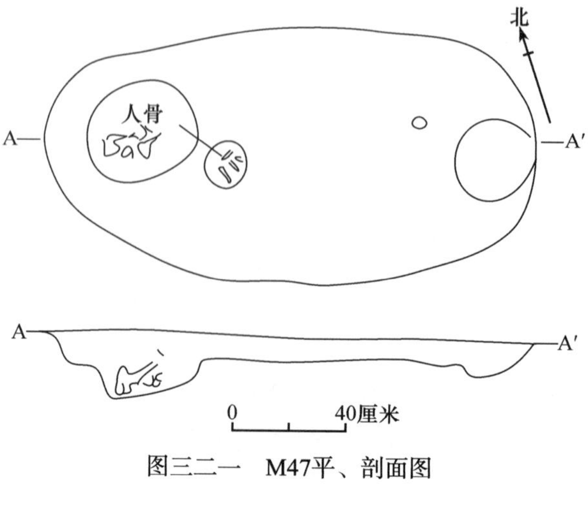

图三二一　M47平、剖面图

3. C型

2座（M83、M84）。

M83

位置：位于99DT0301南部，墓口距地表深610厘米。层位关系：㊹—M83→㊺。

形制：墓口平面略呈“刀”形，墓壁较直，底较平。墓内填土为杂花土。无葬具，出土人骨一具，保存状况不好，上、下颌骨无存，肩胛骨残缺严重，脊椎骨及尾椎保存较好，左上肢骨及尺骨、桡骨残缺，右侧上肢骨保存较好，尺、桡骨上屈与上肢骨并列，手掌骨不见，指骨若干，盆骨和耻骨残损较重，保存大致轮廓，股骨及腓骨、胫骨无存，残余若干脚趾骨。仰身屈臂葬，头向东南、118°，面向不清，性别男，成年。墓长150、宽26～46、残深5厘米（图三二二；图版一七，1）。

随葬品：无。

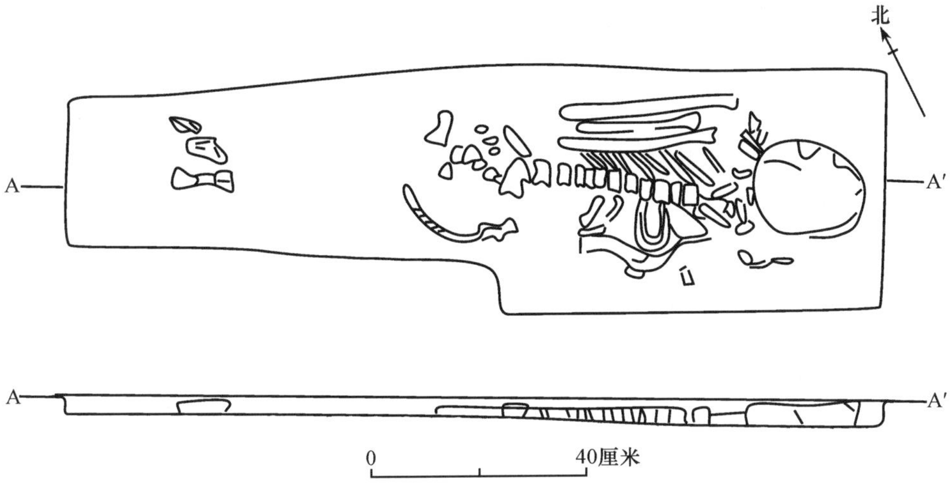

图三二二　M83平、剖面图

M84

位置：位于99DT0301东南部，墓口距地表深610厘米。层位关系：㊹—M84→㊺。

形制：墓口平面略呈“刀”形，墓壁较直，底不平，颈部两侧各有一柱洞打破墓葬。墓内填土为浅灰色杂花土。无葬具，有散乱炭灰痕迹，出土人骨一具，保存基本完好，颈椎残，肩胛骨基本无存，上肢（尺骨和桡骨上屈于肩部）并列，指骨残缺，脊椎弯曲，肋骨基本保存，盆骨稍残，耻骨无存，左股骨交叉置于右股骨上，胫骨和腓骨基本完好，趾骨亦保存较好。仰身屈臂、下肢交叉葬，头向东南、118°，面向西南。墓长166、宽40～52、残深8厘米（图三二三；图版一七，2）。

随葬品：3副竹、藤类手镯（已炭化，无法完整提取，采集了炭化物），戴于右手腕处，其一脱落于掌骨处。

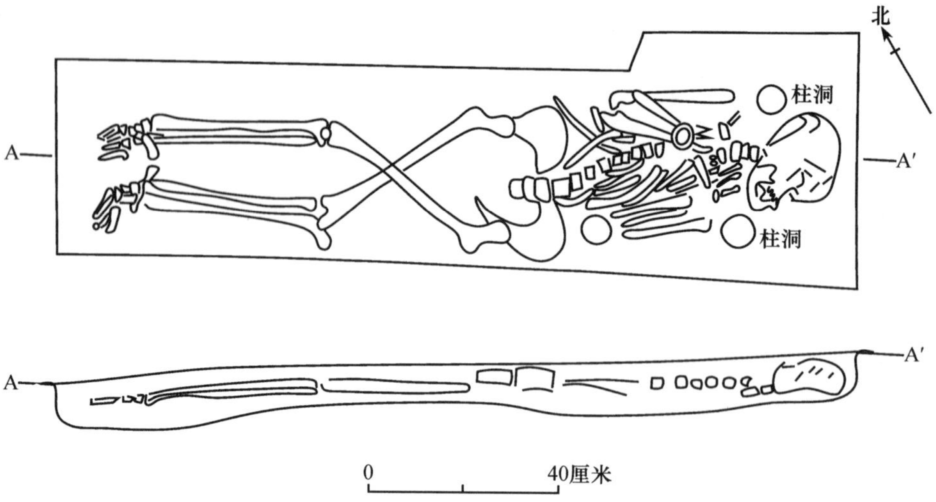

图三二三　M84平、剖面图

五、窑　址

本遗址新石器时代的窑址共6座，编号为：Y12、Y14、Y15、Y16、Y40、Y41，在1998、1999、2002三个年度的发掘中发现。平面形状呈长条形或近长方形，窑体较平或略有倾斜，无结构或功能上的区分，长约10米，宽约1.4～2.7米（2座残，长度不明）。窑体内多灰白色烧黏土，局部有红烧土，质疏松，夹炭屑、烧土颗粒和碎陶片等。

Y14

位置：位于99AT0301中部，呈西北—东南向，向西延至99AT0201东隔梁，向南延至99DT0301关键柱，窑口距地表深4.6米。层位关系：㉛B—Y14→㉜。

形制：平面呈长条形，首、尾略弧，残长11.2、宽约1.2～2.7、深0.36米。中部及首、尾有断断续续的烧结面，能连在一起的没有，烧结面厚薄不等，呈青灰或灰白色，较坚硬，在底部有过火严重的残破的烧土面，厚薄不等，较硬，向两侧延伸则由硬变软。因烧火温度不高，窑壁与地层几乎未有明显的边（图三二四；图版一八）。

该窑的建筑方式为先在地面下挖一基槽，平整后形成窑面，用过一次后清出堆积物，再垫平使用。

Y14破坏较严重，其他与窑有关的迹象均不详，从窑的剖面观察，窑尾（烟道）应在东南部。

窑内堆积与包含物：窑内堆积根据土质土色的不同，分5层。包含部分碎陶片，器类以缸为主，次为罐，钵、器盖等较少。

第1层：白灰土，质疏松，厚0～0.3米。

第2层：灰褐土，质略硬，厚0～0.05米。

第3层：黄褐土，质略硬，0～0.5米。

第4层：红烧土，质硬，厚0～0.2米。

第5层：青灰土，坚硬，厚0～0.16米。

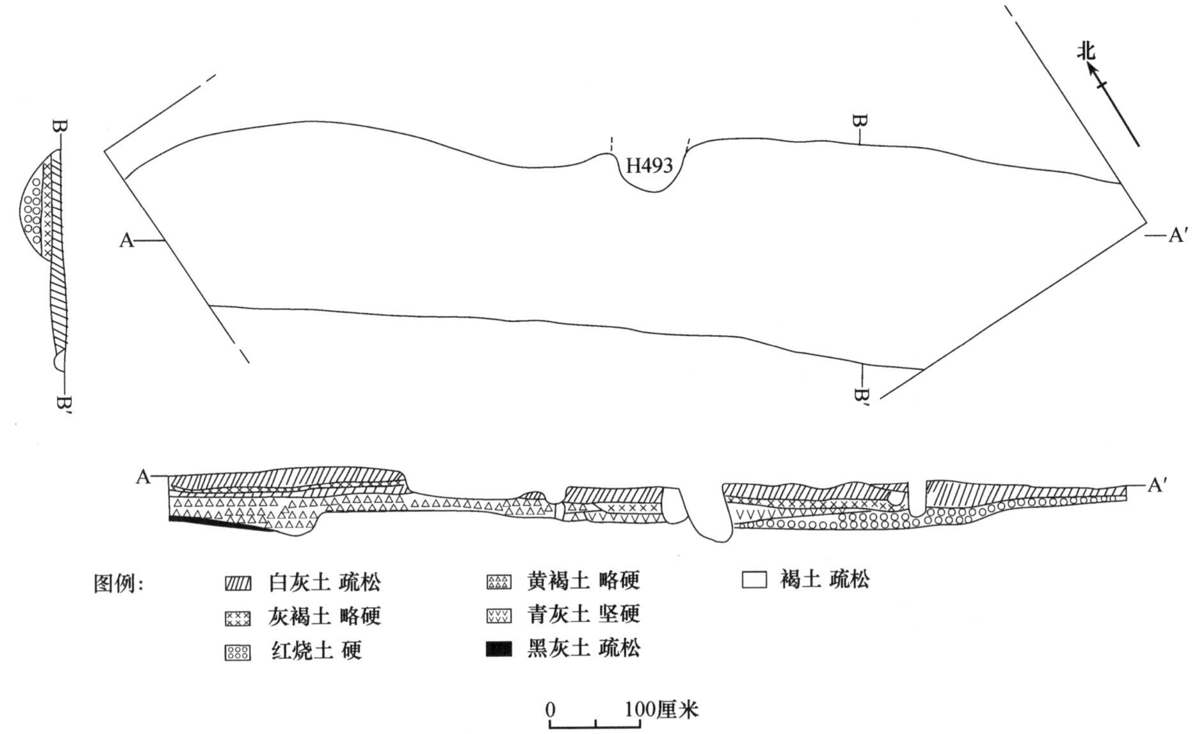

图三二四　Y14平、剖面图

出土遗物：发掘时，将出土陶片分上、下两层收集，经过室内资料整理，该两层出土陶器形制特征相同。参加分类排队的陶器215（上层165、下层50）件，都较碎小，挑选标本15件。

缸口　141件。Ca型。

Ⅰ式：69件。标本碎小。

Ⅱ式：63件。

标本Y14㊤：7，夹细砂褐陶。唇面斜压较浅绳纹，器表饰斜绳纹。口微敞，上腹较直，残。手制，火候一般。残宽6、残高6.4厘米（图三二五，1）。标本Y14㊤：15，夹细砂红褐陶。唇面斜压较浅粗绳纹，内沿饰浅戳印纹，器表饰斜绳纹。敛口，上腹斜直，残。手制轮修，火候不高。残宽7.2、残高6厘米（图三二五，2）。标本Y14㊤：16，夹细砂灰褐陶，里红褐色。唇面饰较浅粗绳压纹，器表饰斜绳纹，内外壁有白色附着物。口微敛，上腹斜直，残。手制，火候一般。残宽8.6、残高6厘米（图三二五，3）。

Ⅲ式：9件。

标本Y14㊤：8，夹粗砂褐陶，局部黑色。唇面斜压较深粗绳纹，内沿绳纹较浅，器表饰绳纹。敞口，内贴沿，上腹斜直，残。轮制，火候较高。残宽8.4、残高4厘米（图三二五，4）。标本Y14㊤：13，夹粗砂褐陶，胎、里红色。唇面饰戳印纹和压印凹槽，器表纹饰不清。口、腹近直，内贴沿，残。手制，火候一般。残宽9.2、残高4.4厘米（图三二五，5）。

缸底　3件。D型。标本碎小。

贴边缸　2件。A型。

标本Y14㊤：10，夹细砂灰褐陶，局部红褐，里黑。唇面和外下缘饰戳印纹，腹饰绳纹、堆纹、戳印纹。内壁有较多压抹痕。敞口，卷沿，腹近直，残。手制轮修，火候较高。口径

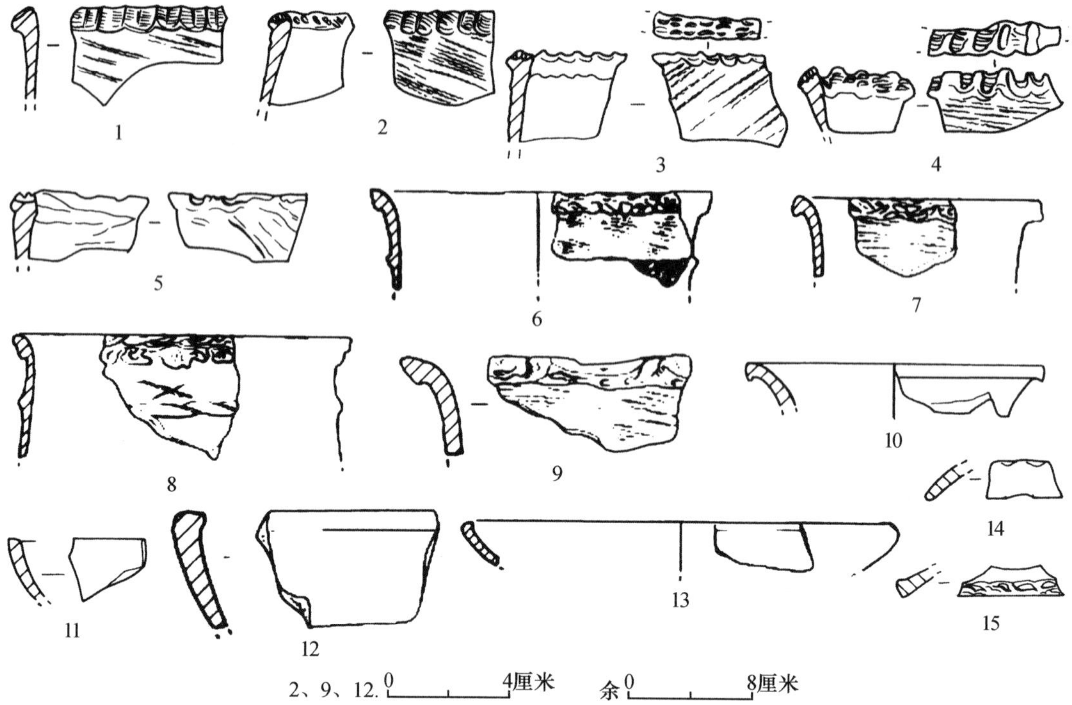

图三二五　Y14出土陶器

1～3. Ca型Ⅱ式缸口（Y14㊤：7、Y14㊤：15、Y14㊤：16）　4、5. Ca型Ⅲ式缸口（Y14㊤：8、Y14㊤：13）　6、7. A型贴边缸（Y14㊤：10、Y14㊤：11）　8、9. B型贴边罐（Y14㊤：4、Y14㊤：5）　10. C型Ⅱ式卷沿罐（Y14㊤：14）　11. A型Ⅰ式钵（Y14㊦：6）　12、13. Ca型Ⅱ式钵（Y14㊤：6、Y14㊤：12）　14. A型器盖（Y14㊦：1）　15. B型器盖（Y14㊤：9）

22、残高6厘米（图三二五，6）。标本Y14㊤：11，夹细砂褐陶，里灰黑。唇上缘饰压印绳纹、下缘饰戳印纹，腹饰绳纹，内壁磨光。敞口，卷沿，腹近直，残。轮制，火候不高。口径16、残高5.2厘米（图三二五，7）。

贴边罐　17件。

A型　9件。标本碎小。

B型　8件。

标本Y14㊤：4，夹粗砂褐陶。唇面、沿外贴边上饰戳印纹，腹饰堆纹和绳纹。侈口，卷沿，圆唇，上腹外斜，残。口径21.6、残高8厘米（图三二五，8）。标本Y14㊤：5，夹粗砂黑陶，里红褐色。唇面和沿下饰戳印纹，腹饰绳纹，内壁磨光。敞口，卷沿，腹较斜直，残。轮制，火候较高。残宽6.4、残高4.2厘米（图三二五，9）。

卷沿罐　3件。

B型　1件。Ⅱ式。标本碎小。

C型　2件。Ⅱ式。

标本Y14㊤：14，夹细砂褐陶。素面，内壁磨光。敞口，圆唇，唇缘下垂，束领，残。轮制，火候较高。口径19.2、残高3.2厘米（图三二五，10）。

钵　29件。

A型　1件。Ⅰ式。

标本Y14㊦：6，夹细砂黑陶，局部褐。素面，内外壁磨光。敞口，圆唇，弧腹，残。轮制，火候较高。残宽4.9、残高4厘米（图三二五，11）。

C型　28件。

Ca型　22件。Ⅱ式。

标本Y14㊤：6，夹细砂褐陶，局部黑，里红褐色。素面，内外壁磨光。敛口，方唇，上腹微弧，残。残宽6、残高3.6厘米（图三二五，12）。标本Y14㊤：12，夹细砂灰褐陶，黑胎。素面。敛口，方唇，弧腹，残。手制轮修，火候不高。口径27.2、残高2.8厘米（图三二五，13）。

Cb型　6件。Ⅱ式。标本碎小。

器盖　6件。

A型　4件。

标本Y14㊦：1，夹砂红陶，里黑。素面，内外壁磨光。壁较斜直，敞口，圆唇，残。手制轮修，火候较高。残宽4.6、残高2.6厘米（图三二五，14）。

B型　2件。

标本Y14㊤：9，夹细砂褐陶，里灰。唇面饰戳印纹，内外壁磨光。覆钵状，敞口，方唇，残。轮制，火候不高。残宽7、残高1.8厘米（图三二五，15）。

圈足　10件。标本碎小。

器底　4件。标本碎小。

Y15

位置：位于99AT0301中部，呈西北—东南向，小部分向东南延伸至99DT0301北隔梁内，窑口距地表深5.1米。层位关系：⑭—Y15→⑮，被Y14打破。

形制：平面呈长条形，首、尾弧，基本呈西北—东南向横贯探方中部，其他情况与Y14相同。残长9.2、宽1.4～1.7、深0.4米（图三二六；图版一九，1）。

该窑建筑方式为：先在地面下挖一基槽，平整后形成窑面或利用下面的Y16的面。

Y15破坏较严重，无结构和功能方面的区分，从剖面观察，烟道在东。

窑内堆积与包含物：因被Y14打破，在西部的堆积大致分5层。出土少量陶片，红陶多于灰陶，器形饰绳纹，基本为缸类。

第1层：红烧土，硬，厚0～0.3米。

第2层：青灰土，坚硬，厚0～0.4米。

第3层：灰红土，含烧土粒，疏松。

第4层：灰褐土，略硬，厚0～0.2米。

第5层：白灰土，疏松，厚0～0.2米。

出土遗物：参加分类排队的陶器52件，挑选标本4件。

缸口　51件。Ca型Ⅰ式。

标本Y15：1，夹细砂红褐陶，灰黑胎、里。唇面饰斜浅压粗绳纹和凹槽，器表饰绳纹，内外壁有白色附着物。敞口，上腹斜直，残。手制，火候较高。残宽10.4、残高4.4厘米（图三二七，1）。标本Y15：2，夹粗砂灰陶。唇面饰浅压绳纹，器表饰斜绳纹，内壁有制作缺陷，内外壁有白色附着物。敞口，上腹斜直，残。手制，火候一般。残宽9.6、残高5.6

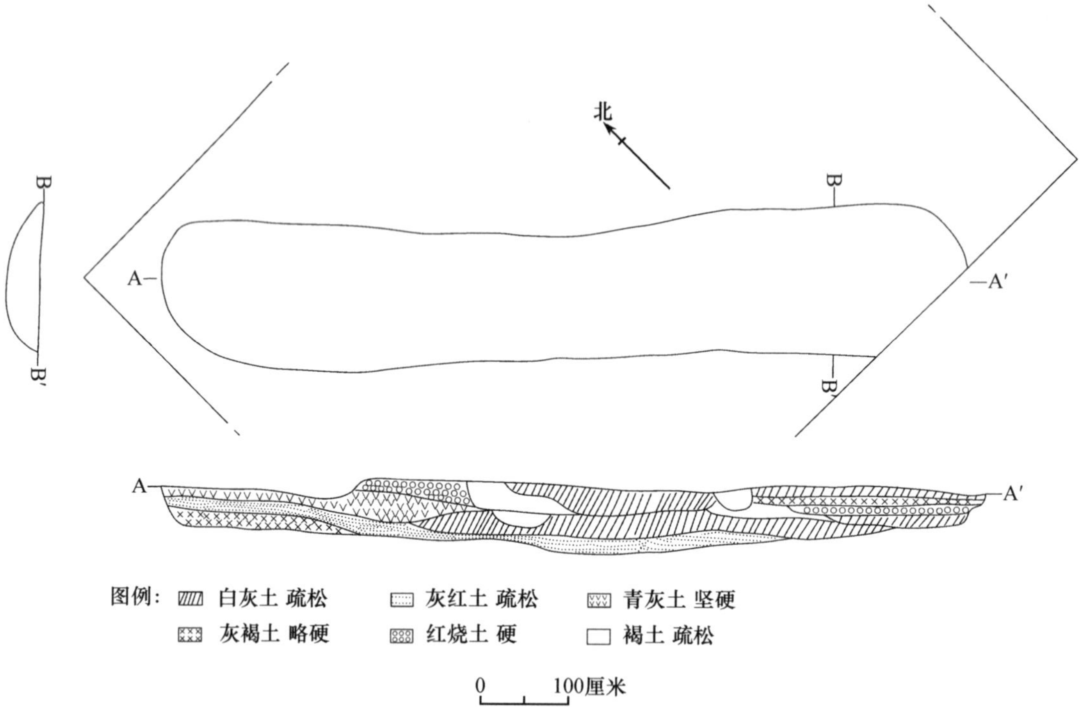

图三二六 Y15平、剖面图

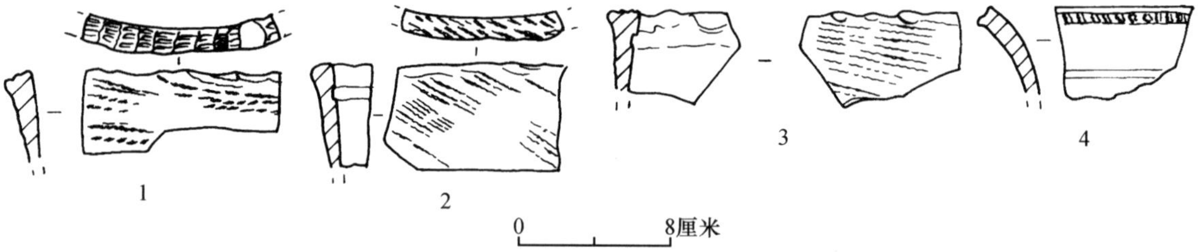

图三二七 Y15出土陶器

1～3. Ca型Ⅰ式缸口（Y15：1、Y15：2、Y15：4） 4. Ⅲ式槽唇罐（Y15：3）

厘米（图三二七，2）。标本Y15：4，夹细砂红陶。唇面浅压绳纹，器表饰绳纹，器壁可见贴片痕迹。卷贴沿，口微敛，上腹较直，残。手制，火候较高。残宽8.4、残高5厘米（图三二七，3）。

槽唇罐 1件。Ⅲ式。

标本Y15：3，夹粗砂红褐陶。下唇面饰戳印纹，上腹饰凹弦纹。喇叭口，唇面微凹，残。轮制，火候较高。残宽7.2、残高4.8厘米（图三二七，4）。

六、灶

1座，编号Z5。

Z5

位置：位于99DT0201东北部，距探方北壁100厘米，向东伸进探方东隔梁内，灶口距地表深

550厘米。层位关系：㊺—Z5—㊽。

形制：平面形状呈不规则圆形，东南面较高，西北面较低，灶壁为黄褐土，经火烧过，底部为红烧土，厚3～5厘米。口径36、底径30、深10厘米（图三二八；图版一九，2）。

灶内堆积与包含物：灶内填灰褐色土，夹烧土、炭粒，质较疏松。包含物多为陶片。

出土遗物：参加分类排队的陶器62件，挑选标本19件。

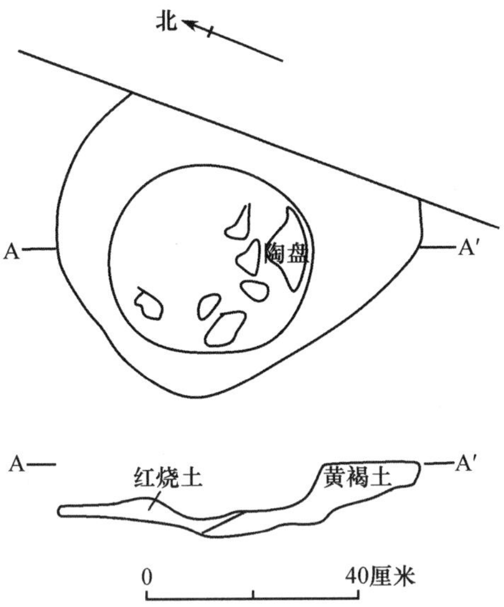

图三二八　Z5平、剖面图

缸口　45件。Ca型。

Ⅰ式：6件。

标本Z5∶2，夹细砂灰黑陶，局部红褐。唇部饰绳压纹，器表饰斜绳纹。敛口，鼓腹，残。手制，火候较高。残宽6.4、残高4.9厘米（图三二九，1）。标本Z5∶3，夹细砂红褐陶，局部黑褐。唇部饰交错绳压纹，器表饰组状斜绳纹。敞口，残。手制，火候较高。残宽6.1、残高5.4厘米（图三二九，2）。

Ⅱ式：32件。

标本Z5∶4，夹粗砂灰陶，局部、胎、里黑。唇部饰戳印纹，器表饰绳纹。口近直，残。手制，火候较高。残宽8.4、残高5.4厘米（图三二九，3）。标本Z5∶5，夹粗砂红褐陶。唇部饰戳印纹，器表饰斜绳纹。口近直，腹内收，残。手制，火候较高。残宽9.6、残高.4厘米（图三二九，4）。

Ⅲ式：7件。

标本Z5∶6，夹粗砂红陶。唇部饰绳压纹、较深凹槽，器表饰组状细绳纹。口微敛，残。手制，火候较高。残宽5.6、残高4.6厘米（图三二九，5）。标本Z5∶7，夹粗砂红褐陶，灰黑胎。唇部横压粗绳纹略呈波浪形，器表饰组状斜绳纹。敛口，微鼓腹，残。手制，火较高。残宽7.4、残高6.1厘米（图三二九，6）。

缸底　1件。D型。标本碎小。

瓮　2件。

A型　1件。

标本Z5∶15，夹粗砂红陶，局部、胎黑。素面，内外壁磨光。侈口，圆唇，高领内束，有肩，残。手制轮修，火候较高。残宽9.5、残高8.6厘米（图三二九，7）。

B型　1件。

标本Z5∶14，夹细砂黑陶。饰椭圆形里向外单穿镂孔、外向里未穿镂孔，内外壁磨光。喇叭口，圆唇，残。轮制，火候较高。残宽6.2、残高4.4厘米（图三二九，8）。

贴边罐　1件。A型。

标本Z5∶8，夹细砂红褐陶，里黑。唇部饰戳印纹，器表饰绳纹，内沿磨光。喇叭口，残。手制，火候较高。残宽7.5、残高3.8厘米（图三二九，9）。

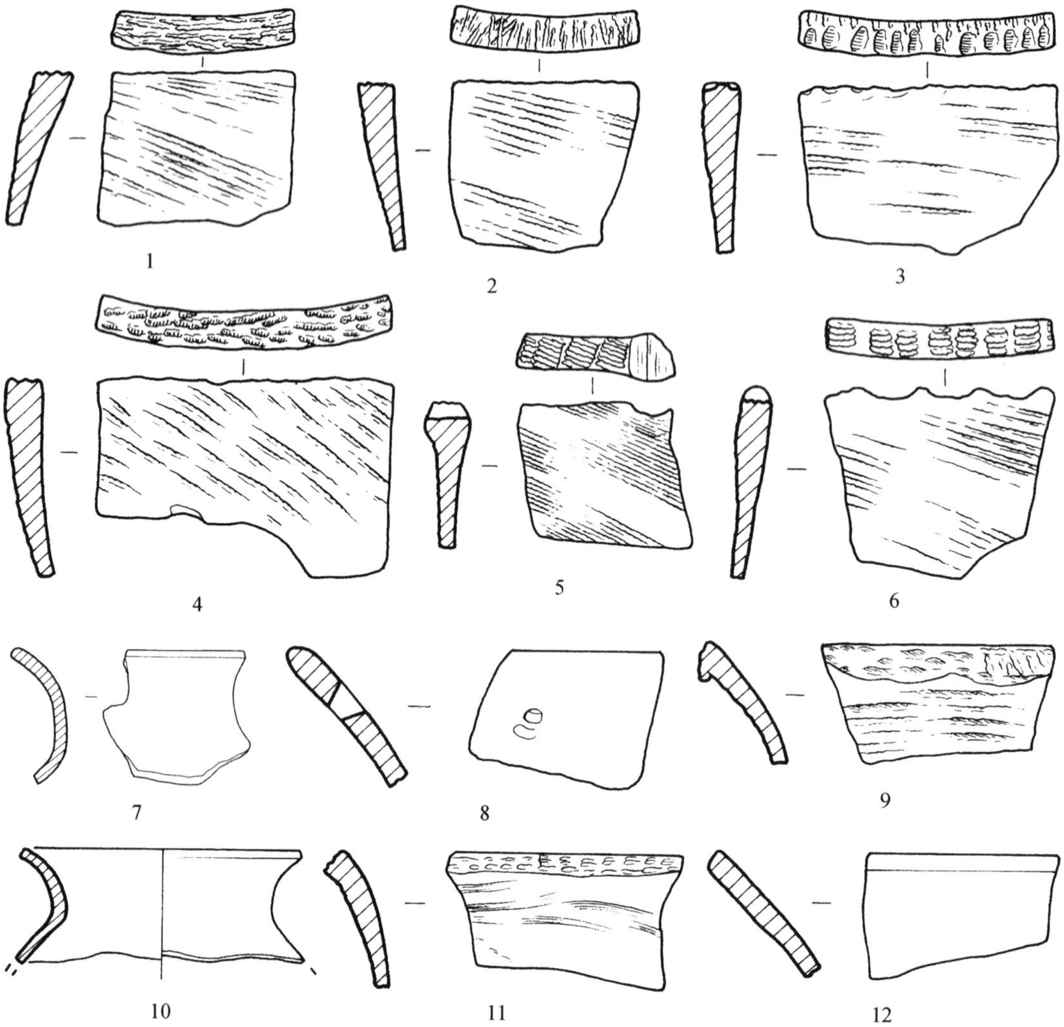

7、10. 0 8厘米 余 0 4厘米

图三二九 Z5出土陶器

1、2. Ca型Ⅰ式缸口（Z5：2、Z5：3） 3、4. Ca型Ⅱ式缸口（Z5：4、Z5：5） 5、6. Ca型Ⅲ式缸口（Z5：6、Z5：7） 7. A型瓮（Z5：15） 8. B型瓮（Z5：14） 9. A型贴边罐（Z5：8） 10. 矮领罐（Z5：9） 11. B型Ⅱ式卷沿罐（Z5：10） 12. 喇叭口罐（Z5：11）

矮领罐 4件。

标本Z5：9，夹细砂红褐陶，局部灰黑，胎黑。素面，内沿磨光。侈口，领外翻，圆唇，溜肩，残。手制，火候较高。口径18.4、残高7.2厘米（图三二九，10）。

卷沿罐 1件。B型Ⅱ式。

标本Z5：10，夹细砂黑陶。唇部饰戳印纹，器表饰划纹。敞口，卷沿，残。手制，火候较高。残宽7.6、残高4.3厘米（图三二九，11）。

喇叭口罐 1件。

标本Z5：11，夹细砂灰黑陶。素面，内外壁磨光。喇叭口，方唇，残。轮制，火候高。残宽6.3、残高4厘米（图三二九，12）。

大圈足盘 1件。A型。

标本Z5：1，泥质红陶，局部灰、黑。圈足中下部饰凹弦纹一道，内外壁磨光。敞口，圆唇，弧腹，粗圈足较高、微束，修复。轮制，火候较高。口径26.8、足径19.2、高11.6厘米（图三三〇，1；图版二七，5）。

盘 2件。A型。

标本Z5：12，夹细砂红褐陶，胎、里黑。素面，内外壁磨光。敞口，圆唇，弧盘，残。轮制，火候较高。残宽4.5、残高3.8厘米（图三三〇，2）。标本Z5：13，夹细砂黑陶，局部红褐。素面，内外壁磨光。敞口，圆唇，弧盘，残。手制，火候较高。残宽7.8、残高4厘米（图三三〇，3）。

器盖 3件。A型。

标本Z5：16，夹细砂红褐陶。唇部饰细绳纹，内外壁粗磨。敞口，圆唇，壁微弧，残。手制，火候不高。残宽5.4、残高2.4厘米（图三三〇，4）。标本Z5：17，夹细砂灰黑陶，局部红、褐。素面，内外壁磨光。敞口，方唇，壁微弧，残。手制，火候较高。残宽9.8、残高3厘米（图三三〇，5）。标本Z5：18，夹细砂褐陶，局部黑褐。素面，内外壁粗磨。敞口，圆唇，壁较斜直，残。手制，火候较高。残宽8.5、残高2.5厘米（图三三〇，6）。

圈足 1件。Ab型。

标本Z5：19，夹粗砂红褐陶，局部黑。足外缘饰戳印纹、按抹痕，外底饰绳纹。假圈足，平底，残。分制，火候较高。残宽9.6、残高2.7厘米（图三三〇，7）。

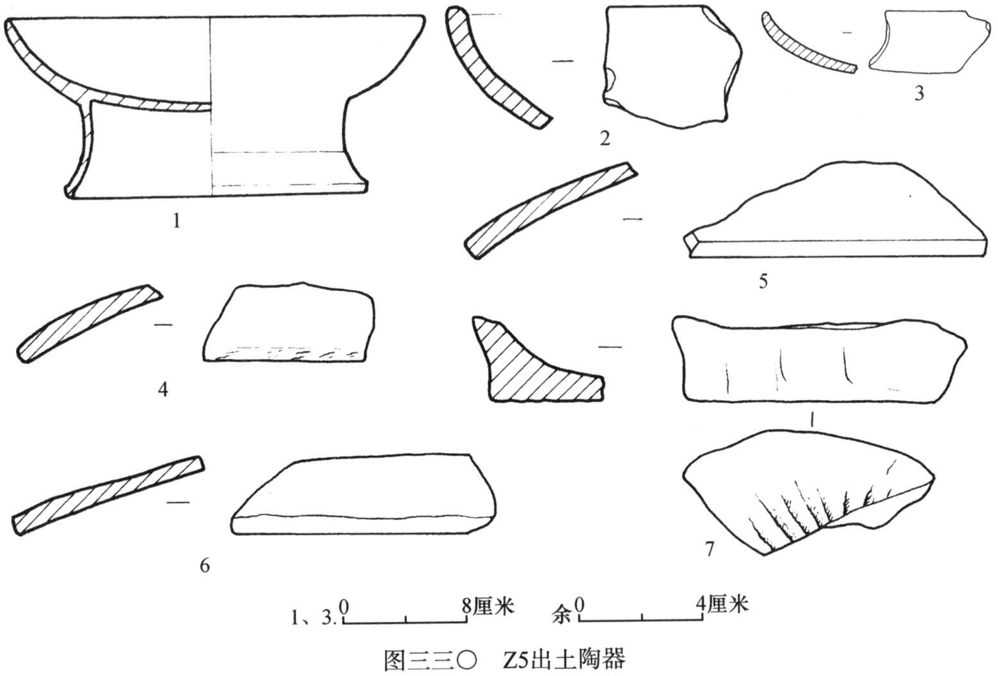

图三三〇 Z5出土陶器

1. A型大圈足盘（Z5：1） 2、3. A型盘（Z5：12、Z5：13） 4~6. A型器盖（Z5：16、Z5：17、Z5：18）
7. Ab型圈足（Z5：19）

七、其他遗迹——“洞”

“洞”（F116）

位置：位于98BT0205西、南部大部分区域，延伸至98BT0305、98BT0204诸探方，距地表深440～450厘米。层位关系：㉗—“洞”（F116）→㉘。

形制：在98BT0205内，长3.07、宽2.85米，面积约8平方米的范围内分布“洞”18个，直径10～15、深10～23厘米（图三三一）。

“洞”打破地层为黄沙，厚10～15厘米，自南向北倾斜，纯净，无包含物。

“洞”内堆积与包含物：“洞”内填灰土或灰褐与灰黑土，包含少量碎陶片与小石块，可辨器类主要为缸。

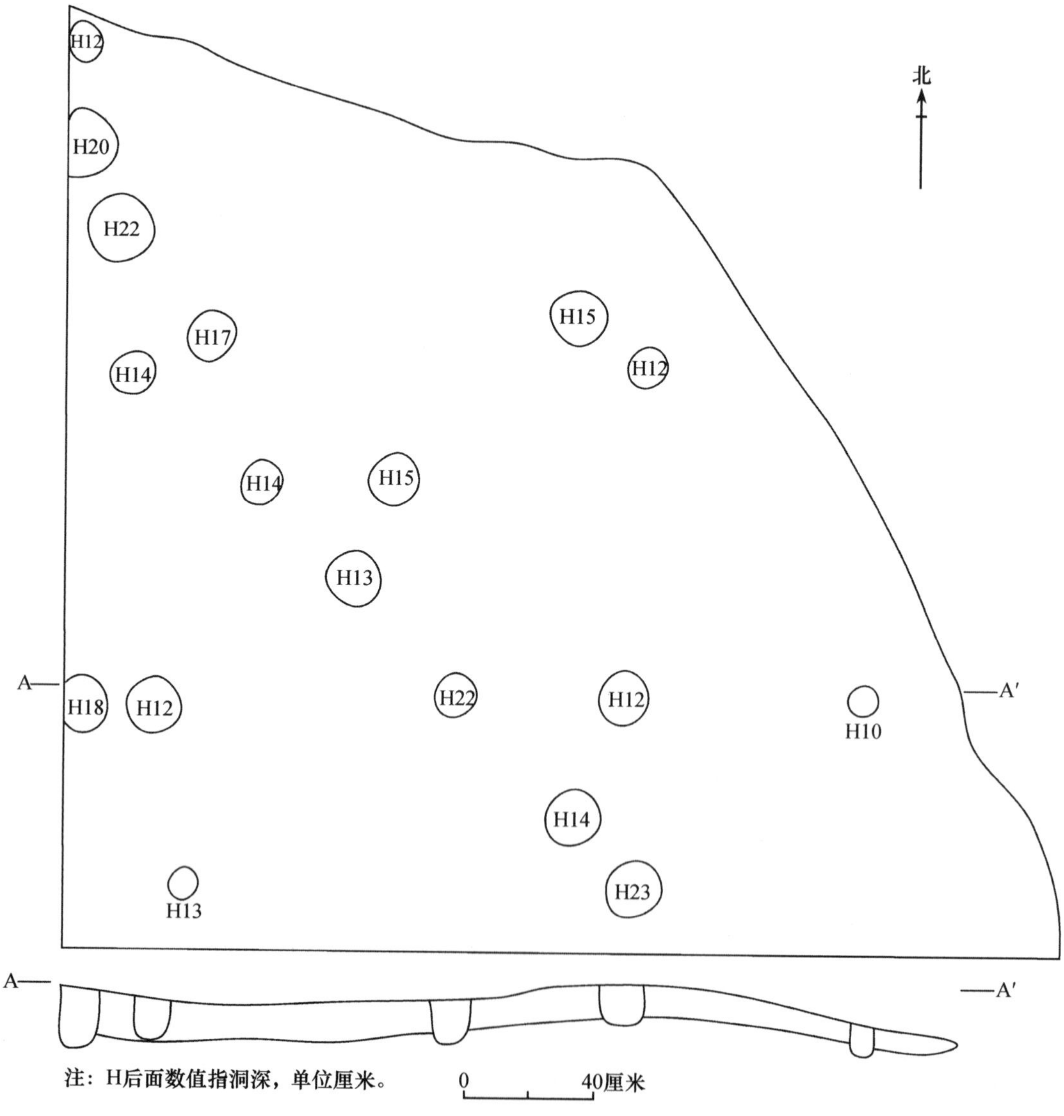

图三三一 “洞”（F116）平、剖面图

第三节　文　化　层

一、概　　述

新石器时代的文化层主要分布在1998年度发掘的Ⅰ区AT0103、BT0104、BT0204、BT0205、BT0304、BT0305、BT0404、BT0405、BT0505和Ⅱ区T0406、T0407、T0408探方，1999年度发掘的探方，2000年度发掘的DT0604、DT0605、DT0805、DT0707与2002年度发掘的Ⅰ区探方内。文化层堆积的厚度从几厘米至数米，根据土质、土色和包含物划分的地层少者只有1层，多者达39层。从前述地层对应关系表和典型剖面的介绍中可以看出，在新石器时代的文化层堆积中，不论Ⅰ区还是Ⅱ区，能够贯通的文化层都很少。由于在介绍遗迹部分时考虑较多的是形制分类方面的代表性，出土遗物方面考虑较少，所以，在介绍文化层时，遗迹部分有复原的陶器，也做补充介绍（后同）。

二、出 土 遗 物

文化层中出土的遗物主要为陶器、石器、骨角器等。

（一）陶器

根据地层叠压关系和陶器器物组合与形制特征阶段性变化的特点，也分为11组介绍如下：

1. 第1组

本组文化层很少，仅98BT0205第36层。出土陶器少，参加分类排队的仅13件，而且标本碎小，可辨器形有：大口深腹缸口AaⅠ3、AaⅡa2、AbⅠ3，大口深腹缸底A1，敞口罐A1，器底3件。

2. 第2组

属于本组的文化层有98AT0103㊷，98BT0205㉟，98BT0305㉜；99AT0101㊺，99AT0201⑦⑨、⑦⑧；02AT0101㊸～㊵，02BT0101㊺～㊶，02DT0101㊷、㊶。

（1）陶系

上述文化层中，多数出土陶器极少且碎小，以98BT0205㉟与99AT0201⑦⑨为典型单位介绍如下：

98BT0205㉟

共出土陶器401件。陶质以夹砂为主，占98.75%，可分为夹粗砂与夹细砂两种，以夹粗砂为主，89.28%，夹细砂较少，占9.47%，泥质陶极少，仅占1.25%。陶色以灰陶为主，占41.90%，次为褐陶，占25.19%，黑、红陶较少，各占18.21%和14.71%。纹饰以菱形绳纹为住，占81.30%，次为复合纹，占6.23%，绳纹、凹弦纹、划纹、凸棱纹、戳印纹、镂孔等很少。器类以缸为主，占73.07%，次为罐，占12.97%，瓮、盘、钵、器盖、纺轮等很少（表一一四）。

表一一四 98BT0205㉟出土陶器统计表

陶质	夹粗砂				夹细砂			泥质		合计	%
陶色	灰	红	黑	褐	灰	黑	褐	灰	黑		
纹饰/器类											
绳纹			1	6	1		1			9	2.24
菱形绳纹	139	57	52	78						326	81.30
复合纹	7	1	3	6	3	3	1		1	25	6.23
凹弦纹	1				2	1		1		5	1.25
划纹	2									2	0.50
凸棱纹							1			1	0.25
戳印纹				1						1	0.25
镂孔					1					1	0.25
素面		1		3	10	10	4	1	2	31	7.73
合计	149	59	56	94	17	14	7	2	3	401	100
%	37.16	14.71	13.97	23.44	4.24	3.49	1.75	0.50	0.75	100	
缸	127	54	46	66						293	73.07
罐	12	3	10	19	1	1	1		1	48	11.97
盘口罐	2			1	1					4	1.00
瓮					1					1	0.25
盘						3				3	0.75
钵					6	6	1			13	3.24
器盖						1				1	0.25
平底				2			2	1		5	1.25
不明	8	2		5	8	3	3	1	2	32	7.98
纺轮				1						1	0.25

99AT0201⑲

共出土陶器65件。陶质全为夹砂，以夹粗砂为主，占70.77%，夹细砂较多，占29.23%。陶色以褐、灰陶为主，各占41.54%和40.00%，红、黑陶较少，各占10.77%和7.70%。纹饰以菱形绳纹为主，占55.38%，次为复合纹，占16.92%，绳纹较少，占6.15%，凸弦纹、凹弦纹、划纹很少。器类以缸为主，占23.08%，次为罐，占16.92%，钵、器盖等很少，有47.69%的腹片不辨器类（表一一五）。

表一一五　99AT0201⑲出土陶器统计表

陶质	夹粗砂				夹细砂				合计	%
陶色	灰	红	黑	褐	灰	红	黑	褐		
纹饰/器类										
绳纹	2		1	1					4	6.15
菱形绳纹	11	6	2	17					36	55.38
复合纹	2			4	3			2	11	16.92
凸弦纹								1	1	1.54
凹弦纹					1				1	1.54
划纹					1				1	1.54
素面					6	1	2	2	11	16.92
合计	15	6	3	22	11	1	2	5	65	100
%	23.08	9.23	4.62	33.85	16.92	1.54	3.08	7.69	100	
缸	8	1		6					15	23.08
罐	5			5	1				11	16.92
钵					1				1	1.54
器盖								1	1	1.54
圈足							2	1	3	4.62
平底			2					1	3	4.62
不明器	2	5	1	11	9	1		2	31	47.69

（2）器类

出土陶器共计670件，参加分类排队的243件。

缸口　132件。A型。

Aa型　126件，不明式别7件。

Ⅰ式：31件。

标本98BT0205㉟：33，夹粗砂灰陶，口部、里黑。唇面饰戳印纹，器表饰菱形绳纹。敞口外张，唇缘内凸，上腹较斜直，残。轮制，火候较高。残宽7.9、残高6.8厘米（图三三二，1）。标本98BT0205㉟：35，夹粗砂黑陶。唇面饰戳印纹，器表饰菱形绳纹。敞口外张，唇缘内凸，上腹较斜直，残。轮制，火候一般。残宽7.2、残高7.4厘米（图三三二，2）。

Ⅱa式：88件。

标本98BT0205㉟：32，夹粗砂黑陶，局部灰。唇面饰戳印纹，器表饰菱形绳纹。敞口，唇沿内凸，上腹斜直，残。轮制，火候较高。残宽9.7、残高5.6厘米（图三三二，3）。标本98BT0205㉟：34，夹粗砂黑陶。唇面饰戳印纹，器表饰菱形绳纹。敞口，局部唇缘内凸，上腹斜直，残。轮制，火候较高。残宽7.6、残高4.8厘米（图三三二，4）。

Ab型　6件。Ⅰ式。

标本98AT0103㊷：9，夹粗砂红陶，局部灰，里黑。唇面饰绳切纹，器表饰菱形绳纹。敞口，腹较斜直，残。轮制，火候一般。残宽6.2、残高5厘米（图三三二，5）。

缸底　24件。A型。

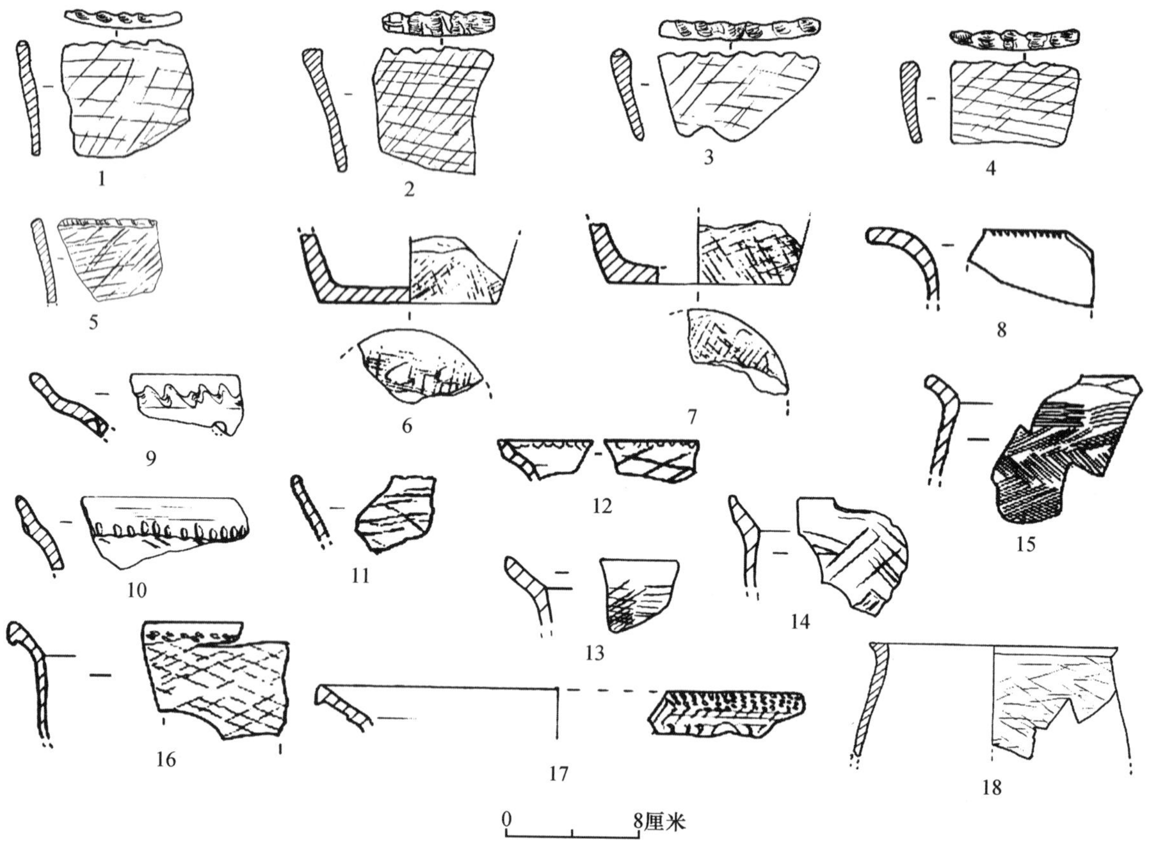

图三三二　中坝文化第2组陶器

1、2. Aa型Ⅰ式缸口（98BT0205㉟：33、98BT0205㉟：35）　3、4. Aa型Ⅱa式缸口（98BT0205㉟：32、98BT0205㉟：34）　5. Ab型Ⅰ式缸口（98AT0103㊷：9）　6、7. A型缸底（98AT0103㊷：3、98AT0103㊷：5）　8. A型瓮（98BT0205㉟：27）　9、10. Ba型Ⅰ式盘口罐（02BT0101㊷：3、02BT0101㊷：4）　11. B型盘口器（98BT0205㉟：26）　12. Ⅰ式翘唇罐（98BT0205㉟：7）　13、14. Aa型Ⅰ式折沿罐（99AT0201⑲：1、99AT0201⑲：2）　15. Aa型Ⅱ式折沿罐（98BT0205㉟：21）　16. Ab型Ⅰ式折沿罐（98BT0205㉟：5）　17. C型Ⅰ式折沿罐（98BT0205㉟：37）　18. 平折沿罐（98BT0205㉟：3）

标本98AT0103㊷：3，夹粗砂红陶，里黑。器表、外底饰菱形绳纹。下腹斜直，平底，残。手制，火候高。底径10.8、残高4厘米（图三三二，6）。标本98AT0103㊷：5，夹粗砂红陶，里黑。器表、外底饰菱形绳纹。下腹微弧，平底，残。手制，火候高。底径10.4、残高3.3厘米（图三三二，7）。

瓮　7件。A型4件，3件不明型别。

标本98BT0205㉟：27，夹细砂灰黑陶。上唇缘饰细绳纹，内外壁磨光。敞口，卷沿，圆唇，领较直，残。轮制，火候高。残宽7.6、残高4.4厘米（图三三二，8）。

盘口罐　2件。Ba型Ⅰ式。

标本02BT0101㊷：3，夹砂灰褐陶，上腹红褐。盘外饰波浪形划纹，上腹饰未穿圆形镂孔1个，内壁粗磨。盘口，圆唇，斜壁，盘较深，上腹内弧，残。轮制，火候较高。残宽6.8、残高3.6厘米（图三三二，9）。标本02BT0101㊷：4，夹砂褐陶，胎红夹灰，里红褐。盘下缘饰戳印纹，内壁磨光。盘口，圆唇，壁外斜，盘较深，残。轮制，火候较高。残宽10、残高4.2厘米（图三三二，10）。

盘口器　3件。

A型　2件。标本碎小，不明亚型。

B型　1件。

标本98BT0205㉟：26，夹粗砂红褐陶，里灰黄。唇面饰浅戳印纹，器表饰大菱形绳纹。略呈盘口，上腹内斜，残。轮制，火候高。残宽5.3、残高4.8厘米（图三三二，11）。

翘唇罐　1件。Ⅰ式。

标本98BT0205㉟：7，夹粗砂灰陶，里黑。唇内外饰戳印纹，器表饰大菱形绳纹。敞口，沿斜折后再斜上折，上腹斜直，残。轮制，火候较高。残宽5.6、残高2.8厘米（图三三二，12）。

折沿罐　23件。

A型　11件。

Aa型　9件。

Ⅰ式：4件。

标本99AT0201⑲：1，夹粗砂灰陶，里局部黑。器表饰细菱形绳纹。敞口，斜折沿，圆唇，腹斜直，残。轮制，火候较高。残宽4.8、残高4.4厘米（图三三二，13）。标本99AT0201⑲：2，夹粗砂褐陶，口部、里黑。器表饰菱形绳纹。敞口，斜折沿，沿面微内弧，圆唇，腹较直，残。轮制，火候一般。残宽6.8、残高6.8厘米（图三三二，14）。

Ⅱ式：5件。

标本98BT0205㉟：21，夹细砂灰陶，黑胎。上腹饰组状划纹。侈口，斜折沿，圆唇，上腹外斜。轮制，火候较高。残宽8.8、残高8.8厘米（图三三二，15）。

Ab型　2件。Ⅰ式。

标本98BT0205㉟：5，夹粗砂灰褐陶，局部黑、红褐，里黑。下唇缘饰戳印纹，器表饰菱形绳纹。敞口，斜折沿，圆唇，唇缘下垂，腹微弧，残。手制轮修，火候较高。残宽8.8、残高7厘米（图三三二，16）。

B型　6件。Ⅰ式。标本碎小。

C型　6件。

Ⅰ式：5件。

标本98BT0205㉟：37，夹粗砂灰褐陶，胎、里黑。唇面饰戳印纹，外沿饰小菱形绳纹，外沿下部饰附加堆纹、在堆纹上饰按窝纹。敞口，斜折沿较宽，方唇，唇缘外下垂，残。轮制，火候较高。口径27.2、残高2.8厘米（图三三二，17）。

Ⅱ式：1件。标本碎小。

平折沿罐　1件。

标本98BT0205㉟：3，夹细砂黑陶，局部红褐。器表饰菱形绳纹。口微侈，平折沿微凹，尖唇，鼓腹，残。手制轮修，火候较高。口径14.8、残高7厘米（图三三二，18）。

敞口罐　3件。A型。

标本98AT0103㊷：4，夹粗砂灰陶，局部黑、红，里黑。唇面饰绳切纹，器表饰菱形绳纹。敞口，卷立沿，圆唇，腹较斜直，残。手制轮修，火候较高。口径20.4、残高9.2厘米（图三三三，1）。

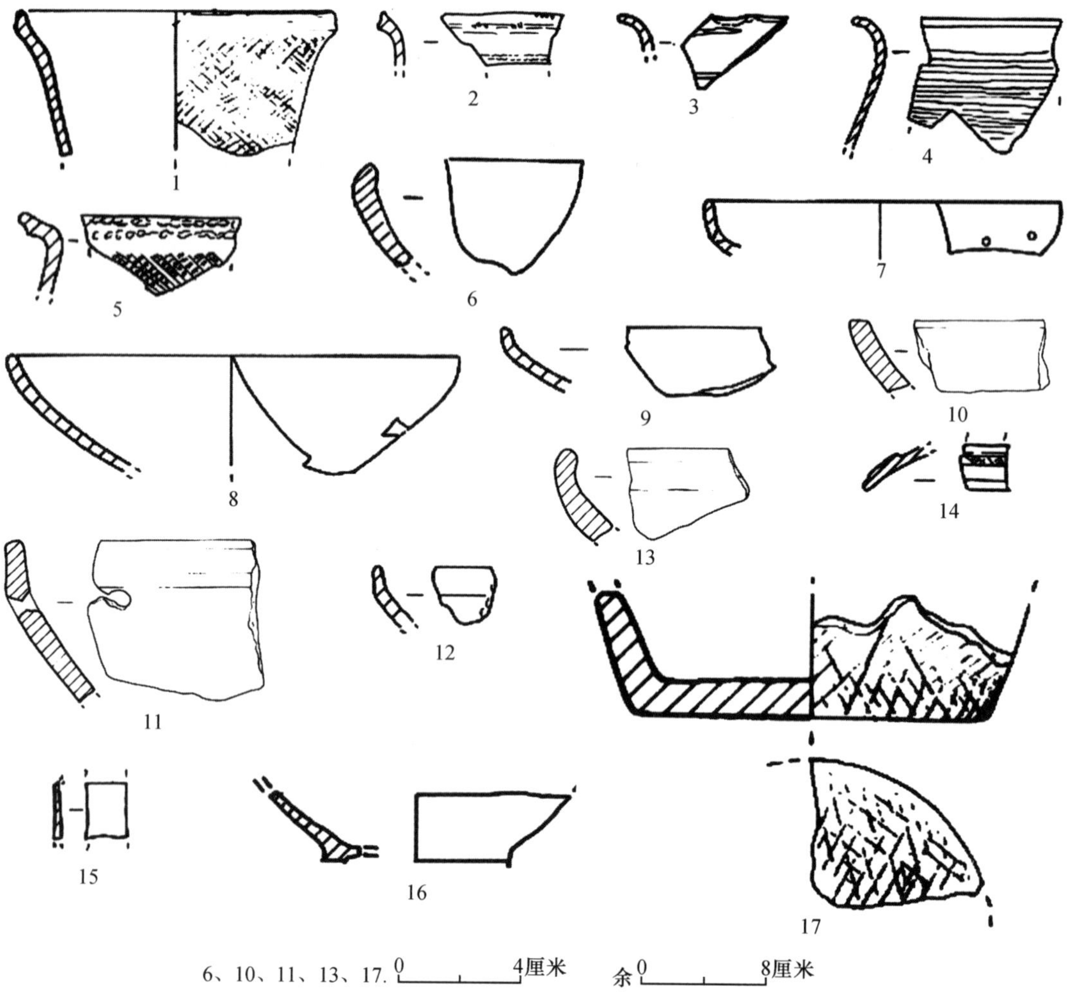

图三三三　中坝文化第2组陶器

1. A型敞口罐（98AT0103㊷：4）　2. Ⅰ式槽唇罐（99AT0201⑲：5）　3. 高领罐（98BT0205㉟：23）　4. 矮领罐（98BT0205㉟：30）　5. 侈口罐（98BT0205㉟：29）　6、7. A型盘（98BT0205㉟：24、98BT0205㉟：25）　8、9. A型Ⅰ式钵（98BT0205㉟：10、98BT0205㉟：13）　10. A型Ⅱ式钵（98AT0103㊷：10）　11、12. B型Ⅰ式钵（98AT0103㊷：11、98BT0205㉟：11）　13. Ca型Ⅰ式钵（98AT0103㊷：1）　14. A型器盖（98BT0205㉟：14）　15. 折肩器（98BT0205㉟：36）　16. Ba型圈足（99AT0201⑲：3）　17. 罐底（98AT0103㊷：6）

槽唇罐　1件。Ⅰ式。

标本99AT0201⑲：5，夹细砂灰陶，局部灰黑。唇上下缘饰戳印纹，上腹饰划纹、浅凹弦纹和细绳纹。敞口，唇面内凹，上腹较直，残。轮制，火候较高。残宽8、残高3.2厘米（图三三三，2）。

高领罐　1件。

标本98BT0205㉟：23，夹细砂黑陶，里灰褐。领中部饰粗凹弦纹，外壁磨光。敞口，卷平沿，圆唇，领较直，残。轮制，火候高。残宽6.8、残高4.6厘米（图三三三，3）。

矮领罐　2件。

标本98BT0205㉟：30，夹粗砂褐陶，里红。领饰瓦棱纹，外壁和内壁口沿磨光。侈口，卷沿，圆唇，斜肩，残。轮制，火候较高。残宽10、残高8.4厘米（图三三三，4）。

侈口罐　1件。

标本98BT0205㉟：29，夹粗砂灰陶。下唇缘、沿下凸棱饰戳印纹，器表饰组状划纹、戳印纹。卷沿，沿面内凹，圆唇，上腹微内弧，残。轮制，火候较高。残宽10.3、残高5.2厘米（图三三三，5）。

小罐　1件。标本碎小。

盘口壶　1件。A型Ⅰ式。标本碎小。

盘　2件。A型。

标本98BT0205㉟：24，夹细砂灰黑陶，里红褐。素面，内外壁磨光。口微敛，圆唇，弧腹，残。轮制，火候高。残宽4.5、残高3.4厘米（图三三三，6）。标本98BT0205㉟：25，夹细砂灰黑陶，局部红褐，里灰。腹饰里向外单穿镂孔，内外壁磨光。直口，圆唇，弧腹，残。轮制，火候高。口径22.8、残高3.7厘米（图三三三，7）。

盆　1件。A型。标本碎小。

钵　14件。

A型　9件。

Ⅰ式：8件。

标本98BT0205㉟：10，夹细砂灰陶，局部红褐。素面，内外壁磨光，有磨痕。敞口，圆唇，弧腹，残。手制，火候较高。口径29.2、残高7.6厘米（图三三三，8）。标本98BT0205㉟：13，夹细砂黑陶。素面，内外壁磨光。口微敞，圆唇，微折腹，残。手制轮修，火候高。残宽9.6、残高4.2厘米（图三三三，9）。

Ⅱ式：1件。

标本98AT0103㊷：10，夹细砂黑陶，局部红褐。素面，内外壁磨光。敞口，方唇，弧腹，残。轮制，火候不高。残宽4.4、残高2.2厘米（图三三三，10）。

B型　4件。Ⅰ式。

标本98AT0103㊷：11，夹细砂灰陶，局部黑。上腹饰双向穿镂孔，内壁磨光。口微敞，上腹近直，下腹弧收，残。轮制，火候较高。残宽5.7、残高5厘米（图三三三，11）。标本98BT0205㉟：11，夹细砂灰陶，口局部、里黑。素面，内外壁磨光。口微敞，圆唇，折腹，残。轮制，火候高。残宽4、残高4厘米（图三三三，12）。

C型　1件。Ca型Ⅰ式。

标本98AT0103㊷：1，夹细砂灰黑陶。素面，内外壁磨光，器表有划痕。敛口，圆唇，弧腹，残。轮制，火候高。残宽3.9、残高2.8厘米（图三三三，13）。

器盖　2件。A型。

标本98BT0205㉟：14，夹细砂黑陶。器表饰凹弦纹、附加堆纹，在堆纹上饰戳印纹，有划痕。覆盘状，敞口，圆唇，折腹，残。轮制，火候较高。残宽3.2、残高2.8厘米（图三三三，14）。

折肩器　1件。

标本98BT0205㉟：36，夹细砂褐陶，里红。素面，外壁磨光。折肩处残，腹较直。轮制，火候较高。残宽2.9、残高2.8厘米（图三三三，15）。

圈足　3件。B型。

Ba型 2件。

标本99AT0201⑲：3，夹砂灰陶，局部红褐，黑胎。素面，内外壁磨光。下腹斜收、微弧，矮圈足、外撇，残。手制，火候较高。足径12、残高4.4厘米（图三三三，16）。

Bb型 1件。标本碎小。

不明器 1件。标本碎小。

罐底 14件。

标本98AT0103㊷：6，夹粗砂灰陶，里黑。器表、外底饰交错绳纹。下腹斜直，平底，残。轮制，火候较高。底径11.4、残高4厘米（图三三三，17）。

平底 2件。标本碎小。

3. 第3组

本组文化层增多，典型单位主要有：98AT0103㊶，98BT0405㉛；99AT0201⑰、⑯B，99AT0301⑲～⑰；02AT0101㊷、㊶，02BT0101㊺～㊷，02CT0101㊺～㊸，02DT0101㊷～㊵B。

（1）陶系

以98AT0103㊶、99AT0201⑰、02BT0101㊷和02CT0101㊹为典型单位介绍如下：

98AT0103㊶

出土陶器111件。陶质全为夹砂，以夹粗砂为主，占80.18%，夹细砂较少，占19.82%。陶色以灰陶为主，占43.24%，次为褐陶，占36.04%，黑、红陶最少，各占11.71%和9.01%。器表以纹饰为主，占86.49%，素面较少，占13.51%。纹饰以菱形绳纹为主，占65.77%，次为复合纹，占6.31%，绳纹、凹弦纹、戳印纹、凸棱纹、暗纹、划纹、方格纹、波浪纹、镂孔很少。器类以缸为主，占36.04%，次为罐，占22.52%，瓮、盆、钵、器盖等较少（表一一六）。

表一一六 98AT0103㊶出土陶器统计表

陶质	夹粗砂				夹细砂			合计	%
陶色	灰	红	黑	褐	灰	黑	褐		
纹饰/器类									
绳纹	1	1	1					3	2.70
方格纹				1				1	0.90
菱形绳纹	33	8	10	22				73	65.77
凸棱纹					1		1	2	1.80
凹弦纹	2			1				3	2.70
划纹				1				1	0.90
波浪纹				1				1	0.90
戳印纹				1	1			2	1.80
镂孔							1	1	0.90
复合纹				2	4		1	7	6.31
暗纹					2			2	1.80
素面		1		3	4	2	5	15	13.51
合计	36	10	11	32	12	2	8	111	100

续表

陶质	夹粗砂				夹细砂			合计	%
陶色	灰	红	黑	褐	灰	黑	褐		
纹饰/器类									
%	32.43	9.01	9.91	28.83	10.81	1.80	7.21	100	
缸	26	1	6	7				40	36.04
罐	7	1	4	7	2		2	23	20.72
敞口罐							2	2	1.80
瓮					5			5	4.50
盆							1	1	0.90
钵				1	1			2	1.80
盘						1		1	0.90
器盖	2			1	1	1	1	6	5.41
圈足		1						1	0.90
器底	1	7		11	1		1	21	18.92
不明器			1	5	2		1	9	8.11

99AT0201⑰

出土陶器122件。陶质全为夹砂，以夹粗砂为主，占68.85%，夹细砂较多，占31.15%。陶色以灰、褐陶为主，各占38.52%和36.89%，次为红、黑陶，各占13.93%和10.66%。器表以纹饰为主，占78.69%，素面较少，占21.31%。纹饰以菱形绳纹为主，占27.87%，次为复合纹、绳纹，各占21.31%和19.67%，戳印纹、绳纹、凹弦纹、划纹很少。器类以缸为主，占31.97%，次为罐，占27.06%，瓮、盆、钵、杯等很少，有25.41%的腹片不辨器类（表一一七）。

表一一七　99AT0201⑰出土陶器统计表

陶质	夹粗砂				夹细砂				合计	%
陶色	灰	红	黑	褐	灰	红	黑	褐		
纹饰/器类										
粗绳纹	1	1		1					3	2.46
绳纹	8	3	4	8	1				24	19.67
菱形绳纹	15	2	1	16					34	27.87
凹弦纹					2				2	1.64
划纹								2	2	1.64
戳印纹	3	1	1						5	4.10
复合纹	2	2	2	8	6	2		4	26	21.31
素面		3		2	9	3	5	4	26	21.31
合计	29	12	8	35	18	5	5	10	122	100
%	23.77	9.84	6.56	28.69	14.75	4.10	4.10	8.20	100	
缸	17	4	2	16					39	31.97
罐	3	1		2	5	1	1	2	15	12.30

续表

陶质	夹粗砂				夹细砂				合计	%
陶色	灰	红	黑	褐	灰	红	黑	褐		
纹饰/器类										
盘口罐	3	2	2	2					9	7.38
折沿罐	4		1	4					9	7.38
瓮					3	1			4	3.28
盆								2	2	1.64
钵							2	1	3	2.46
杯				1					1	0.82
圈足					1			3	4	3.28
平底		1	1	2	1				5	4.10
不明器	2	4	2	8	8	3	2	2	31	25.41

02BT0101㊷

出土陶器71件。陶质以夹砂为主，占97.18%，可细分为夹粗砂与夹细砂两种，以夹粗砂为主，泥质陶极少，仅占2.82%。陶色以灰、红陶为主，各占33.80%和29.58%，次为褐陶，占23.94%，黑陶较少，占9.86%，灰红、黑褐陶最少，均占1.41%。器表以纹饰为主，占91.55%，素面很少，占8.45%。纹饰以菱形绳纹为主，占67.61%，次为附加堆纹，占14.08%，复合纹、细绳纹、粗绳纹、绳纹、戳印纹很少。器类以缸为主，占63.38%，次为罐，占11.27%，盘口器、器座等很少，有22.54%的腹片不辨器类（表一一八）。

表一一八　02BT0101㊷出土陶器统计表

陶质	夹砂						泥质		合计	%
陶色	灰	红	黑	褐	灰红	黑褐	灰	红		
纹饰/器类										
粗绳纹				1					1	1.41
绳纹						1			1	1.41
细绳纹	1			1					2	2.82
菱形绳纹	18	19	3	7	1				48	67.61
戳印纹				1					1	1.41
附加堆纹	3	1	1	5					10	14.08
复合纹			1	1					2	2.82
素面	1		2	1			1	1	6	8.45
合计	23	20	7	17	1	1	1	1	71	100
%	32.39	28.17	9.86	23.94	1.41	1.41	1.41	1.41	100	
缸口	2		3		1				6	8.45
缸腹	14	19		5					38	53.52
缸底				1					1	1.41
盘口罐				2					2	2.82

续表

陶质	夹砂						泥质		合计	%
陶色	灰	红	黑	褐	灰红	黑褐	灰	红		
纹饰/器类										
敞口罐				1					1	1.41
喇叭口罐							1		1	1.41
罐腹	2			1					3	4.23
盘口器			1						1	1.41
罐底						1			1	1.41
器座				1					1	1.41
不明器	5	1	3	6				1	16	22.54

02CT0101㊹

出土陶器共100件。陶质全为夹砂，可细分为夹粗砂与夹细砂两种，以夹粗砂为主。陶色以灰陶为主，占53.00%，次为红陶，占26.00%，黑、褐陶较少，各占12.00%和9.00%。器表以纹饰为主，占86.00%，素面较少，占14.00%。纹饰以菱形绳纹为主，占65.00%，次为复合纹和绳纹，各占10.00%和7.00%，细绳纹、凹弦纹、附加堆纹较少。器类以缸为主，占69.00%，次为罐，占12.00%，瓮、钵、杯等较少（表一一九）。

表一一九　02CT0101㊹出土陶器统计表

陶质	夹砂				合计	%
陶色	灰	红	黑	褐		
纹饰/器类						
绳纹	6		1		7	7.00
细绳纹				2	2	2.00
菱形绳纹	32	22	9	2	65	65.00
凹弦纹	1				1	1.00
附加堆纹				1	1	1.00
复合纹	4	2	1	3	10	10.00
素面	10	2	1	1	14	14.00
合计	53	26	12	9	100	100
%	53.00	26.00	12.00	9.00	100	
缸	37	22	10		69	69.00
罐	1	1			2	2.00
折沿罐	5	1	1		7	7.00
侈口罐	1				1	1.00
敞口罐		1		1	2	2.00
钵	2		1		3	3.00
瓮	1			1	2	2.00
杯				1	1	1.00

续表

陶质	夹砂				合计	%
陶色	灰	红	黑	褐		
纹饰/器类						
器底	3			2	5	5.00
不明器	3	1		4	8	8.00

（2）器类

出土陶器共计1375件，参加分类排队的389件。

缸口　170件。A型。

Aa型　102件。

Ⅰ式：50件。

标本02CT0101㊹：2，夹粗砂灰褐陶，局部红，口、里黑。唇部饰较浅戳印纹，器表饰菱形绳纹。敞口外张，上腹较直，残。手制，火候较高。残宽13.6、残高8.8厘米（图三三四，1）。标本02CT0101㊹：3，夹粗砂灰褐陶、泛绿，黑胎。唇部饰较浅戳印纹，器表饰菱形绳纹。敞口外张，上腹较直，残。手制，火候较高。残宽12.8、残高9.2厘米（图三三四，2）。

Ⅱa式：50件。

标本99AT0201㊻B：5，夹粗砂灰褐陶，里灰。唇面压印绳纹，器表饰菱形绳纹。敞口，唇沿微内凸，上腹斜直，残。轮制，火候较高。残宽7.3、残高5.5厘米（图三三四，3）。标本99AT0201㊻B：6，夹粗砂红陶，里灰黑色。唇面压印绳纹，器表饰菱形绳纹。敞口，唇沿微内凸，上腹较斜直，残。轮制，火候较高。残宽5.8、残高5.5厘米（图三三四，4）。

Ⅱb式：2件。

标本98AT0103㊶：22，夹粗砂灰陶。唇部戳印纹较深，器表饰粗糙菱形绳纹。口近直，唇缘内凸，直腹，残。轮制，火候较高。残宽8.2、残高5.3厘米（图三三四，5）。标本98AT0103㊶：24，夹粗砂灰陶，局部褐，唇、里灰黑。唇面饰戳印纹，器表饰粗糙菱形绳纹。敞口，唇缘内凸，腹微弧，残。轮制，火候较高。残宽4.8、残高6厘米（图三三四，6）。

Ab型　68件，式别不明17件。

Ⅰ式：45件。

标本98AT0103㊶：13，夹粗砂灰陶，局部红，胎局部黑。唇部饰戳印纹，器表饰小菱形绳纹。敞口外张，唇缘微凸，腹微弧内收，残。手制轮修，火候较高。残宽8.3、残高6.4厘米（图三三四，7）。标本99AT0201㊻B：8，夹粗砂黑陶，局部灰色。唇面饰戳印纹，器表饰细菱形绳纹。敞口，唇沿内凸，上腹斜直，残。轮制，火候较高。残宽6.3、残高4.5厘米（图三三四，8）。

Ⅱ式：6件。

标本99AT0201㊼：8，夹粗砂灰陶，唇面压印绳纹，器表饰细菱形绳纹。口近直，方唇，上腹较斜直，残。轮制，火候较高。残宽5.8、残高3.7厘米（图三三四，9）。

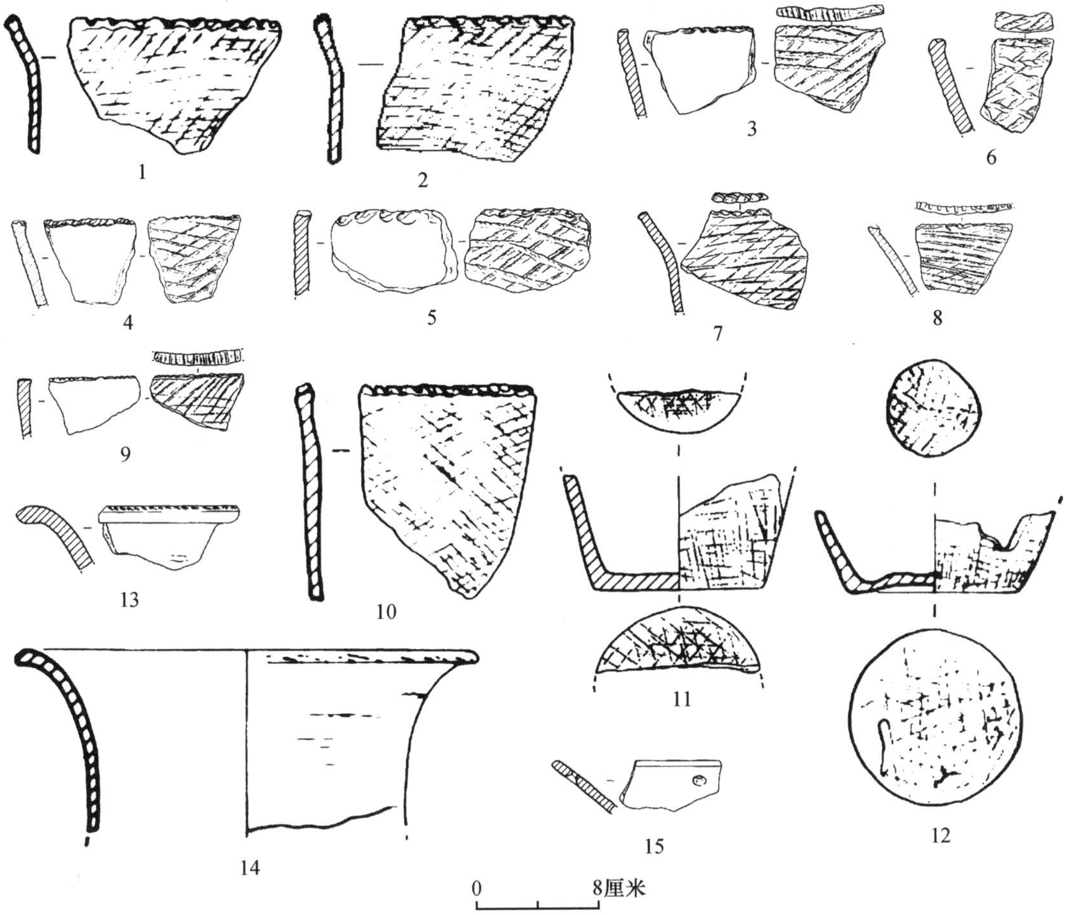

图三三四　中坝文化第3组陶器

1、2. Aa型Ⅰ式缸口（02CT0101㊹：2、02CT0101㊹：3）　3、4. Aa型Ⅱa式缸口（99AT0201(76)B：5、99AT0201(76)B：6）
5、6. Aa型Ⅱb式缸口（98AT0103㊶：22、98AT0103㊶：24）　7、8. Ab型Ⅰ式缸口（98AT0103㊶：13、99AT0201(76)B：8）
9、10. Ab型Ⅱ式缸口（99AT0201(77)：8、02CT0101㊹：4）　11、12. A型缸底（98AT0103㊶：20、02CT0101㊹：23）
13、14. A型瓮（98AT0103㊶：29、02BT0101㊷：5）　15. B型瓮（98AT0103㊶：27）

标本02CT0101㊹：4，夹粗砂灰褐陶，局部红，口、里黑。唇部饰较浅戳印纹，器表饰小菱形细绳纹。口近直，腹稍斜收，残。手制，火候较高。残宽11.6、残高13.6厘米（图三三四，10）。

缸底　23件。A型。

标本98AT0103㊶：20，夹粗砂红陶，灰胎，里黑。器表、内外底饰交错绳纹。下腹斜直，平底，残。手制，火候较高。底径11、残高7.4厘米（图三三四，11）。标本02CT0101㊹：23，夹粗砂灰褐陶，局部红，外底黑。器表、外底和内底中部饰交错绳纹。下腹斜弧收，平底内凹，残。手制，火候较高。底径11.2、残高5.2厘米（图三三四，12）。

厚胎缸　5件。标本碎小。

瓮　13件。

A型　9件。

标本98AT0103㊶：29，夹细砂黄褐陶，灰黑胎。上唇面饰绳纹，内外壁磨光。喇叭口，圆唇，残。轮制，火候高。残宽9.5、残高4.1厘米（图三三四，13）。标本02BT0101㊷：5，泥质灰陶。唇面斜压绳纹，内外壁磨光。侈口，沿微外下卷，圆唇，高领，残。轮制，火候较高。口径30、残高11.6厘米（图三三四，14）。

B型　4件。

标本98AT0103㊶：27，夹细砂灰褐陶。饰双向穿镂孔，内外壁磨光。敞口，圆唇，壁较斜直，残。轮制，火候高。残宽6.3、残高3.3厘米（图三三四，15）。

盘口罐　32件。

A型　13件。

Ⅰ式：4件。

标本99AT0201⑺：4，夹粗砂红陶。口外下凸棱饰戳印纹，内壁磨光。敞口，圆唇，盘深，残。轮制，火候较高。残宽5、残高2.2厘米（图三三五，1）。

Ⅱ式：9件。

标本99AT0201⑺：3，夹细砂灰褐陶，里灰。口外下凸棱饰戳印纹，腹饰交错绳纹，器表有较多轮制痕。敞口，圆唇，盘较深，残。轮制，火候较高。口径20.8、残高7.6厘米（图三三五，2）。标本99AT0201⑺：5，夹粗砂黑陶，局部灰。口外下凸棱饰戳印纹，腹饰细绳纹，内壁磨光。敞口，圆唇，盘较深，残。轮制，火候一般。口径17.4、残高5.2厘米（图三三五，3）。

B型　12件。

Ba型　7件。

Ⅰ式：3件。

标本02BT0101㊷：3，夹砂灰褐陶，上腹红褐。盘外饰波浪形划纹，上腹饰未穿圆形镂孔一个，内壁粗磨。盘口，圆唇，斜壁，盘较深，上腹内弧，残。轮制，火候较高。残宽6.8、残高3.6厘米（图三三五，4）。

Ⅱ式：4件。

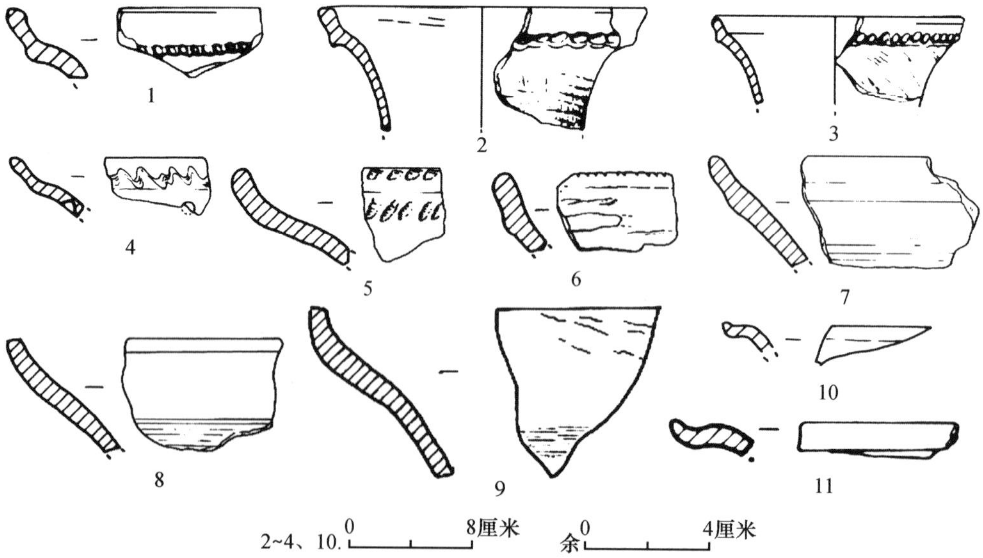

图三三五　中坝文化第3组陶器

1. A型Ⅰ式盘口罐（99AT0201⑺：4）　2、3. A型Ⅱ式盘口罐（99AT0201⑺：3、99AT0201⑺：5）　4. Ba型Ⅰ式盘口罐（02BT0101㊷：3）　5、6. Ba型Ⅱ式盘口罐（98AT0103㊶：37、98AT0103㊶：38）　7. Bb型Ⅰ式盘口罐（98AT0103㊶：5）　8、9. C型盘口罐（98AT0103㊶：4、98BT0405㉛：14）　10、11. Ab型盘口器（99AT0301⑹8：2、02CT0101㊸：4）

标本98AT0103㊶：37，夹细砂红褐陶。下唇面、盘下饰戳印纹。敞口，圆唇，盘较浅，弧盘，上腹内收，残。轮制，火候较高。残宽2.8、残高3.1厘米（图三三五，5）。标本98AT0103㊶：38，夹细砂黑陶。唇面饰浅戳印纹，盘下饰附加堆纹，盘外有划痕。敞口，圆唇，残。轮制，火候不高。残宽3.9、残高2.5厘米（图三三五，6）。

Bb型　5件。

Ⅰ式：4件。

标本98AT0103㊶：5，夹粗砂黄褐陶，局部红，里局部黑。上腹饰细划纹多道。敞口，圆唇，微有盘，盘壁微凹，上腹内收，残。轮制，火候较高。残宽5.5、残高3.4厘米（图三三五，7）。

Ⅱ式：1件。标本碎小。

C型　7件。

标本98AT0103㊶：4，夹粗砂灰陶，里黑。上腹饰细划纹数道。敞口，圆唇，盘较深，盘斜弧，残。轮制，火候较高。残宽 5.1、残高3.5厘米（图三三五，8）。标本98BT0405㉛：14，夹粗砂灰陶，局部褐，口、里黑。盘外饰绳纹后按抹，腹饰细划纹，口沿、内壁磨光。微敞口，圆唇，浅盘，上腹弧内收，残。轮制，火候较高。残宽5.1、残高5.3厘米（图三三五，9）。

盘口器　4件。Ab型。

标本99AT0301㊻：2，夹细砂黑陶，灰褐胎。素面。略呈盘口，圆唇，上腹内弧，残。轮制，火候较高。残宽7.7、残高1.9厘米（图三三五，10）。标本02CT0101㊸：4，泥质灰褐陶。素面，内外壁磨光。盘口，圆唇，浅盘，残。轮制，火候高。残宽5.2、残高1厘米（图三三五，11）。

翘唇罐　9件。

Ⅰ式：2件。

标本99AT0201㊆：14，夹粗砂褐陶，里黑。唇面上下缘饰戳印纹，器表饰菱形绳纹和附加堆纹。侈口，斜折沿，唇缘上凸，腹微弧，残。轮制，火候一般。残宽11.6、残高12.6厘米（图三三六，1）。

Ⅱ式：7件。

标本02CT0101㊹：11，夹粗砂灰褐陶、泛绿，口部、胎黑。器表饰菱形绳纹，腹饰横附加堆纹四道，在堆纹上饰斜绳压纹。敞口，斜折沿，圆唇，上腹较斜直、下腹弧收，残。手制轮修，火候较高。口径21.2、残高20.4厘米（图三三六，2）。标本02CT0101㊺：5，夹粗砂褐陶，局部红，里黑。外沿饰戳印纹，器表饰小菱形绳纹，沿下饰附加堆纹、在堆纹上饰戳印纹。侈口，沿斜折后上卷，圆唇，腹微鼓，残。轮制，火候较高。残宽11.6、残高7.4厘米（图三三六，3）。

折沿罐　33件。

A型　12件。

Aa型　4件。

Ⅰ式：3件。标本碎小。

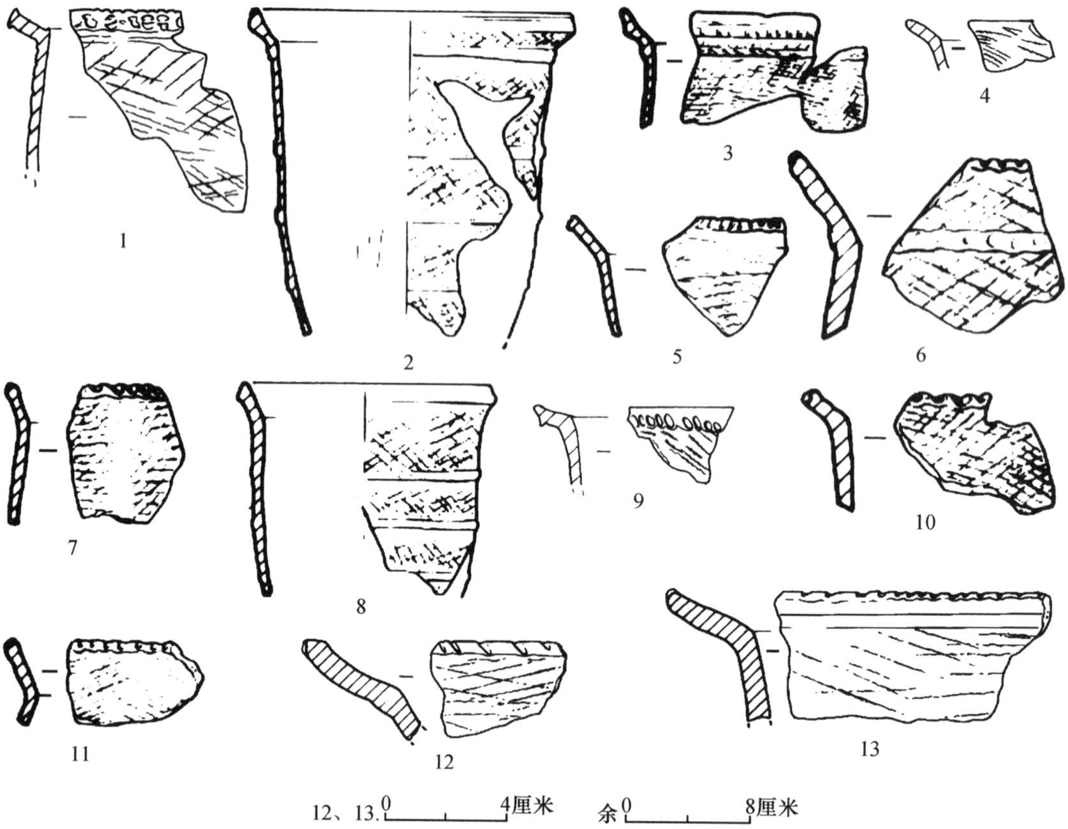

图三三六　中坝文化第3组陶器

1. Ⅰ式翘唇罐（99AT0201⑰：14）　2、3. Ⅱ式翘唇罐（02CT0101㊹：11、02CT0101㊺：5）
4. Aa型Ⅱ式折沿罐（99AT0201⑰：15）　5. Ab型Ⅰ式折沿罐（02CT0101㊹：5）　6. Ab型Ⅱ式折沿罐（02CT0101㊹：6）
7、8. B型Ⅰ式折沿罐（02CT0101㊹：7、02CT0101㊹：8）　9、10. B型Ⅱ式折沿罐（99AT0201⑰：16、02CT0101㊹：9）
11、12. C型Ⅰ式折沿罐（02CT0101㊹：10、98AT0103㊶：6）　13. C型Ⅱ式折沿罐（98AT0103㊶：7）

Ⅱ式：1件。

标本99AT0201⑰：15，夹粗砂灰陶，里红。器表饰绳纹。敞口，斜折沿，圆唇，腹斜直，残。轮制，火候较高。残宽5.6、残高3.2厘米（图三三六，4）。

Ab型　8件。

Ⅰ式：6件。

标本02CT0101㊹：5，夹粗砂灰褐陶，局部红，沿面黑。唇部饰戳印纹，器表饰菱形绳纹和斜划纹。敞口，斜折沿，弧腹，残。手制轮修，火候较高。残宽8、残高9.6厘米（图三三六，5）。

Ⅱ式：2件。

标本02CT0101㊹：6，夹粗砂黑陶。唇部饰戳印纹，器表饰菱形绳纹，沿、腹相接处饰附加堆纹、在堆纹上饰按窝。侈口，斜折沿较宽，鼓腹，残。轮制，火候较高。残宽5.8、残高5.6厘米（图三三六，6）。

B型　14件。

Ⅰ式：9件。

标本02CT0101㊹：7，夹粗砂红陶，局部、里灰褐。唇部饰较浅戳印纹，器表饰菱形绳纹。侈口，斜折沿，微鼓腹，残。手制，火候较高。残宽7.6、残高8.8厘米（图三三六，7）。标本02CT0101㊹：8，夹粗砂黑褐陶，腹部红褐。外沿有凸棱一道、在棱上饰戳印纹，腹饰较横附加堆纹三道，器表饰菱形绳纹。敞口，斜折沿，斜方唇，弧腹，残。手制，火候较高。口径16.4、残高13.4厘米（图三三六，8）。

Ⅱ式：5件。

标本99AT0201㊆：16，夹粗砂灰陶，里灰黑。唇外下缘饰戳印纹，上腹饰粗绳纹，沿面、内壁磨光。敞口，斜折沿，斜方唇，腹微斜直，残。轮制，火候较高。残宽6.8、残高4.8厘米（图三三六，9）。标本02CT0101㊹：9，夹粗砂黑陶。唇部饰戳印纹，器表饰菱形绳纹。敞口，斜折沿，上腹斜收，残。手制轮修，火候较高。残宽10.2、残高7.6厘米（图三三六，10）。

C型　7件。

Ⅰ式：2件。

标本02CT0101㊹：10，夹粗砂黑陶，局部灰褐。唇部饰戳印纹，器表饰斜绳纹。侈口，斜折沿较宽，鼓腹，残。手制，火候较高。残宽8.8、残高5.4厘米（图三三六，11）。标本98AT0103㊶：6，夹粗砂灰陶。唇缘饰戳印纹，器表饰菱形绳纹，沿腹相交处饰附加堆纹。敞口，折沿上弧，沿面凹，方唇，腹较斜直，残。轮制，火候较高。残宽4.2、残高3.2厘米（图三三六，12）。

Ⅱ式：5件。

标本98AT0103㊶：7，夹粗砂黑陶。唇面饰戳印纹，沿下、器表饰菱形绳纹。敞口，斜折沿，沿面微凹，唇面朝斜上，腹斜直，残。轮制，火候较高。残宽8.6、残高4厘米（图三三六，13）。

喇叭口罐　1件。

标本98BT0405㉛：18，夹细砂黑皮陶，局部脱落，胎、里红。素面，内壁磨光。喇叭口，方唇，残。轮制，火候高。残宽4.8、残高3.2厘米（图三三七，1）。

槽唇罐　1件。Ⅱ式。

标本02CT0101㊹：13，夹粗砂红陶，灰黑胎。唇外沿饰戳印纹，上腹饰附加堆纹、在堆纹上饰戳印纹，腹饰粗戳划纹。敞口，卷沿，唇面微凹，上腹斜内收，残。手制轮修，火候较高。残宽8.6、残高5.8厘米（图三三七，2）。

高领罐　3件。

标本98AT0103㊶：2，夹细砂黑陶。领部饰凹弦纹，内外壁磨光。敞口，卷沿，圆唇，领较斜直，残。轮制，火候较高。残宽8.7、残高2.8厘米（图三三七，3）。标本98AT0103㊶：3，夹粗砂黄陶。下唇面饰绳纹，沿部磨光，领部有疵痕。敞口，卷沿，圆唇，微束领，残。轮制，火候高。残宽5.5、残高7.2厘米（图三三七，4）。

矮领罐　2件。

标本02CT0101㊸：5，泥质黑陶，局部灰褐。领、上腹饰瓦棱纹，沿面、器表磨光。侈口，窄折沿、沿面微弧，圆唇，领较直，鼓腹，残。手制轮修，火候较高。口径19.2、残高10.2厘米（图三三七，5）。

有领罐　2件。不明领高矮。标本碎小。

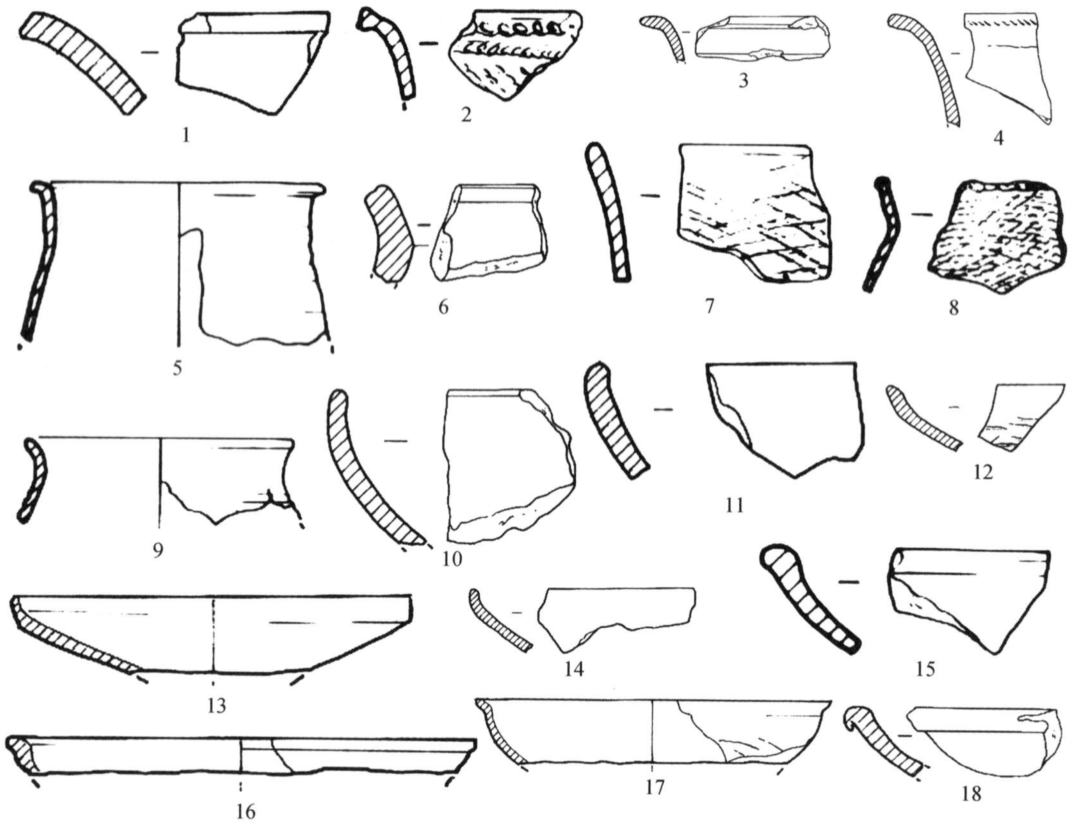

图三三七 中坝文化第3组陶器

1. 喇叭口罐（98BT0405㉛：18） 2. Ⅱ式槽唇罐（02CT0101㊹：13） 3、4. 高领罐（98AT0103㊶：2、98AT0103㊶：3） 5. 矮领罐（02CT0101㊸：5） 6. 侈口罐（98AT0103㊶：28） 7. A型敞口罐（02CT0101㊹：14） 8. B型Ⅰ式卷沿罐（02CT0101㊺：3） 9. Ⅰ式卷沿鼓腹罐（02CT0101㊹：19） 10、11. A型盘（98AT0103㊶：26、98BT0405㉛：11） 12、13. B型Ⅱ式盘（98BT0405㉛：12、99AT0201⑯B：9） 14. 大圈足盘（98BT0405㉛：9） 15、16. Ⅰ式有沿盘（02DT0101㊵B：3、99AT0201⑰：19） 17. Ⅱ式有沿盘（99AT0201⑰：11） 18. 垂沿盘（98AT0103㊶：33）

侈口罐 2件。

标本98AT0103㊶：28，夹细砂灰褐陶。唇面饰凹弦纹，内外壁磨光。折沿，唇面内凹，残。轮制，火候高。残宽3.8、残高3.1厘米（图三三七，6）。

敞口罐 1件。A型。

标本02CT0101㊹：14，夹砂灰褐陶，灰白胎。器表饰菱形绳纹。敞口，圆唇，上腹斜内收，残。手制轮修，火候较高。残宽5、残高4.4厘米（图三三七，7）。

卷沿罐 1件。B型Ⅰ式。

标本02CT0101㊺：3，夹粗砂黑陶。唇饰浅戳印纹，器表饰小菱形绳纹。侈口，卷沿外斜，鼓腹，残。手制，火候较高。残宽8.8、残高7.2厘米（图三三七，8）。

卷沿鼓腹罐 1件。Ⅰ式。

标本02CT0101㊹：19，夹砂灰陶。上腹饰瓦棱纹，内外壁磨光。侈口，卷沿，圆唇，鼓腹，残。轮制，火候高。口径17.4、残高5.4厘米（图三三七，9）。

盘 20件。

A型　11件。

标本98AT0103㊶：26，泥质灰黑陶。素面，内外壁磨光。口微敛，圆唇，腹微折，残。轮制，火候高。残宽4.4、残高4.9厘米（图三三七，10）。标本98BT0405㉛：11，夹细砂灰陶，局部灰黑，里红。素面，内外壁磨光。微敞口，圆唇，腹斜弧内收，残。轮制，火候较高。残宽5、残高3.6厘米（图三三七，11）。

B型　6件。

Ⅰ式：1件。标本碎小。

Ⅱ式：5件。

标本98BT0405㉛：12，夹细砂黄陶，灰胎。器表饰划纹，内外壁磨光。敞口，圆尖唇，弧腹微折，残。轮制，火候高。残宽5.6、残高4厘米（图三三七，12）。标本99AT0201⑯B：9，夹砂红陶，局部、胎黑。素面，内壁磨光，下腹局部可见绳纹痕。敞口，圆唇，折腹，残。手制轮修，火候较高。口径26、残高4.6厘米（图三三七，13）。

C型　3件。标本碎小。

大圈足盘　1件。不明式别。

标本98BT0405㉛：9，夹细砂黑陶，里灰。素面，内外壁磨光，内壁有暗划痕。微敞口，圆唇，弧腹内收，残。轮制，火候高。残宽10、残高4厘米（图三三七，14）。

有沿盘　3件。

Ⅰ式：2件。

标本02DT0101㊵B：3，夹砂灰褐陶。素面，内壁磨光。敞口，微有卷沿，圆唇，弧腹，残。轮制，火候较高。残宽5.2、残高3.4厘米（图三三七，15）。标本99AT0201⑰：19，夹砂红褐陶，胎、里黑。素面，内外壁磨光。敞口，微有折沿，圆唇，斜腹微弧，残。轮制，火候较高。口径30.4、残高2.4厘米（图三三七，16）。

Ⅱ式：1件。

标本99AT0201⑰：11，夹砂红陶，局部、里黑。下腹饰细划纹，上腹、内壁磨光。敞口，卷沿，圆唇，弧腹，残。轮制，火候较高。口径22.8、残高4厘米（图三三七，17）。

垂沿盘　1件。

标本98AT0103㊶：33，夹细砂黄陶。素面，内外壁磨光。敞口，卷沿，唇缘下垂，圆唇，弧腹，残。轮制，火候高。残宽5、残高2.2厘米（图三三七，18）。

钵　10件。

A型　1件。Ⅰ式。标本碎小。

C型　9件。

Ca型　8件。Ⅰ式。

标本99AT0201⑯B：11，泥质灰褐陶，紫红胎。素面，内外壁磨光。口微敛，圆唇，上腹圆弧，残。轮制，火候较高。口径28、残高3.2厘米（图三三八，1）。标本02CT0101㊹：15，夹砂灰黑陶，里黑。素面，内外壁磨光。口微敛，圆唇，弧腹，残。手制轮修，火候较高。残宽10.4、残高4.2厘米（图三三八，2）。

Cb型　1件。Ⅱ式。

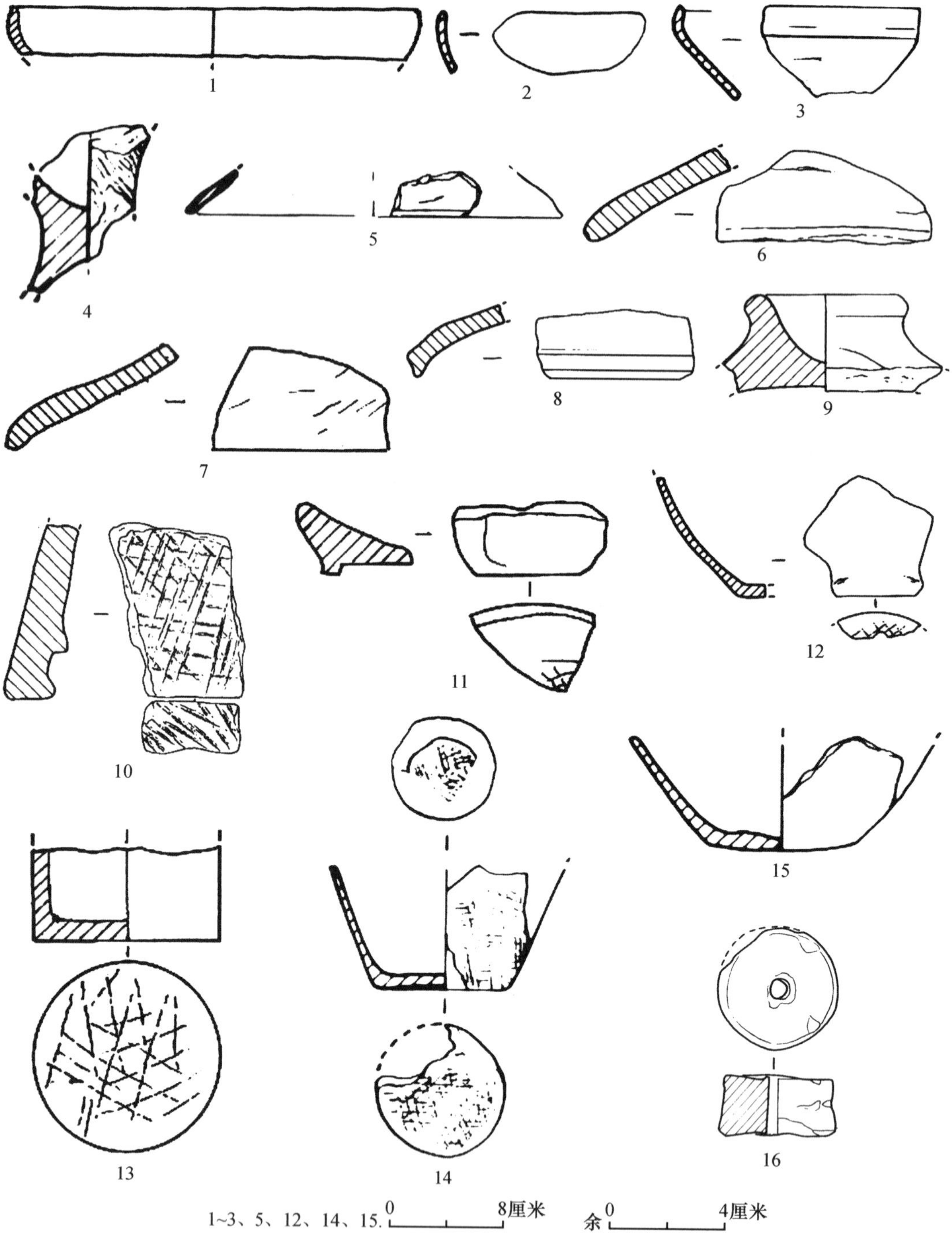

图三三八　中坝文化第3组陶器

1、2. Ca型Ⅰ式钵（99AT0201⑯B：11、02CT0101㊹：15）　3. Cb型Ⅱ式钵（02CT0101㊹：16）　4. 杯?（02CT0101㊹：18）　5～7. A型器盖（99AT0201⑯B：10、98AT0103㊶：16、98BT0405㉛：15）　8. C型器盖（98AT0103㊶：14）　9. 盖纽（98AT0103㊶：21）　10. A型器座（98AT0103㊶：34）　11. Ba型圈足（98BT0405㉛：23）　12～14. 器底（98AT0103㊶：18、98BT0405㉛：27、02CT0101㊹：22）　15. 瓮底（02CT0101㊹：21）　16. Aa型纺轮（99AT0301⑱：1）

标本02CT0101㊹：16，泥质褐陶。器表饰暗纹，内外壁磨光。敛口，沿内卷，斜方唇，腹斜直内收，残。手制轮修，火候高。残宽10.8、残高6.4厘米（图三三八，3）。

杯?　1件。不明型别。

标本02CT0101㊹：18，夹砂红褐陶，局部、胎黑。器表饰细划纹。下腹斜收，矮圈足、外撇，残。手制，火候较高。残宽4、残高5.6厘米（图三三八，4）。

器盖　6件。

A型　5件。

标本99AT0201⑯B：10，夹粗砂灰黑陶。素面。覆盘状，圆唇，壁较直，残。手制，火候不高。口径25.6、残高3厘米（图三三八，5）。标本98AT0103㊶：16，夹细砂灰褐陶，局部红褐，灰胎。素面，外有手抹痕。覆盘形，敞口，圆唇，壁微弧，残。手制，火候不高。残宽7.3、残高3厘米（图三三八，6）。标本98BT0405㉛：15，夹细砂灰黑陶，局部红，胎灰、红，里灰褐。器表饰绳纹，内壁磨光。覆盘状，敞口，圆唇，壁微曲，残。手制，火候较高。残宽6、残高2.6厘米（图三三八，7）。

C型　1件。

标本98AT0103㊶：14，夹细砂黑陶。素面。口微敞，略呈子母口，折腹，残。轮制，火候一般。残宽 5.5、残高1.8厘米（图三三八，8）。

盖纽　1件。

标本98AT0103㊶：21，夹细砂红陶，局部灰褐，里黑。素面。圈状纽，残。纽、盖盘分别手制，火候较高。纽径5.6、残高3.3厘米（图三三八，9）。

器座　1件。A型。

标本98AT0103㊶：34，夹粗砂红褐陶，座底、里黑。器表饰菱形绳纹，座底饰绳纹。截面呈梯形，壁斜直，内壁近底处内凹，残。手制，火候高。残宽4.6、残高5.9厘米（图三三八，10）。

圈足　5件。B型。

Ba型　4件。

标本98BT0405㉛：23，夹粗砂灰陶。外底中部饰交错细绳纹。下腹斜直，矮圈足较直，残。手制，火候较高。残宽5.2、残高2.4厘米（图三三八，11）。

Bb型　1件。标本碎小。

器底　32件。

标本98AT0103㊶：18，夹细砂褐陶，局部红。外底饰交错绳纹，内上壁磨光。鼓腹，平底，残。手制，火候较高。残宽9、残高8厘米（图三三八，12）。标本98BT0405㉛：27，夹细砂灰陶，局部红褐。外底饰菱形绳纹，外壁磨光，内底中部有划痕，内壁有按抹痕。直腹，小平底，残。手制，火候较高。底径6.4、残高3.2厘米（图三三八，13）。标本02CT0101㊹：22，夹粗砂红陶，局部、里黑。器表、外底和内底中部饰交错绳纹。下腹斜直内收，平底微凹，残。手制，火候较高。底径8.8、残高8.4厘米（图三三八，14）。

瓮底　3件。

标本02CT0101㊹：21，夹砂褐陶，局部灰黑。素面。下腹斜弧收，圜底，残。手制，火候较高。残高7.6厘米（图三三八，15）。

不明器　1件。标本碎小。

纺轮　1件。Aa型。

标本99AT0301⑱：1，夹砂红褐陶，局部、胎黑。圆台形，束腰，顶、底微凹，中有圆形穿孔，微残。轮制，火候较高。最大径4、高2.1厘米（图三三八，16）。

4. 第4组

本组文化层很少，主要有：98BT0404㉜；99AT0101㊺、㊹，99AT0201㊻A、㊺；02DT0102㊺。

（1）陶系

以98BT0404㉜和99AT0201㊺为典型单位介绍如下：

98BT0404㉜

共出陶器1087件。陶质以夹砂为主，占92.36%，可细分为夹粗砂与夹细砂两种，以夹粗砂为主，占81.42%，夹细砂较少，占10.94%，泥质陶很少，占7.64%。陶色以红褐陶为主，占26.49%，次为红、灰陶，各占21.99%和21.25%，褐、黑陶较少，各占18.68%和11.59%。器表以纹饰为主，占74.89%，部分素面，占25.11%。纹饰以菱形绳纹为主，占29.16%，次为粗戳划纹和绳纹，各占17.94%和12.33%，细绳纹、复合纹、附加堆纹较少，分别占4.69%、4.05%和3.13%，戳印纹、凹弦纹、波浪纹、暗纹、凸弦纹、方格纹等很少。器类以缸为主，占10.21%，次为罐，占7.55%，壶、豆、盆、钵、杯、器盖等很少，有79.21%的腹片不辨器类（表一二〇）。

表一二〇　98BT0404㉜出土陶器统计表

陶质	夹粗砂					夹细砂					泥质					合计	%
陶色	灰	红	黑	褐	红褐	灰	红	黑	褐	红褐	灰	红	黑	褐	红褐		
纹饰/器类																	
粗戳划纹	56	34	29	12	64											195	17.94
绳纹	8	8		71	31			16								134	12.33
细绳纹			2	30	10	5	2			2						51	4.69
方格纹				1												1	0.09
菱形绳纹	113	72	27	17	88											317	29.16
凸弦纹								1								1	0.09
凹弦纹				1	7	1						1	3			13	1.20
暗纹					1	1						3				5	0.46
波浪纹				1	2	1										4	0.37
戳印纹				8	2	1	4									15	1.38
附加堆纹				1	3		21	2		3			3		1	34	3.13
复合纹			5	16	11	2	2	6			2					44	4.05
素面	20	36	5	41	52	4	21	16	2	6	17	35	11	2	5	273	25.11
合计	197	150	68	199	271	15	50	41	2	11	19	39	17	2	6	1087	100
%	18.12	13.80	6.26	18.31	24.93	1.38	4.60	3.77	0.18	1.01	1.75	3.59	1.56	0.18	0.55	100	
缸	51	2	43	4	11											111	10.21
折沿罐	4		5	4												13	1.20
盘口罐				10	10	9	7	5								41	3.77

续表

陶质	夹粗砂					夹细砂					泥质					合计	%
陶色	灰	红	黑	褐	红褐	灰	红	黑	褐	红褐	灰	红	黑	褐	红褐		
纹饰/器类																	
侈口罐				14			4	10								28	2.58
壶						1					4	4				9	0.83
豆				1		1	10									12	1.10
盆											1					1	0.09
钵					2						1					3	0.28
杯								1								1	0.09
器盖				2	2											4	0.37
圈足				1	2											3	0.28
不明器	142	148	20	163	244	4	29	25	2	11	13	35	17	2	6	861	79.21

99AT0201⑦⑤

共出陶器347件。陶质全为夹砂，以夹粗砂为主，占76.66%，夹细砂增加，占23.34%。陶色以褐陶为主，占44.09%，次为灰陶，占36.89%，黑、红陶较少，各占12.68%和6.34%。器表以纹饰为主，占69.74%，素面增加，占30.26%。纹饰以粗戳划纹为主，占38.33%，次为复合纹和绳纹，各占10.95%和10.66%，戳印纹较少，占5.48%，波浪纹、镂孔、凹弦纹、划纹、附加堆纹等很少。器类以缸为主，占37.75%，次为罐，占19.31%，瓮、壶、盘、钵、器盖等很少，还有22.77%的腹片不辨器类（表一二一）。

表一二一　99AT0201⑦⑤出土陶器统计表

陶质	夹粗砂				夹细砂				合计	%
陶色	灰	红	黑	褐	灰	红	黑	褐		
纹饰/器类										
粗戳划纹	65	7	23	38					133	38.33
绳纹	9	4	3	18	1		1	1	37	10.66
凹弦纹	1			2					3	0.86
划纹							1		1	0.29
波浪纹	2	1	1	2					6	1.73
戳印纹	3		2	13			1		19	5.48
附加堆纹								1	1	0.29
镂孔					2			2	4	1.15
复合纹	10	2		17	4		1	4	38	10.95
素面	11	4	3	25	20	4	8	30	105	30.26
合计	101	18	32	115	27	4	12	38	347	100
%	29.11	5.19	9.22	33.14	7.78	1.15	3.46	10.95	100	
缸	67	4	22	38					131	37.75
罐	4	3		4	8	1		9	29	8.36

续表

陶质	夹粗砂				夹细砂				合计	%
陶色	灰	红	黑	褐	灰	红	黑	褐		
纹饰/器类										
折沿罐	3		1	2					6	1.73
盘口罐	8		2	16	2			4	32	9.22
瓮		2							2	0.58
壶				1			2		3	0.86
盘							3	2	5	1.44
钵	1				1				2	0.58
器盖				1	1		2		4	1.15
圈足	1						3	2	6	1.73
平底	7		1	35	2			3	48	13.83
不明器	10	9	6	18	13	3	2	18	79	22.77

（2）器类

出土陶器共计2108件，参加分类排队的423件。

缸口　132件。

A型　113件。

Aa型　88件。

Ⅰ式：6件。标本碎小。

Ⅱa式：18件。

标本98BT0404㉜：13，夹粗砂灰陶，口部、里黑。唇面饰戳印纹，器表饰菱形绳纹。敞口，唇缘内凸，上腹弧内收，残。手制轮修，火候较高。残宽14.8、残高5.8厘米（图三三九，1）。标本99AT0201㊺：24，夹粗砂黑陶，局部红褐，里黑，灰胎。唇面饰按压纹，器表饰菱形绳纹。敞口，残。残宽8.2、残高6.3厘米（图三三九，2）。

Ⅱb式：64件。

标本99AT0201㊺：23，夹粗砂黑陶，灰褐胎。唇面饰戳印纹、按压纹，器表饰粗糙菱形绳纹。口微敛，唇面较平，上腹微弧，残。轮制，火候较高。残宽6.3、残高4.8厘米（图三三九，3）。

Ab型　25件，5件不明式别。

Ⅰ式：5件。

标本98BT0404㉜：39，夹粗砂灰陶，局部、里黑。唇部饰戳印纹，器表饰小菱形绳纹。敞口外张，唇缘微内凸，腹较斜直，残。手制轮修，火候较高。残宽8.6、残高5.4厘米（图三三九，4）。

Ⅱ式：15件。标本碎小。

B型　19件。Ⅰ式。

标本98BT0404㉜：9，夹细砂黑陶，局部灰。唇部饰粗且较深戳划纹，器表饰粗戳划纹。

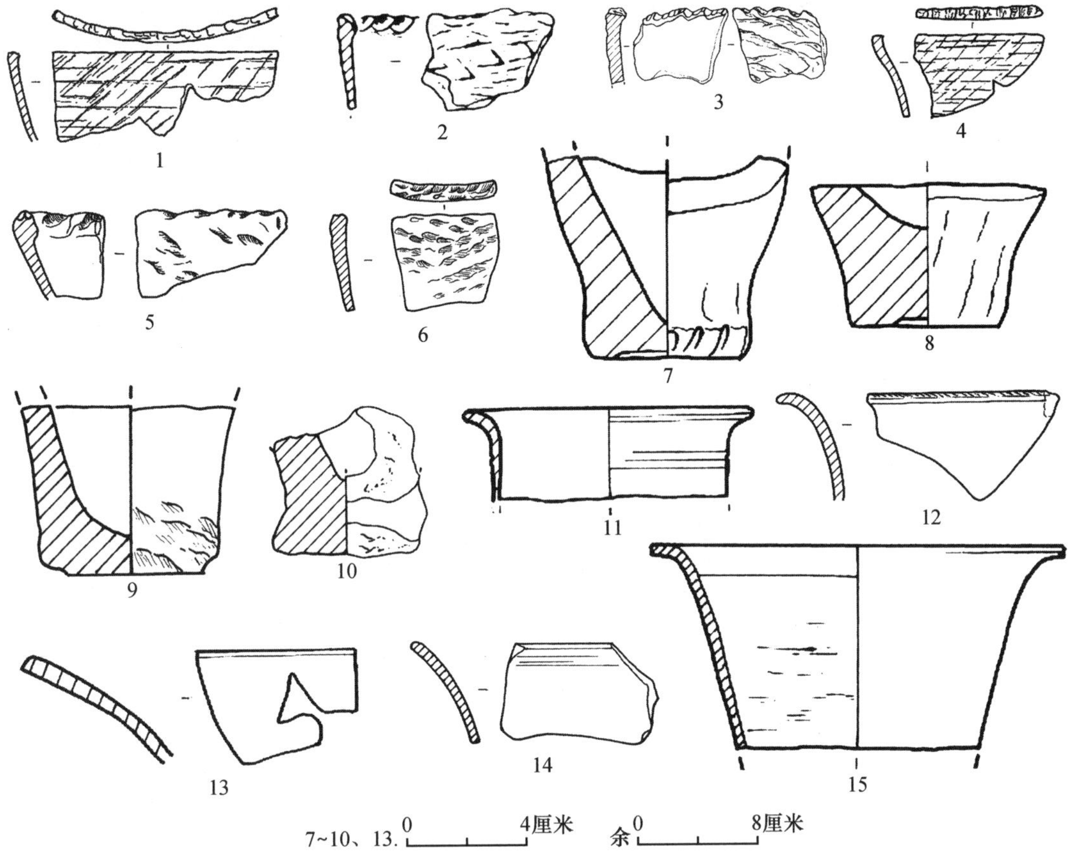

图三三九　中坝文化第4组陶器

1、2. Aa型Ⅱa式缸口（98BT0404㉜：13、99AT0201(75)：24）　3. Aa型Ⅱb式缸口（99AT0201(75)：23）　4. Ab型Ⅰ式缸口（98BT0404㉜：39）　5、6. B型Ⅰ式缸口（98BT0404㉜：9、02DT0102(75)：4）　7～9. B型缸底（98BT0404㉜：35、98BT0404㉜：36、02DT0102(75)：6）　10. Ca型缸底（99AT0201(75)：39）　11、12、15. A型瓮（98BT0404㉜：12、98BT0404㉜：18、99AT0201(75)：29）　13、14. B型瓮（98BT0404㉜：19、02DT0102(75)：17）

敞口，唇缘内凸，上腹较斜直，残。手制，火候较高。残宽10、残高5.7厘米（图三三九，5）。标本02DT0102(75)：4，夹粗砂灰黑陶，局部红褐。唇部饰戳印纹，器表饰粗戳划纹。敞口，上腹弧收，残。手制，火候较高。残宽7、残高6.2厘米（图三三九，6）。

缸底　13件。

A型　2件。标本碎小。

B型　10件。

标本98BT0404㉜：35，夹细砂红褐陶，局部灰褐，里黑。器表、足外缘饰粗戳印纹，器表有刮抹痕。下腹微弧，小平底，外底中部内凹，残。手制，火候一般。底径5.5、残高6.6厘米（图三三九，7）。标本98BT0404㉜：36，夹细砂灰褐陶，里红褐。素面，器表有刮抹、手捏痕。下腹较斜直，小平底，外底中部微内凹。手制，火候一般。底径5.2、残高4.8厘米（图三三九，8）。标本02DT0102(75)：6，夹粗砂黑陶，局部灰。底缘饰粗戳划纹。下腹较斜直，小平底，残。手制，火候较高。底径5.9、残高5.4厘米（图三三九，9）。

C型　1件。Ca型。

标本99AT0201(75)：39，夹细砂红褐陶，里黑色。素面。近圆柱状，较平底，内底较尖，残。手制，火候不高。底径4.8、残高4.8厘米（图三三九，10）。

瓮 26件，7件不明型别。

A型 13件。

标本98BT0404㉜：12，夹细砂灰褐陶。领上部饰瓦棱纹三道，器表和内沿磨光。口微侈，卷沿微外下折，圆唇，领较斜直，残。分制，火候较高。口径19.2、残高6厘米（图三三九，11）。标本98BT0404㉜：18，夹细砂红褐陶。上唇面饰绳压纹，内外壁磨光，有磨痕。敞口，卷沿外下斜，圆唇，束领，残。分制，火候高。残宽12.8、残高7.1厘米（图三三九，12）。标本99AT0201⑮：29，夹砂褐陶，胎红褐夹黑。素面，内外壁磨光，内壁多细划纹。侈口，卷平沿，圆唇，高领较斜直，残。分制轮修，火候高。口径27.2、残高13.2厘米（图三三九，15）。

B型 6件。

标本98BT0404㉜：19，泥质红陶。唇面饰凹弦纹一道，内外壁精磨。喇叭口，方圆唇，残。轮制，火候高。残宽5.3、残高4厘米（图三三九，13）。标本02DT0102⑮：17，夹砂黑陶，灰褐胎。外沿多细弦纹，内外壁磨光。喇叭口，圆唇，轮制，火候较高。残宽10.2、残高6.5厘米（图三三九，14）。

盘口罐 75件。

A型 59件。

Ⅰ式：6件。

标本99AT0201⑮：12，夹细砂黑陶。口外下凸棱上饰戳印纹。敞口，圆唇，盘较深，残。轮制，火候不高。口径20.8、残高6厘米（图三四〇，1）。标本99AT0201⑮：16，夹粗砂灰褐陶，局部褐，里黑。盘外饰组状戳印纹，腹饰细凹弦纹数道，内壁磨光。敞口，圆唇，盘深，盘外下微有凸棱，残。轮制，火候不高。口径15.8、残高4.4厘米（图三四〇，2）。

Ⅱ式：41件。

标本99AT0201⑮：13，夹粗砂灰陶，盘外壁饰戳印纹，上腹饰斜粗绳纹，内壁磨光。敞口，圆唇，盘较深，残。轮制，火候较高。口径26.6、残高4.6厘米（图三四〇，3）。标本99AT0201⑯A：15，夹粗砂灰黑陶，局部灰，里黑。口外下凸棱上饰戳印纹，内壁磨光。敞口，圆唇，盘较深，残。轮制，火候不高。口径21.8、残高3.6厘米（图三四〇，4）。

Ⅲ式：12件。

标本98BT0404㉜：34，夹细砂褐陶，局部黑，胎、里黑，局部黄褐。盘外下饰戳印纹，器表饰粗划纹，内壁磨光。敞口，圆唇，浅盘，盘壁微凹，上腹内收，腹较直，残。轮制，火候较高。口径22、残高8.8厘米（图三四〇，5）。标本99AT0201⑮：20，夹粗砂红褐陶，灰黑胎。盘外下凸棱饰较疏戳印纹，内壁磨光。敞口，圆唇，盘浅，残。轮制，火候不高。口径13、残高2.8厘米（图三四〇，6）。

B型 14件。

Ba型 12件。

Ⅰ式：5件。

标本99AT0201⑮：15，夹粗砂灰黑陶，里黑。盘外饰波浪形组状划纹，内壁磨光。敞口，圆唇，盘较深，残。轮制，火候不高。口径25.8、残高3.8厘米（图三四〇，7）。标本

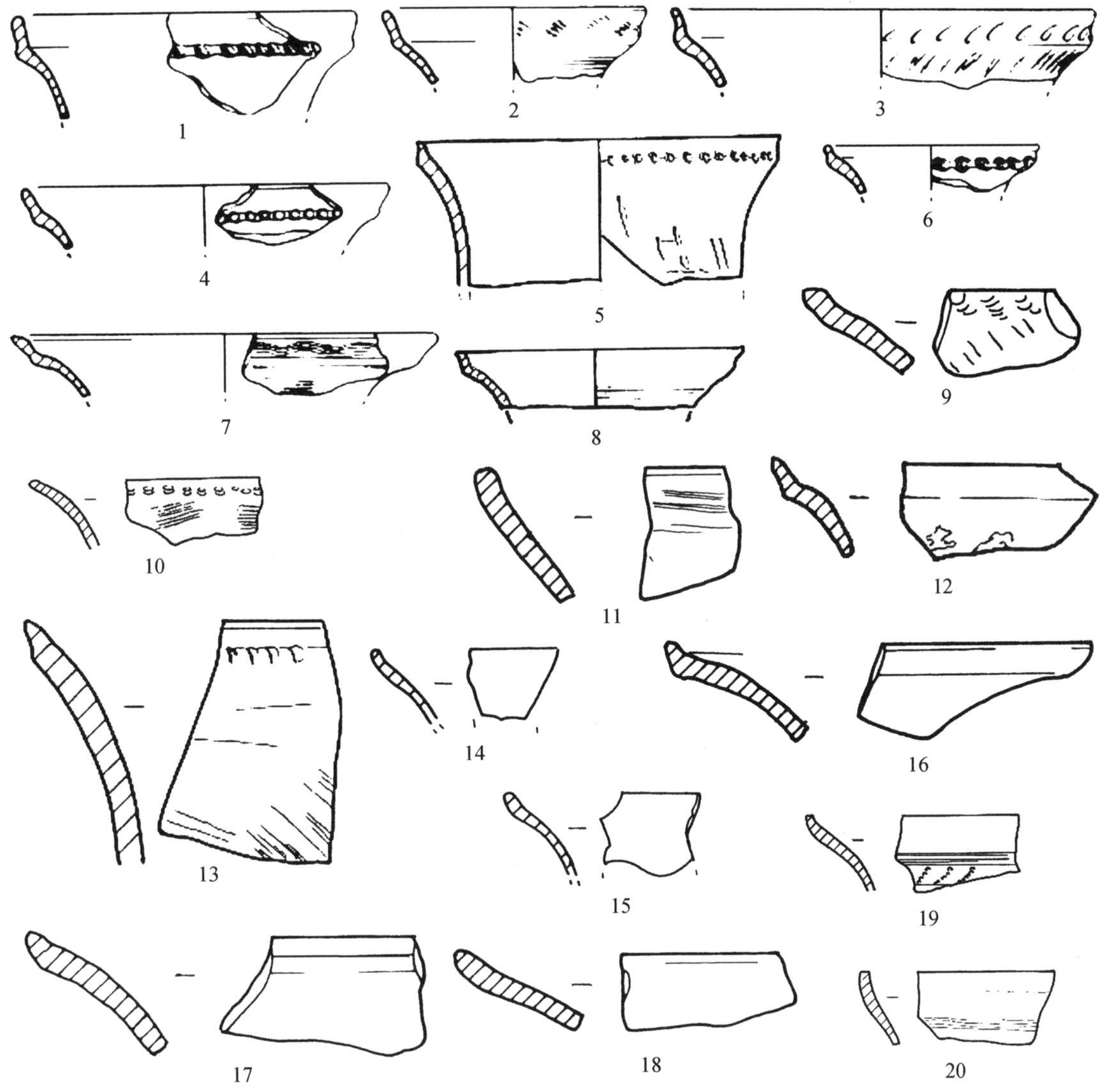

图三四〇 中坝文化第4组陶器

1、2. A型Ⅰ式盘口罐（99AT0201⑮：12、99AT0201⑮：16） 3、4. A型Ⅱ式盘口罐（99AT0201⑮：13、99AT0201⑯A：15） 5、6. A型Ⅲ式盘口罐（98BT0404㉜：34、99AT0201⑮：20） 7、8. Ba型Ⅰ式盘口罐（99AT0201⑮：15、99AT0201⑮：18） 9. Ba型Ⅱ式盘口罐（02DT0102⑮：12） 10、11. Ba型Ⅲ式盘口罐（98BT0404㉜：11、02DT0102⑮：13） 12. Bb型Ⅰ式盘口罐（99AT0201⑮：17） 13. Bb型Ⅱ式盘口罐（98BT0404㉜：6） 14、15. C型盘口罐（99AT0201⑮：8、99AT0201⑮：10） 16. Aa型盘口器（02DT0102⑮：15） 17、18. Ab型盘口器（02DT0102⑮：14、02DT0102⑮：16） 19、20. B型盘口器（98BT0404㉜：5、98BT0404㉜：7）

99AT0201⑮：18，夹粗砂黑陶，局部灰。领部饰划纹，盘内磨光。盘口外张、较深，圆唇，残。口径17.6、残高3.6厘米（图三四〇，8）。

Ⅱ式：3件。

标本02DT0102⑮：12，夹砂黑陶，局部褐。器表饰戳印纹、短划纹，唇面、内壁磨光。盘口，唇面微凹，浅盘，上腹内弧，残。轮制，火候较高。残宽4.4、残高2.6厘米（图三四〇，9）。

Ⅲ式：4件。

标本98BT0404㉜：11，夹细砂红褐陶，黑胎。盘外饰戳印纹，上部拍印组状细绳纹，内壁磨光。喇叭口，微有浅盘，圆唇，残。轮制，火候较高。残宽8.4、残高4.2厘米（图三四〇，10）。标本02DT0102⑮：13，夹砂灰陶，局部、里黑。唇面、盘外饰细凹弦纹，内壁磨光。敞口，卷沿微弧略呈盘状，圆唇，残。轮制，火候较高。残宽4、残高4厘米（图三四〇，11）。

Bb型　2件。

Ⅰ式：1件。

标本99AT0201⑮：17，夹粗砂灰黑陶。领部饰戳印纹。盘口外张，圆唇，盘外壁微内凹，折盘，残。残宽6、残高2.8厘米（图三四〇，12）。

Ⅱ式：1件。

标本98BT0404㉜：6，夹细砂褐陶，黑胎，里黄褐。盘外下饰戳印纹，器表饰划纹，内壁粗磨。敞口，微有浅盘，上腹内收，残。轮制，火候较高。残宽5.6、残高7.4厘米（图三四〇，13）。

C型　2件。

标本99AT0201⑮：8，夹细砂褐陶，口局部灰褐，胎灰色。素面，内外壁磨光。敞口，圆唇，微有盘，残。轮制，火候较高。残宽5.2、残高4.2厘米（图三四〇，14）。标本99AT0201⑮：10，夹细砂红陶，灰黑胎。素面，内外壁磨光。敞口，圆唇，微有盘，残。轮制，火候较高。残宽6、残高5厘米（图三四〇，15）。

盘口器　18件。

A型　5件。

Aa型　3件。

标本02DT0102⑮：15，夹砂黑陶。盘外饰细凹弦纹，内外壁磨光。盘口，圆唇，浅盘，上腹内弧，残。轮制，火候高。残宽7.2、残高2.8厘米（图三四〇，16）。

Ab型　2件。

标本02DT0102⑮：14，夹砂黑陶，褐胎。素面，内外壁磨光。盘口，圆唇，略呈浅盘，上腹内弧，残。轮制，较高。残宽6、残高3.6厘米（图三四〇，17）。标本02DT0102⑮：16，夹砂褐陶，局部、胎、里黑。素面，内外壁磨光。敞口，沿微上卷呈盘状，圆唇，残。轮制，火候较高。残宽5.4、残高2.3厘米（图三四〇，18）。

B型　13件。

标本98BT0404㉜：5，夹粗砂灰褐陶，盘外、胎、里黑。唇面微有凹弦纹，盘外下饰划纹和组状戳印纹。敞口，微有盘，方唇，上腹内收，残。轮制，火候不高。残宽7.6、残高4.6厘米（图三四〇，19）。标本98BT0404㉜：7，夹粗砂灰陶。唇面局部有凹弦纹，器表饰划纹。敞口，微有盘，方唇，上腹内收，残。轮制，火候较高。残宽8.4、残高4.5厘米（图三四〇，20）。

翘唇罐　17件。Ⅱ式。

标本99AT0201⑮：32，夹细砂灰陶。唇外沿饰绳压纹，上腹饰划纹。口微敞，沿先斜折再上卷，方唇，腹较直，残。轮制，火候较高。残宽8、残高5.6厘米（图三四一，1）。标本

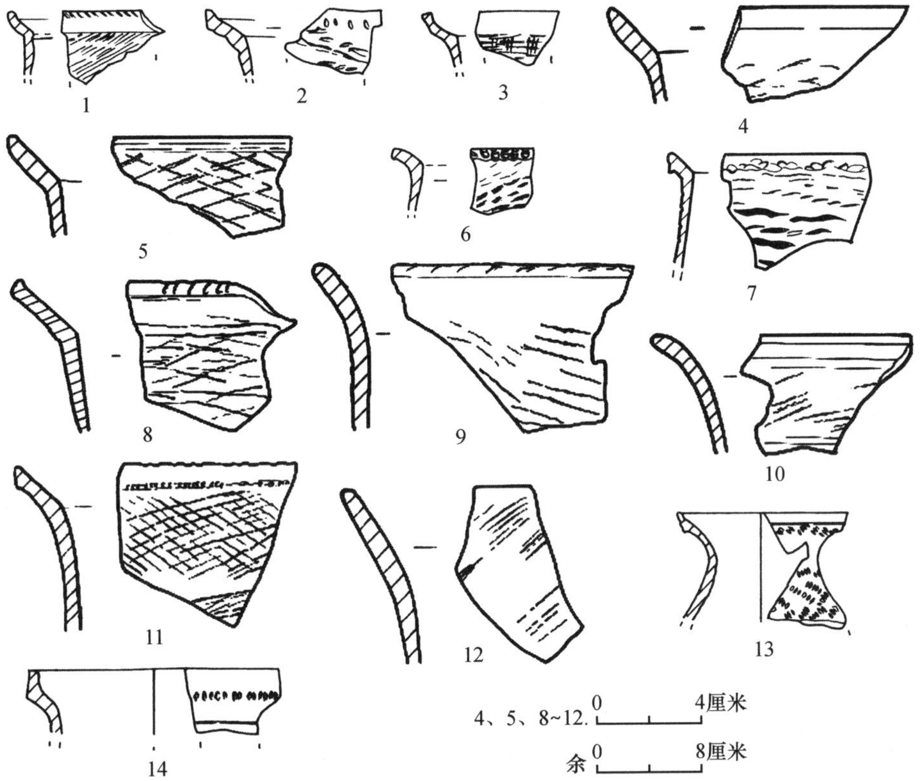

图三四一　中坝文化第4组陶器

1～3. Ⅱ式翘唇罐（99AT0201⑮：32、99AT0201⑮：33、99AT0201 ⑯A：23）　4、5. Aa型Ⅱ式折沿罐（98BT0404㉜：8、98BT0404㉜：10）　6. Ab型Ⅱ式折沿罐（99AT0201⑮：34）　7. B型Ⅱ式折沿罐（99AT0201⑮：30）　8. C型Ⅱ式折沿罐（98BT0404㉜：4）　9、10. A型敞口罐（98BT0404㉜：20、98BT0404㉜：22）　11、12. B型敞口罐（98BT0404㉜：23、98BT0404㉜：24）　13. A型Ⅰ式盘口壶（99AT0201⑮：6）　14. B型盘口壶（99AT0201⑮：7）

99AT0201⑮：33，夹粗砂褐陶，灰黑胎。外下沿饰戳印纹，器表饰粗绳纹。敞口，沿先较宽斜折再窄上折，尖唇，腹斜直，残。轮制，火候一般。残宽7.2、残高4.8厘米（图三四一，2）。标本99AT0201⑯A：23，夹粗砂灰褐陶，里黑。外下沿和上腹饰绳纹、堆纹，在其上再饰细划纹。敞口，沿先斜折，再斜上卷，方唇，唇面微内凹，外沿面内凹，腹斜直，残。轮制，火候较高。残宽5.8、残高4厘米（图三四一，3）。

折沿罐　24件。

A型　12件。

Aa型　2件。Ⅱ式。

标本98BT0404㉜：8，夹粗砂灰褐陶，黑胎，里灰黑。上腹饰戳划纹。敞口，斜折沿，沿面微凹，圆尖唇，上腹较斜直，残。手制轮修，火候较高。残宽7.3、残高3.6厘米（图三四一，4）。标本98BT0404㉜：10，夹粗砂灰陶，黑胎，里局部黑。唇下饰划纹，器表饰菱形绳纹。敞口，斜折沿，沿面微凹，圆唇，上腹斜直，残。轮制，火候不高。残宽6.7、残高3.8厘米（图三四一，5）。

Ab型　10件。

Ⅰ式：1件。标本碎小。

Ⅱ式：9件。

标本99AT0201⑮：34，夹粗砂灰陶，里黑。唇面饰戳印纹，器表饰绳纹。侈口，斜折沿，沿面微弧，腹较斜直，残。轮制，火候一般。残宽4.8、残高5.2厘米（图三四一，6）。

B型　9件。Ⅱ式。

标本99AT0201⑮：30，夹细砂灰陶，局部红褐，里灰黑。外下缘饰戳印纹，器表饰粗绳纹。侈口，斜折沿，圆唇，腹斜直，残。轮制，火候一般。残宽11.6、残高8.6厘米（图三四一，7）。

C型　3件。Ⅱ式。

标本98BT0404㉜：4，夹粗砂灰陶，里黑。唇面饰绳切纹，器表饰菱形绳纹，沿、腹相交处饰附加堆纹。敞口，斜折沿，沿面较平，方唇、唇缘内凸，腹斜直，残。轮制，火候一般。残宽6.4、残高6厘米（图三四一，8）。

敞口罐　5件。

A型　3件。

标本98BT0404㉜：20，夹细砂黑陶，局部灰黑。唇面饰绳切纹，器表饰绳纹，局部按抹呈细绳纹，内壁磨光。敞口外张，圆唇，腹较直，残。轮制，火候不高。残宽11.1、残高6.3厘米（图三四一，9）。标本98BT0404㉜：22，夹细砂黑陶，褐胎。器表饰细绳纹，内壁磨光。喇叭口，圆唇，残。轮制，火候较高。残宽6.5、残高4.5厘米（图三四一，10）。

B型　2件。

标本98BT0404㉜：23，夹粗砂褐陶，局部、口部、胎黑，里浅黄。唇上下缘饰戳印纹，器表饰交错绳纹，内壁有划痕。敞口，折沿，沿面较平，方唇，腹较直，残。手制轮修，火候较高。残宽6.8、残高6.2厘米（图三四一，11）。标本98BT0404㉜：24，夹细砂灰褐陶。器表饰拍印组状绳纹，内壁磨光。敞口外张，方圆唇，腹较斜直，残。手制轮修，火候较高。残宽4.7、残高6.6厘米（图三四一，12）。

喇叭口罐　1件。标本碎小。

盘口壶　2件。

A型　1件。Ⅰ式。

标本99AT0201⑮：6，夹砂红陶，胎、里黑。盘外下棱、颈饰戳印纹。较浅盘口、壁外斜，圆唇，束颈，残。手制轮修，火候较高。口径13.6、残高8.2厘米（图三四一，13；图版二六，3）。

B型　1件。

标本99AT0201⑮：7，夹粗砂褐陶。外下沿饰戳印纹，上腹饰凹弦纹一道，外沿、内壁磨光。直口，方圆唇，领较直，残。轮制，火候较高。口径18.6、残高5.2厘米（图三四一，14）。

卷沿罐　2件。

A型　1件。Aa型Ⅰ式。

标本99AT0201⑮：27，夹细砂红褐陶，灰胎。素面。敞口，卷沿，圆唇，残。轮制，火候不高。口径22.6、残高4厘米（图三四二，1）。

C型　1件。Ⅱ式。标本碎小。

盘　17件。

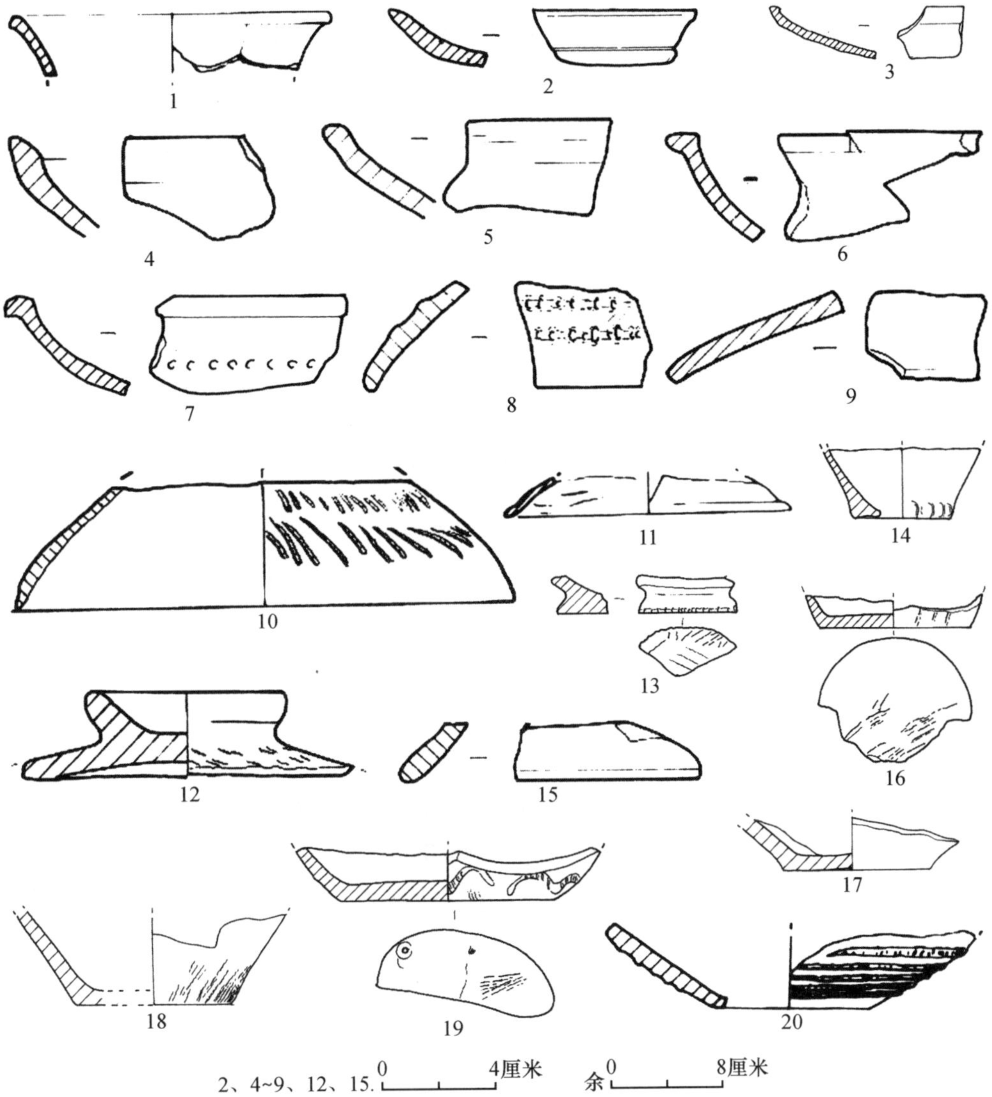

图三四二　中坝文化第4组陶器

1. Aa型Ⅰ式卷沿罐（99AT0201⑮：27）　2. B型Ⅰ式盘（02DT0102⑮：7）　3～5. B型Ⅱ式盘（02DT0102⑮：8、98BT0404㉜：27、98BT0404㉜：32）　6、7. Ⅱ式有沿盘（98BT0404㉜：31、02DT0102⑮：9）　8～10. A型器盖（98BT0404㉜：26、98BT0404㉜：28、99AT0201⑮：25）　11. C型器盖（99AT0201⑮：26）　12. 盖纽（98BT0404㉜：14）　13. Ab型圈足（98BT0404㉜：30）　14. Ba型圈足（98BT0404㉜：25）　15. Bb型圈足（98BT0404㉜：16）　16～18. 器底（98BT0404㉜：17、99AT0201⑮：35、99AT0201⑮：37）　19、20. 瓮底（98BT0404㉜：3、99AT0201⑮：36）

A型　2件。标本碎小。

B型　8件。

Ⅰ式：4件。

标本02DT0102⑮：7，夹砂红褐陶，胎、里黑。腹饰凹弦纹一周，内外沿磨光。敞口，圆唇，浅盘，折腹，残。轮制，火候较高。残宽5.6、残高1.9厘米（图三四二，2）。

Ⅱ式：4件。

标本02DT0102⑮：8，夹砂黑陶，褐胎。素面，内外壁磨光。敛口，微有内折沿，圆尖唇，折腹，残。轮制，火候较高。残宽4.6、残高3.5厘米（图三四二，3）。标本98BT0404㉜：27，夹细砂黑陶，局部褐。素面，外上、内壁磨光。敞口，圆尖唇，折盘，上部微内凹，下部较斜直，残。轮制，火候高。残宽5.2、残高3.4厘米（图三四二，4）。标本98BT0404㉜：32，夹细砂灰黑陶，里黑。盘外上有划痕，内壁磨光。敞口，圆唇，微折盘，盘上部微内凹，下部较斜直，残。轮制，火候较高。残宽5.9、残高3.3厘米（图三四二，5）。

C型　7件。标本碎小。

有沿盘　7件。

Ⅰ式：2件。标本碎小。

Ⅱ式：5件。

标本98BT0404㉜：31，泥质灰陶。素面，内外壁磨光。敞口，折沿，圆尖唇，弧腹，残。轮制，火候高。残宽7、残高3.8厘米（图三四二，6）。标本02DT0102⑮：9，夹砂黑陶，里紫红。腹饰圆形戳印纹一周，内外壁磨光。敞口，折沿外下卷，圆唇，弧腹，残。轮制，火候较高。残宽6.8、残高3.4厘米（图三四二，7）。

钵　5件。

B型　2件。Ⅰ式。标本碎小。

C型　3件。Ca型Ⅰ式。标本碎小。

器盖　8件。

A型　5件。

标本98BT0404㉜：26，夹细砂褐陶，里黑。器表饰堆纹，在堆纹上饰戳印纹，内壁磨光。覆钵状，敞口，圆唇，弧壁，残。轮制，火候较高。残宽4.7、残高3.4厘米（图三四二，8）。标本98BT0404㉜：28，夹细砂黑陶。素面，内外壁磨光。覆盘状，敞口，方唇，壁微弧，残。手制，火候较高。残宽4.2、残高3厘米（图三四二，9）。标本99AT0201⑮：25，夹砂黑陶，胎红褐夹黑。器表饰划纹，内外壁磨光。壁微弧，敞口，圆唇，残。手制轮修，火候较高。口径34.4、残高8厘米（图三四二，10；图版二九，2）。

B型　2件。标本碎小。

C型　1件。

标本99AT0201⑮：26，夹细砂灰陶。沿下饰凹弦纹一道，内外壁磨光。覆钵状，圆唇，弧壁，残。轮制，火候较高。口径20、残高2.6厘米（图三四二，11）。

盖纽　1件。

标本98BT0404㉜：14，夹细砂灰陶。盖表饰戳印纹，捉手内壁有刮抹痕；内壁磨光，有按抹痕。覆盘形，圈足状捉手，盖壁较斜直，残。盖盘、捉手分制，火候较高。捉手径7.2、残高3厘米（图三四二，12）。

圈足　8件。

A型　1件。Ab型。

标本98BT0404㉜：30，夹粗砂灰陶，局部、里黑，褐胎。足外缘饰戳印纹，外底饰绳纹。下腹微斜弧，假圈足，残。手制，火候不高。残宽6.9、残高2.6厘米（图三四二，13）。

B型　7件。

Ba型　3件。

标本98BT0404㉜：25，夹细砂灰陶，局部、胎黑，里褐。足外缘饰按窝纹，器表有刮抹痕。

下腹较斜直，微有矮圈足，残。手制，火候一般。足径7.2、残高4.8厘米（图三四二，14）。

Bb型　4件。

标本98BT0404㉜：16，夹细砂黑皮陶，灰褐胎。内外壁磨光。圈足外撇，圆唇，残。轮制，火候较高。残宽6.5、残高2厘米（图三四二，15）。

器底　55件。

标本98BT0404㉜：17，夹粗砂褐陶，里黑，红褐胎，局部黑。器表、外底饰绳纹，内底有按抹痕。下腹较斜直，平底，残。手制，火候不高。底径10.4、残高2.3厘米（图三四二，16）。标本99AT0201⑮：35，夹细砂褐陶，胎、里红。素面，外壁磨光。下腹外撇，平底微凹，残。手制，火候较高。底径10.2、残高3.6厘米（图三四二，17）。标本99AT0201⑮：37，夹砂灰陶，局部、里黑。下腹饰斜绳纹，外底饰交错绳纹。下腹较斜直，平底，残。手制，火候较高。底径10.8、残高6.5厘米（图三四二，18）。

瓮底　2件。

标本98BT0404㉜：3，夹细砂红陶。器表饰拍印细绳纹后，再饰波浪形附加堆纹，在附加堆纹上饰绳纹，近附加堆纹处有刮抹痕；外底饰拍印细绳纹、外向里单穿镂孔；内壁有刮抹痕。下腹弧收，外底微凹，内底微凸，残。手制，火候较高。底径14.4、残高3.7厘米（图三四二，19）。标本99AT0201⑮：36，泥质黑陶，褐胎。下腹饰堆纹，再饰戳印纹。平底，下腹较斜直，残。轮制，火候不高。底径10.8、残高7.6厘米（图三四二，20）。

不明器　5件。标本碎小。

5. 第5组

本组文化层较多，典型单位有：98BT0204㊶，98BT0205㉞～㉜A，98BT0305㉚、㉙，98BT0404㉛、㉚，98BT0405㉚；99AT0301㊻～㊸，99DT0301㉞；02BT0101㊵，02DT0102㊴、㊳等。

（1）陶系

以98BT0205㉞、99AT0301㊹、02DT0102㊳为典型单位介绍如下：

98BT0205㉞

共出陶器644件。陶质以夹粗砂为主，占79.34%，夹细砂增多，占20.19%，泥质陶极少，仅占0.47%。陶色以灰陶为主，占46.12%，次为褐陶，占28.88%，黑、红陶较少，各占14.76%和10.24%。器表以纹饰为主，占86.49%，部分素面，占13.51%。纹饰以菱形绳纹为主，占67.70%，次为复合纹，占8.07%，绳纹、粗戳划纹较少，各占3.11%和2.02%，凹弦纹、划纹、戳印纹、细绳纹、波浪纹、凸棱纹、附加堆纹很少。器类以缸为主，占59.94%，次为罐，占20.03%，瓮、壶、盘、钵、器盖、器座等很少，有12.42%的腹片不辨器类（表一二二）。

表一二二　98BT0205㉞出土陶器统计表

陶质	夹粗砂				夹细砂				泥质	合计	%
陶色	灰	红	黑	褐	灰	红	黑	褐	灰		
纹饰/器类											
粗戳划纹	4	2	3	4						13	2.02

续表

陶质	夹粗砂				夹细砂				泥质	合计	%
陶色	灰	红	黑	褐	灰	红	黑	褐	灰		
纹饰/器类											
绳纹	3		4	7	3		2	1		20	3.11
细绳纹	2			3						5	0.78
菱形绳纹	207	43	65	120	1					436	67.70
凸棱纹							1			1	0.16
凹弦纹		1		2	5		1	2	1	12	1.86
划纹	3	1			2		1	1		8	1.24
波浪纹					1	1				2	0.31
戳印纹				1	3			3		7	1.09
附加堆纹							1			1	0.16
复合纹	8	2	4	14	14	1	2	7		52	8.07
素面	1	4	1	2	37	11	10	19	2	87	13.51
合计	228	53	77	153	66	13	18	33	3	644	100
%	35.40	8.23	11.96	23.76	10.25	2.02	2.80	5.12	0.47	100	
缸	183	35	58	110						386	59.94
罐	12	9	15	26	10	2	3	5		82	12.73
折沿罐	18	4	3	9	3		1			38	5.90
盘口罐	1				4	1		3		9	1.40
瓮	1				4	1		1		7	1.09
壶								1		1	0.16
盘					3		1	4		8	1.24
钵					5	1	1	3		10	1.56
器盖		2			1		4	1		8	1.24
器座		1								1	0.16
圈足					1		1	2		4	0.62
平底	1			2	4	1		2		10	1.56
不明器	12	2	1	6	31	7	7	11	3	80	12.42

99AT0301㊹

共出陶器247件。陶质以夹粗砂为主，占54.25%，夹细砂较多，占44.53%，泥质陶极少，仅占1.21%。陶色以灰陶为主，占43.72%，次为红陶，占28.34%，褐、黑陶较少，各占14.57%和13.36%。器表以纹饰为主，占67.21%，素面较多，占32.79%。纹饰以菱形绳纹为主，占19.84%，次为粗戳划纹、绳纹，各占12.96%和11.34%，复合纹、附加堆纹、划纹较多，分别占6.07%、4.45%和4.05%，戳印纹、细绳纹、波浪纹、瓦棱纹、镂孔等较少。器类以缸为主，占12.55%，次为罐，占11.73%，瓮、壶、喇叭口器、豆、盆、钵、器盖等很少，有64.37%的腹片不辨器形（表一二三）。

表一二三 99AT0301⑥④出土陶器统计表

陶质	夹粗砂				夹细砂				泥质	合计	%
陶色	灰	红	黑	褐	灰	红	黑	褐	褐		
纹饰/器类											
粗戳划纹	25	4					1	2		32	12.96
绳纹	9	9		3	1		4	2		28	11.34
细绳纹				1	1	1	1			4	1.62
菱形绳纹	26	16	3	4						49	19.84
划纹	4	1		1	1		1	2		10	4.05
波浪纹		2				1	1			4	1.62
戳印纹	3	2					3			8	3.24
附加堆纹				1	5		2	2	1	11	4.45
镂孔					1			1		2	0.81
复合纹	1	3	2	1	6		1	1		15	6.07
瓦棱纹						2	1			3	1.21
素面	4	8		1	21	21	13	11	2	81	32.79
合计	72	45	5	12	36	25	28	21	3	247	100
%	29.15	18.22	2.02	4.86	14.57	10.12	11.34	8.50	1.21	100	
缸	25	1	1				1	2		30	12.15
缸底		1								1	0.40
罐	1			1						2	0.80
折沿罐	2	4	2							8	3.24
盘口罐	6	6		1		1	4	1		19	7.69
瓮					3		1			4	1.62
壶					2					2	0.80
折腹壶								1		1	0.40
喇叭口器					1			1	1	3	1.21
豆		1								1	0.40
盆					1					1	0.40
钵					2		1			3	1.21
器盖	1					1				2	0.80
平底	2	5		2		2				11	4.45
不明器	35	27	2	8	25	23	21	16	2	159	64.37

02DT0102⑦③

共出陶器85件，陶质全为夹砂。陶色以灰陶为主，占50.59%，次为红陶，占25.88%，灰褐陶较少，占14.12，黑陶最少，占9.41%。器表以纹饰为主，占61.17%，素面较多，占38.83%。素面以粗戳划纹为主，占22.35%，次为绳纹、篦点纹和附加堆纹，分别占14.12%、10.59%和8.24%，细绳纹、划纹较少。器类以罐为主，占44.71%，次为缸，占35.29%，盘口器、盘、器盖等很少，有14.12%的腹片不辨器形（表一二四）。

表一二四　02DT0102⑦③出土陶器统计表

陶质	夹砂				合计	%
陶色	灰	红	黑	灰褐		
纹饰/器类						
粗戳划纹	13	5		1	19	22.35
绳纹	10		2		12	14.12
细绳纹	3	1			4	4.71
划纹	1				1	1.18
附加堆纹	3	2		2	7	8.24
篦点纹	1			8	9	10.59
素面	12	14	6	1	33	38.83
合计	43	22	8	12	85	100
%	50.59	25.88	9.41	14.12	100	
缸	17	10	2	1	30	35.29
敞口罐	2		1	1	4	4.71
盘口罐	8			8	16	18.82
折沿罐	3				3	3.53
罐腹	7		4		11	12.94
罐底	1	3			4	4.71
盘口器	1				1	1.18
盘	3				3	3.53
器盖			1		1	1.18
不明器	1	9		2	12	14.12

（2）器类

出土陶器共计2844件，参加分类排队的778件。

缸口　276件。

A型　141件。

Aa型　138件。

Ⅰ式：11件。标本碎小。

Ⅱa式：127件。

标本98BT0205㉞：30，夹粗砂灰陶，口、里黑。唇面饰切割和戳印纹，器表饰菱形绳纹。敞口，唇缘内凸，上腹斜直，残。轮制，火候较高。残宽12.1、残高9.2厘米（图三四三，1）。标本98BT0205㉝：11，夹粗砂灰陶。唇面饰戳印纹，器表饰菱形绳纹。敞口，唇面挤压内外凸，腹较斜直，残。轮制，火候较高。残宽7.5、残高8.6厘米（图三四三，2）。

Ab型　3件。Ⅰ式。

标本98BT0405㉚：3，夹粗砂黑陶。唇部饰戳印纹，器表饰小菱形绳纹。敞口，上腹斜直，残。手制，火候较高。残宽4.2、残高3.8厘米（图三四三，3）。

B型　135件。

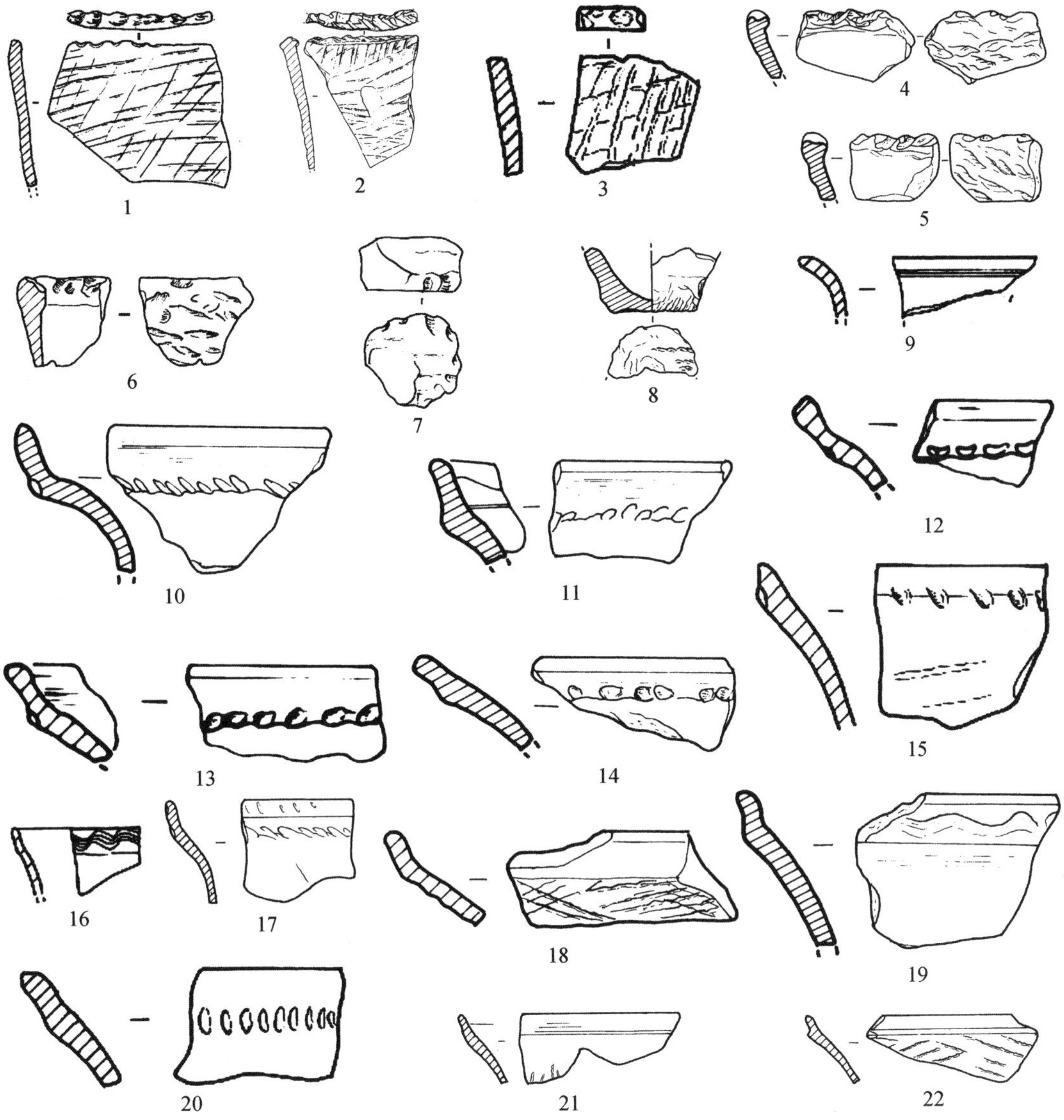

图三四三　中坝文化第5组陶器

1、2. Aa型Ⅱa式缸口（98BT0205㉞：30、98BT0205㉝：11）　3. Ab型Ⅰ式缸口（98BT0405㉚：3）　4、5. B型Ⅰ式缸口（99DT0301㉞：6、99DT0301㉞：8）　6. B型Ⅱ式缸口（98BT0404㉛：7）　7、8. B型缸底（98BT0205㉞：28、99DT0301㉞：38）　9. A型瓮（98BT0205㉝：12）　10、11. A型Ⅰ式盘口罐（99DT0301㉞：11、99DT0301㉞：13）　12、13. A型Ⅱ式盘口罐（02BT0101㊵：2、02BT0101㊵：3）　14、15. A型Ⅲ式盘口罐（99DT0301㉞：14、98BT0404㉛：1）　16、17. Ba型Ⅰ式盘口罐（98BT0205㉜B：2、02DT0102㊸：13）　18. Ba型Ⅱ式盘口罐（02DT0102㊸：10）　19、20. Bb型Ⅰ式盘口罐（99DT0301㉞：12、98BT0204㊶：1）　21、22. Bb型Ⅱ式盘口罐（02DT0102㊸：11、02DT0102㊸：12）

Ⅰ式：76件。

标本99DT0301⑭：6，夹粗砂灰褐陶，局部红，胎、里黑。唇饰深粗戳印纹，上腹饰粗戳划纹。敞口，唇缘内凸，上腹弧收，残。手制，火候较高。残宽8、残高4.6厘米（图三四三，4）。标本99DT0301⑭：8，夹砂灰陶，口部、里黑。唇饰深粗戳印纹，上腹饰粗戳划纹。敞口，唇缘内凸，上腹弧收，残。手制，火候较高。残宽6、残高4.4厘米（图三四三，5）。

Ⅱ式：59件。

标本98BT0404㉛：7，夹细砂红褐陶，口部、里黑。唇部、器表饰粗戳印纹。敞口，微有内沿，厚唇，上腹较斜直，残。轮制，火候一般。残宽7.4、残高5.8厘米（图三四三，6）。

缸底 26件。

A型 11件。标本碎小。

B型 15件。

标本98BT0205㉞：28，夹粗砂灰陶，局部红、褐，里灰黑。足外缘、外底饰戳印纹，下腹有刮抹痕。下腹较斜，小平底，残。手制，火候一般。足径6.6、残高3.2厘米（图三四三，7）。标本99DT0301㊹：38，夹粗砂灰褐陶，局部、里黑。底缘、外底饰粗戳划纹。下腹斜收，小平底，残。手制，火候较高。底径5.9、残高4.2厘米（图三四三，8）。

厚胎缸 2件。标本碎小。

瓮 7件。

A型 5件。

标本98BT0205㉝：12，夹细砂红陶，黑胎。领外有凹弦纹数道。口沿、内壁磨光。敞口，卷沿，圆唇，上领部较直，残。轮制，火候较高。残宽9.6、残高4厘米（图三四三，9）。

B型 2件。标本碎小。

盘口罐 167件。

A型 94件。

Ⅰ式：20件。

标本99DT0301㊹：11，夹砂红褐陶，局部灰褐。盘外下饰戳印纹，内壁磨光。盘口，圆唇，盘较深，上腹内弧，残。轮制，火候较高。残宽7.4、残高5.8厘米（图三四三，10）。标本99DT0301㊹：13，夹砂灰陶，局部、里灰黑。盘外下饰戳印纹，内壁磨光。盘口，圆唇，盘较深、壁微束，上腹内弧，残。轮制，火候较高。残宽6、残高3.4厘米（图三四三，11）。

Ⅱ式：54件。

标本02BT0101㊵：2，夹砂灰褐陶，局部红，胎褐。盘外缘饰戳印纹，内壁磨光。盘口，唇面微凹，盘较浅，上腹内弧，残。轮制，火候较高。残宽4.6、残高2.8厘米（图三四三，12）。标本02BT0101㊵：3，夹砂灰褐陶，灰黑胎。盘外缘饰戳印纹，内壁磨光，多细旋痕。盘口，圆唇，盘较浅，上腹内斜，残。轮制，火候较高。残宽6.6、残高3.2厘米（图三四三，13）。

Ⅲ式：20件。

标本99DT0301㊹：14，夹砂灰褐陶，胎、里黑。外沿下饰戳印纹。喇叭口，内沿微凹略呈浅盘口，圆唇，残。轮制，火候较高。残宽6.6、残高3厘米（图三四三，14）。标本98BT0404㉛：1，夹细砂黑褐陶，局部褐。盘外下饰戳印纹，上腹饰划纹，内壁磨光。敞口，圆唇，浅盘，盘下内收，残。轮制，火候较高。残宽5.9、残高5.4厘米（图三四三，15）。

B型 69件。

Ba型 39件。

Ⅰ式：10件。

标本98BT0205㉜B：2，夹细砂褐陶，局部灰，里红。盘外饰波浪形划纹，内壁磨光。

较深盘口，圆唇，上腹内收，残。轮制，火候较高。残宽4.4、残高 4.4厘米（图三四三，16）。标本02DT0102⑬：13，夹砂黑陶，局部、胎灰。盘外饰绳纹后按抹、下缘饰戳印纹，内壁磨光。盘口，圆唇，盘较深，上腹内弧，残。轮制，火候较高。残宽7.4、残高6.7厘米（图三四三，17）。

Ⅱ式：23件。

标本02DT0102⑬：10，夹砂黑陶，灰黑胎。腹饰交错绳纹，口沿、内壁磨光。盘口，圆唇，盘较浅，残。轮制，火候较高。残宽7.5、残高3厘米（图三四三，18）。

Ⅲ式：6件。标本碎小。

Bb型　30件。

Ⅰ式：21件。

标本99DT0301㊿：12，夹砂黑陶，局部红。盘外饰波浪形划纹，内壁磨光。盘口，圆唇，盘较浅，盘壁微凹，上腹内弧，残。轮制，火候较高。残宽6.8、残高5厘米（图三四三，19）。标本98BT0204㊶：1，夹粗砂灰褐陶，胎、里黑。盘外下饰戳印纹，内壁磨光。盘口，圆唇，盘较浅、壁外斜微凹，残。轮制，火候较高。残宽5.5、残高3.7厘米（图三四三，20）。

Ⅱ式：9件。

标本02DT0102⑬：11，夹砂黑陶，灰胎。盘外下缘饰细凹弦纹，腹饰绳纹，内壁磨光。盘口，圆唇，盘浅，上腹内弧，残。轮制，火候较高。残宽10.5、残高4.5厘米（图三四三，21）。标本02DT0102⑬：12，夹砂黑陶，灰黑胎。上腹饰斜绳纹，内壁磨光。盘口，圆唇，浅盘，上腹内弧，残。轮制，火候较高。残宽11.4、残高4.4厘米（图三四三，22）。

C型　4件。

标本99DT0301㊿：16，夹砂灰陶，局部、里灰黑。素面，内壁磨光。盘口，圆唇，浅盘，上腹内弧，残。轮制，火候较高。残宽4.8、残高2.4厘米（图三四四，1）。标本02DT0102⑭：5，夹细砂黑陶，局部灰。器表饰戳划纹，口、内壁磨光。壁略曲，敞口，圆唇，残。轮制，火候较高。残宽6.8、残高3.4厘米（图三四四，2）。

盘口器　46件。

A型　37件。

Aa型　30件。

标本98BT0405㉚：5，夹细砂黑陶。素面，内外壁精磨，有磨痕。敞口，圆尖唇，微有盘，残。轮制，火候高。残宽4.6、残高2.4厘米（图三四四，3）。标本99DT0301㊿：18，夹砂灰陶。素面，内外壁磨光。略呈盘口，圆唇，上腹内弧，残。轮制，火候高。残宽6.2、残高1.8厘米（图三四四，4）。

Ab型　7件。

标本98BT0205㉞A：18，夹细砂黄陶。素面，内外壁磨光。不明显盘口，圆唇，残。轮制，火候高。残宽9.2、残高1厘米（图三四四，5）。标本99DT0301㊿：17，泥质黑陶，红褐胎。素面，内外壁磨光。略呈盘口，唇面微凹，上腹内弧，残。轮制，火候高。残宽5.5、残高2.8厘米（图三四四，6）。

5、8~10、14、15、19、22. 0 8厘米 余0 4厘米

图三四四 中坝文化第5组陶器

1、2. C型盘口罐（99DT90301⑭：16、02DT0102㉔：5） 3、4. Aa型盘口器（98BT0405㉚：5、99DT0301⑭：18） 5、6. Ab型盘口器（98BT0205㉞A：18、99DT0301⑭：17） 7. B型盘口器（99DT0301⑭：20） 8. Aa型Ⅰ式折沿罐（98BT0205㉞B：15） 9、10. Ab型Ⅰ式折沿罐（98BT0205㉞B：2、98BT0205㉞A：9） 11. Ab型Ⅱ式折沿罐（98BT0204㊶：2） 12. B型Ⅰ式折沿罐（98BT0405㉚：8） 13. B型Ⅱ式折沿罐（99DT0301⑭：23） 14. C型Ⅰ式折沿罐（98BT0205㉞A：13） 15. C型Ⅱ式折沿罐（98BT0205㉜A：13） 16、17. D型折沿罐（98BT0405㉚：10、98BT0405㉚：12） 18、19. 高领罐（98BT0205㉞B：23、02DT0102㉓：17） 20. 矮领罐（99DT0301⑭：21） 21、22. 侈口罐（02DT0102㉓：18、98BT0205㉞A：26）

B型 9件。

标本99DT0301⑭：20，夹砂褐陶，胎红夹灰褐，里红。外沿下外饰戳印纹，上腹饰斜绳纹、局部抹平，内壁磨光。略呈盘口，圆尖唇，上腹内弧，残。轮制，火候高。残宽6.4、残高4.6厘米（图三四四，7）。

折沿罐 54件。

A型 28件。

Aa型 12件。

Ⅰ式：11件。

标本98BT0205㉞B：15，夹细砂褐陶，局部灰、黑，里黑。器表饰小菱形绳纹。敞口，斜折沿，圆唇，上腹斜直，残。轮制，火候较高。口径24.4、残高8厘米（图三四四，8）。

Ⅱ式：1件。标本碎小。

Ab型 16件。

Ⅰ式：5件。

标本98BT0205㉞B：2，夹细砂灰陶，局部红，里红褐。上下唇缘饰戳印纹，器表饰小细菱形绳纹，内壁有划痕。敞口，斜折沿，唇缘上凸，唇面微凹，上腹微斜，残。轮制，火候较高。残宽7.8、残高4.8厘米（图三四四，9）。标本98BT0205㉞A：9，夹粗砂灰褐陶，口部、里黑。唇面、下缘饰戳印纹，器表饰小菱形绳纹。敞口，斜折沿，唇下内凹斜收，上腹斜直，残。轮制，火候较高。残宽5.4、残高6厘米（图三四四，10）。

Ⅱ式：11件。

标本98BT0204㊶：2，夹粗砂黑陶，局部灰。上唇缘饰戳印纹，器表饰交错细绳纹，上腹饰圆形镂孔。侈口，斜折沿，唇缘上翘，微鼓腹，残。轮制，火候较高。残宽9.2、残高6.6厘米（图三四四，11）。

B型 16件。

Ⅰ式：2件。

标本98BT0405㉚：8，夹细砂灰陶，里黑。唇面饰凹弦纹，器表饰菱形绳纹。敞口，斜折沿，唇面微凹，上腹斜直，残。轮制，火候较高。残宽4.8、残高2.4厘米（图三四四，12）。

Ⅱ式：14件。

标本99DT0301㊾：23，夹砂红褐陶，黑胎。唇饰戳印纹，外沿饰斜细绳纹，沿面、内壁磨光。侈口，斜折沿较宽、沿面微弧，斜方唇，残。轮制，火候较高。残宽5.6、残高3.4厘米（图三四四，13）。

C型 8件。

Ⅰ式：5件。

标本98BT0205㉞A：13，夹细砂黑陶。唇上下缘饰戳印纹，器表饰菱形绳纹。敞口，斜折沿，唇面微凹，上腹斜直，残。轮制，火候较高。残宽4.4、残高3.4厘米（图三四四，14）。

Ⅱ式：3件。

标本98BT0205㉜A：13，夹细砂灰陶，局部红褐，里红，局部灰。上下唇缘饰戳印纹，器表饰斜绳纹。口微敞，斜折沿，沿面微凸，唇面内凹，腹斜直，残。轮制，火候较高。残宽11、残高5.8厘米（图三四四，15）。

D型 2件。

标本98BT0405㉚：10，夹粗砂灰陶，局部黑、红褐。器表饰小菱形细绳纹，内壁有刮痕。敞口，斜折沿，沿面较平，尖圆唇，上腹斜直，残。轮制，火候较高。残宽3.8、残高2.8

厘米（图三四四，16）。标本98BT0405㉚：12，夹粗砂褐陶，局部黑、红。腹饰绳纹，沿面有划痕。敞口，沿宽斜折后再上折，尖唇，上腹斜直，残。轮制，火候高。残宽4.9、残高2.6厘米（图三四四，17）。

高领罐　4件。

标本98BT0205㉞B：23，夹细砂灰褐陶。领部饰凹弦纹，内外壁磨光。敞口，卷平沿，圆唇，领较直，残。轮制，火候高。残宽6.6、残高3.4厘米（图三四四，18）。标本02DT0102㊸：17，夹砂黑陶，局部灰褐，胎褐夹黑。素面，内外壁磨光。侈口，卷平沿，圆唇，领微束，残。轮制，火候较高。残宽7.8、残高4厘米（图三四四，19）。

矮领罐　1件。

标本99DT0301㊹：21，夹砂红陶，胎红夹黑。唇饰细凹弦纹一周。侈口，圆唇，束领，残。轮制，火候较高。口径15.6、残高7厘米（图三四四，20）。

侈口罐　5件。

标本02DT0102㊸：18，夹砂黑陶。素面，外壁、内沿磨光。侈口，卷沿外翻，圆唇，鼓腹，残。轮制，火候较高。残宽5.2、残高4.4厘米（图三四四，21）。标本98BT0205㉞A：26，夹细砂褐陶，里灰。器表饰菱形绳纹。卷沿，圆唇，鼓腹，残。轮制，火候较高。残宽3.8、残高4.7厘米（图三四四，22）。

敞口罐　13件。

A型　8件。

标本98BT0205㉞B：27，夹细砂灰陶，口、里黑。器表饰大菱形绳纹。敞口外张，圆唇，上腹内收，残。轮制，火候较高。残宽10.8、残高6.2厘米（图三四五，1）。标本98BT0404㉚：6，夹细砂灰陶，里黑，局部灰。器表饰斜绳纹，局部按抹，内壁磨光。喇叭口，卷沿，圆唇，残。轮制，火候较高。口径15.2、残高4.3厘米（图三四五，2）。

B型　4件。

标本98BT0205㉞B：25，夹粗砂褐陶，局部灰，口、里黑。唇面饰浅戳印纹，器表饰附加堆纹后再饰菱形绳纹。微折沿，方唇，腹较直，残。手制，火候较高。残宽16.4、残高24.4厘米（图三四五，3）。标本98BT0404㉚：4，夹细砂红褐陶，黑胎。唇面饰绳切纹，外壁粗磨，有按抹痕。敞口，卷沿，方唇，上腹较直，残。轮制，火候不高。残宽8.6、残高4.7厘米（图三四五，4）。

C型　1件。

标本98BT0404㉛：6，夹细砂灰黑陶，局部、里红褐。唇面饰戳印纹，器表饰凹弦纹、划纹。内壁磨光。喇叭口，卷沿外下折，圆唇，上腹较斜内收，残。轮制，火候高。残宽7.7、残高6.3厘米（图三四五，5）。

敛口罐　1件。B型。

标本98BT0205㉞A：32，夹细砂红褐陶。素面。敛口，方唇，肩微折，残。轮制，火候较高。残宽3.1、残高3厘米（图三四五，6）。

卷沿罐　12件。A型。

Aa型　8件。Ⅰ式。

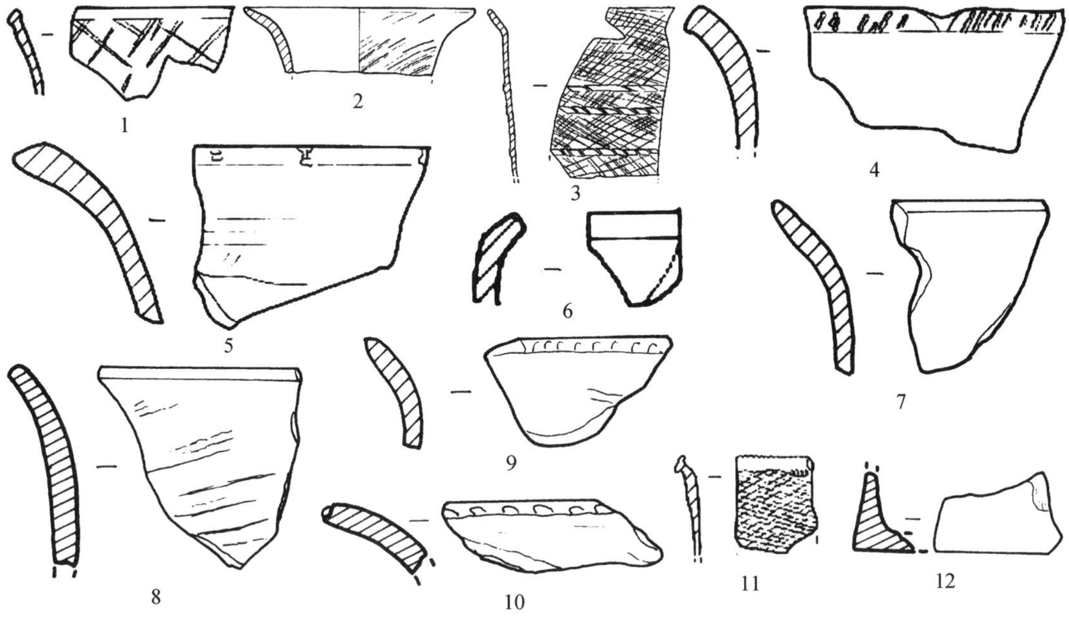

图三四五　中坝文化第5组陶器

1、2. A型敞口罐（98BT0205㉞B：27、98BT0404㉚：6）　3、4. B型敞口罐（98BT0205㉞B：25、98BT0404㉚：4）
5. C型敞口罐（98BT0404㉛：6）　6. B型敛口罐（98BT0205㉞A：32）　7、8. Aa型Ⅰ式卷沿罐（02DT0102⑬：15、99DT0301⑭：24）　9、10. Ab型Ⅰ式卷沿罐（02DT0102⑬：16、99DT0301⑭：26）　11. B型小罐（98BT0205㉝A：3）
12. Ⅱ式筒形器（99DT0301⑭：32）

标本02DT0102⑬：15，夹砂黑陶，灰胎。素面，内壁磨光。敞口，卷沿，圆唇，腹较直，残。轮制，火候一般。残宽5.2、残高5.6厘米（图三四五，7）。标本99DT0301⑭：24，夹砂褐陶。器表饰斜细绳纹，内壁磨光。敞口，圆唇，腹较直，残。轮制，火候较高。残宽6.6、残高6.6厘米（图三四五，8）。

Ab型　4件。Ⅰ式。

标本02DT0102⑬：16，夹砂黑陶，灰胎，里褐。外沿饰戳印纹，腹饰斜绳纹，内壁磨光。侈口，卷沿，圆唇，残。轮制，火候一般。残宽6、残高3.5厘米（图三四五，9）。标本99DT0301⑭：26，夹砂黑陶，红胎。唇饰戳印纹，上腹饰斜绳纹，内壁磨光。喇叭口，残。轮制，火候较高。残宽7.2、残高2.4厘米（图三四五，10）。

小罐　4件。

A型　1件。标本碎小。

B型　3件。

标本98BT0205㉝A：3，夹细砂褐陶，局部灰。上下唇缘饰细绳切纹，器表饰小菱形绳纹，内壁有划痕。敞口，斜折沿，唇面内凹，腹近直，残。轮制，火候较高。残宽5.5、残高6.3厘米（图三四五，11）。

筒形器　1件。Ⅱ式。

标本99DT0301⑭：32，泥质灰陶。素面，器表磨光。下腹外斜，平底，残。手制，火候高。残宽4.2、残高2.6厘米（图三四五，12）。

盘 21件。

A型 19件。

标本99AT0301⑥④：3，夹细砂黄褐陶，灰黑胎。素面，内外壁磨光。敞口，方唇，微折腹，残。轮制，火候较高。口径26、残高4.1厘米（图三四六，1）。标本02DT0102⑦③：6，夹砂黑陶，局部灰黑，胎褐夹黑。素面，内壁磨光。敞口，圆唇，弧腹，残。手制轮修，火候较高。口径25.6、残高5.6厘米（图三四六，2）。标本98BT0205㉜A：11，夹细砂褐陶，口局

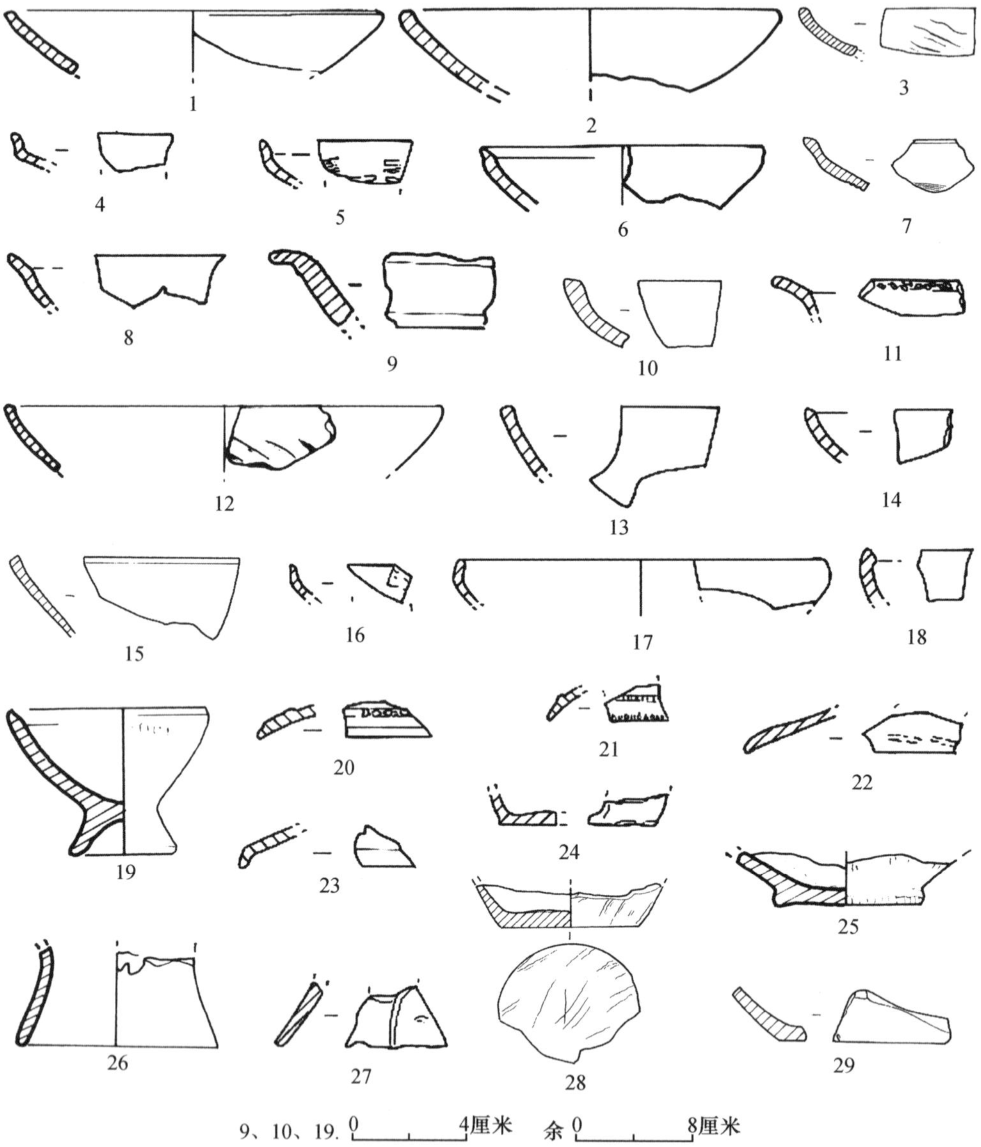

图三四六 中坝文化第5组陶器

1～3. A型盘（99AT0301⑥④：3、02DT0102⑦③：6、98BT0205㉜A：11） 4、5. C型盘（98BT0205㉝B：4、98BT0205㉝B：2） 6、7. Ⅰ式有沿盘（98BT0205㉜A：10、02DT0102⑦③：7） 8、9. Ⅱ式有沿盘（98BT0205㉞B：24、98BT0205 ㉞A：17） 10. 大圈足盘（98BT0404㉛：4） 11. B型盆（98BT0205㉞A：5） 12、13. A型Ⅰ式钵（99AT0301⑥⑤：6、98BT0205㉜A：4） 14、15. A型Ⅱ式钵（98BT0205㉞B：9、98BT0404㉛：3） 16. B型Ⅰ式钵（98BT0205㉞B：7） 17. Ca型Ⅰ式钵（98BT0205㉞B：11） 18. Ca型Ⅱ式钵（98BT0205㉜A：5） 19. 圈足杯（99DT0301⑤④：31） 20～23. A型器盖（98BT0205㉞B：13、98BT0205㉞A：6、98BT0205㉝B：1、98BT0205㉜A：6） 24. Ab型圈足（98BT0205㉞A：14） 25. Ba型圈足（99DT0301⑤④：36） 26、27. Bb型圈足（99DT0301⑤④：35、98BT0205㉜A：8） 28、29. 器底（02DT0102⑦③ ：21、98BT0404㉚：8）

部、里黑。器表饰绳纹，内壁磨光。敞口，圆唇，弧腹，残。轮制，火候高。残宽6.6、残高3.4厘米（图三四六，3）。

C型　2件。

标本98BT0205㉝B：4，夹细砂黑陶。素面。口微敞，圆唇，折腹，残。轮制，火候高。残宽5.6、残高2.8厘米（图三四六，4）。标本98BT0205㉝B：2，夹粗砂红陶，黑胎。器表近口部饰绳纹，内壁磨光。微敞口，圆唇，腹斜直，残。轮制，火候较高。残宽6、残高3.1厘米（图三四六，5）。

有沿盘　7件。

Ⅰ式：2件。

标本98BT0205㉜A：10，夹细砂红陶，局部灰、褐，里红黄。素面，内外壁磨光，有刮划痕。敞口，斜折沿，尖圆唇，弧腹，残。口径19.6、残高4.2厘米（图三四六，6）。标本02DT0102⑬：7，夹砂黑陶，局部褐。下腹饰戳划纹，上腹、内壁磨光。敞口，微有沿，圆唇，弧腹、上腹微凹，残。轮制，火候较高。残宽5.6、残高3.5厘米（图三四六，7）。

Ⅱ式：5件。

标本98BT0205㉞B：24，泥质灰黑陶。素面，内外壁磨光。敞口，斜折沿，圆唇，弧腹，残。轮制，火候高。残宽8.8、残高3.6厘米（图三四六，8）。标本98BT0205㉞A：17，夹细砂黑陶。素面，内外壁磨光。敞口，折沿，沿面微凸，圆唇，上腹折，残。轮制，火候较高。残宽3.9、残高3.2厘米（图三四六，9）。

大圈足盘　1件。不明型别。

标本98BT0404㉛：4，夹细砂浅黄陶。素面，内外壁磨光。敞口，方圆唇，弧盘，残。轮制，火候高。残宽2.8、残高2.3厘米（图三四六，10）。

盆　3件，1件不明型别。

B型　2件。

标本98BT0205㉞A：5，泥质灰陶。唇面饰戳印纹，内外壁磨光，有磨痕。敞口，折沿，沿面微凸，圆唇，上腹斜直，残。手制，火候高。残宽7.2、残高2.4厘米（图三四六，11）。

钵　23件。

A型　16件。

Ⅰ式：5件。

标本99AT0301㊅：6，夹砂褐陶，红胎，里黑。腹饰斜划纹，内外壁磨光。敞口，圆唇，弧腹，残。轮制，火候较高。口径30、残高5.1厘米（图三四六，12）。标本98BT0205㉜A：4，夹细砂灰陶，局部灰褐，里局部黑。素面，内外壁磨光。敞口，圆唇，弧腹，残。手制，火候较高。残宽8.8、残高6.8厘米（图三四六，13）。

Ⅱ式：11件。

标本98BT0205㉞B：9，夹细砂红褐陶，局部灰褐。内外壁磨光，器表有疵点，内壁有磨痕。敞口，方唇，弧腹，残。轮制，火候高。残宽4、残高3.6厘米（图三四六，14）。标本98BT0404㉛：3，夹细砂黑陶，局部、胎灰。素面，内外壁磨光，器表有磨痕。敞口，方唇，腹较斜直，残。手制，火候较高。残宽10.6、残高5.5厘米（图三四六，15）。

B型　1件。Ⅰ式。

标本98BT0205㉞B：7，泥质灰褐陶。素面，内外壁磨光。口近直，圆唇，折腹，残。轮制，火候较高。残宽4.4、残高2.8厘米（图三四六，16）。

C型　6件。Ca型。

Ⅰ式：5件。

标本98BT0205㉞B：11，泥质褐陶。素面，内外壁磨光，有磨痕。敛口，圆唇，上腹微鼓，下腹弧，残。轮制，火候高。口径25.2、残高3.2厘米（图三四六，17）。

Ⅱ式：1件。

标本98BT0205㉜A：5，夹细砂黑陶，局部灰、褐，里褐。素面，内外壁磨光。敛口，有内沿，方唇，弧腹，残。轮制，火候高。残宽3.6、残高3.6厘米（图三四六，18）。

圈足杯　1件。

标本99DT0301㊹：31，夹砂褐陶，局部红、黑。素面，内外壁磨光，多磨痕。敞口，圆唇，弧腹，矮圈足、外斜，复原。手制，火候较高。口径6.8、足径3.6、高5厘米（图三四六，19）。

器盖　14件，其中1件盖纽。A型。

标本98BT0205㉞B：13，夹细砂黑陶。器表饰附加堆纹，在堆纹上饰戳印纹。覆盘状，敞口，圆唇，盖壁折，残。轮制，火候一般。残宽6.1、残高2.2厘米（图三四六，20）。标本98BT0205㉞A：6，夹细砂黑陶。唇面饰细绳切纹，器表饰附加堆纹，在堆纹上饰戳印纹。覆盘状，敞口，圆唇，盖壁弧，残。轮制，火候较高。残宽4.4、残高2.4厘米（图三四六，21）。标本98BT0205㉝B：1，夹细砂灰黑陶，里黑。唇面饰凹弦纹一道，器表近口部饰绳纹，内壁磨光。覆盘状，敞口，方唇，腹较斜直，残。手制轮修，火候一般。残宽7、残高3厘米（图三四六，22）。标本98BT0205㉜A：6，夹细砂黑陶。素面。覆盘状，敞口，圆尖唇，折壁，残。轮制，火候较高。残宽4.4、残高2.7厘米（图三四六，23）。

圈足　22件。

A型　7件。

Aa型　2件。标本碎小。

Ab型　5件。

标本98BT0205㉞A：14，夹砂红褐陶，胎、里灰黑。素面。下腹微弧收，微有假圈足、平底，残。手制，火候较高。残宽5.4、残高2厘米（图三四六，24）。

B型　15件。

Ba型　5件。

标本99DT0301㊹：36，夹砂红陶，局部黑，胎红夹黑，里褐。下腹饰绳纹，足缘饰绳切纹，内壁磨光、多磨痕。下腹斜收，假圈足、底较平，残。手制，火候较高。足径10.2、残高3.6厘米（图三四六，25）。

Bb型　10件。

标本99DT0301㊹：35，夹砂黑陶。素面，内外壁磨光。喇叭形高圈足，残。手制，火候高。足径13.6、残高6.4厘米（图三四六，26）。98BT0205㉜A：8，夹细砂红褐陶。素面，内外壁磨光，器壁有刮抹痕和划痕。器底斜直外撇，残。手制，火候高。残宽7.2、残高4.3厘米（图三四六，27）。

器底　67件。

标本02DT0102㊸：21，夹砂黑陶，胎红夹黑、局部灰。下腹饰斜绳纹，外底饰绳纹、划纹。下腹斜收，平底，残。手制，火候较高。底径9.6、残高2.9厘米（图三四六，28）。标本98BT0404㉚：8，泥质红陶。素面，器表有刮削痕，内壁有刮抹痕。下腹弧收，平底，残。手制，火候较高。残宽7.8、残高3.6厘米（图三四六，29）。

6. 第6组

本组文化层较少，主要有：98BT0204㊵，98BT0205㉛，98BT0305㉘，98BT0404㉘、㉗；99AT0201㊹、㊸；02DT0102㊷、㊶等。

（1）陶系

以98BT0205㉛、99AT0201㊹为典型单位介绍如下：

98BT0205㉛

共出陶器289件。陶质全为夹砂，以夹粗砂为主，占60.21%，夹细砂较多，占39.79%。陶色以灰陶为主，占34.95%，次为褐陶，占29.75%，红、黑陶较少，各占18.34%和16.95%。器表以纹饰为主，占64.36%，素面较多，占35.64%。纹饰以粗戳划纹为主，占26.30%，次为绳纹和戳印纹，各占14.88%和10.03%，复合纹较少，占8.65%，凹弦纹、划纹、波浪纹很少。器类以缸为主，占33.56%，次为罐，占28.03%，瓮、钵、盘、器盖等很少，有20.76%的腹片不辨器形（表一二五）。

表一二五　98BT0205㉛出土陶器统计表

陶质	夹粗砂				夹细砂				合计	%
陶色	灰	红	黑	褐	灰	红	黑	褐		
纹饰/器类										
粗戳划纹	40	13	8	15					76	26.30
绳纹	4	7	12	14	2	1		3	43	14.88
凹弦纹				1	2	2			5	1.73
划纹	1				2				3	1.04
波浪纹							1	2	3	1.04
戳印纹					10	4	3	12	29	10.03
镂孔					1			1	2	0.69
复合纹	4	3	1	2	4	4	1	6	25	8.65
素面	16	12	9	12	15	7	14	18	103	35.64
合计	65	35	30	44	36	18	19	42	289	100
%	22.49	12.11	10.38	15.22	12.46	6.23	6.57	14.53	100	
缸	48	15	13	21					97	33.56
罐	2	4	1	3	20	13	9	29	81	28.03

续表

陶质	夹粗砂				夹细砂				合计	%
陶色	灰	红	黑	褐	灰	红	黑	褐		
纹饰/器类										
瓮	2	1							3	1.04
钵					1		1		2	0.69
盘					3	1	2	1	7	2.42
器盖					1		4	9	14	4.82
平底	4	4	6	9	1		1		25	8.65
不明器	9	11	10	11	10	4	2	3	60	20.76

99AT0201⑦④

共出陶器123件。陶质全为夹砂，以夹粗砂为主，占76.42%，部分夹细砂，占23.58%。陶色以灰陶为主，占45.53%，次为褐陶，占29.27%，黑、红陶较少，各占17.07%和8.13%。器表以纹饰为主，占66.67%，素面较多，占33.33%。纹饰以粗戳划纹为主，占26.83%，次为复合纹、绳纹，各占13.01%和11.38%，戳印纹较少，占8.94%，波浪纹、凹弦纹、镂孔很少。器类以罐为主，占29.27%，次为缸，占26.83%，瓮、盆、盘、钵等很少，有30.89%的腹片不辨器形（表一二六）。

表一二六　99AT0201⑦④出土陶器统计表

陶质	夹粗砂				夹细砂			合计	%
陶色	灰	红	黑	褐	灰	红	黑		
纹饰/器类									
粗戳划纹	22		5	6				33	26.83
绳纹	4		2	6	1		1	14	11.38
凹弦纹				2	1			3	2.44
波浪纹	1			3				4	3.25
戳印纹			2	8			1	11	8.94
镂孔					1			1	0.81
复合纹	4			7	4		1	16	13.01
素面	6	8	4	4	12	2	5	41	33.33
合计	37	8	13	36	19	2	8	123	100
%	30.08	6.50	10.57	29.27	15.45	1.63	6.50	100	
缸	23		4	6				33	26.83
罐	6	2	3	17	7		1	36	29.27
瓮					1		1	2	1.63
盆							1	1	0.81
钵				1			1	2	1.63
盘			1	1				2	1.63
圈足			1					1	0.81

续表

陶质	夹粗砂				夹细砂			合计	%
陶色	灰	红	黑	褐	灰	红	黑		
纹饰/器类									
平底	1	1		5	1			8	6.50
不明器	7	5	4	6	10	2	4	38	30.89

（2）器类

出土陶器共计1558件，参加分类排队的388件。

缸口　142件。

A型　12件。

Aa型　11件。

Ⅰ式：5件。标本碎小。

Ⅱa式：6件。

标本99DT0201㊿A：1，夹粗砂红陶，口部、胎、里灰。唇部饰戳印纹，器表饰菱形绳纹。口近直，上腹微弧内收，残。轮制，火候较高。残宽4、残高4.8厘米（图三四七，1）。

Ab型　1件。Ⅰ式。

标本99DT0201㊿A：2，夹粗砂黑陶。唇部饰戳印纹，器表饰小菱形绳纹。口微敞，残。轮制，火候较高。残宽4.6、残高2.2厘米（图三四七，2）。

B型　130件。

Ⅰ式：28件。

标本98BT0204㊵：2，夹砂褐陶，局部红，胎、里黑。唇饰粗斜戳划纹，器表饰粗戳划纹。敞口，上腹弧收，残。手制，火候较高。残宽8.9、残高6.8厘米（图三四七，3）。标本98BT0205㉛：20，夹粗砂灰陶，里灰黑色。唇面、器表饰戳印纹。敛口，唇沿内凸，上腹近直，残。轮制，火候较高。残宽9.3、残高6.4厘米（图三四七，4）。

Ⅱ式：74件。

标本98BT0205㉛：21，夹细砂灰陶，口部灰黑。唇面、器表饰戳印纹，口外沿有手捏痕。敞口，微有内沿，内沿面外斜，上腹较直，残。轮制，火候不高。残宽5.2、残高4.5厘米（图三四七，5）。标本99AT0201㊸：6，夹粗砂灰陶，里黑。唇面饰戳印纹，器表饰粗戳划纹。口微敞，微有内沿，残。手制，火候较高。残宽6.6、残高5.2厘米（图三四七，6）。

Ⅲ式：28件。

标本99DT0201㊿A：3，夹细砂褐陶，口部、里黑。唇部饰戳印纹，外沿有手捏痕。敞口，上腹弧内收，残。手制，火候较高。残宽5.2、残高4.7厘米（图三四七，7）。标本98BT0404㉗：2，夹细砂红褐陶，灰黑胎。唇部、器表饰戳印纹，外沿有手捏痕。敞口，有明显内沿，上腹弧内收，残。手制，火候较高。残宽7.1、残高6.7厘米（图三四七，8）。

缸底　17件。

A型　3件。标本碎小。

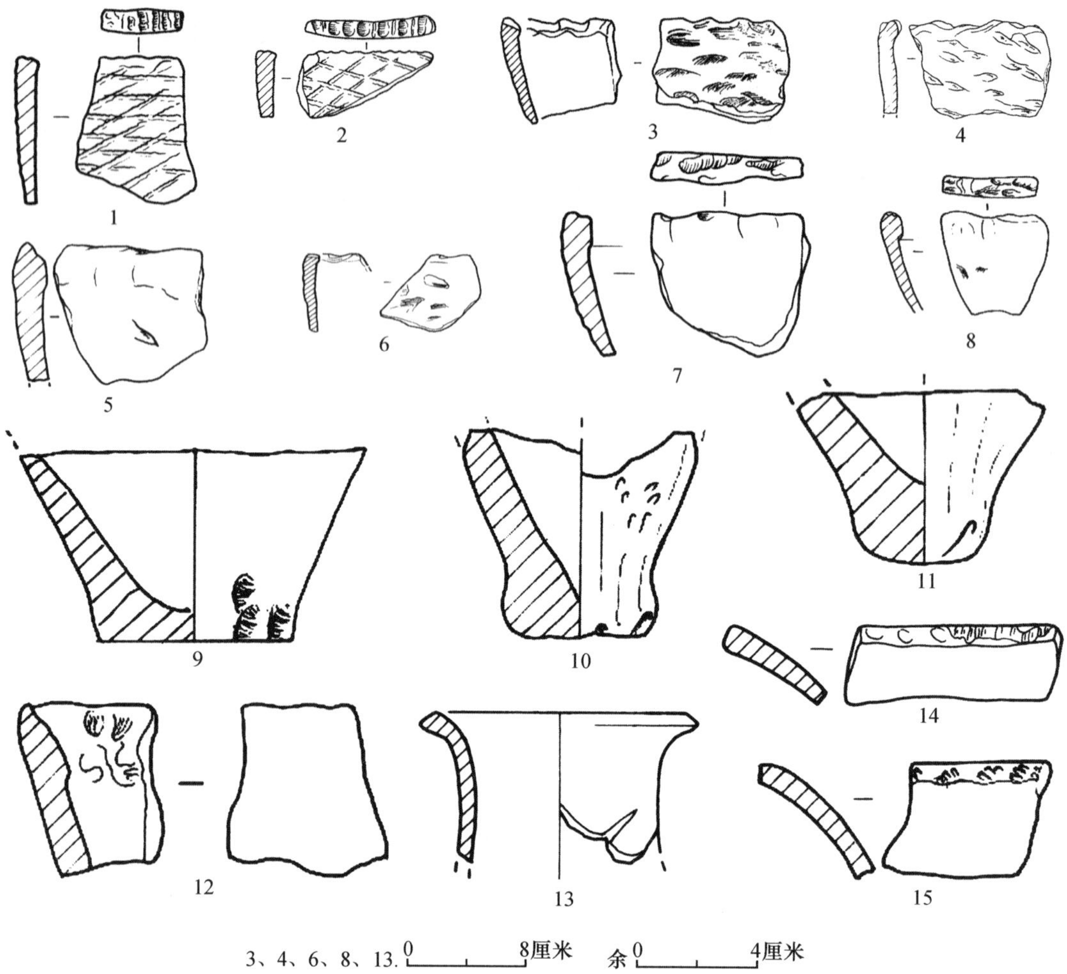

图三四七 中坝文化第6组陶器

1. Aa型Ⅱa式缸口（99DT0201⑰A：1） 2. Ab型Ⅰ式缸口（99DT0201⑰A：2） 3、4. B型Ⅰ式缸口（98BT0204㊵：2、98BT0205㉛：20） 5、6. B型Ⅱ式缸口（98BT0205㉛：21、99AT0201⑬：6） 7、8. B型Ⅲ式缸口（99DT0201⑰A：3、98BT0404㉗：2） 9. B型缸底（98BT0205㉛：29） 10. Ca型缸底（98BT0404㉗：19） 11. Cb型缸底（98BT0404㉗：20） 12. 厚胎缸（98BT0404㉗：7） 13. A型瓮（99DT0201⑰A：5） 14、15. B型瓮（99DT0201⑰A：6、98BT0404㉗：11）

B型 10件。

标本98BT0205㉛：29，夹细砂红褐陶，局部、里灰黑。底外缘饰戳印纹，下腹较斜直，小平底，残。手制，火候较高。底径6.4、残高6.3厘米（图三四七，9）。

C型 4件。

Ca型 2件。

标本98BT0404㉗：19，夹细砂红褐陶，局部灰褐、黑，胎、里黑。器表饰戳印纹，有刮抹痕。下腹微弧，圆柱状足较矮，底凸凹不平，残。手制，火候不高。足径5.1、残高6.8厘米（图三四七，10）。

Cb型 2件。

标本98BT0404㉗：20，夹细砂红褐陶，局部、里黑。素面，下腹有刮抹痕。下腹较斜直，近圆柱状足，实足跟较高，底凸凹不平，残。手制，火候不高。足径4.4、残高5.7厘米（图三四七，11）。

厚胎缸　1件。

标本98BT0404㉗：7，夹细砂红褐陶，黑胎。内沿饰戳印纹。敞口，尖唇，微有内沿，上腹较斜直，残。手制，火候较高。残宽5.2、残高5.6厘米（图三四七，12）。

瓮　8件。

A型　1件。

标本99DT0201㊼A：5，夹细砂褐陶，胎褐夹灰。素面。侈口，沿外下折、沿面微凹，圆尖唇，束领，残。轮制，火候较高。口径18.4、残高9.8厘米（图三四七，13）。

B型　7件。

标本99DT0201㊼A：6，夹细砂褐陶，胎红夹灰。唇部饰戳印纹，表皮脱落。喇叭口，残。轮制，火候较高。残宽7.1、残高2.6厘米（图三四七，14）。标本98BT0404㉗：11，夹细砂红陶。唇面饰戳印纹，内外壁磨光。喇叭口，残。轮制，火候较高。残宽5.5、残高3.8厘米（图三四七，15）。

盘口罐　82件。

A型　42件。

Ⅰ式：3件。

标本99AT0201㉔：7，夹细砂褐陶，口、里黑色。盘外下凸棱上饰戳印纹，腹饰细凹弦纹，内壁磨光。敞口，圆唇，盘深，残。轮制，火候不高。口径20.5、残高3.2厘米（图三四八，1）。标本99AT0201㉓：3，夹细砂灰褐陶，局部红褐，里灰。盘外下凸棱饰戳印纹，内壁磨光。敞口，圆唇，盘深，残。轮制，火候不高。口径26.2、残高6.4厘米（图三四八，2）。

Ⅱ式：20件。

标本99AT0201㉔：6，夹粗砂褐陶，局部黑。盘外下凸饰上饰稀疏戳印纹，内壁磨光。敞口，圆唇，盘较深，残。轮制，火候不高。口径19.4、残高4.8厘米（图三四八，3）。标本99AT0201㉓：4，夹细砂褐陶，灰黑胎。盘外下凸棱饰戳印纹，棱下饰单向穿镂孔，内壁磨光。敞口，圆唇，盘较深，残。轮制，火候较高。口径24.2、残高3.6厘米（图三四八，4）。

Ⅲ式：19件。

标本98BT0205㉛：7，夹细砂灰褐陶，局部、胎红。盘外下饰戳印纹，内壁有划痕。敞口，圆唇，盘浅，上腹内收，残。轮制，火候较高。残宽5.1、残高4厘米（图三四八，5）。标本98BT0404㉗：6，夹细砂红褐陶，黑胎。盘外下凸棱饰戳印纹。敞口，浅盘，圆唇，上腹内收，残。轮制，火候较高。残宽4、残高3厘米（图三四八，6）。

B型　35件。

Ba型　7件。

Ⅰ式：2件。

标本99AT0201㉔：5，夹细砂灰褐陶，局部黑。盘外下饰戳印纹，内壁磨光。盘口微敞，盘较深，盘下内束，残。轮制，火候一般。残宽5.8、残高5.8厘米（图三四八，7）。

Ⅱ式：3件。

标本99AT0201㉔：3，夹细砂灰黑陶，局部褐。盘外下饰戳印纹，内壁磨光。盘口外敞、较浅，圆唇，盘下内束，残。轮制，火候不高。残宽8、残高4.2厘米（图三四八，8）。

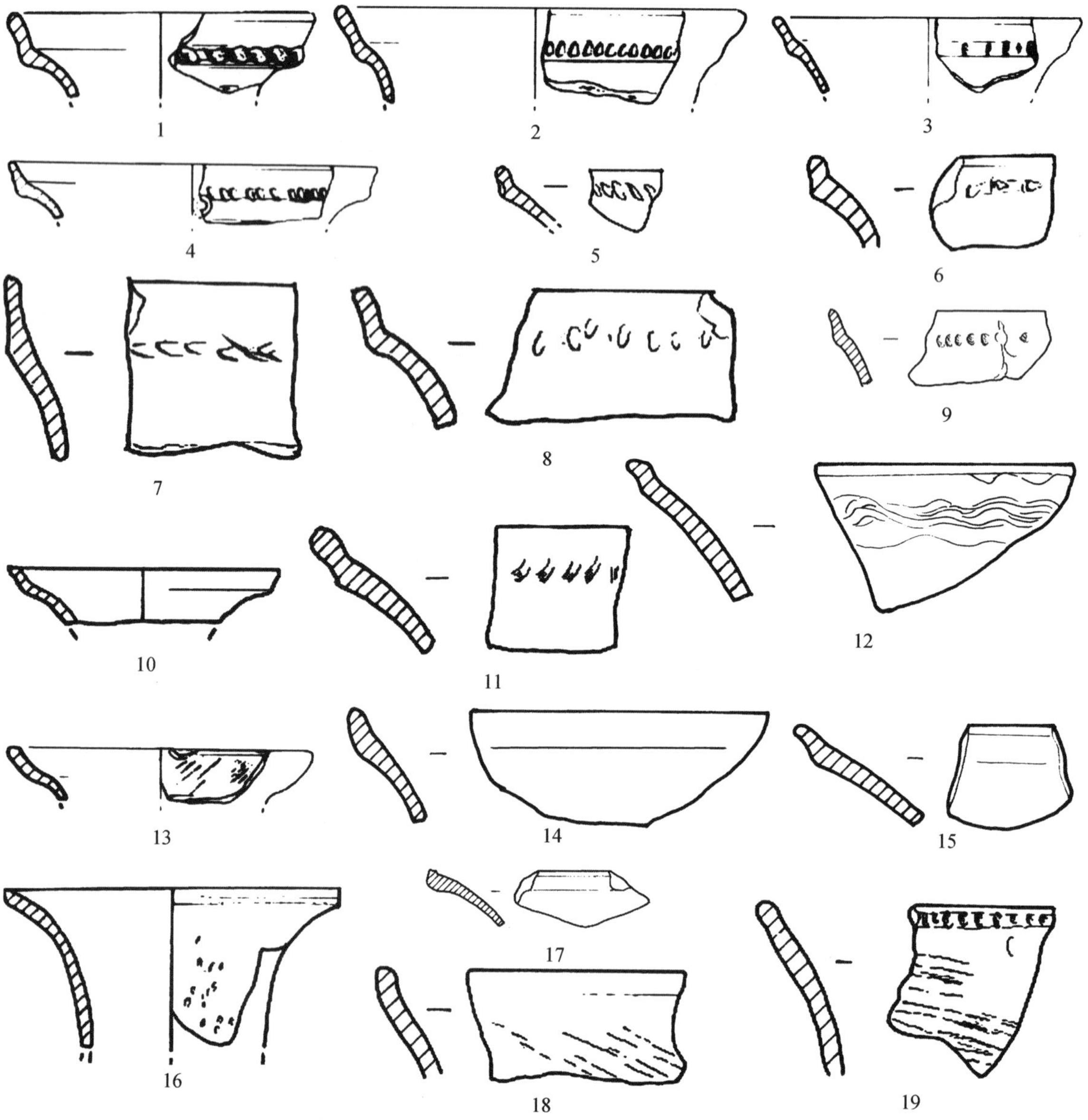

图三四八 中坝文化第6组陶器

1、2. A型Ⅰ式盘口罐（99AT0201㉔：7、99AT0201㉓：3） 3、4. A型Ⅱ式盘口罐（99AT0201㉔：6、99AT0201㉓：4） 5、6. A型Ⅲ式盘口罐（98BT0205㉛：7、98BT0404㉗：6） 7. Ba型Ⅰ式盘口罐（99AT0201㉔：5） 8. Ba型Ⅱ式盘口罐（99AT0201㉔：3） 9、10. Bb型Ⅰ式盘口罐（99AT0201㉔：4、99AT0201㉔：8） 11、12. Bb型Ⅱ式盘口罐（99AT0201㉔：9、02DT0102㉒：5） 13、14. C型盘口罐（99AT0201㉔：2、02DT0102㉒：4） 15. Aa型盘口器（02DT0102㉒：6） 16、17. Ab型盘口器（98BT0204㊵：6、98BT0204㊵：5） 18、19. B型盘口器（98BT0404㉘：4、98BT0404㉘：3）

Ⅲ式：2件。标本碎小。

Bb型 28件。

Ⅰ式：13件。

标本99AT0201㉔：4，夹细砂褐陶，灰胎，里黑。外盘下饰戳印纹，内壁磨光。盘口外张、较深，圆唇，残。残宽9.2、残高5.8厘米（图三四八，9）。标本99AT0201㉔：8，夹细砂灰黑陶。素面，外壁有按抹加工痕迹。盘口外张，圆唇，盘壁微内凹，残。口径17.6、残高3.6

厘米（图三四八，10）。

Ⅱ式：15件。

标本99AT0201⑭：9，夹细砂褐陶。盘外下饰戳印纹，内壁磨光。盘口外张、较浅，残。残宽5、残高4.1厘米（图三四八，11）。标本02DT0102⑫：5，夹砂黑陶，局部褐。唇面饰细凹弦纹，盘外下饰粗细波浪形划纹，内壁磨光。盘口，圆唇，浅盘，上腹内弧，残。轮制，火候较高。残宽8.3、残高4.6厘米（图三四八，12）。

C型　5件。

标本99AT0201⑭：2，夹粗砂灰褐陶，里黑。沿外饰细绳纹，内壁磨光。敞口，微折沿内凹，圆唇，残。轮制，火候不高。口径19.6、残高3.2厘米（图三四八，13）。标本02DT0102⑫：4，夹砂黑陶，局部灰褐。盘口，圆唇，浅盘，上腹内弧，残。轮制，火候较高。残宽9.6、残高3.6厘米（图三四八，14）。

盘口器　16件。

A型　8件。

Aa型　4件。

标本02DT0102⑫：6，夹砂褐陶，里黑。素面，内壁磨光。敞口，沿微上翘略呈盘状，圆唇，残。轮制，火候较高。残宽4、残高3.3厘米（图三四八，15）。

Ab型　4件。

标本98BT0204⑩：6，夹砂褐陶，红褐胎。腹饰圆形镂孔、暗点纹，内外壁磨光。微呈浅盘口，圆唇，上腹内弧收，残。轮制，火候较高。口径22、残高10.2厘米（图三四八，16）。标本98BT0204⑩：5，夹砂灰陶。素面，内沿、外壁磨光。微呈浅盘口，圆唇，残。轮制，火候高。残宽8.6、残高3.6厘米（图三四八，17）。

B型　8件。

标本98BT0404㉘：4，夹细砂红陶，灰胎。上腹饰绳纹，内壁、口外沿磨光。敞口，微有盘，圆唇，上腹内收，残。轮制，火候较高。残宽7.1、残高3.6厘米（图三四八，18）。标本98BT0404㉘：3，夹细砂黑褐陶，里黑。唇缘饰戳印纹，器表饰绳纹，内壁磨光。敞口，微有盘，上腹内收，残。轮制，火候不高。残宽5.3、残高5.6厘米（图三四八，19）。

翘唇罐　3件。

Ⅰ式：1件。标本碎小。

Ⅱ式：2件。

标本99AT0201⑭：17，夹细砂褐陶，里黑。外下缘饰戳印纹，器表饰绳纹，内壁磨光。侈口，先较宽斜折，沿面微弧，再微上折，圆唇，上腹内斜，残。轮制，火候较高。残宽7.6、残高4厘米（图三四九，1）。标本99AT0201⑭：18，夹细砂褐陶，局部黑。外沿饰稀疏戳印纹，下沿饰划纹，内壁磨光。敞口，沿先较宽斜折，沿面微凸，再微上卷，圆唇，腹斜直，残。轮制，火候一般。残宽7.6、残高3.6厘米（图三四九，2）。

折沿罐　9件。

A型　2件，1件不明亚型。

Ab型　1件。Ⅰ式。

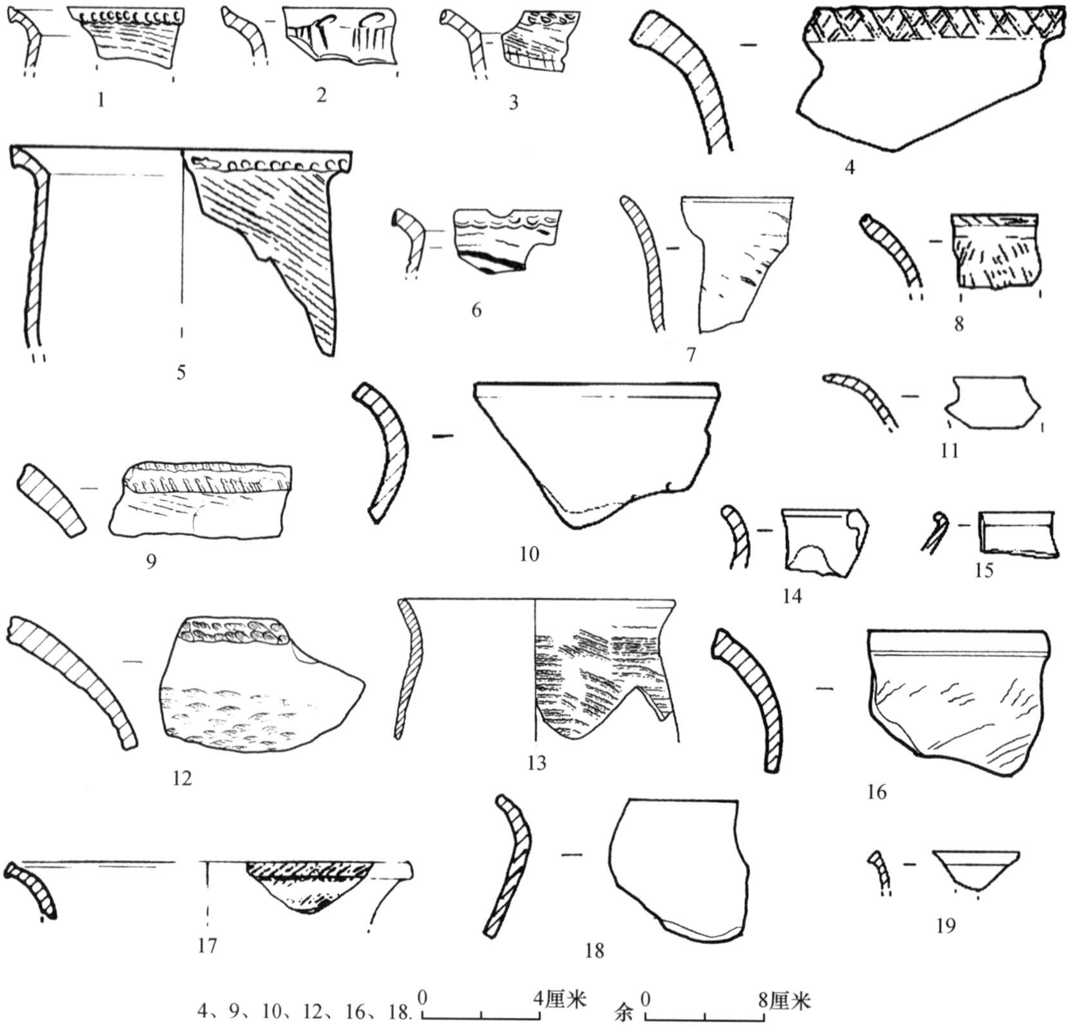

图三四九　中坝文化第6组陶器

1、2. Ⅱ式翘唇罐（99AT0201⑭：17、99AT0201⑭：18）　3. Ab型Ⅰ式折沿罐（99AT0201⑭：19）　4. B型Ⅰ式折沿罐（98BT0404㉘：6）　5、6. B型Ⅱ式折沿罐（99AT0201⑭：16、99AT0201⑬：10）　7. A型敞口罐（98BT0404㉗：10）　8. B型敞口罐（98BT0205㉛：25）　9. Ⅰ式槽唇罐（99DT0201㊿A：12）　10. 矮领罐（98BT0404㉗：12）　11、12. 喇叭口罐（98BT0205㉛：24、99DT0201㊿A：11）　13、14. 侈口罐（98BT0204㊵：7、98BT0205㉛：23）　15. Aa型Ⅱ式卷沿罐（98BT0205㉛：32）　16. B型Ⅰ式卷沿罐（02DT0102㉒：8）　17. C型Ⅰ式卷沿罐（99AT0201⑬：9）　18. Ⅰ式卷沿鼓腹罐（02DT0102㉑：6）　19. 小罐（98BT0205㉛：5）

标本99AT0201⑭：19，夹粗砂灰褐陶，黑胎，里红。唇面饰戳印纹，器表饰菱形绳纹。敞口，斜折沿，沿面微弧，腹较斜直，残。轮制，火候一般。残宽5.2、残高4厘米（图三四九，3）。

B型　7件。

Ⅰ式：3件。

标本98BT0404㉘：6，夹细砂灰陶，口局部红，里黑。唇部饰交错戳印纹，内壁磨光。敞口，折沿外卷，方唇，上腹内收，残。手制轮修，火候较高。残宽8.6、残高4.7厘米（图三四九，4）。

Ⅱ式：4件。

标本99AT0201⑭：16，夹细砂褐陶，局部黑，里红。下唇面饰戳印纹，器表饰绳纹。侈口，折沿，沿面微弧，斜方唇，上腹斜直，下腹弧，残。轮制，火候一般。口径22.4、残高13.2厘米（图三四九，5）。标本99AT0201⑬：10，夹细砂褐陶，灰黑胎、里。下唇面饰戳印纹，器表饰粗绳纹。侈口，折沿，沿面微弧，腹内斜直，残。轮制，火候一般。残宽7.2、残高4.2厘米（图三四九，6）。

敞口罐　18件。

A型　5件。

标本98BT0404㉗：10，夹细砂灰陶，口部、里红，灰黑胎。器表饰戳印纹，口内沿磨光。敞口，圆唇，微弧腹，残。轮制，火候较高。残宽7.2、残高8.8厘米（图三四九，7）。

B型　9件。

标本98BT0205㉛：25，夹细砂红陶，局部、里灰黑。唇面、器表饰细绳纹。沿面微凹，上腹内收，残。轮制，火候较高。残宽5.9、残高4.8厘米（图三四九，8）。

C型　4件。标本碎小。

槽唇罐　2件。Ⅰ式。

标本99DT0201㊼A：12，夹粗砂红陶，黑胎。唇部饰戳印纹，下沿饰细斜绳纹、有按窝。敞口，唇部内凹成槽，残。轮制，火候较高。残宽6、残高2.4厘米（图三四九，9）。

矮领罐　1件。

标本98BT0404㉗：12，夹细砂红褐陶，局部、胎黑。素面。侈口，卷沿外翻，方唇，束领，残。轮制，火候较高。残宽8、残高4.7厘米（图三四九，10）。

喇叭口罐　3件。

标本98BT0205㉛：24，夹细砂褐陶，灰胎。素面，内外壁磨光。卷平沿，圆唇，残。轮制，火候高。残宽6.1、残高3.4厘米（图三四九，11）。标本99DT0201㊼A：11，夹细砂灰黑陶，里灰。唇部饰戳印纹，器表饰戳划状绳纹。喇叭口，残。手制轮修，火候较高。残宽6.8、残高4.3厘米（图三四九，12）。

侈口罐　2件。

标本98BT0204㊵：7，夹砂黑陶。腹饰拍印绳纹。侈口，卷沿，圆唇，鼓腹，残。轮制，火候较高。口径18.2、残高9厘米（图三四九，13）。标本98BT0205㉛：23，夹粗砂红褐陶，灰胎。素面。卷沿，圆唇，残。轮制，火候高。残宽5.6、残高4.4厘米（图三四九，14）。

卷沿罐　7件。

A型　5件。

Aa型　4件。

Ⅰ式：3件。标本碎小。

Ⅱ式：1件。

标本98BT0205㉛：32，夹细砂红褐陶，里黑。素面，外壁磨光。口微侈，卷沿，微有领，圆唇，斜肩，残。轮制，火候高。残宽5、残高3.2厘米（图三四九，15）。

Ab型　1件。Ⅰ式。标本碎小。

B型　1件。Ⅰ式。

标本02DT0102㊷：8，夹砂黑陶。腹饰细绳纹。侈口，卷沿，方唇、唇缘外凸，鼓腹，残。轮制，火候较高。残宽5.9、残高4.6厘米（图三四九，16）。

C型　1件。Ⅰ式。

标本99AT0201⑬：9，夹粗砂灰陶。唇面、器表饰细绳纹。敞口，卷沿，内沿近唇处微内凹，方唇，残。轮制，火候较高。口径26.8、残高3.6厘米（图三四九，17）。

卷沿鼓腹罐　2件。Ⅰ式。

标本02DT0102⑪：6，泥质灰陶。素面，内外壁磨光。侈口，卷沿，圆唇，鼓腹，残。轮制，火候高。残宽4.7、残高4.6厘米（图三四九，18）。

小罐　1件。

标本98BT0205㉛：5，夹细砂褐陶。素面，内外壁磨光。敞口，唇面微凹，残。轮制，火候较高。残宽6、残高2.4厘米（图三四九，19）。

盘　13件。

A型　6件。标本碎小。

B型　3件，1件不明式别。

Ⅱ式：1件。标本碎小。

Ⅲ式：1件。标本碎小。

C型　4件。标本碎小。

有沿盘　3件。

Ⅰ式：2件。

标本02DT0102⑪：3，夹砂黑陶。素面，内外壁磨光。敞口，斜折沿，圆唇，弧腹，残。轮制，火候较高。残宽10.2、残高5厘米（图三五〇，1）。标本98BT0205㉛：12，夹细砂褐陶，红胎。素面，内壁磨光。敞口，微折沿，圆唇，弧腹，残。轮制，火候较高。残宽4.4、残高3.1厘米（图三五〇，2）。

Ⅱ式：1件。

标本99AT0201⑬：8，夹砂红陶，局部、胎黑。上腹饰圆形镂孔，下腹饰篦划纹，内壁磨光。敞口，斜折沿，圆唇，弧腹，残。轮制，火候较高。口径24.8、残高5.4厘米（图三五〇，3；图版二七，4）。

大圈足盘　1件。标本碎小，不明型别。

钵　7件。

A型　2件，1件不明式别。

Ⅱ式：1件。

标本98BT0205㉛：9，夹细砂黑陶。腹饰绳纹，唇面、内壁磨光。敞口，方唇，折腹，残。轮制，火候较高。残宽4.4、残高4.8厘米（图三五〇，4）。

B型　2件。

Ⅰ式：1件。

标本02DT0102⑫：2，夹砂黑陶。腹饰圆戳印纹、划纹，口、内壁磨光。口近直，圆唇，弧腹，残。轮制，火候较高。残宽11.5、残高5.1厘米（图三五〇，5）。

Ⅱ式：1件。标本碎小。

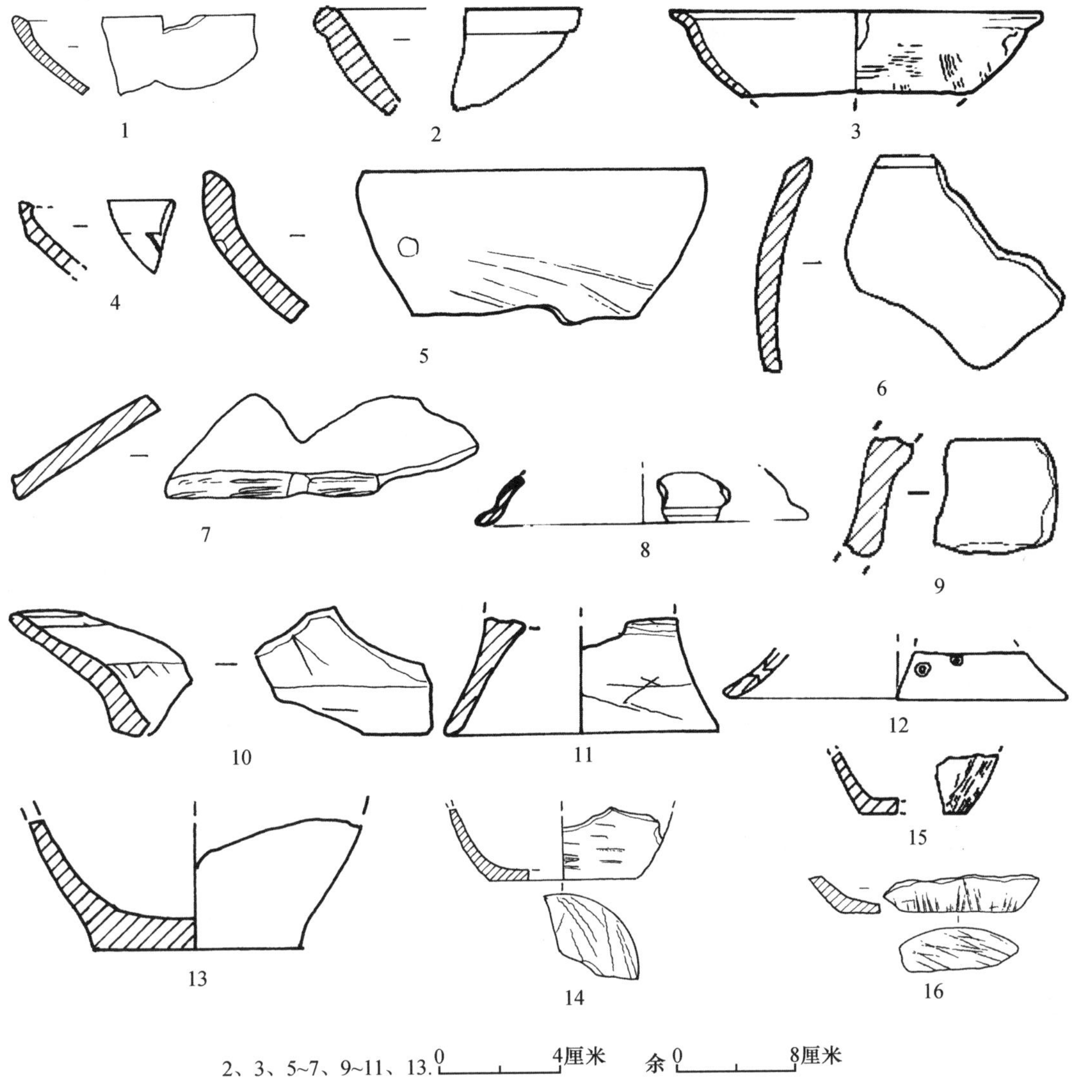

图三五〇　中坝文化第6组陶器

1、2. Ⅰ式有沿盘（02DT0102⑪：3、98BT0205㉛：12）　3. Ⅱ式有沿盘（99AT0201⑬：8）
4. A型Ⅱ式钵（98BT0205㉛：9）　5. B型Ⅰ式钵（02DT0102⑫：2）　6. Ca型Ⅰ式钵（98BT0204㊵：8）
7. B型器盖（99DT0201㊲A：4）　8. C型器盖（99AT0201⑭：15）　9. Ba型器座（98BT0404㉗：18）
10. Aa型圈足（02DT0102⑪：7）　11、12. Bb型圈足（02DT0102⑪：8、98BT0205㉛：11）
13～16. 器底（02DT0102⑪：10、02DT0102⑪：11、98BT0205㉛：31、99DT0201㊲A：7）

C型　3件。Ca型Ⅰ式。

标本98BT0204㊵：8，夹砂灰黑陶。素面，外壁粗磨。敛口，沿微内折，圆尖唇，鼓腹，残。轮制，火候较高。残宽7.2、残高7厘米（图三五〇，6）。

器盖　3件。

B型　1件。

标本99DT0201㊲A：4，夹细砂黑陶。唇部饰戳印纹，内外壁磨光。敞口，唇面微凹，壁微弧，残。手制，火候一般。残宽10.4、残高3.4厘米（图三五〇，7）。

C型　2件。

标本99AT0201⑭：15，夹细砂黑陶。素面，内外壁磨光。覆盘状，敞口，圆唇，弧壁，残。轮制，火候不高。口径22、残高2.9厘米（图三五〇，8）。

器座　1件。Ba型。

标本98BT0404㉗：18，夹细砂红褐陶，胎、里黑。素面，外壁磨光，有磨痕。近梯形，平顶，壁微弧外撇，残。手制，火候较高。残宽4、残高3.8厘米（图三五〇，9）。

圈足　16件。

A型　2件，1件不明亚型。

Aa型　1件。

标本02DT0102⑪：7，泥质黑陶。外腹饰细划纹，内上腹饰横暗纹、下腹饰短斜暗纹，外壁磨光。上腹弧收，下腹较斜直，平底，残。轮制，火候较高。残宽5.7、残高4.1厘米（图三五〇，10）。

B型　14件。

Ba型　3件。标本碎小。

Bb型　11件。

标本02DT0102⑪：8，夹砂褐陶，局部灰褐，红胎。器表饰划纹。圈足较高、外撇，残。手制，火候较高。足径9、残高3.8厘米（图三五〇，11）。标本98BT0205㉛：11，夹细砂红陶，里褐。圈足上饰双向穿镂孔，内外壁有旋痕。喇叭状，残。轮制，火候较高。足径23.2、残高3.4厘米（图三五〇，12）。

器底　30件。

标本02DT0102⑪：10，夹砂红褐陶，黑胎。素面。下腹弧收，平底，残。手制，火候较高。底径7、残高4.2厘米（图三五〇，13）。标本02DT0102⑪：11，夹砂黑陶，里局部褐。下腹、外底饰绳纹。下腹弧收，平底，手制，火候较高。底径9.6、残高4.6厘米（图三五〇，14）。标本98BT0205㉛：31，夹细砂黑陶。下腹、外底饰绳纹。下腹较斜直，平底，残。手制，火候较高。残宽4、残高4厘米（图三五〇，15）。标本99DT0201㊼A：7，夹细砂红陶，胎灰黑。下腹、外底饰绳纹。下腹斜内收，平底，残。手制，火候较高。残宽4、残高2.4厘米（图三五〇，16）。

7. 第7组

本组文化层较多，主要有：98AT0103㊵，98BT0204㊴、㊳，98BT0205㉚～㉘，98BT0305㉖～㉓，98BT0405㉙、㉘，98BT0505㉛～㉘B；99AT0201⑫～⑱A，99AT0301⑫、⑪，99DT0201㊻A、㊺，99DT0202⑱、⑰；02AT0101㊲，02DT0101㊴～㊲，02DT0102⑩、⑨等。

（1）陶系

以98BT0305㉓、98BT0205㉙、99AT0201⑱A、02DT0101㊴为典型单位介绍如下：

98BT0305㉓

共出陶器965件。陶质全为夹细砂。陶色以灰陶为主，占34.09%，次为红褐陶，占23.32%，褐、红陶较少，各占17.93%和17.82%，黑陶最少，占6.84%。器表以纹面为主，占

81.76%，部分素面，占18.24%。纹饰以粗戳划纹为主，占44.15%，次为绳纹，占19.38%，复合纹、附加堆纹较少，占7.56%和7.25%，细绳纹、戳印纹、菱形绳纹、波浪纹、镂孔等很少。器类以缸为主，占24.56%，次为罐（盘口器），占15.02%，壶、豆、钵等很少，有55.23%的腹片不辨器形（表一二七）。

表一二七　98BT0305㉓出土陶器统计表

陶质	夹细砂					合计	%
陶色	灰	红	黑	褐	红褐		
纹饰/器类							
粗戳划纹	280	13	15	20	98	426	44.15
绳纹	29		38	92	28	187	19.38
细绳纹	2		3	8		13	1.35
菱形绳纹			3	4		7	0.73
波浪纹					2	2	0.21
戳印纹		2		8		10	1.04
附加堆纹		58		4	8	70	7.25
镂孔					1	1	0.10
复合纹	11		7	33	22	73	7.56
素面	7	99		4	66	176	18.24
合计	329	172	66	173	225	965	100
%	34.09	17.82	6.84	17.93	23.32	100	
缸口	170		12	9	37	228	23.63
缸底	2	3	1		3	9	0.93
罐	8	3	4	14	13	42	4.35
盘口器	9	1	14	58	21	103	10.67
壶	1			2		3	0.31
豆				3	1	4	0.41
钵	2		1			3	0.31
圈足	3	2			1	6	0.62
平底	2	4		12	16	34	3.52
不明器	132	159	34	75	133	533	55.23

98BT0205㉙

共出陶器153件。陶质全为夹砂，以夹粗砂为主，占57.51%，夹细砂较多，占42.49%。陶色以灰陶为主，占36.60%，次为黑、红陶，各占24.19%和20.26%，褐陶较少，占18.95%。器表以纹饰为主，占59.48%，素面较多，占40.52%。纹饰以粗戳划纹为主，占49.67%，复合纹、戳印纹较少，各占5.23%和3.27%，划纹、镂孔很少。器类以缸为主，占41.83%，次为罐，占33.98%，盘、钵、器盖等很少（表一二八）。

表一二八　98BT0205㉙出土陶器统计表

陶质	夹粗砂				夹细砂				合计	%
陶色	灰	红	黑	褐	灰	红	黑	褐		
纹饰/器类										
粗戳划纹	36	7	19	1	4		1	8	76	49.67
划纹								1	1	0.65
戳印纹						1	3	1	5	3.27
镂孔						1			1	0.65
复合纹				1	4	3			8	5.23
素面	4	5	5	10	8	14	9	7	62	40.52
合计	40	12	24	12	16	19	13	17	153	100
%	26.14	7.84	15.69	7.84	10.46	12.42	8.50	11.11	100	
缸	32	8	18	6					64	41.83
罐	3		1		9	5	2	8	28	18.30
盘口罐					5	2	7	4	18	11.76
敞口罐						6			6	3.92
钵		1						2	3	1.96
盘						2	1		3	1.96
器盖			2	1	1		2	1	7	4.58
圈足								1	1	0.65
平底		3	2	4		1	1		11	7.19
不明器	5		1	1	1	3		1	12	7.84

99AT0201㊳A

共出陶器394件。陶质全为夹砂，以夹粗砂为主，占78.93%，部分夹细砂，占21.07%。陶色以褐陶为主，占47.21%，次为灰陶，占24.87%，黑、红陶较少，各占14.98%和12.94%。器表以素面为主，占52.79%，纹饰较多，占47.21%。纹饰以粗戳划纹为主，占23.60%，次为绳纹，占13.45%，复合纹较少，占5.58%，凹弦纹、镂孔、戳印纹、划纹、波浪纹、暗纹等很少。器类以缸为主，占56.09%，次为罐，占19.54%，瓮、钵、器盖等很少，有15.48%的腹片不辨器形（表一二九）。

表一二九　99AT0201㊳A出土陶器统计表

陶质	夹粗砂				夹细砂				合计	%
陶色	灰	红	黑	褐	灰	红	黑	褐		
纹饰/器类										
粗戳划纹	28	4	19	42					93	23.60
绳纹	4	4	5	33	3		2	2	53	13.45
凸弦纹					1				1	0.25
凹弦纹					3	3			6	1.52
划纹					1			1	2	0.51

续表

陶质	夹粗砂				夹细砂				合计	%
陶色	灰	红	黑	褐	灰	红	黑	褐		
纹饰/器类										
波浪纹					1				1	0.25
戳印纹				2				1	3	0.76
镂孔				1		2		1	4	1.02
复合纹	2	3	3	4	2	4		4	22	5.58
暗纹								1	1	0.25
素面	46	8	27	76	7	23	3	18	208	52.79
合计	80	19	54	158	18	32	5	28	394	100
%	20.30	4.82	13.71	40.10	4.57	8.12	1.27	7.11	100	
缸	72	8	46	95					221	56.09
罐	4	4	8	32	9	7	2	11	77	19.54
瓮								1	1	0.25
钵					4		1	2	7	1.78
器盖							1	3	4	1.02
圈足				1					1	0.25
平底	1	2		12		5		2	22	5.58
不明器	3	5		18	5	20	1	9	61	15.48

02DT0101㊴

共出陶器262件。陶质全为夹细砂。陶色以灰陶为主，占40.46%，次为黑、褐（包括红褐和灰褐）陶，各占29.39%和27.10%，红陶很少，占3.05%。器表以纹饰为主，占94.27%，素面很少，占5.73%。纹饰以粗戳划纹为主，占87.02%，细绳纹、绳纹、附加堆纹很少。器类以缸为主，占88.94%，罐、瓮、盘、器座等很少（表一三〇）。

表一三〇　02DT0101㊴出土陶器统计表

陶质	夹细砂					合计	%
陶色	灰	红	黑	红褐	灰褐		
纹饰/器类							
粗戳划纹	99		77	52		228	87.02
绳纹				3	1	4	1.53
细绳纹	2			5	3	10	3.82
附加堆纹		5				5	1.91
素面	5	3		6	1	15	5.73
合计	106	8	77	66	5	262	100
%	40.46	3.05	29.39	25.19	1.91	100	
缸	99		77	57		233	88.94
敞口罐				1	1	2	0.76

续表

陶质	夹细砂					合计	%
陶色	灰	红	黑	红褐	灰褐		
纹饰/器类							
盘口罐				3		3	1.15
罐	1			1	4	6	2.29
盘口器	2			1		3	1.15
瓮		1				1	0.38
盘	1					1	0.38
器座		1				1	0.38
圈足	2			1		3	1.15
平底		1		2		3	1.15
不明器	1	5				6	2.29

（2）器类

出土陶器共计6945件，参加分类排队的2131件。

缸口　1043件。

A型　106件。

Aa型　92件。

Ⅰ式：23件。

标本98AT0103㊵：38，夹粗砂灰陶，局部黑、红，里黑。唇面饰戳印纹，器表饰菱形绳纹。敞口外张，唇缘内凸，上腹微弧，残。轮制，火候较高。残宽7.3、残高8.4厘米（图三五一，1）。标本98AT0103㊵：39，夹粗砂灰陶，口、里黑。唇面饰切割和戳印纹，器表饰菱形绳纹。敞口外折，腹较斜直，残。轮制，火候较高。残宽5.7、残高7.1厘米（图三五一，2）。

Ⅱa式：69件。

标本98AT0103㊵：40，夹粗砂黑陶，局部灰，里黑。唇面饰戳印纹，器表饰大菱形绳纹。敞口，唇缘内凸，上腹斜直，残。轮制，火候较高。残宽8.1、残高4.7厘米（图三五一，3）。标本98AT0103㊵：41，夹粗砂黑陶。唇面饰戳印纹，器表饰菱形绳纹，内壁有刮划痕。敞口，上腹斜直，残。轮制，火候较高。残宽7.2、残高5.2厘米（图三五一，4）。

Ab型　14件。不明式别。

标本98AT0103㊵：42，夹粗砂红陶，里灰。唇面饰戳印纹，器表饰菱形绳纹后刮抹，领下饰附加堆纹，在堆纹上饰按窝纹。敞口，腹较斜直，残。轮制，火候较高。残宽5、残高3.8厘米（图三五一，5）。标本98AT0103㊵：43，夹粗砂灰陶，口部、里黑。唇面压印绳纹，器表饰小菱形绳纹。敞口，腹较斜直，残。轮制，火候较高。残宽5.2、残高6厘米（图三五一，6）。

B型　937件，1件不明式别。

Ⅰ式：78件。

标本98AT0103㊵：44，夹粗砂灰陶，局部红褐。唇面、器表饰粗戳印纹，内壁有划痕。敞口，唇缘内凸，上腹斜直，残。轮制，火候较高。残宽8.8、残高7.5厘米（图三五一，

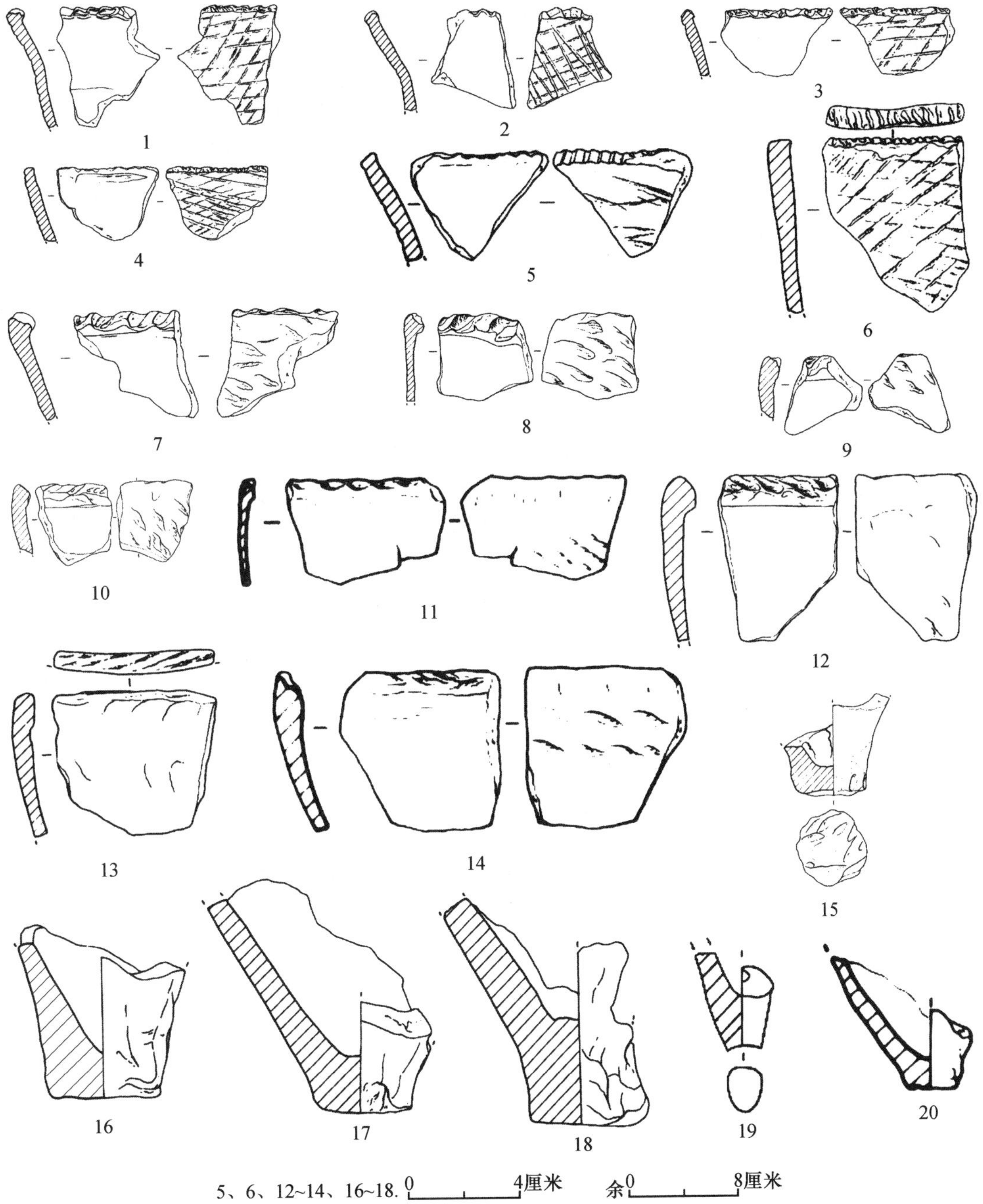

图三五一　中坝文化第7组陶器

1、2. Aa型Ⅰ式缸口（98AT0103㊵：38、98AT0103㊵：39）　3、4. Aa型Ⅱa式缸口（98AT0103㊵：40、98AT0103㊵：41）　5、6. Ab型缸口（98AT0103㊵：42、98AT0103㊵：43）　7、8. B型Ⅰ式缸口（98AT0103㊵：44、98BT0305㉓：29）　9、10. B型Ⅱ式缸口（98BT0205㉙：7、98BT0205㉚：11）　11、12. B型Ⅲ式缸口（02DT0101㊴：2、99AT0201㊹B：7）　13、14. B型Ⅳ式缸口（98BT0305㉓：30、02DT0101㊴：4）　15. B型缸底（98AT0103㊵：65）　16、17. Ca型缸底（99AT0201㊹A：26、99AT0201㊹A：27）　18、19. Cb型缸底（99AT0201㊺：19、98BT0205㉙：11）　20. D型缸底（02DT0101㊲：5）

7）。标本98BT0305㉓：29，夹细砂灰黑陶，局部黄褐色。唇面、器表饰戳印纹。口近直，唇面外高内低，唇沿内凸，上腹较直，残。轮制，火候不高。残宽6.8、残高6.3厘米（图三五一，8）。

Ⅱ式：145件。

标本98BT0205㉙：7，夹细砂灰陶，口部、里黑色。唇面、器表饰戳印纹。口微敛，微有内沿，上腹近直，残。轮制，火候不高。残宽5.9、残高5.5厘米（图三五一，9）。标本98BT0205㉚：11，夹细砂红褐陶，口局部灰黑色。唇面、器表饰戳印纹。敛口，有内沿，上腹微弧，残。轮制，火候不高。残宽5.5、残高5.7厘米（图三五一，10）。

Ⅲ式：388件。

标本02DT0101㊴：2，夹砂灰褐陶，胎、里黑。唇部饰戳印纹，外沿多手捏痕，腹饰戳划纹。口微敛，上腹微弧收，残。手制，火候较高。残宽11.6、残高7.6厘米（图三五一，11）。99AT0201⑥⑧B：7，夹细砂灰褐陶，口部黑色。唇面、器表饰戳印纹。敞口，唇面内斜，有明显内沿，上腹微弧，残。轮制，火候不高。残宽4.3、残高5.8厘米（图三五一，12）。

Ⅳ式：324件。

标本98BT0305㉓：30，夹细砂黑陶，里褐色。唇面饰戳印纹，口外沿有手捏痕。口近直，上腹微弧，残。轮制，火候不高。残宽5.8、残高5.1厘米（图三五一，13）。标本02DT0101㊴：4，夹砂黑陶，局部灰。唇部内沿饰戳印纹，腹饰戳划纹。敞口，微有内沿，上腹弧收，残。手制，火候较高。残宽5.8、残高5.7厘米（图三五一，14）。

Ⅴ式：1件。标本碎小。

缸底　96件。

A型　21件。

B型　4件。

标本98AT0103㊵：65，夹细砂红褐陶，局部灰，里黑。下腹有刮抹痕，足外缘有戳印纹和按窝，外底有戳印纹，内壁有戳痕。下腹微弧，残。手制，火候较高。足径5.3、残高7.2厘米（图三五一，15）。

C型　69件。

Ca型　49件。

标本99AT0201⑥⑧A：26，夹细砂灰褐陶，局部红，里黑色。素面，下部有刮削痕。下腹斜直，内底尖，近圆柱状足，实足跟较矮，残。手制，火候较高。足径4、残高6.4厘米（图三五一，16）。标本99AT0201⑥⑧A：27，夹细砂红陶，局部、里灰黑色。素面，下腹至底有刮削痕。下腹斜直内收，柱状平底。实足跟较矮，内底较尖，残。手制，火候较高。底径3.2、残高8.2厘米（图三五一，17）。

Cb型　20件。

标本99AT0201⑥⑨：19，夹细砂红陶，足部灰黑，里黑色。素面，足部有手捏痕。下腹斜直内收，近圆柱状足，实足跟较高，残。手制，器身与足分做，天包地套接，火候较高。足径4.2、残高8厘米（图三五一，18）。标本98BT0205㉙：11，夹砂红陶，里黑。素面，多刮抹痕。下腹斜收，近柱状底。手制，火候较高。底径约3.1、残高6.6厘米（图三五一，19）。

D型　2件。

标本02DT0101㊲：5，夹砂灰陶，局部红、黑，胎、里黑。素面，下腹多刮抹痕。下腹弧收，近截锥状底、底不平，残。手制，火候较高。底径约3.2、残高9.6厘米（图三五一，20）。

厚胎缸　6件。

标本98BT0505㉘A：63，夹细砂红褐陶。唇面饰戳印纹，有刮削痕。敞口，上腹较斜直，残。手制，火候不高。残宽5.5、残高5厘米（图三五二，1）。

瓮　33件，3件不明型别。

A型　7件。

标本02DT0101㊴：12，夹砂红陶。肩饰横向、波浪形附加堆纹，在堆纹上饰戳印纹、绳压纹。领较直，圆肩，残。盘筑，火候较高。残宽10.2、残高9.8厘米（图三五二，2）。标

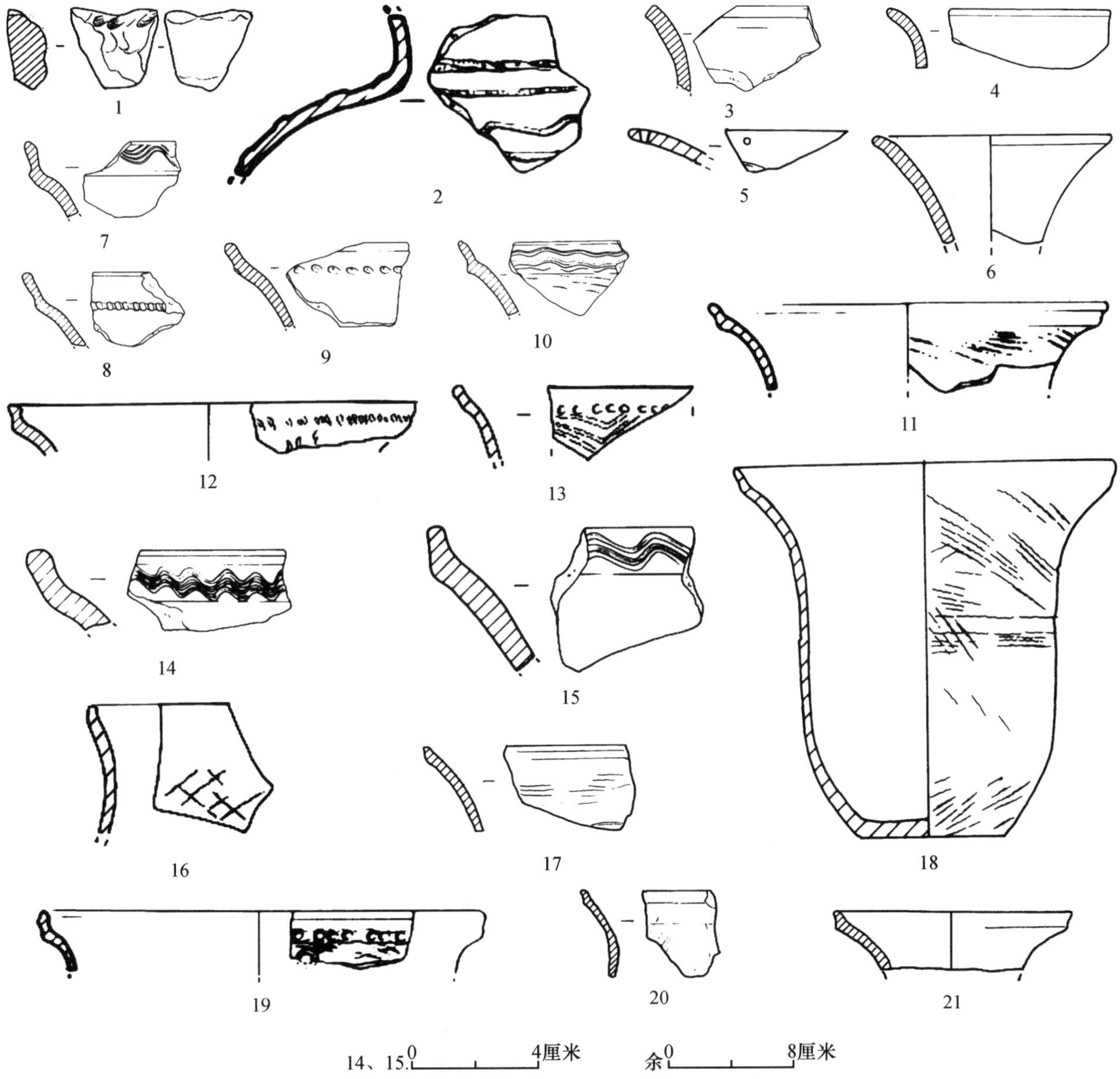

图三五二　中坝文化第7组陶器

1. 厚胎缸（98BT0505㉘A：63）　2～4. A型瓮（02DT0101㊴：12、98AT0103㊵：26、99DT0201㊻A：14）　5、6. B型瓮（99AT0201㊳A：17、02DT0102㊴：11）　7、8. A型Ⅰ式盘口罐（98AT0103㊵：4、98AT0103㊵：6）　9、10. A型Ⅱ式盘口罐（98AT0103㊵：3、98AT0103㊵：7）　11、12. A型Ⅲ式盘口罐（99AT0201㊳B：3、98BT0305㉔：2）　13. Ba型Ⅰ式盘口罐（98BT0305㉓：24）　14、15. Ba型Ⅱ式盘口罐（98AT0103㊵：11、98AT0103㊵：9）　16、17. Ba型Ⅲ式盘口罐（98BT0305㉓：5、02DT0102㊴：8）　18、20、21. Bb型Ⅱ式盘口罐（99AT0301㊶：2、99AT0201㊳A：5、99AT0201㊴：6）　19. Bb型Ⅰ式盘口罐（99AT0201㊷：2）

本98AT0103㊵：26，夹粗砂灰陶。素面，内外壁磨光，器表有磨痕。敞口，方唇，领微束，残。轮制，火候高。残宽8、残高5.2厘米（图三五二，3）。标本99DT0201㊻A：14，夹细砂褐陶，黑褐胎。素面，器表脱落。侈口，卷沿，圆唇，微束领，残。轮制，火候高。残宽10.2、残高3.7厘米（图三五二，4）。

B型　23件。

标本99AT0201㊽A：17，夹细砂红陶。上部饰里向外单穿镂孔，内壁磨光。喇叭口，圆唇，残。轮制，火候一般。残宽8、残高2.6厘米（图三五二，5）。标本02DT0102㊾：11，夹细砂灰黑陶，局部褐。素面，内外壁磨光。喇叭口，圆唇，残。盘筑，火候较高。口径15.2、残高6.7厘米（图三五二，6）。

折沿瓮　1件。A型Ⅰ式。标本碎小。

盘口罐　308件。

A型　128件。

Ⅰ式：3件。

标本98AT0103㊵：4，夹粗砂灰陶，口部、里黑。盘外饰波浪形划纹，内壁粗磨。敞口，圆唇，盘较深，盘下部壁薄，盘下凸折，上腹内收，残。轮制，火候较高。残宽6.2、残高4.6厘米（图三五二，7）。标本98AT0103㊵：6，夹粗砂灰陶，口局部、胎黑。盘外下凸棱饰戳印纹，内壁磨光。敞口，圆唇，盘较深，上腹内收，残。轮制，火候较高。残宽5.9、残高4.5厘米（图三五二，8）。

Ⅱ式：22件。

标本98AT0103㊵：3，夹细砂红褐陶，局部灰。口外下凸棱饰戳印纹，内壁磨光。敞口，圆唇，盘较浅，上腹内收，残。轮制，火候较高。残宽7.7、残高5.1厘米（图三五二，9）。标本98AT0103㊵：7，夹粗砂红褐陶，里灰黑。盘外饰波浪形划纹，上腹饰细绳纹，内壁磨光。敞口，圆唇，盘较浅，上腹内收，残。轮制，火候较高。残宽7.5、残高4.6厘米（图三五二，10）。

Ⅲ式：103件。

标本99AT0201㊽B：3，夹细砂黑陶。上腹饰组状绳纹，内外壁磨光。敞口，圆唇，盘浅，残。轮制，火候较高。口径25.2、残高5.2厘米。（图三五二，11）。标本98BT0305㉔：2，夹粗砂灰褐陶，局部红。盘外下凸棱、上腹饰戳印纹，内壁磨光。浅盘口，圆唇，上腹内弧，残。轮制，火候较高。口径25.6、残高3.2厘米（图三五二，12）。

B型　180件。

Ba型　45件。

Ⅰ式：7件。

标本98BT0305㉓：24，夹砂褐陶，局部、里黑。盘外下饰戳印纹，上腹饰斜绳纹，内壁磨光。盘口较深，圆唇，上腹内弧，轮制，火候较高。残宽9.2、残高4.4厘米（图三五二，13）。

Ⅱ式：13件。

标本98AT0103㊵：11，夹细砂灰黑陶，里褐。盘外饰波浪形划纹，内壁磨光。敞口，圆唇，盘浅，上腹内收，残。轮制，火候较高。残宽5.3、残高2.5厘米（图三五二，14）。标本98AT0103㊵：9，夹细砂灰陶。盘外饰波浪形划纹，内壁磨光。敞口，圆唇，盘浅，外壁微凹，上腹内收，残。轮制，火候高。残宽4.7、残高4.4厘米（图三五二，15）。

Ⅲ式：25件。

标本98BT0305㉓：5，夹砂褐陶，局部黑。腹饰交错绳纹。略呈浅盘口，圆唇，鼓腹，残。轮制，火候较高。残宽7.6、残高8厘米（图三五二，16）。标本02DT0102㊅：8，夹细砂褐陶，局部黑、褐。上腹饰细绳纹，口沿、内壁磨光。喇叭口，圆唇，沿部上卷，微呈盘状，外沿微凹，残。轮制，火候较高。残宽8.3、残高5.2厘米（图三五二，17）。

Bb型　135件。

Ⅰ式：115件。

标本99AT0201㊋：2，夹细砂黑陶。盘下缘饰戳印纹，上腹饰组状交错细绳纹、镂孔，内壁磨光。敞口，圆唇，盘较浅、盘壁微凹，残。轮制，火候较高。口径28、残高3.6厘米（图三五二，19）。

Ⅱ式：12件。

标本99AT0301㊌：2，夹砂红褐陶，局部、里黑。盘外局部有凸棱一段，上腹饰斜细绳纹、横划纹，下腹饰斜绳纹，内壁磨光。较浅盘口，圆唇，腹较直，下腹弧收，平底，复原。手制轮修，火候较高。口径23.7、底径9.3、高23.9厘米（图三五二，18；图版二五，1）。标本99AT0201㊇A：5，夹细砂灰陶，领部饰细绳纹，内壁磨光，外壁有轮制痕。盘口外张，圆唇，唇外下微内凹，微有浅盘，上腹较直，残。残宽4.8、残高5.4厘米（图三五二，20）。标本99AT0201㊅：6，夹细砂褐陶，局部、里黑。素面，内外壁磨光。盘口外张，圆唇，唇外下微内凹，浅盘，残。口径15.2、残高3.9厘米（图三五二，21）。

Ⅲ式：8件。标本碎小。

盘口器　66件。

A型　32件，23件不明亚型。

Aa型　1件。

标本98BT0205㉚：6，夹砂黑陶，局部灰。素面，盘内磨光。略呈浅盘口，圆唇，上腹内弧，残。轮制，火候较高。口径20.8、残高6厘米（图三五三，1）。

Ab型　8件。

标本02AT0101㊲：11，泥质红陶。素面，外壁磨光。略呈盘口，圆唇，上腹内弧，残。轮制，火候高。残宽5.9、残高3厘米（图三五三，2）。

B型　34件，22件Ba型，12件不明亚型。

标本98BT0205㉚：7，夹砂红陶，胎红夹灰白。盘外饰波浪形划纹，上腹饰稀疏斜细绳纹，内壁磨光。浅盘口，圆唇，上腹喇叭形，残。轮制，火候较高。口径19.8、残高5.2厘米（图三五三，3）。标本99AT0201㊇B：1，夹细砂灰褐陶，灰胎，里红色。沿外下凸棱饰戳印纹，上腹饰凹弦纹、外向里单穿镂孔、稀疏绳纹，内壁磨光。圆唇，微有盘，残。轮制，火候较高。残宽6、残高5.6厘米（图三五三，4）。

翘唇罐　2件。Ⅱ式。

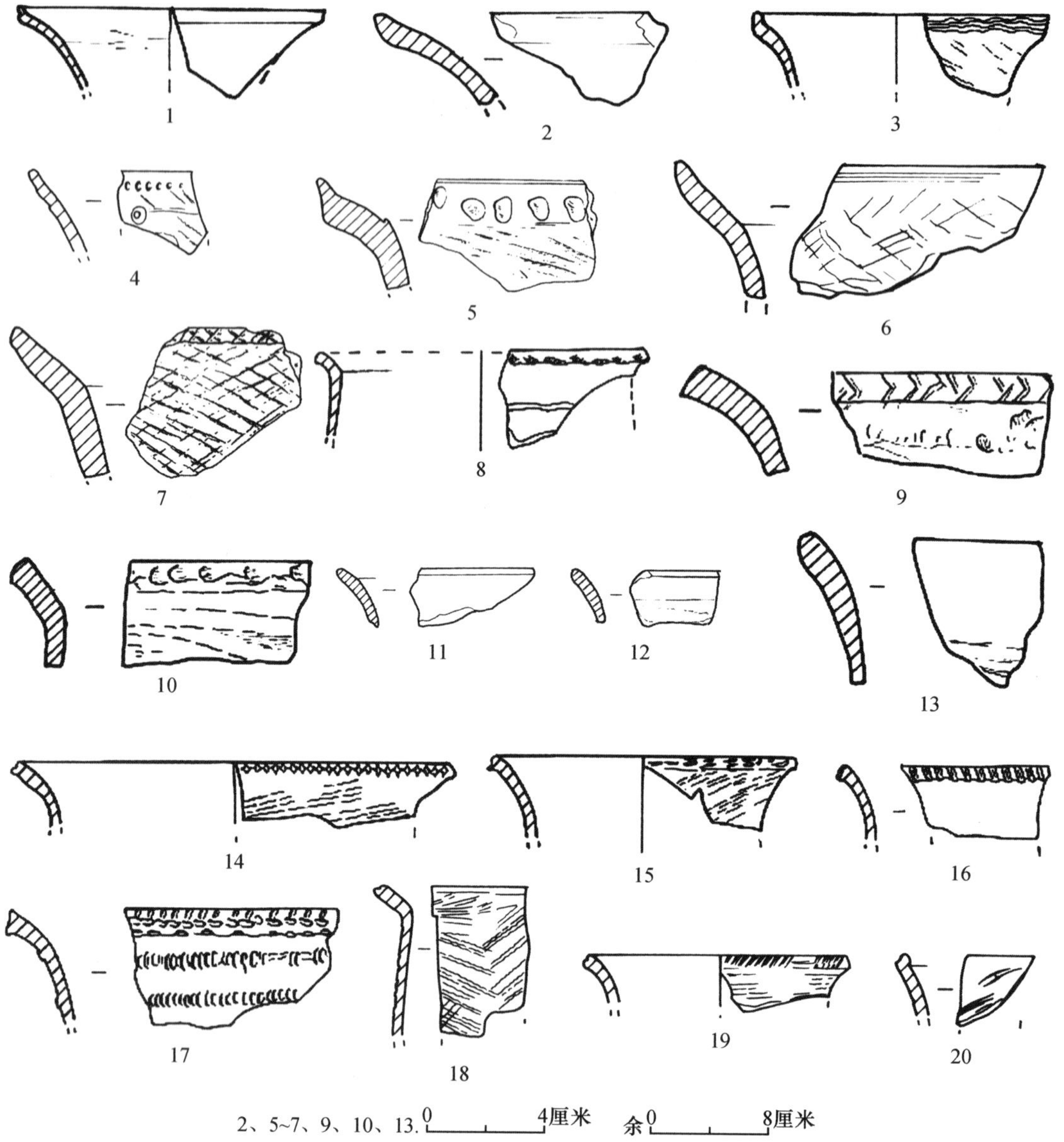

图三五三　中坝文化第7组陶器

1. Aa型盘口器（98BT0205㉚：6）　2. Ab型盘口器（02AT0101㊲：11）　3、4. Ba型盘口器（98BT0205㉚：7、99AT0201㊳B：1）　5. Ⅱ式翘唇罐（98AT0103㊵：24）　6、7. Aa型Ⅰ式折沿罐（02AT0101㊲：19、98AT0103㊵：25）　8. Aa型Ⅱ式折沿罐（98BT0305㉓：13）　9、10. B型Ⅱ式折沿罐（98BT0405㉘：2、98BT0405㉙：22）　11. C型Ⅰ式折沿罐（02DT0102㊾：10）　12、13. A型敞口罐（98BT0505㉘A：32、98BT0505㉙：15）　14、15. B型敞口罐（98BT0305㉓：40、98BT0305㉓：36）　16、17. C型敞口罐（98BT0305㉓：38、98BT0305㉓：34）　18、19. Ⅱ式槽唇罐（99AT0201㊳A：20、99AT0201㊴：15）　20. Ⅲ式槽唇罐（99AT0201㊳A：18）

标本98AT0103㊵：24，夹粗砂红陶。沿外饰戳印纹，器表饰粗绳纹。敞口，斜折沿，沿面微弧，唇沿斜凸，圆尖唇上翘，上腹斜直，残。轮制，火候较高。残宽5.9、残高3.6厘米（图三五三，5）。

折沿罐　33件。

A型　14件，12件Aa型，2件不明亚型。

Ⅰ式：6件。

标本02AT0101㊲：19，夹粗砂灰褐陶，里黑。器表饰菱形绳纹。敞口，斜折沿较宽，圆唇、唇部上弧，上腹斜收，残。轮制，火候较高。残宽8.2、残高4.4厘米（图三五三，6）。标本98AT0103㊵：25，夹粗砂灰陶。唇面饰交错绳纹，器表饰小菱形绳纹。敞口，斜折沿，圆唇，上腹斜直，残。轮制，火候较高。残宽5.8、残高4.9厘米（图三五三，7）。

Ⅱ式：6件。

标本98BT0305㉓：13，夹砂褐陶，局部、里红，黑胎。唇下缘饰戳印纹，上腹饰略呈波浪形粗划纹。侈口，折沿较窄，上腹微外斜。轮制，火候较高。口径22.4、残高6.4厘米（图三五三，8）。

B型　10件。Ⅱ式。

标本98BT0405㉘：2，夹细砂黑陶。唇面饰交错戳印纹，沿、腹相交处饰附加堆纹，在下沿面、附加堆纹上饰戳印纹，沿面磨光。敞口，斜折沿，沿面微弧，斜方唇，上腹斜直，残。轮制，火候较高。残宽7.2、残高3.4厘米（图三五三，9）。标本98BT0405㉙：22，夹细砂褐陶，局部灰，黑胎，里局部黑。下唇缘饰戳印纹，器表饰绳纹。侈口，斜折沿，沿面近唇处微凹，唇面微凹，腹微鼓，残。轮制，火候较高。残宽6.2、残高3.5厘米（图三五三，10）。

C型　9件。

Ⅰ式：1件。

标本02DT0102⑲：10，夹细砂红褐陶，局部黑褐，灰黑胎。素面，唇面、内壁磨光。喇叭口，斜折沿，方唇，残。手制轮修，火候较高。残宽8.4、残高3.9厘米（图三五三，11）。

Ⅱ式：8件。标本碎小。

敞口罐　70件。

A型　34件。

标本98BT0505㉘A：32，夹细砂褐陶，灰胎。器表饰细划纹，内壁有旋痕。圆唇，残。轮制，火候高。残宽5.8、残高3.5厘米（图三五三，12）。标本98BT0505㉙：15，夹细砂灰陶，口部黑。腹饰绳纹。圆唇，腹较斜直，残。轮制，火候一般。残宽4.3、残高4.9厘米（图三五三，13）。

B型　18件。

标本98BT0305㉓：40，夹粗砂灰陶，局部、胎黑。唇饰戳印纹，器表饰组状斜细绳纹。敞口，卷沿外翻，上腹微斜，残。轮制，火候较高。口径30.4、残高4.4厘米（图三五三，14）。标本98BT0305㉓：36，夹砂褐陶，局部褐。唇饰戳印纹，器表饰斜细绳纹，内壁磨光。喇叭口，方唇，残。轮制，火候较高。口径20.8、残高4.8厘米（图三五三，15）。

C型　18件。

标本98BT0305㉓：38，夹砂红褐陶，黑胎。唇饰斜戳印纹。敞口，卷沿，残。手制，火候较高。残宽10、残高4.8厘米（图三五三，16）。标本98BT0305㉓：34，夹砂红褐陶，局部红，胎、里黑。唇饰戳印纹，上腹饰附加堆纹、在堆纹上饰戳印纹。敞口，卷沿，唇面微凹，上腹较斜直，残。轮制，火候较高。残宽14.4、残高7.6厘米（图三五三，17）。

槽唇罐　9件。

Ⅱ式：8件。

标本99AT0201⑱A：20，夹细砂灰陶，里黑。器表饰组状绳纹。侈口，卷沿，沿面微内凹，腹微弧，残。轮制，火候一般。残宽6.8、残高10厘米（图三五三，18）。标本99AT0201⑥⑨：15，夹细砂褐陶，局部灰黑。唇面饰绳压纹，器表饰细绳纹，内壁磨光。敞口，唇面内凹，残。轮制，火候较高。口径18、残高3.6厘米（图三五三，19）。

Ⅲ式：1件。

标本99AT0201⑥⑧A：18，夹细砂褐陶。器表饰绳纹。敞口，唇面内凹，上唇缘凸出，残。轮制，火候较高。残宽5.2、残高4.8厘米（图三五三，20）。

高领罐　11件。

标本98AT0103⑩：19，夹细砂红陶。素面，外壁磨光，器内外壁有刮抹痕，内壁有按刮痕。敞口，圆唇，广肩，残。轮制，火候较高。口径12.8、残高6.2厘米（图三五四，1）。标本98AT0103⑩：16，夹细砂红陶，灰褐胎，里黑。素面，唇面、器表有制作划痕，内壁有按抹痕。敞口，圆唇，残。手制轮修，火候较高。残宽5.9、残高3.8厘米（图三五四，2）。标本98BT0505㉙：35，夹细砂红陶，灰黑胎。器表饰组状划纹。束领，溜肩，残。手制，火候较高。领径13.8、残高11.4厘米（图三五四，3）。

矮领罐　5件。

标本98AT0103⑩：22，夹细砂红褐陶，灰黑胎。唇面、器表饰戳印纹，内外壁粗磨，有磨痕。敞口，卷沿，方唇，矮领较直，溜肩，残。手制轮修，火候较高。残宽7.3、残高5.3厘米（图三五四，4）。标本98AT0103⑩：50，夹细砂褐黄陶，局部、里红褐。素面，内外壁磨光。侈口，卷沿，沿面微凹，圆唇，束颈，残。轮制，火候较高。口径16.5、残高4.2厘米（图三五四，5）。

喇叭口罐　3件。标本碎小。

侈口罐　17件。

标本98BT0405㉙：26，夹细砂红褐陶，局部灰，里黑。下沿面饰戳印纹，腹饰细绳纹，上腹饰双向穿镂孔，内壁磨光。侈口，卷沿，鼓腹，残。轮制，火候较高。残宽3.6、残高5.7厘米（图三五四，6）。标本99AT0201⑦②：11，夹细砂黑陶，素面，内外壁磨光。侈口，卷沿，圆唇，残。轮制，火候一般。残宽5.6、残高5.6厘米（图三五四，7）。

卷沿罐　65件。

A型　30件。

Aa型　15件。Ⅰ式。

标本99AT0201⑥⑧A：16，夹细砂红陶，灰黑胎。素面。侈口，卷沿，圆唇，残。轮制，火候不高。口径17.6、残高5.4厘米（图三五四，8）。标本02DT0101㊲：10，夹砂红陶，局部褐，胎局部红夹灰。素面，器表、内沿粗磨。侈口，圆唇，束颈，残。轮制，火候较高。残宽6.5、残高5.1厘米（图三五四，9）。

Ab型　15件。

Ⅰ式：5件。

标本02AT0101㊲：15，夹砂黑陶，局部、里褐。唇部饰戳印纹，上腹饰戳划纹。喇叭口，上腹斜收，残。轮制，火候较高。残宽7.2、残高4.8厘米（图三五四，10）。标本02AT0101㊲：14，夹砂红褐陶，里黑。唇部饰戳印纹，腹饰斜绳纹，内壁磨光。喇叭口，上腹

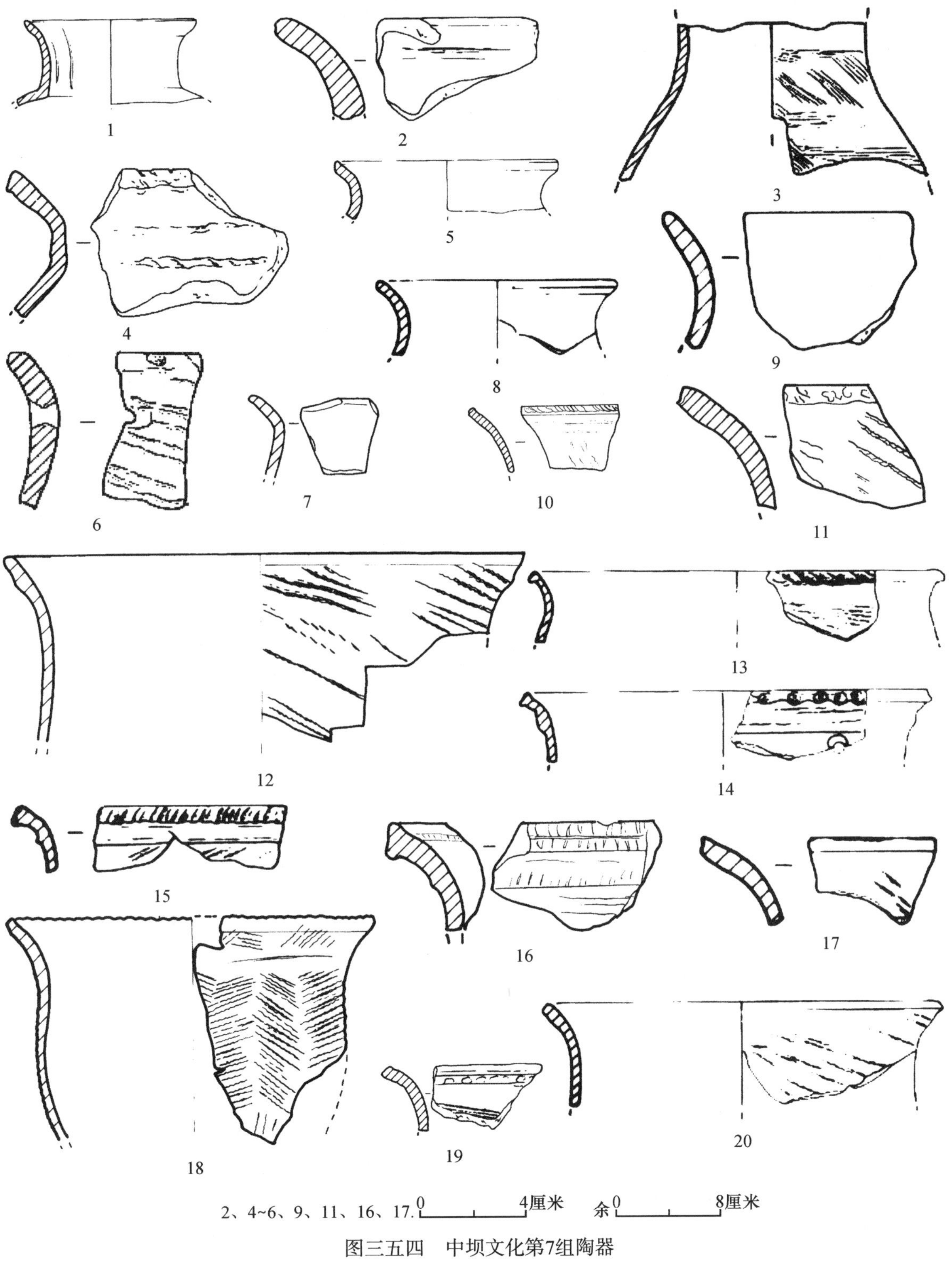

图三五四　中坝文化第7组陶器

1～3. 高领罐（98AT0103㊵：19、98AT0103㊵：16、98BT0505㉙：35）　4、5. 矮领罐（98AT0103㊵：22、98AT0103㊵：50）　6、7. 侈口罐（98BT0405㉙：26、99AT0201⑫：11）　8、9. Aa型Ⅰ式卷沿罐（99AT0201⑱A：16、02DT0101㊲：10）　10、11. Ab型Ⅰ式卷沿罐（02AT0101㊲：15、02AT0101㊲：14）　12、13. Ab型Ⅱ式卷沿罐（99AT0301⑪：4、99AT0201⑱A：21）　14、B型Ⅰ式卷沿罐（99AT0201⑱A：24）　15、16. B型Ⅱ式卷沿罐（02DT0101㊲：11、02AT0101㊲：17）　17、18. C型Ⅰ式卷沿罐（02DT0101㊲：12、99AT0301⑫：2）　19、20. C型Ⅱ式卷沿罐（99AT0201⑱A：22、99AT0201⑫：8）

斜收，残。轮制，火候较高。残宽5.2、残高4.6厘米（图三五四，11）。

Ⅱ式：10件。

标本99AT0301㉑：4，夹细砂黑陶。唇外缘饰绳纹，器表饰粗绳纹。侈口，卷沿，圆唇，口外下凹后外凸，弧腹，残。轮制，火候较高。口径38.8、残高14厘米（图三五四，12）。标本99AT0201㉘A：21，夹细砂红陶。唇面饰戳印纹，上腹饰绳纹。侈口，卷沿，微有矮领，残。轮制，火候较高。口径31.2、残高5.2厘米（图三五四，13）。

B型　21件。

Ⅰ式：10件。

标本99AT0201㉘A：24，夹细砂红褐陶，灰黑胎。唇面饰戳印纹，沿下饰堆纹一道，上腹饰双面穿镂孔，内壁磨光。敞口，卷沿，斜方唇，残。轮制，火候较高。口径30.2、残高5.2厘米（图三五四，14）。

Ⅱ式：11件。

标本02DT0101㊲：11，夹砂红褐陶，胎外红里灰黑。唇部饰斜绳切纹，上腹饰附加堆纹、斜绳纹。敞口，卷沿，唇面微凹，腹较直，残。轮制，火候较高。残宽14.4、残高4.8厘米（图三五四，15）。标本02AT0101㊲：17，夹砂褐陶，局部、胎黑。唇部饰戳印纹，上腹饰附加堆纹、在堆纹上饰戳印纹，内沿饰划纹，内壁磨光。敞口，卷沿外贴，内沿微凹，唇面微凹，残。轮制，火候较高。残宽6.3、残高4厘米（图三五四，16）。

C型　14件。

Ⅰ式：5件。

标本02DT0101㊲：12，夹砂红陶，灰胎。唇上缘饰戳印纹，上腹饰划纹。喇叭口，唇面微凹，残。轮制，火候较高。残宽4.8、残高3.2厘米（图三五四，17）。标本99AT0301㉒：2，夹细砂灰陶，局部黑，灰黑胎，里红褐色。唇面饰绳压纹，口外下有凸棱一道，器表饰组状绳纹。侈口，卷沿，内沿面近唇处微内凹，方唇，鼓腹，残。轮制，火候较高。口径27.6、残高16.8厘米（图三五四，18）。

Ⅱ式：9件。

标本99AT0201㉘A：22，夹细砂褐陶，灰胎，里红色。上腹饰绳纹，沿下有手捏痕，内壁磨光。敞口，卷沿，方唇，残。轮制，火候较高。残宽8.2、残高4.8厘米（图三五四，19）。标本99AT0201㉜：8，夹细砂褐黑陶，里灰色。器表饰较稀绳纹，内壁磨光。敞口，卷沿，方唇，残。轮制，火候较高。口径30.2、残高7.6厘米（图三五四，20）。

卷沿鼓腹罐　4件。标本碎小。

小罐　1件。

标本98BT0405㉙：1，夹细砂黑陶，褐胎。外沿饰戳印纹，腹、外底饰绳纹。敞口，卷沿，圆唇，微有盘口，腹较直，平底，残。手制，火候较高。口径9.2、底径5.2、高7.8厘米（图三五五，1）。

筒形器　1件。Ⅱ式。

标本98BT0305㉓：46，夹细砂红陶，胎、里黑。腹饰交错短暗纹，外底饰戳印纹，外壁磨光。下腹较直，平底，残。手制，火候较高。底径15.8、残高4.8厘米（图三五五，2）。

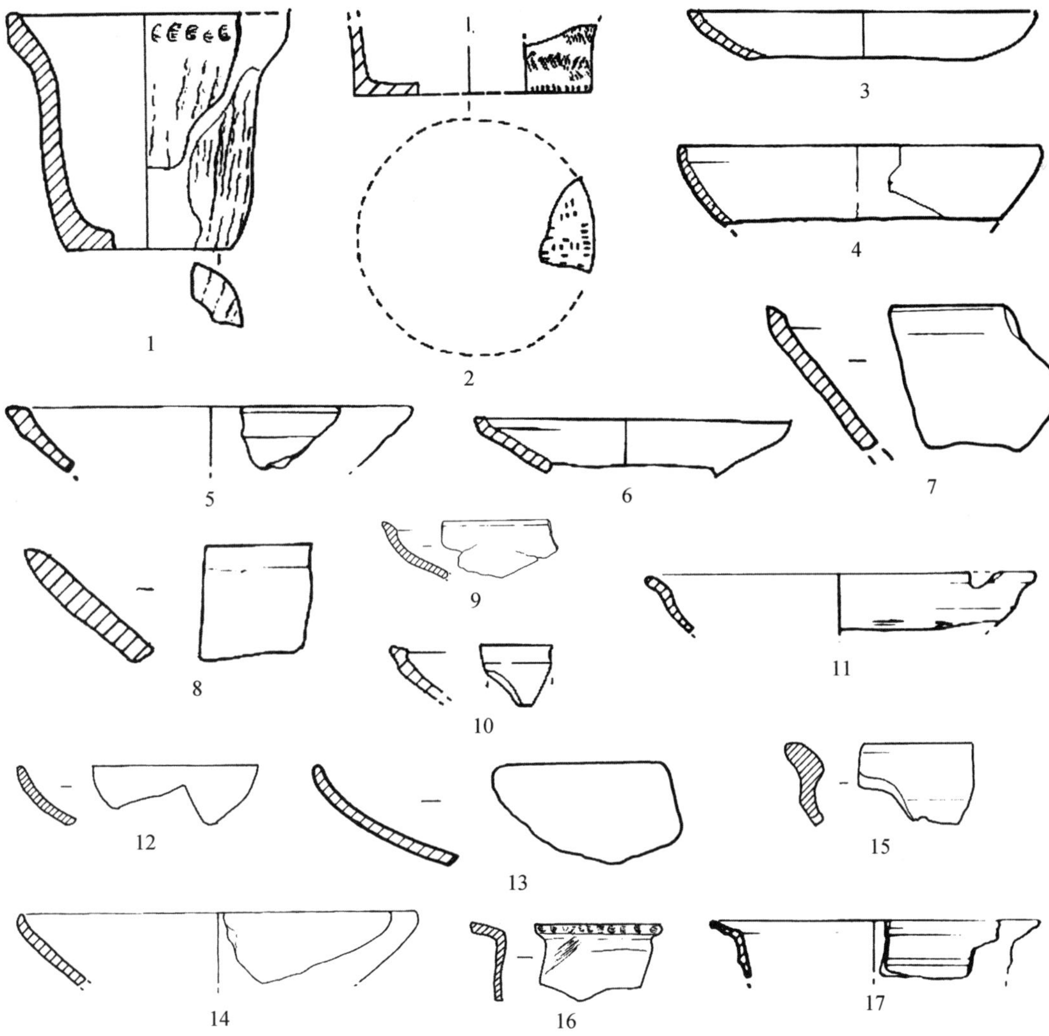

图三五五　中坝文化第7组陶器

1. 小罐（98BT0405㉙：1）　2. Ⅱ式筒形器（98BT0305㉓：46）　3、4. A型盘（98BT0505㉙：9、99AT0201⑥⑨：12）　5、6. B型Ⅲ式盘（99AT0201⑥⑧A：13、98BT0505㉙：5）　7. B型Ⅳ式盘（02AT0101㊲：21）　8. C型盘（98BT0405㉙：25）　9、10. Ⅰ式有沿盘（98AT0103㊵：33、98BT0305㉓：20）　11. Ⅱ式有沿盘（99AT0301⑥①：6）　12、13. 大圈足盘（98BT0405㉙：27、99DT0201㊿：6）　14. 小平底盘（98AT0103㊵：36）　15. A型盆（98BT0204㊴：3）　16、17. B型盆（98BT0505㉙：36、99AT0201⑥⑧A：15）

壶　2件。标本碎小。

盘　41件。

A型　25件。

标本98BT0505㉙：9，夹细砂红褐陶，局部灰黑。素面，内外壁磨光。敞口，圆唇，弧腹，残。轮制，火候高。口径23.2、残高3.2厘米（图三五五，3）。标本99AT0201⑥⑨：12，夹砂红褐陶，局部、胎黑。素面，内外壁磨光。口微敛，圆唇，斜腹微弧，残。轮制，火候较高。口径24.4、残高4.8厘米（图三五五，4）。

B型　10件。

Ⅰ式：1件。标本碎小。

Ⅲ式：7件。

标本99AT0201⑥⑧A：13，夹细砂灰黑陶。素面，内外壁磨光。敞口，方圆唇，折腹，残。轮制，火候较高。口径26.6、残高4厘米（图三五五，5）。标本98BT0505㉙：5，夹细砂黑陶。素面，内外壁粗磨。敞口，圆唇，上腹弧，下腹斜直，残。轮制，火候高。口径20.8、残高3厘米（图三五五，6）。

Ⅳ式：2件。

标本02AT0101㊲：21，夹砂褐陶，里灰黑。素面，内外壁磨光。敞口，圆唇，微折腹，上下腹较斜直，残。轮制，火候较高。残宽5.8、残高4.8厘米（图三五五，7）。

C型 6件。

标本98BT0405㉙：25，夹细砂黑皮陶，褐胎。素面，内外壁磨光。敞口，尖唇，腹斜直，残。轮制，火候高。残宽3.7、残高3.8厘米（图三五五，8）。

有沿盘 11件。

Ⅰ式：9件。

标本98AT0103㊵：33，夹粗砂黄陶。外沿下有浅凹弦纹一道，内外壁磨光，器表有磨痕。敞口，斜折沿，沿面微鼓，圆唇，弧腹，残。轮制，火候较高。残宽7.6、残高3.7厘米（图三五五，9）。标本98BT0305㉓：20，夹砂红陶，局部黑，里褐。素面，内外壁磨光。口微敛，微有斜折沿，圆唇，外沿下微束，腹微弧，残。轮制，火候较高。残宽4.8、残高4厘米（图三五五，10）。

Ⅱ式：1件。

标本99AT0301⑥①：6，夹砂黑陶，局部红。下腹饰划纹，上腹、内壁磨光。敞口，斜折沿，圆唇，微折腹，残。轮制，火候较高。口径26.4、残高3.6厘米（图三五五，11）。

Ⅳ式：1件。标本碎小。

大圈足盘 3件。不明型别。

标本98BT0405㉙：27，夹细砂灰陶。素面，内外壁磨光。敞口，圆唇，弧腹，残。轮制，火候较高。残宽10.8、残高3.8厘米（图三五五，12）。标本99DT0201㊺：6，夹细砂黑陶，局部灰。素面，内外壁磨光。敞口，圆唇，弧腹内收，残。手制，火候较高。残宽12.4、残高6.7厘米（图三五五，13）。

小平底盘 2件。

标本98AT0103㊵：36，夹细砂陶，局部红，褐胎。素面，内外壁磨光。敞口，尖圆唇，腹较斜直，残。轮制，火候较高。口径26.4、残高4.6厘米（图三五五，14）。

盆 5件。

A型 1件。

标本98BT0204㊴：3，夹砂灰褐陶。上腹饰圆形镂孔，内外壁磨光。侈口，卷沿，尖圆唇，微折腹，残。轮制，火候高。残宽3.8、残高2.6厘米（图三五五，15）。

B型 4件。

标本98BT0505㉙：36，夹细砂黑陶，褐胎。唇面饰戳印纹，上腹饰细绳纹，沿面磨光。口微侈，折沿较斜，弧微鼓，残。轮制，火候较高。残宽8.5、残高5.2厘米（图三五五，

16）。标本99AT0201⑥⑧A：15，泥质灰陶。上腹饰凸弦纹一道，内外壁磨光。敞口，斜折沿，圆唇，上腹斜直，残。轮制，火候较高。口径22、残高3.6厘米（图三五五，17）。

钵　21件。

A型　13件。

Ⅰ式：11件。

标本98BT0505㉘A：30，夹细砂红褐陶，外底、胎灰。素面，器表有刮抹痕。敞口，圆唇，弧腹，残。手制轮修，火候高。口径14.8、残高4.1厘米（图三五六，1）。标本98AT0103㊵：27，夹细砂灰陶，里红褐。素面，内壁粗磨。敞口，圆唇，弧腹，残。手制，火候低。口径23、残高5.3厘米（图三五六，2）。

Ⅱ式：2件。标本碎小。

B型　2件。Ⅱ式。标本碎小。

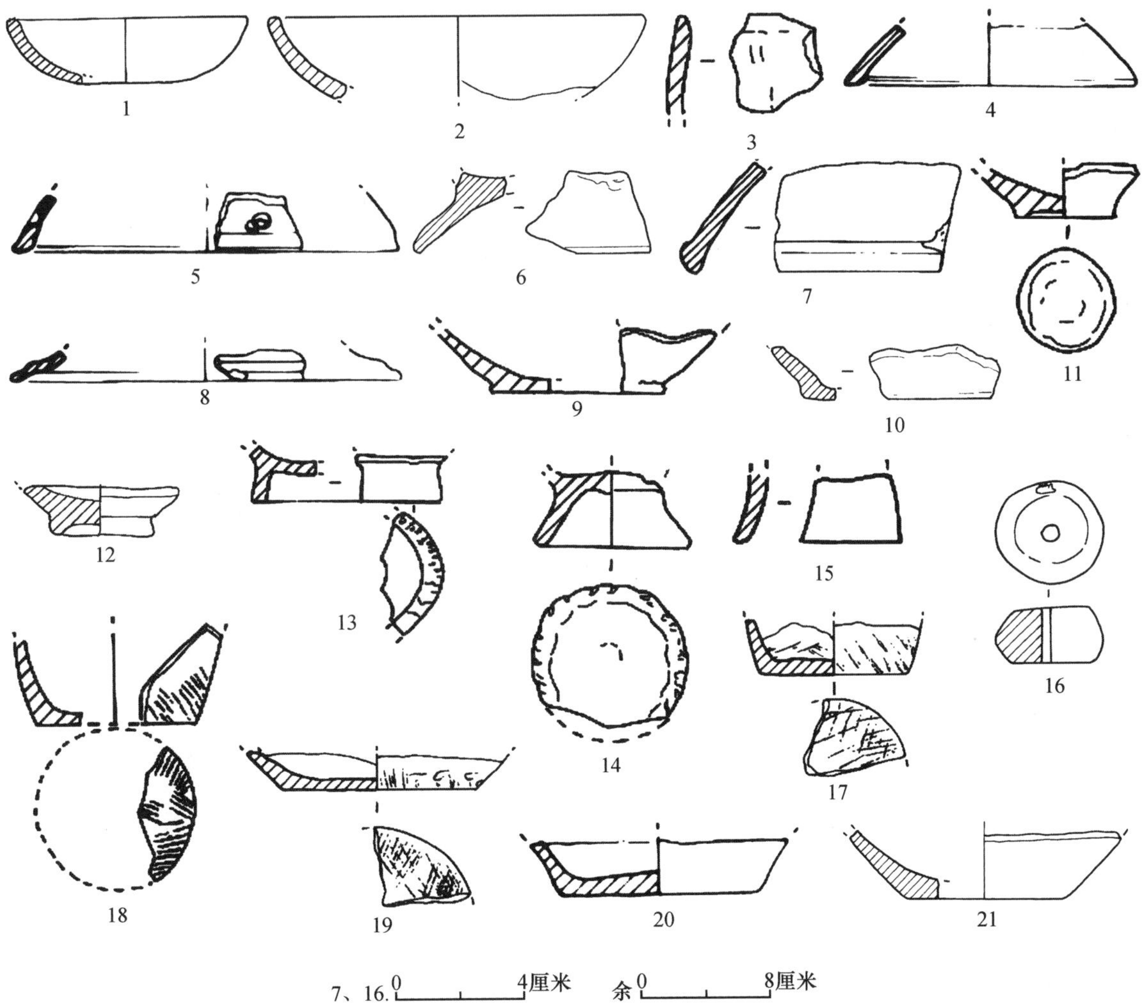

图三五六　中坝文化第7组陶器

1、2. A型Ⅰ式钵（98BT0505㉘A：30、98AT0103㊵：27）　3. Ca型Ⅰ式钵（98BT0205㉙：2）　4～6. A型器盖（99AT0201⑥⑧A：14、99AT0201⑥⑨：11、02AT0101㊲：22）　7. B型器盖（98AT0103㊵：34）　8. C型器盖（99AT0201⑥⑨：13）　9、10. Ab型圈足（98BT0205㉙：3、02AT0101㊲：25）　11～13. Ba型圈足（98BT0305㉓：17、98BT0505㉘A：62、98BT0305㉕：10）　14、15. Bb型圈足（98BT0305㉕：3、98BT0305㉓：18）　16. Cb型纺轮（99DT0201⑤⑥A：18）　17～21. 器底（98AT0103㊵：60、98BT0305㉓：45、98AT0103㊵：55、99AT0201⑥⑧A：25、99DT0201⑤⑥A：17）

C型　6件。Ca型Ⅰ式。

标本98BT0205㉙：2，夹砂红陶，局部褐，灰黑胎。素面。口微敛，圆唇，弧腹，残。手制，火候较高。残宽5.6、残高6厘米（图三五六，3）。

器盖　20件。

A型　8件。

标本99AT0201㊽A：14，夹细砂灰陶，里红褐。素面，内壁磨光。覆钵状，敞口，圆唇，弧壁，残。轮制，火候较高。口径18、残高3.6厘米（图三五六，4）。标本99AT0201㊾：11，夹细砂灰褐陶，黑胎，里红、局部灰黑。近口部饰双向穿镂孔。覆钵状，敞口，方唇，弧壁，残。轮制，火候不高。口径23.6、残高3.6厘米（图三五六，5）。标本02AT0101㊲：22，夹砂红陶，局部灰褐、黑。素面，内壁磨光。纽残，弧壁，敞口，圆唇。手制，火候较高。残宽7.6、残高5厘米（图三五六，6）。

B型　4件。

标本98AT0103㊵：34，泥质灰陶。素面，内外壁磨光，器壁有划痕。覆钵状，敞口，圆唇，弧壁，残。轮制，火候高。残宽5.7、残高3.3厘米（图三五六，7）。

C型　8件。

标本99AT0201㊾：13，夹细砂灰黑陶。素面。覆盘状，敞口，圆唇，口外内凹，盖盘上有一凸棱，残。轮制，火候不高。口径24、残高1.8厘米（图三五六，8）。

圈足　33件。

A型　6件。Ab型。

标本98BT0205㉙：3，夹砂红陶，灰黑胎。素面。下腹微弧收，矮假圈足、平底，残。手制，火候较高。残宽5.8、残高3.8厘米（图三五六，9）。标本02AT0101㊲：25，夹砂黑陶。素面，外壁磨光。下腹斜收，假圈足、底较圜平，残。轮制，火候较高。残宽8.4、残高3.3厘米（图三五六，10）。

B型　27件。

Ba型　8件。

标本98BT0305㉓：17，夹细砂灰褐陶，局部红，里黑。素面，内外壁磨光。下腹斜收，微有圈足，残。手制，火候较高。足径6、残高3.2厘米（图三五六，11）。标本98BT0505㉘A：62，夹细砂褐陶，局部黑，灰胎。素面，内外壁磨光。下腹微弧，圈足外撇较矮，残。足径6.4、残高3.1厘米（图三五六，12）。标本98BT0305㉕：10，夹砂褐陶，局部红，胎、里灰褐。素面。微有下腹，内底较平，圈足较矮、斜直，残。分制，火候较高。残宽5.4、残高3.2厘米（图三五六，13）。

Bb型　19件。

标本98BT0305㉕：3，夹粗砂红陶，局部黑、褐，黑胎。足缘饰戳印纹。内底微凸，较高喇叭形圈足，残。分制，火候较高。足径9.6、残高4.6厘米（图三五六，14）。标本98BT0305㉓：18，夹细砂红陶，胎红夹黑。素面，器表粗磨。喇叭形圈足、较高，残。手制，火候较高。残宽6.4、残高4厘米（图三五六，15）。

器底　217件。

标本98AT0103㊵：60，夹粗砂灰陶，局部褐。器表饰绳纹，外底饰交错绳纹，内壁有划痕。下腹微弧，平底，残。轮制，火候较高。底径9.1、残高3.4厘米（图三五六，17）。标本98BT0305㉓：45，夹砂褐陶，局部红，胎黑。下腹、外底饰绳纹。下腹微弧，平底，残。手制，火候较高。底径10、残高6厘米（图三五六，18）。标本98AT0103㊵：55，夹细砂褐陶，局部黑。下腹饰细绳纹、戳印纹，外底饰小菱形绳纹，内壁有刮抹痕。下腹斜直，残。手制，火候较高。底径11.8、残高2.3厘米（图三五六，19）。99AT0201㊳A：25，夹细砂红陶。素面，内底有较多按窝。平底，下腹微外敞，残。轮制，火候较高。底径12、残高3.2厘米（图三五六，20）。标本99DT0201㊻A：17，夹粗砂灰陶。素面，内外壁粗磨。下腹斜内收，平底，残。手制，火候高（瓮底）。底径9.8、残高4厘米（图三五六，21）。

不明器　1件。标本碎小。

纺轮　1件。Cb型。

标本99DT0201㊻A：18，泥质黑陶。素面。近算珠形，顶微斜，平底，鼓腰，微残。轮制。最大径3.4、高1.7厘米（图三五六，16）。

8. 第8组

本组文化层较多，主要有：98BT0205㉘～㉔，98BT0405㉗、㉖，F124；99AT0201㊿～㊼，99AT0301㊿、㊾，99DT0101㊴、㊳，99DT0202㊿、㊿B，99DT0301㊿～㊾；02AT0101㊱～㉝，02BT0101㊴～㉟，02BT0201㊿，02DT0101㊱等。

（1）陶系

以98BT0205㉔、98BT0405㉖、99AT0201㊼、99AT0201㊿、02DT0101㊱为典型单位介绍如下：

98BT0205㉔

共出陶器271件。陶质全为夹砂，以夹细砂为主，极少夹粗砂。陶色以灰陶为主，占52.77%，次为黑陶，占24.72%，褐、红陶较少，各占12.91%和9.60%。器表以纹饰为主，占83.03%，部分素面，占16.97%。纹饰以绳纹为主，占75.65%，复合纹、凸棱纹、镂孔较少，划纹、戳印纹极少。器类以缸为主，占76.01%，次为罐，占10.23%，钵、器盖等很少，有6.27%的腹片不辨器类（表一三一）。

表一三一　98BT0205㉔出土陶器统计表

陶质	夹砂				夹砂（磨光）				合计	%
陶色	灰	红	黑	褐	灰	红	黑	褐		
纹饰/器类										
绳纹	114	7	58	25				1	205	75.65
凸棱纹					1	1	1		3	1.11
划纹	2								2	0.74
戳印纹					1	1			2	0.74
附加堆纹					1				1	0.37
镂孔						1	1	1	3	1.11

续表

陶质	夹砂				夹砂（磨光）				合计	%
陶色	灰	红	黑	褐	灰	红	黑	褐		
纹饰/器类										
复合纹	1	3	1	1		3			9	3.32
素面	13	3	1	3	10	7	5	4	46	16.97
合计	130	13	60	29	13	13	7	6	271	100
%	47.97	4.80	22.14	10.70	4.80	4.80	2.58	2.21	100	
缸	117	6	58	25					206	76.01
罐		1	1		5	11	6	3	27	9.96
敞口罐		1							1	0.37
钵	1				5		1		7	2.58
器盖								1	1	0.37
圈足	2	1							3	1.11
平底	8	1							9	3.32
不明器	2	3	1	4	3	2		2	17	6.27

98BT0405㉖

共出陶器1553件。陶质全为夹砂，以夹细砂为主，占90.21%，夹粗砂很少，占9.79%。陶色以红陶为主，占47.85%，次为灰陶，占35.67%，褐陶较少，占13.26%，黑陶最少，占3.22%。器表以纹饰为主，占94.14%，素面很少，占5.86%。纹饰以粗戳划纹为主，占79.97%，附加堆纹、复合纹较少，绳纹、细绳纹、镂孔很少。器类以缸为主，占26.79%，罐、盘口器、钵、盘、器盖、纺轮等很少，有61.24%的腹片不辨器类（表一三二）。

表一三二　98BT0405㉖出土陶器统计表

陶质	夹细砂				夹粗砂				合计	%
陶色	灰	红	黑	褐	灰	红	黑	褐		
纹饰/器类										
粗戳划纹	496	518	42	186					1242	79.97
绳纹		22	1						23	1.48
细绳纹	14	6				2			22	1.42
附加堆纹						112			112	7.21
镂孔			1	1					2	0.13
复合纹	17	17	3	15		9			61	3.93
素面	27	28	3	4		29			91	5.86
合计	554	591	50	206		152			1553	100
%	35.67	38.06	3.22	13.26		9.79			100	
缸	197	131	33	55					416	26.79
罐	7	11		1		3			22	1.42
盘口器	11	10	2	6		2			31	2.00

续表

陶质	夹细砂				夹粗砂				合计	%
陶色	灰	红	黑	褐	灰	红	黑	褐		
纹饰/器类										
贴边罐	7	13	3	9		11			43	2.77
钵	3	3	2			2			10	0.64
盘	2	2	1	1		1			7	0.45
器盖	10	5		1		1			17	1.09
圈足		5	1						6	0.39
平底	18	24	1	4		1			48	3.09
纺轮	2								2	0.13
不明器	297	387	7	129		131			951	61.24

99AT0201㊼

共出陶器225件。陶质全为夹砂，以夹细砂为主，少量夹粗砂。陶色以褐陶为主，占40.00%，次为灰陶，占28.44%，黑、红陶较少，各占17.77%和13.78%。器表以纹饰为主，占51.67%，素面较多，占49.33%。纹饰以绳纹为主，占24.89%，次为粗戳划纹，占10.67%，复合纹、凹弦纹、凸棱纹较少，划纹、戳印纹、镂孔、附加堆纹很少。器类以缸为主，占56.89%，次为罐，占12.00%，敞口器、钵、盘、器盖等很少，有20.00%的腹片不辨器类（表一三三）。

表一三三 99AT0201㊼出土陶器统计表

陶质	夹砂				夹砂（磨光）				合计	%
陶色	灰	红	黑	褐	灰	红	黑	褐		
纹饰/器类										
粗戳划纹	11	1	6	6					24	10.67
绳纹	18	2	14	20			1	1	56	24.89
凸棱纹					1	3		1	5	2.22
凹弦纹					2	3	1	1	7	3.11
划纹	1							2	3	1.33
戳印纹				1			2		3	1.33
附加堆纹	1								1	0.44
镂孔						3			3	1.33
复合纹		2		9					11	4.89
暗纹							1		1	0.44
素面	23	6	10	41	7	11	5	8	111	49.33
合计	54	11	30	77	10	20	10	13	225	100
%	24.00	4.89	13.33	34.22	4.44	8.89	4.44	5.78	100	
缸	50	3	28	47					128	56.89
罐	2			12	3	2	4	4	27	12.00

续表

陶质	夹砂				夹砂（磨光）				合计	%
陶色	灰	红	黑	褐	灰	红	黑	褐		
纹饰/器类										
敞口器		2							2	0.89
钵					2	1	3		6	2.67
盘							1		1	0.44
器盖				1		1		1	3	1.33
圈足					1				1	0.44
平底		1		5	1	2	1	1	11	4.89
纺轮							1		1	0.44
不明器	2	5	2	12	3	14		7	45	20.00

99AT0201⑥⑤

共出陶器471件。陶质全为夹砂，以夹细砂为主，少量夹粗砂。陶色以褐、灰陶为主，各占36.73%和32.06%，黑、红陶较少，各占16.99%和14.22%。器表以素面为主，占67.52%，纹饰较少，占32.48%。纹饰以粗戳划纹为主，占21.87%，绳纹、复合纹较少，凹弦纹、划纹、镂孔、凸弦纹、方格纹、附加堆纹等很少。器类以缸为主，占58.81%，次为罐，占14.44%，敞口器、盘、器盖、纺轮等很少，有15.92%的腹片不辨器类（表一三四）。

表一三四　99AT0201⑥⑤出土陶器统计表

陶质	夹砂				夹砂（磨光）				合计	%
陶色	灰	红	黑	褐	灰	红	黑	褐		
纹饰/器类										
粗戳划纹	34	8	18	36				7	103	21.87
绳纹	1		4	6	6	1	1		19	4.03
方格纹								1	1	0.21
凸弦纹					1	1			2	0.42
凹弦纹		1		1	2			1	5	1.06
划纹							1	1	2	0.42
附加堆纹					1				1	0.21
镂孔				1				1	2	0.42
复合纹		2	2	3		7	1	3	18	3.82
素面	97	25	43	85	9	22	10	27	318	67.52
合计	132	36	67	132	19	31	13	41	471	100
%	28.03	7.64	14.23	28.03	4.03	6.58	2.76	8.70	100	
缸	99	27	50	101					277	58.81
罐	5	1	5	6	12	8	6	25	68	14.44
敞口器						6		2	8	1.70
盘	1				2		1		4	0.85

续表

陶质	夹砂				夹砂（磨光）				合计	%
陶色	灰	红	黑	褐	灰	红	黑	褐		
纹饰/器类										
器盖					2		2	3	7	1.49
圈足	1	1		1	2			1	6	1.27
平底	3	2	6	7		3		4	25	5.31
纺轮			1						1	0.21
不明器	23	5	5	17	1	14	4	6	75	15.92

02DT0101㊱

共出陶器181件。陶质全为夹砂，以夹细砂为主，夹粗砂很少。陶色以灰陶为主，占41.44%，次为褐、红陶，各占25.97%和23.76%，黑陶较少，占8.84%。器表以纹饰为主，占81.66%，素面较少，占18.34%。纹饰以粗戳划纹为主，占60.22%，绳纹、复合纹较少，附加堆纹、凹弦纹、戳印纹、镂孔等很少。器类以缸为主，占60.22%，次为罐，占10.50%，瓮、盘口器、圈足盘等很少，有17.68%的腹片不辨器类（表一三五）。

表一三五　02DT0101㊱出土陶器统计表

陶质	夹砂				合计	%
陶色	灰	红	黑	褐		
纹饰/器类						
粗戳划纹	56	14	8	31	109	60.22
绳纹	10		3	4	17	9.39
凹弦纹	1	1	1		3	1.66
戳印纹	1	1		1	3	1.66
附加堆纹	1	3			4	2.21
镂孔		1			1	0.55
复合纹		3		6	9	4.97
素面	6	20	4	5	35	19.34
合计	75	43	16	47	181	100
%	41.44	23.76	8.84	25.97	100	
缸	56	14	8	31	109	60.22
贴边罐	1				1	0.55
敞口罐	6	3	1	8	18	9.94
盘口器	2	5	1	1	9	4.97
瓮		2			2	1.10
圈足盘	1				1	0.55
大圈足盘	1				1	0.55
圈足			1	2	3	1.66
器底	1	2		2	5	2.76
不明器	7	17	5	3	32	17.68

（2）器类

出土陶器共计9044件，参加分类排队的2987件。

缸口　1708件。

A型　2件。

Aa型　1件。Ⅱb式。

标本02BT0201㊺：2，夹砂灰褐陶，局部、胎、里黑。唇部饰较深粗戳印纹，器表饰粗糙菱形粗绳纹。敞口，上腹斜收，残。手制，火候较高。残宽5.6、残高4厘米（图三五七，1）。

Ab型　1件。标本碎小，不明式别。

B型　1687件。

Ⅰ式：39件。

标本98BT0405㉖：41，夹细砂灰陶，胎、里黑。唇部、器表饰粗戳印纹。敞口，唇缘内凸，腹微弧，残。轮制，火候较高。残宽6、残高5厘米（图三五七，2）。标本02BT0101㊴：1，夹砂黑陶，局部灰褐。唇部内斜饰粗戳印纹，器表饰粗戳划纹。敞口，上腹

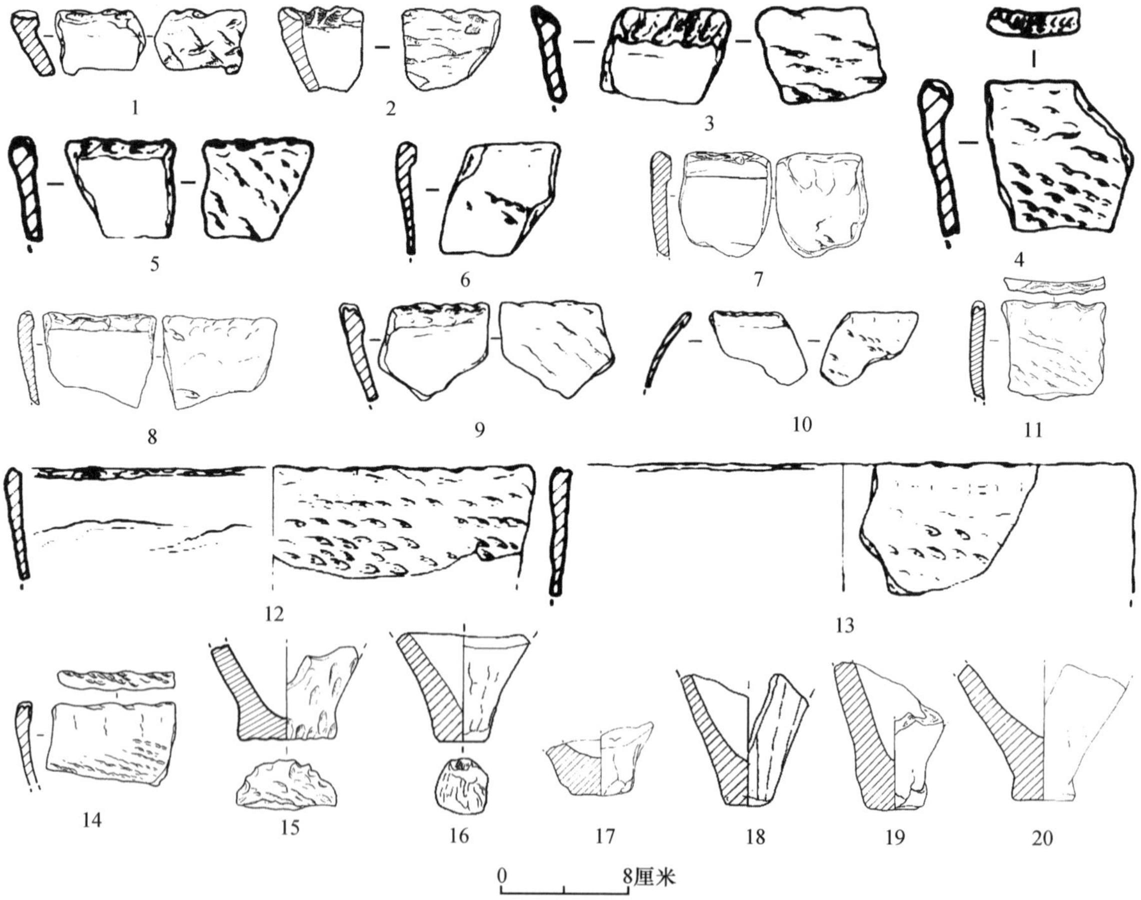

图三五七　中坝文化第8组陶器

1. Aa型Ⅱb式缸口（02BT0201㊺：2）　2、3. B型Ⅰ式缸口（98BT0405㉖：41、02BT0101㊴：1）　4、5. B型Ⅱ式缸口（02BT0101㉟：11、02BT0101㊴：3）　6、7. B型Ⅲ式缸口（99AT0201㊹：2、99AT0201㊼：7）　8～10. B型Ⅳ式缸口（98BT0205㉔：21、02BT0101㊲：1、02BT0101㉟：12）　11、14. Cb型缸口（99DT0301㊾：10、99DT0301㊸：12）　12、13. B型Ⅴ式缸口（99AT0201㊼：10、99AT0201㊾：9）　15. B型缸底（99DT0301㊷：8）　16、17. Ca型缸底（98BT0405㉖：76、99AT0201 ㊼：25）　18～20. Cb型缸底（98BT0405㉖：77、99AT0201㊿：24、99DT0301㊴：26）

斜内收，残。手制，火候较高。残宽8、残高6厘米（图三五七，3）。

Ⅱ式：183件。

标本02BT0101㉟：11，夹砂黑陶，局部灰褐。唇部饰较深粗戳印纹，上腹饰粗戳划纹。敞口，微有内沿，上腹斜收，残。手制，火候较高。残宽9.2、残高9.4厘米（图三五七，4）。标本02BT0101㊴：3，夹砂灰褐陶，灰胎，里黑。唇部饰较深粗戳印纹，器表饰粗戳划纹。敞口，上腹斜内收，残。手制，火候较高。残宽6.8、残高6.2厘米（图三五七，5）。

Ⅲ式：557件。

标本99AT0201⑭：2，夹细砂黑陶，里灰。唇面饰戳印纹，器表饰粗绳纹，外沿有手捏痕。敞口，有清楚内沿，残。残宽7、残高6.8厘米（图三五七，6）。标本99AT0201⑰：7，夹细砂灰褐陶，里黑。唇面、器表饰戳印纹。敞口，唇面内斜，有明显内沿，上腹较斜直，残。轮制，火候较高。残宽5.5、残高6.4厘米（图三五七，7）。

Ⅳ式：607件。

标本98BT0205㉔：21，夹细砂褐陶，里灰黑色。唇面饰戳印纹，口外沿有手捏痕。敞口，微有内沿，下棱明显，内沿变矮，上腹较斜直，残。轮制，火候不高。残宽7.1、残高5.7厘米（图三五七，8）。标本02BT0101㊲：1，夹砂黄褐陶，口、里黑。唇部饰戳印纹，器表饰戳划纹。敞口，微有内沿，上腹斜收，残。手制，火候较高。残宽7.2、残高6厘米（图三五七，9）。标本02BT0101㉟：12，夹砂褐陶，局部、胎黑。唇部饰戳印纹，上腹饰戳划纹，外沿微有手捏痕。敛口，微有内沿，鼓腹，残。手制，火候较高。残宽6、残高4.4厘米（图三五七，10）。标本99AT0201⑩：7，夹细砂褐陶。唇面饰戳印纹，器表饰粗绳纹，外沿有手捏痕。敛口，唇面斜向内，有内沿，残。口径42、残高10厘米（图版二一，4）。

Ⅴ式：301件。

标本99AT0201⑦：10，夹细砂黑陶，里褐。唇面饰戳印纹。敞口，上腹斜直，残。口径32.8、残高4.8厘米（图三五七，12）。标本99AT0201⑨：9，夹细砂褐陶，口部、里灰褐。唇面饰戳印纹，器表饰斜绳纹，外沿有手捏痕。口微敛，上腹近直，残。口径36、残高8厘米（图三五七，13；图版二一，5）。

C型　19件。Cb型。

标本99DT0301㊾：10，夹砂灰褐陶，黑胎。唇饰戳印纹，上腹饰戳划纹，外沿多手捏痕。口近直，上腹微弧收，残。手制，火候较高。残宽6.3、残高6.1厘米（图三五七，11）。标本99DT0301⑬：12，夹砂黑陶；器表多灰白色附着物。唇饰戳印纹，上腹饰斜绳纹，外沿微有手捏痕。敞口，上腹弧收，残。手制，火候较高。残宽8、残高5厘米（图三五七，14）。

缸底　126件。

B型　8件。

标本99DT0301⑫：8，夹粗砂红陶，局部褐，胎、里黑。下腹、外底饰戳划纹。下腹微弧收，小平底，残。手制，火候较高。底径6.2、残高5.8厘米（图三五七，15）。

C型　117件，29件不明亚型。

Ca型　51件。

标本98BT0405㉖：76，夹细砂红褐陶，里黑。素面，器表有刮抹痕。下腹微弧，近圆柱状足，残。手制，火候不高。足径3.1、残高6.7厘米（图三五七，16）。标本99AT0201㊼：25，夹细砂红陶，局部灰，里黑色。素面，下腹至底有刮削痕。近圆柱状平底，实足跟较矮，内底圜，残。手制，火候不高。底径3.6、残高4.6厘米（图三五七，17）。

Cb型 37件。

标本98BT0405㉖：77，夹细砂灰陶，里黑。素面，器表有刮削痕。下腹微弧，近圆形柱足，实足跟较高，残。手制，火候较高。足最大径3.2、残高8厘米（图三五七，18）。标本99AT0201㊅：24，夹细砂红陶，里黑色。素面，下部有刮削痕。下腹斜直，内底尖，圆柱状足，实足跟较高，残。手制轮修，火候较高。足径3.6、残高9.1厘米（图三五七，19）。标本99DT0301㊴：26，夹砂黑陶，局部红；内外壁多灰白色附着物。素面，多刮抹痕。下腹斜收，圆柱形底，残。手制，火候较高。底径3.9、残高8.3厘米（图三五七，20）。

D型 1件。标本碎小。

厚胎缸 14件。

标本98BT0205㉔：3，夹砂红褐陶，黑褐胎。内沿饰粗戳印纹。敞口，圆唇，上腹斜收，残。手制，火候较高。残宽9.2、残高8厘米（图三五八，1）。标本98BT0405㉖：53，夹细砂红褐陶，口部黑。唇部、器表饰戳印纹。敞口，腹较斜直，残。手制，火候高。残宽8、残高5厘米（图三五八，2）。

贴边缸 1件。A型。

标本02AT0101㉞A：9，夹砂红褐陶，胎红夹灰黑。唇下部饰戳印纹，上腹饰绳纹形戳划纹。喇叭口，残。轮制，火候较高。残宽10.6、残高5.2厘米（图三五八，3）。

瓮 73件，23件不明型别。

A型 8件。

标本98BT0405㉖：55，夹细砂红褐陶，局部、里黑。唇面局部饰戳印纹，器表饰绳纹，内壁磨光。敞口，卷沿，圆唇，领较直，残。轮制，火候较高。残宽7.8、残高4.4厘米（图三五八，4）。标本99DT0301㊸：25，夹砂灰褐陶，局部黑。唇饰斜绳切纹，领饰细划纹，内外壁磨光。侈口，卷沿，高领微束，残。轮制，火候高。残宽10.8、残高9.2厘米（图三五八，5）。

B型 42件。

标本99AT0201㊾：10，夹砂红陶，局部褐，胎红夹灰。素面，外壁、内沿磨光。喇叭口，方唇，圆肩。分制、地包天，火候高。口径22.4、残高11.6厘米（图三五八，6；图版二二，8）。标本99DT0301㊾：27，夹砂红陶。素面，内外壁磨光。喇叭口，卷沿，领外翻，斜广肩，残。轮制，火候高。口径24.8、残高11.2厘米（图三五八，7）。标本99DT0301㊾：21，夹砂红陶，局部灰褐。唇饰戳印纹，肩饰附加堆纹，领下部、附加堆纹上饰戳印纹。喇叭口，领外翻，斜肩，残。轮制，火候较高。口径20.2、残高7.2厘米（图三五八，8）。

盘口罐 250件。

A型 100件。

Ⅰ式：3件。

标本02BT0201㊿：3，夹砂红陶，局部灰褐。上腹饰细横划纹，内壁磨光。盘口，圆唇，

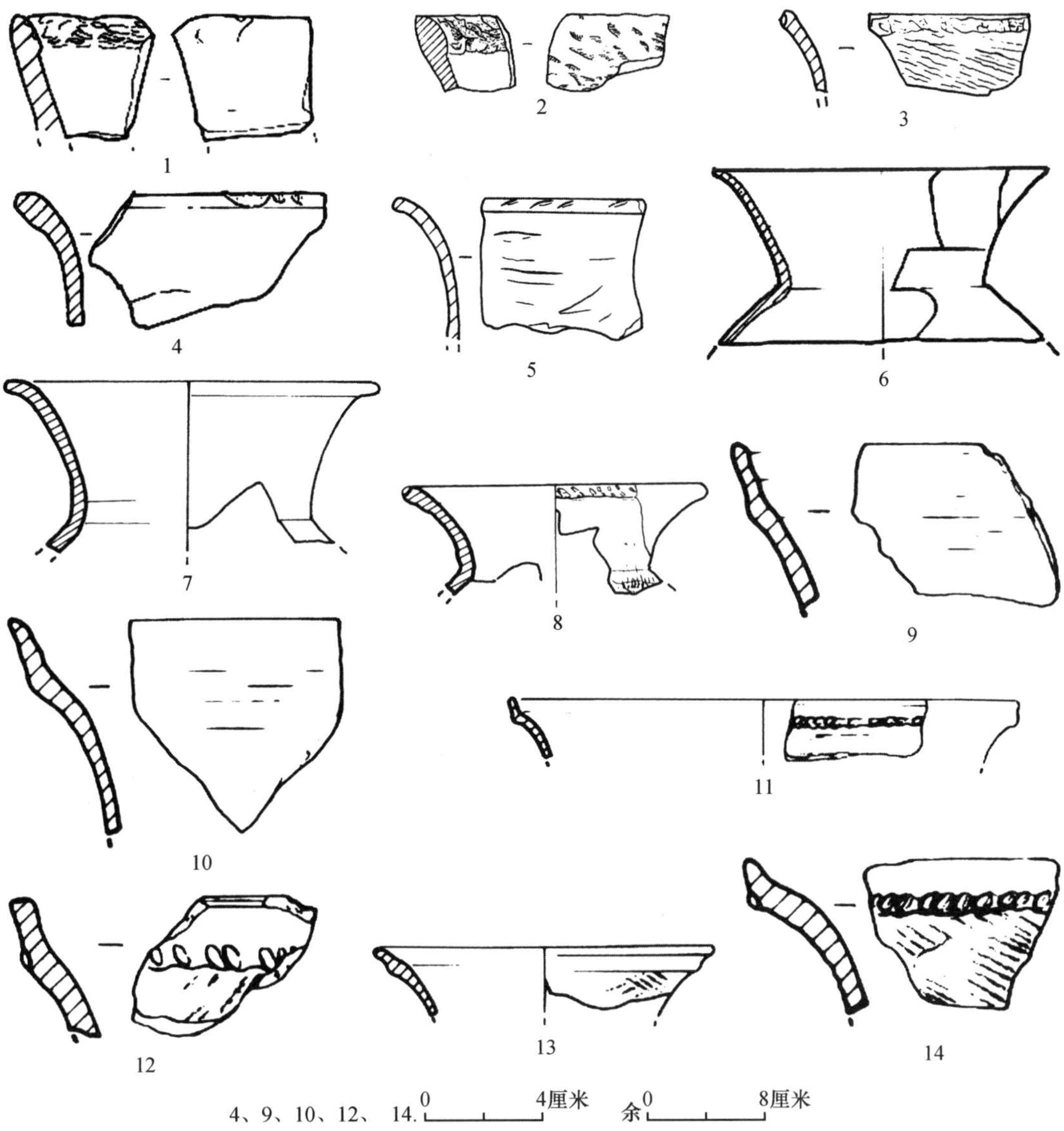

图三五八　中坝文化第8组陶器

1、2. 厚胎缸（98BT0205㉔：3、98BT0405㉖：53）　3. A型贴边缸（02AT0101㉞A：9）　4、5. A型瓮（98BT0405㉖：55、99DT0301㊸：25）　6～8. B型瓮（99AT0201㊾：10、99DT0301㊾：27、99DT0301㊷：21）　9、10. A型Ⅰ式盘口罐（02BT0201㊺：3、02BT0201㊺：4）　11、12. A型Ⅱ式盘口罐（99AT0201㊽：3、02BT0201㊺：5）　13、14. A型Ⅲ式盘口罐（99AT0201㊿：5、02BT0101㊴：5）

斜壁，盘较深，上腹内弧，残。轮制，火候较高。残宽7、残高5.3厘米（图三五八，9）。标本02BT0201㊺：4，夹粗砂褐陶，里黑。上腹饰横细划纹，内壁磨光。盘口，圆唇，斜壁，盘较深，上腹内弧，残。轮制，火候较高。残宽7、残高7厘米（图三五八，10）。

Ⅱ式：10件。

标本99AT0201㊽：3，夹细砂黑陶，里褐。盘外下凸棱饰戳印纹，上腹饰多道细凹弦纹，内壁磨光。敞口，圆唇，盘浅，残。轮制，火候较高。口径34、残高4厘米（图三五八，11）。标本02BT0201㊺：5，夹砂红陶，胎红夹灰。盘下缘饰戳印纹，上腹饰斜绳纹，内壁磨光。盘口，唇面微凹，斜壁，盘较浅，上腹内弧，残。轮制，火候较高。残宽6.2、残高4.6厘米（图三五八，12）。

Ⅲ式：87件。

标本99AT0201⑥0：5，夹细砂褐陶，局部黑，里黑色。上腹饰组状绳纹，内壁磨光。敞口，圆唇，盘浅，残。轮制，火候较高。口径22.2、残高4.4厘米（图三五八，13）。标本02BT0101㊴：5，夹砂褐陶，局部、里黑。盘壁饰细凹弦纹，盘外下缘饰戳印纹，上腹饰斜细绳纹，内壁磨光。盘口，圆唇，斜壁，盘较浅，上腹内弧，残。轮制，火候较高。残宽6.6、残高5厘米（图三五八，14）。

B型　147件。

Ba型　32件。

Ⅰ式：2件。标本碎小。

Ⅱ式：3件。

标本99DT0301㊸：11，夹砂红褐陶，黑陶。盘外下饰戳印纹，上腹饰斜细绳纹，内壁磨光。盘口，圆唇，盘较浅，上腹内弧，残。轮制，火候较高。残宽4.7、残高5.2厘米（图三五九，1）。标本02BT0101㊴：9，夹砂黑陶，局部灰褐。盘外下部饰戳印纹，内壁磨光。盘口，圆唇，斜壁，盘较浅，上腹内弧，残。轮制，火候一般。残宽7.4、残高6.5厘米（图三五九，2）。

Ⅲ式：27件。

标本99AT0201⑥0：6，夹细砂灰陶。口外下饰戳印纹，上领部饰双向穿镂孔，内壁磨光。盘口外张，圆唇，浅盘，残。残宽7.6、残高3.3厘米（图三五九，3）。标本99AT0201⑥7：3，夹细砂红陶，局部灰褐。盘外下饰三角形戳印纹，领部饰斜绳纹，内壁磨光。盘口外张，圆唇，微有盘，残。口径22、残高4.8厘米（图三五九，4）。

Bb型　115件。

Ⅰ式：7件。

标本02BT0201㊺：7，夹粗砂褐陶，里黑。盘口，圆唇，斜直壁，盘较浅，上腹内弧，残。轮制，火候较高。残宽7.6、残高4厘米（图三五九，5）。标本02BT0101㊴：10，夹砂灰褐陶，里红。盘外饰波浪形划纹，内壁磨光。盘口，圆唇，斜壁微凹，盘较深，上腹内弧，残。轮制，火候较高。残宽5、残高4.7厘米（图三五九，6）。

Ⅱ式：91件。

标本02BT0101㉟：17，夹砂褐陶，局部红，胎、里黑。上腹饰交错细绳纹，内壁磨光。盘口，窄沿斜折，圆唇，斜壁微凹，盘较浅，上腹内弧，残。轮制，火候较高。残宽5、残高4.4厘米（图三五九，7）。标本02BT0101㊲：11，夹砂黑陶，局部、胎灰褐。上腹饰交错细绳纹，内壁磨光。盘口，圆唇，斜壁、下部内凹，盘较浅，上腹内弧，残。轮制，火候较高。残宽10、残高4厘米（图三五九，8）。

Ⅲ式：17件。

标本99AT0201⑥5：3，夹细砂褐陶，口部、里黑。盘外下饰戳印纹，领部饰斜绳纹。敞口外张，圆唇，唇外下内凹，微有盘，束领，残。残宽9.2、残高6.7厘米（图三五九，9）。标本99AT0201⑥7：4，夹细砂灰褐陶。素面，内外壁磨光。敞口外张，圆唇，唇外下微内凹，微有盘，残。口径16、残宽2.7厘米（图三五九，10）。

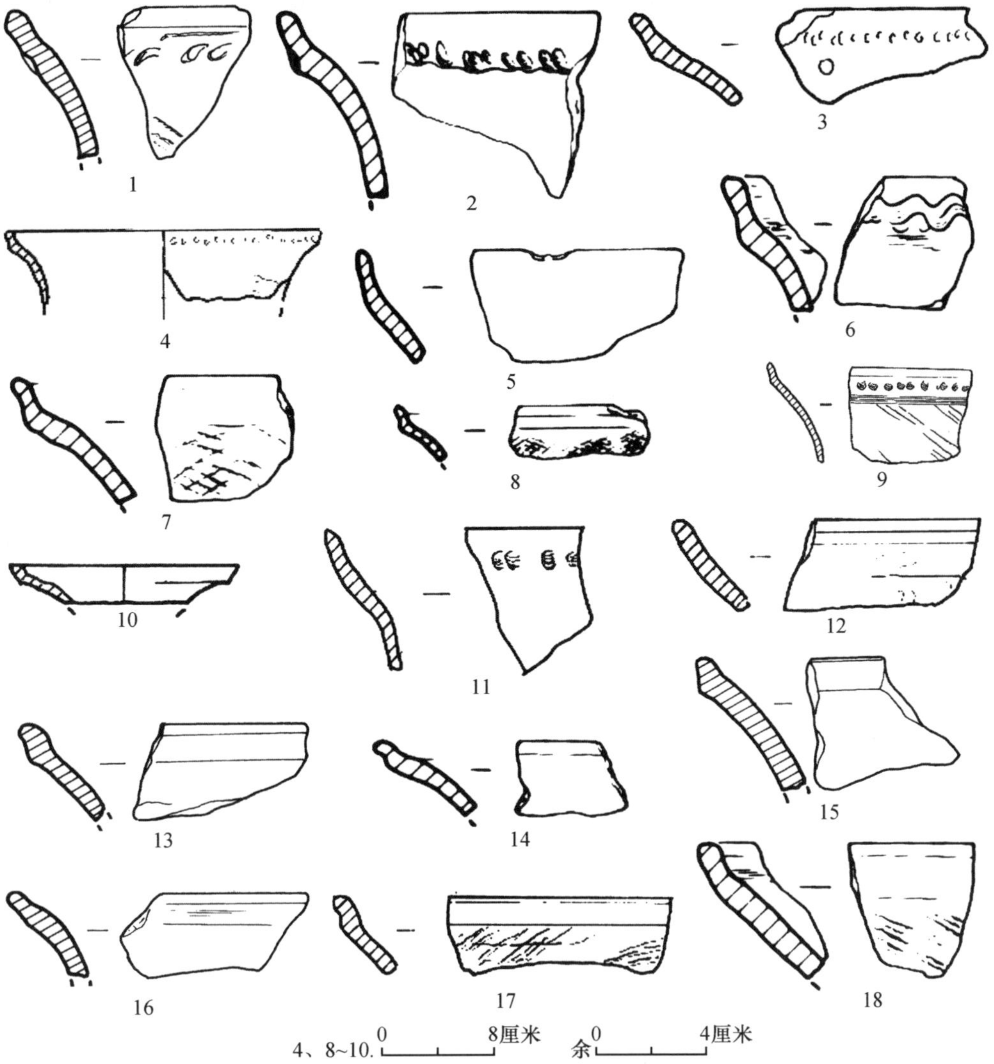

图三五九　中坝文化第8组陶器

1、2. Ba型Ⅱ式盘口罐（99DT0301⑤③：11、02BT0101③⑨：9）　3、4. Ba型Ⅲ式盘口罐（99AT0201⑥⓪：6、99AT0201⑥⑦：3）　5、6. Bb型Ⅰ式盘口罐（02BT0201⑤⑤：7、02BT0101③⑨：10）　7、8. Bb型Ⅱ式盘口罐（02BT0101③⑤：17、02BT0101③⑦：11）　9、10. Bb型Ⅲ式盘口罐（99AT0201⑥⑤：3、99AT0201⑥⑦：4）　11、12. C型盘口罐（99AT0201⑤⑦：9、98BT0405㉗：24）　13、14. Aa型盘口器（99DT0301⑤⓪：4、02BT0101③⑨：18）　15、16. Ab型盘口器（99DT0301⑤②：12、99DT0301④⑨：12）　17、18. B型盘口器（98BT0405㉖：19、02BT0101③⑨：19）

C型　3件。

标本99AT0201⑤⑦：9，夹细砂红褐陶，口部、里黑。口外下饰戳印纹，内壁磨光。盘口外张，圆尖唇，盘较深、壁微外弧，残。残宽4.5、残高5厘米（图三五九，11）。标本98BT0405㉗：24，夹细砂黑陶。器表饰绳纹，内壁磨光，器表有划痕。敞盘口，圆唇，残。轮制，火候较高。残宽7.4、残高2.6厘米（图三五九，12）。

盘口器　71件。

A型　43件。

Aa型　29件。

标本99DT0301㊿：4，夹砂黑陶，局部红褐。素面，内外壁磨光。浅盘口，圆唇，上腹内弧，残。轮制，火候较高。残宽6.2、残高3.4厘米（图三五九，13）。标本02BT0101㊴：18，夹砂红陶。素面，内外壁磨光。盘口，圆唇，外沿内凹，浅盘，上腹内弧，残。轮制，火候较高。残宽4、残高2.6厘米（图三五九，14）。

Ab型　14件。

标本99DT0301㊾：12，夹砂褐陶，胎、里黑。素面，内外壁磨光。浅盘口，圆唇，上腹内弧，残。轮制，火候较高。残宽5.4、残高4.7厘米（图三五九，15）。标本99DT0301㊾：12，夹砂红陶，局部、里灰，黑胎。素面，内外壁磨光。略呈浅盘口，圆唇，上腹内弧，残。轮制，火候较高。残宽6.6、残高3厘米（图三五九，16）。

B型　28件。

标本98BT0405㉖：19，夹砂灰褐陶，局部红褐。上腹饰斜细绳纹，内壁磨光。略呈盘口，圆唇，上腹内斜，残。轮制，火候较高。残宽8、残高2.8厘米（图三五九，17）。标本02BT0101㊴：19，夹砂灰褐陶，局部红褐。上腹饰斜细绳纹，内壁磨光。略呈盘口，圆唇，上腹内斜，残。轮制，火候较高。残宽4.6、残高4.8厘米（图三五九，18）。

翘唇罐　1件。标本碎小。

折沿罐　19件。

A型　1件。标本碎小。

B型　14件。

Ⅰ式：5件。

标本02BT0101㊴：23，夹砂黑陶，局部暗红。唇部饰戳印纹，器表饰组状绳纹、局部交错。侈口，斜折沿较宽，腹微弧，残。手制轮修，火候较高。残宽13.2、残高9.2厘米（图三六〇，1）。标本02BT0201㊺：12，夹砂褐陶，局部红、黑，黑胎。唇部饰戳印纹，器表饰斜绳纹，沿面磨光。侈口，斜折沿，鼓腹，残。轮制，火候较高。残宽10.4、残高5.4厘米（图三六〇，2）。

Ⅱ式：9件。

标本99DT0301㊾：17，夹砂红陶，局部灰褐，胎红夹灰。外唇饰粗绳状戳印纹，外沿、上腹饰竖绳纹后按抹。侈口，折沿外卷，唇面微凹，残。轮制，火候较高。残宽6.8、残高4.6厘米（图三六〇，3）。标本98BT0405㉖：23，夹细砂灰陶，沿局部黑。下唇面饰戳印纹，沿下、上腹饰交错绳纹。侈口，斜折沿，沿面微凹，唇面内凹，残。轮制，火候高。残宽8.3、残高4.4厘米（图三六〇，4）。

C型　2件。Ⅱ式。

标本02BT0101㊴：25，夹砂黑陶，局部红褐，胎、里灰褐。唇部饰戳印纹，器表饰交错绳纹。侈口，斜折沿较宽，上腹较直，残。手制轮修，火候较高。残宽4.8、残高4.8厘米（图三六〇，5）。标本02BT0201㊺：13，夹砂红褐陶，胎红夹灰黑。唇部饰戳印纹，器表饰斜绳纹，沿面、上腹磨光。侈口，斜折沿，上腹微外斜，残。手制轮修，火候较高。口径22.4、残高6.8厘米（图三六〇，6）。

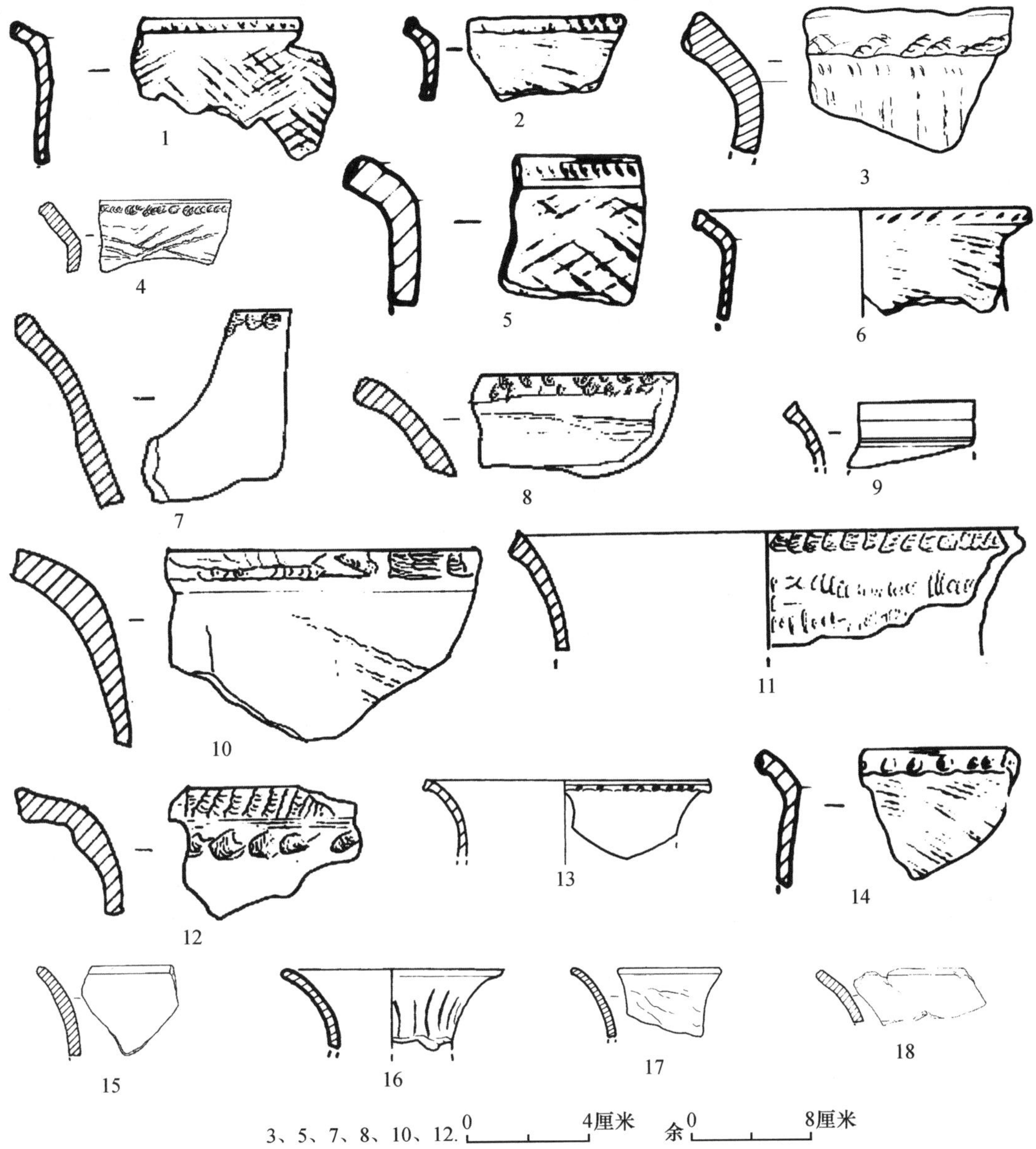

图三六〇　中坝文化第8组陶器

1、2. B型Ⅰ式折沿罐（02BT0101㊴：23、02BT0201㊺：12）　3、4. B型Ⅱ式折沿罐（99DT0301㊾：17、98BT0405㉖：23）　5、6. C型Ⅱ式折沿罐（02BT0101㊴：25、02BT0201㊺：13）　7、8. A型敞口罐（98BT0405㉖：79、98BT0405㉖：81）　9、10. B型敞口罐（98BT0205㉔：24)、98BT0405㉖：80）　11. C型敞口罐（98BT0405㉖：21）　12. D型敞口罐（98BT0405㉖：6）　13、14. Ⅱ式槽唇罐（99AT0201㊿：13、02BT0101㉟：26）　15、16. 高领罐（99DT0101㊳：16、99DT0301㊾：14）　17、18. 喇叭口罐（99DT0301㊾：18、99DT0101㊴：18）

D型　2件。标本碎小。

敞口罐　69件。

A型　14件。

标本98BT0405㉖：79，夹粗砂褐陶，灰黑胎。唇面饰凹弦纹，下唇缘饰戳印纹。敞口，腹较斜，残。轮制，火候较高。残宽4.8、残高6.1厘米（图三六〇，7）。标本98BT0405㉖：81，夹细砂黑陶，褐胎。唇面饰戳印纹，器表饰细绳纹。喇叭口，残。轮制，火候较高。残宽6.6、残高3.2厘米（图三六○，8）。

B型 27件。

标本98BT0205㉔：24，夹砂红陶，局部黑。唇饰斜绳切纹，上腹饰附加堆纹，内壁磨光。敞口，卷沿，方唇，残。轮制，火候较高。残宽8.4、残高4.2厘米（图三六○，9）。标本98BT0405㉖：80，夹细砂灰黑陶，局部、里红褐。唇面饰戳印纹，器表饰凹弦纹、绳纹。敞口，卷沿，唇面内凹，腹较斜直，残。轮制，火候不高。残宽10.2、残高6.2厘米（图三六○，10）。

C型 27件。

标本98BT0405㉖：21，夹细砂褐陶，局部红，黑胎。唇面饰戳印纹，上腹饰附加堆纹，再在堆纹上饰戳印纹，内壁粗磨。敞口，唇面内凹，腹近直，残。轮制，火候较高。口径32.4、残高7.5厘米（图三六○，11）。

D型 1件。

标本98BT0405㉖：6，夹细砂黑陶。唇面饰绳纹，沿、腹相交处饰附加堆纹，在堆纹上再饰粗绳状戳印纹。敞口，卷沿近平，沿面近唇处凹，尖圆唇，残。轮制，火候较高。残宽6.2、残高4.3厘米（图三六○，12）。

槽唇罐 12件。

Ⅰ式：1件。标本碎小。

Ⅱ式：10件。

标本99AT0201⑥⓪：13，夹细砂褐陶，局部、里黑。唇下缘饰戳印纹，内壁磨光。侈口，束领，唇面内凹，残。轮制，火候一般。口径18.8、残高5厘米（图三六○，13）。标本02BT0101㉟：26，夹砂褐陶，局部、里红，灰褐胎。唇下缘饰戳印纹，器表饰斜绳纹，沿面磨光。侈口，斜折沿，唇面微凹，微鼓腹，残。轮制，火候较高。残宽10.6、残高8.4厘米（图三六○，14）。

Ⅲ式 1件。标本碎小。

高领罐 4件。

标本99DT0101㊳：16，夹砂黑皮陶，局部、里红。素面，内外壁磨光。侈口，圆唇，束领，残。轮制，火候较高。残宽6.3、残高5.8厘米（图三六○，15）。标本99DT0301㊾：14，夹砂红陶，局部褐，黑胎。领饰暗纹，内外壁磨光。喇叭口，圆唇，领外翻，残。手制轮修，火候较高。口径14.4、残高5.2厘米（图三六○，16）。

喇叭口罐 8件。

标本99DT0301㊾：18，夹砂红陶。素面，器表、内沿磨光，多磨痕。喇叭口，圆唇，残。轮制，火候高。残宽6.8、残高4.5厘米（图三六○，17）。标本99DT0101㊴：18，夹砂红陶。素面，器表、内沿磨光，多磨痕。喇叭口，圆唇，残。轮制，火候高。残宽6.8、残高4.5厘米（图三六○，18）。

侈口罐 20件。

标本98BT0405㉖：9，夹细砂黑陶，局部、里黄褐。素面，内外壁磨光。侈口，卷沿，方唇，鼓腹，残。轮制，火候较高。残宽7.2、残高5.5厘米（图三六一，1）。标本98BT0405㉖：10，夹细砂褐黄陶，局部泛黑。素面，内外壁精细磨光。圈沿，圆唇，束颈，鼓腹，残。轮制，火候高。残宽6.6、残高3.6厘米（图三六一，2）。

敛口罐　1件。

标本98BT0405㉖：11，夹细砂褐陶，局部黑。沿部饰镂孔，外壁磨光。敛口，方圆唇，鼓腹，残。轮制，火候高。残宽4.7、残高3.7厘米（图三六一，3）。

卷沿罐　134件。

A型　53件。

Aa型　28件。

Ⅰ式：24件。

标本99AT0201㊅：14，夹细砂灰黑陶，里红色。上腹饰较疏绳纹，内壁磨光。侈口，卷沿，圆唇，残。轮制，火候较高。口径27.6、残高8.4厘米（图三六一，4）。标本02BT0101㉟：21，夹砂红褐陶，灰褐胎。素面，多细旋痕。喇叭口，圆唇，残。轮制，火候较高。残宽7.8、残高3.4厘米（图三六一，5）。

Ⅱ式：4件。

标本99DT0301㊿：12，夹砂灰褐陶，局部灰黑，里红褐。上腹饰戳划纹。喇叭口，圆唇，残。轮制，火候较高。残宽5.8、残高2.3厘米（图三六一，6）。

Ab型　25件。

Ⅰ式：9件。

标本02BT0101㊴：21，夹砂红褐陶，局部灰褐、黑，胎红夹灰。唇下部饰戳印纹，上腹饰斜细绳纹。敞口外张，卷沿，上腹微斜收，残。轮制，火候较高。残宽6.8、残高3.7厘米（图三六一，7）。标本02AT0101㊱：4，夹砂黑陶。唇部饰戳印纹，上腹饰划纹，内沿磨光。侈口，卷沿，上腹外斜，残。轮制，火候较高。残宽5.4、残高5.5厘米（图三六一，8）。

Ⅱ式：16件。

标本99AT0201㊅：18，夹细砂灰黑陶，里红色。唇面饰戳印纹，器表饰稀疏划纹，口内壁磨光。侈口，卷沿，圆唇，腹微鼓，残。轮制，火候较高。口径17.2、残高9.6厘米（图三六一，9）。标本99DT0101㊴：16，夹砂黑陶，局部褐。外唇饰戳印纹，内壁磨光。侈口，卷沿外翻，唇面微凹，上腹微外斜，残。轮制，火候较高。残宽9.2、残高5.8厘米（图三六一，10）。

B型　55件。

Ⅰ式：14件。

标本99AT0201㊾：17，夹细砂红陶，局部黑色。唇面饰戳印纹，领部先饰凸弦纹两道，再在其上饰戳印纹。敞口，卷沿，内沿面近唇处微内凹，方唇，唇缘下垂，残。轮制，火候较高。口径35.4、残高5.6厘米（图三六一，11）。标本99AT0201㊿：17，夹细砂红褐陶，灰黑胎。唇面饰戳印纹，外沿饰堆纹，在堆纹上再饰戳印纹，内壁磨光。敞口，卷沿，唇沿外下垂，残。轮制，火候较高。口径28.2、残高3.6厘米（图三六一，12）。

Ⅱ式：41件。

标本99AT0201㊅：22，夹细砂红褐陶，胎、里灰色。唇面上缘、器表饰戳印纹，内壁磨光。敞口，卷沿，唇面内凹，残。轮制，火候较高。口径31.2、残高5.2厘米（图三六一，13）。标本99AT0201㊾：18，夹细砂黑陶，里红色。唇面饰戳印纹，领部饰堆纹，堆纹上再

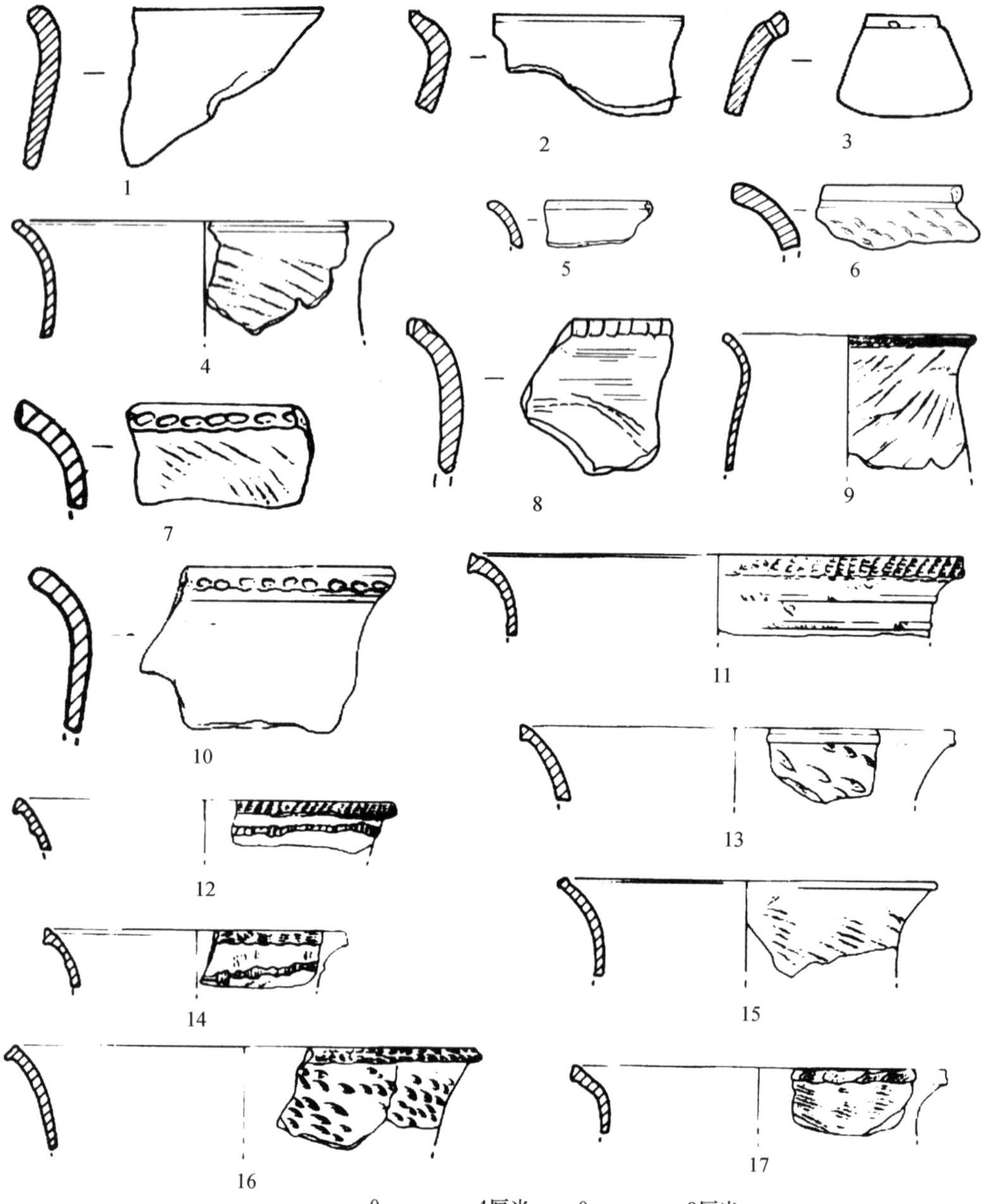

图三六一　中坝文化第8组陶器

1、2. 侈口罐（98BT0405㉖：9、98BT0405㉖：10）　3. 敛口罐（98BT0405㉖：11）　4、5. Aa型Ⅰ式卷沿罐（99AT0201㊺：14、02BT0101㉟：21）　6. Aa型Ⅱ式卷沿罐（99DT0301㊶：12）　7、8. Ab型Ⅰ式卷沿罐（02BT0101㊴：21、02AT0101㊱：4）　9、10. Ab型Ⅱ式卷沿罐（99AT0201㊺：18、99DT0101㊴：16）　11、12. B型Ⅰ式卷沿罐（99AT0201㊼：17、99AT0201㊿：17）　13、14. B型Ⅱ式卷沿罐（99AT0201㊺：22、99AT0201㊼：18）　15、16. C型Ⅰ式卷沿罐（99AT0201㊺：19、99AT0201㊼：19）　17. C型Ⅱ式卷沿罐（99AT0201㊺：17）

饰戳印纹。敞口，卷沿，内沿近唇处微内凹，残。轮制，火候较高。口径22、残高4.2厘米（图三六一，14）。

C型　26件。

Ⅰ式：10件。

标本99AT0201㊺：19，夹细砂红陶，灰黑胎。上腹饰细绳纹，内壁磨光。敞口，卷沿，方唇，残。轮制，火候较高。口径26、残高4.8厘米（图三六一，15）。标本99AT0201㊲：19，夹细砂褐陶，局部灰黑，胎黑色。唇面、器表饰戳印纹。敞口，卷沿，唇下缘外下垂，残。轮制，火候较高。口径34.4、残高7.2厘米（图三六一，16）。

Ⅱ式：16件。

标本99AT0201㊵：17，夹细砂黑陶。唇面、器表饰绳纹，内壁磨光。敞口，卷沿，方唇，残。轮制，火候较高。口径27、残高4厘米（图三六一，17）。

卷沿鼓腹罐　16件。

Ⅰ式：10件。

标本99AT0201㊲：20，泥质黑陶。素面，内外壁磨光。微侈口，卷沿，圆唇，残。轮制，火候较高。口径20.4、残高5.9厘米（图三六二，1）。标本99AT0201㊲：21，泥质黑陶，红褐胎。素面，内外壁磨光。侈口，卷沿，圆唇，鼓腹，残。轮制，火候较高。口径21.2、残高8.2厘米（图三六二，2）。

Ⅱ式：6件。

标本99AT0201㊴：15，夹细砂黑陶。素面，内外壁磨光。侈口，圈沿，圆唇，鼓腹，残。轮制，火候一般。口径18.4、残高10厘米（图三六二，3）。标本99DT0301㊾：20，泥质灰陶。素面，内外壁磨光。侈口，圆唇，束领，残。轮制，火候高。口径19.2、残高5.2厘米（图三六二，4）。

贴边罐　4件。

A型　3件。

标本98BT0405㉖：7，夹细砂灰陶，局部红褐。唇沿饰戳印纹，器表饰绳纹。口微侈，沿外卷下垂，腹微弧，残。手制，火候不高。残宽4.9、残高6厘米（图三六二，5）。标本98BT0405㉖：8，夹细砂灰陶，灰黑胎。唇面饰戳印纹，器表饰组状绳纹。敞口，唇缘斜下凸，斜直腹，残。轮制，火候较高。残宽4.5、残高5.2厘米（图三六二，6）。

B型　1件。

标本02BT0101㉟：25，夹砂红陶，局部、里黑。唇部、外沿饰戳印纹，上腹饰斜绳纹、附加堆纹，内壁磨光。侈口，卷沿，残。轮制，火候一般。残宽9.8、残高4.2厘米（图三六二，7）。

小罐　1件。

标本98BT0205㉔：4，夹砂褐陶，局部褐。沿面饰绳切纹，上腹饰斜细绳纹。口微侈，微有平折沿，圆唇，上腹微束，残。手制，火候较高。残宽5.2、残高3.6厘米（图三六二，8）。

壶　3件。

标本02AT0101㉞A：7，夹砂褐陶，局部红、褐。素面，器表、内沿磨光。喇叭口，圆唇，残。轮制，火候较高。口径10.8、残高5.4厘米（图三六二，9）。标本02AT0101㉞A：8，夹砂灰黑陶，局部红褐。素面，器表、内沿磨光。喇叭口，圆唇，微束颈，残。轮制，火候较高。口径10.6、残高5.2厘米（图三六二，10）。

盘　62件。

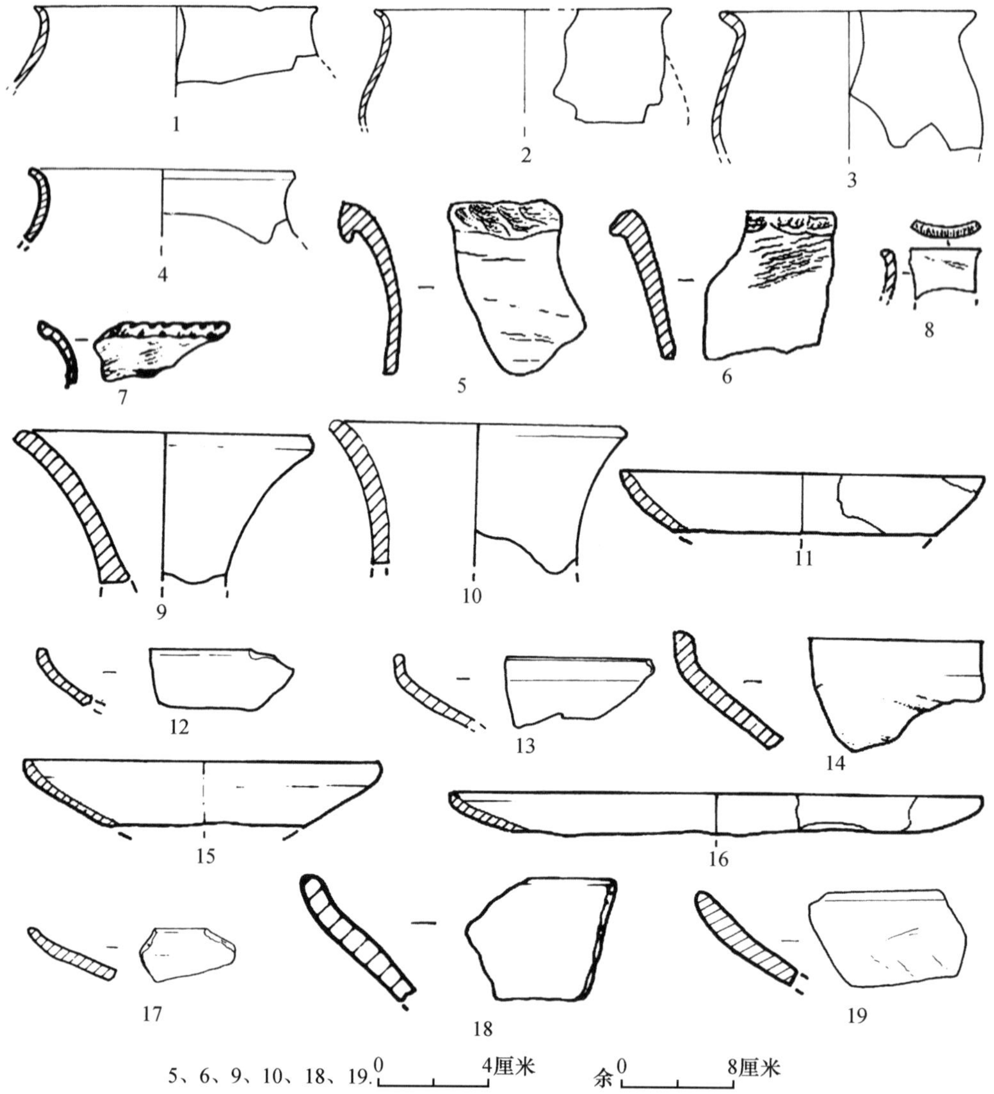

图三六二　中坝文化第8组陶器

1、2. Ⅰ式卷沿鼓腹罐（99AT0201㊼：20、99AT0201㊼：21） 3、4. Ⅱ式卷沿鼓腹罐（99AT0201㊾：15、99DT0301㊾：20） 5、6. A型贴边罐（98BT0405㉖：7、98BT0405㉖：8） 7. B型贴边罐（02BT0101㉟：25） 8. 小罐（98BT0205㉔：4） 9、10. 壶（02AT0101㉞A：7、02AT0101㉞A：8） 11、12. A型盘（99AT0201㊵：13、02AT0101㉝：10） 13、14. B型Ⅰ式盘（99DT0301㊸：21、98BT0405㉖：31） 15. B型Ⅱ式盘（99AT0201㊿：11） 16、17. B型Ⅲ式盘（99AT0201㊾：11、02BT0201㊺：16） 18、19. C型盘（02BT0101㊴：31、99DT0301㊸：22）

A型　29件。

标本99AT0201㊵：13，夹砂黑陶，局部、里红。素面，内外壁磨光。敞口，圆唇，弧腹，残。手制轮修，火候较高。口径25.6、残高4厘米（图三六二，11）。标本02AT0101㉝：10，夹砂黑陶，局部褐，红褐胎。素面，内外壁磨光。敞口，圆唇，弧腹，残。轮制，火候较高。残宽10.4、残高4厘米（图三六二，12）。

B型　21件。

Ⅰ式：11件。

标本99DT0301㊸：21，夹砂黑陶，局部红、褐。素面，内壁磨光。敞口，圆唇，折腹，残。轮制，火候较高。残宽10.6、残高5厘米（图三六二，13）。标本98BT0405㉖：31，夹细砂红陶，灰黑胎。器表饰绳纹，内壁磨光。口近直，圆唇，折腹，残。轮制，火候较高。残宽6.3、残高3.8厘米（图三六二，14）。

Ⅱ式：3件。

标本99AT0201㊿：11，夹砂黑陶，局部褐。素面，上腹、内壁磨光。敞口，圆唇，折腹，残。手制轮修，火候较高。口径25.6、残高4.4厘米（图三六二，15）。

Ⅲ式：6件。

标本99AT0201㊾：11，夹砂黑皮陶，局部褐。素面，内外壁磨光。口近直，圆唇，折腹，上腹较直，下腹弧收，残。轮制，火候较高。口径37.6、残高2.4厘米（图三六二，16）。标本02BT0201㊺：16，夹粗砂褐陶，局部、里黑。素面，内外壁磨光。敞口，圆唇，折腹，残。手制轮修，火候较高。残宽7、残高3.8厘米（图三六二，17）。

Ⅳ式：1件。标本碎小。

C型　12件。

标本02BT0101㊴：31，夹砂黑陶，红胎。素面，内外壁磨光。敞口，圆唇，腹较斜直，残。轮制，火候较高。残宽5.3、残高4.4厘米（图三六二，18）。标本99DT0301㊸：22，夹砂灰褐陶。素面。敞口，圆唇，腹较斜直，残。手制轮修，火候较高。残宽5.6、残高3.4厘米（图三六二，19）。

有沿盘　4件。

Ⅱ式：3件。

标本99DT0301㊷：17，夹砂黑陶，局部褐。素面，上腹、内壁磨光。敛口，折沿微斜，圆唇，折腹，残。轮制，火候较高。残宽4.8、残高2.8厘米（图三六三，1）。标本99DT0301㊵：7，夹砂黑陶，局部灰褐。腹饰组状划纹，上腹、内壁磨光。敞口，卷沿，圆唇，弧腹，残。手制轮修，火候较高。残宽6.6、残高3.8厘米（图三六三，2）。

Ⅲ式：1件。

标本02BT0101㊲：6，夹砂褐陶，局部黑、红，黑胎。下腹饰粗划纹，上腹、内壁磨光。敞口，圆唇，微折腹，残。轮制，火候较高。残宽5.2、残高4.6厘米（图三六三，3）。

大圈足盘　15件。

盘口　8件。

标本98BT0405㉖：67，泥质红陶，局部黄褐、灰黑。器表饰凹弦纹，内外壁精磨，有磨痕。敞口，圆尖唇，弧盘，残。轮制，火候较高。口径29.6、残高3.4厘米（图三六三，4）。标本02BT0101㉟：27，泥质褐陶，灰胎。素面，内外壁磨光。敞口，圆唇，弧腹，浅盘、盘底接圈足痕。轮制，火候高。残宽8、残高4.2厘米（图三六三，5）。

A型　5件。

标本99DT0101㊴：13，泥质灰陶。圈足中部饰细凹弦纹，下腹饰未穿圆镂孔，外壁磨光。圈足较高、微束，下腹微外折，残。轮制，火候高。残宽9.2、残高5厘米（图三六三，6）。标本02BT0101㉟：28，泥质红陶，胎局部灰。圈足上、中部饰凹弦纹各一周，内外壁磨光。微有盘腹、底，圈足高、微束，残。分制，火候高。残宽7.8、残高4.6厘米（图三六三，7）。

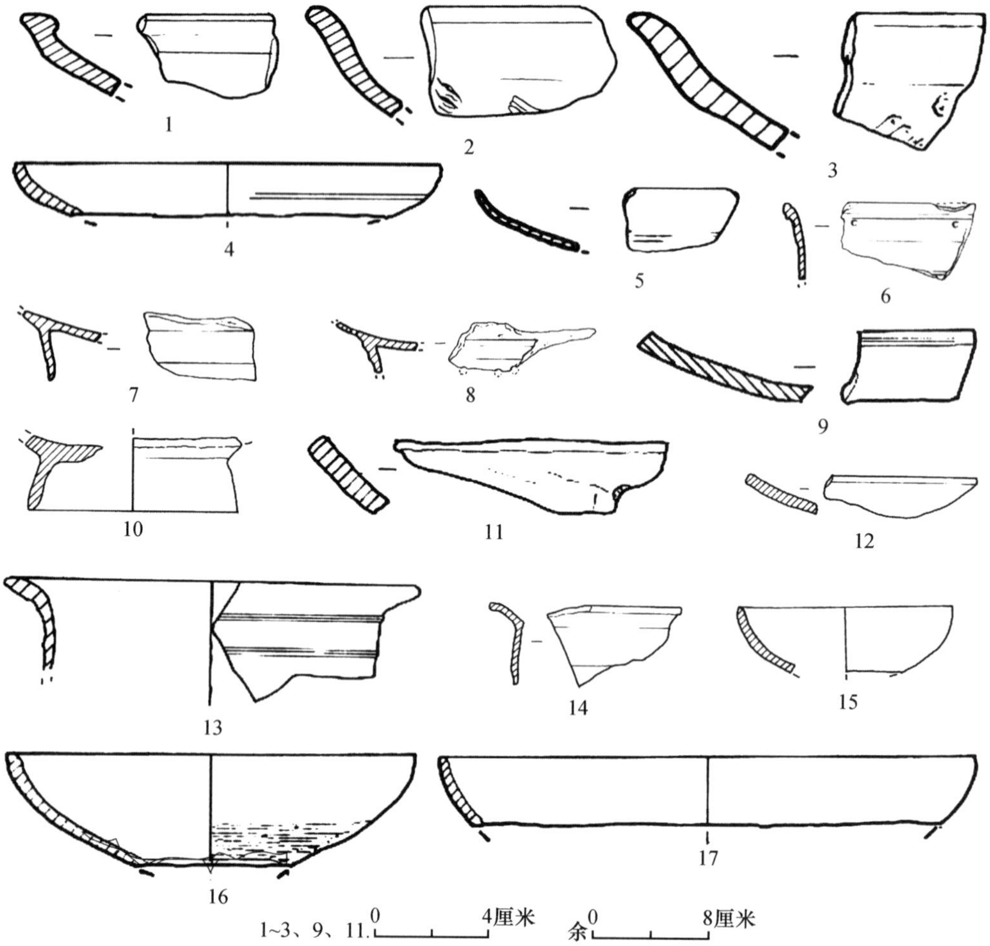

图三六三　中坝文化第8组陶器

1、2. Ⅱ式有沿盘（99DT0301㊾：17、99DT0301㊿：7）　3. Ⅲ式有沿盘（02BT0101㊲：6）　4、5. 大圈足盘口（98BT0405㉖：67、02BT0101㉟：27）　6、7. A型大圈足盘（99DT0101㊴：13、02BT0101㉟：28）　8. B型大圈足盘（99DT0101㊳：13）　9、10. 高圈足盘（98BT0405㉖：64、98BT0405㉖：68）　11、12. 矮圈足盘（98BT0405㉖：59、98BT0405㉖：60）　13、14. B型盆（98BT0205㉔：11、98BT0405㉖：40）　15～17. A型Ⅰ式钵（98BT0405㉖：35、99AT0201㊼：16、99AT0201㊺：16）

B型　2件。

标本99DT0101㊳：13，泥质黑皮陶，灰胎。盘下腹、圈足中部饰圆形镂孔，内外壁磨光。下腹弧收，圈足逐级内折。分制，火候高。残宽10、残高3.4厘米（图三六三，8）。

高圈足盘　2件。

标本98BT0405㉖：64，夹细砂黑陶。唇面饰前凹弦纹，内壁磨光。敞口，唇面微凹，弧盘，残。轮制，火候较高。残宽4.7、残高2.4厘米（图三六三，9）。标本98BT0405㉖：68，夹细砂褐陶，局部、胎黑，盘内壁红褐。素面，外壁、内底磨光。盘底微圜，圈足较高微内束，残。分制，火候较高。足径14.4、残高5厘米（图三六三，10）。

矮圈足盘　6件。

标本98BT0405㉖：59，夹细砂褐陶，局部红。器表、内壁饰划纹。敞口，方圆唇，壁微弧，残。轮制，火候一般。残宽9.3、残高2.4厘米（图三六三，11）。标本98BT0405㉖：60，夹细砂灰褐陶，局部黑。素面，内壁磨光，器表有磨痕。敞口，方唇，壁微弧，残。手制，火候不高。残宽10.1、残高2.4厘米（图三六三，12）。

盆　7件，1件不明型别。

A型　1件。标本碎小。

B型　5件。

标本98BT0205㉔：11，夹细砂黑皮陶，里红。上腹饰附加堆纹，内外壁磨光。侈口，卷沿，圆唇，上腹较直，残。轮制，火候较高。口径28.8、残高8厘米（图三六三，13）。标本98BT0405㉖：40，夹细砂黑陶。腹饰凸弦纹，内外壁磨光。微侈口，折沿，沿面微弧，圆唇，腹微弧，残。轮制，火候高。残宽9、残高5.4厘米（图三六三，14）。

钵　36件。

A型　14件。

Ⅰ式：10件。

标本98BT0405㉖：35，夹细砂褐陶，口局部黑。素面，器表有手按抹痕。敞口，圆唇，弧腹较深，残。手制，火候较高。口径14.8、残高4.4厘米（图三六三，15）。标本99AT0201㊼：16，夹砂黑皮陶，局部红褐。素面，内外壁磨光。敞口，圆唇，弧腹，残。轮制，火候较高。口径28、残高7.6厘米（图三六三，16；图版二八，1）。标本99AT0201㊐：16，夹砂黑陶，局部、里褐。素面，内外壁磨光。敞口，圆唇，弧腹，残。手制，火候较高。口径36.8、残高4.8厘米（图三六三，17）。

Ⅱ式：4件。

标本98BT0405㉖：36，夹细砂黑陶，里灰、红。素面，器表有刮抹痕。口微敞，腹微弧较深，残。手制，火候高。残宽4.5、残高4.1厘米（图三六四，1）。标本98BT0405㉖：38，夹黑陶，局部灰。器表饰绳纹，内外壁磨光。敞口，方唇，腹较斜直，残。轮制，火候高。残宽5.2、残高3.9厘米（图三六四，2）。

B型　3件。

Ⅰ式：2件。

标本02BT0101㉟：33，夹砂黑陶，褐胎。素面，内外壁磨光。口近直，圆唇，弧腹，残。手制，火候较高。口径14、残高7.6厘米（图三六四，3）。

Ⅱ式：1件。

标本98BT0405㉖：37，夹细砂红陶，灰黑胎。素面，内外壁磨光。口近直，方唇，微有沿，腹微弧较深，残。轮制，火候较高。残宽5、残高4.9厘米（图三六四，4）。

C型　19件。

Ca型　14件。

Ⅰ式：9件。

标本99AT0201㊼：12，夹砂黑陶，局部红。素面，内外壁磨光。敛口，圆唇，弧腹，残。轮制，火候较高。口径21.2、残高5.6厘米（图三六四，5）。标本99AT0201㊿：14，夹砂红褐陶，局部、胎黑。素面，内外壁磨光。敛口，圆唇，上腹圆弧，下腹弧收，残。手制轮修，火候较高。口径19.6、残高4.6厘米（图三六四，6）。标本99DT0101㊴：15，夹砂黑陶，

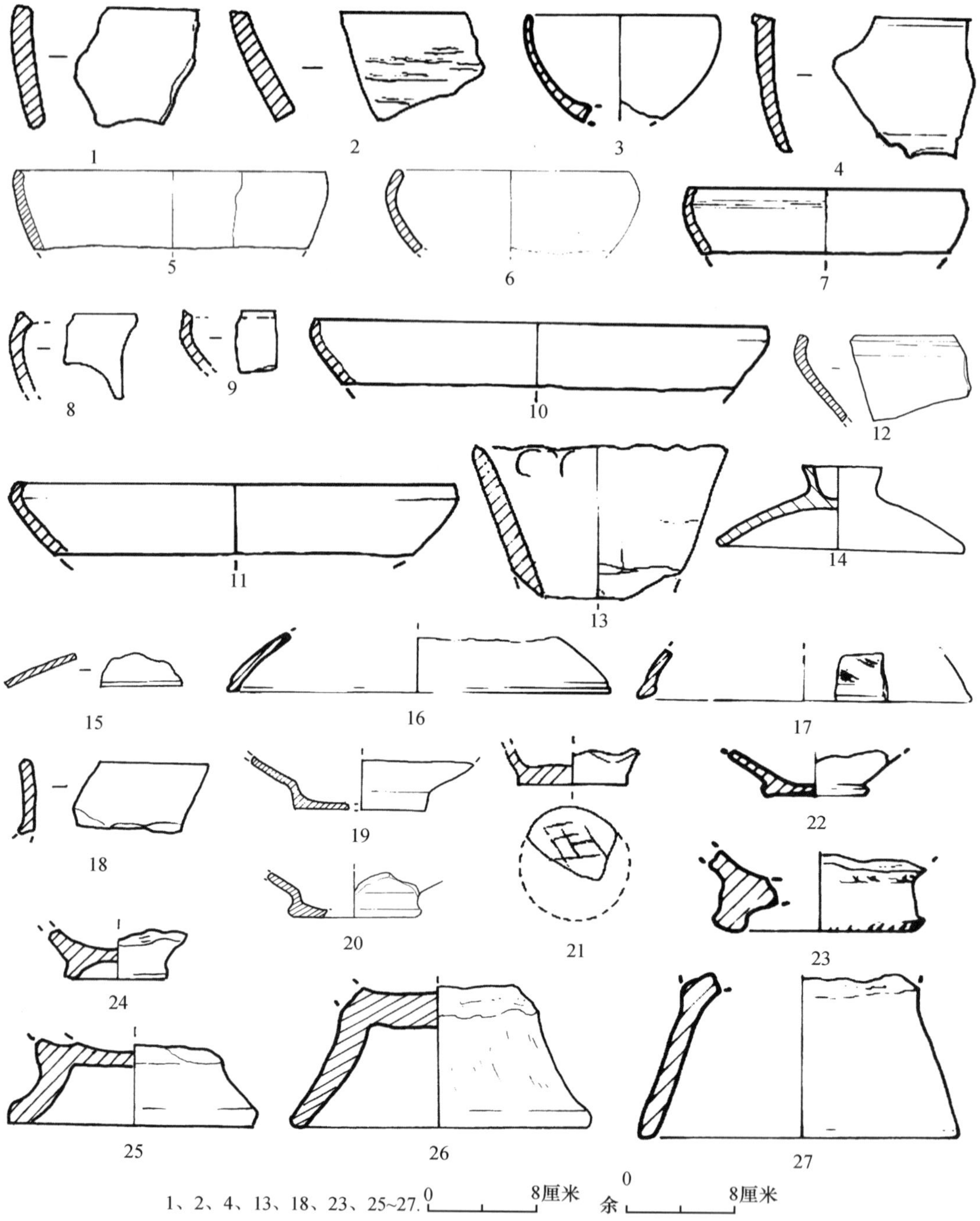

图三六四 中坝文化第8组陶器

1、2. A型Ⅱ式钵（98BT0405㉖：36、98BT0405㉖：38） 3. B型Ⅰ式钵（02BT0101㉟：33） 4. B型Ⅱ式钵（98BT0405㉖：37） 5～7. Ca型Ⅰ式钵（99AT0201㊼：12、99AT0201㊿：14、99DT0101㊴：15） 8、9. Ca型Ⅱ式钵（98BT0205㉔：8、98BT0205㉔：9） 10、11. Cb型Ⅰ式钵（99AT0201㊾：12、99AT0201㊼：15） 12. Cb型Ⅱ式钵（02AT0101㉝：13） 13. 杯（98BT0405㉖：54） 14、15. A型器盖（99AT0201㊾：2、98BT0405㉖：33） 16、17. C型器盖（99AT0201㊿：12、99AT0201㊿：12） 18. 不明器（02AT0101㉞A：11） 19、20. Aa型圈足（99AT0201㊼：22、99DT0301㊿：11） 21、22. Ab型圈足（98BT0205㉔：30、02BT0201㊺：20） 23～25. Ba型圈足（02BT0201㊺：21、02BT0101㉝：17、02BT0101㉟：14） 26、27. Bb型圈足（99DT0301㊸：26、02BT0101㉟：38）

局部红。素面，内外壁磨光。敛口，圆唇，鼓上腹，下腹弧收，残。轮制，火候较高。口径18.4、残高6厘米（图三六四，7）。

Ⅱ式：5件。

标本98BT0205㉔：8，夹细砂灰褐陶。素面。敛口，沿内卷，方唇，上腹微鼓，残。轮制，火候较高。残宽5.2、残高6厘米（图三六四，8）。标本98BT0205㉔：9，夹砂黑陶，局部红褐。素面，外壁磨光。口微敛，沿微内卷，斜方唇，弧腹，残。轮制，火候较高。残宽3.2、残高4.4厘米（图三六四，9）。

Cb型　5件。

Ⅰ式：4件。

标本99AT0201㊾：12，夹砂红陶。素面。敛口，沿内上斜折，圆唇，斜腹微弧，残。轮制，火候较高。口径32、残高4.4厘米（图三六四，10）。标本99AT0201㊼：15，夹砂红陶。素面，内外壁磨光。敛口，沿内上斜折、外沿微凹，圆唇，斜腹微弧，残。轮制，火候较高。口径32、残高5.4厘米（图三六四，11）。

Ⅱ式：1件。

标本02AT0101㉝：13，夹砂红陶。素面，内外壁磨光。敛口，方唇，上腹鼓，下腹微弧收，残。轮制，火候高。残宽8.6、残高6.2厘米（图三六四，12）。

杯　1件。不明型别。

标本98BT0405㉖：54，夹细砂灰褐陶，局部灰，里红褐。素面，内沿按抹。敞口，尖唇，斜直腹，残。手制，火候不高。口径9.2、残高5.4厘米（图三六四，13）。

器盖　41件，1件不明型别。

A型　35件。

标本99AT0201㊾：2，夹砂红陶，局部灰。素面，内壁磨光。杯形纽，盖壁微弧，敞口，圆唇，复原。手制，火候较高。纽径5.6、口径17.8、高6厘米（图三六四，14）。标本98BT0405㉖：33，夹细砂灰陶，局部褐。素面，外壁粗磨。覆盘状，敞口，方唇，微弧壁，残。手制轮修，火候较高。残宽5.8、残高2.2厘米（图三六四，15）。

C型　5件。

标本99AT0201㊿：12，夹细砂红褐陶，局部灰黑。素面，内外壁磨光。覆钵状，敞口，方唇，口外沿微凹，弧壁，残。手制轮修，火候较高。口径27.2、残高4.4厘米（图三六四，16）。标本99AT0201(65)：12，夹细砂灰黑陶。器表饰细划纹，口外部与内壁磨光。覆钵状，敞口，圆唇，弧壁，残。轮制，火候较高。口径24、残高3.4厘米（图三六四，17）。

不明器　2件。

标本02AT0101㉞A：11，夹砂灰褐陶，胎黑。素面，内外壁磨光。口微敞，圆唇，矮领，有肩，残。轮制，火候高。残宽4.8、残高4.6厘米（图三六四，18）。

圈足　58件。

A型　25件，3件不明亚型。

Aa型　7件。

标本99AT0201㊼：22，泥质灰褐陶，局部黑褐。素面，内外壁磨光。下腹斜收、微弧，内底下折、较平，假圈足、平底，残。轮制，火候较高。底径9.6、残高3.8厘米（图三六四，19）。标本99DT0301㊿：11，夹砂黑陶，灰胎。素面，内外壁磨光。下腹斜收，内底下折后内弧、较平，假圈足、底较平，残。轮制，火候较高。底径9.8、残高3.2厘米（图三六四，20）。

Ab型　15件。

标本98BT0205㉔：30，夹粗砂红褐陶，足底、里黑。外底饰交错绳纹，内外壁磨光。下腹斜收，假圈足、平底，残。手制，火候较高。足径8、残高2.6厘米（图三六四，21）。标本02BT0201㊺：20，夹粗砂灰黑陶，局部灰。素面，内壁磨光。下腹斜收，假圈足、底微凹，残。手制，火候较高。足径7.6、残高3.2厘米（图三六四，22）。

B型　33件，3件不明亚型。

Ba型　22件。

标本02BT0201㊺：21，夹粗砂红陶，胎、里灰黑。足底缘饰斜绳纹。下腹斜收，矮圈足、外斜，残。手制，火候较高。足径7.6、残高2.8厘米（图三六四，23）。标本02BT0101㉝：17，夹砂黑陶，局部、里红褐。素面。下腹弧收，圈足较矮、外斜，残。手制，火候较高。足径7.4、残高3.6厘米（图三六四，24）。标本02BT0101㉟：14，夹砂褐陶，局部红，黑胎。素面。圈足较高、外卷，残。手制，火候较高。足径9、残高3厘米（图三六四，25）。

Bb型　8件。

标本99DT0301㊸：26，夹砂褐陶，胎、里黑。素面，内壁磨光，器表多按抹痕。内底较平，喇叭形圈足、较高，残。分制，火候较高。足径11、残高5厘米（图三六四，26）。标本02BT0101㉟：38，夹砂灰褐陶，局部、胎黑。素面。圈足较高、壁较斜直，残。手制，火候较高。足径11.6、残高6厘米（图三六四，27）。

器底　202件。

标本98BT0405㉖：74，夹细砂褐陶，外底、胎灰黑。器表、外底饰绳纹。下腹斜直，平底微凹，残。轮制，火候较高。底径7.4、残高2.1厘米（图三六五，1）。标本98BT0405㉖：75，夹细砂灰陶，局部、里红，黑胎。素面，器表有刮抹痕。下腹较斜直，平底，残。轮制，火候较高。底径9、残高2.8厘米（图三六五，2）。标本99AT0201㊼：24，夹细砂红褐陶，局部黑色。下腹饰绳纹，内底有划痕，外底有篮纹和白色附着物。下腹斜直，平底。轮制，火候较高。底径9、残高4.1厘米（图三六五，3）。标本99DT0301㊾：29，夹砂红陶，局部褐。素面。下腹斜收，平底，残。手制，火候较高。底径12、残高2.6厘米（图三六五，4）。标本02BT0101㊴：37，夹砂红陶，胎外红里黑。下腹饰斜中粗绳纹，外底饰绳纹、戳划纹。下腹斜收，平底，残。手制，火候较高。底径9.2、残高2.8厘米（图三六五，5）。标本02BT0101㊴：36，夹砂红陶，局部黑褐。下腹饰斜绳纹，内壁多粗划痕。下腹斜弧收，圜平底，残。手制，火候较高。底径10、残高5.6厘米（图三六五，6）。标本02BT0101㉟：40，夹砂黑褐陶，局部褐。外底饰戳划纹。下腹微弧收，底微圜，残。手制，火候较高。底径9.8、残高8厘米（图三六五，7）。标本02BT0101㉟：41，夹砂褐陶，局部、胎、里黑。底缘饰粗戳印纹，外底饰戳划纹。下腹微弧收，底微圜，残。手制，火候较高。底径16.8、残高6厘米（图三六五，8）。

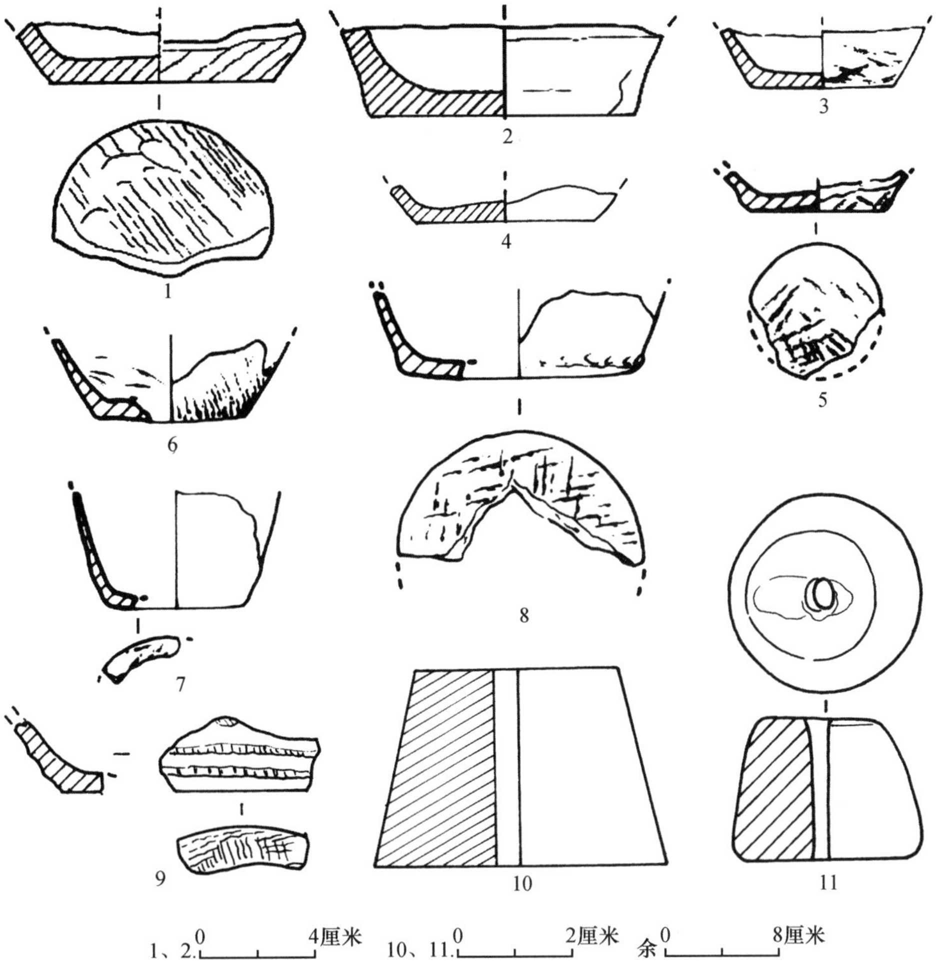

图三六五　中坝文化第8组陶器

1～8. 器底（98BT0405㉖：74、98BT0405㉖：75、99AT0201㊲：24、99DT0301㊾：29、02BT0101㊴：37、02BT0101㊴：36、02BT0101㉟：40、02BT0101㉟：41）　9. 瓮底（02AT0101㉟：16）　10、11. Aa型纺轮（02AT0101㉝：3、02BT0101㉟：8）

瓮底　14件。

标本02AT0101㉟：16，夹砂红陶。下腹饰附加堆纹，在堆纹上饰绳压纹，外底饰交错绳纹。下腹斜收，平底，残。手制，火候较高。残宽10.8、残高5厘米（图三六五，9）。

纺轮　2件。Aa型。

标本02AT0101㉝：3，夹细砂灰褐陶，局部红、褐。素面。圆台形、截面梯形，腰斜直，中部有小圆穿孔，完整。手制，火候较高。上径3.4、底径5、高3.3厘米（图三六五，10）。标本02BT0101㉟：8，泥质褐陶，局部红褐。素面。截面近梯形，顶中部微凹，弧腰，底较平，完整。手制，火候较高。最大径3.3、高2.4厘米（图三六五，11）。

9. 第9组

本组文化层较多，主要有：98BT0205㉓；99AT0101㊷、㊵，99AT0201㊻～㊾，99AT0301㊳、㊲，99DT0201㊹～㊷，99DT0202㊺A；02AT0101㉜，02BT0101㉞，02DT0101㉟，02DT0102㊽、㊼等。

（1）陶系

以98BT0205㉓、99AT0201㊿、99AT0201㊺为典型单位介绍如下：

98BT0205㉓

共出陶器164件。陶质以夹砂为主，占98.78%，泥质极少，仅占1.22%。陶色以灰陶为主，占33.54%，褐、红、黑陶所占比例相近，各占23.78%、21.95%和20.73%。器表以纹饰为主，占65.85%，素面较多，占34.15%。纹饰以绳纹为主，占56.10%，复合纹、戳印纹较少，方格纹、凹弦纹、划纹、镂孔等很少。器类以缸为主，占56.10%，次为罐，占12.81%，盆、钵、盘、纺轮等很少，有18.29%的腹片不辨器类（表一三六）。

表一三六　98BT0205㉓出土陶器统计表

陶质	夹砂				泥质				合计	%
陶色	灰	红	黑	褐	灰	红	黑	褐		
纹饰/器类										
绳纹	39	14	22	17					92	56.10
方格纹		1							1	0.61
凹弦纹		1							1	0.61
划纹	1								1	0.61
戳印纹	1		2	1					4	2.44
镂孔				1					1	0.61
复合纹	1	3	1	3					8	4.88
素面	11	17	9	17	2				56	34.15
合计	53	36	34	39	2				164	100
%	32.32	21.95	20.73	23.78	1.22				100	
缸	39	16	20	17					92	56.10
罐	2		4	8	2				16	9.76
敞口罐		5							5	3.05
盆		1							1	0.61
钵				1					1	0.61
盘	2	1	3	2					8	4.88
纺轮		1							1	0.61
圈足	2		1	2					5	3.05
平底	1	1	1	2					5	3.05
不明器	7	11	5	7					30	18.29

99AT0201㊿

共出陶器266件。陶质全为夹砂。陶色以褐陶为主，占52.26%，次为灰、黑陶，各占22.93%和17.67%，红陶最少，占7.15%。器表以纹饰为主，占67.29%，素面较多，占32.71%。纹饰以绳纹为主，占52.26%，粗戳划纹、复合纹较少，凸棱纹、划纹、戳印纹、镂孔、凹弦纹等很少。器类以缸为主，占66.92%，次为罐，占10.91%，盘、钵、器盖、纺轮等很少，有13.16%的腹片不辨器类（表一三七）。

表一三七　99AT0201㊿出土陶器统计表

陶质	夹砂				夹砂（磨光）				合计	%
陶色	灰	红	黑	褐	灰	红	黑	褐		
纹饰/器类										
粗戳划纹	7		3	14					24	9.02
绳纹	39	6	31	63					139	52.26
凸棱纹						2			2	0.75
凹弦纹								1	1	0.38
划纹				1				1	2	0.75
戳印纹				2					2	0.75
镂孔							1	1	2	0.75
复合纹	1	1		4		1			7	2.63
素面	9	1	6	23	5	8	6	29	87	32.71
合计	56	8	40	107	5	11	7	32	266	100
%	21.05	3.01	15.04	40.23	1.88	4.14	2.63	12.03	100	
缸	55	7	35	81					178	66.92
罐			2	11	2	4	3	6	28	10.53
敞口罐				1					1	0.38
圈足盘								1	1	0.38
盘					1			2	3	1.13
钵							2	3	5	1.88
器盖						1		2	3	1.13
圈足			1	2				1	4	1.50
平底				3		1		3	7	2.63
纺轮				1					1	0.38
不明器	1	1	2	8	2	5	2	14	35	13.16

99AT0201㊺

共出陶器404件。陶质全为夹砂。陶色以褐陶为主，占50.49%，次为灰陶，占20.05%，黑、红陶较少，各占15.34%和14.11%。器表以纹饰为主，占60.15%，素面较多，占39.85%。纹饰以绳纹为主，占36.88%，次为粗戳划纹，占11.63%，复合纹、划纹、凹弦纹、镂孔、凸棱纹较少，篮纹、菱形纹、暗纹很少。器类以缸为主，占49.50%，次为罐，占8.66%，瓮、敞口器、钵、盘、圈足盘、器盖、纺轮等很少，还有17.33%的腹片不辨器类（表一三八）。

表一三八　99AT0201㊺出土陶器统计表

陶质	夹砂				夹砂（磨光）				合计	%
陶色	灰	红	黑	褐	灰	红	黑	褐		
纹饰/器类										
粗戳划纹	11	7	16	13					47	11.63
绳纹	36		23	81				9	149	36.88

续表

陶质	夹砂				夹砂（磨光）				合计	%
陶色	灰	红	黑	褐	灰	红	黑	褐		
纹饰/器类										
菱形纹					1				1	0.25
篮纹				2					2	0.50
凸棱纹		1				2		2	5	1.24
凹弦纹	1			1	1	2	2		7	1.73
划纹	2			3				3	8	1.98
戳印纹		2		2					4	0.99
镂孔		1		1		3	1	1	7	1.73
复合纹	1	4		6		1			12	2.97
暗纹								1	1	0.25
素面	11	8	8	48	17	26	12	31	161	39.85
合计	62	23	47	157	19	34	15	47	404	100
%	15.35	5.69	11.63	38.86	4.70	8.42	3.71	11.63	100	
缸	54	9	41	96					200	49.50
罐		4		9	2	3	4	13	35	8.66
瓮		3							3	0.74
敞口器				1		15		5	21	5.20
钵				3	2		2	5	12	2.97
杯				3					3	0.74
盘					2		2	5	9	2.23
圈足盘		1		9	4	1		5	20	4.95
器盖			1					3	4	0.99
圈足					2			1	3	0.74
平底	1	3	1	11	1	2		2	21	5.20
纺轮	1			2					3	0.74
不明器	6	3	4	23	6	13	7	8	70	17.33

（2）器类

出土陶器共计3042件，参加分类排队的1291件。

缸口　841件。

A型　2件。Aa型。为晚期地层混入的早期遗物。

B型　201件。

Ⅰ式：8件。

标本99AT0101㊷：2，夹砂黑陶，局部红褐。唇部饰较深戳印纹，器表饰粗戳划纹。敞口，上腹斜内收，残。手制，火候较高。残宽12、残高5.4厘米（图三六六，1）。

Ⅱ式：3件。

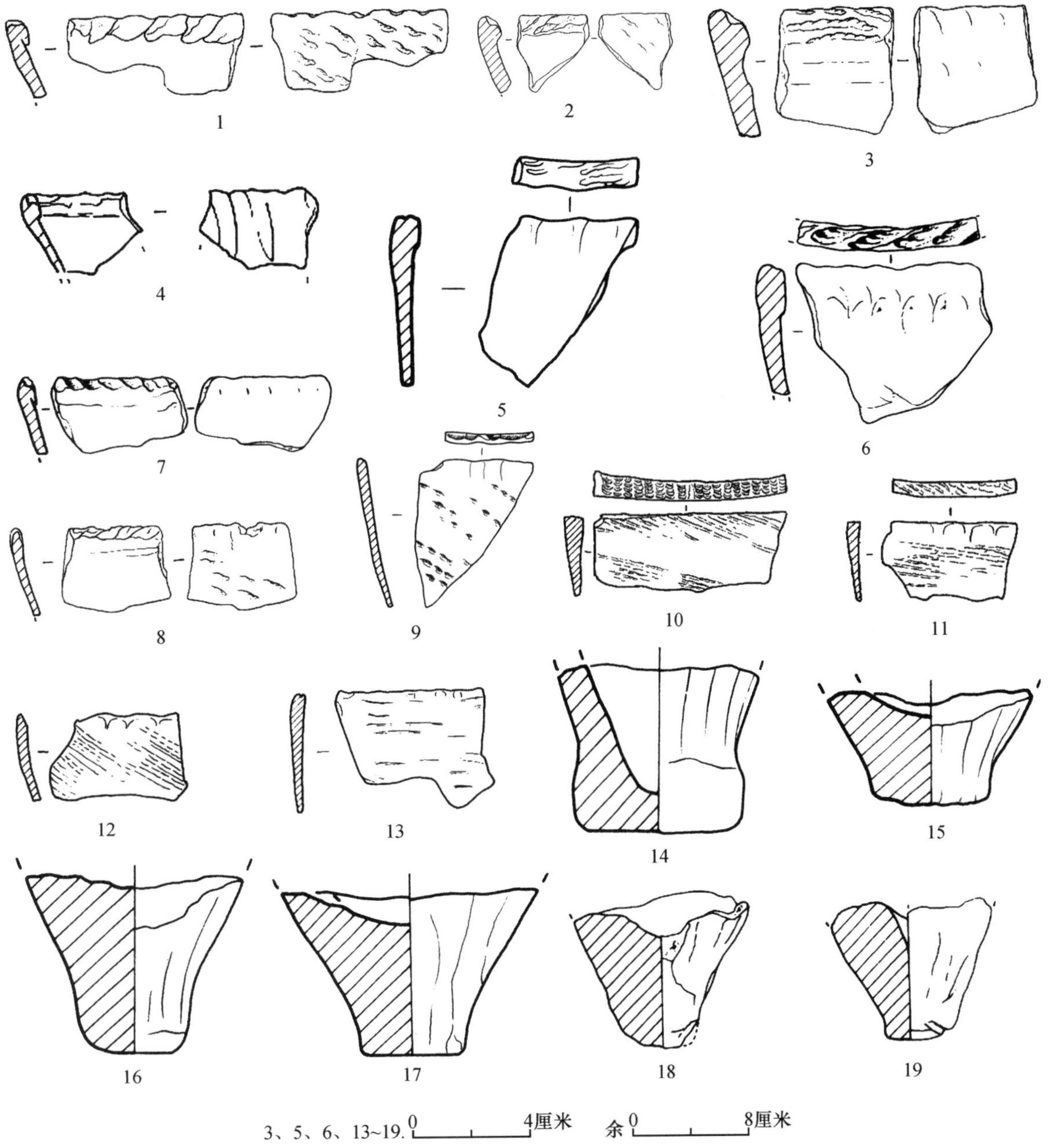

图三六六　中坝文化第9组陶器

1. B型Ⅰ式缸口（99AT0101㊷：2）　2、3. B型Ⅱ式缸口（99AT0101㊷：3、99AT0101㊷：4）
4、5. B型Ⅲ式缸口（98BT0205㉓：17、99DT0201(54)：10）　6、7. B型Ⅳ式缸口（98BT0205㉓：16、02DT0101㉟：3）
8、9. B型Ⅴ式缸口（99AT0101㊷：7、99DT0201(54)：13）　10、11. Ca型Ⅰ式缸口（99AT0201㊿：16、99AT0201(55)：32）
12、13. Cb型缸口（99AT0201㊿：19、99AT0201(55)：34）　14、15. Ca型缸底（99DT0201(54)：39、99DT0201(53)：36）
16、17. Cb型缸底（99DT0201(54)：40、99DT0201(52)：25）　18、19. D型缸底（99AT0201(54)A：15、99AT0201(54)A：16）

标本99AT0101㊷：3，夹砂灰褐陶，局部、胎、里黑。唇部饰戳印纹，微有内沿，器表饰粗戳划纹。敞口，上腹斜收，残。手制，火候较高。残宽4.9、残高5.1厘米（图三六六，2）。标本99AT0101㊷：4，夹砂褐陶，里灰黑。唇部饰戳印纹，外沿多手捏痕。敞口，微有内沿，上腹斜收，残。手制，火候较高。残宽4.2、残高4.3厘米（图三六六，3）。

Ⅲ式：11件。

标本98BT0205㉓：17，夹砂灰褐陶，局部红、褐，里黑。唇饰戳印纹，上腹饰竖细划纹，外沿多手捏痕。敞口，有内沿，上腹较斜直，残。手制，火候较高。残宽8、残高5.2厘米（图三六六，4）。标本99DT0201㊹：10，夹细砂黑褐陶。唇部饰戳印纹，外沿有手捏痕，内壁多刮抹痕。口近直，残。手制，火候较高。残宽5.3、残高5.7厘米（图三六六，5）。

Ⅳ式：41件。

标本98BT0205㉓：16，夹细砂灰陶，黑胎。唇面饰戳印纹，口外沿有手捏痕。敞口，内沿极矮，上腹微弧，残。轮制，火候不高。残宽6.6、残高5.3厘米（图三六六，6）。标本02DT0101㉟：3，夹砂褐陶，胎黑。唇部饰粗戳印纹，外沿微有手按痕。敞口，微有内沿，上腹斜内收，残。手制，火候较高。残宽9.2、残高5.2厘米（图三六六，7）。

Ⅴ式：138件。

标本99AT0101㊷：7，夹砂褐陶，黑胎。唇部饰戳印纹，器表饰戳划纹，外沿微有手捏痕。敞口，上腹斜弧收，残。手制，火候较高。残宽7.4、残高5.8厘米（图三六六，8）。标本99DT0201㊹：13，夹细砂红陶，灰黑胎。唇部饰戳印纹，外沿有手捏痕，器表饰戳划纹。敞口，腹微弧内收，残。手制，火候高。残宽8、残高10厘米（图三六六，9）。

C型　638件，317件不明亚型。

Ca型　309件。Ⅰ式。

标本99AT0201㊿：16，夹细砂红褐陶，灰黑胎。唇面横压绳纹，器表饰组状斜绳纹。直口，上腹微弧，残。残宽13、残高5.2厘米（图三六六，10）。标本99AT020155：32，夹细砂灰褐陶，里红褐，灰黑胎。唇面、器表饰绳纹。口近直，上腹微弧，残。残宽9、残高13厘米（图三六六，11）。

Cb型　12件。

标本99AT0201㊿：19，夹细砂陶，外灰褐，里黑。唇面饰绳纹，器表饰斜绳纹，外沿面有手捏痕。敞口，尖唇，腹微弧，残。手制，火候不高。残宽9.4、残高5.8厘米（图三六六，12）。标本99AT020155：34，夹细砂褐陶，黑胎。唇中部内凹，唇面微起波浪，外沿有手捏痕，器表饰稀疏划纹。敛口，上腹近直，残。手制，火候不高。残宽6.6、残高4.6厘米（图三六六，13）。

缸底　38件。

B型　1件。标本碎小。

C型　19件。

Ca型　12件。

标本99DT0201㊹：39，夹细砂红陶，灰黑胎。素面，下腹多刮削痕。下腹斜直内收，矮圆柱状底，残。手制，火候一般。底径5.6、残高5.6厘米（图三六六，14）。标本99DT020153：36，夹细砂红陶，部分灰黑。下部多刮抹痕。微有下腹，杵状底，残。手制，火候一般。残高3.8厘米（图三六六，15）。

Cb型　7件。

标本99DT0201㊹：40，夹细砂红陶，胎黑。下部多刮抹痕。近截锥形底，残。手制，火候一般。底径3.6、残高5.8厘米（图三六六，16）。标本99DT020152：25，夹细砂红陶，局部灰黑，里黑。下部多刮抹痕。下腹斜内收，近圆柱状底，残。手制，火候不高。底径3.6、残高5.6厘米（图三六六，17）。

D型 18件。

标本99AT0201㊹A：15，夹细砂红褐陶，局部灰黑，里黑色。素面，下部有刮削痕。下腹斜直至底，实足跟较高，残。手制，火候不高。残高5.2厘米（图三六六，18）。标本99AT0201㊹A：16，夹细砂红陶。素面，下部有刮削痕。下腹斜直至底，实足跟较高，残。手制，火候不高。足径2.4、残高4.6厘米（图三六六，19）。

贴边缸 1件。A型。

标本02BT0101㉞：23，夹砂褐陶，局部灰褐，胎、里黑。唇外缘饰戳印纹，上腹饰粗绳纹，内壁粗磨。敞口，上腹斜收，残。手制，火候较高。残宽18、残高5.2厘米（图三六七，1）。

瓮 13件。

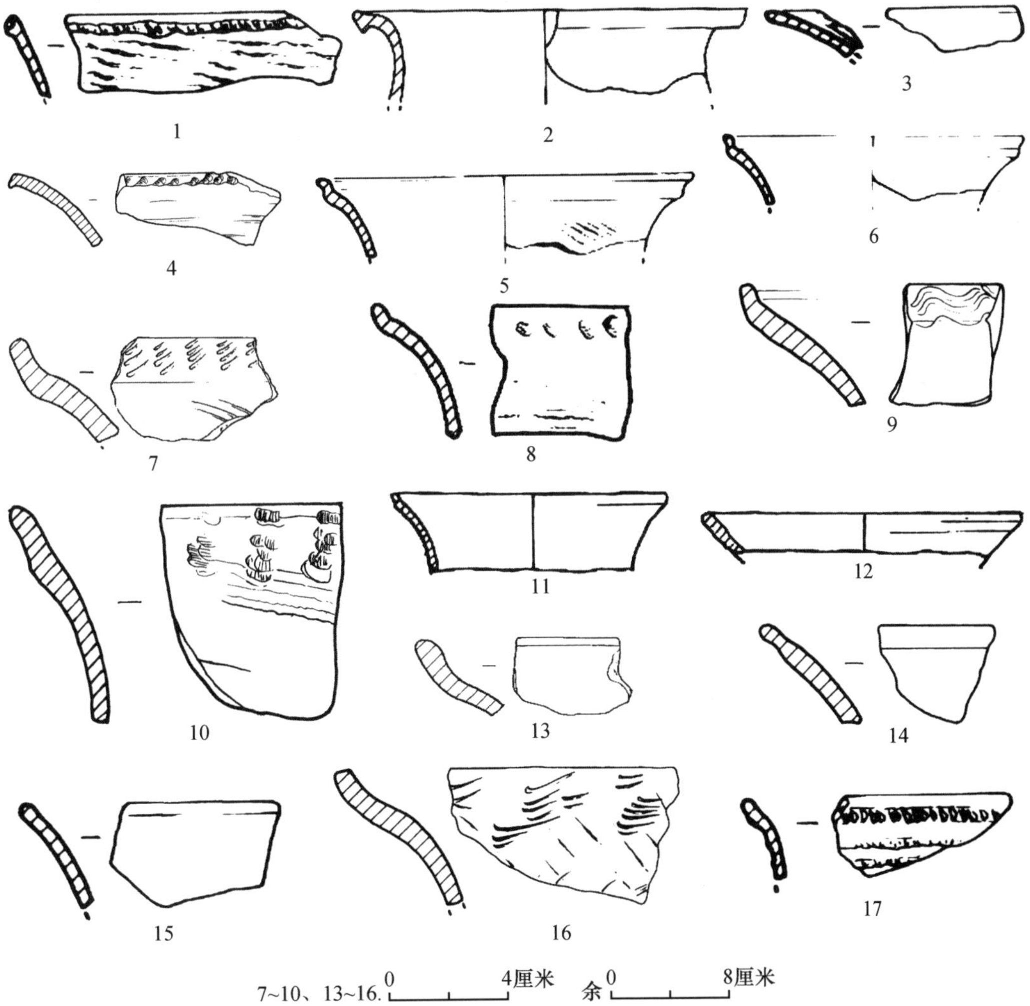

图三六七 中坝文化第9组陶器

1. A型贴边缸（02BT0101㉞：23） 2. A型瓮（98BT0205㉓：27） 3、4. B型瓮（99DT0201㊸：33、02BT0101㉞：24） 5、6. A型Ⅲ式盘口罐（99AT0201㊺：29、99AT0201㊺：30） 7. Ba型Ⅱ式盘口罐（99AT0101㊷：12） 8、9. Ba型Ⅲ式盘口罐（99AT0201㊹B：1、99DT0201㊹：18） 10. Bb型Ⅰ式盘口罐（02DT0102㊽：10） 11、12. Bb型Ⅲ式盘口罐（99AT0201㊺：31、99AT0201㊿：15） 13. Aa型盘口器（99AT0101㊷：15） 14、15. Ab型盘口器（99DT0201㊹：19、02BT0101㉞：19） 16、17. B型盘口器（99DT0202㊺A：55、02BT0101㉞：20）

A型　1件。

标本98BT0205㉓：27，夹砂灰黑陶，胎红夹灰。素面。侈口，沿面微凹，圆唇，束领，残。轮制，火候较高。口径26、残高5.6厘米（图三六七，2）。

B型　12件。

标本99DT0201㊿③：33，夹粗砂红陶，灰黑胎。唇部饰戳印纹，器表饰划纹，内沿磨光。喇叭口，残。轮制，火候较高。残宽10.9、残高4.8厘米（图三六七，3）。标本02BT0101㉞：24，夹砂红陶，胎红夹灰黑。素面，内壁饰竖暗纹、横划纹。喇叭口，圆唇，残。轮制，火候高。残宽9.2、残高6.8厘米（图三六七，4）。

盘口罐　20件。

A型　8件。

Ⅰ式：2件。标本碎小。

Ⅲ式：6件。

标本99AT0201㊺：29，夹细砂红陶，灰黑胎。上腹饰组状细绳纹。敞口，圆唇，盘浅，残。轮制，火候较高。口径24.8、残高5.2厘米（图三六七，5）。标本99AT0201㊺：30，夹细砂灰褐陶，黑胎。唇面、盘外下和盘内底有凹弦纹各一道，内外壁磨光。敞口，方圆唇，盘浅，残。轮制，火候较高。口径19、残高4.4厘米（图三六七，6）。

B型　12件。

Ba型　6件。

Ⅱ式：2件。

标本99AT0101㊷：12，夹砂红褐陶，局部褐。盘外饰戳划纹，上腹饰划纹，内壁磨光。盘口，圆唇，盘较浅，残。轮制，火候较高。残宽6.1、残高3.4厘米（图三六七，7）。

Ⅲ式：4件。

标本99AT0201㊹B：1，夹细砂灰褐陶，局部黑。口外下饰戳印纹，领部饰绳纹。敞口外张，圆唇，浅盘，束领，残。残宽4.5、残高4.4厘米（图三六七，8）。标本99DT0201㊹：18，夹细砂褐陶，胎、里黑。盘外饰波浪形划纹，内壁磨光。敞口，圆唇，浅盘，上腹内弧，残。轮制，火候较高。残宽3.8、残高4厘米（图三六七，9）。

Bb型　6件。

Ⅰ式：1件。

标本02DT0102㊽：10，夹砂黑陶，局部灰褐。盘外饰戳印纹，上腹饰细斜绳纹。盘口，圆唇，盘较深，上腹内弧，残。轮制，火候较高。残宽6、残高7厘米（图三六七，10）。

Ⅱ式：2件。标本碎小。

Ⅲ式：3件。

标本99AT0201㊺：31，夹细砂红褐陶。素面，内壁磨光。盘口外张，圆方唇，唇外下内凹，残。口径18.4、残高5.1厘米（图三六七，11）。标本99AT0201㊿：15，夹细砂红陶，灰黑胎。素面，器壁磨光。敞口，方唇，唇外下内凹，微有盘，残。口径21.6、残高2.8厘米（图三六七，12）。

盘口器　11件。

A型　6件。

Aa型　1件。

标本99AT0101㊷：15，夹砂灰黑陶，灰褐胎。素面，内外壁磨光。微呈盘口，圆唇，残。轮制，火候较高。残宽3.9、残高2.5厘米（图三六七，13）。

Ab型　5件。

标本99DT0201㊹：19，夹细砂黑陶。素面，内外壁磨光。喇叭口，内沿微凹略呈盘状，圆唇，残。轮制，火候较高。残宽3.9、残高3.2厘米（图三六七，14）。标本02BT0101㉞：19，夹砂红褐陶，局部浅黄。素面，内外壁磨光。喇叭口，内沿微凹，圆唇，残。轮制，火候较高。残宽5.6、残高3.4厘米（图三六七，15）。

B型　5件。不明亚型。

标本99DT0202㊿A：55，夹砂红陶，局部、胎灰黑。唇饰戳印纹，内壁磨光。略呈浅盘口，残。轮制，火候较高。残宽7.6、残高4.4厘米（图三六七，16）。标本02BT0101㉞：20，夹砂灰褐陶，局部黑、红褐，黑胎。外沿下饰戳印纹，上腹饰附加堆纹，在堆纹上饰戳印纹。敞口，内沿微凹，圆唇，上腹斜收，残。轮制，火候较高。残宽12、残高5.2厘米（图三六七，17）。

折沿罐　1件。Ab型Ⅱ式。

标本99AT0101㊷：20，夹砂褐陶，胎、里黑。唇部饰戳印纹。敞口，斜折沿，腹较斜直，残。轮制，火候较高。残宽4.9、残高2.5厘米（图三六八，1）。

敞口罐　11件。

A型　2件。

标本99DT0201㊹：21，夹细砂黑褐陶，红褐胎。唇外下沿、上腹饰戳印纹。喇叭口，圆唇，上腹内弧收，残。轮制，火候一般。残宽5.6、残高4.2厘米（图三六八，2）。标本99DT0201㊹：24，夹细砂黑陶，局部灰褐。唇部饰戳印纹，器表饰戳划纹。喇叭口，上腹内弧收，残。轮制，火候较高。残宽6.7、残高5.4厘米（图三六八，3）。

B型　3件。标本碎小。

C型　6件。标本碎小。

槽唇罐　11件。

Ⅰ式：3件。

标本99DT0201㊸：21，夹细砂黑陶，褐胎。唇部饰戳印纹，上腹饰附加堆纹，在堆纹上饰戳印纹。喇叭口，卷沿，唇缘上翘，残。轮制，火候较高。残宽8、残高4.5厘米（图三六八，4）。标本99DT0201㊸：22，夹细砂红褐陶，胎、里灰。唇部饰戳印纹，内沿磨光。喇叭口，唇部内凹呈槽状，残。轮制，火候较高。残宽7.5、残高2.2厘米（图三六八，5）。

Ⅱ式：5件。

标本99AT0201㊺：45，夹细砂黑陶，局部褐，里红褐色。唇面和唇下缘饰戳印纹，器表饰绳纹。敞口，唇面内凹，腹较斜直，残。轮制，火候较高。残宽6.4、残高6.2厘米（图三六八，6）。标本99DT0201㊸：24，夹细砂黑陶，里局部红褐。唇下部饰戳印纹。敞口，唇部内凹呈细槽，上腹较直，下腹微鼓，残。手制轮修，火候不高。残宽6.9、残高6.7厘米（图

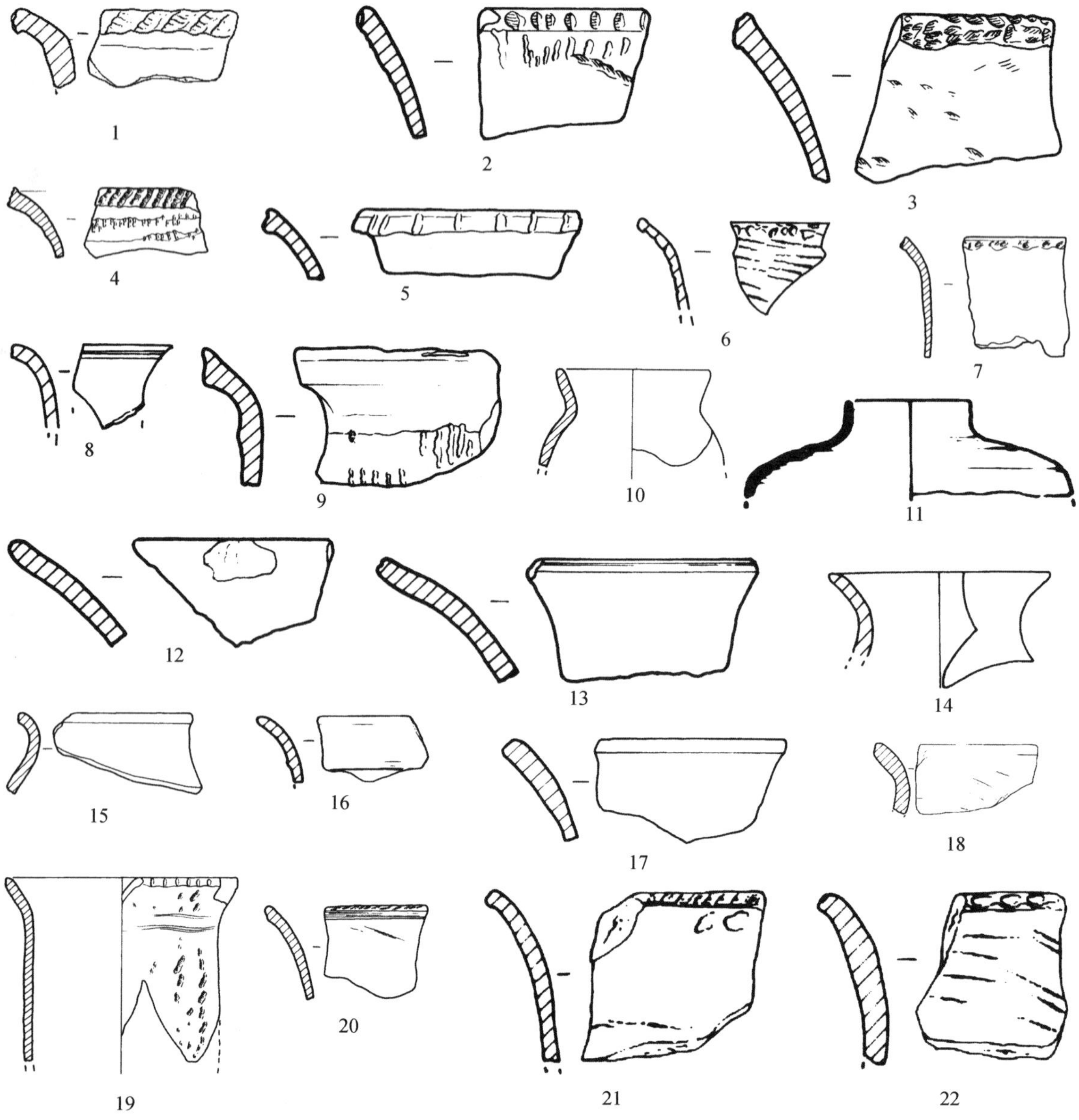

图三六八 中坝文化第9组陶器

1. Ab型Ⅱ式折沿罐（99AT0101㊷：20） 2、3. A型敞口罐（99DT0201㊹：21、99DT0201㊹：24） 4、5. Ⅰ式槽唇罐（99DT0201㊸：21、99DT0201㊸：22） 6、7. Ⅱ式槽唇罐（99AT0201㊺：45、99DT0201㊸：24） 8、9. Ⅲ式槽唇罐（99AT0201㊿：2、99DT0201㊸：25） 10. 矮领罐（99DT0201㊹：26） 11. 直领罐（02BT0101㉞：27） 12、13. 喇叭口罐（99DT0201㊸：26、99DT0201㊸：27） 14、15. 侈口罐（99AT0201㊺：39、99DT0201㊷：13） 16、17. Aa型Ⅰ式卷沿罐（02BT0101㉞：22、99DT0201㊷：15） 18. Aa型Ⅱ式卷沿罐（99DT0202㉟A：57） 19、20. Ab型Ⅰ式卷沿罐（99DT0201㊸：18、99DT0201 ㊷：16） 21、22. Ab型Ⅱ式卷沿罐（99AT0201㊺：50、99AT0201㊷：9）

三六八，7）。

Ⅲ式：3件。

标本99AT0201㊿：2，夹细砂褐红陶。素面，内外壁磨光。敞口，卷沿，唇面微内凹，上腹斜直，残。轮制，火候较高。残宽6.4、残高5.2厘米（图三六八，8）。标本99DT0201㊸：25，夹细砂褐陶，局部、里黑。上腹饰附加堆纹，在堆纹上饰戳印纹，内壁磨光。敞口，卷沿、沿面微凹，唇部内凹成槽，唇缘上翘，直上腹，残。轮制，火候较高。残宽7、残高4.4厘米（图三六八，9）。

矮领罐　3件。

标本99DT0201㉔：26，夹粗砂红褐陶，局部黑褐。素面，外壁粗磨。侈口，矮领外侈，圆唇，溜肩，鼓腹，残。手制，火候较高。口径10、残高6.2厘米（图三六八，10）。

直领罐　1件。

标本02BT0101㉞：27，泥质黑陶，红褐胎。肩饰细凹弦纹，内壁多瓦棱纹，外壁磨光。直口，圆唇，广肩，残。轮制，火候高。口径8.2、残高6.2厘米（图三六八，11）。

喇叭口罐　17件。

标本99DT0201㉓：26，夹细砂红褐陶。素面，内外壁磨光。喇叭口，圆唇，残。轮制，火候高。残宽6.6、残高3.4厘米（图三六八，12）。标本99DT0201㉓：27，夹粗砂红陶。素面，内外壁磨光。喇叭口，方圆唇，残。轮制，火候较高。残宽5.4、残高4厘米（图三六八，13）。

侈口罐　7件。

标本99AT0201㉕：39，夹细砂褐陶，灰黑胎。素面，内外壁磨光。侈口，高束领，圆唇，残。手制轮修，火候较高。口径14.4、残高7.6厘米（图三六八，14）。标本99DT0201㉒：13，夹细砂红陶，灰黑胎。素面，内沿、外壁磨光。侈口，卷沿，圆唇，鼓腹，残。轮制，火候高。残宽9.8、残高5.2厘米（图三六八，15）。

卷沿罐　73件。

A型　18件。

Aa型　4件。

Ⅰ式：3件。

标本02BT0101㉞：22，夹砂黑陶，局部灰褐。上腹饰凸弦纹一周，内外壁磨光。喇叭口，圆唇，上腹斜收，残。轮制，火候较高。残宽7.3、残高4.2厘米（图三六八，16）。标本99DT0201㉒：15，夹细砂褐陶，黑胎，里部分红。素面，内沿、外壁磨光。喇叭口，圆唇，残。轮制，火候高。残宽6.2、残高3.3厘米（图三六八，17）。

Ⅱ式：1件。

标本99DT0202㊅A：57，夹砂红陶，胎红夹灰。上腹饰横划纹、斜细绳纹。侈口，卷沿，圆唇，残。轮制，火候较高。残宽7.9、残高4.6厘米（图三六八，18）。

Ab型　14件。

Ⅰ式：5件。

标本99DT0201㉓：18，夹细砂灰陶，胎、里黑。唇部饰戳印纹，器表饰竖向戳划纹、横细划纹。敞口，卷沿，圆唇，直腹，残。手制轮修，火候较高。口径15.2、残高11.6厘米（图三六八，19）。标本99DT0201㉒：16，夹细砂黑陶，局部褐。唇面饰细斜绳纹，外沿饰划纹，内壁磨光，外壁表皮大部脱落。喇叭口，圆唇，残。手制轮修，火候一般。残宽6.8、残高6厘米（图三六八，20）。

Ⅱ式：9件。

标本99AT0201㉕：50，夹细砂褐陶，里黑色。唇面饰戳印纹，领部饰斜划纹。敞口，残。轮制，火候不高。残宽6.2、残高5.4厘米（图三六八，21）。标本99AT0201㊾：9，夹细砂红陶，灰胎。唇面饰戳印纹，器表饰细绳纹。侈口，卷沿，颈微束，残。轮制，火候较高。残宽5、残高5.4厘米（图三六八，22）。

B型 38件。

Ⅰ式：6件。

标本99DT0201㊾：17，夹细砂黑陶。唇部饰戳印纹，器表饰组状斜绳纹。喇叭口，腹较直，残。轮制，火候一般。残宽10、残高5.8厘米（图三六九，1）。标本99DT0201㊾：23，夹细砂黑褐陶，灰黑胎，里红。唇部饰戳印纹，器表饰附加堆纹，在堆纹上饰戳印纹。喇叭口，卷沿外翻，残。轮制，火候较高。残宽7.7、残高4.9厘米（图三六九，2）。

Ⅱ式：32件。

标本99AT0201㊿：23，夹砂红褐陶，局部、胎黑。上腹饰戳印纹两排。侈口，卷沿，唇面微凹，上腹较直，残。手制轮修，火候较高。口径15.2、残高3.4厘米（图三六九，3）。标本02DT0102㊳：7，夹砂黑陶，里红褐。唇部饰戳印纹，腹饰细绳纹。侈口，卷沿，唇面微凹，鼓腹，残。轮制，火候较高。口径12、残高4厘米（图三六九，4）。标本99AT0201㊺：47，夹细砂黑陶，局部红色。唇面饰戳印纹，器表饰划纹和绳纹。敞口，卷沿，内沿近唇处微内凹，唇缘外下垂，残。轮制，火候不高。口径30.6、残高3.6厘米（图三六九，5）。

C型 17件。

Ⅰ式：7件。

标本02DT0101㉟：10，夹砂褐陶，局部、里黑。唇部饰戳印纹，内壁粗磨。喇叭口，唇面内凹，残。手制，火候较高。残宽6.2、残高4.4厘米（图三六九，6）。标本02DT0101㉟：11，夹砂灰褐陶，局部、里红，灰黑胎。唇外缘饰戳印纹。喇叭口，唇面微凹，残。手制轮修，火候较高。残宽7.4、残高6.4厘米（图三六九，7）。

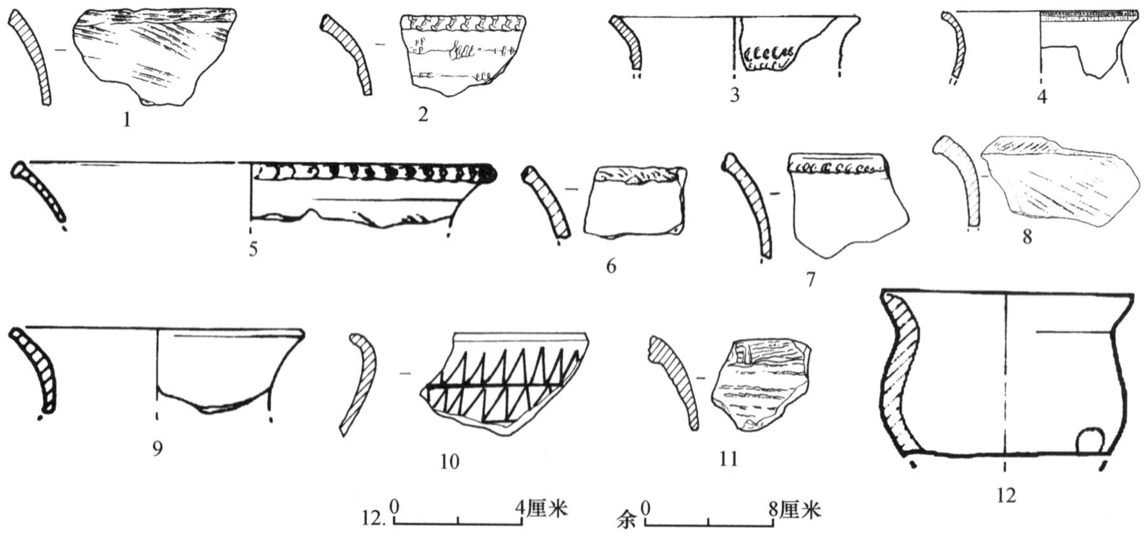

图三六九 中坝文化第9组陶器

1、2. B型Ⅰ式卷沿罐（99DT0201㊾：17、99DT0201㊾：23） 3～5. B型Ⅱ式卷沿罐（99AT0201㊿：23、02DT0102㊳：7、99AT0201㊺：47） 6、7. C型Ⅰ式卷沿罐（02DT0101㉟：10、02DT0101㉟：11） 8、9. C型Ⅱ式卷沿罐（99DT0202㊵A：56、99AT0201㊾A：10） 10. Ⅱ式卷沿鼓腹罐（02DT0102㊳：11） 11. A型贴边罐（02AT0101㉜：9）

12. 小罐（99AT0201㊾A：13）

Ⅱ式：10件。

标本99DT0202⑥⑤A：56，夹砂红陶，局部灰，口、里黑。唇饰斜绳切纹，上腹饰斜细绳纹。敞口，卷沿，腹较直，残。轮制，火候较高。残宽9.8、残高5.4厘米（图三六九，8）。标本99AT0201⑤④A：10，夹细砂褐陶，局部红、黑色。素面，内外壁磨光。侈口，卷沿，方唇，束颈，残。轮制，火候较高。口径17.8、残高5.2厘米（图三六九，9）。

卷沿鼓腹罐　3件。

Ⅱ式　1件。

标本02DT0102⑥⑧：11，夹砂红褐陶，局部、胎黑，里灰褐。器表饰尖角波浪形暗纹和横暗纹相间组合纹，内外壁磨光。侈口，卷沿，圆唇，鼓腹，残。轮制，火候较高。残宽10.4、残高6.2厘米（图三六九，10）。

Ⅲ式：2件。标本碎小。

贴边罐　3件。

A型　2件。

标本02AT0101㉜：9，夹砂红褐陶，胎、里黑。外沿饰戳印纹，上腹饰粗绳纹。喇叭口，上腹斜收，残。轮制，火候较高。残宽5.8、残高5.6厘米（图三六九，11）。

B型　1件。标本碎小。

小罐　3件。

标本99AT0201⑤④A：13，夹砂黑褐陶，局部红。下腹饰未穿圆镂孔。侈口，卷沿，圆唇，鼓折腹，残。手制，火候较高。口径7.6、残高4.8厘米（图三六九，12）。

盘　38件。

A型　13件。

标本99AT0201⑤④A：9，夹砂红陶，局部、胎黑。素面，内外壁磨光。敞口，圆唇，上腹微束，下腹斜收，残。轮制，火候较高。口径27.2、残高4厘米（图三七〇，1）。标本02BT0101㉞：17，夹砂黑陶，局部灰、红褐。素面，内外壁磨光。敞口，圆唇，弧腹，残。手制，火候较高。残宽12.8、残高4厘米（图三七〇，2）。

B型　9件。

Ⅰ式：1件。

标本99DT0201⑤③：30，夹细砂黑陶，里褐。外上腹饰细划纹，内外壁磨光。敞口，圆唇，微折腹，残。轮制，火候较高。残宽3.8、残高2.8厘米（图三七〇，3）。

Ⅱ式：6件。

标本99DT0201⑤②：21，夹细砂红陶，局部、胎、里黑。素面，内外壁磨光。敞口，圆唇，上腹折上翘，下腹弧内收，残。手制轮修，火候高。残宽9.8、残高3.5厘米（图三七〇，4）。标本99DT0201⑤③：28，夹细砂黑陶。素面，内外壁磨光。敞口，圆唇，折腹，残。轮制，火候高。残宽4.9、残高2.4厘米（图三七〇，5）。

Ⅲ式：1件。

标本99DT0201⑤③：29，夹细砂褐陶，局部灰、黑，里黑。盘外沿饰细划纹，内外壁磨光，器表多磨痕。敞口，方唇，上腹微折，残。手制轮修，火候高。残宽8、残高2.6厘米（图

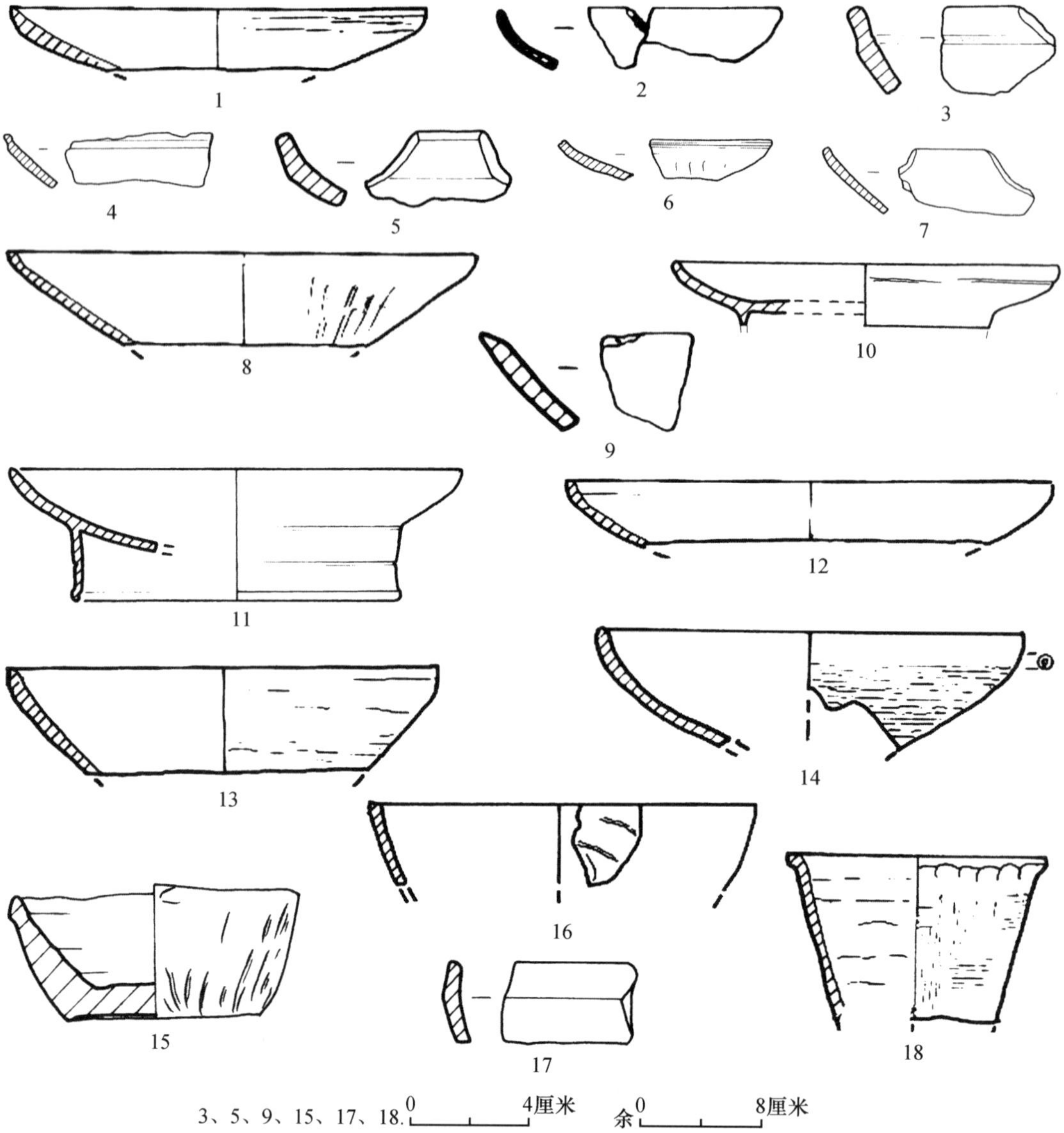

图三七〇　中坝文化第9组陶器

1、2. A型盘（99AT0201㊹A：9、02BT0101㉞：17）　3. B型Ⅰ式盘（99DT0201㊸：30）　4、5. B型Ⅱ式盘（99DT0201㊷：21、99DT0201㊸：28）　6. B型Ⅲ式盘（99DT0201㊸：29）　7、8. C型盘（99DT0201㊹：32、99AT0201㊺：37）　9. Ⅰ式有沿盘（02DT0101㉟：14）　10. A型大圈足盘（99AT0201㊺：1）　11、12. B型大圈足盘（99DT0201㊷：23、99AT0201㊺：36）　13～15. A型Ⅰ式钵（99AT0201㊺：42、99AT0201㊺：43、99AT0201㊺：2）　16. A型Ⅱ式钵（99AT0201㊹A：17）　17. Cb型Ⅰ式钵（99DT0201㊹：30）　18. 杯（99AT0201㊺：58）

三七〇，6）。

Ⅳ式：1件。标本碎小。

C型　16件。

标本99DT0201㊹：32，夹细砂黑陶，局部红褐。素面，内外壁磨光。敞口，圆唇，盘腹微弧内收，残。手制，火候较高。残宽9、残高4.3厘米（图三七〇，7）。标本99AT0201㊺：37，夹砂褐陶，局部黑、红。素面，内外壁磨光，多磨痕。敞口，圆唇，上腹微弧，下腹斜直，残。轮制，火候较高。口径31.2、残高6厘米（图三七〇，8）。

有沿盘　1件。Ⅰ式。

标本02DT0101㉟：14，夹砂红陶，局部、胎灰褐。素面，内外壁磨光。敞口，沿微斜折，圆唇，弧腹，残。轮制，火候较高。残宽3.1、残高3.2厘米（图三七〇，9）。

大圈足盘　15件，4件不明型别。

A型　5件。

标本99AT0201㊺：1，泥质红陶，泛黄，胎红夹灰。素面，内外壁磨光。敞口，圆唇，弧腹，浅盘，内底较平，圈足残。分制，火候高。口径25.6、残高4厘米（图三七〇，10）。

B型　6件。

标本99DT0201㊷：23，泥质红陶，局部灰。盘与圈足相交处、圈足中部饰凹弦纹，内外壁磨光。敞口，圆尖唇，盘底圜，圈足较高、微内束，复原。盘、足分制，火候高。口径30、足径22、高8.6厘米（图三七〇，11）。标本99AT0201㊺：36，泥质褐陶，局部红。素面，内外壁磨光。敞口，圆唇，弧腹，残。轮制，火候高。口径32、残高4厘米（图三七〇，12）。

钵　25件。

A型　8件。

Ⅰ式：6件。

标本99AT0201㊺：42，夹砂褐陶，局部黑。素面，内壁磨光，多贴片痕。敞口，圆唇，腹微弧，残。手制，火候较高。口径28、残高6.8厘米（图三七〇，13）。标本99AT0201㊺：43，夹砂黑皮陶，局部红。上腹饰圆形镂孔，内外壁磨光。敞口，圆唇，弧腹，残。轮制，火候较高。口径28、残高7.6厘米（图三七〇，14）。标本99AT0201㊺：2，夹砂黑陶，红胎。腹饰斜细划纹。敞口，圆唇，腹微弧，底内凹微呈圈足，复原。手制，火候较高。口径9.6、底径6.4、高4.4厘米（图三七〇，15）。

Ⅱ式：2件。

标本99AT0201㊹A：17，夹砂黑陶。腹饰斜粗划纹，内外壁磨光。敞口，方唇，腹微弧，残。手制，火候较高。口径25.2、残高5.2厘米（图三七〇，16）。

B型　2件。Ⅰ式。标本碎小。

C型　15件。

Ca型　14件。

Ⅰ式：8件。标本碎小。

Ⅱ式：6件。标本碎小。

Cb型　1件。Ⅰ式。

标本99DT0201㊹：30，夹细砂灰黑陶。素面，内外壁磨光。口微敛，圆唇，折腹，残。轮制，火候较高。残宽4.5、残高2.7厘米（图三七〇，17）。

杯　1件。不明型别。

标本99AT0201㊺：58，夹砂红陶，局部黑。器表饰交错竖细划纹，内壁多贴片痕，外沿下多手捏痕。敞口，卷沿，圆唇，斜腹微弧，残。手制，火候较高。口径8.4、残高6.4厘米（图三七〇，18）。

器盖　33件。

A型　28件。

标本99DT0201⑭：33，夹细砂褐陶，局部灰、黑。素面。敞口，圆唇，壁较斜直，残。手制，火候较高。口径13.6、残高4.6厘米（图三七一，1）。标本99AT0201⑮：38，夹细砂褐陶。素面，内外壁磨光。覆盘状，敞口，圆唇，壁微内收，残。手制轮修，火候不高。口径22.4、残高4.2厘米（图三七一，2）。

B型 4件。

标本02DT0101㉟：15，夹砂红陶，胎红夹灰褐。素面，内壁磨光。弧壁，喇叭口，唇缘微外凸，残。手制轮修，火候较高。残宽4.4、残高3厘米（图三七一，3）。标本99DT0201⑭：34-2，夹细砂褐陶，局部红褐。素面。敞口，圆唇、微有上唇缘，壁微弧，残。手制，火候较高。残宽6、残高2.5厘米（图三七一，4）。

C型 1件。

标本99AT0201㊿：20，夹砂红陶，局部、胎黑。素面，内外壁磨光。壁微弧，敞口，唇面微凹，残。手制轮修，火候较高。口径20.8、残高4.2厘米（图三七一，5）。

盖纽 1件。标本碎小。

圈足 42件。

A型 8件。

Aa型 5件。

标本99AT0201⑮：55，泥质黄褐陶，局部灰褐。素面，内外壁磨光。下腹弧收，矮假圈足、平底，残。手制轮修，火候高。足径9.2、残高4.4厘米（图三七一，6）。

Ab型 3件。

标本02BT0101㉞：25，夹砂灰褐陶，黑胎。素面，外壁粗磨。下腹斜直，假圈足、平底微圜，残。轮制，火候较高。残宽8.2、残高5厘米（图三七一，7）。

B型 34件。

Ba型 18件。

标本99AT0201⑭A：12，夹砂红褐陶，局部、胎黑，里灰。素面，内外壁磨光。微有下腹，内底较平，矮圈足、外斜。分制，火候较高。足径11.2、残高2.8厘米（图三七一，8）。标本02BT0101㉞：26，夹砂黑陶，局部红。素面，内外壁磨光。下腹斜收，圈足较矮、壁外弧微内敛，残。手制，火候较高。足径7.8、残高4.1厘米（图三七一，9）。标本99DT0201⑬：38，夹细砂红褐陶，黑胎。素面，内外壁磨光。下腹斜弧收，矮圈足，残。分制，火候较高。足径7、残高2.2厘米（图三七一，10）。

Bb型 16件。

标本99AT0201⑮：53，夹砂红陶，胎、里黑。下腹、圈足饰绳纹后按抹，内外壁磨光。下腹弧收，圈足较高、外斜，残。分制，火候较高。残高4.1厘米（图三七一，11）。标本99DT0201⑫：24，夹细砂红褐陶，局部褐。素面，内壁磨光。内底中部微凸，圈足较高、外撇，残。分制轮修，火候较高。足径11.4、残高5厘米（图三七一，12）。

器底 69件。

标本99AT0201⑮：59，夹细砂红陶，局部灰褐。下腹饰竖绳纹，内底中部饰戳印纹。

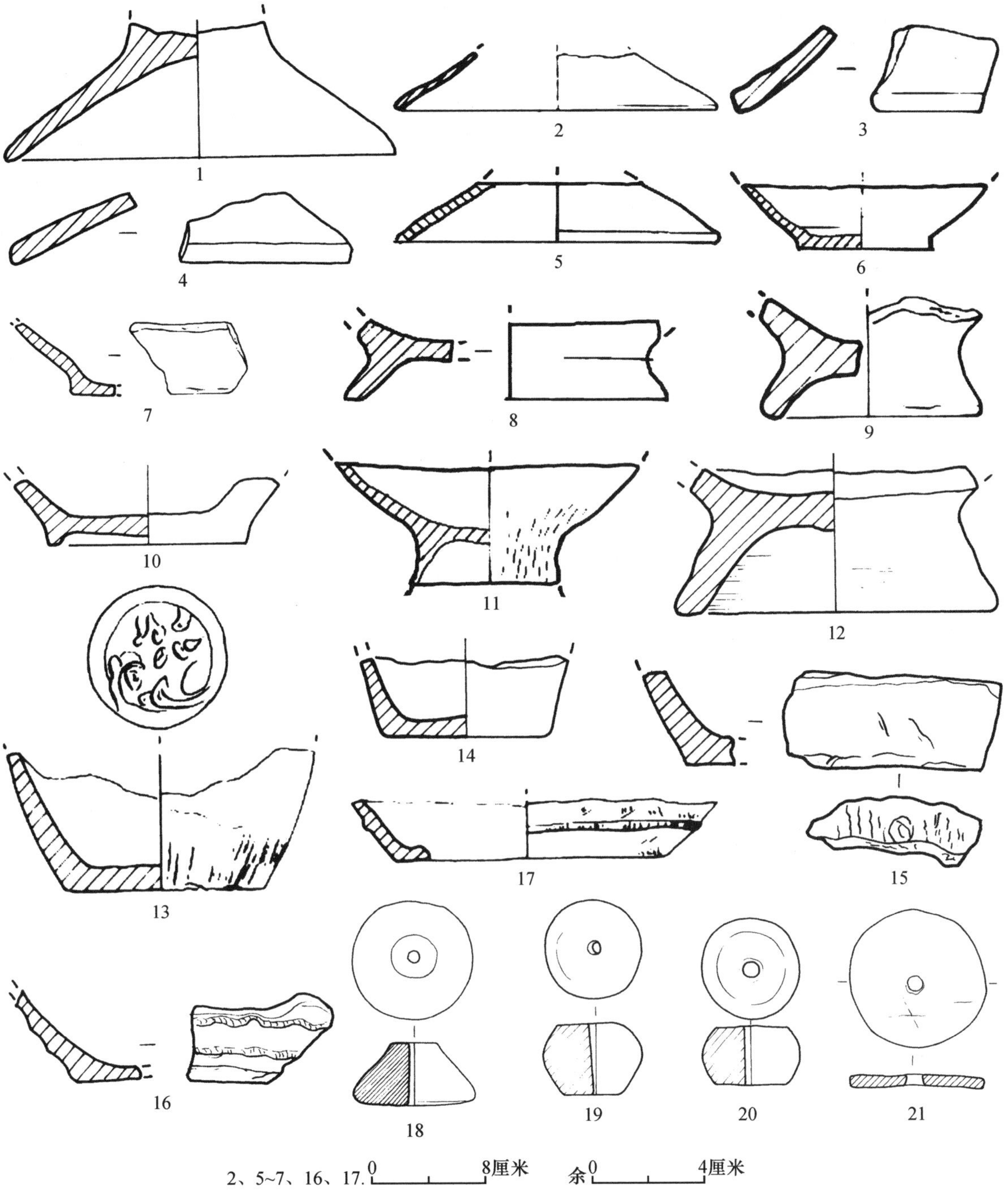

图三七一　中坝文化第9组陶器

1、2. A型器盖（99DT0201⑭：33、99AT0201⑮：38）　3、4. B型器盖（02DT0101㉟：15、99DT0201⑭：34-2）　5. C型器盖（99AT0201⑩：20）　6. Aa型圈足（99AT0201⑮：55）　7. Ab型圈足（02BT0101㉞：25）　8~10. Ba型圈足（99AT0201⑭A：12、02BT0101㉞：26、99DT0201⑬：38）　11、12. Bb型圈足（99AT0201⑮：53、99DT0201⑫：24）　13~15. 器底（99AT0201⑮：59、99AT0201⑬：37、02AT0101㉜：11）　16、17. 瓮底（02AT0101㉜：12、99AT0201⑬：4）　18. B型纺轮（99AT0201⑩：14）　19、20. Ca型纺轮（99AT0301⑱：1、99AT0301⑱：2）　21. Da型纺轮（99AT0201⑩：12）

下腹微弧斜收至底，残。轮制，火候较高。底径7、残高4.8厘米（图三七一，13）。标本99AT0201⑬：37，夹细砂红陶，部分灰黑。素面。下腹斜直内收，平底，残。手制，火候较高。底径6、残高2.8厘米（图三七一，14）。标本02AT0101㉜：11，夹砂褐陶，局部红，里黑。下腹饰戳划纹，外底饰绳纹、戳印纹。下腹弧收，平底微凹，残。手制，火候高。残宽7.6、残高5.3厘米（图三七一，15）。

瓮底 5件。

标本02AT0101㉜：12，夹砂红陶，局部灰褐。下腹饰波浪形和较直附加堆纹，在堆纹上饰绳压纹。下腹弧收，假圈足、底微凹，残。手制，火候高。残宽10、残高6.2厘米（图三七一，16）。标本99AT0201㊸：4，夹粗砂红陶。下腹饰细绳纹和堆纹，在堆纹上再饰绳切纹。下腹微弧，平底。轮制，火候较高。底径18.6、残高4.4厘米（图三七一，17）。

纺轮 4件。

B型 1件。

标本99AT0201㊿：14，夹砂红陶，局部黑、褐。素面，器表磨光。凸台形，顶较平，底微弧，斜腰，中有圆形穿，微残。手制，火候较高。最大径4.2、穿径0.4、高2.2厘米（图三七一，18）。

C型 2件。Ca型。

标本99AT0301⑱：1，泥质红陶，局部灰、褐。素面。近圆鼓形，鼓腰，顶、底较平，中部圆形穿，完整。手制，火候较高。最大径3.5、残高2.5厘米（图三七一，19）。标本99AT0301⑱：2，泥质灰褐陶，局部红。素面。圆鼓形，鼓腰，中部圆形穿，微残。轮制。火候较高。最大径3.4、高2厘米（图三七一，20）。

D型 1件。Da型。

标本99AT0201㊿：12，夹砂灰褐陶，局部红、黑。素面，有擦痕。平面圆形，中有圆形穿，完整。手制，火候较高。直径4.7、穿径0.5、厚0.5厘米（图三七一，21）。

10. 第10组

本组文化层较多，主要有：98BT0305㉒；99AT0101㊴D～㊱，99AT0201㊽、㊼B，99DT0101㊱，99DT0201㉛，99DT0202㊹B～㉛A；00DT0604㊺，00DT0805㊳、㊲；02CT0101㊷、㊶，02DT0101㉝，02DT0102㊶等。

（1）陶系

以98BT0305㉒、99AT0201㊽、02DT0102㊶为典型单位介绍如下：

98BT0305㉒

共出陶器414件。陶质全为夹粗砂。陶色以灰陶为主，占43.72%，次为红陶与红褐陶，各占20.77%和19.32%，褐陶较少，占12.56%，黑褐陶与黄褐陶很少，各占3.14%和0.48%。器表以纹饰为主，占69.81%，部分素面，占30.19%。纹饰以绳纹为主，占54.83%（可细分为粗绳纹、绳纹和细绳纹，以粗绳纹为主，占40.82%，绳纹较多，占13.04%，细绳纹很少，仅占0.97%），附加堆纹和复合纹较少，各占9.18%和4.11%，菱形绳纹、凸弦纹、凹弦纹、戳印纹等很少。器类以缸为主，占17.87%，盘口器、罐、豆、钵、器盖等很少，有69.81%的腹片不辨器类（表一三九）。

表一三九　98BT0305㉒出土陶器统计表

陶质	夹粗砂						合计	%
陶色	灰	红	黑褐	褐	红褐	黄褐		
纹饰/器类								
粗绳纹	96	21		37	15		169	40.82
绳纹	29	10	1		13	1	54	13.04
细绳纹	1			3			4	0.97
菱形绳纹	1						1	0.24
凸弦纹	1						1	0.24
凹弦纹	1						1	0.24
戳印纹				4			4	0.97
附加堆纹	1	32		2	3		38	9.18
复合纹	4		6		7		17	4.11
素面	47	23	6	6	42	1	125	30.19
合计	181	86	13	52	80	2	414	100
%	43.72	20.77	3.14	12.56	19.32	0.48	100	
缸	56	2	1	15			74	17.87
罐	2	2	3		3		10	2.42
盘口器	8		5	4	3		20	4.83
豆			1				1	0.24
钵						2	2	0.48
器盖	1		1		1		3	0.72
圈足			1		1		2	0.48
器底	8			1	4		13	3.14
不明器	106	82	1	32	68		289	69.81

99AT0201㊽

共出陶器203件。陶质以夹砂为主，占99.01%，其中夹粗砂占84.73%，夹细砂较少，占14.28%，泥质陶极少，仅占0.99%。陶色以褐陶为主，占51.73%，次为灰、黑陶，各占20.69%与 18.22%，红陶最少，占9.36%。器表以纹饰为主，占76.35%，素面较少，占23.65%。纹饰以绳纹为主，占63.05%，次为粗绳纹和复合纹，各占8.37%和3.45%，凸棱纹、凹弦纹很少。器类以缸为主，占69.95%，次为罐、钵，占5.91%和3.45%。盘、敞口器、瓮、器盖等很少，有9.85%的腹片不辨器类（表一四〇）。

表一四〇　99AT0201㊽出土陶器统计表

陶质	夹粗砂				夹细砂				泥质	合计	%
陶色	灰	红	黑	褐	灰	红	黑	褐	灰		
纹饰/器类											
粗绳纹	6	2	3	6						17	8.37
绳纹	32	4	26	64			1	1		128	63.05

续表

陶质	夹粗砂				夹细砂				泥质	合计	%
陶色	灰	红	黑	褐	灰	红	黑	褐	灰		
纹饰/器类											
凸棱纹								2		2	0.99
凹弦纹									1	1	0.49
复合纹	1	1		5						7	3.45
素面		7	3	12	1	5	4	15	1	48	23.65
合计	39	14	32	87	1	5	5	18	2	203	100
%	19.21	6.90	15.76	42.86	0.49	2.46	2.46	8.87	0.99	100	
缸	39	7	29	67						142	69.95
罐		1	2	4	1		2	2		12	5.91
敞口器						1		1		2	0.99
瓮				1						1	0.49
钵								7		7	3.45
盘							1	4		5	2.46
尖底盏				1						1	0.49
器盖				1	1					2	0.99
平底		5		3		1		1	1	11	5.42
不明器		1	1	10		2	2	3	1	20	9.85

02DT0102⑥⑥

共出陶器76件。陶质全为夹粗砂。陶色以灰陶为主，占56.58%，次为红陶，占43.42%。器表以纹饰为主，占63.15%，部分素面，占36.85%。纹饰以绳纹为主，占52.63%，次为粗绳纹、附加堆纹，各占5.26%和3.95%，凸弦纹很少。器类以缸为主，占72.37%，罐、器盖等很少，有22.37%的腹片不辨器类（表一四一）。

表一四一　02DT0102⑥⑥出土陶器统计表

陶质	夹粗砂				合计	%
陶色	灰	红	黑	褐		
纹饰/器类						
粗绳纹	4				4	5.26
绳纹	23	17			40	52.63
附加堆纹		33			3	3.95
凸弦纹	1				1	1.32
素面	15	13			28	36.85
合计	43	33			76	100
%	56.58	43.42			100	
缸	27	28			55	72.37
罐		2			2	2.63

续表

陶质	夹粗砂				合计	%
陶色	灰	红	黑	褐		
纹饰/器类						
器盖	1				1	1.32
平底		1			1	1.32
腹片	15	2			17	22.37

（2）器类

出土陶器共计2876件，参加分类排队的1470件。

缸口　1145件。

B型　271件。

Ⅰ式：1件。

标本99AT0101㊴D：1，夹砂灰陶，口、里黑。唇饰深粗戳印纹，器表饰粗戳划纹。敞口，上腹斜收，残。手制，火候较高。残宽9.5、残高5.8厘米（图三七二，1）。

Ⅱ式：5件。标本碎小。

Ⅲ式：21件。

标本99AT0101㊴D：2，夹砂褐陶，里黑；器表多灰白色附着物。唇饰戳印纹，外沿微有手捏痕。敞口，有内沿，上腹弧收，残。手制，火候较高。残宽5.5、残高5.4厘米（图三七二，2）。标本99AT0101㊴B：2，夹砂褐陶，黑胎。唇饰戳印纹，外沿微有手捏痕。敞口，有内沿，上腹弧收，残。手制，火候较高。残宽6.4、残高4.9厘米（图三七二，3）。

Ⅳ式：109件。

标本00DT0805㊳：1，夹细砂灰陶，局部红。唇部饰戳印纹，器表饰斜戳划纹。敞口，上腹斜收，残。手制，火候较高。残宽7.8、残高5厘米（图三七二，4）。标本99AT0101㊴B：4，夹砂黑陶。唇面、内沿饰戳印纹，器表饰戳划纹。敞口，微有内沿，上腹斜弧收，残。手制，火候较高。残宽10、残高5厘米（图三七二，5）。标本99AT0101㊴A：4，夹砂红陶，褐胎。唇饰戳印纹，外沿微有手捏痕。敛口，微有内沿，上腹微鼓，残。手制，火候较高。残宽6.3、残高5.2厘米（图三七二，6）。

Ⅴ式：135件。

标本99AT0101㊴B：6，夹砂红陶，黑胎。唇饰戳印纹，器表饰戳划纹，外沿多手捏痕。敛口，鼓上腹，残。手制，火候较高。残宽11.2、残高6.7厘米（图三七二，7）。标本02DT0101㉝：8，夹砂灰褐陶，胎红褐夹黑。唇部饰戳印纹，外沿微有手捏痕，腹饰粗戳划纹。敞口，上腹斜收，残。手制，火候较高。残宽7.8、残高6.6厘米（图三七二，8）。

C型　864件。

Ca型　780件。

Ⅰ式：586件。

标本99AT0201㊽：9，夹细砂红褐陶，灰黑胎。唇面戳印绳纹，器表饰斜绳纹。口微敛，

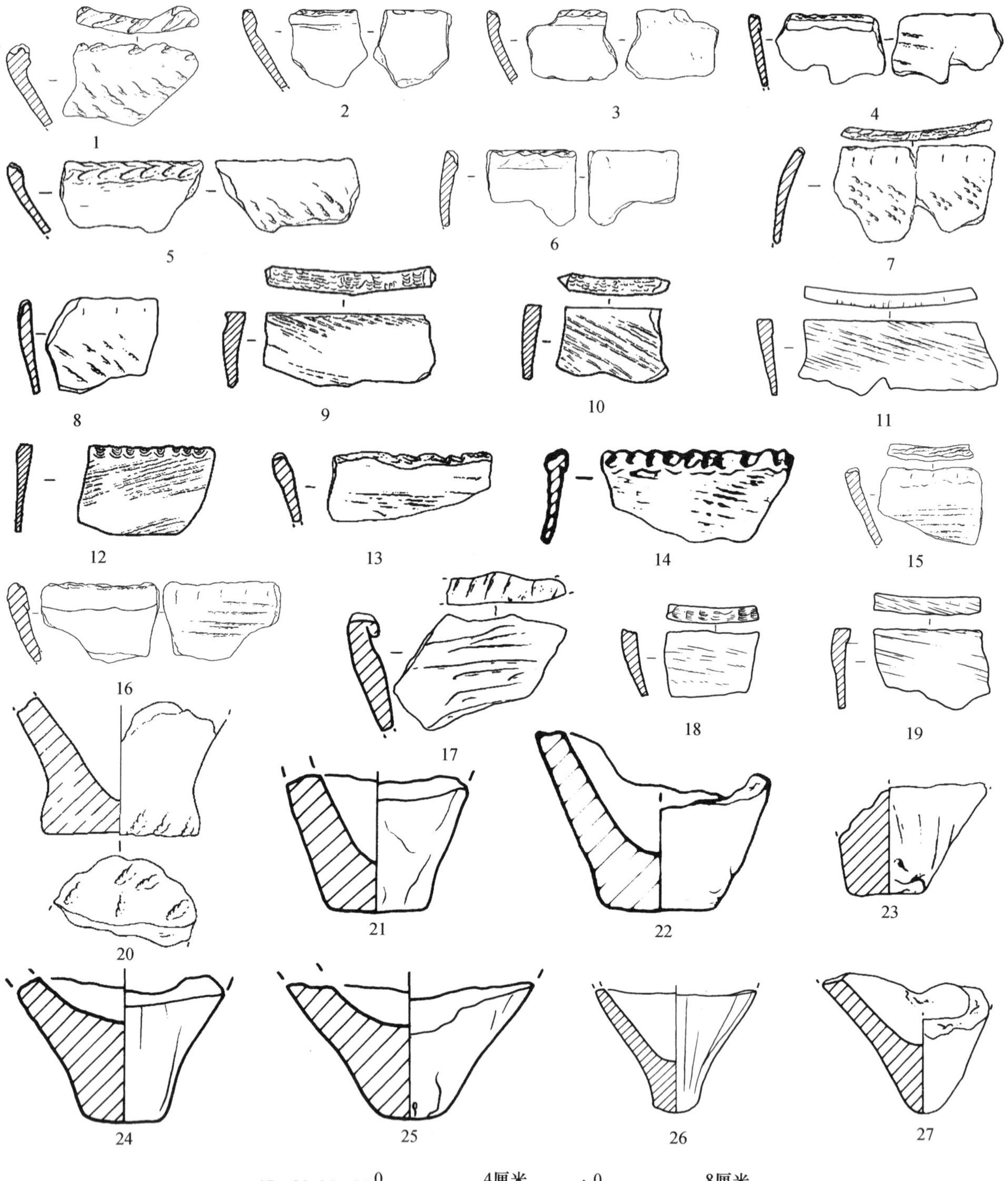

图三七二　中坝文化第10组陶器

1. B型Ⅰ式缸口（99AT0301㊴D：1）　2、3. B型Ⅲ式缸口（99AT0101㊴D：2、99AT0101㊴B：2）　4～6. B型Ⅳ式缸口（00DT0805㊳：1、99AT0101㊴B：4、99AT0101㊴A：4）　7、8. B型Ⅴ式缸口（99AT0101㊴B：6、02DT0101㉝：8）　9～11. Ca型Ⅰ式缸口（99AT0201㊽：9、99AT0201㊼B：15、99DT0202㊷A：2）　12～14. Ca型Ⅱ式缸口（99AT0201㊼B：19、99DT0101㊱：2、02CT0101㊷：3）　15、16. Cb型缸口（99AT0101㊳：12、99AT0101㊳：13）　17～19. D型Ⅰ式缸口（99DT0202㊶：15、99DT0202㊷A：7、99DT0202㊹A：44）　20. B型缸底（99AT0101㊳：45）　21、22. Ca型缸底（99DT0202㊹A：63、02CT0101㊷：14）　23、24. Cb型缸底（99AT0201㊼B：21、99DT0202㊷A：19）　25、26. D型缸底（99DT0201㊶：38、99DT0202㊷A：20）　27. E型缸底（99AT0201㊼B：20）

上腹微弧，残。残宽12、残高5厘米（图三七二，9）。标本99AT0201㊼B：15，夹细砂红褐陶，局部灰褐。唇面、器表饰绳纹。口近直，上腹直，残。手制，火候不高。残宽7.6、残高5.2厘米（图三七二，10）。标本99DT0202㉜A：2，夹砂黑陶，局部灰。唇饰浅戳印纹，上腹饰斜绳纹。敞口，上腹斜收，残。手制，火候较高。残宽14、残高5.2厘米（图三七二，11）。

Ⅱ式：193件。

标本99AT0201㊼B：19，夹细砂黑陶，唇面横压绳纹，器表饰斜绳纹。敞口，上腹斜直，残。残宽9.4、残高5.4厘米（图三七二，12）。标本99DT0101㊱：2，夹砂红褐陶，局部、胎灰。唇饰较浅戳印纹，上腹饰横绳纹。敞口，上腹斜收，残。手制，火候较高。残宽11.6、残高4.8厘米（图三七二，13）。标本02CT0101㊷：3，夹砂灰陶，局部黑。唇饰较深戳印纹，器表饰绳纹。直口，鼓腹，残。手制，火候较高。残宽13.6、残高6.4厘米（图三七二，14）。

Ⅲ式：1件。标本碎小。

Cb型　84件。

标本99AT0101㊳：12，夹砂红褐陶，局部红，口、里灰黑。唇饰戳印纹，器表饰绳纹，外沿微有手捏痕。敞口，上腹斜弧收，残。手制，火候较高。残宽7.3、残高5.4厘米（图三七二，15）。标本99AT0101㊳：13，夹砂红陶，局部灰黑。唇饰戳印纹，器表饰绳纹，外沿多手捏痕。敞口，上腹弧收，残。手制，火候较高。残宽8.3、残高5.5厘米（图三七二，16）。

D型　10件。Ⅰ式。

标本99DT0202㉛：15，夹砂黑陶，局部、胎红。唇饰浅戳划纹，上腹饰斜划纹。敞口，上腹弧收，残。手制，火候较高。残宽6、残高4厘米（图三七二，17）。标本99DT0202㉜A：7，夹砂黑陶，褐胎。唇饰浅戳印纹，上腹饰细划纹。口微敞，上腹弧收，残。手制，火候较高。残宽6.7、残高4.6厘米（图三七二，18）。标本99DT0202㉞A：44，夹粗砂红陶，局部褐。唇、上腹饰斜印纹。敛口，上腹较直，残。手制，火候较高。残宽7.2、残高5.5厘米（图三七二，19）。

缸底　45件。

B型　1件。

标本99AT0101㊳：45，夹砂红褐陶，里黑。底缘、外底饰粗戳划纹。下腹斜收，小平底微凹，残。手制，火候较高。底径5.6、残高4.7厘米（图三七二，20）。

C型　22件。

Ca型　18件。

标本99DT0202㉞A：63，夹砂红褐陶，胎、里黑。外底饰印纹，下腹多刮抹痕。下腹斜收，底较矮，残。手制，火候较高。底径3.6、残高4.6厘米（图三七二，21）。标本02CT0101㊷：14，夹砂褐陶，局部红、灰褐，里黑。素面，多刮抹痕。下腹斜收，底较矮，残。手制，火候较高。底径4、残高6.2厘米（图三七二，22）。

Cb型　4件。

标本99AT0201㊼B：21，夹细砂红褐陶，里灰黑色。素面，下部有刮削痕。下腹斜直至底，实足跟较高。手制，火候不高。足径2.8、残高4厘米（图三七二，23）。标本99DT0202㉜A：19，夹砂红陶，局部、胎褐。素面，多刮抹痕。下腹斜弧收，近圆柱形底，残。手制，火候较高。底径2.8、残高5厘米（图三七二，24）。

D型 21件。

标本99DT0201㊶：38，夹细砂红褐陶，局部灰黑。下腹有刮抹痕。下腹弧内收，杵状底，残。手制，火候较高。残高4.7厘米（图三七二，25）。标本99DT0202㊷A：20，夹砂红陶，局部褐，里黑。素面，多刮抹痕。下腹斜弧收，杵状底，残。手制，火候较高。残高8.5厘米（图三七二，26）。

E型 1件。

标本99AT0201㊼B：20，夹细砂红褐陶，里黑色。素面，微有刮削痕。下腹微弧急收，尖底，残。手制，火候较高。残高4.85厘米（图三七二，27）。

贴边缸 3件。

B型 2件。

标本02CT0101㊷：4，夹砂红褐陶，里黑。唇面、外沿饰戳印纹，器表饰斜绳纹，内壁磨光。喇叭口，上腹斜内收，残。手制，火候较高。残宽7、残高3.8厘米（图三七三，2）。标本02CT0101㊶：6，夹砂红陶，局部橙黄，灰黑胎。唇部饰绳切纹，外沿饰戳印纹，器表饰斜绳纹，上腹饰附加堆纹。喇叭口，残。手制，火候较高。残宽8.2、残高5.6厘米（图三七三，3）。

C型 1件。

标本98BT0305㉒：2，夹砂红陶。唇面、外沿饰戳印纹，上腹饰斜绳纹、附加堆纹，内壁磨光。口微侈，上腹微束，残。手制，火候较高。残宽10.4、残高7厘米（图三七三，1）。

瓮 20件。

A型 5件。

标本02CT0101㊶：4，夹砂红陶，胎局部灰褐。素面。敞口，唇面微凹，束领，残。轮制，火候较高。残宽8、残高4.6厘米（图三七三，4）。

B型 15件。

标本99AT0101㊱：16，夹砂红陶，局部褐。唇饰凹弦纹、外唇饰戳印纹，沿、内沿饰粗划纹。喇叭口，残。轮制，火候高。残宽8.6、残高4.5厘米（图三七三，5）。标本99AT0101㊱：18，夹砂红陶。素面，内外壁磨光。喇叭口，残。轮制，火候较高。残宽7.2、残高4.9厘米（图三七三，6）。标本00DT0805㊲：3，夹细砂红陶，灰胎，里灰黑。素面。喇叭口，外沿外凸，圆唇，残。轮制，火候较高。残宽5.6、残高2.6厘米（图三七三，7）。

盘口罐 13件。

A型 5件。

Ⅱ式：2件。标本碎小。

Ⅲ式：3件。

标本99AT0101㊴A：10，夹砂黑陶，红褐胎。外盘下饰戳印纹。盘口，圆唇，浅盘、壁外斜，残。轮制，火候较高。残宽4.2、残高2.4厘米（图三七三，8）。标本99AT0101㊴C：5，夹砂红陶，褐胎。外盘下饰戳印纹，上腹饰斜绳纹，内壁磨光。盘口，圆唇，浅盘外斜，残。轮制，火候较高。残宽5、残高2.7厘米（图三七三，9）。

B型 8件。

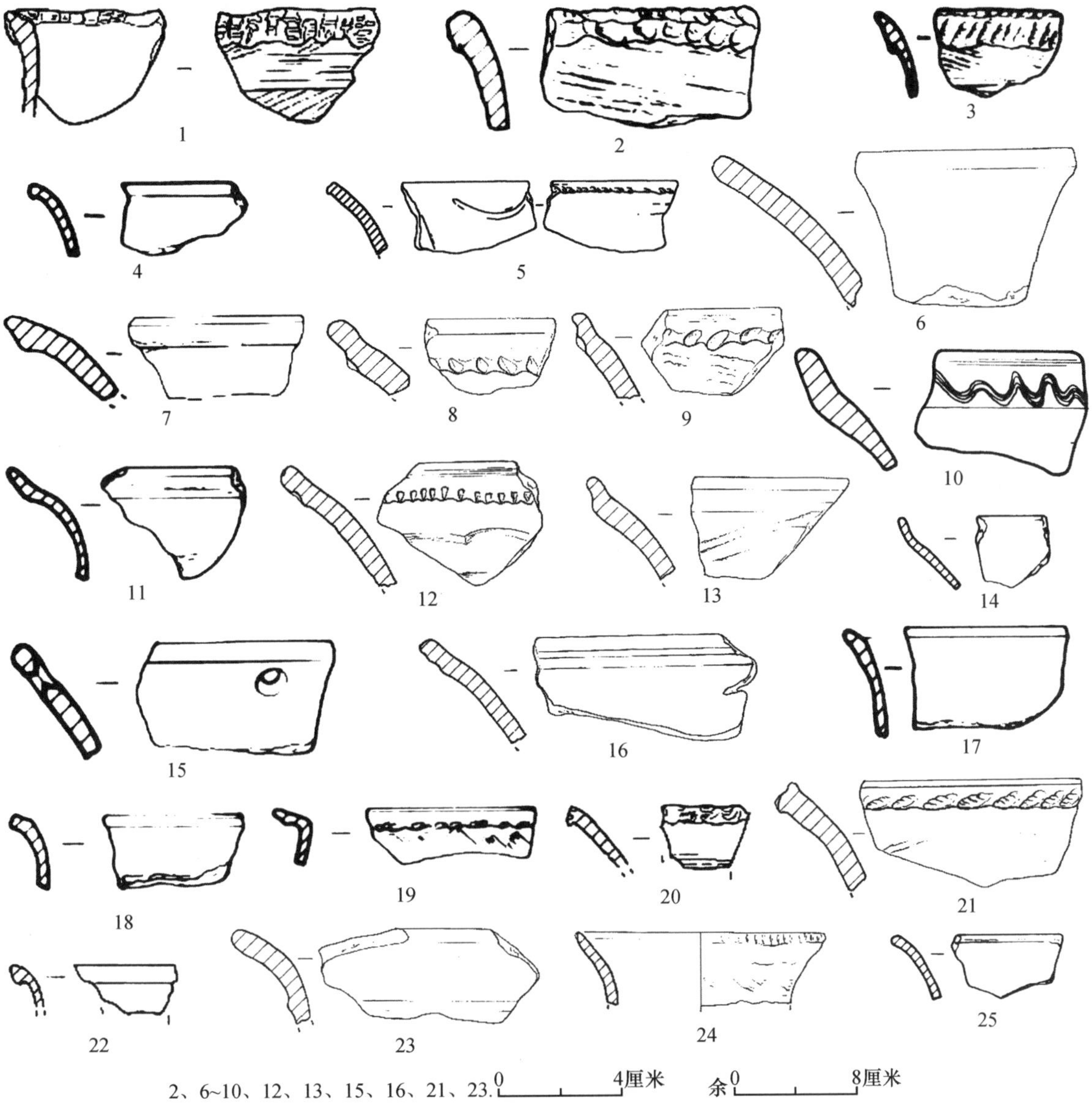

图三七三　中坝文化第10组陶器

1. C型贴边缸（98BT0305㉒：2）　2、3. B型贴边缸（02CT0101㊷：4、02CT0101㊶：6）　4. A型瓮（02CT0101㊶：4）　5~7. B型瓮（99AT0101㊱：16、99AT0101㊱：18、00DT0805㊲：3）　8、9. A型Ⅲ式盘口罐（99AT0101㊴A：10、99AT0101㊴C：5）　10、11. Ba型Ⅱ式盘口罐（99DT0202㊿A：45、02CT0101㊷：5）　12、13. Bb型Ⅱ式盘口罐（99AT0101㊱：12、99AT0101㊳：20）　14. Aa型盘口器（02CT0101㊷：6）　15. Ab型盘口器（02DT0101㉝：11）　16. B型盘口器（99AT0101㊴D：5）　17、18. Aa型Ⅰ式折沿罐（02CT0101㊷：8、02CT0101㊷：9）　19. Aa型Ⅱ式折沿罐（02CT0101㊷：7）　20. C型敞口罐（98BT0305㉒：19）　21. Ⅱ式槽唇罐（99AT0101㊳：31）　22. 高领罐（98BT0305㉒：21）　23. 有领罐（99AT0101㊳：32）　24、25. 喇叭口罐（99AT0101㊳：27、02CT0101㊷：10）

Ba型　4件。Ⅱ式。

标本99DT0202㊿A：45，夹砂灰褐陶，里局部黑。盘外饰波浪形划纹，内壁磨光。较浅盘口，圆唇，上腹弧收，残。手制轮修，火候较高。残宽5.5、残高3.8厘米（图三七三，10）。标本02CT0101㊷：5，夹砂褐陶，局部、里黑。素面，盘内壁磨光。盘口，圆唇，壁外斜，束领，残。手制轮修，火候较高。残宽9.4、残高7厘米（图三七三，11）。

Bb型　4件。Ⅱ式。

标本99AT0101㊱：12，夹砂红陶，黑胎。唇饰凹弦纹，盘外饰戳印纹一周，上腹饰粗划纹。微有浅盘，唇面微凹，残。轮制，火候较高。残宽5.3、残高3.9厘米（图三七三，12）。标本99AT0101㊳：20，夹砂黑陶。上腹饰斜细绳纹，内外壁磨光。盘口，圆唇，浅盘，残。轮制，火候较高。残宽5、残高3.2厘米（图三七三，13）。

盘口器　3件。

A型　2件。

Aa型　1件。

标本02CT0101㊷：6，夹砂褐陶，黑胎。素面，内外壁磨光。微呈盘口，圆唇，弧壁，领内弧，残，轮制，火候较高。残宽4.8、残高4.6厘米（图三七三，14）。

Ab型　1件。

标本02DT0101㉝：11，夹砂黑陶，局部红褐。沿下饰圆形镂孔，内外壁磨光。喇叭口，圆唇，残。轮制，火候较高。残宽6.4、残高3.6厘米（图三七三，15）。

B型　1件。

标本99AT0101㊴D：5，夹砂黑陶，褐胎。外沿饰粗凹弦纹一周，内壁磨光。微呈盘口，圆唇，残。轮制，火候一般。残宽7.1、残高3.4厘米（图三七三，16）。

折沿罐　11件。

A型　7件。

Aa型　3件。

Ⅰ式：2件。

标本02CT0101㊷：8，夹砂红褐陶。素面。敞口，窄斜折沿，圆唇，束领，残。手制，火候较高。残宽10.4、残高6.8厘米（图三七三，17）。标本02CT0101㊷：9，夹砂红褐陶，局部灰褐。素面，内壁磨光。喇叭口，窄斜折沿，唇面微凹，束领，残。手制，火候较高。残宽9.2、残高4.8厘米（图三七三，18）。

Ⅱ式：1件。

标本02CT0101㊷：7，夹砂黑陶，局部灰褐。外沿下饰戳印纹，腹饰斜篦划纹。侈口，斜折沿，圆唇，鼓腹，残。轮制，火候较高。残宽10.8、残高3.6厘米（图三七三，19）。

Ab型　4件。Ⅰ式。标本碎小。

B型　3件。

Ⅰ式：1件。标本碎小。

Ⅱ式：2件。标本碎小。

C型　1件。Ⅱ式。标本碎小。

敞口罐　1件。C型。

标本98BT0305㉒：19，夹砂红陶，胎红夹灰褐。唇饰粗深戳印纹，上腹饰绳纹。喇叭口，残。手制，火候较高。残宽5.6、残高4厘米（图三七三，20）。

槽唇罐　7件。

Ⅰ式：1件。

Ⅱ式：5件。

标本99AT0101㊳：31，夹砂红陶，局部灰褐。唇面中部饰凹弦纹，外唇面饰戳印纹，外沿、腹饰斜绳纹。喇叭口，唇面微凹，残。轮制，火候高。残宽7.3、残高3.4厘米（图三七三，21）。

Ⅲ式：1件。标本碎小。

高领罐　1件。

标本98BT0305㉒：21，夹砂黑陶，红胎。素面。侈口，卷沿，圆唇，束领，残。轮制，火候较高。残宽6.6、残高3.2厘米（图三七三，22）。

矮领罐　1件。标本碎小。

有领罐　1件。

标本99AT0101㊳：32，夹砂灰陶，局部灰黑。领饰凸弦纹，内外壁磨光。喇叭口，圆唇，束领，残。轮制，火候高。残宽7、残高3厘米（图三七三，23）。

喇叭口罐　15件。

标本99AT0101㊳：27，夹砂黑陶，局部灰褐。外沿饰戳印纹，器表饰划纹，内壁磨光。喇叭口，圆唇，残。轮制，火候较高。口径16.2、残高4.6厘米（图三七三，24）。标本02CT0101㊷：10，夹砂红陶，灰胎。素面，多按抹痕。喇叭口，圆唇，残。手制轮修，火候较高。残宽7.2、残高4厘米（图三七三，25）。

侈口罐　6件。

标本99DT0201(51)：22，夹细砂褐陶，局部红，黑胎。素面，内沿、外壁磨光。侈口，卷沿，圆唇，鼓腹，残。轮制，火候较高。残宽4.5、残高4.6厘米（图三七四，1）。

卷沿罐　38件。

A型　7件。

Aa型　2件。Ⅰ式。

标本99AT0101㊴D：6，夹砂黑陶，局部褐。器表饰斜绳纹，多细旋痕。喇叭口，圆唇，腹较直，残。轮制，火候较高。残宽8.9、残高5.8厘米（图三七四，2）。

Ab型　5件。

Ⅰ式：3件。

标本99AT0101㊴D：7，夹砂褐陶，局部、胎黑。外沿饰戳印纹，腹饰划纹，下腹、内壁磨光。侈口，卷沿，鼓腹，残。轮制，火候较高。口径25.2、残高19.2厘米（图三七四，3）。标本99DT0202(61)：20，夹砂黑陶，局部、胎褐。唇饰戳印纹。喇叭口，残。手制，火候较高。残宽5、残高3.3厘米（图三七四，4）。

Ⅱ式：2件。

标本99DT0201(51)：15，夹细砂褐陶，黑胎，里红褐。外下沿饰戳印纹。喇叭口，圆唇，残。轮制，火候较高。残宽8.8、残高4.4厘米（图三七四，5）。标本99DT0201(51)：16，夹细砂黑陶，局部灰、红褐。唇部饰戳印纹，器表饰斜绳纹。喇叭口，残。轮制，火候较高。残宽6.6、残高4.1厘米（图三七四，6）。

B型　25件。

Ⅰ式：6件。

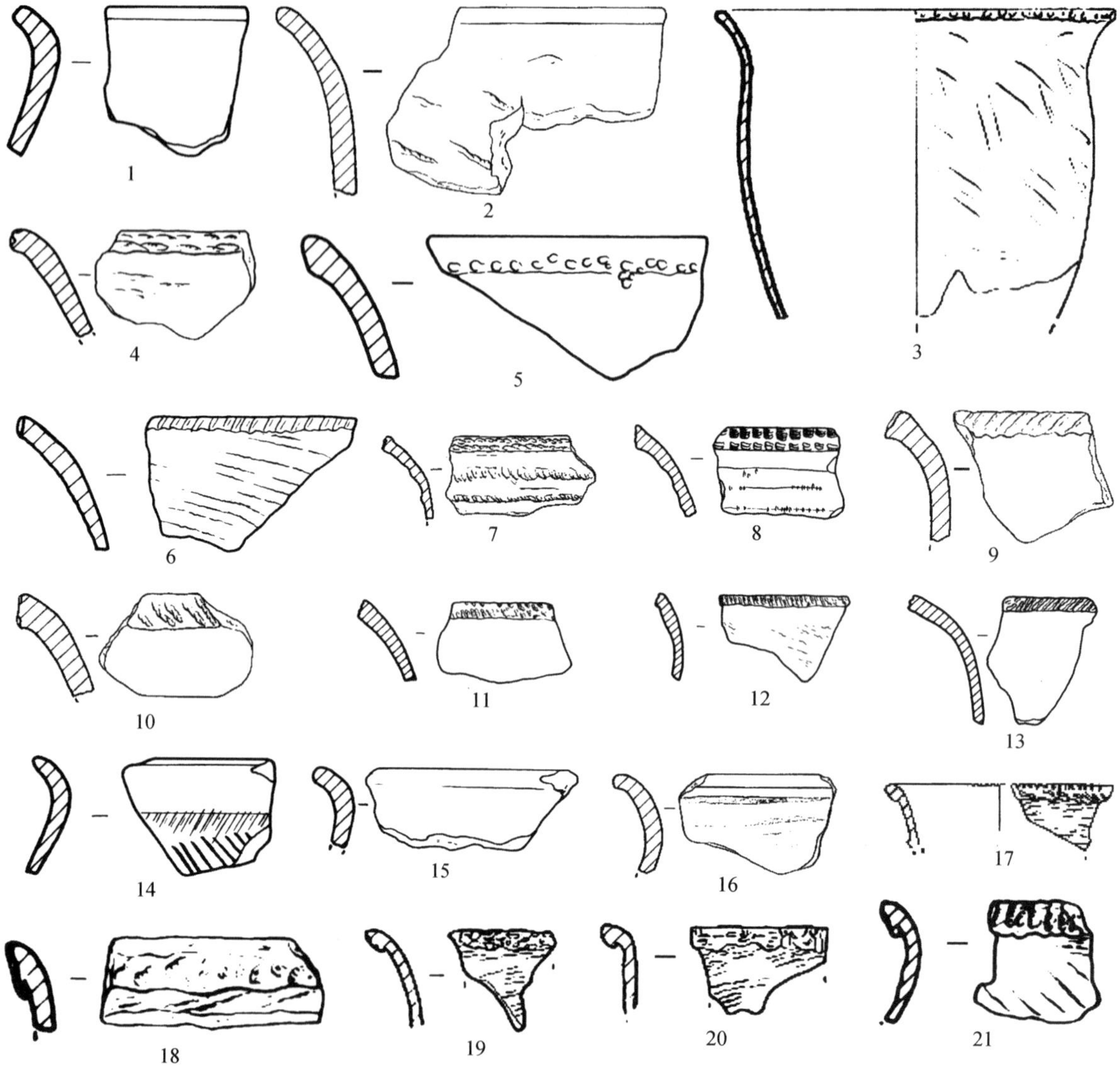

3、7、8、11~13、17、19~21. 0 8厘米 余 0 4厘米

图三七四　中坝文化第10组陶器

1. 侈口罐（99DT0201⑤：22） 2. Aa型Ⅰ式卷沿罐（99AT0101㊴D：6） 3、4. Ab型Ⅰ式卷沿罐（99AT0101㊴D：7、99DT0202㊶：20） 5、6. Ab型Ⅱ式卷沿罐（99DT0201⑤：15、99DT0201⑤：16） 7、8. B型Ⅰ式卷沿罐（99AT0101㊴B：11、99DT0201⑤：17） 9、10. B型Ⅱ式卷沿罐（99AT0101㊴D：8、99AT0101㊱：14） 11、12. C型Ⅰ式卷沿罐（99DT0202㊷A：11、99DT0202㊷A：12） 13. C型Ⅱ式卷沿罐（99DT0101⑤：20） 14、15. Ⅰ式卷沿鼓腹罐（99DT0101⑤：21、99DT0202㊷B：24） 16. Ⅱ式卷沿鼓腹罐（99AT0101㊴A：11） 17、18. A型贴边罐（98BT0305㉒：5、02DT0101㉝：13） 19～21. B型贴边罐（98BT0305㉒：3、98BT0305㉒：4、02CT0101㊶：7）

标本99AT0101㊴B：11，夹砂黑陶，局部红。唇饰戳印纹，上腹饰附加堆纹，在堆纹上饰戳印纹。敞口，沿外翻，上腹斜收，残。轮制，火候较高。残宽9.5、残高5.1厘米（图三七四，7）。标本99DT0201⑤：17，夹细砂黑陶，局部褐，里灰褐。唇部饰戳印纹，器表饰附加堆纹，在堆纹上饰戳印纹。喇叭口，唇上缘上翘，残。轮制，火候较高。残宽8.1、残高5.6厘米（图三七四，8）。

Ⅱ式：19件。

标本99AT0101㊴D：8，夹砂红褐陶，黑胎。唇饰斜绳切纹。侈口，卷沿，残。轮制，火候较高。残宽5、残高4厘米（图三七四，9）。标本99AT0101㊱：14，夹砂褐陶。唇面饰戳印纹。喇叭口，残。轮制，火候较高。残宽4.8、残高3.2厘米（图三七四，10）。

C型　6件。

Ⅰ式：5件。

标本99DT0202㉜A：11，夹砂红陶，局部黑，灰褐胎。唇饰浅戳印纹。喇叭口，残。手制轮修，火候较高。残宽8.5、残高5厘米（图三七四，11）。标本99DT0202㉜A：12，夹砂黑陶，局部、里红褐。唇饰浅戳印纹，上腹饰细划纹。侈口，卷沿，残。手制，火候较高。残宽8.1、残高5.3厘米（图三七四，12）。

Ⅱ式：1件。

标本99DT0101㉛：20，夹细砂红陶，局部灰黑，胎红夹灰。唇部饰戳印纹。喇叭口，沿外翻，残。手制轮修，火候较高。残宽6.8、残高7.9厘米（图三七四，13）。

卷沿鼓腹罐　3件。

Ⅰ式：2件。

标本99DT0101㉛：21，泥质红褐陶，胎红夹灰。上腹饰几何形暗纹，内外壁磨光。侈口，卷沿，圆尖唇，鼓腹，残。轮制，火候高。残宽4.8、残高3.6厘米（图三七四，14）。标本99DT0202㉜B：24，夹砂黄褐陶，黑胎。素面，外壁磨光。侈口，卷沿，圆唇，残。轮制，火候较高。残宽6.7、残高2.5厘米（图三七四，15）。

Ⅱ式：1件。

标本99AT0101㊴A：11，夹砂灰褐陶，局部、胎红褐。器表饰暗纹，内外壁磨光。侈口，圆唇，束颈，残。轮制，火候较高。残宽4.8、残高3.1厘米（图三七四，16）。

贴边罐　12件。

A型　7件。

标本98BT0305㉒：5，夹砂黑陶，局部褐。唇、外沿饰戳印纹，上腹饰斜绳纹、附加堆纹，内壁磨光。敞口，卷沿，上腹微斜直，残。轮制，火候较高。口径14.4、残高4厘米（图三七四，17）。标本02DT0101㉝：13，夹砂红陶，局部灰褐。外沿饰戳印纹，器表饰斜绳纹，内壁磨光。敞口，圆唇，腹较直，残。轮制，火候较高。残宽7、残高2.8厘米（图三七四，18）。

B型　5件。

标本98BT0305㉒：3，夹砂红陶，局部、胎黑。外沿饰戳印纹，腹饰斜绳纹，内壁磨光。喇叭口，卷沿，残。轮制，火候较高。残宽6.8、残高6.2厘米（图三七四，19）。标本98BT0305㉒：4，夹砂红陶，局部、里黑。唇饰绳切纹，外沿饰戳印纹，上腹饰斜绳纹，内壁磨光。敞口，卷沿外翻，上腹较直，残。轮制，火候较高。残宽8.4、残高5.2厘米（图三七四，20）。标本02CT0101㊶：7，夹砂红褐陶，灰黑胎，里红。外沿饰戳印纹，沿下饰斜绳纹，器表饰斜棱纹。侈口，卷沿，外沿较窄，残。手制，火候较高。残宽7.8、残高7.6厘米（图三七四，21）。

盘　29件。

A型　24件。

标本99DT0201㉛：26，夹细砂褐陶，黑胎。素面，内外壁粗磨。敞口，圆唇，盘较浅，残。手制，火候较高。口径13、残高2.6厘米（图三七五，1）。标本99DT0201⑤1：27，夹细砂黑陶。素面，内外壁磨光。敞口，圆唇，盘口上卷，残。轮制，火候高。残宽5、残高2.3厘米（图三七五，2）。标本99DT0201⑤1：29，夹细砂黑陶，褐胎。上腹饰双向穿镂孔，内外壁磨光。敞口，圆唇，盘较深，残。轮制，火候较高。残宽8.8、残高4厘米（图三七五，3）。标本99DT0201⑤1：30，夹细砂红陶，胎红夹灰黑。素面，内外壁磨光。敞口，圆唇，弧腹内收，残。手制，火候较高。残宽11.7、残高4.8厘米（图三七五，4）。

B型 2件。Ⅱ式。标本碎小。

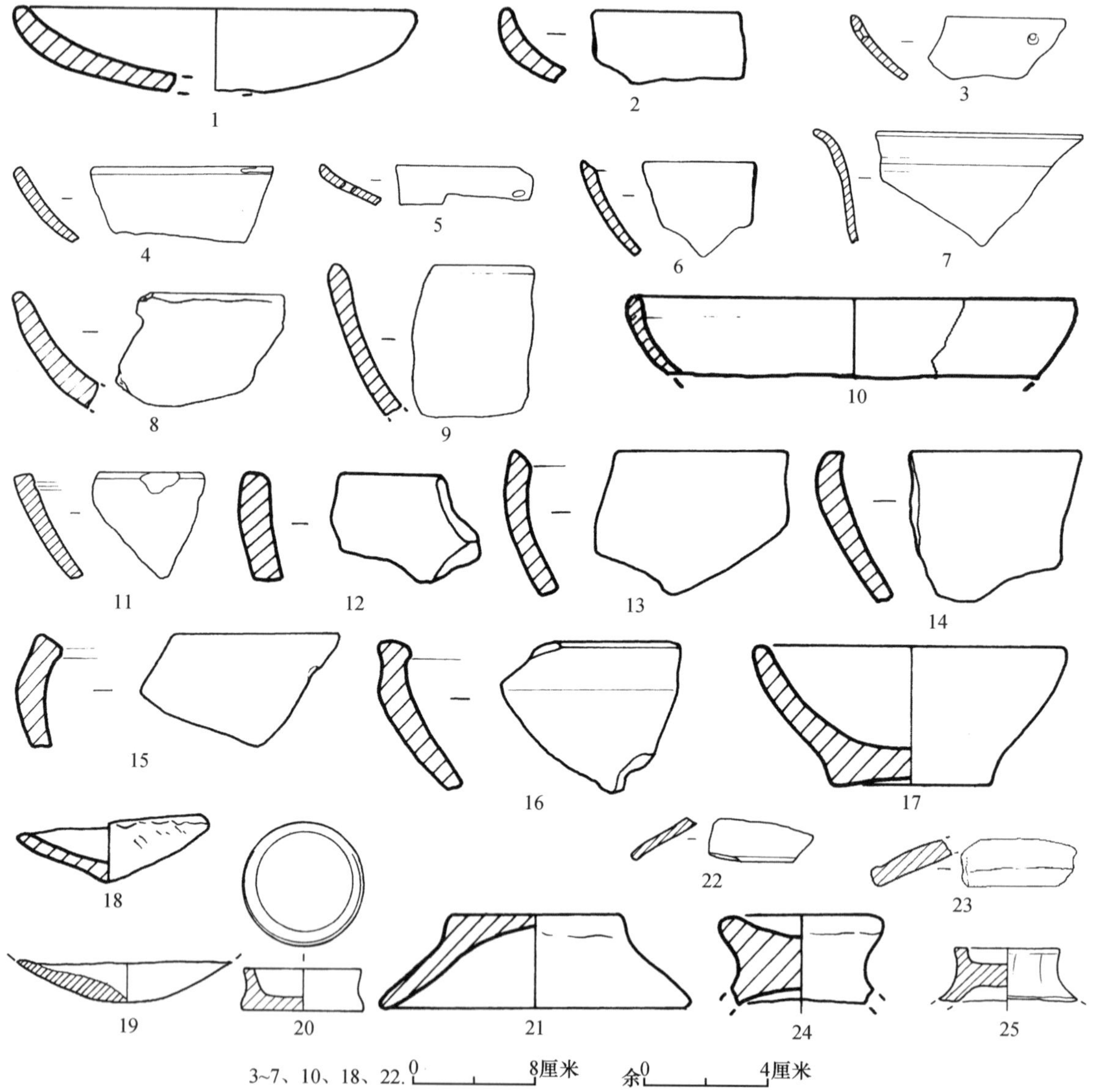

图三七五 中坝文化第10组陶器

1～4. A型盘（99DT0201⑤1：26、99DT0201⑤1：27、99DT0201⑤1：29、99DT0201⑤1：30） 5. C型盘（99DT0201⑤1：25） 6. Ⅳ式有沿盘（02CT0101④1：3） 7. 盆（99DT0201⑤1：14） 8、9. A型Ⅰ式钵（99DT0202⑥1B：26、99DT0202⑥1B：27） 10、11. A型Ⅱ式钵（99AT0201④8：15、99DT0201⑤1：31） 12. B型Ⅰ式钵（99DT0202⑥4A：52） 13. Ca型Ⅰ式钵（99DT0202⑥2A：15） 14、15. Ca型Ⅱ式钵（99DT0201⑤1：33、99DT0201⑤1：34） 16. Cb型Ⅰ式钵（99DT0201⑤1：32） 17. Ⅱ式圈足碗（99DT0201⑤1：5） 18、19. 尖底盏（99AT0201④8：3、99AT0201④8：14） 20. 盒（99AT0201④7B：9） 21、22. A型器盖（99DT0201⑤1：35、99DT0202⑥4A：53） 23. B型器盖（99AT0101③8：26） 24、25. 盖纽（99DT0201⑤1：36、99DT0202⑥2A：18）

C型　3件。

标本99DT0201㊿：25，夹细砂黑陶。盘部饰双向穿镂孔，内外壁磨光。敞口，圆唇，盘较浅，残。轮制，火候较高。残宽8.9、残高2.5厘米（图三七五，5）。

有沿盘　3件。

Ⅰ式：2件。标本碎小。

Ⅳ式：1件。

标本02CT0101㊶：3，夹砂褐陶，黑胎，里红褐。素面，内外壁磨光。敞口，内沿斜折，圆尖唇，弧腹，残。轮制，火候较高。残宽7.2、残高6厘米（图三七五，6）。

盆　1件。

标本99DT0201㊿：14，夹细砂黑陶，局部、胎灰。上腹饰凸弦纹，内沿、外壁磨光。敞口，卷沿较窄，圆唇，上腹较斜，下腹弧内收，残。手制轮修，火候一般。残宽13.4、残高7.1厘米（图三七五，7）。

钵　21件。

A型　10件，3件不明式别。

Ⅰ式：4件。

标本99DT0202㊶B：26，夹砂红陶，局部灰褐，黑胎。素面。敞口，圆唇，弧腹，残。手制，火候较高。残宽5.4、残高3.6厘米（图三七五，8）。标本99DT0202㊶B：27，夹砂红陶，局部黑。敞口，尖唇，弧腹，残。手制，火候较高。残宽3.9、残高4.8厘米（图三七五，9）。

Ⅱ式：3件。

标本99AT0201㊽：15，夹砂红褐陶，局部褐。素面，内外壁磨光。敞口，微有内沿，方唇，弧腹，残。轮制，火候较高。口径28.8、残高4.8厘米（图三七五，10）。标本99DT0201㊿：31，夹细砂红陶，局部、胎灰。素面，内外壁磨光。敞口，方唇，弧腹内收，残。手制，火候较高。残宽3.6、残高3.4厘米（图三七五，11）。

B型　2件，1件不明式别。

Ⅰ式：1件。

标本99DT0202㊹A：52，夹砂褐陶，局部黑。素面，内外壁磨光。口近直，圆唇，弧腹，残。轮制，火候较高。残宽4.9、残高3.4厘米（图三七五，12）。

C型　9件。

Ca型　8件。

Ⅰ式：4件。

标本99DT0202㊷A：15，夹砂红褐陶。素面，内外壁磨光。敛口，圆唇，弧腹，残。轮制，火候较高。残宽6.2、残高4.6厘米（图三七五，13）。

Ⅱ式：4件。

标本99DT0201㊿：33，夹细砂黑陶。素面，内外壁磨光。口微敛，圆唇，上腹内卷，下腹弧内收，残。轮制，火候较高。残宽5.5、残高4.8厘米（图三七五，14）。标本99DT0201㊿：34，夹细砂红陶。素面，内外壁磨光。敛口，方唇，上腹内卷，下腹弧内收，残。轮制，火候高。残宽6.4、残高3.6厘米（图三七五，15）。

Cb型　1件。Ⅰ式。

标本99DT0201㉛：32，夹细砂红陶。素面，内外壁磨光。敛口，上腹微凹，下腹弧内收，残。轮制，火候高。残宽5.8、残高4.8厘米（图三七五，16）。

圈足碗　1件。Ⅱ式。

标本99DT0201㉛：5，夹细砂褐陶，局部、里黑。素面，器表多按抹痕。敞口，圆唇，弧腹内收，微有圈足，复原。手制，火候一般。口径10、足径5.2、高4.4厘米（图三七五，17）。

尖底盏　2件。

标本99AT0201㊽：3，夹砂褐陶，局部红。素面。敞口，方唇，斜腹微弧，尖底，复原。手制，火候较高。口径12.4、高4厘米（图三七五，18）。标本99AT0201㊽：14，夹砂黑陶，局部、胎红。素面。下腹斜、微弧，内底尖、外底圜，残。轮制，火候较高。残高1.4厘米（图三七五，19）。

盒　1件。

标本99AT0201㊼B：9，夹砂灰褐陶，局部黑。素面，内外壁磨光。敞口，方唇，束腰，平底，完整。轮制，火候较高。口径3.8、底径4、高1.3厘米（图三七五，20；图版三〇，1）。

器盖　13件。

A型　9件。

标本99DT0201㉛：35，夹砂红褐陶，局部红、灰褐，黑胎。素面。敞口，圆唇，壁较斜直，平顶，复原。手制，火候较高。顶径5.6、口径10、高3厘米（图三七五，21）。标本99DT0202㊿A：53，夹砂黑陶，胎红褐夹黑。素面，内外壁磨光。盖壁微弧，敞口，圆唇，残。手制，火候较高。残宽6.6、残高2.7厘米（图三七五，22）。

B型　2件。

标本99AT0101㊳：26，夹砂红褐陶，局部黑。素面。盖壁微弧，敞口，微有沿，圆唇，残。手制，火候较高。残宽3.8、残高1.5厘米（图三七五，23）。

C型　2件。标本碎小。

盖纽　2件。

标本99DT0201㉛：36，夹细砂灰黑陶，局部红。素面。圈足状纽，残。手制，火候一般。纽径5.2、残高2.8厘米（图三七五，24）。标本99DT0202㊿A：18，夹砂褐陶，灰胎。素面。圈足形纽，方唇，微有盖壁，残。手制，火候较高。纽径3.4、残高1.7厘米（图三七五，25）。

圈足　25件。

A型　5件。

Aa型　1件。标本碎小。

Ab型　4件。

标本99DT0201㉛：40，夹细砂黑陶。素面，内外壁磨光。下腹弧内收，假圈足、平底，残。手制，火候较高。残宽6.8、残高3.2厘米（图三七六，1）。标本02CT0101㊷：11，夹粗砂灰黑陶，局部红褐。下腹饰戳划纹。下腹弧收，假圈足、平底，残。手制，火候较高。残宽7.2、残高4.1厘米（图三七六，2）。

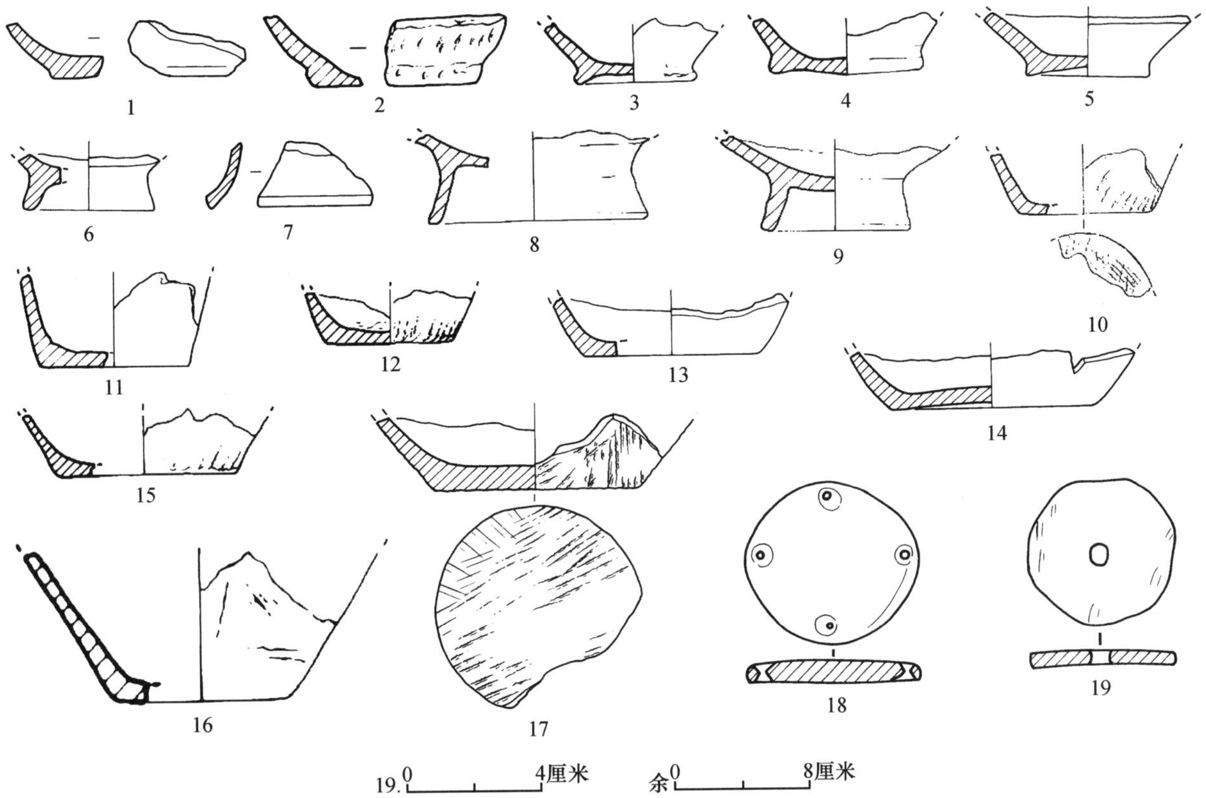

图三七六　中坝文化第10组陶器

1、2. Ab型圈足（99DT0201㉛：40、02CT0101㊷：11）　3～6. Ba型圈足（99DT0202㉜B：27、99DT0202㉜B：28、99DT0202㉞A：57、99DT0202㉞A：58）　7～9. Bb型圈足（99DT0201㉛：43、99AT0101㊳：41、99AT0101㊳：42）　10～17. 器底（99AT0101㊴D：9、99DT0202㉛B：30、99DT0101㊱：11、99DT0201㉛：44、99DT0201㉛：46、99DT0101㊱：12、02CT0101㊷：13、99DT0201㉛：45）　18、19. Da型纺轮（99AT0101㊳：2、99AT0101㊳：3）

B型　20件。

Ba型　13件。

标本99DT0202㉜B：27，夹砂红褐陶，黑胎。下腹斜收，矮圈足外撇，残。手制，火候较高。足径7、残高3.6厘米（图三七六，3）。标本99DT0202㉜B：28，夹砂褐陶，局部、胎黑。素面，内外壁磨光。下腹斜弧收，矮圈足外撇，残。手制，火候较高。足径9、残高3.3厘米（图三七六，4）。标本99DT0202㉞A：57，夹砂灰褐陶，局部红。素面。下腹斜收，矮圈足、外撇，残。手制，火候较高。足径7.2、残高3.6厘米（图三七六，5）。标本99DT0202㉞A：58，夹砂红陶，胎、里黑。素面，内外壁磨光。微有下腹，圈足较矮、外斜，残。分制，火候较高。足径7.8、残高3.2厘米（图三七六，6）。

Bb型　7件。

标本99DT0201㉛：43，夹细砂黑陶。素面，内壁磨光。较高喇叭形圈足，残。手制轮修，火候不高。残宽6.7、残高3.7厘米（图三七六，7）。标本99AT0101㊳：41，夹砂褐陶，局部红褐，胎、里黑。素面，内外壁磨光。微有下腹，圈足较高、外撇，残。手制，火候较高。足径12.8、残高5.2厘米（图三七六，8）。标本99AT0101㊳：42，夹砂红褐陶，胎红褐较黑，里红。素面，内壁磨光。下腹斜弧收，圈足较高、外斜，残。分制，火候较高。足径8.8、残高5.5厘米（图三七六，9）。

器底　45件。

标本99AT0101㊴D：9，夹砂红褐陶，胎、里黑。底缘、外底饰绳纹。下腹斜直内收，平底，残。手制，火候较高。底径7.9、残高3.6厘米（图三七六，10）。标本99DT0202㉛B：30，夹砂黑陶，局部褐，里红。素面。下腹斜直内收，平底，残。手制，火候较高。底径8.8、残高5.4厘米（图三七六，11）。标本99DT0101㊱：11，夹砂黑陶，局部、里褐。下腹饰斜绳纹。下腹微弧收，平底，残。手制，火候较高。底径7.2、残高3厘米（图三七六，12）。标本99DT0201㊿：44，夹细砂褐陶，黑胎，里红褐。素面。下腹弧内收，平底，残。轮制，火候较高。底径10、残高3.5厘米（图三七六，13）。标本99DT0201㊿：46，夹粗砂红陶，局部褐。素面，外壁磨光。下腹弧内收，底微内凹，残。手制，火候较高。底径12、残高3.3厘米（图三七六，14）。标本99DT0101㊱：12，夹砂红褐陶，外底红，胎、里黑。素面，多刮抹痕。下腹微内弧收至平底，残。手制，火候较高。底径10.8、残高3.7厘米（图三七六，15）。标本02CT0101㊷：13，夹细砂灰褐陶，里黑。下腹饰细绳纹。下腹微内弧收至平底，残。手制，火候较高。底径10、残高8厘米（图三七六，16）。标本99DT0201㊿：45，夹细砂红陶，局部橙黄、灰黑。器表、外底饰绳纹。下腹微弧内收，瓮平底，残。手制，火候较高。底径12、残高4.4厘米（图三七六，17）。

纺轮　2件。Da型。

标本99AT0101㊳：2，泥质红陶。饰对称四圆形穿。近圆饼形，完整。手制，火候高。直径9.6、厚1.4厘米（图三七六，18）。标本99AT0101㊳：3，夹砂红褐陶。器表有零星绳纹。近圆形，中部圆形穿，完整。手制，火候较高。直径4.4、厚0.4厘米（图三七六，19）。

11. 第11组

本组文化层最多，基本上在有新石器时代遗存的探方都有分布，主要有：98AT0103㊴～㊱，F140，98BT0204㊱，98BT0305㉑、⑳；99AT0101㉟～㉜，99AT0201㊼A～㊺B，99AT0301㊺～㊿B，99DT0101㉞、㉝，99DT0201㊿～㊷A，99DT0202㊿B～㊾，99DT0301㊼～㊹；00DT0604㊹～㊳，00DT0605㊴、㊳，00DT0805㉟、㉝；02AT0101㉛A、㉚，02BT0101㉝～㉛，02BT0201㊾，02CT0101㊵、㊴，02DT0101㉜、㉛B，02DT0102㊿～㊻B等。

（1）陶系

以98AT0103㊱、99AT0201㊼A、00DT0604㊴、02DT0102㊾为典型单位介绍如下：

98AT0103㊱

共出陶器525件。陶质以夹砂为主，占99.62%，其中以夹粗砂为主，占76.19%，夹细砂占23.43%，泥质陶极少，仅占0.38%。陶色以灰陶为主，占39.24%，次为红、褐陶，各占27.62%和26.66%，黑陶最少，占6.47%。器表以纹饰为主，占67.43%，部分素面，占32.57%。纹饰以绳纹为主，占51.05%，次为粗绳纹，占12.57%，复合纹较少，占2.10%，凸棱纹、凹弦纹、划纹、戳印纹、镂孔等很少。器类以缸为主，占66.48%，次为罐，占13.52%，瓮、豆、壶、盆、钵、盒、器盖、纺轮等很少（表一四二）。

表一四二　98AT0103㊱出土陶器统计表

陶质	夹粗砂				夹细砂				泥质	合计	%
陶色	灰	红	黑	褐	灰	红	黑	褐	灰		
纹饰/器类											
粗绳纹	28	14	2	21				1		66	12.57
绳纹	124	60	15	47	6	11	1	4		268	51.05
凸棱纹						1		2		3	0.57
凹弦纹									2	2	0.38
划纹				1				1		2	0.38
戳印纹				1						1	0.19
镂孔				1						1	0.19
复合纹	1	2		5		1		2		11	2.10
素面	32	21	7	18	13	35	9	36		171	32.57
合计	185	97	24	94	19	48	10	46	2	525	100
%	35.24	18.48	4.57	17.90	3.62	9.14	1.90	8.76	0.38	100	
缸	169	82	23	75						349	66.48
罐	4	3	1	5	10	27	3	18		71	13.52
瓮	1	1		1	1	2				6	1.14
高柄豆	1									1	0.19
壶						1				1	0.19
盆						1		1		2	0.38
钵	1			1	2	4	1	8	1	18	3.43
盒								1		1	0.19
器盖					4	8	3	7		22	4.19
平底	9	6		7		3		5		30	5.71
圈足		4		1	1		1	1		8	1.52
纺轮								1		1	0.19
不明器		1		4	1	2	2	4	1	15	2.86

99AT0201㊼A

共出陶器615件。陶质以夹砂为主，占99.35%，其中夹粗砂占72.03%，夹细砂占27.32%，泥质陶极少，仅占0.65%。陶色以褐陶为主，占46.50%，次为灰、红陶，各占22.60%和18.38%，黑陶最少，占12.52%。器表以纹饰为主，占68.13%，部分素面，占31.87%。纹饰以绳纹为主，占63.09%，凸棱纹、复合纹较少，凹弦纹、划纹、戳印纹、镂孔等很少。器类以缸为主，占58.86%，次为罐，占10.41%，盘、钵、器盖、盆、纺轮、环等很少，有11.38%的腹片难辨器类（表一四三）。

表一四三　99AT0201㊼A出土陶器统计表

陶质	夹粗砂				夹细砂				泥质			合计	%
陶色	灰	红	黑	褐	灰	红	黑	褐	灰	黑	褐		
纹饰/器类													
粗绳纹				1								1	0.16

续表

陶质	夹粗砂				夹细砂				泥质			合计	%
陶色	灰	红	黑	褐	灰	红	黑	褐	灰	黑	褐		
纹饰/器类													
绳纹	111	77	49	135	4	1	1	10				388	63.09
凸棱纹			1		1	2		3				7	1.14
凹弦纹					2			2		1	1	6	0.98
划纹	1				1							2	0.33
戳印纹	1											1	0.16
镂孔				3				3				6	0.98
复合纹	2	1	1	4								8	1.30
素面	6	10	6	34	8	22	18	90	2			196	31.87
合计	121	88	57	177	16	25	19	108	2	1	1	615	100
%	19.67	14.31	9.27	28.78	2.60	4.07	3.09	17.56	0.33	0.16	0.16	100	
缸	110	72	48	132								362	58.86
罐	2	6	1	17	3	5	1	28			1	64	10.41
盆			1									1	0.16
钵		1				1	1	10	1			14	2.28
盘					1	5	4	23				33	5.37
器盖						1	1	11				13	2.11
圈足		2		1		1	1	6		1		12	1.95
平底	1	3	1	17	1	3	2	8				36	5.85
纺轮	2	2	3	2								9	1.46
环				1								1	0.16
不明器	6	2	3	7	11	9	9	22	1			70	11.38

00DT0604㊴

共出陶器155件。陶质全为夹砂。陶色以红陶为主，占36.77%，次为褐（包括灰褐）、黑陶，各占29.03%和22.58%，灰陶最少，占11.61%。器表以纹饰为主，占95.48%，素面很少，占4.52%。纹饰以绳纹为主，占92.90%，粗绳纹、篮纹、附加堆纹很少。器类以缸为主，占93.55%，贴边缸、瓮等很少（表一四四）。

表一四四　00DT0604㊴出土陶器统计表

陶质	夹砂					合计	%
陶色	灰	红	黑	褐	灰褐		
纹饰/器类							
粗绳纹		1				1	0.65
绳纹	18	52	32	10	32	144	92.90
篮纹			1			1	0.65
附加堆纹		1			1	2	1.29
素面		3	2		2	7	4.52

续表

陶质	夹砂					合计	%
陶色	灰	红	黑	褐	灰褐		
纹饰/器类							
合计	18	57	35	10	35	155	100
%	11.61	36.77	22.58	6.45	22.58	100	
缸	18	53	33	10	31	145	93.55
贴边缸					1	1	0.65
瓮			1		1	2	1.29
不明器		4	1		2	7	4.52

02DT0102㊾

共出陶器749件。陶质全为夹砂。陶色以红、灰（包括浅灰）陶为主，各占44.73%和44.72%，次为黑陶，占8.95%，褐陶最少，占1.60%。器表以纹饰为主，占77.57%，部分素面，占22.43%。纹饰以绳纹为主，占75.83%，复合纹、细绳纹、篮纹等很少。器类以缸为主，占79.04%，次为罐，占12.94%，瓮、盘、钵、器盖等很少（表一四五）。

表一四五　02DT0102㊾出土陶器统计表

陶质	夹砂					合计	%
陶色	灰	红	黑	褐	浅灰		
纹饰/器类							
绳纹	244	225	67	11	21	568	75.83
细绳纹		4				4	0.53
篮纹	1					1	0.13
复合纹	4	4				8	1.07
素面	65	102		1		168	22.43
合计	314	335	67	12	21	749	100
%	41.92	44.73	8.95	1.60	2.80	100	
缸	249	255	67		21	592	79.04
罐	21	40				61	8.14
折沿罐	1	1				2	0.27
敛口罐	9	7		11		27	3.60
卷沿罐		7				7	0.93
瓮	8					8	1.07
盘	4	1				5	0.67
钵		1		1		2	0.27
器盖	1	3				4	0.53
圈足		1				1	0.13
平底	3	5				8	1.07
不明器	18	14				32	4.27

（2）器类

出土陶器共计30544件，参加分类排队的11765件。

缸口　8024件。

A型　15件。

Aa型　4件。Ⅱb式。

标本99DT0202㊿A：19，夹细砂灰黑陶，局部红。唇部饰粗绳切纹，器表饰粗糙菱形绳纹。敞口，唇缘外凸，上腹弧收，残。手制，火候较高。残宽5.4、残高4.6厘米（图三七七，1）。

Ab型　11件。Ⅱ式。标本碎小。

B型　883件。

Ⅰ式：3件。标本碎小。

标本98AT0103㊴：67，夹细砂红陶，灰黑胎。唇部、器表饰粗戳印纹。敞口，唇缘内凸，上腹弧收，残。手制，火候较高。残宽4.9、残高4.4厘米（图三七七，2）。

Ⅱ式：58件。标本碎小。

标本98AT0103㊴：60，夹细砂黑陶，局部灰。唇部、器表饰粗戳印纹。敞口，唇厚，微有内沿，上腹弧收，残。手制，火候较高。残宽4.5、残高5厘米（图三七七，3）。

Ⅲ式：84件。

标本98AT0103㊴：48，夹细砂红褐陶，局部黑。唇部饰戳印纹，外沿有手捏痕，内壁有刮抹痕。口微敛，厚唇，有明显内沿，腹较斜直，残。手制，火候不高。残宽7.6、残高6.9厘米（图三七七，4）。

Ⅳ式：281件。

标本99AT0101㉟：26，夹砂灰褐陶，局部红、灰，里红褐。唇饰戳印纹，器表饰戳划形绳纹。敞口、略变形，上腹弧收，残。残宽18.4、残高7.6厘米（图三七七，5）。标本98AT0103㊱：40，夹细砂红褐陶，局部、里灰黑。唇面饰戳印纹，器表饰斜绳纹，口外沿有手捏痕。敞口，沿内卷贴，上腹较斜直，残。手制，火候较高。残宽9.8、残高5.2厘米（图三七七，6）。

Ⅴ式：457件。

标本02BT0101㉜：9，夹砂红褐陶，局部灰褐，里黑。唇部饰戳印纹，上腹饰戳划纹，外沿多手捏痕。敞口，上腹斜收，残。手制，火候较高。残宽6、残高6.6厘米（图三七七，7）。标本99AT0101㉟：28，夹砂红褐陶，口部黑。唇饰戳印纹，器表饰稀疏戳划状绳纹，外沿多手捏痕。敞口，上腹微斜收，残。手制，火候较高。残宽7.9、残高6.8厘米（图三七七，8）。

C型　7086件，1件不明亚型。

Ca型　6937件。

Ⅰ式：1954件。

标本99AT0101㉟：32，夹砂红陶，局部黑。唇饰绳压纹，器表饰斜组状绳纹。敞口，上腹斜收，残。手制，火候较高。残宽16、残高6.2厘米（图三七七，9）。标本99AT0201㊼A：71，

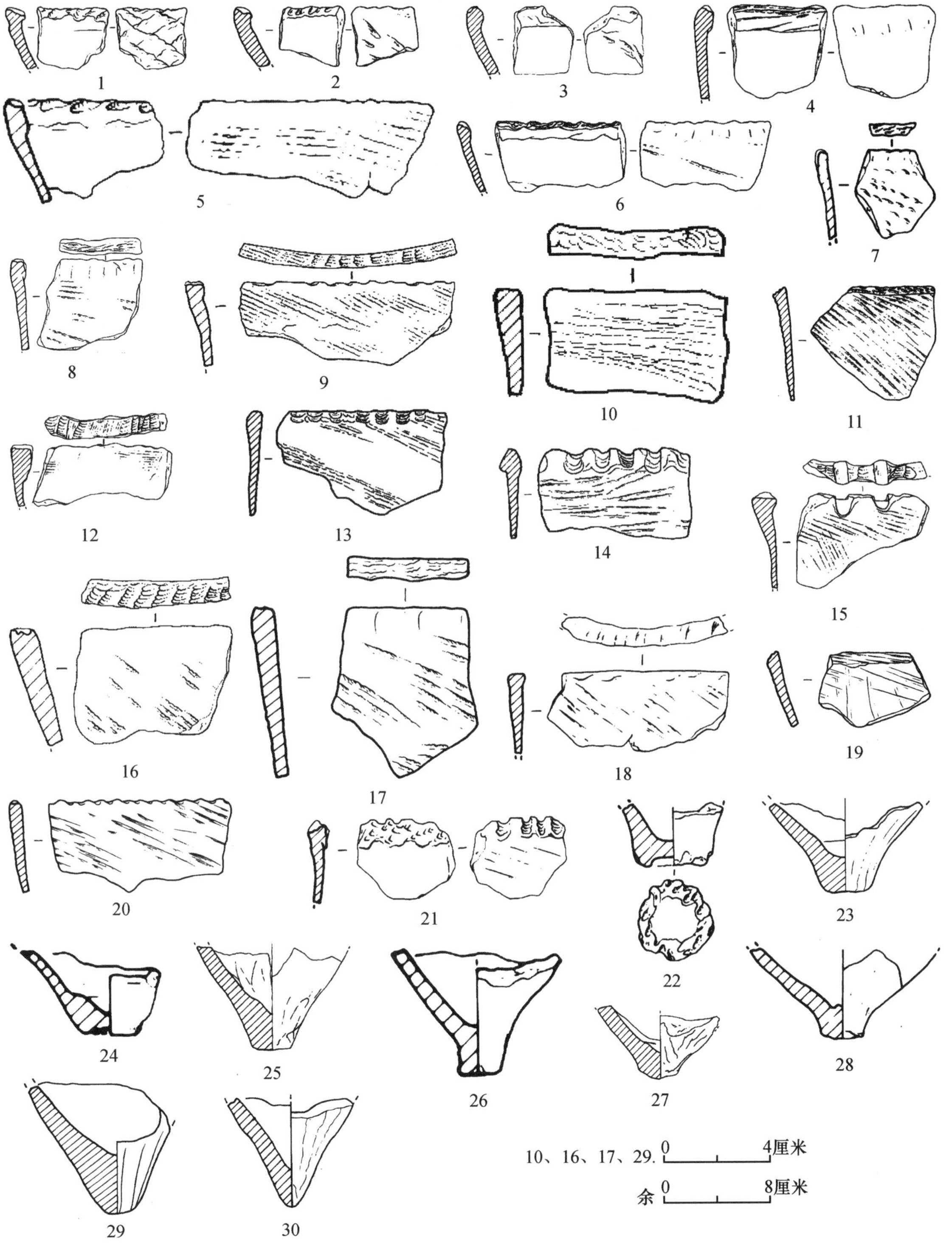

图三七七　中坝文化第11组陶器

1. Aa型Ⅱb式缸口（99DT0202㊳A：19）　2. B型Ⅰ式缸口（98AT0103㊴：67）　3. B型Ⅱ式缸口（98AT0103㊴：60）　4. B型Ⅲ式缸口（98AT0103㊴：48）　5、6. B型Ⅳ式缸口（99AT0101㉟：26、98AT0103㊱：40）　7、8. B型Ⅴ式缸口（02BT0101㉜：9、99AT0101㉟：28）　9～11. Ca型Ⅰ式缸口（99AT0101㉟：32、99AT0201㊼A：71、99DT0201㊷A：10）　12、13. Ca型Ⅱ式缸口（98AT0103㊱：48、99AT0201㊼A：67）　14、15. Ca型Ⅲ式缸口（99AT0201㊼A：72、98AT0103㊱：52）　16、17. Cb型缸口（99AT0101㉟：39、99DT0201㊿：34）　18、19. D型Ⅰ式缸口（99DT0202㊾B：30、99DT0202㊼A：19）　20、21. D型Ⅱ式缸口（99DT0201㊾B：23、99DT0202㊺B：44）　22. B型缸底（02BT0101㉝：8）　23、24. Ca型缸底（99DT0201㊹：54、02CT0101㊵：6）　25、26. Cb型缸底（98AT0103㊱：88、02CT0101㊵：7）　27、28. D型缸底（99AT0201㊻：65、02BT0101㉛：36）　29、30. E型缸底（99DT0201㊿：80、02DT0102㊿：8）

夹细砂黑陶，局部红褐，胎红褐色。唇面、器表饰绳纹。口微敞，残。手制，火候不高。残宽6.6、残高4.2厘米（图三七七，10）。标本99DT0201㊷A：10，夹细砂红陶，局部褐。唇部饰戳印纹，器表饰斜绳纹、多灰白色附着物。敞口，上腹微内收，残。手制，火候较高。残宽9.4、残高8.4厘米（图三七七，11）。

Ⅱ式：3011件。

标本98AT0103㊱：48，夹粗砂红褐陶。唇面饰绳纹和浅戳印纹，器表饰绳纹，内外壁有白色附着物。口微敞，上腹弧，残。手制，火候一般。残宽10.4、残高4.5厘米（图三七七，12）。标本99AT0201㊼A：67，夹细砂灰褐陶。唇面饰横压绳纹，器表饰组状斜绳纹。敛口，上腹斜直，残。残宽12.6、残高7.9厘米（图三七七，13）。

Ⅲ式：1972件。

标本99AT0201㊼A：72，夹细砂灰褐陶。外唇饰绳切纹，内唇饰戳印纹，器表饰横绳纹。敞口，齿状唇，残。手制、火候不高。残宽11.2、残高6.6厘米（图三七七，14）。标本98AT0103㊱：52，夹粗砂黑灰陶，胎、里黑。唇面饰戳印纹和宽凹槽，器表饰组状绳纹。敞口外张，唇缘外凸，腹较直，残。手制，火候较高。残宽9.8、残高7厘米（图三七七，15）。

Cb型　148件。

标本99AT0101㉟：39，夹砂红褐陶，红胎。唇饰戳印纹，器表饰斜戳划纹。敞口，上腹斜收，残。手制，火候较高。残宽6、残高4.3厘米（图三七七，16）。标本99DT0201㊿：34，夹细砂红陶，胎、里黑。唇部饰戳印纹，器表饰斜戳划纹，外沿有手捏痕。敞口，上腹斜内收，残。手制，火候较高。残宽5.4、残高6.2厘米（图三七七，17）。

D型　40件。

Ⅰ式：20件。

标本99DT0202(59)B：30，夹砂灰陶，黑胎。唇部戳划，上腹饰斜划纹。口近直，上腹较直，残。手制，火候较高。残宽13.6、残高5.8厘米（图三七七，18）。标本99DT0202(57)A：19，夹砂红陶。唇饰斜印纹，上腹饰斜印纹、粗划纹。敞口，上腹弧收，残。手制，火候较高。残宽8.4、残高5.5厘米（图三七七，19）。

Ⅱ式：20件。

标本99DT0201㊾B：23，夹细砂灰陶，口部、胎、里黑。唇部饰戳印纹略呈波浪形，器表饰斜划纹。敞口，上腹微弧内收，残。手制，火候较高。残宽13.6、残高6.8厘米（图三七七，20）。标本99DT0202(55)B：44，夹粗砂黑陶，局部灰褐。唇部横向斜饰粗戳印纹，内沿饰窄带状戳印纹，器表饰斜印纹。口微侈，鼓腹，残。手制，火候较高。残宽7.2、残高6厘米（图三七七，21）。

缸底　568件，1件不明型别。

B型　2件。

标本02BT0101㉝：8，夹砂红陶，局部灰、黑，里黑。足缘饰粗戳按纹，下腹多按抹痕。下腹斜收，略呈圈足，残。手制，火候较高。底径5.6、残高4.6厘米（图三七七，22）。

C型　189件。

Ca型　105件。

标本99DT0201㊹：54，夹粗砂红陶，局部、胎、里黑。下部多刮抹痕。下腹微弧内收，近圆柱状底，残。手制，火候较高。残高6.6厘米（图三七七，23）。标本02CT0101㊵：6，夹粗砂红褐陶，局部灰褐，里黑。素面，器表多刮抹痕。下腹内弧，近底部斜直收，底内凹，残。手制，火候较高。底径4.4、残高6.4厘米（图三七七，24）。

Cb型　84件。

标本98AT0103㊱：88，夹细砂红褐陶。素面，器表有刮抹痕。下腹弧，柱状足，残。手制，火候较高。足径2.8、残高7.6厘米（图三七七，25）。标本02CT0101㊵：7，夹砂灰褐陶，局部褐，灰黑胎。素面，器表多刮抹痕。下腹弧收，近圆柱形底，残。手制，火候较高。底径3.2、残高9.4厘米（图三七七，26）。

D型　367件。

标本99AT0201㊻：65，夹粗砂红陶，里黑色。素面，下部有刮削痕。下腹较斜内收，杵状底，残。手制，火候不高。足径3、残高5.2厘米（图三七七，27）。标本02BT0101㉛：36，夹砂红褐陶，局部红，胎、里黑。素面，下腹多刮抹痕。下腹弧收，杵状底，残。手制，火候较高。底径3.2、残高7.7厘米（图三七七，28）。

E型　9件。

标本99DT0201㊿：80，夹粗砂红褐陶，里黑。下部多刮抹痕。下腹微弧内收，圆尖底，残。手制，火候较高。残高4.9厘米（图三七七，29）。标本02DT0102⑥⓪：8，夹砂红褐陶，灰胎，里黑。素面，器表多刮抹痕。下腹斜收，尖底，残。手制，火候较高。残高7.9厘米（图三七七，30）。

厚胎缸　3件。标本碎小。

贴边缸　129件，4件不明型别，3件缸底。

A型　66件。

标本02DT0102㊸：16，夹砂红陶，局部灰，口沿、里黑。内沿饰斜压绳纹，唇部饰绳切纹，腹饰绳纹、附加堆纹，在堆纹上饰戳印纹，内壁磨光。敞口，卷沿，直腹，残。轮制，火候较高。口径46、残高5.2厘米（图三七八，1）。标本99DT0301㊼：29，夹砂红陶，胎红夹灰褐。唇、外沿饰戳印纹，器表饰斜绳纹、附加堆纹，在堆纹上饰按窝，内壁粗磨。喇叭口，内沿微斜折，上腹较直，残。手制，火候较高。残宽12、残高5.6厘米（图三七八，2）。

B型　53件。

标本00DT0604㊴：8，夹粗砂褐陶，局部灰黑。外沿饰戳印纹，器表饰绳纹，内壁磨光。喇叭口，尖圆唇，残。轮制，火候不高。残宽5.3、残高4.2厘米（图三七八，3）。标本99DT0201㊷A：17，夹细砂红陶，微有黑胎。唇部饰较浅戳印凹槽，外沿饰戳印纹，器表饰斜绳纹。敞口，卷沿外翻，残。手制轮修，火候较高。残宽6.8、残高3.8厘米（图三七八，4）。标本99DT0201㊷B：21，夹细砂橙黄陶。唇部、外沿饰戳印纹，器表饰斜绳纹。敞口，卷沿外翻，残。轮制，火候高。残宽4.8、残高4.4厘米（图三七八，5）。

C型　3件。

标本99DT0201㊻：9，夹粗砂红陶，局部灰黑，褐胎。唇部饰戳印纹，器表饰斜绳纹，内壁磨光。侈口，微有卷沿，上腹微弧，残。手制轮修，火候较高。残宽11.2、残高6.2厘米（图

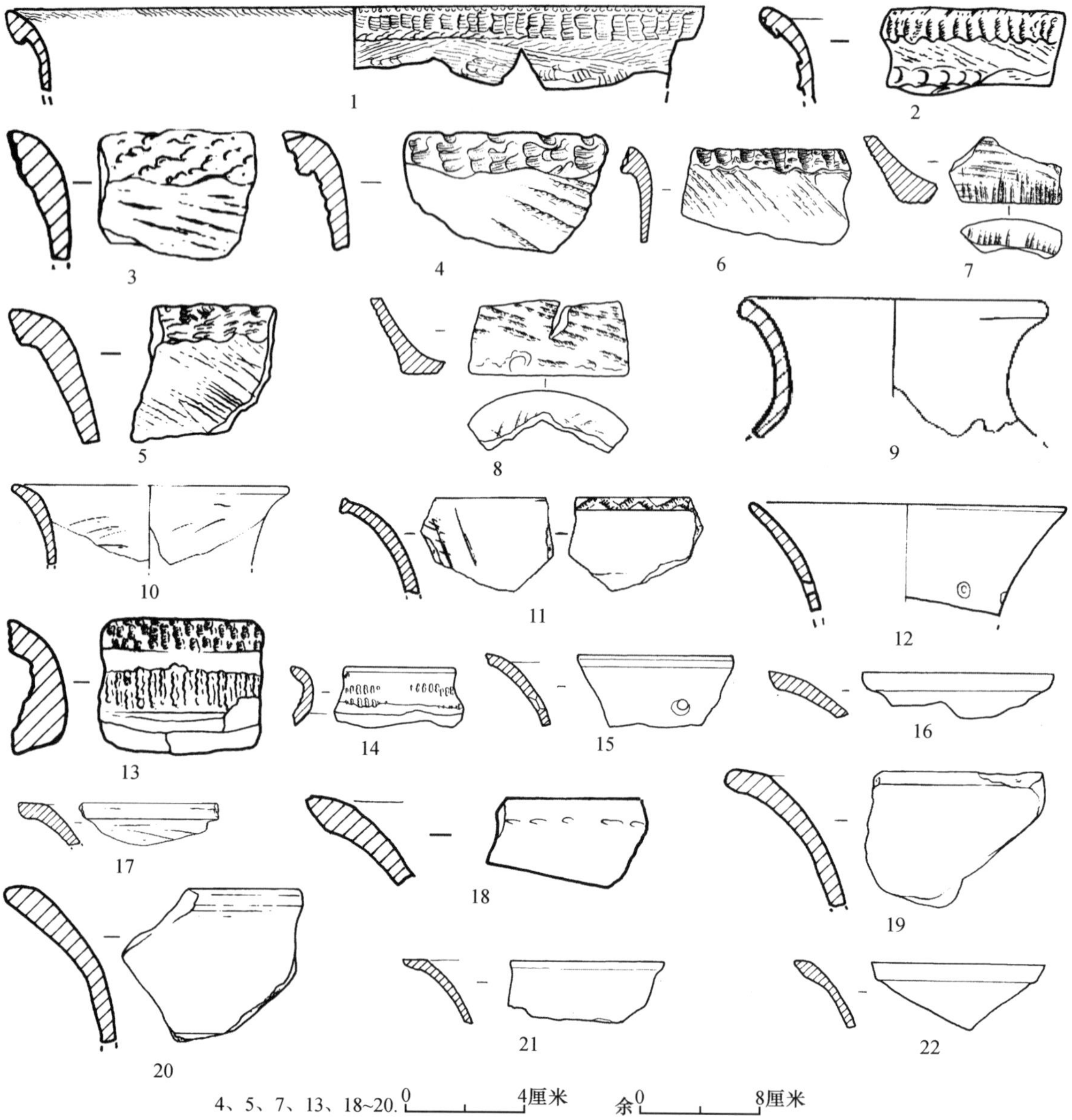

图三七八　中坝文化第11组陶器

1、2. A型贴边缸（02DT0102㊸：16、99DT0301㊼：29）　3～5. B型贴边缸（00DT0604㊴：8、99DT0201㊷A：17、99DT0201㊷B：21）　6. C型贴边缸（99DT0201㊻：9）　7、8. 贴边缸底（99DT0201㊷A：71、99DT0201㊷A：70）　9、10. A型瓮（98AT0103㊱：36、99AT0101㉟：82）　11、12. B型瓮（98AT0103㊴：26、99DT0201㊿：71）　13、14. 矮领瓮（99DT0201㊹：53、99DT0201㊼：32）　15、16. A型Ⅰ式折沿瓮（02DT0102㊸：20、02DT0102㊽：8）　17、18. A型Ⅱ式折沿瓮（99DT0202㊺B：73、02DT0102㊸：19）　19、20. A型Ⅲ式折沿瓮（99DT0202㊺B：69、99DT0202㊺B：72）　21、22. B型折沿瓮（02DT0102㊸：21、02DT0102㊽：9）

三七八，6）。

缸底　3件。

标本99DT0201㊷A：71，夹粗砂红陶，局部灰胎。器表、外底饰绳纹，内壁磨光。下腹斜弧收，平底，残。手制，火候较高。残宽7.4、残高4.3厘米（图三七八，7）。标本99DT0201㊷A：70，夹细砂红陶，胎、里黑。器表饰戳划状粗绳纹，外底饰绳纹，内壁磨光。下腹弧斜收，平底，残。底、腹分制，火候较高。残宽10.5、残高5.9厘米（图三七八，8）。

瓮　170件。

A型　13件。

标本98AT0103㊱：36，夹细砂红陶。素面，内外壁磨光，外壁有刮抹痕，内壁有划痕。敞口，圆唇，领微束，残。轮制，火候较高。口径18.2、残高5.2厘米（图三七八，9）。标本99AT0101㉟：82，夹砂红陶，局部、胎黑，里大部分灰褐。素面，内外壁磨光，器表多磨痕。喇叭口，圆唇，有肩，残。轮制，火候较高。口径20.4、残高8.8厘米（图三七八，10）。

B型　157件。

标本98AT0103㊴：26，夹细砂红陶，器表有褐色附着物。唇面饰组状戳印纹形成的波浪纹，器表饰划纹，内壁饰组状划纹。喇叭口，方唇，唇缘微凸，残。轮制，火候较高。残宽8.7、残高6.1厘米（图三七八，11）。标本99DT0201㊿：71，夹细砂红陶。口下部饰外向里单穿圆形镂孔，器表饰划纹。喇叭口，圆唇，轮制，火候高。口径20.8、残高7厘米（图三七八，12）。

矮领瓮　3件。

标本99DT0201㊹：53，夹细砂褐陶。唇部饰戳印纹，沿、肩相交处饰附加堆纹，在堆纹上饰戳印纹。侈口，卷沿、沿面微凹，残。轮制，火候高。残宽5.4、残高4.4厘米（图三七八，13）。标本99DT0201㊼：32，夹粗砂红陶，口局部、胎黑。外沿下饰戳印纹，上腹饰附加堆纹，在堆纹上饰戳印纹。侈口，卷沿，圆唇，鼓腹，残。轮制，火候较高。残宽8.6、残高4厘米（图三七八，14）。

折沿瓮　45件。

A型　28件。

Ⅰ式：10件。

标本02DT0102(53)：20，夹砂红陶，局部黑胎，里褐。上领饰圆形镂孔，内沿、壁磨光。喇叭口，斜折沿，唇面内凹，残。轮制，火候较高。残宽10.3、残高4.7厘米（图三七八，15）。标本02DT0102(57)：8，夹砂红陶，局部、胎灰。素面，内壁磨光。喇叭口，圆尖唇，残。轮制，火候较高。残宽12.6、残高3厘米（图三七八，16）。

Ⅱ式：16件。

标本99DT0202(55)B：73，夹细砂黑陶，胎外灰里褐。素面，内外壁磨光，器表多磨痕。侈口，折沿较宽、微斜，唇面微凹，束领，残。轮制，火候较高。残宽9.2、残高2.8厘米（图三七八，17）。标本02DT0102(53)：19，夹砂红陶，灰黑胎。素面，外下唇缘有凹痕，外壁磨光。喇叭口，折沿微斜，圆唇，残。轮制，火候较高。残宽5.2、残高2.9厘米（图三七八，18）。

Ⅲ式：2件。

标本99DT0202(55)B：69，夹细砂褐陶，局部黑，胎褐夹黑。素面，内外壁磨光。侈口，折沿微斜，圆唇，束领，残。轮制，火候一般。残宽5.8、残高4.4厘米（图三七八，19）。标本99DT0202(55)B：72，夹细砂黑陶，局部红褐。素面，内外壁磨光。侈口，折平沿，圆唇，束领，残。轮制，火候较高。残宽5.9、残高5厘米（图三七八，20）。

B型　17件。

标本02DT0102⑤③：21，夹砂红陶，局部、胎黑。素面，内外壁磨光。喇叭口，平折沿，圆尖唇，残。轮制，火候较高。残宽10.2、残高4厘米（图三七八，21）。标本02DT0102⑤⑦：9，夹砂红陶，胎局部灰褐、黑。素面，内壁磨光。喇叭口，折沿微斜，圆尖唇，残。轮制，火候较高。残宽11.3、残高4.4厘米（图三七八，22）。

盘口罐 71件。

A型 27件。

Ⅰ式：2件。标本碎小。

Ⅱ式：13件。

标本02BT0101㉛：22，夹砂灰褐陶，局部褐，里红。盘下缘饰戳印纹，上腹饰斜绳纹，内壁磨光。盘口，圆唇，斜壁，盘较浅，上腹内弧，残。轮制，火候较高。残宽8.8、残高6.6厘米（图三七九，1）。标本02BT0201⑤④：4，夹砂灰褐陶，局部黑，里红褐。盘下缘饰戳印纹，上腹饰竖划纹，内壁磨光。盘口，圆唇，斜壁，盘较浅，上腹内弧，残。轮制，火候较高。残宽8、残高4.4厘米（图三七九，2）。

Ⅲ式：12件。

标本02BT0101㉛：24，夹砂红褐陶，局部灰黑、红。盘外饰戳印纹，上腹饰圆形镂孔，内壁磨光。盘口，圆唇，斜壁，盘较浅，上腹内弧，残。轮制，火候较高。残宽7.8、残高5厘米（图三七九，3）。标本02BT0101㉝：6，夹砂红褐陶，局部灰褐，里黑。盘下缘饰戳印纹，内壁磨光。盘口，圆唇，斜壁，浅盘，上腹内弧，残。轮制，火候较高。残宽8.8、残高4.6厘米（图三七九，4）。

B型 42件。

Ba型 20件。

Ⅰ式：7件。

标本02BT0201⑤④：7，夹砂褐陶，局部黑褐，里红褐。盘下缘饰戳印纹，内壁磨光。盘口，圆唇，斜壁，盘较浅，上腹内弧，残。轮制，火候较高。口径19.6、残高5.2厘米（图三七九，5）。标本02BT0201⑤④：8，夹砂红褐陶，局部黑褐。盘下缘饰戳印纹，内壁磨光。盘口，圆唇，斜壁，盘较浅，上腹内弧，残。手制轮修，火候较高。残宽12.8、残高7.6厘米（图三七九，6）。

Ⅱ式：13件。

标本99DT0201㊽A：42，夹砂黑陶，局部、胎褐。盘下凸棱饰戳印纹，上腹饰斜细绳纹，内壁磨光，器表多细旋痕。盘口，圆唇，盘较浅、斜壁，上腹内弧，残。轮制，火候较高。残宽6.7、残高3.8厘米（图三七九，7）。标本98AT0103㊲：19，夹粗砂红陶，口局部、胎灰黑。素面，内外壁磨光。敞口，圆唇，盘外下微内凹，微折盘较浅，残。轮制，火候较高。残宽5、残高2.5厘米（图三七九，8）。

Bb型 22件。

Ⅰ式：11件。

标本02BT0201⑤④：9，夹砂灰陶，局部褐。盘外饰波浪形划纹。盘口，圆唇，斜壁，上腹内弧，残。手制轮修，火候较高。残宽7.2、残高4.6厘米（图三七九，9）。

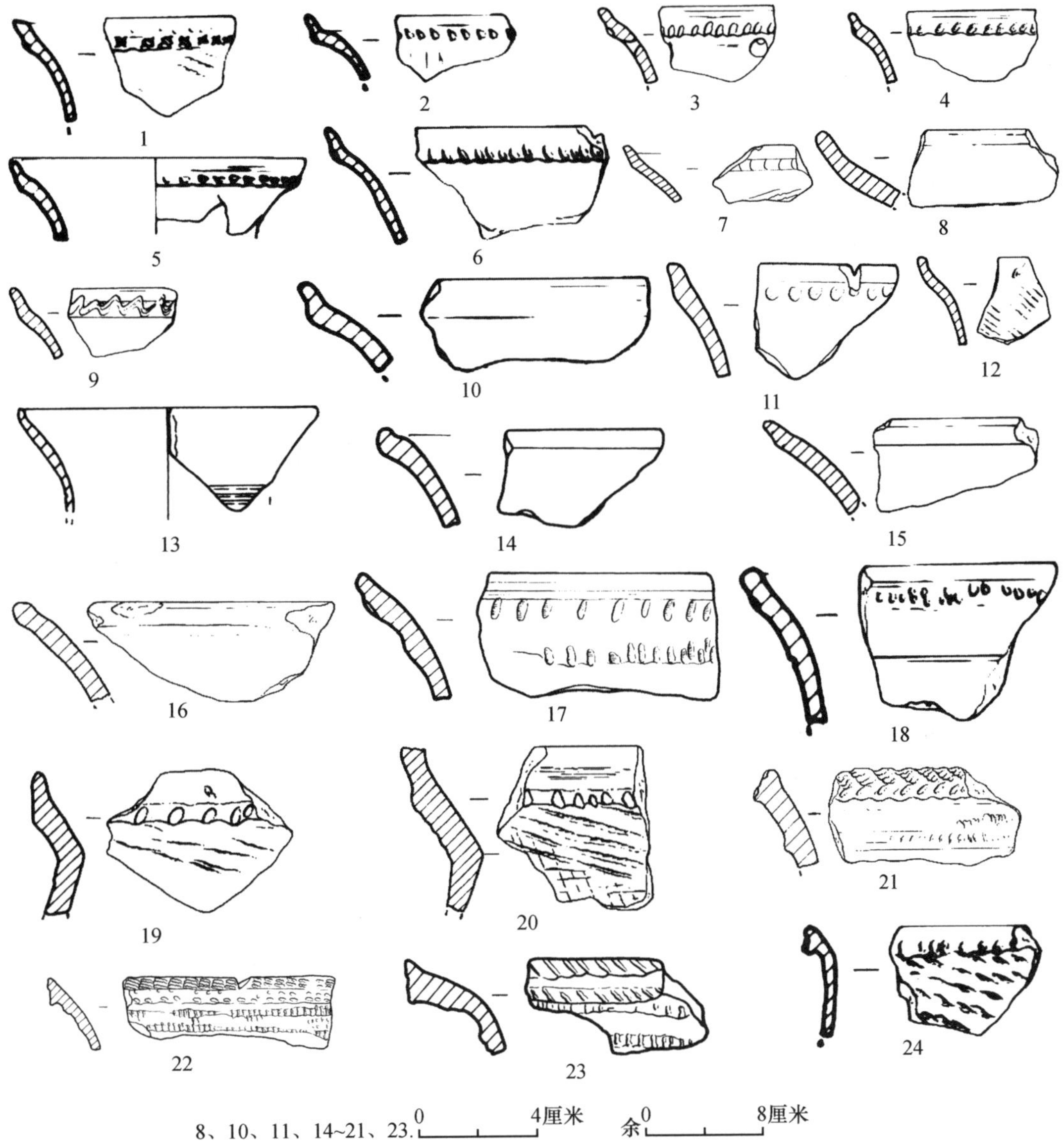

图三七九　中坝文化第11组陶器

1、2. A型Ⅱ式盘口罐（02BT0101㉛：22、02BT0201㊹：4）　3、4. A型Ⅲ式盘口罐（02BT0101㉛：24、02BT0101㉝：6）　5、6. Ba型Ⅰ式盘口罐（02BT0201㊹：7、02BT0201㊹：8）　7、8. Ba型Ⅱ式盘口罐（99DT0201㊽A：42、98AT0103㊲：19）　9. Bb型Ⅰ式盘口罐（02BT0201㊹：9）　10、11. Bb型Ⅱ式盘口罐（02BT0101㉛：23、99DT0201㊽A：18）　12. C型盘口罐（02BT0201㊹：10）　13、14. Aa型盘口器（99AT0201㊼A：66、99DT0201㊷A：33）　15、16. Ab型盘口器（99DT0202㊾B：31、99AT0101㉜：12）　17、18. B型盘口器（99DT0201㊿：75、02BT0101㉝：7）　19. Aa型Ⅱ式折沿罐（98AT0103㊴：84）　20. B型Ⅱ式折沿罐（98AT0103㊴：73）　21～23. Ⅰ式槽唇罐（99AT0101㉟：68、99DT0201㊽A：16、99DT0201㊾A：18）　24. Ⅱ式槽唇罐（02BT0201㊹：15）

Ⅱ式：9件。

标本02BT0101㉛：23，夹砂黑陶，局部红褐。素面，器表多旋痕。盘口，圆唇，斜壁，浅盘，上腹内弧，残。轮制，火候较高。残宽7.6、残高3厘米（图三七九，10）。标本99DT0201㊽A：18，夹细砂褐陶，黑胎。盘外下饰圆戳印纹。敞口，圆唇，微有盘，上腹内弧，残。轮制，火候一般。残宽4.8、残高3.8厘米（图三七九，11）。

Ⅲ式：2件。标本碎小。

C型　2件。

标本02BT0201㊹：10，夹砂红褐陶，局部灰褐。盘外饰戳印纹，上腹饰斜绳纹，内壁磨光。盘口，圆唇，弧壁，上腹内弧，残。轮制，火候较高。残宽4.8、残高5.8厘米（图三七九，12）。

盘口器　39件。

A型　25件，1件不明亚型。

Aa型　6件。

标本99AT0201㊼A：66，夹细砂灰陶。上腹饰凹弦纹三道，内外壁磨光。圆尖唇，上腹较直，残。轮制，火候较高。口径20、残高7厘米（图三七九，13）。标本99DT0201㊷A：33，夹细砂红陶，局部灰。素面，内外壁磨光。喇叭口，沿面微凹略呈盘状，圆唇，残。轮制，火候较高。残宽5.5、残高3.2厘米（图三七九，14）。

Ab型　18件。

标本99DT0202㊾B：31，夹砂黑皮陶。素面，内外壁磨光。喇叭口，外沿内凹，圆唇，残。轮制，火候较高。残宽5.5、残高3.1厘米（图三七九，15）。标本99AT0101㉜：12，夹砂黑陶，局部灰黑。素面，内外壁磨光。微呈盘口，圆唇，残。轮制，火候较高。残宽8.2、残高3.3厘米（图三七九，16）。

B型　14件。

标本99DT0201㊿：75，夹细砂褐陶，局部红，黑胎。外沿下饰凹弦纹、戳印纹，上腹饰附加堆纹，在堆纹上饰戳印纹，内壁磨光。喇叭口，沿面微凹略呈盘状，圆唇，上腹内弧，残。轮制，火候较高。残宽8.1、残高4.2厘米（图三七九，17）。标本02BT0101㉝：7，夹砂红陶，局部、胎黑。盘外饰戳印纹，上腹饰横划纹。略呈盘口，圆唇，上腹内弧，残。轮制，火候较高。残宽6.7、残高5.1厘米（图三七九，18）。

翘唇罐　4件。

Ⅰ式：2件。标本碎小。

Ⅱ式：2件。标本碎小。

折沿罐　5件。

A型　1件。Aa型Ⅱ式。

标本98AT0103㊴：84，夹细砂灰陶。外上沿饰戳印纹，上沿下凸棱饰圆尖形戳印纹，腹饰绳纹。侈口，沿先斜折较宽后再上卷，圆唇，鼓腹，残。轮制，火候较高。残宽6.1、残高4.9厘米（图三七九，19）。

B型　2件，1件不明式别，1件Ⅱ式。

标本98AT0103㊴：73，夹粗砂灰陶，沿局部黑。唇面饰凹弦纹两道，沿下凸棱上饰圆尖形戳印纹，沿下部饰粗绳纹，腹饰交错绳纹。侈口，沿先斜折较宽再上卷，方唇、唇面微凹，鼓腹，残。轮制，火候较高。残宽5.1、残高5.4厘米（图三七九，20）。

C型　2件。标本碎小。

槽唇罐　13件。

Ⅰ式：7件。

标本99AT0101㉟：68，夹砂灰褐陶，黑胎，里红褐。唇饰戳印纹，上腹饰附加堆纹，在堆纹上饰戳印纹。敞口，唇面内凹，残。轮制，火候较高。残宽6.5、残高3.2厘米（图三七九，21）。标本99DT0201㊽A：16，夹粗砂红陶，黑胎，里灰褐。外沿饰戳印纹，器表饰堆纹，在堆纹上饰戳印纹。喇叭口，圆唇，外沿面内凹，残。轮制，火候较高。残宽14、残高4.8厘米（图三七九，22）。标本99DT0201㊾A：18，夹粗砂红褐陶，局部褐、黑，黑胎。唇部饰绳切纹，下沿、上腹饰附加堆纹，在堆纹上饰戳印纹。侈口，卷沿，唇面内凹、上唇上翘，残。轮制，火候较高。残宽6.1、残高3.1厘米（图三七九，23）。

Ⅱ式：4件。

标本02BT0201㊿：15，夹砂黑陶，局部灰褐，里部分红。上唇面饰细凹弦纹，下唇面饰戳印纹，外沿、腹饰粗戳划纹。侈口，斜折沿，唇面微凹，上腹较直，残。轮制，火候较高。残宽10、残高7.2厘米（图三七九，24）。

Ⅲ式：2件。标本碎小。

敞口罐　71件。

A型　9件。

标本98AT0103㊱：23，夹细砂灰褐陶。唇面饰凹弦纹一道，外唇饰戳印纹。喇叭口，残。轮制，火候较高。残宽4.8、残高3.6厘米（图三八〇，1）。

B型　9件。

标本98AT0103㊴：28，夹细砂红褐陶，局部褐，灰黑胎。唇部饰戳印纹，领部饰附加堆纹，在堆纹处再饰戳印纹。敞口，卷沿，沿面近唇处微凹，残。手制轮修，火候较高。口径32.6、残高5厘米（图三八〇，2）。标本98AT0103㊲：23，夹细砂褐陶，局部灰黑胎。器表饰粗划纹，口外沿有手捏痕，内壁有细划痕。方唇，上腹斜直，残。手制，火候较高。口径22、残高4厘米（图三八〇，3）。

C型　53件。

标本98AT0103㊱：25，夹细砂红褐陶，灰黑胎，里局部黑。唇面饰浅戳印纹，器表饰附加堆纹，再在其上饰戳印纹，内壁粗磨。喇叭口，沿面微凹，残。轮制，火候较高。口径22、残高5.4厘米（图三八〇，4）。标本98AT0103㊲：24，夹细砂红陶，局部、胎黑。唇面饰戳印纹，器表先饰附加堆纹，再在堆纹上饰戳印纹，内壁粗磨。敞口外张，唇面内凹，上腹斜直，残。轮制，火候较高。残宽8.8、残高5.6厘米（图三八〇，5）。标本99AT0103㊴：56，夹细砂红褐陶，局部灰黑，灰黑胎。唇部饰戳印纹，器表有刮抹痕。敞口，唇缘外凸，腹较斜直，残。手制，火候较高。残宽9.3、残高6.1厘米（图三八〇，6）。

高领罐　22件。

标本98AT0103㊴：75，夹细砂灰陶，唇、胎黑。沿面饰划纹，领部饰凹弦纹多道、近长方形戳印纹。敞口，卷沿，圆尖唇，领较直，残。轮制，火候高。残宽7.8、残高4.7厘米（图三八〇，7）。标本02AT0101㉚：15，夹砂红陶，胎红夹黑。领饰尖折波浪形暗纹，内外壁磨光。侈口，卷沿，圆唇，束领，残。轮制，火候较高。口径12.2、残高5.2厘米（图三八〇，8）。

矮领罐　42件。

标本99DT0101㉝：13，夹砂灰褐陶。素面。侈口，沿外折后上卷呈母口，圆唇，

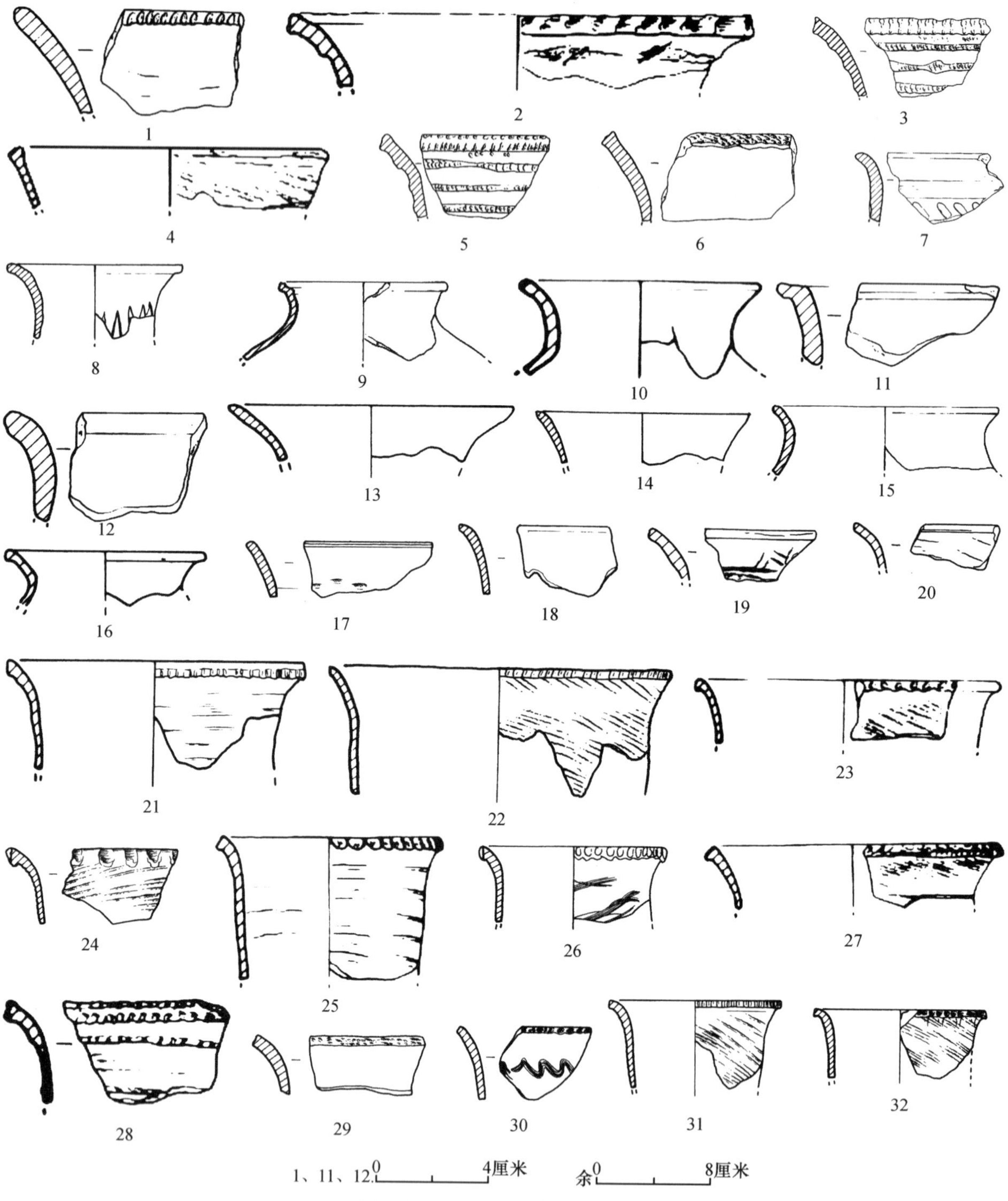

图三八〇　中坝文化第11组陶器

1. A型敞口罐（98AT0103㊱：23）　2、3. B型敞口罐（98AT0103㊴：28、98AT0103㊲：23）　4～6. C型敞口罐（98AT0103㊱：25、98AT0103㊲：24、99AT0103㊴：56）　7、8. 高领罐（98AT0103㊴：75、02AT0101㉚：15）　9、10. 矮领罐（99DT0101㉝：13、02BT0101㉜：14）　11、12. 有领罐（99DT0202㊳A：26、99DT0202㊺B：59）　13、14. 喇叭口罐（99DT0201㊸：16、02DT0102㊸：17）　15、16. 侈口罐（98AT0103㊱：29、99DT0301㊻：46）　17、18. Aa型Ⅰ式卷沿罐（99DT0201㊿：58、02DT0102㊳：11）　19、20. Aa型Ⅱ式卷沿罐（99DT0301㊼：17、99DT0301㊼：18）　21、22. Ab型Ⅰ式卷沿罐（99DT0201㊾A：17、99DT0201㊿：60）　23、24. Ab型Ⅱ式卷沿罐（99AT0201㊼A：86、99DT0201㊷A：22）　25、26. B型Ⅰ式卷沿罐（99AT0201㊺B：16、99DT0201㊽A：46）　27、28. B型Ⅱ式卷沿罐（99AT0201㊼A：87、02DT0101㉜：14）　29、30. C型Ⅰ式卷沿罐（99DT0201㊿：65、99DT0201㊼：21）　31、32. C型Ⅱ式卷沿罐（99DT0201㊽A：21、99DT0201㊾B：49）

矮束领，溜肩，残。轮制，火候较高。口径11.8、残高5.4厘米（图三八〇，9）。标本02BT0101㉜：14，夹砂褐陶，局部、胎黑。素面，内外壁磨光。侈口，圆唇，束领，斜肩，残。轮制，火候较高。口径16.8、残高6.4厘米（图三八〇，10）。

有领罐　6件。领高矮难辨。

标本99DT0202㊿A：26，夹细砂黑皮陶，胎红褐夹褐。素面，内外壁磨光。侈口，折沿微斜、沿面微凹，圆唇，束领，残。轮制，火候较高。残宽5.3、残高2.8厘米（图三八〇，11）。标本99DT0202㊺B：59，夹细砂褐陶，胎外红里黑。素面，内外壁磨光。侈口，卷沿，圆唇，微束领，残。轮制，火候较高。残宽4.7、残高3.7厘米（图三八〇，12）。

直领罐　2件。标本碎小。

喇叭口罐　126件。

标本99DT0201㊸：16，夹粗砂红褐陶，局部、胎黑。素面，内外壁磨光。喇叭口，圆唇，残。轮制，火候高。口径20、残高3.8厘米（图三八〇，13）。标本02DT0102㊸：17，夹砂红褐陶，黑胎。素面，内外壁磨光。喇叭口，圆唇，残。轮制，火候较高。口径14.8、残高3.6厘米（图三八〇，14）。

侈口罐　32件。

标本98AT0103㊱：29，夹细砂黑陶。素面，内外壁磨光。卷沿，圆唇，束矮领，残。轮制，火候较高。口径15.4、残高4.8厘米（图三八〇，15）。标本99DT0301㊻：46，夹砂褐陶，局部、胎黑。素面，内外壁磨光。侈口，卷沿外翻，圆唇，残。轮制，火候较高。口径14、残高3.6厘米（图三八〇，16）。

卷沿罐　249件。

A型　31件。

Aa型　8件。

Ⅰ式：4件。

标本99DT0201㊿：58，夹细砂黑陶，胎、里红褐。唇部饰凹弦纹，器表饰戳划纹。喇叭口，圆唇，残。手制轮修，火候一般。残宽9.1、残高2.8厘米（图三八〇，17）。标本02DT0102㊿：11，夹砂红陶，局部、胎黑。素面，内外壁磨光。敞口，卷沿，圆唇，残。轮制，火候较高。残宽7、残高4.7厘米（图三八〇，18）。

Ⅱ式：4件。

标本99DT0301㊼：17，夹砂黑陶，局部、里红褐。上腹饰暗纹，内壁磨光。喇叭口，圆唇、局部微凹，残。轮制，火候较高。残宽7.8、残高3.6厘米（图三八〇，19）。标本99DT0301㊼：18，夹砂红陶，局部、里黑。外唇饰细凹弦纹一周，上腹饰斜划纹。喇叭口，圆唇，残。手制轮修，火候较高。残宽6.2、残高3.1厘米（图三八〇，20）。

Ab型　23件。

Ⅰ式：17件。

标本99DT0201㊾A：17，夹细砂褐陶，局部红褐，黑胎。唇下缘饰戳印纹，器表饰划纹。喇叭口，圆尖唇，腹较直，残。手制轮修，火候一般。口径20.8、残高7.4厘米（图三八〇，21）。标本99DT0201㊿：60，夹细砂黑陶，局部红。唇部饰戳印纹，器表饰斜绳纹。敞口，卷沿，上腹微弧，残。轮制，火候较高。口径24、残高8.6厘米（图三八〇，22）。

Ⅱ式：6件。

标本99AT0201㊼A：86，夹细砂褐陶，里红色。下唇面饰戳印纹，器表饰绳纹。敞口，圆唇，残。轮制，火候较高。口径21.2、残高4.4厘米（图三八〇，23）。标本99DT0201㊷A：22，夹细砂红陶。唇部横饰粗戳印纹，器表饰斜绳纹，内壁磨光。喇叭口，卷沿外翻，腹微弧内收，残。轮制，火候高。残宽8、残高5.2厘米（图三八〇，24）。

B型 144件。

Ⅰ式：47件。

标本99AT0201㊺B：16，夹细砂黑陶，里红褐色。唇面饰戳印纹，器表饰稀疏划纹，口内壁磨光，内壁有较多抹痕。敞口，卷沿，唇面微内凹，腹近直，残。轮制，火候较高。口径16.2、残高9.6厘米（图三八〇，25）。标本99DT0201㊽A：46，夹砂黑陶，灰黑胎，里褐。唇部饰戳印纹，腹饰交错划纹。侈口，卷沿，腹微弧，残。手制轮修，火候较高。口径13、残高5.2厘米（图三八〇，26）。

Ⅱ式：97件。

标本99AT0201㊼A：87，夹细砂红陶，局部褐，胎灰黑色。唇面饰绳纹和戳印纹，器表饰绳纹。敞口，唇缘外下垂，残。轮制，火候较高。口径20.8、残高4.4厘米（图三八〇，27）。标本02DT0101㉜：14，夹砂红陶，局部灰褐，黑胎。唇部饰戳印纹，腹饰附加堆纹，在堆纹上饰戳印纹，附加堆纹间饰细绳纹。敞口，唇面内凹，腹较直，残。手制轮修，火候较高。残宽11.6、残高7.2厘米（图三八〇，28）。

C型 74件。

Ⅰ式：27件。

标本99DT0201㊿：65，夹细砂红陶，胎、里局部黑。唇部饰戳印纹，内壁磨光。喇叭口，卷沿外翻，唇面内凹，残。轮制，火候较高。残宽8.2、残高4厘米（图三八〇，29）。标本99DT0201㊼：21，夹细砂灰褐陶，局部灰、黑。唇部饰戳印纹，器表饰波浪形划纹，内壁磨光。喇叭口，残。轮制，火候高。残宽6.4、残高5厘米（图三八〇，30）。

Ⅱ式：47件。

标本99DT0201㊽A：21，夹细砂黑陶，里红。唇部饰戳印纹，器表饰斜细绳纹。敞口，卷沿，腹较斜直，残。手制轮修，火候一般。口径12、残高6厘米（图三八〇，31）。标本99DT0201㊾B：29，夹细砂黑陶，灰黑胎，里红。唇部饰戳印纹，器表饰细斜绳纹。口微侈，卷沿，腹较直，残。手制轮修，火候较高。口径12、残高4.7厘米（图三八〇，32）。

卷沿鼓腹罐 12件。

Ⅰ式：3件。

标本02AT0101㉛A：16，夹砂黑皮陶，褐胎。外沿饰圆形镂孔，器表、内沿磨光。侈口，卷沿，圆唇，斜肩，鼓腹，残。轮制，火候较高。残宽10.4、残高9.2厘米（图三八一，1）。

Ⅱ式：9件。

标本99DT0301㊺：39，夹砂黑陶，局部褐。素面，内外壁磨光。侈口，卷沿，圆唇，领斜弧，残。轮制，火候较高。口径17.4、残高7.2厘米（图三八一，2）。标本99AT0101㉟：75，

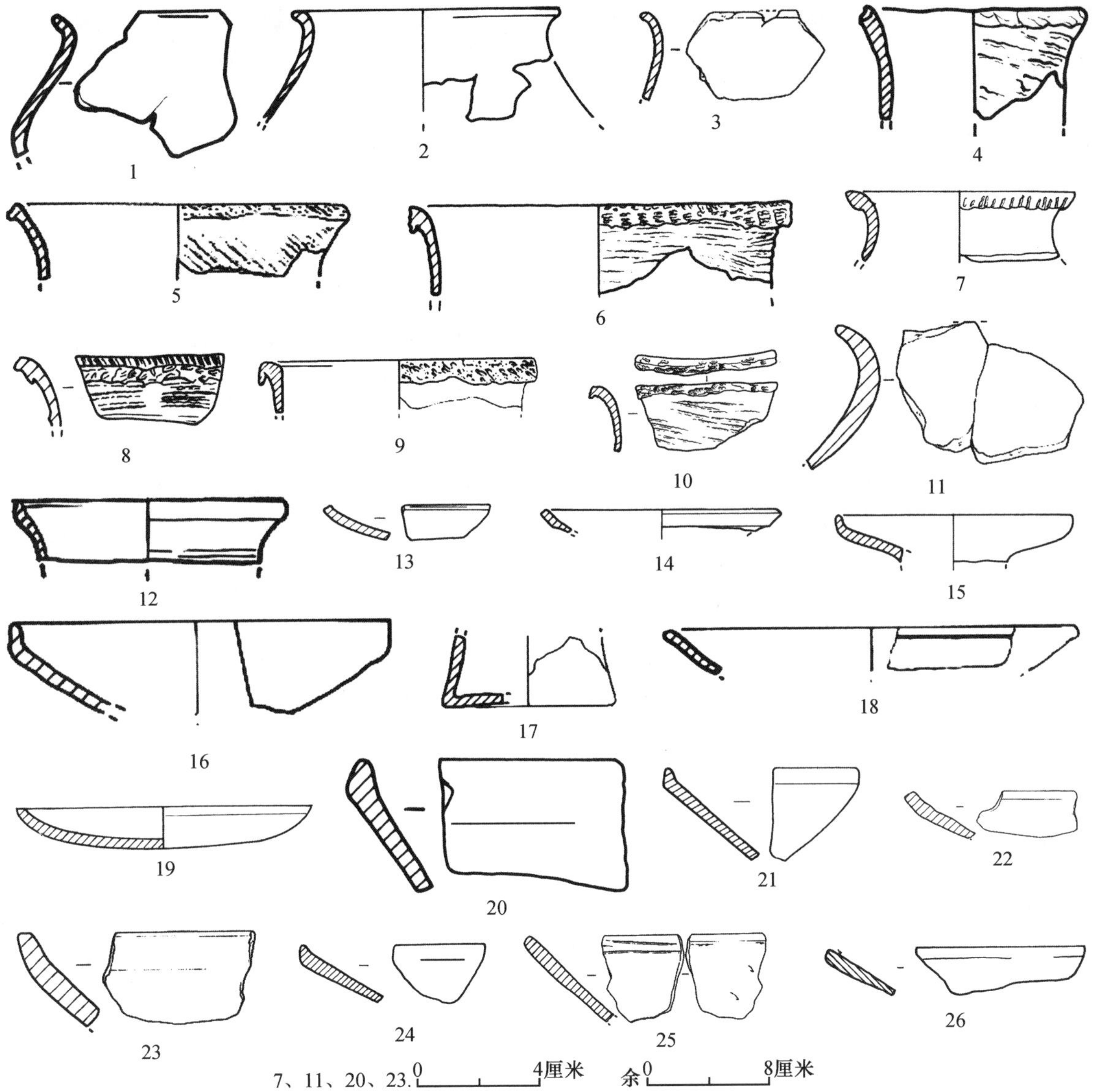

图三八一　中坝文化第11组陶器

1. Ⅰ式卷沿鼓腹罐（02AT0101㉛A：16）　2、3. Ⅱ式卷沿鼓腹罐（99DT0301㊺：39、99AT0101㉟：75）　4～6. A型贴边罐（02AT0101㉛A：17、99AT0101㉟：71、99DT0201㊸：10）　7、8. B型贴边罐（02DT0102㊾：13、99AT0201㊼A：88）　9、10. C型贴边罐（98AT0103㊱：34、99DT0201㊹：23）　11. 束颈罐（99AT0101㉟：76）　12. B型盘口壶（99AT0201㊻：42）　13、14. A型豆盘（99DT0201㊼：25、99DT0201㊾A：50）　15、16. B型豆盘（99DT0201㊼：26、98BT0204㊱：10）　17. 筒形器（98AT0103㊴：34）　18、19. A型盘（98AT0103㊱：64、02DT0102㊾：6）　20、21. B型Ⅰ式盘（99DT0201㊾A：28、99DT0201㊽A：40）　22、23. B型Ⅱ式盘（99AT0101㉟：46、99AT0101㉜：13）　24. B型Ⅲ式盘（99DT0201㊻：16）　25、26. C型盘（98AT0103㊲：41、02DT0102㊽：7）

夹砂红陶，局部红褐，黑胎。素面，内外壁磨光。侈口，卷沿，圆唇，鼓腹，残。轮制，火候较高。残宽9、残高5.6厘米（图三八一，3）。

贴边罐　280件。

A型　172件。

标本02AT0101㉛A：17，夹砂黑陶，局部褐，里红褐。唇、外沿饰戳印纹，腹饰戳划纹，内壁磨光。敞口，腹较直，残。手制，火候较高。口径14.6、残高7厘米（图三八一，4）。标本

99AT0101㉟：71，夹砂黑陶，局部褐。唇饰戳印纹，器表饰戳划状绳纹。喇叭口，腹较直，残。轮制，火候较高。口径22、残高4.6厘米（图三八一，5）。标本99DT0201㊸：10，夹细砂红陶，局部褐，黑胎。外沿饰戳印纹，器表饰绳纹，内壁磨光。微侈口，卷沿、外沿下垂，尖唇，腹较直，残。手制轮修，火候较高。口径24.4、残高5.6厘米（图三八一，6）。

B型 105件。

标本02DT0102㊷：13，夹砂红陶，局部浅黄。外沿饰戳印纹后按抹。侈口，卷沿，尖圆唇，束领，残。手制轮修，火候一般。口径15、残高4.5厘米（图三八一，7）。标本99AT0201㊼A：88，夹细砂红陶，胎、里灰色。唇面饰绳压纹，贴边上饰戳印纹，上腹饰绳纹和附加堆纹，内壁磨光。敞口，残。轮制，火候一般。残宽9.6、残高4.6厘米（图三八一，8）。

C型 3件。

标本98AT0103㊱：34，夹粗砂红陶。唇面饰戳印纹，器表饰绳纹，沿面、内壁粗磨。口近直，折沿，唇缘下垂，直腹，残。轮制，火候一般。口径18、残高3.2厘米（图三八一，9）。标本99DT0201㊹：23，夹细砂褐陶，灰黑胎，里红。沿面、唇面饰戳印纹，器表饰斜绳纹，内壁磨光。侈口，沿外下卷，残。轮制，火候较高。残宽9.2、残高4.2厘米（图三八一，10）。

束颈罐 3件。

标本99AT0101㉟：76，泥质灰褐陶，里黑。素面，内外壁磨光。侈口，卷沿外翻，圆唇，束颈，溜肩，残。轮制，火候较高。残宽6、残高4.6厘米（图三八一，11）。

盘口壶 5件。B型。

标本99AT0201㊻：42，泥质褐陶。颈饰凹弦纹两周，颈外壁磨光。沿上卷略呈浅盘口，圆唇，束颈，残。轮制，火候高。口径17.2、残高3.8厘米（图三八一，12）。

豆盘 6件。

A型 2件。

标本99DT0201㊼：25，夹细砂褐陶，局部黑。素面，内外壁磨光。敞口，唇面微凹，弧盘较浅，残。轮制，火候较高。残宽5.7、残高2.2厘米（图三八一，13）。标本99DT0201㊾A：50，泥质灰陶。素面，内外壁磨光。敞口，方唇，折腹，残。轮制，火候高。口径15.6、残高1.4厘米（图三八一，14）。

B型 4件。

标本99DT0201㊼：26，夹细砂黑陶，局部黄褐。素面，内外壁磨光。敞口，圆唇，盘口上弧，盘较浅，残。轮制，火候较高。口径15.6、残高3厘米（图三八一，15）。标本98BT0204㊱：10，直口，圆唇，上腹较直，下腹微弧收，轮制，火候较高。口径24.8、残高6厘米（图三八一，16）。

筒形器 1件。

标本98AT0103㊴：34，泥质灰陶。器表饰细划纹，外壁磨光。腹内弧，平底，残。手制轮修，火候高。底径11.2、残高4.5厘米（图三八一，17）。

瓶 10件。标本碎小。

小罐 3件。标本碎小。

盘　227件。

A型　174件。

标本98AT0103㊱：64，夹细砂红褐陶，局部、里黑。素面，内外壁磨光。敞口，方唇，唇缘外凸，腹微弧，残。手制轮修，火候一般。口径27.2、残高2.9厘米（图三八一，18）。标本02DT0102㊾：6，夹砂褐陶，黑胎。素面，内外壁磨光。敞口，方唇，弧腹，圜底，浅盘，修复。手制轮修，火候较高。口径19、高2.6厘米（图三八一，19）。

B型　16件。

Ⅰ式：4件。

标本99DT0201㊾A：28，夹细砂黑陶。素面，内外壁磨光。敞口，圆唇，上腹内卷，下腹斜内收，残。轮制，火候高。残宽6、残高4.2厘米（图三八一，20）。标本99DT0201㊽A：40，夹砂黑陶，局部灰褐。素面，内外壁磨光。敞口，沿上折，圆唇，腹斜直，残。轮制，火候较高。残宽5.8、残高6厘米（图三八一，21）。

Ⅱ式：9件。

标本99AT0101㉟：46，夹砂褐陶，胎、里黑。素面，内外壁磨光。敞口，方唇，微折腹，残。手制，火候较高。残宽6.5、残高3厘米（图三八一，22）。标本99AT0101㉜：13，夹砂红陶，局部黑。素面，内外壁磨光。敞口，方唇，折腹，残。轮制，火候较高。残宽4.9、残高3厘米（图三八一，23）。

Ⅲ式：3件。

标本99DT0201㊻：16，夹细砂黑陶，局部褐。素面，内外壁磨光。敞口，圆唇上卷，斜腹内收，残。轮制，火候高。残宽6、残高3.7厘米（图三八一，24）。

C型　37件。

标本98AT0103㊲：41，夹细砂黑陶，局部红。素面，器表有疵点，内壁有细划纹，内外壁磨光。敞口，方唇，腹斜直，残。手制，火候较高。残宽5.2、残高5.5厘米（图三八一，25）。标本02DT0102㊽：7，夹砂褐陶，局部、胎黑，里红褐。素面，内外壁磨光。敞口，圆唇，腹斜收，残。手制，火候较高。残宽11、残高3厘米（图三八一，26）。

觚形器？　2件。

标本02BT0201㊹：20，夹砂红陶，局部红褐，灰褐胎，里黑。素面，器表磨光，外底饰细绳纹。腰微束，平底，残。手制，火候较高。底径10.8、残高11.6厘米（图三八二，1）。

有沿盘　37件。

Ⅰ式：4件。

标本02BT0201㊹：17，夹砂红陶，局部灰褐，黑胎。素面，内沿饰凹弦纹一道，内壁磨光。敞口，微有沿，圆唇，上腹微内凹、下腹弧收，残。轮制，火候较高。残宽6.2、残高3.8厘米（图三八二，2）。标本00DT0604㊹：13，夹细砂红陶，胎红夹灰。素面，内壁磨光。敞口，平折沿，方唇，残。轮制，火候较高。残宽4.6、残高2.4厘米（图三八二，3）。

Ⅱ式：9件。

标本02DT0102㊾：7，夹砂红褐陶，黑胎。素面，内外壁磨光。敞口，斜卷沿，圆唇，腹斜收，残。轮制，火候较高。残宽5.7、残高2.8厘米（图三八二，4）。标本

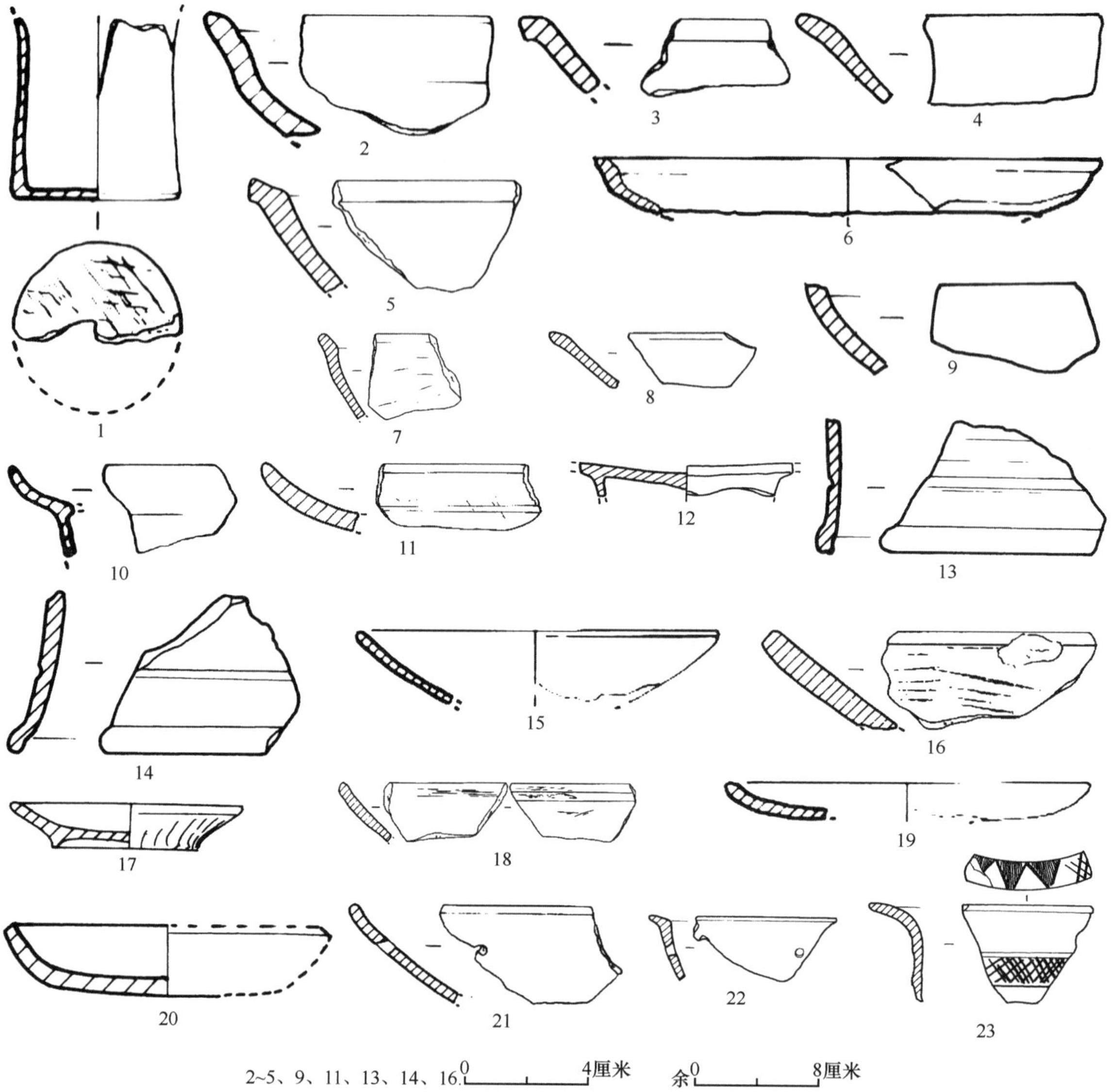

图三八二　中坝文化第11组陶器

1. 觚形器?（02BT0201⑭：20）　2、3. Ⅰ式有沿盘（02BT0201⑭：17、00DT0604㊹：13）　4、5. Ⅱ式有沿盘（02DT0102㊾：7、99DT0202㊳A：33）　6、7. Ⅲ式有沿盘（99AT0201㊺B：7、99DT0202㊳A：34）　8、9. Ⅳ式有沿盘（02DT0102⑭：7、02DT0102㊷：8）　10～12. A型大圈足盘（02BT0101㉛：29、99AT0101㉜：17、99DT0201㊽A：47）　13、14. B型大圈足盘（99DT0201㊸：24、99DT0201㊹：43）　15、16. 高圈足盘（98AT0103㊱：56、98AT0103㊴：59）　17、18. 矮圈足盘（99AT0201㊻：11、98AT0103㊲：36）　19、20. 大平底盘（98AT0103㊱：61、99DT0301㊹：70）　21. 小平底盘（98AT0103㊲：37）　22. A型盆（99DT0201㊾A：31）　23. B型盆（02DT0102㊷：12）

99DT0202㊳A：33，夹细砂黑褐陶，黑胎。素面，内外壁磨光。敞口，斜折沿，方圆唇，弧腹内收，残。轮制，火候较高。残宽6.1、残高3.5厘米（图三八二，5）。

Ⅲ式：7件。

标本99AT0201㊺B：7，夹砂红陶，局部、胎黑褐。素面，内外壁磨光。敞口，斜折沿，圆唇，弧腹，残。轮制，火候较高。口径32、残高3.2厘米（图三八二，6）。标本99DT0202㊳A：34，夹细砂红褐陶，局部灰黑。素面。内外壁磨光，器表多磨痕。敞口，斜折沿，圆唇，弧腹内收，残。轮制，火候较高。残宽6、残高5.3厘米（图三八二，7）。

Ⅳ式：17件。

标本02DT0102㊹：7，夹砂褐陶，胎灰夹黑。素面，内外壁磨光。敞口，内折沿微斜，圆唇，斜腹微弧，残。轮制，火候一般。残宽8.1、残高3.4厘米（图三八二，8）。标本02DT0102㊷：8，夹砂褐陶，局部、胎黑。素面，内外壁磨光。敞口，方唇，微有内沿，深弧腹，残。轮制，火候较高。残宽5.3、残高2.8厘米（图三八二，9）。

大圈足盘　29件，22件不明型别。

A型　4件。

标本02BT0101㉛：29，泥质黑陶，红褐胎。素面，内外壁磨光。敞口，圆唇，弧腹，浅盘，圈足斜直收、较高，残。轮制，火候较高。残宽8.6、残高5.6厘米（图三八二，10）。标本99AT0101㉜：17，泥质灰陶，灰白胎。腹饰细划纹，内外壁磨光。敞口，圆唇，弧腹，残。轮制，火候高。残宽5.2、残高2.1厘米（图三八二，11）。标本99DT0201㊽A：47，泥质灰陶，胎灰白。素面，内外壁磨光。盘底圜平，圈足内斜，残。轮制，火候高。残高2.1厘米（图三八二，12）。

B型　3件。

标本99DT0201㊸：24，泥质浅黄陶。圈足饰粗、细凹弦纹，内外壁磨光。圈足微束，足缘外凸，残。轮制，火候高。残宽7.2、残高4.2厘米（图三八二，13）。标本99DT0201㊹：43，泥质红陶。圈足中部饰凹弦纹，内外壁磨光。圈足微内束，足缘外撇后再微内卷，残剩圈足。轮制，火候高。残宽6.4、残高5厘米（图三八二，14）。

高圈足盘　9件。

标本98AT0103㊱：56，夹细砂褐陶，局部黑。素面，内外壁磨光。敞口，圆唇，壁微弧，残。手制轮修，火候一般。口径23.2、残高4.6厘米（图三八二，15）。标本98AT0103㊴：59，夹细砂红褐陶，局部黑，灰黑胎，里灰。器表先饰绳纹，再内外壁磨光。敞口，方唇，腹较斜直，残。手制轮修，火候高。残宽6.8、残高3厘米（图三八二，16）。

矮圈足盘　6件。

标本99AT0201㊻：11，夹砂褐陶，局部黑。素面，内外壁磨光。腹、足外多按抹痕。敞口，圆唇，腹较斜直，矮圈足，复原。手制，火候较高。口径14.8、足径9.2、高2.8厘米（图三八二，17）。标本98AT0103㊲：36，夹细砂黑陶。素面，内外壁有刮抹痕，内壁粗磨。敞口，圆唇，腹较斜直，残。手制，火候较高。残宽8、残高3.7厘米（图三八二，18）。

大平底盘　2件。

标本98AT0103㊱：61，夹细砂灰、黑陶，素面，内外壁磨光。敞口，方唇，浅盘，弧壁，残。轮制，火候高。口径23.2、高2.3厘米（图三八二，19）。标本99DT0301㊹：70，夹砂灰褐陶，局部黑。素面。敞口，方唇，弧腹，底较平，复原。手制，火候较高。口径21.4、高4.9厘米（图三八二，20）。

小平底盘　1件。

标本98AT0103㊲：37，夹细砂褐陶，口部、里黑。上腹饰单穿镂孔，内外壁磨光。敞口，圆唇，弧腹较深，残。轮制，火候一般。残宽11.4、残高6.1厘米（图三八二，21）。

盆　5件。

A型　4件。

标本99DT0201㊾A：31，夹细砂黑陶。上腹饰里向外单穿圆形镂孔，内外壁磨光。敞口，外斜折沿，圆唇，弧腹内收，残。轮制，火候高。残宽9.2、残高4厘米（图三八二，22）。

B型　1件。

标本02DT0102㊾：12，泥质灰陶，局部黑。沿面饰山形和网格形暗纹，上腹饰附加堆纹，在堆纹间饰网格形暗纹，内外壁磨光。微侈口，宽卷沿外翻，圆唇，腹微弧，残。轮制，火候高。残宽8.2、残高6.2厘米（图三八二，23）。

钵　169件。

A型　75件。

Ⅰ式：51件。

标本99AT0101㉟：14，夹砂黑皮陶。素面，内外壁磨光。敞口，圆唇，弧腹，圜平底，复原。轮制，火候较高。口径26.4、高8厘米（图三八三，1）。标本99DT0201㊻：18，夹细砂红陶，局部、胎黑。上腹饰外向里单穿圆形镂孔，内外壁磨光。敞口，圆唇，腹较斜内收，残。手制，火候较高。口径16、残高5.2厘米（图三八三，2）。标本99DT0201㊸：19，夹细砂红陶，局部、胎黑。素面，内外壁磨光。敞口，圆唇，腹斜弧收，残。手制轮修，火候高。口径25.6、残高6.6厘米（图三八三，3）。

Ⅱ式：24件。

标本99AT0201㊻：49，夹砂红陶，里局部黑。素面，内外壁磨光。敞口，方唇，弧腹，残。手制，火候较高。口径27.2、残高4厘米（图三八三，4）。标本99AT0201㊺B：15，夹砂红陶，黑胎。素面，内外壁磨光。敞口，方唇，腹微弧，残。轮制，火候较高。口径27.2、残高3.2厘米（图三八三，5）。

B型　32件。

Ⅰ式：15件。

标本98AT0103㊴：57，夹细砂灰陶。素面，内外壁粗磨，器表有疵点、划痕。口近直，圆尖唇，弧腹较深，残。轮制，火候较高。残宽4.5、残高5.7厘米（图三八三，6）。标本99AT0101㉜：19，夹砂红陶，局部灰褐、黑，黑胎。素面，内外壁磨光。口近直，圆唇，弧腹较深，残。手制，火候较高。残宽6.8、残高6.4厘米（图三八三，7）。

Ⅱ式：17件。

标本99DT0201㊾A：34，夹粗砂红陶，灰黑胎。素面，内外壁磨光。口近直，方唇，弧腹内收，残。手制，火候较高。残宽9.6、残高4.2厘米（图三八三，8）。标本99DT0201㊿：39，夹细砂黑陶，里局部褐。素面，内外壁磨光。直口，方唇，弧腹内收，残。轮制，火候较高。残宽6.8、残高6.8厘米（图三八三，9）。

C型　62件。

Ca型　58件。

Ⅰ式：45件。

标本98A0103㊴：35，夹细砂灰陶，局部黑。素面，内外壁磨光。微敛口，圆尖唇，上腹内卷，下腹弧，残。手制，火候较高。口径19.6、残高4.8厘米（图三八三，10）。标本

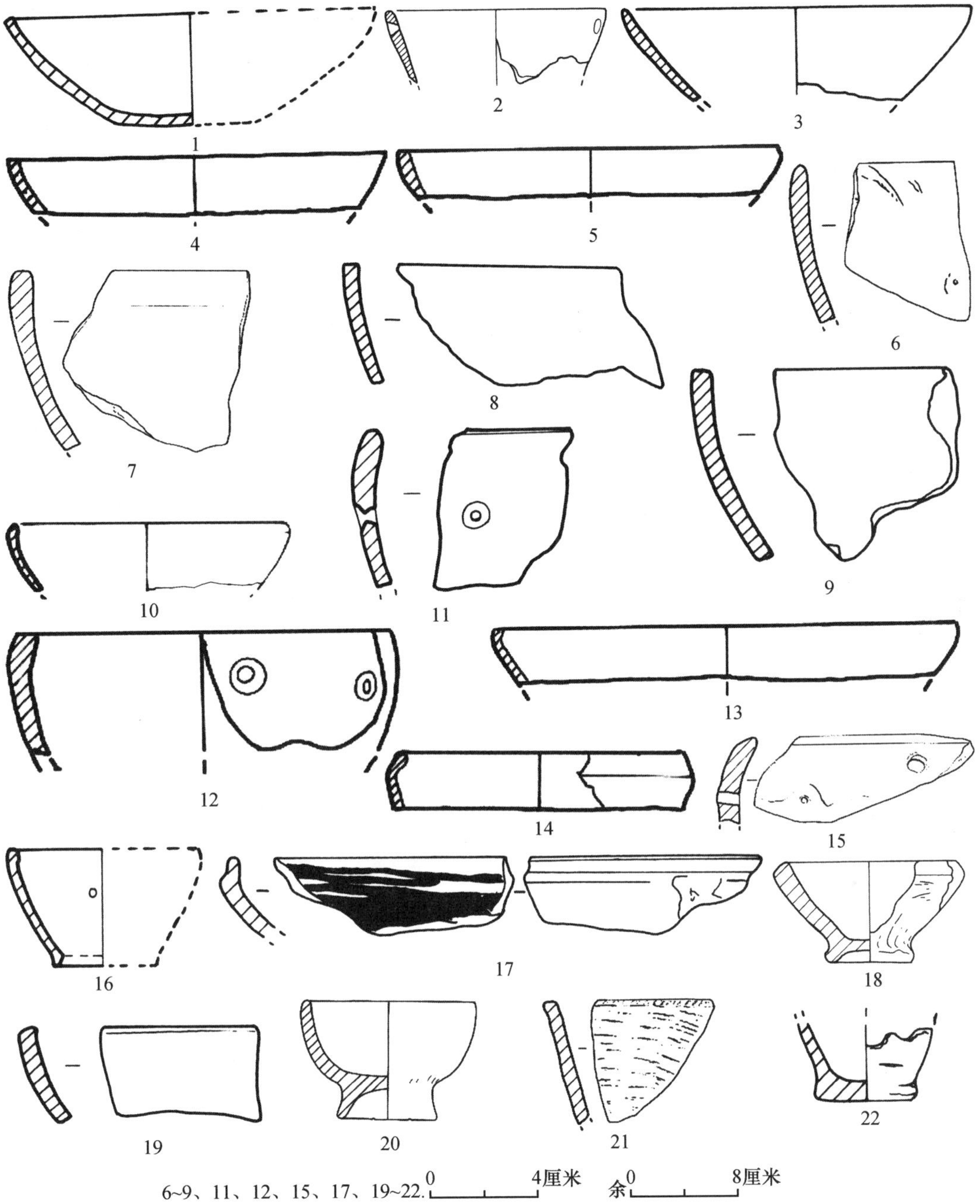

图三八三　中坝文化第11组陶器

1～3. A型Ⅰ式钵（99AT0101㉟：14、99DT0201㊻：18、99DT0201㊸：19）　4、5. A型Ⅱ式钵（99AT0201㊻：49、99AT0201㊺B：15）　6、7. B型Ⅰ式钵（98AT0103㊴：57、99AT0101㉜：19）　8、9. B型Ⅱ式钵（99DT0201㊾A：34、99DT0201㊿：39）　10、11. Ca型Ⅰ式钵（98AT0103㊴：35、99AT0301㊳：30）　12、13. Ca型Ⅱ式钵（99AT0201㊻：52、99AT0201㊻：51）　14、15. Cb型Ⅰ式钵（99AT0201㊻：53、99AT0101㉜：20）　16. 平底钵（99AT0301㊷：7）　17. 子母口钵（99DT0301㊻：53）　18、19. Ⅱ式碗（99DT0301㊺：36、99DT0201㊿：36）　20～22. 杯（98AT0103㊴：36、99AT0101㉟：81、99DT0301 ㊻：54）

99AT0301㊳：30，夹砂灰褐陶，局部、胎黑。上腹饰圆形镂孔，内外壁磨光。敛口，圆唇，上腹微鼓，下腹弧收，残。轮制，火候高。残宽5.1、残高5.7厘米（图三八三，11）。

Ⅱ式：13件。

标本99AT0201㊻：52，夹砂红陶，局部红褐。上腹饰圆形镂孔，外壁粗磨。敛口，方唇，弧腹，残。手制轮修，火候较高。口径13.6、残高4.2厘米（图三八三，12）。标本99AT0201㊻：51，夹砂黑陶，局部红。素面，内外壁磨光。敛口，内斜方唇，弧腹，残。轮制，火候较高。口径33.6、残高3.8厘米（图三八三，13）。

Cb型　4件。

Ⅰ式：3件。

标本99AT0201㊻：53，夹砂黑陶，红褐胎。素面，内外壁磨光。敛口，沿内上斜折，外沿面微凹，圆唇，腹斜微弧，残。轮制，火候较高。口径20.8、残高4厘米（图三八三，14）。标本99AT0101㉜：20，夹砂灰黑陶，局部褐。上腹饰圆形镂孔。敛口，沿内折，圆唇，微鼓腹，残。手制，火候较高。残宽8、残高3.1厘米（图三八三，15）。标本99DT0202㊲A：30，夹砂红陶，局部黑、褐。上腹饰横划纹一周。敛口，圆唇，口部微束，鼓腹，平底，复原。残。手制，火候较高。口径25、底径10.6、高14.2厘米（图版二八，3）。

Ⅱ式：1件。标本碎小。

平底钵　1件。

标本99AT0301㊼：7，夹细砂红陶，局部灰褐、黑。腹饰外向里单穿镂孔一个，内外壁粗磨。敞口，方唇，弧腹内收，平底，复原。手制，火候较高。口径13.7、底径7.6、高8.6厘米（图三八三，16）。

子母口钵　1件。

标本99DT0301㊻：53，泥质红陶。素面，内壁饰暗纹，内外壁磨光。口微敛，外沿内折后上卷，圆唇，腹弧收，残。轮制，火候高。残宽8.6、残高2.8厘米（图三八三，17）。

碗　3件。Ⅱ式。

标本99DT0301㊺：36，夹砂黑褐陶，局部、胎红褐。素面，内外壁磨光。敞口，方唇，弧腹，矮圈足外撇，复原。手制，火候较高。口径14、足径6.6、高7.2厘米（图三八三，18）。标本99DT0201㊿：36，夹细砂黑陶。素面，内外壁磨光。敞口，圆唇，唇缘微内卷，弧腹内收，残。手制，火候较高。残宽5.8、残高3.4厘米（图三八三，19）。

杯　5件。

标本98AT0103㊴：36，夹砂黑陶，局部褐。素面，多手捏痕。口微敞，圆唇，圆弧腹，矮圈足外撇，复原。口径6、足径3.2、高4.1厘米（图三八三，20）。标本99AT0101㉟：81，夹砂红褐陶，局部黑。唇面、器表饰细划纹。敞口，腹较斜直，残。手制，火候较高。残宽4.5、残高4.3厘米（图三八三，21）。标本99DT0301㊻：54，夹砂黑陶，局部褐、灰。素面。下腹微弧收，平底，残。手制，火候较高。底径3.8、残高2.8厘米（图三八三，22）。

尖底杯　1件。

标本99DT0202㊴：20，夹砂红陶，局部、胎黑。唇、器表饰斜细绳纹。敞口，斜直腹，圆尖底，复原。手制，火候较高。口径8.7、残高5厘米（图版三一，6）。

折腹壶　1件。

标本98AT0103㊴：61，夹细砂褐陶，局部黑，胎红褐、灰，里灰，局部黑。素面，外壁磨光，有按抹痕，内壁多刮抹痕。折腹，平底，残。手制，火候较高。底径11.6、残高6厘米

（图三八四，1）。

器盖　492件，其中盖纽20件。

A型　349件。

标本98AT0103㊴：6，夹砂红褐陶，局部、胎黑。素面，外壁粗磨，内底磨光。圈足形纽，圆唇，弧壁，敞口，圆唇，复原。手制，火候较高。纽径5.4、口径12、高4.3厘米（图三八四，2）。标本99AT0201㊼A：76，夹粗砂红褐陶，局部黑，胎灰黑。素面，器表多划痕，内外壁磨光。覆盘状，敞口，圆唇，壁近斜直，圈足状捉手。手制，火候不高。口径18、捉手径9.2、高4厘米（图三八四，3）。标本02DT0102㊿⑧：8，夹砂红褐陶，局部、胎黑。捉

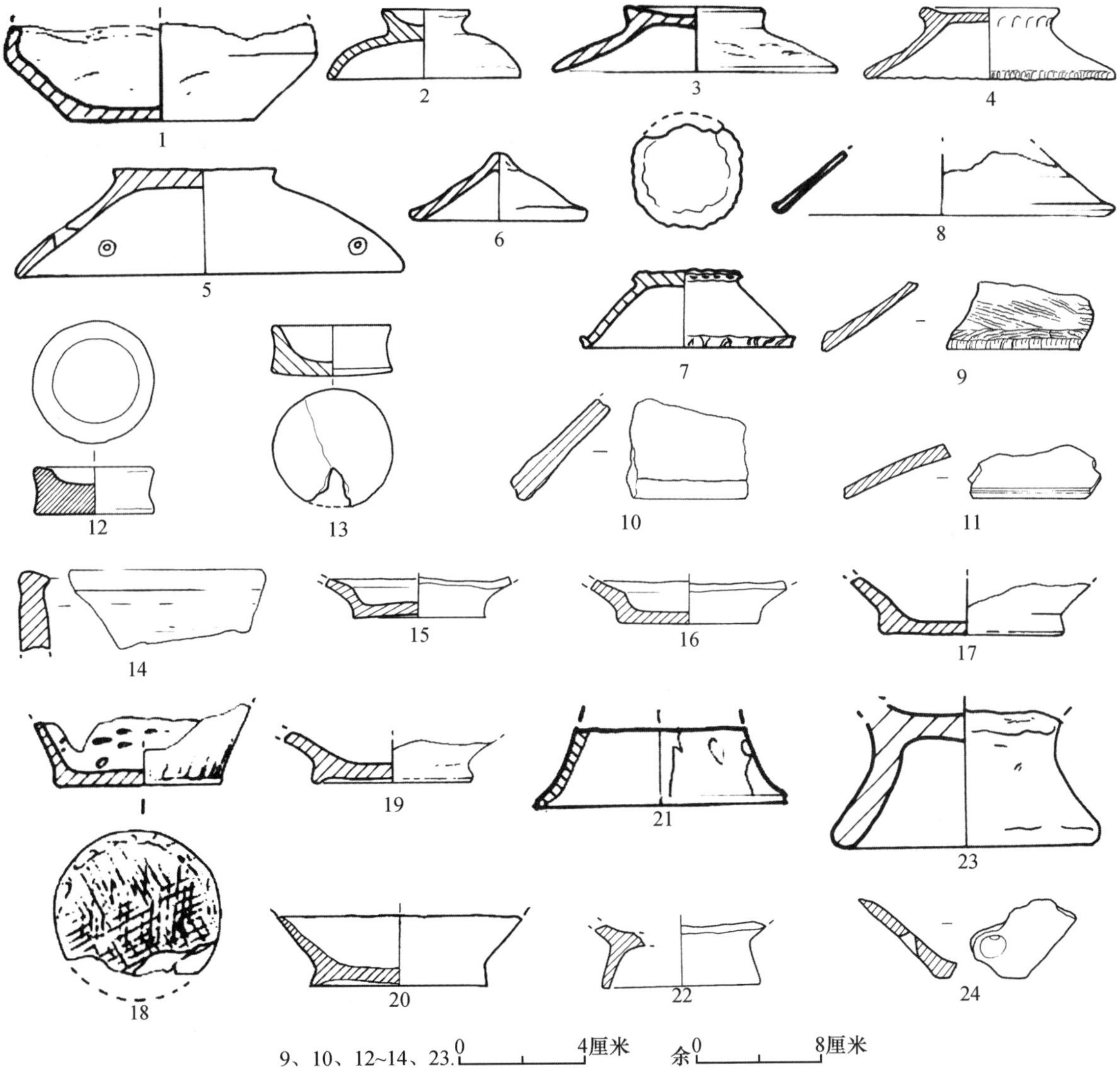

图三八四　中坝文化第11组陶器

1. 折腹壶（98AT0103㊴：61）　2～6. A型器盖（98AT0103㊴：6、99AT0201㊼A：76、02DT0102㊿⑧：8、99AT0101㉟：13、99DT0301㊻：47）　7～9. B型器盖（99DT0301㊺：58、99AT0201㊼A：77、02DT0102㊿④：11）　10、11. C型器盖（99AT0101㉟：59、99DT0201㊾A：38）　12、13. 盒（99AT0201㊼A：59、98AT0103㊱：3）　14. A型器座（98AT0103㊲：80）　15、16. Aa型圈足（99DT0201㊽A：48、99DT0202⑥⓪：60）　17、18. Ab型圈足（98AT0103㊱：80、99AT0201㊼A：94）　19、20. Ba型圈足（98AT0103㊱：78、99AT0201㊼A：92）　21～23. Bb型圈足（99AT0201㊺B：11、99DT0201㊾A：46、99DT0301㊻：58）　24. 器底（99DT0201㊸：30）

手下多手捏痕，唇部饰戳印纹，内外壁磨光。圆圈形捉手，斜壁，敞口，修复。手制，火候较高。捉手径8.8、口径16、高4.4厘米（图三八四，4）。标本99AT0101㉟：13，夹砂红陶，局部褐。盖壁饰圆形镂孔，内外壁磨光。假圈足形纽，壁微弧，敞口，圆唇，复原。手制，火候较高。纽径10、口径24、高6.4厘米（图三八四，5）。标本99DT0301㊻：47，夹粗砂红陶，局部、胎灰黑。素面，内外壁磨光。乳凸形纽，壁较斜，敞口，圆唇，复原。手制，火候较高。口径11.2、高4.1厘米（图三八四，6）。

B型 91件。

标本99DT0301㊺：58，夹砂红褐陶，局部黑。纽缘、唇饰戳印纹。矮圈足形纽，壁斜直，敞口，复原。手制，火候较高。纽径6.8、口径13.6、高4.8厘米（图三八四，7）。标本99AT0201㊼A：77，夹细砂褐陶，局部黑。素面，内外壁磨光。覆盘状，敞口，圆唇，壁近斜直，残。轮制，火候不高。口径21.2、残高4.2厘米（图三八四，8）。标本02DT0102㊿：11，夹砂褐陶，黑胎。器表、外沿饰斜绳纹，唇部饰戳划纹，内壁磨光。喇叭口，残。手制，火候较高。残宽9.2、残高4.2厘米（图三八四，9）。

C型 32件。

标本99AT0101㉟：59，夹砂红陶，胎红夹灰黑。素面，内外壁磨光。壁较斜直，敞口，唇面微凹，残。手制，火候较高。残宽3.8、残高3.1厘米（图三八四，10）。标本99DT0201㊾A：38，夹细砂黑陶。素面，内外壁磨光。敞口，唇面内凹，壁微弧，残。轮制，火候高。残宽8.4、残高3.4厘米（图三八四，11）。

盒 2件。

标本99AT0201㊼A：59，夹砂黑陶，局部、胎红。素面，内外壁磨光。敞口，斜方唇，束腰，内底圜，平底，完整。手制，火候较高。直径3.8、高1.5厘米（图三八四，12；图版三〇，1）。标本98AT0103㊱：3，夹砂红褐陶，局部红，褐胎。素面，外壁磨光。敞口，圆唇，腹微束，圜平底，复原。手制，火候较高。口径3.7、底径3.8、高1.6厘米（图三八四，13）。

器座 1件。A型。

标本98AT0103㊲：80，夹细砂灰陶。器表饰凹弦纹和细划纹。敛口，方唇，壁较直，残。轮制，火候较高。残宽6.2、残高2.5厘米（图三八四，14）。

圈足 310件。

A型 124件。

Aa型 8件。

标本99DT0201㊽A：48，夹砂黑褐陶，局部黑。素面，内外壁磨光。腹外折，内底下凹，假圈足，底微凹，残。轮制，火候较高。足径8.4、残高2.5厘米（图三八四，15）。标本99DT0202㊵：60，夹砂黑陶，局部、胎褐。素面，外壁磨光。下腹斜收，内底下折，假圈足，平底，残。手制，火候较高。足径9、残高2.7厘米（图三八四，16）。

Ab型 116件。

标本98AT0103㊱：80，夹细砂红褐陶，局部黑胎。素面，内外壁磨光。下腹斜直，假圈足，残。轮制，火候较高。足径12、残高3.5厘米（图三八四，17）。标本99AT0201㊼A：94，夹细砂红陶，局部灰、灰黑。下腹有竖刮抹痕，内壁有戳印纹，外底饰交错绳纹。下腹斜直，平底微呈假圈足，残。轮制，火候较高。底径10.8、残高5.2厘米（图三八四，18）。

B型　186件。

Ba型　129件。

标本98AT0103㊱：78，夹细砂红陶，灰黑胎。素面，内外壁磨光。下腹较斜直，矮圈足外撇，残。轮制，火候较高。足径10、残高3.2厘米（图三八四，19）。标本99AT0201㊼A：92，夹砂红陶，局部黑。下腹饰圆形镂孔，外底中部饰绳纹后按抹，多按抹痕，内外壁磨光。斜腹微弧，矮圈足外撇，残。分制，火候较高。底径11、残高4.4厘米（图三八四，20）。

Bb型　57件。

标本99AT0201㊺B：11，夹砂灰褐陶，局部黑，胎红夹灰褐。圈足中部饰镂孔，外壁磨光。喇叭形圈足较高，残。手制，火候较高。足径15.6、残高4.8厘米（图三八四，21）。标本99DT0201㊾A：46，夹粗砂褐陶，黑胎。素面，内外壁磨光。微有下腹，圈足较高外撇，残。分制，火候较高。足径10、残高3.9厘米（图三八四，22）。标本99DT0301㊻：58，夹砂红陶，局部灰褐。素面，内底磨光。内底较平，喇叭形圈足较高，残。分制，火候较高。足径8.6、残高4.4厘米（图三八四，23）。

器底　432件。

标本99DT0201㊸：30，夹细砂红陶，局部、胎黑。下腹饰外向里单穿圆形镂孔，内外壁磨光。下腹外斜，平底，残。手制，火候较高。残宽6.7、残高4.9厘米（图三八四，24）。标本98AT0103㊱：84，夹细砂红陶，灰黑胎，里红褐。外底饰交错绳纹，外壁粗磨。下腹斜直，平底，残。轮制，火候较高。底径13、残高4厘米（图三八五，1）。标本98AT0103㊱：85，夹粗砂红陶，局部灰、黑，胎、里黑。素面，内外壁有刮抹痕。下腹微弧，平底，残。手制，火候较高。底径11.8、残高5.4厘米（图三八五，2）。标本99AT0101㉝：41，夹砂褐陶，局部灰黑，黑胎。下腹饰绳纹、戳印纹，内壁磨光。下腹弧收，平底，残。轮制，火候较高。底径11.2、残高5厘米（图三八五，3）。标本02BT0101㉛：38，夹砂黑陶，局部红褐。素面。下腹弧收，平底微凹，残。手制，火候较高。底径7、残高4.5厘米（图三八五，4）。标本02AT0101㉛A：25，夹砂红褐陶，局部、胎、里黑。下腹饰绳纹。下腹弧收，内底微凸，平底微凹，残。手制，火候较高。底径16、残高8厘米（图三八五，5）。标本02BT0101㉜：16，夹砂黑陶，局部红。素面，外壁磨光。下腹微弧收，微圜底，残。手制，火候较高。底径6.2、残高2.8厘米（图三八五，6）。标本98AT0103㊲：68，夹细砂灰陶，局部褐、黑，里红。器表饰竖细划纹。下腹斜直，小平底，残。手制，火候一般。底径5.6、残高3.1厘米（图三八五，7）。标本98AT0103㊱：83，夹细砂红褐陶，局部黑。素面，器表有刮抹痕。腹微弧，底微圜，残。手制，火候一般。底径5.5、残高6.6厘米（图三八五，8）。

甑底　1件。

标本99DT0201㊽：35，夹粗砂红陶，黑胎。底饰双向穿镂孔三个。平底，残。手制，火候较高。底径10、残高1.3厘米（图三八五，9）。

不明器　2件。标本碎小。

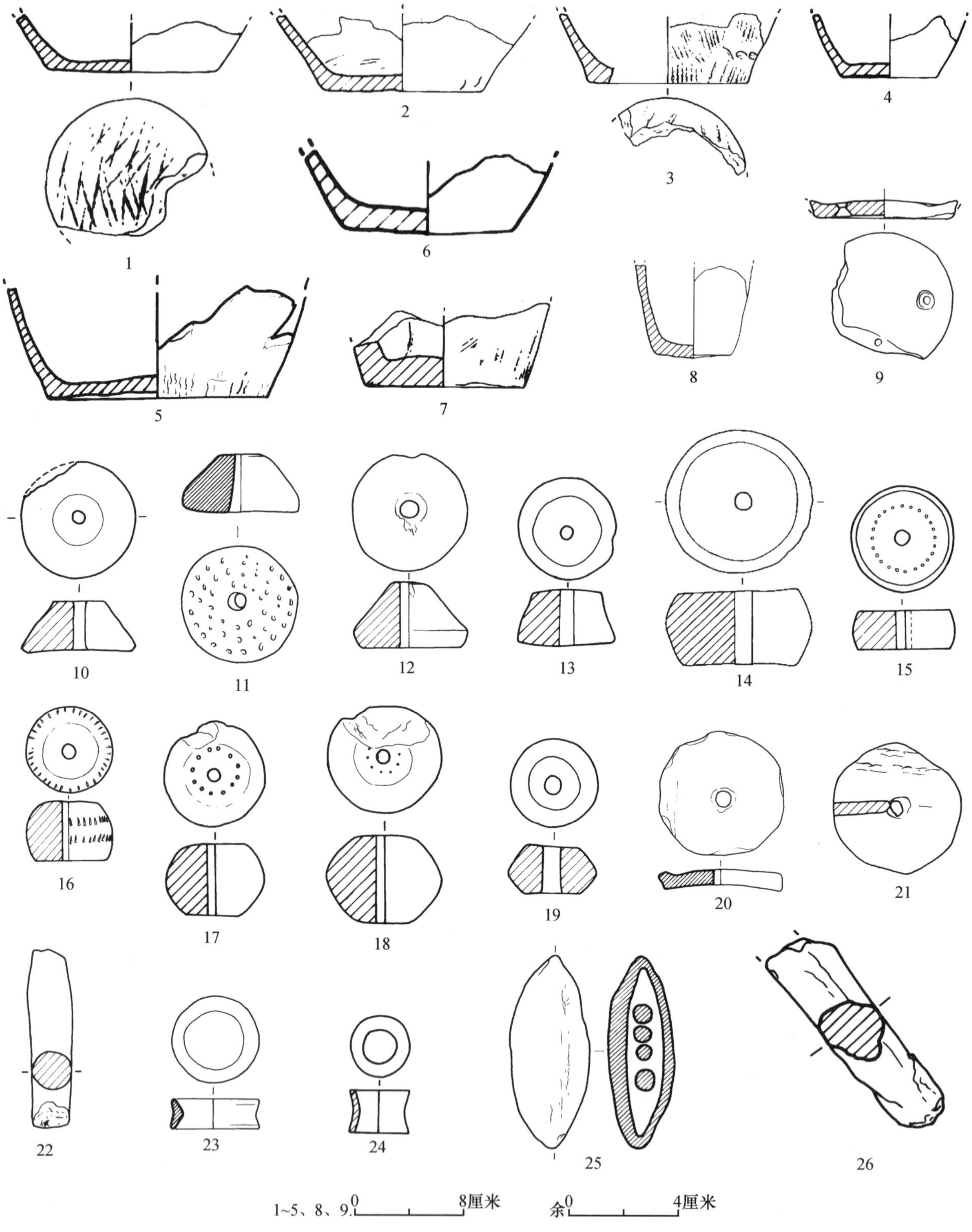

图三八五　中坝文化第11组陶器

1～8. 器底（98AT0103㊱：84、98AT0103㊱：85、99AT0101㉝：41、02BT0101㉛：38、02AT0101㉛A：25、02BT0101㉜：16、98AT0103㊲：68、98AT0103㊱：83）　9. 甑底（99DT0201㊽：35）　10～12. Aa型纺轮（98AT0103㊲：9、99AT0201㊻：19、99AT0301㊿：6）　13. Ab型纺轮（98AT0103㊱：5）　14、15. B型纺轮（98AT0103㊱：7、98AT0103㊲：16）　16、17. Ca型纺轮（99AT0301㊿：4、99DT0201㊹：4）　18、19. Cb型纺轮（99DT0201㊿：12、99DT0301㊺：15）　20、21. Da型纺轮（99AT0201㊻：15、99AT0301㊿：12）　22. 网坠（99AT0301㊿：7）　23、24. 环形饰（99AT0201㊼A：27、99DT0201㊻：4）　25. 乐器？（99AT0101㉟：3）　26. 支柱（99DT0301㊹：69）

纺轮　76件，其中21件不明型别。

A型　22件。

Aa型　14件。

标本98AT0103㊲：9，夹砂黑褐陶，黑胎。素面，器表磨光。凸台形，平顶，底微凹，斜腰微弧，中部圆形穿，残。轮制，火候较高。最大径4.1、穿径0.4、高1.8厘米（图三八五，10）。标本99AT0201㊻：19，夹砂褐陶，局部灰，胎黑。底饰篦点纹，器表磨光。圆台形，顶、底较平，弧腰，中部圆形穿，完整。手制，火候较高。最大径4.2、穿径0.6、高2.1厘米（图三八五，11）。标本99AT0301㊸：6，夹砂红陶，局部、胎黑。素面。截面近梯形，腰上部较斜直，下部折弧收，顶、底较平，中部圆形穿，微残。轮制，火候较高。最大径4.1、高2.4厘米（图三八五，12）。

Ab型　8件。

标本98AT0103㊱：5，夹砂红陶，局部黑、褐。素面，器表磨光。凸台形，顶、底微弧，腰微束，中部圆形穿，完整。手制，火候较高。最大径3.5、穿径0.5、高2厘米（图三八五，13）。

B型　9件。

标本98AT0103㊱：7，夹砂灰褐陶，局部、胎黑。素面，器表磨光。圆台形，顶、底较平，鼓腰，中部圆形穿，复原。手制，火候较高。最大径5.2、穿径0.6、高2.8厘米（图三八五，14；图版三〇，5）。标本98AT0103㊲：16，夹砂黑陶，局部灰。顶饰小圆戳印纹一圈，器表磨光。圆台形，顶、底平，鼓腰，中部圆形穿，完整。轮制，火候较高。直径3.7、穿径0.6、高1.4厘米（图三八五，15）。

C型　15件。

Ca型　5件。

标本99AT0301㊺：4，夹砂红褐陶。腰部饰戳印纹两周。近圆鼓形，顶部微弧，鼓腰，底平，中部圆形穿，完整。轮制，火候较高。最大径3.1、高2.1厘米（图三八五，16）。标本99DT0201㊹：4，泥质灰褐陶，局部褐。顶部饰圆点形戳印纹一周。圆台形，鼓腰，顶、底较平，中部圆形穿，微残。轮制，火候较高。最大径3.6、高2.6厘米（图三八五，17）。

Cb型　10件。

标本99DT0201㊿：12，泥质褐陶。顶部饰圆点形戳印纹一周。近算珠形，顶、底弧，中部圆形穿，鼓腰，微残。轮制。火候较高。最大径4.2、高3.1厘米（图三八五，18）。标本99DT0301㊺：15，泥质红褐陶，局部黑、灰褐。素面。算珠形，鼓折腰，中部圆穿，完整。手制，火候较高。最大径3.2、高1.7厘米（图三八五，19）。

D型　9件。Da型。

标本99AT0201㊻：15，夹砂红褐陶，红胎。边缘有附加堆纹，表面磨光。近圆形，中部圆形穿，完整。手制，火候较高。直径4.5、穿径0.5、厚0.6厘米（图三八五，20）。标本99AT0301㊸：12，夹砂灰褐陶，里黑。表面局部饰粗绳纹，中部饰圆形穿孔。近圆唇，完整。用陶片磨圆而成。直径4.6、穿径0.5、厚0.4厘米（图三八五，21）。

网坠　1件。

标本99AT0301㊼：7，夹砂红陶，局部、胎黑。素面。近圆柱形，残。手制，火候较高。残长6.3、最大径1.6厘米（图三八五，22）。

环形饰 3件。

标本99AT0201㊼A：27，夹砂黑褐陶，局部红。素面，器表磨光。圆形，束腰，完整。手制，火候较高。直径3.2、内径2.6、高1.1厘米（图三八五，23；图版三一，2）。标本99DT0201㊻：4，泥质黑陶，局部褐。素面。圆环形，束腰，完整。轮制。直径2.1、高1.5厘米（图三八五，24；图版三一，3）。

乐器？ 1件。

标本99AT0101㉟：3，夹砂黑陶，局部、胎褐。素面。橄榄形，内空，有4颗小泥丸，微残。手制，火候较高。长6.9、最大径2.9厘米（图三八五，25）。

支柱 1件。

标本99DT0301㊹：69，夹砂红陶，局部灰褐。素面。近棱柱形，外斜，残。手制，火候较高。径约2.2、残高6.6厘米（图三八五，26）。

（二）石器

共计出土670件，器类主要有斧、锛、凿、矛、镞、磬、雕刻器、网坠、圆饼形器、刮削器、砺石及残尖状器、砍砸器、凿形器、凹刃器、石条、石核、石坯、石料等。由于石器阶段性变化特征不太明显，统一分类介绍。

斧 103件，其中斧坯7件。

A型 60件，其中23件不明亚型。

Aa型 28件。

Ⅰ式：16件。

标本98AT0103㊲：1，青绿色砾石，顶部紫红。平面近长方形，顶部略窄，顶、刃部残。磨制。残长13.6、残宽6.4、厚3.6厘米（图三八六，1）。标本99AT0201㊼A：29，青绿色砾石，局部绿。平面近长方形，弧顶，弧刃有崩疤，正锋，微残。磨制。长14.8、宽6.2、厚3.5厘米（图三八六，2；图版三三，1）。

Ⅱ式：12件。

标本98BT0405㉘：2，黑色角岩。平面长方形，平顶，弧刃多崩疤，正锋，残。磨制。长12.5、宽5.7、厚2.9厘米（图三八六，3）。

Ab型 9件。

Ⅰ式：5件。

标本98AT0103㊵：2，黑色角岩。平面长方形，弧刃，弧顶微残。磨制。残长11.4、宽5.7、厚2.8厘米（图三八六，4）。

Ⅱ式：4件。

标本98BT0104㊱：1，黑色角岩。平面长方形，斜平顶，弧刃少有崩疤，正锋，微残。磨

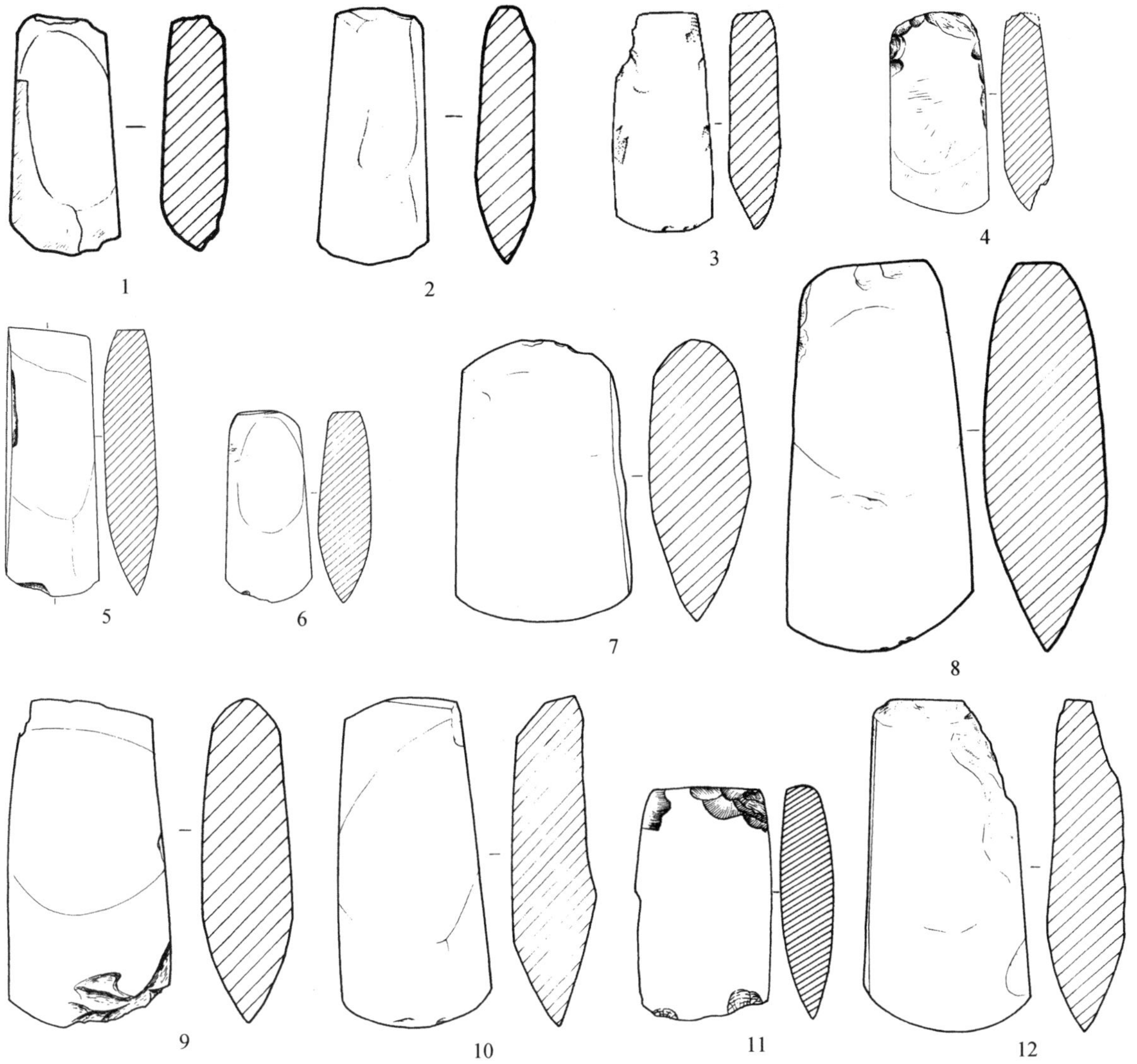

图三八六　中坝文化石器

1、2. Aa型Ⅰ式斧（98AT0103㊲：1、99AT0201㊼A：29）　3. Aa型Ⅱ式斧（98BT0405㉘：2）　4. Ab型Ⅰ式斧（98AT0103㊵：2）　5. Ab型Ⅱ式斧（98BT0104㊱：1）　6、7. Ba型Ⅰ式斧（02BT0101㉛：11、99AT0101㊿：4）　8. Ba型Ⅱ式斧（99AT0301㊿：3）　9、10. Bb型Ⅰ式斧（98AT0103㊲：11、99AT0301㊿：9）　11、12. Bb型Ⅱ式斧（99AT0201㊼A：43、99AT0301㊿：5）

制。长15.3、宽5.4、厚2.9厘米（图三八六，5）。

B型　36件，其中8件不明亚型。

Ba型　15件。

Ⅰ式：5件。

标本02BT0101㉛：11，黑色砾石，多灰色层理。平面近长方形，顶部略窄，圆角弧顶，弧刃有崩疤，正锋，微残。磨制。长10.9、宽4.9、厚3厘米（图三八六，6；图版三三，2）。标本99AT0301㊿：4，黑色砾石，有灰褐色层理。平面近长方形，顶部略窄。圆顶，弧刃有崩疤，正锋，微残。磨制。长8、宽5、厚2.9厘米（图三八六，7；图版三三，3）。

Ⅱ式：10件。

标本99AT0301㊺：3，黑色砾石。平面近长方形，顶部较窄，圆角斜平顶，弧刃有崩疤，正锋，微残。磨制。长11.1、宽5.4、厚3.5厘米（图三八六，8；图版三三，4）。

Bb型　13件。

Ⅰ式：6件。

标本98AT0103㊲：11，黑色角岩，多灰褐色层理。平面长方形，斜弧顶，弧刃崩残，正锋。磨制。残长7.3、宽4.7、厚2.6厘米（图三八六，9；图版三三，5）。标本99AT0301㊸：9，浅绿色砾石。平面近长方形，顶部略窄，弧顶，弧刃有崩疤，正锋，微残。磨制。长9.4、宽4.3、厚2.4厘米（图三八六，10；图版三三，6）。

Ⅱ式：7件。

标本99AT0201㊼A：43，黑色砾石。平面长方形，平顶，弧刃多崩疤，正锋，微残。磨制。长6.5、宽3.9、厚1.5厘米（图三八六，11）。标本99AT0301㊸：5，黑色砾石。平面近长方形，顶部略窄，平顶，弧刃，正锋，残。磨制。长9.4、宽4.9、厚2.2厘米（图三八六，12）。

锛　381件，其中锛坯8件。

A型　103件，其中3件不明亚型。

Aa型　42件。

标本99AT0201㊺：22，青绿色凝灰岩，多墨绿色层理。平面近梯形，顶微弧，弧刃锋利，微有细小崩疤，偏锋，完整。磨制。长5.1、宽3.9、厚1.3厘米（图三八七，1；图版三六，1）。标本02CT0101㊵：2，黑色砾石。平面近梯形，圆顶，弧刃多崩疤，偏锋，微残。磨制。长5.1、宽3.9、厚1.5厘米（图三八七，2）。

Ab型　52件。

标本99AT0201㊺：25，黑色角岩。平面近梯形，顶较斜直，弧刃，少有小崩疤，偏锋，完整。磨制。长5.8、宽3.9、厚1.3厘米（图三八七，3）。标本02AT0101㉚：2，青绿色砾石。平面近梯形，斜平顶，弧刃多崩疤，偏锋，微残。磨制。长5.3、宽3.7、厚1.3厘米（图三八七，4）。标本02DT0101㉟：1，黑色砾石，局部灰。平面近梯形，斜顶，刃部崩残。磨制。残长6.4、残宽4.9、厚1.4厘米（图三八七，5）。

Ac型　6件。

标本98AT0103㊵：1，黑色角岩。平面近梯形，平顶，弧刃锋利，有细小崩疤，完整。磨制。长5.2、宽4、厚1.3厘米（图三八七，6；图版三六，2）。标本99AT0201㊺：28，灰色砂岩，局部黑。平面近梯形，圆角平顶，两角圆，弧刃崩残，偏锋。磨制。残长5.9、残宽3.8、厚1.5厘米（图三八七，7）。标本99AT0201㊿：10，灰色砾石，局部暗紫。平面近梯形，平顶，弧刃有崩疤，偏锋，残。磨制。长6.2、残宽4.1、厚1.6厘米（图三八七，8）。

B型　270件，其中32件不明亚型。

Ba型　138件。

标本02BT0101㉛：7，紫红色砾石。平面近长方形，顶部略窄，弧顶，弧刃有崩疤，偏锋，微残。磨制。长7.5、残宽4.5、厚1.7厘米（图三八七，9；图版三六，3）。标本02BT0101㉜：6，青色砾石。平面近长方形，顶部略窄，圆顶，弧刃多崩疤，偏锋，微残。打琢、磨制。长9.1、宽5.4、厚2.4厘米（图三八七，10；图版三六，4）。标本98AT0103㊲：3，

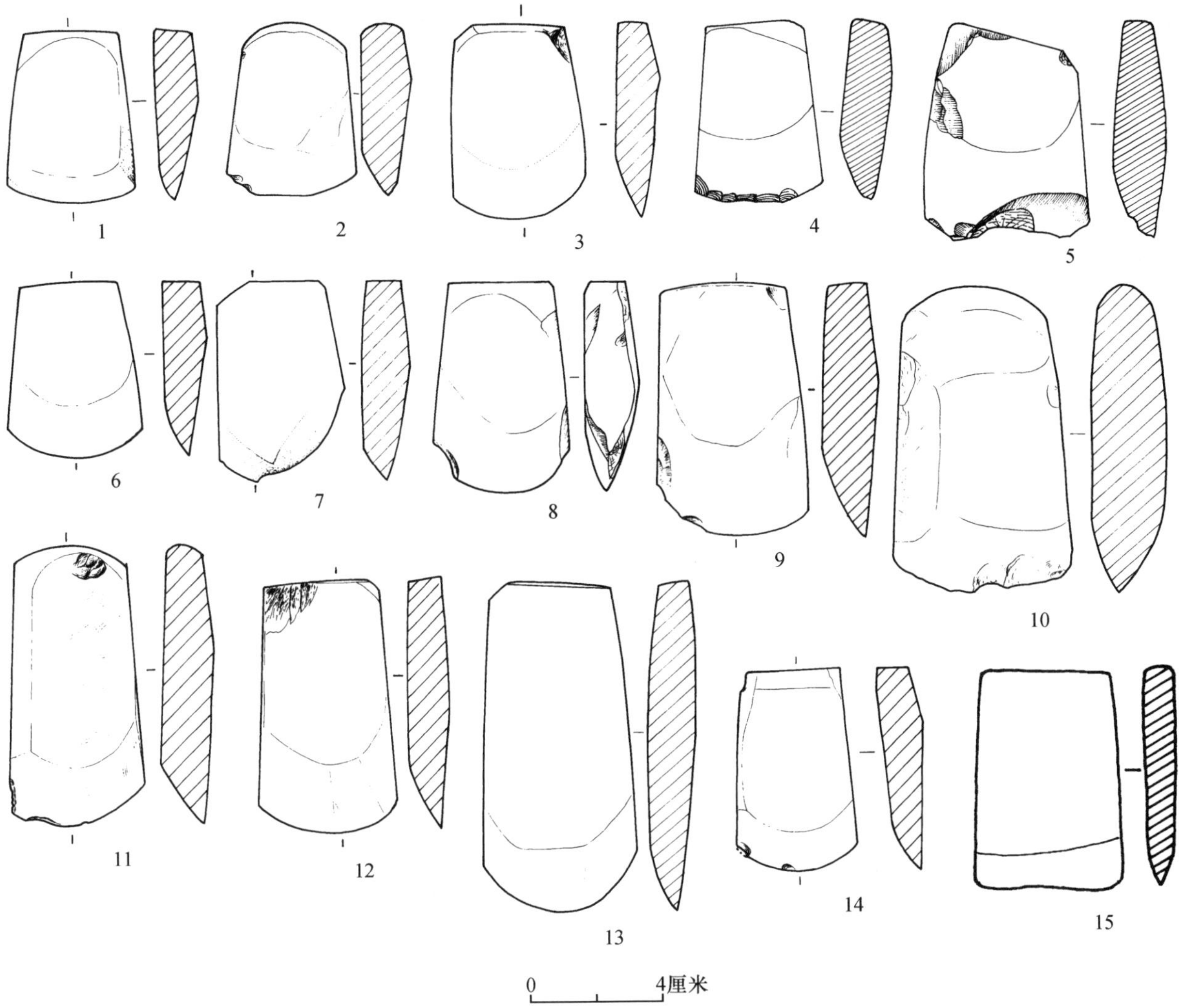

图三八七　中坝文化石器

1、2. Aa型锛（99AT0201㊺：22、02CT0101㊵：2）　3～5. Ab型锛（99AT0201㊺：25、02AT0101㉚：2、02DT0101㉟：1）　6～8. Ac型锛（98AT0103㊵：1、99AT0201㊺：28、99AT0201㊿：10）　9～11. Ba型锛（02BT0101㉛：7、02BT0101㉜：6、98AT0103㊲：3）　12、13. Bb型锛（98AT0103㊱：1、02BT0101㉞：3）　14、15. Bc型锛（98AT0103㊲：15、99AT0201㊼A：51）

墨绿色岩。平面近长方形，圆顶，弧刃，少有崩疤，偏蜂，微残。磨制。长8.3、宽4.1、厚1.5厘米（图三八七，11；图版三六，5）。

Bb型　85件。

标本98AT0103㊱：1，黑色角岩，多灰褐色层理。平面长方形，微斜顶，一角圆，弧刃，少有崩疤，偏锋，完整。磨制。长7.5、宽4.1、厚1.2厘米（图三八七，12）。标本02BT0101㉞：3，灰色砾石。平面近长方形，顶部略窄，斜顶，一角圆，弧刃，偏锋，完整。磨制。长9.8、宽4.6、厚1.4厘米（图三八七，13；图版三六，6）。

Bc型　15件。

标本98AT0103㊲：15，墨绿色角岩，表皮暗紫。平面长方形，平顶，弧刃，少有崩疤，偏锋，微残。磨制。长6、宽3.7、厚1.3厘米（图三八七，14；图版三七，1）。标本99AT0201㊼A：51，青色砾石，多小黑点。平面近长方形，平顶略窄，顶微斜，刃微内弧，偏锋，完整。长6.4、宽4.4、厚0.8厘米（图三八七，15；图版三七，2）。

凿 113件，其中凿坯6件。

A型 50件，其中12件不明亚型。

Aa型 29件。

标本02BT0101㉞：5，灰白色砾石，局部褐、青。平面长条形，顶部微弧，弧刃，偏锋，完整。磨制。长3.8、宽1.5、厚0.6厘米（图三八八，1；图版三四，1）。标本99DT0201㊺：2，灰白色玉石，有绿色层理。平面长方形，圆顶，弧刃锋利，正锋，完整。长4.9、宽1.9、厚0.8厘米（图三八八，2；图版三四，2）。标本02BT0101㉟：9，青色砾石，泛白。平面近长条形，顶微弧，弧刃有崩疤，偏锋，微残。磨制。长5.2、宽2.4、厚1厘米（图三八八，3；图版三四，3）。标本98BT0205㉓：1，黑色角岩。长条形，圆顶，刃微弧，偏锋，完整。磨制。长5.5、宽2、厚0.5厘米（图三八八，4；图版三四，4）。标本99AT0201㊼B：5，青绿色火山碎削岩。长条形，弧顶，弧刃有崩疤，正锋，微残。磨制。长4.8、宽1.6、厚0.7厘米（图三八八，5；图版三四，5）。标本99DT0301㊻：3，青绿色砾石。平面近长条形，弧顶，弧刃有崩疤，偏锋，微残。长7.2、宽3.1、厚0.8厘米（图三八八，6，图版三四，6）。

Ab型 9件。

标本99AT0201㊼A：7，青绿色变质岩，局部紫红，多褐色层理。平面长条形，平顶，弧刃有崩疤，正锋，微残。磨制。残长6.9、宽2.8、厚1.1厘米（图三八八，7）。标本99AT0201㊼A：11，青色硅质岩，局部黑褐。平面长条形，顶部略窄，平顶，弧刃有崩疤，偏锋，完整。磨制。长6.1、宽2.2、厚1.4厘米（图三八八，8）。

B型 35件。

标本99DT0301㊶：98，灰绿色砾石，顶部褐。平面近长条形，圆顶，直刃有崩疤，偏锋，微残。磨制。长5.3、宽2.9、厚0.9厘米（图三八八，9；图版三五，1）。标本99AT0201㊻：23，青灰色砾石，顶部橙黄。平面短条形，弧顶，弧刃，正锋，完整。磨制。长4.2、宽2、厚1.2厘米（图三八八，10；图版三五，2）。

C型 20件。

标本99AT0201㊾：1，青绿色角岩。窄条形，弧顶，弧刃，正锋，完整。磨制，长6.4、宽1.1、厚1.7厘米（图三八八，11；图版三五，3）。标本99AT0301㊸：8，青色砾石。窄条形，平顶，刃微弧，正锋，完整。磨制。长8.9、宽1、厚1.4厘米（图三八八，12；图版三五，4）。标本02BT0101㉟：4，青绿色砾石。窄条形，圆顶，弧刃，微有崩疤，偏锋，完整。磨制。长7.3、宽0.9、厚1.7厘米（图三八八，13；图版三五，5）。

D型 2件。

标本99AT0301㊸：10，灰白色玉。刃部扁平，顶部圆柱形，刃部较直，偏锋，完整。磨制。长4、最大径0.7厘米（图三八八，14；图版三五，6）。

矛 2件。

A型 1件。Ab型。

标本02CT0101㊵：1，黑色砾石，多灰白色层理。平面尖叶形，尖部略厚，起脊，身扁

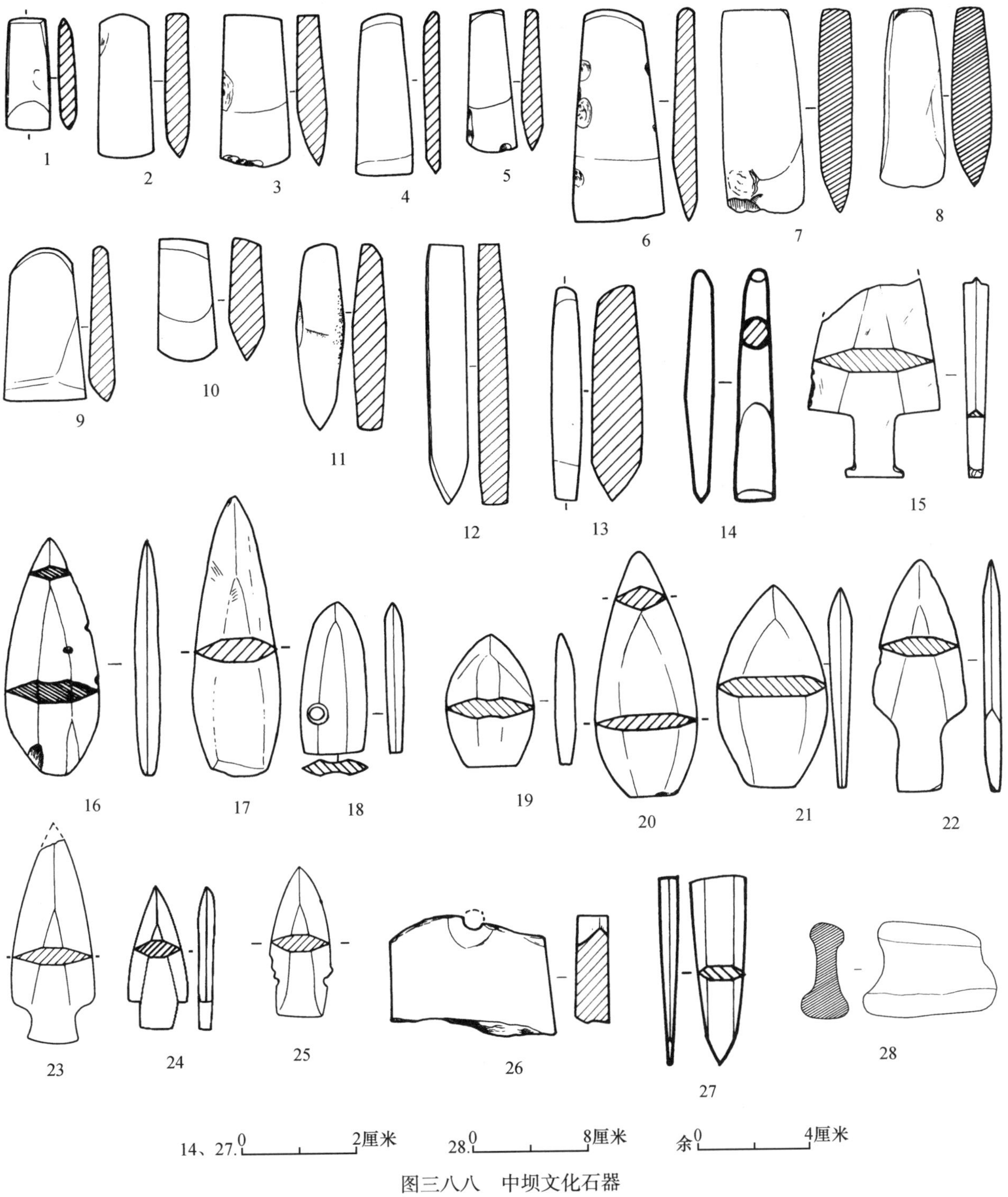

图三八八　中坝文化石器

1～6. Aa型凿（02BT0101㉞：5、99DT0201㊺：2、02BT0101㉟：9、98BT0205㉓：1、99AT0201㊼B：5、99DT0301㊻：3）
7、8. Ab型凿（99AT0201㊼A：7、99AT0201㊼A：11）　9、10. B型凿（99DT0301㊶：98、99AT0201㊻：23）
11～13. C型凿（99AT0201(59)：1、99AT0301(53)：8、02BT0101㉟：4）　14. D型凿（99AT0301(53)：10）
15. B型矛（99AT0301(65)：2）　16、18、19. A型Ⅰ式镞（99AT0201㊼A：26、99AT0201㊼B：13、99DT0201㊿：14）
17、20、21. A型Ⅱ式镞（99DT0301㊻：22、98AT0103㊴：7、99AT0201㊿：3）　22～25. B型镞（99DT0201㊺：3、98ⅡT0407⑳A：3、98BT0204㊳：1、98ⅡT0406⑳B：1）　26. 磬（99DT0301㊸：1）　27. 雕刻器（99DT0201㊾B：5）
28. 网坠（99AT0201(75)：2）

平，刃锋利，尾部残。磨制。残长7.1、宽2.9、厚1厘米（图版三七，3）。

B型　1件。

标本99AT0301⑥⑤：2，青色砾石，局部灰。残剩后部，身较扁平，尾部长方形铤，刃较斜直，锋利。磨制。残长6.8、宽4.5、厚0.9厘米（图三八八，15；图版三七，4）。

镞　23件。

A型　18件。

Ⅰ式：3件。

标本99AT0201④⑦A：26，灰褐色砾石。平面尖叶形，尖部微起脊，身中部微凹，刃锋利，有小崩疤，尾部略弧，完整。磨制。长8.1、宽3.2、厚0.8厘米（图三八八，16；图版三七，5）。标本99AT0201④⑦B：13，黑色角岩。翼饰圆形穿。近柳叶形，尖部起脊，身中部内凹，尾部较平，刃锋利，完整。磨制。长5.1、宽2.2、厚0.6厘米（图三八八，18；图版三七，6）。标本99DT0201⑤⓪：14，黑色砾石。桃尖形，尖部起脊，中部有竖凹槽，尾部平，刃部锋利，有小崩疤。完整。磨制。长4.5、宽3、厚0.7厘米（图三八八，19；图版三八，1）。

Ⅱ式：15件。

标本99DT0301④⑥：22，黑色砾石。平面近梭形，前部起脊，身扁平，尾弧，刃部锋利，微有小崩疤，微残。磨制。长9.6、宽3、厚0.8厘米（图三八八，17；图版三八，2）。标本98AT0103③⑨：7，黑色角岩。平面尖叶形，身扁平，尖部凸脊，刃锋利，尾部平，完整。磨制。长8.5、宽3.5、厚0.8厘米（图三八八，20；图版三八，3）。标本99AT0201⑤⓪：3，青色角岩。平面近梭形，尖部起脊，身扁平，尾部弧，刃部锋利，有崩疤，完整。磨制。长6.8、宽3.8、厚0.8厘米（图三八八，21；图版三八，4）。

B型　5件。

标本99DT0201④⑤：3，黑色砾石，局部灰。尖叶形，尖部起脊，身扁平，刃部锋利，多崩疤，尾部长方形铤，微残。磨制。长8、宽3.2、厚0.5厘米（图三八八，22）。标本98ⅡT0407⑳A：3，黑色，磨光。镞尖残，镞身断面为六棱形，铤内收呈亚腰形。长7、宽3、厚0.6厘米（图三八八，23；图版三八，5）。标本98BT0204③⑧：1，黑色角岩。镞身三角形，扁平，尖部起脊，刃锋利，尾部方形铤，完整。磨制。长4.9、宽2、厚0.7厘米（图三八八，24；图版三八，6）。标本98ⅡT0406⑳B：1，米黄色，通体磨光。四棱形尖锋，镞身断面为六棱形，铤两侧有穿孔。长5.1、宽2.1、厚0.6厘米（图三八八，25；图版三八，7）。

磬　1件。

标本99DT0301④③：1，灰黑色砂岩。残剩中段，中部有双向加工圆形穿。磨制。残长4.2、残宽5.6、厚1.2厘米（图三八八，26；图版三九，1）。

雕刻器　1件。

标本99DT0201④⑨B：5，青绿色砾石。尖端窄条形，截面近梭形，尾部弧，完整。磨制。长3.2、宽0.95、厚0.3厘米（图三八八，27；图版三九，2）。

网坠　1件。

标本99AT0201⑦⑤：2，白色砾石夹浅绿色砂岩。近梯形，腰内束，完整。粗磨。长9.3、高6.5、厚3.2厘米（图三八八，28；图版三九，3）。

圆饼形器　1件。

标本99DT0201㊻：2，灰色砂岩。平面近圆饼形，完整。磨制。直径约3.8、厚1.3厘米（图三八九，1）。

刮削器　5件。

标本99AT0101㊺：7，黑色砂岩。平面近圆形。打制。长径8.9、短径6.8、厚2.9厘米（图三八九，2）。标本99AT0101㊺：10，暗紫色砾石。平面近圆形，打制。长7.6、宽6.6、厚1.7厘米（图三八九，3）。标本99AT0101㊺：9，黑色砾石。平面近椭圆形。打制。长7.3、宽4.5、厚1.4厘米（图三八九，4）。标本99AT0101㊺：8，暗紫色砾石。平面近圆角三角形。打制。长10、宽8.5、厚2.6厘米（图三八九，5）。标本99AT0201⑯A：6，紫红色火山碎絮岩（长石砂岩）。形状不规整，刃部近弧形。用石片在缘部双向加工刃部而成。打制。长约7.7、宽约6.2、最厚1.8厘米（图三八九，6）。

砺石　2件。

标本02DT0101㉛：22，红褐色砂岩。斜面，多磨槽，平底，残。残长19.6、宽26.6、厚10.6厘米（图版三九，4）。

还发现石坯23、石核11、石料3件。

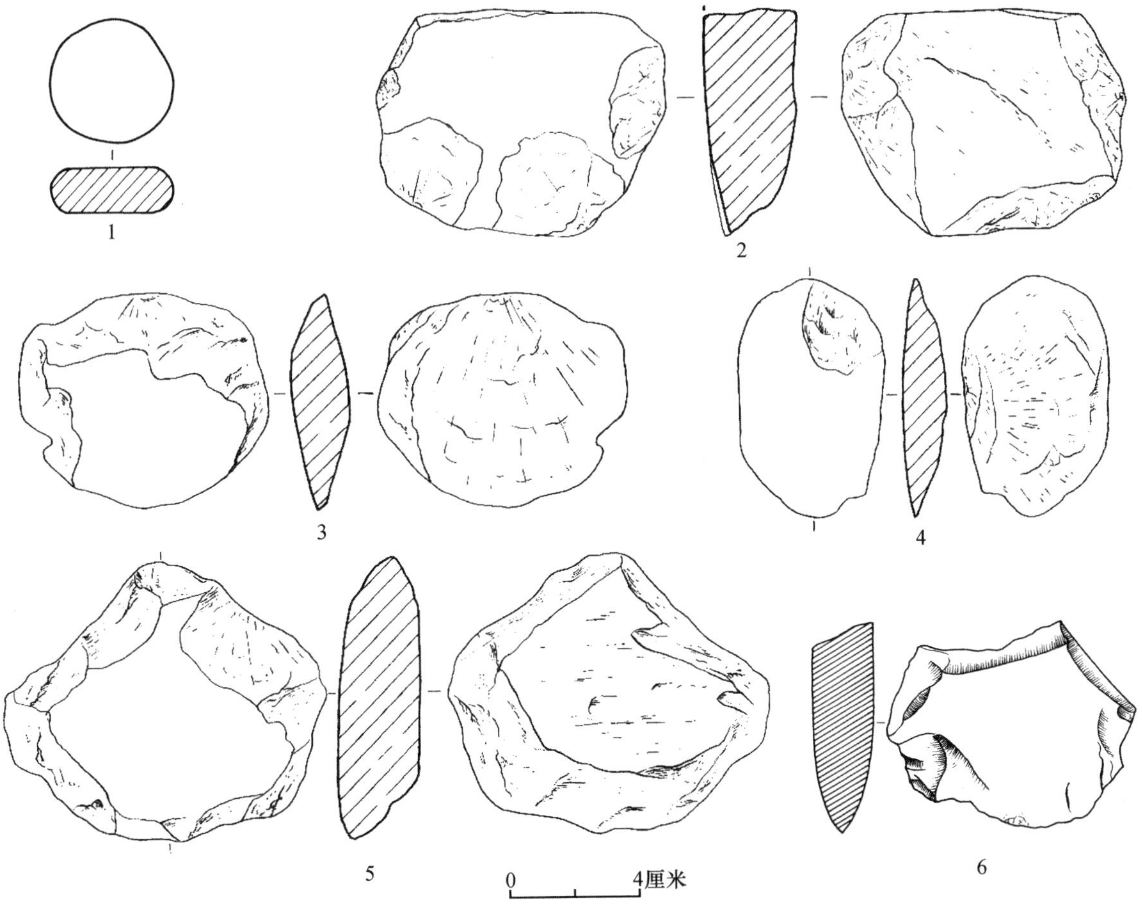

图三八九　中坝文化石器

1. 圆饼形器（99DT0201㊻：2）　2～6. 刮削器（99AT0101㊺：7、99AT0101㊺：10、99AT0101㊺：9、99AT0101㊺：8、99AT0201⑯A：6）

（三）骨角器

共计发现骨角器93件，器类主要有锥、凿、尖状器、针、刮削器、匕、簪、镯、圭形器、卜骨、磨制残件、半成品、鹿角等。分类介绍如下：

锥 21件。

标本98AT0103㊲：2，黄褐色兽股骨，局部黑褐。不规则尖头圆锥形，完整。磨制。长16.3厘米（图三九〇，1；图版四〇，1）。标本98AT0103㊲：5，黄褐色兽股骨。锥形，残。磨制。残长12.1、尾部宽2.5厘米（图三九〇，2）。标本99DT0201㊿B：3，黄褐色鹿角。微曲圆柱锥形。磨制，根部有切割痕。长12.8厘米（图三九〇，3）。标本99DT0201㊾B：12，黑褐色兽骨。微弧圆柱锥形，残。尖部磨制。残长7.4厘米（图三九〇，4）。

凿 19件。

标本99AT0201㊿：13，黑色兽骨，局部黄。平面窄长方形，圆顶，弧刃，局部崩残，偏锋，残。磨制。长9.7、宽3.1、厚0.5厘米（图三九〇，5；图版四〇，2）。标本99DT0201㊿：3，黄褐色兽骨。长条形，弧顶，弧刃，正锋，微残。磨制。长7.4、宽2、厚0.3厘米（图三九〇，6；图版四〇，3）。标本99DT0201㊾A：1，黄色兽骨。平面扁长方形，圆顶，刃微弧，正锋，微残。磨制。长4.9、宽2、厚0.3厘米（图三九〇，7；图版四〇，4）。

尖状器 2件。

标本99DT0201㊼：8，黑褐色兽骨。近鸟喙形，残。磨制。残长6.6厘米（图三九〇，8）。标本99AT0201㊿：27，褐色鱼骨，局部黄褐、黑。近扁圆锥形，两端磨尖，微残。残长9.4厘米（图三九〇，9；图版四一，1）。

针 1件。

标本99DT0201㊼：1，黑褐色兽骨。微弧尖形，残。磨制。残长4.7厘米（图三九〇，10）。

刮削器 20件。

标本99DT0201㊹：5，黑褐色鱼鳃骨，局部黄。近不规则圆形，弧刃多小缺齿。两面似经磨制。残长5、残宽4.8、厚0.3厘米（图三九〇，11）。标本99DT0301㊹：10，褐色泛白。弧形，外缘加工成刃。用野猪獠牙剥片而成。残长5.1厘米（图三九〇，12）。

匕 7件。

标本99DT0301㊹：29，褐色，局部泛灰白。前部尖窄条形，后部宽。用动物下颌骨磨尖而成。长15.3、尾部宽5.4厘米（图三九〇，13）。

簪 3件。

标本99DT0201㊻：5，黑褐色兽骨，局部黄褐。截面近扁三角形，尖部扁，尾部残。磨制。残长5.4厘米（图三九〇，15）。标本99DT0201㊽：1，褐色兽股骨。扁长条形，微残。磨制。长11、宽1.3、厚0.3厘米（图三九〇，14；图版四〇，5）。

镯 7件。

标本99AT0201㊾：5，黑褐色兽股骨，局部灰、黄褐。近圆环形，残。磨制。直径约5.7、高2.3厘米（图三九〇，16）。标本98AT0103㊱：4，黄褐色兽骨，局部泛白。中部

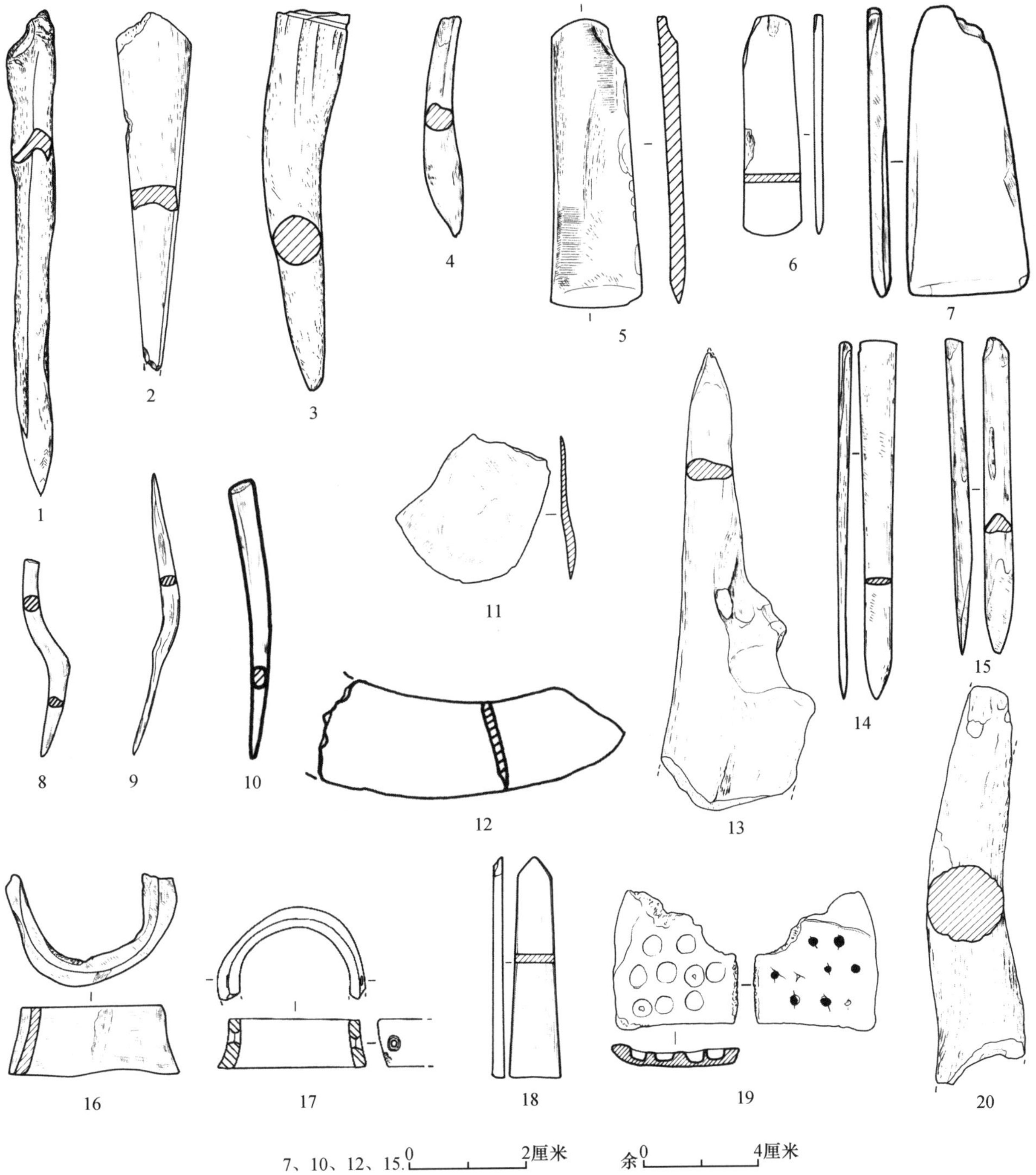

图三九〇　中坝文化骨角器

1～4. 锥（98AT0103㊲：2、98AT0103㊲：5、99DT0201㊸B：3、99DT0201㊾B：12）　5～7. 凿（99AT0201㊺：13、99DT0201㊿：3、99DT0201㊾A：1）　8、9. 尖状器（99DT0201㊼：8、99AT0201㊺：27）　10. 针（99DT0201㊼：1）　11、12. 刮削器（99DT0201㊹：5、99DT0301㊹：10）　13. 匕（99DT0301㊹：29）　14、15. 簪（99DT0201㊻：1、99DT0201㊻：5）　16、17. 镯（99AT0201㊾：5、98AT0103㊱：4）　18. 圭形器（99AT0301㊸：11）　19. 卜骨（99AT0201㊻：41）　20. 鹿角（99DT0301㊹：6）

有两个对称圆形穿。环形，残。磨制。直径5、厚0.4、高1.6厘米（图三九〇，17；图版四一，2）。

圭形器　6件。

标本99AT0301⑤③：11，浅黄色兽骨。扁长方形，尖顶，底微内弧，完整。磨制。长7.3、宽1.7、厚0.3厘米（图三九〇，18；图版四〇，6）。

卜骨　1件。

标本99AT0201④⑥：41，黄褐色龟腹骨。里向外饰圆形钻三排（每排分别为3、4、2个）9孔，2孔透，外面有裂痕。残长4.7、残宽4.3、厚0.5厘米（图三九〇，19）。

鹿角　6件。

标本99DT0301④④：6，褐色，局部泛白。根、尖部残。残长13.3厘米（图三九〇，20）。

第四节　动植物考古

从开展动物考古研究的结果看，新石器时代晚期在一个抽样探方中，发现动物骨骼28894块，其中鱼类16615、哺乳动物类12028、两栖爬行类176、鸟类75块。从我们开展的浮选工作的情况看，在13个新石器时代单位中发现粟40、黍136、稻1和山绿豆5粒，未知植物29和块茎6块，但出土数量较少（详见动植物考古的相关章节）。

第五节　分期与年代

一、典型探方遗存单位叠压打破关系

从前述典型探方的文化堆积介绍章节中我们可以清楚地看到，中坝遗址新石器时代晚期的地层与遗迹单位相互间的叠压与打破关系非常多，择要介绍以下各组：

（1）98BT0405：㉚—H279→㉛—H282→H288→生土。

（2）98BT0205：㉝A—H272→㉝B—㉞A—H278→㉞B—㉟—H283→生土。

（3）98BT0205：㉞A—H274→H275→生土。

（4）98BT0305：㉙—H260→㉚—H297→㉛—H303→H304→生土。

（5）99AT0201：⑦⑧—M82→H606→⑦⑨—生土。

（6）99AT0201：⑦⑤—H594→⑦⑥A—H598→⑦⑦—H601→⑦⑧。

（7）99AT0201：⑦②—H584→F269—⑦③。

（8）99AT0201：⑥⑨—H575→⑦③。

（9）99AT0201：④⑧—H543→⑤④；④⑧—H544→⑤③；④⑧—H545→⑤①；④⑧—H546→⑤①；④⑧—H547→⑤②。

（10）99AT0201：④⑤—H541→④⑥；④⑤—H542→④⑦。

（11）99AT0301：⑥⑦—H592、H597→⑥⑧—H600→⑥⑨—生土。

（12）99AT0301：⑥⑤—H582→⑥⑥—H581、H583、H589→⑥⑦。

（13）99AT0301：⑥②—H567→⑥③—H568→H573→⑥④—H577、H578→⑥⑤。

（14）99AT0301：⑤⑨—H559→⑥⓪—H560→⑥①—H564→H574→⑥②。

（15）99AT0301：㊿④—Y15→⑤⑤—Y16、H537、H555→⑤⑥。

（16）99AT0301：⑤①B—H520、H524→⑤②—H522→H525→⑤③。

（17）02AT0101：㊴—H780→H783→㊵；㊴—H777→㊵。

（18）02BT0101：㊺—H770→H773→生土。

（19）02BT0101：㊹—F360→H772→H775→生土。

（20）02BT0101：㊶—H767→㊸。

（21）02BT0101：㉟—H765→H766→生土。

（22）02BT0101：㉜—H748→㊴。

二、分　　期

根据地层、遗迹之间的叠压打破关系和对其包含物（主要是陶器）的分类排比，我们将新石器时代晚期遗存的主要单位出土陶器种类和型式列表一四六、表一四七（由于中坝遗址新石器时代晚期遗存的单位非常多，我们这里只将地层和灰坑单位出土陶器的种类和型式列出）。

从表一四六、表一四七中可以看出，新石器时代晚期的陶器种类约有缸、瓮、罐、簋、筒形器、瓶、壶、豆、盘、盆、钵、碗、杯、器盖、器座、盏16类40多种器物，其中具有分期意义、划分有型式的器物种类主要有：大口深腹缸、贴边缸、瓮、折沿瓮、盘口罐、盘口器、翘唇罐、折沿罐、敞口罐、槽唇罐、卷沿罐、卷沿鼓腹罐、贴边罐、筒形器、盘口壶、盘、盆、钵、碗、器盖、器座21种。

观察表一四六、表一四七，最具分期意义的是大口深腹缸口及其缸底，参考其他器物种类和型式出现与消失的情况，我们开展了本遗址新石器时代晚期遗存的分期工作。由于本遗址地层和灰坑单位都很多，所以在此进行了一些典型灰坑单位与地层单位出土情况的对比观察。

我们以最具分期意义的大口深腹缸为例：

在420多个地层和遗迹单位中，只有6例早期单位出晚期型式，而且，其中仅一个是灰坑，其他全是地层单位，通过核对各自所在探方的地层叠压和打破关系，可以肯定是混入的晚期型式，应当从其单位中剔除。

再从晚期单位出土早期型式上观察：

一期的型式，在二期偏早的第4、5组的灰坑和地层中都大量地存在，第4组的灰坑和地层单位，全部出一期型式，第5组16个灰坑单位中，11个出一期型式，约占69%，15个地层单位中，5个出一期型式，约占33%；到第6、7组明显减少，在第6组5个灰坑中，3个出一期型式，约占60%，在15个地层单位中，4个出一期型式，约占27%；第7组12个灰坑中，仅2个出一期型式，仅占17%，在30个地层单位中，6个出一期型式，约占20%；第8组17个灰坑中，仅1个出一期型式，仅占6%，39个地层单位中，近2个出一期型式，仅占5%，一期型式只是零星存在，可以确认是晚期地层出土的早期型式了。

二期的型式，在三期偏早的第9组中，6个灰坑中4个不出二期型式，约占67%，22个地层单位中10个不出二期型式，约占45%；在第10组中，4个灰坑中2个出二期型式，约占50%，25

个地层单位中8个单位不出二期型式，约占32%；在偏晚的第11组中，43个灰坑中24个单位不出二期型式，约占56%，88个地层单位中61个不出二期型式，约占69%。很难确认是共存关系还是晚期单位出早期型式。

根据各组典型器物组合与形制特征的阶段性变化情况，综合表一四六、表一四七，可列表一四八，将新石器时代晚期遗存归纳为三期。其中第一期可分为2段3组，第二期分为3段5组，第三期可分为3段3组（图三九一）。归纳各期特征如下：

第一期　陶器陶质以夹粗砂石英颗粒为主，泥质陶很少。陶色以灰陶为主，次为红陶、黑陶、褐陶，但在较大型的器物上，大多陶色不匀。纹饰以菱形绳纹为主，次为细绳纹、附加堆纹、戳印纹、划纹和菱形绳纹等组成的复合纹，划纹、凹弦纹、凸弦纹、波浪纹、镂孔等较少。素面陶占一定比例，有少量磨光陶。器物种类主要有缸、瓮、罐、盘、壶、钵、碗、器盖等，罐类器物种类较多。

第一期的陶器在陶质、陶色、纹饰上基本没有变化，出土陶器以A型大口深腹缸口为代表，其区别主要反映在器物组合的增减和型式的变化上。根据器物组合和型式的变化，可分为2段3组，第1段分第1、2组，第2段为第3组。

第1段1组：器物组合以AaⅠ、AaⅡa式大口深腹缸口，A型缸底，A、B型瓮，A、B型盘口器，AbⅠ、CⅠ、CⅡ式折沿罐，A、B型敞口罐，Ⅰ式筒形器，A型盘，A型盆，AⅠ、BⅠ式钵，A、B型器盖，B型器座等为主，另有少量AbⅠ式大口深腹缸口。

第1段2组：除沿用第1组的AaⅠ、AaⅡa式大口深腹缸口，A型缸底，A、B型瓮，A、B型盘口器，AbⅠ、CⅠ、CⅡ式折沿罐，A型敞口罐，A型盘，A型盆，AⅠ、BⅠ式钵，A、B型器盖，B型器座外，新出现的器物种类和型式有：Ⅰ式翘唇罐，AaⅠ、AaⅡ、AbⅡ、BⅠ、BⅡ式折沿罐，Ⅰ式槽唇罐，AⅠ、BaⅠ式盘口罐，高领罐，矮领罐，喇叭口罐，侈口罐，A型敛口罐，A型小罐，Ⅱ式筒形器，AⅠ式盘口壶，折腹壶，AⅡ、CaⅠ式钵等。

第2段3组：除沿用第2组的种类和型式外，新出现的有：AaⅡb、AbⅡ式大口深腹缸口，厚胎缸，C型瓮，AⅡ、AⅢ、BaⅡ、BaⅢ、BbⅠ、BbⅡ式、C型盘口罐，Ⅱ式翘唇罐，C型敞口罐，Ⅱ式槽唇罐，AaⅠ、BⅠ、CⅠ式卷沿罐，Ⅰ式卷沿鼓腹罐，BⅠ、BⅡ、BⅢ式、C型盘，Ⅰ、Ⅱ式有沿盘，高圈足盘，小平底盘，B型盆，Ⅰ式圈足碗，A型杯等。

第二期　陶器陶质与第一期相比发生了较大变化，以夹细砂为主，早段尚有少量夹粗砂石英颗粒，中、晚段消失，泥质陶略有增加。陶色与第一期无大变化。纹饰以粗戳划纹（局部似绳纹）为主，复合纹种类减少，仍有少量的划纹、凹弦纹、凸弦纹、波浪纹、镂孔等。素面陶和磨光陶增加。本期器物种类总体上看与第一期略同，但罐类器物种类大为减少，新增豆、大圈足盘等。根据器物组合的变化，本期可划分为3段5组。

第3段4组：本组除多数沿用第3组的器物种类和型式外，新出现的有：BⅠ式大口深腹缸口，B、Ca型缸底，D型敞口罐，Ⅲ式槽唇罐，束颈（领）罐，B型盘口壶，豆等。

第3段5组：本组除沿用第4组的器物种类和型式外，新出现的有：BⅡ式大口深腹缸口，AaⅡ、AbⅡ式卷沿罐，B型敛口罐，Ⅲ式有沿盘等。

第4段6组：除沿用第5组的器物种类和型式外，新出现的有：BⅢ式大口深腹缸口，Cb型缸底，BbⅢ式盘口罐，BⅡ、CⅡ式卷沿罐等。

第5段7组：除沿用第6组的器物种类和型式外，新出现的有：BⅣ式大口深腹缸口，D型缸底，AⅠ式折沿瓮，AⅡ式盘口壶，Ⅳ式有沿盘等。一期Ab型大口深腹缸口消失。

第5段8组：除沿用第7组的器物种类和型式外，新出现的有：BⅤ式大口深腹缸口，E型缸底，A型贴边缸，Ⅱ、Ⅲ式卷沿鼓腹罐，A、B型贴边罐，簋形器，A、B型大圈足盘，矮圈足盘等。本组消失的一期器物有：Aa型大口深腹缸口，翘唇罐等。折沿罐的型式大量减少，卷沿罐、大圈足盘的型式和数量都有明显增加。

第三期　陶器的陶质、陶色与第一、二期变化较大，陶质以夹粗砂为主，但非第一期的粗石英颗粒，泥质陶很少。陶色以红褐陶和红陶占绝大多数，灰、褐、黑陶较少。纹饰以绳纹为主，次有戳印纹、附加堆纹、弦纹、镂孔等。磨光陶比例增加。器物种类虽然仍以大口深腹缸、瓮、罐等为主，但形制特征不同，以贴边缸、贴边罐最具特点。根据陶器组合和型式的变化，本期可划分为3段3组。

第6段9组：除沿用第8组的器物种类和型式外，新出现CaⅠ、Cb型大口深腹缸口等，D型缸底的数量大量增加，盘口罐多见各型Ⅲ式，Ⅰ、Ⅱ式极少，盘也多见Ⅱ、Ⅲ、Ⅳ式，Ⅰ式极少，折沿罐、筒形器基本消失。

第7段10组：除沿用第9组的器物种类和型式外，新出现CaⅡ式大口深腹缸口，B型贴边缸、Ⅱ式圈足碗等。

第8段11组：除沿用第9组的器物种类和型式外，新出现CaⅢ式大口深腹缸口、C型贴边缸，AⅡ、AⅢ式折沿瓮，子母口瓮，AⅢ式盘口壶，C型贴边罐，小罐，大圈足盘，盏等。贴边缸、罐的数量明显增多，其他器类的数量相对减少。

三、年　代

本遗址新石器时代遗存的年代可以从^{14}C检测数据和器物的比较分析，以及与相邻地区年代比较确定的文化遗址的比较等方面来认识。

目前，该遗址新石器时代标本^{14}C检测的共有四批。第一批是2001年在北京大学加速器质谱（AMS）实验室所做的，32个^{14}C检测数据中，有8个是新石器时代的数据（表一四九）。

表一四九　中坝文化第一批^{14}C检测数据

实验室编号	品质	样品层位	样品编号	测定年代（BP）	校正年代（BC）
BA01398	骨头	99DT0202㊳68	FCN3582-1	3880±90	2650～2000（95.4%）
BA01403	骨头	99DT0202(68)	FCN3582-6	3840±60	2470～2130（95.4%）
BA02030	骨头	99DT0202(65)B	FCN3498	3640±100	2300～1650（95.4%）
BK2002048	木炭	99DT0202(64)	FCN3320	3800±70	2470～2030（95.4%）
BA02028	骨头	99DT0202(64)	FCN3329	3660±100	2350～1700（95.4%）
BA02018	骨头	99DT0202(58)A	FCN3142	3800±80	2470～2020（95.4%）
BA01390	骨头	99DT0202(56)	FCN2958-1	3590±60	2140～2070（7.6%） 2050～1740（87.8%）
BA01397	骨头	99DT0202(56)	FCN2975-4	3540±60	2040～1730（93.1%） 1720～1690（2.3%）

第二批是美国贝塔分析实验室（Beta Analytic）测定的5个^{14}C数据，有2个是新石器时代的数据（表一五〇）。

表一五〇 中坝文化第二批^{14}C检测数据

实验室编号	品质	样品层位	样品编号	测定年代（BP）	校正年代（BC）
Betal81183	骨头	99DT0202⑥⑧	FCN3582-1	4010 ± 40	2600 ~ 2460（95%）
Betal81182	骨头	99DT0202⑤⑥	FCN2958-1	3640 ± 50	2140 ~ 1890（95%）

第三批数据是2005年1月南京大学城市与资源学系与我们合作开展环境考古研究，在2002年度发掘探方DT0102采集了9个样品送北京大学加速器质谱实验室所做的检测，其中有2个是新石器时代的数据（表一五一）。

表一五一 中坝文化第三批^{14}C检测数据

实验室编号	品质	样品编号	测定年代（BP）	校正年代（95.4%置信度）
BA04425	古树	02DT0102⑦⑤	3775 ± 30	2300 ~ 2130（89.9%） 2080 ~ 2040（5.5%）
BA04424	木炭	02DT0102⑦③-4	3655 ± 20	2140 ~ 2080（26.6%） 2050 ~ 1940（68.8%）

第四批是我们1998年度发掘时采集的11个检测样品，送北京大学加速器质谱实验室进行检测，2005年4月得出了检测数据，其中有8个是新石器时代的数据（表一五二）。

表一五二 中坝文化第四批^{14}C检测数据

实验室编号	品质	样品编号	AMS^{14}C实测年代	校正日历年代（cal.AD/BC）	
				1σ范围（BC）	2σ范围（BC）
BA04406	木炭	98T0205㉜	3800 ± 40	2293 ~ 2195	2350 ~ 2132
BA04408	木炭	98ⅡT0406㉒	3780 ± 40	2184 ~ 2141	2342 ~ 2121
BA04409	木炭	98ⅡT0406㉑	3965 ± 40	2569 ~ 2515	2576 ~ 2345
BA04410	木炭	H269	3705 ± 40	2141 ~ 2034	2204 ~ 1974
BA04411	木炭	H274	3900 ± 40	2465 ~ 2343	2479 ~ 2280
BA04412	木炭	H283	3900 ± 40	2465 ~ 2343	2479 ~ 2280
BA04413	木炭	H291	3590 ± 40	1978 ~ 1893	2038 ~ 1874
BA04414	木炭	H310	3835 ± 40	2345 ~ 2204	2460 ~ 2198

上述4次检测共获得新石器时代的^{14}C数据20个，根据地层、遗迹间的叠压打破关系，按时代早晚列表（表一五三）。

表一五三 中坝文化^{14}C检测数据

实验室编号	品质	样品层位	样品编号	测定年代（BP）	校正年代（BC）
BA04413	木炭	H291		3590 ± 40	1978 ~ 1893
BA01397	骨头	99DT0202⑤⑥	FCN2975-4	3540 ± 60	2040 ~ 1730（93.1%） 1720 ~ 1690（2.3%）

续表

实验室编号	品质	样品层位	样品编号	测定年代（BP）	校正年代（BC）
BA01390	骨头	99DT0202㊿	FCN2958-1	3590±60	2140～2070（7.6%） 2050～1740（87.8%）
Betal81182	骨头	99DT0202㊿	FCN2958-1	3640±50	2140～1890（95%）
BA02018	骨头	99DT0202㊿A	FCN3142	3800±80	2470～2020（95.4%）
BK2002048	木炭	99DT0202㊿	FCN3320	3800±70	2470～2030（95.4%）
BA02028	骨头	99DT0202㊿	FCN3329	3660±100	2350～1700（95.4%）
BA02030	骨头	99DT0202㊿B	FCN3498	3640±100	2300～1650（95.4%）
BA01398	骨头	99DT0202㊿	FCN3582-1	3880±90	2650～2000（95.4%）
Betal81183	骨头	99DT0202㊿	FCN3582-1	4010±40	2600～2460（95%）
BA01403	骨头	99DT0202㊿	FCN3582-6	3840±60	2470～2130（95.4%）
BA04424	木炭	02DT0102㉝-4		3655±20	2140～2080（26.6%） 2050～1940（68.8%）
BA04410	木炭	H269		3705±40	2141～2034
BA04414	木炭	H310		3835±40	2345～2204
BA04406	木炭	98T0205㉜		3800±40	2293～2195
BA04425	古树	02DT0102㉟		3775±30	2300～2130（89.9%） 2080～2040（5.5%）
BA04409	木炭	98ⅡT0406㉑		3965±40	2569～2515
BA04408	木炭	98ⅡT0406㉒		3780±40	2184～2141
BA04411	木炭	H274		3900±40	2465～2343
BA04412	木炭	H283		3900±40	2465～2343

我们根据地层、遗迹间叠压打破关系和出土遗物的特征，将新石器时代的遗存划分为三期8段11组，表中的H283、H274为一期1段2组；98ⅡT0406㉒为一期2段3组；98ⅡT0406㉑、02DT0102㉟为二期3段4组；98BT0205㉜、02DT0102㉝、H269、H310为二期3段5组；99DT0202㊿为二期5段7组；99DT0202㊿B为二期5段8组；99DT0202㊿为三期7段10组偏早；99DT0202㊿A、99DT0202㊿、H291为三期8段11组。

从检测的绝对年代数据看，第2组的年代数据有2个，分别为H283、H274，它们的检测和校正年代一致，为距今4465～4343年。

第3组的年代数据只有1个，为98ⅡT0406㉒，其检测年代为距今4184～4141年。

第4组的年代数据有2个，分别为98ⅡT0406㉑、02DT0102㉟。其中98ⅡT0406㉑的检测和校正年代都偏早，为距今4569～4515年；02DT0102㉟的年代为距今4300～4130年。

第5组的年代数据有4个，分别为98BT0205㉜、02DT0102㉝、H269、H310。H310年代最早，为距今4345～4204年，接近的是98BT0205㉜，为距今4293～4195年；另外2个中，H269略晚，为距今4141～4034年，02DT0102㉝偏晚，为距今4050～3940年。

第7组的年代数据有3个，同为99DT0202㊿采集的样品，其中样品编号为FCN3582-1在美国贝塔分析实验室做的检测数据是所有样品中偏早的，年代为距今4600～4460年，同一样品编号在北京大学加速器质谱实验室所做的检测年代为距今4650～4000年，编号为FCN3582-6样品检测的年代为距今4470～4130年。

第8组的年代数据只有1个，为99DT0202⑥⑤B，为距今4300～3650年。

第10组的年代数据有2个，同为99DT0202⑥④，编号FCN3320的样品年代为距今4470～4030年，标号FCN3329的样品年代为距今4350～3700年。

第11组的年代数据有5个，分别为99DT0202⑤⑧A、99DT0202⑤⑥、H291，其中99DT0202⑤⑧A的年代为距今4470～4020年；99DT0202⑤⑥样品编号为FCN2958-1在美国贝塔分析实验室检测的年代为距今4140～3890年，在北京大学加速器质谱实验室检测的年代为距今4050～3740年；样品编号为FCN2975-4的年代为距今4040～3730年；H291的年代为距今3978～3893年。

从检测样品的质地看，新石器时代的20个样品中有木炭10个，骨头9个，古树1个。不同质地的检测样品之间可能存在一定的差异，即使是同样质地的检测样品，由于埋藏环境、取样情况、保存时间长短、样品处理等多种原因，也会在一定程度上造成误差的产生。1998年度的检测样品取样时间是1999年7月前，2000年8月送去北京大学加速器质谱实验室，2005年4月才得出检测结果，不知道这样的情况是否会对检测的结果有影响？

从前述20个年代数据看，第2组的2个检测数据年代偏晚；第3组的年代明显偏晚；第4组的年代1个早于2组，1个早于3组；第5组的4个年代数据中2个比较接近，1个明显偏晚；第7组的3个年代数据中有2个是所有检测样品中最早的，上限为距今4600年左右，这2个数据为同一编号的样品，在北京大学加速器质谱实验室和美国贝塔分析实验室分别所做的检测，得到的数据重合率较高，虽然由于样品品质与前几组不同，不便直接进行比较，但其年代与我们从地层、遗迹间叠压打破关系和出土陶器的分类排队研究中得出的看法是基本一致的，其可信度是检测数据中最高的，另一个样品的检测数据上限也接近距今4500年，与我们认为中坝遗址新石器时代遗存第二期偏晚的年代在距今4500年前后的看法也是一致的；第8组的年代下限明显偏晚；第10组和第11组的年代基本上反映了实际情况。

本区域目前公开发表的材料中，还极少有新石器时代晚期的^{14}C测年数据供我们进行比较。从邻近地区看，鄂西地区城背溪—大溪、屈家岭—石家河文化发展自成序列，研究工作也开展得比较深入，在学术界取得了较大共识，本遗址中也发现有与屈家岭和石家河文化相同因素的遗物，可以开展类型学方面的比较。

折腹壶是屈家岭文化比较有代表性的器物之一，其年代约在距今5500～5000年之间。在中坝遗址中发现的折腹壶形器主要在第一期和第二期偏早阶段，虽然没有复原的，但折腹的特征还是明显的，所以，将中坝文化第一期的年代定在距今5000～4800年之间应当是可行的。

大圈足盘是石家河文化中比较有代表性的器物之一，其年代在距今4700～4000年之间，其最早出现在石家河文化早期偏晚阶段的鄂西北湘西北地区，年代当在距今4600年左右。中坝遗址的大圈足盘出现在第二期中段前后，在第二期偏晚与第三期偏早阶段较多，与我们判断的第二期中段偏晚的年代在距今4500年前后也是相一致的。